HISTOIRE

DE LA PROSTITUTION

ET DE LA DÉBAUCHE

IMPRIMERIE D. BARDIN, A SAINT-GERMAIN

HISTOIRE
DE LA PROSTITUTION

ET DE LA DÉBAUCHE

Chez tous les peuples du globe, depuis l'antiquité la plus reculée jusqu'à nos jours

Par le Dr Th.-F. DEBRAY

S. LAMBERT ET Cie, ÉDITEURS

125, RUE MONTMARTRE, A PARIS.

centimes la livraison. 50 centimes la série.

HISTOIRE
DE LA PROSTITUTION
ET DE LA DÉBAUCHE

Chez tous les peuples du globe, depuis l'antiquité la plus reculée jusqu'à nos jours

SUIVIE DE

L'HISTOIRE DES MALADIES VÉNÉRIENNES

DE LEURS PROGRÈS, DE LEURS RAVAGES, DANS LES SOCIÉTÉS COMME DANS L'INDIVIDU

AVEC LES MOYENS DE PRÉVENTION ET DE TRAITEMENT RATIONNEL

Les plus en usage aujourd'hui, d'après les sommités de la science médicale.

Par le D^r Th.-F. DEBRAY

S. LAMBERT ET Cie, ÉDITEURS
125, RUE MONTMARTRE, A PARIS
—
1879

1re LIVRAISON

HISTOIRE DE LA PROSTITUTION ET DE LA DÉBAUCHE

AVANT-PROPOS

ORIGINES DE LA PROSTITUTION ET DES MALADIES DÉTERMINÉES PAR LES EXCÈS ÉROTIQUES

C'est dans l'organisation des sociétés qu'il faut chercher l'origine de la prostitution, dans les obstacles opposés à la satisfaction des sens qu'aucune règle n'entravait chez l'homme avant qu'il mordît au fruit de l'arbre de science. Alors les natures ardentes, les esprits rebelles à toute discipline, qui ne s'étaient manifestés jusque-là par aucune violence, n'eurent plus de repos qu'ils n'eussent franchi ou tourné ces obstacles incommodes ; il en résulta un débordement de passions dont les premiers législateurs ne soupçonnaient certainement pas l'existence latente, et qui dut mettre, dès leurs débuts nécessairement laborieux, les sociétés en péril.

Chercher dans la répression des excès qui les compromettaient si gravement le salut des sociétés naissantes, telle est la première pensée qui devait frapper ces pionniers de la civilisation ; mais convaincus bientôt de l'inanité de leurs efforts, ils finirent par en prendre leur parti, et par se résoudre à réglementer l'exercice de la débauche, à la sanctionner par conséquent, afin de pouvoir faire ainsi, de manière ou d'autre, la part du feu.

De même, c'est à l'établissement des sociétés qu'il convient de faire remonter l'origine des affections vénériennes, comme celle de beaucoup d'autres maladies qu'ignorait l'homme vivant à l'état de nature. — que la *Syphilis* proprement dite nous ait été, ou non, apportée d'Amérique par les compagnons de Christophe Colomb, vers la fin du xv° siècle : ce que nous aurons à examiner plus tard.

Ici, pour le dire en passant, ce ne fut pas seulement les excès érotiques qui furent les agents les plus actifs du mal ; à mesure que s'élevaient les villes, que de grandes agglomérations d'hommes s'y entassaient, les conditions hygiéniques devenant de plus en plus mauvaises, facilitaient en proportion son développement et ajoutaient à sa gravité, jusqu'à ce que, à l'heure, au lieu et dans les conditions favorables dont nous aurons à reparler, il devienne l'épouvantable infection qui corrompt et décime l'humanité depuis près de quatre siècles !

On ne peut nier cependant que la prostitution religieuse, légale ou clandestine, en dépit de toute précaution et de toute surveillance, n'ait entretenu dans tous les temps des foyers d'infection d'une grande puissance : mais les réglementations dont elle a été l'objet diverses suivant les temps et suivant les latitudes, ont toujours eu un but plutôt de morale que d'hygiène publique, et ce but, il faut avouer qu'elles l'ont atteint dans la mesure du possible.

Avant d'étudier la question sous ce point de vue spécial des maladies occasionnées par la fureur érotique dans ses manifestations variées, il nous paraît toutefois intéressant d'examiner ce qu'a été la prostitution, soit religieuse, soit légale, soit clandestine, naturelle ou contre nature, chez toutes les nations du globe et dans tous les temps depuis l'époque la plus reculée sur laquelle nous ayons des documents authentiques ou à peu près.

L'exploration vaut la peine d'être tentée. Et qu'on ne vienne pas nous dire que c'est pour satisfaire aux besoins d'une curiosité malsaine que nous l'entreprenons, car il ressort incontestablement des tableaux divers, et assurément curieux, que nous allons faire passer sous les yeux du lecteur, un enseignement de haute morale en même temps que d'utilité pratique que notre but est de dégager pour son profit.

PREMIÈRE PARTIE

LA PROSTITUTION CHEZ LES PRINCIPAUX PEUPLES DE L'ANTIQUITÉ

I

L'Orient.

SOMMAIRE. — La prostitution chez les Hébreux. — Les patriarches fondateurs de la prostitution. — Agar. — Lia et Rachel. — Sodome. — Les deux anges. — Les filles de Loth. — Thamar et Juda. — Her et Onan. — Les prostituées errantes. — Les sérails. — Le roi Salomon et ses sept cents femmes. — Culte de Baal Phégor. — Les filles moabites. — Le lévite d'Ephraïm. — Dalila. — Rahab, la prostituée de Jéricho. — Les mystères du culte d'Isis et d'Osiris en Égypte. — Le *phallus*. — La prostitution religieuse à Babylone. — Vénus, Mylitta, Anaïtis, Astarté. — La prostitution en Arménie et dans la Lydie. — Tyr, Sidon, Paphos, Amathonte, Chypre, etc. — Exploitation systématique des filles par leurs parents et des femmes par leurs maris. — La fille de Chéops et la grande pyramide. — Rhodopis. — Archidice et son procès. — Les courtisanes grecques en Égypte. — Cléopâtre. — Les Vénus assyrienne et persane. — Culte du phallus. — Rois et satrapes. — Sardanapale. — Le *lingam* indien et le phallus. — Mœurs religieuses des Indous. — Un lingam phénoménal. — Les Bayadères.

D'après l'Écriture, ce serait au désir des patriarches d'augmenter le nombre de leurs enfants, et aussi celui de leurs serviteurs, qu'il faudrait attribuer l'origine de la prostitution; et l'on voit, en outre, comme dans le cas d'Agar prostituée à Abraham, que l'épouse stérile ne dédaignait pas dans cette occasion de se faire entremetteuse.

Lia et Rachel, indépendamment du tour que joue la première à la seconde, en se substituant à sa sœur dans le lit de Jacob, livrent leurs servantes à leur époux commun en haine l'une de l'autre.

L'histoire de Loth présente d'ailleurs des exemples variés du dérèglement des mœurs et en particulier de la pratique habituelle de la prostitution chez les représentants même les plus dignes du peuple de Dieu.

C'est ainsi que Dieu ayant envoyé à Loth, pour lui ordonner de quitter Sodome qu'il voulait détruire, deux anges sous la figure de beaux jeunes gens, les Sodomites, « depuis les plus jeunes jusqu'aux vieillards, » firent le siège de la maison de Loth, exigeant qu'il leur livrât les deux jeunes gens pour en faire les victimes de leur immonde lubricité.

« Je vous en prie, mes frères, leur répondit Loth, ne leur faites point de mal. Voici, j'ai deux filles qui n'ont point encore connu d'hommes ; je vous les amènerai, et vous les traiterez comme il vous plaira... »

Mais les gens de Sodome n'avaient que peu de goût pour les femmes ; ils refusèrent, et si les jeunes gens n'avaient été des anges, Dieu sait ce qui leur serait arrivé !

Plus tard, lorsque Loth, devenu veuf par la transformation de sa trop curieuse femme en statue de sel, après la destruction de Sodome, était réfugié avec ses filles dans une caverne de la montagne, ces jeunes personnes trouvèrent plaisant de griser leur père et de l'amener ensuite, sans trop de difficulté à ce qu'il semble, à commettre, de complicité avec elles, un double inceste.

Dans tout ceci, après tout, nous ne voyons que des traits de prostitution privée, si l'on peut dire, agrémentés d'attentats aux mœurs d'une monstruosité particulièrement révoltante. Les filles de joie, au temps des patriarches, ne faisaient pourtant pas défaut. Ordinairement elles se plaçaient au point d'intersection de plusieurs routes assez fréquentées, et assises, le visage voilé, elles attendaient la pratique.

L'aventure de Thamar et de Juda, dont nous emprunterons à la *Genèse* la relation dramatique, donne une idée complète des mœurs des prostituées, et aussi de celles des patriarches, comme on va le voir.

« En ce temps-là, Juda, quatrième fils de Jacob et de Lia, alla en Chanaan, et ayant vu la fille d'un Chananéen nommé Sué, il la prit pour sa femme, entra dans elle et en eut trois fils nommés Her, Onan (le père, ou tout au moins le parrain de l'*Onanisme*) et Sela.

« Il maria son premier-né, Her, à une Chananéenne nommée Thamar. Her mourut sans laisser d'enfants. Juda dit alors à Onan, son second fils : — Prends pour femme la veuve de ton frère, entre dans elle et féconde la semence de ton frère. Mais Onan, sachant que les enfants qu'il ferait ne seraient point à lui, mais seraient réputés être les enfants de son frère, en entrant dans sa femme, répandait sa semence par terre ; c'est pourquoi le Seigneur lui ôta la vie. Et Juda dit à Thamar, sa bru : — Va-t'en ; reste veuve dans la maison de ton père jusqu'à ce que Sela, mon troisième fils, soit en âge. Elle s'en alla donc et habita chez son père. »

Mais rester veuve ne faisait pas le compte de Thamar, et comme, suivant les commentateurs, ce n'était pas la faute de l'infortunée si elle était demeurée stérile, attendu que si Onan en agissait avec elle de la manière que l'on sait, Her l'aurait avant lui, traitée en Sodomite, elle eut recours, pour sa justification, à un procédé que nous trouverions peut-être un peu risqué, avec les idées étroites de notre temps, mais on ne peut plus efficace.

Continuons notre citation du livre sacré :

« Or Juda étant allé voir tondre ses brebis, Thamar prit un voile et s'assit sur un chemin fourchu par lequel elle savait que Juda devait passer. Celui-ci crut que c'était une fille de joie, car elle avait voilé son visage, et s'approchant d'elle, il lui dit :

« — Il faut que je couche avec toi ; car il ne savait pas que c'était sa bru.

« — Que me donneras-tu pour coucher avec moi ?

« — Je t'enverrai, dit-il, un chevreau de mon troupeau.

« Elle répliqua :

« — Je ferai ce que tu voudras, mais donne-moi des gages.

« — Que me demandes-tu pour gages ? dit Juda.

« Thamar répliqua :

« — Donne-moi ton anneau, ton bracelet et ton bâton.

« Il s'approcha d'elle et aussitôt elle conçut ; et ayant quitté son voile, elle reprit son habit de veuve et s'en alla.

« Juda envoya par son valet le chevreau promis pour reprendre ses gages. Le valet ne trouvant point la femme, demanda aux habitants du lieu où était cette fille de joie qu'il avait rencontrée assise sur le chemin fourchu. Ils répondirent tous : — Il n'y a jamais eu de prostituées en ce lieu. Il retourna vers son maître et le lui dit. Juda dit : — Eh bien ! qu'elle garde mes gages ; elle ne pourra pas, au moins, m'accuser de n'avoir pas voulu la payer.

« Or, trois mois après, on vint dire à Juda : — Ta bru, Thamar, a forniqué, car son ventre commence à grossir. Juda répondit : — Qu'on l'aille chercher au plus vite et qu'on la brûle !

« Comme on la conduisait au supplice, elle renvoya à Juda son anneau, son bracelet et son bâton, disant : — Celui à qui cela appartient m'a rendue grosse.

« Juda, ayant reconnu ses gages, dit : — Elle est plus juste que moi. » (*Genèse*, chapitre XXXVIII.)

Thamar ne fut point brûlée, et pour compléter sa justification, elle accoucha en temps convenable de deux jumeaux, Pharès et Zara.

Les lois de Moïse condamnent très sévèrement la prostitution, et édictent que l'argent obtenu par ce moyen ne peut être accepté en offrande par les prêtres. Malgré cela il y eut de tout temps de nombreuses prostituées parmi les Juifs, même avant la scission des tribus ; la plupart étaient étrangères, il faut le dire : elles erraient par les rues ou s'asseyaient dans les carrefours, comme nous l'avons vu, adressant aux passants des gestes provocateurs.

La forme de la prostitution représentée par le harem s'établit également de bonne heure chez les Hébreux, et l'on sait que le roi Salomon possédait pour son usage particulier sept cents femmes et trois cents concubines, sans parler des esclaves.

Le culte de Baal-Phégor, dieu des Madianites et des Moabites, se distinguait par les pratiques les plus ignobles. Ses prêtres étaient de jeunes hommes au corps entièrement épilé et oint d'huiles parfumées, qui se prostituaient aux adorateurs de Baal et consacraient aux frais du culte le prix de leur prostitution. Ils avaient même des chiens dressés aux mêmes exercices, et dont les gains avaient la même glorieuse destination.

C'est grâce à la prostitution de leurs filles que les Moabites parvinrent à corrompre et à subjuguer les Israélites leurs ennemis.

Les filles moabites, établies dans des tentes sous couleur de vendre des bijoux, s'y prenaient de la manière suivante pour recruter de nouveaux adorateurs au dieu de leur nation :

« Les Hébreux mangeaient et buvaient au milieu de ce camp de la prostitution. Quand l'un d'eux sortait pour prendre l'air et se promenait le long des tentes, une fille l'appelait de l'intérieur de la tente où elle était couchée.

« — Viens, lui disait-elle. Achète-moi quelque chose.

« Il achetait, et le lendemain encore.

« Le troisième jour elle lui disait :

« — Entre, et choisis-moi ; tu es le maître ici.

« Il entrait et trouvait une coupe pleine de vin ammonite.

« — Qu'il te plaise boire ce vin, disait-elle.

« Il buvait et ce vin enflammait ses sens, et il disait :

« — Baise-moi.

« Elle tirait alors de son sein une image de Phégor (peut-être un *phallus*), et répondait :

« — Monseigneur, si tu veux que je te baise, adore mon Dieu.

« — Quoi ! accepter l'idolâtrie !...

« — Que t'importe ? Il suffit de te découvrir devant cette image... »

Il était rare, on peut le croire, que l'Israélite refusât le marché : c'était si peu de chose que de se découvrir devant l'idole ! Et puis cette jolie fille qui l'en priait !... Et puis ce diable de vin ammonite !...

L'épisode du lévite d'Ephraïm montre que tous les adorateurs de Bélial n'étaient pas à Sodome.

Ce lévite avait une concubine du pays de Bethléem qui le quitta pour retourner chez son père ; mais comme il y tenait, il alla bientôt l'y chercher. En revenant chez lui, il s'arrêta, avec sa concubine, son serviteur et ses deux ânes chez un vieillard de Guibha appartenant à la même tribu que lui.

Après que les voyageurs eurent bu et mangé, ils se disposèrent à se coucher ; mais alors les habitants de la ville, qui appartenaient à la tribu de Benjamin, vinrent faire à la porte du vieillard la même scène que les Sodomites avaient fait à celles de Loth dans une occasion semblable, le sommant de leur livrer *l'homme* qu'il avait chez lui.

« Le vieillard sortit à la rencontre de ces fils de Bélial et leur dit : Frères, ne commettez pas cette vilaine action ; cet homme est mon hôte et je dois le protéger. J'ai une fille vierge et cet homme a une concubine, je vais vous livrer ces deux femmes et vous assouvirez sur elles votre lubricité ; mais, je vous en supplie, ne vous souillez pas d'un crime contre nature en abusant de cet homme. »

Mais les Benjamites n'en voulaient pas entendre parler. Cependant, pour avoir la paix, le lévite essaya de leur donner le change en mettant dehors sa concubine...

« Le lendemain, dit l'Ecriture, le lévite, s'étant levé, ouvrit la porte pour continuer son chemin ; il y trouva sa concubine couchée par terre, les mains étendues sur le seuil. Il crut d'abord qu'elle était endormie, et il lui dit : — Levez-vous et allons-nous-en. Mais, elle, ne lui répondant rien, il reconnut qu'elle était morte. »

Pour venger ce crime, le lévite d'Ephraïm suscita aux Benjamites une guerre d'extermination à laquelle prirent part toutes les autres tribus. Six cents Benjamites seulement échappèrent au massacre.

Nous devons dire un mot d'une autre classe de prostituées, celles que nous pourrions appeler les prostituées politiques, telles que Dalila et Rahab, auxquelles la Bible a assuré une renommée immortelle, malgré l'audacieuse partialité avec laquelle elles y sont jugées.

Prostituées, Rahab et Dalila l'étaient de profession, d'abord. Dalila employa ses charmes à séduire Samson, qu'elle livra ensuite aux Philistins ; Rahab livra Jéricho, son pays, à Josué. La première est vilipendée au moins autant qu'elle le mérite ; quant à la seconde, il va sans dire que son infâme trahison fut agréable à Dieu.

Voici le passage du livre de Josué qui a trait à cet épisode :

« Après la mort de Moïse, il arriva que Dieu parla à Josué, fils de Nun, et lui dit : — Mon serviteur Moïse est mort, lève-toi, passe le Jourdain, toi et tout le peuple avec toi... Tous les lieux où tu mettras les pieds je te les donnerai, comme je l'ai promis à Moïse, depuis le désert et le Liban jusqu'au grand fleuve de l'Euphrate ; nul ne pourra te résister tant que tu vivras.

« Josué, fils de Nun, envoya donc secrètement de Sétin deux espions... Ils partirent ensemble et entrèrent à Jéricho, dans la maison d'une prostituée nommée Rahab, et ils dormirent près d'elle. Le roi de Jéricho en fut averti ; il envoya chez Rahab la prostituée disant : — Amène-nous les espions qui sont dans ta maison. Mais cette femme les cacha et dit : — Ils sont sortis comme on fermait les portes et je ne sais où ils sont allés. Les envoyés du roi la crurent et sortirent de la ville pour poursuivre ces deux espions.

« Rahab, qui les avait fait monter sur la terrasse de sa maison et qui les avait cachés sous des bottes de lin, alla les trouver et, après leur avoir marqué la confiance et la foi qu'elle avait dans le dieu des Israélites, elle leur fit jurer qu'ils useraient de miséricorde envers elle et envers son père, sa mère, ses frères, ses sœurs et toute sa famille lorsqu'ils se seraient rendus maîtres de

Aspasie, la courtisane grecque.

la ville, et les engagea à lui donner un signal pour les distinguer des autres habitants.

« Après que les deux espions lui eurent promis d'exécuter ce qu'elle demandait, elle les descendit par une corde qu'elle attacha à une fenêtre de sa maison qui ouvrait sur les murs de la ville, et leur indiqua le chemin qu'ils devaient prendre pour n'être pas rencontrés par ceux qui étaient partis pour les poursuivre...

« On tint parole à cette femme, et lorsque l'armée des Israélites fut arrivée devant Jéricho, Josué l'excepta, avec tout ce qui se trouvait dans sa maison, de l'anathème qu'il prononça contre tout le reste de la ville. Elle suspendit à sa fenêtre la corde dont les espions s'étaient servis pour se sauver, ce qui était le signal dont ils étaient convenus...

« Dieu lui-même avait demandé à Josué la vie de la prostituée. — Ne sauvez, avait-il dit, que la prostituée Rahab, avec tous ceux qui seront dans sa maison.

« Et ils tuèrent tout ce qui était en Jéricho, hommes, femmes, enfants, vieillards, bœufs, brebis, ânes; ils les frappèrent du glaive. Après cela, ils brûlèrent la ville et tout ce qui était dedans. Or, Josué sauva Rahab la prostituée et la maison de son père, avec tout ce qu'il avait, et ils ont habité au milieu d'Israël jusqu'aujourd'hui. »

Rahab finit même par épouser un prince de Juda. — Il est vrai que Rahab la prostituée, protégée directement par Dieu lui-même, ne pouvait être qu'un excellent parti.

C'est presque toujours avec le caractère religieux que la prostitution se présente d'abord chez les autres peuples de l'Orient, bien qu'elle soit partout condamnée à perdre ce caractère avec le temps.

Les mystères du culte d'Isis et d'Osiris, en Égypte, offrent des scènes d'une obscénité révoltante, quoique dans l'origine, le *phallus*, symbole du principe générateur, fût exclusivement vénéré comme tel, à l'exemple des emblèmes les plus sacrés des cultes spiritualistes.

« Les Égyptiens, dit Hérodote, célèbrent les fêtes de Bacchus (Osiris) à peu près de la même manière que les Grecs ; mais au lieu de phallus ordinaires, ils ont inventé des figures d'environ une coudée de haut, qu'on fait mouvoir au moyen d'une corde. Les femmes portent, dans les bourgs et les villages, ces figures, dont le membre viril n'est guère moins grand que le reste du corps, et qu'elles font remuer. Un joueur de flûte marche en tête. Elles le suivent en chantant. »

Il donne également la description des fêtes d'Isis, adorée à Bubastis, où elle avait un temple célèbre, sous le nom de Diane :

« On s'y rend par eau, dit-il, hommes et femmes, pêle-mêle. Tant que dure la traversée, des femmes jouent des castagnettes et des hommes de la flûte ; le reste, hommes et femmes, chante et bat des mains... Quand on passe près d'une ville, on fait approcher le bateau du rivage ; parmi les femmes, les unes continuent à jouer des castagnettes, les autres crient de toutes leurs forces et injurient celles de la ville ; celles-ci se mettent à danser ; celles-là, debout, retroussent leurs robes d'une manière indécente. »

Mais ce n'est là qu'une préparation innocente aux excès auxquels, chaque année, sept cent mille pèlerins venaient pieusement se livrer en l'honneur d'Isis. — Un des rites principaux des mystères d'Isis consistait dans la flagellation qu'hommes et femmes s'administraient réciproquement.

Les prêtres d'Isis portaient dans les cérémonies du culte le *ran* mystique, figurant l'organe de la femme ; ceux d'Osiris, le *tau*, figurant l'organe de l'homme. On plaçait aussi, à côté du *tau*, dans les attributs d'Osiris, l'*œil* avec ou sans sourcils, pour figurer les rapports des deux sexes. Enfin, aux processions d'Isis, venaient, après la vache nourricière, des jeunes filles consacrées appelées *cistophores*, portant le *ciste* mystique, sorte de corbeille de jonc renfermant des gâteaux ronds ou ovales percés d'un trou au milieu. Une prêtresse les accompagnait, portant, caché dans son sein, une petite urne d'or, espèce de reliquaire contenant le phallus, emblème du phallus d'Osiris, resté introuvable, lorsque, tué et mutilé par Seth (Typhon), son frère, Isis rassembla ses membres épars.

Le père de l'histoire mentionne également une loi de Babylone, d'après laquelle toute femme née dans le pays est obligée, au moins une fois dans sa vie, de se rendre au temple de Mylitta (Vénus Uranie), pour s'y prostituer à un étranger.

Les femmes riches se faisaient conduire au temple dans des chars couverts. Elles se tenaient assises devant le temple, avec de nombreux serviteurs derrière elles ; la plupart cependant s'asseyaient dans un terrain contigu au temple et en dépendant. Elles avaient toutes le front ceint d'une couronne de ficelles.

« On voit, dans tous les sens, des allées séparées par des cordes tendues ; les étrangers se promènent dans ces allées et choisissent les femmes qui leur conviennent. Quand une femme a pris place en ce lieu, elle ne peut retourner chez elle qu'un étranger ne lui ait jeté de l'argent sur les genoux et n'ait eu commerce avec elle en dehors du lieu sacré. En lui jetant de l'argent il doit prononcer ces paroles : — « J'invoque la déesse Mylitta. » Il n'éprouvera pas de refus, la loi le défend, et cet argent devient sacré... Il n'est permis à la femme de refuser personne...

« Les laides ont grande difficulté à satisfaire à la loi. Il y en a qui attendent ainsi près du temple jusqu'à trois ou quatre ans. »

Le prophète Baruch, faisant à son tour allusion à cette étrange coutume babylonienne, dit : « Des femmes ceintes de cordes sont assises au bord des chemins et brûlent des parfums. Lorsqu'une de ces femmes, remarquée par un passant, a eu commerce avec lui, elle raille sa voisine de n'avoir pas été trouvée digne d'être possédée par cet homme et de n'avoir pas vu rompre sa ceinture de cordes. »

En Arménie et en Lydie le culte de Vénus Uranie, sous le nom d'Anaïtis, cette fois, était professé avec une ardeur aussi grande qu'à Babylone et dans le même amoureux esprit.

En Arménie, les filles les plus belles et appartenant aux meilleures familles lui étaient consacrées. Elles résidaient, pendant un temps plus ou moins long, dans les appartements dépendant du temple, et s'y prostituaient à tout venant. Lorsqu'elles quittaient le service de la déesse, ces jeunes filles remettaient aux prêtres le prix de leur prostitution, pour l'entretien des autels. Elles étaient très recherchées en mariage ; c'est au temple que le futur allait prendre ses renseignements sur les antécédents de celle qu'il avait choisie, et plus il apprenait qu'elle avait accueilli d'étrangers, plus haut la prisait-il.

Les Lydiennes procédaient de la même façon que les Arméniennes, tant qu'elles étaient attachées au temple ; mais une fois sorties, elles pratiquaient pour leur propre compte jusqu'au moment de se marier : c'est ainsi qu'elles gagnaient une dot qui les rendait d'autant plus désirables.

Avec Mylitta et Anaïtis, il faut citer Astarté, qui avait des temples très fréquentés à Sidon, à Tyr, dans les principales villes de la Phénicie, à Héliopolis (Syrie), et surtout à Paphos et Amathonte, dans l'île de Chypre.

C'étaient toujours à peu près les mêmes rites, et nous nous répéterions trop à nous y arrêter plus longtemps.

Comme les Lydiennes, les jolies Cypriotes, prêtresses de Vénus Astarté, se promenaient le soir sur le rivage, après les heures consacrées au devoir de leur profession, et se livraient aux étrangers, entassant le prix de leur prostitution pour s'en former une dot.

La prostitution s'étendit bientôt, d'ailleurs, comme une lèpre, et vint s'asseoir au foyer de famille. A Babylone, à Héliopolis, dans toutes les villes que nous avons citées, à peu d'exceptions près, et dans bien d'autres, les parents prostituaient leurs filles à leurs hôtes, les maris leurs femmes, et beaucoup vivaient de ce honteux trafic, non pas clandestinement, mais au grand jour. — Pourquoi, au reste, se cacher d'un voisin dont les turpitudes atteignaient exactement le même degré d'ignominie ?

Les Babyloniens se livraient en outre à l'orgie la plus crapuleuse. L'ivrognerie, avec tous les excès qui l'accompagnent, leur était familière. Dans leurs banquets, les femmes paraissaient d'abord avec une attitude modeste et réservée ; mais elles quittaient leurs robes avant le dessert, et bientôt rejetaient jusqu'à leur dernier voile. Et ici il ne s'agit pas de courtisanes vulgaires, mais des femmes et des jeunes filles les plus qualifiées.

Cheops, roi d'Égypte, qui fit construire la grande pyramide de Giséh, laquelle exigea vingt années de travail, imagina de prostituer sa fille pour rentrer dans ses déboursés, qu'on peut supposer énormes. Ce moyen ingénieux réussit au delà de ses espérances.

« Cheops, épuisé par ses dépenses, dit Hérodote, en vint au point d'infamie de prostituer sa fille dans un lieu de débauche, et de lui ordonner de tirer de ses amants une certaine somme d'argent. J'ignore à quel chiffre montait cette somme ; les prêtres ne me l'ont point dit. Non seulement la fille de Cheops exécuta les ordres de son père, mais elle voulut laisser elle-même un monument. Elle pria tous ceux qui la venaient voir de lui apporter chacun une pierre pour des ouvrages qu'elle méditait.

« Ce fut de ces pierres, me dirent les prêtres, qu'on bâtit la pyramide qui est au milieu des trois, en face de la grande pyramide et qui a 1 *plèthre* et demi (45 mètres) de chaque côté... »

La construction de la troisième pyramide a été attribuée par quelques écrivains grecs à la célèbre courtisane grecque Rhodopis, amenée en Égypte par son maître, Xanthus de Samos, et qui fut épousée par le roi de ce pays, Amasis, à la suite d'une aventure que rappelle l'épisode principal de l'histoire de Cendrillon. Mais la pyramide existait depuis longtemps déjà, quand Rhodopis mit le pied (et la pantoufle) sur la terre d'Égypte.

A Naucratis où l'odyssée de Rhodopis reçut ce glorieux dénouement, florissait quelque temps après une autre courtisane, nommée Archidice, célèbre par un procès fort curieux qu'elle soutint contre un de ses soupirants, et qu'elle gagna, — ou perdit, suivant l'appréciation du lecteur. Voici l'histoire :

Un jeune Égyptien, possesseur d'une fortune honorable, mais modeste, était follement épris de la courtisane Archidice et n'en pouvait rien obtenir ; en vain lui offrit-il de lui sacrifier sa fortune tout entière ; l'inhumaine refusa, soit que l'amant lui répugnât au dernier point, soit qu'elle trouvât insignifiante la fortune ainsi offerte.

Désespéré, le malheureux alla se jeter aux pieds de la déesse des Amours, la priant de lui venir en aide. Vénus, ou quelque autre nom qu'on lui donnât à Naucratis, envoya au jeune homme, en songe et gratuitement, ce qu'il aurait volontiers payé fort cher en réalité. Il eut le tort de se vanter de cette bonne fortune, et la courtisane en ayant eu connaissance, elle le cita devant les magistrats pour lui faire payer le prix de ses faveurs dont il avait joui en dépit d'elle. — L'arrêt, fortement motivé, autorisa Archidice à... rêver qu'elle était payée.

Le faquin de Rabelais, condamné à payer du son de son argent la fumée du rôt dont il a parfumé son pain « en la rostisserie du petit Chastelet, au devant de l'ouvroir d'un rostisseur, » bénéficie d'un arrêt tout aussi équitable, mais c'est un « fol » qui le prononce.

A partir de cette époque, c'est surtout des courtisanes d'origine grecque que nous voyons régner en Égypte ; elles paraissent y avoir remporté des triomphes extraordinaires, un grand nombre y amassèrent incontestablement une fortune énorme et plusieurs partagèrent la couche des rois.

Une courtisane illustre à beaucoup de titres, qui est bien égyptienne par exemple, c'est la fille de Ptolémée le Joueur de flûte (*Aulète*), la belle, voluptueuse et infortunée Cléopâtre, dont nous ne pouvons nous dispenser de dire un mot ici.

Après Pharsale et la mort de Pompée, qui avait soutenu à Alexandrie Ptolémée Dyonisios, le compétiteur au trône d'Égypte de sa sœur Cléopâtre, et son persécuteur, celle-ci conçoit le projet de remettre sa cause entre les mains du vainqueur. Mais César se méfie ; il est entouré d'ennemis, et n'a à sa disposition que des forces dérisoires ; en conséquence il se laisse difficilement approcher.

Cléopâtre n'est pas embarrassée pour si

peu. Elle séduit un des serviteurs de César, qui l'introduit, roulée dans un tapis comme un paquet, dans la chambre du vainqueur de Pharsale...

Cléopâtre était douée d'une beauté resplendissante, elle était spirituelle, instruite, parlait plusieurs langues, on prétend même qu'elle écrivit plusieurs ouvrages. Non seulement elle fut bien accueillie par l'illustre débauché, mais elle sut se l'attacher étroitement, le rendre fou d'amour, à ce point qu'il ne se borna pas à la débarrasser de son frère, mais l'appela près de lui à son arrivée à Rome et plaça sa statue dans le temple de Vénus, auprès de celle de cette déesse.

Cependant, César mort, Antoine prit la direction des affaires d'Orient. Alors Cléopâtre résolut de séduire le triumvir, de peur qu'en haine de César, peut-être, il ne lui arrachât la couronne. Elle se rend donc au-devant d'Antoine dans une galère parée avec une magnificence orientale, ou plutôt transformée en paradis païen, en imitant d'aussi près le rêve qu'il est possible à la réalité de le faire.

Cléopâtre est étendue, complètement nue, sous une tente de drap d'or, entourée de ses femmes vêtues d'une manière analogue, et représentant les nymphes, les grâces et autres personnifications paradisiaques, ainsi que de nombreux enfants décorés en amours, en jeux et ris de toutes les nuances.

Antoine devint littéralement fou à cette apparition. Dans les dispositions où se trouvaient la reine d'un côté et le triumvir romain de l'autre, il n'était pas douteux qu'ils s'entendraient au premier abord. Ce furent donc toute une série de fêtes, d'orgies échevelées et dont la description serait impossible.

On sait qu'à la suite d'une de ces orgies, Cléopâtre détacha d'une de ses oreilles une perle d'un prix fabuleux, la jeta dans du vinaigre et but la solution. Il y a du moins une tradition qui le veut ainsi, mais cette action est tellement ridicule, que nous hésitons à en croire capable cette reine d'Égypte si intelligente, si belle et si fière de sa beauté, — car elle n'aurait pu boire cette perle dissoute dans du vinaigre sans faire une abominable grimace.

Il fallut pourtant se quitter. Antoine retourne à Rome, où règne maintenant Octave-Auguste, et épouse Octavie, la sœur de son ancien collègue au triumvirat. Mais il ne tarde pas à trouver insupportable son existence nouvelle. Il abandonne sa jeune femme, une des plus pures et des plus gracieuses figures de cette époque de corruption, et retourne en Égypte, auprès de cette sirène africaine dont il lui tarde de sentir de nouveau les brûlantes caresses...

On sait le reste, qui appartient à l'histoire politique de Rome. On sait qu'après la bataille d'Actium, Antoine, percé de son épée, expira dans les bras de sa royale maîtresse, et que celle-ci ne voulut pas lui survivre, soit qu'elle l'aimât follement, comme on le suppose volontiers, soit qu'elle voulût échapper à la honte de figurer dans le cortége triomphal du vainqueur.

Ainsi finit cette femme étonnante, dernière princesse d'une dynastie illustre, mais tombée bien bas à la fin. Son amour lui coûta la vie, mais il coûta plus encore à Marc-Antoine; et sans elle, peut-être, Auguste ne fût pas devenu le maître du monde.

Les Assyriens et les Perses avaient des mœurs semblables, à peu de choses près, à celles des Babyloniens et des Égyptiens. Comme eux ils adoraient Vénus, sous les noms de Salammbô, d'Atergatis, de Mithra, etc., et dans ses temples des phallus gigantesques recevaient les offrandes d'une multitude en proie à la fureur érotique ou la provoquant par des manœuvres diverses, comme faisant partie des rites du culte.

On ne sait rien, ou presque rien, de la prostitution *civile*, et il n'est pas probable qu'il y ait eu chez ces peuples de prostitution légale dans la véritable acception de ce mot. On sait, par exemple, à n'en pouvoir douter, que les rois et les satrapes menaient une vie de mollesse et de volupté inouïe, et entretenaient autour d'eux toute une population de concubines et d'eunuques.

Les orgies monumentales de Sardanapale et sa fin héroïque après tout sont trop connues pour qu'il soit utile d'y insister.

Chez les Indiens, l'emblème vénéré dans les temples, dans des bosquets consacrés et des lieux solitaires de toute sorte, c'est le *lingam*. Le lingam n'est autre chose que le phallus, ou plus exactement nous dirons que le phallus est le lingam, car ce dernier est certainement l'ancêtre de l'autre. Il y en avait jusque sur les places publiques, et de petits lingams en bronze, en métaux divers, en pierres fines, servent d'ornements et d'amulettes.

On voit donc que le culte phallique a une origine indienne, et ce que nous en avons déjà dit nous dispense d'y revenir pour le moment.

Encore aujourd'hui, les hommes viennent chaque jour déposer devant l'idole des couronnes de fleurs jaunes et les femmes viennent l'asperger d'eau et de beurre fondu. Au lieu de venir bonnement se prosterner devant elle comme au bon vieux temps, afin de devenir fécondes, les femmes stériles n'hésitent pas à baiser le *lingam* vivant du fakir qui se tient aux abords du temple expressément dans ce but.

Le lingam, comme le phallus, n'est pas nécessairement un emblème obscène, mais certaines pratiques du culte qu'il reçoit des fidèles de Siva sont assez peu édifiantes. Ainsi la jeune mariée est conduite au lingam sacré, et mise en contact avec lui. Dans certaines parties de l'Inde, les jeunes filles doivent même faire à l'idole le sacrifice de leur virginité. Duquesne raconte qu'à Goa, les jeunes filles, avant de prendre un époux, vont offrir, dans le temple de Siva, les prémices du mariage à un lingam de fer. Dans certaines provinces, le prêtre remplace avantageusement l'idole. A Calicut, le rajah abandonne, pendant une nuit, au premier des brahmanes, la jeune fille qu'il vient d'épouser. A Jaggernaut, une jeune fille est livrée de nuit à l'un des prêtres du temple.

Les représentations du lingam dans les temples affectaient volontiers des proportions gigantesques. Entre Madras et Pondichéry, il existait une pagode où l'on voyait une statue colossale dont le lingam démesuré entourait le corps de plusieurs femmes.

Ajoutons qu'à chaque temple ou pagode dédié à la Vénus indienne est attachée une troupe de prêtresses formant diverses classes, mais généralement connues sous le nom de bayadères : chanteuses, danseuses et tresseuses de couronnes, elles font en outre à la divinité le sacrifice qui lui convient, — sans parler qu'elles exercent pour leur propre compte. Celles qui divertissent dans les fêtes ou réunions publiques les voyageurs friands de ce spectacle sont des bayadères de troisième classe, et le plus clair de leurs profits vient de la prostitution la plus large.

II
La Grèce.

SOMMAIRE. — La prostitution religieuse en Grèce. — Vénus *pandemos* ou populaire. — Solon bâtit un temple à cette divinité avec le produit de l'impôt sur la prostitution. — Vénus courtisane. — Origine de son culte : Abydos délivrée de ses oppresseurs par une courtisane. — Plusieurs Vénus similaires : la Remueuse, la Callipyge, etc., etc. — Fondation des *dictérions* (maisons de débauche). — Les dictériades, les aulétrides, les hétaires. — Les ambassadeurs arcadiens et les aulétrides d'Antigone. — Aulétrides célèbres. — Les jardins de l'Académie, marché aux courtisanes. — Les esclaves de ces dames. — Séminaires de courtisanes. — Elevage et dressage. — L'amour à la Lesbienne et à la Phénicienne. — Hétaires célèbres. — Toilette d'une courtisane grecque. — Fards et cosmétiques. — Espièglerie de Phryné. — Vieilles hétaires raccrocheuses. — Hétaires trop vieilles entremetteuses, éleveuses, etc. — Mères procurant leurs filles. — Dialogue entre Crobyle et Corinne (Lucien). — Dialogue non moins édifiant entre Musarium et sa mère : un *Monsieur Alphonse* hellène (de). — Procès et triomphe de Phryné. — L'avocat Hypéride, la coqueluche des courtisanes. — Euthias, leur bête noire. — Orgie de femme. — Pédérastes et tribades. — Dialogue entre Cleonarium et Lééna. — Megilla et Demonasse. — Sapho.

La Grèce a pratiqué de la manière la plus étendue la prostitution sous ses trois formes, religieuse, légale et clandestine. Vénus *Pandemos*, c'est-à-dire la Vénus publique, avait une statue à Athènes dès le temps de Thésée, au témoignage de Pausanias. Elle en eut ensuite à Mégalopolis, à Thèbes et à Elis.

On venait constamment adorer la Vénus populaire ou publique d'Athènes, et la prostitution faisait partie, comme de juste, des rites de son culte. Le quatrième jour de chaque mois, les prostituées de profession n'exerçaient leur industrie qu'au profit de la déesse. Solon lui bâtit plus tard un temple du produit de la prostitution.

Vénus *hétaire*, c'est-à-dire *courtisane*, avait aussi des temples en diverses villes de la Grèce, notamment à Abydos, à Ephèse, à Samos. Le temple d'Abydos avait été érigé en mémoire de la délivrance de la ville par une courtisane, fait remontant à la période fabuleuse de l'histoire de la Grèce. Réduite en esclavage et pourvue en conséquence d'une garnison étrangère, Abydos aurait été délivrée de la manière suivante :

A la suite d'une fête, les soldats préposés à la garde des portes s'endormirent ivres, au son des flûtes, dans les bras des courtisanes qu'ils avaient conviées à leur orgie. L'une de celles-ci profita de l'occasion; elle s'empara des clefs de la ville, y rentra en franchissant les murailles, et souleva les Abydéniens qui massacrèrent les soldats endormis et chassèrent les autres.

Vénus publique et Vénus courtisane paraissent, au reste, n'être qu'une seule et même divinité.

Il y avait encore la Vénus *Remueuse* (Péribasion), à qui Dédale éleva une statue en « vif argent. » La Vénus mécanique, dont la statue en bois, qu'on faisait mouvoir au moyen de ressorts cachés et prendre les attitudes les plus voluptueuses, est sans doute de la même famille. Enfin, il suffit de mentionner les noms de la Noire, la Ténébreuse, la Coureuse, la Callipyge (aux belles fesses), la Déesse des accouplements impudiques, etc., etc., pour qu'on devine l'espèce de culte qu'on rendait à toutes ces Vénus.

Solon est le créateur des maisons publiques (dictérions) de la Grèce. Voici comment s'exprime à ce propos le poète comique Philémon dans les *Adelphes* :

« Solon a donc acheté des femmes, et les

a placées dans des lieux où, pourvues de tout ce qui leur est nécessaire, elles deviennent communes à tous ceux qui en veulent. Les voici dans la simple nature, vous dit-on. Pas de surprise, voyez tout!... N'avez-vous pas de quoi vous féliciter? — La porte va s'ouvrir si vous voulez : il ne vous en coûtera qu'une obole (17 centimes environ). Allons, entrez, on ne fera point de façons, point de minauderies; on ne se sauvera pas ; celle que vous aurez choisie vous recevra dans ses bras, quand et comme vous le voudrez. »

Pour peupler ses dictérions, Solon fit acheter des femmes en dehors de la Grèce et les parqua dans le Pirée, la ville maritime, occupée par une population flottante d'étrangers, de marins, de soldats, de joueurs, de libertins et par une population sédentaire de pêcheurs, de taverniers, de commis, etc. On rencontrait à chaque pas dans les rues du Pirée de ces maisons de débauche publique reconnaissables à leur enseigne, qui n'était autre qu'un *phallus* plus ou moins grand, plus ou moins ingénieusement placé. Le dictérion était inviolable; on n'y pouvait pénétrer sans aucun autre prétexte que celui pour lequel il avait été institué ; c'était un lieu d'asile absolu: le père n'y pouvait aller y relancer son fils, la femme son mari, le créancier son débiteur. Le maître du lieu (*Pornobosceion*) se serait opposé au péril de sa vie à une semblable invasion. La loi d'ailleurs était pour lui.

Il y avait également des dictérions au port de Phalère, au bourg de Sciron et aux alentours d'Athènes.

Les malheureuses qui habitaient ces maisons de débauches, les *dictériades*, comme on les appelait, malgré la tolérance dont elles jouissaient et la redevance qu'elles payaient à l'État, et qui permit à Solon d'élever un temple à la Vénus publique en face de la statue érigée par Thésée, étaient l'objet du mépris public. à peu près autant que le sont leurs pareilles de nos jours. Sauf le temple de Vénus, dont elles avaient fait les frais, et dont elles pouvaient même devenir prêtresses, l'entrée des temples leur était interdite. Isée, le maître de Démosthène, plaidant dans une affaire où une fille publique était mêlée, disait expressément : « Une femme commune au service de tout le monde, et qui mène une vie de débauche, ne peut sans impiété entrer dans un temple, ni assister aux mystères du culte. » Démosthène plus tard, dans son plaidoyer contre Nééra, fait la même déclaration.

Les dictériades ne pouvaient pas non plus figurer dans les solennités publiques à côté des matrones, bien que la présence des hétaires (courtisanes) y fût acceptée. Enfin leurs enfants ne pouvaient être citoyens.

Deux autres catégories de filles de joie figuraient à Athènes au-dessus des dictériades. C'étaient les *aulétrides*, ou joueuses de flûte et les hétaires.

« Nous avons, dit Démosthène, dans son plaidoyer contre Nééra, des hétaires pour le plaisir de l'esprit, des *pallaques* (concubines) pour le *service journalier*, mais nous avons des épouses pour nous donner des enfants légitimes et veiller fidèlement à l'intérieur de la maison. » Cette citation en dit plus sur la condition des femmes à Athènes qu'une longue étude, sauf qu'elle laisse dans l'ombre du mépris les dictériades et les aulétrides.

Le Pirée était également la résidence des aulétrides, mais elles y vivaient libres, et se louaient pour jouer de la flûte, chanter et danser dans les festins. Les convives, excités par la chère et la musique, se montraient pour ces femmes d'une libéralité folle; souvent elles emportaient des festins

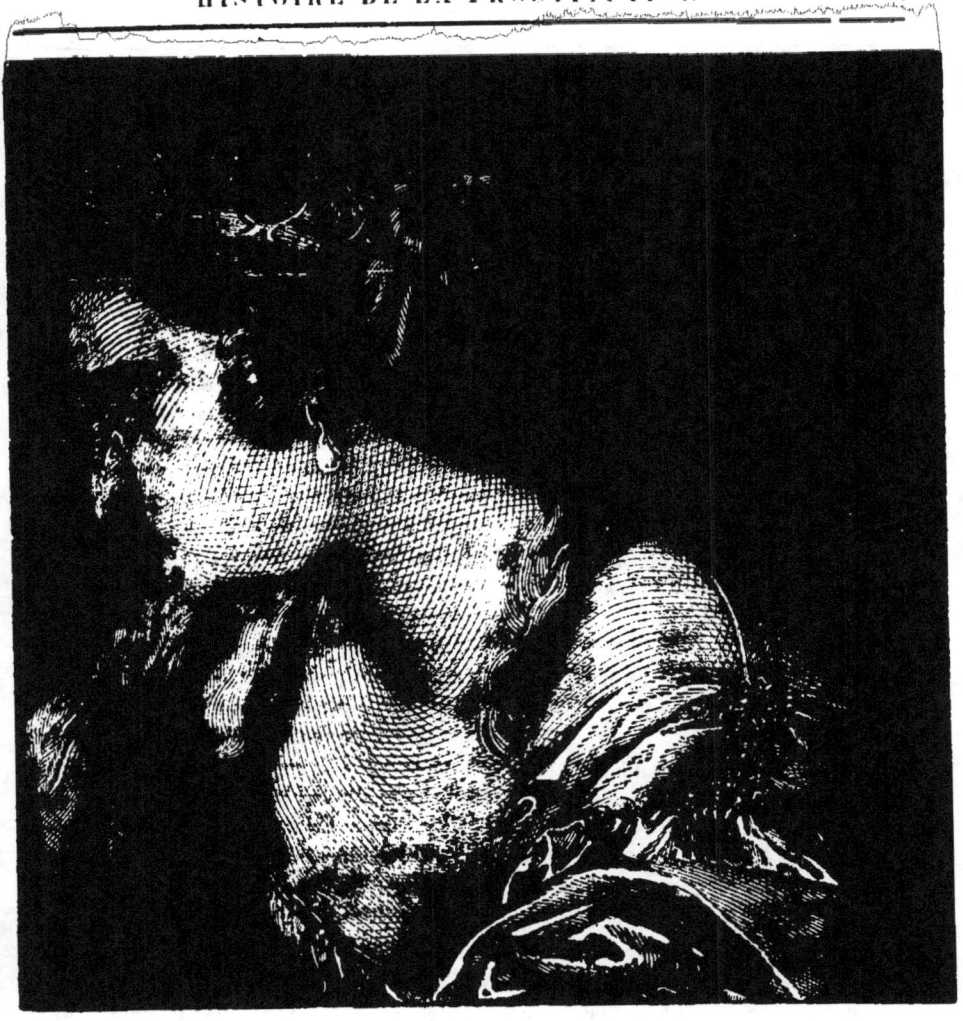

Cléopatre.

où elles avaient figuré, jusqu'à la vaisselle d'or et d'argent.

L'histoire des ambassadeurs arcadiens envoyés à Antigonus, racontée par Athénée, montre clairement tout le succès que les talents des aulétrides leur assuraient quelquefois.

Ces ambassadeurs étaient de sages et austères vieillards. Le roi les reçut avec beaucoup d'égards et les convia à un festin splendide. Ils se mirent à table avec une sage roideur, mangèrent et burent avec une sage réserve, et montrèrent au reste, tout le temps que dura le repas, une humeur non seulement froide, mais taciturne, pour bien accentuer leur sagesse sans aucun doute.

Tout à coup, les flûtes phrygiennes donnent le signal de la danse : les danseuses, enveloppées d'étoffes transparentes, font irruption dans la salle, en se balançant mollement sur l'orteil; bientôt leurs mouvements s'accélèrent; elles se découvrent la tête, tout en dansant, puis les épaules, puis tout le corps, à l'exception d'une sorte de caleçon, ou plutôt d'une ceinture qui ne leur cache que les reins. Leur danse devient de plus en plus lascive, et les ambassadeurs arcadiens, tout sages qu'ils étaient, s'exaltant à ce spectacle, et sans égard pour la présence du roi, qui se tord de rire, se jettent sur les danseuses surprises de cette ardeur imprévue, mais qui se soumettent sans observation aux devoirs de l'hospitalité et changent de rôle incontinent au bénéfice de ces audacieux vieillards.

Quelques aulétrides ont eu une célébrité égale à celle des hétaires. Mnesis, Lamia et Pothyne, maîtresses de Ptolémée Philadelphe, roi d'Égypte, étaient joueuses de flûte, et Myrtion, qui jouit du même honneur, était moins encore : c'était une simple dictériade.

Les hétaires ne se donnaient qu'à qui avait su les captiver, soit par ses propres charmes soit par des offres exceptionnellement magnifiques. Quoique très nombreuses à Athènes, elles faisaient de très belles affaires, étant fort recherchées des citoyens les plus illustres, à cause de leur éducation généralement très soignée, de leurs connaissances étendues et des grâces de leur esprit. Elles habitaient le Céramique, faubourg qui renfermait les jardins de l'Académie et les sépultures des citoyens morts les armes à la main.

Elles venaient se promener sous les allées ombreuses, interrompues par des bosquets d'arbres verts offrant de frais abris contre la chaleur du jour, et y faisaient ouvertement leur petit métier. Lorsqu'un Athénien avait jeté son dévolu sur une hétaire, il écrivait le nom de cette belle, accompagné d'une épithète flatteuse, sur le mur du Céramique.

Les hétaires en quête d'amants envoyaient leurs esclaves explorer ce mur fatidique, comme à Paris les employés sans place vont consulter certains tableaux exposés publiquement. Si son nom s'y trouvait, elle venait se placer auprès de l'inscription ; le prétendant ne tardait guère à se présenter, et le marché était alors débattu entre les parties.

Nous venons de parler des *esclaves* des courtisanes. Il y avait bien, à Athènes, une loi qui défendait à ces femmes d'avoir des esclaves, et même des servantes à gages, mais elle ne fut jamais sérieusement exécutée. Cette loi, très sévère, privait la femme libre qui se mettait au service d'une courtisane de sa qualité de citoyenne en la confisquant comme esclave au profit de la République. Elle allait plus loin : par le fait même de son service chez une prostituée, elle était déclarée telle elle-même, et propre à être employée dans les dictérions de l'État. Mais, nous le répétons, on n'exécuta jamais rigoureusement cette prescription légale, et jamais les courtisanes, et rarement les prostituées inférieures, ne manquèrent jamais de servantes et d'esclaves, plus perverties qu'elles ordinairement.

La plupart des hétaires avaient été préparées dès l'enfance au métier qu'elles faisaient. Il y avait à Abydos, à Lesbos, à Milet, Ténédos, Naucratis, Corinthe, etc., des espèces de séminaires où les élèves courtisanes recevaient une éducation toute spéciale, comprenant jusqu'à la musique et à la gymnastique. En outre des marchands d'esclaves, nommés *andropodocapeloi*, s'étaient fait une spécialité de dresser des jeunes filles pour la pratique intelligente de l'amour. Cette sorte d'*élevage* s'attaquait presque exclusivement aux qualités physiques et avait en conséquence pour résultat, au moyen de compressions exercées par des cordes et des bandages, de donner au *sujet* de secrètes ressources vivement appréciées des libertins, dans la pratique de la débauche. Il y avait deux manières bien tranchées, dans cet art de la volupté étudié avec tant de soin, et qui avaient leurs partisans acharnés : la phénicienne et la lesbienne ; mais il y avait beaucoup d'éclectiques qu'une seule manière ne pouvait satisfaire.

Parmi les courtisanes illustres de la Grèce, formées par le séminaire, on peut citer les noms de Phryné, maîtresse de Praxitèle ; Thaïs, maîtresse d'Alexandre ; Myrrine, celle de Ptolémée Lagus ; Laïs, celle de Démosthène ; Peitho, qui épousa Hiéronyme, tyran de Syracuse, etc., etc. Par leurs connaissances variées et leur esprit, elles régnaient sur la haute société athénienne, et tout ce qu'il y avait d'artistes, de philosophes, de savants, de poètes, de capitaines ayant quelque renom recherchait leur société — leur société seulement au besoin — avec une avidité qu'explique assez l'ignorance et la nullité dont la citoyenne se parait comme de vertus qui lui étaient propres, à l'abri sacré mais assommant du gynécée.

Bien que lettrées et intelligentes, ou précisément à cause de ces qualités, les courtisanes grecques prenaient un très grand soin de leur toilette. Elles aimaient surtout à se teindre les cheveux, et de brunes à se faire blondes, comme les peintres et les poètes avaient coutume de représenter les déesses. — Quant aux fards et aux cosmétiques, ce sont les vieilles hétaïres qui en consommaient avec une profusion vraiment épouvantable, et nous ne parlons encore que des jeunes.

« La seule occupation d'une riche courtisane, dit M. Auguste Debay, dans ses *Nuits corinthiennes*, est le travail de sa toilette, travail long et minutieux qui absorbe la plus grande partie de la journée.

« A son lever, quatre esclaves la frictionnent de la tête aux pieds, afin d'exciter les papilles de la peau, et la plongent dans un bain parfumé. Après un quart d'heure d'immersion, les esclaves, armées de strigiles en ivoire, recommencent les frictions, pour enlever toutes les impuretés épidermiques. La friction terminée, on procède au travail de l'épilation, d'autant plus délicat qu'il faut arracher sans douleur les poils disgracieux. On passe ensuite aux onctions d'huiles parfumées et aux fumigations aromatiques, puis la courtisane est enveloppée dans un drap et transportée sur un lit de repos.

« Là, voluptueusement étendue, elle pense aux vêtements et aux parures qu'elle doit prendre, elle se demande à quel genre de coiffure et de chaussure elle donnera le choix. Elle songe à l'emploi de sa journée, calcule tous les moyens de séduction qu'elle mettra en jeu. Une esclave lui tient son miroir : elle s'exerce aux doux sourires, aux regards tendres et voluptueux ; elle essaye des poses, des gestes, des mouvements gracieux ; enfin elle indique à l'esclave habilleuse le vêtement du jour. »

Alors, pour ne point poursuivre mot à mot cette intéressante citation, vu son étendue, deux esclaves enlèvent le drap qui enveloppe la courtisane, tandis que deux autres la fomentent doucement avec des plumeaux de duvet de cygne, afin de sécher les parties du corps restées humides ; puis viennent les soins de la chevelure, qu'on parfume, pommade, et dispose avec une profusion de nattes étroites, arrondies, autour desquelles s'enroulent des cordonnets de filigrane, des bandelettes lamées d'or et d'argent, tout un attirail d'objets propres à attirer les regards.

La coiffure achevée, on donne une couche de noir aux sourcils, on promène sur le bord des paupières un léger pinceau trempé dans du noir d'encens pour agrandir les yeux et velouter le regard; les dents sont nettoyées avec des brosses chargées d'une poudre aromatique; la langue est raclée avec une lame d'ivoire, et l'on conserve pendant quelque temps dans la bouche une liqueur odorante pour rafraîchir et parfumer l'haleine; des éponges imbibées d'une eau astringente sont promenées sur les diverses parties du corps où des rides précoces se montrent, afin de les faire disparaître et de resserrer les tissus relâchés. Cela fait, on étend le blanc et le rouge sur les joues, le col, les épaules, la poitrine. Vient ensuite la toilette des pieds et des mains, des ongles surtout, qui demandent des soins si minutieux; et enfin, l'on se décide à se couvrir des vêtements, des parures, etc., et ce n'est vraiment pas un jeu qu'une pareille toilette!

La courtisane, ainsi parée, ou s'installe sur de moelleux coussins, ou monte en litière pour se rendre au Céramique d'Athènes, au bois sacré d'Aphrodite de Corinthe, ou dans quelque lieu également consacré des autres villes célèbres sur lesquelles s'étend leur empire.

Il y a plus ou moins de besogne à la toilette d'une courtisane, selon qu'elle est un peu plus jeune ou un peu plus vieille et plus ou moins douée par la nature. On raconte, par exemple, que la belle Phryné, se trouvant à un festin avec plusieurs courtisanes athéniennes, et jouant à un jeu dans lequel toutes étaient obligées de faire ce que ferait l'une d'elles, trempa sa main dans un bassin d'eau fraîche et s'en frotta par deux fois le visage, ce qui la fit paraître plus fraîche et plus jeune encore; — mais les autres, forcées de faire comme elle, ne tirèrent point de ce jeu le même avantage, tant s'en faut, car elles étaient fardées.

Le rouge végétal employé par les courtisanes grecques était emprunté à la racine d'acanthe ou à la fleur d'une plante épineuse d'Egypte, on le faisait macérer dans du vinaigre. Les rides trop profondes étaient mastiquées de colle de poisson et de blanc de céruse; à défaut de noir d'encens, le jus de mûres était d'un emploi habituel pour noircir les yeux et les sourcils.

Devenues vieilles, mais dans une mesure à laquelle le fard, le mastic et la peinture pouvaient encore apporter un contrepoids appréciable, les hétaïres ne se montraient plus en public. Elles se mettaient à une fenêtre haute, sur la rue, un brin de myrte à la main qu'elles agitaient ou promenaient sur leurs lèvres (Alexis prétend que c'était pour cacher qu'elles n'avaient plus de dents) et appelaient les passants du haut de leur observatoire. Lorsqu'un passant bien disposé s'arrêtait, elles lui faisaient un signe convenu, rapprochant le pouce de l'annulaire de manière à former un anneau; l'homme répondait en montrant son index levé. Alors la femme quittait la fenêtre pour aller à sa rencontre.

Sous l'atrium de la maison, l'amateur trouvait une esclave qui le conduisait silencieusement, un doigt sur la bouche, dans une chambre qui n'était éclairée que par la porte et écartait l'épais rideau qui la masquait. Au moment d'entrer, la servante l'arrêtait, lui réclamant le prix fixé par sa maîtresse; lorsqu'il l'avait payé, et sans en rien rabattre, comme il convient à un galant chevalier, il entrait dans le sanctuaire et le rideau retombait derrière lui.

La courtisane, vieille et laide, lui apparaissait comme une vision céleste, dans l'ombre crépusculaire de la chambre, — et qu'aurait-il pu désirer de plus?...

Tout à fait vieilles, et lorsqu'elles n'avaient pas su amasser une grande fortune, ce qui était alors le lot de la majorité aussi bien que dans les temps modernes, elles se livraient à diverses industries agréables, telles que la composition des cosmétiques pour leurs anciennes camarades ou des philtres tant pour les hétaires que pour leurs amants ; elles faisaient l'éducation des jeunes filles prédestinées ou exerçaient le métier plus moral de sages-femmes.

Les vieilles hétaires en retrait d'emploi n'étaient pas les seules à exercer envers les jeunes filles encore ingénues cette aimable industrie que la police correctionnelle de notre époque dépourvue de poésie qualifierait sans hésiter d'excitation à la débauche, elles avaient à soutenir une rude concurrence de la part de certaines mères, ainsi que nous l'apprennent les intéressants dialogues de Lucien :

— Est-ce donc un si grand malheur, dit Crobyle à Corinne, sa fille, qu'elle a prostituée la veille à un jeune et riche Athénien, que de cesser d'être fille et de connaître un homme qui vous donne, dès sa première visite, une mine (environ 100 francs) avec laquelle je vais t'acheter un collier !

Et elle se réjouit de voir son enfant débuter d'une manière si heureuse dans une carrière qui va les tirer du dénuement où elles vivent toutes deux.

— Comment faut-il que je fasse pour cela ? demande ingénuement Corinne.

— Comme tu viens de faire et comme fait ta voisine, répond l'excellente mère.

— Mais, la voisine, c'est une courtisane.

— Qu'importe ? tu seras riche comme elle ; comme elle tu auras des adorateurs en foule... Tu pleures, Corinne ? Mais vois donc combien les courtisanes sont nombreuses, combien leur cour est brillante et quelle est leur opulence !...

Elle lui offre l'exemple de l'aulétride Lyra, fille de Daphnis : son goût pour la parure, ses manières séduisantes, son humeur gaie, son sourire caressant l'ont rapidement mise en crédit. Si elle consent à se rendre, pour un prix convenu, à quelque festin où elle est mandée, elle ne s'enivre point, boit sans précipitation comme sans excès, touche à peine aux mets et parle avec réserve...

— Elle n'a d'yeux que pour celui qui l'a amenée, c'est ce qui la fait aimer. Lorsqu'il la conduit au lit, elle n'est ni emportée ni capricieuse ; elle ne s'occupe que de lui plaire et de s'attacher sa conquête. Il n'est personne qui n'ait à se louer de ses rapports avec elle. Imite-la en tous ces points, et nous serons heureuses.

— Mais, repart Corinne, après réflexions, tous ceux qui achètent nos faveurs ressemblent-ils à Lucritus, qui obtint les miennes hier ?

— Non, dit la bonne mère. Il y en a de plus beaux, mais aussi de plus âgés et même de plus laids.

— Et faudra-t-il que je caresse ceux-là aussi bien que les autres ?

— Surtout ceux-là, car ils payent mieux. Les beaux garçons ne sont que beaux : songe uniquement à t'enrichir.

Là-dessus Crobyle envoie sa fille au bain, car on attend Lucritus le soir même.

Un tableau différent, mais non moins édifiant, c'est celui que présentent la prodigue et inconsidérée Musarium et sa bonne femme de mère l'accablant des reproches les mieux sentis.

Musarium est folle d'un certain Chéréas, — un *M. Alphonse* de ce temps-là, — pour lequel elle se dépouille littéralement ; il est vrai qu'il lui promet le mariage, mais le bel avantage !

— Va, tu devrais rougir, s'écrie furieuse la mère de la courtisane amoureuse. Seule de toutes les hétaires, tu n'as ni boucles d'oreilles, ni collier, ni robe de Tarente !

— Eh ! ma mère, répond Musarium, sont-elles plus heureuses ou plus belles que moi ?

— Elles sont plus sages. Elles entendent

mieux le métier. Elles ne croient pas sur paroles des jouvenceaux dont les serments ne sont que sur les lèvres. Pour toi, nouvelle Pénélope, fidèle amante d'un seul, tu n'admets aucun autre que Chéréas. Dernièrement un villageois arcanien (il était jeune aussi, celui-là) t'offrait deux mines (200 francs), prix du vin que son père l'avait envoyé vendre à la ville : ne l'as-tu pas repoussé insolemment? Mais tu n'aimes à coucher qu'avec cet autre Adonis!...

— Quoi! abandonner Chéréas pour un rustre exhalant l'odeur du bouc! Chéréas, un Apollon, et l'Arcanien, un Silène!

— Soit. Mais Antiphon, fils de Ménécrates, qui t'offrait une mine, n'est-ce pas un Athénien élégant, jeune et séduisant autant que Chéréas?

— Chéréas m'avait menacée de nous tuer tous les deux s'il nous trouvait ensemble.

— Vaine menace! Te faudra-t-il donc renoncer aux amants et cesser de vivre en courtisane pour prendre les mœurs d'une prêtresse de Cérès. Laissons le passé : Voici les étrennes ; que t'a-t-il donné?...

— Ma mère, il n'a rien.

— Il ne saurait donc trouver quelque expédient auprès de son père, le faire voler par un fripon d'esclave, demander de l'argent à sa mère, la menacer de s'embarquer pour la prochaine expédition?... Mais il est toujours là, monstre avare, toujours nous obsédant, ne nous donnant rien et s'opposant à ce que d'autres nous donnent!...

Mais en dépit de ces raisonnements spécieux, Musarium continua de se laisser dépouiller par Chéréas, tant qu'elle eut quelque chose à vendre, et aussi sans doute tant qu'elle conserva pour lui un peu de l'amour qui la faisait son esclave.

Les amants éconduits de Musarium, pendant le règne trop exclusif de Chéréas, avaient en somme meilleur caractère qu'Euthias, qui, pour se venger des dédains de la célèbre Phryné, l'accusa d'impiété, accusation qui n'entraînait pas moins que la peine de mort.

Traduite devant le tribunal des héliastes, la belle courtisane fut défendue avec une éloquence passionnée par son avocat Hypéride, lequel, par exemple, gagna son procès au moyen d'un mouvement oratoire qu'il serait difficile d'employer aujourd'hui. Au milieu de sa péroraison, d'un mouvement rapide et imprévu, le défenseur enleva le *peplos* qui couvrait sa cliente et dévoila à ses juges charmés toutes les splendeurs secrètes de sa beauté. Ceux-ci frappés d'admiration, d'une sorte d'admiration religieuse, car ils se rappelèrent à propos que ces formes incomparables avaient été reproduites par Praxitèle et Apelle, et qu'on les adorait à Delphes et ailleurs, ne voulurent point consentir à ce qu'il fût porté la main sur cette image, ou plutôt sur ce modèle des déesses.

Phryné fut donc absoute. — Socrate avait succombé sous une accusation pareille mais pour le philosophe, l'argument d'Hypéride fût resté sans force : Socrate était vieux et laid.

Cependant toutes les courtisanes triomphèrent avec Phryné, chose étrange! car la jalousie régnait en maîtresse parmi elles comme de raison. Leur enthousiasme pour Hypéride, par suite, ne connut plus de bornes, et ce dut être un gaillard bien heureux, et peut-être fort embarrassé de l'excès de son bonheur, pendant quelque temps.

« Grâces aux dieux, écrivait la belle Bacchis à l'avocat de son amie, nos profits sont légitimés par le dénouement de ce procès inique. Vous avez acquis des droits sacrés à notre reconnaissance. Si même vous consentiez à recueillir et à publier la harangue que avez prononcée en faveur de Phryné, nous nous engagerions à vous ériger à nos frais une statue d'or dans l'endroit de la Grèce que vous indiqueriez. »

Voici au moins un talent bien récompensé. Ce que c'est pourtant que de savoir bien employer celui qu'on possède, si mince soit-il ! et comme c'est un art profitable que celui de savoir à qui s'adresser !

Quant aux courtisanes de cet heureux temps, on voit qu'elles étaient riches, puisqu'elles parlaient d'une statue d'or comme aujourd'hui leurs pareilles pourraient parler d'un buste en terre cuite ou d'une douzaine de cartes photographiques. Phryné, d'ailleurs, se souvenant probablement de la fille de Chéops, avait proposé de bâtir Thèbes à ses frais, avec cette inscription sur la porte principale : *Alexandre l'a détruite, Phryné l'a rebâtie.* — Comme c'était là une condition *sine quâ non*, la proposition fut refusée.

L'accusateur Euthias, qu'on ne connaît guère que par ce trait, était par contre la tête de turc (si l'on peut s'exprimer ainsi) de toutes ces belles pécheresses, qu'il semblait qu'Hypéride eût vraiment vengées dans Phryné, bien que rien ne justifie cette prétention. La même Bacchis écrivait à son amie Myrrine, à propos de ce fourbe d'Euthias, qui pouvait être malgré cela un fort honnête homme : « Essaye d'exiger quelque chose d'Euthias en échange de ce que tu lui donneras, et tu verras s'il ne t'accuse pas d'avoir incendié la flotte ou violé les lois fondamentales de l'État ! »

Les courtisanes grecques se livraient quelquefois au plaisir innocent de l'orgie entre femmes seules, ainsi que nous en trouvons la preuve, entre autres détails curieux sur les mœurs des Grecs, dans les *Lettres d'Alciphron*, et particulièrement dans une lettre de Mégare adressée à Bacchis dont nous allons reproduire le passage le plus important, qui a trait surtout à la lutte galante qui termina le festin dont il y est question :

« Quel repas délicieux, écrit Mégare à son amie. Je veux que le seul récit de cette fête te pique de regret. Quelles chansons ! Quelles saillies ! Et puis l'on a vidé des coupes jusqu'à l'aurore. Il y avait des parfums, des couronnes, les vins les plus exquis, les mets les plus délicats. Un bosquet de lauriers fut la salle du festin. Rien n'y manquait, si ce n'est toi !...

« Bientôt une discussion s'élève et vient ajouter à nos plaisirs. Il s'agissait de décider laquelle, de Thryallis ou de Myrrine, était la plus riche en ce genre de beauté qui fit donner à Vénus le nom de Callipyge.

« Myrrine laisse tomber sa ceinture ; sa tunique était d'étoffe diaphane. Elle se tourne : on croit voir des lys à travers le cristal ; elle imprime à ses reins un mouvement précipité et, regardant en arrière, elle sourit au développement de ces formes voluptueuses qu'elle agite. Alors, comme si Vénus elle-même eût reçu son hommage, elle se mit à murmurer je ne sais quel doux gémissement, qui m'émeut encore.

« Cependant Tryallis ne s'avoue pas vaincue ; elle s'avance et dit : « Je ne combats point derrière un voile ; je veux paraître ici comme dans un exercice gymnique : une telle lutte n'admet pas de déguisement. »

« Elle dit, laisse tomber sa tunique, et, inclinant ses charmes rivaux : « — Contemple, dit-elle, ô Myrrine ! cette chute des reins, la blancheur et la finesse de cette peau et les feuilles de rose que la main de la volupté a comme éparpillées sur ces contours gracieux, dessinés sans sécheresse et sans exagération. Dans leur jeu rapide, dans leurs convulsions aimables, les sphères n'ont pas le tremblement de celles de Myrrine ; leurs mouvements ressemblent aux doux gémissements de l'onde. »

« Aussitôt elle redouble de lascives crispations, avec tant d'agilité, qu'un applaudissement unanime lui décerne les honneurs du triomphe.

« On passa ensuite à d'autres luttes : on disputa de la beauté. Mais aucune de nous n'osa lutter contre le ventre ferme, égal et poli de Philymène, qui ignore les travaux de Lucine (l'enfantement).

« La nuit s'écoula dans ces plaisirs. Mais nous la terminâmes par des imprécations contre nos amants et par une prière à Vénus, que nous conjurâmes de nous procurer chaque jour de nouveaux adorateurs, car la nouveauté est le charme le plus piquant de l'amour... »

Ordinairement les hommes n'assistaient pas à ces débauches, mais dans cette occasion, Mégare affirme que de jeunes Grecs y assistaient, mais avec le rôle de simples spectateurs.

On trouvera sans doute étrange qu'une femme, fût-ce une courtisane éhontée, écrive à une amie absente, et dans ces termes, le récit d'une orgie semblable ; et l'admiration que ces courtisanes manifestent pour les beautés secrètes l'une de l'autre et pour les leurs propres ne paraîtra pas moins surprenante. Il faut dire, avant tout, que Mégare n'a jamais été coupable de l'épître ci-dessus, et que c'est en conséquence le style d'Alciphron, ou à peu près, qu'on y trouve ; mais le fond n'en est pas moins exact, et il ne manquait pas de courtisanes ayant pour les beautés de leurs camarades les yeux d'un amant.

Par la création des dictérions et l'érection d'un temple à la prostitution, Solon n'avait pas entendu seulement réglementer la débauche, il l'encourageait en réalité. Il encourageait cette sorte de débauche dont l'objet est le rapprochement des sexes et dont l'excès même peut être excusable, pour faire concurrence à une autre sorte de débauche qui florissait à Athènes aussi largement que jadis à Sodome et infectait toutes les classes de la société. Cette lutte contre la pédérastie était donc inspirée, quels que fussent les moyens employés, par un sentiment éminemment moral, et si le triomphe ne fut pas complet, il fut du moins assez grand pour qu'on ait lieu de s'applaudir du résultat.

Toutefois, en multipliant le nombre des courtisanes de toutes les catégories, on courait à un autre danger, moins grand sans doute pour la société, mais de nature identique : le nombre des sodomites avait considérablement diminué, mais beaucoup de courtisanes, blasées sur le plaisir du rapprochement des sexes, et qui n'y éprouvaient plus que le plaisir d'y gagner beaucoup d'argent sans trop de peine, étaient devenues tribades. — Par la même cause, les tribades pullulent parmi les courtisanes et les dictériades de notre temps, et l'espèce n'est pas près de s'éteindre.

Nous emprunterons encore aux *Dialogues* de Lucien un tableau extrêmement édifiant de ces mœurs contre nature et de leur développement chez les hétaïres.

Cléonarium a appris par le bruit public que son amie Lééna est devenue intime avec une tribade notoire et opulente. Elle demande des éclaircissements directement à la principale intéressée :

— Belle nouvelle, Lééna ! On dit que tu es devenue l'amante de la riche Mégilla, que vous êtes unies, et que... Je ne sais ce que cela veut dire ; mais tu rougis ! Serait-il vrai ?...

— Il est vrai, répond Lééna. J'en suis toute honteuse... C'est une chose étrange !

— Comment, par Cérès ! Que prétend notre sexe ? s'écrie impétueusement Cléonarium. Et que faites-vous donc ? Où conduit cet hymen ?... Ah ! tu n'es pas mon ami, si tu me tais ce mystère.

— Je t'aime autant qu'une autre, dit

Mort de Cléopatre.

Lééna, mais Mégilla tient vraiment de l'homme.

— Je ne comprends pas. Serait-ce une tribade? On dit que Lesbos est rempli de ces femmes qui, se refusant au commerce des hommes, prennent la place de ceux-ci auprès des autres femmes.

— C'est quelque chose de semblable.

— Raconte-moi, dit Cléonarium décidément curieuse, raconte-moi donc, Lééna, comment tu as été amenée à entendre sa passion, à la partager, à la satisfaire!...

— Mégilla et Démonasse, riches Corinthiennes éprises des mêmes goûts, explique Lééna, se livraient à une orgie. J'y fus conduite pour chanter en m'accompagnant de la lyre. Les chants et la nuit se prolongèrent; il était l'heure du repos; elles étaient ivres. Alors Mégilla me dit : — « Lééna, il est temps de dormir; viens coucher ici entre nous. »

— Et tu as accepté... Après?

— Elles me donnèrent d'abord des baisers mâles, non seulement en joignant leurs lèvres aux miennes, mais la bouche entr'ouverte... Je me sentis étreindre dans leurs bras; elles caressaient mon sein... Démonasse me mordait en me baisant. Pour moi, je ne savais où tout cela devait aboutir. — Enfin Mégilla, échauffée, rejette sa coiffure en arrière et me presse, me menace, comme un athlète jeune, robuste, et me... Je m'émeus; mais elle : — Eh bien! Lééna, as-tu vu un plus beau garçon? — Un garçon, Mégilla! Je n'en vois point ici.

— Cesse de me regarder comme une femme, je m'appelle aujourd'hui Mégillus, j'ai épousé Démonasse. Je me pris à rire :

— J'ignorais, beau Mégillus, dis-je, que vous fussiez ici comme Achille au milieu des vierges de Scyros. Rien ne vous manque, sans doute, de ce qui caractérise un jeune héros, et Démonasse l'a éprouvé ? — A peu près, Lééna, dit Démonasse, et cette sorte de jouissance a aussi ses douceurs. — Vous êtes donc de ces hermaphrodites à double organe ?... — Non, répondit Mégilla, je suis mâle de tout point.

« — Cela me remet en mémoire ce conte d'une aulétride béotienne : « Une femme de Thèbes fut changée en homme, et cet homme devint par la suite un devin célèbre, nommé Tyrésias. » Vous serait-il arrivé pareil accident ? — Nullement, Lééna. Je suis semblable à vous, mais je me sens la passion effrénée et les désirs brûlants de l'homme. — Le désir, est-ce donc tout ? — Daigne te prêter à mes transports, et tu verras que mes caresses sont viriles ; j'ai même quelque chose de vraiment mâle : Daignes t'y prêter, tu le sentiras. »

« Elle me supplia longtemps, me fit présent d'un collier précieux, d'un vêtement diaphane : Je me prêtai à ses transports. Elle m'embrassa alors comme un homme ; elle se croyait telle, en vérité, me baisait, s'agitait et succombait sous le poids de la volupté... »

— Et quelles étaient, Lééna, tes sensations ? demande Cléonarium panielante d'émotion. Où ?... Comment ?...

— Ne me demande par le reste, lui répond Lééna rougissante comme une vierge à son premier péché. Ce n'est que turpitude, véritablement !... Par Uranie ! je ne le révélerai point !...

S'il n'y a pas lieu de tirer l'échelle, après celle-là, je ne sais vraiment pas où nous trouverons le prétexte de la tirer décemment.

Cependant on pourrait nous accuser d'oublier la plus illustre des tribades lesbiennes, Sapho, la poétesse immortelle. C'est que l'on ne sait pas grand'chose de sa vie, et bien qu'on ait donné au mot *tribadie* un synonyme injurieux pour elle : *Saphisme*, la vérité est que c'est sur ses propres poésies que repose l'accusation, et qu'elle tire un peu de force seulement de ce fait qu'elle est née dans l'île de Lesbos.

De même qu'Aspasie, née à Milet, passe pour une effrontée courtisane, bien que l'accusation soit absolument fausse et ne soit appuyée que sur d'abominables calomnies, connues pour telles, et sur la réputation que le séminaire de Milet fait peser sur toutes les milésiennes, il se pourrait que Sapho fût exempte du vice qui lui est si véhémentement reproché.

Il est bien vrai, toutefois, que les poésies les plus passionnées de Sapho sont adressées à des femmes. Voici d'ailleurs un des passages incriminés de ces poésies :

« Il vient de nouveau m'assaillir, l'amour qui brise les membres, le monstre doux et amer, le monstre invincible, dit-elle dans une de ces pièces. Atthis, ton souvenir me pèse, et tu voles vers Andromède !... »

Ceci semble assez clair : Sapho, délaissée par Atthis, est jalouse d'Andromède, et voici en quels termes méprisants elle la dépeint à Atthis :

« Voilà la femme qui t'a charmée ! Une petite paysanne qui ne sait pas même relever sa robe sur ses chevilles ! »

Beaucoup d'autres qu'Atthis, au reste, ont captivé Sapho, qui peint leurs charmes avec amour : Anactoria de Milet, Gongyla de Colophon, Eunice de Salamine, Gyrinna, Muasidice, etc. Mais elle n'a pas adressé de vers moins brûlants à des jeunes hommes ; elle avoue même être attachée éperdument à un jeune homme qui la traite avec une indifférence dont elle gémit. Cet aveu s'accorderait mal avec le sens qu'on veut donner aux passages dont nous venons de citer le plus caractéristique.

Répétons-le, dans tous les cas, nous ne savons rien de la vie de Sapho, et en sommes réduits à ergoter sur le sens probable de ses vers. Tout ce qu'on sait sur elle, et sa passion malheureuse pour le jeune Phaon et le saut de Leucade, tout cela n'est que légende pure.

Remarquons enfin que la légende elle-même parle de l'attachement de Sapho pour un homme, voire d'une passion qui l'aurait conduite au suicide. Or une tribade est tout à fait incapable d'une telle passion, et d'ailleurs physiquement impropre à la satisfaire.

III

Rome

SOMMAIRE. — L'empire et la prostitution. — Les lupanars. — Comment on y recevait la visite d'un édile en l'an 180 avant notre ère. — Premières tentatives de réglementation. — Les prostituées ou *mérétrices* au ban de la société. — La prostitution religieuse à Rome. — Les Romains importateurs des dieux de l'Orient. — Le culte du phallus. — Multiplication à l'infini de l'image de cette idole. — Chasteté originelle des cultes phalliques. — Rites obscènes dont ils sont bientôt entourés. — Scène dans un temple. Nouvelles tentatives de réglementation de la prostitution. — *Mérétrices* et *lénones*. — Costume de prostituées. — Modes de recrutement des phalanges de la prostitution. — Le grand lupanar de Pompéi. — Le quartier de Suburre, à Rome. — La fausse Lysisca. — La pourriture impériale. — Messaline. — César. — Auguste. — Julie. — Tibère et sa maison de Caprée. — Caligula et sa sœur Drusilla. — Gémie. — L'impôt sur la prostitution. — Etablissement d'un lupanar dans le palais impérial. — Poppée, femme de Néron. — Les deux Faustines. — Fausta. — Theodora. — Pédérastie. — Petits danseurs et joueurs de flûte. — *Fellatores* et *fellatrices*. — Tribades (frotteuses, gratteuses, titilleuses). — La femme tribade d'un proconsul. — Courtisanes célèbres : Lesbie, Lycoris, Cynthie, etc. — Le proxénétisme à Rome. — Les vieilles prostituées, les porteurs d'eau et les courtisans. — Petrone et Arcythe. — La réaction.

Avant l'Empire, on ne trouve rien à Rome qui ressemble à la féerique courtisane grecque, et les Lesbie, les Lycoris, les Cynthie sont les premières qui rappellent la gloire éteinte des Phryné, des Aspasie, des Sapho et de tant d'autres brillantes élèves des séminaires de Lesbos et de Milet. Mais la prostitution florissait à Rome, sans aucun doute, bien avant que les prostituées eussent atteint ce degré de perfection, et qu'une impératrice « lasse quelquefois mais jamais assouvie » donnât au monde le spectacle des dérèglements les plus éhontés.

Il y eut de bonne heure, par contre, de nombreuses maisons de débauche, ou *lupanars*, dans Rome. Longtemps même ces maisons existèrent fort librement, du moins on doit le croire, puisque jusque vers le milieu du II° siècle avant notre ère, on ne voit pas trace de réglementation ayant trait à la prostitution ou aux prostituées romaines.

Comme ces lupanars étaient des foyers, non seulement de débauche, mais de désordres de toute sorte, qu'on y faisait un tapage infernal et qu'il s'y commettait jusqu'à des meurtres, les édiles tentèrent de les abolir, mais ce fut en vain. En 180, l'édile Marcius s'étant porté de sa personne dans une de ces maisons, dans le but louable mais dangereux d'y rétablir l'ordre sérieusement compromis, il y fut reçu de la façon la plus hostile et en fut chassé ignominieusement à coups de pierres.

On reconnut alors la nécessité de réglementer l'exercice de cette industrie qui s'imposait.

Toute fille publique fut en conséquence

pourvue d'une autorisation spéciale d'exercer, laquelle entraînait pour elle, par exemple, une véritable mort civile. La prostituée fut déchue désormais du droit de tester, de prêter serment, de témoigner en justice, etc., etc. — Considérée comme ayant rompu de fait avec la société, la société rompait avec elle, et une forme légale était donnée à cette rupture.

La prostitution religieuse se répandit dans Rome avec l'introduction des divers cultes de l'Orient ; ce fut un des avantages de la conquête de l'Asie, et le *Phallus* ne tarda pas à être en aussi grand honneur à Rome qu'en Égypte. D'ailleurs, il ne faut pas oublier que la mythologie romaine est une véritable macédoine des dieux, des déesses et des rites de tous les cultes de l'antiquité.

« Les Romains ne furent, en tout, que les imitateurs des Grecs, dit M. A. Debay, mais ils surpassèrent leurs maîtres dans le culte qu'ils rendirent à Vénus. Jamais peuple ne porta plus loin la passion de la sensualité. Les temples de Vénus étaient de beaucoup supérieurs en nombre à ceux de Jupiter, et la foule des adorateurs les encombrait sans cesse.

« Bacchus, Priape et le dieu Pan se voyaient partout représentés avec les signes exagérés de la virilité. Le Phallus devint une image révérée, et, à l'exemple des Égyptiennes, les femmes de Rome en firent une amulette, un objet de parure. Les artistes donnèrent aux ustensiles de table et de cuisine la forme d'un Phallus : les coupes, les amphores, les lampes, les sièges, etc., etc., représentaient des Phallus ; l'architecture les prodiguait dans ses compositions. Les bornes des rues, les sièges en pierre, placés devant les maisons, avaient la forme d'un Phallus ; aux portes des villes, dans les jardins et les champs, sur les grandes routes, partout se dressaient d'énormes Phallus : c'était la mode !

« Aux premiers jours du printemps, on célébrait à Rome la fête de Vénus féconde. Les femmes mariées et les filles nubiles se rendaient au mont Quirinal, où se trouvait un monstrueux Phallus en bois de citrus ; elles chargeaient ce Phallus sur leurs épaules et le portaient processionnellement au temple de Vénus-Erycine, en chantant des hymnes érotiques. Après une station de quelques heures dans ce temple, où il se passait des abus, elles rechargeaient l'idole sur leurs épaules et le rapportaient au mont Quirinal.

« Les Romains célébraient un grand nombre de fêtes où le stimulus génital arrivait au suprême degré : les Catagogies, les Thesmophories, les Bacchides, les Phallophories, les Perennies, les fêtes de Cérès, de Proserpine, etc., offraient aux deux sexes les plus énergiques excitants. Aussi tous les auteurs latins qui ont parlé de ces fêtes les dépeignent comme des réunions où la licence ne connaissait plus de bornes...

« L'érotisme était la passion dominante de cette époque ; les patriciennes comme les plébéiennes, les hommes de grand nom comme le client et l'esclave vivaient continuellement sous l'influence génitale. — Les excès, les dissolutions, les déportements s'élevèrent si haut, sous les derniers Césars, qu'après avoir lu le *Festin de Trimalcion*, écrit par Pétrone, on est forcé d'avouer que jamais peuple au monde, sans en excepter les Assyriens et les Babyloniens, ne surpassa en débauches, en sales orgies, ces Romains dégénérés qui devaient bientôt devenir la proie des Barbares.

Les fragments du *Satyricon* de Pétrone que nous possédons jettent sur les orgies sans nom de Rome sous les empereurs Claude et Néron comme une lueur sinistre mais éclatante. Ils sont d'une obscénité nauséeuse malheureusement.

Saint Augustin, à propos du culte phallique professé à Rome, dit ceci : « Les parties sexuelles de l'homme sont consacrées dans le temple de Liber; celles de la femme dans le sanctuaire de Libera, même déesse que Vénus ; et ces deux divinités sont nommées le Père et la Mère, parce qu'elles président à l'acte de la génération. »

Du reste ce culte, qui nous paraît aujourd'hui si étrange, et pour cause, persévéra à Rome, de même qu'en Egypte, en Asie et en Grèce, jusqu'au IV° siècle de notre ère au moins, et la superstition des amulettes phalliques, pendues au cou des enfants principalement, se perpétua bien plus longtemps encore.

Le culte phallique était pur au début, nous croyons l'avoir au moins indiqué ; mais à une époque de décadence, il devait fatalement pousser aux excès les plus grossiers, et c'est ce qui arriva en Égypte et partout ailleurs où il était professé ; mais à Rome, qui ne l'avait adopté que déjà souillé et complètement dénaturé, ce but fut atteint de bonne heure ; et aux débauches dont il était le prétexte, se mêlèrent bientôt les actes de cruauté qui sont trop souvent l'accompagnement obligé des accès de folie érotique.

Il y a, dans les *Mystères du Peuple* d'Eugène Sue, une description fort adoucie, mais exacte surtout dans les détails du décor et qui, à ce titre, vaut la peine d'être reproduite, de la singulière façon dont une dame romaine du temps de Jules César ou d'Octave-Auguste faisait ses dévotions. La scène est surprise par un esclave gaulois que la crainte retient blotti, ou plutôt couché à plat ventre sur l'entablement de la corniche du temple où elle se passe :

« Entouré de dangers, Sylvest resta sur le rebord de la corniche ; bientôt il remarqua, au niveau du large entablement sur lequel il se tenait blotti, plusieurs cintres à jour, destinés, sans doute, en raison de la chaleur du climat, à laisser pénétrer des courants d'air frais dans ce lieu ; il pouvait ainsi, du haut de sa cachette, plonger ses regards dans l'intérieur de la rotonde. Durant quelques instants, il n'aperçut que des ténèbres ; mais il entendit bientôt s'ouvrir la porte donnant sur le canal, et il vit entrer, tenant à la main un flambeau, un noir d'Ethiopie d'une taille gigantesque, coiffé d'un bonnet écarlate et vêtu d'une courte robe orange lamée d'argent. Cet esclave portait au cou un large carcan aussi d'argent, et à ses jambes nues et musculeuses des anneaux de même métal.

« L'Ethiopien alluma plusieurs candélabres dorés, placés autour d'une statue représentant le dieu Priape. Une grande lumière remplit alors la rotonde, tandis que la cavité des cintres de la coupole supérieure où se cachait Sylvest resta dans l'ombre. Entre les colonnes intérieures de marbre blanc, enrichies de cannelures dorées comme leurs chapiteaux, l'on voyait des peintures tellement obscènes que Sylvest rougirait de les décrire. Le plancher du temple disparaissait sous un épais matelas recouvert d'étoffe pourpre, ainsi qu'un grand nombre de coussins jetés çà et là... Entre deux des colonnes et se faisant face, étaient des buffets d'ivoire incrustés d'écaille et précieusement sculptés ; sur leurs tablettes de porphyre, on voyait de grands vases d'or ciselés, des coupes ornées de pierreries, et d'autres plus précieuses encore : ces coupes de *murhe* que l'on fait venir à si grands frais d'Orient, qui sont d'une sorte de pâte odorante et poli brillant de toutes les couleurs de l'arc-en-ciel. Dans des bassins d'argent remplis de neige, plongeaient de petites amphores en argile de Sagonte ; de grandes cassolettes remplies de parfums, posées sur des trépieds, étaient disposées autour de la statue du dieu des Jardins ; le noir les alluma, et aussitôt une vapeur balsamique, mais d'une force presque enivrante, monta des trépieds d'or et remplit la coupole.

« Ces préparatifs terminés, le gigantesque Éthiopien disparut par la porte du bord de l'eau et rentra bientôt : il tenait entre ses bras, comme on tient un enfant qui dort, une femme enveloppée de longs voiles ; plusieurs jeunes esclaves d'une rare beauté, vêtues avec magnificence, suivaient le noir ; c'étaient les femmes esclaves de la grande dame romaine, la riche et noble Faustine : habilleuses, berceuses, coiffeuses, noueuses de sandales, porteuses de coffret, chanteuses, musiciennes et autres.

« Dès leur entrée dans le temple, elles s'empressèrent d'empiler des coussins, afin de coucher le plus mollement possible leur maîtresse, que le noir portait toujours entre ses bras... Celles des esclaves qui avaient joué de la flûte ou de la lyre en se rendant au temple tenaient encore à la main leurs instruments de musique ; parmi elles se trouvaient deux jeunes et beaux affranchis grecs, de seize à dix-huit ans, reconnaissables, comme tous ceux de leur nation voués à cette condition servile, à leur démarche lascive, à leur physionomie effrontée, à leurs cheveux courts et frisés, ainsi qu'à leur costume aussi riche qu'efféminé. Ils portaient de grands éventails en plumes de paon, destinés à rafraîchir l'air autour de leur maîtresse.

« Les coussins soigneusement disposés, l'Éthiopien y disposa la noble Faustine avec autant de précaution que s'il eût craint de la briser ; puis les deux jeunes Grecs, déposant leurs éventails, s'agenouillèrent auprès de leur maîtresse et écartèrent doucement les voiles dont elle était entourée...

« De taille moyenne et frêle, âgée de trente ans au plus, Faustine aurait été d'une rare beauté, si des excès sans nom n'eussent déjà flétri, amaigri ce visage fin et régulier ; on apercevait ses épais cheveux noirs à travers les mailles de la résille d'or qui ceignait son front pâle et bombé...

« Faustine portait deux tuniques de soie tyrienne, l'une longue et blanche brodée d'or, l'autre beaucoup plus courte, de couleur vert-clair brodée d'argent ; pour corsage, elle n'avait autre chose qu'une résille d'or, comme celle de ses cheveux, et à travers ses mailles, on apercevait son sein et ses épaules nus comme ses bras frêles et d'une blancheur de cire. Un collier de grosses perles et de rubis d'Orient faisait plusieurs fois le tour de son cou flexible et un peu allongé ; ses petites oreilles se distendaient presque sous le poids des nombreuses pendeloques de diamants, d'émeraudes et d'escarboucles qui descendaient presque sur ses épaules ; ses bas de soie étaient roses et ses sandales, à semelles d'or, attachées à ses pieds par des cothurnes de soie verte, disparaissaient sous les pierres précieuses dont elles étaient ornées.

« La grande dame, ainsi mollement couchée sur ses coussins, fit un signe aux deux jeunes Grecs ; ils s'agenouillèrent, l'un à droite, l'autre à gauche de leur maîtresse, et commencèrent de l'éventer doucement, tandis que le noir gigantesque, agenouillé derrière elle, se tenait prêt à remédier au moindre dérangement des carreaux.

« Faustine dit alors d'une voix languissante :

« — J'ai soif.

« Aussitôt plusieurs de ses femmes se précipitèrent vers les buffets d'ivoire : celle-ci mit une coupe de murhe sur un plateau de jaspe, celle-là prit un vase d'or, tandis qu'une autre apportait un des grands bassins d'argent remplis de neige où plongeaient plusieurs flacons d'argile de Sagonte. Faustine indiqua du geste qu'elle voulait boire de ce vin glacé sous la neige.

« Une esclave tendit la coupe, qui fut

aussitôt remplie; mais en se hâtant d'apporter ce breuvage à sa maîtresse, la jeune fille trébucha sur un des coussins, la coupe déborda et quelques gouttes de la liqueur glacée tombèrent sur les pieds de Faustine. Elle fronça le sourcil, et tout en prenant la coupe de l'une de ses mains blanches et fluettes, couvertes de pierreries, de l'autre elle fit voir à l'esclave la tache humide du vin sur sa chaussure; puis elle vida la coupe, sans quitter de son noir et profond regard la jeune fille. Celle-ci commença de trembler et de pâlir... »

Faustine désaltérée, songe alors à punir l'esclave maladroite :

« — Philénie, dit-elle, à genoux.

« L'esclave effrayée obéit.

« — Plus près, dit Faustine, plus près... à ma portée.

« Philénie obéit encore.

« — J'ai grand chaud, dit la noble dame... »

Le jeu des éventails redouble, et une esclave essuye le front moite de sa maîtresse à l'aide d'un carré de lin richement brodé et parfumé, tandis que l'infortunée Philénie attend son sort, en proie à une sourde terreur.

« Faustine la contempla quelques instants d'un air de satisfaction féroce, et dit :

« — La *pelote!*

« A ces mots l'esclave tendit vers sa maîtresse ses mains suppliantes; mais elle, sans paraître seulement voir ce geste implorant, dit au noir.

« — Erèbe, découvre son sein, et tiens-la bien...

« Le noir, dans sa joie dissolue, exécuta les ordres de la grande dame, qui prit alors des mains d'une de ses femmes un singulier et horrible instrument de torture. C'était une assez longue tige d'acier, très flexible, terminée par une plaque d'or ronde recouvrant une pelote de soie rouge... Dans cette pelote étaient fixées par la tête, et assez écartées l'une de l'autre, un grand nombre d'aiguilles, de façon que leurs pointes acérées sortaient de la pelote au lieu d'y être enfoncées.

« Le noir s'était emparé de Philénie... Celle-ci, pâle comme une morte, n'essaya pas de résister. Son sein fut brutalement mis à nu. Alors, au milieu du morne silence de tous, car on savait quel châtiment était réservé à la moindre marque de pitié, Faustine, accoudée sur un coussin, la joue appuyée dans la main gauche, prit la pelote de la main droite, imprima un léger balancement à la tige flexible, et en frappa le sein de Philénie, contenue par les bras nerveux de l'Ethiopien agenouillé derrière elle.

« A cette douleur aiguë, la malheureuse enfant poussa un cri, et la blancheur de sa poitrine se teignit de quelques gouttelettes de sang vermeil, sortant à fleur de peau... »

Excitée par les cris de douleur de son esclave, la « dame » romaine redouble de coups de pelote, jusqu'à ce que le sein de la malheureuse Philénie soit entièrement couvert d'une sorte de nuage de sang, — et aussi, sans doute, jusqu'à ce que son aimable maîtresse soit fatiguée. »

Suit une scène de sorcellerie qui ne serait que ridicule si, sur la demande de la sorcière, et pour ses besoins particuliers, une autre jeune esclave n'était froidement mise à mort.

Enfin, la sorcière lui ayant prédit ce qu'elle désirait, la belle et noble Faustine donne le signal de l'orgie finale sur laquelle l'auteur pudibond glisse un voile à demi transparent :

« ... Et d'un geste furieux, la noble dame arracha la résille d'or de sa coiffure, la résille d'or de son corsage ; sa noire chevelure, qu'elle secoua comme une lionne sa crinière, tomba sur son sein, sur ses épaules nues, et entoura ce pâle visage, alors éclatant d'une épouvantable beauté...

« Elle vida d'un trait une large coupe d'or, donnant le signal de l'orgie. Les coupes circulèrent, et bientôt, au bruit retentissant des lyres, des flûtes, des cymbales, affranchis et esclaves, entraînés par le vin, la corruption, la terreur et l'exemple de leur maîtresse infâme, commencèrent, au son des instruments et des chants obscènes, une danse sans nom... monstrueuse... »

Sans doute les écrivains, surtout les poëtes contemporains nous auraient fourni des indications tout aussi précieuses et beaucoup plus nettes sur les mœurs des Romaines, mais non une scène d'ensemble où la débauche et la cruauté gratuite se touchent de si près.

Nous reviendrons sur le sujet si plein d'intérêt des courtisanes romaines de haute volée, comme devait l'être, dans la pensée d'Eugène Sue, cette Faustine imaginaire, quand nous aurons dit un mot indispensable sur les prostituées de bas étage et sur les conditions d'existence auxquelles il leur fallait se soumettre, et dont elles savaient d'ailleurs tirer tout le parti possible.

Les prostituées romaines s'établirent d'abord dans des endroits écartés, autour des murailles de la ville, dans les souterrains du cirque et sous la voûte des fours abandonnés, d'où le mot *fornication* tiré son origine (de *fornix*, voûté). Mais cela ne dura qu'un temps, et bientôt, grâce aux *progrès* des mœurs, il s'installa des lupanars jusqu'au milieu de la ville.

Cependant ce ne fut que sous les empereurs que les prostituées (*mérétrices*) atteignirent à ce degré d'audace que rien ne pouvait réprimer. Nous voyons Tibère interdire la prostitution aux femmes et aux filles des chevaliers, preuve évidente que ces filles et ces femmes ne laissaient pas de se livrer à cette industrie, sous peine de la déportation. Dioclétien, à son tour, interdit le mariage aux filles des maîtresses de lupanars, ou *lenones*.

Sous le rapport des costumes, les *mérétrices* n'étaient pas serrées de moins près. Celui qu'on leur permettait se rapprochait du costume masculin ; elles portaient une mitre et une toge ouverte sur le devant ; la couleur de leurs vêtements était jaune, l'emblème de la folie et de la honte, celle de leurs chaussures était rouge. Elles ne pouvaient se parer de bijoux ni d'aucun ornement, ni sortir en litière. Lorsqu'elles devaient assister à quelque orgie nocturne, elles étaient obligées de se faire porter d'avance au lieu du rendez-vous leurs objets de parure renfermés dans un coffret.

Le recrutement des prostituées, malgré tous ces désagréments attachés à la profession, se faisait sans peine ; on achetait des femmes à l'étranger, et d'ailleurs bon nombre de maîtres n'étaient pas fâchés d'exploiter de cette façon leurs esclaves femelles.

Toutes les cités romaines abondaient en lupanars, sans compter que tavernes, boutiques de barbier et même de boulanger, bains, etc., tout servit bientôt de succursale occasionnelle à ces maisons de débauche. Ceux qu'on a découverts à Pompéi nous instruisent complètement sur les dispositions intérieures de ces établissements.

On pénètre tout de suite dans un corridor sur lequel ouvrent plusieurs chambres fort petites. La porte de chacune de ces chambres porte le nom de la femme qui l'habite et est surmontée d'une peinture obscène ; à côté du nom de la prostituée est inscrit le prix exigé pour jouir de ses embrassements. Dans un coin de la chambre est un lit en pierre que l'on recouvrait de matelas et de tapis et les murs sont cou-

Laïs, l'Athénienne.

verts d'inscriptions obscènes. Un phallus gigantesque, avec cette inscription *Hic habitat felicitas*, telle était l'enseigne de la maison.

A Rome les lupanars étaient réunis dans le quartier populeux de Suburre, et c'est dans une de ces maisons, dans une cellule sur la porte de laquelle était inscrit le nom *Lycisca*, que la femme de l'imbécile empereur Claude allait s'offrir à la lubricité publique, trouvant fades les embrassements de ses amants ordinaires, bien qu'ils ne fussent pas souvent choisis avec un grande délicatesse.

Aussi sanguinaire qu'elle était débauchée, c'est surtout sous cet ignoble caractère de courtisane de bas étage que Messaline est restée célèbre, grâce aux traits dont Juvénal l'a si justement accablée. Combien pourtant sont tombés sous le poignard d'un vil esclave à ses ordres, les uns pour avoir repoussé ses avances, les autres pour y avoir trop répondu! Elle s'échappait du Palatin, à la faveur des ténèbres, une perruque blonde dissimulant ses cheveux noirs, les seins retenus par une résille d'or et suivie d'une esclave, sa complice, épiant les passants dans les rues conduisant aux bas quartiers de Rome. Elle arrivait enfin au quartier de Suburre, franchissait la porte d'un lupanar fréquenté par la lie de la populace et s'enfermait frémissante dans la cellule de la prétendue Lycisca.

Au point du jour, il fallait chasser du mauvais lieu cette louve inassouvie quoique brisée de fatigue : *Et lassata viris, nec tum satiata recessit.*

Quelle différence il y a de cette prostituée immonde et féroce, quoique impératrice, à la moins illustre des courtisanes de la Grèce, si dépravée, si avide qu'elle fût. Chez Messaline il n'y avait plus rien que la lubricité bestiale et la cruauté sanguinaire, et le fait est qu'elle termina une existence de déportements inouïs par une folie monstrueuse.

« Messaline, dit Beulé, dans ses *Portraits du siècle d'Auguste*, avait un excès de sève qui avait besoin d'être réprimé, un tempérament que les principes et la surveillance la plus sévère auraient eu quelque peine à contenir. Jetée sur le trône à l'improviste, elle s'enivra du droit de tout oser, se livra à ses instincts qui se développèrent, à ses passions qui se multiplièrent avec furie. Dans son âme, les âcres plaisirs des sens et la fureur du tempérament avaient absorbé, dénaturé, annihilé, dévoré les autres forces. On ne trouvait chez elle ni l'amour des arts et des lettres, ni l'esprit, ni cette délicatesse intellectuelle qui tient quelquefois lieu de morale, ni cette fierté féminine dont le masque ressemble encore à la vertu. Elle était esclave de la matière, servante de son corps et n'avait plus conscience que de la volupté. La volupté était l'unité et la formule suprême de cet être qui, n'étant plus soumis à aucune pression, s'était gonflé comme une tumeur monstrueuse. Toutes les passions qu'un pouvoir sans bornes lui permettait de satisfaire, se ramènent fatalement à cette unité : la cruauté elle-même devient une sorte de jouissance pour ces natures où la violence des sensations a tué tout sentiment et étouffé l'humanité. »

C'est, en termes froids, sans doute, mais excellents, une analyse exacte de cette étrange figure de la Rome impériale, qui en a toute une galerie.

Agrippine, la digne mère de Néron, qui succéda à Messaline comme femme de Claude et empoisonna cet idiot d'époux, ne valait guère mieux que celle qu'elle remplaçait, sous le rapport de la chasteté. L'histoire des impératrices romaines, à quelques brillantes exceptions près, n'est au reste qu'une longue et monotone série de scènes d'adultères, d'incestes, d'immonde lubricité, alternant agréablement avec des scènes sanglantes.

Jules César, cet « homme de toutes les femmes » qu'on disait être en même temps la « femme de tous les hommes » fut bien partagé du côté matrimonial, du moins à ce qu'il semble, mais il prenait des mesures si efficaces pour que « la femme de César ne pût même être soupçonnée, » qu'il n'y a rien d'étonnant à cela. Par contre César lui-même était mieux que soupçonné de tous les vices.

De même que César, Auguste avait été un débauché aussi complet qu'il est possible de le désirer. « Dès sa première jeunesse, dit Suétone, il subit l'infamie de plusieurs genres de débauches. » Et Suétone cite des témoignages à l'appui de cette assertion. « Les plaisirs des sens, ajoute-t-il plus loin, exercèrent toujours sur lui un puissant empire. Il aimait principalement les vierges, et sa femme se prêtait même à l'en pourvoir. »

Cette épouse complaisante c'est l'artificieuse Livie, mère de Tibère, qu'elle voulait faire et qu'elle fit l'héritier d'Auguste. Tibère passa les dernières années de sa vie dans sa maison de Caprée, où il avait fait peindre à fresque des scènes représentant les diverses positions imaginées pour accomplir l'acte vénérien, positions inventées, à ce qu'on prétend, et mises naturellement en pratique par la courtisane grecque Cyrere.

Mais le sombre et cruel empereur romain est moins célèbre par ses débauches que sa femme. Julie, fille d'Auguste et de sa troisième femme, Scribonia, répudiée pour faire place à Livie, et dont les mœurs étaient fort déréglées. Julie n'y mettait pas la moindre réserve : elle se prostituait à tout venant, et un jour elle eut même l'impudence de consacrer à Mars autant de couronnes qu'elle s'était livrée de fois, en une seule nuit, à des hommes différents (on n'en dit pas le nombre, et c'est dommage).

C'était du vivant d'Auguste. Tibère, honteux, et on le serait à moins, abandonna la cour. Auguste alors déféra la cause de sa fille au Sénat, ignorant sans doute qu'il vaut toujours mieux laver son linge sale en famille.

Julie fut exilée dans l'île de Pandataria (aujourd'hui Vendotena). « Auguste, dit Suétone, lui interdit l'usage du vin dans son exil et toutes les douceurs d'une vie délicate ; il défendit qu'aucun homme, libre ou esclave, l'approchât sans qu'il en fut instruit. » Jamais elle ne fut rappelée à la cour, ni par Auguste ni par Tibère.

Maintenant, il est juste de dire, à la décharge de Julie, que la première partie de sa vie fut irréprochable, et de rappeler, pour expliquer et ses dérèglements et la sévérité avec laquelle elle en fut châtiée, que plusieurs historiens prétendent que ce fut son propre père qui la débaucha, et que sa jalousie incestueuse plus que tout autre sentiment le porta à l'exiler.

L'exil du poëte Ovide, qui eut lieu dans le même temps que celui de Julie, donna lieu à un rapprochement au moins spécieux : « Quelle a été la cause de l'exil d'Ovide ? dit à ce propos Ampère, dans son *Histoire romaine à Rome*. C'est encore un mystère. Cependant la colère d'Auguste contre le poëte ne peut guère être expliquée que par ces deux vers de Voltaire :

Amant incestueux de sa fille Julie,
De son rival Ovide il proscrivit les vers.

Le poëte, en effet, s'accuse d'avoir vu ce qu'il ne devait pas voir, et se compare à Actéon ; les expressions voilées dont il se sert se rapportent très bien à un amour incestueux d'Auguste pour Julie. Julie, en ce genre, était capable de tout, et les mœurs d'Auguste étaient détestables ; enfin Caligula disait que sa mère était née de cet inceste. »

Caligula, cet empereur épileptique dont tout un peuple subit pendant plusieurs années les infâmes débauches, les cruautés idiotes et les insultes, devait être fier d'une pareille origine, lui qui souillait ses sœurs et les prostituait ensuite à ses favoris. Au reste sa lubricité ne connaissait pas de bornes. Lorsqu'une femme lui plaisait, si haut qu'elle fût placée dans Rome, le mari avait ordre de la lui amener, et s'empressait d'obéir.

Enfin les femmes ne suffisaient pas à Caligula, et l'historien lui prête, pour maîtresses et amants tour à tour, le danseur Mnester, qui fut plus tard l'amant de Poppée-Sabine, puis de Messaline (malgré lui, de cette dernière), ainsi que plusieurs jeunes gens dont on nomme quelques-uns.

Les débauches et les folles prodigalités de Caligula ayant épuisé le trésor impérial, cet empereur imagina de tirer de l'argent de la débauche même, et fut ainsi le premier à Rome qui frappa d'un impôt l'exercice de la prostitution.

« Les courtisanes, dit Suétone, furent obligées de donner une partie de ce qu'elles gagnaient. La loi ne se borna pas là. Celles qui avaient exercé le métier d'entremetteuses ou de prostituées furent soumises à ce droit. »

Cela ne rendait pas encore assez. Caligula en vint alors à établir un lupanar dans son propre palais.

« Pour essayer toute espèce de rapine, dit l'écrivain déjà cité, il établit un mauvais lieu dans son palais. Un grand nombre de cabinets furent construits et meublés conformément à la majesté du local. On y plaça des matrones et des hommes de condition libre. Des esclaves nomenclateurs étaient envoyés sur les places et dans les basiliques, pour inviter à la débauche les jeunes gens et les vieillards. On prêtait aux arrivants de l'argent à usure, et des employés prenaient publiquement leurs noms, comme favorisant les revenus de l'empereur. »

Le tableau est assez complet, et Caligula était un homme qui s'entendait à faire argent de tout pour parer aux dépenses de ses coûteuses orgies.

Caligula avait pourtant de la constance ; il fut fidèle à sa sœur Drusille et ne se consola jamais de sa mort ; il s'éprit aussi follement de Césonie, à une époque où, restée veuve avec trois enfants, elle n'était nécessairement plus jeune. « Césonie, dit Suétone, n'était ni belle ni jeune, mais hardie, altière et de la plus impudente lubricité. » Il paraît qu'elle possédait le secret de voluptés spéciales bien faites pour lui attacher un amant de l'espèce de Caligula. Toutefois, elle ne devait pas être aussi peu belle que Suétone le donne à entendre, car il est certain que Caligula aimait à la montrer nue à ses familiers, et que Césonie se prêtait volontiers à cette exhibition, ce qu'elle n'eût point fait si elle avait douté le moindrement du pouvoir de ses charmes à leur maturité.

Césonie eut le courage de se laisser égorger à côté de son impérial époux, car elle était devenue impératrice.

Poppée, cette femme que Néron tua d'un coup de pied dans le ventre dans un mouvement de vivacité et qu'il fit embaumer ensuite, contrairement à l'usage, était fille de cette rivale de Messaline dans les faveurs du pantomime Mnester, qui était reconnue pour la plus belle femme de son temps. Elle était aussi belle que sa mère, assure-t-on, et plus élégante, plus habile certainement, plus effrontément débauchée aussi. « Rien ne manquait à Poppée qu'une âme honnête, dit Tacite. Sa mère, la plus belle femme de son temps, lui avait donné la beauté et la noblesse ; ses richesses étaient en rapport avec sa naissance, sa conversation aimable, son esprit distingué. Modeste dans son air, débauchée dans ses mœurs, elle sortait peu et toujours le visage à demi-voilé, pour laisser quelque chose à désirer aux yeux et peut-être parce qu'elle se savait mieux ainsi. Jamais elle ne ménagea sa réputation et ne fit de différence entre un amant et un mari. Incapable d'attachement, insensible à celui des autres, là où elle voyait son intérêt, elle portait sa passion. »

Elle avait le plus grand soin de sa beauté, et se *maquillait* de sorte que peu de ses contemporains purent se faire une idée exacte de ce qu'elle était véritablement. Elle se faisait suivre constamment, en quelque lieu qu'elle allât, de cinq cents ânesses dont le lait lui fournissait le bain dont elle avait besoin pour entretenir la blancheur et la fraîcheur de sa peau. Elle faisait usage d'un fard onctueux composé de seigle bouilli avec de l'huile et formant une pâte épaisse dont elle se couvrait le visage le matin, pour l'avoir bien frais le soir. Pour se débarrasser de cette pâte, elle se lavait le visage avec l'inévitable lait d'ânesse.

Il faudrait maintenant emprunter au *Satyricon* ses pages les plus ordurières; mais le courage nous manque.

Deux empereurs, qui méritaient mieux, partagèrent le trône avec deux misérables prostituées, la mère et la fille, les deux Faustine; ce sont Antonin le Pieux et Marc Aurèle. Tous deux souffrirent en silence cette chaîne ignoble, par politique sans aucun doute, mais probablement aussi par indulgence naturelle.

La dernière surtout, qu'on désigne ordinairement sous le nom de *Faustine la Jeune*, ne peut être comparée qu'à Messaline, car, sans aucune pudeur, elle se prostituait publiquement aux hommes les plus vils. Soldats, matelots, gladiateurs, tout lui était bon, pourvu qu'ils fussent robustes. Elle se les faisait amener, les faisait mettre nus, les examinait avec soin, les palpait en connaisseuse et fixait son choix. Aucune considération, du reste, ne pouvait la retenir : il lui fallut son gendre, et comme sa fille lui reprochait cet inceste, elle lui rit au nez.

« Incapable de réflexion et de retenue, de remords comme de scrupule, dit un écrivain, elle ne sut jamais opposer à la violence de son tempérament les devoirs de la bienséance, et l'on trouve peu de princesses qui aient porté leurs crimes à des excès si honteux.

« Faustine se livra, comme sa mère, aux derniers excès de la débauche. Le sénateur et le chevalier romains étaient confondus chez elle avec le gladiateur et l'affranchi. Elle vécut surtout avec Tertullus dans une familiarité infâme. Capitolin nous apprend que l'impératrice gardait si peu de ménagements qu'un jour Marc Aurèle la surprit dînant en tête-à-tête avec Tertullus : *Tertullum etiam prandentem eum uxore deprehendit.*

« La chose était si publique qu'un jour que l'empereur était à la comédie, les acteurs eurent la témérité de lui reprocher sa honte et de l'instruire des prostitutions de son épouse, sans aucun ménagement ; car un acteur, qui représentait un mari stupide, ayant demandé à un esclave le nom du galant de sa femme, l'esclave le nomma par trois fois Tullus; mais le mari, feignant de ne l'avoir pas entendu, l'esclave lui réplique qu'il s'appelait Tertullus (*ter Tullus*) : « Je vous ai dit trois fois *Tullus.* »

Citons encore Fausta, femme de Constantin, qui, aussi dépravée que la précédente, en vient à jouer auprès de son beau-fils Crispus le rôle de Mme Putiphar auprès de Joseph, et laisse condamner au dernier supplice l'innocent fils de Constantin.

Nous pourrions arrêter là cette revue des prostituées du trône, dans la crainte de devenir fastidieux en la prolongeant et non parce que la matière nous fait défaut; de même qu'après ce que nous avons dit de Caligula, il nous paraît superflu d'aborder la description des turpitudes identiques dont Néron, Caracala et surtout Héliogabale ont donné au monde le repoussant spectacle. Nous dirons toutefois quelques mots d'une courtisane célèbre dans l'antiquité dont la place peut tout aussi bien venir ici, puisqu'elle monta sur le trône de l'empire d'Orient avec Justinien 1er.

Théodora était fille du *maître des ours* de Constantinople, c'est-à-dire qu'il était chargé de la garde des bêtes destinées aux spectacles, fonctions peu lucratives, car en mourant il laissa dans une profonde misère sa veuve et trois filles en bas âge, dont Théodora était la dernière. Toute jeune encore elle parut, dans des rôles muets, sur le théâtre de Byzance où elle devait bientôt remporter des triomphes de plus d'un genre.

Théodora était douée d'une beauté incomparable. « Ses traits, dit Gibbon, d'après Procope, avaient de la délicatesse et de la régularité; son teint, un peu pâle, était pourtant animé d'un léger incarnat; la vivacité de ses yeux exprimait sur-le-champ toutes ses sensations; ses mouvements aisés développaient les grâces d'une taille élégante, quoique peu élevée, et l'amour ou l'adulation pouvaient défier le pinceau du peintre ou celui du poète de rendre l'incomparable perfection de ses formes. »

« Elle ne dansait pas, ajoute l'historien du Bas-Empire, elle ne dansait pas, elle ne jouait pas de la flûte, et ses talents se bornaient à l'art de la pantomime; elle excellait dans les rôles bouffons, et dès qu'elle enflait ses joues et que, prenant un ton et des gestes comiques, elle se plaignait des coups qu'elle avait reçus, des éclats de rire et des applaudissements remplissaient le théâtre de Constantinople. » Tous ses talents, malgré cela, auraient été impuissants à lui assurer la moitié du succès que lui valait son enivrante beauté. En fait, elle n'avait qu'à paraître pour soulever l'enthousiasme.

Poussée par un tempérament de feu, elle se livrait aux plus violentes extravagances érotiques, à des excès fabuleux, dont Procope se fait l'historien complaisant. Il cite notamment un souper où, environnée de trente esclaves, Théodora accorda ses faveurs à dix jeunes gens. En femme habile et prévoyante, la veuve du maître des ours exploitait sans vergogne les excellentes dispositions de sa fille; mais celle-ci ne songeait qu'à satisfaire sa passion, et, suivant l'expression d'un historien, si sa mère cherchait pour elle des amants riches, elle ne cherchait que des amants robustes.

Tout à coup elle renonça à sa vie de débauche pour s'attacher à un jeune Tyrien nommé Ecebole dont elle est follement éprise. Il est nommé gouverneur de la Pentapole d'Afrique : pour le suivre, elle n'hésite pas à abandonner le théâtre de ses succès et de ses débauches. Elle vit heureuse et réservée près de lui pendant quelque temps, mais elle n'y peut tenir, en dépit d'elle-même, et recommence bientôt le cours de sa scandaleuse existence. Ecebole alors la chassa.

Théodora revint donc à Constantinople, mais, dénuée de ressources, elle dut se prostituer tout le long du chemin pour parer aux frais du voyage. « Dans sa route laborieuse, dit Gibbon, elle fit, sur son passage, jouir de ses attraits toutes les villes d'Orient, et se montra digne d'avoir reçu le jour dans l'île favorite de Vénus. » Théodora était, en effet, originaire de l'île de Chypre.

De retour à Constantinople, Théodora affecta une réserve, une austérité même, qui ferait croire qu'elle fit presque aussitôt la rencontre de Justinien, neveu de l'empereur et son héritier. Dans tous les cas, elle dit cette fois adieu à la vie de débauche. Après avoir été la maîtresse de Justinien pendant plusieurs années, celui-ci l'épousa, et elle régna vingt-deux ans sur l'empire d'Orient. — Mourut-elle d'un cancer ou d'une maladie honteuse passée à l'état chronique? Les deux opinions ont des partisans.

Nous n'avons pas à examiner ici la politique de l'impératrice, mais la conduite de l'ancienne prostituée nous appartient. Si donc elle se vengea cruellement, comme on l'affirme, de ceux qui, ne croyant point si proche l'oreille infâme d'un espion, se laisient aller à parler de leur souveraine en termes méprisants, il faut dire qu'elle n'oublia jamais les commencements misérables de son existence et la honte de sa jeunesse. En souvenir, elle fit élever, sur la rive asiatique du Bosphore, un palais où cinq cents femmes de Constantinople, que la débauche et la misère avaient conduites à la prostitution, étaient entretenues à ses frais; ce qui ferait supposer qu'elle-même y fut d'abord poussée par la misère, peut-être avec un peu d'aide maternelle, comme cela n'était pas très rare.

La corruption romaine était assez complète pour pouvoir se passer du secours de la belle impératrice cypriote, que nous faisons paraître ici un peu hors de son rang. Nous avons vu que Jules César était accusé, entre autres vices, de se faire « la femme de tous les hommes » à l'occasion. Le fait est que de son temps le vice de la pédérastie florissait à Rome autant qu'à Athènes du temps de Solon; malheureusement on n'avait plus les mêmes moyens de le combattre, du moins ces moyens étaient usés maintenant.

Aucun peuple n'a poussé plus loin les raffinements du libertinage. On élevait des jeunes esclaves des deux sexes, dont on faisait des danseurs et des joueurs de flûte, expressément pour servir aux plaisirs des vieillards libidineux, blasés sur les ressources ordinaires de la débauche ou incapables d'y recourir.

Ces enfants, vêtus de robes flottantes pailletées d'or, les joues couvertes de fard pour en cacher la pâleur maladive, le front couronné de roses, les oreilles chargées de lourdes et riches pendeloques, figuraient dans les fêtes publiques aussi bien que dans les orgies privées. Outre leurs talents musicaux ou chorégraphiques, chacun, comme on le pense, avait quelque talent secret sur lequel nous n'insisterons pas. Il y avait parmi ces jeunes garçons et ces jeunes filles jusqu'à des *fellatores* et des *fellatrices!* (Que ceux qui connaissent le latin traduisent eux-mêmes et que les autres nous excusent de ne point le faire, faute d'équivalent français décent.)

Il va sans dire que les tribades ne faisaient pas faute à Rome. Juvénal signale à la vindicte publique plusieurs dames romaines qui, ayant abdiqué les prérogatives de leur sexe, souillent les autres femmes de leurs embrassements virils. Il nomme entre autres Lofella et Medulina. Ces femmes nous sont en outre indiquées par Plaute sous les épithètes de *frotteuses* et de *gratteuses*, et par Cœlius Aurélianus, sous celle de *titillauses*.

On sait que cette passion contre nature est due à un développement considérable, naturel ou artificiel, du clitoris, chez les femmes qui en sont affectées. L'amputation de cet organe ramène presque toujours la femme tribade à des goûts conformes à sa nature.

M. A. Debay cite, à ce propos, dans un de ses intéressants ouvrages, un fait qu'il emprunte à l'histoire de la prostitution à Rome:

« Un proconsul, marié à une femme à long clitoris, dit-il, dont la stérilité et l'indifférence à ses caresses le désespéraient, la surprit un jour dans un appartement retiré de sa maison, toute nue et jouant à l'homme avec ses esclaves femelles également nues.

Le Romain furieux enfonça la porte, saisit sa femme, et du tranchant de son poignard lui abattit le clitoris.

« De ce moment la tribade perdit complètement ses goûts contre nature, redevint femme, aima son mari et lui donna plusieurs enfants. »

Il ne manque pas d'exemples modernes du même phénomène.

Entraîné par notre sujet, nous n'avons parlé encore, à propos de courtisanes, que des impératrices. Il est temps que nous nous occupions aussi de quelques hétaïres romaines que les vers des poètes qu'elles eurent l'esprit d'aimer ont rendues immortelles. Pour cela, il nous faudra retourner un peu loin sur nos pas.

Contrairement à ce que nous avons vu chez les Grecs, les courtisanes de Rome n'avaient été en aucune façon préparées pour cette carrière ; et étaient, pour la grande majorité, patriciennes avant de devenir praticiennes du vice. La jalousie paraît les avoir poussées à cette transformation.

Les prostituées seules, en effet, vivaient avec une grande liberté, et celles qui faisaient bien leurs affaires étaient citées pour leur élégance et pour la brillante société dont elles avaient le privilège de s'entourer. — Les matrones, ennuyées du gynécée, voulurent, elles aussi, s'affranchir de la contrainte excessive qui pesait sur elles. Elles reçurent une société choisie, luttèrent d'élégance et, par une pente rapide, plusieurs d'entre elles tombèrent jusqu'à l'adultère, à l'inceste, et enfin dans les bas-fonds de la prostitution.

Telle est à peu près la carrière suivie par la célèbre Lesbie, l'amante adorée, puis vilipendée de Catulle.

Lesbie s'appelait de son vrai nom Clodia, elle était sœur du fameux tribun Clodius, l'ennemi implacable de Cicéron. Dans son plaidoyer pour Cælius, l'illustre orateur, qui commence par déclarer qu'il n'est pas l'ennemi des femmes, et encore moins d'*une femme qui est l'amie de tous les hommes*, lui reproche d'avoir empoisonné son mari Métellus, d'avoir été la maîtresse de ses frères.

Sans doute Cicéron était fort sujet à caution, surtout dans ce procès, où il était pour ainsi dire juge et partie; mais il n'était en somme que l'écho des bruits publics, et dans ce procès, il est certain que Clodia n'avait pas le beau rôle.

Quoiqu'il en soit, Clodia était une de ces patriciennes impatientes de toute contrainte qui ne craignirent pas d'imiter les courtisanes dans cette partie de leur existence, d'abord, qui excitait le plus la jalousie des honnêtes matrones, filles d'Ève après tout. Elle s'entoura d'artistes, de gens de lettres, de poètes, de philosophes et de gens d'esprit de tous les bords. Elle était belle, spirituelle, indépendante, amoureuse du luxe et de la représentation. On glosa ; elle laissa gloser. Son tempérament d'ailleurs la portait à mieux, et elle ne tarda pas à se plonger dans la débauche la plus complète. Elle était citée aussi bien pour son ardeur au libertinage que pour son luxe.

Nous ne passerons pas en revue la collection trop nombreuse de ses amants, dont les deux plus célèbres furent Cælius et Catulle.

Cælius était le locataire de Clodius, le tribun, lorsqu'il fit la connaissance de Clodia. Leurs relations devinrent publiques, et Clodia donnait des fêtes à son amant, soit dans ses jardins des bords du Tibre, soit à sa villa de Baïes, qui défrayaient la chronique scandaleuse. Contrairement à l'usage, ce fut l'amant qui se lassa le premier et rompit cette agréable liaison. Clodia furieuse rechercha les ennemis de Cælius, et avec leur secours, intenta à son ancien amant le procès célèbre dans lequel Cicéron devait le traîner littéralement dans la boue.

Cælius était accusé de meurtre, de sédition et de bien d'autres choses encore ; Clodia prétendait même qu'il avait voulu l'empoisonner. Elle perdit son procès, après avoir eu le plaisir de se voir traiter de prostituée, de *femme au quart d'as*, c'est-à-dire

Mort de Sardanapale.

dont les faveurs coûtaient deux sous, et de s'entendre reprocher plus d'infamies probablement qu'elle n'aurait été capable d'en commettre avec moitié plus de lubricité et d'effronterie.

Clodia eut ensuite pour amant le poète Catulle qui l'a immortalisée dans ses vers sous le nom de Lesbie, en souvenir des filles de Lesbos qu'elle personnifiait toutes à ses yeux probablement. Cette liaison dura longtemps, et il semble que la brillante courtisane patricienne répondit avec candeur à l'amour passionné du poète véronais.

« Vivons, aimons, ma Lesbie, s'écrie le poète dans une de ses charmantes élégies, et moquons-nous des vieillards sévères. Le soleil meurt pour renaître; mais nous, quand notre courte lumière est une fois éteinte, c'est une nuit éternelle qu'il nous faut dormir sans réveil. Donne-moi mille baisers, puis cent, puis mille, puis cent encore, puis encore mille et cent nouveaux; ensuite, quand nous nous serons embrassés des milliers de fois, nous embrouillerons le compte, pour ne plus le savoir et ne point laisser aux jaloux un prétexte pour nous envier en leur laissant connaître combien de baisers nous nous sommes donnés. »

Mais Lesbie se fatigua de cet amour de poète, et elle abandonna Catulle pour un ami de Catulle, lequel vengea son ami en abandonnant à son tour l'inconstante. Et cette grande dame, incapable de se retenir sur la pente où l'entraînait le démon de la lubricité, roula peu à peu jusqu'à la fange la plus infecte de la prostitution : elle finit au lupanar. Et Catulle s'écrie alors :

« Cœlius, notre Lesbie, cette Lesbie adorée, cette Lesbie que Catulle chérissait

6ᵉ LIVRAISON.

uniquement, qu'il aima plus que lui-même, plus que tous les siens, Lesbie, maintenant, au coin des rues et des carrefours « caresse » (glubit) les magnanimes descendants de Remus.

« Infâme lupanar, situé au neuvième pilier après le temple des Jumeaux, s'écrie Catulle dans une autre épigramme, et vous, ses dignes habitués, croyez-vous être seuls doués des attributs de Priape, seuls avoir le privilège de lever un tribut sur toutes les belles et de réduire tous les autres au rôle d'Eunuques?

« Vous figurez-vous, parce que vous êtes là cent ou deux cents imbéciles réunis, que je n'oserai pas vous défier tous?

« Or, sachez bien que je charbonnerai vos infamies sur tous les murs de ce repaire : car c'est là que s'est réfugiée la maîtresse qui me fuit, cette jeune fille que j'aimais comme jamais femme ne sera aimée, pour qui j'ai eu tant d'assauts à soutenir. Et vous, honnêtes gens que vous êtes, vous partagez tous ses faveurs. — Et, chose indigne, à qui les prodigue-t-elle? à des hommes de rien, à des galants de carrefour.

« Toi, entre autres, fils chevelu de la Celtibérie, Ignatius, toi dont tout le mérite consiste dans une barbe épaisse et des dents qui doivent leur blancheur à l'urine dont tu les frictionnes... »

Et ainsi de suite. La maîtresse de Catulle s'est donc bien retirée dans un lupanar, et d'après Apulée, cité par M. Gaston Boissier, cette maîtresse, c'est-à-dire Lesbie, ne serait autre que Clodia. — Faut-il avouer que nous conservons des doutes?...

Une courtisane célèbre, dont la fin fut aussi triste, mais dont les débuts avaient été beaucoup moins brillants que ceux de Lesbie, c'est Lycoris, maîtresse de Cornelius Gallus.

Esclave comédienne, elle s'appelait d'abord Cythéris; elle prit le nom de Volumnia après avoir été affranchie par Volumnius qu'avait séduit sa splendide beauté. Elle abandonna cependant Volumnius pour Gallus, qui la célébra sous le nom de Lycoris, puis quitta ce dernier pour un soldat qu'elle suivit au delà des Alpes.

Nous ne nous appesantirons pas sur le chagrin que Gallus ressentit de cet abandon auquel il devait s'attendre; il était poète, et n'a pas manqué en conséquence de l'exhaler longuement. Quant à Lycoris, son troupier paraît l'avoir laissée en route lorsqu'elle l'eut fatigué de sa compagnie; de sorte qu'elle revint à Rome, accorda bientôt ses faveurs au plus offrant, et finalement se réfugia dans un lupanar de bas étage.

Nous savons trop peu de choses de la Cynthie de Properce, — si ce n'est qu'elle abandonna le poète, comme Lesbie Catulle, — de la Délie, de la Némésis, de la Néæra, de la Sulpicia de Tibulle, de la Lydie d'Horace, et d'autres non moins célèbres amoureuses dont l'indiscrétion naturelle aux poètes a fait parvenir les noms ou les surnoms jusqu'à nous, pour nous permettre seulement de les considérer comme de véritables courtisanes, et par conséquent pour en rien dire de plus.

Lycoris et Lesbie, terminant dans la cellule d'un lupanar leur existence de débauches et de scandales nous appartenaient de droit; mais ce sont les seules. Et d'ailleurs quelle distance il y a de ces deux femmes à Délie et à Némésis, ces deux rivales dans le cœur de Tibulle, se réunissant au chevet du poète moribond pour lui fermer les yeux!

La corruption romaine poussée au point où nous l'avons vue sous les empereurs, avait donné naissance à une industrie qui jouit jusque sous Constantin d'une grande prospérité : celle des proxénètes.

Il y en avait de tout rang et de tout poil, pour les petits comme pour les grands, pour les lupanars comme pour les palais. Les prostituées vieillies sous le harnais brillaient d'un éclat particulier dans ce rôle de procureuses. Les porteurs d'eau faisaient à ces vieilles sorcières une concurrence acharnée, et ils avaient eux-mêmes à soutenir la concurrence des jeunes seigneurs et des courtisans.

Cela est fâcheux à dire, mais Pétrone, cet esprit si fin et si distingué, en même temps que si voluptueux, Pétrone, consul, était avant tout l'un des plus habiles pourvoyeurs des orgies de Néron, dont il devint ensuite l'historiographe.

L'auteur du *Satyricon* n'a pas seulement décrit les immondes débauches de la cour : à côté du *Festin de Trimalcyon*, il a peint des scènes populaires extrêmement caractéristiques. Nous avons déjà exprimé nos regrets de ce que ces scènes, peintes de couleurs trop crues, soient impossibles à reproduire en honnête français. Nous pouvons faire exception cependant pour celle-ci, qui montre à l'œuvre les courtiers de la prostitution.

Pétrone est en voyage. Après une excursion dans la ville où il s'est arrêté, il cherche son auberge et ne peut la retrouver. Enfin il rencontre une petite vieille qui vendait des légumes.

« — Bonne mère, lui dis-je, ne sauriez-vous pas où je demeure?

« — Pourquoi non? répond-elle gaiement.

« Aussitôt elle se lève et marche devant moi. Je la suis, tenté de la croire inspirée. Arrivés ensemble vers une ruelle obscure, la vieille leva le rideau d'une porte, puis :

« — Voilà sans doute votre logis.

« Je m'en défendis comme on pense. Pendant notre altercation, j'aperçois entre deux rangées d'écriteaux et au milieu de femmes nues des promeneurs mystérieux. Trop tard je reconnus le piège. J'étais dans une maison de prostitution. »

Pétrone rencontre dans ce lieu son ami Arcythe, qui y a également été entraîné par un autre courtier, un peu différent, mais dont les moyens sont identiques à ceux employés par la petite vieille marchande de légumes.

« — Un vieillard d'un extérieur vénérable m'aborde, raconte Arcythe à son ami, et, voyant mon inquiétude, s'offre obligeamment à me remettre sur la voie. J'accepte, nous traversons plusieurs rues détournées, et nous voici dans cette maison. »

Ainsi, c'étaient surtout des vieillards qui se livraient à cet honnête métier. Il est probablement inutile de se demander quelle sorte de vieillards ce pouvait être. Cependant il est bon de remarquer que le proxénète était à Rome un industriel légalement reconnu, et payant le même impôt que les prostituées.

Quand les premiers empereurs chrétiens résolurent de combattre le fléau de la prostitution, dont les ravages avaient atteint un degré effrayant, ils n'oublièrent pas, naturellement, l'honorable corporation des proxénètes, mâles et femelles. Le proxénétisme simple entraînait la peine du fouet ; le récidiviste était envoyé aux mines. Enfin il y avait peine de mort pour celui qui employait la violence dans le but de forcer une femme à se livrer à la prostitution.

Aujourd'hui, sauf la peine de mort, le proxénétisme est puni plus rigoureusement encore ; ce qui ne l'empêche pas d'être prospère autant qu'il a jamais pu l'être, grâce à la complaisante complicité des débauchés de haut vol et à l'appât du lucre. C'est une lèpre qui résistera, je le crains fort, à toutes les médications légales.

IV

L'Amérique.

SOMMAIRE. — Pénurie des renseignements sur les mœurs des premiers habitants du Nouveau-Monde. — Le culte du phallus au Mexique et à Haïti. — *Tozoltenti*, le dieu mexicain de la débauche. — La polygamie en Amérique. — Mœurs mexicaines : Monogamie théorique, le divorce, l'adultère puni, le concubinage légal, l'impôt sur la prostitution. — Les deux reines de Montézuma et ses nombreuses concubines. — Salomon dépassé. — Procédés de remonte, violents mais efficaces, du harem royal. — Le roi fait *un sort* à ses maîtresses déchues. — Sage administration du sérail — Repas pantagruélique — La fin d'un royal débauché. — Le cacique d'Hispaniola et son harem, à l'époque de la découverte de Christophe Colomb. — La polygamie chez les Caraïbes. — Les Peaux-Rouges. — Hurons et Natchez. — Les filles du Soleil.

Ce chapitre sera forcément court, par la raison qu'on ne sait que peu de choses des mœurs des anciennes populations de l'Amérique.

Les voyageurs qui se sont illustrés par des découvertes plus ou moins importantes dans ces contrées inconnues de l'ouest mystérieux, s'y sont jetés plutôt en conquérants, en aventuriers avides, en convertisseurs féroces, qu'en philosophes ; et les historiographes de ces expéditions, ou n'y assistaient pas, ou ont mis une hâte funeste à détruire les idoles, sans constatation préalable d'identité, pour les remplacer par la croix et l'image vénérée de la mère du Christ, ou se sont laissé éblouir par les résultats matériels des hardis coups de main dont ils étaient témoins ou même acteurs. Les recherches des antiquaires modernes sont donc presque les seules sources où nous puissions trouver quelques renseignements qui, par induction, permettent de nous former une opinion à ce sujet.

Par exemple, il est hors de doute que le culte du phallus existait dans diverses contrées du nouveau monde, puisqu'on y a retrouvé des images de cette idole.

A l'époque de la découverte du Mexique, suivant Dulaure, ce culte était bien établi dans la ville de Panuco, et la figure du phallus était honorée dans tous les temples de cette ville.

A Tlascala, l'idole était symbolisée par la réunion des parties génitales des deux sexes.

Enfin la mythologie mexicaine possédait un Dieu de la débauche qui s'appelait *Tazoltenti*.

On a retrouvé également à Haïti un phallus dont Moreau de Saint-Rémy a donné la description.

« Il est représenté, dit-il, dans une grandeur naturelle ; la forme en est régulière ; le gland est perforé ; il est aplati à sa base pour recevoir une sorte de charnière. »

La plupart des peuples américains paraissent avoir été polygames ; toutefois les Mexicains, à l'époque de la conquête, étaient monogames, du moins les simples particuliers. Le divorce était d'usage chez eux, et d'un usage assez fréquent ; il ne donnait, du reste, pas lieu à de longs procès, car il suffisait du consentement mutuel des deux époux pour qu'il fût consommé : la femme allait de son côté, emmenant ses filles, le mari de l'autre, avec ses fils, et tout était dit. Seulement, deux époux divorcés qui auraient été tentés de se réunir, en étaient bientôt détournés par la perspective de la peine de mort, par laquelle es lois du grand Montézuma frappaient ce genre de raccommodement.

L'adultère était également puni de mort par les lois mexicaines, bien que les mœurs fussent excessivement relâchées dans le pays, surtout dans les grandes villes.

Nous ignorons si les grandes cités aztèques avaient des maisons spéciales pour la débauche; mais il est certain que les caciques avaient de nombreuses concubines, et que le roi suprême avait pour concubines, dès le moment où il l'ordonnait, toutes les femmes et les filles de ses sujets qui avaient l'honneur insigne de lui plaire.

Au reste le concubinage existait au Mexique à tous les degrés de l'échelle sociale, suivant les caprices ou les moyens du personnage qui le pratiquait; cela est hors de doute. Don Antonio de Solis nous apprend même que c'est sous le règne de Montézuma que l'impôt sur les concubines commença à être levé.

L'historien de la conquête du Mexique nous a transmis quelques détails sur les mœurs de la cour de Montézuma, qui trouveront ici, au reste, leur place naturelle.

« Les rois mexicains, dit-il, épousaient des filles des princes, leurs tributaires. Montézuma avait deux femmes de familles royales, avec le titre de reines, et ayant dans son palais des appartements séparés. La quantité de ses concubines, vraiment scandaleuse, s'élevait à plus de *trois mille*, tant maîtresses que servantes... »

Salomon est ici dépassé, si Antoine de de Solis est exactement informé, comme il n'y a pas trop lieu d'en douter.

« Toutes les filles de son royaume, poursuit notre historien, favorisées d'une beauté remarquable, étaient présentées à ce despote pour satisfaire ses caprices. Ses ministres et leurs agents enlevaient ces innocentes et belles créatures à leurs familles, nobles ou plébéiennes, à titre de vasselage, tant était enraciné l'infâme usage de traiter comme une affaire importante les turpitudes et l'impudicité de leur souverain.

« Ce tyran se défaisait de ces femmes en leur donnant une position, et les remplaçait par d'autres : les hommes les plus haut placés recherchaient en mariages les femmes illustrées à leurs yeux par leur résidence à la cour.

« L'honnêteté ne comptait pas au rang des vertus dans cette religion, qui tolérait les emportements des passions les plus brutales.

« Montézuma tenait infiniment à ce que l'ordre le plus parfait régnât dans sa maison. De vieilles femmes veillaient à ce que la conduite de ses prostituées fût sage et modeste, et à ce qu'elles remplissent toutes les obligations prescrites par les bienséances.

« Ce n'était pas que l'indécence lui déplût, mais bien parce qu'un sentiment de jalousie le dominait.

« Cette attention à commander la modestie et la pudeur, si naturelle et si digne d'éloges, prenait sa source dans une impudicité et un point d'honneur tirant son origine de la faiblesse d'une autre passion. »

Le pudibond Antoine de Solis est très sobre de détails sur les débauches du roi suprême du grand empire mexicain. Il pourrait en dire davantage, mais il avoue ailleurs qu'il éprouve une répugnance invincible à traiter de ces sujets obscènes. Il faut l'en honorer, tout en regrettant cet excès de réserve, car l'historien n'a pas le choix : il doit tout dire ou s'abstenir complètement.

Lorsqu'il s'agit des festins présidés par Montézuma, ou des simples repas où, seul à table, il voyait défiler devant lui plus de *deux cents* plats divers, notre historien ne tarit pas, et ce sont pourtant là des détails parfaitement oiseux et puérils au premier chef.

Au reste on sait, à n'en pas douter, que c'est grâce à l'affaiblissement intellectuel aussi bien que physique de ce roi, affaiblissement qui n'avait pas d'autre origine que l'excès des voluptés de toute sorte, que Fernand Cortez put exécuter son incroyable marche triomphale à travers le Mexique, à la tête d'une poignée d'aventuriers, et conquérir ce vaste pays. Sans doute, la petite armée de Cortez fut considérablement augmentée par la défection de plusieurs caciques tributaires de Montézuma et qui n'avaient souffert qu'avec impatience, jusque là, ses odieuses exactions, mais c'est bien sa lâche conduite qui perdit tout, et sa lâcheté venait précisément de l'affaiblissement que nous venons de signaler, et qui est le lot invariable des débauchés sans mesure et sans frein ; sans compter que les exactions dont avaient à se plaindre ses grands vassaux étaient commandées par la nécessité de satisfaire ses passions.

Quand Christophe Colomb aborda à Hispaniola (Haïti), il y trouva un cacique ou roi, jouissant sur ses sujets d'une autorité incontestée. Ce cacique possédait un véritable harem, et à sa mort, sa femme favorite avait l'honneur de le suivre au tombeau. Il paraît que toutes se disputaient cet honneur funèbre. C'était aussi, d'ailleurs, une coutume des Mexicains que ce sacrifice volontaire sur la tombe du maître.

Les caraïbes de Saint-Vincent, la Dominique et autres îles américaines, avaient pour coutume d'épouser à la fois, autant que la chose était possible, toutes les femmes d'une même famille, sœurs, cousines, tantes et nièces, persuadés qu'elles ne pouvaient que s'en bien trouver. — C'est une coutume que nous rencontrerons, du reste, dans d'autres contrées, avant que la civilisation européenne les eût visitées.

Les femmes de beaucoup des tribus indiennes répandues sur l'immense étendue de territoire, aujourd'hui occupée par les États-Unis de l'Amérique du Nord, et désignées généralement sous l'application plus ou moins exacte de Peaux-Rouges, laissaient probablement à désirer sous le rapport des mœurs, s'il faut en croire les récits des premiers colons.

Chez les Hurons et les Natchez, par exemple, les filles et les garçons, élevés pêle-mêle, courant les bois, nageant entre deux eaux, menaient une vie fort libre. Mais, sitôt mariées, les femmes y devenaient d'une fidélité et d'une sagesse vraiment exemplaires et même quelque peu sauvages.

Il y a pourtant une exception à cette règle.

D'abord, le grand chef des Natchez avait seul le droit de posséder plusieurs femmes.

Ensuite, les filles de familles nobles, appelées *filles du Soleil*, parce que tous les chefs, petits ou grands, formant la noblesse indienne, étaient de petits ou de grands soleils, toutes ces filles, disons-nous, ne pouvaient épouser que des hommes du commun, sur lesquels elle se vengeaient cruellement, parfois, de cette humiliation.

Ainsi, elles changeaient de mari aussi souvent que la fantaisie leur en prenait ; mais si le mari s'avisait de devenir infidèle à sa femme noble, celle-ci avait le droit de le tuer.

Ce droit n'était pas réciproque, pas plus que celui de changer de conjoint, pour varier ; les dames seules les possédaient tous deux ces précieux droits ; et, de plus, elles prenaient celui d'avoir autant d'amants qu'il leur plaisait, sans que *monsieur* osât élever la moindre objection.

O innocence des premiers temps !

DEUXIÈME PARTIE

LA PROSTITUTION EN EUROPE (LA FRANCE EXCEPTÉE) AU MOYEN AGE ET DANS LES TEMPS MODERNES

I

Rome papale

SOMMAIRE. — Les Romains de la décadence. — Tentatives de l'Église pour réformer les mœurs. — L'excès contraire. — Théodose et Valentinien. — Suppression de la prostitution légale. — Extension correspondante de la prostitution clandestine. — Souvenir des anciens empereurs : Utilisation des maisons de débauche comme instruments de persécution. — Didyme et Théodora. — Une fille changée en garçon. — Les courtisanes dispensatrices de la tiare — Les papes amants, frères ou fils de prostituées. — La papesse Jeanne. — Preuves à l'appui de son existence. — Ses aventures. — Les trois Jean et Sergius III. — Rétablissement des maisons de prostitution, par Benoît IX, dans l'intérêt bien entendu de la jeune noblesse romaine. — Comment en use celle-ci. — Désordres scandaleux, rapts, séquestrations.—Clément V. — L'ancien corsaire Jean XXIII. — Sixte IV et autres pontifes recommandables. — Alexandre Borgia et ses enfants Lucrèce, Cesar et François. — Assassinats, incestes, orgies crapuleuses et journalières. — Les tableaux vivants au Vatican. — Une comédie de Machiavel. — La cour de Rome et les ordres religieux sous Jules II et Léon X. — Martin Luther. — La belle Impéria. — La fille de la belle Impéria et le cardinal Petrucci. — Le séjour des papes à Avignon fut une ère de dépravation morale. — L'impôt sur la prostitution à Rome et à Avignon. — Ses fluctuations. — Extorsions du maréchal du pape chargé de le percevoir. — Le Saint-Siège s'intéresse pour moitié aux bénéfices des prostituées. — La *Triade romaine*. — Brigandages des seigneurs sous Grégoire XIII et Sixte Quint. — Vols à mains armées, assassinats, enlèvements, orgies révoltantes. — François Cenci, bandit féroce et père incestueux. — La belle Béatrice, ses malheurs, son procès, sa mort. — Attitude habile autant que scélérate du pape Clément VIII dans cette cause célèbre. — État actuel des mœurs à Rome. — Les maisons de débauche, supprimées par Pie V, non rétablies, pour cause de superfétation par ses successeurs. — Opinion du cardinal Antonelli.

L'empire romain marchait d'un bon pas à la ruine, résultat inévitable de la corruption des mœurs qui, soigneusement entretenue, en était arrivée depuis longtemps à l'infection, quand l'Église chrétienne, usant de l'influence morale qu'elle avait légitimement acquise à la fin, tenta de refréner la débauche et de corriger, de transformer radicalement les mœurs infâmes au milieu desquelles elle s'était élevée, — comme une fleur au milieu d'un fumier.

L'Église prêcha donc la continence ; elle plaça au-dessus de toutes les autres vertus, et à bon droit, attendu sa rareté extrême, la chasteté ; elle exalta, divinisa presque l'état de virginité jusque-là à peu près tenu en mépris. Mais elle alla évidemment trop loin dans cette voie nouvelle. Sans doute, l'excès appelle l'excès ; mais il est fâcheux que l'excès du bien soit presque aussi intolérable que l'excès du mal, et il est surtout déplorable que les réformateurs comprennent généralement si peu la vérité de cet axiome.

Bref, à la suggestion des prélats, le dévot Théodose le Jeune, en Orient ; le débauché Valentinien III, en Occident, s'entendirent pour supprimer d'un seul coup toutes les maisons de débauche, croyant ainsi couper le mal dans sa racine.

L'erreur était grossière. Certainement les lupanars disparurent : il le fallait bien ; mais la prostitution, au lieu de s'exercer légalement au grand jour, sous l'œil vigilant (ou censé tel) de la police, se fit clandestine ; et la prostitution clandestine, déjà prospère, prit dès lors une extension vraiment effroyable. Bientôt ses flots empestés devaient venir lécher les marches du trône des princes de l'Église eux-mêmes; — mais alors les princes de l'Église n'étaient plus ceux des premiers siècles, et il faut convenir qu'ils n'étaient pas des gens à s'effrayer de si peu.

Oui, Théodose et Valentinien eurent tort. Le souvenir de l'usage auquel les officiers de certains de leurs prédécesseurs, dans plusieurs circonstances mémorables avaient employé les maisons de débauche, eût bien fait, nous le reconnaissons volontiers, pour faire prendre ces établissements d'utilité publique en dégoût par tous les cœurs vraiment chrétiens; mais ce n'était pas la faute de ces établissements, et c'est peut-être en les maintenant, tout en redoublant la surveillance dont ils étaient l'objet, qu'on aurait pu prévenir les scandales par trop honteux dont la cour de certains papes fut plus tard le théâtre.

Aux époques de persécution, en effet, la maison de débauche fut plus d'une fois transformée en instrument de torture à l'usage de quelque vierge chrétienne courageusement entêtée dans sa foi. Oui, il se trouva des juges pour lesquels prendre la vie d'une martyre chrétienne, lentement, avec des raffinements de cruautés insensés, sauvages, n'était pas une satisfaction suffisante, et qui se réjouissaient intérieurement, dans leur âme de boue, de condamner d'abord à la prostitution publique, à l'irréparable souillure des plus vils esclaves, la vierge chrétienne pour qui cette insulte était cent fois pire que la mort la plus cruelle !

L'histoire touchante de Didyme et de Théodora n'est pas antérieure de plus d'un siècle à la suppression de la prostitution légale dans les deux empires. Elle date de la terrible persécution exercée contre la religion nouvelle par l'empereur Dioclétien, et de la dernière année du pontificat de saint Marcellin, qualifié martyr sur le calendrier, quoiqu'il n'ait pas plus de droits à ce titre que vous ou moi.

Théodora, jeune vierge chrétienne d'Alexandrie, ayant refusé de sacrifier aux dieux de Rome une belle chambrelle de dieux empruntés à tous les pays, comme on sait, fut conduite devant le juge Proculus, qui n'en put rien tirer. Alors il condamna la courageuse fille à être fouettée publiquement, puis enfermée dans une maison de débauche, pour y être livrée gratis à la lubricité des honnêtes gens, fidèles à la vraie religion et à l'empereur — comme c'est le propre des honnêtes gens de tous les temps et de tous les pays, — et finalement à avoir la tête tranchée.

On trouvera que c'est beaucoup pour un simple refus de sacrifier à Vénus courtisane, à Mercure ou à Jupiter même. Ainsi jugea de son côté un jeune seigneur de la ville, nommé Didyme, qui avait assisté au procès de la jeune chrétienne et était devenu amoureux de la belle et héroïque fille.

Didyme, que cette action a fait élever au rang de saint, résolut de profiter au moins de l'occasion pour approcher Théodora, et de mettre tout en œuvre pour l'approcher avant qu'elle ne fût souillée par les immondes embrassements des soudards baveux conviés à cette étrange fête, — car il va sans dire que Théodora ne devait pas seulement être souillée, mais qu'elle devait l'être par tout ce qu'il y avait de plus sale dans la population, et principalement par les spécimens les plus repoussants des héroïques légions de l'armée de Rome en garnison à Alexandrie.

Le jeune seigneur alla trouver le bourreau, et, moyennant une somme convenable, obtint de cet homme le privilège garanti de posséder le premier la prostituée-martyre. Il devait, par exemple, se dégui-

ser en soldat, et se donner un air aussi féroce et aussi sale qu'il lui serait possible.

Didyme se déguisa, et tout alla le mieux du monde.....

Mais, sa passion assouvie, le faux soudard se sentit pris de remords. Il se jeta aux pieds de Théodora, se fit connaître, confessa sa passion et lui demanda pardon de son crime. Ce pardon obtenu, Didyme persuada la jeune fille de changer de vêtements avec lui et de fuir, pendant que lui-même, vêtu en femme, resterait à sa place, attendant les événements.

Il n'attendit pas longtemps.

Aussitôt Théodora sortie, avec son costume militaire destiné à protéger sa fuite, qu'un soldat s'élance pour remplacer auprès de la condamnée (du moins le croit-il), son camarade favorisé du n° 1. Il se précipite donc, sans crier gare, sur Didyme qu'il saisit avec une sorte de fureur, et... s'aperçoit très vite que c'est un homme qu'il embrasse.

Ce soldat, après tout, n'avait que des sentiments conformes à la nature, et il faut croire que les mœurs qui ont immortalisé les habitants de Sodome et de Gomorrhe, et faisaient encore les délices de beaucoup de Romains, sans compter les autres, n'avaient aucun attrait pour lui.

Tout déconcerté d'abord, il lâcha Didyme et, courant à la porte de la pièce où ses camarades attendaient leur tour, il les invita à venir vérifier eux-mêmes l'étrange phénomène dont il était témoin.

— Jésus-Christ changeait l'eau en vin, s'écria-t-il ; voilà maintenant qu'il change les filles en garçons !

Vérification faite, c'était bien un garçon qu'on avait là sous les yeux ; il n'y avait pas à s'en dédire. Quant au miracle, il va sans dire qu'on n'y croyait pas le moins du monde. On s'empara donc de Didyme, qui fut traîné à son tour devant Proculus. Ce dernier, reconnaissant aisément la supercherie, condamna le jeune audacieux à avoir la tête tranchée.

Didyme entendit son arrêt sans broncher. Mais Théodora en ayant eu connaissance, accourut se livrer, croyant par ce moyen sauver celui qui s'était compromis pour avoir voulu la sauver elle-même.

Mais de tels actes de dévouement n'atteignent presque jamais le but qu'ils se proposent. Proculus, enchanté d'avoir deux victimes au lieu d'une à envoyer au supplice, condamna les deux jeunes gens à être décapités. L'arrêt reçut son exécution le lendemain.

L'Église, qui a fait un saint de Didyme, prétend qu'il appartenait, avant sa mort, à la religion chrétienne ; tout prouve le contraire, mais notre intention n'est pas de discuter ce point de doctrine ; ce que nous voulions montrer, c'est l'usage que faisaient du lupanar les proconsuls de Dioclétien. Il n'est pas nécessaire d'insister pour faire comprendre qu'une pareille idée ne serait jamais venue à un homme vertueux, ou simplement doué de sentiments honnêtes.

Quoi qu'il en soit, il n'y a plus de maisons publiques, à l'époque où nous sommes parvenus ; et la puissance des princes de l'Église commence à devenir considérable. Mais la prostitution est partout, en haut plus encore qu'en bas : c'est là toute la différence.

Au lieu de disposer des couronnes comme autrefois, ou comme ailleurs, les courtisanes de haute volée disposent ici de la tiare. Tel pape est l'amant, tel autre est le frère ou le fils d'une prostituée toute-puissante, grâce à la qualité et aussi à la variété de ceux à qui elle accorde ses faveurs conditionnelles.

Il y eut mieux, et, bien que les désordres de la cour papale aient une origine beaucoup plus ancienne, il nous suffira de faire, usque vers le milieu du ixe siècle, une enjambée magistrale, pour voir la chaire de saint Pierre occupée, non plus par le fils ou le protégé d'une courtisane, mais par une femme de mœurs au moins fort légères.

Nous savons bien que l'existence de Jeanne la papesse est niée; mais, de bonne foi, comme elle a été parfaitement admise jusqu'à la fin du xvie siècle, il nous est impossible de ne pas y croire un peu.

Voici d'ailleurs les raisons de notre crédulité :

Anastase *le Bibliothécaire*, qui était bibliothécaire du Vatican au temps où Jeanne occupait le siège pontifical, ou, dans tous les cas, moins de dix ans plus tard, a mentionné ce pontificat dans son *Histoire des papes* jusqu'à Nicolas Ier (867), dont l'édition primitive seule, il est vrai, a conservé cette mention.

Après Anastase, Marianus Scotus, dans sa *Chronique générale* (1083), dit en propres termes : « A Léon IV succéda une femme, Jeanne, pendant deux ans, cinq mois et quatre jours. »

Ce serait donc en 855 que la papesse Jeanne serait montée sur le siège pontifical sous le nom de Jean VIII, et il faudrait de la bonne volonté, en conséquence, pour croire, avec certains auteurs intéressés à la propagation de cette erreur, que ce Jean VIII-là a été confondu avec celui qui succéda à Adrien II en 872. — d'autant plus qu'il ne pourrait alors figurer dans l'ouvrage d'Anastase.

Bartolommeo degli Sacchi, dit *Platina*, bibliothécaire du Vatican sous Sixte IV, a publié en 1479, un ouvrage intitulé *In vitas summorum pontificum ad Sixtum IV*, et dans ces vies des pontifes figure, entre Léon IV et Benoît III, Jean VIII, le Jean VIII en question, qu'il dit avoir été une Anglaise d'un grand savoir, qui était venue se fixer à Rome après avoir fait à Athènes de fortes études. Sa réputation extraordinaire (?) l'avait fait élire pape en 855. Devenue enceinte des œuvres d'un serf, elle était accouchée, entre le Colisée et l'église Saint-Clément, au milieu d'une procession solennelle, et était morte des suites de l'accident.

Platina ajoute comme une chose généralement tenue pour exacte, mais qu'il ne garantit pas comme telle, que, depuis ce jour-là, toutes les fois qu'on intronisait un pape, on le faisait asseoir sur une chaise percée, placée dans une chapelle de Saint-Jean de Latran, et que l'on procédait discrètement, par ce moyen, à l'examen des attributs du sexe auquel appartenait le nouveau pape.

Ajoutons à ces preuves, que nous pourrions multiplier, que Thierry de Niem, évêque de Cambrai et saint Antonin, évêque de Florence, vers la fin du xive siècle, assurent avoir vu à Rome un groupe représentant la papesse Jeanne et sa fille, groupe qui fut plus tard jeté dans le Tibre par Sixte-Quint.

De gros volumes ont été écrits, à partir seulement de la fin du xvie siècle, pour combattre ce qu'on y appelle la légende de la papesse; on comprendra que nous ne perdions pas notre temps à examiner la valeur de ces tardives réfutations, il nous suffira de les avoir indiquées. D'ailleurs qu'importe? Qu'une légende de cette sorte prenne naissance au lieu et à l'époque dont nous parlons, n'est-ce pas déjà assez caractéristique?

Peu de temps après, au commencement du xe siècle, c'était une courtisane de haut parage. Théodora, célèbre par sa naissance, par sa beauté, par ses richesses et ses intrigues, qui régnait souverainement à Rome par le canal de ses nombreux amants, tous soigneusement triés sur le volet. Ce fut par son influence qu'un de ses amants, qui était en même temps celui de sa fille Théodora, fut élu pape sous le nom de Jean X.

La seconde fille de Théodora, nommée Maruccia ou Marozzia, dépassa peut-être en débauches, sinon en influence, sa mère et sa sœur. Maîtresse du pape Sergius III, elle en eut un fils qui monta à son tour au siège épiscopal sous le nom de Jean XI; en outre, le pape Jean XII est né de l'inceste de Maruccia avec son fils légitime Albéric, duc de Spolète. — Si nous ajoutons que Jean XII mourut assassiné par un mari qui le surprit en conversation criminelle avec sa femme, on se fera une idée de la conduite édifiante que menaient alors les princes de l'Église.

C'était une époque féconde en infamies de toute sorte, que celle où les affaires de l'Italie centrale et méridionale, se trouvaient aux mains de ces femmes dispensatrices de la tiare et des bénéfices ecclésiastiques. « L'historien de nos jours, dit Henry Léo, étranger aux intérêts privés des familles alors puissantes à Rome, cherchera longtemps en vain la clef des événements de cette époque; la question ne commencera à s'éclaircir pour lui que lorsque la conduite d'une femme, qui se glisse avec adresse entre les formes flottantes des autres personnages influents de Rome, lui criera hautement qu'il se trouve ici sur un terrain de la même nature que celui que nous avons parcouru naguère, dans le nord de l'Italie, avec Ermengarde; qu'il ne doit chercher dans les mobiles d'alors que les caprices, l'avidité, l'inconstance, le mépris de Dieu et des hommes, qui constituent un gouvernement de prostituées. »

L'exemple venant de haut, on pense bien que les mœurs de la société romaine devaient être fort déréglées. Le besoin de réglementation se fit donc sentir de nouveau, et au commencement du xie siècle, Benoît IX, très versé dans la matière, rétablit les maisons de prostitution, qui eurent dès leur début un grand succès et se multiplièrent à l'envi. Il devint bientôt de mode, parmi la jeune noblesse romaine, d'envahir en nombre les lupanars, d'y faire le diable à quatre, cassant et brisant tout, et même de mettre le feu à la maison pour se divertir.

Une autre mode s'établit à Rome, quand la satiété eut fait regarder les lupanars comme décidément assommants ; ce fut d'enlever les filles et de les enfermer pour les avoir toujours à sa disposition. Cette mode prit une telle extension qu'il fallut sévir contre ceux qui la suivaient trop fidèlement, qu'ils fussent ou non du clergé. La peine était l'amputation de la main droite, la prison, les verges ou l'exil, suivant la qualité du coupable, preuve qu'il y en avait de toutes les catégories.

Cependant la chaire de Saint-Pierre, occupée de temps en temps par des pontifes réprochables sous le rapport des mœurs, comme pour aiguiser l'appétit par une sage mais courte abstinence observée avec habileté, la chaire de Saint-Pierre voyait défiler une longue série de papes dont les excès en tous genres atteignaient quelquefois un degré révoltant même pour les moins scrupuleux.

Notre intention n'est pas de cataloguer toutes ces infamies; en signaler quelques-unes en passant est déjà beaucoup. Rappeler les débauches de Clément V, créature de Philippe-le-Bel et son complice dans le meurtre juridique des Templiers ; celles de l'ancien corsaire Jean XXIII, déposé comme « simoniaque, impudique, empoisonneur, dissipateur des biens de l'Église; » celles de Sixte IV, qui était l'amant de sa propre sœur et se livrait en outre, dit-on, aux pratiques en faveur à Sodome ; celles des Borgia, des Farnèse, etc. ; il nous semble que cela doit suffire.

Le Borgia Alexandre VI, père de César et de Lucrèce, était pourtant fort jaloux des prérogatives de l'Église chrétienne, et entendait qu'un hérétique ne s'avisât pas de profaner par son contact impur un membre de la vraie religion. C'est ainsi qu'il fit brûler vif un malheureux juif coupable d'avoir eu commerce, pour son argent, avec une prostituée *chrétienne*.

Lorsqu'il fut élu pape, grâce à des intrigues qui ne sauraient nous occuper ici, Alexandre Borgia avait cinq enfants naturels. La réputation de sa fille Lucrèce est établie depuis longtemps. D'après Guichardin, il était de notoriété publique qu'elle avait des rapports incestueux avec son père et avec ses deux frères, César et François. Mariée à **Jean Sforza**, seigneur de Pesaro, son mariage ne tarda pas à être rompu par le pape, son père et son amant, « qui ne pouvait souffrir, dit Guichardin, même un époux pour rival, et qui fit déposer, par des témoins subornés, que Jean était impuissant. »

L'année suivante, Lucrèce épousait un bâtard d'Alphonse II, roi de Naples, le duc de Bisaglia, dont elle eut le temps d'avoir un fils ; après quoi le malheureux duc fut assassiné à la porte de l'église Saint-Pierre. Il n'en devait pas mourir cependant, il fut transporté dans un état pitoyable au palais pontifical où, voyant qu'il s'entêtait à vivre, son beau-père le fit étrangler dans son lit.

Jean Burchard, qui avait été clerc des cérémonies pontificales sous Alexandre VI, et fut plus tard évêque, a laissé un *Diarium* de ce pontificat qui est du plus grand intérêt, et il est difficile, bien que certains auteurs l'aient tenté à diverses reprises, de révoquer en doute les renseignements qui y abondent sur l'épouvantable corruption de la cour de Rome à cette époque. C'est lui qui rapporte le fait que nous venons de mentionner. C'est lui encore qui raconte, et dans un style naïf qui éloigne toute idée de parti pris, les orgies journalières qui avaient lieu au palais pontifical, ces ignobles représentations *intimes* qu'y donnaient cinquante prostituées entièrement nues, en présence du chef de l'Église catholique et de ses enfants qui distribuaient eux-mêmes des prix aux plus impudiques.

Devenue duchesse de Ferrare, Lucrèce Borgia paraît avoir adopté une conduite plus réservée ; on ne lui prête à cette époque qu'un amant, le jeune Pierre Bembo, plus tard cardinal. Elle s'entoura de poètes et d'écrivains dont ses largesses lui firent des adulateurs.

Machiavel est l'heureux auteur d'une des premières comédies du théâtre moderne, intitulée *la Mandragore*, et dont nous croyons intéressant d'emprunter l'analyse au *Grand dictionnaire* de Larousse :

Un imbécile, qui fait l'important et l'entendu, Messer Nicia Calfucci, possède la femme la plus belle et la plus sage de Florence ; mais il n'en a pas d'enfants, et se désole. Un lécheur d'assiettes, qui fréquente sa table, lui conseille d'abord d'aller à quelques bains renommés ; puis, mieux stylé par un jeune étudiant, Callimaque, amoureux de Lucrèce, il lui présente le susdit étudiant comme un renommé docteur. Messer Calfucci lui conte son embarras et Callimaque lui dit qu'il a justement son affaire : il a vu à Paris un des plus savants médecins opérer des choses merveilleuses en ce genre et connaît sa recette. La décoction des racines d'une plante appelée mandragore rend infailliblement fécondes les femmes stériles.

Voilà Messer Nicia enchanté ; tout de suite il veut faire prendre de la mandragore à sa femme ; mais Callimaque l'arrête, il y a un inconvénient : la mandragore a un tel venin que les premiers embrassements de la femme qui en a bu sont mortels.

Nicia ne veut plus entendre parler de

mandragore. Callimaque lui suggère un expédient : il en sera quitte pour faire coucher une nuit le premier drôle venu avec Mme Lucrèce ; le venin une fois infusé *in anima vili*, il n'y a plus aucun péril.

Le bonhomme, après avoir d'abord fait un haut le corps et beaucoup tergiversé, se résout à l'expédient ; il ne s'agit plus que de décider Lucrèce. Sa mère et son confesseur finissent par lui faire entendre raison, et Callimaque, déguisé en portefaix, un œil caché par un bandeau, se trouve tout naturellement être choisi comme au hasard par Nicia, qu'accompagnent le parasite et le valet de l'étudiant, deux compères.

Il est introduit dans la chambre de madame, et pendant ce temps, le mari tout guilleret se frotte les mains, et le confesseur, bien payé, marmotte des prières.

Cette comédie, dont Lafontaine a tiré un un de ses plus jolis contes, faisait les délices du pape Léon X, qui, en 1520, la fit représenter au Vatican, pour sa satisfaction personnelle, non seulement parce qu'elle est pétillante d'esprit, mais surtout parce qu'il s'y trouve, à propos du commode confesseur de dame Lucrèce, une vive peinture des mœurs dissolues des moines.

Léon X, ou Jean de Médicis, qui était cardinal à treize ans, savait à quoi s'en tenir ; et plus audacieux que Louis XIV, ordonnant la représentation de *Tartuffe*, malgré l'opposition des jésuites, il adopta purement et simplement la comédie de Machiavel, parce qu'elle l'amusait. Il eût sans doute mieux fait, si cela eût été dans son tempérament, de chercher à réformer les mœurs dont la peinture le divertissait.

Léon X fut un grand pape, et beaucoup vont jusqu'à qualifier siècle de Léon X le XVIe siècle, qui vit la renaissance des arts. Sous son pontificat, les mœurs publiques étaient fort licencieuses, il est vrai, mais nullement repoussantes, comme elles l'étaient largement sous celui de quelques-uns de ses prédécesseurs ; il aimait lui-même la table et le lit, plus peut-être qu'il ne devrait convenir au chef de la chrétienté.

Quel mal y avait-il à cela ?

Cependant, un jeune élève des augustins d'Erfurt, « paysan, fils de paysan, » dans un voyage qu'il fit à Rome en 1510, s'en indigna considérablement ; et Léon X, tout grand qu'il était, eut la douleur de voir éclater avant de mourir la « grande hérésie » qu'il traitait dédaigneusement de querelle de moines et qui devint la Réforme ; car ce paysan, élève des augustins d'Erfurt, n'était autre que Martin Luther.

Sous le pontificat de Léon X, entre autres grandes figures dont ce n'est pas ici le lieu de parler, comme celles de Michel-Ange, le Corrège, l'Arioste, etc., florissait une courtisane célèbre, dont la renommée avait commencé sous Jules II, la belle Imperia.

La belle Imperia était douée d'une grande beauté et de charmes irrésistibles ; elle avait beaucoup d'esprit et des connaissances étendues. La société élégante de la cour de Léon X, prélats, grands seigneurs, artistes, poètes, se réunissait chez elle et chantait ses louanges. L'évêque Sadolet, dont Paul III devait faire plus tard un cardinal, célèbre tout particulièrement ses brillantes et sérieuses qualités ; Nicolas Campani, surnommé *il Strascino*, lui dédie un de ses poèmes. Enfin, lorsqu'elle mourut, on lui fit des obsèques princières, et elle fut inhumée dans l'église de Saint-Grégoire.

Imperia eut une fille, et il est piquant de remarquer que ses mœurs différent de celles de sa mère à tel point, qu'elle s'empoisonna pour échapper aux obsessions du cardinal Petrucci ; — ce qui prouve en même temps combien peu les princes de l'Église avaient changé.

Le séjour des papes à Avignon, à partir de Clément V jusqu'à Benoît XIII, fut une ère de prospérité pour cette ville ; mais il semble aussi, et du temps de Pétrarque au moins le fait est incontestable, que ce fut une ère de dépravation morale dont on n'a pas d'exemple ni avant ni après.

D'ailleurs le trésor pontifical ne dédaignait pas de s'engraisser aux dépens des nombreux lupanars dont les papes ou antipapes autorisaient généreusement l'utile industrie. En ceci, Avignon n'eut rien à envier à Rome ; car l'impôt perçu à Rome sur la prostitution, fut également perçu à Avignon dès les premiers jours du schisme d'Occident. Ce fut une importation très utile de Clément V, à qui l'évêque Guillaume Durand se plaignait amèrement, en 1311, des extorsions du *barisel* ou maréchal du pape, chargé de percevoir cet impôt inique, et de l'immoralité de l'impôt lui-même.

L'impôt n'en fut pas moins maintenu à Rome comme à Avignon, et en 1510, Jules II eut soin d'en augmenter l'importance.

Un peu plus d'un siècle et demi après la modification intelligente opérée sur les tarifs de la prostitution par Jules II, Clément X, jugeant insuffisante la redevance prélevée par le saint-siège sur les profits de cette honnête industrie, imagina de le faire admettre au partage des bénéfices. En conséquence il publia un édit portant que « nulle femme publique ne pourrait disposer de ses biens par testament ou donation, sans abandonner préalablement *la moitié* de sa fortune au couvent de Santa-Maria-della-Penitenza. »

Cette disposition de Clément X suffit, ce nous semble, à prouver qu'à cette époque les courtisanes romaines faisaient de très brillantes affaires, et que la débauche avait pris, dans la Ville Éternelle, une extension digne d'une industrie plus honorable.

Il est juste d'ajouter, à la décharge de Clément X, qu'élu pape à quatre-vingts ans, il s'occupa fort peu d'administration, et laissa au cardinal Paluzzi, son neveu, le soin de traiter avec les prostituées aussi bien qu'avec tous les négociateurs d'autre sorte ayant affaire avec le Vatican.

Pour juger de la corruption de la cour de Rome au commencement du XVIe siècle, — et cela ne fit que croître et enlaidir dans les siècles suivants, — il faut lire les pamphlets lancés alors contre cette cour par les partisans de la Réforme, provoquée, comme on sait, par cette corruption même. Sans doute, il faut faire la part de l'esprit de parti, et dédaigner absolument, même, certains pamphlétaires sans sincérité comme sans esprit ; mais il était si difficile alors de diffamer la société romaine et principalement tout ce qui tenait de près ou de loin au Vatican, que c'est tout juste si les exagérations de ces écrivains peuvent être considérées pour telles.

Ulrich de Hutten présente dans la forme pittoresque que voici le tableau des mœurs romaines à cette époque (1520), dans celui de ses *dialogues* qu'il intitule *la Triade romaine :*

« Trois choses maintiennent le renom de Rome : la puissance du pape, les reliques et les indulgences. Trois choses sont rapportées de Rome par ceux qui y vont : Une mauvaise conscience, un estomac gâté, une bourse vide.

« Trois choses ne se trouvent pas à Rome : la conscience, la religion, la foi au serment. Trois choses se trouvent en abondance à Rome : le poison, les antiquités, les places vides. Trois choses y manquent complètement : la simplicité, la modération et la loyauté.

« Les Romains vendent publiquement

trois choses : le Christ, les dignités ecclésiastiques et les femmes. Ils ont en horreur trois choses : le concile général, la réforme de l'Église et le progrès des lumières.

« Trois choses sont très prisées à Rome : les jolies femmes, les beaux chevaux et les bulles du pape.

« Trois choses sont communes à Rome : la volupté, le luxe et l'orgueil.

« Les pauvres mangent trois choses : les choux, les oignons et l'ail. — Et les riches : la sueur des pauvres, les biens escroqués et les dépouilles de la chrétienté.

« Rome a trois sortes de citoyens : Simon le magicien, Judas Iscariote et *le peuple de Gomorrhe*.

« Trois choses y sont pompeusement parées : les prélats, les mulets et les filles publiques.

« De trois choses on se vante à Rome, quoiqu'elles n'y soient pas : la piété, la foi et l'innocence. Et trois choses y sont dont on ne se vante pas : le trafic des offices, la vénalité de la justice et la trahison dans l'amitié... »

Ulrich de Hutten est le précurseur de Luther; il est l'adversaire déclaré, mais surtout l'adversaire politique de la puissance papale et des empiétements auxquels elle prétendait et prétend toujours. Mais de nombreux documents historiques nous prouvent qu'il n'exagérait point et que ses traits avaient autre chose qu'un but imaginaire. Et d'ailleurs, les choses ont si peu changé, en trois siècles et demi, que la véracité de ses accusations saute aux yeux.

En parlant de l'apparition prochaine de son livre à un ami, Hutten l'annonçait comme contenant « ce que l'on a dit de plus libre sur les *sangsues romaines*. » C'était vrai. On ne disait pas alors, plus qu'aujourd'hui, tout ce qu'on pensait sur ces annélides insatiables, et l'écrivain y perdit la protection, fort utile pour lui, de l'archevêque de Mayence. Mais la liberté de dire, la sincérité exigent des sacrifices, et il ne se plaignit pas d'une mésaventure qu'il avait pressentie.

Les critiques d'Ulrich de Hutten, les progrès de plus en plus menaçants de la Réforme, qui décidément était quelque chose de plus qu'une simple querelle de moines, n'eurent aucun effet sur les mœurs de la cour de Rome, ou pour mieux dire, eurent justement l'effet contraire de celui que des esprits raisonnables auraient pu espérer voir se produire.

Elles devinrent, au contraire, plus scandaleuses que jamais, car à la débauche générale vint se joindre le brigandage, que les seigneurs, prenant prétexte des exactions de Grégoire XIII, qui subventionnait à leurs dépens les ligueurs français et les conspirateurs catholiques d'Angleterre et d'Irlande, encourageaient de leur appui quand ils ne l'exerçaient pas ouvertement eux-mêmes.

A l'avènement de Sixte-Quint, la situation était devenue intolérable à Rome, dont les rues n'étaient rien moins que sûres, infestées qu'elles étaient par les bandits dont les chefs véritables étaient les puissants barons, aux palais desquels ils trouvaient un refuge assuré, jusque-là inviolable, à la moindre alerte, et se reposaient dans l'orgie des fatigues du vol et de l'assassinat, agrémentés quelquefois de rapt, pour varier les plaisirs.

Sixte-Quint voulut avoir raison de ces brigands titrés, dont les sicaires auraient tout aussi bien pillé les basiliques, voire le Vatican, que la maison du plus infime trafiquant.

Ayant un jour invité au Vatican les plus grands parmi ces nobles seigneurs romains,

Agar et Ismaël dans le désert.

tels que les Orsini, les Savelli, les Colonna, les Cenci, etc., Sixte-Quint, après un moment de causerie agréable et de gracieux épanchement, s'approcha d'une fenêtre qui dominait toute la ville, y entraînant naturellement tous ses invités ; et, s'adressant à ceux-ci, il dit, sans changer de ton et comme s'il s'agissait simplement d'une digression sans conséquence :

« — Ou ma vue, épuisée par l'âge, me trompe, où les créneaux des palais de Vos Seigneuries sont ornés ce matin d'étranges objets ; allez donc voir ce que c'est, et faites-le moi savoir, je vous prie. »

Ce que c'était ? C'était tout bonnement les cadavres des bandits à la solde de ces mêmes seigneurs, que le pape avait fait saisir et pendre sommairement aux créneaux de leurs palais. Dans la suite, Sixte-Quint fit également pendre quelques seigneurs qui, plus courageux après tout que ceux que nous venons de nommer, marchaient à la tête de leurs bandits.

L'un de ces hauts barons, dont le nom est devenu tristement populaire, était pourtant déjà mûr pour la potence. Nous voulons parler de François Cenci, le père de Béatrice, dite la *Belle parricide*.

Ce François Cenci était une nature ignoble, étrangère à aucune infamie, et où il y avait, suivant l'expression de Guerrazzi « de l'Ajax, du Néron et du bandit vulgaire. » Bandit, il l'était par pur amour de l'art, car il était immensément riche, ou pour satisfaire ses monstrueuses passions. Le rapt était un jeu pour lui ; mais le crime qui le signale particulièrement au mépris du monde entier, c'est le viol de sa propre fille, la belle Béatrice.

François avait trois enfants, deux fils outre sa fille Béatrice, et l'histoire l'accuse d'avoir satisfait ou voulu satisfaire sur les garçons aussi bien que sur la fille, ses passions infâmes et contre nature.

Quoi qu'il en soit, François Cenci fut assassiné dans son château de Rocca-Petrella, en 1598, pendant son sommeil ; et voici quelle est la version de l'événement adoptée par Muratori, considérée comme exacte par les contemporains, et d'ailleurs corroborée par les récentes recherches de M. Carlo Tito d'Albano, de Naples.

Victime de la lubricité féroce de son père, qui l'avait enfermée dans son château de Rocca-Petrella, Béatrice en aurait appelé au pape, qui était alors Clément VIII (Hippolyte Aldobrandini) ; mais celui-ci ne fit rien pour arracher la pauvre enfant à sa cruelle situation. Folle de honte et de douleur, elle conçut alors le projet, de complicité avec sa belle-mère et l'aîné de ses frères, de se débarrasser de l'ignoble vieillard, en le faisant assassiner pendant son sommeil, à la suite de quelque scène de débauche.

Ce projet reçut bientôt son exécution. Quelle fut la main qui porta le coup? On ne le sut jamais bien, mais le vieux comte fut trouvé un beau matin poignardé dans son lit.

La femme, le fils et la fille du défunt furent aussitôt saisis, livrés à la torture, condamnés à mort et exécutés.

Clément VIII n'avait voulu rien faire pour secourir Béatrice ; mais lorsque la famille Cenci eut, par ses soins, disparu de ce monde pervers, il s'empara sans tarder des biens immenses qu'elle y laissait, quoique ces biens eussent des héritiers légitimes, et il les distribua paternellement à ses parents, les Aldobrandini et les Borghèse, en gardant toutefois pour lui la meilleure part, dont ses successeurs, la main un peu forcée par l'indignation publique, restituèrent une partie aux héritiers.

Le reste a été l'occasion de trois siècles de procès, entre les héritiers des deux familles.

Il y a peu — ou il aurait trop — à dire sur l'histoire de la prostitution à Rome dans les temps modernes. On connaît universellement la licence des mœurs qui distingue Rome et les familiers de la cour pontificale, principalement cette annexe précieuse du clergé romain composée des *Monsignori*, qui ne sont ni prêtres ni diacres, mais qui, pourtant, appartiennent à l'Église, ou plutôt au Vatican. Pendant un certain temps, avant l'annexion au royaume d'Italie, les maisons de débauche furent sévèrement prohibées dans les États Romains, mais il y avait si peu de maisons qui pussent se vanter d'être autre chose que le diable n'y perdait rien.

Lors de l'occupation de Rome par les troupes françaises, en 1849, on rapporte que le commandant du corps expéditionnaire se plaignit amèrement au cardinal Antonelli du défaut de maisons de tolérance dans la ville sainte, et insista pour qu'il en fût établi sans tarder pour l'usage des troupes.

— Bah ! s'écria Antonelli, qu'avez-vous besoin de maisons de tolérance? Vous pouvez en toute sûreté frapper à la première porte venue, vous trouverez à qui parler.

Et il n'y eut rien de changé.

Pie V, vers 1570, avait déjà chassé de Rome les prostituées, mais elles n'avaient guère tardé à y revenir. Sous son pontificat, ce trop austère pontife exigeait que les cardinaux donnassent l'exemple de la continence : s'il n'y avait pas de lupanars dans les derniers temps du pouvoir temporel des papes, il est juste de dire qu'au moins les cardinaux ne se croyaient pas pour cela forcés d'afficher une austérité bien loin de leur tempérament. C'est tout au plus si quelques-uns, comme Antonelli, sauvaient les apparences.

II
Europe méridionale.

SOMMAIRE. — La débauche à Naples. — Ordonnances du roi Roger contre les mères proxénètes. — Guillaume le Bon, protecteur des filles publiques — Les femmes sarrasines de l'empereur Frédéric, roi de Jérusalem. — Charles d'Anjou et les Français en Sicile. — Les Vêpres siciliennes — Ladislas et Jeanne II. — Les favoris de la reine Jeanne. — Ferdinand II et Alphonse II. — Le code et la cour des prostituées. — L'impôt. — Suppression de la prostitution.— Les courtisanes napolitaines au xviiie siècle. — La reine Marie-Caroline et lady Hamilton. — La prostitution à Venise. — Remonte étrangère. — Loi contre les bâtards. — La place Saint-Pierre au xvie siècle. — Les courtisanes vénitiennes espions du grand conseil. — Les femmes vénitiennes au xviiie siècle. — Amour et politique. — La femme, le mari et l'amant. — Les courtisanes. — L'amour en gondole. — Le clergé milanais au xe siècle. — Les Visconti et les Sforza. — Les femmes « honnêtes » de Milan. — Les prostituées à Mantoue. — Le duc Vincent II. — Florence sous les Médicis. — Laurent le Magnifique. — François et Bianca Capello. — Les deux filles de Come II. — Le Génois Paul Frégose. — Les prostituées des armées. — Le cheval de bois. — Origine de l'ordre de Saint-Jacques en Espagne. — La bande de Pedro Fernandez. — Alphonse IX et l'excitation à la débauche. — Henri l'Impuissant et Jeanne de Portugal. — Jean II. — Pierre le Cruel. — Jayme Ier. — Alphonse le Magnifique. — Isabelle et Ferdinand. — Philippe le Beau et Jeanne la Folle. — Une maison de prostitution comme on n'en voit plus. — Charles-Quint. — La mère de Don Juan d'Autriche. — Philippe II et la princesse d'Eboli. — Aventures d'Antonio Pérez. — Le comte-duc d'Olivarez, ministre et proxénète de Philippe IV. — La Calderone. — Louise-Marie et le prince de la Paix. — Marie-Christine et le duc de Rianzarès. — Isabelle II et le signor Marfori. — La mère d'Alphonse Ier de Portugal. — Lois d'Alphonse sur le viol et l'adultère. — Pierre le Justicier et Inez de Castro. — Ferdinand Ier et ses trois Léonores. — Léonore Tellez, ses intrigues et ses débauches. — Les cornes d'argent de dom João d'Acunha. — Alphonse VI de Bragance. — Pierre II. — Jean V.

Rome, parce qu'elle était le séjour des papes, n'était pas, comme on pense bien, la seule ville d'Italie qui se distinguât par la dépravation des mœurs. Certainement, cette dépravation prit un caractère particulièrement alarmant toutes les fois que l'exemple vint du trône pontifical même, avec sa double autorité spirituelle et temporelle, mais ce fut après tout l'exception.

A Naples, la débauche affecta de tout temps un caractère de violence remarquable ; même à l'époque des souverains normands, puisque déjà nous voyons le premier d'entre eux, le roi Roger (1130-1155), obligé de sévir contre l'excitation à la débauche et ordonner, entre autres dispositions pénales, que les mères qui procureraient leurs filles eussent le nez coupé, « parce qu'il est inhumain de vendre la chasteté de ses entrailles. »

Guillaume le Mauvais, aussi débauché que cruel, ne s'occupa guère de la question, du moins dans ce sens ; mais nous voyons son fils, que, par antithèse, on a surnommé Guillaume le Bon, prendre d'une manière assez inattendue le parti des filles publiques, et édicter la peine de mort contre tout individu coupable de viol ou de rapt d'une de ces filles, « voulant, dit-il, que les femmes malheureuses, abandonnées à la prostitution, aient à se féliciter de mon bienfait. » Cette disposition fut, à coup sûr, inspirée au souverain par un bon sentiment, mais elle est un peu *raide*, comme on dirait aujourd'hui, dans un certain monde.

Parmi les princes de la dynastie de Hohenstauffen, qui succéda aux descendants de Tancrède de Hauteville, se trouve une bien curieuse figure, celle de Frédéric II. empereur d'Allemagne, roi de Sicile et de Jérusalem. Ce prince, élève des papes et néanmoins sceptique à un point qui étonne, et débauché jusqu'à la frénésie, était frappé d'excommunication lorsqu'il ceignit la couronne de Jérusalem, à Jérusalem même. Il avait fait la guerre aux Sarrazins, puis il s'entendit avec eux, et dans son armée il avait formé tout un corps spécial et d'élite de ces infidèles.

Les mœurs allèrent comme elles purent sous le règne de ce prince, tant en Allemagne qu'en Sicile, et il est à croire qu'il leur donna le ton. — Or, Frédéric eut six femmes légitimes et des concubines innombrables ; en outre, il traînait après lui, dans toutes ses expéditions, un harem de femmes sarrasines amplement pourvu.

Le tyran le plus odieux qu'eut jamais la Sicile fut Charles d'Anjou, frère de saint Louis, qui ne ménagea à ses sujets ni les extorsions, ni les exécutions, ni les outrages. Ce prince procéda avec son énergie habituelle, non contre la prostitution, ni contre les prostituées, mais contre les coureurs de filles. C'était fort bien à lui, dont on ne connaît guère que la cruauté unie à une dévotion outrée (union assez fréquente, même en ce temps-ci), mais qui ne laissait pas d'avoir d'autres passions. Quelques historiens lui reprochent en effet d'avoir déshonoré à la fois la femme et la fille du fameux Jean de Procida.

Étrange souverain, qui en agissait avec le peuple qui l'avait appelé au trône, comme un garde-chiourme en chef avec des forçats, tolérait en conséquence tous les outrages que ceux qu'il avait amenés avec lui, Français et autres, pouvaient faire subir à ce peuple, sans qu'il osât se plaindre, et qui ne pressentait pas la catastrophe qui devait fatalement mettre un terme à tant d'infamies !

La soldatesque française (ou à peu près). formant la garde de Charles d'Anjou, se livrait donc sans la moindre réserve à tous les excès, parmi lesquels les femmes insultées en plein jour n'étaient qu'un jeu d'enfant indigne d'arrêter l'attention. Mais tant va la cruche à l'eau...

Le 31 mars 1282, lendemain de Pâques, les Palermitains se rendaient à vêpres, à la petite église du Saint-Esprit. La foule étant exceptionnellement considérable en ces jours de fête, et les tyrans n'étant jamais rassurés à l'excès, défense avait été faite aux Siciliens, même à ceux de la noblesse, de porter des armes.

Un groupe de soldats provençaux stationnait auprès de l'église. regardant passer les fidèles, quand tout à coup l'un de ces soldats se détacha du groupe, s'avança vers une jeune femme de grande beauté qui se rendait à vêpres, accompagnée de son mari et de ses frères, et, prétextant le soupçon qu'elle portait des armes, il porta la main sur elle d'une manière qui suffisait à prouver la fausseté du prétexte invoqué.

La jeune femme s'évanouit de honte et d'émotion ; l'instant d'après, l'audacieux soldat, dont le nom est Drouet, tombait la poitrine traversée par la lame de sa propre épée, mais tenue par une main sicilienne. Le massacre ainsi commencé ne s'arrêta que lorsqu'il n'y eut plus de Français en Sicile, — sauf un, le gouverneur de Calatafuni, qui fut renvoyé honorablement, avec toute sa famille, en France. Et pourquoi cette exception ? Simplement parce que Guillaume de Porcellets était juste et bon, et qu'il avait toujours respecté et fait respecter par les siens les droits de ses administrés.

Voilà quel fut le résultat de la tyrannie du pieux Charles d'Anjou ; voilà quelle fut l'origine, honteuse pour les oppresseurs, du massacre connu dans l'histoire sous le nom de *Vêpres siciliennes*.

Les souverains les plus débauchés de la Sicile, ou plutôt de Naples, furent certainement les deux enfants de Charles de Duras, Ladislas et Jeanne II. Ladislas mourut à trente-huit ans des suites de son incontinence effrénée. Sa sœur, qui lui succéda sur le trône de Naples, en 1414, mena littéralement la vie d'une courtisane éhontée, mais elle n'en mourut pas, puisqu'elle atteignit l'âge assez raisonnable de soixante-cinq ans, sans avoir modifié le moins du monde ses habitudes de débauche.

Avant son mariage avec le comte de la Marche, la reine Jeanne avait pour favoris, à la fois, Pandolfello Alopo, son grand chambellan, et l'ancien chef de bandits Sforza, gendre d'Alopo, que Ladislas avait déjà élevé au rang de grand connétable, — cela sans compter les passants.

Son mari ayant réussi à se débarrasser de ces favoris, Jeanne en prit d'autres. Sergiani, qu'elle fit grand sénéchal, et Gianni Caraccioli qui fut tour à tour son secrétaire, puis grand connétable et enfin grand sénéchal, sont les principaux.

Jacques de la Marche, qui avait d'abord fait enfermer sa femme dans l'espoir d'avoir raison de ses débordements, fut à son tour enfermé par elle, et finit par fuir cet enfer conjugal. Quant aux favoris que nous venons de nommer, ils furent tous, à la réserve toutefois de Sforza, trop habile pour ne point trouver le moyen d'échapper à un pareil sort, assassinés, après avoir été comblés d'honneurs, dès que la reine eut assez de leurs hommages.

La vie de cette reine, qu'il ne faut pas confondre avec son homonyme Jeanne Ire, que les poètes et les romanciers ont traitée avec trop de fantaisie, en vérité, ne fut qu'un tissu de désordres et d'inconséquences incroyables, relevés çà et là de quelque scène sanglante, comme c'est la coutume.

On peut encore citer comme souverains ayant mis leur gloire à donner le ton à la débauche dans leurs États, Ferdinand II et Alphonse II, parce qu'ils y allaient plus franchement que les autres. Mais, en Sicile comme ailleurs, les rois qui donnèrent l'exemple des vertus sont d'une rareté désolante.

Cependant cette longue suite de paillards couronnés ne laissaient pas de légiférer sur la prostitution, autrement dit sur la débauche publique, et si abondamment, qu'à la fin, l'ensemble de ces mesures législatives finit par constituer un code spécial, qu'une cour, spéciale aussi, la *Corte gabella delle meretrici*, était chargée d'appliquer. Mais cette cour des prostituées dut être complètement réformée en 1589, à cause de la vénalité scandaleuse des magistrats qui la composaient, et afin de prévenir les extorsions du fermier des droits sur la prostitution, celui-ci fut remplacé par un simple receveur désigné sous le nom de *padrone*. La redevance à payer à l'État fut alors fixée à deux *présents*, valant quinze *grains* l'un, par mois et par tête.

Sous la domination espagnole, en 1678, la prostitution fut prohibée absolument. — Inutile de répéter que le diable n'y perdit rien.

Au XVIIIe siècle, les courtisanes de toute catégorie abondaient à Naples, et le président de Brosses pouvait dire avec vérité : « Elles sont ici, à ce que l'on prétend, plus nombreuses qu'à Venise. Ce n'est pas la faute des filles, dit-on, c'est le climat qui le porte de toute ancienneté :

« *Littora quœ fuerant castis inimica puellis.* »

et, par conséquent, c'est la nature qui le demande. »

Cela n'a pas beaucoup changé depuis.

Ne quittons point Naples sans dire un mot de la reine Marie-Caroline, sœur de Marie-Antoinette et mère de Marie-Amélie, femme de Louis-Philippe.

Cette reine de Naples, dont la haine contre la Révolution française se justifie par sa parenté avec la malheureuse femme de Louis XVI, est célèbre encore par un autre côté, c'est-à-dire par ses débauches éhontées. Femme du trop faible Ferdinand IV, ce fut elle qui gouverna en réalité le royaume, avec l'ignoble aventurier irlandais Acton, son amant, qu'elle avait imposé au roi comme premier ministre; c'est donc à elle qu'il faut imputer les orgies sanglantes dont la Sicile fut le théâtre à cette époque néfaste.

Elle eut pour intime amie, ce qui suffirait à la peindre, la femme de l'ambassadeur d'Angleterre, lord Hamilton, l'ancienne fille publique des trottoirs de Londres, de qui nous aurons à nous occuper quand nous parlerons de l'Angleterre, dont elle est une des célébrités érotiques.

Avec lady Hamilton, qu'elle faisait coucher avec elle, Marie-Caroline se livra aux orgies les plus crapuleuses... Mais la biographie de lady Hamilton nous fournira l'occasion de revenir sur cet intéressant sujet.

Venise imita Athènes et plusieurs autres villes de la Grèce, en ceci, qu'elle pratiqua en grand et systématiquement l'importation des prostituées. Ces étrangères, parquées en un lieu dit *Carcompana*, formaient une espèce de communauté, administrée par une matrone qui recevait l'argent en détail et en faisait mensuellement un équitable partage entre les membres actifs de ladite communauté.

Les filles de joie furent toujours en très grand nombre à Venise, et quand le président de Brosses dit qu'on prétend qu'elles sont encore plus nombreuses à Naples, il y a lieu de se demander s'il en restait beaucoup d'autres dans cette dernière ville, lorsqu'il la visita.

La sérénissime république, en donnant satisfaction à la lubricité publique au moyen de recrues étrangères, poursuivait, de son propre aveu, un double but : occuper la jeune noblesse vénitienne et détourner son attention de la politique, garantir la vertu alarmée des femmes indigènes. Pour le premier point, il fut atteint aisément; quant au second, c'est une autre histoire.

Vers le commencement du XVI° siècle, quoi qu'il en soit, le sénat, qui avait chassé les prostituées de Venise un peu auparavant, se vit contraint de les rappeler, — toujours comme moyen de distraction à l'usage de la jeune noblesse, dont la turbulence avait dans l'intervalle atteint un degré alarmant.

Le palais des doges fut rarement souillé par les orgies, et nous perdrions notre temps à chercher, à partir de Candiano IV, dont les excès de tous genres provoquèrent la fin malheureuse (976), le côté scandaleux de la vie des chefs de la république, dans le temps de leur passage au pouvoir. La raison la plus forte, croyons-nous, de la vertu relative des doges, c'est que la plupart d'entre eux furent portés au pouvoir vers l'âge respectable de quatre-vingts ans.

La noblesse vénitienne ne se contentait pas toutefois des prostituées, et la preuve, c'est l'incroyable quantité de bâtards nés de ses œuvres, et qui induisit le sénat, au XIII° siècle, sous le dogat de Jacques Contarini, à interdire l'entrée du grand conseil aux enfants non légitimes. Les intrigues amoureuses sont en effet difficiles à prévenir par une loi, mais on peut légiférer sur les conséquences.

Quand l'usage du masque fut adopté par les dames de Venise, ces sortes d'intrigues se multiplièrent naturellement, et les courtisanes, pour avoir l'air de ce qu'elles n'étaient plus et non par honte de passer pour ce qu'elles étaient, arborèrent, elles aussi, le masque discret et agaçant. La place Saint-Pierre, que le doge Pasquale Cicogna venait d'embellir, était au xvi⁰ siècle un des rendez-vous galants les plus fréquentés.

Cette place offrait des contrastes étranges que l'observateur ne voyait pas sans frissonner, mais qui échappaient à la multitude. Autour des colonnes entre lesquelles la hache du bourreau faisait tomber les têtes des coupables ou simplement des suspects, et des bouches infernales toujours ouvertes aux délations recueillies avec empressement par les inquisiteurs d'État, se groupaient des saltimbanques, des charlatans, des jongleurs, des danseurs, des musiciens, des marchands ambulants et des courtisanes masquées ou non, cherchant fortune; puis dans un endroit réservé, se promenaient les nobles et les sénateurs revêtus de leurs longues robes noires, semblant plutôt là pour les deux colonnes sanglantes et leurs annexes que pour le surplus du spectacle.

N'oublions pas, au reste, que les terribles bouches de bronze où d'ignobles personnages venaient glisser clandestinement leurs dénonciations souvent mensongères, ne suffisant pas au conseil des Dix, ce sinistre conseil employait encore une quantité d'espions, surtout dans deux classes bien placées pour faire utilement cet abominable métier : les gondoliers et les courtisanes.

Il est question ici, surtout, des courtisanes de haute volée, tenant maison, et chez qui la jeune noblesse se réunissait, de préférence aux salons des femmes honnêtes, confinées d'ailleurs dans la solitude du gynécée presque aussi étroitement que les femmes grecques et les matrones romaines du temps de la République, au moins en apparence. Là, point de gêne; on se mettait à son aise ; et, si l'on n'y venait pas jeter les bases d'une conspiration contre l'État, il est certain que, soit par suite d'épanchement spontané, soit provoqué par quelque pointe aimable et badine, on arrivait presque toujours à trahir le fond de sa pensée, et que ce fond-là était rarement de nature à s'attirer les félicitations des inquisiteurs d'État.

Cet état de choses dura longtemps, trop longtemps pour l'honneur de la sérénissime république. Voici d'ailleurs comment, vers le milieu du xviii⁰ siècle, le président de Brosses, à qui nous avons déjà fait un léger emprunt en passant, parle des Vénitiennes de tout rang, des courtisanes comme des autres, et de la façon dont elles se conduisaient alors : on verra qu'en deux siècles et plus, elles avaient peu changé.

« Dès qu'une fille, entre nobles, est promise, elle met un masque, et personne ne la voit plus que son futur ou ceux à qui il le permet, ce qui est fort rare... »

J'espère que voilà une vertu bien gardée et de plus bien disposée à se laisser garder. Mais continuons :

« En se mariant, elle devient un meuble de communauté pour toute la famille, chose assez bien imaginée, puisque cela supprime l'embarras de la précaution et que l'on est sûr d'avoir des héritiers du sang.

« C'est souvent l'apanage du cadet de porter le nom du mari, mais, outre cela, il est de règle qu'il y ait un amant ; ce serait même une espèce de déshonneur pour une femme si elle n'avait pas un homme publiquement sur son compte. Mais, halte-là! la politique a très grande part dans tout ceci. La famille en use comme le roi de France à l'élection de l'abbé de Cîteaux : on laisse choisir la femme, en donnant l'exclusion à tels et tels. Il ne faut pas qu'elle s'avise de prendre aucun autre qu'un noble, et parmi ceux-ci, un homme qui ait entrée dans le *pregadi* ou sénat et dans les conseils, dont la famille soit assez puissante pour pouvoir favoriser les brigues, et à qui l'on puisse dire : « Monsieur, il me faut demain tant de voix pour mon beau-frère ou pour mon mari. » Avec cela, une femme a sa liberté toute entière et peut faire tout ce qu'elle veut.

Il faut cependant rendre justice à la vérité : notre ambassadeur me disait l'autre jour qu'il ne connaissait pas plus d'une cinquantaine de femmes qui couchassent avec leurs amants. Le reste est retenu par la dévotion. Les confesseurs ont traité avec elles qu'elles s'abstiendraient de l'article essentiel, moyennant quoi ils leur font bon marché du reste, tout aussi loin qu'il puisse s'étendre, y compris la permission de n'être pas manchotes.

Voilà quel est le train de la galanterie, où les étrangers n'ont pas beau jeu. Les nobles ne les admettent guère ni dans leurs maisons, ni dans leurs parties. Cependant, lorsque deux personnes s'entendent, il n'est pas difficile de faire un coup fourré à la faveur des gondoles, où les dames entrent toujours seules, sans surveillants : c'est un asile sacré. Il est inouï qu'un gondolier de madame se soit laissé gagner par monsieur ; il serait noyé le lendemain par ses camarades.

Cette pratique actuelle des dames a beaucoup diminué les profits des religieuses, qui étaient jadis en possession de la galanterie. Cependant il y en a encore bon nombre qui s'en tirent aujourd'hui avec distinction, je pourrais dire avec émulation, puisque, actuellement que je vous parle, il y a une furieuse brigue entre trois couvents de la ville, pour savoir lequel aura l'avantage de donner une maîtresse au nouveau nonce qui vient d'arriver.

En vérité, ce serait du côté des religieuses que je me tournerais si j'avais un plus long séjour à faire ici. Toutes celles que j'ai vues à la messe, au travers de la grille, causer tant qu'elle durait et rire ensemble, m'ont paru jolies au possible, et mises de manière à bien faire valoir leur beauté. Elles ont une petite coiffure charmante, un habit simple, mais bien entendu, presque toujours blanc, qui leur découvre les épaules et la gorge, ni plus ni moins que les habits à la romaine de nos comédiennes.

La galanterie vénitienne n'avait pas, comme on voit, de bornes bien étroites. Voyons maintenant ce qu'était la prostitution ouverte, au temps où le premier président du parlement de Bourgogne avait pu l'étudier.

Pour épuiser l'article féminin, dit-il, il convient ici, plus qu'ailleurs, de vous dire un mot des courtisanes.

Elles composent un corps vraiment respectable par les bons procédés. Il ne faut pas croire encore, comme on le dit, que le nombre en soit si grand qu'on y marche dessus ; cela n'a lieu que dans le temps du carnaval, où l'on trouve sous les arcades des Procuraties autant de femmes couchées que debout ; hors de là, leur nombre ne s'étend pas à plus du double de ce qu'il y en a à Paris.

À la différence de celles de Paris, toutes sont d'une politesse et d'une douceur d'esprit charmantes. Quoi que vous leur demandiez, leur réponse est toujours : *Son à servito, sono à suoi commandi* (car il est de la civilité de ne jamais parler aux gens qu'à la troisième personne) ; à la vérité, vu la réputation dont elles jouissent, les demandes qu'on leur fait sont toujours très bornées. Cependant, j'en trouvai l'autre jour une si jolie, que... le moyen de ne pas s'y fier, elle me répondait des

Salomon possédait 300 concubines. (Page 7.)

conséquences *per la beatissima madona di Loreto*.

« Les nobles font grand usage de ces princesses. Quand l'un d'eux veut faire une promenade avec la sienne, elle vient tout uniment le prendre dans sa gondole au sortir du conseil, et l'on n'est pas plus surpris de l'y voir monter avec elle en pleine place Saint-Marc, qu'on ne l'a été, en temps de carnaval, de voir ce noble ôter son masque et son domino dans l'antichambre du conseil pour y entrer.

« Au surplus, ne croyez pas que, malgré la fidélité dont elles se piquent pour leurs tenants, elles soient inaccessibles. Ce scrupule ne dure jamais que cinq jours de la semaine: leurs amants mêmes leur laissent presque toujours toute liberté le vendredi, parce qu'ils font leurs dévotions, et le samedi, parce qu'ils font leurs affaires au *pregadi*; elles ont un usage assez bien trouvé, c'est de ne jamais rien accorder qu'à la seconde entrevue, parce que, disent-elles, il faut connaître avant d'aimer. Au moyen de ce, on leur fait au moins deux visites, et elles reçoivent un appointement double pour un seul service... »

A Milan, au x° siècle, c'est le clergé de la cathédrale qui donne l'exemple du désordre et des mœurs corrompues, et nous voyons le prêtre Luitprand et les diacres Artalde et Landulphe dénoncer courageusement la simonie et l'incontinence qui fleurissent plantureusement dans le sein de ce clergé recommandable. Plus tard, ce sont les ducs: les Visconti et les Sforza, dont les turpitudes ne nous présenteraient pas, au point où nous voici parvenus, des traits nouveaux ou assez intéressants pour être relevés, dans la série d'adultères, de viols et d'assassinats juridiques ou non dont elles se composent.

Un trait, par exemple, qui serait assez laid, s'il avait la prétention de donner la mesure de la moralité des « femmes honnêtes » de Milan, c'est celui-ci : Il était interdit, sous les derniers Sforza, de faire signer auxdites femmes honnêtes l'engagement de se livrer à la prostitution, sous peine de coups de cordes ou des galères (suivant la gravité du cas) pour le contrevenant, et de la perte de son office pour le notaire qui aurait passé l'acte.

Ainsi, il s'était trouvé, non seulement des *impresarii* de débauche capables de provoquer de tels engagements et des femmes « honnêtes » pour les signer, ce qui ne devrait pas trop étonner, mais encore des notaires pour recevoir de pareils actes et pour leur donner la forme légale!

A Mantoue, un objet de consommation touché par une prostituée était considéré comme souillé; et en conséquence celle qui, au marché, avait commis l'imprudence de toucher un de ces objets, fût-il pourri, afin d'en apprécier la qualité, était tenue de l'acheter. Mantoue était alors gouvernée par les descendants de Louis de Gonzague, tous gens vertueux, comme on sait; notamment Vincent II, qui avait été cardinal et qui mourut à trente-deux ans (1627), à la suite d'une cruelle maladie due à ses débauches ordurières.

Dans cette même ville, les prostituées étaient forcées de joindre à leur toilette un grelot, sans doute pour avertir les passants de leur approche, comme les chevaux de diligence et la mule de Pedro. — Mais il demeure entendu que toutes les prostituées ne portaient pas ce bizarre ornement, que les plus connues même dédaignaient absolument de s'en parer.

En rappelant que Florence fut longtemps gouvernée par les Médicis, nous aurons presque assez fait. On connaît, en effet, le faste et les plaisirs de la cour de Laurent le Magnifique, à qui l'art doit trop pour qu'on ne laisse pas un peu reposer le voile qui recouvre ses turpitudes. L'histoire de François et de Bianca Capello, la belle Vénitienne, est populaire. Ce qu'on connaît moins, c'est le sort lamentable des deux filles de Côme II, dont l'une, Lucrèce, fut tuée par le duc de Ferrare, son mari, qui la surprit en état d'adultère, et dont l'autre, Marie, fut empoisonnée par son père, qui n'avait pu trouver un moyen plus doux de la séparer du page son amant.

Mais ce sont là jeux de prince, rien de plus.

La république de Gênes, si longtemps ensanglantée par la rivalité des Adorno et des Fregoso, nous offrirait d'assez curieux spécimens de débauchés insatiables et sanguinaires ; mais rien, peut-être, d'aussi complet que le fameux Paul Fregoso, soldat, pirate, cardinal, archevêque puis doge de Gênes, et père de nombreux bâtards. Il est à remarquer, du reste, qu'en cet heureux temps-là (XVIᵉ siècle), les prêtres et surtout les prélats vicieux ne manquaient pas, et que la collection de leurs vices était généralement beaucoup plus complète que celle d'aucun laïque, fût-il prince souverain.

Les règlements concernant la prostitution, dans les duchés et les républiques de l'Italie, se ressemblaient beaucoup, et c'est à peine si un état se distinguait de ses voisins par l'étrangeté de quelque disposition particulière, comme celles que nous avons déjà signalées. Nous ne croyons pas très intéressant d'insister sur ce point. En thèse générale, on sait déjà, par ce que nous avons dit, que la prostitution publique était serrée d'autant plus près que la prostitution privée s'étalait davantage dans les régions privilégiées, et singulièrement dans l'entourage du prince. Nous trouverons sur notre chemin bien d'autres exemples de cette loi, qui est de tous les temps et de tous les pays : licence effrénée des grands, réserve forcée des petits — mais souvent plus apparente que réelle.

Dans cette Italie sans cesse en proie aux horreurs de la guerre, il est utile de constater qu'à la suite des armées et des bandes d'aventuriers qui la sillonnaient dans tous les sens, venaient invariablement des troupes de prostituées, habiles au pillage et au vol autant qu'au plaisir. C'est à leur usage, et justement en Italie, je crois, que le supplice du *cheval de bois* fut inventé.

Le cheval de bois, c'était une sorte de poutre, taillée à vive arête et posée sur deux tréteaux ; le patient était étendu nu sur cette arête, et y était laissé pendant un temps plus ou moins long. Il n'était pas besoin d'un prétexte bien sérieux pour étendre sur le cheval de bois une de ces malheureuses ; le désir légitime de s'amuser un peu, dans un cantonnement ennuyeux, suffisait le plus souvent.

En 1729, les Génois imaginèrent d'appliquer cette torture à un soldat corse, coupable d'une faute légère contre la discipline. Mal leur en prit, car cette bonne plaisanterie fut cause du soulèvement de toute l'île dont ils étaient les maîtres justement détestés, et d'où ils finirent par être chassés.

Nous devons cependant reconnaître qu'avant cette époque, le cheval de bois figurait parmi les peines infligées aux soldats dans plusieurs États européens.

L'origine de l'ordre militaire de Saint-Jacques, fondé en Espagne au XIIᵉ siècle, est fort curieuse et bien dans le caractère espagnol de l'époque, dont la dévotion et le libertinage faisaient le fond.

A la faveur de la licence exagérée laissée aux mœurs pendant les guerres civiles incessantes qui marquèrent le règne agité de la très dissolue reine Urraque, fille et successeur d'Alphonse VI, roi des Asturies, Galice, Léon et Castille, et les guerres religieuses entreprises par son fils Alphonse VIII, le seul empereur que l'Espagne ait jamais eu, un grand nombre de gentilshommes, probablement dans d'excellentes dispositions pour cela, étaient insensiblement devenus de fieffés coquins coupables des excès les plus monstrueux, et devant qui femmes ni filles, quelle que fût leur naissance, ne pouvaient songer à résister.

Malgré les troubles au milieu desquels se débattait le pays, sous Ferdinand II, la justice, mise en réquisition par quelques-unes des principales victimes de ces bandits titrés, finit par s'émouvoir et par exercer des poursuites sérieuses contre ceux-ci.

Nos gentilshommes, flairant le danger, n'en attendirent pas les effets ; ils se réfugièrent dans les montagnes de Léon, s'organisèrent et se choisirent un chef, Pedro Fernandez, dans leur propre sein. Sur ces entrefaites, l'ordre de Calatrava était fondé, dans le but de combattre les infidèles. C'était un ordre mi-partie militaire et religieux, et entre autres privilèges, les membres de tels ordres jouissaient de celui de ne pouvoir être livrés à la justice civile. Pedro Fernandez trouva l'exemple doublement bon à suivre, et des débauchés ses compagnons, il forma une congrégation copiée sur celle des chevaliers de Calatrava, sous l'invocation de saint Jacques, laquelle fut approuvée par le pape Alexandre III, en 1175.

On assure que les nouveaux chevaliers rendirent de grands services à la religion, et cela n'est pas étonnant ; ils acquirent même, par la suite, une influence politique considérable, qui donna plus d'une fois de l'ombrage aux rois leurs souverains : ce qui ne serait pas arrivé si on les avait pendus, comme ils l'avaient si bien mérité.

Peu de temps après la fondation de l'ordre de Saint-Jacques, Alphonse IX, dit le Bon, succédait à Ferdinand. Ce prince, qui est le fondateur de la première université d'Espagne, celle de Palencia, s'occupa aussi de la prostitution, dans un but de réforme morale dont il faut le louer. Il édicta surtout des pénalités très sévères contre les individus qui se rendraient coupables d'excitation à la débauche.

Au reste, la prostitution n'a pas donné lieu en Espagne à moins de dispositions législatives, édits, ordonnances et autres qu'en Italie et même qu'à Naples, dont les souverains furent assez longtemps d'ailleurs rois d'Espagne en même temps. Mais cela n'empêcha jamais, ni à aucun degré, les cours de Castille et d'Aragon de donner l'exemple des mauvaises mœurs, et de toutes les manières.

On connaît l'histoire d'Henri *l'impuissant*, se faisant délivrer un certificat de virilité par ses médecins et livrant sa femme, Jeanne de Portugal, à son favori, Beltran de la Cueva, pour qu'il lui fasse un enfant. Henri, tout impuissant qu'il était, ou que l'a fait le bruit public, ne manquait pas de maîtresses, et Jeanne avait d'autres favoris que Beltran de la Cueva.

« Henri et ses maîtresses, Jeanne et ses favoris, dit M. Camille Lebrun, ne pensaient qu'à leurs plaisirs, sans songer à l'opprobre qu'un tel scandale déversait sur eux. Beltran de la Cueva, créé successivement comte de Ladesma et duc d'Albuquerque, eut la plus grande part aux libéralités de Henri, qu'on soupçonnait d'avoir favorisé une liaison intime entre son favori et la reine, dans l'espoir d'avoir un héritier ; aussi, lorsqu'en 1462, la reine accoucha d'une fille qui fut nommée Jeanne, comme elle, la nation flétrit cette naissance suspecte en donnant à la petite princesse le surnom de *Beltraneja*. »

La corruption qui régnait à la cour de Henri IV était d'ailleurs extrême, et telle qu'il était impossible de ne pas voir qu'elle y était encouragée, au moins par l'exemple du roi et de la reine et par leur silence sur out ce qui passait autour d'eux. Mais les seigneurs castillans, par dépit plus que par pudeur sans doute, se soulevèrent. Jeanne de Portugal, qui se sentait plus directement menacée, se réfugia au château d'Alaejos, en attendant le rétablissement de l'ordre.

Ce rétablissement se fit attendre assez pour lui donner le temps d'avoir deux fils d'un jeune seigneur nommé don Pedro de Castella.

Le règne pendant lequel la cour d'Aragon offrit le spectacle le plus complet des désordres de toutes sortes, fut sans contredit celui de Jean II (1458-1479); ce fut proprement le règne des femmes et des favoris. Jean, toujours entouré d'une foule de concubines, mourut à quatre-vingt-deux ans dans l'impénitence finale.

Mais nous n'en finirions pas, s'il nous fallait signaler tous les souverains de Castille ou d'Aragon dont l'histoire a publié les intrigues amoureuses, si peu cachées après tout, que la plupart des bâtards qui en résultèrent eurent une position au moins avantageuse et que plusieurs illustrèrent par leur bravoure personnelle ou même par des talents hors ligne leur barre senestre. Il n'est pas jusqu'à Pierre le Cruel qui ne s'humanise. Les déportements de don Jayme Ier lui attirent une menace d'excommunication dont il ne tient pas grand compte.

Alphonse le Magnifique, qui était le plus bel homme de son temps, fait sécher de jalousie la pauvre doña Maria de Castille, qui lui fait des scènes, et le porte à des guerres qu'il n'eût pas entreprises s'il n'avait eu besoin de se distraire, par un exercice violent, des petites misères de la vie conjugale.

Ferdinand, fils de Jean II et Isabelle, sœur de Henri l'impuissant et grand'mère de Charles Quint, réunirent les deux couronnes et fondèrent en fait le royaume d'Espagne. Isabelle, beaucoup plus vieille que son mari, ferma les yeux sur les nombreux et peu dignes écarts de celui-ci, vrai coureur de guilledou, aussi bien qu'exterminateur de Maures, et elle agit sagement en ceci.

Sa fille Jeanne, connue dans l'histoire sous le nom de Jeanne la Folle (Juana la Loca), mère de Charles-Quint, ne suivit pas son exemple.

Fiancée à Philippe le Beau, archiduc d'Autriche, lorsqu'elle parut devant son fiancé, elle tomba amoureuse folle de lui, et c'était une maladie d'autant plus dangereuse pour elle que son mari ne devait répondre à sa passion que par la froideur. L'infante n'avait que seize ans et l'archiduc un peu plus de dix-huit, mais déjà fort occupé de galanteries que la beauté de Jeanne était trop médiocre pour lui faire oublier seulement un jour.

Philippe avait des succès incroyables auprès des femmes, car il n'était pas seulement archiduc, il était jeune et vraiment beau. « C'était, dit un chroniqueur contemporain, un prince accompli ; sa figure était belle et lui a valu le surnom qui le distingue dans l'histoire. De haute stature, robuste de corps, il avait le sourire agréable, les yeux beaux et tendres, les dents, toutefois, quelque peu mal agencées, la grosse lèvre d'Autriche, le teint très blanc et coloré, les mains fines, délicates et blanches, les ongles d'une beauté remarquable. Il était très adroit de sa personne, et surtout au maniement des armes, bon tireur d'arc et d'arquebuse, montant bien à cheval à toute selle ; il jouait bien à tous les jeux, mais il aimait par dessus tout la paume. Il était grand chasseur à courre, sans dédaigner la chasse au faucon. »

Comment ne pas admirer, et aimer, par suite, un si grand prodige de beauté et d'adresse ! Mais comme il est fâcheux, aussi, que ces prodiges soient ordinairement si peu sensibles à la pure et naïve tendresse d'une femme, acceptant les hommages, d'où qu'ils viennent, comme chose due, et à laquelle ils n'ont en conséquence rien à répondre qu'une simple parole de politesse conventionnelle!

« Fort enclin déjà à l'amour des femmes en général, poursuit notre chroniqueur, comme devait l'être un jour le plus renommé de ses enfants, le grand empereur Charles-Quint, à qui toutes étaient bonnes; inclination à laquelle Philippe s'abandonna fort peu de temps après son mariage, et qui troubla la vie de sa femme, au point d'affaiblir sa raison, par une jalousie qui ne fit qu'accroître son excessif amour. »

A peine les cortès de Castille et d'Aragon avaient-elles reconnu les droits de sa femme au trône, que le volage Philippe quittait précipitamment l'Espagne; laissant sa Jeanne enceinte et refusant de rien entendre à ses supplications, il retournait en Flandre, où, disait-il, sa présence était nécessaire. Le fait est qu'elle l'était probablement à ses propres plaisirs, comme la malheureuse Jeanne, poussée par la jalousie, allait bientôt en acquérir la certitude.

Échappant à la surveillance dont elle était l'objet en Espagne, Jeanne s'embarque pour la Flandre, à peine relevée de ses couches, persuadée que si son mari y demeure, c'est qu'il y est retenu par des intrigues galantes. Elle ne se trompait pas, et en présence des preuves, qu'elle trouve à son arrivée, de l'infidélité de Philippe, elle va trouver la blonde Flamande qui, pour le moment, le tient captif, saute dessus, lui meurtrit le visage de ses poings, lui fait raser la chevelure, et se retire un peu plus folle que lors de son arrivée.

Philippe fit des reproches à sa femme, l'injuria grossièrement même, à l'occasion de cette scène, et, mortification cent fois plus cruelle, lui déclare qu'il n'aura plus de relations avec elle!

Mais le temps est un grand maître; les époux se raccommodèrent et, après la mort d'Isabelle, s'embarquèrent pour l'Espagne, afin de prendre possession du trône qui les attendait. Philippe ne jouit pas longtemps du titre de roi d'Espagne. Six mois après son arrivée, il succombait aux suites d'un refroidissement gagné au jeu de paume.

Ce coup acheva sa malheureuse femme, désormais folle à lier.

En ce temps-là, la prostitution paraît avoir eu son âge d'or en Espagne. Antoine Lalaireq, qui faisait partie de la suite de Philippe le Beau, lors de son voyage de 1501, et en profita pour visiter le pays, nous a donné, en effet, la description d'une maison de débauche, établie à Valence, dont les proportions colossales défient certainement toute comparaison.

« Ce lieu, dit-il, est grand comme une petite ville et fermé à l'entour de murs et d'une seule porte, et devant la porte y est ordonné ung gibet pour les malfaicteurs qui pourraient estre dedans. A la porte ung homme, à ce ordonné, oste les bastons des veuillants entrer dedans, et leur dict si ils lui veuillent bailler leur argent si ils en ont, qu'il leur en rendra au vuidier bon compte, sans perdre; et d'aventure, si ils en ont et ne le baillent, si on leur vole la nuit, le portier n'en est respondant.

« En ce lieu sont trois ou quatre rues pleines de petites maisons, où en chascune y a filles bien gorgiases, vestues de velours et de satin, et sont de deux à trois cents filles. Elles ont leurs maisonnettes tendues et accoustrées de bon linge. Le taux ordonné est quatre deniers de leur monnoye, lesquels à nous valent un gros. En Castille, ne paient que quatre malvidis, dont se prend le dixième denier comme des autres choses cy après déclarées, et ne peut-on plus demander pour la nuit.

« Tavernes et cabarets y sont.

« On ne peut pour la chaleur si bien veoir ce lieu de jour que on faict de nuict ou soir, car elles sont lors assises à leur huys, la belle lampe pendante auprès d'elles pour les mieux veoir à l'aise.

« Il y a deux médecins ordonniés et gagiés à la ville pour chascune semaine visiter les filles, à sçavoir si elles ont aulcunes maladies poques, ou aultres secrètes, pour les faire vuider du lieu. S'il y en a aulcune malade de la ville, les seigneurs d'icelle ont ordonné lieu pour les meetre en leurs dépens, et les foraines sont renvoyées où elles veulent aller.

« J'ay ci escript, pour ce que je n'ay ouy parler de meetre telle police en si vil lieu. »

Au grand Charles-Quint, nous l'avons déjà dit en passant, toute femme était bonne : il était, suivant l'expression du chroniqueur contemporain que nous avons cité, à propos de Philippe le Beau, « fort enclin à l'amour des femmes en général : » mais il n'en aima jamais aucune, bien qu'il eut des maîtresses attitrées, pas même la belle Flamande Marguerite Van Gest, qui lui donna une fille, Marguerite de Parme. Aima-t-il, cependant, la mère de don Juan, le héros de Lépante? Pour répondre à cette question, il faudrait savoir qui fut cette mère. Profondément dissimulé, Charles-Quint ne livra jamais ce secret, même à don Juan; mieux que cela, par une convention réciproque, la princesse de Blomberg voulut bien endosser cette maternité équivoque, mais la supercherie ne trompa pas tout le monde.

« Il ne faut pas néanmoins que je cache, dit à ce propos Strada, ce qui m'a été découvert par un personnage de grande condition, le cardinal de la Cuera, savoir, que Juan d'Autriche n'était pas né, comme on l'a cru, de la princesse; que, *pour épargner sa réputation*, l'empereur Charles en supposa une autre ; que Blomberg accepta aisément de jouer ce personnage, s'imaginant que le nom d'un empereur était une excuse honorable d'une telle faute ; que Philippe, qui la reçut comme mère de don Juan, voulut bien jouer son rôle dans cette pièce ; qu'il avait révélé tout le mystère à Isabelle-Eugénie, sa fille, à qui il communiquait tous ses secrets, et Isabelle à la personne de qui je l'ai appris. Que s'il en est ainsi, l'esprit humain n'a pas tant à se glorifier de son adresse à découvrir les choses cachées, puisqu'un prince qui savait pénétrer même dans les desseins de ses ennemis, a vécu et est mort avec si peu de connaissance de sa maison et de ses parents, qu'il a été trompé deux fois en sa mère; qu'il a, en divers temps, honoré sous ce titre celles qui ne l'étaient pas et n'a jamais connu celle qui l'était véritablement. »

Donc Strada connaissait ce terrible secret, et c'est tout ce qu'il nous en apprend. Les restrictions également étranges d'autres historiens ont donné lieu à toute sorte de suppositions, dont la plus vraisemblable donne pour mère à Don Juan d'Autriche la propre sœur de Charles-Quint.

Toutefois, si l'on peut reprocher à l'empereur des écarts de conduite pouvant aller jusqu'à l'inceste, il est juste de reconnaître que l'érotisme n'était pas sa passion dominante, et que ce n'est pas celle-là qui le conduisit au tombeau, mais bien la *goinfrerie*. Aucun autre mot ne saurait peindre la gourmandise du rival de François Iᵉʳ. L'ambassadeur de la république de Venise, Frédéric Badoër, nous a laissé sur ce sujet des détails assez curieux.

« Jusqu'à son départ des Pays-Bas pour l'Espagne, dit-il, il avait l'habitude de prendre à son réveil une écuelle de jus de chapon, avec du lait, du sucre et des épices;

après quoi il se rendormait. A midi, il dînait d'une grande variété de mets; il faisait collation peu de temps après vêpres, et, à une heure de la nuit, il soupait, mangeant dans ces divers repas toutes sortes de choses propres à engendrer les humeurs épaisses et visqueuses. »

On sait que, devenu vieux, ce diable fit comme les autres : il se retira du monde — ou fit semblant. Mais ce fut dans un somptueux palais, et avec un budget d'un million et demi pour ses dépenses annuelles. Inutile d'ajouter qu'il ne changea rien, pour cela, à sa manière de vivre.

Son fils Philippe II, le dévot pourvoyeur des bûchers de l'Inquisition, l'ambitieux sanguinaire, Philippe II avait dans le particulier des mœurs fort licencieuses, alimentées par la complaisance de ses rares favoris, et particulièrement d'Antonio Pérez, son premier ministre, qui, disgracié et réfugié en France, publia alors des *Révélations* fort piquantes sur les mœurs de cette cour somptueusement infecte, où les confesseurs du roi coudoyaient ses maîtresses.

La cause de la disgrâce de Pérez, plus corrompu encore que son maître, fut sa rivalité avec celui-ci dans les bonnes grâces d'Anne de Mendoça, princesse d'Eboli, borgnesse si pleine de séductions qu'à Henri IV, qui lui demandait un jour comment il était possible d'en venir à tant de dangereuses folies pour une femme qui n'avait qu'un œil, Pérez répondit avec vivacité : « Avec cet œil, elle met le monde en feu ; elle le réduirait en cendres, si elle les avait tous les deux. »

Antonio Pérez était fils naturel d'un secrétaire d'État qui le reconnut et auquel il succéda, circonstance qui donne déjà une assez bonne opinion d'une cour si confite en dévotion. Les services qu'il rendit à Philippe II furent de l'espèce la plus méprisable, qu'ils aient eu l'ambition ou les plaisirs du monarque pour objet. Le ministre se fit beaucoup d'ennemis dans ce rôle, ce qui n'a rien d'étonnant, puisqu'il s'en serait fait de même, et peut-être davantage, s'il eût été honnête et juste. Ces ennemis ayant découvert ses relations avec la princesse d'Eboli, qui était maîtresse du roi, le dénoncèrent à celui-ci : il n'en fallut pas davantage pour le ruiner dans l'esprit de Philippe II, dont la nature implacable ne savait pas pardonner une faute légère et à plus forte raison une aussi grosse injure.

Les deux coupables furent arrêtés. La princesse disparut sans qu'on sache ce qu'elle devint. Pérez, tour à tour en prison, mis à la torture, réfugié en Aragon, en Béarn, en Angleterre, puis en France, échappa en partie à la vengeance de son maître irrité et, comme nous l'avons dit, amusa l'Europe entière de ses révélations édifiantes. Mais il mena, en somme, une existence misérable dans l'exil, jusqu'à manquer de pain, et mourut dans cet état.

Son ennemi le poursuivait partout, par des agents chargés soit de l'enlever, soit de l'assassiner, moyen expéditif et fort en usage par conséquent. A son passage en Béarn, Pérez, qui était bien connu pour son goût pour les femmes, faillit tomber dans un piège habilement tendu par ses ennemis et où une femme était justement l'appât qui devait l'y attirer.

Dans une villa voisine de la retraite qu'il s'était choisie, les agents lancés à ses trousses par Philippe installèrent une courtisane splendide, dont la mission était de prendre dans ses filets l'ancien favori du roi d'Espagne et de le livrer ensuite à celui-ci. La première partie du complot réussit à souhait, et il ne pouvait en être autrement avec un homme comme Pérez ; mais la seconde échoua : éprise de cet homme extraordinaire, **la courtisane lui dévoila le complot**

Cheops imagina de prostituer sa fille pour subvenir aux dépenses de la construction des Pyramides. (P. 71.)

et le fit évader secrètement de chez elle.

M. Mignet a porté sur l'homme qui nous occupe le jugement suivant :

« Arrivé trop facilement au pouvoir, il ne sut pas s'y maintenir, et devenu, pour ainsi dire, ministre par voie héréditaire, il se conduisit en véritable aventurier. Passionné, avide, dissipateur, violent, artificieux, indiscret, corrompu, il porta ses dérèglements dans une cour aux apparences sévères et offensa par la rivalité de ses amours et l'audace de ses actions un maître hypocrite, vindicatif et absolu.

« Dans la lutte désespérée où le précipitèrent ses excès et ses fautes, il déploya des ressources d'esprit si variées, il montra une telle énergie de caractère, il fut si opprimé, si éloquent, si pathétique, qu'il devint l'objet des plus généreux dévouements et obtint la sympathie universelle.

« Malheureusement, les défauts qui l'avaient perdu en Espagne le discréditèrent en Angleterre et en France, où, toujours le même, il compromit jusqu'à sa disgrâce. »

Ajoutons, pour peindre l'homme, que sa femme ayant réussi à le faire évader de la prison où il était étroitement détenu, en 1590, fut incarcérée à sa place et ne recouvra sa liberté que huit ans après, à la mort de l'implacable Philippe II.

Philippe IV, petit-fils du précédent, fut un souverain d'une nullité parfaite; mais son ministre, le magnifique et hautain comte-duc d'Olivarez, était beaucoup plus fin courtisan que l'infortuné Antonio Pérez; malheureusement pour l'Espagne, il n'était n'était guère que cela, et Philippe IV, dont il était le compagnon de débauches, perdit successivement, grâce à lui, les Pays-Bas, la Catalogne, l'Artois, le Roussillon, les villes de la Flandre, du Hainaut et du Luxembourg qui appartenaient à sa couronne, enfin le Portugal qui, soulevé au nom du duc de Bragance, recouvrait définitivement son indépendance, en 1640.

Lors du soulèvement du Portugal, qui devait mettre le comble à son infortune, le comte-duc alla trouver le roi, qui s'occupait de toute autre chose que de gouvernement, entouré, comme d'habitude, de courtisanes et de poëtes courtisans : « Je félicite Votre Majesté, lui dit-il, de la rébellion du duc de Bragance, qui va vous permettre de réunir tous ses biens à la couronne. » C'était habile, seulement la rébellion triompha, et au lieu de joindre à la couronne tous ses biens, le duc de Bragance lui enleva le Portugal. »

Ce ne fut que trois ans après, pourtant, que Philippe IV consentit, sur la menace d'un soulèvement de son propre peuple, à se débarrasser de ce ministre. La raison de la faveur dont jouissait Olivarez auprès du roi n'était d'ailleurs un secret pour personne. Olivarez, menacé longtemps auparavant d'une disgrâce, pour avoir trompé son royal maître, s'était abaissé, pour regagner sa confiance, au rôle de proxénète ; il pourvoyait à ses plaisirs, et c'est à ses bons offices notamment que Philippe IV devait la connaissance de la Calderone, célèbre comédienne du temps, dont il eut un fils, qu'il reconnut et auquel il donna le nom de don Juan d'Autriche, — nom destiné, à ce qu'il paraît, à tous les bâtards des souverains espagnols de la maison d'Autriche.

Loin de blâmer Olivarez, Philippe IV le consolait et faisait des efforts misérables pour relever son courage, quand la disgrâce nouvelle était si grande que le ministre ne croyait pouvoir moins faire que d'en montrer du chagrin.

La maison d'Autriche n'eut plus qu'un représentant, Charles II, un imbécile couronné. Mort sans enfants, il nomma son héritier Philippe, duc d'Anjou, petit-fils de Louis XIV.

Dans la maison de Bourbon, qui succéda au trône d'Espagne à la maison d'Autriche, ce sont plus particulièrement les femmes qui se font remarquer par leurs intrigues amoureuses. Il nous suffira de rappeler quelques traits de son histoire, qui sont encore présents à la mémoire de tous.

Louise-Marie, épouse de Charles IV, éleva jusqu'à elle le garde du corps Manuel Godoï, connu plus tard sous le nom de *prince de la Paix*. Marie-Christine, femme de Ferdinand VII, morte récemment, en fait autant pour un autre garde du corps, le beau Muñoz, plus connu sous son titre de duc de Rianzarès. — Enfin il y a Isabelle II, détrônée en 1868, et dont il nous semble qu'on a assez parlé comme cela, — ainsi que du trop célèbre marquis Marfori...

Le premier roi de Portugal, — les souverains de ce pays n'ayant, avant cette époque (1139), d'autre titre que celui de comte, — est Alphonse Ier. A l'instigation des seigneurs, il arracha la couronne à sa mère, veuve de Henri de Bourgogne, qui menait à la cour de Portugal une conduite scandaleuse.

Alphonse fut le législateur de son pays, et c'est par ce côté seulement qu'il nous appartient.

Ainsi nous trouvons dans les *lois d'Alphonse* les dispositions suivantes, qui ne manquent pas d'intérêt : Le noble qui aurait frappé une femme de la lance ou de l'épée, était dégradé. Dans le crime d'adultère, il y a nécessairement deux coupables : tous deux étaient condamnés au feu ; mais si le mari trompé pardonnait à la coupable, elle n'était plus passible d'aucune peine, et par suite l'amant avait également sa grâce. Le viol d'une fille noble était puni de mort ; si la victime n'était pas noble, son suborneur, noble ou non, était tenu de l'épouser.

Les successeurs d'Alphonse se font remarquer principalement par leurs démêlés avec la cour de Rome, ou leur soumission fort plate au saint-siège et à l'inquisition. Pierre le Justicier, fils d'Alphonse V, jette un peu de mouvement dans cette monotonie, avec les malheurs de sa jeunesse, la perte de sa femme Inès de Castro, assassinée avec l'assentiment au moins de son père ; mais cette histoire touchante, qu'ont exploitée le théâtre et le roman, n'est pas non plus de notre ressort.

Ferdinand Ier, fils de Pierre le Justicier, était loin de ressembler à son père, qu'on a comparé à Titus. Très inconséquent surtout, il entama des négociations de mariage avec Léonore d'Aragon, puis avec Léonore de Castille et finalement enleva à son mari, João d'Acunha, sa femme, Léonore Tellez. Il fait casser le premier mariage de cette troisième Léonore et l'épouse ensuite. Cette femme ambitieuse, intrigante et jalouse se rendit coupable des crimes les plus infâmes, et malgré la reconnaissance que son élévation inespérée au trône aurait dû lui inspirer pour l'infortuné Ferdinand, ne laissa pas de mener une conduite fort dissolue, et notamment de s'afficher avec un certain Fernandez d'Andeiro, gentilhomme castillan.

Mais ce qu'il y a de plus amusant dans toute cette affaire, c'est la conduite du premier mari de Léonore Tellez, dom João Lourenço d'Acunha. Retiré en Castille, l'époux dépossédé, peut-être enchanté intérieurement d'être débarrassé d'une pareille mégère, porta tout le reste de sa vie deux cornes d'argent fixées à son chapeau.

Le fondateur de la dynastie de Bragance, restaurateur de l'indépendance du Portugal soumis pendant soixante ans à la couronne d'Espagne, eut pour successeur son fils, Alphonse VI, intime de corps et d'esprit, perdu de débauches et de vices ; il courait les ruelles et les mauvais lieux, et finit par être taxé de démence. Relégué dans l'île de Tercère, son frère, don Pèdre, fut nommé régent du royaume, puis roi, après la mort d'Alphonse (1683), sous le nom de Pierre II.

Le malheureux Alphonse VI avait épousé une demoiselle d'Aumale, princesse de Savoie-Nemours, laquelle, à la vue d'Alphonse, devint amoureuse de... Pierre, qu'elle épousa quand son mari eut été enfermé comme fou. Pierre II était, comme son frère, très porté pour le cotillon, et comme lui, ne s'adressait qu'à des femmes de si peu d'importance que l'histoire, trop collet monté, n'en tient pas de compte.

A Pierre II succéda Jean V, que Voltaire caractérise ainsi : « Les fêtes de Jean V, dit-il, étaient des processions ; ses édifices, des monastères, et ses maîtresses des religieuses. »

Nous n'en dirons pas davantage, et comme nous n'aurions pas grand'chose à dire de plus de beaucoup de ses successeurs, comme de tous ceux d'ailleurs dont nous avons sauté les noms, le mieux est de nous en tenir là.

V

Allemagne, Autriche-Hongrie, etc.

SOMMAIRE. — Les prostituées dans l'empire d'Allemagne, au VIII° siècle — Suppression de la prostitution par Charlemagne. — Mœurs dissolues des empereurs. — Frédéric II. — Adolphe de Nassau : viols suivis de meurtre. — Wenceslas l'Ivrogne, roi de Bohême, ses débauches et ses cruautés. — Sigismond de Hongrie. — L'impératrice-reine Barbe, dite la *Messaline du Nord*. — La tourterelle et le moineau. — Albert II d'Autriche. — L'Autriche actuelle. — Vienne, ville de plaisir. — Le clergé hongrois au XIII° siècle. — La reine Gertrude et la femme de Bancbanus. — Ladislas et les femmes sarmates — Sophie-Dorothée, femme de l'Électeur de Hanovre, et Elisabeth de Platen. — Vengeance de femme jalouse. — Horrible assassinat de Philippe de Kœnigsmark. — Dispositions législatives diverses concernant la prostitution. — Brunswick. — Nuremberg. — Berlin. — Strasbourg et les hirondelles de la cathédrale. — Le *Kaiser-Bad* à Pesth. — Le commerce des filles chez les Szeklers. — Les annonces à sous-entendus obscènes. — L'auteur d'un « Avis aux dames » traduit devant la cour d'assises de Vienne. — La clinique d'accouchement de Strasbourg et les filles-mères allemandes. — Les filles publiques en Suisse. — Réglementation de la prostitution à Genève. — Les *reines*. — Les prostituées des armées. — Lamentations du solitaire Nicolas de Flue. — La guerre des Gueux. — Les escadrons et les bataillons de filles de joie de l'armée du duc d'Albe, trop zélé défenseur de la foi en Flandre.

Il ne faudrait pas croire que dans le Nord, l'érotisme est porté à un degré moins violent que dans les contrées méridionales ; la prostitution, diversement réglementée, y fut toujours, au contraire, dans un état extrêmement florissant, et à côté des débauches vulgaires du simple particulier, nous pourrions signaler partout les orgies princières les plus brillantes et les plus ignobles.

L'Allemagne était notamment fort bien pourvue, dès une époque sans doute fort lointaine, de prostituées de tout rang, car on voit Charlemagne obligé de sévir contre elles, bien que, dans son palais d'Aix-la-Chapelle, il ait établi tout un harem de concubines, et qu'autour de lui, voire dans sa propre famille, la prostitution soit en grande faveur.

Donc, peu après son couronnement comme empereur d'Allemagne, Charlemagne (qui, pour ses propres écarts, appartient à la France) prohibait la prostitution dans ses États d'une manière absolue. Toute prostituée prise sur le fait devait être fouettée publiquement, et celui qui l'avait admise dans sa maison devait la porter sur ses épaules jusqu'au lieu de l'exécution.

Punition sévère, mais pas terrible après tout ; nous avons vu et nous verrons encore pis ; mais il est fâcheux que l'empereur d'Allemagne n'ait pas cru préférable de prêcher d'exemple, l'effet aurait été autrement efficace pour l'amélioration des mœurs publiques.

La série des successeurs de Charlemagne au trône impérial abonde en personnages célèbres surtout pour leurs dévergondages. Nous avons cité déjà les hauts faits de Frédéric II, roi de Sicile. Adolphe de Nassau qui, au lieu de sévir contre les brigands qui infestaient ses États, partageait avec eux, enlevait les femmes et les filles, fussent-elles religieuses, et on l'accusa même, à la Diète, qui le déposa comme indigne (1298), d'en avoir fait périr plusieurs, après avoir assouvi sur elles sa brutalité.

Un des joyaux de la série, c'est sans contredit Wenceslas VI, roi de Bohême, surnommé l'*Ivrogne*. Ce surnom ne suffit pas à peindre l'homme, attendu qu'aucun des excès de la débauche et de la cruauté ne lui était inconnu. Étant venu conférer à Reims avec les princes du saint Empire et les princes français, pour traiter de l'exclusion du pape Boniface, il s'y conduisit de la manière la plus honteuse. « Les mœurs bassement crapuleuses de Venceslas, dit à ce propos M. Henri Martin, choquèrent fort la cour de France, qui mettait au moins de l'élégance dans le libertinage. L'empereur était ivre dès le matin, quand on allait le chercher pour les conférences. Abandonné aux passions les plus honteuses, il laissa l'Allemagne en proie aux dévastations des hordes de brigands et de seigneurs qui se rendaient indépendants dans leurs terres. »

Pour entretenir ses débauches, Venceslas vendait tout, privilèges, terres, jusqu'aux royaumes dépendant de sa couronne. Quant à ses cruautés, il fit tuer le confesseur de la reine qui n'avait pas voulu lui révéler le secret de la confession, massacrer des milliers de juifs, embrocher et rôtir son cuisinier qui lui refusait à manger sur l'ordonnance du médecin. Ces exemples donneront, pensons-nous, une idée suffisante du personnage qui mourut en 1417, frappé de congestion cérébrale, mais après avoir traîné dix-huit jours, hurlant et se tordant sans repos ni trêve.

L'empereur Sigismond, roi de Hongrie, mort à soixante-dix ans, en 1437, s'était fait une renommée par ses débauches autant que par ses cruautés, mais il laissa une veuve encore jeune, qui était sa seconde femme, dont les exploits ont laissé loin derrière eux ceux de son impérial époux, et qui lui valurent le surnom caractéristique de *Messaline du Nord*. Ce fut surtout lorsqu'elle fut devenue veuve, que l'impératrice Barbe lâcha la bride à ses passions, sans que nous puissions prendre sur nous d'affirmer qu'elle fut fidèle à son mari, ni chaste à aucune époque de sa vie.

Une dame de sa cour, faisant une trop délicate allusion à ses désordres, lui représentait l'exemple de la tourterelle, qui reste après sa mort fidèle au compagnon qu'elle a perdu.

— Citez-moi plutôt, répondit-elle, l'exemple des pigeons et des moineaux, dont les plaisirs n'éprouvent pas d'interruption.

Ce qu'il y a d'amusant dans cette opposition du pigeon et du moineau à la tourterelle, c'est qu'elle est absolument fausse, et que cette dernière n'est point du tout « l'emblème de la génération sans souillure et de la chasteté immaculée du corps » dont parle saint Ambroise, qui n'était pas naturaliste. Bien au contraire, la tourterelle est une véritable *Messaline* emplumée, n'en déplaise aux fauteurs de symboles.

Nous pourrions citer encore Albert II, duc d'Autriche, couronné roi de Hongrie et de Bohême et empereur d'Allemagne la même année (1438), et mort deux ans après, d'une indigestion, disent les uns, d'une maladie contagieuse, disent les autres, des suites de longues et habituelles débauches, dit tout le monde, mais sur les désordres duquel nous n'avons pas grands renseignements.

La maison d'Autriche, comme on l'a vu, a donné beaucoup d'empereurs à l'Allemagne, de rois à la Sicile, à l'Espagne, à la Bohême, à la Hongrie, etc., etc. Nous avons vu ou nous verrons ailleurs la plupart de ses représentants dignes par leurs exploits de figurer dans cet ouvrage.

Quant à l'Autriche actuelle, elle se résume pour nous dans Vienne, sa capitale, depuis que Henri II, Jasomirgott, élevé au titre de duc d'Autriche en 1156, y transféra sa résidence. Vienne est une ville de plaisir, habitée par des gens extrêmement aimables et jouissant d'une liberté de mœurs fort grande, qui dégénère un peu en licence dans certaines classes de la société. Nous pensons que c'est assez en dire.

En Hongrie, au XIIIᵉ siècle, c'est le clergé qui donne l'exemple des excès de tout genre, notamment dans le temps que leur roi, André II, est occupé loin de son royaume, à combattre les infidèles.

Tandis qu'André II est en Terre-Sainte, il se passe d'ailleurs des choses étonnantes chez lui, et qu'il nous paraît utile de signaler. Il avait laissé l'administration de son royaume, pendant son absence, à un seigneur nommé Banchanus ou Bank-Ban. Celui-ci remplissait consciencieusement ses devoirs, ne songeant pas à autre chose, lorsqu'un prince allemand, frère de la reine Gertrude, survient. Il tombe amoureux de la femme de Banchanus, et, n'ayant pas d'autre alternative, emploie la violence pour satisfaire sa brutale passion, aidé dans cet exploit par sa bien affectionnée sœur.

La victime de cette violence en instruisit son mari, qui, furieux, massacra la reine. Soit qu'il ait à se plaindre de madame Gertrude, soit qu'il fût simplement juste, quoiqu'il ne l'ait pas toujours montré, André II, de retour de la croisade, récompensa avec éclat le meurtrier de la reine.

Remarquons en passant que d'André II et de Gertrude naquit sainte Élisabeth de Hongrie.

Sous son fils, Bela IV, quarante mille Sarmates, fuyant les hordes de Gengis-Khan, s'établirent en Hongrie, et ne tardèrent pas à donner du fil à retordre à ses successeurs.

L'un de ces derniers, son petit-fils Ladislas III, se livrait à la débauche avec si peu de ménagement, que le pape et l'empereur Rodolphe, son beau-frère, crurent devoir lui faire des représentations, — qu'il n'écouta pas, bien entendu. Son incontinence devait pourtant lui porter malheur : Ayant échoué dans plusieurs tentatives auprès des femmes sarmates, il usa de violence avec elles, et elles, répondant à la violence par la violence, le poignardèrent dans sa propre tente.

Si nous parcourions maintenant les petits États de l'Allemagne, pour y étudier les mœurs des cours, nous ne serions pas en peine d'une abondante moisson de scandales de toute sorte, capable d'étendre à des proportions trop exagérées les limites de cet ouvrage ; mais toutes ces aventures amoureuses se ressemblent beaucoup ; quelques-unes seulement ont un caractère dramatique bien tranché qui les recommande à l'attention. De ce nombre est l'histoire de l'infortunée Sophie-Dorothée de Zelle, femme de l'électeur de Hanovre, depuis roi d'Angleterre sous le nom de Georges Iᵉʳ.

Contrainte à ce mariage, 1682, malgré

qu'elle aimât son cousin Auguste de Wolfenbuttell, jeune homme aussi aimable que le fils d'Ernest-Auguste l'était peu, la princesse Sophie se résigna pourtant, et supporta sans se plaindre d'abord les brutalités de son mari, ses caprices, ses désordres, ses maîtresses. Elle eut deux enfants dont l'un fut George II d'Angleterre et l'autre la mère du grand Frédéric.

Sur ces entrefaites arriva à la cour de Hanovre le jeune Philippe-Christophe de Kœnigsmark, riche, noble et beau, et le héros de mainte aventure galante, que sa renommée avait précédé. La comtesse de Platen, maîtresse de l'électeur, devint follement amoureuse de ce don Juan du Nord. Philippe-Christophe lui en marqua de la reconnaissance ; mais il avait presque été élevé à la cour de Zelle avec la princesse Sophie, et c'était vers celle-ci que le portait son cœur.

La jeune femme revit avec plaisir ce compagnon d'un temps qu'elle regrettait ; une certaine intimité s'établit entre Philippe et Sophie. On dit que cette intimité fut entièrement irréprochable. Cela n'est pas impossible, mais dans tous les cas, la réputation du jeune comte et, plus que tout, sa jalousie haineuse, portait la comtesse de Platen à envisager les choses sous un jour bien différent, et elle jura de se venger. Par celles de ses créatures qui approchaient le plus George, elle parvint à perdre la malheureuse princesse dans l'esprit de ce butor qui, à diverses reprises, s'oublia jusqu'à la frapper.

L'existence devenait impossible pour la pauvre Sophie-Dorothée. Elle se résolut donc à la fuite, voulant se retirer à la cour de Wolfenbuttel, pour se mettre sous la protection de son oncle, et, de là, saisir une cour aulique d'une demande de divorce. Kœnigsmark, l'ami, le confident, s'il ne fut pas autre chose, fut instruit de ce projet par la princesse, et il s'occupa aussitôt d'en préparer l'exécution.

Un soir, en rentrant chez lui, Kœnigsmark trouva sur sa table un billet au crayon portant ces mots : « Ce soir, la princesse Sophie-Dorothée attendra le comte de Kœnigsmark, après huit heures. » Le jeune étourdi n'en demande pas davantage ; il se rend au palais et est obligé, pour expliquer l'heure indue à laquelle il se présente, de montrer le fameux billet à la princesse très-intriguée, car ce n'est pas elle qui l'a écrit.

Cependant Élisabeth de Platen va trouver l'Électeur et lui dénonce la présence du comte chez la princesse comme un rendez-vous d'amour. Elle n'a pas de peine à obtenir l'ordre de faire fermer toutes les issues et d'arrêter Kœnigsmark dans le palais même. Mais Kœnigsmark, capitaine des gardes et aimé de tout le monde, est difficile à saisir. Élisabeth ne s'inquiète pas de cela. Elle a bien suborné un valet du comte pour faire parvenir à celui-ci le billet faussement attribué à Sophie-Dorothée, elle subornera bien, à plus forte raison, un piquet de quatre trabans ivrognes, pourvu qu'on les lui fournisse, avec ordre de lui obéir aveuglément.

L'électeur consent à tout et s'en remet absolument à la comtesse du soin de conduire cette affaire.

Élisabeth de Platen poursuit alors l'exécution de son programme. Toutes les issues du palais sont fermées, sauf une qui donne sur les jardins. Dans une salle voisine de cette issue, Élisabeth conduit les assassins auxquels, tout en leur faisant la leçon, elle prépare de ses propres mains un colossal bol de punch.

Les conjurés attendent quelque temps. Enfin la porte de l'appartement de la princesse se ferme ; quelqu'un marche en tâtonnant à travers les vastes salles, évidemment surpris de ne point trouver d'issue. C'est Kœnigsmark. A force de chercher, il se dirige vers la seule porte qui soit restée ouverte, et près de laquelle la comtesse de Platen et ses acolytes l'attendent, dans une salle qu'il lui faudra traverser pour l'atteindre.

A peine a-t-il le pied dans cette salle que les quatre trabans se précipitent sur lui, le terrassent et l'égorgent. Le malheureux a deviné — trop tard — toute l'intrigue.

— La princesse est innocente! crie-t-il à ses bourreaux.

Élisabeth de Platen lui ferme la bouche d'un coup talon!...

Le corps du malheureux jeune homme assassiné, pour avoir dédaigné les avances d'une femme altière et vindicative (car telle est la véritable explication de cette horrible tragédie), fut jeté ensuite dans la chaux vive, sous les yeux de la comtesse, qui semblait se repaitre de ce spectacle.

Dans les papiers du mort, on trouva des lettres de Sophie-Dorothée, établissant clairement qu'elle détestait son mari, qu'elle avait formé le projet de le fuir et que Kœnigsmark était son complice dans cette dernière affaire ; mais rien de plus. La malheureuse jeune femme n'en fut pas moins accusée d'adultère, et, malgré ses dénégations énergiques, son divorce fut prononcé par la cour consistoriale, le 24 décembre 1694.

Transportée ensuite à la forteresse d'Ahlden, dans le Brunswick, elle y mourut au bout de *trente-deux ans* de captivité étroite.

Les exemples de ce genre ne sont que trop fréquents dans l'histoire des cours, où ce sont le plus souvent les innocents qui succombent sous les coups de l'intrigue, et où le maitre, dominé par ses passions, dont la vilenie lui échappe si aisément, met volontiers son pouvoir au service de qui sait le flatter ou lui en procure la satisfaction, sans le moindre souci de la justice et quelquefois même de sa propre dignité.

Pour nous reposer de ces spectacles, nous chercherons dans les coutumes de ces contrées que nous venons de parcourir, quelques indications curieuses et édifiantes sur l'exercice de la prostitution publique, lesquelles trouveront ici une place qui nous parait convenable.

Au xve siècle, les statuts de Brunswick portent qu'on enterrait vives les proxénètes ; ensuite on leur enfonçait un pieu dans le sein et l'on déposait des épines sur leurs tombes.

A Nuremberg, les prostituées jouissaient d'un privilége exclusif auquel il ne faisait pas bon porter atteinte.

A Berlin, la prostitution a été de tout temps très florissante. En 1846, pourtant, les prostituées furent bannies de la ville et leurs maisons fermées. Mais il fallut les rappeler moins de quatre ans après, parce que, en l'absence de la prostitution légale, la prostitution clandestine avait fait des progrès effrayants, et qu'en raison du défaut de surveillance, le chiffre des syphilitiques s'était augmenté de plus de moitié.

A Strasbourg, au xve siècle, les prostituées étaient parquées dans six rues, lesquelles contenaient cinquante-sept maisons de débauche ; une de ces rues en avait quinze à elle seule. Mais le plus curieux, c'est que les prostituées avaient envahi jusqu'au clocher de la cathédrale, d'où on les désignait sous le nom d' « hirondelles de la cathédrale. »—« Pour ce qui est des hirondelles ou filles de la cathédrale, dit une ordonnance de 1521, le magistrat arrête qu'on leur laissera encore quinze jours; après quoi on leur fera prêter serment d'abandonner la cathédrale et autres lieux saints. »

On voit que les prostituées strasbour-

La Sapho de Pradier. (Page 26.)

...çoises n'étaient point persécutées trop rudement. Ajoutons qu'elles ne payaient l'autre redevance qu'une somme d'environ 4 fr. pour la visite des médecins, qui avait lieu tous les deux mois.

Pesth se fait remarquer par une coutume renouvelée des Romains — et peut-être des Anglais : celle des rendez-vous galants dans les maisons de bains.

« Le *Kaiser Bad*, dit M. Albert Millaud, qui visita Pest en septembre 1873, c'est la maison du baigneur de Paris, sous Louis XIII. On y donne des rendez-vous galants. C'est là que se font et se défont toutes les intrigues de Pesth, et il est difficile d'en démêler quelque chose.

« Un rendez-vous est-il pris, le chevalier part en bateau, aborde au *Kaiser Bad*, réclame le cabinet n° 4, au premier étage, pour une certaine heure.

« Le garçon de service, qui connaît le client, sourit avec malice et prépare le cabinet.

« Soudain, par le tramway, arrive une jeune soubrette ou une vieille matrone qui demande au même garçon de lui réserver le n° 5. — Nouveau sourire du garçon.

« A l'heure dite, le chevalier arrive; son

bain est prêt : on lui monte une bouteille de champagne au cabinet n° 4, et la porte se ferme.

« Un quart-d'heure après, la marquise descend de voiture, s'introduit dans le cabinet n° 5.

« Inutile d'ajouter que la porte de communication intérieure entre les deux cabinets a été préalablement ouverte par le malicieux garçon... »

Le voyageur a pris soin, quelques lignes auparavant, de nous prévenir que « la vie que l'on mène à Pesth est une vie *poético-sensuelle*. » Il y paraît, ma foi, par ce qui se passe au *Kaiser Bad* ou bain Impérial, ou encore, en langue magyare, *Seazar Fürdok*.

Certains peuples de l'empire austro-hongrois ont conservé, grâce au voisinage des peuples orientaux, des coutumes barbares que tous les efforts de la civilisation sont impuissants à leur faire abandonner, principalement en ce qui concerne la libre disposition des femmes et des filles. C'est ainsi qu'en 1873 encore, le journal de Pesth le *Hon* (la *Patrie*) signalait à la vindicte des lois, le commerce que font ouvertement de leurs filles, les Szeklers, habitants des montagnes de la Transylvanie.

La feuille magyare rappelait que plusieurs années auparavant, une interpellation avait été adressée en vain au ministre de l'intérieur, par un membre de la Diète.

« Depuis lors, ajoutait le *Hon*, cent quarante-trois de ces malheureuses jeunes filles ont été arrachées par le directeur de la douane d'Ojtoz aux misérables qui allaient les vendre. Mais il y a encore cinq routes conduisant du pays des Szeklers en Moldavie, et les infortunées que l'on n'a pas laissé passer à Ojtoz, passent la frontière d'un autre côté. On les vend pour 8 ou 10 ducats, et elles sont entraînées jusqu'au centre de l'Asie, quelquefois même plus loin encore. »

Un *truchement* fréquemment mis en réquisition pour les besoins de la prostitution clandestine, justement dans les pays dont nous venons de nous occuper d'une manière trop sommaire, c'est la quatrième page des journaux.

Les journaux de Berlin, de Leipzig et de Vienne principalement, ont plusieurs colonnes réservées aux demandes et acceptations de rendez-vous ; aux offres, de la part d'une jeune dame très bien, de faire le ménage d'un monsieur seul, ou de donner au même monsieur seul des leçons de conversation française ou italienne ou de toute autre chose d'égale nécessité ; aux demandes instantes des messieurs seuls pour avoir, en qualité de dame de compagnie ou autrement, des jeunes dames instruites et d'un extérieur convenable, etc.

Certaines de ces annonces dépassent vraiment les bornes de la plaisanterie, ou plutôt de la licence ; témoin la suivante, empruntée à la *Gazette de Woss* :

« Un jeune homme bien élevé serait très désireux de passer quelques soirées par semaine, avec une jeune dame française jolie et aimable, pour se perfectionner dans la langue française. Sous promesse de toute discrétion, il prie de fixer un rendez-vous quelconque dans une lettre adressée, etc... »

Et cette autre, copiée dans le *Tagblatt* de Vienne :

« Si le monsieur, qui a poursuivi hier (mardi) dans l'après-midi une dame, Wieden, Elisabethbrücke, Karnthnerstrasse, jusqu'à l'Opéra et jusque dans sa demeure, désire trouver l'occasion de s'excuser auprès d'elle, qu'il ait la bonté de donner une adresse dans le *Tagblatt*, à laquelle on peut envoyer un billet. »

Il arrive quelquefois que la justice s'émeut de ces véritables excitations à la débauche par la voie de la presse, dont nous avons vu depuis plusieurs années l'usage productif s'établir peu à peu chez nous. Alors tant pis pour l'auteur de la plaisanterie, quand ce n'est en réalité qu'une plaisanterie (et cela arrive, cela est arrivé à notre connaissance personnelle). Il paie pour lui-même et pour ceux qu'on a laissés tranquilles avant qu'il lui prît la malencontreuse fantaisie de les imiter.

C'est ce qui advint, en 1875, à Vienne justement, à un jeune Russe de qualité, soucieux seulement, s'il eût fallu l'en croire, d'échapper à l'ennui.

Voici du reste l'analyse très courte, empruntée à une autre feuille viennoise, du procès intenté à ce propos au jeune boyard :

Une annonce, insérée le 12 mars courant (1875), dans le journal le *Tagblatt* sous le titre d'« Avis aux Dames », amenait hier devant la Cour d'assises de Vienne un conseiller aulique de Russie, M. de Kosakowski. Dans cette annonce, rédigée en français et signée de « Monrepos », certaines propositions, dont l'inconvenance avait dès le premier jour attiré l'attention générale, ont paru au parquet constituer une offense à la morale publique.

« Quant aux réponses que reçut l'auteur, elles ne laissèrent pas que d'offrir une assez grande variété. Les unes contenaient des reproches exprimés avec une grande énergie de langage ; d'autres indiquaient un rendez-vous en demandant la plus grande discrétion. Mais en tous cas, la plus curieuse collection de photographies s'accumula bientôt au *Grand-Hôtel*, où était logé l'accusé. Une dame, qui, moins hardie, n'osait point envoyer son portrait, disait cependant : « J'appartiens à la meilleure « société de Vienne, et ma situation m'impose la plus grande réserve. Je ne puis « vous envoyer ma photographie, mais « écrivez-moi où nous pouvons nous voir. »

« Devant la Cour d'assises, l'accusation était soutenue par M. le comte de Lamezan. M. Edmond Singer a présenté la défense.

« M. de Kosakowski a expliqué qu'étant ici, à l'époque du carnaval, avec plusieurs de ses amis, il avait projeté de faire un voyage en Italie. Mais, retenu par le mauvais temps, il s'étaient mis à lire les annonces des journaux et en avaient remarqué d'assez plaisantes. L'idée leur vint d'en composer une eux-mêmes, et ce fut un de ses amis qui la rédigea ; M. de Kosakowski, revenu le premier à Vienne, la copia le 9 mars et la porta au *Tagblatt*. Il ajoute qu'en Russie de telles annonces paraissent chaque jour par milliers, sans que la censure y trouve rien à dire... »

M. de Kosakowski, malgré la déclaration précieuse que de telles annonces paraissent journellement dans les journaux moscovites, sans attirer le moindre désagrément à leurs auteurs — ce qui est vrai, — fut condamné pour celle-là à deux mois de prison et à l'expulsion du territoire austro-hongrois après l'expiration de sa peine.

Nous avons vu la trompette de la publicité au service de la prostitution ; voici maintenant la débauche servant de moyen de publicité à un établissement d'utilité publique et sollicitée de remplir les vides d'une population réfractaire et de plus toujours décroissante par suite d'expatriation volontaire :

Après 1871, le gouvernement allemand, « à la piste de tous les trucs, » suivant l'expression de M. Victor Tissot, ayant fondé à Strasbourg une clinique d'accouchement, faisait appel aux filles enceintes de l'Allemagne, que la honte de leur situation gênait naturellement beaucoup, et leur payait les frais de voyage et de séjour, pour qu'elles vinssent se faire accoucher à Strasbourg et donner ainsi à l'empire des Alsaciens vraiment Allemands.

A Genève, les filles publiques étaient jadis placées sous la juridiction d'une *reine*, comme nous verrons que cela se pratiquait aussi ailleurs. Cette reine était nommée par les magistrats de la commune et prêtait serment entre leurs mains de faire exécuter les règlements.

La Suisse n'était d'ailleurs en retard sur aucun autre pays sous ce rapport. On ne laissait pas d'enrégimenter, à l'occasion, des filles de joie pour suivre les armées. Mais après la bataille de Granson, il leur en resta une telle quantité sur les bras, de celles qui avaient suivi l'armée de Charles le Téméraire, qu'ils ne savaient à quel diable les vouer. « A la fin du xv⁰ siècle, dit Michelet, le saint homme Nicolas de Flue pleurait dans son ermitage sur la corruption de la Suisse. Au milieu du même siècle, nous voyons leurs soldats mener avec eux des bandes de femmes et de filles. Il en part tout un bateau, en 1476, dans l'expédition de Strasbourg. »

Cette coutume de joindre à une armée de soldats une armée de prostituées n'est point spéciale à la Suisse ; on peut considérer toutes les nations dont nous nous sommes occupé jusqu'ici, et toutes celles dont nous nous occuperons plus tard, à bien peu d'exceptions pres. comme incapables de négliger cette précaution parfaitement dédaignée de nos jours.

Nous avons vu que Charles le Téméraire en abandonna une collection nombreuse aux Suisses, après la bataille de Granson. Le duc d'Albe, le digne agent du dévot Philippe II, lorsqu'il se rendit en Flandre pour soumettre les Gueux, trainait après lui une multitude de prostituées. D'après Brantôme, on n'en comptait pas moins de « quatre cents à cheval, belles et braves comme princesses, huit cents à pied, bien à point aussi. »

VI

Pologne et Russie.

SOMMAIRE. — La légende de la princesse Heligonde. — Cruelles tortures infligées à un amant trahi, et châtiment d'icelles. — Le roi Miecislas II. — Boleslas le Hardi et ses soldats. — Sept ans d'orgies. — Vengeance inattendue des femmes polonaises. — Cocufiage général et systématique. — Débauches et dévotion des Polonais. — Stanislas II. — Poniatowski, amant de Catherine II, élevé au trône de la Pologne, dont elle prépare le démembrement. — Auguste II et Marie-Aurore de Kœnigsmark, mère de Maurice de Saxe. — « Quand Auguste avait bu, la Pologne était ivre. » — Saint Vladimir, ses sept femmes et ses centaines de concubines. — Conversion des Russes à la religion chrétienne. — Motif de la préférence de cette religion sur le mahométisme. — La debauche publique en Russie. — Seigneurs et hauts fonctionnaires. — Saldern et la comtesse de Pless. — Le servage, ses avantages divers. — En Sibérie les maris et les pères recalcitrants. — Les filles serves. — Les cabarets. — Souverains et favoris. — Vasili IV. — La mère d'Ivan le Terrible. — Un galant à la broche. — Le czar Ivan, ses femmes et ses concubines. — Catherine Iʳᵉ, femme de Pierre le Grand. — Menschikoff et Moens de la Croix. — Anne Ivanovna et Biren. — Anne de Brunswick et le comte de Linar. — Elisabeth Ivanovna et Lestocq. — Jalousie d'Elisabeth. — Sa coquetterie. — Ses faiblesses : ivrognerie et lubricité insatiable. — Catherine II. — Soltikoff, Poniatowski, Orloff. — Déposition et assassinat de Pierre III. — **La princesse Daschkoff.** — Essai de catalogue des principaux favoris de Christine. — Cérémonial officiel réglant les rapports entre ces derniers et leur impériale maîtresse. — **Catherine II, juge de Catinka. — Potemkin.** — Le voyage en Crimée. — Féerie unique. — **La Sémiramis du Nord.**

Il existe une légende polonaise, légende d'amour recueillie dans les anciennes chroniques, où nous trouvons une fois de plus la preuve de l'influence despotique qu'exerce le physique sur le moral et du peu de crédit qu'ont sur les sens excités d'une femme amoureuse les plus brillantes qualités de l'esprit et du cœur qui distinguent son chevalier absent.

La légende est souvent de l'histoire; celle-ci en a toute les apparences, et elle est si gracieuse qu'à tout hasard, il nous paraît intéressant d'en présenter le résumé.

Un jeune gentilhomme, nommé Walgerz, comte de Tyniec, s'en alla courir le monde dans le but d'y gagner vaillamment ses éperons de chevalier par les prouesses les plus héroïques.

A la cour du roi des Francs, Walgerz se fait bientôt remarquer de tous par sa bonne mine, son courage et ses triomphes dans les tournois. Héligonde, fille du roi, paraît surtout avoir distingué notre jeune chevalier, qui n'a eu qu'à la voir pour l'aimer aussitôt. Pour se rapprocher d'elle, il accepte à la cour l'emploi d'échanson. Il a le bonheur de voir bientôt son amour partagé, malgré les efforts d'un rival malheureux, Arinold, prince allemand, follement épris d'Héligonde qui le voit avec la plus parfaite indifférence.

Cependant, prévoyant que le roi ne consentira jamais à leur union, les deux amants conviennent de fuir ensemble en Pologne. Arinold est informé de ce dessein. Il regagne en toute hâte son royaume, que les fugitifs devront nécessairement traverser, et enjoint aux bateliers du Rhin d'exiger un marc d'or de tous les voyageurs qui se présenteront pour passer le fleuve. Mais Walgerz et Héligonde paient sans marchander, et passent.

Arinold prévenu se jette à leur poursuite.

— Arrête, traître! crie-t-il à Walgerz d'aussi loin qu'il l'aperçoit. Tu n'as pas payé le passage et tu enlèves la fille du roi.

— Tu mens! lui répond son rival. J'ai payé le passage, et la fille du roi me suit volontairement.

On se bat, et Arinold succombe.

Les deux amants arrivent enfin, sans autre encombre, au château de Tyniec. Mais voici que les sujets de Walgerz viennent se plaindre à lui des vexations que leur a infligées, pendant son absence, Wislaw le Beau, prince de Wisliça, de la race des Popiel, qui fournit deux rois à la Pologne au IXe siècle. Walgerz demande en vain réparation de ses méfaits à Wislaw, rassemble ses soldats, marche contre lui, le bat, le fait prisonnier et le plonge dans un des cachots de Tyniec; puis, sur l'ordre du roi, il vole à la défense des frontières menacées.

La triste Héligonde se désole de sa longue absence, et soupire, et gémit de n'être, au bout du compte, « ni vierge, ni épouse, ni veuve. » Le fait est que la situation manque de charme autant que de gaieté. La fidèle suivante, qui entend souvent soupirer sa maîtresse et qui devine tout de suite où le bât la blesse (si l'on peut employer une expression aussi triviale au sujet d'une si charmante princesse), entreprend sa cure sans tarder. Elle lui confie qu'il y a au château un beau prisonnier qui saurait bien la consoler, et qui certes ne demanderait pas mieux. Enfin, elle lui amène Wislaw débarrassé de ses fers.

Non seulement Héligonde trahit son amant absent, à qui elle a solennellement engagé sa foi, mais encore elle s'enfuit à Wisliça, avec le captif délivré.

Représentez-vous Walgerz, le valeureux chevalier, de retour après la guerre, couvert de lauriers et chargé des dépouilles de l'ennemi qu'il compte déposer aux pieds de sa belle maîtresse, plus adorée que jamais, et trouvant le nid vide!...

Transporté de fureur et de désespoir, il court à Wisliça, seul, à peine armé, insoucieux des dangers auxquels il s'expose. Wislaw était à la chasse; il trouve Héligonde seule au château; mais avant qu'il ait pu articuler un mot, elle se précipite au-devant de lui comme par un élan irrésistible, tombe à ses genoux et accuse Wislaw de l'avoir enlevée de force. L'amant trahi, mais plus épris que jamais, croit tout ce que lui dit la traîtresse, et, sur son invitation, passe dans une chambre voisine où elle s'engage à lui livrer le prétendu coupable.

Mais à peine Walgerz a-t-il paru dans cette chambre, qu'il est attaqué par les serviteurs de Wislaw, succombe sous le nombre et est fait à son tour prisonnier de son rival. On l'enchaîne et on lui passe au cou un collier de fer scellé à la muraille...

Or, la chambre à la muraille de laquelle ce collier est fixé, est celle où, chaque jour, pour ajouter à son supplice, Wislaw et Héligonde viennent, sous ses yeux, prendre leurs ébats et se donner réciproquement des preuves de leur amour, ou plutôt de leur lubricité et de leur cruauté tout à la fois.

Cependant ce divertissement ne pouvait durer depuis le matin jusqu'au soir. Dans les intervalles, la garde du captif était confiée à Rynga, la sœur de Wislaw, qui était laide et paraissait incorruptible. Mais il n'est pas nécessaire d'être belle pour aimer; pour être aimée, oui, sans doute, et le prisonnier était incapable de brûler d'une folle passion pour sa gardienne, tandis que celle-ci, au contraire, s'éprit violemment du malheureux. Elle le lui avoua sans barguigner, lui promettant de le délivrer s'il s'engageait à l'épouser et à épargner la vie de son frère.

Walgerz s'engagea à tout ce que voulut Rynga. Alors celle-ci ouvrit la serrure qui fermait ses chaînes et lui donna son épée accrochée à la muraille, à peu de distance de l'endroit où il l'était lui-même.

Lorsque les deux amoureux vinrent, comme d'habitude, lui donner sa petite récréation quotidienne, Walgerz, rompant le silence pour la première fois depuis sa mésaventure, leur cria :

— Que diriez-vous, si je me vengeais maintenant des souffrances et des insultes dont vous n'avez cessé de m'abreuver depuis que je suis ici ?

Instinctivement, Héligonde jette les yeux sur la muraille ; elle s'aperçoit que l'épée a disparu ; alors l'épouvante la saisit.

— Wislaw, dit-elle à voix basse à son amant, j'ai grand peur ; vois : son épée n'est plus à sa place...

Mais Wislaw n'y fait même pas attention, il a trop confiance dans sa sœur ; il se contente de jeter au captif un regard où se peint, avec son mépris, son entière sécurité.

— Aurais-tu cent épées, lui dit-il, je n'aurais pas peur de toi ; et même, si tu peux me tuer, je te pardonne.

Wislaw croyait railler, mais il n'a pas achevé que Walgerz s'est débarrassé de ses fers et se jette l'épée haute sur les deux misérables, qu'il immole sans pitié à son trop juste ressentiment. Il prend la fuite avec sa libératrice avant que la mort de Wislaw se soit répandue parmi les siens et se réfugie avec elle derrière les solides remparts de Tyniec.

La perfide Héligonde fut enterrée à Wislica, et le chroniqueur Godzislaw Baszko assure qu'en 1242 on voyait encore son image gravée sur la pierre de son tombeau.

Nous le répétons, cette légende est une page de l'histoire de la Pologne au xe siècle ; il n'y a pas autre chose que des traditions de ce genre sur les premiers siècles de l'histoire de ce royaume qui n'est plus, et qui commença à vivre comme état indépendant en 559, avec Lech, son premier roi. Beaucoup de ces traditions renferment des récits absolument fabuleux, quoique de faits vrais ; mais on y trouve au moins la peinture des mœurs du temps ; et dans la légende que nous venons de raconter, on voit assez bien déjà ce qu'étaient ces mœurs, par le côté qui nous intéresse le plus particulièrement.

Vers la même époque, ou un peu après, car c'est vraisemblablement sous son prédécesseur Boleslas Chrobry que Walgerz fut contraint d'aller guerroyer, laissant la belle Héligonde se morfondre et languir à Tyniec, il y avait sur le trône de Pologne un roi dont la grossièreté, l'incapacité et les débauches firent tout le renom. C'était Miecislas II. Tout ce qu'il y avait d'intelligent et d'honnête à la cour, à son avènement, en fut chassé, et les places furent distribuées aux compagnons de débauche du jeune roi, qui poursuivirent le cours de leurs prouesses avec d'autant plus d'ardeur qu'ils étaient plus riches.

A ce système, la Pologne fut amoindrie et ensanglantée par les rébellions qu'il provoquait.

Miecislas mourut fou, jeune encore, après neuf ans de règne.

Sous Boleslas le Hardi qui, après avoir étonné l'Europe septentrionale par ses victoires, mourut cuisinier dans un couvent de la Carinthie, il se produisit un fait peut-être unique dans l'histoire des armées victorieuses et qui, après avoir été la cause de terribles boucheries et d'irréparables désastres, n'en a pas moins son côté amusant.

Ayant battu les Bohémiens et les Hongrois comme entrée de jeu, Boleslas résolut de conquérir la Russie. Il envahit le duché de Kiev (1064) et mit le siège devant sa capitale, dont il s'empara après une longue résistance. Contrairement aux habitudes guerrières de ces temps barbares, au lieu d'égorger les habitants de la ville prise, il les félicita de leur courageuse défense, et les garantit du pillage et des insultes de la soldatesque étonnée et d'abord peu satisfaite de cet excès d'humanité.

Boleslas, accueilli dès lors avec reconnaissance dans cette ville réputée la plus riche et la plus voluptueuse des villes du Nord, s'y plut extrêmement et s'y installa avec ses soldats, également bien reçus.

En peu de temps cette armée, endurcie aux fatigues de la guerre, devint une horde de débauchés, grâce à la complicité des belles Kioviennes. Boleslas lui-même, considéré jusque-là comme un exemple de dignité sévère, déposa ce vernis d'emprunt, et au lieu de retenir son armée dans la discipline ennuyeuse mais salutaire, s'abandonna aux voluptés les plus sensuelles. Pendant sept années, ce fut une suite continuelle d'orgies et aucun de ces Polonais ingrats ne songeait au retour, lorsqu'un incident qu'ils auraient dû prévoir vint les arracher à l'indolence et aux plaisirs.

Les femmes polonaises dont les maris étaient à l'armée, ayant appris la conduite de ceux-ci, et les ayant rappelés inutilement près d'elles à plusieurs reprises, ne trouvèrent pas de meilleure vengeance que de se prostituer à leurs esclaves. La résolution de ces femmes délaissées fut prise à l'unanimité, et toutes, sans hésiter, la mirent aussitôt à exécution.

Mais les maris ne l'entendaient pas ainsi. A la nouvelle de ce cocufiage général, qu'ils n'avaient pourtant pas volé, les soldats polonais laissèrent là les Kioviennes et leur roi qu'ils accusaient de tout le mal, et revinrent, enflammés de rage, laver dans le sang des coupables leur honneur outragé.

Les dames compromises, flairant le danger, avaient pris les devants ; et, armant ceux qu'elles avaient élevé jusqu'à elles par un ressentiment bien justifié, s'armant elles-mêmes, elles allèrent à la rencontre des furieux. Une sanglante mêlée s'en suivit, où les femmes se distinguèrent par leur acharnement, cherchant dans la mêlée leurs maris pour les frapper de leur propre main.

Cependant Boleslas, resté en plan à Kiev, arrive à son tour, à la tête d'une armée recrutée en Russie, et prend sans désemparer sa part de la fête, frappant à tort et à travers, sur les déserteurs, sur les femmes et leurs amants, sur tout le monde. Les deux partis ennemis tout à l'heure se mettent aussitôt d'accord pour repousser l'agresseur. Les combats se succèdent : la Pologne ruisselle de sang ; saint Stanislas, évêque de Cracovie, essaye de ramener Boleslas à la modération ; celui-ci le tue de sa propre main, sur les marches mêmes de l'autel !

Excommunié pour ce fait par le pape Grégoire VII, Boleslas est enfin abandonné de tous ; sa vie même est menacée : il s'enfuit en Hongrie. — Nous avons dit quelle position peu relevée il occupait quand il mourut, huit ans plus tard (1090).

On pourrait trouver que c'est là des effets bien sérieux produits par une bien petite cause : un simple badinage, faire verser tant de sang ! — Il est vrai que si ce badinage avait duré sept ans, il pouvait passer pour avoir atteint sa maturité.

D'ailleurs, l'histoire de la Pologne est abondamment trempée de sang à tous ses chapitres. La débauche y a toujours affecté un haut degré d'intensité, en bas comme en haut de l'échelle, grâce au penchant à l'ivrognerie invétéré chez tous les peuples slaves ; mais le caractère irascible des Polonais, joint à leur zèle outré pour la religion catholique leur a fait si souvent prendre les armes, pour se ranger sous un fantôme d'étendard et déchirer leur propre sein, que, profitant de leur épuisement, sans le moindre prétexte et sans qu'ils puissent rien faire pour s'opposer à cette iniquité, la Russie, l'Autriche et la Prusse commençaient le partage tranquille et équitable de la Pologne dès 1772. Avant cette date

fatale, la Pologne était constamment en armes contre elle-même ; depuis, elle est presque aussi fréquemment soulevée contre ses oppresseurs ; dans une pareille situation, il n'y a guère de place pour un autre sentiment que la colère, et nous n'avons rien à faire ici avec ce sentiment-là.

On peut toutefois rappeler, non sans intérêt, que le roi de Pologne sous lequel eut lieu ce premier démembrement, et aussi les deux suivants (1793 et 1795), en somme la suppression pure et simple de ce royaume de la carte d'Europe, et la réduction de son nom, jadis si imposant, au rôle de simple expression géographique, ce roi fut Stanislas II Poniatowski, ancien favori de la grande duchesse Catherine, devenue impératrice de Russie, qui l'avait élevé au trône par la force (7 septembre 1764), et par la force aussi le contraignit à abdiquer (7 janvier 1795) et à se retirer à Grodno avec une pension de 2.350.000 francs que lui servirent les trois puissances spoliatrices, après un règne extrêmement agité.

Au moment où il venait d'être élu roi de Pologne par la diète soigneusement *expurgée*, Poniatowski écrivait à Mme Geoffrin, dont il avait été le familier, à Paris, avant que des aventures galantes un peu trop scandaleuses l'en eurent fait chasser, bien avant, par conséquent, qu'il eût fait la connaissance de Catherine : « J'ai eu la satisfaction d'être proclamé par la bouche de toutes les femmes comme par celle de tous les hommes de ma nation présents à cette élection (je crois bien, on avait éloigné les autres !) car l'archevêque-primat, qui recueillait les suffrages, en passant devant leurs carrosses, leur a réellement fait la gentillesse de leur demander qui elles préféraient pour roi. Que n'étiez-vous là, ma chère maman, vous auriez nommé votre fils ! »

Cette proclamation si bien préparée, et

Lesbie et Catulle. (Page 40.)

dans laquelle les femmes avaient eu une si grande part, c'était la mort de l'indépendance polonaise; mais Poniatowski, qui devait être le dernier roi de ce malheureux pays, était loin, dans sa vanité, de prévoir la honteuse destinée que son impériale maîtresse lui infligeait en le faisant monter sur ce trône chancelant.

Un des prédécesseurs de Stanislas, Auguste II, électeur de Saxe, qui succéda à l'illustre Jean Sobieski, aurait dû nous arrêter quelques instants, car, sans défauts bien criants, il aimait à s'entourer de maîtresses et de favoris, et c'est de lui que Frédéric II, corrigé par Voltaire, a dit :

Quand Auguste avait bu la Pologne était ivre.

Mais le grand Frédéric était une grande mauvaise langue, car sauf la jalousie qu'inspirait aux Polonais les faveurs scandaleuses accordées aux seuls Saxons, on ne voit pas qu'Auguste II fut particulièrement détesté de son peuple, encore moins qu'il ait mérité sa haine, soit par ses dilapidations, soit par son inconduite.

D'une de ses principales maîtresses, la comtesse Marie-Aurore de Kœnigsmark, sœur de l'infortuné Philippe-Christophe, dont nous avons parlé, Auguste eut un fils célèbre dans les fastes de la guerre et de la galanterie, Maurice de Saxe, qui, plus Français que Polonais, et même que Saxon, nous oblige à parler de lui seulement quand nous aurons à nous occuper de la galanterie en France, au commencement du XVIIIe siècle.

Saint Vladimir, ou Vladimir Ier le Grand, grand duc de Russie, épousait, en 988, la princesse Anne, fille de l'empereur Romain II. C'était sa septième femme, et il l'épousait, non parce que les autres étaient mortes, mais probablement parce qu'il ne jugeait pas qu'elles fussent en nombre suffisant. En outre, il avait des concubines par centaines : il en avait trois cents dans son harem de Vichgorod, trois cents à Belgorad, deux cents à Berestov et quelques autres centaines disséminées çà et là pour sa commodité. Il paraît que, de plus, et suivant les chroniqueurs qui exaltent sa sagesse, nulle femme de son empire ne pouvait se dire, à moins qu'elle fût bien laide, à l'abri de sa lubricité.

Saint Vladimir, marié avec une chrétienne grecque, songea à se convertir, ainsi qu'il l'avait promis à son père. Il s'était toujours beaucoup occupé de religion, et s'était déjà distingué par un agréable mélange de la mythologie slave et de la mythologie finnoise préparé avec soin pour l'usage de ses sujets. Mais il n'était plus question de tout cela.

Donc, un beau matin, saint Vladimir ordonna à tous ses sujets de se rendre *illico* à la rivière, pour y être baptisés sans parcimonie. Ils s'y rendirent d'enthousiasme, comme un troupeau de moutons mordus aux jambes par le chien du berger ; pas un ne se déroba. Telle est la manière dont la religion chrétienne grecque fut introduite dans les états de Vladimir, et qui lui valut la canonisation.

Saint Vladimir avait pourtant été fort perplexe, avant de prendre cette grande résolution, et s'était vu forcer d'ouvrir une enquête pour savoir au juste quelle religion il donnerait à son peuple.

Le rapport des délégués mahométans fit une grande impression sur son esprit, ou plutôt sur ses sens ; le paradis de Mahomet avec ses houris idéales le séduisait fort, mais il y avait un accroc : le Coran proscrit l'ivrognerie ! « C'est impossible, s'écria Vladimir, c'est ridicule. Les Russes ne peuvent vivre sans cela. »

Telle est la raison de sa préférence pour la religion chrétienne.

Saint Vladimir mourut en odeur de sainteté, mais plus polygame que jamais, en 1015.

Les princes qui lui succédèrent, avec des fortunes très diverses qui ne peuvent nous arrêter, n'eurent pas des mœurs sensiblement différentes. Quant aux mœurs publiques, l'expédition de Boleslas le Hardi à Kiev, où il renouvela, en plus grand, les folies d'Annibal à Capoue, nous en donne une assez agréable idée. Toutes les villes un peu considérables auraient pu, au demeurant, rivaliser avec Kiev. Si ce n'était l'ivrognerie, vice qui, en Russie, a pris à la longue les proportions d'une calamité publique, frappant indistinctement nobles, bourgeois et paysans, la débauche publique ne paraît pas y avoir jamais revêtu un caractère de violence particulier.

Les mœurs du seigneur russe ont pourtant conservé pendant longtemps un caractère de grossièreté remarquable. On rapporte en effet que l'ambassadeur de Catherine II près la cour de Suède, Saldern, étant tombé amoureux de la baronne de Pless, confidente de la reine, lui offrit sans façon trois cents roubles pour coucher avec elle. Celle-ci, indignée, répliqua à l'étrange galant qu'elle lui en donnerait volontiers le double s'il voulait la délivrer de sa présence. L'ambassadeur se vengea en faisant éloigner Mme de Pless, malgré tous les efforts de la reine pour la garder près d'elle.

Il est juste d'ajouter que Saldern avait débuté dans la vie publique par être greffier d'un tribunal de province.

Une des plaies hideuses que la Russie a offertes pendant plus de quatre siècles au dégoût de l'Europe, et qu'elle tenait des Polonais, c'est le servage. Jusqu'à Nicolas, ou tout au moins jusqu'à Paul I**er**, les serfs russes ont été odieusement pressurés et martyrisés par les seigneurs, et plus que par d'autres, par tous les hobereaux d'origine polonaise. On sait qu'Alexandre II les a définitivement affranchis par un ukase en date du 19 février 1861, dont l'exécution n'a pas été toute seule.

Pour l'objet que nous avons en vue, le servage offrait aux seigneurs toutes les satisfactions matérielles, et principalement la satisfaction de leur lubricité. Lorsqu'un seigneur convoitait la femme d'un de ses serfs, et qu'il ne voulait pas s'opposer au ressentiment du mari, il envoyait celui-ci en Sibérie; car ce droit lui a appartenu jusqu'en 1822. Cet abus était si criant, et la véritable raison de cette barbarie infâme si notoire, qu'Alexandre I**er** ordonna que toute femme mariée dont le mari serait condamné à la déportation en Sibérie aurait le droit de le suivre. Mais comme les paysans n'avaient aucune idée de la loi, et que toute disposition en leur faveur leur était soigneusement cachée, celle-ci ne servit absolument de rien. Ce que voyant Nicolas I**er**, par un ukase en date du 14 avril 1834, ordonna aux juges d'interroger eux-mêmes les femmes qu'ils sauraient se trouver dans cette situation. Ceci eut plus d'effet, malgré l'effrontée vénalité de la justice russe.

Pour les filles, ces messieurs n'y faisaient pas tant de façons ; lorsqu'elles étaient jolies, à peine avaient-elles quinze ans, que le seigneur trouvait aisément le moyen d'assouvir sur elles sa brutalité ; autrement, en général, les filles serves étaient élevées comme un troupeau de bêtes, propriété du seigneur, tondues périodiquement comme des brebis et leurs cheveux vendus à son profit.

Les principaux centres de la débauche en Russie sont les cabarets. « Les cabarets, dit M. Piotre Artamow, sont ordinairement des bouges ignobles, remplis nuit et jour d'une populace qui s'y adonne à l'ivresse la plus crapuleuse... On reconnaît les abords d'un cabaret russe aux cris, aux blasphèmes et aux chants avinés qui s'en échappent. Entrez dans ces tanières de l'ivrognerie, vous serez suffoqué par une odeur nauséabonde qui émane des coins et recoins du bouge. On joue, en buvant, à des jeux de hasard de toute espèce, à pile ou face, aux trois feuilles, etc.

« Des femmes avilies errent de table en table, provoquant les buveurs à la consommation exagérée, et par suite à la débauche... »

Et il ne faut pas croire que les gens du peuple seuls fréquentent ces bouges ignobles, car le même écrivain ajoute un peu plus loin : « Presque toute la petite noblesse hante les cabarets. Elle s'y enivre et y organise des parties de débauche. »

Des maisons spéciales pour la prostitution existent cependant dans les villes russes, et la prostitution clandestine y est très florissante.

En 1855, la guerre d'Orient terminée, une nuée de jolies filles fondit comme une nuée de sauterelles sur le camp des alliés, empressées à fraterniser avec les ennemis de la veille ; et pendant plusieurs semaines Kamiesch et Balaklava, et les gourbis, et les tentes et les baraques retentirent des éclats de joyeuses orgies succédant à ceux de la canonnade.

Pour en revenir aux successeurs de saint Vladimir pas immédiats, par exemple, un mot de Basile ou Vasili IV, le premier qui s'affubla du titre prétentieux d'autocrate. Lorsqu'il voulut se marier, celui-ci, on lui rassembla plus de seize mille jeunes filles afin qu'il puisse faire son choix. Ce choix fut pourtant mauvais, car Salomea, qui en avait été l'objet, n'avait pas encore donné un héritier à son époux après vingt ans d'union. En conséquence, il la répudia et la fit enfermer dans un couvent.

Mais voyez un peu l'influence exercée sur cette malheureuse princesse par l'ombre sacrée du cloître : elle n'y est pas plutôt, qu'elle se trouve enceinte ! Basile, forcé de convenir que le fait est exact, déclare toutefois que cela lui paraît louche, s'en tient à sa première décision et épouse une autre femme, Hélène, mère d'Ivan le Terrible.

Si pourtant Basile avait refusé de reconnaître le fils de la pauvre Salomea comme sien, il aurait sans doute eu beaucoup plus de raisons de décliner la paternité du jeune Ivan, car la conduite de sa mère était bien faite pour faire naître le soupçon ; cependant il lui laissa la bride sur le cou. Mais lorsqu'après sa mort Ivan, à peine âgé de quatre ans, lui succéda, ses tuteurs mirent un terme aux désordres de la belle Hélène russe, par le moyen suivant : ils firent enfermer la douairière dans un couvent, et embrocher et rôtir tout vif son amant en titre. — Nous ignorons s'ils en portèrent ensuite les meilleurs morceaux sur la table d'Hélène.

Quelles mœurs ! Aussi passerons-nous sans nous arrêter sur le règne d'Ivan le Terrible, célèbre surtout par sa férocité. En vérité, la débauche la plus abjecte est préférable à ces orgies de tortures, et nous ne faisons pas de différence entre ce trop fameux Ivan, ses tuteurs et bon nombre d'autres personnages de même farine, et un chien enragé, si ce n'est qu'on ne voit jamais la rage de ce dernier, non seulement justifiée, mais appuyée par de vils courtisans.

Au reste, Ivan s'est marié sept fois, et le nombre de ses concubines ne fut jamais exactement connu. Il fut le premier qui prit le titre de czar.

Les femmes qui régnèrent sur la Russie ne se sont pas fait moins remarquer que les hommes par leurs excès de tout genre. Catherine Ire, la femme illustre de l'illustre Pierre le Grand, n'en fut pas plus exempte que les autres.

On ignore quelle est au juste l'origine de Catherine, et elle-même paraît n'avoir jamais connu ni son père ni sa mère. Mariée très jeune à un dragon suédois qui fut tué dans l'affaire de Marienbourg, elle tomba alors aux mains des Russes et fut attachée à la cuisine de leur général. Menschikoff, favori du czar, l'ayant vue chez le général et l'ayant trouvée à son gré, l'obtint aisément ; et c'est chez lui que le czar la rencontra. Il l'emmena à la cour, en fit sa maîtresse et enfin sa femme.

Rarement femme fut plus dévouée à son mari, dont elle était souvent la conseillère, la consolatrice, la garde malade. « Le czar Pierre, dit le comte Bassewitz, était sujet à des convulsions douloureuses, qu'on croyait être l'effet d'un poison qu'on lui avait donné dans sa jeunesse. Catherine avait trouvé le secret d'apaiser ses douleurs par des soins pénibles et par des attentions recherchées dont elle seule était capable, et se donnait tout entière à la conservation d'une santé aussi précieuse à l'État qu'à elle-même. Aussi le czar, ne pouvant vivre sans elle, la fit compagne de son lit et de son trône. »

Jamais ce dévouement ne se démentit. On a accusé Catherine d'avoir, de concert avec Menschikoff, avec lequel elle avait conservé des relations très intimes, comploté la mort de Pierre. Cette accusation est tellement ridicule que ce serait perdre sa peine que de vouloir la réfuter.

Outre Menschikoff, cependant, il est certain que Catherine ne se passa pas d'amants. Sur la fin de la vie de Pierre le Grand, elle conçut notamment une violente passion pour un gentilhomme de la chambre, d'origine française, Moens de la Croix, et la satisfit largement, pour le malheur de l'imprudent jeune homme; car le czar averti le fit décapiter, et exposa sa tête, fichée à un pieu, au milieu d'une place publique, forçant la czarine à aller contempler ces traits qu'elle avait tant chéris, défigurés par une mort horrible.

Après la mort de Pierre, Catherine, abandonnant les rênes du gouvernement à son favori Menschikoff, se plongea délibérément dans la débauche, et finit par succomber aux suites de ses désordres, principalement de l'ivrognerie qui, sur la fin, était devenue son péché mignon.

Une nièce de Pierre le Grand, Anne Ivanovna, qui succéda à Pierre II (1730), était veuve du duc de Courlande. Elle avait déjà à cette époque, pour favori principal, le fils d'un écuyer, petit-fils d'un simple palefrenier, Ernest-Jean Biren. — Mais, il n'y aurait pas grand'chose à dire de cette origine, surtout si l'on se rappelait que Menschikoff vendait des petits gâteaux dans les rues de Moscou, quand il fut remarqué du czar Pierre ; seulement Menschikoff était un homme de valeur, et Biren un vulgaire ambitieux, avide de richesses et de dignités et qui poussa la vanité jusqu'à prendre le nom et les armes des ducs de Biron en France.

Sa liaison avec cet homme était tellement notoire, qu'à son avènement, on imposa à l'impératrice Anne l'obligation de ne point appeler son amant à la cour. Elle souscrivit à tout, et dès qu'elle fut sur le trône, elle appela Biren en toute hâte. Ce fut, en fait, Biren, devenu par son appui duc de Courlande, qui régna sous son nom. Fort méprisé par la noblesse, il avait des vengeances à exercer, et l'on peut croire qu'il n'y manqua pas. Ce ne sont qu'exécutions, emprisonnements, allées et venues en Sibérie, dont lui-même eut sa part, par les soins d'Anne de Brunswick, régente pour son fils Ivan, après la mort d'Anne Ivanovna.

Anne de Brunswick avait aussi son favori, le comte de Linar, polonais. Elle est, du reste, représentée par la chronique du temps comme « uniquement occupée de volupté. » Comme le comte de Linar n'était pas discret à l'excès, le duc de Brunswick fit des représentations à sa femme, qui fit épouser à Linar sa confidente Julie Mengden.

C'est encore un favori que nous voyons arriver, mais en précurseur, avec le règne suivant, celui d'Élisabeth Pétrovna.

Fils d'un chirurgien français, Lestocq

avait été attaché à la cour de Russie par Pierre le Grand, puis à la personne de sa fille Élisabeth par Catherine. « Née d'un sang voluptueux, dit un historien, Élisabeth était voluptueuse à l'excès. De plus, elle avait beaucoup de goût pour les manières françaises. On comprend que dans de telles conditions, Lestocq n'eut pas de bien grandes peines à obtenir les faveurs de sa maîtresse. Il l'en récompensa en se mettant à la tête d'une conspiration qui lui donna le trône de Russie, au détriment du jeune Ivan, et que l'indolence d'Anne de Brunswick ne lui permit pas de prévenir, quoiqu'elle fût informée, dit-on, de ce qu'on tramait dans l'ombre contre son fils et contre elle-même.

Voici le portrait que Castéra fait de l'impératrice Élisabeth : « Élisabeth ressemblait à Catherine, sa mère, et était encore plus belle. Elle possédait une taille avantageuse et admirablement proportionnée ; et quoique ses traits fussent un peu grands, sa physionomie n'en avait pas moins une douceur inexprimable, qu'elle augmentait encore par la grâce d'une conversation souvent enjouée, et presque toujours flatteuse. Mais, si elle égalait sa mère par ces avantages, qui prêtent tant de charmes à la société d'une femme; si elle la surpassait dans son goût démesuré pour les plaisirs, elle était loin d'avoir comme elle cette force d'âme qui donne à ceux dont elle est le partage un ascendant irrésistible sur tout ce qui les entoure : au lieu de savoir dominer les autres, Élisabeth se laissait sans cesse dominer par eux. »

Élisabeth était jalouse de sa beauté. Mme Lapoukin, qui s'était permis d'être plus belle que l'impératrice, éprouva les effets de cette jalousie, car elle fut exilée pour ce seul crime.

Sa jalousie allait jusqu'à interdire aux dames de sa cour de porter les modes qu'elle avait adoptées qu'après qu'elle en avait changé ; heureusement qu'elle ne les portait jamais longtemps, car on trouva, après sa mort, plus de trente mille robes dans ses armoires.

Coquette donc et pleine de vanité, elle fut d'une dissolution de mœurs qui était un scandale, même pour l'époque et pour ce pays si difficile à effaroucher. Elle demeura célibataire, à l'exemple de plusieurs autres souveraines, pour n'être point gênée dans ses dérèglements et changer de favori à son caprice. On dit pourtant qu'elle épousa secrètement le grand veneur Baroumosski, l'un d'eux.

Malgré ses faiblesses personnelles, elle résista aux supplications de l'archiduchesse Catherine, celle qui devait être plus tard l'impératrice Catherine la Grande pour qu'on lui laissât son amant Poniatowski, qui venait d'être rappelé par le roi de Pologne sur la demande expresse de l'impératrice.

Ces faiblesses d'Élisabeth allaient pourtant aussi loin que possible, et ses débauches prirent même, sur la fin de sa vie, un caractère de violence qui allait presque jusqu'à la fureur. Il paraît qu'elle se levait ordinairement à quatre heures du soir, allait à l'église (car elle était fort dévote) et y restait jusqu'à huit heures, dînait jusqu'à dix, allait au théâtre ou au bal et rentrait à minuit ; elle soupait alors jusqu'au matin, buvant jusqu'à l'ivresse.

Dans cet état, sa lubricité était excitée à tel point qu'on ne pouvait plus la tenir et qu'elle n'eût pas souffert qu'on la déshabillât, si les robes dont elle était vêtue n'eussent pas été simplement *bâties*, pour employer une expression technique, et faciles à défaire avec deux coups de ciseaux. Alors ses femmes la portaient au lit.

« Vers la fin de cette même année (1761), dit un auteur contemporain, Élisabeth fut atteinte de violentes douleurs d'entrailles, et, pour s'en distraire, elle but avec plus d'excès que jamais. En vain les personnes attachées à son service essayèrent-elles de la dégoûter des liqueurs fortes ; elle voulut constamment en avoir une caisse dans sa chambre, dont elle gardait la clef sous son chevet. »

Élisabeth mourut le 5 janvier 1762. Pierre III lui succéda, partageant le trône, qu'il devait forcément laisser bientôt à sa femme, avec Catherine, dont nous allons maintenant nous occuper.

On a vu Catherine, archiduchesse seulement, suppliant l'impératrice Élisabeth de laisser près d'elle son amant Poniatowski. Poniatowski n'était pas le premier amant de Catherine, qui n'avait pas eu jusque-là à se féliciter de son époux, pour diverses raisons qui n'ont que faire ici ; son premier amant avait été Soltikoff.

Soltikoff, dit un écrivain anonyme, était chambellan du grand duc et avait déjà obtenu les faveurs d'une partie des dames de la cour. Il passait, il est vrai, pour manquer un peu de courage en face des hommes, mais il n'en était ni moins présomptueux ni moins téméraire auprès des femmes. Peut-être eût-il tremblé à la vue d'une épée nue ; mais pour étendre le nombre de ses conquêtes galantes, il eût certainement bravé la Sibérie. La grande duchesse le distingua surtout parce qu'il savait par cœur les meilleurs morceaux des chefs-d'œuvres tragiques de Racine et de Voltaire.

Quoi qu'il en soit, Catherine, jouant un peu l'ingénue, amena aisément Soltikoff à une déclaration en forme, qu'elle repoussa juste assez faiblement pour le rendre plus téméraire encore.

« Mais à peine la grande duchesse eut-elle cédé, dit l'auteur déjà cité, qu'elle se livra à toute la crainte que devait lui inspirer sa faiblesse. Elle prévit les suites dangereuses des plaisirs qu'elle venait de goûter, et elle confia ses appréhensions à son amant. Celui-ci lui fit observer que si elle parvenait à mettre son époux entre ses bras, ces suites qu'elle redoutait deviendraient avantageuses pour elles. Il se chargea en même temps de mener à bien le projet. »

Et il y réussit. Et huit mois après que le grand duc eut enfin *consommé* son mariage, la grande duchesse accouchait d'un fils qui fut Paul Ier, et dont la destinée devait être, en un point au moins, semblable à celle de son père putatif.

Les craintes de la grande duchesse étaient loin maintenant, et elle ne cachait plus guère ses relations avec le joli chambellan. Ce que voyant l'impératrice, experte en intrigues amoureuses et qui trouvait celles-ci prématurées, elle envoya Soltikoff en mission à Stockholm, et comme il était sur son retour, envoya à sa rencontre un courrier pour le prier d'aller faire un tour à Hambourg et d'attendre là qu'on le rappelle.

Catherine trouva bientôt l'occasion de se consoler avec le jeune Poniatowski, secrétaire amateur de l'ambassadeur d'Angleterre, qui s'était insinué d'abord dans les bonnes grâces du mari, en ne jurant que par le grand Frédéric, et n'eut que la peine de se... baisser pour obtenir celles de la grande duchesse. Élisabeth intervint de rechef, mais trop tard encore : une fille dont Catherine accoucha en février 1758, mais qui ne vécut pas, fut unanimement signalée à la cour comme née des œuvres de Poniatowski.

Catherine avait fait revêtir son amant de la dignité d'ambassadeur de Pologne ; Élisabeth exigea son rappel, et l'ambassadeur dut se retirer.

Cette séparation fut particulièrement sensible à la jeune grande duchesse, qui paraît avoir été beaucoup plus attachée à Poniatowski qu'à Soltikoff. En vain l'amoureux ambassadeur en disponibilité lui écrivait-il des lettres pleines de tendresses, ces lettres ne parvenaient pas à la consoler de son absence.

« Dès ce moment, dit un écrivain contemporain, la grande duchesse commença à vivre à la cour comme dans un désert, n'ayant de relations connues qu'avec de jeunes femmes qui avaient, comme elle, aimé des Polonais, et qui étaient mal venues dans la vieille cour, à cause des charmes de leur figure ; se levant tous les matins avant le jour, donnant les journées entières à la lecture des bons livres français, souvent seule, jamais longtemps ni à table ni à sa toilette ; ce fut dans ce temps qu'elle fonda toute sa grandeur.

« On l'a entendue avouer que tout ce qu'elle savait dans l'art de l'intrigue, elle l'apprit alors d'une de ses dames, qui avait l'air le plus simple et le plus indolent, sans doute la princesse Daschkoff.

« Ce fut dans ce temps qu'elle s'assura des amis au besoin, que tous les gens importants se persuadèrent, par les secrètes liaisons qu'elle prit avec eux, qu'ils deviendraient plus importants encore si elle gouvernait, et qu'enfin le *voile d'une grande passion malheureuse couvrant quelques aventures consolantes*, plusieurs eurent droit de penser qu'ils auraient à sa cour la place de favoris.

« Telle était sa position quand l'impératrice Élisabeth mourut, le 5 janvier 1762. »

En montant sur le trône, Pierre III apporta dans sa vie, entre autres modifications importantes, celle de se donner une maîtresse, Élisabeth Woronzof, fille d'un sénateur qui en avait deux autres d'une conduite également fort légère, et dont la princesse Daschkoff est la plus célèbre ; mais celle-là était laide, et il fallait un Pierre III

pour découvrir dans sa personne des traits que nul n'y soupçonnait.

La czarine ne fut pas longtemps en reste avec son époux. Le maître de l'artillerie, comte Schouvaloff, avait un aide de camp qui avait poussé le zèle jusqu'à l'aider auprès d'une de ses maîtresses ; furieux, le comte fit arrêter le galant et se disposait à l'envoyer en Sibérie.

La cour et la ville ne parlaient que de cette affaire ; les femmes surtout ne tarissaient pas sur les avantages physiques de l'aide de camp, le plus bel homme de l'armée, disait-on, d'une taille gigantesque mais bien proportionnée, et d'une rusticité à l'avenant.

C'était vrai, et ces avantages extérieurs étaient justement ce qui avait frappé Schouvaloff quand il avait fait sortir des rangs ce simple artilleur pour en faire son aide de camp. — Malheureusement, ces mêmes avantages avaient également frappé la maîtresse du grand maître de l'artillerie, et frappèrent bientôt, rien qu'à en entendre parler, la czarine elle-même.

Catherine profita d'un bal masqué qui avait lieu à Peterhoff pour se faire présenter l'aide de camp Orloff, car tel était son nom, et à la faveur du masque, elle s'assura de ses mérites et s'en montra satisfaite.

L'intrigue dura quelque temps sans qu'Orloff soupçonnât qui pouvait être la grande dame dont il avait fait la conquête, quand, dans une fête officielle, il reconnut dans l'impératrice sa mystérieuse maîtresse. Il eut le bon esprit de ne rien laisser paraître de sa surprise, de sorte qu'on ne découvrit pas tout de suite la nouvelle liaison de Catherine. Ce fut la maîtresse du czar, Élisabeth Woronzoff, qui, la première, en fut instruite, et l'on pense bien que Pierre III ne tarda pas à l'être à son tour.

Élisabeth était ambitieuse, et son ambition n'allait à rien de moins qu'à remplacer

Les prostituées, vieillies sous le harnais, se faisaient procureuses (page 45).

Catherine comme femme de l'empereur. Celui-ci, qui considérait déjà son fils comme adultérin, s'était déjà que trop disposé à le déclarer tel ouvertement et à rompre son mariage avec Catherine ; ce dernier coup parut le décider.

Par bonheur pour la czarine, la princesse Daschkoff, sœur de l'ambitieuse favorite, était son amie ; elle la fit prévenir, à Peterhoff, où elle se tenait presque toujours depuis quelque temps, de ce qui se tramait contre elle à Pétersbourg, en lui conseillant de faire à ses ennemis « ce que vous ne voudriez pas qu'ils vous fissent. »

On comprend bien que le complot ne prit pas naissance justement ce jour-là, mais c'est ce jour-là que l'exécution en fut arrêtée. La jeune princesse Daschkoff, qui n'avait guère plus de dix-huit ans alors, se mit aussitôt en campagne, recrutant des partisans parmi les personnages les plus influents, et jusqu'à l'archevêque de Novgorod, et n'hésitant pas à leur livrer ses charmes juvéniles à piller, pour arrhes du marché qu'elle venait leur proposer.

Grégoire Orloff et ses deux frères, qui servaient dans les gardes, ne restèrent pas non plus inactifs : c'étaient des hommes d'action, et ils agirent, mais leur influence aurait été nulle, si Catherine n'avait fait donner la caisse de l'artillerie à son favori, qui en fit l'usage qu'on devine.

Bref, nous ne raconterons pas toutes les péripéties de cette révolution ; il suffit de savoir qu'elle réussit (9 juillet 1762 au delà des espérances des conjurés eux-mêmes, grâce surtout à l'incroyable lâcheté du czar ; et que le malheureux Pierre, relégué provisoirement dans une maison de campagne de Robschack, à six lieues de Pétersbourg, où il espérait qu'on le laisserait tranquille, y fut étranglé, le septième jour de sa captivité, par Alexis Orloff, frère du favori, accompagné du lieutenant Té-plof, d'un prince Baratinski et aussi, dit-on, du jeune Potemkin, ce favori de l'avenir, alors simple enseigne.

Catherine, toutefois, ne paraît pas avoir eu aucune part dans cet événement, et il est certain qu'Alexis Orloff était fort capable de l'avoir conçu tout seul.

En apprenant la nouvelle du coup d'État du 9 juillet, Frédéric II, roi de Prusse écrivait à M. de Finkenstein : « L'empereur de Russie a été détrôné par son épouse. Cette princesse a beaucoup d'esprit et les mêmes inclinations que la défunte Elisabeth) pour les hommes. Elle n'a aucune religion, mais elle contrefait la dévote. Elle mènera ses amants plutôt qu'ils ne la mèneront. »

Le grand Frédéric voyait juste. Grégoire Orloff, favori en chef, s'étant montré trop exigeant, fut envoyé en mission auprès des Turcs.

Pendant son absence, et pendant sa présence même, Catherine butinait à droite et à gauche. Wissenski, officier aux gardes, attire d'abord son attention ; mais il ne tient pas ce que sa bonne mine promettait, et elle le rejette au bout de deux mois. Un autre officier des gardes, nommé Wasielitschikoff, le remplace ; celui-ci est aussi stupide qu'on peut le souhaiter, mais il est robuste, c'est une compensation : il dure près de deux ans. Après celui-là vient Potemkin...

Mais ce sont là les favoris *principaux*. A côté d'eux défilent : le cosaque Zawadofski ; le sergent aux gardes Gortschakoff ; le lieutenant de hussards Zoritz ; Platon Zouboff, enseigne de chasseurs à cheval ; Valérian Zouboff, brigadier de dragons ; Yermoloff, bas-officiers des grenadiers de Préobraginsky ; le chevalier garde Lanskoy ; Momonoff, auspessade (soldat d'élite) au régiment de Novgorod, et bien d'autres.

Voici comment étaient réglés, d'après un

manuscrit du temps, les rapports de l'impératrice avec ses favoris.

Lorsque Catherine avait fait choix d'un nouveau favori, elle le créait son aide de camp général, afin qu'il pût l'accompagner partout sans qu'on y trouvât à redire. Dès lors le favori occupait au palais un appartement situé au-dessous de celui l'impératrice et qui y communiquait par un escalier dérobé. Le premier jour de son installation, il recevait un présent de 100,000 roubles (environ 380,000 francs), et chaque mois il en trouvait 12,000 sur sa toilette. Le maréchal de la cour était chargé de lui entretenir une table de vingt-quatre couverts et de fournir aux dépenses de sa maison.

Le favori était obligé d'accompagner partout l'impératrice. Il ne pouvait sortir du palais sans lui en demander l'agrément. Il n'osait pas causer avec d'autres femmes qu'elle, et s'il allait dîner avec quelqu'un de ses amis, il fallait que la maîtresse de la maison s'absentât.

Toutes les fois que l'impératrice portait ses regards sur un de ses sujets pour l'élever au poste de favori, elle se faisait inviter à dîner par quelqu'une de ses confidentes, chez laquelle elle se rendait comme par hasard. Là, elle causait avec le nouveau venu, et cherchait à connaître s'il était digne de la faveur qu'elle lui destinait. Quand le jugement qu'elle en portait était favorable, un regard en instruisait la confidente, qui avertissait à son tour celui qui avait le bonheur de plaire. Le lendemain il recevait la visite du médecin de la cour, qui venait examiner l'état de sa santé; et le même soir, il accompagnait l'impératrice à l'Ermitage, et prenait possession de l'appartement qui lui était préparé.

Lorsqu'un favori cessait de plaire, il y avait aussi une manière particulière de lui ôter sa place. Il recevait l'ordre de voyager. Dès lors, la vue de l'impératrice lui était interdite. Mais il était certain de trouver au lieu où il se rendait, des récompenses dignes de l'orgueil de Catherine.

Quelle femme méthodique que cette Catherine ! Aussi n'eut-elle jamais à se plaindre de ses favoris, et eux jamais à se plaindre d'elle, à la réserve de Poniatowski, peut-être, qui, élevé par elle au trône de Pologne, vit par elle son royaume démembré et son trône abattu. Mais Poniatowski n'était auparavant qu'un simple aventurier, et de l'espèce la moins intéressante, la connaissance de Catherine, tout compte fait, lui avait encore été avantageuse.

« La nature, en me faisant naître au milieu des glaces du Nord, écrit-elle à la comtesse Potocka, m'a donné une âme de feu et a mis dans cette âme un grand penchant à l'amour. J'ai de bonne heure connu les plaisirs. Mes sens s'y sont accoutumés, et l'âge même ne peut m'en faire perdre l'habitude ; d'ailleurs cette passion me fut toujours plus utile que nuisible. Soit hasard, soit précaution, je n'ai jamais eu pour favoris que des hommes ardents à défendre mes intérêts, et si je me permets quelques fantaisies obscures, ceux qui en sont l'objet restent toujours écartés des affaires. Je n'ai jamais oublié que les malheurs du règne d'Anne et de celui d'Élisabeth ne furent dus qu'à d'indignes amans. »

L'un des plus célèbres, sinon le plus célèbre des favoris de Catherine fut Grégoire Potemkin.

Le jour du coup d'État de l'impératrice, Potemkin, jeune homme de seize ans, était enseigne aux gardes, et dans cette situation inférieure, il avait trouvé le moyen d'attirer sur lui les regards de la belle révoltée. Il manquait une dragonne à son épée, qui menaçait à chaque instant de s'échapper de sa main peu exercée. Potemkin offrit la sienne, et Catherine en la prenant remarqua avec un plaisir peu dissimulé la beauté juvénile, fraîche, robuste, appétisssante du jeune enseigne. Mais son image s'évanouit bientôt de son esprit, qui avait des sujets de méditation trop graves pour le moment, et malgré son zèle, Potemkin fut quelque temps oublié.

Il est vrai que la jalousie d'Orloff, qu'il semblait avoir inoculé à ses frères, était singulièrement ombrageuse, et qu'au commencement, en dépit qu'elle en eût, Cathetherine la ménagea certainement. Cette jalousie se manifesta bientôt à l'endroit de Potemhin qui, devenu capitaine, avait quelques raisons de croire que l'impératrice se souvenait agréablement de lui et ne tarderait peut-être pas à le lui prouver. Les Orloff aussi le croyaient, et dans une querelle de cabaret, Alexis administra au malheureux capitaine un si beau coup de poing dans le visage, que celui-ci en perdit un œil.

Désespéré, Potemkin se retira à Smolensk auprès de ses parents, et il se disposait à prendre l'habit monastique quand Catherine, informée de ce qui s'était passé et considérant la blessure de Potemkin comme reçue à son service, le rappela. C'était sous le règne de Wasielitchschikoff. Le lendemain commençait le règne de Potemkin; c'était en 1774.

La faveur de Potemkin eut des intermittences, et ces intermittences lui furent même avantageuses, parce qu'elles lui permirent de faire la guerre en Orient et d'étendre les limites de la Russie de ce côté aux dépens des Turcs, conformément à la politique constante des czars, et à celle de Catherine en particulier, et stimulèrent l'esprit d'ostentation fastueuse qui était en lui.

« Le prince Grégoire Alexandrowitz Potemkin, dit Louis-Philippe de Ségur, qui avait été ambassadeur de France à Pétersbourg à l'époque de la puissance de ce favori, fut un des hommes les plus extraordinaires de son siècle; mais il fallait, pour qu'il jouât un rôle marquant, qu'il naquît en Russie, et qu'il vécut sous le règne de Catherine II. Dans tout autre pays, dans tout autre temps, avec tout autre souverain, il aurait été déplacé, et un hasard singulier a créé cet homme pour l'époque qui lui convenait, et a amené et réuni toutes les circonstances auxquelles il pouvait convenir.

« Il rassemblait dans sa personne tous les défauts et tous les avantages les plus opposés. Il était avare et magnifique, despote et populaire, dur et bienfaisant, orgueilleux et caressant, politique et confiant, libertin et superstitieux, audacieux et timide, ambitieux et discret. Prodigue avec ses parents, ses maîtresses et ses favoris, il ne payait souvent ni sa maison, ni ses créanciers. Son crédit dépendait d'une femme, et toujours il lui fut infidèle. Rien n'égalait l'activité de son imagination et la paresse de son corps. Aucun danger n'effrayait son courage, aucune difficulté ne le faisait renoncer à ses projets. Mais le succès le dégoûtait de ce qu'il avait entrepris.

« Il fatiguait l'empire par le nombre de ses emplois et l'étendue de sa puissance. Il était lui-même fatigué du poids de son existence, envieux de tout ce qu'il ne faisait pas et ennuyé de ce qu'il faisait.

« Il ne savait ni goûter le repos, ni jouir de ses occupations. Tout en lui était décousu, travail, plaisir, caractère, maintien. Il avait l'air embarrassé dans toutes les sociétés, et sa présence gênait tout le monde.

« Panin était le chef du conseil et tenait à l'alliance de la Prusse. Potemkin persuada à sa maîtresse que l'amitié de l'empereur lui serait plus utile pour réaliser ses projets contre les Turcs. Il la lia avec Joseph II et se donna par là le moyen de conquérir la Crimée et le pays des Tartares Nogays qui en dépendait. Rendant à ces contrées leurs noms sonores et antiques, créant une armée navale à Kerson et à Sébastopol, il persuada à Catherine de venir admirer elle-même ce nouveau théâtre de sa gloire.

« Rien ne fut épargné pour rendre ce voyage à jamais célèbre. De toutes les parties de l'empire on fit venir de l'argent, des vivres, des chevaux. Les grands chemins furent illuminés. On couvrit le Borysthène de galères magnifiques. Cent cinquante mille soldats furent armés et équipés à neuf. On rassembla les Cosaques ; on disciplina les Tartares. On peupla précisément des déserts ; on éleva des palais.

« La nudité des plaines de la Crimée fut déguisée par des villages bâtis exprès ; on l'orna par des feux d'artifice. Des chaînes de montagnes furent illuminées. De belles routes furent ouvertes par l'armée. Des bois sauvages furent transformés en jardins anglais.

« Le roi de Pologne vint rendre hommage à celle qui l'avait couronné et depuis le détrôna. L'empereur Joseph II vint lui-même accompagner la marche triomphale de l'impératrice Catherine ; et le résultat de ce brillant voyage fut une nouvelle guerre, que les Anglais et les Prussiens firent impolitiquement entreprendre aux Turcs, et qui servit encore l'ambition de Potemkin, en lui donnant l'occasion de conquérir Oczakoff, qui resta à la Russie, et d'obtenir le grand cordon de saint George, seule décoration qui manquât à sa vanité.

« Mais ses derniers triomphes furent le terme de sa vie. Il mourut en Moldavie presque subitement ; et sa mort, regrettée par ses nièces et par un petit nombre d'amis, n'occupa que ses rivaux avides de partager ses dépouilles, et fut bientôt suivie de l'oubli le plus profond.

« Comme on voit passer rapidement ces météores brillants, dont l'éclat étonne, mais n'a rien de solide, Potemkin commença tout, n'acheva rien, dérangea les finances, désorganisa l'armée, dépeupla son pays et l'enrichit de nouveaux déserts.

« La célébrité de l'impératrice s'est accrue par ses conquêtes. L'admiration fut pour elle, et la haine pour son ministre. »

La mort de Potemkin arriva le 15 octobre 1791. Déjà malade, il revenait de Jassy, où il avait vraisemblablement pris la fièvre épidémique qui régnait alors dans cette ville. Forcé de s'arrêter en route, il descendit de sa voiture, et quelques minutes après il expirait, assis sur le rebord du fossé, dans les bras de sa nièce, la comtesse Branicka. Catherine lui survécut cinq ans.

La protection qu'elle accorda aux sciences, aux lettres, à la philosophie ; ses libéralités envers les plus illustres écrivains et philosophes français, surtout les encyclopédistes ; les flatteries intéressées dont elle accabla Voltaire ; toute cette admirable diplomatie dépensée en vue de la postérité, ne l'a pas été en pure perte. Catherine la Grande est encore la *Sémiramis du Nord*, si elle n'est plus guère la *Mère de la Patrie* ; mais il est bien certain que cette princesse hongroise à qui l'histoire a donné dans sa libéralité, le surnom de *Messaline du Nord*, ne lui allait pas à la cheville sous le rapport de la dépravation des mœurs, et que les splendeurs de son règne et de celui de ses favoris pèsent encore lourdement aujourd'hui sur les finances de la Russie.

V
Pays scandinaves.

SOMMAIRE. — Les conquérants danois en Irlande. — Turgésius et Melcha. — Les quinze compagnes de la favorite. — Terrible désappointement. — Le Néron du Nord. — Christian II et la belle Dyveke. — Sigbritte, mère de Dyveke, ministre et proxénète du roi. — Ne touchez pas à... la maîtresse du roi ! — Éric, le *Caresseur* et autres. — Christian VII. — La reine Caroline-Mathilde et le docteur Struensée. — Vices abjects du roi Christian. — Bonne mine et bonnes fortunes de Struensée. — Son élévation. — Sa perte. — La reine Christine, laide, contrefaite, brutale et... menteuse. — Se marie-t-elle ? Ne se mariera-t-elle pas ? — Ses désordres. — Son abdication volontaire. — Ce qu'elle voudrait bien faire penser d'elle-même. — Liste des principaux favoris de Christine. — Meurtre de Monaldeschi au château de Fontainebleau. — Christine à Rome et convertie au catholicisme — Jugements divers portés sur cette reine de Suède. — Le lit de velours noir.

Ce n'est pas chez eux que nous irons chercher des indications sur les mœurs des anciens Danois, mais en Irlande, où ils firent, au milieu du neuvième siècle, sous la conduite de Turgésius, une irruption qui les rendit maîtres d'une grande partie du pays.

Afin d'assurer sa conquête, Turgésius choisit parmi ses compagnons, un roi pour chaque province, un capitaine pour chaque district, un abbé pour chaque monastère, un sergent pour chaque village, un soldat pour chaque maison importante. Les Irlandais étaient donc bien gardés, et il n'était probable qu'ils fissent le moindre mouvement sans que leurs ennemis en eussent connaissance.

Un des princes des cantons subjugués, nommé Malachie, souffrait impatiemment cette servitude humiliante; cependant Turgésius, qui fréquentait son château, le traitait bien. C'est que le Danois avait rencontré chez son père la belle Melcha, et qu'il en était tombé éperdûment amoureux.

Turgésius n'était pas homme à languir et à soupirer. Entre le désir et la possession, il ne devait y avoir pour lui que l'intervalle fixé par sa propre volonté; du moins le croyait-il.

Un jour donc, il va trouver Malachie et, sans autre préambule, lui fait part de son amour pour Melcha et de son intention bien arrêtée de la mettre au nombre de ses concubines. Malachie, indigné, dissimule pourtant la colère qu'il ressent d'un pareil affront. Il consent à la proposition, demandant seulement à Turgésius qu'il veuille bien permettre que sa fille emmène avec elle quinze jeunes filles de sa nation.

— A merveille, répond Turgésius enchanté. J'ai justement quinze capitaines à pourvoir, cela va joliment faire leur affaire!

Mais les quinze jeunes filles en question étaient quinze garçons plus décidés que robustes et parfaitement imberbes, que Malachie déguisa en filles et arma de poignards.

On devine le reste. Introduits auprès des Danois auxquels ils sont destinés, nos jeunes gens poignardent chacun le leur; puis, se réunissant autour de Melcha, serrée de près par son brutal adorateur, ils la délivrent — et délivrent du même coup l'Irlande de son tyran, à qui sa lubricité fait perdre et sa conquête et la vie, ainsi que la vie de tous les Danois présents dans l'île.

Ainsi, ce conquérant danois traînait un harem de concubines après lui, et telle était sans doute la coutume des gens de son espèce.

Nous passerons par-dessus les débauches vulgaires, agréablement mêlées de bigoterie et d'actes de cruauté, qui caractérisent les souverains danois du moyen âge, tels que Éric VII et Valdemar III, pour nous arrêter un peu plus longtemps à examiner le compte de Christiern II, surnommé le *Néron du Nord*.

Deux femmes seulement ont marqué dans la vie de Christiern ou Christian II, roi de Danemark, de Suède et de Norvège : la belle Dyveke, surnommée *Columbule*, et sa mère Sigbritte, sa proxénète ; la première maîtresse du roi, la seconde son Égérie pendant tout le temps que dura son règne. Ce n'est pas que Christian ne cherchât pas de temps en temps des diversions à cette passion, dont le feu était soigneusement attisé par la mère de Columbule, au contraire Sigbritte, surtout après la mort prématurée de sa fille, pourvut elle-même à ses débauches avec autant de zèle qu'elle le guidait dans les affaires de l'État.

« L'histoire des amours de Christian II et de Dyveke, dit Altmeyer, est curieuse. Par une chaude et limpide journée d'été, Eric Walkendorff, chancelier du roi de Danemark, d'une famille d'administrateurs, de financiers et de diplomates célèbres, aperçut, dans une boutique de Bergen, deux femmes : l'une était grasse et dodue, avec des joues rouges et des petits yeux perçants ; l'autre était une charmante petite blonde dans laquelle tout parlait, tout vivait. La première, Sigbritte, lui dit que son nom de famille était Villems ; que naguère elle avait vendu des pommes et des noix à Amsterdam ; que la cherté des vivres l'avait forcée de quitter son pays, et que maintenant elle débitait à Bergen de la bière et de l'eau-de-vie. »

Voilà donc quelle était l'origine de la belle Dyveke. Quoi qu'il en soit, le chancelier, enthousiasmé d'elle, ne tarda pas à faire partager son enthousiasme à son maître, qu'il savait amateur de la beauté. Le roi voulut voir par ses propres yeux les deux femmes, et enchanté d'elles, amoureux de Dyveke, il les emmena à la cour toutes les deux.

Sigbritte était douée d'un esprit très délié, et aussi très judicieux : elle eut dès le début une grande influence sur le roi, gouverna les ministres et les grands du royaume, et fut même chargée tour à tour de l'administration des douanes et des finances, et de celle de la marine ; ce qu'il y a de remarquable dans tout ceci, c'est que cette fille du peuple était bien à sa place dans ces diverses fonctions, et que les résolutions politiques qu'elle inspirait à Christian étaient marquées au coin d'une rare sagesse, — seulement comme elles étaient contraires aux intérêts des privilégiés et des mendiants, elles lui valurent le surnom de *Néron du Nord* que l'histoire lui a conservé, quoiqu'il soit trop facile de trouver des souverains septentrionaux beaucoup plus Nérons que lui.

En 1514, Christian recherchant la main d'Isabelle d'Autriche, sœur de Charles-Quint, se sépara de la mère et de la fille ; mais aussitôt marié, il les rappela auprès de lui ; et chose étrange, au lieu de vivre en ennemie avec elles, Isabelle poussa la confiance en Sigbritte jusqu'à lui confier l'éducation de son fils aîné.

Cependant Dyveke se tenait dans son rôle de maîtresse du roi ; peut-être aussi lui donna-t-elle des rivaux. En tout cas, elle mourut subitement en 1517 ; on la dit empoisonnée, et Torben Oxe, que la voix publique désignait comme le rival heureux du roi, déclaré coupable de cet empoisonnement, paya ses succès de sa tête. On dit pourtant que pressé par le roi, à la table duquel il était assis, et qui nourrissait des soupçons contre lui, Torben Oxe aurait répondu : « J'ai aimé Columbule, c'est vrai, et j'ai désiré ses faveurs ; mais je n'ai jamais pu rien obtenir. »

Jalousie ou autre raison, le malheureux n'en fut pas moins exécuté. Quant à Sigbritte, son crédit ne fit que grandir après ce double événement, mais ses actes politiques ne sauraient nous retenir. Disons seulement que lorsque Christian, fuyant le soulèvement à la tête duquel se trouvait le célèbre Gustave Wasa, s'embarqua pour l'Allemagne, espérant obtenir des secours de son beau-frère, il emmena, avec sa femme et ses enfants, l'ancienne marchande de pommes et de noix d'Amsterdam, et débitante de bière et d'eau-de-vie de Bergen, dont l'histoire ne parle plus après cette fuite.

Quelques Valdemars, quelques Éries de Danemark ou de Suède, tels qu'Éric XII, surnommé le *Caresseur*, par allusion à ses honteuses passions, ou Éric XIV, fils indigne du grand Gustave Wasa, sollicitent leur place dans notre galerie; mais il suffit de les mentionner, eux et leurs turpitudes dont le tableau, d'une monotonie répugnante, manque d'originalité et de variété.

Et puis voici Christian VII, époux de l'infortunée Caroline-Mathilde, sœur de George II d'Angleterre, qui nous présente sa physionomie sournoise et efféminée, servant de repoussoir aux traits expressifs de sa douce femme et du beau Struensée, son médecin, son compagnon de débauches, son favori, enfin... et celui de la reine.

Si Caroline-Mathilde, « oubliant la distance qui sépare une reine d'un médecin, » comme dit un historien plein de tact et d'esprit, devint la maîtresse du favori de son royal époux, c'est que Christian VII était tout bonnement un être immonde, perdu de vices et abruti à vingt ans par des orgies précoces et continuelles. Le roi de Danemark, en effet, négligeait sa femme absolument, malgré sa beauté ravissante et sa nature ardente et passionnée.

A la reine Sophie, sa grand'mère, qui lui reprochait cette négligence, Christian répondait qu'il n'était pas de bon ton d'aimer sa femme, réponse inepte, si elle avait été sincère. La vérité est qu'il préférait courir les cabarets et les maisons publiques, dont on était obligé de le chasser avant le jour, complètement ivre, avec ses mignons. Avide au reste des voluptés les plus ignobles, il allait jusqu'à l'onanisme, et en ceci, ne se cachait même pas de ses domestiques. Sincèrement, le moment où il aurait pu apporter à la reine les hommages qu'il lui devait et dont une femme de seize ans est le plus altérée, ce moment-là était le plus difficile à choisir, surtout le genre de vie que menait le roi excluait toute idée de préméditation.

Cependant il fut trouvé, ce moment; soit par un retour de passion, soit pour donner satisfaction à sa grand'mère, Christian se rapprocha de la reine et... lui communiqua une maladie honteuse. La malheureuse, folle de honte, voulait quitter son indigne époux. Mais comment ne point, d'abord, accepter les soins du seul médecin peut-être capable de garder un si abominable secret?

Struensée soigna la reine dans sa maladie; il eut soin en même temps de l'âme et du corps de cette infortunée. — Et en vérité, c'eût été miracle que ce qui est arrivé n'arrivât pas!

Struensée est un magnifique grand premier rôle de drame romantique, mais ce n'est pas un personnage extrêmement intéressant, et l'on peut dire tout de suite que c'est sa présomption et son insolence qui le perdirent. Auprès du roi, sa plus belle qualité était de boire énormément sans se griser. Christian VII admirait cette faculté, que possèdent d'ailleurs presque tous les jeunes gens bien portants de son âge, qui ne sont pas ruinés par des orgies trop précoces. Il avait aussi beaucoup de succès auprès des femmes, parce qu'il était jeune, beau et surtout fort prodigue.

Il avait eu la bonne fortune, à Altona, de sauver la vie à la maîtresse du favori du roi, Mme de Berkentien. A son arrivée à Copenhague, celle-ci le présenta à la géné-

...ora, jeune vierge chrétienne, fut livrée gratis à la lubricité des *honnêtes gens*, pour avoir refusé de sacrifier aux faux dieux. (Page 18).

rale de Gœhler, la beauté à la mode, toute puissante à la cour et à la ville, et il était devenu presque sur l'heure l'amant en titre de la générale. Du reste il ne vivait que pour le plaisir, et ses bonnes fortunes, indépendamment de la part qu'il prenait aux orgies royales, ne se comptaient plus.

Maintes fois, Christian avait voulu emmener son favori chez la reine ; celui-ci s'y était toujours refusé, mais il était du devoir du médecin de s'y rendre.

Dès lors Struensée fut tout-puissant à la cour. Sans titre légal, il remplissait les fonctions de premier ministre, et prouvait par des mesures politiques dignes d'un homme d'Etat, qu'on pouvait le maintenir au timon des affaires où il ne serait pas plus déplacé qu'un autre. Enfin le 11 juillet 1769, il était créé comte et recevait officiellement le titre de ministre. Christian VII enjoignait en outre à tous les fonctionnaires de lui obéir en tout, sans qu'il ait besoin de la signature du roi.

Une pareille fortune ne s'obtient pas sans provoquer des jalousies. Nous avons déjà dit que Struensée était devenu présomptueux et insolent, nous ajouterons qu'il était profondément irréligieux, athée même. On comprendra dès lors que ses ennemis étaient de plus d'une sorte, nombreux et certainement puissants. La reine douairière Julie était à leur tête.

Arrêté par les conjurés à la sortie d'un bal de la cour, le 17 janvier 1772, Struensée était décapité le 27 avril suivant. Quant à la reine, arrêtée chez elle la même nuit, elle fut enfermée d'abord au château de Kronborg, puis transférée au château de Zelle, en Hollande. Elle y mourut trois ans après, de la petite vérole, dit-on. La malheureuse reine n'avait que vingt-quatre ans !

Devant les commissaires chargés de l'interroger, Struensée avait eu la lâcheté d'avouer ses rapports intimes avec la reine ; celle-ci, voyant cela, se borna à confirmer de sa signature la déclaration de son amant. En conséquence, le mariage entre Caroline et Christian VII fut déclaré dissous par la commission, composée d'hommes justes et craignant Dieu.

Le roi, qui était complètement idiot dès cette époque, traîna sa vie malpropre jusqu'en 1808, indifférent à tout ce qui se passait autour de lui, et n'ayant peut-être jamais su qu'il s'était passé en France et dans toute l'Europe, surtout depuis 1789, des événements de quelque importance.

Christine de Suède, que notre respect pour l'ordre chronologique aurait dû nous faire placer une page ou deux plus haut, est une figure d'un intérêt peu ordinaire, non pas cependant sous le rapport de la beauté, s'il faut en croire le portrait suivant, extrait d'une lettre conservée à la bibliothèque harlayenne, laquelle émane peut-être d'un soupirant évincé :

« Sa taille est tout à fait irrégulière ; elle est voûtée ; elle a une hanche hors d'architecture ; elle boîte ; elle a le nez plus long que le pied, les yeux assez beaux, mais elle n'a pas la vue bonne ; elle rit de si mauvaise grâce, que son visage se ride comme un morceau de parchemin que l'on met sur des charbons ardents ; elle a un teton plus bas que l'autre d'un demi-pied, et si enfoncé sous l'épaule qu'il semble qu'elle ait la moitié de la gorge absolument plate ; elle n'a pas la bouche laide, pourvu qu'elle ne rie point ; elle n'a pas soin de ses dents ; elle pue assez honnêtement pour obliger ceux qui l'approchent à se précautionner et à se parer de la main.

« Elle a pris une perruque noire. La manière dont elle est habillée n'est pas moins extraordinaire que celle de sa personne, car, pour se distinguer de son sexe, elle porte des jupes fort courtes, avec un justaucorps, un chapeau, un collet d'homme, ou un mouchoir qu'elle noue comme un cavalier qui va en partie ; et quand elle porte une cravate comme les dames, elle ne laisse pas de fermer sa chemise jusqu'au menton, et de porter un petit collet d'homme, avec des manchettes telles que nous les portons ; en sorte qu'en la voyant marcher, avec sa perruque noire, sa jupe courte, sa gorge fermée et son épaule élevée, on dirait que c'est un visage déguisé... »

Sauf pour la toilette, il est bien sûr qu'il y a exagération dans la peinture des charmes personnels de la reine Christine, de la part de l'auteur inconnu de la lettre en question, ne fût-ce que « le nez plus long que le pied » et le teton « plus bas que l'autre d'un demi-pied. » Malgré cela, le portrait est assez ressemblant.

La fille de Gustave Adolphe n'avait que six ans lorsque la mort de son père l'appela au trône de Suède. Par bonheur, un grand homme d'État, l'illustre et intègre Oxenstiern, président du conseil de régence, dirigeait les affaires et s'occupait de la manière la plus sérieuse de l'éducation comme des intérêts de sa jeune pupille. Mais à dix-huit ans elle prit les rênes du gouvernement, et malgré le respect qu'elle avait pour son principal tuteur, elle prit plus d'une fois l'initiative d'actes au moins téméraires.

Elle aimait l'indépendance, et parut un instant vouloir imiter Élisabeth d'Angleterre, la vierge-reine, comme elle l'a d'ailleurs fait, en fin de compte, dans une assez grande mesure. Cependant, il n'est pas exact de dire qu'elle repoussa le mariage, dans la crainte qu'il naisse d'elle un Néron : c'était bien le plus mince de ses soucis ! — mais bien parce que son choix, portant sur l'un ou l'autre de ses favoris, était aussitôt combattu par Oxenstiern, représentant à la reine qu'un pareil mariage soulèverait, dès l'instant où il serait connu, toute la Suède. Elle déféra donc aux conseils du vieil homme d'État et, ne pouvant se décider autrement, inventa son fameux prétexte pour ne point partager sa puissance avec quelque prince étranger avide de domination.

Bien décidée à ne se point marier, elle fit reconnaître, par les États, en 1649, son cousin Charles-Gustave, comte palatin, pour héritier présomptif de la couronne, et abdiquait en sa faveur cinq ans plus tard. Elle n'avait que vingt-huit ans lorsqu'elle renonça ainsi au trône.

On a pensé que Christine n'avait fait cette espèce de coup d'État, que dans le but de s'immortaliser par une singularité unique, si l'on considère l'âge auquel elle s'y livra. Mais en réalité, elle s'était tellement perdue de réputation par le cynisme de ses désordres, et ses sujets commençaient à lui marquer un tel mépris, que son abdication, étudiée sous ce point de vue, ne semble plus un si grand sacrifice.

« J'ai, dit-elle, en parlant d'elle-même, une aversion et une antipathie invincibles pour tout ce que font et disent les femmes. Irascible, fière et railleuse, je ne fais grâce à personne. Je suis incrédule, fort peu dévote, et mon tempérament ardent et impétueux ne m'a pas donné moins de penchant pour l'amour que pour l'ambition. Cependant, j'ai toujours résisté, mais uniquement par fierté et pour ne me soumettre à personne. »

Le dernier trait de ce croquis est effrontément faux, et l'on est surpris qu'après avoir en quelque sorte affiché ses favoris, à qui elle distribua ouvertement et sans compter les titres, les dignités et les trésors de l'État, Christine semble croire l'humanité en général et ses sujets en particulier capables de la croire sur parole.

Les favoris de Christine forment pourtant une assez nombreuse légion ; quelques-uns restèrent si obscurs que leurs noms, malgré les agréments qu'y attacha la main de leur souveraine, ne nous sont même pas parvenus. Mais on cite les principaux : le médecin français Bourdelot, l'ambassadeur Canut, Magnus de La Gardie, comte d'Avensborg, Steinberg, Claude de Tott, Pimentelli, l'infortuné Monaldeschi, etc.

La Gardie est de ceux que Christine avait voulu épouser; elle lui donna sa cousine, la princesse Euphrosine, sœur de Charles-Gustave, qu'elle avait choisi pour héritier; elle le fit successivement ambassadeur près la cour de France, lieutenant-général, et enfin gouverneur de la Livonie. Elle avait aussi voulu épouser le comte de Tott, qu'elle combla également de richesses et de dignités. De Monaldeschi, elle avait fait son grand écuyer, lorsque, pour un motif demeuré mystérieux, elle le fit poignarder sous ses yeux, dans une des galeries du palais de Fontainebleau, en 1657. — « Je ne fais grâce à personne », avait-elle dit.

Cette incrédule, qui avait embrassé la religion catholique, mourut à Rome en 1689.

Pour montrer combien il serait vraisemblable, même en l'absence des preuves que nous avons données du contraire, qu'avec son tempérament porté à l'amour, Christine a « toujours résisté », quoique « uniquement par fierté », il suffit de citer les lignes suivantes de la duchesse d'Orléans :

« Mᵐᵉ Christine, dit-elle, était une dame galante, quoique fort contrefaite. La grande Mademoiselle m'a raconté qu'étant fort blanche, elle se couchait toute nue sur un lit de velours noir pour se présenter ainsi à ses amants. Elle était très vindicative, débauchée au plus haut point, et parlait de choses dont parlent seulement les plus grands débauchés.

« Elle a des goûts fort dissipés, disait encore d'elle un écrivain contemporain, et passe son temps dans la société des hommes. Elle n'a aucun souci de la bienséance ni des mœurs. » Quant à sa société préférée, elle a pris soin de nous dire elle-même qu'elle avait « une aversion et une antipathie invincibles pour tout ce que font et disent les femmes; » ce que nous apprend ce dernier diffamateur de Christine n'a donc pas lieu de nous surprendre.

Mais c'est ce diable de lit de velours noir, qui en dit plus long qu'il n'est gros!

VI

La Grande-Bretagne.

SOMMAIRE. — Edwy le Beau. — Saint Dunstan et saint Odon le Bon. — Mœurs dissolues du clergé anglo-saxon au Xᵉ siècle. — Supplice atroce infligé à la reine Ethelgive par Odon. — Edwy amant de la mère et de la fille. — Ses désordres. — Il est détrôné par le clergé. — Edgar, roi chéri du clergé. — Il enlève l'abbesse de Wilton et lui fait violence. — Le royal amoureux, dupe et content. — Nouvelle duperie à laquelle le roi répond par un assassinat. — Henri II et la belle Rosemonde. — Éléonore de Guyenne — Lubricité monstrueuse du roi Henri. — Les trois filles de Richard Cœur-de-Lion. — Jean sans Terre. — Édouard II et ses mignons. — Gaveston et Spencer. — Isabelle de France et Roger Mortimer. — Supplice horrible infligé au roi Édouard par ordre de l'amant de sa femme. — Richard II et Robert de Vere. — Henri IV. — Le *mignot* du roi d'Angleterre. — Mignons *for ever*! — Henri V le Débauché et ses amis, sir John Falstaff, Poins, Pistol, etc. — Édouard IV. — Richard III. — Henri VIII. — Anne de Boleyn, ses antécédents, sa conduite à la cour de France et à la cour d'Angleterre. — Sa mort. — Jeanne Seymour. — Une courtisane du grand monde : Catherine Howard. — Son élévation au trône, ses débauches, sa mort. — Ses amants partagent son sort. — Désormais, le roi n'épousera plus que des vierges. — La chambre des « Filles du roi. » — L'appartement des « concubines du cardina

Wolsey. — Suppression des maisons publiques. — Les bains publics et les tavernes les remplacent. — La prostitution sous Elisabeth. — Le procès du *maquereau* Pompée. — Elisabeth, « reine et vierge, » et ses favoris. — Raisons de sa prétendue virginité. — Mot de Sixte-Quint. — Marie Stuart. — Darnley. — Pierre de Chastelard et Bothwell. — Meurtre de David Rizzio. — Portrait du favori italien. — Les Stuarts. — David, fils de Robert III. — Ses excès. — Rapts, viols suivis d'assassinats. — David arrêté. — Condamné à mourir de faim, il séduit sa geôlière qui le nourrit quelque temps. — Mort affreuse de David Stuart. — Brigandages des seigneurs au XV⁰ siècle. — Charles II et ses maîtresses. — Jacques II seulement féroce et bigot. — Le chevalier de Saint-George et mistress Oglethorpe. — Georges IV et Caroline de Brunswick. — Amant prétendu de la reine. — Maîtresses authentiques du roi. — Guillaume IV et Mᵐᵉ Jordan. — Les grandes prostituées modernes. — Aventures et mésaventures d'Emma Harte, ou Lyons, lady Hamilton. — Emma fille de ferme, femme de chambre, servante de taverne, artiste. — Emma sacrifie sa vertu sur l'autel de la famille. — Emma femme entretenue, reine du monde interlope et fille publique. — La *Mégalanthropogénésie*. — Le lit céleste. — La déesse Hygie. — Emma maîtresse et modèle d'un peintre. — Les tableaux vivants. — Emma maîtresse d'un lord. — Elle entre comme appoint dans une opération d'échange. — Lady Hamilton. — Rapports très intimes d'Emma avec la reine de Naples Marie-Caroline. — Retour aux tableaux vivants. — Imitations, réussies dans la perfection, des marbres du musée secret de Naples. — Le pas du châle. — Lady Hamilton et le capitaine Nelson. — Débauches, trahisons et massacres. — La fin d'une prostituée qui a réussi. — Les *bawdy-houses* et le pavé de Londres. — Un peu de statistique. — Les ouvrières de Londres. — La liberté de la prostitution et ses conséquences. — Un mot sur l'Irlande ancienne. — L'invasion anglaise entreprise, avec approbation du Saint-Siège, sous couleur de réformer les mœurs des habitants. — Henri II et Roderick O'Connor. — Dermod et la femme de Roinkre. — Les nombreux rois de l'Irlande et leurs innombrables descendants.

En ce temps-là, régnait en Angleterre le roi saxon Edwy le Beau, et plus encore saint Dunstan, évêque de Worcester, et saint Odon, archevêque de Cantorbéry. La puissance de ces prélats était toute récente, elle ne remontait pas au delà du règne d'Edred, le prédécesseur d'Edwy, mais ils étaient probablement impatients d'en user.

Edwy, en sa qualité de *beau*, avait des mœurs fort dissolues, mais ces mœurs étaient de mode alors, et le clergé y avait une part d'autant plus large qu'il était, en fait, exempt de toute loi pénale; ainsi, un simple clerc qui se rendait coupable d'un meurtre ou d'un viol, crime beaucoup plus commun, n'encourait pas d'autre peine que celle de la destitution. Cet état de choses se prolongea jusqu'à la fin du XI⁰ siècle. Les écarts d'Edwy, en conséquence, ne choquaient pas, ou du moins ne devaient pas trop scandaliser nos saints prélats.

Mais Edwy avait épousé une parente éloignée, et ils jetèrent les hauts cris, voulurent séparer les époux, et en présence de l'opposition du roi, qui tenait à sa femme, les séparèrent en effet par la violence.

Les deux prélats, tous deux saints et dont l'un, Odon, porte accolé à son nom, par surcroît, la qualification de *bon*, forcèrent un jour les portes de l'appartement royal, et s'emparèrent de la malheureuse Ethelgive, malgré les efforts de son époux. Odon le Bon, personnellement, lorsqu'il eut la jeune reine entre ses saintes mains, la fit défigurer en lui brûlant le visage au moyen d'un fer rouge; il la relégua ensuite en Irlande; mais l'infortunée martyre ayant eu l'audace de s'évader et de revenir en Angleterre, il lui fit couper les jarrets, — moyen ingénieux et recommandable pour empêcher une personne de courir la prétentaine.

Pour rendre hommage à la vérité, il importe que nous disions un mot des mœurs d'Edwy le Beau, et surtout de ses premiers rapports avec sa malheureuse jeune femme.

Avant d'être élevé au trône d'Angleterre, Edwy avait pour maîtresse favorite la mère de celle qui devait être sa femme par la suite, et qui, mariée elle-même et ne pouvant espérer partager le trône avec son amant, dont elle faisait tout ce qu'elle voulait, eut l'infamie de lui livrer sa fille, parvenue à peine à l'âge de puberté, avec l'arrière-pensée de la lui faire épouser, et, Edwy devenu roi, de régner elle-même sous le nom de ses deux enfants.

Cette mère prévoyante, qui s'appelait Ethelgive comme sa fille, avait dix ans de plus qu'Edwy.

Les historiens contemporains, qui sont des moines, comme on sait, racontent que le jour même de son couronnement, le jeune roi quitta la table du banquet et courut rejoindre ses deux maîtresses qui l'attendaient. Saint Odon et saint Dunstan, mus par un pressentiment secret ou par un amour immodéré du scandale, se mirent à sa recherche et finirent par le découvrir avec les deux femmes, et « dans une situation qui fut loin de les édifier, » prétendirent-ils.

Sans vouloir faire ressortir ce que cette prétention a d'invraisemblable, nous dirons seulement que les saints prélats virent avec plaisir le mariage d'Edwy avec la plus jeune de ses deux maîtresses. Ils prétendent, à la vérité, que les rapports d'Edwy avec la mère de sa femme ne cessèrent pas pour cela, et que c'est justement ce qui fit naître ou entretint leur indignation; mais, en supposant qu'ils eussent le droit de s'occuper des affaires privées du roi, ce n'était pas une raison pour martyriser comme ils le firent la malheureuse reine, innocente vraisemblablement de toutes ces ignobles intrigues.

Ils ne s'en tinrent d'ailleurs pas là, et soulevèrent le peuple contre son souverain indigne. Le peuple anglo-saxon, moitié par crainte de ses prélats, moitié par indignation de voir un roi assez lâche pour laisser impunies de pareilles atrocités, n'eut pas besoin d'être longtemps excité; il se souleva comme un seul homme et jeta bas Edwy, qui fut remplacé sur le trône par son plus jeune frère, Edgar (959).

Edgar, sachant bien que les malheurs de son frère venaient de ce qu'il n'avait pas assez fait pour le clergé, prit le contre-pied de sa conduite, et abandonna aux prélats toute l'autorité qu'ils voulurent bien prendre. Aussi ne sera-t-on pas étonné d'apprendre que sa vie écrite par les moines, toujours, n'est qu'une apologie outrée d'un bout à l'autre.

En rapportant quelques faits bien connus de l'histoire d'Edgar, on jugera ce qu'il en faut penser.

Devenu amoureux de l'abbesse de Wilton, nommée Wilfride, Edgar l'enleva de son couvent, et lui fit violence. Pour ce crime abominable, les princes de l'Église lui imposèrent l'obligation de ne point coiffer la couronne pendant sept ans. Des suites de cette violence, Wilfride eut une fille, honorée sous le nom de sainte Edithe, que sa mère éleva dans l'abbaye de Wilton, où elle était retournée, et qu'Edithe ne voulut jamais quitter, même pour prendre la couronne d'Angleterre, qui lui fut offerte après la mort d'Édouard, son frère, fils et successeur d'Edgar.

Peu après cette première aventure, Edgar se trouvait dans le château d'un de ses barons, dont la fille le séduisit. Le roi demande sans façon à la mère de cette jeune fille, ou plutôt ordonne qu'elle soit introduite dans sa chambre dans la nuit. La mère se soumet aux ordres de son souverain, et, la nuit venue, le roi couché, elle introduit dans sa chambre... une de ses servantes. Edgar, qui ne se doute naturellement de rien, en use avec la servante comme il eût fait avec la maîtresse ; ce n'est qu'au moment du réveil qu'il s'aperçoit de la substitution. Mais voici que la servante le séduit à son tour, de sorte qu'au lieu de se venger du tour qu'on lui a joué, il s'en montre enchanté, garde la jolie fille avec lui, et finalement la fait asseoir sur le trône d'Angleterre.

Devenu veuf au bout de quelques années, Edgar entendit parler, avec des éloges hyperboliques, des charmes de la fille d'un comte opulent, laquelle se nommait Elfride. Il manifeste à l'un de ses favoris, le comte Ethelwold, l'intérêt qu'il prend à cette jeune personne, et le charge d'aller s'assurer si ce qu'on dit de sa beauté est bien vrai. Ethelwold accepte cette délicate mission, et revient dire à son roi qu'Elfride est loin de mériter ses hommages et est, au contraire, peu digne d'un pareil choix.

Edgar ne pensait plus à la belle Elfride, lorsque des officieux vinrent lui apprendre qu'Ethelwold n'avait cherché à l'en dégoûter que pour l'épouser lui-même. Alors, ivre de fureur et de jalousie, il poignarde de sa propre main le traître et épouse sa veuve, laquelle ne paraît avoir montré que beaucoup de ressentiment contre Ethelwold, dont la passion avait failli l'écarter du trône à tout jamais.

Tout ceci est fort propre à donner, croyons-nous, une opinion avantageuse des mœurs anglaises, civiles et cléricales, pendant la période saxonne ; inutile donc d'y insister davantage, puisque la période normande n'offre pas moins d'intérêt, et qu'il nous sera impossible de l'épuiser.

Nous commencerons par Henri II Plantagenet, petit-fils par sa mère de Henri Ier, dit *Beau clerc*, troisième fils de Guillaume le Bâtard, parce que Henri est justement le prince qui tenta le premier de réformer sérieusement les mœurs, principalement les mœurs du clergé, dont nous venons de donner un aperçu.

Peut-être aurait-il bien fait de commencer par ses propres mœurs, puis de poursuivre la réforme dans sa propre maison et ensuite dans son entourage immédiat : c'était un procédé lent, difficile, gênant même, mais sûr, — aussi prit-il le parti contraire.

Henri Plantagenet aimait la femme pour la femme, comme à Charles-Quint toutes lui étaient bonnes ; sur la fin de sa vie, ce penchant assez excusable prit tous les caractères de la démence, c'est-à-dire de la fureur érotique. Il éprouva dans sa jeunesse une passion violente et durable pour la belle Rosemonde, fille de lord Clifford, et la cachait dans le château de Woodstock, construit en forme de labyrinthe, où lui seul pouvait se reconnaître. Sa femme, Éléonore de Guyenne, réussit pourtant à pénétrer jusqu'auprès de sa rivale, et là, elle contraignit la malheureuse à vider une coupe empoisonnée.

Mais cette passion de Henri est pardonnable, elle a même quelque chose de romanesque et de charmant dont le théâtre et le livre ont su d'ailleurs s'emparer. Ce qui est moins romanesque et pas du tout charmant, c'est le viol d'Alix, héritière de Bretagne destinée à son fils, Geoffroi, et celui de Marguerite de France, fille de Louis VII, enfant non encore nubile, fiancée depuis l'âge de six mois à son fils Henri. Il est certain qu'il était impossible de laisser fille ou femme à portée de ce misérable, à qui les écrivains cléricaux ne reprochent cependant que le meurtre de Thomas Becket, un saint de la façon des Dunstan et des Odon et dont, après tout, il avait été le bienfaiteur trahi.

Si Henri II était un paillard de l'espèce la plus méprisable, il avait pour la peine une femme qui ne lui cédait en rien de ce côté, ayant rendu témoin de sa prostitution éhontée à peu près toutes les latitudes du monde connu. Nous voulons parler d'Éléonore de Guyenne, qui avait obtenu son divorce d'avec Louis VII de France, sous divers prétextes, dont le meilleur probablement était qu'il se conduisait comme un moine dans la couche nuptiale » (*se monacho, non regi nupsisse*). Mais ce mariage apportait le Poitou, le Limousin, le Périgord, l'Aunis, la Saintonge et la Guyenne à l'heureux Henri, alors comte d'Anjou seulement, et qu'Éléonore épousait par amour; il ne fallait donc pas y regarder de trop près.

Nous reviendrons sur le compte d'Éléonore de Guyenne et de ses dérèglements, lorsque nous en serons à l'histoire de la prostitution en France au XII° siècle; ce sera là, en effet, la vraie place pour en parler aussi longuement qu'il sera nécessaire, ce que nous ne pourrions faire ici.

Au fils et successeur de Henri, Richard, qu'on a surnommé Cœur de Lion mais à qui le surnom *Cœur de Tigre* aurait été comme un gant, un ecclésiastique cherchait à faire comprendre, au moment où il allait partir pour la Terre-Sainte, le contraste choquant qu'il y avait entre sa pieuse entreprise et sa vie ultra-licencieuse. Le brave homme, dans sa naïveté, conjurait le roi de Blondel de se défaire de ses trois filles, à savoir : l'Avarice, l'Orgueil et la Luxure.

— Votre conseil est bon, répondit Richard. J'ai déjà songé à les pourvoir toutes trois. Je donne donc mon orgueil aux Templiers, mon avarice aux Bénédictins, et ma luxure au reste du clergé.

Il est bien entendu que Richard garda ses *filles* jusqu'à la mort, mais sa réponse est assez caractéristique pour être relevée.

La famille royale était, au reste, une famille bien remarquable. Jean sans Terre, par exemple, avait de plus que son frère Richard, auquel il succéda, la lâcheté; aussi les historiens s'accordent-ils à le représenter comme le plus vicieux et le plus méprisable des rois qui occupèrent le trône d'Angleterre.

Avec Édouard II apparaît, pour la première fois, du moins pour autant que nous en savons, souillant les marches du trône, le vice contre nature. Édouard, dans sa jeunesse, s'était attaché étroitement un certain Gaveston, fils d'un gentilhomme gascon, qui lui avait communiqué les passions les plus infâmes. Ce que voyant, le père du jeune prince, le roi Édouard I°, chassa de la cour ce misérable. Il avait en outre recommandé à l'héritier du trône de ne jamais revoir son trop intime ami, mais dès qu'il fut roi, Édouard II inaugura son règne par le rappel de Gaveston, qu'il combla d'honneurs et de biens.

Le favori paraissait insatiable, et plus le roi lui donnait, plus il demandait. Cette avidité le perdit et faillit perdre le roi Édouard par la même occasion. A la suite d'un soulèvement formidable, Gaveston fut banni de nouveau; mais rétabli dans son pouvoir, le roi le rappela. Les seigneurs se soulevèrent derechef, s'emparèrent du *mignon* et lui tranchèrent sommairement la tête.

Croyez-vous qu'Édouard se corrigea pour si peu? Il remplaça Gaveston par un gentilhomme anglais, joli et bien tourné, nommé Spencer. Nouveau soulèvement, à la tête duquel se trouve le duc de Lancastre, cousin-germain du roi. Spencer et son père, un vieillard de quatre-vingt-dix ans, jusque-là honorable, mais étourdi par la faveur, furent bannis; mais pour peu de temps, car Lancastre s'étant rendu insupportable à ses complices, battu et pris, fut décapité, et les Spencer rentrèrent en faveur du même coup.

Cependant Édouard avait épousé Isabelle de France, fille de Philippe le Bel, princesse orgueilleuse, et qui était justement d'un tempérament à souffrir plus qu'une autre de l'indifférence de son époux. Humiliée, dégoûtée, elle sut dissimuler et, sous un prétexte spécieux, se retira en France avec son fils Édouard, prince de Galles.

A la cour de France, Isabelle rencontra

Courtisane de Venise. (Page 66.)

un complice du duc de Lancastre, dans la révolte où celui-ci avait perdu la vie, un puissant baron gallois, nommé Roger Mortimer, et elle se dédommagea avec ce jeune seigneur du jeûne prolongé que lui avait imposé la passion ignoble de son mari.

Elle fit davantage. Grâce aux relations de Mortimer, et avec son secours, elle leva une armée et alla, soi-disant, chasser l'indigne favori qui avait pris sa place près du roi ; mais en réalité, une fois triomphante et les Spencer pendus, les révoltés s'emparèrent du roi et l'enfermèrent dans un château où, quelques mois plus tard, des bandits à la solde de Mortimer le faisaient périr dans un supplice atroce, choisi probablement exprès : les misérables couchèrent l'infortuné monarque à plat ventre sur un lit, le fixèrent solidement dans cette position, lui introduisirent dans l'anus un tuyau de corne et firent passer au travers un fer rouge qui lui brûla les entrailles.

Il parait que la recommandation de Mortimer était de tuer Édouard sans que sa mort laissât de traces extérieures sur son corps; mais, si cela était vrai, pourquoi choisir ce moyen barbare au milieu de vingt autres? Si les traces extérieures manquèrent, après tout, les cris du martyr trahirent ses ignobles bourreaux bien plus sûrement que les ecchymoses ou les plus apparentes blessures.

Mortimer, après d'autres crimes encore, fut pendu à la suite d'une insurrection victorieuse, et la reine Isabelle, qui dans les derniers temps avait affiché plus ouvertement que jamais sa passion pour son amant, fut enfermée dans le château de Rising, où elle mourut au bout de vingt-sept ans de captivité.

Richard II, fils du *Prince Noir*, fut affecté de la même dégoûtante maladie que son aïeul, du moins son attachement excessif pour un gentilhomme du nom de Robert de Vere fut-il attribué à une passion infâme. Le fait est que Richard, après avoir donné à ce favori, de naissance absolument obscure, sa cousine germaine en mariage, permit qu'il la répudiât sous un prétexte futile, pour en épouser une autre qui lui plaisait mieux. Il le fit en outre duc d'Irlande, et lui accorda la souveraineté de cette ile pour toute sa vie, par un acte que le Parlement confirma.

Il faut ajouter que le même Parlement ne se gêna pas, peu de temps après, pour dépouiller de Vere de toutes ses charges et distinctions et le condamner au bannissement; mais Richard l'eut bientôt remplacé, et tout alla comme devant, avec quelques insurrections par-ci par-là, comme il est juste.

Richard II mourut à trente-quatre ans, assassiné par ordre du duc de Lancastre, son successeur sous le nom de Henri IV, lequel l'avait préalablement fait enfermer dans une forteresse.

Henri IV eut-il, lui aussi, des *mignons*? Rien ne l'établit d'une manière certaine, — rien, excepté pourtant ce passage de la *Vie de Charles VII*, d'Alain Chartier :

« Et pour ce Emenyon Delayer, le bastard de Bar et le bastard de Seneterre oyans ces nouvelles trouvèrent manière d'eux exchapper d'icelle ville par le moyen d'un escuyer gascon, parent d'aulcun d'eux, lequel estoit *mignot du roy d'Angleterre*. Si sceut ledit roy d'Angleterre que icelluy mignot avoit sauvé iceulx capitaines, et pour ce luy fist coupper la teste. »

Or ce roy d'Angleterre qui combattait Charles VII de France, et auquel Chartier attribue ce *mignot* imprudent, ce ne peut être que Henri IV.

Voici enfin un passage des *Cent nouvelles nouvelles* sur le même sujet, qui ne peut guère se rapporter qu'à Edouard IV, mais qui, s'il ne s'y rapporte pas, prouve au moins que les mignons étaient à la mode alors en Angleterre, et sans doute ailleurs aussi :

« Ung bien grant seigneur du royaulme d'Angleterre entre les mieux fortunez, riche, puissant et conquérant, lequel entre les autres de ses serviteurs avoit parfaicte confiance et amour à un jeune, gracieux gentil homme de son hostel. Advint certain espace après que, par le conseil de plusieurs de ses parents, amis et bienvueillans, monseigneur se maria à une très belle, noble et riche dame, dont plusieurs furent très joyeux; et entre les aultres, nostre gentil homme *qui mignon se peut bien nommer*, ne fut pas moins joyeux, disant en soy que c'estoit le bien et honneur de son maistre et qu'il se retireroit à ceste occasion de plusieurs menues folies d'amour qu'il faisoit.

« Son mignon, non content de ce vouloir, lui respondit que sa queste en amours devoit être bien finée, quant amours l'ont party de la non pareille, de la plus belle, de la plus sage, de la plus loyale et bonne par dessus toutes les autres.

« — Faictes, dit-il, monseigneur, tout ce qu'il vous plaira, car de ma part à aultre femme jamais parolle ne porteray au préjudice de ma maistresse. »

Édouard IV était aussi débauché que sanguinaire, et il n'est guère d'excès, en fait de voluptés, qu'il ne soit possible de lui imputer; mais nous devons reconnaitre que la comparaison des dates seule pourrait nous autoriser à lui attribuer ce passage des fameuses *Nouvelles*. Édouard vit, au reste, ses jours abrégés par ses débauches. Il mourut à quarante et un ans.

Avant Édouard, qui était de la faction d'York, l'Angleterre eut Henri V, de la faction de Lancastre, auquel l'histoire donne le surnom de *Débauché*, en mémoire des turpitudes de sa jeunesse, mais qui mérita largement, par la suite, celui de Conquérant, pour avoir mis la France à deux doigts de sa perte.

Le personnage de Henri V, ou plutôt celui de *Hal*, prince de Galles, le compagnon des Falstaff, des Poins, des Pistol et des Bardolph, escrocs, ivrognes, voleurs de grand chemin, coureurs de mauvais lieux, a été popularisé par Shakespeare, qui met en scène tous ces joyeux compagnons dans un de ses grands drames historiques les mieux conçus et les mieux charpentés. La plupart des personnages de Shakespeare sont imaginaires, sans doute, mais des personnages réels ont joué les rôles peu édifiants qu'il prête aux siens, et celui de *Hal* est plutôt adouci.

Lors de son avènement, Henri V le Débauché convoqua ses amis de la veille, leur déclara qu'il renonçait à sa vie passée de la manière la plus sérieuse, les exhorta à imiter son exemple en ceci, s'ils voulaient qu'il les accueillît plus tard, et en attendant les éloigna de la cour avec menace de la potence, qu'ils avaient cent fois méritée (et lui aussi), au moindre écart.

A dater de ce moment aussi, Henri nous échappe, car du prince de Galles débauché, il ne resta aucune trace dans le roi Henri V. Il est vrai qu'il vécut peu. Reconnu régent de la couronne et héritier de cette couronne après la mort du roi actuel, au détriment du dauphin, par le traité de Troyes (1420), il épousait la princesse Catherine, fille de Charles VI, la même année, et mourait au château de Vincennes en 1422, âgé seulement de trente-quatre ans et ayant régné neuf ans sur l'Angleterre.

Il laissait un fils de neuf mois, Henri VI, qui ne fut jamais qu'un pauvre imbécile et qui, en dépit de l'énergie toute virile de sa femme, Marguerite d'Anjou, perdit une à une tout ce que son père avait conquis de provinces sur la France, et jusqu'à la couronne d'Angleterre, que lui arracha Édouard IV, dont nous venons de parler, en attendant qu'il lui arrachât également la vie, par pure mesure de précaution.

A Édouard IV succéda Richard III, qui ne fut rien qu'un misérable assassin, toujours en quête de quelque nouveau prétexte pour faire couler le sang, et qui mourut pourtant de la mort des braves. Henri VII, fondateur de la maison de Tudor, ne valait guère mieux que lui, quoi qu'en pensent les dramaturges et les romanciers. Mais ni l'un ni l'autre n'était foncièrement débauché, estimant probablement que c'est un vice qui coûte trop cher.

Un des noms de l'Angleterre qui s'imposent dès qu'on aborde cette question des débauches royales, c'est celui de Henri VIII, dont les six femmes, ou du moins les cinq premières, car il mourut laissant la sixième veuve, et avant d'avoir eu l'occasion de la remplacer, eurent toutes une destinée si lamentable, et dont deux périrent sur l'échafaud.

Nous ne nous occuperons que de ces dernières, parce que ces deux-là seules, pour ce que nous en savons, appartiennent bien à notre sujet.

Dans la fougue de ses passions amoureuses, le royal Barbe-Bleue ne choisissait pas toujours ses femmes avec discernement. Frappé des attraits d'une jeune fille attachée à la cour à un titre quelconque, il était pris aussitôt du besoin de la posséder, et s'il avait affaire à une habile intrigante, comme Anna Boleyn, il allait sans autre forme de procès, s'il y était contraint, jusqu'au mariage, ne s'inquiétant de celle qui, dans le moment, était en possession légitime du titre de reine d'Angleterre, que pour trouver le moyen de s'en débarrasser.

Anne de Boleyn était une intrigante, avons-nous dit; cela ne fait pas l'ombre d'un doute. Emmenée, à l'âge de quinze ans, à la cour de France, par la reine Marie, qui en avait seize ou dix-sept, et venait d'épouser le vieux roi Louis XII, sa conduite, dès cette époque, paraît avoir été singulièrement légère. Si nous en croyons les écrivains catholiques (mais ici il importe de rappeler qu'Anne de Boleyn fut la cause de la rupture de Henri VIII avec Rome et de l'institution de l'Église d'Angleterre), on lui donnait, à la cour de Louis XII, les surnoms plus significatifs que gracieux de *mule du roi*, de *haquenée d'Angleterre*, etc. D'après Bossuet, elle s'y faisait remarquer par un « enjouement immodéré » et une « conduite irrégulière et licencieuse. » — Pour l'enjouement immodéré, la malheureuse Anne ne pouvait rompre avec ce défaut, si c'en est un, et le porta presque jusqu'au pied de l'échafaud.

Il est certain, dans tous les cas, qu'elle se fit remarquer à la cour d'Angleterre par une rare science de l'intrigue, réussit à se faire épouser par le roi, qui n'hésita pas à répudier sa femme, Catherine d'Aragon, malgré toutes les complications que cette mesure violente et outrageuse devait nécessairement lui attirer. Mais Anne n'était pas réellement reine depuis deux jours, c'est-à-dire qu'il n'y avait pas deux jours que la reine Catherine était morte, que le roi l'avait déjà remplacée d'intention par la charmante Jeanne Seymour, une de ses demoiselles d'honneur. Et les courtisans voyant cela, se tournèrent aussitôt vers le soleil levant, débridant leurs langues jusque-là tenues en respect par la faveur.

Pour se débarrasser d'Anne, Henri VIII n'avait pas à courir autant de dangers, à beaucoup près, qu'avec Catherine d'Aragon. Il n'y mit donc pas tant de façons : Anne Boleyn, accusée de s'être livrée à d'immondes débauches, avec *quatre* gentilshommes, dont l'un était son frère, fut condamnée à la peine capitale.

Catherine Howard, la cinquième femme de Henri VIII, était d'un caractère bien différent de celui d'Anne Boleyn. « Son caractère, dit J.-M. Dargaud, avait un tour unique de nonchalance et de pétulance. Elle semblait endormie et elle éclatait soudain de coquetterie et de résolution. Aimable, gaie, entreprenante, elle avait parfois des langueurs redoutables. Elle était un composé de pavots et de salpêtre, dont les infiltrations se succédaient en elle pour assoupir ou pour illuminer ses heures. Elle avait un instinct de débauche, un esprit frivole, lorsqu'il n'était pas diabolique, un tempérament d'imagination autant que de sens et de volupté...

« Elle était héroïque aux rendez-vous de galanterie. Elle avait alors une bravoure de champ clos. Elle était folle de son âme et de son corps...

« Elle n'était pas d'une beauté fière comme Catherine d'Aragon, ni d'une beauté naïve comme Anne de Clèves; mais d'une beauté mobile, insidieuse, impudente. Son front est aristocratique, son nez à la Roxelane est étourdi. Son teint s'allume à la fièvre du plaisir, ses yeux couleur des lacs lancent des flammes humides. Ses cheveux d'un blond roux étincellent. Sa bouche est amoureuse et diplomatique, elle brûle et elle trompe. Elle jure et elle se parjure. Elle promet et elle ment. Elle se moque d'un tyran trop mûr et sourit aux pages, aux lords, aux artistes, les instruments de son caprice insatiable, les jouets de ses rapides désirs. »

Telle était la courtisane accomplie que Henri VIII choisit pour succéder à la pauvre Anne de Clèves, dont il était devenu amoureux à la vue de son portrait et qu'il avait mis de côté, sous le prétexte que l'original était décidément moins beau que la copie.

Le roi avait rencontré Catherine à un festin que lui donnait l'évêque Gardiner et où son oncle, le duc de Norfolk, l'avait conduite, et il en était aussitôt devenu amoureux fou. Moins de trois mois après cette rencontre, Catherine Howard montait sur le trône d'Angleterre.

Henri ne s'était inquiété, en vrai tyran, que de la satisfaction de sa passion, et non de savoir si l'objet en était digne. Au bout de quinze mois seulement, il apprit que celle à qui il avait fait un si grand honneur que de partager le trône avec elle, était, en fait, une coureuse de haute renommée. Ce fut un ancien serviteur de sa grand'mère, la duchesse douairière de Norfolk, qui dévoila son passé. Cet honnête garçon, mû évidemment par un sentiment louable, alla trouver l'archevêque de Cantorbéry, Cranmer, et lui confia que, dès l'âge de quinze ans, Catherine avait eu plusieurs amants, entre autres son cousin Culpepper, le musicien Mannoc et le page Deheram.

Cranmer, qui n'aimait guère Catherine, dont la famille était « infectée de papisme », porta au roi cette intéressante communication. Henri traita cette dénonciation d'infâme calomnie et jura d'exterminer les coupables. « Deheram, Mannoc, Culpepper, dit Dargaud, furent aussitôt saisis et conduits à la Tour. Deheram se confessa coupable. Mannoc dévoila plus d'horreurs que le primat n'en soupçonnait. Culpepper se réfugia dans le silence. Le roi, foudroyé sous l'évidence, cria, pleura, sanglota. Il souffrit plus encore dans son amour-propre que dans son amour. Il relégua la reine à Sion-House, une ancienne abbaye que le roi avait donnée puis reprise à l'évêque de Londres.

« La prisonnière nia tout d'abord; mais il fut prouvé qu'elle s'était livrée, comme fille et comme reine, à plusieurs. Elle avait gagné trois de ses femmes, et lady Rochefort, pendant que le roi était à Lincoln, avait introduit dans la chambre de la reine, à onze heures du soir, le brillant Culpepper, et il ne s'était retiré qu'après quatre heures du matin. Catherine lui avait fait présent, cette nuit-là, d'un bonnet de velours brodé de sa main. »

La vengeance du tyran sanguinaire ne pouvait se faire attendre, et elle devait être terrible. En effet, Catherine Howard ne paya pas seule de sa vie les erreurs de sa jeunesse, car on peut bien dire que c'étaient des *erreurs*, à moins qu'on ne juge que sa seule véritable erreur fut d'accepter le titre de reine et la main souillée de sang d'un tyran ignoble, vieux et rongé d'ulcères dégoûtants.

Le brave Culpepper fut décapité et les deux autres complices de Catherine pendus. Lady Rochefort, la complaisante introductrice de l'amant de la reine, fut également décapitée. Enfin la duchesse douairière de Norfolk, la comtesse de Bridgewater, cousine de la coupable, lord William Howard et sa femme furent jetés dans les cachots et leurs biens confisqués.

L'arrêt du Parlement qui condamnait Catherine Howard, édictait en outre la peine de mort contre toute femme qui, n'étant pas vierge au moment où il serait question de la marier au roi, ne le déclarerait pas ; contre toute personne qui, ayant connaissance d'un fait de cette nature, ne le dénoncerait pas dans la circonstance visée ; enfin contre toute reine ou femme de prince convaincue du crime d'adultère.

Précaution aussi ridicule que féroce d'un maniaque sanguinaire, qui comptait probablement invoquer plus d'une fois encore, avant de mourir, cet arrêt obtenu sans peine, comme toujours, de la lâche complaisance d'un Parlement aussi corrompu que son maître.

Henri VIII, malgré ses épouses nombreuses et le procédé expéditif qu'il employait pour remplacer celles dont il avait assez, ne borna pas ses attentions aux femmes légitimes, car, dans son propre palais, un appartement était affecté à des concubines et portait pour enseigne cette inscription : *Chambre des filles du roi.*

Toute la cour se sentait, du reste, des mœurs du roi. Le cardinal Wolsey, archevêque d'York et légat du Saint-Siège, grand chancelier d'Angleterre, le fastueux favori d'Henri VIII, jusqu'à son mariage avec Anne de Boleyn, était autant connu par les honteux désordres de sa vie privée que par la magnificence de sa vie publique et son insatiable ambition de parvenu, qui lui fit briguer les suffrages du sacré collège des cardinaux, mais vainement, après la mort de Léon X et d'Adrien VI. D'ailleurs, singeant son maître en tout, le pieux légat entretenait chez lui une collection choisie de prostituées, sur l'appartement desquelles on lisait cette indication précieuse : *Concubines de S. Em. M. le cardinal.*

On ne sera pas étonné d'apprendre, après cela, que les maisons de débauche publiques, qui n'avaient pas cessé d'exister, sous les différents règnes précédents, en dépit même des guerres, de la peste et de la famine, mais avec des fortunes diverses suivant les temps, fussent alors dans un état de prospérité tout à fait satisfaisant et que rien ne semblait menacer. Mais, c'est souvent quand on s'y attend le moins que la foudre éclate.

Henri VIII, connaissant par expérience les conséquences funestes de la débauche, voulut, dans un accès de sollicitude paternelle, en préserver son peuple. Il fit, en conséquence, ce que nous avons vu faire déjà à bien d'autres souverains aussi passionnés que lui pour la morale publique, et obtint le même résultat. En un mot, il fit fermer les maisons de prostitution, mais ne supprima pas, tant s'en faut, la prostitution elle-même.

Lors donc que la prostitution publique n'eut plus ses repaires officiels et connus, elle s'imagina à en trouver d'autres et à les faire connaître à qui de droit au moyen d'une publicité clandestine, mais aussi sûre que discrète. Les principaux refuges de la prostitution, sur la fin du règne d'Henri, sous ceux de Marie et d'Elisabeth et sous les suivants, furent les bains publics. Les couples s'y rendaient isolément et, avec la connivence de la maîtresse des bains, s'y réunissaient sans danger. Il y eut même des prostituées de profession attachées à certains de ces établissements, lesquels remplaçaient alors purement et simplement les maisons prohibées.

Au temps de Shakespeare, ces nouveaux repaires de la prostitution florissaient à souhait ; nous en trouvons la preuve dans plusieurs pièces du grand poète dramatique, notamment dans cet édifiant passage de : *Mesure pour mesure.*

La scène se passe à Vienne, il est vrai. Mais comme Shakespeare n'avait aucune idée de Vienne, ni des mœurs de ses habitants, c'est évidemment Londres qu'il faut lire, et c'est de la prostitution à Londres qu'il est question.

Un *constable* amène devant le gouverneur un valet de maison publique dont il a personnellement à se plaindre.

« — C'est un garçon de cabaret, monseigneur, dit-il, une moitié de maquereau (*parcel-bawd*) ; le domestique d'une mauvaise femme dont la maison a été, comme on dit, monseigneur, extirpée des faubourgs, et maintenant elle tient une maison de bains, qui est aussi, je suppose, une très mauvaise maison... »

Alors le gouverneur adjoint, Escalan, interroge Pompée, l'inculpé.

« — Pompée, vous êtes tant soit peu maquereau, sous couleur de garçon de cabaret. N'est-ce pas? Voyons, dites-moi la vérité, cela vaudra mieux pour vous.

« — En vérité, monseigneur, je suis un pauvre diable qui cherche à vivre.

« — Comment cherchez-vous à vivre, Pompée? en faisant le métier de maquereau? Que pensez-vous de ce métier, Pompée? Est-ce un métier légal?

« — Si la loi veut bien le permettre, monseigneur...

« — Mais la loi ne le permet pas, Pompée, et ne permettra pas qu'il soit professé à Vienne.

« — Est-ce que Votre Excellence voudrait faire châtrer et débarrasser de ce qui gêne tous les jeunes gens de la cité ?

« — Non, Pompée.

« — Vraiment, monseigneur, dans ma pauvre opinion, ils continueront alors d'aller où ils vont. Si Votre Excellence prenait des mesures contre les coureurs et les polissons, il n'y aurait plus de raisons pour craindre les maquereaux.

« — Mais il y a de fort jolies mesures en cours d'exécution, je puis vous l'affirmer, et qui ne sont autres que la décapitation et la pendaison.

« — Si vous décapitez et pendez tous ceux qui se rendront coupables de cette faute-là, repart Pompée, seulement pendant dix années consécutives, vous ferez bien de faire ensuite une forte commande de têtes nouvelles. Oui, si cette loi est exécutée dix ans *à Vienne*, je m'engage à louer ensuite la plus belle maison de la ville à raison de six sous par fenêtre. Et si vous vivez assez longtemps pour voir cela, vous pourrez dire que Pompée vous l'avait prédit. »

Cette scène est fort édifiante, et nous n'avons pas besoin de suivre sir John Falstaff à la taverne de la *Tête d'Ours*, à Eastcheap, autre maison de passe, pour apprendre sur ce sujet ce qu'en savait l'immortel William, ce qu'était, en un mot, la prostitution en Angleterre, vers le milieu du XVIe siècle.

Ici, il semble que notre devoir serait de parler des favoris d'Élisabeth. Mais ces favoris ont-ils jamais pu être, pour cette vierge-reine, de véritables amants? Nous avouerons que cela nous paraît au moins douteux, et que nous y voyons des empêchements sérieux, et de l'ordre physiologique, c'est-à-dire de celui qu'on ne peut transgresser impunément.

On a parlé d'orgies. Sans doute, car il y en a de plusieurs sortes, surtout lorsqu'on entend par orgie l'abus des voluptés, mais on n'attend pas de nous que nous en donnions le catalogue complet et analytique.

Jeune encore, la fille d'Anne de Boleyn répondait au Parlement, insistant pour qu'elle fasse un choix parmi les nombreux prétendants qui sollicitaient sa main et le partage de sa puissance, qu'elle voulait qu'on pût mettre sur son tombeau cette inscription : *Ici repose Élisabeth, qui vécut et mourut reine et vierge.*

Dans le vœu de la jeune femme, on aurait pu voir une simple témérité ; mais dans l'accomplissement de ce vœu, il y avait nécessairement autre chose, il y avait la soumission involontaire mais fatale à un vice de conformation terrible. Élisabeth, autant qu'on en peut juger par ses actes, car la recommandation de ne laisser point voir son corps nu après sa mort fut respectée, était hermaphrodite, et hermaphrodite de l'espèce neutre : autant homme que femme et ni l'un ni l'autre.

Beaucoup d'écrivains acceptent cette explication de sa conduite singulière, singulière surtout en ceci qu'au lieu de cacher ses favoris, elle les affichait effrontément, comme un homme impuissant qui a le moyen de se donner cette satisfaction de pur amour-propre, affiche ses maîtresses. « Elle pouvait bien aimer et elle aima en effet ses favoris, dit Amelot de la Houssaye, mais de la manière qu'elle était faite, elle ne pouvait connaître charnellement aucun homme sans souffrir d'atroces douleurs, ni devenir grosse sans s'exposer inévitablement à perdre la vie dans le travail de l'enfantement. »

Le pape Sixte-Quint, qui ignorait l'empêchement, disait qu'il eût bien voulu coucher seulement une nuit avec Élisabeth, pour donner naissance à un nouvel Alexandre le Grand. Il n'y avait que trois grands hommes au monde du temps de Sixte-Quint et suivant son appréciation : Elisabeth, Henri IV de France et lui-même ; malgré cela, sa Sainteté ignorait beaucoup de choses, et celle-ci entre autres, qu'Elisabeth et lui auraient fort bien pu faire une poule mouillée et un imbécile.

La mort de son favori, le jeune et brillant comte d'Essex, et surtout celle de Marie Stuart sont regardées comme les deux taches sanglantes qui souillent le plus la mémoire d'Elisabeth. Pour Essex, il faut pourtant bien reconnaître que sa présomption seule l'a perdu, et que sous n'importe quel souverain un révolté risque l'échafaud. Le meurtre de Marie Stuart est moins facile à justifier, nous l'accordons, mais lorsqu'on a grossièrement insulté une reine puissante, il est bien maladroit, en tout état de cause, d'aller lui demander ensuite asile et protection contre un peuple soulevé parce qu'on l'a abreuvé de dégoût.

On connaît les aventures de Marie Stuart, reine d'Ecosse après avoir été reine de France, et dont la physionomie a été si chaudement poétisée, malgré la brutalité de ses passions et la honte de sa conduite. Cette « grosse charnelle rousse, » aux ardeurs sensuelles de laquelle Michelet attribue avec raison la mort prématurée de François II, se conduisit de telle sorte, dès son accession au trône d'Ecosse, que son conseil dut lui faire des représentations et la contraindre en quelque sorte au mariage. Elle épousa Darnley, son cousin, comme pis aller, à ce qu'il semble.

Avant son mariage, Marie avait sacrifié, sans aucune pudeur, l'infortuné Pierre de Chastelard, le doux poète, descendant du chevalier sans peur et sans reproche, pour une faute qui lui faisait accorder ses faveurs et prendre ensuite pour époux, — toutefois lorsqu'il l'eut rendue veuve, — cette brute féroce de Bothwell. Il est vrai que, du temps de Chastelard, elle était veuve déjà et n'avait, par conséquent, point d'époux à faire assassiner.

Cet époux écossais de Marie Stuart, supprimé par Bothwell, c'était Darnley, à qui Marie faisait expier ainsi le meurtre d'un favori dont il n'avait pas dédaigné de solliciter l'appui, lorsqu'il s'était mis sur les rangs des prétendants à la main de la veuve de François II. Sans doute David Rizzio était l'amant de la reine ; mais il l'était avant que Darnley recherchât sa main, ce

Une certaine intimité s'établit entre Philippe et S... pl

qui n'empêcha pas celui-ci de se mettre sous sa protection, ce qui ne l'y engagea que plus, au contraire.

Et à propos de Rizzio, les apologistes de Marie Stuart prétendent qu'il avait plus de cinquante ans et était bossu lorsqu'elle l'appela à sa cour, et que, par conséquent, elle n'avait pu être séduite par ses charmes extérieurs.

Ceci n'est pas du tout une raison; mais encore, la vérité est que David Rizzio avait à cette époque un peu moins de trente ans, et que, tout compte fait, il était l'aîné de Marie de sept années au plus. Il n'était pas davantage bossu, mais avait seulement une épaule un peu plus haute que l'autre. Enfin les traits de son visage, au teint mort, étaient réguliers et charmants et ses yeux expressifs trahissaient une intelligence peu commune et dont il donna, certes, assez de preuves.

Si l'on songe au contraste produit par cette douce figure méridionale au milieu des faces osseuses, souvent bestiales, de ces sauvages naturels des bruyères écossaises, plus souvent ivres qu'il n'était strictement convenable (sans en excepter Darnley) et coureurs de mauvais lieux plus que de besoin; si l'on n'oublie pas, non plus, que Marie avait été élevée à la cour de France, entourée de poètes et d'adulateurs que les petits soins de David Rizzio lui rappelaient sans cesse; on comprendra qu'elle se soit attachée au pauvre musicien italien, qui d'ailleurs devint un ministre plein de tact et fort apprécié dans les chancelleries, tel, en un mot, que l'Écosse n'en avait jamais eu.

Et puis, et puis cela changeait.

Les Stuarts, au fait, se sont fait remarquer en tout temps par leur esprit impérieux, leur incapacité et leurs excès sensuels; mais des plus malheureux, comme Marie Stuart et Charles Ier d'Angleterre, on ne veut plus se rappeler que leurs malheurs. Cela part d'un bon sentiment, mais l'histoire n'a pas le droit d'être sentimentale.

Pourquoi David, fils de Robert III, un Stuart malheureux aussi, puisqu'il mourut de faim, après s'être rongé les bras jusqu'aux os, dans les cachots d'une citadelle où son oncle le tenait enfermé avec la ferme résolution de le laisser mourir ainsi, est-il si profondément oublié, dans ce cas?

David était littéralement en proie à une fureur érotique que rien ne pouvait calmer, comme rien ne lui coûtait pour la satisfaire. Il enlevait les femmes et les filles, quelles qu'elles fussent, qui avaient le malheur de lui plaire; assassinait ou faisait assassiner pères, frères, maris, et jusqu'à celles qui réussissaient à échapper à sa brutale passion. Ce monstre, une fois enfermé, séduisit la fille de son geôlier; mais ici, la pitié de la jeune fille fut la complice du prisonnier. Avec l'aide d'une autre jeune femme, qui était nourrice, elle réussit à nourrir quelque temps le malheureux prince.

La jeune geôlière allait souvent visiter le prisonnier, et à chaque fois elle lui portait des galettes très minces qu'elle dissimulait sous son chapeau; l'autre femme lui faisait sucer son lait au moyen d'une sarbacane passant à travers une fente de la muraille.

Ces deux malheureuses femmes furent découvertes et payèrent de leur vie, je crois, leur humanité; alors le jeune prince n'en eut pas pour longtemps.

A tout prendre, David ne faisait guère plus que les autres seigneurs écossais, mais les autres seigneurs n'avaient pas d'oncles dont ils embarrassaient le chemin. C'était le bon temps des brigandages homériques, et nous avons vu, en parcourant l'Italie, qu'au commencement du XVe siècle, il n'y avait pas que l'Écosse dans ce cas là.

Pour revenir à des temps plus selon notre

humeur, nous voyons Charles II, roi d'Angleterre, se délasser des sanguinaires occupations que lui donne la réaction royaliste auprès de la charmante comédienne Nelly Gwin, de Mary Davis, de miss Stewart, en attendant que la belle Bretonne, Louise de Kéroualle, plus tard duchesse de Portsmouth, vienne détrôner toutes ces favorites; car nous ne parlons ici que des favorites, pour le surplus Charles II entretenait ouvertement toute une armée de maîtresses de tout âge et de toute condition.

Le dévot catholique Jacques II, son frère et son successeur, barbota si bien dans le sang qu'il s'y noya. Il est douteux qu'il puisse avoir eu le temps de s'occuper d'autre chose, tant son confesseur, son bourreau et son grand chancelier, l'infâme Jeffreys, dont Charles II disait qu'il avait « plus d'impudence que dix filles publiques, » lui en laissaient peu à gaspiller.

Le chevalier de Saint-Georges, que ses partisans traitent de *Jacques III*, avec la même gravité que, de nos jours, les partisans du comte de Chambord appellent celui-ci Henri V, mène dans l'exil une vie de Polichinelle, — si l'on peut employer une pareille expression à propos d'un si illustre et sacré personnage.

W. Thackeray, dans un roman célèbre (*Henry Esmond*), charge son héros d'une ambassade auprès du descendant des Stuarts, alors réfugiés à Bar-le-Duc.

« Voudriez-vous savoir, fait-il dire au colonel Esmond, à quoi un prince, héroïque par son infortune, et descendant d'une série de rois dont la race sembla condamnée, comme ces Atrides du temps jadis; voudriez-vous savoir à quoi il était occupé, quand l'envoyé qui venait à lui à travers mille dangers et difficultés, le vit pour la première fois?

« Le jeune roi, en jaquette de flanelle, jouait à la paume avec les gentilshommes de sa suite, criant après les balles et jurant comme le dernier de ses sujets.

« La fois suivante que M. Esmond le vit, ce fut quand M. Simon (pseudonyme pris par Esmond dans cette négociation) porta un paquet de dentelles à miss Oglethorpe, qui servait alors d'antichambre au prince, auprès de qui on ne pouvait être admis qu'en frappant à cette ignoble porte. L'audience fut accordée. L'envoyé trouva le *roi* et sa maîtresse ensemble; le couple jouait aux cartes, et Sa Majesté était grise. — Elle tenait beaucoup plus à trois honneurs qu'aux trois royaumes, et une demi-douzaine de verres de ratafia lui faisaient oublier tous ses malheurs et toutes ses pertes, et la couronne de son père et la tête de son aïeul... »

Le chevalier de Saint-Georges aurait pu, sans l'incurable faiblesse dont il était affligé, reconquérir peut-être la couronne arrachée à son père par les orangistes. Mais la vue d'un cotillon suffisait à le détourner de son chemin, et lorsqu'il avait mis le pied dans une taverne, nul n'eût pu dire quand et dans quel état on l'en verrait sortir, surtout si son vin lui était servi par une servante, accorte et peu farouche, fût-elle insuffisamment débarbouillée.

Il est vrai qu'on avait parfaitement le droit de l'abandonner à ses goûts, sans pour cela craindre l'effondrement de la Grande-Bretagne, et qu'en trompant l'attente de ses partisans, il usa lui-même d'un droit incontestable. Assez de mauvais rois, assez de Stuarts s'étaient succédé sur le trône d'Angleterre sans qu'il fût encore nécessaire de faire l'expérience de celui-là.

Mais il est juste de dire que les Stuarts n'ont pas eu le monopole des débauches crapuleuses; Georges IV, de la maison de Hanovre, ne le leur cède guère sur ce chapitre.

Marié secrètement à la veuve Fitz-Herbert, il épousait en 1795 Caroline de Brunswick, qu'il accusait publiquement, l'année suivante, d'adultère avec son valet italien, plus tard son chambellan, Pergami, et dont il se séparait à la suite de procès scandaleux, qui d'ailleurs ne justifièrent pas l'accusation dans toute sa gravité. Georges IV n'était encore que prince de Galles lorsque cet événement se produisit. Il revint alors à la Fitz-Herbert, sans préjudice d'une quantité de maîtresses de tout poil et de tout rang, au nombre desquelles il faut citer l'inconstante et profondément dissolue mistress Robinson, comédienne, poétesse, etc., surnommée la Sapho anglaise, qui le supporta deux ans.

Lady Fitz-Herbert ne paraît pas être revenue de bien bon gré à son époux morganatique, mais, le Saint-Siège aidant, elle se soumit. Les excès de toute sorte auxquels se livrait le monarque finirent toutefois par la dégoûter à tel point, qu'elle l'abandonna à sa fange et se retira à Brighton, où elle vécut obscurément mais entourée de l'estime publique, chose qui faisait tout à fait défaut à son royal époux.

A Guillaume IV, oncle et prédécesseur immédiat de la reine Victoria, actuellement régnante, on peut seulement reprocher d'avoir laissé mourir à Saint-Cloud, dans un état voisin de la misère, Mme Jordan, ancienne actrice du théâtre de Drury-Lane, avec laquelle il avait vécu publiquement pendant vingt-cinq ans, qui ne lui donna pas moins de dix enfants, et dont il ne se sépara que pour épouser, en 1818, la princesse Adélaïde de Saxe-Meiningen. — Mais ce n'est pas là de la débauche, c'est de l'ingratitude pure et simple.

Les mœurs anglaises, sous Guillaume III et Guillaume IV, c'est-à-dire à l'époque de la Révolution française et de la Restauration, étaient au demeurant fort dissolues. Les courtisanes, femmes entretenues, prostituées de bas et de haut étages abondaient, surtout à Londres, comme de raison.

Une des femmes les plus célèbres de l'Angleterre par le scandale de sa vie, par ses débauches hideuses et ses orgies sanglantes, par l'éclat de ses triomphes et la profondeur des abîmes d'infamie où elle fit plusieurs plongeons successifs et semblait se complaire, par amour de la variété, sans doute, c'est Emma Lyons, plus connue sous le nom de lady Hamilton.

Elle a laissé des *Mémoires* mensongers, dont Alexandre Dumas s'est servi, se bornant à en faire la paraphrase, pour un de ses derniers romans « historiques. » Ce n'est pas là dedans, naturellement, qu'il faut chercher la vérité sur sa vie, et, pour le dire franchement, il faut renoncer à jamais savoir toute la vérité ; mais ce qu'on en sait suffit bien à donner une idée du reste.

Et d'abord, Emma *Lyons*, née en 1761, s'appelait en réalité Emma Harte, étant fille d'une cuisinière nommée Harte qui prétendait, sans pouvoir le prouver, que son père était un certain sir Lyons, lequel ne cessa de décliner cette paternité de contrebande.

Dénuée de ressources mais jolie encore, la mère d'Emma fit, à Londres, la connaissance du comte Halifax, qui se chargea de la mère et de l'enfant, alors âgée de six ans et déjà d'une beauté extraordinaire. Celle-ci fut placée dans un pensionnat où, par son application et des qualités intellectuelles hors ligne, elle fit de rapides progrès, — qui ne l'empêchèrent pas, toutefois, d'être brusquement chassée, sans qu'on puisse savoir, ses mémoires étant muets sur ce point, pour quel motif. Elle avait treize ans, lors de cet événement, et sa beauté était extraordinaire ; mais son protecteur était mort, et sa mère s'en débarrassa comme elle put.

Placée d'abord dans une ferme, mais n'ayant aucun goût pour les grossiers travaux auxquels elle était astreinte, Emma profita de la liberté que lui donnait la mort de sa mère, quelques années après, pour retourner à Londres, où elle se plaça comme femme de chambre. Elle ne conserva pas longtemps cette place, sa passion pour le théâtre et les romans, s'il faut l'en croire, la fit bientôt renvoyer, et elle se trouva réduite à accepter le rôle peu relevé de servante de taverne.

Cette taverne où elle servait était fréquentée par des artistes. Emma y fit connaissance de miss Arabella, actrice de renom et maîtresse du peintre Romney. Comme elle dessinait fort bien et qu'elle employait ses loisirs à la pratique de cet art, Romney la surprit un jour, et, frappé de son talent — ou peut-être de sa beauté, et j'avoue pour ma part que ce dernier mobile me semble plus vraisemblable que l'autre, — il l'admit au nombre de ses élèves, l'assurant d'un bel avenir, si elle voulait seulement se donner la peine de travailler d'une manière sérieuse.

Travailler, même à un travail d'art, ne paraît pas avoir jamais été dans les goûts de la belle Emma. Quoi qu'il en soit, elle prétend être restée pure au milieu de cette société mêlée qu'elle fréquentait alors comme celle, non moins suspecte, qu'elle avait fréquentée jusque-là, et comme nous n'avons aucun moyen de la convaincre de mensonge, il nous faut bien admettre ses prétentions à la vertu.

Or voici que la presse des matelots, qui ne respecte rien, lui enlève un cousin auquel elle portait, à ce qu'il paraît, un intérêt très vif, comme il convient à une bonne cousine. Emma se jura à elle-même de délivrer son cousin, et elle n'hésita pas longtemps sur le choix des moyens. Elle alla trouver directement le capitaine Payne qui lui accorda aisément la liberté du jeune gars, — le prix qu'il mit à cet acte de complaisance ayant été accepté sans difficulté par Emma Harte.

Vous voyez d'ici cette jeune fille *pure* qui pour sauver son cousin, non de la mort, mais du service dans la marine nationale, se livre sans marchander à celui qui peut lui accorder cette grâce. C'est là du dévouement ou je ne m'y connais pas ; un dévouement devant lequel bien des cousines reculeraient probablement, et que beaucoup de cousins seraient assez ingrats pour méconnaître.

Bref, elle devint la maîtresse de l'obligeant officier, sa maîtresse en titre et affichée comme telle à tous les bons coins. Elle fréquenta dès lors le monde des femmes entretenues, dont elle devint bientôt la reine, autant sinon plus à cause de son esprit que de sa beauté. C'était une femme lancée, et si bien lancée qu'elle ne devait pas s'arrêter de sitôt.

Au bout de deux ans, malgré tous ses trésors de séduction, Payne eut assez d'Emma et la céda à un autre, qui la céda à un troisième, et ainsi de suite ; tant et si bien que les cessionnaires commencèrent à devenir rares et que, le besoin aidant, Emma, encore jeune et belle, roulait jusqu'aux abîmes les plus fangeux de la prostitution, courant les tavernes les plus mal famées et battant, par tous les temps, le pavé des carrefours, après avoir été la courtisane la plus brillante et la plus célèbre de tout Londres.

Mais Emma avait trop de tours dans son sac pour rester longtemps dans cette situation par trop abjecte.

« En ces temps-là, dit un de ses biographes, vivait à Londres un charlatan cynique, le docteur Graham, l'auteur de la *Mégalanthropogénésie* et l'inventeur d'un système de la production de l'amour par l'exhibition de modèles vivants. Il avait chez lui un *lit céleste*, où il faisait poser des femmes à demi nues, et ce spectacle, combiné avec des passes magnétiques, des concerts d'instruments et des discours appropriés, devait infailliblement provoquer la crise amoureuse chez les époux envers qui la nature s'était montrée trop avare. »

Proxénète adroit, dès qu'il eut rencontré Emma, Graham calcula bien vite tout ce que cette merveilleuse beauté pouvait lui rapporter, et il se l'associa.

Il fit publier partout qu'il avait enfin mis la main sur la femme idéale, typique, sur la beauté première, etc.; et de toutes parts, on se précipita vers la *great attraction*; on payait des prix fous pour contempler pendant quelques minutes la déesse Hygie, — ainsi l'avait surnommée son cornac, — mollement étendue sur le « lit de volupté, » et à peine recouverte d'une gaze transparente.

A l'une de ces exhibitions, le peintre Romney revit son ancienne élève. Douloureusement affecté de la chute de celle qu'il avait crue un instant devoir être une artiste célèbre, il voulut néanmoins que cette beauté unique servît à son art. Il enleva Emma, qui devint sa maîtresse et qui lui servit de modèle; il la peignit de toutes les manières, en Vénus, en Cléopâtre, en Phryné.

Elle s'y prêtait, du reste, merveilleusement, car elle savait prendre les poses les plus difficiles de la statuaire antique; elle imitait à s'y méprendre les marbres les plus beaux, et ce fut elle qui ouvrit la voie à la célèbre imitatrice, Mme Hœndel-Schutz, et mit à la mode les tableaux vivants.

Dans les raouts du monde interlope, où elle brillait par ses raffinements de luxure, elle jetait sur les plus honteux débordements un je ne sais quoi d'artistique qui faisait qu'on s'éprenait d'elle comme d'une œuvre d'art qui se serait tout à coup faite chair.

Sir Charles Greville, un descendant des Warwick, en devint passionnément amoureux, l'enleva, la conduisit dans un de ses châteaux et vécut avec elle pendant trois ans. Comme il était criblé de dettes, il imagina, au bout de ce temps, de l'envoyer à son oncle, lord Hamilton, ambassadeur d'Angleterre à Naples, pour en obtenir le règlement de ses affaires; lord Hamilton y consentit, mais à condition qu'il la garderait. Elle se prêta de fort bonne grâce à cette combinaison... diplomatique, et se voyait déjà ambassadrice.

En effet, après avoir vécu quelque temps comme maîtresse du noble lord, elle sut si bien en attiser les passions séniles, qu'elle devint sa femme par légitime mariage (juin 1791). Elle avait alors trente ans. Elle fut présentée à la reine Caroline.

Emma Harte, devenue lady Hamilton, était toute mûre pour une amitié royale; le monde des actrices et des courtisanes l'avait admirablement façonnée pour une intimité étroite avec une reine qui, elle aussi, était experte en débauches : c'était Messaline recevant Phryné.

Grâce à la souplesse de son talent dans l'art d'imiter les poses les plus libidineuses des marbres et des peintures du musée secret (*museo Borbonico*) de Naples, grâce aux attitudes de bacchante qu'elle savait prendre admirablement, elle enchanta la reine qui, pour lui prouver son amour, l'invita à partager... sa couche! Acton, le Lebel du sérail de San-Leucio, organisait les soupers fins et les fines orgies auxquels prenaient part les deux amies et leurs amants toujours renouvelés.

Emma plaisait à tout le monde. Elle était, du reste, parvenue à l'âge qui marque, pour la femme, l'apogée de toutes les perfections physiques. Elle aimait surtout à se vêtir d'une longue tunique blanche, échancrée à la grecque et s'agrafant par un camée ; ce fut elle qui mit à la mode ces costumes de femme qui, chez nous, firent fureur sous le Directoire, et que Mme Tallien a immortalisés. Elle portait en péplum un châle splendide, et donna un soir, devant la reine, ce fameux *pas du châle* que, depuis, toutes les bayadères de l'Opéra ont essayé de reproduire, mais sans atteindre, paraît-il, à la même perfection.

Caroline s'éprit de plus en plus d'une femme qui joignait tant de grâce à des talents si variés, et, de son côté, la favorite voulut user de sa faveur pour partager le pouvoir avec sa royale amie. Ardente à l'excès, elle épousa toutes ses haines et gouverna véritablement, car tout le pouvoir était entre les mains de la reine et d'Acton, qu'elle maîtrisait. Aussi faut-il lui rapporter la plus grande part dans les événements qui ensanglantèrent à cette époque le royaume des Deux-Siciles.

Lady Hamilton fut l'instigatrice du traité d'alliance avec l'Angleterre, traité qui amena, en 1798, l'invasion des États napolitains par Championnet et la fondation de la république Parthénopéenne. Quand la cour, chassée par la révolution, se réfugia en Sicile, lady Hamilton fomenta tous les complots et eut la main dans toutes les intrigues par lesquelles les Bourbons déchus préparaient leur restauration ; elle dressait, sous les orangers de Castellamare, les listes de proscription, et couvait cette œuvre de réaction monstrueuse qui devait noyer la révolution dans le sang des patriotes.

Mais pour l'accomplissement de ces projets, il fallait l'appui du commandant de l'escadre anglaise dans les eaux de Naples ; ce commandant était Horace Nelson, alors simple capitaine de vaisseau. Lady Hamilton le prit pour amant. En retour de faveurs longuement et ardemment désirées,

Nelson laissa consommer une infamie. Championnet ayant dû quitter Naples, une convention avait été conclue, par laquelle les patriotes compromis en embrassant la cause de la république auraient la vie sauve. Nelson, supplié par sa maîtresse, laissa violer la capitulation, qu'il avait lui-même signée. Bien plus, il fit pendre à l'une des vergues de la frégate napolitaine la *Minerve* l'amiral Carracciolo, et c'est du pont de son propre navire, le *Foudroyant*, que Caroline et lady Hamilton suivirent curieusement, à l'aide d'une longue-vue, tous les détails de l'horrible exécution !...

Lady Hamilton rentra à Naples avec la cour, et reprit sa vie de débauches au milieu des massacres par lesquels la restauration bourbonienne crut s'affermir. On prétend même que, séduite par la taille colossale d'un des chefs de l'« armée de la foi, » elle se livra à lui. En même temps, elle livrait à la populace, sous couleur politique, ses ennemis personnels, et se plaisait à assister aux exécutions, dans ses costumes indécents et couverte de bijoux, comme à une représentation d'opéra.

Lord Hamilton ayant été rappelé en Angleterre, en 1800, elle le suivant, continuant à couvrir d'opprobre le nom de ce mari débonnaire, Nelson résigna son commandement pour l'accompagner ; il avait eu d'elle une fille, dont elle accoucha secrètement, et à laquelle il voulut que son nom fût donné.

Après avoir excité un moment la curiosité, l'odieuse courtisane, qu'il promenait partout comme sa maîtresse, se vit bientôt repoussée de tous avec mépris. Lord Hamilton mourut en 1803 ; Nelson, tué à Trafalgar, ne laissa à sa maîtresse qu'une pension modique.

Vieille et méprisée de tous, elle quitta l'Angleterre et vint s'établir dans une petite ferme des environs de Calais, où elle mourut en janvier 1815.

On se rappelle que les maisons de prostitution furent supprimées en Angleterre sous Henri VIII, mais on a vu, qu'en réalité, elles demeurèrent plus ouvertes que jamais, seulement après une légère modification dans le texte des enseignes.

Leur état florissant sous les premiers Stuart ne laisse pas de doute sur leur prompt rétablissement, soit par ordonnance royale, soit à la faveur des troubles publics, peu de temps après leur suppression ; mais nous n'avons aucun document officiel qui nous permette de fixer la date précise de cet événement important.

En tout cas, les maisons de débauche publiques abondaient sous Charles II, qui en savait quelque chose, mais n'en prenait nul ombrage ; on dit même qu'il en usait à l'occasion, peut-être dans des accès de sollicitude pour le bien-être de ses sujets, — comme un colonel philanthrope goûte la soupe préparée pour ses soldats, dans le laboratoire de la caserne. Dès cette époque, au lieu de les persécuter, on laissa une grande latitude aux *bawdy houses*, dont le nombre alla toujours en augmentant.

Depuis, les choses ont peu changé, quoique, degré à degré, les maisons de prostitution à Londres en soient venues à jouir d'une liberté que nous nous permettrons de trouver excessive, ne fût-ce qu'au point de vue des nécessités de l'hygiène publique. En outre, la misère jette ordinairement sur le pavé de Londres dix fois plus de prostituées qu'il n'y en a de parquées dans des maisons spéciales, appoint trop considérable !

En 1857, un rapport fait à la police métropolitaine de Londres indiquait un total de 2,817 maisons publiques, contenant 8,600 prostituées. « Mais ce nombre, déjà si fort, dit très justement M. Élisée Reclus, ne comprend probablement pas la dixième partie de ces malheureuses. Vers le commencement du siècle déjà, M. Colquhoun les évaluait à 80,000 ; depuis cette époque, ce nombre n'a pu qu'augmenter proportionnellement à la population et au paupérisme. Il est probable que le total des prostituées à Londres n'est guère inférieur au surplus de la population féminine sur la population mâle, c'est-à-dire à 120,000, surtout pendant les périodes de chômage.

« C'est à cette foule presque innombrable de femmes offrant aux passants les plaisirs de la débauche, et non pas à une prétendue moralité, que Londres doit sans doute d'offrir un total comparativement restreint d'enfants nés hors du mariage. On n'y compte qu'un seul enfant illégitime sur dix-sept, tandis qu'à Paris, la proportion est d'un sur trois.

« Dans la capitale de l'Angleterre, les innombrables tentations qui s'offrent de tous côtés, dans les rues et sur les places, protègent jusqu'à un certain point le foyer domestique.

« En outre, il n'y a guère à Londres, comme à Paris, de ces stations intermédiaires qui facilitent, pour ainsi dire, le chemin du vice ou le retour à la vertu ; pour la femme qui tombe, il n'y a aucune transition entre la pudeur et la prostitution la plus abjecte ; aussi, pour s'étourdir, presque toutes ces pauvres femmes sont-elles livrées à l'ivrognerie et se tuent-elles par le *gin*, le rhum et le cognac.

« Les 11,000 tavernes et *gin-palaces* de Londres n'ont pas de meilleures pratiques que ces malheureuses qui, à la fin, sont entièrement possédées par la passion des liqueurs fortes. La mort fait d'affreux ravages parmi elles, et leur vie ne dépasse pas, en moyenne, vingt-six ans. »

Le nombre des prostituées est à Londres (on s'en doute, au moins, à ces chiffres) incomparablement plus grand que dans toute autre capitale de l'Europe. La raison

Walgerz enlevant la princesse Héligonde. (Page 85.)

en est dans l'extrême misère et dans la presque impossibilité d'en sortir, pour une ouvrière qui n'a que ses dix doigts et la bonne volonté, grâce à des conditions économiques que nous ne saurions étudier ici comme il le faudrait.

« M. Vanderkiste, dit à ce propos Léon Faucher dans ses *Études sur l'Angleterre 1854*, raconte que dans une réunion singulière qui se tint à Shadwell, il y a quelques années, et où assistaient plus de mille femmes couvertes de haillons, on posa cette question :

« — Combien ont gagné 8 shillings (environ 10 fr.) la semaine dernière ?

« Pas une main ne se leva dans toute l'assemblée, pas plus qu'au chiffre 7.

« Cinq avaient gagné 6 sh. (7 fr. 50); vingt-huit, 5 sh.; treize, 4 sh. 1/2; cent quarante-deux, 3 sh.; cent cinquante, 2 sh. 1/2; soixante et onze, 2 sh.; quatre-vingt-deux, 1 sh. 1/2; quatre-vingt-dix-huit, 1 sh.; quatre-vingt-douze femmes avaient gagné moins d'un shilling (1 fr. 25) et deux cent trente-trois n'avaient pas travaillé de la semaine.

« Que l'on s'étonne, après cela, s'écrie l'économiste français, du nombre immense des prostituées qui parcourent les rues de Londres ! »

Certes, il n'y a pas lieu de s'étonner quand tant de malheureuses se trouvent condamnées à la prostitution forcée ou à la mort, sans autre alternative possible.

Nous l'avons dit, la liberté de la prostitution est entière à Londres, et sous le rapport de l'hygiène publique, cette liberté a des conséquences d'une gravité extrême, dont l'administration ne paraît s'inquiéter en aucune façon.

Cette insouciance de l'administration est cause, suivant M. Lagneau fils, que les vénériens forment un tiers, sinon la moitié, des malheureux qui languissent dans les hôpitaux de la grande métropole. Les femmes et les enfants entrent pour moitié dans le chiffre des vénériens. D'après les *Registrar general Reports*, il y avait eu à Londres quarante-cinq décès causés par les maladies vénériennes, en 1843; en 1857, il y en avait eu deux cent vingt-cinq. Dans l'armée britannique, il y avait, en 1848, sur un effectif de 62,000 hommes, *seize mille* vénériens, soit environ le quart. Enfin, fait aussi lamentable que caractéristique, en 1855, sur mille individus environ morts de la syphilis, en Angleterre, on comptait cinq cents enfants, c'est-à-dire la moitié.

Nous n'avons rien dit de l'Irlande spécialement. C'est que l'Irlande, annexée à l'Angleterre depuis 1172, n'eut dès lors plus de rois, partant plus de cour, et que les mœurs des particuliers ressemblaient tant aux mœurs de leurs voisins les Anglais, que les étudier à part serait une superfétation.

Henri II, sollicité par Dermod, roi détrôné de Lagénie, appuyé par deux bulles d'Adrien IV (Nicolas Breakspear), le seul pape d'origine anglaise, qui lui enjoignaient de réformer les mœurs de l'Irlande et d'y soutenir la religion chrétienne, eut assez facilement raison des Irlandais, qui toutefois défendirent courageusement leur indépendance, sous la conduite de Roderick O'Connor. On sait quelles luttes ils soutinrent depuis contre la domination anglaise, dont ils ne supporteront jamais patiemment le joug ; mais ce côté de leur histoire nous échappe dans un ouvrage du genre de celui-ci.

Rappelons seulement que ce Dermod, le véritable promoteur de l'invasion étrangère et de l'asservissement de son pays, avait été détrôné pour avoir enlevé à Roinzke, roi de Besny, sa femme, Derfoguill, fille du roi de Midie.

Comme on voit, l'Irlande ne manquait pas de rois dans ce temps-là, ce qui explique comment il est presque impossible aujourd'hui de mettre la main sur un Irlandais qui ne se prétende « descendant des anciens rois. » Il faut reconnaître qu'il y en a de descendus bien bas.

TROISIÈME PARTIE

LA PROSTITUTION ET LA DÉBAUCHE CHEZ LES PEUPLES MODERNES DE L'AFRIQUE, DE L'ASIE, DE L'AMÉRIQUE ET DE L'OCÉANIE

I

Afrique.

SOMMAIRE. — La prostitution en Algérie, avant la conquête. — Le *Mezouar*. — Impôt perçu sur les filles publiques suivant le degré de beauté. — La pédérastie privée. — Les maisons de débauche en Algérie. — Liqueurs alcooliques et aphrodisiaques. — Le juif au ban de la prostitution. — Femmes nomades en tournée. — La prostitution au désert. — Le mamelon des poux. — Sous les palmiers de Bou-Saada. — Rentrée dans le giron de la famille de la prostituée arabe. — L'*Arod-el-touba*. — L'impudeur arabe. — La brebis galeuse. — Les almées d'Égypte, comparaison des modernes avec les anciennes. — Récit d'un voyageur. — *Luxor* et *Karnak*. — La mise en scène. — Danses de caractère, la Danse de l'abeille. — Après le bal. — Les Nubiennes. — Les courtisanes de Berber. — Le roi de Naga. — Hospitalité soudanienne. — Les bronzes vivants — Hélas! elle a fui comme une ombre... - Libéralité excessive d'un chef Shekiani. — Location et trafic des femmes chez les Mboudémos. — La fausse adultère. — La morale dans le royaume d'Ounyoro. — Kamrasi et lady Baker. — Proposition d'échange mal accueillie. — Grandeur d'âme du roi Kamrasi — Les almées abyssiniennes. — Mœurs des Kabbabichs. —Mœurs des Mandingues. — Le *Mambo-Jumbo*.

En Algérie, avant la conquête, il existait une prostitution légale très étendue, placée sous la juridiction du *mézouar*, qui était en même temps directeur général de la police et exécuteur des hautes œuvres. Les maisons publiques n'existaient pas alors, et les prostituées mauresques, arabes ou négresses vivaient isolées; elles étaient, au moment de la conquête, environ trois mille, parmi lesquelles, comme aujourd'hui, les mauresques étaient en grande majorité.

Le *mézouar* tenait une liste exacte des prostituées, et percevait par tête un impôt mensuel singulièrement réparti, soit : deux douros d'Espagne (11 francs) pour les plus jolies et trois boudjous, c'est-à-dire à peu près la moitié pour les autres. Dans la grande Kabylie, la fille publique payait, au jour de l'an, une redevance fixe de cinq douros. L'administration française fit payer d'abord 5 francs par mois, puis 10 francs, et en outre un droit de 3 francs pour aller à une fête en ville, et de 10 francs pour une fête hors ville. Peu à peu, du reste, le système de réglementation imposé aux prostituées de France fut appliqué à celles de l'Algérie.

Le nombre de prostituées entretenues dans le pays devenu depuis colonie française, n'empêchait pas qu'un autre genre de prostitution fleurît en même temps et concurremment. Nous voulons parler de la pédérastie, toujours en faveur en Afrique et en Asie.

Un historien espagnol qui publia en 1612 une *Topographie et histoire générale d'Alger*, constatait l'état prospère de cette prostitution contre nature, et s'exprimait comme il suit à ce sujet: « Ce qui favorise ce genre de prostitution, c'est que les femmes vont librement dans les rues, le visage couvert d'un voile et que les maris font peu de cas d'elles, leur préférant les garçons. La sodomie est tenue en honneur, et celui-là est le plus considéré qui entretient le plus grand nombre de garçons. Ces garçons sont plus soigneusement gardés que leurs femmes et que leurs filles. »

On fait une grande consommation de liqueurs alcooliques et d'aphrodisiaques, dans les maisons de débauche de l'Algérie, aussi sont-elles ordinairement le théâtre d'orgies sans nom et quelquefois de rixes sanglantes. Tout le monde y est reçu, mais les Arabes se réservent certaines maisons qu'il ne ferait pas bon leur disputer. Certaines prostituées se refusent en outre à avoir commerce avec un juif avéré, mais comme il ne manque pas de filles de sa nation qui font le métier, le juif en question n'est jamais longtemps dans l'embarras. La Mauresque ne saurait avoir de préférences pour l'Arabe, son ennemi naturel, comme le conquérant est l'ennemi du conquis, mais elle ne refuse personne. Aujourd'hui d'ailleurs que toutes les nations du globe fournissent leur contingent à la prostitution algérienne, ces questions ont énormément perdu de leur intérêt.

Chez les nomades du désert, au témoignage de M. Berbrugger, lorsqu'un chef de famille se trouve à court d'argent, il n'hésite pas à envoyer sa femme faire une campagne de prostitution dans les villes du Sahara pour se remplumer.

Le général Daumas nous apprend, en outre, que les filles des Ouled-Naïl et des A'zarlia vont se prostituer autour des grandes villes du Sahara. Elles arrivent ordinairement à Tougourt pendant l'hiver et campent sur un mamelon qui porte le nom significatif de *Dra-el-Guemel* (le Mamelon des poux), où elles reçoivent les visiteurs. Elles sont, à ce qu'il paraît, fort belles et fort sales, et suivant la coutume du désert vont le visage découvert, au lieu que les prostituées musulmanes d'Alger cachent le leur.

Un voyageur fait la description pittoresque que voici de la prostitution sur un des points les plus fréquentés du désert, laquelle nous rappelle un refrain bien connu dans la colonie :

> Tu fumeras ta cigarette
> Sous les palmiers de Bou-Saada.

« Située en arrière de la ligne du Tell, en avant du désert, dans des conditions commerciales excellentes, qui en font un marché d'échange des plus fréquentés, la petite ville de Bou-Saada peut être considérée comme le grand lupanar du pays.

« Quelques détails sur la manière dont la débauche s'y exerce initieront parfaitement le lecteur à la vie galante des gitanas de la prostitution saharienne.

« Qu'on se figure une cour entourée de seize à dix-huit cabanons, destinés à loger chacun deux femmes, la plupart très jeunes (il en est qui ne comptent pas douze ans), jolies et bien tournées sous le costume, j'allais dire le déguisement grotesque dont elles s'affublent.

« Vers huit heures du matin, le *Chaous* préposé à la garde de ses houris terrestres donne la clef des champs à ses pensionnaires.

« Elles se répandent bientôt dans les cafés maures qui se dressent autour du harem ; là, au son d'une musique dont un tambour de basque fait à peu près tous les frais, elles s'évertuent, par toutes sortes de danses plus ou moins lascives, entremêlées de chansons, à éveiller les désirs des fumeurs ou des oisifs que leur présence attire.

« Rien de plus étrange que la parure de ces femmes ! A voir ces visages chargés de toutes les couleurs, les joues couvertes de carmin, le front jauni d'ocre, les lèvres rutilantes de vermillon, les yeux cernés de *kohout*, les sourcils noyés dans une brune et épaisse couche de *henné*, le tout émaillé de mouches faites de pommade noire à la rose, on croirait assister à une exhibition de momies ou de reliques.

« Ajoutez à ces affreux pastels l'encadrement d'une chevelure tressée en lourdes nattes mélangées de laine, pour vêtement, le *haïk*, sorte de chemise longue recouverte d'un châle rayé jeté négligemment sur l'épaule et fixé par des plaques de métal enjolivées de chaînettes de coraux, d'amulettes; enfin, suspendu à la ceinture, un petit miroir de pacotille, vous aurez le *nec plus ultra* de toutes les ressources de la coquetterie des bayadères de la débauche du *haîdua*.

« Le croirait-on ? Après deux ou trois ans d'exercice d'un pareil métier, ces filles, enrichies d'un petit pécule, regagnent la tribu natale, où elles sont fort recherchées en mariage. Réintégrées dans la vie de famille, nul souvenir du passé ne les poursuit dans leur considération; presque toutes, affirme-t-on, sont réputées pour leur bonne tenue comme mères et comme épouses. »

La fille publique d'Alger peut également aspirer au mariage en quittant son métier infâme suivant la morale de l'Europe. Voici quelles formalités lui sont imposées en pareil cas :

La prostituée qui veut renoncer au métier pour rentrer dans la vie de famille fait sa déclaration au cadi. A la suite de cette déclaration, elle est soumise à une réclusion qui dure trois mois et dix jours, sous la surveillance des voisins. Après cela, elle se présente de nouveau devant le cadi, qui dresse une sorte d'acte de pardon appelé *akod el touba*. L'éponge est dès lors passée sur les antécédents de la solliciteuse, qui fait souvent, grâce sans doute aux économies qu'elle a su réaliser, un fort brillant mariage.

Mon Dieu ! il ne faudrait pas tant se récrier, la prostituée européenne rentre, après tout, aussi aisément, et même plus aisément dans la vie de famille que la prostituée arabe. En effet, elle n'a point de cadi devant qui il lui faille se présenter, et elle n'a à solliciter que de son fiancé — un monsieur pas dégoûté — l'*akod el touba*. Quant aux voisins, ils diront ce qu'ils voudront.

En thèse générale, la pudeur est peu appréciée chez les Arabes, et la femme arabe, pour peu qu'elle soit assurée de n'être pas vue, s'abandonnera volontiers au premier venu qui le lui demandera; si par hasard elle était vue du mari, dame ! gare le *matrak*, et il y en a par-ci, par-là, qui sont fort capables de taper jusqu'à ce que mort s'ensuive, à moins que la femme ne soit une travailleuse de premier ordre dont la mort serait une perte irréparable.

La tente de l'Arabe offre le tableau peu ragoûtant de la plus complète promiscuité : toute la famille couche pêle-mêle, le maître, ses femmes et ses enfants : il suit de là que l'inceste y fleurit en toute liberté. On y voit d'ailleurs des enfants des deux sexes, ayant à peine six à sept ans, se livrer, sous les yeux des parents, qui s'en amusent, aux actes de la plus révoltante obscénité. La femme arabe a le visage soigneusement couvert, mais la fillette, jusqu'à l'âge de douze ans, et quelquefois davantage, vaque dans un état de nudité complète.

Si la femme arabe n'a pas plus de pudeur, ou du moins si le sentiment de fidélité à son mari n'est pas plus développé chez elle que nous venons de le dire, c'est que celui-ci ne l'a pas prise pour ses beaux yeux, la seule chose qu'il ait vue de son visage jusqu'au moment de la consommation du mariage, mais bien pour avoir une esclave laborieuse, une bête de somme dont il puisse au besoin s'en servir pour autre chose. Pénétrée de l'humilité de sa position, la femme arabe ne fait donc rien pour en sortir et, à moins qu'elle ne soit étroitement enfermée, ne fait pas plus de difficulté pour satisfaire le caprice d'un voisin entreprenant.

Par conséquent, le voisin entreprenant qui maraude de la sorte n'est pas plus fidèle à ses quatre femmes que celles-ci ne le sont à lui-même, et c'est une débauche générale dont les suites sont quelquefois terribles, car il suffit d'une brebis galeuse, comme dit le proverbe, pour infecter tout un troupeau. Hélas! oui, l'Arabe entreprenant a quelquefois gagné de la voisine le mal de Naples, le mal français, le mal africain, comme on dit là-bas ; il l'apporte précieusement à sa femme qui le communique à un autre voisin, qui le communique..., et ainsi de suite, jusqu'à infection générale de toute la tribu ; et le cas est plus fréquent qu'on ne croit.

L'Égypte a conservé ses *almées*, mais elles sont reléguées aujourd'hui dans la haute Égypte, par prudence pour les mœurs de la capitale qu'on les accusait de pervertir, et elles sont loin d'avoir le talent, et par suite la considération dont elles jouissaient autrefois.

Jadis les almées formaient une société savante (du mot arabe *almet*, savant) d'une influence considérable. Elles étaient danseuses, comme aujourd'hui, et improvisatrices de couplets de circonstance ; elles savaient en outre toutes les chansons, nouvelles et vieilles, et les plus jolis contes éclos sous le soleil de leur pays. Point de grandes fêtes, point de festins, point d'orgies un peu soignées dont elle ne fissent partie.

Après avoir chanté pendant le repas, elles formaient des danses improvisées, de véritables ballets-pantomimes représentant les actions de la vie ordinaire et aussi les transports érotiques.

Appelées dans les harems, elles apprenaient aux femmes les airs nouveaux, leur déclamaient des poèmes ou leur disaient des contes, et les instruisaient dans l'art de composer les danses les plus lascives.

Poétesses et comédiennes à la fois, et d'un grand art souvent, elles figuraient aux noces et aux funérailles, précédant, dans le premier cas, la jeune épousée en jouant d'instruments divers, et dans le second, chantant des airs funèbres, poussant d'harmonieux gémissements et mimant dans la perfection tous les gestes du désespoir le plus intense et le plus vrai.

C'étaient les joueuses de flûte de l'antiquité ayant apporté dans leur art la variété et la perfection exigées par les progrès de la civilisation.

Pour savoir ce qu'elles sont aujourd'hui, nous empruntons à la relation du *Voyage au Soudan oriental* de P. Trémaux, la description d'un spectacle donné par ces danseuses courtisanes à des étrangers dont il faisait partie, à Esneh, sur la rive gauche du Nil.

« Nous étions dix Européens, dit notre voyageur, et nous fîmes réunir tout ce qu'il y avait de plus en renom pour nous donner une représentation aussi complète que possible de ce curieux détail de la vie orientale. Nous avions, parmi ces danseuses, les deux plus célèbres, que leurs longs services ont fait surnommer par dérision *Luxor* et *Karnak*.

« Rien ne fut négligé pour les préparatifs de la soirée.

« Arrivés au lieu de la réunion, nous prîmes place sur des coussins autour d'une grande salle ; l'orchestre était déjà installé dans un angle de la pièce : il se composait d'un tambour, d'une sorte de violon grossier à deux cordes et de quelque chose qui ressemblait à une guitare montée sur une calebasse. Les musiciens mêlaient en outre leurs voix nasillardes au son des instruments.

« Nous fûmes d'abord gratifiés d'une ouverture qui nous fit désirer l'entrée des almées ou tout autre intermède.

« Celles-ci parurent bientôt, toutes resplendissantes dans leurs brillants costumes chamarrés des couleurs les plus vives.

« Luxor et son amie Karnak, en leur qualité de danseuses les plus en renom, promenaient autour d'elles un regard qui semblait dire : « — Nous voici. Admirez-nous ! » Leurs yeux vifs, bordés de *kohenl*, se dessinaient fortement sur leur peau mate plutôt que blanche ; un diadème de pièces d'or ceignait leurs fronts, et de nombreuses pièces du même métal scintillaient dans leurs cheveux et retombaient sur leurs épaules ; un pantalon flottant, orné de paillettes brillantes, venait se réunir sous la ceinture à une veste ouverte sur la poitrine et brodée d'or sur un fond de damas vert ; une large ceinture de cachemire enveloppait négligemment la taille et mêlait ensuite ses amples franges aux plis des pantalons. Un flot de gaze s'agitait autour d'elles et atténuait un peu ce que leur costume avait de trop vif.

« En voyant entrer les héroïnes de la fête, l'orchestre reprit ses accents langoureux qui finirent par s'animer progressivement.

« Les danseuses, avant de se profaner par un entretien vulgaire avec leur auditoire, débutèrent par quelques pas lents et mesurés, en tournant autour de la salle et en donnant à leurs bras des mouvements et des contours gracieux. Quelquefois la musique devenait plus douce et laissait ressortir le cliquetis des castagnettes et le bruissement des pièces d'or semées dans la chevelure des almées ; celles-ci, les pieds nus et les jambes ornées de larges anneaux, glissaient ou frappaient du pied alternativement sur le tapis. Peu à peu, leur danse devint plus vive, les figures s'animèrent, les deux danseuses s'approchaient l'une de l'autre, se retiraient, se croisaient et revenaient sur elles-mêmes, comme pour se provoquer à des combats amoureux. Elles se complaisaient dans les poses les plus lascives.

« Sans discontinuer la danse, une première pièce de leur vêtement fut enlevée et jetée sur le tapis, après qu'elles lui eurent fait faire plusieurs circonvolutions autour d'elles. C'était la danse dite de *l'Abeille*, et la danseuse semblait chercher cet insecte sur son vêtement.

« Une seconde pièce du costume suivit la première, et laissa voir jusqu'à la ceinture, sous une simple gaze, le buste des actrices.

« Souples comme le roseau, elles tournoyaient et venaient prendre, en face l'une de l'autre, des poses voluptueuses ; puis, sans discontinuer ces mouvements, qui devinrent de plus en plus lascifs, les dernières pièces du vêtement suivirent les premières. Alors, ne gardant que leur longue écharpe de gaze, qui continua seule de voltiger autour des danseuses, on eût dit des Bacchantes antiques célébrant leurs saturnales. Il est impossible d'imaginer une pantomime plus animée, des attitudes plus entraînantes que celles que prenaient ces femmes.

« Après un certain temps de cet exercice, elles reprirent peu à peu leurs vêtements, sans interrompre leur danse qui ne cessa que lorsqu'elles eurent revêtu entièrement leur costume.

« Lorsque ces bacchantes modernes furent descendues de leur autel, c'est-à-dire quand leur représentation fut terminée, elles vinrent familièrement s'asseoir à nos côtés pour fumer le chibouk, prendre le café, puis les liqueurs qu'elles dégustèrent parfaitement, malgré la défense de la loi musulmane.

« Les mêmes femmes, qui fussent restées dans notre mémoire comme un souvenir des bacchantes d'autrefois, si elles se fussent retirées, ou tout au moins si elles eussent gardé quelque réserve après leur représentation, tombèrent complètement du haut de leur piédestal lorsqu'elles nous eurent montré impudiquement le côté dégradé et avili de leur position. Cependant, à part un décolleté par trop grand, qui au lieu d'ajouter de l'attrait était une grande partie du charme qu'eût laissé à cette danse un grain de décence, à part la position par trop dégradée des artistes, cette scène avait quelque chose de bien senti dans son genre... »

Il n'y a, au bout du compte, que peu de différence, si ce n'est sous le rapport de la peinture, entre les almées d'Esneh qui ont si fort effarouché l'honnête Trémaux, si du moins on veut bien l'en croire, et celles de Bou-Saada; il y en a moins, à coup sûr, qu'entre elles et les almées d'autrefois, quoique la *danse de l'Abeille* nous paraisse encore une bonne sorte de ballet-pantomime, « quelque chose de bien senti dans son genre, » pour nous servir des termes un peu vagues employés par le voyageur.

L'objet du voyage de P. Trémaux, c'était l'architecture; mais il avait perdu de vue cet objet depuis assez longtemps, et avait pris, peu à peu, un goût très prononcé pour les études de mœurs. En Nubie, par exemple, il envoie des baisers à toutes les femmes qu'il rencontre. Les unes lui rendent sa politesse de fort bonne grâce, les autres paraissent ne le comprendre qu'imparfaitement, d'autres enfin lui demandent, par gestes, des explications.

« Une autre fois, dit-il, en traversant un village dont les maisons carrées étaient disséminées dans des bouquets de palmiers, je vis, par-dessus une clôture, une femme dans un désordre de toilette tel, qu'il laissait fort peu à désirer à l'œil le plus indiscret. Elle avait de grands yeux fortement dessinés et une figure certainement jolie pour pays. Elle était assise devant sa maison sous une espèce de portique formé par des troncs de palmier soutenant une couverture de chaume. Un homme, son mari sans doute, se trouvait à quelques pas, séparé d'elle par une natte formant rideau.

« C'était grâce à la hauteur de mon chameau que, dominant la clôture, mon regard avait pu découvrir la belle Nubienne.

« Aussitôt qu'elle m'aperçut, elle releva subitement devant elle son *ferdah*, morceau de toile bise roulé autour de son corps. Comme je ne pouvais être vu que par elle, je mis en essai le langage des signes; bientôt la jeune femme me répondit de manière à me convaincre que le langage mimique lui était beaucoup plus familier qu'à moi. Elle avait interprété mon signe de simple curiosité dans un sens beaucoup plus étendu que je ne m'y attendais.

« En même temps elle m'indiqua la porte pour entrer; et, avant que j'eusse eu le temps de réfléchir à la singularité de cette proposition, elle s'adressa à son mari. Aussitôt celui-ci s'empressa de venir à moi en joignant ses instances à celles de sa moitié... »

Mais notre voyageur, que l'étrangeté de l'aventure et surtout sa vivacité, si l'on peut dire, troublait fort, salua poliment à l'européenne et tira au large. — Il n'était pas au bout de ses étonnements, mais comme c'est en général pour être étonné que l'on voyage, nous avons lieu de croire qu'il n'en fut pas fâché.

« Plus loin, poursuit-il, en traversant la ville de Berber, pour gagner le lieu de notre campement, sur la rive du Nil, nous fûmes abordés par des courtisanes, la plupart Égyptiennes, qui, très ostensiblement et sans s'inquiéter des nombreux témoins, vinrent nous faire leurs offres de service.

Catherine II, la Sémiramis du Nord. (Page 85.)

« Au reste, les indigènes paraissaient y prêter peu d'attention.

« L'insuccès des courtisanes, ce jour-là, ne les rebuta pas, et nous les retrouvâmes, le lendemain matin, dans leurs plus beaux atours, à la porte même de nos tentes. Elles n'étaient nullement intimidées par la présence de nos gens, des chameliers, des soldats et des autorités de la ville qui étaient venus pour nous faire visite. On dit sévèrement à ces femmes de se retirer, elles ne bougèrent pas; on les menaça du bâton, mais la menace ne produisit quelque effet sur elles que lorsqu'elles virent prendre en main l'instrument de correction... »

Ces malheureuses n'avaient pas ordinairement affaire à des voyageurs si barbares, selon toute apparence. Cependant Trémaux n'était pas insensible aux charmes des beautés africaines qu'il rencontrait; s'il ne l'a pas encore avoué ouvertement, il va le faire tout à l'heure. L'aventure mérite d'être racontée entièrement, et pour cela, le mieux est de passer une fois encore la parole à notre voyageur.

« Arrivé à Naga, dit-il, le chef de ce village mit à ma disposition une chambre dont l'unique meuble était un lit de sangle. Cette chambre était percée de deux portes: l'une donnait sur une grande cour où reposaient les animaux, l'autre communiquait à une petite cour de derrière, mais ni l'une ni l'autre de ces ouvertures n'était close.

« Le soir, en prenant le frais sur un banc de terre placé à la porte de ma chambre, le chef admira mes effets et particulièrement un burnous blanc et fin de la régence de Tunis qui paraissait lui faire fort envie. Son insistance à revenir sur ce sujet me parut singulière; elle me fut expliquée le lendemain par mon guide; mais n'anticipons pas sur notre récit.

« Moi aussi, j'avais trouvé un sujet d'admiration dans la demeure de ce chef: c'étaient de grandes belles filles au teint moitié bronze, moitié or, qui se promenaient presque nues, dans la cour, devant nous. Leur seul vêtement était une ceinture à franges posée sur les hanches et un collier qui se balançait sur leur poitrine. Ces jeunes filles réalisaient à mes yeux l'idéal des bronzes antiques.

« Je quittai avec regret le banc de terre de la cour pour gagner mon gîte. J'aurais voulu voir encore ces belles jeunes filles se promener dans la cour, à la douce lueur de la lune qui commençait à nous éclairer. Ce fut donc pour ne pas paraître indiscret que j'allai m'étendre sur mon lit en prenant congé de mon hôte.

« De son côté, il porta encore la main sur le pan de mon burnous qu'il ne pouvait se lasser d'admirer.

« Une lampe, faite avec une mèche roulée dans un morceau de graisse et posée sur un débris de terre cuite, éclairait faiblement la pièce où je reposais.

« Pour essayer de dormir, je me retournai contre le mur: vains efforts, le sommeil ne venait pas. J'entendis faiblement des pas, provenant de pieds nus marchant près de moi. Je me retournai, et je vis une femme rôder dans ma chambre, ce qui me surprit assez; puis elle pénétra dans la cour, revint encore à plusieurs reprises, s'approcha vers la tête de mon lit et arrangea la lampe qui était à mon chevet.

« Je ne saurais expliquer le trouble et l'admiration qui remplissaient mon âme, en voyant auprès de moi ce bronze vivant. Sachant combien les Orientaux sont jaloux de leurs femmes, je ne comprenais rien à ces démarches; enfin, pendant que je réfléchissais à la singularité de cette situation, l'apparition enchanteresse disparut.

« Ma lampe s'éteignit, je m'assoupis un instant; mon imagination, vivement surexcitée, peupla mon sommeil des plus ravissants fantômes. Une fois, je crus avoir senti quelque chose me toucher; j'entr'ouvris les yeux, et je vis — ce n'était pas un rêve — se dessiner sur le demi-jour de la porte l'élégante silhouette de l'une de mes hôtesses; elle semblait retenir sa respiration, et se penchait en avant comme pour m'observer.

« Je restai un moment en extase. Enfin les tresses de ses cheveux s'agitèrent légèrement; elle avança de mon côté; j'entr'ouvris les bras, mais je n'embrassai que le vide. Elle avait glissé comme une ombre et s'était enfuie dans la cour.

« Devais-je attendre son retour? Devais-je la suivre? Ne serait-ce pas enfreindre les lois de l'hospitalité si sacrées dans ce pays? — Je me relevai, bien décidé à ne plus me recoucher. Je sortis dans la grande cour où reposaient mes hommes étendus sur la terre nue.

« — En route! criai-je en les éveillant. Ils se dressèrent un peu étourdis, et bientôt après nous partîmes: il était minuit.

« Après quelques heures de marche silencieuse, m'étant trouvé près du guide, il me fit compliment de l'honorable réception que m'avait faite le chef du village d'où nous sortions. Je le regardai, ou plutôt j'attendis, un peu surpris, une explication qui ne se fit pas attendre.

« — Oui, me dit-il, vous avez été honoré de la plus belle de ses femmes, et c'est rarement que l'on offre ce que l'on a de mieux; mais il tenait vivement à ce que vous lui fissiez cadeau de votre beau manteau qu'il avait tant admiré; aussi, voyant que la première femme qu'il vous avait envoyée ne vous convenait pas, il s'est décidé à vous envoyer ce qu'il avait de mieux. Croyez-vous que cela se fait pour tout le monde? Non, on offre ordinairement celles auxquelles on est le moins attaché.

« Qu'on juge de mon étonnement en entendant ce récit! En effet, mon hôte m'avait vu admirer ses femmes, ce qui était assez naturel de ma part, n'étant pas habitué à voir d'aussi belles personnes, et dans un pareil déshabillé. Il avait donc cru faire un marché tacite en admirant de son côté mon burnous de fine laine, et en me faisant ensuite une politesse qui, selon ce que j'appris, est tout simplement un usage de ces pays, une des conditions de l'hospitalité bien entendue.

« Les éclaircissements que l'on venait de me donner furent pour moi un trait de lumière à l'égard de la scène bizarre qui m'avait tant intrigué quelques jours auparavant, alors qu'après une conversation mimique avec une gracieuse Nubienne en grand négligé de toilette, son mari ou son maître était venu m'engager à accepter l'hospitalité.

« Telles sont les mœurs d'hommes qui traitent la femme comme une marchandise, une esclave; qui en prennent plusieurs, selon leurs moyens, et qui, après en être rassasiés, les vendent, les livrent ou les répudient sans scrupule.

« Il me restait encore un point douteux: quelle était la position des femmes qui remplissaient cette partie de l'hospitalité nubienne? — Pour m'en assurer, je demandai s'il n'y avait pas de femmes chargées spécialement de faire cette politesse. On me répondit négativement: les femmes ne voient là que l'accomplissement d'un devoir.

« Cela paraît être ainsi, en effet, chez ces pasteurs où le luxe ne va pas jusqu'à posséder plusieurs femmes. Pourtant j'appris plus tard que, là où règne la polygamie et l'aisance, la chose se passe autrement. C'est ordinairement une femme dont le rôle de favorite est fini, et que néanmoins le maître ne veut pas réduire à un état trop pénible, qu'il destine à cet usage. »

Si nous nous aventurions dans l'intérieur du continent africain, à la suite des Livingston, des Du Chaillu, des Cameron, des Stanley, des Sarvorgnan, de Brazza, des Serpa Pinto et autres voyageurs intrépides, nous pourrions nous assurer que des mœurs à peu près semblables existent chez les peuplades les plus diverses qu'on y rencontre, principalement en ce qui concerne les lois de l'hospitalité, mais souvent avec des modifications de forme assez inattendues.

Le voyageur américain Du Chaillu raconte qu'étant allé rendre visite à un chef shekiani, appelé Njambai, à sa résidence de Ngola, celui-ci, dans un élan de générosité, lui déclara qu'il mettait à sa disposition toutes les femmes de son village. « Je déclinai cette offre, confesse Du Chaillu, en disant que les hommes blancs trouvaient qu'il était mal de traiter ainsi les femmes ; que dans mon pays, chaque homme n'en avait qu'une seule, et qu'il n'était pas permis deux ou un plus grand nombre.

« Ce fut pour eux le dernier coup. Ils poussèrent un cri général de surprise, et même les femmes dirent que c'était là une loi bizarre et qui ne valait rien. »

C'est bien le cas de s'écrier : Vérité en deçà, erreur au delà.

Chez les Mboudémos, que le même voyageur a visités, la femme est absolument considérée comme une chose de trafic. D'abord, l'homme achète sa femme moyennant une somme convenue ou un certain nombre d'esclaves ; mais aussi, et en conséquence de cette manière d'agir, les Mboudémos n'éprouvent aucun scrupule à trafiquer de la vertu des femmes, même dans leur propre famille, et celles-ci n'y font aucune difficulté.

Il arrive aussi que, chez ces honnêtes sauvages, la femme et le mari se concertent pour dépouiller un tiers innocent, exactement comme cela se pratique dans les sociétés raffinées où la civilisation a presque dit son dernier mot.

Il faut d'abord dire que, si le mari peut trafiquer de sa femme, celle-ci n'a aucun droit de trafiquer elle-même de ses charmes, encore moins de les livrer pour rien, et que l'adultère est puni — ou plutôt vaut des dommages-intérêts au mari offensé. Dans le cas qui nous occupe, la femme fait semblant d'avoir des intrigues avec quelque individu en bonne situation de fortune, et s'arrange de manière à ce que son mari découvre le prétendu pot aux roses. Cette ruse innocente vaut au mari une forte indemnité dont il fait profiter, j'espère, son astucieuse compagne.

N'est-ce pas ainsi que cela se passe quelques fois en pays civilisé, comme qui dirait à Paris ?

Non seulement les Africains mettent volontiers leurs femmes à la disposition de l'étranger, gratuitement ou non, mais il est certain qu'ils feraient avec eux des échanges si l'occasion se présentait, ainsi que sir Samuel White Baker, qui voyageait en Afrique, comme on sait, avec sa jeune et courageuse femme, en fit la désagréable expérience à la cour du roi de l'Ounyoro, Kamrasi.

Affaiblis par la maladie tous deux, sir Samuel et lady Baker, avaient le plus grand intérêt à poursuivre rapidement leur voyage, afin de n'être pas contraints de rester en Afrique une année de plus, c'est-à-dire toujours, car ils seraient sûrement morts pendant cette prolongation de séjour.

« Je priai donc Kamrasi de nous congédier, dit le voyageur, car nous n'avions pas une heure à perdre. Avec un incroyable sang-froid, il me répondit : « — Je vous ferai conduire au lac, comme je vous l'ai promis, mais il faut que vous laissiez votre femme avec moi. »

« En ce moment, nous nous trouvions entourés par un grand nombre de nègres, et cette insolente requête confirma les soupçons de trahison que m'avait fait concevoir la conduite de Kamrasi. Si mon expédition devait se terminer en ce lieu, ce moment devait être aussi le dernier de la vie de Kamrasi. Tirant tranquillement mon revolver, je le dirigeai à moins de deux pieds de sa poitrine, et, le regardant de l'air du plus profond mépris, je lui dis que, si je touchais à la détente, tous ses hommes réunis ne pourraient le sauver, et que s'il avait l'impudence de renouveler son insultante proposition, je le tuerai net. J'ajoutai que dans mon pays une injure comme celle-là ne se lavait que dans le sang ; mais que je le regardais comme un bœuf stupide, et que son ignorance seule le sauvait de la mort.

« Ma femme, saisie d'indignation, s'était élancée de son siège, et, emportée par l'impression du moment, elle lui adressa un petit discours en arabe (langue dont il ne comprenait pas un seul mot), mais qu'interprétaient clairement le ton et les traits de l'orateur.

« Cette mise en scène le frappa d'autant de stupéfaction que s'il eût vu apparaître la tête de Méduse. Notre négresse, Bachita, quoique sauvage, avait pris pour elle l'insulte adressée à sa maîtresse, et elle ouvrit sur Kamrasi un feu roulant de gros mots traduisant aussi fidèlement que possible l'apostrophe mordante de la jeune Gorgone.

« Je ne saurais dire si ce coup de théâtre avait convaincu Kamrasi de l'indépendance des dames anglaises, au point de le dégoûter du marché qu'il me proposait, mais il me dit de l'air du plus profond étonnement :

« — Ne vous fâchez pas. Je n'avais pas l'intention de vous offenser en vous demandant votre femme : je vous en donnerai une si cela peut vous obliger, et je croyais que, par réciprocité, vous n'auriez aucune objection à me céder la vôtre. J'ai l'habitude de donner de jolies femmes à ceux qui me font visite, et je croyais que nous pourrions faire un échange... Ne vous fâchez pas pour si peu : si cela ne vous plaît pas, qu'il n'en soit plus question. »

Évidemment, pour nous du moins, le roi Kamrasi était de bonne foi, en trouvant étrange qu'on se fâchât pour *si peu* qu'une proposition de loyal échange. Il est heureux après tout qu'il n'ait pas insisté, et sans doute lady Baker perdit dès le moment de cette aventure désagréable le goût des expéditions lointaines, au milieu de peuplades aux mœurs si singulières.

Mentionnons, pour réparer un oubli, que l'Abyssinie possède aussi une classe de courtisanes ayant beaucoup de rapports avec les bayadères et les almées, non d'aujourd'hui, mais des anciens temps. Très instruites, gracieuses et certainement belles, elles jouissent d'une assez grande considération et ont le privilège exclusif d'improviser et de composer pour les fêtes publiques et privées des chants et des poèmes divers.

Diverses autres peuplades de l'Afrique présentent aussi des particularités morales assez curieuses ; nous en relèverons quelques-unes encore, mais sans en abuser, parce qu'elles nous offriraient trop souvent des ressemblances assez grandes avec des particularités déjà connues.

Les Kabbabiehs, par exemple, tribu berbère habitant près des frontières du Kordofan, en Nubie, se font remarquer par des mœurs en général excessivement corrompues. Pour eux la femme n'est autre chose qu'une machine à faire des enfants. Ils l'assimilent au champ, qu'il faut cultiver pour récolter, et comme celui qui récolte ne s'inquiète pas du semeur, ils jugent absolument ridicule de s'informer avec qui leurs femmes accomplissent l'acte de génération, pourvu qu'elles l'accomplissent, et le plus souvent possible. — Il est vrai qu'ils font un grand commerce de leurs enfants, ce qui explique tout.

Comme les Nubiens, au milieu desquels ils vivent, ils poussent l'hospitalité jusqu'à mettre leur femme dans le lit de l'étranger qu'ils ont reçu sous leur toit, et il y aurait peut-être risque de la vie pour cet hôte trop fêté, s'il s'avisait de repousser le présent.

Il n'est pas rare de voir chez les Kabbabichs un jeune homme pauvre, ne pouvant par conséquent payer sa femme, comme c'est l'usage, s'associer à un particulier plus riche, mais moins amoureux que lui, pour cette acquisition : il entre alors en jouissance de la propriété ainsi acquise pour la plupart proportionnelle représentée par son apport à l'association, et tout le monde est satisfait, l'acquise, les acquéreurs et les vendeurs.

Les enfants qui naissent de cette singulière union sont, on le devine, distribués aux deux pères dans le même esprit de justice distributive.

Dernier trait des mœurs Kabbabiches. Il arrive à beaucoup d'entre nous de se séparer d'une femme infidèle, et à la plupart de ceux qui, la preuve de leur malheur sous le nez, n'en peuvent plus douter, de se consumer dans les tortures d'une jalousie féroce à un degré plus ou moins grand ; le Kabbabich, au contraire, répudie sans pitié la femme dont la fidélité lui est démontrée ; car, par cette conduite coupable, elle prouve le peu de cas qu'elle fait de la prospérité du ménage, en laissant son... champ trop longtemps en friche.

Le fait d'acheter les femmes à leur famille, soit par de l'argent, soit par des présents, est commun à peu près à toutes les peuplades africaines. Il en est ainsi par exemple, chez les Mandingues ; mais les Mandingues n'ont aucune disposition à faire cultiver leurs femmes par tous les passants.

Il paraît aussi que, malgré leur condition sociale peu relevée, les femmes mandingues ne laissent pas de donner quelquefois du tintouin à leurs graves époux. Alors ceux-ci ont recours à l'intervention du *mombo-jambo*, afin de faire rentrer ces dames dans le devoir, d'où elles n'auraient jamais dû sortir. Mais nous sentons bien que le spectacle réclame une descriptions détaillée, et nous l'empruntons à l'illustre et infortuné voyageur écossais Mungo-Park.

« Cet étrange épouvantail, dit-il, se trouve dans toutes les villes mandingues, et les nègres, païens ou kafirs, s'en servent pour tenir leurs femmes dans la sujétion.

« Comme la polygamie leur est permise, ils épousent ordinairement autant de femmes qu'ils en peuvent nourrir. Souvent ces femmes sont jalouses les unes des autres ; les discordes, les querelles se multiplient, et souvent l'autorité du mari ne suffit pas pour rétablir la paix dans son ménage. Alors il a recours au *mombo-jombo*, dont l'interposition est toujours décisive.

« Ce singulier magistrat, qu'on suppose être le mari lui-même, se déguise sous l'habit ainsi nommé et qui se compose d'un pantalon et d'un capuchon percé de deux trous pour les yeux. Armé d'une baguette, signe de son autorité, il annonce son arrivée en poussant des cris épouvantables dans les bois qui sont auprès de la ville. C'est toujours le soir qu'il fait entendre ces cris, et dès qu'il fait nuit, il entre dans la ville et se rend au *bentang*, où aussitôt tous les habitants ne manquent pas de s'assembler.

« On peut croire aisément que cette apparition ne fait pas grand plaisir aux femmes, parce que, comme celui qui joue le rôle de *mombo-jombo* leur est essentiellement inconnu, chacune d'elle peut soupçonner que sa visite la concerne.

« La cérémonie commence par des chansons et des danses qui durent jusqu'à minuit. Alors le *mombo-jombo* désigne la femme coupable.

« Cette infortunée est saisie à l'instant, mise toute nue, attachée à un poteau et cruellement frappée de la baguette du *mombo*, au milieu des cris et des risées des spectateurs. — Il est à remarquer que, dans ces occasions, ce sont les femmes qui crient le plus fort contre la malheureuse qu'on châtie.

« Le point du jour met fin à cette farce indécente et barbare. »

II

Orient.

TURQUIE — PERSE — ROUMANIE

SOMMAIRE. — La prostitution vulgaire en Orient. — La femme turque. — L'apparence et la réalité. — Les bains publics. — Le bazar. - La promenade. — Polichinelle. — Porte-respect et gardes du corps. — Intrigues quand même. — Les Arméniennes. — Les entremetteuses de mariage. — Les secrets du Yachmack. — Les maisons de débauche populaires à Constantinople et dans les villes turques. — Les juives filles publiques ou proxénètes. - La prostitution mâle. — Les bains turcs. — La débauche en Perse. — La polygamie y est pratiquée avec réserve. — Mauvaise réputation des dames persanes sous le rapport du caractère. — Les mariages à terme et le divorce. — Mœurs roumaines. — Bukarest ville de plaisir. — La débauche élégante. — Fréquence du divorce en Roumanie. — Roumain et Persan — Le peuple et les grands.

Chez les peuples musulmans, Turcs, Persans et Arabes, ainsi que chez les nègres de l'intérieur de l'Afrique, indépendamment de la prostitution courante qui existe à des degrés différents, il y a le *harem* que nos idées de morale chrétienne réprouvent, parce qu'elles nous montrent, à tort ou à raison, la polygamie comme « un cas pendable, » et la réclusion d'un certain nombre de femmes pour l'usage exclusif du maître de la maison, comme une forme de la prostitution. Nous avons, en conséquence, cru devoir consacrer un chapitre spécial à l'histoire et à la description des harems asiatiques et africains.

Un mot, cependant, sur la prostitution vulgaire chez ceux de ces peuples dont nous n'avons point parlé encore, pour compléter l'esquisse de la débauche publique dans les contrées musulmanes les plus voisines de l'Europe et même appartenant à l'Europe, doit trouver ici, croyons-nous, sa place naturelle.

On sait qu'en Turquie, par exemple, les femmes ne sortent que le visage couvert et accompagnées soit d'un ou plusieurs eunuques, soit d'une ou deux esclaves noires, soit enfin (les plus pauvres) d'un simple enfant qui leur sert de porte-respect. Nous ajouterons à ceci, qu'un musulman quelconque, un portefaix au besoin, qui verrait une femme turque (car nous ne nous occupons que des femmes turques, bien entendu) parler à un étranger, à un giaour, ou, comme on dit plus simplement aujourd'hui, à un *Franc*, a le droit, le devoir, pour mieux dire, de tomber dessus à bras raccourcis. — Il est vrai qu'il s'en tient généralement aux regards courroucés.

Donc une femme turque ne parlera pas à un Franc pour un empire; et dans les intrigues qu'un étranger pourrait prétendre (a beau mentir qui vient de loin!) avoir eues avec une femme turque, il ne faut généralement voir qu'un mensonge ou qu'une erreur involontaire : de ces sortes d'intrigues en pays turc, les Arméniennes et les Juives, quelques Grecques ou quelques Tartares font seules les frais.

Cependant, la Turque va et vient plus librement qu'on ne pourrait l'imaginer en Europe, voilée sans doute, plus ou moins, d'une manière fort diaphane même lorsqu'elle est jolie. Elle passe de longues heures aux bains publics dans le temps réservé exclusivement aux femmes, fréquente les promenades à la mode, assiste aux représentations légèrement obscènes de Karagheuz, le polichinelle turc; parcourt les bazars ou flâne sous les arcades des mosquées. — Mais aucun espoir pour un Franc d'entamer avec elle le moindre petit bout de roman.

Il en va autrement avec un croyant, cela n'est pas douteux. La duègne couleur de suie n'est pas incorruptible; l'enfant porte-respect ne porte que ce qu'on lui donne à porter; et, en fin de compte, ayant assisté à un procès en adultère, nous sommes payé pour savoir qu'il y en a quelquefois à Constantinople.

Pour ne pas nous en tenir, au reste, à notre expérience personnelle que nous déclarons dès maintenant insuffisante, nous emprunterons aux *Scènes de la vie turque*, de la princesse de Belgiojoso, un passage d'où il résulterait qu'une intrigue entre une dame turque et un Franc ne serait pas chose aussi impossible que nous le supposons.

« Les grandes dames turques, dit notre auteur, ne se contentent pas de voir le monde à travers le grillage de leurs fenêtres; elles vont se promener dans la ville, dans les bazars, partout où il leur plait, et sans être soumises à aucune surveillance incommode.

« Les femmes vénitiennes jouissaient jadis, grâce à leur masque, d'une excessive liberté; le voile des femmes turques rend à celles-ci le même service. Le mari le plus jaloux passerait auprès de son épouse sans se douter de son malheur; car non seulement le voile couvre le visage, non seulement le féradjah, sorte de manteau, couvre toute la personne et lui donne l'air d'un paquet, mais voiles et féradjahs sont tous de même étoffe, de même forme et presque de même couleur : c'est un domino qui ressemble à tous les dominos.

« Les dames turques sont donc assurées de garder leur incognito aussi longtemps qu'il leur plait, et l'infidélité n'est point accompagnée de danger.

« Dès lors, pourquoi seraient-elles fidèles? Serait-ce par amour pour leurs maris? Elles les détestent. Serait-ce par respect pour leurs devoirs? Le mot même de devoir n'a pour elles aucune espèce de signification. Elles font donc l'usage qui leur plait de la liberté que les mœurs leur accordent.

« On peut en appeler aux Européens qui ont habité la ville de Constantinople; ils avoueront, s'ils veulent être sincères, qu'ils ont noué plus d'une intrigue amoureuse dans les rues et dans les bazars.

« La morale de ceci, c'est que les meilleures précautions ne valent rien là où l'idée de devoir a disparu. »

D'accord, mais en ce qui concerne les intrigues nouées dans les bazars ou dans les rues, plus d'un Européen ayant habité Constantinople avouera, s'il est sincère, que l'objet de cette intrigue a presque toujours été une coureuse arménienne ou juive. Du moins c'est ce dont j'ai pu, quant à moi, seulement faire la coûteuse expé-

Potemkin offrant son épée à Catherine II. (Page 99.)

rience. Théophile Gautier est aussi de cet avis.

« Les étrangers, dit-il, ont pu croire à quelques bonnes fortunes, parce qu'ils ont confondu les Arméniennes avec les Turques, dont elles portent le costume, sauf les bottes jaunes, et imitent assez bien les allures pour tromper quelqu'un qui n'est pas du pays; il suffit pour cela d'une vieille entremetteuse qui s'entende avec une jolie intrigante, d'un jeune homme crédule et d'un rendez-vous pris dans une maison isolée; la vanité fait le reste, et l'aventure se dénoue toujours par l'extorsion de quelques sommes plus ou moins fortes, détail omis par le giaour dupé, qui voit dans toute coureuse au moins une favorite du pacha, s'il ne rêve même d'aller sur les brisées du Grand Seigneur. »

Il ne faudrait pas trop s'étonner pourtant si l'on rencontrait quelques exceptions à cette règle.

Les entremetteuses de toute catégorie ne font d'ailleurs pas défaut à Constantinople. Il y en a même de fort honorées et que je veux croire honorables : ce sont les entremetteuses de mariages.

Il en faut. Car remarquez que, si le visage de la femme turque ne peut être sous aucun prétexte dévoilé à un giaour, il ne l'est pas davantage à un croyant qui n'est ni le mari, ni le père, ni le beau-père, ni le fils, ni le beau-fils, ni le frère, ni le neveu de la femme en question. De sorte que le fiancé n'a jamais vu le visage de sa fiancée, et n'en sait que ce que l'entremetteuse lui en a dit, — peu de chose en conséquence, et fort sujette à caution.

« Un Turc, pour se marier, dit encore Théophile Gautier, a recours à quelque femme d'âge mûr, faisant le métier d'entremetteuse, profession honorable à Constantinople. La vieille, qui fréquente les bains, lui décrit minutieusement un certain nombre d'Asmé, de Bouchen, de Nourmahal, de Pembé-Haré, de Leila, de Mihri-Mahr, et autres beautés vierges et nubiles, en ayant soin d'orner de plus de métaphores orientales le portrait de la jeune fille qu'elle favorise. L'effendi devient amoureux sur description, sème de bouquets d'hyacinthe la route où doit passer l'idole voilée de son cœur, et après quelques œillades échangées, la demande à son père, lui assure une dot proportionnée à sa passion et à sa fortune, et voit enfin tomber, pour la première fois, dans la chambre nuptiale, le *yachmack* importun qui dérobait des traits ordinairement purs et réguliers. »

Oui, mais quelle chance à courir

Et puis tout le monde ne peut prendre femme, même chat en poche ; il y a bien des pauvres diables qui n'ont guère que le pavé raboteux pour matelas et le moyen de se payer de temps en temps une pastèque, du tabac, du café, une goutte de *mastic*, lesquels n'en sont pas, pour cela, en proie à des passions moins vives, au contraire. De sorte que les maisons de débauche sont très nombreuses à Constantinople, pour les besoins d'une population sédentaire ou flottante extrêmement mêlée.

Il existe notamment, derrière Top Hané, en contre-bas de la route qui conduit aux Eaux-Douces d'Europe, plusieurs rues où il n'existe guère d'autres maisons. Il y a certaines de ces maisons dont les musulmans se réservent l'usage exclusif et dont ils défendent au besoin l'accès à coups de *boutchicks* contre les matelots européens trop entreprenants. Les autres sont publiques. On y trouve des Tartares, des Grecques, des Espagnoles, des Maltaises, des Siciliennes, des Polonaises et des Allemandes principalement.

La plupart des maisons de prostitution réservées à la lubricité des croyants, sont, dans les villes d'Orient, réunies dans des rues spéciales, plus ou moins éloignées de celles où se trouvent les maisons destinées à la débauche franque. Nous venons de dire que le croyant défend au besoin à coups de couteau l'accès des siennes ; ajoutons que la prostituée musulmane, qui se livrerait sciemment ou non, aux embrassements d'un *giaour*, courrait risque de la vie.

Cependant, celui-ci ne manquera pas de femmes complaisantes, même musulmanes (nous parlons ici de la dernière catégorie des prostituées), s'il veut seulement s'aboucher avec quelque courtier en libertinage, mâle ou femelle, comme il est si facile d'en trouver dans la colonie israélite.

Ensuite, il y a les négresses qui, presque toutes, font trafic de leurs charmes couleur d'ébène, et qui sont avidement recherchées de certains libertins cosmopolites, pour l'ardeur vraie ou simulée de leurs embrassements.

Enfin les juives des classes pauvres, propres à tous les métiers, le sont à celui-là plus peut-être qu'à tout autre, car elles y débutent de fort bonne heure. A peine ont-elles atteint leur dixième année, qu'elles commencent en effet leur vie de débauche éhontée, au coin des rues tortueuses et obscures aussi bien qu'à la clarté sinistre des chandelles du lupanar de bas étage. Elles font tant qu'elles le peuvent cet infâme métier, et quand il ne leur est plus possible, que la disparition de leurs charmes — et cette disparition est rapide au train dont elles y vont, — amène, par une conséquence fatale, l'éloignement de la clientèle, elles en adoptent aussitôt un autre, non moins infâme, dans lequel elles peuvent encore rendre de grands services à l'étranger et faire d'*honnêtes* profits : le métier de proxénète.

Tous les ports du littoral sont d'ailleurs pourvus en abondance de maisons de prostitution, et, à défaut de documents pouvant nous renseigner sur leur nombre et leur situation économique, il nous paraît inutile d'y insister autrement : car entre celles de Constantinople, de Smyrne, de Salonique, et celles de Marseille, il y a fort peu de différence.

Mais il est un autre genre de prostitution, dont nous avons déjà signalé la présence en pays arabe, qui fleurit dans ces contrées sous la double forme clandestine et publique, et dont par conséquent nous ne pouvons nous dispenser de dire un mot en passant. — Nous voulons parler de la prostitution mâle.

« Il est positif, dit à ce sujet le docteur E. A. Duchesne, dans son ouvrage sur la prostitution à Alger depuis la conquête, que dans tous les bains maures de Constantinople, de Smyrne, d'Alexandrie, etc., on attache à chaque établissement un jeune garçon de douze ans environ, d'agréable figure. Ce jeune garçon est vêtu avec plus de recherches que les autres baigneurs et toujours coiffé d'une tarbouche, espèce de fichu qui rappelle un peu la coiffure des femmes. C'est un châle roulé en turban, avec un gland en or, garni de petites pièces de monnaie.

Lorsque l'on est presque déshabillé et enveloppé seulement de cette bande d'étoffe qui couvre les parties génitales, on passe avec le jeune garçon dans une première pièce, où il commence un massage léger sur les cuisses en vous faisant mille agaceries ; enfin il arrive même à vous faire des attouchements impudiques.

« Si vous ne répondez pas à ses provocations, il vous abandonne et vous livre enfin aux soins du masseur, et vous prenez votre bain tranquillement ; mais, pour peu que vous répondiez à ses attaques, il s'offre de satisfaire à tous vos désirs. »

Ceci est la forme publique de ce genre de prostitution. La forme clandestine est, on le comprend, insaisissable. La vérité est que dans ces pays où les uns ont des femmes par-dessus la tête et les autres presque aucun moyen de s'en procurer, la sodomie est partout.

En Perse, ce vice honteux et dégradant n'est pas moins en faveur. Au reste, tous les voyageurs s'accordent à représenter les Persans modernes comme adonnés à tous les excès de la débauche, et par suite comme entièrement dégradés au point de vue morale, en dépit de qualités intellectuelles rares et précieuses qu'on ne peut nier.

La polygamie existe en Perse, mais n'est pas pratiquée avec l'ensemble qu'on trouve en Turquie. Comme les Persanes jouissent d'une réputation de méchanceté déplorable, peut-être que celui qui en a une trouve que c'est déjà beaucoup. En tout cas, si la Persane est méchante, le Persan paraît être fort mauvaise langue ; ajoutons enfin que le mariage tel qu'on le pratique en Perse n'est pas autre chose qu'une véritable prostitution, et que, pour si libre qu'y soit la femme, son sort n'est pas très enviable, après tout.

Suivant M. le comte de Gobineau, les Persans, extrêmement réservés sur la partie féminine de leur famille, sont on ne peut plus goguenards à l'endroit des femmes qui ne leur sont pas parentes. Ils s'en donnent alors à cœur joie, et, à les entendre, on croirait qu'il n'y a de dames respectables dans l'Iran qu'autant qu'ils ont encore **une mère, une femme ou des sœurs.**

Les femmes persanes, suivant le même voyageur, se marient très jeunes. Dans les familles aisées, le père exige ordinairement du fiancé trente *tomans* pour le prix de l'épouse, c'est-à-dire 360 fr., ce qui n'est pas énorme, et le plus souvent cette somme est employée par les parents à l'usage de la jeune femme.

D'ordinaire l'homme qui se marie a de quinze à seize ans, la fille de dix à douze. Arrivée à vingt-trois ou vingt-quatre ans, il est assez rare qu'une femme n'ait pas en déjà au moins deux maris et souvent bien davantage, car les divorces se font avec une excessive facilité ; pas plus facilement toutefois que les mariages, car non seulement on les conduit sans beaucoup de cérémonie, mais on a encore imaginé de les faire *à terme*, pour un an, six mois, trois mois et beaucoup moins.

On convient d'un prix avec les parents de la jeune fille, qui appartient alors à son maître pour tout le temps stipulé par le contrat ; si les parties sont d'accord, elles peuvent le renouveler à l'échéance du terme.

Cette extrême facilité de faire et de défaire les mariages ne porte personne à avoir plusieurs épouses à la fois. On peut dire que les exemples de polygamie sont rares et constituent presque des exceptions.

Certainement il est inutile d'entretenir plusieurs femmes, quand on peut si aisément en changer ; malgré cela, l'existence des harems persans n'est pas sérieusement menacée.

Je crois qu'il serait convenable de dire ici quelques mots de la Roumanie, ou plutôt de Bucharest, dont certains étymologistes veulent que le nom dérive du mot valaque *boukoura*, qui veut dire plaisir, et que, pour notre part, nous désignons volontiers sous la qualification non moins significative de « Paris de l'Orient. »

Nous n'aurons plus affaire à des musulmans, mais à des chrétiens du rite grec, agrémentés de quelques catholiques et d'un nombre plus considérable, mais moins en relief, d'israélites ; cela nous changera un peu, sans trop nous éloigner pourtant des mœurs orientales, ce qui nous permettra de placer ici le portrait moral du Roumain, dont la place, autrement, nous aurait été difficile à trouver.

Ce [portrait, au reste, le voici tout fait par le correspondant en vacances d'un journal de Paris, qui ne peut se piquer de profondeur, mais dont les croquis sont généralement exacts et d'une touche humoristique dont le relief n'est certainement pas déplaisant.

« Fou de plaisir, pressé de jouir, épicurien jusqu'au bout des ongles, dépensant deux cents francs par jour sans les avoir, ne comptant jamais, courant la poste, toujours sorti, déjeunant, dînant et soupant au château-laffitte et au champagne, dormant quatre heures par jour, s'amusant le reste du temps, et ne travaillant que quelques secondes par-ci, par-là, entre deux contredanses, deux valses ou deux parties d'écarté. — Un Parisien succomberait à huit jours de ce régime. Les Roumains sont doués d'un tempérament de fer ; ils s'amusent sans mesure, sans règle, sans réflexion.

« Bien moins servis par leur imagination que nous autres, parce qu'ils sont plus primitifs, et par conséquent plus forts physiquement, ils se laissent entraîner par leurs sens et ne résistent pas. Ce sont en quelque sorte des Parisiens de Gérolstein...

« Le Parisien est égoïste, il veut s'amuser, mais pour lui seul. Les Roumains se mettent à plusieurs et ne s'envient pas leur plaisir ; mais cette frénésie pour les jouissances matérielles, cette fièvre brûlante, cette activité dévorante qui absorbe sans compter les bals, les jeux, les soupers, les orgies, les fêtes et tout ce que peut rêver l'imagination la plus sardanapalesque, qui jette les louis sans compter, cet éternel mouvement vers la volupté irréfléchie donne à Bucharest l'apparence d'un Éden hystérico-épileptique. »

Le croquis est complet, mais il se résume à ceci : Le Roumain élevé à Paris, le plus souvent en qualité d'étudiant, est retourné là-bas étudiant parisien, et poursuit le plus longtemps qu'il peut cette existence de viveur turbulent et irréfléchi. Les conséquences nous importent peu, c'est le fait qui est tout pour nous. Donc Bucharest est un petit Paris de 130.000 habitants, — ce qui est peu pour un Paris, même petit, — où l'on mène la vie à grandes guides, quand on a des guides ; et les grandes fortunes, dans ce pays où la bourgeoisie existe à peine et où le paysan n'avait pas encore, il y a quinze ans, le droit d'acquérir, sont exclusivement entre les mains des nobles.

« Il y a, dit notre correspondant, des patrimoines de dix, de vingt et de trente millions à remuer à la pelle. Toutes ces fortunes sont obérées d'hypothèques et ne pourraient point se réaliser sans subir de notables dépréciations. Les Roumains ne comptent pas ; ils savent que leurs terres doivent doubler de valeur en sept ans, et ils espèrent qu'un jour ils auront retrouvé l'équilibre.

« En attendant ils mangent, ils boivent et ils font la cour aux dames.

« Sous ce dernier rapport, le Roumain est un effroyable consommateur. L'oisiveté, la facilité de mœurs, le tempérament, l'occasion, tout contribue à cet abus de la santé et du plaisir. »

Le divorce existe en Roumanie, et il paraît qu'on en use, et même qu'on en abuse.

« Grâce à ce moyen de conclusion facile et donné à tous, on coudoie des maris qui ont divorcé cinq ou six fois et on rencontre de toutes jeunes femmes qui en sont à leur quatrième conjoint. »

De sorte que le Roumain n'a pas grand'chose à envier au Persan. Mais, c'est égal, ce n'est pas en général l'idée qu'on se fait d'un peuple sans cesse occupé à revendiquer emphatiquement son indépendance, et à jeter au Turc l'anathème, principalement à cause de sa mollesse et de sa corruption morale.

Il est vrai que le *peuple* roumain diffère essentiellement du Roumain des classes fortunées ; mais nous ne faisons pas ici de politique étrangère, et sous le rapport de la débauche et de la prostitution, le peuple roumain a de trop bons exemples, venus de haut, pour différer beaucoup des peuples les plus dissolus.

C'est tout ce qu'il nous convient d'en dire.

III

Extrême Orient.

INDES, CHINE ET JAPON.

SOMMAIRE. — La prostitution religieuse dans l'Inde moderne. — La virginité systématique est interdite dans toute l'étendue de l'empire. — Épouses ou concubines, ou filles publiques. — Éducation des jeunes Indous. — Initiation précoce ou libertinage théorique et pratique. — Les livres de prières des brames. — Recettes pour varier les jouissances sensuelles, pour composer des philtres, etc. — Le commerce avec une prostituée est œuvre pie. — Bayadères et épouses des dieux. — Orgies des prêtres et prêtresses de Siva et de Vichnou. — Procédés de remonte pour les harems des temples. — Fécondation mystique des femmes stériles, moyennant de pieuses offrandes. — Le grand Vengatta-Sonara. — Prostitution religieuse sans limite et en plein air. — La pagode de Djanjy nagatta et autres repaires des orgies sacrées. — Le sacrifice a Sakty. — Débauches infâmes. — L'hypocrisie chinoise. — L'apparence et la réalité. — Exploitation des enfants en bas âge. — Petites filles élevées en vue de la prostitution. — Les batelières-courtisanes. — Les maisons de thé. — Les maisons publiques des ports ouverts au commerce des autres nations. — Les « bateaux de fleurs. » — Toilette et maquillage superconsciencieux des prostituées du Céleste-Empire. — Regardez, mais n'y touchez pas. — Un train de plaisir. — Le Japon vicieux et débauché. — Tolérance des lois. — Sodomie et avortements. — Le Yosivara d'Yedo, quartier privilégié de la prostitution et marché aux petites filles. — Les maisons de thé. — Djoro-Jas et ka-Jas. — Le tsuns, souteneur de filles, pourvoyeur de maisons publiques et assassin à gages. — Visite à une djoro-jas. — Danseuses musiciennes et courtisanes. — Où la modestie va-t-elle se nicher ! — Les barbares corrompus au contact des civilisés. — Les portraits des courtisanes célèbres suspendus dans les temples. — Monastère de courtisanes. — Exploitation des filles par leurs parents : vente ou location, par contrat, aux maisons de thé. — Extension abusive de la durée du contrat de location. — La courtisane-rosière, son couronnement annuel. — Les prostituées aux processions du culte.

Aux Indes, la dépravation des mœurs dépasse tout ce que nous avons vu dans ce genre, et l'on y rencontre la prostitution religieuse, fait unique dans l'histoire des mœurs modernes, aussi florissante dans les castes inférieures qu'aux premiers âges du monde.

« Il y a plusieurs raisons à donner de cet état de choses, dit le *Grand Dictionnaire du XIXe siècle* : d'abord l'ardeur dévorante du climat, qui surexcite et exagère le penchant sexuel ; puis l'idée innée dans l'esprit des Indous que la femme est un être inférieur, exclusivement créé pour propager l'espèce et satisfaire la sensualité des hommes.

« Les femmes indoues ne peuvent, dans aucun cas, faire profession de virginité, elles ne doivent même pas concevoir la pensée d'embrasser un état qui les mettrait dans l'indépendance et hors du pouvoir des hommes, elles sont donc toutes obligées de se marier, et l'on prend toujours soin de les établir avant l'âge de puberté ; si elles arrivent à cette époque sans avoir pu trouver de mari, il est rare qu'elles conservent encore longtemps leur innocence. Celles qui ne trouvent pas à contracter d'alliance légitime s'attachent à titre de concubines à quiconque veut bien les recevoir en cette qualité.

« L'éducation des jeunes Indous était aussi un des puissants motifs qui ont permis à la plaie de la prostitution de gangrener si profondément la société dans ce beau pays.

« A cette époque de la vie où, suivant les lois de la nature, les sens devraient encore rester muets, il n'est pas rare de voir des enfants des deux sexes qui sont déjà familiers avec des actions et des discours qui révoltent la pudeur; les discours licencieux qu'ils entendent sans cesse, les chansons lubriques et les vers obscènes qu'on se plait à leur enseigner dès qu'ils commencent à bégayer; les expressions ordurières qu'on leur apprend, qu'on leur entend répéter avec plaisir et qu'on applaudit comme des gentillesses : telles sont les bases de la culture de ces jeunes rejetons et les premières façons qu'ils reçoivent. A mesure qu'ils avancent en âge, l'incontinence et tous les vices qui l'accompagnent croissent avec eux.

En effet, la plupart des institutions civiles et religieuses de l'Inde ne paraissent inventées que pour allumer et entretenir cette passion, à laquelle un penchant naturel donne déjà tant d'empire. L'histoire cynique de leurs dieux ; le culte religieux, où des prostituées jouent le principal rôle et font souvent du temple le théâtre de leurs infâmes débauches; tout semble combiné pour enflammer l'imagination des habitants de ces contrées brûlantes et les pousser avec plus de violence vers le libertinage.

Outre ces sources de corruption, communes à toutes les castes, il en existe encore un grand nombre d'autres particulières aux brames. Plusieurs d'entre eux possèdent des livres abominables, où les plus sales et les plus infâmes débauches sont enseignées par principes et avec méthode; l'art de varier les jouissances sensuelles, la composition de breuvages propres à enflammer le sang ou à faire renaître la vigueur épuisée sont aussi des matières qu'on y voit traitées. Ils contiennent encore la recette de philtres qui ont la vertu d'inspirer l'amour lascif. Les courtisanes du pays ont souvent recours à ces philtres pour retenir dans leurs chaînes l'objet qu'elles ont captivé ; c'est dans ses aliments qu'elles ont coutume de les mêler à son insu.

« Tout commerce avec une courtisane ou avec une personne non mariée n'est pas une faute aux yeux des brames; ces hommes, qui ont attaché l'idée de péché à la violation des pratiques les plus indifférentes, n'en voient aucun dans les derniers excès de la luxure. C'est principalement à leur usage que furent destinées, dans l'origine, les danseuses ou les prostituées attachées au service des temples ; on les entend souvent réciter en chantant ce vers scandaleux :

Vinchy daroursanam pouniam papa nachanam.

Dont le sens est :

Le commerce avec une prostituée est une vertu qui efface les péchés.

« Les brames font servir la religion à la satisfaction de leurs appétits sensuels ! Toutes les pagodes un peu importantes ont un certain nombre de danseuses attachées au service du dieu ; ces danseuses, qui portent le nom de bayadères, de *dera dassys* et d'autres encore, forment un véritable sérail pour les brames ; en outre elles se prostituent à prix d'argent, et le produit de ce trafic engraisse d'autant les brames.

« Dans les temples plus spécialement consacrés aux dieux Siva et Vichnou, il y a en outre des espèces de prêtresses, c'est-à-dire des femmes consacrées spécialement, sous le nom *d'épouses des dieux*, au service de l'un ou de l'autre de ces immortels; elles sont d'une classe distincte des danseuses ordinaires des temples, mais elles les égalent en dépravation. Ce sont généralement de malheureuses victimes du libertinage des *djangoumas* ou des *rachtoumas*, comme on appelle les prêtres sivanistes ou vichnouvistes ; ces prêtres, pour garder le décorum et amadouer les familles qu'ils ont déshonorées, rejettent toute la faute sur le compte ou de Vichnou ou de Siva.

« Les femmes consacrées à Vichnou se nomment *Garoudah-bassoys* (femmes de Garoudah) et se font imprimer sur la poitrine l'image de l'oiseau de ce nom (c'est l'oiseau consacré à Vichnou), comme la marque distinctive de leur dignité. Les prêtresses de Siva sont nommées *Linga-bassoys*, ou femmes du *lingam*, et portent sur la cuisse l'empreinte de ce signe : on sait ce que représente cet obscène symbole : *utriusque serus rerenda in actu copulationis*). Ces femmes, quoique bien connues pour être les concubines des prêtres et des autres dignitaires, n'en jouissent pas moins, dans leur secte, d'une sorte de considération.

« Mais ce qui dépasse vraiment les bornes de la vraisemblance, ce sont les procédés qu'emploient les brames pour peupler leurs sérails.

« Il y a dans la province de Karnatic, dans l'Inde méridionale, un fameux temple, celui de Titoupatty, dédié à Vichnou, sous le nom de *Vengatta Souara*. A une époque fixe de l'année, il se fait une grande procession, et l'appareil qu'on a coutume d'y déployer attire un concours immense de curieux des deux sexes. L'idole de Vengatta-Souara est promenée dans les rues sur un superbe char ; les brames qui président à la cérémonie se dispersent dans la foule, font choix des plus jolies femmes qu'ils y rencontrent, et les demandent à leurs parents au nom de Vengatta-Souara, au service duquel ils affirment qu'elles sont destinées.

« C'est encore dans le temple de Titoupatty que se passent ces scènes inimaginables où l'on voit les brames exploiter, au bénéfice de leur lubricité, la stupidité des femmes indoues et le désir ardent qu'elles ont d'avoir des enfants. On voit souvent de ces femmes accourir pour demander des enfants à Vengatta-Souara. A leur arrivée, elles s'empressent d'aller exposer le sujet de leur pèlerinage aux brames directeurs de la pagode, qui leur conseillent de passer la nuit dans l'intérieur du temple où le grand Vengatta-Souara, touché de leur dévotion, daignera peut-être les visiter dans l'ombre et accomplir ce qui, jusque-là, a été au-dessus de la puissance humaine.

« Le lendemain matin, ces détestables cafards, feignant une ignorance complète de ce qui s'est passé, s'en font raconter les détails, et, après avoir félicité les femmes qui leur ont plu sur l'accueil que le dieu leur a fait, ils reçoivent les offrandes dont elles s'étaient munies, et les congédient en les flattant de l'espoir qu'elles n'auront pas fait un voyage infructueux.

« Persuadées qu'un dieu a daigné s'humaniser avec elles, ces pauvres idiotes s'en retournent enchantées, en se berçant de l'idée qu'elles pourront enfin bientôt procurer à leurs maris l'honneur de la paternité.

« Il existe encore, dans des lieux isolés, des temples où la prostitution, sous sa forme la plus hideuse, et la débauche la plus crapuleuse forment le seul culte agréable à la divinité que l'on y honore. Là aussi on promet la fécondité aux femmes qui, mettant bas toute honte, livreront leurs faveurs à tout venant. On y célèbre tous les ans, au mois de janvier, une fête qui est le rendez-vous de tout ce que le pays renferme de plus dissolu dans l'un et dans l'autre sexe. Beaucoup de femmes stériles, persuadées qu'elles cesseront de l'être, y viennent, après avoir fait vœu de s'abandonner à un nombre déterminé de libertins. D'autres, entièrement perdues de mœurs, s'empressent d'accourir, pour donner à la déesse du lieu des témoignages de leur vénération en se prostituant, en public et sans honte, à la porte même de son temple.

Monaldeschi mis à mort par ordre de Christine de Suède. (Page 108.)

Il existe une de ces sentines de tous les vices à cinq ou six lieues de la ville de Mysore, sur les bords du Cavery, dans un lieu désert appelé *Djanjynagatta*. La pagode est de peu d'apparence; mais la fête de janvier s'y célèbre régulièrement, avec toutes ses gentillesses.

Il y a aussi un temple de la même nature près de Kari-Madaï, dans le district de Coïmbatour; un autre non loin de Mondou-Dorai, à l'est de Meissour (Mysore). On remarque, d'ailleurs, que ces infâmes repaires sont toujours établis dans les lieux éloignés de toute habitation.

Chez les Assyriens et les Babyloniens, au rapport d'Hérodote et de Strabon, chaque femme était obligée de se prostituer une fois en sa vie dans le temple de *Mylitta*, la Vénus des Grecs. Cette tradition choquait si ouvertement les principes de cette pudeur que la nature semble avoir départie même à la plupart des animaux, que plusieurs écrivains modernes, et de ce nombre est Voltaire, en ont révoqué en doute la véracité. Que diraient-ils des fêtes infâmes dont nous venons de présenter l'ébauche?

« Faut-il encore parler de ces orgies immondes connues sous le nom de sacrifice à *Sakty*?

« La cérémonie a lieu la nuit, avec plus ou moins de secret. Les moins odieuses de ces orgies sont celles où l'on se contente de boire et de manger avec excès de tout ce qui est défendu par les usages du pays, et où les hommes et les femmes, réunis pêle-mêle, violent ouvertement et sans honte les règles les plus sacrées de la décence et de la pudeur. Ils peuvent se livrer sans gêne à tous les excès de la lubricité. Un mari qui voit sa femme dans les bras d'un autre n'a

20ᵉ LIVRAISON.

pas droit de la réclamer ni de se plaindre, car alors les femmes deviennent communes; il y a égalité parfaite entre toutes les castes, et le brame cesse d'être au-dessus du paria.

« La célébration de ces mystères, toujours aussi infâmes quant au fond, varie parfois dans la forme. Il est certaines circonstances où les objets immédiats du sacrifice à Sakty sont un grand vase plein d'eau-de-vie du pays et une fille parvenue à l'âge de puberté. Celle-ci, entièrement nue, se tient placée dans l'attitude la plus impudique. On évoque la déesse Sakty, qui est censé se rendre à l'invitation, pour venir résider dans le vase d'eau-de-vie et en même temps dans une partie du corps de la jeune fille que la pudeur ne permet point de nommer; on offre ensuite à ces deux objets un sacrifice de fleurs, d'encens, de sandal, d'*akchattas* grains de riz teints de safran et une lampe allumée; et pour *neiveddia* (offrande), une partie de toutes les viandes qui ont été préparées.

« Cela fait, brames, sudras, parias, hommes et femmes, tous s'enivrent avec la liqueur consacrée à Sakty, qu'ils boivent dans le même vase en y appliquant les lèvres. Comme à l'ordinaire, la séance est terminée par ce que l'imagination en délire peut suggérer de plus révoltant.

« Heureusement pour la morale, ces parties de débauche entraînant de fortes dépenses, il s'ensuit qu'elles ne sont pas fréquentes. Mais il est constant que ce sont des brames, et même le plus souvent des femmes de cette caste, qui sont les plus ardents provocateurs de ces honteuses bacchanales. »

Nous avons dit ailleurs ce qu'est le lingam indien, et expliqué que le culte de ce symbole de la génération, répondant au phallus grec, et répandu dans l'antiquité jusqu'en Amérique, était pur au début; on voit à quel point il a dégénéré, par l'excessive prolongation d'une aberration facile à prévoir.

Étant donné le tempérament des peuples chez lesquels ce culte était pratiqué, il fallait de toute nécessité ou qu'il disparût pour faire place à un culte nouveau et plus pur, comme cela est arrivé en Italie, en Grèce, en Égypte et même en Amérique, ou qu'il se traînât dans la fange jusqu'à corruption complète, comme il le fait actuellement aux Indes.

La société chinoise cache, sous un vernis de décence et de retenue qui fait souvent illusion, une corruption de mœurs qui ne le cède en rien à celle des nations les plus dépravées. Le jeu, l'ivrognerie, la débauche sous toutes ses formes fleurissent en Chine avec un épanouissement digne des plus hautes vertus, lesquelles, en général, en agissent avec beaucoup plus de modestie.

On sait que les Chinois peuvent vendre leurs enfants, et qu'ils ne se gênent pas pour user de ce droit; la loi les autorise même à exposer sur la voie publique le fruit de leurs entrailles, mais la vente est infiniment plus profitable, partant, il y a plus d'enfants vendus que d'enfants exposés.

Les petits garçons n'ont pas grand'chose à perdre à être ainsi séparés pour toujours de parents dénaturés; ils deviennent pour la plupart valets, ouvriers, employés de fabrique, garçons de peine ou quelque chose d'approchant; mais ils courent le risque de devenir les disciples, puis les successeurs d'honnêtes bonzes qui les auront achetés et élevés dans ce but, ou bien encore les héritiers de riches mandarins qui n'avaient pas d'autre moyen de s'en procurer.

Pour les petites filles, elles alimentent presque exclusivement la prostitution; c'est pour cela qu'on les achète, et elles sont dès leur bas âge élevées pour cette fin glorieuse et stylées de manière à la remplir à la satisfaction générale.

Les principaux centres d'action de la prostitution, en Chine comme au Japon, sont les maisons de thé, qui sont aux Chinois et aux Japonais ce que nous sont les cafés, mais les cafés hantés par des filles, comme ceux du boulevard Montmartre à Paris ; elle est exercée aussi dans certains restaurants, également dénommés maisons de thé par la plupart des voyageurs ; et dans les ports fréquentés par la marine européenne, dans des maisons spéciales aussi peu intéressantes que les maisons du même genre qu'on trouve dans tous les ports d'Europe et d'Amérique.

Mais ce qui est spécial à la Chine ce sont les maisons de prostitution flottantes, maisons de thé ou simples canots.

Dans presque tous les ports de mer régulièrement fréquentés, les navires sont accueillis, bien avant leur entrée en rade, par une nuée de canots montés par des marchands d'oranges, de bonneterie, de liqueurs, de curiosités artistiques, industrielles ou alimentaires de la plus grande variété. Dans les ports de la Chine, il existe en outre des petites embarcations ordinairement montées par deux femmes, une vieille et une jeune et jolie. Le bateau est à demi couvert d'un rouf bien clos, avec tentures, tapis de fines nattes, coussins, etc., et il se balance gracieusement autour des navires en rade, en quête de quoi ?... La réponse est facile.

La jeune et jolie batelière vient offrir ses caresses d'un navire à l'autre, et la vieille ne remplit en aucune façon le rôle de duègne, mais celui de pilote.

Enfin, dans certaines villes, des maisons de thé tout entière sont installées dans des bateaux. On y voit des salles obscures et infectes ou des prostituées servent l'opium à des gens hâves, couchés sur des nattes. On y trouve des bateleurs, des charlatans, des mendiants de toutes les catégories, des jeux et des amusements variés. On y montre la lanterne magique, et aussi des tableaux mobiles représentant des sujets variés, surtout des sujets obscènes, dont les femmes semblent particulièrement friandes.

On appelle cela des « bateaux de fleurs. » Un voyageur contemporain a donné des bateaux de fleurs du fleuve des Perles, dans la rade de Canton, une description qui s'étend au personnel de ces curieux établissements, et dont nous ne pouvons résister au désir de faire notre profit.

« Les bateaux de fleurs, dit-il, étaient alignés bord à bord, les uns contre les autres. Leurs avants, longs de deux mètres à peu près, s'avançaient sur les flots sombres comme de larges trottoirs qui permettaient de se promener sur une assez grande longueur. Leurs façades dorées, et les mille lanternes de couleur qui se balançaient à leurs terrasses chargées de fleurs, en faisaient vraiment des habitations féeriques et d'une inimaginable originalité.

« C'était à se croire dans quelque ville fantastique des *Mille et une Nuits*.

« De tous ces lieux de plaisir s'échappaient des éclats joyeux que répétaient les échos du fleuve, et des brusques et vives lueurs qui dansaient comme des feux follets sur les lames et allaient dans les masses sombres des bâtiments à l'ancre, découper des ombres bizarres et gigantesques.

« Des bouffées de parfums s'en allaient avec les fumées de l'opium de ces petites fenêtres entr'ouvertes où, comme dans les cadres sculptés par la fantaisie, se montrait çà et là une des déesses du *Si-Kiang* poursuivie par quelque grotesque amoureux au ventre rebondi.

« La singulière maison flottante dans laquelle nous pénétrâmes était, comme toutes ses voisines, longue de quarante à cinquante pieds à peu près, et divisée au rez-de-chaussée en deux parties : à l'arrière, une salle de jeu ; à l'avant, une plus grande salle pour les fumeurs d'opium. Un escalier pratiqué entre ces deux salles conduisait au premier étage, occupé d'ordinaire par deux courtisanes seulement et divisé, comme le rez-de-chaussée, en deux pièces meublées, avec le plus grand luxe, de divans, et ornées de force lanternes et stores coloriés.

« Arrivés en haut de l'escalier, nous poussâmes la porte, mais la plus mauvaise réception nous fut faite tout d'abord.

« Ce fut un cri d'effroi et d'horreur qui s'échappa de deux petites masses multicolores étendues sur des coussins ; puis les deux petites masses en question s'agitèrent et tentèrent, en trébuchant, un mouvement de retraite vers la porte ; puis, faisant contre fortune bon cœur, elles se décidèrent à reprendre leurs places sur les coussins et leurs pipes de cuivre.

« Imaginez-vous deux petites femmes rondelettes, roses, noires et blanches, comme si elles s'étaient débarbouillées avec la palette de Watteau, et plâtrées comme des tableaux de Diaz. On eût dit des pastels vivants.

« Le maquillage de ces petites femmes chinoises avait dû employer plusieurs heures.

« Il est évident que l'artiste chargé de cette œuvre d'art (car il est impossible que ces femmes opèrent elles-mêmes sur leur propre visage) procède par une première couche blanche, qui est le fond du tableau. Sur cette première couche, il dessine des yeux en les prolongeant le plus possible par une ligne noire qui remonte gracieusement vers les tempes. Il a bien soin de les entourer de ce cercle bleuâtre chanté par Nadaud et de les couronner d'un étroit coup de pinceau en demi-cercle. Il découpe ensuite une petite bouche d'un rose vif et un menton bien rond de la même couleur ; puis il jette, avec préciosité, un peu d'ombre ici, un peu de blanc plus loin. Avec un éventail, il fait tout sécher, et le visage est fait jusqu'au lendemain, car l'usage du fard est si fréquent que la peau d'une femme de vingt ans est déjà ridée, et qu'il faut recommencer tous les jours la même opération.

« Quant au soin que les prêtresses de l'amour chinoises, ainsi, du reste, que toutes les femmes du Céleste-Empire, ont de leurs mains, c'est à n'y pas croire.

« Les onguents dont elles se servent pour les conserver blanches et douces, pour en garder les ongles fermes et roses, feraient la fortune de Piver ou de Guerlain. Ces ongles, que le suprême bon ton ordonne de porter aussi longs qu'il est possible, sont chaque jour enduits d'une pâte qui les amollit. Ils sont ensuite précieusement roulés et renfermés dans de petits dés en ivoire, pour ne se redresser que le lendemain.

« Quant aux pieds, les deux habitantes du bateau de fleurs avaient subi dès leur enfance le supplice de la compression avec des bandelettes. Elles lui devaient des petits moignons informes, de quatre pouces de longueur, qu'elles nous montraient orgueilleusement chaussés de souliers brodés de perles. Le contenant, certes, valait mieux que le contenu. Elles avaient les cheveux relevés sur la tête en un échafaudage gigantesque, maintenu par une foule de grandes et de petites épingles d'or et d'argent.

« Il en est ainsi, du reste, de toutes les Chinoises mariées ou qui pourraient l'être. Les jeunes filles seules portent leur longue chevelure noire divisée en deux nattes descendant sur leurs reins, absolument comme les Alsaciennes. Mais les cheveux d'ébène des femmes du Céleste-Empire sont infiniment plus beaux que ceux des blondes filles de la patrie des petits balais.

« Les peintures sur papier de riz donnent une idée très exacte du costume chinois : de la soie et toujours de la soie, puis du rouge, du bleu, du vert, du vert, du bleu du rouge.

« Il est difficile aux Européens de monter à bord de l'un de ces bateaux de fleurs où nous avions réussi à monter. Une amende de 4 piastres (un peu plus de 200 francs) punit les délinquants ; en outre, ils ont à craindre un coup de couteau ou un bain dans le fleuve des Perles, ou même ces deux perspectives. »

S'il est difficile pour un Européen de monter à bord d'un bateau de fleurs, nous sommes bien aise, au moins, que ce ne soit pas tout à fait impossible. D'autres voyageurs nous avaient, en effet, donné déjà des descriptions plus ou moins étendues de ces singuliers établissements, d'une originalité tout orientale. Celle-ci les confirme et nous prouve que la prospérité des bateaux de fleurs n'a souffert aucune atteinte des tentatives de civilisation dont le Céleste-Empire a été l'objet de la part des Européens dans ces dernières années.

Les Chinois repoussent les chemins de fer sous le spécieux prétexte que les moyens de communication et de transport rapides abondent dans leur pays, sillonné de fleuves superbes et nombreux ; on voit qu'ils savent employer ceux-ci à d'autres fins encore, tandis qu'un train de grande vitesse offre peu de facilités pour y joindre un bureau ambulant de prostitution. Ce qu'on appelle communément *train de plaisir* n'a que des rapports excessivement éloignés avec ce que pourrait être un train ainsi modifié ; on sait cela.

Le Japon est loin d'être en retard sur les nations les plus civilisées de l'Europe pour ce qui concerne la prostitution. Jusqu'à ces derniers temps les lois y encourageaient même la débauche la plus hideuse, car la sodomie pouvait y être pratiquée ouvertement et sans risque ; il en était au reste de même du crime d'avortement. A Yédo, capitale de l'empire, le quartier spécial de la prostitution, ou *Yosiwara*, était aussi, il y a peu de temps encore, une sorte de marché où la mère ne se gênait pas pour venir vendre sa fille, et il n'est pas sûr qu'il ait changé depuis.

Ce quartier, ou *Yosiwara*, est resté, en tout cas, le quartier de la débauche par excellence ; tous les soirs il brille de mille feux et une foule bigarrée s'y répand, fréquentant, suivant ses moyens, qui les établissements les plus luxueux, qui les plus modestes, car il y en a pour toutes les bourses.

Il ne faut pas croire, toutefois, que la prostitution est, à Yédo, parquée exclusivement dans ce joyeux quartier ; on la rencontre un peu partout dans la ville, et principalement dans certaines maisons de thé appelées *Djoro-Jas*, pour les distinguer des *Tscha-Jas* qui se bornent à vendre du thé, des liqueurs, et qui ressemblent assez aux cafés de nos grandes villes, où l'on peut même déjeuner à l'occasion.

Un type bien intéressant, spécial à la capitale du Japon, c'est le *lonine*, officier sans emploi ou fils de famille que la débauche a ruiné et qui, pour vivre, s'est fait souteneur de filles et assassin à gages. Le lonine est littéralement à la solde des maisons de prostitution, il est également leur courtier et y amène une clientèle plus ou moins considérable ; il est aussi à la solde des ignobles instruments de la vengeance des familles ou de l'assouvissement des haines politiques. Il paraît que ces lonines sont par bandes, à Yédo, qu'ils sont organisés militairement et reconnaissent des chefs. Leur quartier de prédilection est celui de Sinagava, le plus mal famé, comme de juste.

Les maisons de thé ne sont pas seulement répandues dans les villes, mais il s'en trouve également à la campagne, comme il se trouve des cabarets dans nos villages. Quant à ceux désignés sous le nom de *Djoro-Jas*, certains quartiers leur sont plus particulièrement affectés, à Yédo comme ailleurs. M. R. Lindau, qui a visité ceux de cette dernière ville, rend compte comme il suit des impressions que lui a laissées cette visite :

« Après avoir franchi une porte solide, gardée par un poste de soldats, dit-il, nous nous trouvâmes à l'entrée d'une rue d'un aspect tout à fait singulier. Longue et très large, cette rue était silencieuse, sombre et presque déserte. Les maisons qui la bordaient ne ressemblaient point à celles que j'avais déjà vues : elles étaient plus vastes que les habitations de marchands et d'artisans, mais l'on n'y voyait pas la grande porte qui sert d'entrée aux hôtels de la noblesse. De fortes grilles en bois en défendaient les abords, sans empêcher néanmoins d'apercevoir ce qui se passait à l'intérieur. On y pénétrait par des portes basses et massives, ménagées sur un des côtés de la façade. Tout contribuait à prêter à ce lieu un caractère d'étrangeté et de mystère.

« Le jour avait baissé. Çà et là on allumait des lanternes en papier. Les passants marchaient vite, et plusieurs d'entre eux avaient l'air de se cacher ; car, en dépit d'une chaleur assez forte, ils s'étaient enveloppé la tête de grands mouchoirs, de façon à ne laisser dans leur figure que les yeux à découvert.

« On nous avait conduits dans la partie la plus mal famée de la ville, en plein quartier des *Djoro-Jas* ou maisons de thé.

« Nous nous étions approchés d'un de ces établissements, et, à travers les barreaux de la grille, nous distinguâmes une salle spacieuse, garnie de nattes en bambou et faiblement éclairée par quatre grandes lanternes en papier de couleur.

« A nos côtés se trouvaient une douzaine de Japonais, qui, la figure collée contre la grille, examinaient comme nous ce qui se passait dans la salle.

« Il y avait là huit jeunes filles magnifiquement habillées de longues robes d'étoffes précieuses ; accroupies sur leurs talons, suivant l'usage, elles demeuraient droites et immobiles, les yeux attachés sur la grille qui nous séparait d'elles, et ayant dans leurs regards brillants cette fixité particulière à ceux qui ne se rendent pas compte de ce qu'ils voient.

« Leurs beaux cheveux, d'un noir de jais, étaient arrangés avec art et ornés de longues épingles en écaille jaune. Elles étaient dans la première jeunesse ; la plus âgée comptait vingt ans à peine ; les plus jeunes n'en avaient guère plus de quatorze. Quelques-unes se faisaient remarquer par leur beauté, mais toutes avaient un air résigné, fatigué, indifférent surtout, qui s'accordait mal avec leurs jeunes visages et qui faisait peine à voir.

« Exposées comme les bêtes curieuses le sont dans une ménagerie, examinées et critiquées à loisir par chaque curieux, pour être vendues ou louées au plus offrant, ces malheureuses présentaient un spectacle qui me causa l'impression la plus pénible.

« Une vieille femme parut à l'entrée de la salle, et prononça quelques mots ; l'une des jeunes filles se leva aussitôt, mais avec la lenteur d'un automate. Il y avait dans cette manière de se mouvoir, quelque chose d'inconscient, comme chez les animaux dressés qui exécutent, sur l'ordre de leur maître, certaines manœuvres dont ils ont l'habitude.

Nous franchîmes la porte voisine de la grille, et traversâmes un couloir étroit et sombre, fermé aux deux extrémités, et qui donnait accès à une vaste salle exhaussée de quelques pieds au-dessus du sol. La prolongation du couloir par où nous étions entrés la partageait en deux parties inégales.

A droite, nous vîmes une trentaine de personnes; c'étaient des enfants de huit à quatorze ans, des jeunes filles et des femmes dont il était difficile de déterminer l'âge, puisque les Japonaises, dès qu'elles ont dépassé la trentaine, paraissent souvent plus vieilles qu'elles ne le sont en réalité. C'est surtout à l'abus des bains très chauds et pris fréquemment qu'il faut attribuer cette vieillesse précoce. Quelques-unes des petites filles étaient déjà couchées et dormaient d'un profond sommeil, la tête appuyée sur un oreiller en bois rembourré. Celles qui étaient encore debout portaient en l'honneur de la *matsouri* (fête), leurs habits les plus riches. Femmes et jeunes filles se tenaient assises autour des braseros, mangeant et buvant, fumant et causant.

A notre arrivée, une vieille femme proprement vêtue vint à notre rencontre et demanda ce que nous désirions. L'officier, notre guide, répondit que nous voulions voir des chanteuses et des danseuses, et qu'il fallait nous préparer un bon repas dans le plus bel endroit de la maison.

La vieille nous conduisit alors, à travers un jardin planté de beaux arbres, jusqu'à un pavillon, où elle alluma des lanternes de couleur et une douzaine de mauvaises bougies de cire végétale, fichées sur des candélabres de fer.

« Le rez-de-chaussée du pavillon ne formait qu'une seule pièce; le premier étage, au contraire, se divisait en un grand nombre de chambres, ou plutôt de cellules, séparées les unes des autres par des chassis tendus de papier. Les nattes qui couvraient le parquet étaient partout fort propres et de qualité supérieure, le papier des murailles était neuf; de fines sculptures ornaient les piliers et les dessus de porte. En somme, le pavillon où nous étions formait une habitation japonaise fort agréable.

« La femme qui nous avait conduits, espèce de surveillante qu'on appelle *o-bassan*, s'éloigna après avoir reçu nos ordres. Bientôt elle revint accompagnée de trois petites filles qui, comme elle-même, portaient des guéridons en bois noir verni, des coupes de la même matière mais de couleurs différentes, des tasses et des bouteilles de porcelaines, enfin tous les ustensiles nécessaires à un repas. Elles allaient et venaient, sérieuses et affairées; d'autres petites compagnes se joignirent à elles, et, dans quelques minutes, nous eûmes devant nous un souper japonais fort bien servi.

« Il se composait, comme le repas que j'avais déjà pris, d'œufs durs, de homard, de poisson cru et bouilli, de riz, de fruits et de sucreries; le vin doux d'Osakka, le saki et le thé n'avaient pas été oubliés.

« Les mets étaient appétissants et bien préparés, et nous fûmes servis avec autant d'adresse que de complaisance par les petites domestiques. Ces enfants, connues sous le nom de *Kabrousses* ou de *Kamérons*, sont élevées par les *djoros* (courtisanes) et par l'*o-bassan*, et sont destinées à les servir, ainsi que les personnes qui sont dans la maison.

« Pendant le souper, nous vîmes entrer plusieurs jeunes filles; c'étaient des *djoros*. Elles se présentèrent l'une après l'autre, et nous adressèrent un profond salut, en se mettant à genoux et en touchant la terre de leurs fronts, puis elles se retirèrent dans un coin de la salle. Sur notre invitation, elles vinrent s'asseoir auprès de nous, et prirent une part modeste à notre repas.

« Elles étaient d'ailleurs silencieuses et réservées, et ne répondaient à nos questions que par quelques timides paroles. Leur costume ne différait de celui des jeunes Japonaises que par le haut prix et l'éclat des étoffes. Quelques-unes avaient piqué dans leur chevelure des épingles d'écaille de la plus belle qualité.

« Le souper terminé, les petites filles desservirent, et d'autres personnes pénétrèrent dans la salle. C'étaient quatre *ghékos* ou chanteuses, dont les costumes rivalisaient de richesse avec celui des djoros ; chacune d'elles portait à la main le *sam-sin*, l'instrument favori des Japonais. Après avoir mis leurs *sam-sins* d'accord, elles commencèrent à jouer, en se servant, pour frapper les cordes, d'un morceau d'ivoire taillé en forme de hache.

« La musique japonaise ne peut entrer en comparaison avec la nôtre ; cependant, on distingue, dans les chants populaires, quelques motifs faciles et agréables. Il faut reconnaître aussi que les Japonais sont doués d'une grande justesse d'oreille ; ils jouent et chantent parfaitement à l'unisson, et observent avec exactitude le rhythme, souvent très difficile de leurs mélodies.

« Sur l'ordre de l'o-bassan, les jeunes filles se levèrent pour exécuter des pas de danse à un ou plusieurs personnages. Leurs pas forcés, leurs contorsions bizarres, étaient fort peu en harmonie avec les idées que nous avions de la grâce ; mais ces mouvements souples et précis s'adaptaient fidèlement au caractère de la musique, tantôt lent et triste, tantôt rapide et bruyant, et qui servait d'accompagnement à un poème récité par les *ghékos*.

« Après la danse, qui avait duré assez longtemps, il y eut un moment de repos et de silence.

« Les ghékos acceptèrent, avec force remerciements, les gâteaux et le saki que nous leur fîmes offrir ; les danseuses, encouragées par l'o-bassan, commencèrent à se sentir plus à l'aise, et causèrent à voix basse. Quelques-unes étaient fort jolies ; mais, ce qui me frappa plus encore que les traits de leur visage, c'était l'air modeste qui les rehaussait toutes. A les voir ainsi timides et réservées, on les eût prises pour d'honnêtes filles de la bourgeoisie. Une seule se faisait remarquer par une hardiesse d'allures qui contrastait singulièrement avec sa figure pâle et distinguée.

« — Il n'y a là rien d'étonnant, me dit un de nos amis à qui j'avais fait part de mon impression ; cette jeune fille passe pour une beauté à la mode et est fort recherchée. L'année dernière, elle était timide à l'excès ; depuis, elle a passé quelques mois à Desima et à Oord, et c'est en fréquentant nos compatriotes qu'elle est devenue telle que vous la voyez. Vous pouvez admettre comme règle générale que les indigènes dégénèrent moralement, aussitôt qu'ils entrent en rapport avec nous...

« Je ne saurais autrement définir l'état de démoralisation des djoros dans la compagnie desquelles je m'étais trouvé, qu'en le qualifiant d'état inconscient. Toute loi morale se fonde sur la conscience. Où la conscience fait défaut, il ne peut pas y avoir de démoralisation. Ce qui est certain, c'est que la vie des djoros n'a rien qui blesse la conscience japonaise.

« Dans un des temples les plus vénérés de Yédo, dans le temple de d'*Akatza* ou *Quanou Sama*, on a suspendu près de l'autel les portraits de quelques djoros, célèbres pour leur beauté et leur charité, on les montre aux jeunes filles vendues aux maisons de thé comme les modèles à suivre.

« Dans la grande ville de Simonoséki, il y a un véritable monastère de djoros, qui a été fondé par la femme d'un ancien empereur du Japon, afin de subvenir aux frais

Saint Dunstan forçant le roi Edwy a divorcer. (Page 109.)

d'une guerre entreprise contre des sujets rebelles.

« Une djoro peut en quelque sorte ne pas déchoir, et rentrer dans la société par la voie d'un mariage honorable. Ce fait s'est, à ma connaissance, renouvelé trois fois pendant mon séjour au Japon, et il s'explique par l'organisation particulière de l'institution à laquelle appartiennent les djoros.

« Une famille pauvre est-elle surchargée d'enfants, ou la mort de son chef la prive-t-elle de ses principales ressources, il arrive fréquemment que les petites filles qui font partie de cette famille, sont livrées à quelque maison de thé.

« On rédige à cette occasion deux espèces de contrat, suivant que la fille est encore en bas âge ou qu'elle est déjà nubile. Dans le dernier cas, de beaucoup plus rare, la jeune fille est louée à la maison de thé pour un certain nombre d'années, et sa famille reçoit pour elle une somme qui varie de 10 à 20 rios (100 à 200 francs) par an, et qui constitue une augmentation considérable de ses revenus. Si l'enfant est jeune, le prix de vente se règle en une fois, et n'excède pas 50 à 100 francs en tout ; de plus l'acquéreur s'engage à subvenir à tous les besoins de l'enfant, et à lui donner une bonne éducation.

« Jusqu'à l'époque de sa nubilité, l'enfant est habillée et nourrie ; on lui apprend à lire et à écrire, à danser, à chanter, et à jouer du sam-sin ; on lui enseigne, en un mot, tout ce qui convient à une jeune fille bien élevée. A quinze ou seize ans, son éducation doit être terminée. On fait alors d'elle une *gheko* (chanteuse), une *o-doori* (danseuses), ou bien une *djoro* ; elle subit l'un ou l'autre de ces états sans avoir le droit ni la pensée de se plaindre.

« Sa volonté n'a pas été consultée, lorsque, *kameron* (petite fille), elle a été livrée à la maison de thé ; sa volonté n'a pas à s'exercer davantage lorsqu'il lui faut s'acquitter de la dette qu'elle a contractée en recevant, pendant plusieurs années, tous les soins que son maître lui a donnés, car elle ne s'appartient pas ; elle est victime de la misère ou de la cupidité de ses parents, qui, étant ses maîtres naturels, l'ont cédée par contrat légal, et pendant un temps déterminé, au propriétaire de la maison de thé. Dès lors celui-ci se substitue aux parents, il devient son maître absolu, et il a le droit de disposer d'elle comme de sa chose. Quoi qu'elle fasse, gheko, o-doori ou djoro, elle n'est plus qu'une esclave dont la vie se résume dans le mot obéir ; elle agit sous l'impulsion d'un autre, elle exécute ses ordres, elle travaille pour lui, elle ne retient pas une obole de tout l'argent que lui rapporte son malheureux état.

« C'est donc en réalité une créature fort misérable et qu'il serait inhumain de mépriser, puisqu'elle exerce sans volonté et sans profit pour elle sa honteuse profession.

« Vers l'âge de vingt-quatre ou vingt-cinq ans, elle devrait, suivant la teneur du contrat qui l'a liée à la maison de thé, être rendue à elle-même et reconquérir son indépendance. Tel n'est pas le dénouement ordinaire de ces sortes de marchés, à moins qu'elle ne soit laide et disgraciée de la nature, ce qui est à peu près son unique chance d'être libre au temps fixé. Si, au contraire, elle est jolie, le maître abuse de son ignorance pour la retenir en son pouvoir ; il lui fait contracter des dettes, en lui servant une nourriture plus succulente, en lui vendant des bijoux ou des étoffes plus précieuses qu'il n'est obligé de lui en fournir. Bien peu d'entre elles ont assez de force pour résister à des tentations si attrayantes. Elles s'endettent, et comme elles ne possèdent, aux termes de leur engagement, nulle autre chose au monde que leur corps, elles sont forcées, afin de se libérer, de le vendre pour un nouveau délai.

« Ainsi, par un enchaînement de circonstances qui les dominent, il arrive ordinairement à ces infortunées créatures de s'éteindre dans la maison même où elles sont entrées petites filles, où elles ont flétri leur jeunesse dans un métier d'ignominie, et où, vieilles et enlaidies, elles trouvent un dernier asile comme servantes (*hotsoi*), comme surveillantes *o-bassan*, ou comme maîtresses d'école, de danse ou de musique.

« On en voit çà et là quelques-unes dont les charmes ou les bonnes qualités captivent des hommes qui les rachètent en payant leurs dettes ; mais la plupart se résignent à mourir dans l'état où elles ont vécu. »

C'est une triste destinée assurément, mais ce qui est plus triste encore, c'est le défaut d'affection maternelle qui distingue les femmes japonaises des classes pauvres, et qui les porte à exploiter de la sorte leurs enfants. Les progrès de plus en plus importants de la civilisation européenne au Japon auront bientôt fait disparaître, sans aucun doute, jusqu'aux derniers vestiges de mœurs barbares que peu de peuplades absolument sauvages accepteraient ; nous nous en rapportons pour cela aux légistes français qui, appelés dans ce but par le Mikado, travaillent à la rédaction d'un code japonais copié, autant que le permettent les différences de race, sur le code français.

Nous compléterons les renseignements empruntés à M. Lindau, en disant que, chaque année, à un jour fixé, on couronne la plus belle courtisane de la ville, comme on fait chez nous d'une rosière. Ce jour-là, la lauréate, magnifiquement coiffée, fait, avec une affectation de nonchalance gracieuse, et suivie d'un nombreux cortège, le tour des jardins du yosiwara. Sa robe, aux dessins représentant des animaux fantastiques, est tellement surchargée de broderies et de bijoux, qu'elle est obligée d'en faire porter le bas par deux suivantes.

Le cortège marche avec lenteur et majesté, sous le feu des regards jaloux de rivales déçues et des regards curieux et satisfaits d'une foule enthousiaste, composée principalement de flâneurs, de débauchés ordinaires et de lorines.

Les courtisanes sont d'ailleurs un peu mêlées à toutes les réjouissances publiques, et particulièrement aux fêtes religieuses. Par exemple, dans les cortèges magnifiques qui figurent aux processions de la fête patronale de divers temples, surtout à celles du temple de Quanou-Sama, à Yédo, qui attire, dit-on, plus de quatre millions d'étrangers, les plus belles courtisanes de la ville ont leurs places, au nombre de sept, et y paradent dans leurs plus beaux atours, chacune accompagnée d'une suivante et d'un bonze portant le parasol.

IV

Amérique et Océanie.

Sommaire. — Les Indiennes. — Les mauvais lieux aux États-Unis. — Importation de prostituées chinoises. La prostitution en Californie, jadis et aujourd'hui. — Les sectes : le communisme biblique. — Débauche partout. — Les libertés de la femme américaine. — Une lâcheuse ingénue. — Haute valeur d'une américaine à marier. — Le divorce. — La race polynésienne. — La nouvelle Cythère. — La débauche tahitienne revue et augmentée par des précepteurs européens. — Les maoris. — Le demi-monde néo-zélandais. — Les femmes à Nouka-Hiva. — Leur grande disposition à remplir le but que s'est proposé la nature en créant les deux sexes. — Abordage d'une frégate française par un banc de sirènes. — Les femmes hawaïennes. — Réforme des mœurs et du vêtement aux Sandwich. — Un bal à la cour de Sa Majesté hawaïenne. — Mort du roi Lunalilo et élection de son successeur, le souverain actuel. — Les nègres australiens. — La prostitution néo-calédonienne. — Les négritos de l'île de la Nuit. — L'union des sexes chez les Papous.

Il existe bien peu de peuplades américaines où les femmes fassent grand cas de la pudeur, surtout tant qu'elles ne sont pas en puissance de mari; car alors, soit crainte du châtiment, soit respect de la parole donnée, elles deviennent en général des modèles de fidélité conjugale. Mais, le peu qu'il y avait à dire sur ce sujet, nous avons eu déjà l'occasion de le dire, et ce n'est pas de l'Indienne que nous voudrions nous occuper ici, mais de la femme des États-Unis d'Amérique, de la femme d'origine européenne transplantée sur un sol qui n'était point fait pour elle, et auquel elle doit des modifications de caractère et de tempérament plus ou moins considérables.

Disons tout d'abord, pour ce qui concerne les lieux de débauche publics des villes américaines, qu'ils ne se distinguent pas assez des maisons européennes du même genre pour autoriser une exploration minutieuse. — Plus de violence dans les rapports, le condiment de l'ivrognerie plus répandu et plus accentué que partout ailleurs, partant une débauche plus bassement crapuleuse : voilà en quoi consiste la différence.

Cependant on voit aujourd'hui les maisons de prostitution de beaucoup de villes de l'Union offrir à la lubricité publique un élément qui faisait défaut jadis : nous voulons parler de la prostituée chinoise. San-Francisco surtout, dans son ardeur à remplacer les noirs émancipés par des esclaves d'une autre couleur, s'est vu envahi par d'innombrables spécimens de cette marchandise suspecte.

Ces prostituées chinoises n'ont aucun rapport, surtout aucun rapport extérieur, avec ces merveilleuses filles que nous avons vues badiner dans le sanctuaire du bateau de fleurs ; ce sont ordinairement de pauvres échantillons de la race, achetés dans un tout autre but apparent que celui qu'elles doivent remplir en effet, et dont le sort est des plus misérables. Mais comme celui qui les attendait dans leur propre pays, ainsi qu'on a pu en juger, n'était pas beaucoup préférable, elles finissent par s'y faire ; et les philanthropes de profession ont peut-être fait à ce sujet plus de bruit qu'il n'était nécessaire.

La prostitution californienne, d'un autre côté, avait un grand besoin de cette augmentation de personnel, car les femmes sont rares encore aujourd'hui en Californie, et avant l'arrivée des *Celestials*, la plus immonde femelle valait un prix fou.

C'était principalement dans les maisons de jeu que les courtisanes de bas étage se montraient au temps de la prospérité des mines, faisant les affaires du banquier en même temps que les leurs. A moitié nues, elles occupaient ordinairement les places les plus voisines de la banque, à droite et à gauche, à côté des revolvers destinés à mettre à la raison les mauvais joueurs ; ou bien elles circulaient dans les salles, lançant d'ardentes œillades qu'il n'eût pas fallu avoir une once de poudre d'or dans sa ceinture pour laisser tomber sur un autre. Cela n'a pas autant changé que la physionomie architecturale de San-Francisco, il s'en faut bien ; mais si l'offre est toujours inférieure à la demande, ce n'est plus dans les proportions d'autrefois, et il y a en conséquence amélioration.

Il y a aux États-Unis, on le sait, des sectes religieuses innombrables, dont beaucoup sont dignes de respect, mais pas toutes. Au chapitre suivant, nous parlerons des Mormons et de leurs *harems* ; mais il y a la secte des Perfectionnistes ou de la Famille biblique dont il faut que nous parlions un peu à cette place.

La base du système des Perfectionnistes, c'est le communisme. Tout est en commun chez eux, les êtres aussi bien que les choses. Le *mariage complexe* est le seul admis. En fait, il n'y a aucune espèce de mariage, puisqu'il s'agit ici de l'union « complexe » de chacun avec tous et de tous avec chacun, en réalité de la promiscuité la plus entière des sexes et des âges, régie seulement par la loi du consentement mutuel, car la violence, la simple pression même sont sévèrement interdites dans la secte.

Nous ne risquerons pas de nous égarer dans le dédale des subtilités mises en avant par les Perfectionnistes ou autres sectaires, afin de cacher quel est leur véritable mobile : une ardeur à la débauche d'une satisfaction trop laborieuse dans les conditions ordinaires de la vie.

Au reste, la débauche est partout en Amérique ; elle y est peut-être plus encore en apparence qu'en réalité, grâce à l'éducation trop pratique que reçoit la jeune fille américaine ; — c'est-à-dire qu'elle est peut-être plus dans la forme que dans le fond ; c'est du moins ce qui paraît résulter de l'exemple suivant, rapporté par M. Hepworth Dixon, dans sa *Nouvelle Amérique* :

— Y a-t-il longtemps, demandais-je à une jeune personne, que vous n'avez vu M. un tel ?

— Oh ! répondit-elle sans façon, je me suis *rudement* occupée de lui quelque temps ; mais j'en suis venue à bout !... *je l'ai lâché*.

Mon interlocutrice, ajoute M. Dixon, n'avait pas la moindre idée qu'elle eût commis une inconvenance ou une brutalité ; elle exprimait en bon anglo-saxon et d'une manière très nette la situation nouvelle de la jeune fille en Amérique. Elle avait seize ans, et dans sa sagesse de seize ans elle avait distingué un monsieur qui aurait bien pu, si le caprice féminin avait duré, devenir son *cavalier* pour la vie ; mais elle y avait pensé mûrement, et maîtresse de cette affaire, comme tout Américain ou toute Américaine l'est de ce qui les concerne, elle avait voté en définitive contre le personnage. Puis, comme elle avait contracté avec moi, voyageur, une belle amitié de deux jours, elle me contait son affaire. Ses lèvres prononçaient ce résultat comme on fait tout haut une soustraction ou une addition... La jolie fille de New-York peut *lâcher* son homme après s'être *rudement* occupée de lui, sans scandaliser personne.

« Voilà le vrai mot d'ordre de la vie américaine, le pivot mystérieux sur lequel roule la vraie constitution de cette étrange et nouvelle société.

« La disette de femmes et la proportion, relativement très considérable, de la majorité masculine, donnent à une jeune fille de ces pays une valeur qu'elle ne possède dans aucune région civilisée... »

N'oublions pas enfin que les Américains ont le divorce, et qu'ils en profitent, — les femmes principalement, — autant qu'ils le peuvent.

La race polynésienne est sans contredit la plus intéressante de l'Océanie. Il suffit de rappeler que les Taïtiens, les Marquésans, les Hawaïens, les Maoris de la Nouvelle-Zélande appartiennent à cette race, pour en donner la certitude.

Quelle différence entre ces hommes au teint olivâtre, plus ou moins foncé, aux formes souvent parfaites, aux traits généralement réguliers, avec un nez soit droit, soit aquilin, et ces malheureux nègres océaniens, australiens ou papous ! Ils sont même incontestablement plus beaux que les Malais, à bien peu d'exceptions près.

Ainsi les Maoris ont le teint à peine plus foncé que celui des Européens méridionaux ; ils ont le nez aquilin, le front large, les yeux grands et bien fendus, les cheveux longs, plats et lisses, noirs ou même châtains, et sont d'une taille élevée et bien prise. Les Taïtiens au teint cuivré n'ont pas des traits et des formes moins agréables ; et à propos des Marquésans, un voyageur contemporain s'exprime ainsi :

« Les Kanaks de Nouka-Hiva sont grands et cuivrés, ont les traits réguliers, les cheveux longs et soyeux comme ceux de Taïti, qu'ils surpassent peut-être encore en force et en beauté.

« C'est en considérant ces sauvages que l'on peut dire en toute vérité, et même au point de vue physique, que l'homme est le chef-d'œuvre de la création. Aussi l'Européen, habitué à nos corps décharnés ou obèses, à nos membres étriqués et souvent disgracieux, lorsqu'il voit ces naturels pour la première fois, ne peut-il se lasser d'admirer leurs formes splendides, où l'élégance le dispute à la force, et leurs mouvements pleins de grâce où la souplesse se joint à la majesté. »

Les naturels de la Polynésie ne sont pas moins remarquables par leurs mœurs que par leur perfection plastique.

Les Taïtiens, par exemple, ont des mœurs essentiellement voluptueuses, qui ont fait donner à leur île le nom de *Nouvelle Cythère*. La femme est considérée à Taïti comme un instrument de plaisir, et elle est en conséquence bien traitée, beaucoup mieux traitée qu'elle ne l'est souvent chez des nations jouissant des bienfaits d'une civilisation plus avancée.

Paresseux et voluptueux par tempérament, le Taïtien s'est de tout temps livré à la débauche, mais à une débauche gracieuse, pleine de poésie, pourrait-on dire. Malheureusement les Européens ont passé par là, — ils y sont même restés, — et n'ont été satisfaits que lorsqu'ils lui eurent inculqué l'un des vices les plus communs des civilisations raffinées, mais aussi les plus repoussants : l'ivrognerie.

Aujourd'hui, le Taïtien n'a plus rien à envier aux peuples les plus dissolus ; il est passé maître en orgies de toute sorte.

Les Maoris de la Nouvelle-Zélande n'ont pas mordu d'un moins bon cœur au fruit de l'arbre de science. Sous l'influence des missionnaires de diverses Églises chrétiennes, ils ont renoncé au cannibalisme et au tatouage pittoresque, et portent maintenant des vêtements européens.

Les jeunes filles maories principalement suivent les modes européennes avec un soin particulier, dans les villes anglaises, où elles se livrent à la prostitution pour satisfaire à leurs goûts de coquetterie. A Auckland, par exemple, le chapeau en tuyau de poêle et l'habit noir des chefs maoris coudoient les toilettes élégantes des petites dames de leur nation, qui y sont en quantité innombrable et y font de brillantes affaires.

Les Nouka-Hiviennes y vont plus franchement, n'ayant pas adopté encore la moindre parcelle des mœurs ni du costume européen. Un morceau d'étoffe, passant de la ceinture entre les jambes pour se rattacher à la ceinture par l'extrémité opposée, leur suffit encore le plus souvent, et leurs visiteurs européens ne trouvent pas la moindre critique à formuler à propos de la légèreté de ce costume, — dont Tartuffe se montrera toutefois toujours choqué.

Quant à leurs mœurs, on devinera ce qu'elles peuvent être quand nous aurons dit qu'à leur appréciation, les dieux n'ont créé des sexes différents que dans un but unique, qui est la reproduction de l'espèce. La vertu consiste donc pour elles à remplir ce but le plus souvent possible ; de sorte que la constance en amour et la pudeur sont pour elles des mots vides de sens.

On jugera, du reste, de leur manière de penser et d'agir, sous ce dernier rapport, par la relation suivante, empruntée à M. L. Besson de Choisy, de l'accueil fait par les Nouka-Hiviennes à un bâtiment français à bord duquel se trouvait ce voyageur :

« Nous n'eûmes pas plus tôt jeté l'ancre dans la baie de Taïo-Haé, qu'il nous fût donné d'assister à un spectacle aussi nouveau qu'étrange.

« Le « Mouille ! » solennel venait à peine d'être prononcé par l'officier de quart, que nous vîmes se détacher de la plage une nuée de Nouka-Hiviennes qui, aussi empressées que peu vêtues, se jetèrent à la nage, et à brasses rapides se dirigèrent vers la frégate.

« Le commandant M. B..., qui savait par expérience que les Kanaques de ces parages ne sont pas des rosières, et qui craignait pour son équipage les dangers d'une pareille invasion, voulut à tout prix les empêcher de monter à bord. Pour cela, peu confiant dans l'effet de discours qu'elles n'auraient pas compris, il se décida à employer des moyens moins chevaleresques : il fit d'abord fermer les sabords, puis placer sur le pont six factionnaires avec ordre de repousser, même par la force, celles qui persisteraient dans leurs intentions. Pour lui, se réservant la surveillance générale, le sourcil froncé, l'air imposant, tenant dans sa main droite en signe d'autorité une jonc à pomme d'or, il se promena de long en large sur le pont du navire en attendant les évènements et s'apprêtant, malgré leur sexe et leur beauté, à leur faire une réception moins que galante.

Mais, résister à une femme, même à une sauvage, c'est surexciter ses désirs et doubler son énergie. Les Kanaques n'eurent pas plus tôt compris les intentions peu bienveillantes que le commandant nourrissait à leur égard, qu'elles se firent une sorte de point d'honneur de rendre ses précautions inutiles.

Elles commencèrent par entourer le navire, puis, à un signal donné, montèrent bravement à l'assaut toutes ensemble et de tous les côtés à la fois, malgré les matelots de garde qui, il faut l'avouer, faisaient leur service avec une certaine mollesse ; repoussées à droite, elles reparaissaient aussitôt à gauche, couraient le long des bastingages, grimpaient au gouvernail, s'accrochaient aux cordes des manœuvres, entremêlant ces exercices gymnastiques de petits cris joyeux et d'exclamations ironiques à l'adresse du pauvre commandant.

Quant à celui-ci, les cheveux au vent, la figure empourprée, brandissant sa canne en signe de menace, suant, criant, gesticulant, suivi de ses matelots qui faisaient plus de bruit que de besogne, il courait de bâbord à tribord, de la proue à la poupe, chassant celle-ci, repoussant celle-là, les poursuivant toutes.

« À bout de forces, il commençait à douter de la victoire et à se demander si, pour mettre sa dignité à l'abri, il ne ferait pas bien de se replier dans ses appartements, lorsque, soit qu'elles prissent en pitié leur vertueux ennemi, soit qu'elles fussent fatiguées elles-mêmes d'une lutte si longue, les Kanaques se réunirent en groupe, se consultèrent un instant, puis remontant une dernière fois sur la muraille de la frégate, elles se tournèrent toutes vers M. B... et, tout en poussant un de ces éclats de rire frais et sonores qui sont comme la joie mise en musique, elles lui firent en signe d'adieu, un geste digne d'un gamin de Paris ; puis, lui montrant, — non pas leur visage, — elles se rejetèrent à l'eau et regagnèrent leur île. »

La civilisation a fait des progrès beaucoup plus importants aux Sandwich, et le costume européen est franchement adopté par les deux sexes, plus ou moins amendé toutefois par quelque reste de l'ancien costume national, présentant un heureux mélange de civilisation et de barbarie. Le pantalon notamment s'acclimate avec peine à Honolulu, et l'on assure qu'il n'est pas rare qu'un élégant qu'on vient de rencontrer en ville dans une toilette irréprochable, vous apparaisse soudain, à peine dans la campagne, trottant allègrement, les jambes nues et son pantalon sous son bras.

Dans les classes inférieures, les hommes se drapent volontiers dans le large morceau d'étoffe qui leur suffisait naguère, avec une chemise par-dessus ; les femmes du peuple ont conservé presque partout la longue chemise de toile du bon vieux temps.

Les femmes hawaïennes de toutes classes sont réputées pour la perfection de leurs formes, si les traits du visage, et particulièrement un léger épatement du nez, laissent quelque chose à désirer ; elles sont également célèbres pour la facilité de leurs mœurs et leur instruction relativement étendue, — étendue, en tout cas, jusqu'à la manœuvre du piano.

Tous les indigènes, à bien peu près, ont été convertis au christianisme par des missionnaires américains ou anglais.

Ce mouvement de conversion a commencé en 1819, quand la reine Kaahumanu, veuve de Kamehameha 1ᵉʳ, à qui l'on doit toutefois les premiers pas dans la voie de la civilisation, résolut de se convertir, en vertu de cette loi qui veut que, devenu vieux, le diable se fasse ermite, de réformer ses propres mœurs et celles de ses sujets par la même occasion.

« A cette époque, dit M. de Varigny, une jeune fille tirait orgueil du nombre de ses amants, et un jeune homme se trouvait heureux d'épouser une femme dont la beauté, appréciée de tous ses amis, n'avait plus rien de caché pour eux. »

Kaahumanu qui, en sa qualité de reine, avait eu autant d'amants qu'il lui avait plu d'en avoir et ne s'était pas gênée, était devenue vieille ; en conséquence, elle jugea que la mode des amants était vieille aussi et passée à tout jamais ; elle ajouta foi sans peine aux assertions des missionnaires, ajoutant qu'une telle mode était profondément immorale ; elle se convertit donc, adopta le vêtement européen, le rendit obligatoire à son peuple, et décréta que tout individu convaincu d'adultère ou de fornication serait, pour commencer, privé de ses biens et condamné à un an de fers ; la récidive entraînait la noyade avec des raffinements de cruauté qu'il fallait toute la sainteté du but poursuivi pour excuser.

Ça été un moment de terreur à passer, puis il n'a plus été question de noyades, de vertu et autres mauvaises plaisanteries du même goût, aussitôt qu'il fut possible de les oublier.

Chose curieuse à constater, si peu profonde que fut alors la modification des mœurs, elle le fut assez pour amener une décroissance énorme de la population des Sandwich.

Un des traits caractéristiques des mœurs hawaïennes, comme des mœurs de toutes les nations à demi sauvages touchées de la grâce civilisatrice, c'est un penchant irrésistible à l'ivrognerie ; et la satisfaction de ce penchant donne lieu quelquefois à des scènes d'un grotesque achevé, non pas seulement quand c'est le premier venu qui s'y livre, mais quand c'est, par exemple, Sa Majesté hawaïenne en personne, spectacle assez fréquent.

En novembre 1873, un journal américain publiait une correspondance d'Honolulu, dans laquelle nous trouvons le passage suivant :

« Il y a quinze jours, raconte le correspondant, nous avons eu au palais un bal donné par le roi en l'honneur de l'amiral anglais. Le bal était très beau, et le roi a mis tout le monde à l'aise en se grisant le premier, *glorieusement*. Après lui, ç'a été le tour des musiciens, puis celui des convives, et, enfin, moi-même, je me suis aperçu que je n'étais plus très solide sur mes jambes. J'ai vu un officier anglais assis sur le trône, avec une jeune fille sur ses genoux. Ce devait être une princesse, pour le moins. Le roi et la reine Emma la reine douairière étaient couchés à ses pieds.

« Plus tard, dans la soirée, le roi s'est levé, a pris un tambour et s'est mis à faire le tour de la salle en battant le *tattoo*. Finalement, les musiciens ont commencé à se quereller et à se boxer. Ils y mettaient un tel acharnement que l'amiral a été impuissant à les séparer. Le roi ne s'en est pas moins amusé... comme un roi, c'est le cas

Les enfants d'Édouard d'après le tableau de Paul Delaroche. (Page 115.)

de le dire, d'autant plus que bien qu'on ait vidé un nombre effrayant de bouteilles, il lui en est resté une grande quantité pour sa consommation particulière. Je ne sais s'il les a toutes bues, mais on dit que deux jours après le bal il était encore dans les brindezingues. Et pourtant, je n'en connais guère qui puissent lui tenir tête. En somme, c'est un bon garçon. »

« Ajoutons, dit le journal, pour compléter les renseignements donnés par son correspondant, que la conduite du prince ne provoque dans le pays aucune critique. Mais ces braves Kanaques sont menacés de perdre leur souverain. Lunalilo a déjà failli une fois — tout récemment — être emporté par une attaque de *delirium tremens*, et il est probable qu'il ne tardera pas à aller rejoindre les Kamehamehas sous les bananiers où reposent leurs cendres révérées.

« Comme il n'a pas d'héritiers, on prévoit des difficultés quand il faudra lui donner un successeur. N'y aurait-il pas là une chance pour quelqu'un des nombreux prétendants qui sont en ce moment en Europe à la recherche d'une position sociale ? »

Lunalilo ne poursuivit pas loin, en effet, le cours de ses royales orgies. Il expirait le 3 février suivant, d'une attaque de *delirium tremens*. Comme l'avait prévu le journaliste américain, l'élection de son successeur Kolakaua, huit jours plus tard, fut l'occasion d'une mêlée dans le palais même du Congrès qui présenta des scènes alternativement tragiques et comiques qu'il serait amusant de reproduire. — Mais ce serait trop nous écarter de notre sujet.

Nous n'avons que peu de chose à dire des mœurs des nègres australiens, par une raison bien simple, qui est le peu que l'on sait de ces peuplades sauvages.

On sait que les Néo-Calédoniens, ainsi que d'autres, livrent volontiers leurs femmes et leurs filles à la lubricité de quiconque peut s'en payer la fantaisie au prix d'objets la plupart sans nulle valeur sur les marchés d'Europe, objets principalement destinés à la parure : pour une fiole d'eau-de-vie ou de rhum, on ne sait pas trop ce qu'un Papou qui a déjà fait usage de cette liqueur ne serait pas capable de vous livrer; mais tout cela n'est pas fort intéressant.

On sait encore que, chez certaines peuplades où les hommes sont dans une minorité humiliante, on compte pour peu les femmes et l'on ne se donne même pas la peine de les épouser un peu cérémonieusement ; que dans d'autres, où la population décroît, on ne demande pas mieux qu'elles travaillent le plus possible, et avec n'importe qui, à en augmenter le chiffre. Dans tout cela, cependant, il ne faut voir que des exceptions, et qui ne portent que sur des groupes insignifiants.

Un jeune français, Narcisse Pelletier, recueilli, ou plutôt enlevé par un bâtiment anglais, en 1875, après avoir passé dix-sept ans dans une tribu de Papous ou Négritos de l'île de la Nuit, au nord-est de l'Australie, a pu donner sur les sauvages au milieu desquels il regrette peut-être de ne plus vivre, divers renseignements, et notamment ceux-ci :

Il n'y a pas de mariage chez les Papous, et la promiscuité la plus radicale y règne d'autant plus ouvertement que le nombre des femmes y est de beaucoup supérieur à celui des hommes. Pourtant la polygamie y est pratiquée d'une manière assez régulière quoique restreinte en ce sens que les femmes ne sont pas communes, mais qu'un indigène en a plusieurs, liées à lui probablement d'un consentement mutuel. — Quand l'aimable sauvage est las d'une des femmes qu'il s'est de la sorte appropriées, il s'en débarrasse d'un bon coup de lance, et tout est dit.

V

Le Harem chez les peuples modernes.

POLYGAMIE ET POLYANDRIE.

Sommaire. — Polygamie latente. — La séquestration des femmes. — Inutilité des verrous. — Les polygames sodomistes. — Le harem de Charlemagne. — Opinion du pape Grégoire II sur la pluralité des femmes. — La polygamie dans l'antiquité. — Prescriptions du Coran. — Harem et sérail. — Les harems turcs. — Les harems persans. — Les sultanes favorites célèbres. — Les désordres du harem d'Abd-ul-Medjid. — Le harem du vice-roi d'Égypte. — Nasly-Hanum, fille de Mehemet-Ali, ses orgies, ses monstrueuses cruautés. — La polygamie dans l'intérieur de l'Afrique. — Les harems du roi Katchiba. — Une fête au palais du roi Bango. — Les danseuses. — Les filles du roi. — Autre festival royal nègre. — La réception au gâteau. — Harems des rois du Darfour, de l'Ouadaï, des Monbuttus, etc. — Harems siamois. — Le prix des femmes dans le royaume de Siam. — Harem du sultan de Java. — La polygamie en Chine, au Japon, dans les royaumes d'Annam, de Birmanie, etc. — Le zenana indou. — Le harem du roi d'Oude. — Les Mormons. — Origines de la polygamie dans la secte. — La femme spirituelle et la femme charnelle. — Les trois formes du ménage polyginique mormon. — Opinion d'une dame mormone distinguée, sur la pluralité des femmes. — Opinion différente d'une autre dame non moins distinguée sur le même sujet. — Petites intrigues de ménage. — Lois mormones punissant le viol, l'adultère, etc. — La polygamie chez divers peuples de l'Océanie et d'ailleurs. — La polyandrie. — Les Naïrs de l'Inde. — Les peuplades de la vallée du Doon. — Légende de la belle Draupadi et des cinq princes Pandava. — Les habitants du Thibet. — La polyandrie aux îles Marquises.

La prostitution, telle qu'on l'entend généralement, c'est la *polyandrie*, la prostitution de la femme à plusieurs hommes ; mais la *polygamie* n'en est pas moins une forme de la prostitution. En fait, l'homme se prostitue à toutes les femmes qu'il rencontre, au moins pendant la durée des feux de la jeunesse, et presque toute sa vie, il est à la veille de succomber — puisque c'est le mot hypocrite ordinairement employé dans ce cas — à la tentation provoquée par l'occasion.

La faim, l'occasion, l'herbe tendre,
Et quelque diable aussi le poussant.

Sa « vertu » court en tout temps de très sérieux dangers.

Mais l'occasion n'est pas tout ; il faut aussi compter avec les tempéraments, surtout avec les influences du climat.

« Il y a de tels climats, dit Montesquieu, où le physique a une telle force que la morale n'y peut rien. Laissez un homme avec une femme, les tentations seront des chutes, l'attaque sûre, la résistance nulle ; dans ces pays, au lieu de préceptes, il faut les verrous. Un livre classique de la Chine regarde comme un prodige de vertu de se trouver seul dans un appartement reculé avec une femme sans lui faire violence. »

Les verrous, les peuples polygames en font une consommation considérable, mais ils n'en tirent pas tout le bénéfice qu'ils pourraient désirer ; les harems ne sont pas facilement accessibles, sans doute, mais pour que l'usage des verrous rendît tous les services désirables, il faudrait que le verrou ne sortît jamais de sa gâche, et c'est vraiment là qu'est la difficulté.

Cette prostitution mâle, qu'on appelle polygamie, ne prévient donc l'autre en aucune façon. Ajoutons que, dans les pays où elle est légalement pratiquée, elle conduit souvent, par une pente insensible, à l'exagération du principe, à la prostitution contre nature, à l'infamie.

« La pluralité des femmes, qui le dirait! s'écrie l'auteur de *l'Esprit des lois*, mène à cet amour que la nature désavoue; c'est qu'une dissolution en amène toujours une autre. Je me souviens qu'à la révolution qui arriva à Constantinople lorsqu'on déposa le sultan Achmet, les relations disaient que le peuple ayant pillé la maison du chiaya, on n'y avait pas trouvé une seule femme. On nous dit qu'à Alger, on est parvenu à ce point qu'on n'en a pas du tout dans la plupart des sérails.

« Il y a plus : la possession de beaucoup de femmes ne prévient pas toujours les désirs pour celle d'une autre : il en est de la luxure comme de l'avarice, elle augmente sa soif par la possession des trésors. Du temps de Justinien, plusieurs philosophes, gênés par le christianisme, se retirèrent en Perse, auprès de Chosroès. Ce qui les frappa le plus, dit Agathias (*Vie et actions de Justinien*), ce fut que la polygamie était permise à des gens qui ne s'abstenaient pas même de l'adultère. »

Au commencement, quoiqu'il en soit, les lois des diverses nations s'arrangeaient de façon à ne point gêner au moins les grands sur cet article, et puis interdirent formellement la polygamie à ceux qui pouvaient s'en passer la fantaisie.

Chez les Celtes, les Gaulois et les Germains, les grands de chaque tribu avaient plusieurs femmes; la polygamie existait aussi dans plusieurs des républiques grecques ; les Romains étaient monogames, mais ils faisaient un usage fréquent du divorce, qu'ils n'ont pas inventé toutefois, car nous voyons les Hébreux, les Perses, les Mèdes et bien d'autres en user tout autant qu'eux et bien avant eux; or, qu'on le veuille ou non, la pratique du divorce poussée à ses dernières conséquences, c'est bien la polygamie systématique.

Les rois mérovingiens, Gontran, Caribert, Sigebert, Chilpéric avaient plusieurs femmes; Charlemagne en eut au moins cinq, qu'il se répudia tour à tour, à mesure qu'il sentit fatigué d'elles, et en outre il avait en son palais d'Aix-la-Chapelle, un nombreux harem de concubines.

Le pape Grégoire II, dans une célèbre décrétale de 726, s'exprime d'ailleurs ainsi: « Quand un homme a une épouse infirme, incapable des fonctions conjugales, il peut en prendre une seconde, pourvu qu'il ait soin de la première. » Luther, plus tard, autorisa le landgrave de Hesse à prendre une seconde femme, parce que la première « était laide, sentait mauvais et s'enivrait souvent. »

Enfin, Voltaire dit avoir connu un prince allemand qui, déjà pourvu d'une femme luthérienne, obtint du pape l'autorisation d'en épouser une catholique, et les garda toutes les deux.

De notre temps, excepté dans les contrées orientales et en Afrique, jusque chez les peuplades les plus reculées à l'intérieur du continent, la polygamie s'est réfugiée dans une secte à la fois religieuse et sociale que des persécutions intéressées semblent devoir plutôt fortifier qu'abattre, et dont les miracles sont de l'ordre essentiellement physique, et même industriel ; nous voulons parler des Mormons.

Il a été dépensé beaucoup de dialectique, et répandu des fleuves d'encre pour et contre le *Mormonisme*; mais nous ne voulons ni le combattre ni le défendre, ce n'est pas là notre mission. Notre mission est simplement d'étudier la polygamie chez les « Saints des derniers jours » comme partout où elle existe, et c'est tout ce que nous ferons, le moment venu, c'est-à-dire après l'avoir étudiée chez les peuples polygames depuis l'origine, après avoir fait une visite dans les principaux harems des princes orientaux et africains, qu'ils soient blancs, jaunes ou couleur de suie.

Les Hébreux de condition élevée, au témoignage de la Bible, eurent presque tous plusieurs femmes, notamment Jacob, Juda, Booz, Saül, David. Gédéon paraît avoir possédé un harem assez nombreux, puisqu'il eut *soixante-dix* fils. Quant à Salomon, le Livre saint ne fait aucune difficulté de nous apprendre qu'il n'avait pas moins de sept cents femmes, sans compter un faible appoint de trois cents concubines.

La polygamie existe dans l'Inde de temps immémorial, et l'on trouve cette institution établie dans la plupart des contrées tropicales, quelles que soient la race et la religion des habitants. Elle existe également en Orient depuis un temps qu'on ne pourrait fixer, et le Coran prend soin de tracer à ses adeptes les règles à observer dans les rapports de l'homme avec ses femmes.

Ainsi le musulman peut avoir quatre femmes légitimes et autant de concubines-esclaves qu'il lui est possible d'en entretenir et qu'il lui est agréable d'en avoir; mais le Coran met à la jouissance d'un harem des conditions telles, qu'à la plupart des musulmans fidèles à ses prescriptions, il suffirait amplement de quatre femmes légitimes, et même d'une.

En effet, la loi accorde à chacune de ces quatre épouses le droit étroit de cohabiter au moins une fois par semaine avec l'époux commun : « S'il s'en trouve quelqu'une, dit le Livre saint, qui ait passé une semaine entière sans jouir de ce privilège, elle est en droit de demander la nuit du jeudi de la semaine suivante, et peut poursuivre son mari en justice en cas de refus. »

Je ne crois pas qu'il y ait d'exemple d'un recours en justice de cette espèce; et je crois sincèrement que beaucoup de musulmans en possession de quatre épouses légitimes et de deux ou trois douzaines d'esclaves appétissantes, ne font aucun cas de cette disposition de la loi; mais vous voyez qu'elle y est, et que le Coran a tout prévu.

Chez les peuples musulmans, comme on voit, les grands seigneurs n'ont pas seuls droit à la possession d'un harem; les simples particuliers jouissent des mêmes prérogatives, suivant leurs goûts, leur degré dans la hiérarchie et leurs moyens.

D'abord, nous devons dire que le mot *harem* signifie appartement des femmes, et que tous les harems ne sont pas nécessairement installés dans un sérail, ou mieux *seraï*, c'est-à-dire dans un palais; car ce dernier mot ne veut pas dire autre chose.

Au reste, pour avoir du mot et de la chose une explication exacte et détaillée, nous ne saurions mieux faire que de l'emprunter à un écrivain éminent que son sexe autorise à pénétrer ces mystères, à la princesse de Belgiojoso, qui nous a déjà fourni des renseignements sur la vie extérieure des femmes turques.

« Le mot de harem, dit cet écrivain, désigne une chose complexe et multiforme. Il y a le harem du pauvre, celui de la classe moyenne et celui du grand seigneur, le harem de province et celui de la capitale, celui de la campagne et celui de la ville, du jeune homme et du vieillard, du pieux musulman regrettant l'ancien régime et du musulman esprit fort, sceptique, amateur de réformes et portant redingote. Chacun de ces harems a son caractère particulier, son degré d'importance, ses mœurs et ses habitudes.

« Entrons dans le harem d'un bourgeois ou d'un gentilhomme campagnard.

« Qu'avant tout, la voyageuse privilégiée qui veut visiter ce triste lieu ne se fasse aucune illusion; qu'elle se prépare à surmonter bien des répugnances.

« Un escalier de bois, aux marches disjointes et vermoulues, aboutit aux appartements supérieurs, qui consistent en un grand vestibule donnant accès dans quatre chambres. Une de ces chambres est réservée au seigneur du lieu, qui l'habite avec sa favorite du moment. Les autres pièces sont occupées par le reste de ce qu'on appelle ici la famille.

« Femmes, enfants, hôtes du sexe féminin, esclaves du maître ou des maîtresses composent la population du harem. Il n'y a pas en Orient de lits proprement dits, ni de chambres spéciales consacrées au repos. De grandes armoires contiennent, pendant le jour, des amas de matelas, couvertures et oreillers. Le soir venu, chacune des habitantes du harem tire de l'armoire ce qui lui est nécessaire, fait son lit par terre, n'importe où, et se couche toute habillée.

« Quand une chambre est remplie, les survenantes s'établissent ailleurs, et si les chambres sont encombrées, les dernières venues se placent dans le vestibule et sur l'escalier.

« Rien n'est plus déplaisant, pour des yeux européens, que l'aspect de ces dames se levant le matin dans leurs atours de la veille, froissés et fanés par la pression du matelas ou par les mouvements irréguliers du sommeil.

« La famille du riche, du noble, du puissant seigneur de Constantinople présente le même spectacle d'immoralité et de turpitude naïve ; là encore, la soie et le brocart ne cachent qu'un hideux squelette. Les dames de ces harems de premier ordre ne portent pas pendant une semaine ni un mois le même costume froissé et souillé. Chaque matin, au sortir de leurs couches somptueuses, elles quittent les vêtements de la veille et les remplacent par de nouveaux atours. Leurs robes, leurs pantalons et leurs écharpes sont de fabrique lyonnaise, et quoique les fabricants européens n'envoient en Orient que les rebuts de leurs manufactures, ces rebuts sont encore d'un fort bel effet lorsqu'ils enveloppent les formes magnifiques d'une de ces Géorgiennes ou de ces Circassiennes dont les harems sont peuplés. — Ces deux genres de beautés ont des caractères bien différents. Autant la Géorgienne est sotte et hautaine, autant la Circassienne est fausse et rusée. L'une est capable de trahir son seigneur, l'autre de le faire mourir d'ennui.

« La grande occupation de ces dames, c'est la toilette ; aussi les trouvez-vous, à toute heure, vêtues de crêpe ponceau ou de satin bleu de ciel, la tête couverte de diamants, des colliers à leur cou, des pendants à leurs oreilles, des agrafes à leur corsage, des bracelets à leurs bras et à leurs jambes, des bagues aux doigts. Quelquefois, des pieds nus paraissent à travers la robe de crêpe rouge, et les cheveux sont coupés carrément sur le front comme ceux des hommes de nos pays.

« Les manières du beau monde féminin sont censées exprimer le plus profond respect, mêlé d'une crainte révérencieuse, envers le seigneur du harem. Qu'il entre, et le silence se fait aussitôt. L'une de ses femmes lui ôte ses bottes, l'autre lui met ses pantoufles, celle-ci lui offre sa robe de chambre, celle-là lui offre sa pipe, ou ses confitures. Lui seul est en possession du droit de porter la parole, et lorsqu'il daigne s'adresser à l'une de ses compagnes, celle-ci rougit, baisse les yeux, sourit et répond à voix basse, comme si elle craignait de faire cesser le prestige et de s'éveiller d'un rêve trop doux pour qu'il puisse durer longtemps.

« Tout cela n'est qu'une comédie dont personne n'est dupe, pas plus qu'on ne l'est chez nous des airs d'innocence et de timidité d'une pensionnaire. Au fond, toutes ces femmes ont peu de sympathie pour leur seigneur et maître. Ces femmes, si aisément et si doucement émues, dont la voix n'est qu'un faible murmure, s'adressent les unes aux autres de fort gros mots, sur un diapason aigre et criard, et il n'y a guère d'extrémités auxquelles elles ne puissent se porter contre celle d'entre elles qui jouit de la faveur du sultan. »

Le harem du grand seigneur, du padischah, du sultan des Turcs, si vous le préférez, est resté le type de ces sortes d'établissements, au moins jusqu'à l'avènement d'Abd-ul-Azis, qui n'y a toutefois pas apporté des changements aussi considérables qu'il l'avait promis.

Le Coran permet quatre femmes légitimes; mais les sultans en eurent toujours cinq jusqu'au commencement du XVII° siècle, époque où Ibrahim éprouva le besoin d'en élever le chiffre à sept. Le reste se compose de femmes esclaves qui portent le nom d'odalisques, ou mieux *odaliq*. Ces femmes sont principalement empruntées à la Géorgie et à la Circassie, comme nous venons de le voir, et doivent en général à quelque opération d'échange leur entrée dans le harem, à moins qu'elles n'aient été offertes en présent au padischah par un maître, un père, un frère ou un mari courtisan ou simplement achetées comme toute autre marchandise courante.

Nous n'entrerons pas dans les détails d'administration intérieure du harem, ces détails n'auraient qu'un faible intérêt rétrospectif aujourd'hui. Nous avons vu, dans la relation de la princesse de Belgiojoso, que la favorite, dans le plus simple des harems, est séparée de ses compagnes et installée dans un appartement particulier. Il en est exactement de même pour la sultane favorite, et l'on devine de quels soins on l'y entoure.

Les harems persans ne diffèrent point des harems turcs, et nous ne ferons pas, par conséquent, de description spéciale de ces établissements. Disons, toutefois, qu'au temps de Chardin, — mais Chardin écrivait au commencement du XVIII° siècle, et les choses n'allaient guère plus doucement à Constantinople alors, — les Persans montraient une rigueur particulière dans la séquestration et la surveillance de leurs femmes. — Il est vrai qu'ils sont encore aujourd'hui plus jaloux que les Turcs.

Donc, suivant Chardin, lorsque les femmes persanes sortaient, vers le soir ordinairement, elles étaient toujours accompagnées d'eunuques armés de gros bâtons, qui faisaient circuler les passants et les rossaient au besoin, pour les faire hâter. Non seulement les hommes étaient tenus de s'écarter du passage des dames persanes en promenade, mais encore de quitter les ouvertures des maisons d'où on aurait pu les apercevoir. Chardin rapporte qu'il a vu tuer sous ses yeux des malheureux qui n'avaient pas obtempéré assez rapidement aux ordres des eunuques.

Mais revenons au harem par excellence.

Le harem de Stamboul a nourri, à diverses époques, quelques sultanes favorites à qui leur esprit politique, mais surtout leurs crimes, devaient assurer une célébrité plus ou moins enviable.

La première en date de ces courtisanes illustres est la célèbre Roxelane, Italienne de Sienne selon les uns, Russe selon les autres, et qui devint la femme, la sultane favorite de Soliman le Magnifique. Le trait caractéristique de son genre de beauté était, on le sait, un nez en trompette; le reste était peu remarquable, mais elle avait beaucoup d'esprit et de l'astuce à revendre.

C'est de son règne que date la coutume, maintenue jusqu'aujourd'hui, de tenir les fils du Sultan enfermés dans le harem.

On cite, après Roxelane, la Vénitienne

Baffa, favorite de Mourad III. Celle de Mahomet III fut une Grecque nommée Elenka. Une esclave turque, Kiosem, aussi habile et aussi cruelle que Roxelane elle-même, était la favorite d'Achmet II. On en cite d'autres encore, mais toujours pour leur haute et quelquefois funeste influence sur les affaires du pays, leurs crimes politiques et des cruautés de tout genre inspirées par leur ambition personnelle : toutes choses dont nous n'avons que faire ici.

Lorsqu'on parle de harem, on se figure, à moins qu'on ait lu ce que nous en avons dit précédemment, une prison brillante, dont les geôliers sont des eunuques noirs, féroces, armés de lourds yatagans et toujours prêts à faire sauter les têtes des mutines, des rebelles ou des inconstantes.

Comment pourrait-on donc entretenir du dehors, avec ces belles captives, des intrigues amoureuses ?

Cela se voit pourtant, et si l'audacieux qui s'y risque court un très sérieux et très rapide danger, il est piquant de remarquer que c'est le plus souvent de la part de ces douces prisonnières si pathétiquement plaintes dans les romances françaises ou, tout au moins, à leur incitation.

Le livre publié il y a quelques années par une personne qui... en connaît les détours, Mme Kibrizli-Méhémet, sous ce titre : **Trente années au harem**, contient des détails d'un véritable intérêt sur les mœurs de ces douces colombes, et particulièrement sur celles des femmes du sultan Abd-ul-Medjid, que nous croyons devoir ajouter à ceux que nous tenons déjà de la princesse de Belgiojoso :

« Le harem d'Ab-dul-Medjid, y est-il dit, donna l'exemple de débordements épouvantables. Les caprices des sultanes ruinèrent le pays.

« Dans l'espace de deux ans, le sérail fut quatre fois renouvelé entièrement : couvertes de pierreries, suivies d'esclaves presque aussi magnifiquement vêtus que leurs maîtresses, ces femmes sans pudeur se promenaient en somptueux équipages, à peine voilées : la nuit, elles appelaient les passants par la fenêtre et les introduisaient dans le palais ; leurs faveurs étaient accompagnées de présents qui suffisaient parfois à faire la fortune de celui qui les recevait.

« C'était un cas de perpétuel pillage. »

Mme Kibrizli-Méhémet-Pacha raconte plus loin son entrevue avec Nasly-Hanum, fille de Méhémet-Ali-Pacha, vice-roi d'Egypte, qui avait exprimé le désir de la connaître. La scène se passe dans le palais de Mahmoudich, près d'Alexandrie :

« Nasly-Hanum dîna seule avec moi. La table, couverte de soie brodée, supportait des mets variés servis dans de l'argenterie artistement travaillée ; les cuillers même étaient ornées de pierres précieuses. Après le repas, nous allâmes toutes dans le jardin fumer et prendre le café autour d'une table. Vers dix heures on apporta des fruits et le sorbet dans des tasses d'or enrichies de diamants, ainsi que les couvercles.

« La princesse, ayant bu du vin et de l'eau-de-vie, causa plus familièrement avec moi, puis elle permit à quelques-unes des esclaves les plus âgées de s'approcher. L'une d'elles jouait le rôle de son amant : elles se mirent à parler de galanteries...

« Pendant cette scène, qui s'animait à mesure qu'augmentait l'ivresse des deux actrices principales, quelques jeunes esclaves dansaient en s'accompagnant de castagnettes de cuivre, d'autres chantaient.

« Celles que leur devoir obligeait à se tenir debout, autour de la chambre, tombaient de fatigue. On voyait à leur mine qu'elles avaient l'habitude de passer la nuit sans sommeil ; mais il leur fallait endurer ce supplice sans donner signe d'impatience, car leur maîtresse les eût fait battre impitoyablement ; plusieurs sont mortes des

Anne de Boleyn — Page 116.

mauvais traitements qu'elles avaient reçus. Une des suivantes de Nasly parla ainsi sa maîtresse à l'auteur :

« Vous avez vu notre maîtresse : elle passe toutes les nuits comme elle a commencé celle-ci. Elle se lève à midi ; dans la journée, elle fait des visites, des promenades en voiture, elle boit, elle s'amuse.

« Autrefois, bien que les dames égyptiennes soient bien moins libres que les turques, elle trouvait, grâce aux absences fréquentes de son mari, le moyen d'introduire impunément ses amants dans le harem. D'ordinaire, elle s'assurait de leur silence en les faisant mettre à mort ; mais ces meurtres s'étant ébruités, elle a renoncé à un passe-temps périlleux.

« Nous sommes toutes très malheureuses sous sa loi ; elle est aussi capricieuse que cruelle.

« Feu mon mari ayant dit une fois à l'esclave qui lui servait de l'eau : « Assez, mon agneau ! » ce seul mot répété à la princesse la mit hors d'elle. La pauvre fille fut égorgée par son ordre, puis sa tête bourrée de riz et cuite au four fut placée sur un plat, et quand le *defterdar* revint dîner, on lui servit cet étrange régal. « Prenez donc un morceau de votre agneau, » lui dit sa femme.

« Là-dessus, il jeta sa serviette, s'en alla, ne reparut plus de longtemps, et depuis n'eut plus aucune affection pour elle. S'ils ne se séparèrent pas, c'est que le mari tenait à garder ses richesses et à rester le gendre de Méhémet-Ali.

« Cette jalousie de la princesse s'étend sur les esclaves objets de son caprice. Au moindre soupçon d'infidélité, elle les fait mourir sous le fouet... »

Ne croirait-on pas lire la relation des mœurs de quelque nation sauvage ou remontant aux temps fabuleux, au lieu des mœurs de l'Égypte moderne ?

Les voyageurs qui ont visité dans ces derniers temps l'intérieur de l'Afrique y ont trouvé la polygamie partout répandue, et décrivent plus ou moins minutieusement les horreurs de certains potentats nègres, qui ne le cèdent guère à ceux des sultans musulmans, au point de vue de la curiosité.

Sir Samuel W. Baker cite, notamment, le roi de l'Obbo, Katchiba, pour la quantité de femmes qui peuplent ses harems, car il en a plusieurs. Il paraît que, pour se le rendre favorable, ses sujets lui font présent de temps en temps des plus jolies de leurs filles ; et le chiffre des présents de cette sorte est devenu à la fin si élevé, que le digne monarque a été forcé de distribuer dans tous les villages de son royaume un certain nombre de ses femmes. De cette façon, il se trouve vraiment chez lui en quelque point du territoire de son royaume qu'il se trouve.

Lors du passage de Baker dans ses États, le roi Katchiba avait, pour la peine, c*est seize* enfants. — Voilà ce qu'on peut appeler une grande famille.

Du Chaillu, en visite chez le roi Banojo, en son *palais* de Sangatanga, dans l'Angola, décrit une fête que lui donna ce monarque couleur d'ébène, qui met sa gloire, paraît-il, à posséder le plus grand harem qui se trouve sur cette partie de la côte occidentale d'Afrique. Il y entretient d'ailleurs plus de trois cents femmes, et c'est certainement quelque chose.

« La pièce où j'avais été reçu à ma première visite, dit notre voyageur, servait de salle de bal. Quand j'arrivai, un peu avant le déclin du jour, je trouvai réunies environ cent cinquante femmes du roi, dont quelques-unes passaient pour les meilleures danseuses du pays. Presque aussitôt les chants commencèrent ; alors un baril de rhum fut roulé dans la salle, et mis en perce. On en donna un verre plein à chacune des femmes ; puis les chants recommencèrent ; les femmes seules prenaient part à cette musique, qui était plaintive et discordante ; je ne pouvais pas toujours saisir les paroles, mais en voici un échantillon :

Tant que nous sommes vivants et bien portants,
Soyons gais, chantons, dansons et rions ;
Car après la vie vient la mort,
Et alors le corps pourrit, le ver le mange,
Et tout est fini pour toujours.

« Quand tout le monde eut été bien animé par les chansons, le roi, qui était assis dans un coin, ayant auprès de lui quelques-unes de ses favorites, donna le signal de la danse. Aussitôt l'assistance entière se mit à entonner, en battant la mesure, une espèce de refrain pour accompagner le bruit des tamtams et des tambours.

« Alors six femmes se détachèrent pour venir danser au milieu de la salle. Cette danse ne saurait se décrire. Celui qui a vu danser le fandango espagnol et qui se plairait, en imagination, à en exagérer au centuple les figures lascives, ne pourrait se faire qu'une idée imparfaite des poses de ces négresses. Atteindre le dernier degré de l'indécence dans leurs attitudes semblait être l'objet de l'émulation de toutes les six.

« Elles furent relevées plus tard par un groupe de six autres danseuses, et le bal se prolongea ainsi pendant deux heures. Alors, grâce au rhum qu'on buvait à discrétion, joint à l'excitation de la danse et du bruit, toute l'assemblée devint tellement tumultueuse que je songeai à faire retraite ; mais le roi ne le permit pas. Lui et tous ses sujets paraissaient se divertir extrêmement.

« De nouvelles femmes se présentèrent, une par une cette fois, et dansèrent de leur mieux, ou de leur pire, devant un tribunal de critiques minutieux, qui, suivant d'un œil attentif leurs moindres mouvements, ne manquaient pas d'applaudir, par des murmures de satisfaction bien accentués, à chaque pas qu'ils trouvaient plus licencieux qu'à l'ordinaire.

« Quand ce fut fini, deux jeunes filles, réellement fort jolies, vinrent en se tenant par la main et dansèrent devant moi. On me dit qu'elles étaient filles du roi, et que Sa Majesté désirait que je les prisse pour femmes, proposition que je déclinai avec respect, mais avec fermeté.

« À la fin, la salle exhalait un parfum trop fort pour mes nerfs, et comme les réjouissances tournaient de plus en plus au délire, je m'esquivai et je revins me coucher. »

Le docteur Livingstone eut aussi l'occasion de visiter le roi Bango, lorsqu'il exécuta son grand voyage à Saint-Paul de Loanda, mais il ne paraît pas qu'il fût témoin de semblable fête. En revanche, il lui fut donné de visiter le harem d'un autre prince africain, et, dans la relation de son voyage, il décrit comme suit le curieux spectacle, bien différent de celui auquel Du Chaillu avait été convié, qui lui fut alors offert :

« Un rideau rouge, dit-il, fermant une porte placée en face de l'endroit où nous étions assis, se souleva bientôt, et la première femme du prince entra, superbement vêtue.

« Elle s'avança en sautillant gentiment, et, avec un charmant sourire, elle nous présenta un petit gâteau ; chacun de nous en cassa un morceau, que la politesse nous enjoignait de manger immédiatement. Ses façons étaient fort gracieuses ; elle causait et se tenait absolument comme une Anglaise qui reçoit les amis de son mari et qui désire les mettre à leur aise. Ses yeux admirables, grands, aussi noirs que le jais, enchaînaient si bien l'attention, qu'il se passa quelque temps avant que nous pussions remarquer son costume, dont elle avait évidemment pris un soin tout particulier.

« Elle portait sur la tête un chapeau rouge, haut de forme, ressemblant beaucoup à la coiffure du grand-prêtre juif ou à celle de certains prêtres catholiques. Sa veste rouge, couverte de broderies d'or, emprisonnant étroitement le buste, descendait jusqu'à la taille ; et entre la veste et la jupe de mousseline indienne blanche, parsemée de points brodés en soie rouge, la chair restait à nu sur une largeur d'un doigt environ. Son pantalon descendait presque jusqu'aux chevilles, ornées de lourds anneaux d'argent ; pour chaussures elle avait des pantoufles jaune verdâtre, aux bouts relevés et assez larges pour autoriser à croire qu'elle n'avait ni cors ni œils de perdrix.

« Autour de son cou, plusieurs chaînes d'or et d'argent ; en outre, elle portait des anneaux passés non seulement dans les lobes des oreilles, mais dans une série de trous tout autour de l'oreille. Des bracelets d'or et d'argent, de belle fabrication indienne, couvraient ses bras, et des bagues ornées de pierres précieuses resplendissaient à chacun de ses doigts et à ses deux pouces.

« Une femme pourrait seule décrire une toilette aussi riche et aussi gracieuse ; je m'arrête donc. L'unique reproche qu'on pût lui faire c'étaient ses cheveux courts : on a adopté la mode de les porter toujours ainsi afin qu'ils sèchent plus vite après le bain ; mais pour nous Européens cela donne à la femme un air un peu trop masculin. »

La seconde et la troisième femme du prince viennent ensuite, l'une après l'autre; elles sont moins belles que la première, mais elles accomplissent, avec une ponctualité en quelque sorte automatique, les mêmes cérémonies du gâteau.

« Une esclave noire, vêtue comme ses maîtresses, mais moins richement, poursuit notre voyageur, entra alors portant un plateau et des coupes remplies de sorbets. Puis on nous présenta des fleurs et de la noix de bétel. La première femme nous en présenta à chacun gros comme une noisette, enveloppé dans une feuille ; pour lui plaire, nous acceptâmes.

« La noix de bétel a un goût légèrement amer et astringent, et l'on a probablement pris l'habitude de la mâcher, comme la noix de kola dans l'Afrique occidentale, en guise de tonique et de préservatif contre la fièvre. La première femme prépara ensuite pour elle et pour ses compagnes de bonnes grosses chiques en y ajoutant de la chaux.

« Ce mélange fait beaucoup saliver, et comme cette salive est rouge brique, elle teignait leurs jolies dents et leurs lèvres, ce qui n'ajoutait certes rien à leur beauté. Mais que voulez-vous? c'est la mode; de même qu'il leur semble tout naturel de lancer artistiquement des jets de salive rougeâtre dans toute la chambre. »

En 1875, après une campagne meurtrière, le Darfour était annexé à l'Égypte. Les Darfouriens constituent un peuple éminemment dissolu, passionné pour les plaisirs bruyants et amoureux de tous les excès, principalement des plus abjects.

On nous dira que, lorsqu'on veut noyer son chien, on dit qu'il est enragé, et que, ne connaissant les Darfouriens que par les rapports de leurs vainqueurs, nous ne sommes pas bien sûr de les connaître exactement. Cette observation est très juste, et nous n'insistons pas ; c'est d'ailleurs de harems qu'il est ici question, non des mœurs publiques.

Donc, Hassab-Allah, le dernier souverain du Darfour, possède un harem fort complet, organisé, semble-t-il, sur le modèle de ceux du sultan ou du vice-roi, et pourvu en conséquence d'une garde d'eunuques authentiques. La séquestration de ses femmes est donc absolue.

Vaincu et fait prisonnier par les troupes égyptiennes, Hassab-Allah faisait son entrée au Caire le 17 juin, traînant son harem à sa suite. — Notons que le voyage s'était effectué en chemin de fer, car c'est probablement la première fois qu'un harem est transporté ainsi par le moyen de la vapeur.

Quoi qu'il en soit, voici comment un témoin oculaire décrit ce curieux déballage.

« J'étais resté dans l'intérieur de la gare. Je savais que le harem du sultan devait se trouver dans le train. Les persiennes des wagons étaient encore ouvertes, les femmes croyant qu'il n'y avait pas de curieux dans la gare. Je les vis le premier et le dernier, car, dès qu'elles m'aperçurent, elles s'enveloppèrent dans leurs draperies et fermèrent les persiennes.

« Mes lunettes rondes peuvent bien avoir effrayé ces êtres sauvages. Beaucoup d'entre elles n'avaient absolument aucun vêtement. Leurs cheveux sont coupés assez courts et bouclés. Leur parure consiste en colliers de verre, en anneaux d'argent et en joyaux de corail assujettis aux narines. Les enfants ressemblent à des singes ; tous ont des ventres affreusement gonflés.

« L'odeur d'huile de ricin que répandent

ces femmes et ces enfants est horrible. Hassab-Allah était déjà parti, et les femmes et les enfants de son harem étaient toujours accroupis dans les wagons, pendant que les employés du chemin de fer et les officiers discutaient entre eux comment on pourrait bien faire sortir ces femmes de leurs retranchements.

Les eunuques noirs signifièrent que leurs maîtresses ne consentiraient jamais à descendre tant qu'un homme serait encore visible. — Tous les hommes dehors! — commandèrent les officiers. La plupart se retirèrent; plusieurs, qui voulaient absolument rester, furent écartés à coups de bâton.

Enfin les noires odalisques commencèrent à descendre. D'un pas chancelant, elles se dirigèrent vers des voitures fermées qui les conduisirent au nouveau palais d'Hassab-Allah, à Darb-el-Achmar. L'ameublement de cette demeure brille des plus vives couleurs, comme les habitants du Darfour les aiment. »

Le sultan de l'Ouadaï, pays voisin du Darfour, visité en 1876 par le docteur Nachtigal, n'a pas moins de cinq cents femmes dans son harem.

Le docteur Schweinfurth rapporte de son côté, que le roi de Mombuttos, Mounza, possède un harem presque innombrable. Ce roi donna au voyageur européen des fêtes dans lesquelles parurent toutes ses femmes, dont l'entrée dans la salle du trône, chacune un petit tabouret à la main, est décrite de la manière la plus pittoresque dans la relation de son *Voyage au cœur de l'Afrique*.

Mais il faudrait passer en revue tous ces potentats nègres si l'on voulait relever la liste exacte des harems de cette mystérieuse terre d'Afrique qui, peu à peu, grâce à d'intrépides explorateurs, n'aura bientôt plus de mystères pour nous, — car tous en ont, et pompeux à l'envi des uns des autres.

M. le marquis de Beauvoir, qui a fait, à la suite des princes de la famille d'Orléans, en 1866-67, un voyage autour du monde, en a donné une relation pleine de faits curieux et d'un grand intérêt. On y trouve notamment la description de quelques harems royaux et sultanesques où le pittoresque se mêle à l'imprévu, et pour compléter notre petite collection nous ne pouvons mieux faire que de lui en emprunter une ou deux.

Siam, comme on sait, ou comme on ne sait pas, est un royaume exigeant; un roi ne lui suffit pas, il lui en faut deux. Ainsi, présentement, il y a Chao-Pha-Chulalou-korn, premier roi, et Krum-Mun-Pawar, second roi de Siam. L'un et l'autre a son harem, comme de raison. Quand l'un ou l'autre meurt, ce qui arrive, on commence par l'embaumer, puis on le conserve ainsi dix mois, pendant lesquels son harem lui rend ses devoirs avec autant de respect et d'exactitude que s'il était toujours vivant. Ce harem compte plusieurs centaines de femmes qui, matin et soir, en pareille circonstance, viennent embrasser le royal embaumé et lui faire entendre des protestations de dévouement et d'amour aussi sincères que celles qu'il entendait de son vivant.

En outre des rois, les seigneurs siamois, dénommés mandarins, ont aussi leur harem, peuplé en raison de leur position et de leur fortune.

Chaque mandarin, dit M. de Beauvoir, possède un harem de douze, vingt ou trente femmes, suivant son caprice et son budget; selon son degré dans la hiérarchie, il doit se distinguer par le nombre et la qualité de ses femmes. Parmi elles, une seule est dite *grande*, c'est celle qui a été épousée après les *Kan-mack*, ou fiançailles solennelles; toutes les autres sont réputées pe-

tites. Presque toutes sont achetées, mais je n'ai pu savoir au juste le prix moyen. J'en vois du prix de 700 à 800 francs qui sont fort gentilles; avec 1.500 francs, on doit pouvoir acquérir des créatures vraiment angéliques.

« Chose essentiellement bizarre et paradoxale, c'est la grande femme qui est chargée de faire les achats de remonte du harem; c'est elle qui a la haute main sur toute la troupe, qui la mène à la promenade, préside à la cuisine, au logement, à la toilette. Mais aussi, elle seule peut hériter et donner naissance à l'héritier du nom et de la fortune; elle seule ne peut pas être vendue.

« Quant aux autres, *lascivum, sed miserabile pecus*, si elles font, par leurs grâces, leur beauté et leur jeunesse, les délices du maître, elles ne sont pourtant qu'une marchandise, et lorsque le mandarin perd au jeu, achète des terres ou fait de mauvaises affaires de commerce, sa bourse épuisée, il paye en femmes et en enfants, qui deviennent, à un taux fixé par la loi, la propriété du créancier.

« Voici en quelques mots la hiérarchie de ces harems.

« En tête, la grande mandarine, vieille matrone, en général, dont le crâne rose n'est plus ombragé que par un toupet blanchi, et dont les mollets se rident; puis viennent quinze ou vingt petites jeunes femmes coquettes et pimpantes, avec l'écharpe sur la poitrine, si elles sont achetées depuis moins de deux ans, sans autres vêtements que des colliers d'or jusqu'à la ceinture, si la lune de miel est passée; la reine du moment, favorisée par le maître, se distingue souvent par la surabondance des joyaux. »

Une petite traversée assez gentille à travers la mer de la Chine nous conduira à l'île de Java, si les vents et les pirates de Bornéo le permettent; et là, toujours à la suite de M. le marquis de Beauvoir, nous irons faire une visite au harem du sultan de ce pays.

« En route pour le harem! Le sultan va causer une surprise à celles qu'il aime et faire franchir pour la première fois à des Européens ce seuil sacré du bonheur conjugal.

« Nous ne tardons pas à entrer dans la salle la plus étrange, où nos yeux dévorent un fouillis de dorure, de nattes, d'arabesques, de lits historiés et enluminés; là s'élèvent à l'intérieur des escaliers tournants de bois de sandal, de petits pigeonniers, sortes d'autels haut perchés, autour desquels brûlent des parfums suaves dans des coupes suspendues et voilées légèrement par la fumée qui se perd en tourbillonnant. Dans cette salle, qui peut avoir cent cinquante mètres de profondeur, il y a comme des vallées et des montagnes; les boiseries ciselées à jour en font un labyrinthe, et des femmes effrayées y circulent comme des ombres fugitives.

« Mais le sultan appelle, et nous avons devant nous l'essaim charmant, par la jeunesse plus que par la couleur, de ces quarante femmes, vraies poupées de cire bien luisantes, toutes souriantes sous son regard et langoureuses dans leur pose. Leur buste, élégant et fait au moule, n'est orné que de colliers et de joyaux; un *Sarroug* rose est noué sur leurs hanches.

« Je crois rêver, en vérité, emporté par un songe des *Mille et une Nuits*.

« Le sultan nous présente à sa mère et à quatre autres bonnes vieilles momies, qui étaient également femmes de feu son père; puis vient le tour de ses filles, dont la plupart ont pour tout vêtement une parure de diamants. Elles sont au nombre de quarante-huit; le sultan s'étant marié à douze ans, cela lui fait une moyenne de trois filles par an, à ajouter à deux fils. »

Les Chinois sont monogames, mais, de même que les Siamois, ils sont autorisés par la loi à avoir chez eux un harem de concubines aussi peuplé que les moyens ou la fantaisie le leur permettent.

Les concubines d'un mandarin chinois sont, de droit, sinon de fait, sous la dépendance de la femme légitime, et ce qu'il y a de plus étrange, c'est que leurs enfants sont censés appartenir à cette dernière, qui est leur mère légale. Les concubines, en un mot, sont entièrement destituées du droit à la maternité; par suite, tous les enfants d'un même père, quelle que soit leur mère réelle, jouissent de droits égaux.

En somme, le rôle de la femme légitime, en Chine, est misérable, et la loi n'a peut-être qu'une seule disposition qui lui soit un peu favorable, c'est celle qui l'autorise à se remarier, dans le cas où son mari resterait éloigné du domicile conjugal au delà de trois années, qu'il soit d'ailleurs vivant ou non.

Les Japonais en usent, sous le rapport des concubines, exactement comme les Chinois. Chez eux aussi, la femme légitime est la maîtresse légale des autres; elle paraît même l'être plus réellement dans la pratique, car les femmes japonaises paraissent en général très satisfaites de voir augmenter le personnel du harem; c'est comme si le mari augmentait le nombre de leurs servantes, et l'on conçoit qu'elles n'en soient pas fâchées.

Presque toujours, du reste, lorsqu'un Japonais médite de prendre une nouvelle concubine, il en instruit sa femme légitime et lui demande son avis.

Il est vrai que, comme le mari, dans ces heureux pays, a tous les droits sur la femme, y compris celui de la tuer sommairement, si l'envie lui en prend, il serait prodigieux de voir celle-ci émettre un avis qui pourrait être désagréable à son seigneur et maître.

Les mêmes mœurs existent dans la Birmanie, et d'ailleurs dans presque tous les États voisins. Dans le royaume d'Annam, cependant, il n'y a pas de femme légitime dans le sens étroit du mot. Un Annamite achète autant de femmes qu'il lui plaît, et s'en débarrasse, à mesure qu'il en est las, le plus avantageusement qu'il peut.

Dans l'Inde, où la polygamie existe, au moins en principe, les princes musulmans ont tous leur harem, ou *zenana*; nous voulons parler des princes que l'Angleterre n'a pas entièrement dépossédés ou de ceux qui, après dépossession, sont cependant restés à la tête d'une de ces fortunes colossales qu'on ne rencontre que par là. Mais il faudrait remonter avant la terrible révolte provoquée par les exactions inouïes de la Compagnie des Indes, et qui éclata en 1857, pour retrouver le zenana indou dans toute sa pittoresque magnificence.

Dans un ouvrage publié peu auparavant, par un officier anglais attaché pendant plusieurs années à la cour du roi d'Oude, Nassir-ud-Din, détrôné en 1857, nous trouvons des détails curieux sur le zenana de ce prince, et dont il nous semble tout à fait opportun de faire profiter le lecteur.

Disons d'abord que le service de la garde, dans toute la partie du palais réservée aux femmes, était confié à un corps de cipayes féminins. Ces amazones portaient l'uniforme ordinaire des cipayes, avec les cheveux roulés en chignon, mais sur le sommet de la tête, afin de pouvoir être facilement introduits dans le shako. Le cadre d'officiers et de sous-officiers de cette troupe appartenait également au sexe faible.

Plusieurs de ces cipayes femelles étant pourvues d'un époux, il était rare qu'il n'y en eût pas quelqu'une retenue à la chambre pour un mois ou deux, à raison de cet

« était intéressant — auquel les femmes sont généralement sujettes. — ce dont s'amusait fort Sa Majesté Nussir-ud-Din.

Il y avait aussi des porteuses, dont le service consistait à porter dans les cours intérieures du palais les palanquins et autres véhicules clos à l'usage du roi et de ses femmes. Ces porteuses étaient organisées militairement et dirigées par des officiers, commissionnés ou non, du sexe féminin toujours, comme on s'en doute.

Ajoutons à cela une multitude innombrable d'esclaves et cent cinquante eunuques dont le chef, placé à la tête des serviteurs de la première femme du roi, la *Padshah-Begum*, fille du roi de Delhi, était considéré comme un des plus hauts fonctionnaires du royaume.

Les bâtiments du zenana ne différaient pas sensiblement, par la forme, de ceux des autres parties du palais. Les femmes du roi ne recevaient, dans leur retraite, d'autres visites mâles que celles de leurs proches parents. Elles ne sortaient qu'en voitures fermées si hermétiquement que, non seulement il n'y avait pas de danger qu'on les aperçût, mais encore qu'il leur était impossible, à elles-mêmes, de rien voir de ce qui se passait au dehors. Il est juste, toutefois, de dire qu'elles avaient permission entière de s'entretenir avec les personnes de leur sexe qu'il leur plaisait de recevoir, et que dans cette occasion elles n'étaient soumises à aucune gêne, à aucun contrôle.

Chacune des épouses du roi avait son appartement particulier, ses galeries, etc.; il se pouvait qu'elle fût négligée par son royal époux, mais son rang d'épouse et de reine ne pouvait lui être contesté et ne l'était pas. Négligée, par exemple, était souvent son lot, avec un débauché insatiable comme l'était Nussir-ud-Din, et il arrivait fréquemment que la maîtresse fût une simple esclave; mais cela ne lui importait guère.

Toutes les femmes du zenana du roi d'Oude étaient d'une grande beauté et parées avec magnificence. Lorsqu'elles sortaient en voiture et en palanquin, elles étaient accompagnées d'un cortège imposant, dont un régiment des gardes du corps du roi, en brillant uniforme de drap bleu brodé d'argent, tenait la tête.

Avec tout cela, le zenana de Nussir-ud-Din n'en fut pas moins le théâtre de sanglantes intrigues, dont les Anglais purent occasion pour lui choisir prématurément un héritier. C'était un premier pas vers l'annexion du royaume d'Oude à l'empire Indo-Britannique, consommée après le terrible soulèvement de 1857-58.

L'institution de la polygamie chez les Mormons ne date que de 1852. Elle fut suggérée, du moins en apparence, par l'exemple des patriarches et dans l'intérêt de l'accroissement de la famille, et aussi par cette idée pleine de prévoyance qu'exprime le prophète Brigham Young, que « les appétits charnels et les caprices des sens ne doivent pas influer sur notre vie de famille. »

Origène employa un autre moyen pour avoir raison des « appétits charnels » et des « caprices des sens, » mais ce moyen ne pouvait évidemment remplir l'autre but: l'accroissement de famille, et il faut avouer qu'il est moins dans la nature.

Cependant, ce ne fut pas tout de suite que cette institution fut accueillie par les « saints des derniers jours. » D'abord, au commencement du mormonisme, l'apôtre Sydney Rigdon proposa la théorie cocasse de la *femme spirituelle*, d'après laquelle, outre sa *femme charnelle*, on pouvait conclure un mariage pour l'éternité, platonique dans ce monde, mais devant donner toutes ses conséquences dans l'autre, du moins autant que les circonstances le permettraient.

Mort d'Élisabeth. Page 186.

Rigdon fut quelque peu bafoué, et sa théorie déclarée digne des petites maisons, et désavouée publiquement par le fondateur de la secte, Joseph Smith lui-même.

Mais peu de temps après, ledit Smith prétendit avoir eu une révélation qui lui commandait de prendre autant de femmes (*spirituelles* ou non, mais en tout cas *char-*

nelles) que le Seigneur lui en accorderait, en vue d'un retour pur et simple à la « vie patriarcale. »

C'était une couleuvre un peu difficile à faire avaler aux « frères » mariés, et encore bien plus aux « sœurs. » Mais, chose étrange, ce fut parmi ces dernières qu'on trouva le plus d'adeptes à la nouvelle doctrine, toute proportion gardée, et les missionnaires les plus zélés. Enfin, le 29 août 1852, il fut décidé que la révélation dans laquelle Dieu lui-même ordonnait à Joseph Smith de prendre plusieurs femmes, serait acceptée comme article de foi.

Cette décision provoqua un schisme qui compromit l'existence même de l'Église mormonne, qu'un grand nombre de frères désertèrent immédiatement, tout en continuant à se soumettre, pour tout le reste, à l'autorité du prophète. Mais depuis, la plupart sont rentrés dans le giron de l'Église et, grâce aux missions, grâce aussi peut-être aux persécutions exercées par le gouvernement des États-Unis, le nombre des Mormons s'est accru depuis lors dans des proportions énormes et la communauté en est arrivée à un état de prospérité inouï.

Mais ce n'est pas de la situation économique de la communauté mormonne que nous avons à nous occuper ici, c'est des mœurs matrimoniales de cette communauté ; nous le ferons en nous appuyant sur le témoignage d'un éminent voyageur français, M. Jules Rémy, qui a publié sur le mormonisme un ouvrage aussi considérable par son impartialité qu'intéressant par les renseignements qu'il nous fournit.

Le ménage polyginique mormon revêt trois formes distinctes. La première consiste dans la réunion de toutes les femmes d'un même mari dans une maison où elles vivent en commun, séparées de celui-ci, qui les visite quand bon lui semble, mais demeure ailleurs. Dans la seconde, qui est la plus commode, la moins dispendieuse et par conséquent la plus répandue, le mari vit sous le même toit que ses femmes ; chacune de celles-ci a sa chambre particulière, où le mari les visite impartialement à tour de rôle. Enfin, dans le troisième système, chaque femme a sa maison particulière, comme le mari, et celui-ci va passer chez chacune d'elles vingt-quatre heures, — toujours à tour de rôle, car c'est là le principe de la polygamie mormonne, et sans accorder une minute de plus à l'une qu'à l'autre. Le harem mormon ne peut avoir de favorite ostensible.

Toutes les femmes d'un même « saint » doivent se considérer réciproquement comme des sœurs, et considérer les enfants de leur mari comme leurs propres enfants, quelle qu'en soit la mère : celle-ci, par contre, est la seule qui reçoive de ses enfants le titre de mère, les autres femmes du père sont pour les enfants des tantes et rien de plus.

Il ne paraît pas y avoir de loi qui empêche un saint d'épouser qui bon lui semble, car on en voit qui ont épousé à la fois la mère et la fille, d'autres toutes les filles d'un même père et d'une même mère, enfin il en est un qui aurait pour épouses ses deux propres sœurs.

On comprend que la polygamie, même ainsi comprise, soulève de nombreuses objections. Mais un phénomène vraiment curieux, c'est qu'il se rencontre des femmes bien élevées et nourries des principes de l'éducation chrétienne qui, non seulement acceptent la situation quasi avilissante que leur font les institutions mormonnes, mais encore les justifient. M. Jules Rémy rapporte, dans son *Voyage au pays des Mormons*, une conversation qu'il eut à ce sujet avec une femme fort distinguée, mais évidemment convertie à ces idées et satisfaite de leurs conséquences :

« On ne saurait croire, dit-il, avec quelle verve d'esprit, avec quel air de sincérité et de conviction elle défendait la doctrine nouvelle et relevait les objections qu'on lui faisait, et quelle pudeur de physionomie et de langage elle apportait dans cette mauvaise cause. »

« — Pourquoi donc rougirais-je d'accepter ce dogme de notre foi ? N'ai-je pas la Bible pour moi ? J'y vois, dans cette Bible, qu'un saint homme, assurément, un ami de Dieu, un homme fidèle en toutes choses, un homme qui observa toujours les commandements de Dieu, qui est appelé dans le Nouveau-Testament le *Père des fidèles*, Abraham, en un mot, était polygame. Et Jacob, son petit-fils, un homme également selon Dieu, ne posséda-t-il pas quatre femmes, dont il eut douze fils et une fille ?... Plus tard, je vois la pluralité des femmes perpétuée, sanctionnée dans les lois de Moïse, et tout arrangé en conséquence. Voyez si ces faits ne sont pas concluants ! si l'on croit à la Bible, il faut pourtant, ce me semble, tenir compte de cela.

On objecte que la polygamie est contraire à la loi naturelle : mais quel est donc le but du mariage ? C'est sans doute de multiplier l'espèce, c'est d'élever et de former des enfants. Or la nature veut qu'à de certaines époques et dans de certaines circonstances, la femme soit séparée de son mari. L'homme, au contraire, riche de ses moyens, est tenté de les dépenser en secret avec une maîtresse, d'une façon illégitime, tandis que la loi de Dieu la lui aurait donnée comme une honorable épouse. Tout cela engendre le meurtre, l'infanticide, le suicide, le remords, le désespoir, la misère, en même temps que leur cortège inséparable, les jalousies, les déchirements de cœur, les défiances au sein de la famille, etc. Enfin cela conduit à cet horrible système de tolérance légale, dans lequel les gouvernements prétendus chrétiens délivrent des patentes à leurs filles de joie pour les autoriser, je ne dirai pas à imiter les bêtes, mais à se dégrader bien au-dessous... »

Il faut avouer qu'il y a du bon dans ce discours, et que ce tableau des félicités de la monogamie n'est vraiment pas trop chargé en couleur. — Mais poursuivons la citation :

« Dans notre société, dit encore la dame mormonne à son interlocuteur ébaubi, l'argent ni le plaisir ne peuvent tenter la femme, parce qu'elle trouve toujours une porte ouverte à des relations honorables de mère et d'épouse, au sein de quelque famille vertueuse, où elle rencontre l'amour, la paix et le bien-être, où la pratique de la vertu lui donne des titres à la transplantation sur le sol de l'éternité, pour y multiplier sa famille à l'infini, sans peine ni chagrin, et sans être dès lors sujette à la mort... »

Toutes les dames mormonnes ne sont pas aussi enthousiastes de la doctrine et de la position qu'elle leur fait que l'interlocutrice de M. J. Rémy ; on, après l'avoir été, il en est qui éprouvent beaucoup de refroidissement à son endroit, sinon d'amers regrets. Il y a des raisons, et de fortes, pour que la polygamie plaise peu ou déplaise même, absolument à une femme distinguée. Elle a pu se laisser entraîner par les sophismes des missionnaires, pour peu surtout qu'elle soit douée d'une imagination vive ; mais la réalité ne tarde guère à lui paraître brutalement triste. Les principes de sa jeunesse reprennent alors le dessus, et lui montrent toute l'abjection de sa vie actuelle. Alors, si elle est mère, elle demeure inconsolable malgré tout ; si elle ne l'est pas, elle s'enfuit, autant que la fuite lui est possible.

Lors de l'institution de la polygamie, Brigham Young se réserva le droit d'autoriser le second mariage et les suivants, ou d'y refuser son consentement sans lequel il fallait renoncer à une nouvelle union. C'était comme représentant de Dieu sur terre, que le prophète avait cette autorité, en réalité c'était dans un but politique facile à saisir qu'il se l'était arrogée. Elle est passée, avec toutes ses autres prérogatives, à son successeur, John Taylor, et tout va bien de ce côté. Mais en outre, pour contracter un nouveau mariage, le consentement de la première femme est indispensable, et aussi, naturellement, celui de la nouvelle fiancée et de sa famille.

Il semble pourtant que, dans la pratique, on tient peu de compte de ces restrictions. Une transfuge du mormonisme, Mᵐᵉ Stenhouse, dans un ouvrage publié à Paris en 1874, fait des ménages polyginiques mormons un tableau peu flatteur, et parle des restrictions apportées à la consommation des seconds mariages comme d'obstacles faciles à franchir, sauf toutefois le consentement du prophète.

« Il est vrai, dit-elle, qu'on demande le consentement de la première femme; mais, si elle refuse, on s'en passe, et ce refus, qui n'a d'autre effet que d'empêcher la nouvelle venue d'entrer dans la maison, produit des querelles domestiques dont le mari ne manque pas de prendre prétexte pour s'éloigner...

« Souvent la femme, après avoir lutté de toutes les forces de l'amour, arrive au dégoût et à l'indifférence, que le mari abusé prend pour de la résignation ; ou bien il se peut que la première et la seconde épouses deviennent amies afin de mieux lutter contre une troisième ; aussi le mari préfère-t-il, dans l'intérêt de son propre repos, que ses femmes se haïssent; mais alors la haine de la mère passe aux enfants, ce qui fait des frères et sœurs autant d'ennemis.

« Le père ne peut avoir grande influence sur ces derniers, puisqu'il ne vit pas au milieu d'eux ; il n'a pas de foyer proprement dit, étant chez chacune de ses femmes comme à l'hôtel. »

La perspective n'est certes pas séduisante ; heureusement, comme tout le monde a intérêt après tout, à ce que la tranquillité règne dans le ménage, et qu'il n'y a rien à gagner à armer le fils contre le père ou à donner au mari un prétexte pour s'éloigner, chacun y met ordinairement du sien, comme il arrive dans les ménages monogamiques, et l'on finit par s'entendre ou par en avoir l'air.

Mais ces unions multiples des Mormons sont dictées souvent par des considérations pratiques qui ne manquent pas de bon sens et d'habileté, à coup sûr, mais où l'amour et la poésie ne semblent pas avoir grand'chose à faire. Il est vrai que dans les harems orientaux, vus de près, on ne trouverait ni bon sens, ni poésie, ni amour même dans le sens que nous attachons à ce mot, ce qui n'empêche pas certains moralistes d'établir entre ces deux sortes de harems une comparaison toute à l'avantage des derniers.

« Certains maris prévoyants, dit encore Mᵐᵉ Stenhouse, ont soin d'avoir des femmes sur les différents points du territoire, ce qui est commode en voyage, et les patriarches campagnards choisissent surtout leurs compagnes en vue de réunir des ouvrières utiles ; l'un d'eux, ayant déjà une ménagère, une couturière et une tisseuse, cherchait encore une institutrice pour les enfants.

« De leur côté, les femmes d'expérience tirent parti de cette disposition du caractère mormon à estimer le côté pratique des choses en s'attachant leur mari par de bons repas et un intérieur confortable. Cette séduction est souvent plus puissante que celle de la jeunesse et de la beauté. Beaucoup de dames se résignent à la vie commune avec leurs rivales dans la crainte que le maître ne trouve ailleurs un dîner plus à son goût. »

Quant aux habitudes de débauche qu'on a prêtées aux Mormons, nous n'en dirons rien, parce qu'il est clair que ce sont d'infâmes calomnies. A peine y signale-t-on de temps en temps le crime d'adultère, et la prostitution vulgaire n'existe pas sur tout le territoire de l'Utah, ou, si elle existe, ce ne peut être que d'une manière tout à fait clandestine. En tout cas, les crimes et les délits ayant la débauche pour origine ou pour but, sont prévus par les lois de l'État, et des peines sévères sont édictées contre eux.

Le rapt, le viol, la séduction non suivie de mariage, l'adultère, sont punis d'un emprisonnement de un à vingt ans, perpétuel même, pour les deux premiers crimes, s'ils sont entourés de circonstances exceptionnellement aggravantes. Des peines sévères sont également portées contre quiconque est convaincu d'avoir tenu une maison de prostitution, ou d'avoir mis en vente ou procuré d'une manière quelconque des livres ou des images obscènes.

Le divorce existe chez les Mormons, et l'impuissance constatée y est une cause de divorce. Mais si un « frère » est convaincu d'avoir cherché à entraîner un ménage au divorce, il est puni d'une amende plus ou moins considérable, suivant la gravité du cas.

En terminant, nous devons reconnaître que les harems des Mormons ne sauraient être mis en parallèle avec ceux des Orientaux et des Africains, que nous avons visités avant eux, et qui sont, ceux-là, des foyers de débauches et de crimes sans nom. Nous ne pouvions toutefois, dans une étude sur la polygamie, laisser de côté les Mormons, polygames aussi fanatiques aujourd'hui, pour le moins, que les sectateurs d'Ali ou d'Omar, quoique avec d'autres mobiles.

La polygamie est en faveur chez beaucoup de peuplades océaniennes, malaises, polynésiennes ou australiennes ; mais il nous suffira d'en signaler l'existence, — surtout après la description du harem des sultans de Java. Elle est également pratiquée chez quelques autres peuples de l'Asie septentrionale, tels que les Samoyèdes, par exemple, mais non sur une aussi grande extension.

Nous avons vu la polygamie érigée en loi religieuse et civile chez un assez grand nombre de peuples modernes, et le fait, au bout du compte, nous paraît acceptable, par la raison que nous sommes depuis longtemps accoutumés à cette idée. Il n'en est pas de même de la polyandrie existant, elle aussi, à l'état d'institution, et cependant elle existe.

Oui, dans plusieurs tribus du nord de l'Inde, les femmes ont plusieurs époux légitimes, et chez les Naïrs, assez nombreux encore sur la côte du Malabar et dans le sud, la polyandrie est la loi fondamentale ; de sorte que les enfants n'y ont pas de père, ou du moins sont hors d'état de le désigner.

Une femme naïre doit avoir quatre époux ; elle y est contrainte sous des peines sévères à subir aussi bien dans l'autre monde que dans celui-ci.

Dans cette tribu ou caste, les femmes habitent des maisons isolées, percées d'autant de portes qu'elles ont présentement d'époux ; elles y demeurent seules, avec leurs enfants. Quand un des époux vient voir sa femme, il fait le tour de la maison et, arrivé à la porte qui lui est réservée, il frappe de son sabre sur son bouclier pour annoncer sa présence. On lui ouvre et il pénètre dans l'intérieur, laissant à la porte un domestique chargé de ses armes, espèce d'enseigne à l'usage des autres maris, si l'un d'eux se trouvait pris de la même fantaisie que le premier, dans ce moment solennel.

Tous les huit jours, la femme naïre tient maison ouverte à tous ses maris qui dînent avec elle et lui font toute sorte de politesses.

Remarquez que chaque mari apporte à la femme commune une dot souvent considérable, à la charge pour celle-ci, par exemple, de prendre soin des enfants ; et c'est assez juste puisque, encore une fois, ces enfants ne connaissent que les « maris de leur mère. »

Dans la vallée de Jounsar, la femme épouse, outre l'aîné des fils, tous les frères de celui-ci, mais les enfants issus de ce mariage sont considérés comme appartenant à l'aîné. Dans le cas d'une grande différence d'âge, telle, par exemple, que trois des prétendus auraient l'âge d'homme, je suppose, tandis que les trois ou quatre derniers ne seraient que des enfants, les premiers épousent une femme à frais communs, et plus tard, le lot enfantin en épouse une autre ; mais ces deux femmes restent considérées comme les épouses communes des six ou sept frères.

L'origine de cette coutume, dans les vallées du Doon, et par conséquent dans celle de Jounsar, se trouve dans une curieuse légende du *Mahabharata* dont voici la substance :

Le roi de Droua ayant, dans une fête, offert au vainqueur d'un concours à l'arc, un prix qu'il voulait laisser ignoré de tous jusqu'à la fin, les cinq princes Pandava convinrent de se partager ce prix, quel qu'il fût, si l'un d'eux était vainqueur. Ce fut Arjun, l'aîné des princes, qui remporta le prix, et ce prix fut... la fille du roi, la belle Draupadi !

Il n'y avait pas à s'en dédire, et Arjun dut partager avec ses quatre frères le prix qui lui était échu. De sorte que la belle Draupadi se trouva à la tête de cinq maris.

Draupadi et ses cinq époux habitèrent, dit-on, pendant plusieurs années, le port de Bairath, dont on montre encore les ruines sur une colline située à l'extrémité nord-ouest du Doon.

Chez les Naïrs, l'origine de la polyandrie paraît être tout simplement dans le désir des rois de Malabar de laisser complètement en dehors de la famille, sans affection paternelle puisqu'il ne se connaît pas d'enfant, sans inquiétudes conjugales, l'homme dont ils voulaient faire un guerrier.

Cette raison est moins poétique, moins féerique, pour mieux dire, que celle tirée de l'aventure merveilleuse de la belle Draupadi et du non moins beau prince Arjun, mais elle est plus humaine, et elle a sans aucun doute cet avantage sur l'autre que, si elle n'est pas vraie, elle est au moins très vraisemblable.

En effet, jadis les rois de Malabar choisissaient leurs gardes dans cette caste des Naïrs, caste guerrière, réputée pour sa vaillance. — Or, rien n'est plus propre que l'isolement, que le dénûment de tout intérêt humain, à provoquer dans un homme, même fort ordinaire, une bravoure à toute épreuve et souvent poussée, pour peu que l'occasion s'y prête, à la plus folle témérité.

Les mœurs de la vallée de Jounsar sont également en faveur au Thibet. Nous ajouterons à ce que nous en avons déjà dit, que, là au moins, la femme, outre sa collection de maris, se gêne aussi peu qu'un mari polygame pour avoir des amants, et ne s'en cache nullement. Il est vrai que les maris eux-mêmes n'attachent qu'une importance fort médiocre à un événement de cette nature.

Enfin on trouve encore les traces d'une sorte de polyandrie, jusque chez les peuplades sauvages de l'archipel de Mendana (Marquises).

QUATRIÈME PARTIE

LA PROSTITUTION ET LA DÉBAUCHE EN FRANCE DEPUIS LES TEMPS LES PLUS RECULÉS

I

Mœurs privées de nos premiers rois, de leurs parents, de leurs alliés et de leurs favoris, jusqu'à la mort de Brunehaut (613)

Sommaire. — Gaulois et Francs. — Les bacchantes de la Loire — Situation de la femme chez les Gaulois. — Dépravation des mœurs gauloises sous l'influence de la civilisation romaine. — Pétrone Arbiter. — Pureté des mœurs franques. — Les premiers rois francs donnent la mesure de cette pureté — Childéric I, — Ses turpitudes le font chasser honteusement par ses sujets. — Il se réfugie à la cour du roi de Thuringe. — La reine Basine. — Heureux accouplement d'une conscience large et d'un tempérament vigoureux. — Childéric est rappelé au trône. — L'exil ne lui a rien appris ni rien fait oublier, et il le prouve. — Basine rejoint Childéric, qui l'épouse, bien qu'elle soit déjà pourvue. — Clovis I et les évêques. — Accord touchant. — La remarquable lignée du premier roi chrétien. — Les amours de Clotaire I. — Ingonde et Herégonde. — Femmes, maîtresses et concubines. — Theodebert, roi d'Austrasie. — La mère et la fille. — Jalousie de Deuterie. — Mort affreuse de Goswinde. — Les fils de Clotaire. — Chramne. — Caribert, roi de Paris — Mérofléde et Marconefe. — Heureux temps, où les rois épousaient des bergères! — Daudelicde. — Theogdilde rend à Caribert la monnaie de sa pièce. — Le bon roi Gontran. — Les deux sœurs. — Intrigues dernières de Theogdilde. — Les deux dernières femmes de Gontran. — Mœurs édifiantes du roi Chilperic I. — Harem et lupanar. — La reine Audovere et sa servante Frédégonde. — Intrigues de celle-ci. — La servante supplante la maîtresse en attendant qu'elle puisse honnêtement la faire assassiner. — Chilperic épouse Galswinthe, sœur de Brunehaut. — Frédégonde, un moment éloignée de la cour, y reparait bientôt. — Galswinthe étranglée et Frédégonde couronnée. — Brunehaut, reine d'Austrasie, entreprend de venger sa sœur. — La grande lutte entre la Neustrie et l'Austrasie. — Les amoureux de Frédégonde. — Pages, écuyers, capitaines et évêques. — Imprudences galantes de la reine. — Chilperic assassiné. — Mort glorieuse de Frédégonde. — Mort ignominieuse de Brunehaut.

Pendant la période barbare de l'histoire des peuples dont la nation française tire son origine, il ne parait pas que la prostitution ait revêtu chez ces peuples une autre forme que celle de la polygamie, ni qu'elle ait été, en principe, autre chose qu'une conséquence directe de l'esclavage. Dans la part de butin qu'emportait le guerrier vainqueur, il y avait fréquemment des femmes qui, réduites en esclavage, n'avaient pas à discuter le genre de service qu'il convenait à leurs maîtres de tirer d'elles.

Pas plus chez les Francs que chez les Gaulois nous ne trouvons trace de prostitution religieuse. Cependant Strabon, d'après Posidonius, signale la présence d'espèces de Bacchantes dans une petite île située en face de l'embouchure de la Loire. C'étaient des Namnètes, dont la capitale était Nantes.

« Possédées de la fureur bachique, dit Strabon, elles cherchent, par des mystères et d'autres cérémonies religieuses, à apaiser le dieu qui les tourmente. Nul homme ne pénètre dans leur île, et ce sont elles qui, de temps en temps, vont voir leurs époux. Une fois par an, elles enlèvent la toiture du temple de Bacchus et le recouvrent dans une même journée, avant le coucher du soleil, chacune d'elles apportant sa charge de matériaux. Celle qui en travaillant laisse tomber son fardeau, est immédiatement mise en pièces par ses compagnes, et, au cri d'*Evoé*, elles promènent les membres de la victime autour du temple.

« Jamais le travail ne se termine sans que l'une d'elles éprouve cette fatale destinée. »

Rien ne prouve, malgré cela, que ces bacchanales gauloises aient atteint le degré d'ignominie des bacchanales romaines.

Il ne faut pas faire trop de fond, cependant, sur le continence des Gaulois. A l'exception des nations méridionales, des Massaliotes ou Marseillais, par exemple, il est certain qu'ils étaient fort adonnés à l'ivrognerie. Cicéron, dans son plaidoyer pour Fontéius, fait allusion à cette passion des Gaulois, lorsqu'il dit : « Les Gaulois vont mettre de l'eau dans leur vin. Pour eux, c'est y mettre du poison. » Or, un vice en amène un autre, et de l'ivrognerie pure et simple aux excès les plus variés et les plus ignobles de la débauche, il n'y a qu'un pas.

Ajoutons que les femmes étaient considérées pour peu de chose chez nos bons ancêtres. Le mari avait droit de vie et de mort sur sa femme comme sur ses enfants. « Lorsqu'un père de famille d'une naissance illustre vient à mourir, dit César, dans ses *Commentaires*, « ses femmes » sont mises à la torture comme de simples esclaves, et si on arrive à la découverte d'un crime, on les fait mourir par le feu et avec toutes sortes de supplices. »

Quoi qu'il en soit des mœurs des Gaulois, chez eux et indépendants, il est certain que beaucoup d'entre eux, sous la domination romaine, se firent promptement aux mœurs peu édifiantes des vainqueurs, et briguèrent sans vergogne la même renommée d'élégants et de viveurs. Et lorsqu'on songe que celui qui soumit la Gaule à l'empire passait pour être, tour à tour, « l'homme de toutes les femmes et la femme de tous les hommes, » il n'est pas besoin de se demander jusqu'où pouvait aller l'imitation à de pareilles mœurs pour nos pères, dont le penchant à l'imitation était presque aussi grand que le penchant au commérage.

De nombreux Gaulois brillèrent d'ailleurs à la cour de plusieurs empereurs. Sans doute, au début, on se moqua d'eux, de leur tournure abrupte, de leur origine *barbare* ; mais cela ne dura pas, et pour ne citer qu'un exemple, Pétrone, l'auteur du *Satyricon*, le pourvoyeur des orgies de Claude et de Néron, l'*Arbiter elegantiarum* de Tacite, Pétrone était Gaulois.

Les Francs, ces barbares aux mœurs pures desquels certains historiens attribuent la rénovation des mœurs publiques dans les contrées où ils s'établirent par la force, les Francs étaient polygames comme les Gaulois ; ils pratiquaient l'inceste à l'occasion, et, dans tous les cas, leurs orgies étaient de l'espèce la plus grossière.

Le plus ancien des rois Francs sur les mœurs desquels nous ayons des renseignements certains, c'est Childéric Ier, fils de Mérovée et père de Clovis. Childéric, dans les premières années de son règne, est surtout célèbre par ses orgies. La passion érotique paraît avoir été poussée chez lui jusqu'à l'extrême limite de la démence, qu'il ne franchit pas seulement grâce à une organisation exceptionnellement robuste. Mais la violence de cette passion faisait qu'il ne transigeait point avec ses fantaisies. Femme ou fille qui avait eu le malheur d'attirer son attention, appartînt-elle aux

Louise de Kéroualle, duchesse de Portsmouth, maîtresse de Charles II.

plus puissants de ses sujets, il fallait qu'il l'obtînt, et le rapt était le moyen ordinaire dont il se servait pour arriver à son but.

Il en fit tant, qu'à la fin, ses sujets se lassèrent, et qu'il fut sommairement chassé de son royaume par les *leudes*, ou grands vassaux, indignés.

Childéric se réfugia à la cour de Basin, roi de Thuringe, où il demeura huit ans. Bien accueilli par ce roi bénévole, le fugitif lui montra sa reconnaissance en séduisant sa femme, laquelle devint bientôt éperdument amoureuse du roi détrôné, justement à cause de cette robuste constitution dont nous venons de parler et à laquelle il nous faudra faire encore une utile allusion tout à l'heure.

Au bout de huit ans d'exil et de relations adultères avec la reine Basine, Chilpéric commençait à se fatiguer des unes et de l'autre jusqu'à n'en pouvoir plus, quand, grâce aux quelques partisans qu'il avait conservés dans son ancien royaume, il y fut tout à coup rappelé.

Il s'empressa, comme on pense, de répondre à cet appel opportun, et les larmes de sa maîtresse furent impuissantes à le retenir en exil une heure de plus qu'il ne le fallait strictement.

Childéric reprit possession de sa couronne, et presqu'à la même heure, des agréables habitudes qui la lui avaient fait perdre une première fois. La reine de Thuringe, la coupable et infortunée Basine, était déjà bien loin de sa mémoire, lorsqu'elle apparut tout à coup à ses yeux.

Surpris, agréablement peut-être, Childérie lui demanda ce qu'elle voulait, pour être venue de si loin.

« — J'ai su apprécier, lui répondit-elle, ton mérite et ta vigueur, c'est pourquoi je viens habiter avec toi ; et sache bien que si j'avais connu au delà des mers un homme mieux fait pour plaire à une femme, c'est avec celui-là que je serais allée habiter. »

La réponse de cette reine est beaucoup plus énergique en latin, telle que Grégoire de Tours nous l'a transmise, et quoique nous en ayons lu des traductions plus anodines encore que la nôtre. — Il paraît qu'elle plut au roi franc, puisqu'il garda près de lui cette ancienne maîtresse et en fit sa femme, sans plus s'inquiéter du roi Basin que s'il n'existait pas.

De cette union naquit Clovis 1er, célèbre dans l'histoire comme le fondateur de la nationalité française, grâce à son union intéressée avec le clergé, après sa conversion au christianisme ; célèbre aussi pour ses crimes abominables ; et que ces diverses causes de célébrité ont placé trop haut pour qu'on ait songé à regarder de bien près dans sa vie privée. On sait seulement que, païen ou chrétien, Clovis ne cessa jamais d'entretenir un grand nombre de concubines. — Mais comme les évêques n'en faisaient pas moins, ce ne pouvait être un objet de brouille entre les nouveaux alliés.

Les fils et successeurs de Clovis, « cette succession d'assassins et d'empoisonneurs superstitieux qui sortirent de ce Clovis, en légitimes légataires des fruits d'un pieux brigandage, » suivant l'énergique et juste expression de Népomucène Lemercier, ne se firent pas moins remarquer par ce côté qui nous occupe spécialement.

Ingonde, femme de Clotaire, ayant prié celui-ci de marier avantageusement sa sœur Heregonde, Clotaire jugea préférable de la garder pour lui. Il en eut Chilpéric. Malgré cela, la possession avait sans doute suffi à dégoûter le royal amoureux, car, obéissant aux représentations de Jean III, il confina la malheureuse Heregonde dans un couvent et, sa femme étant morte, ce fut une autre femme qu'il épousa. Il va sans dire qu'indépendamment de ces amours de choix, Clotaire entretenait une collection de concubines, mais cela ne comptait pas.

Théodebert, fils de Théodéric, roi d'Austrasie, guerroyant en Languedoc, enleva la femme et la fille du gouverneur de Béziers. La femme, Deutérie, devient aussitôt la maîtresse de Théodebert qui, lorsque la fille de Deutérie, qui n'était alors qu'un enfant, fut devenue une belle jeune fille, tourna sans hésitation ses vœux de son côté.

La malheureuse Gosswinde paya cher sa conquête, car Deutérie, que l'amour maternel n'étouffait pas, ayant fait atteler des taureaux furieux au chariot que sa fille devait monter pour la promenade, celle-ci fut emportée par son attelage et noyée dans la Meuse avec lui. Théodebert, informé de la part qu'avait prise Deutérie à la mort de Gosswinde, la fit enfermer dans un couvent et épousa la fille du roi des Lombards, Wissgarde, union projetée dès avant que Théodebert rencontrât Deutérie et qui fut rompue au bout six mois, par la mort de Wissgarde.

Mais les fils de Clotaire forment à eux seuls la plus belle collection de débauchés qu'il ait jamais été possible de réunir dans la même famille.

Citons d'abord Chramne, le fils rebelle, maudit du peuple bien avant d'être maudit et finalement brûlé vif avec sa famille par son royal père.

Les turpitudes de celui-là ne connurent aucune borne, et il vécut de la manière la plus immonde, pillant, volant, violant, « enlevant même les filles des sénateurs sous les yeux de leurs parents, » dit un chroniqueur contemporain. C'est bien assez dire sur son compte.

Caribert, roi de Paris, dont le caractère était doux, comparativement à celui des bandits sanguinaires qu'il avait pour aïeul, pour père et pour frères, fut néanmoins excommunié par saint Germain, pour crime de polygamie, et voici dans quelles circonstances :

« Il avoit, dit Sauval, épousé Ingoberge, princesse d'une grande vertu et qui l'aimoit tendrement ; elle voyoit à regret le roi passer toutes les journées à la chasse, et ne revenir auprès d'elle que bien avant dans la nuit ; elle en faisoit souvent ses plaintes à Méroflède et à Marcouefe, les seules de ses filles d'honneur qu'elle avoit honorées de sa confidence. Elles étoient sœurs, et quoiqu'elles ne fussent filles que d'un cardeur de laine, la reine ne laissa pas de les prendre auprès d'elle, parce qu'elles avoient des talents particuliers.

« Marcouefe avoit passé ses premières années dans un couvent et y avoit même fait ses vœux, mais comme elle prétendoit y avoir été forcée, elle s'étoit retirée auprès de la reine pour obtenir sa protection. Elle avoit appris dans le cloître à faire toutes sortes d'ouvrages à l'aiguille, et avoit poli son esprit par la lecture ; elle étoit sérieuse, mais elle avoit tant de charmes dans la conversation, qu'il étoit difficile de s'ennuyer avec elle.

« Méroflède, au contraire, étoit enjouée, dansoit de bonne grâce, chantoit agréablement et jouoit de plusieurs instruments.

« Ces deux filles proposèrent à la reine de faire des fêtes galantes qui pussent divertir Cherebert (Caribert), et le retenir plus longtemps dans son palais.

« Elles étudièrent une espèce de pastorale où Méroflède réussit si heureusement qu'elle s'attira mille louanges de la bouche du roi : il prit tant de plaisir à sa conversation, et en trouva le tour si aisé, qu'il ne pouvoit plus la quitter, et n'alloit plus à la chasse à moins qu'elle ne fût de la partie. Méroflède, qui étoit ambitieuse, oublia ce qu'elle devoit à la reine sa maitresse et fit tant d'avances pour se conserver le cœur du roi, qu'à la fin elle ne lui laissa plus rien à désirer.

« Cependant, comme elle étoit coquette, elle ne put s'en tenir à sa seule conquête, et ses yeux fripons tendoient à toute heure des pièges à ceux qui étoient assez hardis pour la regarder.

« Marcouefe qui n'avoit ni moins de beauté ni moins d'esprit que sa sœur, malgré son humeur retirée, vit avec regret une préférence qui sembloit lui faire injure ; elle renferma néanmoins pendant quelque temps son chagrin dans son cœur, sans en faire confidence à personne ; mais lorsqu'elle s'aperçut que Méroflède cherchoit à plaire à d'autres qu'au roi, elle fit remarquer à ce prince ses infidélités, et d'une manière si adroite qu'il sembloit que ce n'étoit que pour l'intérêt de sa sœur qu'elle vouloit la corriger de ses égarements.

« Cherebert s'accoutuma à faire confidence à Marcouefe des chagrins que lui donnoit l'humeur coquette de Méroflède, et trouva tant de bon sens dans ses raisonnements et dans ses conseils, qu'il crut pouvoir être plus heureux avec elle qu'avec sa sœur. Il essaya de s'en faire aimer et n'eut pas de peine à y réussir.

« Marcouefe ne ménagea rien, et elle avoit tant d'envie d'ôter à sa sœur le cœur de Cherebert, qu'elle prévint même les désirs de ce prince pour en venir à bout.

« Méroflède s'aperçut bientôt de son changement et fit ce qu'elle put pour regagner ses inclinations. Cherebert écouta ses reproches et tâcha de se justifier. Il trouvoit des charmes à toutes les deux, et ne voulant perdre ni l'une ni l'autre, il essayoit de persuader à chacune qu'il n'aimoit qu'elle.

« Cependant il étoit tellement attaché auprès de ces deux belles, qu'il en négligeoit la conduite de son État et n'avoit que du mépris pour Ingoberge.

« Cette malheureuse reine connut bientôt la faute qu'elle avoit commise, en rendant le roi sensible à l'amour, et se trouva beaucoup plus malheureuse qu'elle n'étoit quand ce prince ne la quittoit que pour aller faire la guerre aux bêtes dans la forêt. Après avoir tenté inutilement de le ramener par ses caresses et par sa complaisance, elle eut recours à saint Germain, évêque de Paris, qui s'étoit rendu recommandable par sa piété, et elle le pria de représenter au prince le tort qu'il avoit de répondre si mal à sa tendresse.

« Les remontrances de ce prélat, bien loin de le toucher, ne firent que lui rendre la personne d'Ingoberge plus odieuse. Il la regardoit comme une jalouse qui cherchoit à troubler ses plaisirs et dont la vengeance étoit à craindre : il redoubla de mépris pour elle, et l'obligea à se retirer dans un couvent.

« Après la retraite de la reine, la jalousie de l'ambition se mêlant à celle de l'amour, les deux sœurs voulurent posséder, chacune seule, les inclinations du roi, et disposer de toutes les grâces. Leur aigreur augmenta tellement qu'elles se portèrent à une querelle d'éclat qui partagea toute la cour. Le roi tenta inutilement de les accommoder, et les obliger à vivre ensemble, au moins dans une civilité apparente, si elles ne pouvoient plus s'aimer comme sœurs. Enfin, rebuté de leurs emportements, il recommença d'aller à la chasse et les laissa se quereller tout à leur aise.

« Un jour, poursuit notre chroniqueur, s'étant éloigné de tous ceux de sa suite et se trouvant altéré, il mit pied à terre au pied d'une fontaine : il n'avoit point de tasse pour boire, et alloit puiser de l'eau avec la main, lorsqu'une jeune bergère qui s'en aperçut lui en présenta une de terre.

« Le roi la prit et ayant jeté les yeux sur elle, trouva sur son visage tous les agréments que la nature peut donner sans le secours de l'art. Il lui demanda son nom, et elle lui répondit qu'elle s'appeloit Dandelinde, et qu'elle étoit fille d'un fermier qui demeuroit à la maison prochaine.

« Cherebert lui déclara sa condition et lui dit qu'il la vouloit mener à la cour.

« Elle s'en défendit avec une ingénuité qui le charma, sur l'obéissance qu'elle devoit à son père, et sur le chagrin qu'elle auroit de s'éloigner de lui.

« — Allez donc le chercher, lui repartit le roi, et je vous emmènerai tous deux.

« La bergère y courut à l'instant, et revint peu d'instants après, avec un paisan qu'elle disoit être son père. Ce bonhomme qui avoit appris de sa fille que c'étoit le roi, se jetta à ses pieds et lui demanda ce qu'il souhaitoit de lui.

« — Je veux, reprit le roi, faire votre fortune et celle de votre fille ; venez me trouver demain à mon lever.

« Le paisan ne manqua pas de s'y rendre, et Cherebert le fit concierge de son palais.

« Ce prince ne croyoit trouver aucune résistance dans l'esprit de la bergère, mais elle lui fit paraître tant de vertu et de sagesse, qu'il se fit un scrupule de lui faire violence et la crut digne de porter une couronne. La mort d'Ingoberge, qui arriva peu de temps après, lui donna moyen de satisfaire son envie. Il épousa Dandelinde et maria ses deux maîtresses à des seigneurs de la cour.

« Cherebert néanmoins ne put être fidèle à sa nouvelle épouse, et eut tant de galanteries, que la jeune reine, qui l'aimoit de de bonne foi, en mourut de déplaisir, deux ans après son mariage.

« Cherebert épousa ensuite Théogedilde qui, bien loin de se mettre en peine des infidélitez de son volage époux, ne songea qu'à lui rendre la pareille. Son désordre alla si loin que ce prince ayant employé inutilement prières et menaces pour le faire cesser, il en conçut un mortel chagrin qui mit fin à sa vie, dans le château de Blaye où il s'étoit retiré. »

Mais on peut ajouter, sans craindre d'être accusé de manquer de générosité, que le bon Caribert n'avait certes pas volé sa destinée, et que Théogedilde en méritait bien aussi une à peu près semblable, laquelle ne lui fit pas défaut, comme on le verra tout à l'heure.

Gontran, roi des Bourgognignons, troisième fils de Clotaire, fut l'ami du clergé, et y gagna d'être qualifié de *bon roi* par Grégoire de Tours. Nous ne montrerons pas jusqu'à quel point cette qualification est peu méritée, mais nous pouvons toujours bien donner quelques traits de ses mœurs, comme preuves que celles-ci n'étaient pas des meilleures.

Gontran avait pour ministre Rotharic, qui avait déjà exercé la même charge sous Clotaire. Rotharic avait deux filles : Vénérande, âgée de quinze ans, et Famerofle, âgée de onze. Amoureux de l'ainée, Gontran corrompit la gouvernante des enfants de Rotharic, grâce à la complicité d'un neveu de celle-ci, qu'il s'était attaché en qualité de page. Vénérande, informée par la misérable duègne que le roi voulait l'épouser mais tenait à l'entretenir en particulier avant d'en parler à son père, tomba dans le piège infâme que lui tendait Gontran, et en eut... Gondebaud.

Les amours de Gontran et de la belle Vénérande durèrent juste le temps strictement nécessaire pour permettre à la beauté de Famerofle de se développer. Alors le roi laissa l'ainée pour la cadette. Cependant celle-ci, plus fine ou plus ambitieuse que son ainée, instruite d'ailleurs par la triste expérience que faisait Vénérande, irrita par une résistance étudiée la passion de Gontran et réussit à se faire épouser par lui. Mal lui en prit, car après avoir caché quelque temps sa cruelle mortification, Vénérande se vengea de sa sœur en l'empoisonnant.

Sur ces entrefaites, la veuve de Caribert, Théogedilde, étant venue chercher un refuge à la cour de Gontran, ce fut du côté de cette princesse au tempérament amoureux que le roi tourna ses attentions, au grand désespoir de Vénérande. Bientôt, Théogedilde, se croyant assez d'influence sur Gontran, lui offrit sa main.

L'ambition paraît avoir fait d'abord incliner sincèrement Gontran vers cette union; mais il s'était déjà rendu publiquement coupable d'un premier inceste, et il craignit de dépasser les bornes en en commettant un second. En conséquence, faisant semblant d'accepter les propositions de sa belle-sœur, il commença par la dépouiller de ses trésors, puis l'obligea à se retirer dans un couvent.

Après cet exploit, le *bon roi* Gontran épousa la fille d'un de ses sujets, Marcatrude, fille du duc Magnacaire, et en même temps qu'elle, une jeune fille d'une grande beauté que Marcatrude s'était attachée, et de qui Gontran eut deux fils, morts avant leur père.

Voilà donc un beau trio : Chramne, Caribert et Gontran, chacun dans son genre, sont d'assez beaux spécimens de vertu et de probité ; eh bien ! ce n'est rien, rien du tout, en comparaison du quatrième fils de Clotaire, de Chilpéric, ce fils né du commerce incestueux de Clotaire avec sa belle-sœur Heregonde.

Le nom de ce prince aussi sanguinaire que débauché se présente d'ailleurs spontanément à la pensée, accolé à celui de l'infâme Frédégonde ; mais il est toutefois juste de dire que Chilpéric était naturellement sanguinaire et que ce ne fut pas Frédégonde qui le débaucha : elle était encore trop jeune, et était apparue beaucoup trop tard sur son chemin pour cela. Elle se borna, plus ambitieuse peut-être que dévergondée, à exploiter à son profit les vices ignobles de ce monstre couronné que Grégoire de Tours, plus juste pour lui, sinon plus tendre, que pour le bon roi Gontran, appelle tout bonnement « un autre Néron. »

Le fait est qu'il ressemblait à l'empereur romain, resté comme un type d'infamie, en dépit des efforts de Latour Saint-Ybars, en plus d'un point : il n'y avait guère que par les rares mais d'autant plus précieux bons côtés de celui-ci qu'il ne lui ressemblait pas. Quant à la fureur érotique et aux moyens mis en œuvre pour la satisfaire, Chilpéric renchérissait peut-être encore sur Néron.

Marié de bonne heure à la douce et trop naïve Audovère, Chilpéric n'entretenait pas moins, en son palais de Soissons, un vrai lupanar, et il s'y livrait à des orgies sans nom, qui lui méritaient bien cette qualification de *nouveau Néron* que lui donne l'évêque historien Grégoire. Ce n'était pas tout, car il semble que le roi considérait un peu les femmes de la reine Audovère comme formant un autre harem à son usage.

Au nombre de ces femmes, qu'on n'appelait pas alors des *filles d'honneur*, mais simplement des servantes, se trouvait une fille d'une grande beauté et d'une ambition sans bornes, qu'elle savait dissimuler sous un air de douceur et de modestie ; elle appartenait à une famille de paysans picards et s'appelait Frédégonde. Elle ne tarda pas à être remarquée du roi qui, grâce à ses artifices, en devint bientôt éperdument amoureux.

Frédégonde est donc la maîtresse du roi, au lieu d'être la servante de la reine ; position bien préférable sans doute, mais qui ne saurait la satisfaire : ce qu'il lui faut, ce n'est pas égaler la reine, c'est la remplacer entièrement, et légitimement s'il se peut. En ce temps-là Frédégonde n'était qu'une jeune fille n'ayant pas encore l'habitude du crime, et ayant peut-être quelque répugnance à verser le sang. Il lui fallait pourtant, de toute nécessité, se débarrasser de la reine, ou tout au moins l'éloigner à tout jamais.

Voici à quel stratagème elle eut recours pour y parvenir sans risque, sans même qu'il fût possible de l'incriminer :

Chilpéric était occupé à combattre les Saxons, lorsque la reine Audovère accoucha d'une fille. Il était toujours absent, lorsqu'il convint de songer à baptiser cette enfant ; et en conséquence on s'occupa des préparatifs de la cérémonie sans attendre plus longtemps.

Or, d'après la coutume de l'époque, la mère ne pouvait tenir son propre enfant sur les fonts baptismaux, sous la peine bizarre de se trouver désormais exclue de la couche de son mari. — Demandez-moi d'où pouvait venir une coutume si ridicule, quel but elle se proposait, et je ne saurai vous répondre ; mais le témoignage de Grégoire de Tours est là et, témoignage plus concluant, le parti que la rusée Frédégonde sut tirer de cet usage.

Il paraîtrait, au fait, que la marraine d'un enfant devenait l'alliée du père au degré prohibé par les canons de l'Église.

Le jour du baptême était venu, l'heure solennelle avait sonné, et la marraine ne paraissait pas, ayant été grassement payée par Frédégonde pour se tenir tranquille.

La reine s'impatientait, ne sachant à

quoi attribuer ce retard coupable et que rien ne pouvait justifier.

— Pourquoi ne seriez-vous point la marraine de votre fille? intervint alors Frédégonde. Elle ne saurait, certes, en avoir de plus digne que vous.

Audovère appartenait-elle à une nation dont les usages différaient à ce point de ceux des Francs neustriens, qu'elle ne pouvait soupçonner l'intention de sa rivale? On ne sait rien de cette malheureuse reine, avant son union avec Chilpéric ; mais cela est plus que probable.

Elle accepta donc la proposition de Frédégonde.

De retour de son expédition, le roi apprit de sa maîtresse la fausse démarche de sa femme. Comme il ne demandait qu'un prétexte pour éloigner celle-ci, il la répudia aussitôt et la fit enfermer dans un couvent, où plus tard, lorsqu'elle fut suffisamment aguerrie par ses crimes précédents, Frédégonde la fit assassiner.

Audovère éloignée, Frédégonde se trouva *presque* reine; mais « presque, » ce n'était pas assez.

Comment faire, cependant?

Mis en goût par l'aventure de son frère Sigebert, qui venait d'épouser la superbe Brunehaut, fille d'Athanagilde, roi des Visigoths d'Espagne, Chilpéric voulait bien convoler en secondes noces, mais il tenait à une femme de sang royal, et singulièrement la sœur de Brunehaut, la belle et douce Galswinthe, lui plaisait fort.

Ce mariage, s'il devait se consommer, c'était la ruine pour Frédégonde ; mais cette fois, elle était prise au dépourvu et forcée, momentanément, de renoncer à la lutte.

Chilpéric fit sa demande, qui fut d'abord repoussée. La conduite scandaleuse du roi de Neustrie étant la seule raison de son échec, il insista auprès d'Athanagilde, s'engageant à licencier son corps de courtisanes, y compris la favorite. A cette condition, le roi des Visigoths donna son consentement à cette union, espérant d'autre part assurer par là l'union des deux pays. — Et Chilpéric, dès qu'il eut reçu cette nouvelle, éloigna comme il avait promis jusqu'à la dernière de ses concubines, à commencer naturellement par Frédégonde.

Une autre, à la place de celle-ci, se fût abandonnée au découragement; mais la courtisane picarde était mieux trempée que cela : elle attendit.

D'un autre côté, si Galswinthe était sensible à l'honneur que lui faisait le roi de Neustrie, c'était pour déplorer le sort qui avait attiré son attention sur sa personne. Les ambassadeurs francs, venus pour la saluer reine de Neustrie, la trouvèrent sanglotant sur le sein de sa mère. Saisie d'un terrible pressentiment, et peut-être aussi d'un dégoût insurmontable pour l'immonde et sanguinaire débauché qui allait être son époux, la pauvre enfant ne voulait pas entendre parler de quitter sa mère.

Enfin, après trois grands jours d'attente, Athanagilde dut interposer son autorité de père et de roi, et les ambassadeurs francs purent enfin s'en aller, *emportant* la nouvelle reine.

Le voyage de Galswinthe ne fut qu'une série de fêtes et d'ovations, qui finirent par l'arracher peu à peu à ses sinistres pensées. Ses noces, célébrées à Rouen, furent les plus magnifiques qu'on eût encore jamais vues. Les Francs lui jurèrent pompeusement fidélité, et, non moins pompeusement, Chilpéric renouvela sa promesse de constance et de foi conjugale; la main posée sur une châsse dûment garnie de reliques sacrées, il jura de ne jamais répudier Galswinthe et de n'avoir aucune autre femme qu'*elle* aussi longtemps qu'*il* vivrait.

Un mois ne s'était pas écoulé, que Frédégonde était réintégrée dans tous ses privilèges. Encore un peu de temps, quelques semaines à peine, et Galswinthe était étranglée dans son lit, et pendant son sommeil, par les lâches valets de ce roi plus lâche encore !

« Ainsi, dit Augustin Thierry, dans ses *Récits mérovingiens*, ainsi périt cette femme qu'une sorte de révélation intérieure semblait avertir d'avance du sort qui lui était réservé ; figure mélancolique et douce, qui traversa la barbarie mérovingienne comme une apparition d'un autre siècle.

« Malgré l'affaiblissement du sens moral, au milieu des crimes et des malheurs sans nombre, il y eut des âmes profondément émues d'une infortune si peu méritée, et leurs sympathies prirent, selon l'esprit du temps (568), une couleur superstitieuse. »

En effet, Grégoire de Tours rapporte sérieusement que la lampe éclairant la chapelle mortuaire de Galswinthe, s'étant tout d'un coup détachée de la chaîne qui la supportait, vint frapper sur la dalle et s'y enfonça, mais sans se briser, preuve manifeste de la colère de Dieu.

La preuve de cette colère eût été plus manifeste encore, ce nous semble, si la lampe en question, ou quelque autre objet d'un poids convenable, fût tombée, non sur une dalle inoffensive, mais sur la tête fort offensive du barbare Chilpéric ou sur celle de sa scélérate favorite ; enfin, nous nous serions contenté, et, je pense, la morale publique avec nous, si Dieu avait tout à coup, et avant la consommation de leur abominable forfait, frappé de mort les assassins de la malheureuse princesse, quand cela lui eût été si facile, et entrait si bien dans les habitudes qu'on lui prêtait volontiers alors.

Mais retournons à Frédégonde.

Redevenue la favorite du roi, d'abord, elle atteignit enfin le but de ses rêves, aussitôt après la mort de Galswinthe : elle devint reine.

Frédégonde ne devait pas jouir longtemps en paix du fruit de ses criminelles intrigues : il est vrai qu'avec son tempérament fougueux, elle n'y tenait peut-être pas beaucoup.

Galswinthe avait une sœur, Brunehaut, femme de Sigebert, roi d'Austrasie.

A la nouvelle de la mort de cette infortunée princesse, Brunehaut, dont on n'avait eu lieu de remarquer jusque-là que la beauté, la grâce, la décence et l'esprit politique, qualités bien rares à cette époque, Brunehaut, devenue presque folle d'indignation et de colère, jura de n'avoir aucun repos que sa sœur ne fût vengée. Elle n'eut pas de peine à faire partager ses sentiments à son mari, et celui-ci prit les armes et battit son frère dans diverses rencontres, jusqu'à ce que, entré dans Paris, il n'eût plus que Tournay à prendre pour le dépouiller entièrement.

Il y fût aisément parvenu si Frédégonde n'avait prévu ce dernier malheur en faisant assassiner Sigebert au moment où il se préparait à faire le siège de cette dernière ville.

Nous ne pouvons suivre cette abominable mégère dans tous ses crimes, dont elle rendit victimes jusqu'à ses propres enfants, non pour quelque grave méfait, ni dans un but d'ambition ou de vengeance, mais pour les motifs les plus futiles ; les limites étroites où nous nous sommes volontiers enfermé ne nous le permettent point ; ceux de ses crimes qui ont pour origine ou pour but la satisfaction de passions qui ne parviennent à s'éteindre ou à se calmer que dans la débauche sans frein, doivent seuls nous arrêter.

Bornons-nous donc à constater qu'elle fit assassiner successivement les trois fils que Chilpéric avait eus d'Audovère, et que

Lady Hamilton (Emma Lyons), maîtresse de Nelson.

la fille qui lui restait de sa première femme, la princesse Basine, saisie par ordre de l'infâme marâtre, fut livrée à la lubricité de la valetaille, puis jetée dans un couvent. — Celle-ci, au moins, n'en mourut pas, et fit parler d'elle plus tard, mais non pour ses débauches.

Frédégonde n'était pas seulement une ambitieuse, une femme sanguinaire, une maniaque homicide ; c'était encore une femme lubrique, et sous ce rapport, on comprend qu'elle ne devait pas souffrir plus de frein que pour la satisfaction de ses autres passions. Chilpéric, à moitié hébété, ne se doutait guère que celle qu'il avait élevée si haut, et à qui il n'avait jamais rien refusé, si terribles que fussent ses exigences, se livrait à la débauche dans son propre palais ;

et le jour où il allait faire cette belle découverte, il devait bien se douter que ce serait le dernier de sa vie, — à moins qu'il ne prît les devants, ce dont il était incapable.

Cette découverte était pourtant fatale, comme toutes celles du même genre, et ses conséquences ne l'étaient pas moins.

Voici comment, d'après le chroniqueur Frédégaire, l'événement se produisit :

« Le roi, dit-il, partant pour la chasse, et traversant la chambre de la reine, lui donna par derrière un petit coup de baguette.

« — Que fais-tu, Landéric ? s'écria-t-elle. Un galant homme ne prend jamais les dames par derrière !

« Le roi sortit sans répondre, mais non sans être vu.

« Alors Frédégonde, effrayée de son imprudence, arma l'assassin. Le soir, au retour de la chasse, lorsque, pour descendre de cheval, Chilpéric appuya la main sur l'épaule de Landéric, page de la reine et rival préféré du roi, il tomba frappé de deux coups de couteau. »

A cette époque (584), la reine avait environ quarante ans. Nous ignorons l'âge de l'heureux page.

Outre Landéric ou Landry de la Tour, les chroniqueurs citent parmi les principaux amants de Frédégonde, à cette époque, Didier et Boson, capitaines des gardes du roi, et Belerane, archevêque de Bordeaux.

Frédégonde ne devait mourir que onze ans plus tard, dans son lit et en plein triomphe, laissant son fils, Clotaire II, en possession du trône.

On connaît la terrible fin de Brunehaut, l'ennemie acharnée, non sans raison, de Frédégonde. Il manqua certainement au bonheur de celle-ci d'être témoin de cette fin épouvantable, — mais on ne peut tout avoir.

Brunehaut souilla par des crimes aussi odieux, sinon aussi nombreux, que ceux de Frédégonde, la fin de sa vie ; mais en dépit de certains chroniqueurs, suspects au moins en ceci, nous n'avons pas cru devoir nous occuper de cette princesse autant que de son ennemie, parce qu'il ne nous est point du tout prouvé qu'elle provoqua ou favorisa, comme on le prétend, les débauches de ses petit-fils Théodebert, roi d'Austrasie, et Thierry, roi de Bourgogne. En tout cas, sa complaisance lui aurait personnellement servi de peu.

Ajoutons enfin que tous les écrivains contemporains parlent de Brunehaut en termes excellents.

Brunehaut, qui régnait alors en Bourgogne sous le nom de Thierry, battue et prise par Clotaire II, fils de Frédégonde, fut traitée par celui-ci avec une cruauté particulière qui peint mieux qu'une longue dissertation les mœurs de cette triste époque : livrée pendant trois jours aux insultes des soldats, elle fut ensuite liée par les cheveux, un pied et un bras à la queue d'un cheval sauvage qui, dans sa course folle, eut bientôt mis en lambeaux le corps de cette malheureuse princesse, fille, sœur, mère et aïeule de tant de rois !

II

La débauche des cours et la prostitution depuis Clotaire II jusqu'au démembrement de l'empire carlovingien.

SOMMAIRE. — Clotaire II et la *Constitution perpétuelle* attribuant aux tribunaux ecclésiastiques la connaissance de la plupart des crimes et délits publics ou privés. — Les princes de l'Église, leurs femmes et leurs concubines. — Le bon roi Dagobert. — L'orfèvre Eligius, plus connu comme saint Eloi. — *Ad instar Salomonis*. — Les femmes de Dagobert. — La religieuse de l'abbaye de Romilly. — Les grands jours de Blois. — La paysanne Raguetrude. — Les arts de luxe à la cour de France. — Comme quoi le bon roi Dagobert n'a pu mettre qu'accidentellement sa culotte à l'envers. — Comme quoi, par contre, il mourut de la dyssenterie dans la fleur de l'âge. — Les rois fainéants. — Clovis II et Childéric II. — Les maires du palais. — Charles Martel, grand exterminateur d'infidèles et spoliateur du clergé. — Alpaïde et Pepin d'Héristal. — Les épouses et les concubines du grand Charlemagne. — Des nombreux enfants qu'il eut des unes et des autres, et en particulier de ses filles. — Réforme des mœurs de la cour d'Aix-la-Chapelle entreprise par le vertueux Louis le Débonnaire. — Les amours d'Eginhard et de la princesse Emma. — Histoire ou légende. — La seconde épouse de Louis le Débonnaire et le comte de Barcelone. — Procédé légal d'une grande commodité pour purger une accusation d'adultère. — Richilde, maîtresse puis femme de Charles le Chauve. — Sa fille Judith, femme du roi d'Angleterre et maîtresse de l'héritier de la couronne, son beau-fils. — Intrigues de la même avec Beaudouin, comte de Flandre. — Double chasse. — Louis le Bègue et Ansegarde. — La religieuse de Chelles. — Lothaire, roi de Lorraine, et la belle Waldrade. — Une répudiation laborieuse. — Les galanteries de la reine Faurence, femme de Lothaire, roi de France. — La reine Blanche, femme de Louis le Fainéant, et Godefroid de Verdun. — L'évêque Dalberon. — Glorieux avènement de Hugues Capet. — La prostitution publique, depuis le capitulaire de Charlemagne relatif à cet objet. — L'établissement de la féodalité lui est favorable. — La corporation des prostituées de Paris. — Fêtes et cérémonies corporatives. — Les brudes ou filles de joie attachées aux cours des souverains.

Ce n'est pas seulement pour satisfaire une vengeance, qu'on pourrait presque regarder comme légitime chez un fils, que Clotaire II fit mettre Brunehaut à mort : sa vengeance, l'horrible supplice qu'il fit subir à cette princesse pouvait seul y donner satisfaction ; mais l'ambition de régner désormais sans partage sur toutes les nations franques l'eût poussé malgré tout au meurtre de la veuve de Sigebert, qui régnait sur l'Austrasie et la Bourgogne réunies, d'abord sous le sceptre de son fils Thierry auquel elle avait succédé de fait.

En 614, Clotaire réunit à Paris soixante-dix-neuf évêques de la Gaule et les représentants de l'aristocratie des trois royaumes de Neustrie, d'Austrasie et de Bourgogne. C'est dans cette assemblée que furent arrêtées les bases de la fameuse *Constitution perpétuelle*, qui enlevait au roi la nomination des évêques, les ecclésiastiques à la juridiction des officiers royaux, et attribuait aux tribunaux ecclésiastiques la connaissance d'une foule de crimes et de délits publics et privés ; qui livrait en un mot, pieds et poings liés, la société aux évêques.

Or les évêques étaient presque tous, à cette époque, des leudes ou seigneurs nommés par la fraude et la violence. Ils profitèrent donc de cet accroissement de puissance pour trafiquer ouvertement des biens de l'Église, ne vécurent que de guerre, de chasse et de pillage, et ne parurent à l'autel qu'accompagnés de leurs femmes, — car ils étaient mariés, ou de leurs concubines, — car ils n'en manquaient pas, et n'étaient pas gens à les cacher.

Les mœurs de Clotaire, quoique peu régulières, furent en somme les plus pures de son temps ; il n'en est pas de même de celles de son fils Dagobert, qu'il avait donné pour roi aux Austrasiens à l'âge de quinze ans.

Le bon roi Dagobert, assassin de son oncle Brodulphe et de son neveu Chilpéric, fils de Caribert, seulement pour régner tranquille et seul sur toute l'étendue de l'empire mérovingien, le bon roi Dagobert fut le plus voluptueux des rois francs. Sa cour, brillante et dissolue, était remplie d'évêques, de courtisanes et d'artistes, parmi lesquels il convient de citer le fameux orfèvre Eligius, plus populaire sous le nom de saint Éloi, le véritable fondateur de la basilique de Saint-Denis et d'une infinité d'autres édifices religieux, le bienfaiteur des pauvres, à qui Dagobert a emprunté plus que sa part de son lustre de bon aloi.

Les libéralités faites directement au clergé sont, par exemple, du roi lui-même.

Dagobert eut successivement cinq femmes légitimes et trois à la fois, et entretint d'une manière constante un grand nombre de concubines, *ad instar Salomonis*, comme dit le bon Frédégaire.

Il eut Sigebert, roi d'Austrasie, de Raguetrude et Clovis II, de Nantilde, avec Gomatrude, sa première femme, cela fait trois ; mais il est vrai qu'avant d'épouser Nantilde, il avait pris la précaution de répudier Gomatrude, avec la permission des évêques, qui n'avaient rien à refuser à un roi si libéral envers eux.

C'est à l'abbaye de Romilly, pendant les vêpres, que Dagobert fit la connaissance de Nantilde. Nantilde, qui était religieuse, avait chanté aux vêpres, et le roi avait été séduit par sa voix ravissante. Il entra au couvent après l'office, et se fit présenter la jeune chanteuse par l'abbesse. La beauté de Nantilde acheva ce que sa voix avait si bien commencé, et comme elle confessa au roi qu'elle n'était pas rentrée au couvent de son plein gré, Dagobert lui promit de l'en faire sortir bientôt.

En effet, ayant fait rompre son union avec Gomatrude par des prélats complaisants, Dagobert fit sortir Nantilde du couvent et l'épousa.

Mais quelques années plus tard, le roi étant allé tenir les grands jours à Blois, une jeune fille en profita pour venir lui présenter un placet contre le comte qui avait volé à son père quelques terres à sa convenance. Dagobert, charmé de la grâce de cette jeune fille, nommée Raguetrude, non seulement lui fit rendre justice par le comte, mais il l'emmena avec son père à sa suite, et pendant le voyage lui fit un enfant, qui fut Sigebert.

De retour auprès de la pauvre Nantilde qu'il avait délaissée, le volage Dagobert sentit pourtant ses feux se rallumer pour elle. Il n'avait pas encore eu d'enfant de Nantilde; cette fois, il en eut Clovis, et la naissance de ce fils l'attacha encore plus à l'ancienne religieuse, à la charmante chanteuse de l'abbaye de Romilly.

Ce retour d'affection pour Nantilde eut pour conséquence nécessaire le délaissement de Raguetrude. L'infortunée victime des caprices du roi, ne pouvant supporter la situation qui lui était ainsi faite, finit comme son heureuse rivale avait commencé : elle se retira dans un couvent.

Sigebert III, son fils, a été canonisé pour avoir fondé un grand nombre d'abbayes.

L'amour du luxe s'alliait à un haut degré, chez Dagobert, à l'amour de la volupté, et c'est par les chroniqueurs contemporains de son règne que l'on sait à quel point déjà les arts de luxe avaient progressé chez les Francs à cette époque.

« Les commencements du règne de Dagobert sur la monarchie franque, dit M. Henri Martin, furent très brillants : c'étaient les derniers rayons de la splendeur mérovingienne prête à s'éteindre. Les grands étaient étourdis du vigoureux début de ce jeune roi, si beau, si fier, si actif : les clercs l'aimaient pour ses largesses envers les églises; les masses populaires respiraient sous la protection de sa hache justicière; les leudes, les évêques, les ambassadeurs étrangers admiraient les magnificences de sa cour.

« Dagobert égalait en faste les monarques de l'Orient : les pierres précieuses étincelaient sur les bandeaux et sur les ceintures d'or des officiers et des femmes du palais; les soies éclatantes de la Chine, que les marchands syriens apportaient d'Asie en Gaule et y vendaient au poids de l'or, couvraient le roi et ses courtisans; Dagobert siégeait, aux jours de fête, sur un trône d'or massif, forgé par le fameux Eligius (saint Éloi), qui, avant de devenir évêque de Noyon et l'un des saints les plus populaires de la Gaule, fut longtemps directeur de la Monnaie royale de Paris et le plus habile orfèvre de son siècle.

« Si altéré que fût le goût antique, les arts de luxe, qui flattaient l'orgueil des conquérants barbares, étaient moins déchus que les arts essentiels. »

On comprend qu'un tel roi n'a jamais dû mettre sa culotte à l'envers, — si ce n'est par inadvertance, car, après tout,

La garde qui veille aux barrières du Louvre
N'en défend pas nos rois.

Dagobert mourut de la dyssenterie, à Saint-Denis, à peine âgé de trente-six ans (638). Avec ses successeurs commence le règne des maires du palais, à l'ombre dérisoirement tutélaire des rois fainéants, qu'ils ne laissaient pas de mettre à l'ombre, à leur tour, lorsqu'ils devenaient par trop ennuyeux.

Le fils du grand (sinon du bon) Dagobert, Clovis II, s'abandonna tout entier à la volupté. Il avait pour femme l'esclave saxonne Bathilde, qu'il avait rencontrée chez Archambault, son maire du palais, à la femme duquel elle était attachée. Bathilde a mérité d'être élevée au rang de sainte, malgré son humble origine, tandis que son époux, né trop haut par son courage, ne cessa de s'abaisser.

Son fils Childéric II se rendit méprisable au peuple par ses passions honteuses ; il fut renversé, et finalement tomba sous les coups d'un assassin, un leude qu'étant ivre il avait fait fouetter publiquement et qui l'avait sans doute mérité dix fois plutôt qu'une.

La vie des maires du palais, qui préparèrent si bien la chute des Mérovingiens, très intéressante à un autre point de vue, ne saurait nous arrêter, même celle des plus célèbres : Ebroïn, Pépin d'Héristal et son bâtard, Charles Martel.

Celui-ci toutefois, ayant besoin de soldats pour combattre les Saxons au nord et les Sarrasins au midi, et n'ayant pas autre chose sous la main, distribua à ses compagnons les dignités ecclésiastiques avec les bénéfices et les terres y attachés ; de sorte que, malgré l'état de dépravation des mœurs cléricales, avant l'emploi de cet ingénieux expédient, ce fut bien pis après ; non que les mœurs des leudes sauvages de Charles Martel fussent plus licencieuses, mais parce qu'elles étaient infiniment plus grossières et plus brutales.

« La discipline ecclésiastique, dit un historien contemporain, fut anéantie ; les clercs, les moines, les religieuses se livrèrent partout à une débauche sans frein. » Et un autre écrivain, l'archevêque Hincmar, qui n'était guère d'humeur à faire aimer la religion, ajoute : « Le christianisme sembla un moment aboli dans la Gaule ; et dans sa partie orientale, les idoles furent restaurées. »

La restauration des idoles n'empêcha pas Charles Martel de sauver l'Europe de l'invasion sarrasine ; mais d'autre part, ses glorieux succès, les services éminents qu'il rendit à l'Église ne le sauvèrent point de la haine du clergé spolié. Il partagea avant de mourir l'empire franc entre ses deux fils, Carloman et Pépin dit le Bref, qui fut le fondateur de la dynastie carlovingienne, puisque son père, qui jouissait d'un pouvoir sans bornes et sans contrôle, avait dédaigné de le faire.

Charles Martel, nous oubliions de le rappeler, et cela mérite pourtant de l'être, était fils de Pépin d'Héristal et d'une concubine, nommée Alpaïde, que Pépin avait prise, non sans hésitation, et à la grande fureur de sa femme Plectrude, dont l'histoire fait une sorte de mégère, probablement à tort.

Pépin était un sage, comme presque tous les ambitieux de valeur. Tout-puissant à la cour, c'est à lui qu'Alpaïde avait dû s'adresser pour obtenir la grâce de son frère Dodon, un monsieur peu commode qui, ayant tué son voisin, n'entendait pas subir la peine de son crime, et était disposé à toutes les bassesses pour y échapper.

On ne peut raisonnablement dire qu'Alpaïde comptait sur le pouvoir de ses charmes pour obtenir la grâce de son frère ; cependant, séduit par la beauté de la jeune femme, Pépin, le vertueux Pépin, paya de la vie de Dodon les faveurs de la belle Alpaïde, et cela après qu'il les eut reçues.

C'est donc aux suites de cette transaction intelligente que nous devons l'existence du fameux assommeur d'infidèles : il y en a assez du même genre qui ne rapportent que honte et désespoir pour tout le monde.

Cependant Plectrude ne laissa pas de faire des scènes à son infidèle, ni plus ni moins que la première petite bourgeoise venue ; et mon avis est que l'histoire a grand tort de lui en faire un crime. La preuve, c'est que Lambert, évêque de Liége, prit fait et cause pour l'épouse outragée. Il fit des représentations au mari, et, voyant qu'il n'en tenait compte, le menaça de l'anathème. Alpaïde était forte inquiète ; mais son frère, qui avait toujours la main prompte, la débarrassa de l'évêque, et tout alla bien dès lors.

Nous avons déjà signalé le penchant de Charlemagne pour les femmes ; outre ses cinq épouses, il entretint tout un régiment de concubines, parmi lesquelles on cite Himeltrude, mère de Pépin le Bossu, Régina, mère de Drogon, évêque de Metz, qui avait été suivante de l'impératrice Luigarde, et Adelonde, compagne de Régina, dont il eut Thierry. Il eut beaucoup d'autres enfants, car il en est jusqu'à vingt que l'histoire avoue connaître, et parmi ces enfants, une quantité de filles dont les débauches, qui scandalisaient, non la cour, habituée à ces mœurs, mais le monde extérieur tout entier, lui donnèrent assez de tintouin pour que l'écho en soit venu jusqu'à nous.

Les amours de Charlemagne avec Régina et Adelonde furent causes du désastre de Roncevaux.

Lorsque Louis le Débonnaire arriva au trône, la première manifestation de sa puissance nouvelle fut d'arrêter les jeunes courtisans qu'il accusait d'être les auteurs ou les complices des désordres de ses sœurs ; les uns furent mis à mort, les autres bannis ; et les sœurs de l'empereur furent contraintes de rentrer dans le devoir. Quelques-unes, comme Théodrade, abbesse du prieuré d'Argenteuil, étaient pourvues de bénéfices ecclésiastiques, mais n'avaient jamais rempli les fonctions qui y étaient attachées ; il fallut bien qu'elles s'y décidassent. Ce fut une réforme radicale et complète, qui coûta des torrents de sang et des fleuves de larmes, mais Louis le *Débonnaire*, surnommé aussi le *Pieux*, la jugeait indispensable.

Il expulsa d'ailleurs de la cour d'Aix-la-Chapelle tous les familiers de son père dont les mœurs lui étaient suspectes, à lui dont les mœurs étaient si pures que les grands du royaume prétendaient qu'il avait souillé le lit de son père et joui de sa belle-mère sans que Charlemagne pût se venger de cette infamie.

Au nombre des filles de Charlemagne qui méritent d'être nommées, nous citerons Berthe, femme du ministre Angilbert, devenu moine et saint du vivant de sa femme, mère de l'historien Nithard, et Emma, maîtresse puis femme de l'historien Eginhard, secrétaire de l'empereur.

Aux amours d'Eginhard et d'Emma se rattache une touchante légende qui a servi de thème aux romanciers et aux poètes, non seulement en France et en Allemagne, mais aussi en Angleterre. En voici le résumé :

Eginhard, secrétaire de Charlemagne, vivait sans cesse à la cour, dont les mœurs, nous l'avons dit, ne se distinguaient pas précisément par un excès d'austérité. Il devint amoureux d'une des filles de l'empereur, la princesse Emma, et lui ayant fait partager sa passion, obtint d'elle un rendez-vous dans son appartement, pendant la nuit.

L'heureux secrétaire ne manqua pas au rendez-vous, comme on le pense bien, et jusqu'au matin qu'il fallut se séparer, on pense bien aussi comment les amants passèrent cette nuit trop courte.

Mais, ô désespoir! comme la nuit a été différente au dehors! — Une épaisse couche de neige couvre le sol, fermant la retraite à l'amoureux, car il ne peut poser les pieds sur ce tapis immaculé sans y laisser la trace profonde de ses pas, et ce serait dénoncer à tous les yeux le mystère de ses relations avec la princesse. Comment faire? L'embarras est terrible, et les deux amants n'y trouvent pas de solution.

Tout à coup, la princesse étouffe un cri de triomphe. Elle a trouvé!

Et en effet, le moyen auquel elle a recours était le seul praticable; il est d'une grande simplicité, mais, comme on dit, ce sont les plus simples qui sont les meilleurs et qu'on découvre avec le plus de peine. Emma prend son amant dans ses bras et traverse, ainsi chargée, les allées du jardin qui séparait les deux corps du logis où chacun d'eux avait son appartement. De cette façon, il n'y a point de traces de pas d'hommes sur la neige, et les mauvaises langues n'auront pas lieu de s'exercer aux dépens d'une fille de l'empereur.

Malheureusement, celui-ci, déjà levé, flânait à sa fenêtre, et il ne perdit aucun détail de la scène. Le lendemain, il réunit son conseil, qu'il préside le front ceint de la couronne de fer, pour bien indiquer la gravité de la circonstance.

Il pose d'abord la question de savoir quelle peine il conviendrait d'infliger à une fille de roi qui aurait un amant.

Le conseil tout entier, dont Eginhard fait partie, déclare qu'il n'y a pas lieu à sévir dans aucune mesure.

— Et le vassal qui aurait séduit la fille de son maître? reprend alors Charlemagne, sans toutefois désigner aucun coupable.

Ici les douze membres du conseil ne sont pas tout à fait d'accord: tandis que onze membres opinent pour l'indulgence, à l'égard d'un crime trop commun pour donner lieu à une grande sévérité, il en est un qui réclame la mort pour le coupable. — Il va de soi que ce douzième conseiller, si inexorable, n'est autre que le coupable secrétaire.

Cependant Charlemagne se contente de bannir les deux amants, l'un portant l'autre. Emma échange ses habits somptueux et revêt à la place des vêtements grossiers. Et voilà les bannis qui, forts de leur amour, vont chercher dans l'Odenwald un refuge ignoré.

A quelques années de là, l'empereur, étant à la chasse, se sépara involontairement de son escorte et s'égara dans la forêt. Il arriva à l'entrée d'une clairière où il aperçut un petit garçon folâtrant innocemment sur la mousse; il lui parla, et l'enfant, au lieu de s'enfuir effrayé à la vue d'un étranger, et surtout d'un étranger aussi imposant, s'approcha de l'empereur et poussa la familiarité jusqu'à lui dérober son épée. Ce coup hardi exécuté avec succès, le petit bonhomme s'enfuit, et Charlemagne, souriant, mais peu soucieux après tout de laisser son arme entre les mains de cet enfant, le suivit de près.

Ils arrivèrent bientôt, l'un et l'autre, en vue d'une humble chaumière, sur le seuil de laquelle une belle jeune femme allaitait un nouveau-né. La jeune mère fit à l'étranger le plus gracieux accueil, l'invita à se reposer sous son toit et à partager le repas de la famille qu'elle se mit en devoir de préparer.

Le mari était absent: il chassait de son côté dans la forêt. A son retour (il paraît que la neige ne menaçait pas de tomber, cette fois-là, la table fût dressée à l'ombre des chênes centenaires, et chacun y prit place de bon cœur. — Mais au cours du repas, Charlemagne reconnut sa fille, non à ses traits, qui ne devaient pourtant pas avoir beaucoup changé depuis si peu de temps, mais à certain plat de venaison dont elle s'était fait une spécialité à la cour de son père, et qu'elle seule savait apprêter ainsi.

Le dénouement se devine. On voit d'ici la scène du pardon, le retour à Aix-la-Chapelle, le mariage des deux amants et la félicité inaltérable qui en résulta pour tous les deux.

Ce qu'il paraît y avoir de vrai dans cette histoire, c'est l'amour d'Eginhard pour la fille de Charlemagne, la scène du jardin couvert de neige, dont l'empereur fut instruit de manière ou d'autre, et à propos de laquelle il administra à l'amoureux secrétaire une réprimande bien sentie, et peut-être quelque chose de plus énergique, mais sans réclamer pour cela les lumières de son conseil. Le tout terminé par l'inévitable mariage. Le reste est une simple broderie à laquelle chroniqueurs, romanciers et poètes ont travaillé à l'envi les uns des autres.

Devenu veuf en 818, Louis le Débonnaire, dont nous avons vu les débuts peu rassurants, songeait à s'enfermer dans un cloître, sans doute pour y expier dans la pénitence ses propres crimes et ceux de la sanguinaire Ermengarde, sa femme défunte. Mais ses leudes le détournèrent de ce projet et lui conseillèrent, au contraire, de contracter un second mariage. Pour lui faciliter l'opération, ils amenèrent à Aix-la-Chapelle les plus belles de leurs filles, et entre les plus belles, Louis choisit la belle Judith, fille du comte de Bavière Welp.

Celle-ci lui donna un fils, qui devait lui succéder sous le nom de Charles le Chauve, mais dont la rumeur publique attribuait la paternité à Bernard, comte de Barcelone, chambellan du palais, premier ministre de l'empereur, qui disposait à la cour des faveurs et des emplois.

Louis avait partagé l'empire entre les trois fils qu'il avait déjà avant son mariage avec Judith, mais celle-ci ne pouvait admettre que son fils à elle n'eût rien, et Louis dut revenir sur ce partage ; alors les fils pourvus se révoltèrent. — Nous n'entrerons pas dans les détails des guerres et des révoltes qui marquent les dernières années du règne et de la vie de Louis le Débonnaire ; mais il nous faut mentionner ce fait curieux de Judith, deux fois jugée pour crime d'adultère, se *purgeant* légalement deux fois de l'accusation par le moyen commode du serment, et deux fois absoute, conformément à une disposition assez bizarre de la loi des Francs, — qui n'aurait pas beaucoup de succès de nos jours, si on voulait la remettre en vigueur.

Les femmes et les filles des hauts et puissants barons, comtes, ducs et des souverains de cette époque, n'étaient rien moins que des parangons de vertu. La femme de Charles le Chauve, dont les mœurs furent au reste fort relâchées, Richilde, fille de Boves, comte des Ardennes, avait été sa maîtresse avouée pendant plusieurs années, et du vivant de la reine Ermentrude, avant de partager le trône avec son amant.

Mais Charles le Chauve eut une fille qui fit, malgré cela, beaucoup plus parler d'elle que sa femme.

Cette fille, appelée Judith, comme sa grand'mère, fut mariée à douze ans au vieux roi d'Angleterre Ethelwolf, qui aurait pu être son grand'père et avait, d'ailleurs, des enfants beaucoup plus âgés que sa femme. Dès que Judith fut mûre pour l'amour, elle eut pour amant son beau-fils Ethelbald. Veuve à quinze ans à peine, elle vécut publiquement avec cet amant, que le clergé ne voulait pas qu'elle pût épouser, bien qu'il traitât d'incestueux ses rapports avec ce prétendu parent au degré prohibé.

Afrique. — Les femmes nubiennes sont belles comme des bronzes antiques.

Lasse de lutter, Judith revint en France; mais son vertueux père, mécontent de sa conduite en Angleterre et craignant quelque scandale, la confina à Senlis. Elle n'y resta pas longtemps, et se fit enlever par Baudouin Bras-de-Fer, comte et grand forestier de Flandre. Charles, furieux, se mit aussitôt à la poursuite des deux amants; mais cette fois, il en fut dissuadé par le pape, et le drame se dénoua par un mariage.

Il paraîtrait que Judith était au mieux, en outre, avec son propre frère Louis le Bègue qui, la nuit même où, déguisée, elle courait la campagne pour rejoindre Baudouin (car dire qu'elle se fit enlever par le comte de Flandre n'est pas tout à fait exact; à la vérité, elle courut après lui), courait après elle, accompagné seulement de quelques confidents : chasse édifiante!

Louis le Bègue avait pourtant de l'occupation ailleurs. Il avait, près de sa belle-mère Richilde, régente du royaume pendant l'absence de Charles le Chauve, à qui son ambition faisait presque constamment et avec une infortune presque constante, tenir la campagne, fait de bonne heure la connaissance de sa suivante favorite, Ansegarde, fille d'un officier du palais. Laquelle lui donna deux fils Louis III et Carloman.

Ansegarde ne fut jamais l'épouse légitime de Louis le Bègue, que son père, de retour d'Italie, où il avait été recevoir la couronne impériale de la main du pape, força à épouser Richarde, fille du roi Alfred d'Angleterre, malgré ses propres supplications et les démarches, toujours influentes pourtant, de Richilde. Et comme Louis mourut avant sa femme, qu'il laissait grosse de Charles, plus tard dit le *Simple* ou le *Sot*, Ansegarde ne fut autre chose, toute sa vie, que la concubine du roi.

« Et ce même Louis le Bègue, dit Sauval, dans ses *Antiquités de la Ville de Paris*,

s'il faut admettre la belle raison de l'auteur qui m'a appris cette anecdote, pourquoi fut-surnommé *Rien*?

« Ce ne fut pas tant, dit-il, parce qu'il ne fit rien, et que son règne fut court, qu'à cause de la folle passion qu'il eut pour une religieuse du couvent de Chelles, qu'il enleva lui-même. Les fautes en soi qui tiennent du rien et tendent au rien, en rendant un prince méprisable, le dégradent et l'avilissent entièrement. »

Il y a peut-être beaucoup de subtilités dans cette appréciation, mais ce que nous y voyons de plus clair, c'est que Louis enleva une religieuse du couvent de Chelles.

Sous les règnes de Charles le Chauve et de Louis le Bègue, la cour de Lorraine fut vivement et longuement agitée par les débats relatifs à la répudiation de la reine Teutberge par Lothaire II et à son remplacement par Waldrade, depuis longtemps sa maîtresse.

Waldrade était nièce de l'archevêque de Cologne et sœur de l'archevêque de Trèves. Quand, par des raisons politiques, Lothaire avait épousé Teutberge, princesse de la maison de Bourgogne, il était déjà lié avec Waldrade, qu'il aimait passionnément, et qu'il rappela près de lui, en conséquence, moins d'une année après son mariage, ayant dès lors chassé sa propre femme qu'il accusait d'inceste avec son frère (857).

Teutberge, suivant la coutume du temps, se justifia de cette accusation par l'épreuve de l'eau bouillante. Alors le roi se trouva contraint de la reprendre, mais ce fut pour peu de temps. Traduite successivement devant trois conciles, Teutberge, sur ses propres aveux, fut condamnée; son mariage fut cassé, et Lothaire fut autorisé à épouser sa concubine.

Cependant l'opinion publique était favorable à Teutberge. Forte de cet appui, elle en appela au pape. Nicolas Ier chargea deux légats de réunir un quatrième concile, lequel confirma la sentence. Mais, poussé par le roi de France, Nicolas cassa les arrêts des quatre conciles, déposa les archevêques de Cologne et de Trèves, et somma Lothaire de reprendre sa femme. Celui-ci se soumit, mais il revint bientôt à Waldrade, et à la mort de Nicolas (867), il fit le voyage de Rome afin d'obtenir de son successeur, Adrien II, la légitimation de son union avec celle-ci. Par malheur pour Waldrade et les trois enfants qu'elle avait eus de Lothaire, celui-ci mourut au cours de ce voyage.

Des trois enfants de Waldrade, Berthe seule eut un destin heureux. Elle devint, en secondes noces, marquise de Toscane, et se rendit célèbre par son esprit et ses galanteries. Sa cour fut la plus brillante et aussi la plus voluptueuse de l'Europe. Elle mourut en 925.

La reine Emma, femme de Lothaire, roi de France, s'est rendue célèbre par ses qualités militaires et surtout par son héroïque défense de Verdun contre l'armée de l'empereur. Mais elle n'est pas moins célèbre par ses galanteries, et principalement par sa liaison publique avec l'évêque de Laon, Ancelin Dalbéron. Certains auteurs l'accusent même de n'être pas restée tout à fait étrangère à la mort prématurée de son royal époux. Mais elle n'est pas seule accusée de ce crime, comme la preuve va nous en être fournie.

Après la campagne de Lorraine, dans laquelle Emma s'était si glorieusement comportée, Lothaire associa à la couronne son fils, Louis le Fainéant, dernier roi de la dynastie carlovingienne, et lui fit épouser Blanche, fille de Rothbaud, comte d'Arles, laquelle, d'un esprit vif et enjoué et d'humeur, comme on dit par un euphémisme charmant, portée à la galanterie, s'aperçut très vite que Louis, prince faible et borné, n'était pas du tout son fait.

Lothaire avait amené de Lorraine un prisonnier qui, par contre, répondait pleinement à « l'idéal » de Blanche. C'était le comte Godefroy de Verdun, et elle le lui fit bien voir; mais habile au dernier point, non seulement elle ne le fit voir à personne autre, mais encore manœuvra si bien auprès du roi, qu'elle obtint de lui la liberté de son amant.

Blanche d'ailleurs n'était pas sensible qu'à l'amour. L'évêque Dalbéron, qui avait pour lors plus de cinquante ans, sollicita ses faveurs; et il les obtint sans peine; pour ses beaux yeux, à ce qu'il crut; en réalité parce que, maître absolu de Laon, qui passait pour la meilleure place forte du royaume, il se trouvait en situation d'offrir un asile sûr dans un moment difficile et que Blanche était une femme prévoyante.

Godefroy ne vit pas ces intrigues d'un bon œil, comme on pense; il fit des scènes à Blanche qui, pour le calmer, détermina son triste époux à un voyage qui permit de laisser en chemin l'importun évêque, et à Godefroy de jouir de sa maîtresse sans contrainte et peut-être sans partage. Mais Lothaire, indigné des dérèglements de sa belle-fille autant que de la bêtise de son fils, voulut mettre un terme aux premiers. Il surprit un rendez-vous des deux amants, et... mourut empoisonné (986).

Est-ce la main de Blanche ou celle d'Emma qui versa le poison au malheureux Lothaire? Ce qu'il y a de sûr, c'est que c'est la main d'une des maîtresses de l'évêque de Laon qui le fit, que ce soit celle de la belle-mère ou celle de la belle-fille. Après cette mort, Emma voulut s'emparer du gouvernement, mais elle avait affaire à forte partie, et Blanche la fit enlever, avec Dalbéron, qui lui était revenu, à la suite des infidélités de la maîtresse de Godefroy, par Charles de Lorraine.

Quant à Blanche, elle récompensa par

le poison les complaisances de son mari, et le força à son lit de mort de désigner pour son successeur au trône Hugues Capet, à la condition qu'il l'épouserait.

Avec de tels exemples sous les yeux, on pense que le peuple ne devait pas regarder de trop près à la pureté des mœurs, et que les serfs étaient tout préparés à accepter les droits humiliants et infâmes que la féodalité naissante allait leur imposer, par exemple ce droit de *merquette* ou de *prélibation*, qui donnait au seigneur la première nuit des noces de ses serfs ; il est vrai que si la mariée était laide, le malheureux époux pouvait racheter ce droit, d'après un tarif fixé. Nous consacrerons du reste, tout à l'heure, un chapitre spécial à cette infamie universellement connue sous le nom de droit du seigneur, avec pièces à l'appui démontrant la mauvaise foi des intéressés qui en ont nié l'existence ou qui ont cherché à en altérer la véritable nature.

Quant à la prostitution proprement dite, qui avait été très florissante dans les villes jusqu'à l'avènement de Charlemagne, on sait que, par un capitulaire qui est le premier monument de notre législation sur cette matière, ce vertueux empereur l'interdit absolument dans ses États et édicta contre les prostituées et leurs complices éventuels diverses pénalités dont nous avons déjà parlé, et que tous les officiers commandant dans les résidences royales étaient chargés d'appliquer.

A l'époque désastreuse qui vit la dislocation de l'empire carlovingien, sans qu'il soit possible de fixer exactement la date, toutes les prohibitions qui frappaient la prostitution disparurent une à une, et les peines portées contre elles tombèrent en désuétude ; de sorte que la féodalité ouvre en réalité une ère de renaissance à la prostitution.

Sous le rapport de la prostitution publique, jusqu'à l'époque des réformes opérées par saint Louis, les documents font à peu près défaut, et ceux que nous possédons sont assez sujets à contestation. Ainsi, d'après un grand nombre d'historiens modernes, les prostituées parisiennes, dès le temps où nous voici parvenus, étaient organisées en corporation ; elles avaient leurs statuts, leur juridiction particulière ; enfin elles assistaient à une messe solennelle suivie d'une procession, le jour de la fête de sainte Marie-Magdeleine.

Il n'y aurait rien de bien étonnant à ce que cette coutume ait existé, et bien que Sauval assure que l'authenticité de ces faits n'a d'autre garantie que des traditions longtemps conservées parmi les filles publiques de Paris, cette garantie nous paraît digne de considération, à défaut d'autre : il n'y a pas de fumée sans feu.

C'est aussi à cette époque que se formèrent à la cour des rois et des grands vassaux des réunions permanentes de filles de joie, qui étaient quelque chose de plus bas, de plus méprisable encore que les harems de concubines des souverains précédents. A la tête de ces espèces de meutes chargées de satisfaire aux plaisirs du maître, était placé un fonctionnaire spécial, nommé *roi des ribauds*, chargé de les entretenir, de les surveiller, de les châtier à l'occasion. — C'étaient là des fonctions fort lucratives et recherchées en conséquence, je ne serais pas étonné, même, qu'elles fussent considérées comme extrêmement honorables.

III

Quelques traits de mœurs féodales.

SOMMAIRE. — Etablissement definitif de la féodalité en France. — Le baronnage au x° siècle. — Debauches et brigandages. — La « gaie science du bel amour. » — Rivalité de femmes. — La comtesse de Poitiers et la vicomtesse de Thouars. — Ignoble vengeance d'une noble femme jalouse. — Cruauté et dévotion mêlées. — La noblesse et le clergé. — Opinion de Grégoire VII sur les évêques de France. — Les évêques d'Amiens et le « droit du seigneur. » — Le « répit de saint Firmin. » — Droit de marquette, de prélibation, de deflorement, de jambage, de braconnage, etc., etc. — Résistance à l'exercice outrageant de ce droit. — Deux jeunes époux de la paroisse de Cantenac poursuivis par le seigneur de Blanquefort, devant la sénéchaussée de Guyenne, pour s'être soustraits à l'acquittement de ce droit. — Leur condamnation. — Détails curieux. — Temoignage d'un trouvère du xII° siècle. — Le seigneur de Louvie et le non moins puissant seigneur de Bizanos. — Touchante histoire des fiancées de la vallée d'Aure. — Le miracle de Notre-Dame de Bourisp. — Les chanoines de Lyon et les curés de Berry. — Le seigneur de Rambures. — L'abbaye de Blangy-en-Ternois. — Le seigneur de Barlin. — Curieuse sanction donnée par une coutume à la perception du droit du seigneur. — Transport de cette créance à des tiers. — Le droit de braconnage. — Le véritable droit de jambage. — Rachat assez facile. — Temoignage de Fléchier. — Nature accommodante du comte de Monvallat. — Témoignages divers. — Triomphe final de la morale publique.

L'établissement légal du système féodal en France remonte à l'assemblée de Kiersy (877); les faits avaient précédé le droit, et cependant, avant que le déplorable capitulaire de Charles le Chauve eût reçu son plein et entier effet, que la féodalité, en un mot, fût organisée dans la société comme elle l'était déjà dans les mœurs, il fallut attendre un long siècle et la disparition du dernier [des descendants de Charlemagne.

Nous ne saurions suivre, dans tous leurs développements les phases diverses de cette importante révolution sociale; mais nous dirons d'abord quelles étaient les mœurs publiques à l'époque où elle se produisit, et nous étudierons de près cette infamie magistrale née de la féodalité, en tout cas grandie avec elle et par elle : le *Droit du seigneur*.

Frédéric Morin, dans le meilleur ouvrage élémentaire qui ait été écrit sur *la France au moyen âge*, s'exprime ainsi, à propos de la conduite du baronnage à la fin du x° siècle:

« Tant que la plénitude de sa domination ne fut pas assurée, il tempéra son orgueil féroce par quelques restes de vertu et de bon sens ; il rendit même aux populations d'incontestables services. Mais quand, appuyé par elles, il se fut partout établi en triomphateur, à l'abri de ses créneaux et de sa cuirasse, il se laissa aller à ces délires de débauches et de crimes qui perdent les peuples lorsqu'ils ont la faiblesse ou le malheur de les supporter trop longtemps.

« Ce n'est pas seulement au mal sous toutes ses formes qu'il se laissait aller ; ce mal était devenu son bien, il le faisait sans raison, sans passion, pour lui-même. La conscience semblait abolie, ou remplacée par des aberrations étranges, par des aberrations d'aliéné. Tel seigneur ne se contentait pas d'immondes débauches ; il lui fallait, pour avoir quelque joie en ses turpitudes, blesser de front la conscience publique et posséder, par exemple. outre un harem oriental, deux ou trois femmes légitimes à la fois.

« On en vit d'autres qui s'adressaient de préférence, dans leurs monomanies érotiques, aux concubines de leur père, et qui s'en faisaient gloire.

« Et qu'on ne dise pas : — A la vérité, les mœurs étaient déplorables, mais du moins les maximes reçues étaient saines, et tôt ou tard reprenaient leur empire sur les âmes repentantes. Les maximes étaient au niveau des mœurs, peut-être pires.

« On regardait l'amour tout à la fois comme le privilège du noble et l'antithèse du mariage. Et que l'on juge des effets pratiques d'une pareille théorie au milieu de populations grossières et licencieuses : il se trouva un petit tribunal galant formé de chevaliers et de nobles dames pour condamner une veuve qui venait d'épouser son amant préféré, à octroyer ses faveurs à celui qu'elle aimait le plus après le privilégié de ses affections : celui-ci, devenu mari, devait être remplacé comme amant !

« Les jeunes châtelaines couraient nuit et jour avec les chevaliers, avec les poètes, non par passion, mais par mode, pour se former à la *gaie science du bel amour*. Ajoutez que, sous prétexte de parenté entre les époux, les mariages étaient presque continuellement cassés. Il ne s'agissait, pour se démarier, que de gagner un généalogiste et un évêque : chose facile !

« Jamais la famille ne fut moins stable, jamais la société conjugale ne fut plus prête à se dissoudre que dans cette horrible époque où quelques-uns essayent de voir un paradis perdu. On put croire, vers l'an mil, que la promiscuité absolue allait ressaisir le genre humain ! »

Ayant montré, ce qui n'est que trop facile, que les mœurs de l'aristocratie féodale n'étaient pas, à cette époque, moins féroces que licencieuses, F. Morin rappelle, comme exemple, l'histoire de la vengeance d'Emmeline, comtesse de Poitiers, sur la malheureuse vicomtesse de Thouars, soupçonnée par elle d'entretenir de trop tendres relations avec son mari.

Cette Emmeline était fille de Thibault le *Tricheur*, comte de Blois. Elle épousa, vers 980, Guillaume II, surnommé *Fier-à-bras*, comte d'Aquitaine et de Poitou. Extrêmement pieuse, Emmeline était toujours occupée à fonder quelque abbaye ou quelque église ; on lui doit notamment l'abbaye de Bourgueil en Vallée et celle de Maillezais. C'est pendant qu'elle s'occupait de cette dernière fondation qu'elle apprit que son mari, en revenant de Bretagne, s'étant arrêté, une belle nuit, au château de Thouars, la belle châtelaine s'était montrée plus hospitalière qu'il n'était strictement convenable avec le comte Guillaume.

Emmeline dissimule, mais elle est bien résolue à tirer de sa rivale une vengeance éclatante, aussitôt qu'elle en trouvera l'occasion.

L'occasion ne tarde guère à se présenter. Alors Emmeline entre en campagne, à la tête d'une troupe de pages et de chevaliers; attend la malheureuse vicomtesse au coin d'un bois, disperse aisément sa faible escorte, s'empare de sa personne et l'emporte en triomphe à son propre château. Là, pendant toute une nuit, la vicomtesse de Thouars fut livrée par Emmeline à la lubricité de ses gens !

Le comte de Poitiers, à la nouvelle de ce haut fait de sa pieuse épouse, arriva furieux ; mais Emmeline se réfugia à temps au château de Chinon, et pendant deux ans elle fit la guerre à son mari. Au bout de ce temps, les « bons religieux » réussirent à réconcilier le comte de Poitiers et sa « très sage comtesse ; » laquelle, libre désormais de tout souci, s'empressa de retourner à ses fondations pieuses.

Il ne faudrait pas juger d'après les mœurs des personnes pieuses celles des personnes qui ne l'étaient pas, puisque le clergé n'était pas moins sanguinaire et débauché que le plus sanguinaire des barons.

« Plus de constitution générale, plus de conciles, plus d'instruction religieuse, dit Théophile Lavallée ; le clergé oublie ce qui a fait sa force, et ne songe qu'à accroître ses domaines ; il ne cherche plus de l'autorité par la foi et les lumières, mais par les armes et les richesses ; il devient tout aristocratique, ne se recrute plus que dans la noblesse, distribue et reçoit des fiefs, enfin change la France en une théocratie militaire.

« Les prêtres ont l'épée à la main ; ils pillent sur les routes, tiennent auberge dans les églises, s'entourent de femmes perdues ; les cathédrales et les monastères sont fortifiés et soutiennent des sièges ; la force a remplacé partout l'élection ; il n'y a plus à la tête des évêchés et des abbayes que des barons avides et belliqueux ; plusieurs sont mariés et transmettent leurs dignités et leurs domaines ecclésiastiques à leurs enfants, même en bas âge, ou bien les donnent en dot à leurs filles et en douaire à leurs femmes : l'hérédité va s'emparer de la société ecclésiastique comme de la société civile. »

Grégoire VII écrivait publiquement, à propos des évêques, que « dans tout le royaume de France, on aurait peine à en trouver *un seul* qui ne méritât d'être déposé pour le scandale de sa nomination ou pour le scandale de sa conduite. »

Et quant à l'effronterie avec laquelle les ecclésiastiques s'entouraient de concubines, un auteur contemporain affirme qu'en Bretagne notamment, certains prêtres avaient « jusqu'à dix femmes et même davantage. »

On ne s'étonnera pas, après cela, de voir les évêques jouir, à l'égal des barons, du fameux droit du seigneur. Il faut dire que, sous ce rapport, le clergé féodal a même innové, car ce fut lui qui imagina de forcer les époux à s'abstenir des plaisirs charnels, jusqu'à ce qu'ils eussent payé certaines redevances, au besoin établies dans ce but, comme un impôt d'une perception assurée et facile.

Les ecclésiastiques avaient des serfs comme les seigneurs, comment ne les auraient-ils pas pressurés, martyrisés, humiliés, déshonorés comme le faisaient ceux-ci ?

« Les évêques d'Amiens, dit M. Delpit, n'étaient pas seulement directeurs des âmes dans leur diocèse, ils étaient aussi seigneurs temporels des corps et des biens de leurs ouailles, et querelleurs, hautains, entêtés, ils prétendaient non seulement paître, mais tondre leur troupeau.

« Ces très hauts et très puissants seigneurs, dont l'humeur belliqueuse et les exploits guerriers sont célèbres dans l'histoire, voyant autour d'eux et au-dessous d'eux tant de petits vassaux jouissant du droit du seigneur, qu'on peut dire que ce privilège était de droit commun dans la province, s'imaginèrent à leur tour qu'ils ne pouvaient pas être moins bien lotis que de simples hobereaux campagnards. Il est donc bien certain que ces vénérables prélats ont aussi prélevé des droits analogues à ceux que les autres seigneurs de la province s'attribuaient.

« En effet, au xɪɪᵉ siècle, les hommes mariés d'Amiens furent exemptés par leur évêque de divers « droits de tonlieu », moyennant une redevance déterminée. Cette espèce d'abonnement fut désignée sous le nom de *répit de Saint-Firmin* ; il donna lieu à de vives contestations. Cet impôt n'était pas exigé des célibataires, ce qui fait croire que le « répit de Saint-Firmin » n'était autre chose que le droit du seigneur déguisé.

« D'ailleurs, un arrêté du 19 mars 1409,

mentionné par Laurière, défend à l'évêque d'Amiens d'exiger une indemnité des personnes nouvellement mariées pour leur permettre de *coucher avec leurs femmes la première, seconde et troisième nuit de leurs noces: il y est dit que chacun des habitants pourra coucher avec sa femme, la première nuit de ses noces sans la permission de l'évêque.* »

Mais avant d'aller plus loin, il est nécessaire d'établir que le droit du seigneur sur la nouvelle mariée a existé, d'abord, puisque certains écrivains ont été jusqu'à le nier ; ensuite nous passerons à l'examen des différentes manières dont ce droit était prélevé, suivant les lieux et aussi suivant l'humeur particulière de celui qui bénéficiait, laïque ou ecclésiastique, de ce prélèvement odieux.

La preuve que le droit du seigneur existait, et sous la forme que tout le monde connaît, non seulement en France, mais dans l'Europe entière, c'est qu'en Allemagne, en Angleterre, dans les Flandres, en Italie, etc., on le trouve désigné sous des noms aussi variés et aussi caractéristiques qu'en France même.

Or en France, on le désignait sous les noms de droit de *marquette*, de *prélibation*, de *déflorement*, de *jambage*, de *cuissage*, de *culage*, de *couillage*, de *cochet*, de *couchet*, de *deschaussaille*, et autres non moins significatifs, tant en latin qu'en français vulgaire. A quel usage aurait-on fait servir des noms si bien appropriés si leur emploi naturel n'était pas celui que nous leur prêtons ? — Au reste, les faits abondent à tel point, qu'on est en vérité très embarrassé de choisir.

Voici pourtant un témoignage capital, outre qu'il est extrêmement curieux, dont la traduction est empruntée au tome XII de la *Bibliothèque historique* 1820. C'est une sentence, en langue romane, rendue par le grand sénéchal de Guyenne, à la date du 13 juillet 1302, au sujet du droit en question, auquel refusaient de se soumettre les parties intéressées. Pour quelques termes trop crus, le traducteur s'est servi du latin, lequel, dans les mots, brave l'honnêteté, audace que le français ne peut se permettre qu'avec la plus grande réserve.

« Ceci est la charte et statut du droit de prémices et de déflorement que le seigneur de la terre et seigneurie de Blanquefort a et doit avoir envers et sur toutes les filles non nobles qui se marieront en ladite seigneurie, le premier jour de leurs noces.

« On fait savoir que *le tout temps, et par coutumes anciennes*, les puissants seigneurs de la terre et seigneurie de Blanquefort, le Taillan, Cantenac, Margaux et autres, ont le droit de prémices et de déflorement sur toutes et chacunes filles non nobles qui se marient en ladite terre et seigneurie de Blanquefort et autres dessus nommées ; le premier jour de leurs noces, *maritus ipse femora nuptæ aperiet ut dictus dominus primum virginis florem primitiasque delibet facilius*; et ledit déflorement fait, ledit seigneur ne pourra plus toucher ladite mariée et devra la laisser au mari.

« Et comme le mois de mai dernier, Catherine de Soscarole, de la paroisse dudit Cantenac, se fut mariée à Guillaume de Becarron le Jeune, le puissant seigneur Jean de Durasfort, chevalier, seigneur de ladite terre et seigneurie de Blanquefort et autres dessus nommées, ayant voulu user dudit droit et pouvoir de prémices et de déflorement sur ladite Catherine de Soscarole, elle se fut refusée d'obéir audit seigneur et n'eut voulu lui accorder ce droit, et ledit Becarron s'y fut également refusé et emporté de mauvaises paroles envers ledit seigneur ; et pour cause de la désobéissance de ladite mariée et des mauvaises paroles dudit marié, ledit seigneur les eut fait mettre en prison séparément et fut allé,

Afrique. — La danse sous les palmiers.

se plaignant d'une plainte criminelle, devers M. le grand sénéchal de Guyenne, pour informer de ce que dessus est dit, et qu'il fut fait enquête par écrit et par assemblée de témoins, du droit et coutume anciennes, à cette fin de constater que le seigneur de ladite terre et seigneurie de Blanquefort et autres seigneuries, a le pouvoir et usage du droit de prémices et de déflorement en la manière susdite.

« Et après ladite information et enquête faites, fut rendue une sentence par la sénéchaussée de Guyenne, dont la teneur suit mot à mot :

« Entre le noble et puissant seigneur de Durasfort, chevalier, seigneur de la terre et seigneurie de Blanquefort, le Taillan, Labarda, Cantenac, Margaux et autres, demandeur en droit de prémices et de déflorement, la première nuit de noces sur toutes et chacunes filles non nobles qui se marient en ladite terre et seigneurie de Blanquefort et autres susdites, le *mari présent*, d'une part ;

« Catherine de Soscarole, de la paroisse dudit Cantenac, nouvellement mariée à Guillaume de Bécarron le Jeune, défenderesse au susdit droit, d'autre part ;

« Vu par la sénéchaussée la plainte criminelle dudit seigneur Jean de Durasfort, ensemble les informations, enquêtes par écrit et par assemblée de témoins, et autres pièces du procès entre les parties, à raison de ladite plainte criminelle ; et de tout ce que dessus est dit, ladite cour faisant droit aux parties, a dit et déclare ledit seigneur être bien fondé en droit et en raison, et par coutume ancienne, d'avoir et pouvoir prendre prémices et faire le déflorement, le premier jour des noces, sur toutes et chacunes filles non nobles qui se marient en ladite terre et seigneurie de Blanquefort et autres susdites, le mari présent.

« Cela fait, ledit seigneur ne pourra plus toucher la mariée, et la devra laisser au mari.

« Et pour raison de ce qui s'est dessus déclaré, ladite cour a condamné et condamne ladite Catherine de Soscarole et ledit Guillaume Bécarron le Jeune à obéir audit seigneur, pour qu'il prenne son droit en la manière susdite ; et en ce qui touche aux mauvaises paroles que le même Guillaume de Bécarron a dites au seigneur, ladite cour l'a condamné et le condamne à s'amender envers ledit seigneur, et lui demander grâce un genou en terre, la tête nue et les mains en croix sur la poitrine, en présence de tous ceux qui furent assemblés à ses noces.

« Et de plus, ordonne ladite cour, qu'en ce qui touche le droit susdit, la présente sentence servira de loi et statut, tant pour le temps présent que pour le temps à venir, à charge par ledit seigneur de la faire proclamer et publier, soit par un notaire royal, soit par un appariteur, au-devant de la porte de l'église dudit Cantenac, à la sortie de la messe de la paroisse, et par toute l'étendue de la seigneurie de Blanquefort et autres susdites, et de faire dresser actes du jugement en nombre tel qu'il lui plaira. »

Au dos est écrit :

« Cette sentence fut prononcée à l'audience de la sénéchaussée de Guyenne, le mercredi treizième jour du mois de juillet, l'an 1302. »

Il n'y a guère d'objection possible à la netteté des termes d'un pareil document, qui fait tomber toute discussion ayant pour objet l'existence ou la non existence du « droit du seigneur. » Qu'on prétende qu'il n'était pas partout en usage, d'accord ; mais nous allons voir que, s'il n'existait pas partout, bien peu de seigneurs, en définitive, pouvaient se plaindre d'en être privés.

Mais on aimerait à connaître le dénoue-

...ent de ce drame intime que nous dévoile
l'arrêt inique de la sénéchaussée de
Guyenne. Les jeunes époux n'auraient-ils
pas poursuivi jusqu'au bout leur courageuse résistance? et, dans ce cas, qu'est-il
devenu d'eux? On ne peut se résoudre à
croire que cette Catherine de Soscarole a
fini par céder et à se livrer à la lâche brutalité de ce hobereau gascon; on n'admet
pas plus volontiers que Guillaume de Bécarron, après avoir houspillé son seigneur
comme il le méritait, se soit agenouillé
devant lui, et ait consenti en fin de compte
à lui tenir la chandelle.

Hélas! s'ils ne cédèrent point, leur sort
n'est que trop aisé à deviner. Mais, en
dépit de notre curiosité, le fait est que
nous n'avons aucun renseignement là-
dessus, ni sur tant d'autres drames non
moins poignants, dénoués dans le sang
des malheureuses victimes du despotisme
idiot qui pesa sur le peuple pendant plus
de huit siècles, et que d'aucuns lui reprochent fort aigrement d'avoir secoué en un
jour de colère, sans se soucier de savoir si
leurs grands pères et leurs grands mères
étaient aussi de cette opinion.

On trouve dans certains écrivains des
contradictions vraiment curieuses. Ainsi,
voici M. Léopold Delisle qui nie purement
et simplement l'existence du droit du seigneur, dans ses *Études sur la condition de la
classe agricole*, et qui, pour appuyer son
opinion, cite ce passage d'un poème
d'Estant de Goz, trouvère qui vivait au
XII° siècle :

> Se vilain sa fille marie
> Par dehors de la seignorie,
> Le seignour en a le *culage*
> Trois sols en a del mariage.
> Trois sols en a reison por quei ?
> Sire, je l'vos di par ma foi :
> Jadis advint que le vilain
> Ballout sa fille par la mein
> Et la livrout à son seignor.

> Ja ne fut de si grand valor
> A faire ideuse sa volonté,
> Anceis qu'il li eust et doné
> Rente, châtel ou heritage
> Por consentir le mariage.

Il est bien inutile d'insister sur la contradiction : nier l'existence d'une chose et
emprunter à un contemporain la preuve de
cette existence, c'est assez réussi.

Voici, par contre, comment s'exprime
sur le même sujet, un ancien membre de
la magistrature de l'empire, M. de Lagrèze,
conseiller à la cour de Pau, qui, vraisemblablement, aurait été heureux de pouvoir
nier qu'une pareille monstruosité exista
jamais, mais qui, vaincu par l'évidence,
les mains pleines de preuves, n'hésite pas,
dans sa droiture, à livrer celles-ci à la publicité :

« En matière historique, dit M. de Lagrèze, comme en toute chose, il faut dire
la vérité telle qu'elle est, lors même qu'elle
ne serait pas telle qu'on l'aurait désirée ; je
ne puis supposer que la croyance si généralement admise d'un droit étrange se fût
répandue jadis et eût persisté jusqu'à nos
jours, si elle n'eût eu d'autre fondement
qu'un conte de Bouhier, une fable de Bu-
chanan et les calomnies des détracteurs
acharnés de l'aristocratie seigneuriale. Il
n'est pas douteux que, dans certaines parties de la France, l'assujettissement personnel du vassal envers le seigneur, dont
il devenait l'*homme*, n'eût été poussé si loin
que nos savants jurisconsultes réclamèrent
contre cette sorte d'esclavage, vieux débris
de l'ancienne servitude, si dégradante pour
la nature humaine.

« Sans doute, le château seigneurial était
plus souvent un lieu d'abri et de refuge
pour les populations rurales qu'un lieu de
vexation et d'oppression, mais on ne peut
nier qu'il n'ait existé de déplorables excès
de l'autorité féodale ; si l'on fouillait les

archives communales avec soin, je suis persuadé qu'on découvrirait ailleurs ce que j'ai trouvé dans les Pyrénées, c'est-à-dire les preuves évidentes que les petits tyrans de quelques petits villages ont réellement exigé les droits les plus révoltants, et notamment celui du seigneur.

« Voici deux documents que je citerai sans commentaire. On peut les consulter aux archives de la préfecture de Pau.

« Le premier est à la date de 1538. Le seigneur de Louvie, dans les montagnes d'Ossau, s'arrogeait le droit de prélibation sur quelques familles du village d'As, d'où dépendent les Eaux-Bonnes, établissement thermal si renommé.

« Je traduis littéralement :

« *Item*. Lorsque quelques uns desdites
« maisons ci-dessus désignées viendront à
« se marier, *avant de connaître leurs femmes,*
« *ils seront tenus de les présenter pour la pre-*
« *mière nuit audit seigneur de Louvie pour en*
« *faire plaisir*, ou autrement ils lui paieront
« tribut. *Item*. Lorsqu'ils auront des enfants,
« ils seront tenus de payer une somme dé-
« terminée, et s'il arrive que le premier né
« soit un enfant mâle, il sera franc, *parce*
« *qu'il peut être engendré des œuvres dudit sei-*
« *gneur de Louvie dans la première nuit de ses*
« *susdits plaisirs.* »

« Cette pièce originale est signée de Johan de Lobie et vérifiée par le procureur général, qui, dans l'énumération des droits qu'il approuve, ne dit rien de celui du seigneur.

« Le second document est un dénombrement du seigneur de Bizanos, du 12 septembre 1674. On y lit la clause suivante :

« *Item* temps passé, lesdits soumis es-
« toient en telle subjection, que les pré-
« décesseurs dudit dénombrant avoient le
« droit, toutes fois et quantes qu'ils pre-
« noient femme en mariage, *de coucher avec*
« *l'épouse la nuit la plus prochaine des nopces.*

« Ce dernier droit a été pourtant converty
« par sesdits prédécesseurs en cet autre,
« sçavoir que les soumis sont tenus et
« obligez, chaque fois qu'il se fait des
« nopces dans ledit lieu, de lui porter une
« poule, un chapon, une épaule de mouton,
« deux pains et une sorte de bouillie vul-
« gairement nommée *bilarrou*. »

« Sans doute, un si détestable usage n'a pu exister sans laisser quelques souvenirs, quelques ressentiments dans la mémoire populaire. Or voici les traditions orales qui confirment les documents écrits. Je raconterai un fait que j'ai recueilli sur les lieux mêmes.

« Une jeune fille de la vallée d'Aure aimait un jeune homme dont elle était adorée. Longtemps elle hésita cependant à couronner son amour ; c'est qu'elle frémissait à l'idée que le jour de son mariage, au lieu d'être la réalisation d'un rêve de bonheur, serait un jour de désespoir et de honte : le seigneur du village l'attendait dans son castel, comme l'aigle attend sa proie, pour exiger le tribut de sa pudeur virginale.

« Elle essaya vainement de le fléchir de ses larmes.

« Près de là s'élevait la chapelle de Notre-Dame de Bourisp, chapelle vénérée, qui jouissait d'une renommée qu'elle conserve encore. La jeune fille va s'agenouiller aux pieds de la Vierge sans tache qui protège l'innocence, et fait vœu de lui offrir la plus belle génisse du troupeau paternel, si elle daigne la préserver du déshonneur.

« Le jour de la noce arrive. Le cortège nuptial s'achemine vers l'église. Tout à coup la cloche du village, au lieu d'un carillon joyeux, fait entendre un glas funèbre... Un long cri est répété par les échos... Le seigneur venait de succomber à une mort soudaine.

« La jeune fiancée, ainsi délivrée de ses

terreurs, se hâta d'acquitter l'offrande promise à la Vierge.

« Cette scène a fait une si vive impression dans la vallée, qu'on en raconte les moindres détails comme si elle s'était passée la veille. La jeune fille, vous dira-t-on, se nommait *Loubet*; elle se maria dans la maison *Bordes*. C'est en arrivant au pont de *Bayen* qu'elle entendit sonner l'agonie.

« Sa famille a continué à payer une redevance à Notre-Dame de Bourisp jusqu'en 1789. Enfin la clochette de la vache fut déposée comme un *ex-roto* sur l'autel, où elle est demeurée pendant des siècles; elle y était il n'y a pas dix ans (la brochure de M. de Lagrèze d'où ceci est extrait est de 1854, la clochette en question était donc encore sur l'autel de Notre-Dame de Bourisp en 1844); elle existe même encore, mais transformée en ustensile de ménage. »

Voilà qui est concluant, si quelque chose le fut jamais. Ce fait de la tradition orale, perpétuant à travers les siècles le souvenir du déshonneur évité, a pour nous plus de valeur, s'il est possible, qu'un document écrit. Il montre, en outre, que le peuple jouissait dès lors d'une délicatesse de sentiment aussi grande que de nos jours, qu'il comprenait bien la honte de sa misérable position, qu'il en souffrait horriblement, et que sa faiblesse seule le contraignait à ronger son frein en silence.

Par exemple, quand il se soulevait, il était terrible ! et le gentillâtre, tremblant sous sa cuirasse inutile, payait en un jour... mais non, il ne payait pas la centième partie de la dette de ses forfaits accumulés !

Et cependant il y a des fils de serfs pour les plaindre et pour traîner dans la boue la mémoire de ces martyrs en révolte par excès de misères et d'humiliations !

Nous avons déjà signalé des membres du clergé usant du droit de *culage* comme de simples seigneurs laïques ; nous y ajouterons quelques nouveaux exemples du même fait, afin de fortifier d'autant notre démonstration.

Ainsi, d'après Saint-Foix, les chanoines de Lyon avaient le droit de coucher, la première nuit des noces, avec les femmes de leurs serfs. Le même droit paraît avoir appartenu aux curés de certaines paroisses du Berry. « J'ai vu, dit en effet Bœrius, dans la cour de Bourges, devant le métropolitain, un procès d'appel où le recteur ou curé de la paroisse prétendait que, de vieille date, il avait la première connaissance charnelle avec la fiancée, laquelle coutume avait été annulée et changée en amende. » On remarquera que, dans ces deux derniers exemples, il n'est même plus question de prélats, mais de chanoines et d'un simple recteur de paroisse.

Dans les *coutumes locales du bailliage d'Amiens*, rédigées en 1507, publiées par Bouthors en 1843 et 1845, on trouve quelques pièces constatant que le droit de culage était au nombre de ceux dont jouissaient des seigneurs de cette province.

Une de ces *coutumes*, établissant les privilèges du seigneur de Rambures, en sa terre et seigneurie de Ducrat, contient un article XVII où il est dit : « Quand aucun des subgietz ou subgiettes dudit lieu de Drucat se marye... le maryé ne pœult couchier la première nuyct avec sa dame de nœupce sans le congié, licence et auctorité dudit seigneur, ou que *ledit seigneur ait couchié avec ladite dame de nœupce*; lequel congié il est tenu de demander audit seigneur et à ses officiers ; pour lequel congié obtenir ledit maryé est tenu bailler un plat de viande... avecque deux los de bruvaigne... et est ledit droit appelé *droit de culage*. »

Maintenant, c'est le curé de Blangy en-Ternois, qui perçoit le *droit de culage* au nom de son abbaye.

La coutume qui l'a été là, porte, dans son article 11 : « Si aucun se marie à aucune femme estant et demourant ès mettes de ladite comté et baronie et il y vient faire sa résidence, avant de coucher avec sa femme, il est obligé de payer aux religieux et abbé deux sols pour le droit vulgairement appelé droit de culage. »

Ici, le droit n'est plus payé en nature, et il n'est pas question de la faculté d'option pour l'une ou l'autre des parties. Dès le début même de l'établissement de ce droit infâme, quel que soit son mode de perception, il paraît certain que le seigneur est payé en argent ou en nature ; mais on comprend qu'étant le maître, il fait dit bien que le choix lui fut laissé.

« Le seigneur de Barlin, lisons-nous dans une autre partie du recueil, a plusieurs beaux droits, et s'y a un certain droit de culage qui est tel que toutes femmes qui tiennent fiefs de lui, toutes et quantes fois qu'elles se maryent ou changent de mary, sont tenues payer, assavoir les fiefs relief limités et les coterres, le sixième degré de la valeur. Duquel droit de culage ledit sieur de Barlin est tenu faire pareil droit à Madame de Humbercourt. »

Dans la coutume du Mesnil-les-Heslin, il est spécifié une pénalité curieuse contre celui qui coucherait la première nuit de ses noces avec sa femme sans le congé du seigneur, à savoir : *la confiscation du lit et de tout ce qui serait trouvé sur ledit lit*. — Cela pouvait entraîner de graves conséquences, suivant l'heure à laquelle la confiscation aurait été prononcée.

En Normandie, le droit de culage n'était pas moins rigoureusement perçu qu'en Picardie. Nous avons sous les yeux un document qui prouve non seulement qu'il était perçu en nature par les seigneurs, bien entendu quand le jeu leur plaisait, mais encore qu'ils le transportaient à des tiers.

La conversion du droit du seigneur en prestation en argent était souvent l'objet d'une convention entre les serfs et leur seigneur : « Comme le sire de Mareuil, dit un document de ce genre, peut et doit avoir droit de *braconage* sur filles et fillettes en ladite seigneurie, et si ne les bracone, échet en deux sols envers ladite seigneurie. » Il semblerait, d'après ce document, que le sire de Mareuil jouissait d'un droit qui s'étendait bien au delà de la première nuit des noces, ou plutôt en deçà.

Dans certaines contrées, les seigneurs n'avaient d'autre droit que celui de poser la jambe nue dans le lit des nouveaux mariés. Ce droit de jambage ou de cuissage n'était pas toujours exercé avec un grand enthousiasme ; ou bien le seigneur dépassait son droit, et alors qu'y faire? Ce fut un de ceux, en tout cas, au rachat desquels les seigneurs s'opposèrent avec le moins d'opiniâtreté.

Nous trouverons dans les *Grands jours d'Auvergne*, de Fléchier, des détails intéressants relatifs à cette forme du droit du seigneur et à son rachat, au XVIIe siècle, dans la province d'Auvergne.

« M. le comte de Montvallat, dit le futur évêque de Nîmes, est un homme qui tient un rang assez honorable dans la province et par la qualité et par la réputation de n'être pas fort tyran dans ses terres...

« Il passoit pour si doux et pour si tranquille, qu'il est certain que ses paysans l'avoient menacé et que sa femme l'avoit battu...

« Je ne sais point quel est le sujet de leur mauvais ménage. Quelques-uns l'attribuent à la mauvaise humeur de madame ; les autres à quelques petites passions de monsieur pour quelques filles de son voisinage ; d'autres en disent encore une cause plus considérable qu'assurément une femme doit avoir en horreur...

« On l'accusoit encore d'une autre espèce de concussion qui n'était pas moins plaisante.

« Il y a un *droit qui est assez commun en Auvergne*, qu'on appelle le droit des noces. Autrefois on ne l'appellait pas si honnêtement ; mais la langue se purifie même dans les pays les plus barbares. Ce droit, dans son origine, donnoit pouvoir au seigneur d'assister à tous les mariages qui se faisaient entre ses sujets ; d'être au coucher de la mariée ; de faire les cérémonies que font ceux qui vont épouser par procuration les reines de la part des rois. Cet usage ne se pratique plus aujourd'hui, soit parce qu'il serait incompatible aux seigneurs d'être de toutes les noces, et de mettre leurs jambes dans tous les lits de tant de bonnes gens qui se marient, que parce que cette coutume était un peu contraire à l'honnêteté et qu'elle exposoit les gentilshommes, qui avoient l'autorité et qui n'avoient pas toujours la modération, à des tentations assez dangereuses. Cette honteuse cérémonie a été changée en redevance pécuniaire, et, par un accord mutuel, les seigneurs ont demandé des droits plus solides, et les sujets étoient bien aises de se rédimer de cette loi si dangereuse à leur honneur.

« M. de Montvallat trouvoit que les anciennes coutumes étoient les meilleures, et ne vouloit pas laisser perdre ses droits, et comme on le tenoit assez redoutable sur ce sujet et qu'on craignoit que la chose passât la cérémonie, on trouvoit encore plus à propos de capituler et de lui faire quelque présent considérable. Quoi qu'il en soit, il faisoit valoir ce tribut et il en coûtoit bien souvent la moitié de la dot de la mariée. »

Cependant il se trouvait des paysans qui préféraient se dépouiller de la sorte que de subir les honteux caprices de M. de Montvallat, ce puissant seigneur battu par sa femme et méprisé de tous, qui n'affectait peut-être tant d'attachement aux vieux usages que pour faire payer sa renonciation aux anciens droits le plus cher possible.

Ce droit de jambage, avons-nous dit, existait dans diverses provinces, et souvent dans les mêmes où, sur d'autres terres, les seigneurs jouissaient d'un droit plus complet. « Tel est, dit Simon d'Olive, conseiller au parlement de Toulouse, le droit remarqué par Choppin sur la coutume d'Anjou, où il rapporte que certains seigneurs du pays lyonnais ont la faculté de tenir la cuisse dans le lit des nouveaux mariés au jour des noces de leurs vassaux. »

Et Boerius de son côté : « J'ai ouï dire que quelques seigneurs gascons avoient le droit la première nuit des noces, de poser une jambe nue au côté de la jeune épouse ou de transiger avec les époux. »

En Bourgogne, où la servitude était établie d'une manière générale, puisqu'au rapport du président Bouhier « presque tous les villageois étoient serfs », et où l'abus de l'autorité en avait à peu près partout remplacé l'usage, on ne voit pas cependant le droit du seigneur prendre cette forme humiliante. L'homme serf qui prenait femme en dehors de la seigneurie, était tenu de venir coucher avec elle la première nuit de ses noces, dans la seigneurie à laquelle il appartenait, sous peine de perdre tous ses biens.

C'est là tout, à ce qu'il semble, et pour vexatoire qu'elle nous paraisse, cette prescription pouvait être obéie, en somme, sans honte ni scrupule de délicatesse, et bien rarement au prix d'un dérangement trop préjudiciable. « En lieu de mainmorte, lit-on dans le *Nouveau coutumier général* de Bourdot de Richebourg, la fille mariée en son partage peut retourner... pourvu qu'elle retourne gésir la première nuict de ses nopces en son meix et héritages. »

On sent bien toujours, dans ces dispositions, le souci du seigneur d'établir son droit de suzeraineté, de faire sentir le joug au malheureux serf, afin qu'il n'oublie pas sa condition; mais il semble aussi que la morale publique a déjà parlé haut, suivant les temps ou les lieux, et que le seigneur lui-même, ou prête à sa voix une oreille favorable, ou n'ose plus l'outrager en face.

Ah! c'est que l'abus des droits du seigneur avait été poussé trop loin aussi, en vérité. On n'a pas d'idée, même après ce qu'on vient de lire, de tout ce que l'imagination de ces maîtres cruels et débauchés pouvait enfanter de tortures pour le misérable qui était leur chose; tout ce qu'à côté des droits infâmes dont nous venons de parler, ils avaient su se créer, pour leur esbaudissement particulier, des droits humiliants et ridicules jusqu'à la stupidité et n'ayant d'autre but évident que celui d'avilir leur vassal ou leur serf, car ils n'en tiraient le plus souvent aucun profit matériel.

IV

Addition importante au chapitre qui précède.

SOMMAIRE. — De quelques droits seigneuriaux où le ridicule le dispute à l'odieux. — Le roi de la *Tiretesse*. — Le seigneur de Chourée et la dame de Montreuil-Bellay. — Les dames nobles de la paroisse de Videlou et leur suzerain. — Le droit de bachellerie. — Le droit de quintaine. — L'examen de puberté imposé aux filles à marier. — Les procès en impuissance et l'épreuve du *congrès*. — Congrès et visite sont deux choses. — Odieuse accusation portée contre deux demoiselles calvinistes, détruite par la simple formalité de la visite. — Le procès du comte et de la comtesse de Langey. — Condamnation irrévocable de l'épreuve du congrès. — L'institution de la chevalerie — Révolution qu'elle produit dans les mœurs. — Le règne des dames châtelaines. — Éducation chevaleresque de la jeunesse noble. — L'amour chevaleresque. — Preux chevaliers et troubadours langoureux et serviles. — Troubadours-chevaliers. — Une chanson de Thibault, comte d'Orange. — Extrait d'un *tenson* de Bertrand de Born. — Cours d'amour. — Incompatibilité de l'amour et du mariage. — *Lous arrests d'amours*. — Description d'une cour d'amour. — Le code d'amour. — Détails biographiques sur une des plus illustres présidentes de cours d'amour — Éléonore de Guyenne. — Son mariage avec Louis le Jeune — Préparatifs de la deuxième croisade. — Les prostituées à la suite des croisés. — Les amazones croisées. — La « Dame aux bottes d'or. » — La reine de France affronte le feu des infidèles. — Éléonore de Guyenne et son oncle Raymond de Poitiers, prince d'Antioche. — Éléonore et l'esclave sarrasin. — Le beau Saladin. — Retour au bercail. — Misères conjugales. — Le concile de Beaugency prononce la rupture du mariage de Louis VII et d'Éléonore de Guyenne, au profit de... cette dernière. — Éléonore, reine de beauté, duchesse d'Anjou et bas-bleu. — Sa correspondance littéraire et amoureuse. — Éléonore, reine d'Angleterre. — Assassinat de la belle Rosamonde. — Éléonore en prison. — Ses fils, Richard Cœur-de-Lion et Jean sans Terre lui rendent encore possible une vie d'intrigue et d'agitation constante. — Le diable devenu vieux. — Détails sur l'abbaye de Fontevrault — Robert d'Arbrissel. Mœurs dissolues du clergé de Rennes. — Le réformateur en fuite. — Robert d'Arbrissel, fondateur d'abbayes — La communauté de Fontevrault réunit les deux sexes. — Scandales résultant de cette promiscuité. — Mortification de la chair. — Épreuve téméraire que s'impose le fondateur de Fontevrault. — Les tombeaux des Plantagenets à Fontevrault. — En France, tout finit par des chansons.

Le seigneur jouissait donc de droits exorbitants, non seulement sur la vie, mais aussi sur l'honneur de ses serfs. Nous avons montré des exemples assez nombreux de l'exercice du plus infâme, du plus abominable de ces droits; mais il y en avait d'autres, attachés on ne sait comment, par la coutume, à certaines seigneu-

Mauresque dans le harem.

ries en particulier; ces droits, pour la plupart aussi ridicules qu'odieux, se font ordinairement remarquer par deux autres points : l'humiliation systématique du malheureux serf, et l'indécence, poussée autant que possible jusqu'à l'obscénité, qui caractérise l'exercice de ce droit.

Ainsi Richard Automne, avocat au parlement de Bordeaux à la fin du XVI° et au commencement du XVII° siècle, parle d'un procès qui eut lieu en la juridiction de Tulle, sénéchaussée du Limousin, de son temps, à propos d'un droit de ce genre, appartenant à dame Jeanne de Maumont, veuve de Jean de Beaufort, vicomte de Lamothe-Canillac, seigneur de Laguenne, et qui consistait en un hommage rendu par les habitants de la ville de Laguenne, au moyen de cérémonies publiques, plus ridicules et plus indécentes les unes que les autres, comme on va le voir.

Ce procès se termina devant le parlement de Bordeaux, en juin 1604, et par conséquent Bernard Automne était on ne peut mieux placé pour en connaître les moindres détails. L'objet du procès n'était pas, à proprement parler, le *droit du seigneur*, autrement il aurait été amusant de voir la dame Jeanne de Maumont en exiger l'acquittement *en nature* de ses serfs; mais il s'y rattache évidemment, car on remarquera que c'est aux gens nouvellement mariés ou à marier seulement que cet acquittement incombe.

« Tous les sept ans, le 31 décembre, dit notre autorité, les habitants de la ville étaient obligés de choisir et d'élire l'un d'entre eux, qui prenait le titre de *roi de la tire-vesse* — mot infâme, dit l'avocat des plaignants, qui ne signifie que l'accouplement brutal de deux chiens — et le lendemain, 1er janvier, ce malheureux se dépouillait complètement de ses vêtements en présence de la foule accourue de plus de dix lieues à la ronde pour voir rendre cet hommage, ou plutôt assister à cette farce, dont la périodicité avait acquis dans le pays quelque chose qui rappelait la célébrité des jeux olympiques.

« Le roi, entièrement nu, devait se rendre en présence de la dame de Beaufort ou de ses représentants, sur un certain pont, autour duquel il fallait presque toujours casser la glace à coups de hache, pour que le malheureux pût accomplir son rôle, et, plongeant du haut du pont dans l'eau, passer et repasser trois fois sous le pont, toujours à la nage.

« Ici, l'indécence de l'hommage était effacée par sa cruauté. N'était-ce pas la mise en pratique de ces affreuses mais fabuleuses histoires de monstres exigeant un sacrifice humain?

« Sorti de l'eau, le *roi de la tire-vesse* prenait sur son poignet un roitelet, attaché avec des longes de soie et pris le jour même, entre le lever du soleil et l'heure de la grand'messe, sans quoi *la dame exigeait une indemnité de cent écus.*

« Le roi, muni de son roitelet, se rendait sur une place publique, montait à califourchon sur une longue pièce de bois traversée de demi-piques et à laquelle étaient attelés avec des cordes, d'un côté tous les gens mariés depuis la dernière cérémonie de la *tire-vesse*, et, de l'autre, tous les jeunes gens bons à marier. Les uns et les autres tiraient sur leurs cordes de toutes leurs forces, en sens inverse, jusqu'à ce qu'un parti entraînât l'autre ou que, une corde se rompant, il en résultât une culbute générale.

« Le roi de la tire-vesse se rendait alors sur une autre place, et, montant sur une grosse pierre qui lui servait de trône, il criait à haute voix que si le seigneur de Laguenne ou son représentant était présent, il était prêt à lui faire hommage au nom de tous les habitants, et, plumant son roitelet, il en jetait les plumes au vent en criant par trois fois : « Voilà de sa trace ! »

La dernière partie de la cérémonie n'était que bête. Cependant, il se trouva un beau jour, — ou plutôt il ne se trouva plus personne pour consentir à jouer le rôle du *roi de la tire-vesse* : de là le procès, car on a vu que, faute d'un roitelet pris le jour même « entre le lever du soleil et l'heure de la grand'messe, » la dame de Beaufort exigeait cent écus, ce qui était une somme énorme déjà ; mais, faute d'un roi, c'était bien autre chose !...

Le droit d'hommage nous offrirait d'autres exemples aussi ridicules que celui-ci, et une foule de droits féodaux ne valent pas mieux en ce point, indépendamment de ce qu'ils ont d'humiliant pour le vassal.

Dans un aveu de la terre de Montreuil-Bellay, cité par Piganiol de la Force, on lit ceci : « Le seigneur de Chourée est obligé, lorsque la dame de Montreuil-Bellay va la première fois à Montreuil-Bellay, de la descendre de sa monture et de lui porter un plein sac de mousse *es lieux privés de sa chambre.* »

Les épouses nobles de possesseurs de fiefs, dans la paroisse de Videlou, en Bretagne, étaient obligées, la veille de la Noël, de venir rogner les ongles des pieds à leur seigneur. Mais elles pouvaient s'exempter de cette redevance en apportant audit seigneur de Videlou deux chats nouveau-nés, dans un chaudron, ladite veille de Noël, et un panier de raisin frais, avec des ciseaux, à la Pentecôte.

Est-ce assez ridicule? Et pourtant il ne s'agit plus ici de misérables serfs, mais de nobles, qui se vengeront ensuite sur leurs serfs des vexations idiotes du seigneur suzerain.

A propos des divers droits prélevés sur les nouveaux mariés, il en est plusieurs que nous pouvons encore signaler par leur bizarrerie. Tel est le droit de bachellerie qui existait dans le Berry. En vertu de ce droit, tout marié en premières noces devait au seigneur un *esteuf* ou balle à jouer, de trente-deux carreaux et de neuf couleurs; chaque marié en secondes noces, un billard neuf de deux pieds et demi, avec la masse et deux billes neuves; les mariés en troisièmes ou quatrièmes noces devaient, outre le susdit billard, deux oisons et vingt deniers.

Dans certains villages, les mariés en premières, secondes ou troisièmes noces devaient au seigneur un oiseau appelé *roqhry*. Ils étaient obligés de le porter à leur col, sur une grosse perche qu'un autre homme aidait à tenir en équilibre.

Tous ces droits se payaient le jour de la Trinité qui suivait le mariage, à un fermier spécial qui portait le titre de roi des bacheliers.

Dans ce même Berry, les jeunes mariés de l'année devaient aller, le jour de la Pentecôte, tirer la quintaine sous les fenêtres du château seigneurial. Leurs femmes étaient en outre tenues de donner un *chapel de roses* et une collation aux principaux officiers. Pour donner une idée de la réserve avec laquelle les seigneurs, laïques ou ecclésiastiques, recevaient ces hommages, nous mentionnerons un arrêt du Parlement de Bretagne, de 1546, défendant aux seigneurs ayant droit de quintaine d'en user le lendemain de Pâques, comme aussi de prendre la chanson et de *baiser les nouvelles mariées* ce jour-là. — Ce jour-là seulement, vous entendez.

Pour tirer la quintaine, on plantait d'abord en terre une grosse pièce de bois, appelée jacquemart, on y attachait un bouclier contre lequel on rompait quelques lances ou l'on jetait en courant des javelots. C'était un divertissement ordinaire aux paysans; mais des seigneurs ayant pris goût à ce spectacle, qui leur était offert par déférence, ils l'eurent bientôt érigé en droit, et il n'y eut plus moyen de s'en dédire.

Aux environs de Paris, c'était principalement le jour des rois que les seigneurs de fiefs exigeaient que leurs paysans les régalassent d'une représentation du jeu de la quintaine.

D'autres coutumes qui appartiennent, au moins par leur origine, au moyen âge, sont également marquées au coin d'une indécence, d'une immoralité qui nous semble d'autant plus révoltante, que nous sommes plus éloignés de l'époque où elles étaient en vigueur.

Par exemple à Vienne, en Dauphiné, une assemblée d'ecclésiastiques était chargée de vérifier si les filles étaient à point, ou non pour consommer utilement le mariage. Dans un document daté de 1361 et conservé au *Trésor des chartes*, il est dit que dorénavant les filles à marier ne seront pas tenues de comparaître devant l'official de Vienne, excepté dans certains cas spécifiés, notamment lorsqu'il s'agit de décider si elles ne sont pas trop jeunes pour se marier.

Sans doute le motif était louable, mais l'action ne pouvait être accomplie, qu'on le prenne comme on voudra, que par des hommes lestés d'une forte dose de cynisme. L'épreuve du *congrès*, dans les procès en impuissance, avait du moins lieu en présence de matrones, et non en présence d'ecclésiastiques, — quoiqu'il y en eût toujours quelques-uns dans le voisinage.

Le congrès, dont nous venons de prononcer le nom, était ordonné par les juges, lorsqu'une femme, dans le but de faire casser son mariage, accusait son mari d'impuissance, et que celui-ci, pour se défendre de cette accusation humiliante, demandait à faire la preuve du contraire.

L'origine des procès en impuissance et de l'épreuve légale du congrès remonte loin. Au xıı⁰ siècle, nous voyons un évêque de Chartres fulminer contre une femme intentant à son mari un procès de ce genre, et qualifier sa démarche d'effronterie et d'impudence. L'abolition du *congrès* ne fut prononcée, par le Parlement de Paris, qu'en 1677, nous dirons tout à l'heure dans quelles circonstances. Alors Bouhier, président à mortier du Parlement de Dijon, prit la défense de cette coutume surannée, dans un *Traité de la dissolution du mariage pour cause d'impuissance*, qui est un opuscule extrêmement curieux, rempli d'érudition et écrit surtout pour montrer au Parlement de Paris que le Parlement de Dijon a une manière de voir différente de la sienne et sait la défendre avec éloquence.

Le document suivant, que nous empruntons au *Dictionnaire encyclopédique des sciences médicales*, donnera une idée exacte et complète de cette épreuve scandaleuse, et d'ailleurs trompeuse, par la raison que nous venons de dire et dont nous démontrerons tout à l'heure le bien fondé par des faits, — les faits mêmes qui ont motivé sa suppression.

Dans sa défense du congrès, Bouhier s'appuie principalement sur la nécessité de la visite de l'homme et de la femme, qu'il justifie par l'habitude constante de l'Église, par l'autorité des décrets, des canons, des Pères, de qui ces affaires relevèrent uniquement pendant de longs siècles, et par l'usage qu'en fait la législation des autres pays.

« Sans cela, dit-il avec raison, que feraient d'honnêtes filles qui ont eu le malheur d'être ravies contre leur gré, et qui demandent à prouver la consommation du rapt par l'inspection de leurs personnes?

« Qu'auraient fait enfin ces deux demoiselles de Paris, chez qui s'étaient tenues en 1560 diverses assemblées de calvinistes, dans lesquelles on les accusa de s'être abandonnées à la lubricité de quelques hommes de leur secte? Toute l'animosité du parti contraire ne put empêcher qu'elles n'obtinssent du parlement la permission de se justifier par cette épreuve; et par la même raison, la cour, suivant arrêt du 20 août 1604, confirma la visite qu'une fiancée avait demandé qu'on fît de sa personne, pour prouver la fausseté de ce qu'avait dit son fiancé, qu'il avait eu avec elle des habitudes criminelles. »

Mais on sait que, dans l'épreuve du congrès, la visite est double et se complique d'un intermède qui se trouve être justement le point épineux de l'affaire; et si la citation de Bouhier nous offre deux ou trois faits curieux, où la demande de visite est amplement justifiée, elle est loin de prouver que le congrès était une institution respectable; et la cause qui l'a fait abandonner prouve, ce que nous disions en commençant, qu'elle allait souvent, au contraire, contre le but que doivent se proposer la justice et la morale, indépendamment de l'apparence des moyens.

La comtesse de Langey intenta un procès en impuissance, à fin de nullité de mariage, à son mari, et demanda l'épreuve du congrès. Ce procès fit un bruit du diable, tant à cause de la qualité des parties engagées que de l'acharnement qu'y mettait la comtesse. La comtesse gagna son procès tout du long. Les deux époux furent en conséquence séparés. Ils se remarièrent chacun de son côté, — et chacun de son côté eut plusieurs enfants dans son nouveau ménage.

Ceci nous paraît concluant.

Au sujet de ce procès, Tallemant des Réaux raconte ce qui suit :

« Langey est bien fait et de bonne mine. M{ne} de Franquetot-Carcabut dit en le voyant au cours : « — Hélas ! à qui se fiera-t-on désormais? » Cela donnait de mauvaises impressions contre la demoiselle.

« Je ne sais combien de harengères et autres femmes étaient à la porte du lieutenant-civil, et dirent en voyant Langey : « — Hé ! Plût à Dieu que j'eusse un mari fait comme cela ! » Pour elle, elles lui chantèrent pouilles.

« Il y eut bien des procédures pour cela, qui firent durer la chose près de deux ans ; on ne parlait que de cela par tout Paris. Les femmes s'accoutumèrent insensiblement au mot *Congrès*, et l'on en causait dans toutes les ruelles. On l'appelait, lui, le *marquis du Congrès*. Il aimait beaucoup sa femme. Un jour qu'il disait à Mme de Gondran : « — Madame, j'ai la plus grande ardeur du monde pour elle. — Eh ! monsieur, lui répondit-elle, gardez-la pour un certain jour, cette grande ardeur ! »

« Le jour qu'on ordonna le congrès, Langey cria victoire ; on n'a jamais vu tant de fanfaronnades ; mais il y eut bien des mystères avant que d'en venir là. Elle était fort résolue en y allant, et dit à sa tante, qui demeura : « — Soyez assurée que je reviendrai victorieuse, je sais bien à qui j'ai affaire. »

« Enfin, le temps expiré, le comte s'écria en se levant : « — Je suis ruiné ! » Ses gens n'osaient lever les yeux.

Les femmes qui avaient été pour Langey étaient déferrées : « — C'est un vilain, disaient-elles, n'en parlons plus. »

Langey se remaria donc — et sa première femme aussi. Tallemant de Réaux revit le comte à quelques années de là, et en conséquence, il ajoute la note suivante à son manuscrit : « J'ai vu Langey à Charenton faire baptiser son second enfant, car il a fils et fille ; jamais homme ne fut si aise, il triomphait. J'espère qu'un de ces matins le cavalier présentera requête pour faire défense à l'avenir d'appeler les impuissants *Langeys*. »

Et voilà quelle excellente preuve on obtenait par le moyen du congrès. C'est à peine si le jugement de Dieu était moins convaincant.

Notre récit, au point où nous en sommes, se trouve nécessairement coupé de marches et de contre-marches incessantes ; autrement nous ne pourrions montrer, jusque dans ses dernières conséquences, l'utilité d'une institution qui, tirant toute sa gloire de son antique origine, en vit quelquefois beaucoup plus longtemps qu'il ne serait désirable. Mais voici encore une question vidée, et nous pouvons aborder maintenant l'examen impartial de la plus grande, de la plus noble des inventions du moyen âge, — de la chevalerie, puisqu'il faut l'appeler par son nom.

L'institution de la chevalerie, au xie siècle, amena dans les mœurs une réaction salutaire, mais qui, comme toutes les réactions, ne dura point, et, pour avoir trop voulu faire, fut loin d'avoir l'importance morale qu'on lui a attribuée, — surtout depuis la révolution littéraire de 1830, car l'influence des romans de chevalerie avait déjà été tuée par le *Don Quichotte*, et c'était dès lors un culte à rétablir.

Il y eut là, dans tous les cas, une tentative louable pour réformer et discipliner ces deux grands mobiles de l'action humaine : la passion érotique et l'amour des combats, leur découvrir des objets plus nobles et plus justes, ne fût-ce qu'en apparence, et leur ouvrir de nouveaux débouchés.

Les croisades furent le résultat le plus considérable obtenu par cette tentative. Il faut lui attribuer également la transformation des sombres repaires des seigneurs en lieux de plaisir et d'exercices militaires et amoureux, remplis de jolies femmes, de jolis pages, d'écuyers magnifiques, de fiers chevaliers et de troubadours langoureux, jongleurs, chanteurs et ménestrels animés des sentiments les plus « chevaleresques, » quoique souvent fort avides, ambitieux et quelque peu fourbes, — lorsqu'ils n'étaient pas absolument timbrés, comme Geoffroy de Rudel, amoureux de la comtesse de Tripoli sans l'avoir jamais vue.

Les dames châtelaines se trouvèrent fort bien de cette révolution. Elles menaient auparavant, dans leur triste castel, une vie fort retirée et fort triste, esclaves des caprices de leur seigneur et maître, généralement un brigand titré d'une brutalité bestiale. Elles devinrent, à dater de ce moment, les véritables maîtresses du château, ayant la plus grande part dans la direction intérieure, et dans l'éducation des fils de chevaliers vassaux du seigneur, qu'elles instruisaient à la fois dans la religion et dans l'art d'aimer et de servir loyalement les dames, présidant des *cours d'amour* où l'on professait des principes à faire dresser les cheveux sur la tête d'une honnête femme moderne, sous prétexte d'« amour épuré, » etc.

Mais au point de vue de la morale pure, il n'y eut qu'une modification trompeuse dans la corruption des mœurs féodales, qui s'étendit, bien loin de s'amoindrir, et se couvrit seulement d'un vernis de poésie et d'élégance.

Le preux chevalier n'en resta pas moins un baron hautain et cruel, sans foi comme sans scrupules, en dépit des cérémonies imposantes de l'initiation et des serments solennels; et si les femmes purent déployer plus à l'aise les trésors de leur esprit et de leur charité, celles qui avaient des dispositions à la débauche n'en trouvèrent que plus d'occasions de les satisfaire, et n'y manquèrent pas.

Cette histoire d'amour épuré, n'est, du reste, qu'une effrontée mystification, de même qu'il y a plus de sentiments chevaleresques de par le monde depuis qu'il n'y a plus de chevalerie, parce que la chevalerie ressemble un peu, pour nous, à un dogme révélé, qu'il n'y en avait dans ce temps-là, il y a beaucoup plus d'amour épuré depuis qu'on ne le professe plus *ex cathedra*.

Voyez un peu l'odyssée de Bernard de Ventadour, fils de serf, dont la comtesse de Ventadour accepte néanmoins les hommages en vers et autrement, avec tant d'effusion, que le comte juge à propos de mettre le troubadour à la porte et sa femme en prison. Bernard se retire alors avec sa bonne mine, son instrument et ses hommages et porte le tout à Éléonore de Guyenne, qui lui fait un non moins bon accueil; puis, Éléonore devenue reine d'Angleterre, le doux ménestrel trouve un asile tout préparé à la cour de Raymond V, comte de Toulouse, l'un des princes les plus débauchés de ce temps qui en comptait un si grand nombre!

Une chanson de Thibault, comte d'Orange, sur la « vraie manière d'aimer, » nous montre en outre que la coquetterie était, dans ce temps-là, en aussi grand honneur chez les dames qu'elle peut l'être aujourd'hui, et aussi pitoyable, aussi égoïste, aussi ridicule, aussi triomphante.

« J'enseignerai aux galants, dit notre troubadour, la vraie manière d'aimer. S'ils suivent mes leçons, ils feront rapidement de nombreuses conquêtes.

« Voulez-vous avoir des femmes qui vous mettent en renom? Au premier mot désobligeant qu'elles prononceront, prenez le ton menaçant. Répliquent-elles? Ripostez par *un coup de poing au nez*. Font-elles les méchantes? Soyez plus méchant qu'elles, et vous en ferez tout ce qu'il vous plaira.

« Médire et mal chanter vous procurent des bonnes fortunes, même des meilleures, pourvu que vous y joigniez beaucoup de présomption et de suffisance. Faites l'amour aux plus laides, ne montrez aux plus belles que de l'indifférence, c'est le moyen de réussir.

« Mais, hélas ! je n'en use pas de la sorte, termine en soupirant l'infortuné Thibault. Simple, doux, humble, tendre et fidèle, j'aime les femmes comme si elles étaient toutes mes sœurs. Ah! gardez-vous de suivre mon exemple, et retenez bien mes préceptes, si vous craignez les tourments de l'amour! »

Dans un *tenson* soutenu par Bertrand de Born contre Sordello, nous lisons cette réplique de Bertrand, qui nous paraît significative :

« ... Que votre part soit la folie d'amour, dont la jouissance est si vaine; courez après ces *plaisirs qui perdent leur prix dès qu'on les obtient...* »

La manière dont on faisait l'amour, au temps de la chevalerie, ne nous paraît donc pas aussi différente qu'on veut bien le dire de la manière dont on le fait aujourd'hui et si elle diffère de celle en usage dans les temps les plus barbares, c'est seulement par les termes employés, et encore !

Il y eut, depuis le commencement du XIIᵉ siècle jusqu'à la fin du XVᵉ, des *cours d'amour*, présidées, comme nous l'avons dit, par les dames les plus illustres, et qui rendaient des arrêts sans appel sur toutes les questions de galanterie. André, chapelain de la cour de France, qui vivait à la fin du XIIᵉ siècle, cite dans son traité *De arte amatoria et reprobatione amoris*, celles que présidaient Ermengarde, vicomtesse de Narbonne, la comtesse de Flandre, la comtesse de Champagne, Éléonore de Guyenne, reine de France, puis duchesse d'Anjou et enfin reine d'Angleterre, etc. Jean de Nostradamus parle de celles qui siégeaient à Signe, à Pierrefeu, à Romanin et ailleurs, comme nous l'allons voir.

L'amour, érigé en principe suprême de la chevalerie, devait avoir ses docteurs, ses lois et par conséquent ses tribunaux; ceux-ci étaient composés des dames les plus illustres par leur naissance, par leur beauté et par leur situation qui, prenant au sérieux leur mission qu'elles considéraient comme une espèce de sacerdoce, firent tous leurs efforts pour ériger en institution, à côté du mariage, cette abstraction sentimentale.

Nous avons déjà eu l'occasion de signaler la condamnation par une *cour d'amour* d'une jeune veuve qui, remariée à son amant favori, était résolue à s'en tenir là : le tribunal galant la somma péremptoirement d'avoir à accorder ses faveurs à celui qu'elle aimait le plus, après le privilégié de ses affections, lequel, en devenant mari, devait être remplacé comme amant.

Voici maintenant le dispositif d'un jugement rendu par une cour d'amour, présidée par la comtesse de Champagne sur la question de savoir si « le véritable amour » peut exister entre personnes mariées :

« Nous disons et assurons par la teneur des présentes, dit cet arrêt curieux, que l'amour ne peut étendre ses droits sur deux personnes mariées.

« En effet, les amants s'accordent tout mutuellement et gratuitement, sans estre contraints par aucun motif de nécessité, tandis que les époux sont tenus, par devoir, de subir réciproquement leurs volontés, et de ne se rien refuser les uns aux autres...

« Que ce jugement, que nous avons rendu avec une extrême prudence et d'après l'avis d'un grand nombre d'autres dames, soit pour vous d'une vérité constante et irréfragable.

« Ainsi jugé, l'an 1174, le troisième jour des calendes de mai, indiction VIIᵉ. »

Vous me direz qu'il y avait peut-être des

maris assez dépourvus de sentiments chevaleresques, quoique chevaliers, pour trouver à redire à certaines dispositions hasardées de ces arrêts des cours d'amour. Sans doute; il y en avait même qui ne se trouvaient nullement honorés de voir leur femme choisie pour « dames des pensées » d'un jeune chevalier avide de gloire.

Mais se fâcher, c'était courir le risque d'un nouvel arrêt, qui n'était pas tendre, et par lequel ces dames vouaient à l'exécration de tous les gens de bien le mal-appris, l'ignorant dans la gaie science du bel amour, le barbare qui... prenait la mouche; anathème dont les conséquences étaient presque aussi terribles que celles de l'excommunication majeure. Il n'y avait donc rien à faire pour les maris, sinon de chercher ailleurs une juste compensation à leurs misères conjugales, à quoi ils ne manquaient guère.

Les questions à juger étaient ordinairement présentées aux cours d'amour par les troubadours, sous la forme de dialogues rimés ou non, et avec accompagnement de harpe, cithare ou autre instrument familier aux ménestrels, lesquels étaient dénommés *tensons*.

« Les tensons, dit Jean de Nostradamus, dans *la Vie des poètes provençaux*, étoient disputes d'amour qui se faisoient entre chevaliers et dames, entre poètes parlant ensemble de quelque belle et subtile question d'amour; et, où ils ne s'en pouvoient accorder, ils les envoyoient, pour en avoir la définition, aux dames illustres présidentes, qui tenaient cour d'amour ouverte et plénière à Sigue et à Pierrefeu, ou à Romanin, ou à autres, et là-dessus en faisoient arrests qu'on nommoit *lous arrests d'amours*. »

Les arrêts des cours d'amour n'étaient pas fondés, comme on pourrait le croire, sur le caprice du moment, mais bien sur des règles arrêtées à la suite de longs et laborieux débats et formulées en un *code d'amour*, composé de trente-deux articles, que le chapelain André a eu l'attention de nous conserver.

Voici les principaux articles de ce code, inconnu de Tripier et autres froids légistes modernes, lequel date pourtant du XII° siècle, et n'est pas le seul, mais le premier des monuments de cette sorte, celui-là même qui fut trouvé pendu par une chaîne d'or, au cou d'un faucon, dans le palais du roi Arthur :

L'allégation du mariage n'est pas excuse légitime contre l'amour;

Qui ne sait celer ne sait aimer;

Personne ne peut se donner à deux amours;

L'amour peut toujours croître ou diminuer;

N'a pas de saveur ce que l'amant prend de force à l'autre amant;

On prescrit à l'un des amants, pour la mort de l'autre, une viduité de deux années;

Personne ne peut aimer, s'il n'est engagé par l'espoir d'être aimé;

Il ne convient pas d'aimer celle qu'on aurait honte de désirer en mariage;

L'amant véritable n'a désir de caresses que venant de celle qu'il aime;

Amour divulgué est rarement de durée;

Le succès trop facile ôte bientôt son charme à l'amour: les obstacles lui donnent du prix;

Toute personne qui aime pâlit à l'aspect de celle qu'elle aime;

L'amour qui s'éteint tombe rapidement, et rarement se ranime;

Du soupçon et de la jalousie qui en dérive croît l'affection d'amour;

L'habitude trop excessive des plaisirs empêche la naissance de l'amour;

Rien ne s'oppose à ce qu'une femme

Baffa présentée à Mourad III.

soit aimée par deux hommes, et un homme par deux femmes.

Telle était donc la base de la jurisprudence des cours d'amour; mais, comme on le voit, tous les cas n'étaient pas prévus, et à chaque nouveau cas qui se présentait, c'était nécessairement de nouveaux débats où était faite une grande dépense d'éloquence amoureuse.

Pour achever de peindre les cours d'amour, peut-être ne saurions-nous mieux faire que de donner la biographie de l'une des plus illustres présidentes de ces aimables tribunaux, Éléonore de Guyenne, bien qu'il ne faille pas la prendre d'une manière absolue pour le type du genre.

Aliénor ou Éléonore de Guyenne est, en effet, célèbre par ses galanteries, ou plutôt par ses débauches éhontées, ses adultères, ses incestes, autant que par ses intrigues et son caractère vindicatif et envieux, et toutes les présidentes de cours d'amour ne réunissaient pas une aussi nombreuse collection de qualités personnelles éminentes.

Fille de Guillaume IX, avant-dernier duc d'Aquitaine, célèbre par ses débauches et ses talents poétiques, et d'Aénor, femme que ledit duc avait enlevée à son mari (auxquels parents un saint homme avait pris la peine de prédire, suivant la tradition, quelques jours avant la naissance de l'enfant, que d'eux il ne pouvait sortir rien de bon), Éléonore épousa à quinze ans (1137) le fils de Louis le Gros, roi de France, qui montait sur le trône à son tour, peu de temps après, sous le nom de Louis VII, le Jeune.

Ce mariage avait été négocié par Suger, l'honnête, mais trop politique ministre de Louis VI, que la dot d'Éléonore (toute la

France occidentale de Nantes aux Pyrénées) avait séduit d'autant plus aisément qu'il ignorait la prophétie du « saint homme » anonyme.

Nous passerons sur quelques innocentes peccadilles d'Éléonore, pour la retrouver occupée avec son royal époux à préparer la deuxième croisade (1146). Louis VII avait des raisons personnelles pour entreprendre cette expédition : Dans la guerre qu'il fit à Thibaud, comte de Champagne, trois ans auparavant, il avait fait rôtir treize cents malheureux habitants réfugiés dans l'église de Vitry, et saint Bernard lui avait donné à entendre que ce n'était pas là un acte tout à fait agréable à Dieu. Mais la reine, elle, n'avait d'autre raison qu'un impérieux besoin de mouvement et d'aventures.

La première croisade n'avait compté dans ses rangs d'autres femmes que des prostituées, comme d'usage, le tout commandé, du moins l'armée des vilains, par Pierre l'Ermite et Gautier-sans-Avoir (1096) la seconde eut des cavaliers et des fantassins, en grand nombre, du sexe féminin, tant l'exemple de la reine devint contagieux; il y eut même tout un corps d'amazones, formé exclusivement de dames nobles, dont le commandant est désigné dans les anciennes chroniques sous le nom de la *Dame aux bottes d'or*.

Toutes ces dames, et la reine la première, affrontèrent bravement, dit-on, le feu des infidèles; il y eut des tuées, des blessées et des prisonnières, au témoignage même des historiens arabes contemporains, fort étonnés de l'aventure.

Mais Éléonore de Guyenne ne s'en tint pas aux faits d'armes; ardente et passionnée comme elle l'était, elle donna au monde chrétien et musulman le spectacle d'une Messaline guerrière, livrant indifféremment ses faveurs aux enfants du Christ et à ceux de Mahomet qu'elle était venu combattre au nom de la Croix. « Tous les historiens du temps, dit Mézerai, nous la dépeignent courant après un Turc dont elle avait fait l'objet de sa passion, au mépris de sa religion et de sa dignité. »

Tandis que le malheureux Louis VII se fait battre par les infidèles devant Damas, Éléonore passe à l'ennemi, s'oublie, en effet, dans les bras d'un robuste et bel esclave sarrazin. Ensuite elle s'oublie dans ceux de Raymond de Poitiers, prince d'Antioche, son oncle. Puis c'est le chef même des Sarrasins, l'illustre Saladin, propre neveu du sultan de Damas, qui jouit de ses faveurs. Puis... mais qui pourrait les compter?

Il est juste d'ajouter que son oncle Raymond n'était guère plus vieux qu'elle et que ses relations avec lui remontaient avant son mariage, avant qu'elle eût quinze ans par conséquent.

Belle d'une beauté enivrante, fatale, Éléonore était faite pour inspirer les désirs furieux qu'elle même ressentait. Saladin était tellement épris de cette sirène croisée que, pour lui parler d'amour dans sa langue, ou plutôt pour savourer ses paroles de feu, le terrible sarrazin réussit à apprendre le français en quinze jours ! — Il est vrai qu'il parlait déjà la langue italienne dans la perfection.

La fille d'Aénor goûta sous ce climat brûlant de l'Asie des plaisirs d'une saveur tellement violente, que du coup elle prit son époux en mépris. Ce fut à Antioche, en effet, qu'elle manifesta d'abord ses sentiments à son sujet, et déclara, entre autres griefs, qu'il « n'était qu'un moine au lit. »

De retour en France, les deux époux n'étaient pas très d'accord, comme on le pense. Éléonore était d'ailleurs décidée à demander le divorce. Louis, malgré la perte des deux tiers de son territoire que cet événement lui causerait infailliblement, prend les devants, car il ne peut plus supporter les désordres de sa femme, sur laquelle le changement de climat paraît n'avoir eu aucune influence.

Le concile de Beaugency est chargé d'instruire cette affaire. La demande de divorce du roi est fondée sur « la pétulance, légèreté et mauvaise volonté de ladite Aliénor ; » mais sur la demande de l'archevêque de Bordeaux, qui démontre que le roi et la reine sont parents, voire dans des degrés prohibés : » c'est pour cette cause, et non pour d'autres, que la dissolution du mariage est prononcée par l'illustre et scrupuleuse assemblée ecclésiastique, le 18 mars 1152.

Éléonore de Guyenne quitta en conséquence Louis VII, emportant avec elle sa magnifique dot, qui lui attira bien des soupirants ; elle se décida pour le jeune Henri Plantagenet, duc d'Anjou, qui devint roi d'Angleterre, sous le nom de Henri II, quelques années plus tard.

Mais avant de ceindre cette nouvelle couronne, Éléonore avait porté dans sa cour princière celle qui lui convenait alors entre toutes, la couronne de reine de beauté. Elle avait présidé une cour d'amour dont les arrêts étaient toujours accueillis avec respect, même celui qui dispose « qu'il est permis à un amant de prendre pour quelque temps une autre amante, afin d'éprouver la première. » Elle avait roucoulé, jusqu'à en être enrouée, de douces chansons d'amour avec des troubadours tels que Bernard, qu'une impolitesse du comte de Ventadour venait justement de mettre sur le pavé.

Ce fut un heureux temps pour elle, le temps des amours et des poétiques commérages, car Éléonore était quelque peu muse ; elle faisait des vers et tenait une correspondance suivie avec divers personnages illustres, avec lesquels elle avait naguère correspondu de plus près. notamment avec Saladin.

Reine d'Angleterre, sa vie s'obscurcit à la fin comme si les brumes de son nouveau pays l'enveloppaient tout entière ; elle ne fut plus qu'envieuse, jalouse, querelleuse, cruelle, insupportable.

Elle tua de sa propre main, dit-on, la belle Rosamonde, la maîtresse que son mari croyait avoir mis hors de ses atteintes en l'enfermant dans le labyrinthe de Woodstock ; et comme elle avait bien d'autres sujets de jalousie avec Henri Plantagenet, elle souleva ses fils contre leur propre père. Celui-ci ayant mis une bonne fois la main sur son excellente épouse, la jeta en prison et l'y retint jusqu'à ce que, pour cause de mort, il ne lui fut plus possible de le faire.

Henri II disparu, Richard Cœur-de-Lion délivra sa mère et l'appela près de lui. Elle y resta jusqu'à la mort de celui-ci et à l'avènement de son frère Jean sans Terre (1199). Elle avait alors soixante-dix-sept ans, et en vérité, on pense bien que le temps des amours était loin pour elle ; celui des intrigues et des luttes incessantes, qui avait succédé au premier, s'en allait également. Éléonore revint alors en France et se retira à l'abbaye de Fontevrault, où elle mourut cinq ans plus tard.

Les moines de Fontevrault, pour reconnaître ses largesses envers leur monastère, ne tarissent pas en éloges hyperboliques sur les vertus ineffables et incomparables de la veuve de Louis VII de France et de Henri II d'Angleterre. Quelques écrivains, imbus d'un mauvais esprit, n'ont pas manqué de traiter les bons religieux d'effrontés hâbleurs, mais c'est à tort en vérité, et nous croyons sincèrement que, de soixante dix-sept à quatre-vingt-deux ans, Éléonore de Guyenne fut un modèle de sagesse, de patience et de dévotion, sans toutefois en être absolument sûr.

Pour ce qui est de la communauté de Fontevrault, ce ne sera pas beaucoup sortir de notre sujet, malgré l'apparence, que de nous occuper d'elle, surtout au moment où la mère de Richard Cœur-de-Lion y fait son entrée, époque à laquelle cette communauté avait juste un siècle d'existence.

Le fondateur de l'abbaye de Fontevrault, Robert d'Arbrissel qui, de pauvre paysan breton, avait su s'élever par le travail à un rang éminent dans le clergé, était autant renommé pour ses vertus que pour sa science. Appelé à Rennes par l'évêque de ce diocèse, Sylvestre de la Guerche, en qualité de vicaire général (1084), Robert aborda ses fonctions par le côté le plus difficile, en introduisant dans le clergé des réformes que son libertinage effronté appelait à grands cris, mais dont il ne voulait pas entendre parler. A ce métier, Robert souleva autour de lui la haine de toute cette prêtraille avilie, à ce point que l'évêque mort (1089), il dut se sauver en toute hâte et sans regarder derrière lui.

Robert d'Arbrissel avait alors quarante-deux ans.

Il nous a paru nécessaire de rapporter cet épisode de la vie du fondateur de l'abbaye de Fontevrault, parce que nous y voyons dénoncées les dispositions du clergé à la débauche sans frein, que les tentatives du réformateur ne font qu'irriter davantage. Mais nous ne suivrons pas Robert dans les phases de sa vie qui le conduisirent graduellement à la fondation de nombreuses abbayes plus ou moins célèbres, et en particulier à celle de Fontevrault qui nous occupe (1099).

C'est à la suite de ses prédications en faveur de la première croisade, que Robert d'Arbrissel, encouragé par le succès, parcourut de nouveau les campagnes, exhortant ceux qui n'avaient pu aller en Palestine, à vouer du moins leur vie au service du Seigneur.

Ayant réuni un grand nombre de disciples *des deux sexes*, il en forma une communauté qu'il établit sur la limite du Poitou et de l'Anjou, à Fontevrault. Le mélange des sexes est précisément le caractère distinctif de cette fondation, et aussi ce fait que les hommes y étaient soumis aux femmes et que c'était une abbesse qui dirigeait toute la communauté.

Robert ne s'en tint pas là, il fonda beaucoup d'autres monastères, tout en veillant avec un soin jaloux à la prospérité de Fontevrault, et aussi tout en s'occupant avec passion d'assurer son propre salut par des moyens à lui.

Cependant, ce mélange des sexes dans une même communauté amena des scandales qu'il était à peu près impossible de ne pas prévoir. Il n'y eut pas seulement des rapports libertins établis entre religieux et religieuses, mais il y eut les suites naturelles de tels rapports, et l'on parla d'accouchements clandestins et de quelque chose de plus coupable encore.

Quant à lui personnellement, et dans l'intérêt bien compris de son salut éternel, Robert avait imaginé de partager la couche de ses religieuses, — non pas, comme on pouvait le croire, dans le but de jouir d'elles (à Dieu ne plaise!), mais « sous prétexte de se mortifier en souffrant les aiguillons de la chair, martyre inouï, dangereux et de mauvais exemple, » suivant les termes du monitoire adressé au fondateur de Fontevrault par Geoffroi, abbé de la Trinité, de Vendôme.

L'évêque de Rennes, Marbode, écrivit de son côté à Robert d'Arbrissel, à propos de cette mortification originale qu'il jugeait à propos de s'infliger, et l'accusa sans ménagement de se livrer sur ses religieuses à des actes de la plus révoltante immoralité. Robert se défendit, comme de raison, et, pour ses apologistes, il confondit triomphalement ses calomniateurs. Il mourut en 1117.

J'espère que son martyre volontaire lui sera compté au ciel.

C'est dans cette abbaye qu'Éléonore de Guyenne, lasse de tout pour avoir abusé de tout, vint s'enfermer et mourir. Nous ne saurions dire si, à l'époque où elle se trouvait, la communauté continuait ses errements du temps de Robert d'Arbrissel, mais la règle en avait été adoucie, et le pape Eugène III avait aboli les épreuves cruelles instituées par le fondateur ; peut-être y avait-il moins de scandales.

Éléonore fut enterrée à l'abbaye de Fontevrault. On y voit encore son tombeau, ainsi que celui de trois autres Plantagenets : Henri II d'Angleterre, son mari, Richard Cœur-de-Lion, son fils, et Élisabeth, femme de son autre fils, Jean sans Terre. Ces tombeaux sont tous les quatre ornés des statues couchées de leurs propriétaires.

Le gouvernement anglais chercha, en 1867, à obtenir du gouvernement français l'autorisation d'enlever les tombeaux des Plantagenets, ses souverains; mais avant d'être rois d'Angleterre, les Plantagenets avaient été ducs d'Anjou, et la demande du gouvernement de la Grande-Bretagne fut repoussée en conséquence : chacun tient à ses illustrations nationales.

A l'occasion de ces démarches, un troubadour de notre temps positif et peu respectueux pour les souverains, rima les couplets suivants, qui se chantant sur l'air de la complainte du *Juif errant*, et ont le très grand mérite de faire en peu de lignes l'histoire de l'illustre famille des Plantagenets :

C'est des vieux rois de pierre,
Qu'ont régné sur l'Anjou ;
Ils portaient pour bannière
Un' plante à genêt d'où
Leur vint par sobriquet
Leur nom d'Plantagenêt.

C'était dans la bataille
De rudes compagnons ;
Comme rois, rien qui vaille,
Sans foi, cruels, larrons...
Mais en fait d'monuments,
Faut pas voir c'qu'est dedans

L'adultér', l'sacrilège,
Le meurtr', la trahison,
La honte et son cortège
Ont souillé leur blason...
Voilà le bilan net
Du nom d'Plantagenet.

V

Aurore de la seconde race de nos rois.

SOMMAIRE. — Les premiers Capétiens. — Robert le Pieux et Constance d'Arles. — Hugues de Beauvais, modèle du confident. — La belle Almafrède. — Le château de Nogent. — Constance outragée se venge du mari sur le confident. — Robert se tient pour suffisamment averti et ne quitte plus le lutrin. — Philippe Ier, ivrogne, libertin, simoniaque et voleur de grande route. — Anathème de Grégoire VII contre ce « tyran. » — Le roi répudie sa femme Berthe de Flandres, après vingt ans de ménage. — Une bonne farce de Philippe Ier. — Enlèvement de Bertrade de Montfort. — Adultère en partie double. — Philippe et Bertrade frappés d'excommunication. — Attitude du mari de cette dernière, Foulques-Réchin, duc d'Anjou. — Mariage de Bertrade et de Philippe approuvé par le pape Pascal II. — Coup d'œil sur le passé : les amours de Foulques et de Bertrade. — Guillaume VII, comte de Poitou, fonde des abbayes de filles de joie. — L'abbaye de *las filhas communas*, à Toulouse. — Pétition adressée à Charles VI par les membres de cette communauté, pour la modification des ordonnances relatives à leur costume. — *Enseignes* imposées aux filles publiques en divers lieux. — Origine de cette contrainte.

— Insultes, vitupères et dommages qui en résultent pour ces filles. — Organisation de la prostitution suivant les localités. — L'impôt sur la prostitution. — Ses formes diverses. — Coutumes bizarres. — De l'argent ou des meubles. — L'impôt d'amortissement. — Exploitation des filles publiques. — Le *djoros* japonaises et les prostituées d'Europe.

Emporté par notre sujet, et voulant donner tout de suite une esquisse à peu près suffisante des institutions et des mœurs nées du nouveau système social, et qui ne devaient heureusement pas y survivre, nous sommes allé un peu trop loin, sans doute ; laissant de côté ceux des premiers capétiens et de leurs grands vassaux qui, avant l'avènement de Louis VII, se sont pourtant distingués par le décousu de leur conduite, c'est-à-dire par leurs mœurs infâmes ordinairement ou, par exception, simplement dissolues, et qui, à ce titre, nous appartiennent.

Nous nous serions reproché, comme une injustice monstrueuse, de laisser dans l'ombre où ils eussent beaucoup mieux fait, la plupart, de se tenir, des personnages si intéressants, si évidemment faits pour la haute position qu'ils occupèrent de leur vivant, pour le rang glorieux où l'histoire les a placés après leur mort.

Aussi n'était-ce pas là notre intention, et allons-nous faire au-devant d'eux un retour empressé sur nos pas.

« Les descendants de Charlemagne, dit un historien, n'avaient été, de 814 à 987, que des idiots couronnés, et l'on ne sait ce qui l'emporta chez eux de l'imbécillité ou de la couardise. Pendant les deux siècles suivants, de 987 à 1180, on vit les Capet à moitié hobereaux, à moitié bedeaux, flotter entre les mœurs féodales et les habitudes monastiques, c'est-à-dire entre les brigandages et les patenôtres.

« Hugues Capet n'eût laissé trace dans l'histoire, s'il n'avait mis la main sur une couronne impuissante. La grande question de son règne fut de savoir qui serait évêque de Reims.

« Le bon roi Robert passa sa vie au lutrin : la grosse question de son règne fut de savoir qui serait sa femme : obligé de se séparer de Berthe et d'épouser l'altière et désagréable Constance, il se consola de ses misères conjugales et des misères de ses peuples, en écrivant, en mauvais vers latins, des cantiques ornés de calembours.

« Henri Ier et Philippe Ier varièrent un peu la scène. Le premier se battit avec sa mère et avec son frère ; un petit comte de Corbeil suffit à maintenir sa faible royauté. Le second mêla gracieusement les adultères aux brigandages ; il passa son temps soit à piller les marchands, soit à soupirer de rage devant la tour rivale de Montlhéry, soit à se marier, à se démarier, à démarier sa maîtresse et à se remarier... »

Il faut ajouter à ce résumé humoristique, mais exact, que Constance d'Arles, femme du roi Robert, était une des présidentes de ces cours d'amour dont nous avons parlé précédemment et qu'elle amena à la cour de France les premiers troubadours qu'on y ait vus ; que c'est sous le règne du bon roi Robert le Pieux que furent brûlés, au nombre de treize, les premiers hérétiques ; que parmi ces hommes convaincus d'hérésie et voués en conséquence à une mort horrible, se trouvait le propre confesseur de la reine Constance, et que cette reine, lorsque le malheureux passa devant elle pour aller au supplice, lui creva un œil à l'aide d'une baguette de fer, — et non pas par inadvertance.

Quant aux calembours reprochés à Robert, ils se résument, je crois, dans les trois premiers mots de l'hymne *O Constantia martyrum*, que Constance crut toute sa vie qu'il avait composée en son honneur.

Et puis le lutrin, pour dire la vérité, n'absorbait pas autant que cela la vie du bon roi Robert, et ses deux femmes ne sont pas les seules qui obtinrent ses soins amoureux, quoiqu'à un degré différent.

Son ami et son confident, le jeune Hugues de Beauvais, s'étant ouvert un jour de la passion qu'il nourrissait par Almafrède, fille du comte de Nogent, Robert s'engagea de bonne foi à la lui faire obtenir pour femme, après toutefois qu'il l'aurait vue et pu juger si elle méritait vraiment les éloges que le jeune amoureux faisait d'elle. Robert se rendit donc à Nogent dans ce but louable ; mais au retour, au lieu de rapporter à son ami le consentement attendu, il lui demanda sans plus de façons de lui céder la belle.

Que croyez-vous que fit Hugues, dans cette délicate conjoncture ? Eh bien ! l'amoureux si vivement épris ne consentit pas seulement au désir de son maître, mais se chargea d'instruire Almafrède de la conquête qu'elle avait faite. Bref, rendez-vous fut pris, et Robert fut reçu nuitamment dans la chambre de la belle ; et, cette fois-là ou une autre elle devint grosse des œuvres de Robert, et en eut un fils qui fut nommé Amaury et devint la souche des comtes de Montfort, — qui auraient bien dû s'en tenir là.

Hugues de Beauvais fut bien récompensé de sa complaisance. Devenu roi, Robert le fit comte du palais et lui laissa gouverner le royaume à sa guise, tout en continuant à le faire participer à ses plaisirs.

Les deux amis se rendaient souvent à Nogent en partie fine, et les chroniqueurs assurent qu'Almafrède n'était pas la seule femme qu'ils y rencontraient, mais que le château de Nogent était au contraire le théâtre d'orgies débordées qu'Almafrède se bornait à présider.

Nous avons déjà vu que la nature de la reine Constance, ex-présidente des joyeuses cours d'amour de Provence, n'était pas pour cela d'une tendresse exagérée. On juge donc de sa fureur lorsqu'elle eut connaissance des équipées de son dévot époux et roi ; mais c'est sur le favori que tout le poids de sa haine se porta.

Un jour que Robert et Hugues, sous prétexte de chasse, se rendaient à Nogent, douze gentilshommes du comte d'Anjou, Foulque Nera, frère de Constance, fondirent sur Hugues de Beauvais et l'assassinèrent sous les yeux du roi qui, à dater de ce moment, n'osa plus revoir Almafrède.

Philippe Ier réclame également une légère retouche, parce que c'est sous son règne, l'un des plus longs de l'histoire (cinquante-huit ans) que les usurpations féodales, étendant partout une servitude générale et régulière, reçurent une sanction légale ; c'est sous ce règne également que naquit la chevalerie, que la première croisade eut lieu (ce dont Philippe ne s'inquiéta guère), que les cours d'amour propagèrent un enseignement qui fait défaut aujourd'hui ; et il est utile de savoir quelle espèce de prince vit toutes ces choses sans s'en émouvoir, semblant murmurer de temps en temps, dans un sourire faux et bas, ce mot d'un de ces descendants : « Après moi le déluge ! »

Louis XV est, au reste, le roi de France auquel les historiens s'accordent à comparer Philippe, mais je crois qu'au fond il valait encore moins ; car il n'était pas seulement abandonné aux passions les plus ignobles, mais il était totalement dénué de scrupules, traître à sa parole et se faisait un véritable plaisir de tromper.

Ivrogne, débauché, simoniaque, voleur de grande route, Philippe s'était attiré, en 1073 et 1074, les reproches virulents de Grégoire VII qui, n'obtenant rien de lui, adressait aux évêques de France la lettre que voici, dont la lecture édifiera complètement sur la conduite de ce roi :

« Entre tous les princes qui, par une cupidité abominable, ont vendu l'Église de Dieu, dit l'ancien moine de Cluny, nous avons appris que Philippe, roi des Français, tenait le premier rang.

« Cet homme, qu'on doit appeler tyran et non roi, est la tête et la cause de tous les maux de la France. Il a souillé sa vie par des infamies et des crimes ; et, incapable de gouverner, il lâche non seulement la bride au peuple pour mal faire, mais l'excite par son exemple à des actions honteuses.

« Il ne lui a pas suffi de mériter la colère divine par l'oppression des églises, l'adultère, les rapines, les parjures et d'autres abominations, il vient de commettre un crime tellement honteux qu'il est inouï, même dans les fables ; il vient, comme un brigand, d'arrêter des marchands qui se rendaient à une foire de France et de leur enlever des sommes énormes. S'il ne veut pas s'amender, qu'il sache qu'il n'échappera pas à la vengeance du glaive apostolique.

« Je vous ordonne alors de mettre son royaume en interdit ; si cela ne suffit pas, nous tenterons, avec l'aide de Dieu, par tous les moyens possibles, d'arracher le royaume de ses mains, et ses sujets, frappés d'un anathème général, renonceront à son obéissance, s'ils n'aiment mieux renoncer à la foi chrétienne. Quant à vous, sachez que si vous montrez de la tiédeur, nous vous regarderons comme complices du même crime, et que vous serez frappés du même glaive. »

Philippe s'humilia, promit tout ce que voulut le terrible Grégoire et... continua sa vie de désordres.

Vingt ans plus tard, Philippe s'avise que sa femme Berthe, fille de Robert le Frison, est sa parente, « voire au degré prohibé, » et malgré qu'il en ait quatre enfants, il la répudie sans autre forme de procès. Ce qu'il voulait, c'était une femme plus jeune que l'infortunée Berthe, mais il semble qu'il n'avait pas encore jeté son dévolu.

Quoi qu'il en soit, Philippe fait mine d'accepter les propositions qui lui sont faites au nom d'un comte opulent et ambitieux, qui lui envoie sa fille chargée de richesses. Il reçoit celle-ci, s'empare des richesses qu'elle porte, et renvoie au père sa fille dépouillée et quelque peu déconvenue.

Après cette belle action, ayant entendu parler de Bertrade de Montfort, femme du comte d'Anjou, Foulques, surnommé le *Réchin* (d'où vient probablement le verbe *ronchonner*), Philippe entame une intrigue avec la belle, l'enlève à son grincheux époux et vit publiquement avec elle.

Excommunié pour ce fait, Philippe supporte tout avec tranquillité ; les humiliations ne lui coûtent rien, pourvu qu'il puisse vivre dans l'indolence et la débauche, et que les moyens d'entretenir ses vices ne lui manquent point. Cependant il était toujours difficile en ce temps-là d'éluder les terribles effets d'une excommunication, que les papes fulminaient moins pour manifester leur trop juste indignation que pour établir la suprématie de leur autorité sur celle des plus puissants souverains ; de sorte qu'ils y mettaient une opiniâtreté rare.

Dans l'espèce, il y avait dans l'union de Philippe et de Bertrade un double adultère étalé à la face de tous, Foulques Réchin et Berthe, reléguée à Montreuil-sur-Mer, étant encore vivants l'un et l'autre, c'était donc un cas d'une gravité particulière. Urbain VI consentit pourtant à suspendre pendant une année l'effet de l'excommunication prononcée contre Philippe ; mais ce

La sultane favorite.

temps écoulé, et aucun changement ne s'étant produit dans la conduite des deux adultères, il la rendit immédiatement exécutoire.

Le roi eut peur, et Bertrade, espérant malgré tout que ce n'était qu'un mauvais moment à passer, réintégra le domicile conjugal, qu'elle n'aurait jamais dû quitter.

Foulques, tout Réchin ou *ronchonneur* qu'il était, n'avait pas cessé d'être l'amant passionné, jusqu'à l'esclavage, de la belle Bertrade de Montfort, sa vertueuse femme ; et tant qu'elle demeura chez lui, lui resta couché à ses pieds. Telle était l'influence de cette femme sur son vieil époux, réduit à l'imbécillité par une passion sénile, que bientôt celui-ci sollicita de Philippe le rappel de Bertade auprès de lui.

Mais les légats du saint-siège ne virent pas d'un œil si complaisant le roi renouer ce commerce d'adultère en partie double ; ils convoquèrent un concile à Poitiers, et Philippe y fut excommunié une seconde fois. Bref, après bien des négociations scandaleuses, aussi bien pour les coupables que pour les prélats leurs juges et le pape, leur maître à tous, Pascal II eut l'infamie de donner à Philippe et à Bertrade dispense de se marier.

Le mariage consommé, et il était temps, car trois enfants étaient nés de cette liaison qui consacrait à la fin ; les deux époux, pour leur excursion de noces, allèrent faire une visite, à Angers, au vieux Réchin, qui parut fort sensible à cette attention délicate, et reçut magnifiquement ses nobles visiteurs.

Philippe et Foulques moururent, chacun de son côté, peu de temps après cette glorieuse fête, et Bertrade se retira alors à Angers, auprès du fils de son premier mari, devenu comte d'Anjou. Elle tourna dès lors à la dévotion, comme c'est l'usage, et s'occupa beaucoup d'architecture et de fondations pieuses.

Mais nous aurions peut-être dû conter comment Foulques Réchin avait fait lui-même la connaissance de Bertrade de Montfort : le conte est édifiant, et l'on serait insuffisamment renseigné sur les mœurs de l'époque en général, et en particulier sur celles de nos personnages, sans ce court appendice.

Foulques Réchin était allé faire ses compliments de condoléance à Amaury de Montfort, à l'occasion de la mort récente de sa mère, la célèbre Almafrede. Ce fut alors qu'il devint amoureux de la sœur de son hôte, la séduisante Bertrade. Les lois de l'hospitalité n'étaient pas sévères dans ce temps-là, excepté dans les chansons des troubadours qui se gardaient bien de pratiquer les préceptes qu'ils mettaient en musique ; en conséquence le Réchin fit tous ses efforts pour obtenir les faveurs de la sœur d'Amaury ; s'il avait pu l'y faire consentir, il est probable qu'il n'eût jamais été question de mariage entre eux.

Oui, c'est fort probable, et la raison en est que Foulques Réchin était déjà marié depuis longtemps avec Ermengarde, fille de Archambault, seigneur de Bourbon, et en avait même eu un fils, déjà grand, Geoffroy Martel, qui plus tard fut empoisonné par les soins de sa belle-mère, Bertrade.

Mais une épouse de plus ou de moins, cela ne tirait pas à conséquence ; pour faire place à la seconde, on se déclarait parent de la première au degré prohibé, et en s'y prenant libéralement, on trouvait toujours une assemblée de prélats prêts à confirmer la chose : l'existence d'un grand garçon de vingt ans ne pouvait en rien prévaloir contre une pareille sanction. Grégoire VII voulut encore ici faire des objections, mais il mourut fort à propos, et le ménage interlope eût pu vivre à peu près tranquille pour un temps, sans l'intervention inattendue de Philippe, roi de France, pour compliquer encore l'imbroglio amoureux.

Les grands vassaux n'étaient donc pas moins dissolus que le roi, et parmi les plus dissolus, s'il faut encore faire un choix, il nous suffira de citer, au xi⁰ siècle, Guillaume VII, comte de Poitou, guerrier renommé, poète, savant et maître ès débauches transcendantes. Celui-là, au lieu de proscrire les filles perdues, les rassemblait dans des maisons spéciales, et en organisait des espèces de communautés sur le modèle des communautés religieuses. — On devine ce qu'étaient, en fait, ces abbayes.

Les comtes de Toulouse imitèrent bientôt ce bel exemple, et sous Raymond V, il y avait déjà à Toulouse une grande abbaye de *las fillas communas*, dont la supérieure portait le titre d'abbesse. Elle eut pendant plusieurs siècles une existence prospère, malgré les troubles religieux et les orgies sanguinaires des « bourreaux enfroqués » dirigés par saint Dominique, et fit retour à la couronne de France, au xiii⁰ siècle, avec le reste du comté.

Les membres de cette communauté adressèrent à Charles VI, à l'occasion de son avénement au trône, une pétition ayant pour but de leur permettre d'abandonner le chaperon et les cordons blancs que leur imposaient, à titre d'uniforme distinctif, les ordonnances des capitouls ; le roi de France y répondit par le curieux document suivant :

« Faisons savoir à tous présents et à venir que, oye la supplication qui faite nous a été de la part des filles de joie du *bordel* de notre grande ville de Thoulouse, dit la *Grande Abbaye*, contenant que, pour causes de plusieurs ordonnances et défenses faictes par nos capitoux et autres officiers de notre dicte ville, sur leurs robes et autres vestures, elles ont souffert et soutenu plusieurs injures, vitupères et dommages, souffrent et soutiennent de jour en jour et ne se peuvent pour se vestir ni asségnier à leur plaisir, pour cause de certains chaperons et cordons blancs, à quoi elles ont été estraintes porter ;

« Pour quoi nous, attendu les choses dessus dictes, désirons à chacun faire grâce et tenir en franchise et liberté les habitans conversans et demourans en notre royaume, avons en nostre dict avénement ordonné par ces présentes de grâce spéciale et de nostre auctorité royale, avons octroyé et octroyons auxdictes suppliantes que dorénavant elles et leurs successeurs en ladicte Abbaye portent et puissent porter et vestir telles robes et chaperons, et de telles couleurs comme elles voudront.

« Moyennant ce, qu'elles seront tenues porter autour de l'un de leurs bras une enseigne ou différence d'un jarretier ou lisière de drap d'autre couleur que la robe qu'elles auront vestu ou vestiront. »

Ces lettres datent de 1389, mais elles modifient, comme on l'a dit, un état de choses antérieur. Partout, du reste, les filles publiques étaient tenues de porter dans leur toilette une marque distinctive, et il est curieux de remarquer qu'en France, c'est à Éléonore de Guyenne que remonte cet usage.

Quelques écrivains ne le font pas remonter au delà de saint Louis, et à ce propos produisent une anecdote dont Marguerite de Provence est l'héroïne et qui se rapproche beaucoup de la suivante. Nous la donnerons à sa place.

Éléonore donc, était depuis peu la femme de Louis VII, et elle n'avait guère plus de seize ans, lorsqu'un jour, abordée par une fille de joie couverte d'un manteau, elle lui donna sa main à baiser, croyant avoir affaire à une honnête bourgeoise. Mais lorsqu'on lui eut appris la triste qualité de la femme à qui elle avait donné cette marque de royale bienveillance, elle se montra considérablement vexée, et fit interdire à toute fille publique de porter désormais des manteaux semblables à ceux des bourgeoises. De cette interdiction à les contraindre à porter des *ensaignes*, il n'y a qu'un pas, et ce pas fut vite franchi : on peut s'en rapporter pour cela au zèle toujours en éveil des fonctionnaires de cour.

On comprend qu'ainsi désignées au mépris public, ces malheureuses fussent souvent en butte aux « insultes, vitupères et dommages, » sans parler des petits vauriens qui ne laissaient pas de les poursuivre à coups de pierres toutes les fois qu'ils étaient assez heureux pour en trouver l'occasion.

Soit par l'initiative des seigneurs, soit par les soins de la municipalité, la prostitution publique fut, au moyen âge, partout organisée avec la plus grande sollicitude. En général, une maison suffisait à la débauche des habitants d'une ville, même grande ; les municipalités préféraient qu'il en fût ainsi, d'ailleurs, parce que, en assurant à l'entrepreneur qu'il n'aurait pas de concurrent, elles pouvaient passer bail avec lui dans de meilleures conditions.

Dans certaines villes, on enfermait le soir les filles publiques à clé, et l'officier de police chargé de ce soin ne leur ouvrait qu'aux heures convenues où elles pouvaient vaquer aux devoirs de leur industrie. Cette séquestration était opérée dans une maison spéciale, et la prostitution s'exerçait alors un peu partout ou dans des quartiers indiqués par les ordonnances, situés le plus souvent sur le bord de l'eau, d'où le nom de *bordeau* et ensuite de *bordel* donnés aux *clapiers* de prostitution. Dans les petites villes, bourgs et villages, c'était hors des murs ou lieux habités par la population honnête que les filles de joie exerçaient ordinairement leur métier, comme au temps des patriarches. De là les dénominations de « filles de chemin, » « femmes séant aux haies » ou « es issues des villages, » *fames de chaus*, etc., qui leur sont données dans les écrits du temps.

Il va sans dire que les seigneurs profitaient autant que possible de l'industrie des prostituées, en tirant d'elles des redevances toutes particulières.

Ainsi, le seigneur de Pocé, le jour de la Trinité, se faisait amener par ses officiers toutes les femmes *jolies*, c'est-à-dire sages, qu'ils trouvaient à Saumur et dans les faubourgs ; elles devaient lui payer chacune quatre deniers, outre un chapeau de roses. Celles qui refusaient de danser avec ses officiers étaient piquées aux fesses d'un aiguillon marqué aux armes du seigneur. Quant à celles qui n'étaient pas jolies (aux filles de joie), c'est à la dame de Pocé qu'elles avaient affaire : elles devaient lui payer chacune cinq sols.

Les filles publiques étaient également requises, quand besoin était, pour le service des officiers du seigneur. On trouve dans une coutume de seigneurie provençale cet article édifiant : « Fille folle de son corps est à la disposition du page des chiens courants. »

« Oserai-je dire, s'écrie Sauval, que dans les aveux et dénombrements faits en 1317, par les seigneurs d'une terre des comtes d'Auge, de Souloire et de Béthisy, le seigneur de Béthisy déclare à Blanche, fille de France, veuve de Philippe, duc d'Orléans, que les femmes publiques qui viennent à Béthisy ou y demeurent, lui doivent quatre deniers parisis, et que ce droit lui avait valu dix sols parisis tous les ans ; mais qu'alors il ne lui valait que quatre sols, à cause qu'il ne lui en venait plus tant ! »

Le seigneur de Souloire reconnaît que,

lorsque des filles de joie passaient sur la chaussée de l'étang de Souloire, son juge leur prenait ou la manche du bras droit, ou quatre deniers, ou *autre chose*.

Un autre déclare qu'il est redevable à la comtesse d'Auge d'un rasoir — pour lui servir à *ce qu'elle jugera à propos*.

Dans la paroisse de Verrières (Poitou), le seigneur de Poiray exigeait des filles publiques, au xve siècle, quatre deniers, « ou ses denrées. » En d'autres termes : de l'argent ou des meubles!

Le roi lui-même percevait un impôt du même genre, en 1283, à Verneuil.

Nous ne parlons ici que des impôts prélevés par les seigneurs sur les prostituées, mais elles étaient souvent obligées d'en acquitter d'autres, soit pour servir à doter quelque fonctionnaire considérable, comme le roi des ribauds, par exemple, soit pour acquitter des frais de construction de la maison qui leur était affectée.

Ainsi, la municipalité de Sisteron ayant fait, en 1394, l'acquisition, à ses frais, d'une maison destinée à loger les filles de joie, exigeait de ces malheureuses certaines redevances évidemment destinées à amortir ces frais d'acquisition. Les prostituées de Sisteron ne pouvaient, en conséquence, entrer en ville que par un passage appelé *Peipin*, passage qui leur était commun avec les juifs, ainsi que la taxe de cinq sols qu'elles devaient acquitter chaque fois qu'elles entraient.

Vers le même temps, une taxe semblable était imposée aux filles publiques de Strasbourg par la municipalité de cette ville.

Nous ne manquerions pas d'autres exemples, s'il était nécessaire ; mais nous croyons pouvoir nous en tenir là. Disons toutefois, qu'en dehors des droits que s'arrogaient les seigneurs, au beau temps de la féodalité toute-puissante, l'impôt sur la prostitution, quelle que soit la forme qu'il revêtît, ne figura en France qu'à l'état d'exception.

Les filles publiques, nous parlons de celles tenues enfermées, sous la haute direction d'une matrone ou d'un *padrone* respectable et considéré, n'y ont jamais rien gagné, par exemple. A aucune époque de leur triste histoire, ces malheureuses n'ont eu rien qui leur appartînt en propre, et en les contraignant à payer une redevance quelconque, on contraindrait par la même occasion leurs maîtres à leur laisser au moins l'argent nécessaire pour acquitter cette redevance ; ce qui serait un résultat assez inattendu, quoique nul, à la vérité, en ce qui les concerne.

Nous avons parlé, dans un chapitre précédent, de l'exploitation des *djoros* japonaises par les directeurs des maisons de thé ; la même sorte d'exploitation, qui consiste à pousser les femmes à s'endetter dans la maison, pour les mettre à la discrétion du maître qu'elles ne peuvent pas rembourser, est largement pratiquée dans les maisons publiques de la France, c'est-à-dire de l'Europe moderne. Voilà pourquoi nous disons que les prostituées des harems publics ne gagnent rien à l'absence d'un impôt sur la prostitution, et n'y ont jamais rien gagné en aucun temps : il y a des industries condamnées à demeurer stationnaires.

VI

De Philippe-Auguste à la chute des Capétiens.

SOMMAIRE. — Reine d'un jour. — Ingeburge de Danemark et Agnès de Méranie. — Philippe-Auguste entre ses deux femmes. — Démêlés avec le Saint-Siège. — Le royaume de France en interdit. — Triomphe d'Ingeburge et mort d'Agnès. — Le corps des ribaudes. — Privilèges du roi des ribauds. — Ribauds et ribaudes. — Blanche de Castille et le cardinal de Saint-Ange. — Thibaut, comte de Champagne, troubadour et bavard. — Une belle-mère encombrante. — La prostitution à Paris, à la ville et à la cour. — Règlements et ordonnances concernant le costume des filles de joie. — La prostitution en Terre-Sainte. — Alternatives de prohibition et de réglementation de la prostitution sous Louis IX. — Une maison de Paris au XIIIe siècle. — Les bourgeois de Paris et les filles publiques. — Fondation de maisons de retraites pour les prostituées pauvres. — Le couvent des Filles-Dieu, désordres variés dont il est le théâtre. — Le feu au couvent. — Nouvelle maison, nouveaux scandales. — La règle de Fontevrault chez les Filles-Dieu. — Les désordres redoublent. — Les suites de la journée des Barricades. — Les Templiers, Philippe le Bel et Clément V. — Election de ce pape. — Son séjour à Lyon marqué par les honteux désordres de son neveu et des gentilshommes de sa suite. — La légende de la Tour de Nesle et son héroïne. — Jeanne de Navarre. — Les trois brus de Philippe le Bel : Blanche, Jeanne et Marguerite de Bourgogne. — Leurs intrigues amoureuses. — Philippe et Gautier d'Aulnay. — Le château de Maubuisson. — Encore la jalousie. — Vengeance de Mlle de Morfontaine. — Procès et supplice des deux amants. — Blanche et Marguerite au château Gaillard. — Marguerite étranglée. — Blanche répudiée. — L'huissier de Marguerite pendu. — Mort de Mme de Morfontaine. — Jeanne, lavée de toute accusation, devient reine de France avec Philippe le Long, son mari. — Blanche prend le voile à l'abbaye de Maubuisson. — Massacre des autres amants, vrais ou supposés, de Blanche et de Marguerite (et peut-être de Jeanne), après le supplice des deux principaux. — Mœurs dépravées de la cour de Philippe le Bel. — L'aventure de Jean de Meung. — Histoire tragique des amours du châtelain de Coucy et de la dame de Fayel. — Toujours la jalousie. — Horrible vengeance du sire de Fayel. — Héroïsme de Gabrielle de Vergy. — Opérette et tragédie.

Comme conquérant, comme croisé, comme persécuteur et spoliateur des Juifs, Philippe-Auguste nous échappe ; il nous échapperait complètement sans ses démêlés avec le saint-siège, à l'occasion d'une fantaisie royale alors commune, la fantaisie de changer de femme.

Or, le saint-siège ne voulait plus entendre parler de toutes ces ruptures de mariage sous prétexte de parenté, qui avaient fait la joie des prédécesseurs de Philippe II, quoiqu'il n'en fût pas encore au degré de résistance qu'il devait atteindre sous le pontificat de Grégoire X, qui disait fort justement : « Si toutes les reines du monde devenaient lépreuses, et que les rois nous demandassent de se marier à d'autres, nous le leur refuserions, quand bien même toutes les maisons royales devraient périr faute d'enfants. »

« L'Eglise, dit un historien, sévissait avec un médiocre succès contre ces scandales. Philippe Ier, Louis VI, Louis VII avaient répudié leurs femmes ; presque tous les seigneurs de France, et surtout ceux du Midi, avaient eu successivement quatre ou cinq épouses ; les rois normands et angevins d'Angleterre s'étaient souillés de toutes sortes de débauches. Philippe-Auguste suivit ces exemples. »

Philippe, veuf d'Isabelle de Hainaut, épousa Ingeburge, fille du roi de Danemark, Waldemar le Grand. Cette union devait lui assurer un allié de plus dans sa guerre contre l'Angleterre. Mais dès le lendemain de son mariage avec cette princesse, le jour même de son couronnement, il manifesta le dégoût qu'elle lui inspirait, quoiqu'elle fût, au rapport des contemporains, gracieuse et jolie, et on est réduit à croire qu'il avait découvert en elle quelque infirmité secrète. En tout cas, il la fit enfermer au couvent de Cisoing, assembla un concile à Compiègne, et fit casser son mariage sous prétexte de parenté entre Ingeburge et Isabelle de Hainaut, la reine défunte.

Sans attendre plus longtemps, Philippe épousait sa maîtresse, la douce et charmante Agnès, fille de Berthold IV, duc de Méranie.

Cependant le pape Célestin III cassa la décision du concile et enjoignit à Philippe de reprendre Ingeburge. On entra en négociations, et ce ne fut que trois ans plus tard qu'Innocent III, successeur de Célestin, voyant l'inutilité de ses efforts, lança l'interdit sur tout le royaume ; mesure inique, abominable, qui punissait surtout des innocents, car Philippe résista pendant huit mois encore à l'injonction du saint-siège.

Voici en quoi consistait l'interdit : Non seulement les églises furent fermées, mais la vie civile elle-même fut suspendue, car on ne fit plus ni baptêmes, ni mariages, ni enterrements ; les cadavres laissés sans sépulture infectaient l'air ; un deuil général jetait son voile sinistre sur tout le royaume, et l'on vivait sous la menace constante de la peste. Philippe, abandonné de la plupart des seigneurs, répondit néanmoins aux rigueurs papales en chassant de leur siège et dépouillant de leurs biens les évêques, en persécutant les barons qui l'abandonnaient, en extorquant de l'argent à tout le monde ; mais il dut céder à la fin, reprit Ingeburge et se sépara d'Agnès de Méranie.

La malheureuse Agnès mourut de chagrin au château de Poissy quelques semaines plus tard.

C'est à Philippe-Auguste qu'on doit l'institution du corps des ribauds, dont le *roi* avait des attributions si nombreuses et si diverses, et qui finit, remplacé par une *reine*, dans celle de diriger les filles de joie attachées non seulement à la cour royale, mais encore à celle des ducs et des comtes grands feudataires, en Languedoc, en Guyenne, en Bourgogne, en Normandie, etc.

Philippe-Auguste avait jugé à propos de se dire menacé dans sa vie par les sbires de Richard Cœur-de-Lion, pour s'entourer de ces gardes du corps auxquels fut donné ce nom de ribauds. Les ribauds, armés de massues, veillaient nuit et jour sur la personne du roi ; quant à leur roi, à eux ribauds, la *Somme rurale* ayant d'abord établi comme règle que le prévôt a seul connaissance des délits commis dans le camp royal s'occupe de ce fonctionnaire dans les termes suivants :

« Et le roy des ribauds en a l'exécution, et s'il advenoit que aucun fortace qui soit mis à exécution criminelle, le prévôt de son droit a l'or et l'argent de la ceinture du malfaiteur, et les maréchaux ont le cheval et les harnois et tous autres hostils, se il y sont ; réservé les draps et les habits quels qu'ils soient dont ils sont vêtus, qui sont au roy des ribauds qui en fait l'exécution. Le roy des ribauds si se fait, toutes fois que le roy va en ost ou chevauchée, appeler l'exécuteur des sentences et commandements des maréchaux et de leurs prévôts.

« Le roy des ribauds a de son droit, à cause de son office, connaissance sur tous jeux de dez, berlens et autres qu'ils se font en ost et chevauchée du roy ; item sur tous les logis des bourdeaux et des femmes bourdelières, doit avoir 2 sols la semaine ; item, à l'exécution des crimes de son droit, les vestements des exécutés par justice criminelle. »

Ajoutons à ces renseignements que les filles de joie qui suivaient la cour étaient tenues de faire, pendant tout le mois de mai, le lit du roi des ribauds ; de sorte qu'on finit par les désigner elles-mêmes sous le nom de ribaudes, lequel fut à la fin réservé, avec d'autres plus caractéristiques, tels que *frotteuses*, aux seules tribades.

Le roi des ribauds ne percevait pas un impôt seulement sur les filles publiques, mais aussi sur les femmes adultères — qui étaient connues pour telles, bien entendu.

Nous avons dit qu'il n'y avait pas de ribauds qu'à la cour de France ; cela sous-entend qu'à la cour des grands feudataires, ces honorables fonctionnaires jouissaient naturellement de privilèges identiques.

C'est ainsi qu'une coutume de Cambrai établit que « ledit roy doit avoir sur chaque femme qui s'accompagne carnellement d'un homme, en wagnant son argent, cinq solz parisis pour une fois. Item, sur toutes les femmes qui viennent en la cité, qui sont de l'ordonnance, pour la première fois, deux solz tournois. »

Il est inutile de multiplier les exemples, n'est-ce pas ?

L'orgueilleuse et dévote Blanche de Castille, femme de Louis VIII et mère de saint Louis, eut-elle des mœurs aussi pures que l'affirment ses panégyristes ? Nous ne saurions entamer une discussion en règle sur ce point, notre affaire se borne à dresser, en quelque sorte, le procès-verbal des déclarations des chroniqueurs contemporains, et voici que le bénédictin Matthieu Paris n'est point du tout de cette opinion.

Le pape Honorius III ayant le plus vif désir, dans la charité de son cœur pontifical, de voir reprendre les hostilités contre les Albigeois, envoya à la cour de France un légat chargé d'obtenir de Louis VIII ce beau résultat.

Louis VIII passe pour avoir été un homme un peu mou, et cela devait être avec une femme aussi roide que Blanche. Le légat du saint-siège, un bel homme, eune encore, noble, élégant, Romain Bonaventure, cardinal de Saint-Ange, eut bientôt fait de s'en apercevoir, et aussi que le vrai roi était Blanche. Il manœuvra de ce côté et, prévoyant de l'hésitation au moins, au lieu de s'occuper ostensiblement de sa mission, fit la cour à la reine et parvint à la séduire. « Alors, dit Matthieu Paris, s'éleva un bruit inénarrable et sinistre, que ce légat se conduisait avec elle autrement qu'il n'était décent ; bruit, ajoute-il est vrai le chroniqueur, qu'il serait impie de croire, car c'étaient ses rivaux qui le répandaient. »

Quoi qu'il en soit, Bonaventure réussit dans sa mission et demeura assez long-temps à la cour de France pour enterrer Louis VIII (1226), pour assister au sacre du jeune Louis IX et pour faire entreprendre à la reine mère une seconde croisade contre les Albigeois (1228). C'est montrer qu'il jouit auprès de Blanche de Castille, malgré le « bruit inénarrable » dont parle Matthieu Paris, d'une influence considérable autant que prolongée.

Louis VIII, dans la guerre contre les Albigeois dont il ne vit pas la fin, était accompagné notamment de Thibaut IV, comte de Champagne, l'aimable troubadour, auteur de tant de « beaux sons de vielle et dous chants délitables et mélodieuses que oncques feussent oïes en chançon ne en vielle. » Mais son devoir de vassal ne le contraignant qu'à quarante jours de service, les quarante jours écoulés, Thibaut parla de s'en aller, et rien ne put l'en dissuader. Il partit, laissant le roi mourant.

Eh bien ! Matthieu Paris assure qu'il ne s'en alla si précipitamment que pour se rendre auprès de Blanche de Castille, qu'il aimait passionnément, et que le roi Louis VIII ne mourut que du poison qu'il lui avait fait administrer chrétiennement. Il ajoute même qu'il était si transporté d'amour qu'il fit écrire sur les murailles de ses châteaux

Dames dans le harem.

de Troyes et de Provins des chansons qu'il avait composées pour cette princesse.

Mais, bavard comme un poète, Thibaut a toujours passé, aux yeux de beaucoup de gens, pour n'avoir été qu'un soupirant platonique aux pieds de la superbe Blanche ; il n'en est pas de même, il faut le dire, des amours de Blanche avec le légat romain Bonaventure, et l'Université de Paris disait que, par opposition aux autres, ces amours-là faisaient plus d'effet que de bruit.

Blanche de Castille avait toutes sortes d'excellentes qualités ; avec celles dont nous avons déjà parlé, la jalousie en est une qu'il importe de signaler. Rien, du reste, ne saurait la mieux peindre sous cet aspect que le passage suivant du sire de Joinville, l'historien de la *Vie de saint Louis*.

« Les duretés que la reine Blanche fit à la reine Marguerite, dit Joinville, furent telles qu'elle ne vouloit souffrir à son pouvoir que son fils fût en la compagnie de sa femme, sinon le soir, quand il alloit coucher avec elle.

« Les hôtels où il plaisoit mieux au roi et à la reine de demeurer, c'étoit à Pontoise, pour ce que la chambre du roi étoit dessus, et la chambre de la reine dessous ; et avoient ainsi accordé leur besogne, qu'ils tenoient leur parlement dans un escalier à vis, qui descendoit de l'une chambre en l'autre. Et avoient ordonné que quand les huissiers voyoient venir la reine Blanche en la chambre du roi son fils, ils battoient les portes de leurs verges, et le roi s'en venoit courant dans sa chambre, pour que sa mère l'y trouvât ; et ainsi refaisoient les huissiers de la chambre de la reine Marguerite, quand la reine Blanche y venoit, pour qu'elle y trouvât la reine Marguerite.

« Une fois étoit le roi auprès de la reine sa femme, qui étoit en trop grand péril de mort, pour ce qu'elle étoit blessée d'un enfant qu'elle avoit eu. Là vint la reine Blanche et prit son fils par la main, et lui dit :

« — Venez-vous-en, vous ne faites rien ici.

Quand la reine Marguerite vit que la reine mère emmenoit le roi, elle s'écria :

« — Hélas ! vous ne me laisserez voir mon seigneur ni morte, ni vive !

« Et lors elle se pâma, et on cuida qu'elle fût morte, et le roi, qui cuida qu'elle mouroit, retourna ; et à grand'peine la remit-on en point. »

La reine Blanche de Castille n'est pas une figure ordinaire ; ce n'est pas non plus une mère commune, on le voit par ce trait, qui n'est point rapporté par un ennemi, tant s'en faut. On se rappellera, du reste, qu'élevant son fils dans l'esprit de sa dévotion la plus étroite, elle lui disait qu'elle préférerait le voir mort qu'en état de péché mortel.

Reste à savoir ce qu'elle entendait elle-même, et ce qu'entendait le cardinal de Saint-Ange, par l'état de péché mortel.

Cependant la prostitution publique allait son train. Sous Philippe-Auguste, Louis VIII et même au début du règne de Louis IX, les dérèglements des prostituées causaient dans la ville de Paris des scandales jusque-là inouïs, et la cour elle-même n'en était pas exempte. Oui, même sous Louis IX, les filles publiques avaient ouvertement accès à la cour ; et il y a plus : elles ne portaient aucun signe extérieur qui pût les faire distinguer des femmes de bien. Mais une aventure arrivée à la reine Marguerite de Provence, et qui ressemble beaucoup à celle qui arriva à Éléonore de Guyenne, et que nous avons rapportée en son temps, le décida à faire cesser cet abus qui entraînait de pareilles méprises.

Marguerite de Provence était à la messe, à Paris. En ce temps-là, la coutume de la primitive Église, toujours pratiquée, exigeait qu'après avoir baisé la Paix, les fidèles s'embrassassent fraternellement les uns les autres. Le hasard voulut que Marguerite eût pour voisine une fille publique; naturellement elle ne lui demanda pas un certificat de bonne vie et mœurs avant de l'embrasser. Mais le roi ayant appris plus tard l'aventure, et que la femme embrassée par la reine en cette occasion était une prostituée notoire, il interdit à ces sortes de femmes de porter dorénavant la robe traînante, afin qu'on pût les distinguer des autres.

Alors les règlements et ordonnances concernant la toilette des prostituées ne s'arrêtent plus guère. En 1360, il fut interdit à toutes filles faisant péchiez de leur corps, d'avoir la hardiesse de porter sur leurs robes et chaperons aucuns gez ou broderies, boutonnières d'argent blanches ou dorées, perles ou manteaux fourrés gris.

Au commencement du XVᵉ siècle, il leur est défendu de porter des ceintures d'or ou dorées, des boucles de souliers en argent, des fourrures de menu vair, d'écureuil et autres fourrures honnêtes : « d'où vient le proverbe : Bonne renommée vaut mieux que ceinture dorée.

Un arrêt du parlement, en date de 1420, interdit aux prostituées les robes à collet ouvert, à queue traînante (il paraît qu'elles y étaient revenues), et les fourrures de toute espèce. Six ans plus tard, interdiction du drap écarlate aux robes et aux chaperons.

Enfin les filles de joie furent dotées d'un uniforme légal, consistant en une robe lacée sur le côté, et une aiguillette dont la couleur variait souvent, sur l'épaule.

Il y avait toujours des corps de filles de joie à la suite des armées, et s'inquiétant fort peu de la sainteté du but poursuivi par les croisés, il y en avait toujours de disposées à entreprendre le voyage en Terre sainte.

Ainsi, au siège d'Acre, par Philippe-Auguste et Richard Cœur-de-Lion, il n'y avait pas moins de trois cents prostituées venues d'Occident à la suite des croisés.

Lors de sa première expédition en Terre sainte (1249), Louis IX avait été lui-même témoin des désordres causés par la présence des ribaudes dans son camp. Ses officiers ne se gênaient pas pour entretenir des femmes « jusqu'à un geet de pierre près et alentour de son pavillon, » dit Joinville. Il avait, à cette occasion, fait un sévère exemple d'un chevalier surpris dans un de ces mauvais lieux ambulants.

« On laissa le choix au coupable, dit Joinville, ou que la ribaude avec laquelle il avoit esté trouvé le mèneroit parmi l'ost, en sa chemise, avec une corde liée à... (on devine assez l'endroit), laquelle corde la ribaude tiendrait d'un bout; ou, s'il ne vouloit telle chose souffrir, qu'il perdroit son cheval, son armure et harnois, et qu'il seroit chassé et fourbany de l'ost du roi. » Le chevalier préféra cette dernière alternative à la peine moins coûteuse mais encore plus humiliante que lui offrait l'autre.

Indigné de tous ces désordres, extérieurs et intérieurs, le saint roi eut recours à la prohibition absolue de la prostitution. On a déjà vu que ce moyen extrême ne donnait pas, dans la pratique, les résultats qu'on en attendait, bien au contraire. Louis IX s'aperçut de son erreur et, plus sage que beaucoup de ses prédécesseurs, il revint sur ce qu'il avait fait; les filles publiques furent donc rappelées et on se borna à les soumettre à une sévère réglementation; mais l'accès de leurs clapiers fut formellement interdit aux « sénéchaux, baillis et tous autres officiants et servicials de quelque estat ou condition qu'ils soient. »

Louis IX aurait bien voulu réformer

aussi le clergé, dont les mœurs n'étaient pas moins dissolues que celles des laïques; mais lorsqu'il voulut poursuivre les clercs coupables de meurtre, de viol, etc., le pape Alexandre IV intervint, le menaçant d'excommunication.

Au moment de s'embarquer à Aigues-Mortes pour sa dernière croisade (1270), saint Louis, pris de scrupules, eut de nouveau recours à la prohibition; mais peut-être était-ce uniquement dans le but de ne point embarquer avec lui ces bandes de femmes qui avaient causé tant de scandale à la croisade précédente, car quelques mois après, ses règlements sur la prostitution étaient remis en vigueur, et ils y restèrent, sans modification importante, pendant toute une suite de siècles.

Pour donner une idée de relâchement des mœurs dans la ville de Paris au commencement du XIII° siècle, nous ne pouvons mieux faire que de citer ce passage d'un historien contemporain, Jacques de Vitry, qui assista à la première croisade et fut évêque d'Acre : « Dans la même maison, dit-il dans son *Histoire occidentale*, on trouve des écoles en haut, des lieux de débauche en bas ; au premier étage, les professeurs donnent leurs leçons ; au-dessous, les femmes de débauche exercent leur honteux métier, et tandis que d'un côté celles-ci se querellent entre elles ou avec leurs amants, de l'autre retentissent de savantes disputes et argumentations des écoliers. »

La prostitution était d'ailleurs si profondément entrée dans les mœurs que, suivant Meners, le débiteur dont la personne était retenue en gage par son créancier, ne pouvait être privé du droit de recevoir une fille publique si bon lui semblait.

Les malheureuses qui se livraient à cette industrie ne manquaient pas d'exploiteurs, et beaucoup de bourgeois de Paris vivaient de la prostitution, soit par une protection occulte ou avouée, soit par association régulière avec les entrepreneurs de débauche.

Enfin on créa des maisons de retraite pour les prostituées. La première de ces maisons fut celle des Filles-Dieu, qui s'élevait dans l'origine sur l'emplacement de la rue du même nom, encore aujourd'hui habitée, non par des maisons de retraite, mais par des maisons de débauche en activité.

La maison des *Filles-Dieu* fut fondée en 1226 par Guillaume III, évêque de Paris, pour « recevoir les pécheresses qui, pendant leur vie, avoient abusé de leur corps, et à la fin estoient tombées dans la mendicité. » La communauté devint rapidement nombreuse, et en même temps fort pauvre. Saint Louis, au rapport de Joinville, fit don à la maison des Filles-Dieu d'une rente de 400 livres, don qui ne les empêcha pas d'exercer la mendicité dans les rues de Paris, en compagnie d'ailleurs d'une foule de moines et de nonnes de toutes les couleurs, en employant cette formule particulière que l'histoire a conservée : « Du pain pour Jésus, notre Sire. »

On imagine aisément qu'avec cette existence vagabonde, les Filles-Dieu ne remplissaient guère le but que l'évêque de Paris s'était proposé par sa pieuse fondation. L'ordre, en effet, était le plus décrié de tous ceux de Paris, dont les meilleurs ne valaient pourtant pas grand'chose, pour la dissolution éhontée de ses mœurs. Les chroniques du temps nous représentent les Filles-Dieu se grisant royalement quand elles en trouvaient l'occasion, et pour le surplus agissant ni plus ni moins chrétiennement qu'avant leur entrée dans la communauté. On en expulsa la moitié, et la moitié maintenue fut soumise à une règle sévère et à une rigoureuse surveillance.

Cette réforme produisit le meilleur effet, mais non très durable.

Au commencement du xive siècle, Paris fut à diverses reprises en proie aux invasions des bandes indisciplinées qui inaugurèrent la guerre de Cent ans : aujourd'hui les Anglais, une autre fois les gens des compagnies, une autre encore ce ramassis cosmopolite de brigands pillards, sans parti bien arrêté, excepté celui de tirer le plus grand prix de leurs infiniment petits services. La maison des Filles-Dieu, qui touchait presque aux remparts, se trouvait naturellement sur le passage du torrent; et, naturellement encore, ces bandes de soudards ivres, ou aspirant à le devenir, se ruaient d'abord sur la maison des Filles-Dieu et y commettaient toutes sortes d'infamies. Le couvent devint le théâtre d'orgies sans nom, et le scandale fut épouvantable.

L'autorité ecclésiastique s'émut à la fin, mais une attaque des Anglais ne lui laissa pas le temps d'aviser : le couvent fut pris et incendié, et les Filles-Dieu dispersées.

Un nouveau couvent fut bâti, plus vaste que le premier et mieux à l'abri des incursions du dehors, car il se trouvait adossé au mur d'enceinte même, sur l'emplacement occupé aujourd'hui par le passage et la rue du Caire, depuis la rue Saint-Denis jusqu'à la rue Bourbon-Villeneuve (aujourd'hui d'Aboukir), appelée à cette époque rue Saint-Côme-du-Milieu-des-Fossés. Des désordres intérieurs fort scandaleux, qui y éclatèrent bientôt, signalèrent de nouveau la maison des Filles-Dieu au zèle des réformateurs.

C'était sous Charles VIII; — car il nous paraît intéressant de ne point nous arrêter en si beau chemin; nous reviendrons après sur nos pas. Les réformateurs imaginèrent que si les Filles-Dieu se conduisaient mal, la faute en était à la règle de la maison, et, inspirés je ne sais par quelle lumière d'en haut, — ou d'en bas, — ils imaginèrent de substituer à cette règle celle de Fontevrault, dont nous avons déjà eu occasion de parler. A Fontevrault, on se le rappelle, la communauté, dirigée par une abbesse, était composée d'hommes et de femmes.

On devine les résultats d'une semblable réforme. Les scandales des Filles-Dieu redoublèrent; seulement, grâce sans doute à l'élément masculin, on remarqua qu'il était apporté plus de prudence.

Mais ce changement ne suffit pas à relever la communauté dans l'opinion publique; il est évident, au contraire, que la réputation de la maison des Filles-Dieu n'était pas, à cette époque, sensiblement meilleure que celle des maisons de la rue des Filles-Dieu d'aujourd'hui.

Pendant les troubles de la Fronde, le peuple, pour plus de démonstration, traita celle-là exactement comme si elle n'offrait que peu de différence, au fond, avec celles-ci; voici à quelle occasion :

La nuit qui suivit la fameuse journée des Barricades (1648), une bande d'individus armés, quelques-uns portant des masques, se dirigea en silence vers le couvent des Filles-Dieu. En un instant la maison et les jardins furent investis, les échelles dressées contre les murailles et le couvent pris d'assaut. Il ne paraît pas que les assiégés firent une vive résistance; en tout cas il n'y eut ni pillage ni incendie; mais le sacrilège fut poussé aussi loin qu'il pouvait l'être, à part cela.

« Une pareille aventure, dit un historien, aurait suffi pour perdre entièrement de réputation une autre maison religieuse, mais la maison des Filles-Dieu n'avait jamais eu et ne pouvait avoir un bon renom. Aussi le fait avait-il moins de gravité que s'il s'était agi de telle ou telle abbaye aristocratique, où les reines venaient faire leurs dévotions.

A la cour on trouva la chose fort plaisante, et on en rit tout haut. »

De nouveau réformé, avec quelque succès, à ce qu'il semble, sous le règne de Louis XIV, le couvent des Filles-Dieu disparut à la Révolution.

Les ordres de femmes n'étaient pas les seuls qui fissent mal parler d'eux ; l'ordre militaire des Templiers, fondé en 1118 par les compagnons de Godefroy de Bouillon, après s'être couvert de gloire si longtemps, était tombé dans le plus complet discrédit. On lui imputait les crimes les plus odieux, les vices les plus dégradants. Nous n'entrerons point dans les détails, parce que, en conscience, il est impossible de démêler le faux du vrai dans ce procès qui ne fut lui-même qu'une longue infamie.

On dit que Philippe le Bel appuya l'élection au saint-siège de l'archevêque de Bordeaux, Bertrant de Got (Clément V), à six conditions, dont une laissée secrète, et que cette condition secrète c'était la suppression des Templiers. Quoi qu'il en soit, ce pape simoniaque seconda avec zèle son compère faux-monnayeur dans cette affaire, et l'on sait que la plupart des membres de l'ordre périrent dans les flammes.

Étaient-ils coupables? Quelques-uns d'entre eux, beaucoup peut-être, l'étaient, sinon de tous les crimes qu'on leur imputait, du moins d'une bonne partie ; mais l'ordre tout entier était coupable surtout de posséder d'immenses richesses et d'être créancier du roi auquel il ne se souciait plus de prêter ; il l'était aussi d'avoir repoussé Philippe, alors qu'il désirait entrer dans son sein. N'était-ce pas suffisant ?

Quant au pape Clément V, il pouvait se vanter de jouir de la plus déplorable réputation. C'est en 1304 qu'il fut élu, la veille de la Pentecôte, et le chroniqueur Godefroy de Paris caractérise le personnage comme il suit dans son naïf langage :

> ... Q'esleu celle journée
> N'avoit pas bonne renommée ;
> D'en attrait chacun a garant
> Que l'en le tenoit pour tiran,
> Et felon, et tout plein de maux.

Il y eut des fêtes brillantes à Lyon, où le pape se rendit aussitôt après l'élection, n'osant se présenter à Rome. Il y fit un séjour de deux mois, et la conduite des siens dans cette ville pendant ce séjour vaut la peine d'être rapportée.

Clément V avait un neveu qui se fit principalement remarquer à Lyon, quoique en si peu de temps, par ses dérèglements, se livrant à toute espèce de désordres, attaquant et violant femmes et filles, de préférence des bourgeoises. Les Lyonnais indignés en vinrent plusieurs fois aux mains avec les gens du pape, et l'on joua fréquemment du bâton et même de l'épée.

L'archevêque de Lyon prit en main les intérêts de ses ouailles, et porta plainte au pape ; mais celui-ci ne répondit même pas au prélat, et comme s'ils y étaient au contraire incités, son neveu et ses gens redoublèrent de méfaits. Alors l'archevêque, indigné, ordonna aux bourgeois de Lyon de se défendre sans crainte contre les bandits du pape, se portant garant des suites. A la fin Clément V jugea prudent de quitter cette ville « inhospitalière, » et alla s'installer avec son aimable suite à Avignon.

Où est à présent cet heureux temps, ce temps des grandes idées et des petites consciences, où la tiare était placée sur la tête d'un maître fourbe et la couronne de France sur celle d'un voleur?...

> Semblablement où est la royne
> Qui commanda que Buridan
> Fût jeté en un sac en Seyne!...

Car cette reine, l'héroïne lubrique et sanguinaire de la légende de la tour de Nesle, était seule suivant Villon, et aussi d'après Brantôme qui, parlant de cette reine, qu'il ne nomme pas, dit qu'elle « se tenoit à l'hôtel de Nesle à Paris, laquelle faisoit le guet aux passans, et ceux qui lui revenoyent et agréoient le plus, de quelques sortes de gens que ce fussent, les faisoit appeler et venir à soy; et, après en avoir tiré ce qu'elle en vouloit, les faisoit précipiter du haut de la tour, qui paroit encore, en bas dans l'eau, et les faisoit noyer. »

Le drame de la *Tour de Nesle* est populaire, mais il est encore plus faux que la légende elle-même. Sans parler de l'écolier Buridan, qu'Alexandre Dumas et Frédéric Gaillardet transforment en vaillant capitaine, il est certain que la tour de Nesle ne fut jamais le théâtre des prouesses amoureuses des trois princesses de Bourgogne, ou du moins de Blanche et de Marguerite, puisque l'innocence de Jeanne paraît démontrée et que son mari, dans tous les cas, l'a tenue pour telle.

L'héroïne de la tour de Nesle, d'après les suppositions qui semblent les mieux fondées serait, non pas l'une des trois brus de Philippe le Bel, mais sa propre femme, Jeanne de Navarre. Il va sans dire que les preuves nous manquent, comme elles manquaient à Brantôme : « Je ne puis dire, avouait-il en effet, que cela soit vray; mais le vulgaire, au moins la pluspart de Paris l'affirme, et n'y a si commun qu'en luy monstrant la tour seulement, et en l'interrogeant, que de luy-mesme ne le die. » La tradition populaire avait conservé la mémoire du fait, mais elle avait oublié les noms, comme cela lui arrive assez souvent.

Quant aux amours de Blanche et de Marguerite de Bourgogne avec leurs écuyers Philippe et Gaultier d'Aulnoy ou de Launoy, nous sommes beaucoup mieux renseignés à ce sujet, à la réserve de quelques variantes dans les détails, mais sans influence sur le fond, que nous ferons d'ailleurs connaître.

Nous donnerons d'abord telle quelle la version de Sauval, qui nous paraît résumer convenablement les renseignements alors et maintenant en notre pouvoir.

« Philippe le Bel eut trois enfants mâles, qui régnèrent successivement après lui; Louis, qu'il fit de son vivant roi de Navarre, épousa Marguerite, fille de Robert, duc de Bourgogne; Philippe, comte de Poitou, se maria avec Jeanne, fille d'Othelin comte de Bourgogne; et Charles, comte de la Marche, avec Blanche, fille du même comte.

« Ces trois princesses avoient toutes les grâces du corps et de l'esprit, et comme elles étoient d'une humeur gaye, leur cour étoit toujours fort grosse. Elles attiroient auprès d'elles tous les jeunes gens d'un rang distingué, et faisoient leur divertissement le plus ordinaire de la chasse, où elles alloient quelquefois avec les princes leurs maris, et le plus souvent seules avec les officiers de leur maison, et avec les dames qui avoient accoutumé d'être de leurs plaisirs.

« Philippe et Gautier de Launoy, dont l'un était écuyer du roi de Navarre et l'autre du comte de la Marche, ne les quittoient guère dans ces occasions. Ils pouvoient passer pour les deux seigneurs de la cour les mieux faits (« assez mal faits de leurs personnes, » dit au contraire l'historien Velly, qui n'est pas plus que Sauval contemporain des faits qu'il raconte), et leur esprit étoit si brillant qu'on ne pouvoit s'ennuyer dans leur conversation. Les deux princesses Marguerite et Blanche goûtèrent tellement leurs humeurs enjouées, qu'elles passèrent bientôt de l'estime à l'amour.

« Ces deux seigneurs, qui avoient beaucoup d'expérience dans cette passion, et qui avoient trouvé peu de cruelles, s'aperçurent aisément du progrès qu'ils avoient fait dans le cœur de ces princesses; et la conquête étoit si illustre que, sans réfléchir sur les suites fâcheuses que pouvoient avoir des intrigues de cette nature, ils ne songèrent qu'à la conserver. Ils firent parler adroitement ces princesses, et ayant tiré de leur bouche ce secret important, ils les engagèrent à leur faciliter le moyen d'être heureux.

« Ils ne leur fut pas difficile de gagner l'huissier de la chambre, et les dames d'honneur des princesses, qui les introduisirent dans leurs chambres dans le temps que tout le monde étoit retiré.

« Tout favorisoit leurs désirs, leurs maîtresses firent toutes les avances, et ainsi il est facile de juger comment se passèrent de semblables rendez-vous.

« Les princesses, qui craignoient d'être surprises par leurs maris, leur demandèrent la permission d'aller passer la belle saison à Maubuisson, près de Pontoise ; elles n'y reçurent que des personnes qui étoient de leur confidence, et s'abandonnèrent entièrement au plaisir d'aimer et d'être aimées. Leurs deux amants passaient toutes les nuits par-dessus les murailles du jardin, qui n'étoient pas fort hautes, et se glissoient dans leurs chambres sans être vus de personne.

« Les princesses n'avaient rien fait connoître de leur amour à leurs filles d'honneur, parce qu'étant fort jeunes, elles se défiaient de leur discrétion. Cependant ce secret, qu'elles avoient tant d'intérêt de leur cacher, fut découvert par celle qui en pouvoit faire le plus mauvais usage.

« Mlle de Morfontaine, fille d'honneur de la reine de Navarre, était depuis longtemps en intrigue avec Philippe de Launoi, qui lui avoit même promis le mariage ; mais depuis qu'il fut assuré de sa maîtresse, il commença à la négliger. Mlle de Morfontaine s'apercevant de sa froideur, et s'imaginant qu'il était devenu sensible pour quelqu'une de ses compagnes, résolut de l'observer, pour tâcher de connaître sa rivale. Il y avoit dans l'appartement des filles un escalier dérobé qui donnoit dans le jardin ; elle passa un soir par cet escalier et fit la ronde, pour voir si son perfide n'iroit pas visiter quelqu'une de ses compagnes pendant la nuit. Elle n'eut pas demeuré longtemps en sentinelle qu'elle vit quelqu'un sauter par-dessus les murailles. Elle s'en approcha doucement, et quoiqu'il ne fît point de lune, elle reconnut ou crut reconnoître de Launoy, qu'elle suivit sans bruit jusqu'à l'appartement de la reine de Navarre.

« Elle demeura immobile à cette vue, et fut encore plus embarrassée qu'auparavant, ne pouvant se persuader qu'il osât adresser ses vœux à une personne si fort au-dessus de lui.

« Elle vit la dame d'honneur lui ouvrir la porte, et après qu'il fut entré, elle prêta l'oreille pour tâcher de découvrir ce qu'il alloit faire dans cet appartement.

« Il est aisé de juger de sa surprise quand elle connut, par les discours de la reine de Navarre, que c'étoit elle que de Launoi alloit chercher, et qu'il en étoit aimé. Sa jalousie se changea d'abord en fureur, et ne lui inspira que des désirs de vengeance ; mais quand, après les premiers transports, elle chercha d'un sens plus rassis les moïens de la satisfaire, elle les trouva environnez de mille périls. Il y alloit de la vie d'accuser sa maîtresse sans pouvoir la convaincre, et il étoit à craindre qu'en prenant des mesures pour prouver cette intrigue, elle ne donnât lieu à sa maîtresse de soupçonner son dessein, et qu'elle ne s'exposât aux traits de sa colère !

« D'ailleurs un reste de tendresse la retenoit, et quelque dépit qu'elle eût de l'infidélité de son amant, elle avoit peine à se résoudre à le perdre.

Judith, fille de Charles le Chauve.

« Elle flotta pendant plusieurs jours dans cette incertitude, mais enfin, s'étant sentie grosse, elle crut devoir tout sacrifier à la vengeance de son honneur.

« Elle avoit une parente religieuse à Maubuisson, à qui elle confia le déplorable état où elle se trouvait réduite, et lui exagéra si bien l'énormité du crime que commettoient ces amants, en profanant un lieu où étoient renfermées les épouses de Jésus-Christ, qu'elle l'engagea à lui aider à faire surprendre ces impies ensemble.

« Elles prirent des mesures si justes, que les deux de Launoy furent trouvez dans le lit des deux princesses et arrêtez dans le couvent jusqu'à ce que le roi en fût averti. Ils furent ensuite conduits en prison, où le Parlement fit leur procès ; et le crime se trouvant suffisamment prouvé, ils furent condamnez à être écorchez vifs, à avoir la partie coupée qui les avoit rendus coupables, à être attachez par les pieds à la queue de chevaux furieux, et à être trainez en cet état sur un pré nouvellement fauché.

« Les deux princesses furent enfermées dans le château Gaillard, où le roi de Navarre fit, peu de temps après, étrangler sa femme *avec un linceul* (avec ses propres cheveux, assurent d'autres auteurs, sans parler de ceux qui prétendent qu'elle mourut étouffée entre deux matelas).

« La comtesse de la Marche obtint sa liberté, après que le prince son mari eut fait casser leur mariage, sous prétexte qu'il étoit filleul de Mathilde d'Artois, mère de cette princesse.

« L'huissier de la chambre de la reine de Navarre qui avoit été confident de cette intrigue, fut pendu. La comtesse de Poitou avait aussi été arrêtée, mais comme il ne se trouva au procès aucune charge contre elle, le prince son mari alla lui-même la retirer de la prison, et tâcha par mille caresses de réparer l'affront qu'elle avoit reçu.

« Mlle de Morfontaine, après avoir si pleinement satisfait sa vengeance, fut agitée d'un cruel remords qui ne lui laissoit plus aucun repos, ni la nuit ni le jour. Elle se représentoit à tous moments son amant dans le déplorable état où les bourreaux l'avoient mis, et enfin après avoir langui plus d'un an, elle termina ses jours, détestant avec un sincère repentir les désordres de sa vie passée. »

Les trois époux de Marguerite, de Jeanne et de Blanche de Bourgogne, devinrent successivement rois de France sous les noms de Louis X, le Hutin ; Philippe V, le Long ; et Charles IV, le Bel. Jeanne, après une courte réclusion au château de Dourdan, fut, comme on vient de le voir, remise en liberté par son mari lui-même. Philippe le Long, son mari, dit un historien, n'avait garde de la trouver coupable, car il lui aurait fallu rendre la Franche-Comté, qu'elle lui avait apportée en dot. » Jeanne fut donc reine de France à la fin. Quant à Blanche, après son divorce, elle prit le voile à l'abbaye de Maubuisson, théâtre de ses débauches, où elle mourut en 1325. A son entrée en prison, elle avait été livrée à la brutalité de ses geôliers, et était devenue grosse à la suite de cette aventure.

Que Jeanne fût innocente ou non des crimes imputés à ses sœurs, il paraît certain que les deux d'Aulnay ou de Launoy ne furent pas les seuls admis à jouir des faveurs de ces royales prostituées. En tout cas une foule de malheureux furent arrêtés en même temps que ces deux gentilshommes, comme complices des mêmes crimes avec les princesses. Les uns furent égorgés dans leur prison ; les autres, enfermés dans des sacs, furent jetés à la rivière.

Tout est bien qui finit bien ; et c'est avec le dernier des fils de Philippe le Bel que finit la race des Capétiens directs.

Hâtons-nous de dire que, sous ce glorieux règne de Philippe le Bel, les princesses de sang royal n'avaient pas le monopole des mœurs dissolues. Si l'on en croit Jean de Meung, l'illustre continuateur du *Roman de la rose*, c'était un mal général à cette époque. Ces quatre petits vers qu'il inséra dans son ouvrage, une continuation qui ressemble bien peu au commencement, le font supposer, du moins :

Toutes êtes, serez ou fustes,
De fait ou de volonté putes ;
Et qui très bien vous chercheroit,
Toutes putes vous trouveroit.

Cette petite méchanceté faillit coûter cher à l'audacieux *Clopinel*, car un beau jour, avec l'autorisation de la reine, toutes les dames de la cour l'attendirent, armées de verges, pour lui faire une réception digne d'un aussi abominable criminel aussitôt qu'il paraîtrait à bonne portée.

Dès qu'il parut en effet, elles s'élancèrent sur lui, le dépouillèrent de ses vêtements, et allaient frapper, quand le poète, sans trop s'émouvoir, leur dit qu'il consentait volontiers à ce qu'elles lui administrassent le cruel châtiment qu'elles méditaient, mais à une condition...

— Laquelle ?

— C'est que la plus effrontée *pute* d'entre vous commencera.

Les armes tombèrent des mains de ces douces dames, bien qu'il n'y eût pas une d'elles, y compris la reine, qui ne fût transportée de fureur un moment auparavant.

En vain la reine se plaignait-t-elle au roi de l'insolence du poète, le roi trouva l'aventure si plaisante qu'il la fit représenter dans une tapisserie que Brantôme affirme avoir vue dans le garde-meuble du Louvre ; et cette grosse affaire, qui avait mis toute la cour en révolution n'eut d'autre résultat que de grandir encore le poète et d'augmenter le succès de son ouvrage dans des proportions jusque-là inconnues.

On sait que Jean de Meung fut un des écrivains les plus loués de leur vivant qu'on ait peut-être jamais vus à aucune époque ; eh bien, sa célébrité, qu'il aurait pu devoir à son seul mérite, ne venait pourtant que de cette aventure.

Au milieu de tous ces événements, de toutes ces intrigues amoureuses et autres auxquelles nous ne la voyons point mêlée d'une manière directe, la chevalerie poursuivait cependant le cours de ses exploits variés, tant en Orient qu'en Occident, et l'amour autant que possible adultère, ne l'occupait pas moins ici que là, la conquête de la Terre sainte et l'extermination des infidèles.

Les amours tragiques du chevalier de Coucy et de la dame de Fayel sont de ce temps-là. Elles eurent leur dénouement sous le règne de Philippe-Auguste, et un poème français du commencement du xiiie siècle les raconte tout au long.

Renaud, seigneur de Coucy, était célèbre par son courage, son savoir, sa courtoisie, de même que par sa noble prestance ; il était poète aussi bien que guerrier ; il avait donc deux chances pour une de plaire aux dames.

Il plut à la dame de Fayel, dont il était devenu éperdument amoureux ; ce qui est un assez mauvais moyen pour réussir en pareille matière ; le sire de Coucy s'en aperçut bien tout d'abord, car la belle Gabrielle de Vergy commença évidemment par se moquer de lui et de son amour, et ce n'est qu'en le voyant tombé malade de chagrin à cause d'elle qu'elle finit par se rendre.

Malheureusement les qualités brillantes de Renaud de Coucy avaient frappé une autre dame, sans qu'il s'en doutât. Celle-ci, étonnée de la froideur avec laquelle elle recevait ses avances, devina une rivale ; elle guetta le châtelain et s'assura qu'en effet il y avait une rivale, et que cette rivale n'était autre que la dame de Fayel.

Emportée par la jalousie, l'amoureuse éconduite alla tout dévoiler au sire de Fayel. Le beau Renaud, surpris dans le château de Fayel pendant la nuit, fut saisi aussitôt. Mais la chambrière de Gabrielle de Vergy se dévoua pour sa maîtresse, en déclarant que c'était à elle que la visite du sire de Coucy était destinée ; celui-ci ne la démentit pas ; bien mieux, les deux prétendus complices prêtèrent serment, et comme dans ce temps de tromperies et de parjures, on croyait au serment, l'affaire n'eut pas pour le moment d'autre suite. En conséquence les amants renouèrent leur intrigue plus serré que jamais.

Cependant le mari de Gabrielle paraît avoir conservé des doutes ; car il parle de se croiser et prend ses dispositions pour emmener sa femme en Terre sainte ; puis, comme le sire de Coucy, ayant appris cela, se hâte de se croiser de son côté, avec Richard Cœur de Lion, voilà que le sire de Fayel ne veut plus entendre parler de la Terre sainte, ou du moins du voyage outremer qu'il faut faire pour l'atteindre, parce qu'il se découvre tout à coup une maladie de cœur réclamant une foule de précautions incompatibles avec les fatigues d'un tel voyage. Désespoir des deux amants qui, pris dans leur propre piège, vont être forcés de se séparer, peut-être pour jamais. Mais qu'y faire ? Du moins ne se sépareront-ils pas sans s'être dit adieu longuement et copieusement.

En effet, Renaud s'introduit au château de Fayel, déguisé en mendiant, et il passe deux jours pleins à faire à sa dame des adieux déchirants, sans aucun doute, et non moins certainement passionnés.

Il faut pourtant se quitter. Renaud s'embarque pour la Palestine. Mais devant Ptolémaïs (Acre), l'infortuné est frappé mortellement. Il se rembarque en toute hâte, afin de venir, si le temps ne le trahit point, expirer aux pieds de celle qu'il adore.

Le blessé est obligé de s'arrêter à Brindes : il ne peut aller plus loin.

Avant de mourir, Renaud recommande à son écuyer de faire ouvrir son corps, d'en extraire le cœur, et de le placer, avec une lettre et une tresse de cheveux que lui a donnés sa dame, dans un petit coffret qu'il lui portera de sa part.

Le fidèle serviteur exécute ponctuellement la première partie des recommandations de son maître expirant ; quant à la seconde, rencontré à peu de distance du lieu de sa destination par le sire de Fayel, il ne peut l'accomplir, car le mari jaloux lui arrache de force le précieux coffret destiné à sa femme, et la vue de son contenu lui inspira l'idée d'une horrible vengeance.

Ce fut cuit à point, et sur sa table, comme un mets quelconque, que Gabrielle de Vergy reçut le cœur de son amant. Sans aucune méfiance, elle le mangea. Mais son mari l'ayant instruite de la composition réelle de ce mets extraordinaire, elle jura de n'en plus jamais goûter d'autre, et se laissa mourir de faim.

L'épouvantable vengeance du sire de Fayel souleva contre lui l'indignation des parents de sa femme, dont les menaces lui firent oublier et sa maladie de cœur et les dangers des voyages au long cours. Il ne réintégra son château que longtemps après, lorsque les haines qu'il avait soulevées étaient apaisées, et y vécut ses dernières années dans l'isolement et l'obscurité.

Des aventures à peu près semblables à celle-ci ont été souvent racontées par les vieux romanciers ; il y a aussi un conte de Boccace, le *Cœur sanglant*, qui a beaucoup de rapports avec cette histoire, quoique l'héroïne, la princesse Sigismonde, ne mange pas le cœur de son amant. Est-ce un fait réel qui est ici raconté ? On ne saurait l'affirmer. Mais ce qui n'est pas douteux, c'est qu'un fait réel, au moins, a inspiré l'auteur de l'*Histoire du châtelain de Coucy et de la dame de Fayel* et ses imitateurs, car il est bien dans les mœurs de l'époque.

Ce qui est dans les mœurs de la nôtre c'est la parodie musicale, l'opérette-bouffe, pour l'appeler par son nom ; aussi avons-nous une opérette-bouffe, intitulée *Gabrielle de Vergy*, laquelle fut représentée pour la première fois aux Folies-Marigny, quand ? — En novembre 1871.

D'Arnaud et le marquis de Belloy ont écrit chacun une tragédie sur ce sujet.

VII

Mœurs de cour sous les premiers Valois.

Sommaire. — Glorieux règne de Philippe de Valois. — Sa dernière femme. — « Les reines de France ne se remarient jamais. » — Grandeur d'âme du roi Jean. — Charles VI et Isabeau de Bavière. — Leur entrée solennelle dans Paris. — Les joutes de Saint-Denis. — *Lubrica facta sunt.* — Isabeau et son beau-frère Louis d'Orléans. — Les maîtresses du duc. — La comtesse de Blois. — Mariette d'Enghien. — Une bonne farce de grand seigneur amoureux. — Un mari vraiment ridicule. — La mère du beau Dunois. — Grande fête royale à l'hôtel de la reine Blanche. — Un incendie de sauvages. — Présence d'esprit du duc d'Orléans, auteur de la catastrophe. — Il y pêche une jolie femme. — Mme d'Auteville et la duchesse de Bourgogne. — Une galerie de portraits compromettante. — Complot de deux c.... maris trompés. — Assassinat du duc d'Orléans. — Le Parlement, dans sa sagesse, ordonne l'arrestation d'un valet de la cuisine du principal coupable. — Fuite du duc de Bourgogne. — Un bon avis de maîtresse fatiguée. — Assassinat de Jean sans Peur. — Bourguignons et Armagnacs. — Le petit roi de Bourges. — Valentine de Milan et la petite reine Odette. — Une veuve vraiment et mal à propos inconsolable. — Truc de deux augustins guérisseurs. — Une maison de passe à la Bastille. — L'entourage de la reine. — Boucicault et Graville. — Isabeau et le sire de Bois-Bourdon. — Caprice de reine coûte cher. — Une reine de France alliée des ennemis de la France. — Patriotisme d'une humble paysanne. Jeanne Darc. — Harem luxueux de Charles VII. — Agnès Sorel. — Beauté, grâce, esprit, faste et insolence de la Belle-des-Belles. — Heureuse influence qu'elle acquiert toutefois sur l'humeur d'un roi « mol et lasche. » — Hostilité haineuse du dauphin, plus tard Louis XI. — Amours d'Antoine de Chabannes et de la belle Agnès. — Les scrupules d'un homme de cour. — Métamorphoses de Chabannes. — Espionnage en grand. — Assassinat en petit. — La chasse au faux libraire. — Une nuit terrible. — Agnès et le dauphin en viennent aux voies de fait. — Mort d'Agnès Sorel. — Antoinette de Meignelay, nièce et successeur. — Les filles d'Agnès. — Mort tragique de la comtesse de Maulevrier et de son amant. — Contre-partie : Blanche d'Arsy se venge et venge du même coup la malheureuse Pucelle d'Orléans.

« La France n'a guère eu de temps plus malheureux que celui où a régné la branche des Valois, » dit le président Hénault. Elle n'en a guère eu non plus, conséquence naturelle, où elle fût plus complètement livrée à tous les genres de désordres.

Elle débuta bien, du reste, cette branche des Valois ; nous n'en dirons qu'un mot, de ce début, parce que la critique historique n'entre pas nécessairement dans notre cadre ; mais lorsqu'on voit Philippe VI signaler son avènement au trône en déchargeant les seigneurs de leurs dettes, en faisant mettre en prison les vilains qui avaient l'audace d'être leurs créanciers et en confisquant les biens de ceux-ci pour leur ôter l'envie de recommencer, on ne peut retenir un cri... d'admiration, en vérité.

L'histoire a souffleté Philippe le Bel de la qualification de *faux-monnayeur*, dont un ancien ministre du second empire a tenté récemment, mais en vain, de le priver ; mais les successeurs de ce prince, et en particulier Philippe de Valois, n'ont pas moins mérité les galères que lui. Philippe VI altéra les monnaies au moins autant que Philippe IV, et rançonna, et confisqua, et vola Juifs, lombards, hérétiques, proscrits ou massacrés, mais avant tout volés ; nouveaux impôts, dont celui du sel, créés ; excès de toute sorte : ce règne de vingt-deux ans, qui vit tout cela, peut être à bon droit considéré comme l'un des plus désastreux de notre histoire.

Mais Philippe VI termina sa carrière par un exploit qui est tout à fait de notre ressort.

En 1349, il demanda à Philippe III, roi de Navarre, s^a fille Blanche, pour la marier à Jean, duc de Normandie. héritier du trône. La demande agréée, Blanche de Navarre arriva bientôt à la cour de France.

Elle avait un peu plus de dix-sept ans, était gracieuse et charmante au possible ; justement Philippe était veuf depuis peu et Jean était absent. Philippe était encore jeune : il avait à peine quarante ans de plus que Blanche ! toutes ces considérations mûrement pesées, comme on peut le croire. firent qu'il l'épousa.

Philippe VI mourut de ce mariage l'année suivante et Jean lui succéda. — mais seulement sur le trône de France, bien entendu.

Blanche de Navarre, qui était enceinte d'une fille, se retira au château de Naples, et l'on rapporte qu'Alphonse XI, roi de Castille, ayant alors recherché sa main, elle fit à l'envoyé de ce prince cette fière réponse : « Les reines de France ne se remarient pas. »

Ce « j'y suis, j'y reste, » qui fait les délices des amateurs de phrases bien frappées, authentiques ou non, était peut-être inspiré par d'autres motifs que le stérile désir de demeurer veuve d'un roi de France de très mince valeur, après tout.

La chronique scandaleuse du temps rapporte, en effet, qu'à peine Philippe de Valois était-il enseveli, Blanche de Navarre se remariait clandestinement avec son maître d'hôtel Rabaudange.

Une autre grande parole à interpréter :

Jean II, dit le *Bon*, par antithèse probablement, fut fait prisonnier par les Anglais à la bataille de Poitiers (1356). Il resta quatre ans en Angleterre, dans une captivité fort douce ; et le honteux traité de Brétigny le rendit à la France qu'il revit sans enthousiasme. La liberté de son roi coûtait à la France une énorme rançon, qu'elle n'était pas en état de payer rubis sur l'ongle en conséquence, deux des fils du roi reprirent, à titre d'otages, la place de leur père, jusqu'à l'entière exécution du traité.

Mais l'un de ces otages, le duc de Berry, n'eut pas la patience d'attendre un terme qui pouvait ne venir jamais : il s'enfuit.

C'est alors que Jean montra toute sa grandeur d'âme. Il alla reprendre « ses chaînes » sans retard, faisant entendre ces belles paroles, pour l'édification de la postérité : « — Si la bonne foi était perdue sur la terre, on devrait la retrouver dans le cœur des rois. » Mais il paraît que personne n'y fut trompé dans le temps, et qu'on jugea le prétexte mauvais.

Le fait est que, pendant sa captivité en Angleterre, le roi Jean avait noué une intrigue échevelée avec la comtesse de Salisbury, qui lui avait fait jurer, à son départ pour la France, de revenir la voir. La fuite de l'otage aurait même été concertée, pour offrir au roi Jean l'occasion d'accomplir sa promesse et de placer une phrase à effet, — si toutefois il a jamais prononcé les paroles qu'on lui prête, chose douteuse entre toutes.

Et voilà comme on écrit l'histoire.

Lorsque Isabeau de Bavière épousa Charles VI (1385), elle n'avait guère plus de quatorze ans, et elle ne parlait que la langue allemande. Les fêtes qui furent données à Paris pour solenniser son entrée dans cette ville, dépassèrent en magnificence tout ce qu'on avait vu jusque-là. « Toutes les rues étaient tendues de tapisseries ; on trouvait en divers lieux des fontaines dont coulait le vin, le lait et d'autres liqueurs délicieuses ; et sur différents théâtres, on avait placé des chœurs de musique, des orgues, et des jeunes gens y représentaient diverses histoires de l'Ancien Testament. »

Réjouissances légitimes, et convenables de tous points, s'il en fut onques. Mais à cette même occasion eurent aussi lieu, à Saint-Denis, des *joutes* dont Juvénal des Ursins dit « qu'il étoit commune renommée, que desdictes joutes étoient provenues choses déshonnêtes en matière d'amourettes, et dont beaucoup de maux sont venus. » Et la chronique latine de saint Denis caractérise ainsi lesdites fêtes : *Lubrica facta sunt.*

La même chronique révèle, en outre, que la dernière nuit de ces fêtes toute la cour se masqua, que les masques prirent plaisir à faire toute sorte de postures indécentes, et qu'il n'y eut probablement personne qui, à la faveur du masque, de la nuit et de la grande liberté, de la licence qui régnait sans contrôle, ne trouva moyen de satisfaire sa passion, aussi bien les filles et les femmes que les hommes : ce qui équivaut à dire que ces fêtes se terminèrent au milieu des désordres les plus scandaleux.

La jeune reine ne laissa point aux autres sa part de ces plaisirs, que le masque protégeait, et l'on assure que ce fut à la faveur de cette mascarade qu'elle noua avec Louis d'Orléans, frère du roi, les relations incestueuses qui durèrent autant que la vie de celui-ci, malgré son inconstance bien connue; mais sans doute la politique était beaucoup dans cet accès de fidélité.

En effet, le duc d'Orléans fut certainement le plus grand coureur de femmes de son temps, et un homme comme lui suffit pour caractériser une époque. Ses maitresses étaient les plus grandes dames de la cour, à commencer par la plus grande, comme nous venons de le voir ; et, ce qu'il y a de plus fort, c'est qu'elles étaient à ce point orgueilleuses de leurs relations avec lui qu'elles les affichaient effrontément pour la plupart, et pour le reste se laissaient afficher par le prince qui n'y mettait pas la moindre discrétion.

Une des plus célèbres maitresses du duc d'Orléans, après Isabeau, fut Marguerite de Namur, comtesse de Blois. Celle-ci poussa si loin sa passion pour le prince qu'elle ruina son mari ; car il est remarquable que le duc d'Orléans n'entretenait pas ses maitresses. — au contraire. Ruiné, le comte de Blois se vit forcé de vendre son comté ; et à qui le vendit-il? au duc d'Orléans, qui paya avec l'argent que Marguerite avait emprunté pour lui donner.

Une autre non moins digne d'être citée, c'est Mariette d'Enghien, dame de Canni, qu'il enleva à son mari. Un peu de temps avant cet enlèvement, comme il recevait fréquemment chez lui cette belle dame, il lui arriva une aventure que nous préférons laisser raconter à Brantôme, parce que l'histoire est un peu salée et que le langage du xvi° siècle est de ceux qui, comme le latin, peuvent se permettre de braver l'honnêteté jusqu'à un certain point.

« Ayant avec luy couché une fort belle et grande dame, dit Brantôme, ainsi que son mari vint en sa chambre, pour luy donner le bon jour, il (Louis d'Orléans) alla couvrir la teste de sa dame, femme de l'autre, du linceul (drap), et luy descouvrit tout le corps, luy faisant voir avec desfense expresse, sur la vie, de n'oster le linge du visage ni la descouvrir aucunement, à quoi il n'osa contrevenir; luy demandant par plusieurs fois ce que luy sembloit de ce beau corps : l'autre en demeura tout esperdu et grandement satisfait.

« Le duc lui bailla congé de sortir de la chambre, ce qu'il fit sans avoir jamais pu cognoistre que ce fust sa femme. S'il l'eust bien veue et recogneue comme plusieurs que j'ai veu, cogneue à plusieurs signes possible, dont il fait bon le visiter quelquefois par le corps.

« Elle, après son mary party, fust interrogée par M. d'Orléans si elle avoit eu l'alarme et peur.

« Je vous laisse à penser ce qu'elle en dict, et la peine et l'altère dans laquelle elle fust l'espace d'un quart d'heure;

car il ne falloit qu'une petite indiscrétion, ou la moindre désobéissance que son mary eust commis pour lever le linceul : il est vray, ce dict Monsieur d'Orléans, mais il l'eust tué aussitost pour l'empescher du mal qu'il eust faict à sa femme.

« Et le bon fust de ce mary, qu'estant la nuict d'apprès couché avec sa femme, il luy dict que M. d'Orléans lui avoit fait voir la plus belle femme nue qu'il vit jamais, mais, quant au visage, qu'il n'en savoit que rapporter, d'autant qu'il lui avoit interdit.

« Je vous laisse à penser ce qu'en pouvoir dire sa femme, dans sa pensée !

« Et de cette dame tant grande et de Monsieur d'Orléans, on dit que sortit ce brave et vaillant bastard d'Orléans, le soustien de la France et le fléau de l'Angleterre, et duquel est venue cette noble et généreuse race des comtes de Dunois. »

Cependant le roi Charles VI était devenu fou, on sait comment, au moment où il se préparait à combattre le duc de Bretagne. Dans un intervalle de lucidité, ou de quelque chose qui en avait du moins toutes les apparences, il fit organiser une grande fête dansante à l'hôtel de la reine Blanche, au faubourg Saint-Marcel, à l'occasion des noces d'une des filles d'honneur de cette princesse.

Il fit plus, car il voulut prendre part à cette fête. Il organisa même, avec cinq seigneurs de la cour, attachés ensemble par des cordons de soie, une « entrée de sauvages. »

Le roi, en dansant cette entrée, s'était rapproché de la duchesse de Berry, et avait pris avec elle quelques privautés assez grandes. Ce que voyant le duc d'Orléans, qui entrait justement dans la salle, il voulut savoir qui était ce masque trop familier. Il s'approcha de lui, un flambeau à la main, trop près sans doute, car le feu prit tout à coup aux habits d'un des sauvages qui l'accompagnaient, et de celui-ci aux autres ; en un instant, le groupe tout entier des sauvages fut environné de flammes.

L'épouvante était partout, et les malheureux seigneurs restaient sans secours. Le roi échappa au terrible danger d'être brûlé vif, grâce à la duchesse de Berry qui, l'ayant reconnu, le couvrit de ses propres vêtements et éteignit par ce moyen l'incendie des siens. Des cinq autres gentilshommes, un seul survécut : le comte de Nantouillet, qui eut la présence d'esprit de courir à l'échansonnerie et de se plonger dans une cuve remplie d'eau. Charles de Poitiers, comte de Valentinois, et Hougninant de Jansay moururent brûlés sur la place; Yves de Foix et le comte de Jouy, après deux jours d'atroces douleurs.

Pendant le désordre que causa cet événement, le duc d'Orléans s'était trouvé près d'une dame qu'il sauva du danger d'être étouffée par la presse, et remit ensuite à l'un de ses gentilshommes pour en avoir soin. Quelques jours après, il demanda à ce gentilhomme des nouvelles de la dame, et apprit de lui qu'elle était femme de Raoulet d'Auteville, créature du duc de Bourgogne, à qui il avait fait retirer la charge de trésorier de France que son ennemi lui avait fait obtenir.

— Cette femme, pensa le prince, ne doit pas être trop bien disposée pour moi; cependant, il serait piquant de m'en faire aimer.

Ayant rencontré, fortuitement ou non, Mme d'Auteville à la messe, à Saint-Paul, il lui fit assigner, par un page, un rendez-vous dans le jardin du palais des Tournelles. La dame y étant allée, le duc, en la quittant, lui fit aisément promettre que, le lendemain matin, elle irait le trouver à son hôtel. Elle s'y rendit, en effet, à l'heure indiquée ; et elle y retourna souvent depuis.

Mme d'Auteville était la confidente de la duchesse de Bourgogne. Elle se fit l'entre-

Frédégonde fait assassiner Chilpéric.

metteuse des amours de celle-ci avec le duc d'Orléans qui, lui, du moins, avait des raisons politiques de la plus haute importance, à défaut d'amour, pour nouer une intrigue avec la femme de Jean sans Peur, son rival d'influence, son ennemi, comme l'avait été son père avant lui, d'autant plus que le duc de Bourgogne, ayant réussi à évincer Louis d'Orléans du gouvernement, remplissait les fonctions de régent pendant la folie de Charles VI.

« Cette intrigue dura plusieurs années sans que personne en eût connoissance, dit Sauval, mais enfin elle se découvrit par l'imprudence du duc d'Orléans.

« Il avait fait mettre dans un cabinet les portraits de toutes ses maîtresses, et il disait ordinairement que toutes celles qu'on y voyoit peintes n'avaient pas été cruelles pour lui. Le duc de Bourgogne lui avoit souvent ouï dire la même chose, et il n'y avoit fait d'abord aucune réflexion ; mais un jour, étant entré dans ce cabinet fatal, il vit la peinture de Marguerite de Bavière, sa femme, et se souvint de la méchante plaisanterie du duc d'Orléans, ce qui lui donna de l'inquiétude. Il voulut s'éclaircir de ses soupçons, et découvrit enfin que ce duc voyait sa femme par le moyen de Mme d'Auteville, qu'elle avoit fait sa confidente ; et la jalousie de l'amour se joignant à celle de l'ambition, il crut devoir se venger d'un prince qui étoit doublement son rival.

« Il découvrit son dessein à d'Auteville qui, ayant part à l'affront, voulut l'avoir aussi à la vengeance, et promit de servir le duc suivant ses intentions.

« Ce scélérat (c'est Sauval qui parle, entendons-nous bien), ce scélérat pratiqua dès le lendemain plusieurs assassins, et entr'autres Guillaume et Thomas Courtois et Jean de la Mothe, qui lui donnèrent parole de seconder de tout son pouvoir son pernicieux dessein : il gagna aussi un valet de chambre du roi, par qui il fit dire au duc d'Orléans qui étoit allé visiter la reine au palais des Tournelles, le jour de Sainte-Cécile, sur le soir, que le roi désiroit de lui parler, et le prioit de le venir trouver à l'hôtel de Saint-Paul.

« Le duc monta incontinent à cheval, suivi de quelques valets de livrée sans armes, et précédé par un valet de pied qui portoit un flambeau devant lui.

« Lorsqu'il fut arrivé auprès de la porte Barbette, devant la maison du maréchal d'Evreux, d'Auteville sortit d'un cabaret où il s'étoit mis en embuscade avec ses complices, au nombre de quinze ou vingt, et fondit sur le duc l'épée à la main. Ce prince les prenant pour des voleurs, se nomma pour les obliger à se retirer, mais ils lui crièrent : « C'est à toi que nous en voulons ! » En même temps, d'Auteville lui coupa la main dont il tenoit la bride de son cheval, et l'ayant renversé par terre, le livra aux autres qui le percèrent de plusieurs coups.

« Le duc fut porté chez le maréchal de Trie, où il expira, et de là aux Blancs-Manteaux.

« Le Parlement prit connoissance de cet assassinat, et commit un conseiller pour en informer ; il décréta prise de corps contre l'écuyer de cuisine du duc de Bourgogne, qui se trouva chargé par les témoins ; et comme il ne sortoit pas de l'hôtel d'Artois où ce duc logeoit, et où l'on ne pouvoit l'aller prendre sans la permission de son maître, le commissaire qui avoit fait l'information l'alla trouver pour la lui demander, à l'hôtel de Nesle, chez le duc de Berri, où se tenoit le conseil.

« Louis d'Anjou, roi de Sicile, qui étoit présent quand on fit ce compliment au duc de Bourgogne, prit garde qu'il pâlissoit et qu'il avoit l'esprit embarrassé : il le tira à part, et lui aïant fait avouer que le duc d'Orléans avoit été assassiné par son ordre, il lui conseilla de se retirer. Le duc profita de l'avis, et sortant sans bruit de l'hôtel de Nesle, alla chez lui prendre un cheval sur lequel il gagna Dijon avec toute la diligence possible...

« Le dauphin résolut de venger la mort du duc d'Orléans, et brigua la régence pendant la maladie de son père. Le duc de Bourgogne, de son côté, se ligua avec le roi d'Angleterre, et la France se vit dans une étrange combustion. Les gens de bien se mêlèrent d'accommoder ce différend, et l'on sollicita le duc de rendre hommage au dauphin pour sa duché de Bourgogne. Il se trouva furieusement combattu, et avant que de se déterminer, il voulut prendre l'avis de Mme de Gyac, avec qui il étoit en intrigue depuis longtemps.

« Cette dame, qui étoit encore jeune et bien faite, ne s'accommodoit pas du duc, qui étoit déjà sur le retour, et auroit bien voulu que la cour se fût réunie, dans l'espérance de donner de l'amour au dauphin, pour qui elle sentoit quelque penchant ; et dans cette vue, elle conseilla au duc de faire ce qu'on souhaitoit de lui.

« Le rendez-vous fut pris à Montereau pour cette cérémonie, où l'on dressa sur le pont une salle de bois avec trois barrières qu'on ferma sur le duc, à mesure qu'il les passoit. Lorsqu'il se fut mis à genoux pour faire l'hommage, on prit prétexte sur ce qu'il portoit la main sur la garde de son épée. Tannegui du Châtel, qui étoit auprès du dauphin, abattit le menton du duc d'un coup de hache, et les autres courtisans achevèrent de le tuer... »

Toutes ces intrigues amoureuses sont

fort belles, et les coups d'épée et de hache, les assassinats et les combats singuliers qui les suivent ordinairement ont fort grand air, malgré tout. Mais les amours du duc d'Orléans et l'espèce de vendetta qui en résulta faillirent ruiner la France à tout jamais. Nous n'avons pas besoin de rappeler ici la lutte sanglante des Bourguignons et des Armagnacs (du nom du comte d'Armagnac, chef de la faction d'Orléans), qui n'a point d'autre origine, et qui fit déborder sur la France saccagée les hordes de l'Angleterre, jusqu'à ne plus laisser au dauphin, devenu Charles VII, qu'un territoire tellement restreint qu'on l'appelait ironiquement le petit roi de Bourges.

Mais nous anticipons.

Le duc d'Orléans avait une femme charmante, vertueuse et qui paraît, chose étrange, l'avoir aimé avec autant de passion que la plus dévouée de ses maîtresses. Valentine de Milan appartenait pourtant à une famille célèbre par ses cruautés et la férocité de ses accès de jalousie, eh bien! elle accepta, en partage avec la duchesse de Berry et la légendaire petite reine Odette, la triste existence de garde-malade d'un fou sujet à entrer en fureur et rongé de vermine, tandis que son mari et la reine Isabeau passaient la leur dans les fêtes et les orgies. Après l'assassinat de son volage époux, on voit la fille des Visconti se retirer dans ses appartements, qu'elle fait partout tendre de noir, avec cette devise qu'elle a composée elle-même, bien en vue :

Plus ne m'est rien,
Rien ne m'est plus.

Cela peut ressembler à une vaine ostentation, et pourrait n'être rien de plus, j'en conviens ; mais la duchesse d'Orléans ne survécut point deux années à son mari, et il est rare qu'une veuve désireuse de passer pour inconsolable pousse l'ostentation jusque-là.

La reine Isabeau, cependant, s'était promptement dégoûtée de son royal époux, comme on l'a vu ; mais il paraît que celui-ci ne tarda pas à lui rendre la pareille.

Ils faisaient ce qu'on appelle familièrement un ménage de chien, où les coups étaient de la partie. — Du moins Isabeau se plaignit-elle d'être battue lorsque, pour éviter le retour de semblables caresses, elle introduisit à sa place, dans le lit royal, une pauvre enfant, douce et charmante assurément, peut-être candide même, quoique fille d'un marchand de chevaux (*filia cujusdam mercatoris equorum*).

Elle s'appelait Odette, et on ne l'appela plus bientôt que *la petite Reine*, parce que le roi ne pouvait se passer, non seulement de ses soins, mais de sa vue. Odette reçut de la munificence de Charles VI deux maisons, une à Bagnolet, l'autre à Créteil, et on lui donna le nom de Champdivers.

Odette de Champdivers eut une fille, à qui on donna le domaine de Belleville dont elle porta le nom. On sait peu de chose sur la mère, et rien d'autre sur la fille.

Charles VI était déjà fou quand Odette lui fut amenée, fou peut-être par suite des tribulations dont sa femme l'abreuvait ; et tout le monde, à l'imitation de celle-ci, en abusait largement. C'est ainsi que deux augustins, Lancelot et Pierre, qui se prétendaient capables de guérir le roi, s'étant fait prendre au sérieux, on leur avait donné un appartement à la Bastille, pour y préparer leurs remèdes : mais cet appartement n'était pas autre chose qu'un lieu de débauche, non seulement pour les deux augustins, mais pour tous ceux qui en avaient besoin, moyennant qu'ils payassent.

Louis, duc de Guyenne, dauphin de France, marchait sur les traces de son oncle, le duc d'Orléans. A la cour, du reste, tous les seigneurs un peu soucieux de leur dignité menaient une vie de polichinelle.

Boucicault et Graville se disputèrent un jour, et se battirent comme des chiffonniers, jusque dans la chambre de la reine, et cela pour les beaux yeux d'une fille de celle-ci dont ils s'étaient rencontrés à partager les faveurs. Graville ayant sur la conscience un soufflet ou deux et un coup de pied quelque part, ne sonna mot de quelque temps ; mais un an après, à la tête d'une demi-douzaine de ses gens armés, il fondait bravement, rue Neuve-Saint-Merry, sur l'imprudent Boucicault, et le lardait de coups d'épée.

Quant à la reine Isabeau, qui n'avait plus mis de bornes à ses dérèglements, depuis qu'elle s'était fait remplacer près du roi, elle crut prudent de quitter momentanément Paris, à la suite de l'assassinat de Louis d'Orléans. Elle y revint bientôt. L'année suivante (1408), elle s'installait à Vincennes, où, pendant plusieurs années, elle mena la vie la plus scandaleuse, avec un simple gentilhomme nommé Bois-Bourdon, qui paya de sa tête cette bonne fortune royale (1417).

Isabeau de Bavière donna le dernier coup à la France, déchirée par les Armagnacs et les Bourguignons. Ces derniers, en combattant dans les rang anglais, nous faisaient un mal terrible, sans doute ; mais Isabeau, qui était d'ailleurs passée au parti des Bourguignons, fit bien davantage, par le traité de Troyes (1420), lequel, avec la main de Catherine de France, assurait à Henri V d'Angleterre (ce fameux Henri le *Débauché*, compagnon de Falstaff et autres héros shakespeariens, quand il était prince de Galles, et qui avait débuté dans cette campagne par la victoire d'Azincourt), la succession de Charles VI au trône de France, à l'exclusion du dauphin.

Exclure le dauphin, plus tard Charles VII, du trône de France, cela n'eût pas été un grand mal ; mais livrer la France à l'étranger, c'est un de ces crimes que les rois seuls ont jamais pu commettre sans grands risques, malgré leur extrême infamie.

Le patriotisme est la vertu des petits ; les preuves de cette vérité abondent ; et singulièrement elle ne pouvait habiter dans une âme corrompue comme celle d'Isabeau. Mais le patriotisme enfante des héros et des martyrs, qu'elle choisit ordinairement parmi les plus humbles ; et à Isabeau nous avons à opposer l'héroïque et malheureuse Jeanne d'Arc.

D'abord lieutenant général du royaume pendant la démence de son père et après que sa mère se fut tournée contre lui et contre la France, puis roi (1422), Charles VII, malgré les malheurs qui ruinaient son pays, et qui le dépouillaient pièce à pièce de son royaume, passait son temps en fêtes et en orgies. Il entretenait dans son palais, et à la vue de tout le monde, de nombreuses concubines qu'il se plaisait à parer avec tant de richesse « que, dit un historien, la reine ne paroissoit rien auprès, et même leur portoit-on plus d'honneur qu'à elle. »

Un jour La Hire vient trouver le roi. Il a une communication de la dernière importance à lui faire. Mais Charles VII est occupé de choses autrement importantes encore, à savoir les préparatifs d'une fête galante. Au lieu d'écouter La Hire, il lui fait admirer tous les détails de ces ingénieux apprêts, et il termine en lui demandant ce qu'il en pense.

— Je pense, sire, répondit La Hire en s'inclinant, que l'on ne saurait perdre son royaume plus gaiement.

La plus célèbre des maîtresses de Charles VII fut Agnès Sorel, dite la *Belle Agnès*, la *Belle des belles*, la *reine de Beauté*, à laquelle son royal amant resta attaché jusqu'à ce que la mort la lui ravit.

Fille d'un conseiller du comte de Clermont, Agnès avait été élevée à la cour de Lorraine, et lorsque Isabelle épousa René d'Anjou, elle la suivit à la cour de ce prince. Le comte de Vaudémont, compétiteur de René à la succession du duché de Lorraine, ayant battu et fait prisonnier celui-ci, Isabelle, qui était nièce de Marie de Lorraine, femme de Charles VII, vint implorer l'intervention du roi de France, qui était alors à Vienne, en faveur de son époux. Elle était accompagnée d'Agnès, qui était plus son amie que sa dame d'honneur, et dont la beauté séduisante fit une impression extrêmement vive sur le roi; et il semble que ce soit plus à sa considération qu'à celle de sa nièce qu'il secourut René d'Anjou.

Quoi qu'il en soit, la démarche de la duchesse avait eu un résultat favorable, et il ne lui restait qu'à se retirer, et Agnès avec elle, selon toute apparence; mais cela ne faisait point l'affaire de Charles.

Il faut dire que, dans le principe, Agnès était bien décidée à résister aux désirs du roi, et que c'est circonvenue par la reine elle-même, et la mère de celle-ci, Yolande d'Anjou, qu'elle se décida à demeurer, c'est-à-dire à se jeter dans les bras de Charles VII. Nous n'avons pas à nous occuper ici des considérations politiques qui poussaient ces deux femmes à donner au roi cette nouvelle maîtresse ; nous constatons seulement le fait.

Pour colorer la chose aux yeux d'Isabelle, il fut convenu qu'Agnès tomberait malade; cela fait, les médecins de la cour assurèrent à la duchesse que sa dame d'honneur ne pourrait, sans danger pour sa vie, entreprendre le moindre voyage; de son côté la reine déclara qu'elle se chargeait de l'intéressante Agnès. Alors Isabelle se décida à partir sans elle. A mesure que sa maîtresse s'éloignait de la cour, Agnès se rétablit ; elle quitta bientôt le lit; et lorsqu'elle reparut à la cour, ce fut un véritable triomphe.

Sa beauté était vraiment resplendissante, et d'un caractère essentiellement féminin, c'est-à-dire unissant la grâce à la douceur. « Certes, dit Olivier de la Marche, gentilhomme bourguignon, Agnez estoit une des plus belles femmes que je vis oncques. » Mais elle avait aussi un esprit aimable et cultivé, du bon sens, une politesse exquise et l'humeur enjouée.

« Les robes qu'elle portait, dit un historien, étaient fourrées, et ses colliers d'or; ses habits ruisselaient de diamants et de pierreries. En 1448, lorsqu'elle vint à Paris avec le roi et la reine, elle était vêtue si superbement et suivie d'un train si magnifique, qu'elle menait certes un aussi grand état qu'une duchesse, suivant un contemporain. Souvent on la rencontrait dans la rue avec la reine elle-même, si bien que les Parisiens s'en montraient fort scandalisés. S'apercevant qu'on ne l'y considérait pas, elle quitta la ville peu de jours après ; et à son départ, dit en colère : « Les Parisiens ne sont que vilains ; si j'eusse pensé qu'on ne m'eût fait plus grand honneur, je n'y eusse jamais entré, ni mis le pied. »

Il nous semble à nous, sauf erreur, que si Agnès Sorel était si bien parée, suivie d'un cortège si magnifique, à une époque si lamentable, et que si les Parisiens l'accueillirent avec froideur, en dépit de la beauté d'Agnès, c'est la *vilainie* des Parisiens qui était dans la vérité. Tout cet étalage de la maîtresse favorite de Charles VII, et cette sortie intempestive contre les Parisiens, lui ôtent à nos yeux beaucoup de la poésie dont les écrivains dans tous les genres, depuis Olivier de la Marche jusqu'à Béranger l'ont entourée ; mais ce n'est pas notre faute.

Cependant on lui attribue dans l'humeur de son royal amant une métamorphose qui lui mériterait, à elle, l'absolution de bien des fautes et la reconnaissance de tous les Français. Elle le força à s'occuper moins de ses plaisirs que des affaires de son royaume, et à prendre une attitude qui devait lui valoir le surnom de *Victorieux*, au lieu de celui de *Bien-Servi* que lui donnaient alors ses contemporains, et qui n'impliquait que des qualités négatives.

« Voyant le roy Charles VII enamouraché d'elle et ne se soucier que de luy faire l'amour, dit Brantôme, et, mol et lasche, ne tenir compte de son royaume, luy dit un jour que, lorsqu'elle estoit encores jeune fille, un astrologue luy avoit prédit qu'elle seroit aimée et servie de l'un des plus vaillants et courageux roys de la chrétienté ; que, quand le roi luy fit cet honneur de l'aimer, elle pensoit que ce fust ce roy valeureux qui luy avoit esté prédit ; mais le voyant si mol, avec si peu de soin de ses affaires, elle voyoit bien qu'elle estoit trompée, et que ce roy si courageux n'estoit pas luy, mais le roy d'Angleterre, qui faisoit de si belles armes et lui prenoit tant de belles villes à sa barbe ; « dont, dit-elle au roy, je m'envais le trouver, car c'est celuy duquel entendoit l'astrologue. »

« Ces paroles picquèrent si fort le cœur du roy, qu'il se mit à plorer, et delà en avant, prenant courage, et quittant sa chasse et ses jardins, prit le frein aux dents ; si bien que par son honneur et vaillance, chassa les Anglois de son royaume. »

Ainsi, après avoir lâchement sacrifié Jeanne d'Arc, dont la vaillante activité contrariait sa noblesse, Charles VII secouait, sous l'influence d'une maîtresse, cette torpeur coupable, qui l'avait rendu criminel et infâme, et l'avait voué au mépris de tous, amis et ennemis !

Cependant, la faveur dont Agnès Sorel jouissait à la cour suscita l'envie, comme il était aisé de le prévoir ; et parmi les personnes les plus jalouses de son influence, il faut mentionner le dauphin Louis, plus tard Louis XI, écarté systématiquement des affaires, quoiqu'il fût en âge d'y prendre part.

En vain la belle Agnès s'ingéniait-elle à se rendre agréable à l'envieux dauphin, celui-ci regardait ses prévenances comme autant d'insultes, et ne rêvait qu'au moyen de la brouiller avec son père. Il en vint enfin, en dépit de cause, à lui susciter un amant qui fût assez dans ses intérêts, à lui, pour agir suivant ses intentions, c'est-à-dire qui, ayant obtenu les faveurs d'Agnès, consentit à trahir sa maîtresse.

Antoine de Chabannes, comte de Dammartin, fut l'homme qui lui parut le mieux fait pour ce rôle. Il lui en fit donc la proposition et, après beaucoup d'hésitation, il eut la satisfaction de la lui voir accepter.

Chabannes avait pour valet de chambre un vrai Mascarille, appelé Sainte-Colombe. Il feignit auprès de ce valet une passion dévorante pour la maîtresse du roi, et pour le servir, l'engagea à faire la cour à la suivante favorite d'Agnès, Mlle de Mortaing, qui avait toute sa confiance. Sainte-Colombe entreprit immédiatement l'affaire et y réussit à souhait. Alors il fit entendre à sa maîtresse qu'ils auraient bien plus de facilités pour continuer leur commerce, si la comtesse de Ponthieu (Charles VII avait donné à sa maîtresse le comté de Ponthieu, qui lui appartenait) voulait bien n'être pas insensible à l'amour qu'il savait que son maître nourrissait pour elle.

La suivante fut tout de suite de cet avis, et le soir même, elle parla à sa maîtresse du comte de Dammartin. Agnès était coquette, elle aimait qu'on l'admirât, et il se trouva justement que Chabannes était un des rares seigneurs de la cour qui eussent répondu par l'indifférence à ses regards provocateurs. En conséquence, elle reçut très mal l'ouverture de sa confidente.

L'agent du dauphin comprit vite à quelle cause il devait attribuer cet échec apparent. En conséquence il prit le parti de ne pas insister, mais, tout en répondant par des œillades expressives aux œillades d'Agnès Sorel, il évita de lui parler, et feignit d'en fuir toutes les occasions.

Piquée au jeu, Agnès saisit la première occasion qui s'offrit de faire parler le gentilhomme. C'était dans un couloir obscur qui conduisait de son appartement à celui du roi ; elle y rencontra inopinément le comte de Dammartin qui, suivant son programme, passa près d'elle sans lui adresser la parole.

— Suis-je donc si terrible, comte, dit-elle, poussée à bout par tant d'affectation, que vous deviez me fuir comme vous faites?

— Plus encore, madame, répondit Chabannes, qu'on ne saurait s'imaginer ; et quand on est faite comme vous êtes, on peut faire trembler le courage le plus ferme.

— Est-ce donc un si grand mal de m'aimer? reprit la comtesse.

— Un très grand, madame, quand on ne peut espérer d'être heureux sans trahir son maître, répliqua le comte.

— Vous êtes bien scrupuleux pour un homme de cour, ajouta la comtesse avec ironie, mais nous saurons vous guérir de vos scrupules.

Et elle s'enfuit sur ces mots.

Chabannes resta cloué sur place. Il réfléchit longuement à sa bonne fortune et à la promesse qu'il avait faite au dauphin de le servir suivant ses intentions. Trahir une personne si aimable qu'Agnès, il n'y pouvait songer sans frémir d'indignation, bien que son ambition le portât à satisfaire les désirs du dauphin. L'amour l'emporta cependant, et il résolut de ne pas s'occuper d'autre chose, pour le moment, que de jouir de sa bonne fortune.

Il en revint donc au canal de Sainte-Colombe et de la Mortaing, par un détour qu'il serait trop long de décrire par le menu, mais qui réussit au mieux.

Enfermé dans une garde-robe d'où il pouvait passer dans la chambre de la comtesse quand elle serait retirée pour la nuit, Chabannes fit son apparition, en effet, au moment opportun, et ne fut pas mal accueilli, puisqu'il demeura avec la maîtresse du roi jusqu'au lendemain matin.

Cette intrigue dura assez longtemps sans éveiller les soupçons, même du soupçonneux dauphin Louis, qui pressait Chabannes d'en finir et le raillait de son insuccès tour à tour.

A la fin, le rusé compère se méfia de quelque tour, et pour en avoir le cœur net, il engagea la dauphine à se lier le plus étroitement possible avec la maîtresse du roi, de manière à pénétrer ses secrets les plus cachés.

Chabannes, sentant l'espionnage autour de lui, avait imaginé de s'introduire chez la comtesse, le soir, avec des habits de livrée, tantôt d'une couleur, tantôt d'une autre. Un soir qu'il avait justement choisi pour son expédition la livrée de la dauphine, entrèrent dans l'appartement d'Agnès, où il se trouvait, le roi et le dauphin. Il n'y avait point de lumière, de sorte que le comte de Dammartin put s'esquiver sans être vu. Mais Agnès, par mesure de précaution, peut-être excessive, se mit à raconter que Mme la dauphine venait de la faire prévenir par un valet de pied, d'une partie arrangée pour le lendemain. Le roi, qui n'eût peut être rien soupçonné sans cela, se douta de quelque chose, et de retour chez lui, ayant fait demander à la dauphine ce qu'il en était, apprit d'elle qu'elle n'avait envoyé personne, ce soir-là, chez la comtesse de Ponthieu.

Cependant le dauphin riait dans sa barbe, car il savait aussi bien ce qui se passait que s'il l'avait pu voir : mais, à défaut de preuves convaincantes, il mettait à profit ses dispositions merveilleuses pour la dissimulation, en attendant qu'il pût faire surprendre Agnès avec son amant.

Il chargea un garde écossais de surveiller les deux amants. Celui-ci remplit sa mission en conscience, à telle enseigne qu'il vint un soir prévenir le dauphin que Chabannes venait d'entrer chez la comtesse, déguisé en marchand de dentelles. Ce prince aussitôt de passer chez Agnès : mais l'oiseau était déniché, ou plutôt caché, et cette démarche n'eut d'autre résultat que de prouver au faux marchand de dentelles qu'il avait été trahi, et de le mettre sur ses gardes.

Sainte-Colombe eut bientôt fait de dépister le garde écossais, et son maître, prévenu, resta chez lui pour cette fois : mais ne pouvant se résoudre à rester plus longtemps à la merci d'un espion, il fit assassiner le malheureux par les soins de son fidèle valet, dès le lendemain ; sans que le dauphin, qui savait bien d'où le coup pouvait venir, fit la moindre chose qui laissât soupçonner le meurtrier et venger la victime de ces misérables intrigues. Il se borna à mettre en campagne d'autres espions, car il ne perdait pas de vue son but.

Un soir, on vient l'avertir que Chabannes, déguisé cette fois en commis libraire, et chargé de livres, est dans l'appartement d'Agnès. Se rappelant sa récente déconvenue, il place des sentinelles sur tous les points par lesquels le galant pourrait passer en fuyant ; puis il se rend chez son père, et parvient à le convaincre de venir s'assurer qu'un amant est enfermé présentement avec sa maîtresse.

Il n'y avait pas moyen d'échapper ; mais quand la fidèle Mortaing, qui faisait le guet, vint prévenir sa maîtresse de ce qui se passait, celle-ci, sans hésitation, fit entrer son amant dans une armoire ménagée dans la ruelle de son lit, et l'y enferma ; cette armoire était dissimulée par une tapisserie, de sorte que le roi lui même en ignorait l'existence.

Charles VII trouva sa maîtresse couchée, et seule, occupée à examiner avec une grande attention les livres que le faux libraire venait de lui apporter. Le dauphin, qui accompagnait son père, lui demanda, en raillant, où était passé le libraire ; mais Agnès, sans se troubler, répondit qu'il venait de sortir, et que s'il désirait lui parler, il était facile de le faire venir, car il ne devait pas être loin.

Le dauphin prit alors un flambeau, et se mit à chercher dans tous les coins avec grande attention ; mais ce fut en vain, et il se retira confus et dépité d'avoir été aussi habilement joué.

Mais le plus drôle de l'affaire et dont Louis aurait bien ri s'il avait pu le savoir, c'est que le roi ravi de n'avoir point trouvé d'amant avec sa belle des belles, devint de plus en plus tendre avec elle, et finalement résolut de ne la point quitter avant le matin. La comtesse dut paraître heureuse et reconnaissante de cette grande faveur, de cette marque de la confiance royale, et elle le fut sans doute ; mais elle fut encore plus inquiète et tourmentée.

Et Chabannes ! Quel supplice n'endura-t-il pas, là, toute la nuit ? Non seulement il n'avait pas toutes ses aises, dans son armoire, mais il n'osait respirer, tant il était près du lit, et pourtant il entendait

Blanche de Castille et Thibaut de Champagne.

tout ce qui s'y passait, et dont il enrageait, comme on pense.

Le métier de galant a des côtés très agréables, on ne peut le nier ; mais il faut avouer qu'il en a aussi de terriblement durs.

Antoine de Chabannes, il nous parait intéressant de le dire, n'était pas un de ces jeunes seigneurs indépendants à qui nous autres, bons bourgeois du xixᵉ siècle, fils de Voltaire, permettrions toutes sortes de folies, pourvu que nous n'en fussions pas le jouet, et dont nous lisons les prouesses avec une indulgence enjouée. Il était marié depuis longtemps, et n'était comte de Dammartin que du fait de sa femme, Marguerite de Nanteuil. Mais c'était un des seigneurs les moins dissolus de la cour de Charles VII, mariés ou non ; il ne faut donc pas lui marquer une trop grande sévérité.

Revenons maintenant à notre histoire.

La comtesse de Ponthieu savait bien de qui lui venaient toutes ces persécutions, et en conséquence, ses relations avec le dauphin, qui jusque-là avaient une apparence cordiale, tournèrent subitement à l'aigre. Il y eut entre eux de fréquentes disputes, et dans l'une de ces disputes, plus violente que les autres, le prince se laissa emporter jusqu'à donner un soufflet à la maîtresse de son père.

Celle-ci se plaignit au roi, mais n'en ayant pas obtenu la satisfaction qu'elle en attendait, elle en conçut un chagrin très vif et tomba dans une maladie de langueur dont elle mourut, disent quelques écrivains, six mois après, au château du Mesnil, près de Jumigny.

Suivant d'autres auteurs, Agnès Sorel serait morte empoisonnée par ordre du dauphin ; mais ceci est loin d'être prouvé.

Antoinette de Meignelay, nièce d'Agnès Sorel, succéda à sa tante dans les faveurs de Charles VII, qui la maria au baron de Villequier, sans doute pour avoir un associé intéressé à veiller sur la conduite de leur femme commune. Mme de Villequier ne montra pas moins de haine envers le dauphin, qu'elle accusa ouvertement d'avoir empoisonné sa tante, qu'Agnès Sorel elle-même. Entre ces deux personnages, ce fut une guerre incessante, qui eut pour résultat de forcer le dauphin à se réfugier auprès du duc de Bourgogne et de réduire Charles VII à un état d'imbécillité tel, qu'il croyait toujours qu'on voulait l'empoisonner. Il resta huit jours sans prendre de nourriture, et quand il se décida à manger, après un jeûne si prolongé, il ne put digérer les aliments, et mourut de faim en réalité.

Agnès Sorel avait eu de Charles VII trois filles : Charlotte, qui fut mariée à Jacques de Brézé, comte de Maulévrier, sénéchal de Normandie ; Marie, qui épousa Olivier de Coëtivi, seigneur de Rochefort ; et une troisième qui devint la femme d'Antoine de Beuil, comte de Sancerre. De ces trois filles, Charlotte seule s'est acquis une célébrité retentissante par sa mort tragique.

Son mari, le comte de Maulévrier, grand sénéchal de Normandie, était d'humeur fort jalouse, mais non sans raison, à ce qu'il semble, car un jour il surprit sa femme en flagrant délit d'adultère avec son veneur.

Ceci se passait à Romiers, près de Dourdan, où Maulévrier était en partie de chasse. Le mari offensé n'hésita pas longtemps sur ce qu'il avait à faire : il poignarda l'amant de sa femme et, tirant celle-ci de dessous le lit de plumes de ses enfants, où elle s'était blottie, terrifiée, il lui passa son épée au travers du corps, malgré ses larmes et ses supplications.

L'opération terminée à sa satisfaction, Jacques de Brézé fit enterrer son veneur dans le jardin même de la maison où la scène s'était passée, et sa femme à l'abbaye de Colombe, où il eut l'attention délicate de faire chanter un service pour le repos de son âme.

Mais le Parlement instruisit l'affaire, et comme le comte de Maulévrier, après avoir obéi une première fois à la sommation du Parlement, avait jugé à propos de se mettre hors de ses atteintes, il fut condamné par contumace à avoir la tête tranchée, et tous ses biens furent confisqués, mais ils furent rendus presque aussitôt à son fils qui, dans toute cette affaire, n'avait eu nécessairement qu'un rôle : celui de victime.

Les mœurs des grands étaient, au reste, à peu près partout les mêmes ; les rapts, les viols, les adultères étaient de mode, et il faut dire que les vengeances sanglantes de maris trompés étaient rares et n'étaient pas aussi favorablement accueillies par l'opinion qu'elles le sont aujourd'hui. On le voit bien par l'histoire du comte de Maulévrier, quoique celui-ci finît, je crois, par faire révoquer l'arrêt qui le condamnait si sévèrement.

L'histoire de Guillaume de Flavy, gouverneur de Compiègne, est d'un autre genre ; c'est effectivement la contre-partie de celle du gendre d'Agnès Sorel.

C'était un triste sire, que ce Guillaume de Flavy. Il commandait à Compiègne en ce jour funeste où Jeanne d'Arc fut prise par les Anglais. Elle revenait à la ville, après une sortie, et trouva les portes fermées; de sorte que l'ennemi n'eut pas de peine à s'emparer d'elle. Flavy a donc toujours été et doit être en conscience considéré comme ayant trahi et vendu aux Anglais l'infortunée Pucelle d'Orléans, l'héroïne qui avait sauvé la France.

Pour en revenir à notre affaire, Guillaume de Flavy, après avoir été destitué de son gouvernement, s'y était réinstallé de force. Cupide, sanguinaire et débauché, il avait épousé une riche héritière, Blanche, vicomtesse d'Arsy, et fait périr en prison son beau-père et sa belle-mère qui lui faisaient trop attendre l'héritage de sa femme.

Il menait avec cela une vie débordée. « En la présence de sa femme, rapporte le chroniqueur Matthieu de Coucy, avoit souvent en son lict avecq elle, jeunes garces avecq lesquelles il prenoit compagnie carnelle, et quand sa femme en parloit quelque peu, il la menaçoit de la faire enmurer et mourir. »

La jeune femme, ainsi admonestée, résolut de prévenir son féroce époux, et avec l'aide de son barbier elle « l'estouffa et étrangla, » disent les uns, et les autres : elle lui fit couper la gorge par ce même barbier, et voyant qu'il ne mourait pas assez vite, elle arracha le rasoir des mains du barbier et acheva elle-même la besogne. Après quoi elle s'enfuit avec son amant, Pierre de Louvain, capitaine de cent lances de l'ordonnance du roi. Elle obtint assez facilement sa grâce de Charles VII, dûment sollicité d'ailleurs, et qui peut-être n'était pas fâché que le traître eût à la fin reçu le prix de ses exploits.

VIII

Du haut en bas de l'échelle.

SOMMAIRE. — Du pain et des spectacles. — Fêtes de la chevalerie. — Ribauds et confrères de la Passion. — Les fêtes données à Isabeau de Bavière : Témoignage du chroniqueur de Saint-Denis. — Charles VI à la cour papale d'Avignon. — L'hôtel solennel des grans esbattemens. — Orgies du dauphin, ensuite Charles VII. — Émeutes dans Paris. — Jacqueville à l'hôtel Saint-Paul. — L'hôtel de toute gentillesse. — La *Danse macabre* au palais des Tournelles. — Les prostituées de l'armée du roi de Bourges et la Pucelle. — Ordonnances de Charles V sur la prostitution. — Cantonnement des prostituées à Paris. — Quelques anciens noms curieux de rues de Paris, leur origine. — Réclamations contre le cantonnement de 1367. — Le roi d'Angleterre et de France et les chanoines de Notre-Dame. — Expulsion des filles publiques de divers points de Paris. — Destruction de leurs repaires de la rue de Glatigny. — Règlementation de la prostitution dans les provinces. — La maison de débauche de Sisteron. — La *carriera calida* de Narbonne. — La *magistra* à Nîmes et l'*abbesse* à Beaucaire. — L'abbesse ou *baillive* à Avignon. — Ordonnance de la reine Jeanne. — Édit de Jean de Bourgogne. — Les filles de Provins et les filles d'Angers. — Peines sévères édictées contre les coupables d'excitation à la débauche. — Les tarifs de la prostitution. — Profanation des églises. — Moines mendiants, émeutiers et prédicateurs burlesques. — Thomas Conecte et le luxe des femmes. — L'abbé Jésus et sa version de l'histoire de Marie-Madeleine. — Michel Menot, dit *Langue d'or*. — Olivier Maillart et les femmes galantes. — Maillart prédicateur du roi Louis XI. — La fête des fous. — Les clercs de la bazoche et les enfants sans-soucy. — Frère Robert. — Barlette, l'Arlequin de la chaire. — Pont-Alais et le curé de Saint-Eustache. — Luxe et lâcheté des grands, misère extrême des petits. — Apparition officielle de la pédérastie en France. — Les valets d'un procureur. — Barbe-Bleue, innocent peut-être du meurtre de ses sept femmes, mais convaincu d'avoir égorgé au moins cent-quarante-neuf enfants. — Le valet d'Olivier le Daim. — La secte des Flagellants. — Flagellants et flagellés. — Le bon confesseur. — La flagellation domestique en Russie. — Passe-temps d'une grande dame. — Le couvent des filles pénitentes. — Ses statuts rédigés par l'évêque de Paris. — Un convertisseur à cheval.

Il nous semble bien que dire ici un mot des fêtes splendides et coûteuses que, comme contraste à l'infortune de leurs armes et à la misère publique, les grands s'offraient à eux-mêmes ou offraient au peuple, dans ces tristes temps où nous voici parvenus, ce ne serait pas une manifestation superflue.

Panem et Circenses! criaient les Romains, las des conquêtes et croupissant dans un repos avilissant et surtout peu lucratif. Du pain, le peuple de France en manquait souvent ; mais le spectacle des réjouissances de leurs maîtres ne leur faisait pas défaut, et ces réjouissances étaient d'une nature telle, qu'il en pouvait toujours tirer un enseignement précieux et fécond : la preuve, c'est que nous jugeons à propos de les classer avec soin dans une *Histoire de la Débauche*.

En 1313, à l'occasion de l'élévation au grade de chevalier de ses trois fils, Louis, Charles et Philippe, ces trois maris dont nous avons raconté les aventures, Philippe le Bel offrit à ses sujets une fête magnifique qui dura quatre jours.

Il y eut de tout dans cette fête : un tournoi d'enfants ; Adam et Ève chassés du paradis, en costume du temps de la création ; la Décollation de Saint-Jean ; l'Adoration des Mages ; Jésus-Christ et ses apôtres ; un ballet de ribauds dansant en chemise, etc., etc.; sans parler de la fameuse *Procession du Renard*. Les Confrères de la Passion, d'abord simples mendiants, chantant dans les rues leurs prouesses en Terre sainte, d'où ils venaient plus ou moins, faisaient dès lors fureur, avec leurs *mystères* religieux ou non ; et même des imitateurs émergeant déjà de la foule, des rivaux pour l'avenir : le peuple était enthousiaste de leurs représentations.

Lorsque Charles VI conféra à son tour, l'ordre de chevalerie au fils du duc d'Anjou, il donna à Saint-Denis des fêtes somptueuses où toute la noblesse d'Angleterre et d'Allemagne fut invitée et se rendit en grande pompe.

C'est encore à Saint-Denis, qu'à l'occasion de son mariage avec Isabeau de Bavière, si magnifiquement reçue par les Parisiens, comme nous l'avons déjà dit, Charles VI donna ses plus splendides fêtes, fêtes auxquelles bien entendu, le menu peuple, ni la bourgeoisie, n'avait de part.

Ces fêtes eurent lieu dans l'abbaye même ; et autour, sur un espace assez large et fermé de barrières, on avait formé des lices où les joûtes devaient avoir lieu entre les chevaliers. Ces lices avaient cent vingt pas de longueur ; et sur un des côtés s'élevaient des galeries et des tours pour les dames, qui devaient juger des coups.

Elles durèrent trois jours : le premier jour fut consacré aux cérémonies religieuses, sans lesquelles il n'y a pas de bonne fête possible, dût-elle dégénérer en orgie ; le deuxième jour fut celui des joûtes, le tout entremêlé de banquets gargantualesques et terminé par des bals nocturnes ; le troisième jour, ou plutôt la troisième nuit fut remplie parce que nous pourrions appeler une orgie dansante, dont les acteurs pour plus de liberté, s'étaient tous masqués.

On remarquera le lieu où ces choses se passaient, et les personnages qui prirent part à cet immonde sacrilège.

« J'aurais abandonné, dit le moine de Saint-Denis qui nous a transmis les détails de ces débauches, le récit de ces faits aux déclamations de la scène, plutôt que de l'exposer dans cette histoire, n'était l'avis d'un grand nombre de gens sages qui m'ont conseillé de ne point passer sous silence tout ce qui peut servir d'exemple à l'avenir, soit en bien, soit en mal. J'engage donc la postérité à éviter de pareils désordres ; car, il faut le dire, les seigneurs, en faisant de la nuit le jour, en se livrant à tous les excès de la table, furent poussés par l'ivresse à de tels dérèglements que, sans respect pour la présence du roi, plusieurs d'entre eux souillèrent la sainteté de la maison religieuse, et s'abandonnèrent au libertinage et à l'adultère. »

Le lendemain, le roi combla ses invités de riches présents, les dames furent couvertes de joyaux d'un grand prix, et c'est après tout cela que, par son ordre, les Parisiens organisèrent cette fastueuse entrée à la reine Isabeau, déjà adultère !

Charles VI ne restait pas simple spectateur de ces réjouissances, comme on pourrait le croire ; il y prenait au contraire une part très active. « Sa conduite, dit encore à ce propos le chroniqueur de Saint-Denis, fut jugée diversement. Bien des gens y trouvèrent à redire, pensant que de tels divertissements n'étaient pas dignes de la majesté royale. » Mais l'indigne monarque, que la folie talonnait d'ailleurs, s'inquiétait peu des critiques.

Après cela, il se mit à parcourir les provinces du royaume, toujours en fêtes et en orgies. A Avignon, le roi et ses gens, « quoiqu'ils fussent logés chez le pape, dit Froissard, et chez les cardinaux, si ne se pouvoient-ils tenir que toute nuit ils fussent en danses, en caroles et esbattements avec les dames et les damoiselles d'Avignon; et leur administroit leurs reviaux (fêtes) le comte de Genève, lequel estoit frère du pape. »

A Paris, à l'hôtel Saint-Paul, que Charles V avait baptisé l'*Hostel solennel des grands esbattemens*, c'était le dauphin, depuis Charles VII, dont les orgies continuelles tenaient tout le quartier éveillé. Ces désordres finirent par soulever les Parisiens, des partis hostiles se formèrent, et c'eût été miracle qu'il en fût autrement. Les Cabochiens entreprirent de réformer le roi, et surtout le dauphin, dont les débauches soulevaient l'indignation générale. Vaine tentative. — On en vient aux mains dans les rues : le dauphin ne change pas un iota à son genre de vie; il continue de donner toutes les nuits des soupers orgiaques, suivis de bals où lui et ses familiers dansent jusqu'au jour avec des femmes de mauvaise vie.

Un soir, Jacqueville, gouverneur de Paris, passant devant l'hôtel Saint-Paul, à la tête d'un détachement de sa milice bourgeoise, indigné du tapage qu'il entend, monte chez le dauphin. Il lui reproche avec véhémence de déshonorer par sa conduite la maison de France, la nation et surtout lui-même. Le prince exaspéré se précipite sur l'importun et le frappa de trois coups de poignard. Heureusement pour Jacqueville, il portait une cotte de maille sur laquelle s'émoussèrent les coups de l'assassin.

La guerre civile, l'occupation anglaise, rien n'y fit. Le règne de Charles VII ne fut, pour lui du moins, qu'une fête perpétuelle.

La maison de Bourgogne se faisait remarquer de préférence par le faste et l'ostentation, et les fêtes flamandes du palais de Philippe le Hardi et de Jean sans Peur l'avaient fait surnommer l'*Hôtel de toute gentillesse*. — On ne le dirait guère aujourd'hui, à voir ce qu'il en reste.

« Ces fêtes flamandes, dit Michelet, ne ressemblaient guère à nos froides solennités modernes. On ne savait pas encore ce que c'était que de cacher les préparatifs, les moyens de jouissances, pour ne montrer que les résultats : on montrait tout, nature et art. On jouissait moins de la petite part que chacun prend en une fête, que de l'abondance étalée, du superflu, du trop plein. Ostentation, sans doute, lourde pompe, sensualité barbare et par trop naïve...; les sens ne s'en plaignaient pas. »

Comme contraste à ceci, et pour varier un peu, le duc d'Orléans faisait représenter la *danse macabre* en son palais des Tournelles (1451).

Les règnes des premiers Valois, principalement ceux de Charles VI et de Charles VII, pendant lesquels nous venons d'examiner les mœurs de la cour, devaient être favorables au développement de la prostitution publique. Il en fut ainsi jusqu'au règne de Charles VIII qui, bien qu'aimant passionnément les femmes, trop même pour sa santé, abolit la prostitution, et ordonna que les prostituées fussent brûlées vives. Mais d'ici là nous avons de la marge, et d'ailleurs nous ne croyons pas que cette terrible ordonnance ait jamais été appliquée.

Pendant les guerres soutenues contre l'envahisseur anglais, les armées étaient toujours, comme nous les avons vues ailleurs, escortées de bandes de filles publiques, si nombreuses quelquefois qu'elles en devenaient par trop gênantes.

Ainsi, pendant le siège de Sancerre, à une revue que Charles VII passait de son armée, il y avait une telle quantité de prostituées qu'elles en empêchaient les soldats de manœuvrer. Indignée, la Pucelle d'Orléans chargea ces malheureuses à coups de plat de sa fameuse épée de sainte Catherine de Fierbois, et avec une si belle ardeur qu'elle finit par la rompre sur leurs épaules.

Mais nous en verrons bien d'autres par la suite, ce n'est pas la peine de nous décourager pour si peu.

Sous le règne de Charles V, la prostitution fut l'objet de diverses ordonnances ayant pour objet principal de maintenir dans des limites convenables les flots débordants des prostituées, surtout à Paris, où ils menaçaient de tout submerger.

Après de longues discussions, le prévôt de Paris décida enfin, en 1367, qu'il ne pourrait être établi de maisons de prostitution que dans les rues suivantes : Froidmentel, Baillehoe, Glatigny, Tiron, Clopin, Tire-Boudin, du Pélican, des Canettes, du Heuleu (Hurleur), de la Vieille Boucherie, de l'Abreuvoir, Maçon, Champ-Fleury, Chapon et Trousse-Nonnain (Transnonnain).

Plusieurs de ces rues portent des noms significatifs, et il est aisé de voir dans les autres le léger changement qui, en leur ôtant leur caractère obscène, permet de les écrire. Ainsi le vrai nom de la rue Tire-Boudin était beaucoup plus énergique, mais une intervention puissante en fit changer la dernière syllabe.

Marie Stuart, qui était alors reine de France, passant un jour dans cette rue, en demanda le nom, et fut fort scandalisée quand on le lui eut dit: telle est la raison du changement en question, et aussi de son nom actuel de rue Marie-Stuart.

La rue du Heuleu, ou du Hurlement, devait son nom aux hurlements incessants dont elle était remplie, nuit et jour, soit de la part de ses habitants, soit de celle des passants apostrophant les filles publiques qui formaient presque exclusivement sa population, bien avant l'ordonnance de cantonnement de 1367. Du reste, toutes ces rues avaient leur population depuis longtemps; on ne fit que la leur confirmer, en interdisant seulement l'accès des autres rues, également infestées, aux filles publiques,

Ce cantonnement n'eut pourtant pas l'approbation de tout le monde. Dès 1368, l'évêque de Châlons, qui était membre du conseil du roi, se plaignit du scandale occasionné dans le voisinage de son hôtel par les maisons de débauche de la rue Chapon. Il obtint de Charles V une ordonnance d'expulsion, mais il paraît qu'il ne put jamais la faire exécuter.

En 1387, un personnage influent, dont la pudeur était également froissée par le voisinage des filles publiques, porta ses doléances devant le Parlement; mais il en fut pour ses frais.

Enfin Henri VI d'Angleterre, qui s'était coiffé, sans plus de façons, de la couronne de France, grâce à la complicité d'Isabeau de Bavière, et qui était en somme tout-puissant, voulut expulser de la rue Baille-hoc les filles publiques qui y avaient élu domicile, en vertu de l'ordonnance de 1367. Mais il se trouva dans cette affaire en opposition avec les chanoines de Notre-Dame, qui étaient propriétaires de la plupart des maisons qu'elles occupaient, et il baissa pavillon.

Toutefois, en 1480, un arrêt du Parlement, rendu à la requête de je ne sais qui, les expulsait de la rue des Canettes.

Elles furent également expulsées de la rue de Glatigny en 1518, mais ce fut à la requête de la reine Claude, à qui le roi François Ier devait bien au moins cette légère satisfaction; mais l'édit allait plus loin : il ordonnait la destruction totale des repaires des prostituées dans cette rue. Aussitôt, les voisins s'armèrent de pics et de pioches, et, en moins de vingt-quatre heures, tout ces « clapiers de femmes, vivant en vilité, » avaient disparu. — Il va sans dire que les maisons abattues furent bientôt reconstruites, et que les repaires ne manquèrent pas à la prostitution.

Dans les principales villes de province, la prostitution ne se montrait pas moins envahissante qu'à Paris, et les municipalités faisaient des efforts, et même des sacrifices pour la retenir dans des bornes respectueuses.

Nous avons parlé de la maison de débauche achetée par la municipalité de Sisteron, en 1394; à Narbonne c'était toute une rue que la municipalité avait dû sacrifier pour le cantonnement des filles de joie; elle s'appelait la rue Chaude (*carriera calida*), et elle était enlevée à la juridiction des seigneurs.

Les prostituées de Nimes étaient placées sous la juridiction d'une matrone, décorée du titre de *magistra*, fort choyée, dit-on, des consuls, qui lui envoyaient, sous le nom de *baiser*, un présent annuel d'une assez grande importance.

A Beaucaire, c'était une *abbesse* qui dirigeait la bande folle. Il lui était interdit d'accorder plus d'une nuit au même amoureux. L'abbesse qui régnait en 1414, et qui s'appelait Marguerite, ayant commis la faute terrible de passer six nuits avec le même heureux mortel, un nommé Annequin, fut poursuivie pour ce fait, et condamnée à un sou tournois d'amende (environ 36 francs). A l'époque de la célèbre foire de Beaucaire, les prostituées de cette ville devaient exécuter des courses autour d'une piste établie dans ce but, spectacle qui faisait partie des réjouissances offertes aux étrangers par la municipalité, à l'occasion de la foire. Nous ne ferons pas ressortir ce que cette obligation avait de désagréable, mais il n'y avait pas à s'en dédire : du reste c'était une époque de gains considérables pour ces dames, et les plus jolies n'étaient pas fâchées de se donner ainsi en spectacle, et pour cause.

Nous avons parlé ailleurs des filles publiques de Strasbourg, qui était alors beaucoup moins française encore qu'aujourd'hui.

de leur cantonnement, qui exigeait cinq ou six rues en 1475, sans parler des clochers des églises où il y en avait de réfugiées, ce qui leur faisait donner le nom d'*hirondelles* ; nous n'y reviendrons pas.

A Toulouse, vers le même temps, ce n'est pas dans les clochers, mais dans les couvents, qu'on trouvait des prostituées. Un beau jour on en découvrit trois qui étaient cachées dans le couvent des Grands Augustins : les malheureuses furent pendues.

Jeanne de Naples, qui possédait le comtat Venaissin, avant que le besoin d'argent ne le lui fit céder au pape Clément VI qui avait besoin de territoire 1348, fit publier l'ordonnance suivante, relative à la prostitution dans la ville d'Avignon :

« Si quelque fille qui a déjà fait faute, veut continuer ce mauvais train de vie ce que c'est que la vertu !.. le porte-clefs ou le capitaine des sergents, l'ayant prise par le bras, la mènera par la ville au son du tambour, avec l'aiguillette rouge sur l'épaule, et l'établira à domicile dans la maison publique de débauche, en lui défendant de sortir de la ville, à peine du fouet pour la première fois, et du fouet et du bannissement en cas de récidive.

« Notre bonne reine ordonne que la maison de débauche soit établie dans la rue du Pont-Troué, près du couvent des frères Augustins, jusqu'à la porte Saint-Pierre, et que, du même côté, il y ait une porte d'entrée qui ferme à clef, pour empêcher qu'aucun homme aille voir les femmes, sans la permission de *l'abbesse* ou baillive, qui, tous les ans, sera élue par les consuls.

« Que la baillive ne permette à aucun juif d'entrer dans la maison, et, s'il arrive que quelqu'un d'eux, s'y étant introduit en secret et par finesse, ait eu affaire à quelqu'une des filles, qu'il soit mis en prison, pour recevoir ensuite le fouet par tous les carrefours de la ville. »

C'est une manie propre au moyen âge, du moins dans nos contrées, car chez les mahométans elle a persisté jusqu'au temps actuel, que d'interdire aux israélites tout commerce avec des chrétiennes, même prostituées, et dont le ridicule saute aux yeux ; mais il en est ainsi, et nous n'y pouvons rien faire que constater le fait.

A Nevers, en vertu d'un édit de Jean de Bourgogne, rendu en 1481, les femmes publiques devaient rester entre deux fontaines.

Diverses mesures locales aussi bizarres étaient en vigueur dans beaucoup d'autres villes, mais nous n'en finirions pas si nous voulions les relever toutes. Les fabliaux abondent en récits piquants relatifs aux filles de Provins, dont la réputation, grâce à cette publicité, sans doute, s'étendait fort loin. Il en était de même des filles d'Angers, attirées par les nombreux étudiants qui fréquentaient les écoles de cette ville.

Des lois fort diverses furent rendues à diverses époques en faveur aussi bien qu'au détriment des filles publiques. A Bordeaux, au XVᵉ siècle, suivant Étienne Garon, un individu fut condamné à être pendu pour avoir pris de force une prostituée.

En 1399, les baillis et officiers de l'évêque de Paris arrêtèrent des femmes coupables d'avoir « recepté et retraict plusieurs hommes et femmes mariés et à marier et les avoir esté et envoyé quérir par certains messaigers. « Ces femmes furent « pilorisées, brûlées, c'est-à-dire marquées au fer rouge et bannies. »

L'excitation à la prostitution est le crime visé dans cet arrêt, cela est évident. Presque toutes les lois où les règlements relatifs à la prostitution au moyen âge contiennent, du reste, des dispositions sévères.

Buridan s'échappe de la tour de Nesle.

quelquefois même édictant la peine capitale, contre celui ou celle qui provoque à la débauche une femme ou une fille jusquelà honnête ; souvent aussi, la punition infligée, bien que sévère, avait son côté burlesque, dont le patient n'avait toutefois pas lieu de rire.

A Toulouse, par exemple, la femme convaincue d'avoir fait le métier de procureuse était enfermée dans une cage ; cette cage, suspendue du haut d'un pont, était immergée à plusieurs reprises dans la rivière, en présence d'une foule bruyante, enthousiasmée par l'inattendu de ce spectacle.

A Bayonne, la récidive entraînait la peine de mort.

Dans le ressort du Parlement de Paris, au XVe siècle, la peine infligée aux proxénètes était plus sévère encore que dans l'exemple que nous avons cité plus haut, car à l'exposition au pilori, à la marque au fer rouge et au bannissement, il fallait ajouter le fouet et l'ablation des oreilles. Au compte de la ville de Paris, pour l'année 1416, figure une somme destinée à couvrir un sieur Cassin La Botte du prix *d'une douzaine de boulayes neuves*, employées à l'exécution de plusieurs femmes convaincues de proxénétisme, « lesquelles furent menées par les carrefours de Paris, tournées, brûlées, oreilles coupées au pilori. »

Arrivée à ce point de sévérité, la loi s'adoucit, et il fallut attendre l'avènement d'un Louis XV pour voir le proxénétisme poursuivi avec une pareille rigueur, pour autant, bien entendu, qu'il ne pourvoyait pas aux plaisirs du roi.

Il serait assez curieux de connaître les tarifs des marchandes d'amour de cette époque lointaine, mais nous ne possédons que fort peu de renseignements sur ce détail de statistique. D'après Sauval, « dans la cour des Miracles (où aboutissaient plusieurs des rues que nous venons de citer, et que l'on reconnaîtra aisément), deux liards semblaient un salaire suffisant. »

De tout ce qui précède, on peut inférer que les mœurs publiques étaient dans un état déplorable, d'autant plus que le clergé ne faisait rien, en dépit souvent de sa bonne volonté, étouffée par la perversité ambiante, pour les réformer. La vie du clergé était, en réalité, pleine de désordre et de sensualité. On jouait dans les églises, on s'y donnait des rendez-vous d'affaires ou d'amour ; elles étaient souvent converties en lieux de débauche. Indépendamment du luxe insolent qui y était étalé, la fête des fous, ou des Innocents, ou de l'Ane, déshonoraient trop souvent le sanctuaire.

Quand Charles VII eut reconquis sa puissance, grâce à l'héroïne de Vaucouleurs, et peut-être aussi à l'influence d'Agnès Sorel, il mit un peu d'ordre dans l'Église, ou plutôt changea les conditions du désordre.

Pendant les troubles dont Paris fut si souvent le théâtre sous son règne, des prédicateurs improvisés, moines des ordres mendiants, pour la plupart enrôlés dans quelqu'une des factions qui ensanglantaient les rues, Maillotins ou Cabochiens, Armagnacs ou Bourguignons, montaient sur les bornes, et appelaient l'anathème sur la tête du roi, des princes et des courtisans, quand ils n'excitaient pas le peuple à l'assassinat du tyran et des nobles dilapidateurs des trésors publics, comme Louis d'Orléans ou le duc de Berry. Ils tonnaient avec trop de raison, mais en termes ordurins habituellement, contre les désordres de la cour, et le gaspillage exercé par les reines et les favorites.

Thomas Conecte prêchait contre les cornettes et poussait les gamins à poursuivre les femmes portant cette coiffure, aux cris répétés : *au hennin ! au hennin*. Mais derrière cet emportement grotesque, il y avait une colère trop justifiée contre le luxe indécent, insultant à la misère d'un peuple famélique, pressuré par d'infâmes courtisans, dignes du maître qu'ils prétendaient servir.

Les troubles apaisés, donc, l'ordre rétabli, l'éloquence grossière de ces prédicateurs s'alimenta d'autres objets. « Ces débauches de l'éloquence ordurière, dit un écrivain, portèrent leurs fruits et devinrent des bouffonneries ; on eût dit que la chaire sacrée était changée en tréteaux de baladins. » Mais il importe de dire que cette transformation est antérieure au règne de Charles VII.

Ainsi, il y avait, dès le treizième siècle, un de ces prédicateurs burlesques, célèbre sous le surnom de *l'abbé Jésus*, qui, certes, peut passer pour le créateur de la parodie, sinon de l'opérette, car il émaillait au besoin de chansons ses sermons, comme plus tard, sous Louis XI, le faisait Maillart.

L'abbé Jésus racontait de la manière suivante, à un auditoire enchanté, la conversion de Marie Madeleine :

« Madeleine était une dame de qualité « très libertine et paillarde. » Un jour, se rendant à sa maison de campagne, accompagnée du *marquis* de Béthanie et du *comte* d'Emmaüs, elle aperçut une foule considérable d'hommes et de femmes rassemblés dans une prairie.

« Frappée de surprise, et déjà touchée de la grâce, elle fit arrêter son *carrosse* et envoya un *page* pour s'informer de ce que cela pouvait être.

« Le page fut bientôt de retour, et il rapporta à sa maîtresse que la cause de cette affluence extraordinaire, était un prédicateur d'une éloquence incomparable qu'on appelait l'*abbé Jésus*.

« Marie Madeleine descendit alors de son carrosse, et suivie de ses deux cavaliers, qui avaient également abandonné leurs montures, elle s'avança vers le lieu du rassemblement, prit place dans les rangs des auditeurs de l'abbé Jésus, qu'elle écouta avec le plus grand recueillement, et fut si pénétrée de sa parole que, dès ce moment, elle renonça à tout jamais aux vanités de ce monde. »

Sur le même sujet, le prédicateur macaronique Michel Ménot, dit *Langue d'or*, dont la vogue fut immense, mais dont les sermons sont absolument inintelligibles, représente Madeleine « dans son boudoir, » occupée à sa toilette, entourée de ses odeurs, de ses chemises fines et aidée de ses chambrières, se parfumant « pour faire reluire son *ris*. » Son but est de séduire Jésus.

— Il faudra qu'il ait le cœur joliment dur, se dit-elle, s'il ne se laisse pas séduire, et quand je devrais hypothéquer tout mon patrimoine, je ne rentrerai pas à Jérusalem sans m'être entretenue avec lui !

« Et elle vint présenter son *beau museau* devant notre Rédempteur pour l'attirer à son plaisir... »

On sait qu'en fait de compte, c'est Madeleine qui fut séduite, et il est inutile de raconter comment Ménot explique le phénomène.

Olivier Maillart, autre prédicateur du XVᵉ siècle, est également célèbre pour les bouffonneries dont il émaillait ses sermons, et aussi pour ses traits satiriques, qui n'épargnaient personne et généralement frappaient juste ; traits qui ne faisaient pas, non plus, défaut aux sermons de Ménot-Langue d'or.

Gens d'épée et gens de robes, gentilshommes, ecclésiastiques, bourgeois et manants, tout le monde passait sous la férule impartiale de l'inexorable Maillart ; mais il affectionnait particulièrement de dauber sur les femmes galantes et sur le luxe de leur toilette, non moins que de dévoiler leurs intrigues en les montrant très carrément du doigt :

— Baissez le front, baissez le front, femmes galantes! vociférait-il. Vous êtes inscrites au livre des damnés, et votre chambre est toute marquée avec les diables.

Et aux bourgeois de Paris il reprochait leurs trafics infâmes, car beaucoup d'entre eux soutenaient les filles de joie ou vivaient sur leurs bénéfices : *Vultus vivere de prostitutionibus meretricum*, s'écriait-il.

Maillart, devenu prédicateur du roi Louis XI, ne se gênait pas plus avec ce maitre pourtant peu endurant qu'avec les plus humbles de ses sujets. Un jour que ses traits satiriques contre le monarque avaient porté coup un peu trop cruellement, Louis XI lui fit dire que, s'il recommençait, il le ferait coudre dans un sac et jeter à la Seine. A quoi l'enragé prédicateur riposta :

« Allez dire au roi que j'arriverai plus tôt au paradis par eau qu'il n'y arrivera avec ses chevaux de poste. »

Maillard faisait ici allusion aux relais de poste que Louis XI venait d'établir. Cette réponse hardie désarma le roi, qui laissa désormais son prédicateur déblatérer selon sa fantaisie. Maillard entremêlait également ses sermons de chansons.

« Il faut dire aussi, dit à ce propos M. Amédée de Ponthieu, dans ses *Fêtes légendaires*, qu'une des grandes causes du burlesque dans les sermons de cette époque, vient des représentations théâtrales qui se donnaient dans les églises. C'était un écho des folies de la fête des Fous, de l'Ane et des Innocents.

« Peu à peu, l'élément comique, répondant au goût du peuple, parut dans ces mystères religieux. On commença par rire des bons tours d'écolier que les anges jouèrent au diable ; puis Satan, à son tour, prit sa revanche. Il en résulta des situations grotesques. D'un autre côté, il fallait que le prédicateur luttât contre la popularité toujours croissante des *Clercs de la Bazoche* et des *Enfants Sans-Soucy*, et alors ils se firent eux-mêmes conteurs, railleurs, farceurs, et assaisonnèrent leurs sermons de lazzis et d'anecdotes.

« Un cordelier, un jour de Vendredi-Saint, faisait pleurer une partie de son auditoire et rire l'autre moitié.

« Frère Robert, venant prêcher une croisade, s'affublait d'un habit de gendarme.

« Le sermonnaire italien Barlette prêchait la marotte d'une main et le crucifix de l'autre, alliant ainsi la farce au sérieux ; on peut le considérer comme l'*Arlequin de la chaire*. »

Tout cela pouvait être très amusant, nous n'en disconviendrons pas ; mais édifiant, c'est une autre affaire.

Oui, en effet, il fallait que le prédicateur luttât contre la popularité du baladin, car il aspirait à une popularité semblable ; témoin le duel héroï-comique, mais honteux après tout, qui eut lieu, un peu plus tard, entre le curé de Saint-Eustache et le célèbre baladin Pont-Alais « acteur et entrepreneur de *mystères*. »

Pont-Alais s'avise un jour de venir faire son *cry* dans le carrefour voisin de l'église Saint-Eustache. Justement le curé était en train de faire son prône. Le bruit du tambourin de Pont-Alais troublait fort M. le curé, mais ce qu'il y a de pis, c'est qu'il attirait autour du pitre, les uns après les autres, tous les auditeurs du saint homme.

— Qu'on aille faire taire ce tabourin du diable! s'écria le curé furieux.

Alors la débandade fut complète. Tous ceux qu'un reste de dignité, que la timidité plutôt, avait retenus autour de la chaire sacrée, désertèrent l'église incontinent. Le curé, voyant que personne ne revenait plus, prit le parti d'aller faire sa commission lui-même, et courut dans la direction du carrefour.

— Hé! cria-t-il au baladin, quand il fut près de lui, qui vous fait si hardi de tabouriner tandis que je prêche?

— Hé! rétorqua Pont-Alais, qui vous fait si hardi, vous-même, de prêcher quand je tabourine?

Indigné de l'effronterie du farceur, le curé saisit le couteau de son valet qui était près de lui, et fit au tabourin une mortelle estafilade. Cette exécution faite, il retournait paisible et satisfait à son église, mais Pont-Alais qui courait après lui, poussé par le désir de la vengeance, élevant tout à coup son tambourin, le côté défoncé en bas, il l'enfonça jusqu'aux épaules sur la tête du curé, à la grande jubilation de tous les spectateurs de cette scène burlesque.

Mais, sur la plainte du curé, Pont-Alais fut condamné à six mois de prison pour cette trop bonne farce. La dignité du curé, malgré ce succès final, n'en avait pas moins reçu une très grave atteinte, et celle du clergé tout entier en même temps.

Cependant on a vu ces prédicateurs burlesques, plusieurs d'entre eux au moins, comme Maillard et Ménot, faire taire pour un moment leur muse familière, et, s'emparant du fouet de la satire, flageller les vices de leur époque, le déploiement scandaleux du luxe des nobles et des riches bourgeois, en face d'une population mourant de misère et de faim.

Il suffit, à ce propos, de rappeler les débordements fastueux qui accompagnèrent la corruption des mœurs chez les jeunes seigneurs de la cour, sous les Valois de la fin du XIV° et du commencement du XV° siècles. « Cette vie de folles fêtes, dit M. H. Baudrillart, au milieu des guerres et des désastres, cette vénalité soupçonnée qui faisait imputer la défaite à la trahison, par laquelle ils étaient accusés de solder leur luxe, devait trouver, après la défaite de Poitiers, en 1356, une autre censure que celle de quelques écrivains railleurs. Un cri d'indignation s'éleva contre ce luxe insensé, impie.

« — Les voilà, disait le peuple, ces beaux fils, qui aiment mieux porter perles et pierreries sur leurs habits, riches orfèvreries à leur ceinture et plumes d'autruche à leur chaperon, que glaives et lances au poing. Ils ont bien su despendre (dépenser) en tels bobans et vanités notre argent sous prétexte de guerre; mais pour férir sur les Anglesches, ils ne le savent mie. »

Le désastre de Crécy, dix ans auparavant, avait été attribué déjà par de pieux censeurs au faste et à l'indécence des modes. Un de ces chroniqueurs n'hésite pas à dire, dans une sanglante critique des habits des hommes : « Les uns avaient des robes si courtes qu'elles ne leur venaient pas à la ceinture; et ces robes étaient si étroites à vêtir et à dépouiller qu'il semblait qu'on les écorchât et qu'il leur fallait aide. Les autres avaient leurs robes relevées sur les reins comme femmes. Ils avaient une chausse d'un drap et l'autre d'autre, et leur venaient leurs cornettes et leurs manches près de terre, et ils semblaient mieux être jongleurs que autres gens, *et pour ce que ne fût pas merveille si Dieu voulût corriger les méfaits des Français.* »

La même explication est donnée à cette défaite de Crécy par les grandes Chroniques de Saint-Denis : « Nous devons croire que Dieu a souffert ceste chose pour les désertes de nos péchiés; car l'orgueil estoit moult grant en France, et mesmement ès nobles et ès aucuns autres : c'est assçavoir en convoitise de richesses et en déshonnesteté de vesteure et de divers habis qui couroient communément par le royaume de France. »

L'ère ouverte en France par l'avènement de la branche de Valois au trône, semble particulièrement favorable à l'éclosion de tous les germes de vices laissés inféconds jusque-là. Ainsi il est curieux de constater que c'est sous le règne du chef de cette branche, de Philippe VI, qu'on entend parler pour la première fois en France du crime contre nature, puisque le maréchal de Retz, le trop célèbre *Barbe-Bleue*, ne fit parler de lui que sous Charles VII.

Donc, sous Philippe de Valois, on eut ce scandale nonpareil, d'entendre deux valets, agés l'un de quinze ans, l'autre de dix-huit ans, et nommés Phénor Faveresque et Bernard de Mongier, accuser leur maitre, nommé Raymond Durand, procureur de la Cour, de s'être livré sur eux à des attentats renouvelés de Sodome.

Quant au légendaire maréchal de Retz, brûlé le 25 octobre 1440, sur la prairie de la Madeleine, à Nantes — mais pas brûlé vif, ce qui est regrettable — on n'avait à lui reprocher que le meurtre de *cent quarante-neuf enfants*, égorgés clandestinement dans la tour de son château de Chantocé ou ailleurs, et peut-être aussi des sept femmes que le comte de Perrault met à son compte ; mais ceci est beaucoup moins sûr.

Ce n'était pas un petit gentillâtre de rien du tout, que ce baron de Retz : il était l'un des quatre seigneurs de haute lignée qui, au sacre de Charles VII, furent chargés d'apporter la sainte ampoule de l'abbaye de Saint-Rémy à la cathédrale de Reims. Il était en outre fort dévot. Mais il y avait de tout dans son affaire, et principalement de la lubricité et de la magie. « Ni les Néron de l'empire, ni les tyrans de la Lombardie, dit Michelet, n'auraient eu rien à mettre en comparaison ; il eût fallu ajouter tout ce que recouvrit la mer Morte, et par-dessus encore, les sacrifices de ces dieux exécrables qui dévoraient les enfants. »

Laissons là ces horribles choses sans y insister davantage et arrivons à l'affaire moins tragique de Daniel de Bar, domestique d'Olivier le Dain, favori de Louis XI.

Daniel de Bar fut accusé par deux femmes de mauvaise vie, dont l'une était mariée à un certain Colin Panier, de lui avoir fait violence et s'être livré sur elles à « toutes sortes d'outrages à la nature. » Sur quoi le prévôt de Paris fit arrêter ledit Daniel de Bar, dont on instruisit le procès avec une sage lenteur, pendant qu'il croupissait en prison.

Mais voici qu'à la fin, les deux femmes publiques, prises de remords — à moins qu'elles n'aient été grassement payées pour cela — vont déclarer au prévôt que leur accusation est fausse de tous points et qu'elle leur a été soufflée par Panier et un nommé Janvier, ennemis mortels de Daniel et qui voulaient se venger de lui au moyen de cette atroce calomnie.

Le prisonnier fut aussitôt relâché en conséquence et ses deux calomniatrices furent condamnées au fouet, au bannissement et à la confiscation de leurs biens. Mais il y eut des entêtés qui ne voulurent jamais croire à l'innocence de Daniel de Bar, malgré la rétractation solennelle autant que spontanée de ses accusatrices.

C'est peut-être ici le lieu de parler d'une secte religieuse fort bizarre, la secte des Flagellants, dont l'origine remonte à 1260 et est due à un moine de Pérouse nommé Rainier, dont l'intention était vraisemblablement louable.

Du reste, voici sur cette origine ce que rapporte un moine de Sainte-Justine de Padoue :

« Lorsque toute l'Italie était plongée dans toutes sortes de vices et de crimes, tout d'un coup une superstition inouïe se glissa d'abord chez les Pérusiens, ensuite chez les Romains, et de là se répandit parmi tous les peuples de l'Italie. La crainte du dernier jugement les avait tellement saisis que, nobles, roturiers de tout état, se mettent tout nus et marchent par les rues en procession ; chacun avait son fouet à la main et se fustigeait les épaules jusqu'à ce que le sang en coulât, ils poussaient des plaintes et des soupirs et versaient des torrents de larmes. Ces exemples de pénitence eurent d'abord d'heureuses suites ; on vit beaucoup de réconciliations, de restitutions...

C'est surtout dans le nord de la France, et seulement au XIV° siècle, que la secte des flagellants se répandit, après avoir infesté l'Allemagne et les Pays-Bas, et les scandales que les exercices de ces singuliers pénitents provoquaient partout où ils se produisaient, nous sont une raison suffisante pour leur donner un coin honorable dans ce livre.

« On ne saurait trop, dit M. A. Debay, déterminer le but de ces pratiques empruntées au Lupercales de Rome ancienne ; quelques rares apologistes affirment que c'était dans un but de piété ; mais les philosophes ont clairement démontré que, nées de l'ignorance et du fanatisme de ces époques, les processions des flagellants furent un sujet de désordres et de scandales.

« En effet, la flagellation étant reconnue comme un excitant génital des plus énergiques, n'était-il pas déraisonnable de laisser adopter cette coutume à des sectes religieuses qui faisaient vœu de chasteté ?

« ... Encouragés par l'exemple de Rainier, une foule de fanatiques se fouettèrent jusqu'au sang, il n'y eut bientôt plus assez de verges pour fournir à la multitude des fouetteurs et des fouettés. C'est à dater de ce moment que s'organisèrent les sectes de flagellants qui couraient les rues en s'administrant la punition réservée aux écoliers récalcitrants.

« L'homme qui se distingua le plus dans cette bizarre pratique fut, sans contredit, saint Dominique, dit l'*encuirassé*. Ce bienheureux se fouettait non seulement pour son compte, mais encore pour celui des autres. Jacques Boileau, auteur d'un ouvrage sur les flagellants, imprimé en 1700, calcule ainsi le nombre des coups de fouet que s'administrait Dominique. On croyait alors que cent ans de pénitence pouvaient se racheter par vingt psautiers accompagnés de coups de fouet. Trois mille coups valaient un an de pénitence ; les vingt psautiers faisaient trois cent mille coups, à raison de mille coups par dizaines de psaumes. Dominique accomplissait cette pénitence de cent ans en dix jours et rachetait ainsi les péchés du peuple.

« On dit que cette flagellation continuelle rendit la peau du saint aussi noire que celle d'un nègre.

« Le père J. Boileau, tout en admirant la constance du saint et le mépris de la douleur qu'affichaient les flagellants, avoue cependant que la flagellation contribua pour beaucoup au relâchement des mœurs. Il paraîtrait, d'après les chroniques assez plaisantes de ces temps, que l'Église proclama la flagellation comme chose pieuse et acte de pénitence ; les faits suivants prouveraient aussi qu'elle s'en servit comme du moyen le plus expéditif pour purifier les pécheurs :

« Un père cordelier donna le fouet en plein midi à un docteur en théologie qui avait eu l'impertinence d'émettre, en chaire, une opinion opposée aux croyances reçues, et les femmes présentes à cette fustigation criaient : « — Père cordelier, ajoutez quatre coups de fouet pour chacune de nous ! »

— Ces femmes connaissaient, sans doute, le résultat de la fustigation sur leurs maris.

« Un dévot qui avait accompagné sa femme à confesse, voyant que le confesseur la menait derrière le confessional pour la flageller, s'écria : « — Mon père, elle est très délicate, la pécheresse ; je recevrai la discipline à sa place, si vous voulez bien le permettre. » Aussitôt le bonhomme se mit à genoux, et le confesseur fit son office. Pendant qu'on fouettait son mari, la femme criait : « — Frappez fort, mon père, frappez longtemps, car je suis une pauvre pécheresse, et lui un triste sire. »

« Plusieurs princes et hauts personnages s'étant plaints des scandales auxquels donnaient lieu les sectes de flagellants et les flagellations particulières, le pape Clément VI défendit expressément les flagellations publiques. Il faut croire que ceux qui avaient goûté du fouet ne pouvaient plus s'en passer, puisque, malgré les défenses souvent renouvelées, la flagellation secrète continua toujours. Ce ne fut que très longtemps après, que les censures des prélats et des ordonnances de police très sévères abolirent enfin cette honteuse et criminelle manie. »

M. Debay, après avoir constaté que la flagellation n'existe plus que comme moyen hygiénique et thérapeutique, assure qu'en Russie, une fois la première jeunesse passée, hommes et femmes ont besoin du fouet pour s'exciter à l'amour. « Le fouet, ajoute-t-il, devient alors un ustensile de ménage, duquel il serait difficile de se passer. » Et il cite, à l'appui de cette déclaration, une anecdote qu'il est inutile de rapporter.

« De nos jours, dit-il plus loin, il est plus d'un riche vieillard et d'un libertin usé qui, dans le silence du secret, se servent de moyens semblables pour imprimer à leur nature baissante une stimulation passagère. »

Oui, mais nous ne conseillerons à personne l'abus, ni même l'usage modéré d'un pareil stimulant, qui conduirait tout droit et par un chemin rapide à la plus complète hébétude.

La flagellation n'agit pas seulement, en ce sens, sur celui qui le reçoit ; elle paraît être encore un excitant pour celui qui la donne et la voit donner.

Brantôme, dans la cynique naïveté de son style, raconte qu'il a « ouy parler » d'une grande princesse qui, pour exciter sa lasciveté naturelle, faisait dépouiller ses femmes et filles les plus belles, ainsi que ses jolis pages, et se délectait fort à les voir tout nus ; puis elle les frappait ou les faisait frapper sur les fesses avec de grandes « claquades » et « blamuses » assez rudes ; et les filles qui avaient délinqué en quelque chose, avec de bonnes verges ; alors son contentement était de les voir remuer et faire des « tordions » de leurs corps et fesses, lesquelles, selon les coups qu'elles recevaient, montraient de bien étranges et bien plaisants aspects.

Parbleu ! c'est là une sorte de débauche dont plus d'une grande dame, avant et après celle dont parle Brantôme, s'est certainement passé la fantaisie, — si idiote qu'elle soit.

Charles VIII avait conçu la pensée magnanime de brûler vives les prostituées, afin sans doute d'en finir une bonne fois avec la prostitution ; mais il paraît qu'il ne persista pas dans cette intention expéditive mais cruelle, car nous voyons fonder sur la fin de son règne, en 1497, par un cordelier, une maison de refuge pour ces malheureuses, en concurrence avec la maison des Filles-Dieu. Celle-ci s'appelle le couvent des *Filles-Pénitentes*, et jusqu'à la suppression radicale des maisons de débauche par les États d'Orléans, soixante-dix ans plus tard, elle reste fidèle à sa mission.

Marguerite de Bourgogne et ses deux sœurs.

Les statuts de cette maison, rédigés en latin par Jean-Simon de Champigny, évêque de Paris, nous apportent un élément de plus à la connaissance que nous avons déjà acquise d'autre part sur les mœurs de cette époque. En voici la traduction.

« On ne recevra aucune religieuse malgré elle ; aucune qui n'ait mené au moins pendant quelque temps une vie dissolue ; et, pour que celles qui se présenteront ne puissent pas tromper à cet égard, elles seront visitées en présence des mères, sous-mères et discrètes, par des matrones nommées exprès, et qui prêteront serment, sur les saints évangiles, de faire bon et loyal rapport.

« Afin d'empêcher les filles d'aller se prostituer pour être reçues, celles qu'on aura une fois visitées et refusées seront exclues pour toujours.

« Item. Les postulantes seront obligées de jurer, sous peine de leur damnation

37ᵉ LIVRAISON.

éternelle, entre les mains de leur confesseur et de six religieuses, qu'elles ne s'étaient pas prostituées à dessein d'entrer un jour dans cette congrégation, et on les avertira que, si l'on vient à découvrir qu'elles s'étaient laissé corrompre à cette intention, elles ne seront plus réputées religieuses de ce monastère, fussent-elles professes, et quelques vœux qu'elles aient faits.

« Pour que les femmes de mauvaise vie n'attendent pas trop longtemps à se convertir, dans l'espérance que la porte leur sera toujours ouverte, on n'en recevra aucune au-dessus de l'âge de trente ans. »

Malgré toutes ces difficultés, il y eut des époques où la congrégation était extrêmement nombreuse, grâce aux convertisseurs de carrefour qui, parfois, faisaient merveilles. On parle notamment d'un saint personnage qui allait par les rues et prêchait alors à cheval, lequel, à l'un de ses prêches, convertit « quatre-vingts femmes de mauvaise vie et trois publicains. » N'était-ce pas un véritable triomphe?

Après la suppression de la prostitution légale, cette maison modifia ses statuts et reçut toutes les femmes et filles de bonnes mœurs qui se présentèrent, ni plus ni moins que les autres couvents de femmes.

IX

La cour de France sous Louis XI, Charles VIII et Louis XII.

SOMMAIRE. — Louis XI en exil. — Les *Cent nouvelles nouvelles*. — Le château de Genappe et l'hôtel des Tournelles. — Les bons compagnons. — Les galanteries du roi Louis XI. — L'amour et la guerre. — La dame de Gigon. — Amour et bijouterie. — La Passefilon. — Une bourgeoise bien dégoûtée. — Louis XI refuse de se débarbouiller et passe à d'autres amours. — Huguette de Jaquelin. — Origine de la guerre contre le duc de Bourgogne. — Intrigues matrimoniales. — Le duc de Guyenne et Madeleine de Monsoreau. — Encore une veuve consolée. — Un obligé reconnaissant. — La pêche empoisonnée. — Mort de Mme d'Amboise et du duc de Guyenne. — Le feu du ciel : mort de l'abbé empoisonneur. — Le cardinal de la Balue avant sa mise en cage. — Les amours de Mme la notairesse. — Un rival mauvais joueur. — Echauffourée de la rue Barbe-du-Bec. — La mule de Monseigneur prend le mors aux dents. — Charles VIII dit l'*Affable*. — La cour de Charles VIII. — Sa passion pour les femmes lui ouvre une tombe prématurée. — Le duc d'Orléans et Anne de France. — Anne de Beaujeu (ci-devant de France) régente. — La guerre folle. — Louis d'Orléans, devenu le roi Louis XII, répudie la douce Jeanne, sa femme, et épouse l'altière Anne de Bretagne, veuve de Charles VIII. — Anne de Bretagne et Louise de Savoie. — Mort d'Anne de Bretagne. — Les *filles d'honneur*. — Nouvelles intrigues matrimoniales. — Marie d'Angleterre et Charles Brandon. — La princesse Marie devient reine de France. — Un mari par procuration surveillé de près. — Mentor et Télémaque. — Angoulême et Suffolk en marche. — Une reine en charte privée. — Les conseils d'une mère. — Les médisances de la chronique. — Désintéressement extraordinaire de François. — Intervention maternelle. — La cour de Louis XII. — Escholiers et bazochiens. — Le « Père du peuple. » — Mort de Louis XII. — La reine Marie épouse son amant. — François Ier tient les engagements du comte d'Angoulême. — La ligne droite.

On a vu la guerre implacable que le dauphin Louis, fils de Charles VII, fit à la malheureuse Agnès Sorel, maîtresse de son père, et l'on pourrait inférer de là que le roi Louis XI fut un modèle de chasteté et de vertus domestiques; mais on verra bientôt qu'il n'en fut rien.

En attendant, aux prises avec Mme de Villequier comme il l'avait été précédemment avec la tante de celle-ci, et pour les mêmes motifs, le dauphin eut si complètement le dessous cette fois qu'il crut devoir prendre des précautions pour sa sûreté personnelle. Il se retira donc dans son apanage du Dauphiné d'où, bientôt menacé par son royal père, il alla se réfugier près de Philippe le Bon, duc de Bourgogne, qui mit à sa disposition le château de Genappe, en Brabant.

C'est dans cette retraite que le dauphin, bon vivant et joyeux conteur, entouré de convives d'humeur pareille, jeta les bases de cet aimable recueil des *Cent nouvelles nouvelles*, qu'un autre arrangea peut-être dans la su... et publia, mais dont c'est bien là l'or... ne : le reste nous intéresse peu.

Ces *Nouvelles* ne sont pas toujours rigoureusement nouvelles, mais elles sont charmantes pour la plupart, à l'appréciation des critiques les plus délicats. « Les *Cent nouvelles nouvelles*, malgré les promesses du titre, roulaient, dit M. Lenient, l'éminent professeur, sur un fond commun exploité depuis longtemps. Tout le moyen âge s'était égayé aux dépens des femmes friponnes, des moines coureurs et des maris trompés.

« Ce qu'il y a de nouveau ici, c'est l'apparition de cette prose vive, mordante et narquoise, formée déjà aux mille nuances de la raillerie et aux délicatesses du demi-mot, reproduisant dans ses allures la naïveté maligne et la douce nonchalance du fabliau...

« En général, les faits et les personnages de ces contes ne sortent guère des proportions bourgeoises. Là, rien de chevaleresque ni de merveilleux ; aucun de ces radotages héroïques dont raffolait encore le Téméraire: point d'amants rêveurs ni de châtelaines romanesques, ni de fées, ni d'enchanteurs. Nobles dames, bourgeoises et nonnains, chevaliers, marchands, moines et paysans se mêlent, se croisent et se dupent réciproquement. Le seigneur trompe la meunière en abusant de sa naïveté ; le meunier se venge sans façon sur a châtelaine. Le berger épouse la sœur du chevalier, qui ne se montre pas trop scandalisé d'une telle union. Les sens ont plus de part que le cœur à toutes ces aventures.

« Le gros épicurisme bourgeois, assaisonné de médisance et de jovialité, s'étale librement dans ces récits que l'auteur nous garantit *moult plaisants à raconter en toute bonne compaignie*.

« La bonne compagnie aurait le droit de se montrer difficile pour quelques-uns d'entre eux, tels que la *Médaille à revers*, l'*Abbesse guérie*, etc. Nous en dirons tout autant de la morale. Le cynisme et la trivialité, dont s'accommodait assez Louis XI, déparent trop souvent les grâces de la narration. »

Cette citation n'est pas un hors-d'œuvre inutile, à notre avis. Elle nous a servi à dépeindre le dauphin Louis et les occupations favorites auxquelles il se livrait dans son exil.

Devenu roi, Louis XI transporta le tout, compagnons et habitudes, à l'hôtel des Tournelles.

Là encore, il prenait ses repas en commun avec de nombreux convives. « Et, dit Brantôme, celuy qui luy faisoit le meilleur et plus lascif conte de dames de joye, il estoit le mieux venu et festoyé, et luy-mesme ne n'espargnoit à en faire, car il s'en enqueroit fort, et en vouloit souvent sçavoir, et puis en faisoit part aux aultres, et publiquement. » « C'estoit un scandale grand que celui-là, » ajoute le bon apôtre.

La cour de Louis XI fut tout aussi corrompue que celle de Charles VII, quoique d'autre façon ; et pour ce qui est du roi lui-même, on serait dans une grande erreur si l'on croyait qu'il s'en tint aux paroles.

Après la mort du duc de Guyenne, frère du roi, qu'il attribuait avec raison à Louis XI, le duc de Bourgogne, Charles le Téméraire, était entré en France à la tête d'une armée formidable, et ravageait pour lors (1472) la Picardie.

Le roi se précipita au secours de cette malheureuse province, dans un équipage insuffisant, mais ce n'est pas notre affaire de suivre les péripéties de cette lutte et de juger les coups.

Louis XI, à peine arrivé à Gigon, près d'Amiens, avec son armée quelle qu'elle fût, une jeune femme pénètre jusqu'à lui, se jette à ses pieds et implore sa justice contre ses soldats, lesquels venaient de tuer son époux, seigneur de ce village, qui avait voulu s'opposer à ce qu'ils s'y installassent de vive force.

Implorer la justice de Louis XI ! La malheureuse veuve était donc bien ignorante ! Cependant elle était belle et jeune, si elle n'était pas suffisamment instruite. Le roi la releva donc avec bonté, lui ordonna de suivre la cour, et lui promit bonne et satisfaisante justice dès qu'on serait dans un lieu plus favorable ; et, de fait, il était présentement animé des plus belles intentions du monde.

La dame de Gigon suivit donc la cour pendant toute la campagne, et enfin jusqu'à Paris, après la trêve consentie entre les deux terribles adversaires. Si elle obtint jamais justice du meurtre de son époux, nous n'en savons rien, mais nous croyons qu'elle n'y insista pas jusqu'à l'importunité ; car, étant comblée de toute sorte de bienfaits par son royal amant, elle ne paraît pas avoir beaucoup souffert de la perte qu'elle déplorait naguère avec des sanglots et des gémissements de douleur.

Bref, en retour desdits bienfaits, la dame de Gigon donna à Louis XI une charmante fille qui devait épouser plus tard le bâtard Louis de Bourbon. Mais cette liaison ne fut que la première, et non la seule, de ce roi dont nous avons pris soin de constater les goûts bourgeois et pour qui, en conséquence, la veuve d'un hobereau picard était déjà une trop grande dame.

La mode, en ce temps-là, était pour les dames de se couvrir de pierreries comme une châsse : c'était évidemment un legs du précédent règne, legs jusque-là respecté par Louis XI, quoique, pour sa part, il eût une affection marquée pour les vêtements sordides et sales.

Donc, le roi commanda pour Mme de Gigon une parure magnifique chez un joaillier à la mode, nommé Passefilon. Quand la femme du joaillier apporta la parure à Mme de Gigon, le roi, qui était présent, fit peu d'attention à la marchandise, mais goûta fort la jolie marchande, bien qu'il se conduisît avec elle, dans cette occasion, comme un homme indifférent ou tout au moins très réservé, en vertu de sa maxime favorite : « Celui qui ne sait dissimuler ne sait... régner. »

Lorsque Mme Passefilon fut partie, Louis XI manda son trésorier Landais, et il lui ordonna, pour le jour où elle reviendrait se faire payer, de la lui adresser, attendu qu'il entendait débattre le marché lui-même. Landais connaissant son maître, et le sachant capable de disputer le sou pour livre avec sa cuisinière, ne vit rien d'extraordinaire dans cette recommandation qui, de tout autre, prince ou roi, n'eût pas manqué de faire jaser ; en sorte que, la joaillière revenue, il la renvoya très froidement au roi, comme il lui avait été recommandé, sans faire la moindre allusion maligne, sans le moindre sourire mystérieux, en un mot, avec toute la roideur majestueuse qui convient à un caissier honnête et profondément imbu de ses devoirs.

Louis XI, pour si aimable conteur qu'il fût, n'était point complimenteur, et par conséquent ne s'entendait pas aux délicates recherches de la galanterie. Il dit donc fort simplement à la Passefilon qu'il avait, à première vue, éprouvé pour elle une vive passion, et qu'il espérait bien qu'elle y répondrait convenablement si elle avait le moindre souci de ses intérêts, attendu qu'elle gagnerait beaucoup plus à son service dans le court espace d'un an que toute sa vie à tenir boutique.

La marchande était avide et ambitieuse. Elle se représenta la fortune rapide et facile qu'avait faite Mme de Gigou, cette veuve inconsolable ; et en moins de temps qu'il n'en faut pour constater cet événement solennel, sa résolution fut prise — et le marché conclu moins laborieusement que la plupart de ceux dans lesquels le roi intervenait.

De cette union équivoque, qui pourtant ne ruina pas la position de Mme de Gigou, naquit une seconde bâtarde, mariée en temps opportun à Antoine de Bueil, comte de Sancerre.

Cependant, les amours de Louis XI avec la marchande de bijoux ne furent pas sans nuages. La Passefilon trouvait son royal amant décidément trop sale et voulait à tout prix qu'il se débarbouillât et se couvrît de linge plus propre : choses les plus antipathiques aux goûts du roi qu'elle pût lui proposer.

Un jour que Louis XI était venu faire visite à sa maîtresse bourgeoise en habits râpés et crasseux et en linge sale comme d'habitude, peut-être même un peu plus que d'habitude, la belle joaillière n'y tint plus : elle fit une scène.

— Quand j'ai, dit-elle avec amertume, donné mon cœur à un roi de France, c'est que j'ai cru trouver dans mes relations galantes avec un si illustre prince tous les plaisirs, toutes les satisfactions d'amour-propre qu'on peut espérer de la magnificence d'une cour qui est la plus magnifique de toute l'Europe ; et cependant, lorsque je veux m'abandonner aux transports d'une tendre passion, j'ai le désagrément, le très vif chagrin de sentir la graisse rance là où je devrais sentir l'ambre et le musc. En vérité, si un garçon de ma boutique osait se présenter devant moi en l'état où je vous vois, je le chasserais immédiatement de ma présence. Que doivent penser les ministres étrangers, qui vous voient si mal soutenir la majesté de votre rang ? Quelles railleries n'ont pas faites les Espagnols, lors de votre entrevue avec le roi de Castille, sur votre chapeau tout blanc de vieillesse, et sur la Notre-Dame de plomb qui y tenait lieu du plus rare diamant ?...

La dame n'en demeura pas là, comme on pense ; et l'on dit que le roi fut tout étourdi de ce discours, mais j'en doute, attendu que toute cette sordidité n'était qu'une pose chez Louis XI, principalement adoptée dans le but de faire ressortir l'étalage non moins extravagant de ses orgueilleux vassaux et des autres souverains de son temps, princes ou rois qui valaient beaucoup moins que lui ; — nous sommes, sur ce point, entièrement de l'opinion de Comines.

En tout cas, il en voulut mortellement à la Passefilon de l'avoir traité avec si peu de ménagement. Il ne lui en témoigna rien, dans son habitude de dissimulation ; il ne la fit point pendre ou jeter dans un cachot, comme auraient pu le faire nombre de grands rois auxquels l'histoire a fait une renommée plus honorable : il se contenta de la remplacer.

La nouvelle passion de Louis XI eut pour objet une pauvre jolie fille de Dijon, de bonne naissance, assure-t-on, et qu'il fit venir à la cour. Elle se nommait Huguette de Jaquelin. De son commerce avec Louis XI naquit une troisième fille à celui-ci. Elle fut mariée à Aymar de Poitiers, seigneur de Saint-Vallier, comte de Valentinois. La célèbre Diane de Poitiers, dont nous aurons bientôt à nous occuper, était sa petite-fille.

Charles le Téméraire, avons-nous dit, prit les armes contre Louis XI, en 1472, pour venger la mort du duc de Guyenne, qui allait devenir son gendre, lorsqu'il mourut empoisonné par les soins de son royal frère. Il nous reste à dire dans quelles circonstances dramatiques se produisit cet événement.

Louis XI, ayant fait solliciter la main d'Isabelle de Castille pour son frère, mais en vain, puisque, si on se le rappelle, Isabelle préféra, en sage politique, réunir la Castille à l'Aragon en épousant l'héritier présomptif de ce dernier royaume, et fonder ainsi le royaume d'Espagne ; Louis XI, disons-nous, avait ensuite jeté son dévolu sur Jeanne *Beltraneja*, fille de Jeanne de Portugal et de Beltran de la Cueva en fait, mais en apparence du roi Henri l'*Impuissant*.

Mais le duc de Guyenne, qui n'avait pas été consulté, avait de son côté fait demander la main de Marie de Bourgogne et devait l'obtenir, quoique, pour donner plus de valeur à son consentement, et bien faire sentir à quel point sa fille Marie était recherchée par les plus grands princes de l'Europe, le duc Charles se fit, à la vérité, un peu tirer l'oreille.

Lorsque le roi eut appris que son frère n'entrait pas dans ses vues, et que d'autre part il allait infailliblement s'assurer l'alliance d'un prince aussi puissant que le « grand duc d'Occident » on peut croire, bien qu'il n'en fît rien paraître qu'il en conçut dès lors un ressentiment très vif contre le malheureux duc de Guyenne.

Cependant, celui-ci, fatigué des atermoiements successifs du duc de Bourgogne, s'était créé d'innocentes distractions.

A Amboise, où il attendait patiemment la décision de son beau-père futur, en route d'ailleurs pour retourner à Bordeaux, siège de son gouvernement, le duc de Guyenne avait rencontré une aimable veuve, Madeleine de Monsoreau, dont l'époux regretté, Louis d'Amboise, était mort il y avait six longs mois, et cherchait à en faire sa compagne de voyage. Madeleine de Monsoreau, la triste veuve, n'y put consentir que lorsque le prince lui eut fait don du comté de Saint-Sever ; parce que la nécessité, pour elle, d'aller prendre possession de son comté nouveau leur fournissait le prétexte le plus plausible pour faire route de compagnie, sans que les mauvaises langues y pussent trouver beaucoup à redire.

La route faite, le duc s'établit à Bordeaux avec sa maîtresse, et comme elle était d'un commerce extrêmement agréable, excellente musicienne, poète et le reste, Madeleine de Monsoreau paraît avoir fait oublier à peu près complètement au duc ses projets matrimoniaux. Enfin elle lui donna une fille, qui devint par la suite abbesse de Saint-Pardoux.

Tout allait bien à la cour de Guyenne, et tout aurait pu continuer encore quelque temps sur le même pied ; par malheur, le duc reprit ses négociations avec le duc de Bourgogne, et recommença par là à indisposer son pointilleux frère et roi.

Louis XI, toujours prompt à se débarrasser des obstacles qui menaçaient d'encombrer son chemin, à moins d'impossibilité démontrée, envoya un assassin à son frère. Cet assassin, Jean Favre-Versois, abbé de Saint-Jean d'Angely, comblé des bienfaits du duc de Guyenne, offrit à la maîtresse de son seigneur une pêche empoisonnée. Celle-ci partagea avec son amant le fruit mortel, que tous deux coupèrent pour le tremper dans du vin, puis mangèrent ainsi. La malheureuse femme mourut le jour même, soit qu'elle fût très délicate, soit qu'elle eût pris plus que sa part du fruit, comme c'est assez la coutume des dames ; quant au prince, il languit six mois, en proie aux plus vives douleurs, perdant tour à tour les cheveux et les ongles de ses pieds et de ses mains ; devenant finalement perclus de tout son corps.

L'évêque d'Angers et Louis d'Amboise, plus tard évêque d'Alby, furent chargés d'instruire le procès de l'assassin ; ils y mettaient toute l'ardeur nécessaire, quand le roi intervint et ordonna de surseoir à toutes poursuites. Cependant l'abbé de Saint-Jean d'Angely croupissait dans un cachot et, malgré la protection royale, protection misérable après tout, il paraît que la foudre alla l'y trouver un jour d'orage, et il reçut ainsi le prix de son crime, comme le moins intéressant des bandits de profession.

Ce fut alors que le duc de Bourgogne entra en campagne contre le roi de France et fournit, en conséquence, à celui-ci l'occasion de s'attacher Mme de Gigon.

On sait que le cardinal de la Balue fut tenu onze ans en cage par le roi Louis, en récompense de ses intrigues, qui eussent dû le faire écarteler. La Balue, étant ministre de Louis XI, avait vendu à l'ennemi juré de son maître, à Charles le Téméraire, les secrets d'État dont il était dépositaire. Mais d'ailleurs cet ignoble personnage, qui fut tour à tour le protégé de Pie II et de Sixte IV, vendait tout, trafiquait de tout, trahissait tout le monde depuis qu'il avait atteint l'âge de raison ; son infamie ne pouvait être comparée qu'à son ignorance ; il avait tous les vices, « fors l'hypocrisie, » assure un de ses biographes. Louis XI aimait les gens de cette trempe, mais à la condition qu'ils ne se jouassent point à lui.

La Balue, alors évêque d'Evreux, était en intrigue avec la femme d'un notaire de Paris nommée Jeanne du Bois, renommée elle-même pour ses mœurs scandaleuses. Malgré cela, il y avait, dans la clientèle ordinaire de la du Bois, un jeune seigneur mal endurant et même généralement tenu pour fort brutal. C'était le seigneur de Villiers-le-Bocage, et il justifia sa réputation, un certain soir, aux dépens du malheureux prélat et ministre.

Celui-ci chevauchait tranquillement sur sa mule, comme il convient à un prélat, rue Barre-du-Bec, avec un piquet de porteurs de torches devant et un autre derrière, offrant un de ces spectacles pittoresques dont les progrès de l'éclairage nous a malheureusement privés à jamais.

Tout à coup, une bande de malandrins fond sur le cortège épiscopal, les torches sont éteintes, et dans les ténèbres, la Balue sent les horions pleuvoir sur sa peau sacrée. Ses gens se débandent et se sauvent dans toutes les directions en criant au meurtre !

Et ce n'est pas tout.

Voilà que la mule, contre toute attente, ayant probablement reçu son contingent de coups, prend le mors aux dents et part ventre à terre, emportant son cavalier tout déconfit jusqu'au cloître Notre-Dame où était sa demeure. Là, la bonne bête s'arrêta, et son maître put en descendre et aller trouver son lit sans demander son reste.

Louis XI se montra publiquement furieux de l'insulte faite à l'un de ses ministres, et quoiqu'il sût fort bien à quoi s'en tenir, parut ignorer les causes de cette agression. Mais en petit comité, il en faisait des gorges chaudes, car c'était précisément l'espèce d'aventures qui lui était le plus agréable.

Le roi Charles VIII, surnommé l'*Affable*, et qui ne mérita pas d'autre surnom, ne ressemblait guère à son père, car s'il n'eut aucun de ses défauts, il eut encore moins, s'il était possible, de ses qualités, et cet infortuné monarque mourut épuisé de débauches à vingt-sept ans. Or Louis XI avait des maîtresses, mais n'était point débauché, et il aimait la table plutôt pour la compagnie et les bavardages du dessert que pour l'orgie.

Mais l'amour de Charles VIII pour les femmes avait le caractère d'une espèce de culte ; à sa cour les femmes pouvaient tout faire, les hommes n'avaient le droit de rien dire, et la médisance en était sévèrement proscrite. Son culte, malheureusement pour lui, n'avait rien de platonique ; il mettait au contraire une sorte d'honneur à en bien servir les objets « voire trop, dit Brantôme ; car tournant de son voyage, très victorieux et glorieux, il s'amusa si fort à les servir, caresser, et leur donner tant de plaisirs à Lyon, par les beaux combats et tournois qu'il fit pour l'amour d'elles, que, ne se souvenant point des siens qu'il avait laissés en ce royaume, les laissa perdre, et villes et royaume et châteaux qui tenoient encore et lui tendoient les bras pour avoir secours.

« On dit aussi que les dames furent cause de sa mort, auxquelles, pour s'être trop abandonné, lui qui estoit de fort débile complexion, s'y énerva et débilita tant que cela lui aida à mourir. »

Le premier acte de Charles VIII, lorsque sa majorité le délivra de la tutelle de sa sœur Anne de Beaujeu, fut de tirer de prison son cousin le duc d'Orléans, victime de cette mégère, lequel devait lui succéder au trône sous le nom de Louis XII et le surnom presque mérité de *père du peuple*.

Le malheureux duc d'Orléans avait inspiré, à son insu, une véritable passion à la fille de Louis XI, Anne de France, plus tard de Beaujeu. La présomptueuse princesse ne laissa pas ignorer longtemps l'état de son cœur à l'homme de son choix ; et, sur la réponse strictement polie de son cousin, qui craignait de s'attirer quelque méchante affaire en la repoussant sans ménagement, elle se fourra dans la tête que celui-ci répondait avec ardeur à ses sentiments.

Louis XI ayant voulu lui faire épouser Nicolas d'Anjou, duc de Lorraine, Anne refusa ce parti et alla raconter l'histoire au duc d'Orléans, en ajoutant que c'était par amour pour lui qu'elle avait agi de la sorte. Mais ce prince, voyant que pour éviter un danger il allait se jeter dans un autre, répondit avec beaucoup de froideur aux avances de la princesse, de sorte qu'outrée de son dédain, elle se décida à épouser Pierre de Bourbon, duc de Beaujeu. Elle obtint en outre de son père, véritable vengeance de femme, qu'il marierait Louis d'Orléans avec sa sœur Jeanne, bonne personne, remplie de qualités sérieuses, mais chétive, souffreteuse et presque laide.

Il fallut obéir ; mais le mariage ne fut pas consommé, et le duc d'Orléans ne fut pas plus tôt sur le trône qu'il le fit casser par les soins d'Alexandre Borgia, alors pape (1498). Jeanne, innocente victime, se laissa faire sans la plus humble protestation, sachant bien la répugnance qu'éprouvait pour elle son mari, qu'elle adorait pourtant ; elle se retira à Bourges, y fonda l'ordre de l'Annonciade et fut béatifiée après sa mort, par Benoît XIV.

Cependant, à la mort de Louis XI, Charles VIII, son successeur, n'ayant que treize ans, il fallut nommer une régence, et Louis d'Orléans et Anne de Beaujeu briguèrent l'un et l'autre l'honneur de gouverner le royaume. Ce fut la duchesse qui l'emporta. Néanmoins, n'ayant jamais cessé de rechercher les bonnes grâces de son cousin, elle lui fit encore offrir de partager le gouvernement avec elle. Le prince refusa, et voilà la guerre déclarée.

Anne de Beaujeu, sous un prétexte ridi-

Les malandrins.

cule, veut faire arrêter Louis d'Orléans ; celui-ci la prévient et se réfugie auprès du duc Charles de Bretagne ; et enfin les deux ducs s'arment contre la régente ; la *guerre folle* est commencée. Cette guerre se termina bientôt par la défaite des deux princes qui l'avaient entreprise, et Louis d'Orléans fut emprisonné dans la tour de Bourges, d'où Charles VIII le tira, comme nous l'avons vu, dès qu'il put faire acte de souverain.

A la cour du duc Charles, Louis d'Orléans s'était vivement épris de la fille de son hôte, la belle et sage Anne de Bretagne, qui devint la femme de Charles VIII, et à l'instigation de laquelle il paraît plus que probable qu'il dut son élargissement. Devenu roi de France, il songea à succéder à son prédécesseur aussi bien auprès de sa veuve que sur son trône, et c'est alors qu'il sollicita et obtint d'Alexandre VI la rupture de son mariage avec Jeanne de France et la dispense nécessaire pour épouser Anne de Bretagne.

L'objet de ses vœux désormais rempli, Louis XII ne put se vanter cependant d'avoir conquis en même temps la tranquillité. Anne de Bretagne, altière, entêtée, vindicative, malgré de précieuses qualités, se rencontra avec Louise de Savoie, cousine du roi et mère du jeune comte d'Angoulême (depuis François I*er*), laquelle ne l'était pas moins, et le choc fut terrible. Louis XII, qui n'avait pas d'héritier mâle, voulait marier sa fille Claude au jeune François, qu'il comptait adopter; la comtesse d'Angoulême goûtait fort la combinaison, comme de juste, et la reine Anne n'en voulait entendre parler à aucun prix. De là des intrigues et des luttes insensées, comme les savent engager seulement des femmes impérieuses et jalouses; mais il serait peu intéressant de nous y appesantir.

Bref, Anne de Bretagne ayant eu le dessous dans cette affaire, en mourut littéralement de dépit, ayant à peine trente-sept ans.

Ce fut Anne de Bretagne qui créa à la cour de Louis XII l'institution des *filles d'honneur*. Ces filles étaient choisies parmi les plus belles, les plus nobles et les plus sages : le moindre écart de conduite entraînait l'expulsion ignominieuse de la délinquante. Cette institution a beaucoup dégénéré, et en peu de temps; c'est pourquoi nous prenons acte de sa création et du caractère qu'elle avait à son début.

Après la mort de la femme qu'il avait tant aimée, mais qui lui était peut-être devenue à charge à la fin, Louis XII vécut dans une retraite absolue pendant quelque temps; il en fut tiré par les nécessités politiques que plusieurs défaites successives lui avaient créées, et auxquelles il fallait parer toute affaire cessante. Or, la meilleure manière d'y parer, semble-t-il, était pour Louis XII, qui avait alors cinquante-deux ans, d'épouser la jeune sœur d'un de ses vainqueurs, de Henry VIII, roi d'Angleterre, laquelle allait, comme on dit, sur ses seize ans.

Ce fut le duc de Longueville qui négocia cette affaire, pendant les loisirs que lui créait sa captivité à la cour de Henry VIII; car il avait été fait prisonnier à la bataille de Guinegate, en Artois, dans la journée dite des *Éperons* — parce que dans la folle déroute provoquée par le mouvement tournant de Maximilien, la gendarmerie française s'y distingua surtout par l'usage immodéré qu'elle fit de ses éperons.

Donc, le roi d'Angleterre avait auprès de lui une jeune sœur dont les mœurs légères lui donnaient beaucoup de tintouin. La princesse Marie était pour lors notoirement la maîtresse du fils de la nourrice de son frère, un jeune homme, de bonne tournure d'ailleurs, nommé Charles Brandon, et qui devint pour la peine comte de Suffolk. Henry VIII laissait toute liberté à sa sœur, par des considérations politiques qui n'ont que faire ici, mais au fond, il n'était pas sans inquiétude relativement à l'avenir probable que devait avoir une pareille intrigue, car il n'avait aucune idée de faire son beau-frère de son frère de lait.

C'est alors que le petit-fils du beau Dunois fit des ouvertures que le roi écouta favorablement, bien qu'il sût que Longueville ne parlait qu'en son nom personnel, parce qu'il était probable que la France ayant le plus grand besoin de la paix, son roi ratifierait volontiers une négociation entamée dans le but de l'obtenir par un ambassadeur officieux animé, au bout du compte, d'intentions patriotiques. Comme, d'autre part, Henry VIII n'était pas disposé à retourner en France, malgré ses récentes victoires, parce qu'il était retenu en Angleterre par ses plaisirs, et qu'il n'avait aucun moyen honorable de s'en dispenser, s'y étant solennellement engagé envers ses alliés, cette combinaison, qui lui fournissait du même coup l'occasion de se débarrasser d'une sœur encombrante, lui souriait certainement. Il répondit toutefois au prisonnier qu'il serait temps de s'occuper de cette affaire quand le roi de France jugerait bon de faire les démarches officielles indispensables.

Un gentilhomme fut aussitôt dépêché par Longueville au roi de France qui fut enchanté de l'idée d'épouser une si jeune et si jolie fille ; l'espoir d'en avoir enfin un héritier direct et enfin le besoin de la paix firent le reste. Le général de Normandie fut aussitôt envoyé en Angleterre, et en quinze jours l'affaire était bâclée.

A Boulogne, où la princesse était débarquée avec sa suite, dont faisait naturellement partie le comte de Suffolk, elle fut reçue par le comte d'Angoulême (le futur François I*ᵉʳ*), envoyé par Louis XII pour l'épouser par procuration, — et il s'en fallut de peu que la cérémonie allât jusqu'au bout, quoique par procuration. Heureusement, le comte François avait auprès de lui un sage mentor, le protonotaire du Pont, qui mit le holà ! — François avait à peine vingt ans alors (1514).

Le premier médecin du roi, Francines, avait déclaré de la manière la plus formelle à la comtesse d'Angoulême que ce mariage était sans danger pour les intérêts de son fils, attendu que le roi ne pouvait plus avoir d'enfants. Le protonotaire du Pont, pour modérer l'ardeur de son jeune Télémaque, chez qui l'amour était beaucoup plus fort que l'ambition, lui dit crûment de se méfier, attendu que la jeune reine avait tout intérêt à ne pas être chaste, mais au contraire à tâcher d'avoir un fils qui lui conservât son rang en France, au lieu de se voir dans la nécessité, quand elle serait veuve, de retourner sous la protection légèrement écrasante de son aimable frère.

La recommandation était bonne, et le comte d'Angoulême se promit d'en faire son profit ; mais il était séduit et, forcé à la réserve par un si grand intérêt, il devint jaloux comme un tigre de la jeune reine qu'il ne pouvait aborder qu'avec toutes les marques du plus profond respect.

Cette jalousie le servit à souhait, car, malgré la discrétion inouïe du comte de Suffolk, chevalier d'honneur de la princesse, François eut bientôt découvert le pot aux roses, et résolut d'en profiter en redoublant de surveillance.

Il tira donc à part l'heureux et discret Suffolk, et lui tint à peu près ce langage :

— Mon cher comte, je connais votre bonne intelligence avec la reine ; mais ne craignez rien, bien loin d'y porter obstacle, je veux au contraire la favoriser de tout mon pouvoir. C'est à une condition pourtant : le roi, vous le savez, n'est plus en état d'avoir des enfants ; il est d'une santé délicate et n'ira vraisemblablement pas loin. Si vous vous mettiez présentement trop avant dans les bonnes grâces de la reine, vous risqueriez d'être bientôt découvert par une multitude d'espions qui, à dater de maintenant, ne vous perdront pas de vue : ce serait votre perte inévitable. Si, au contraire, vous voulez vous engager à vous contenir dans les bornes du respect dû à la reine de France, non seulement vos relations avec cette gracieuse princesse ne seront pas entravées, mais encore, le roi mort, nul ne s'opposera à ce que vous épousiez la reine et, en attendant que vous ayez fait votre paix avec le roi d'Angleterre, on vous donnera en France, et sans marchander, l'établissement que vous souhaiterez.

Suffolk, abasourdi d'abord, reçut ces propositions, que le comte d'Angoulême n'était pas bien sûr de pouvoir jamais tenir, avec un véritable enthousiasme. On lui demandait de ne pas approcher la reine de trop près, il offrit de servir d'espion auprès d'elle.

Malgré cette bonne volonté évidente, on

n'eut en lui qu'une confiance bornée. On imagina que la jeune reine était peureuse et ne pouvait coucher seule, et, en conséquence, on lui donna Mme d'Aumont pour camarade de lit.

La comtesse d'Angoulême, voulant conserver la couronne de France à son fils, ne tarissait pas en recommandations sûrement utiles, mais non moins effrontées, à l'adresse de ce fils ingouvernable dans ses passions. Elle fit plus : de concert avec la baronne d'Aumont, elle s'arrangea de manière à ce que la jeune reine ne fût pas perdue de vue une seule minute. Ces deux honnêtes dames, se relayaient auprès d'elle avec une exactitude militaire : l'une prétextait ses devoirs de dame d'honneur, l'autre de ses devoirs de parenté ; Suffolk voyait tout cela d'un œil dépité, mais craintif, car que pouvait-il faire sans risquer sa propre vie ?

En dépit de toutes ces précautions, certains chroniqueurs prétendent que le comte d'Angoulême faillit gâter ses propres affaires en rendant à la reine Marie des soins dont les conséquences eussent pu l'éloigner du trône à jamais ; ce qui nous paraît assez invraisemblable si les deux dames que nous venons de nommer faisaient si bonne garde.

On dit même qu'allant au premier rendez-vous qu'il avait obtenu d'elle, il rencontra Grignaux, chevalier d'honneur de la reine, lequel, en le voyant si pimpant, s'enquit familièrement des causes d'un pareil équipage, en insinuant que ce ne pouvait être qu'une conquête nouvelle.

François, peu discret de sa nature, ne fit aucune difficulté de conter sa bonne fortune à ce gentilhomme, dans les termes du plus grand ravissement et de l'enthousiasme le plus triomphant.

— Comment, Pâque-Dieu ! s'écria Grignaux en fronçant le sourcil. Vous n'y songez pas ! Mais vous allez faire là un beau coup, un coup de jeune homme, et qui vous coûtera cher. Votre plaisir va vous arracher la couronne qui vous pend sur la tête ; car si de vos amours il naît un dauphin, ce sera lui qui régnera et non vous, qui resterez éternellement comte d'Angoulême, et sujet tout comme moi. Ne faites pas cela, par la Mort-Dieu !

Jusque-là tout va bien. Que le comte d'Angoulême ait sollicité, et même obtenu un rendez-vous de la reine, c'est plus que probable. Mais s'y est-il rendu ? Les bons conseils de Grignaux furent-ils écoutés ?

Ici les avis se partagent.

Les uns disent qu'il écouta les remontrances du judicieux gentilhomme et s'en retourna. Les autres, au contraire, affirment qu'il passa outre en disant :

— Eh ! que m'importe, Grignaux ! J'aime autant que ce soient mes enfants qui règnent que moi-même.

Ceux-ci ajoutent que, désolé de l'inutilité de ses efforts, Grignaux s'en alla conter l'histoire à la comtesse d'Angoulême, qui arriva trop tard, mais qui mit ordre aux incartades possibles de l'avenir. De sorte que François ne revit intimement la belle Marie d'Angleterre qu'après la mort de Louis.

Ils assurent même que si elle l'eût voulu, rien ne lui eût été plus facile, avec un prince si désintéressé ou plutôt si amoureux, que de feindre une grossesse et de supposer ensuite la naissance d'un dauphin, comme cela s'est fait plus d'une fois, tout le monde le sait bien.

Tout cela, nous le répétons, nous paraît peu vraisemblable, d'abord parce que si François n'écoutait que sa passion, il avait sa mère, une maîtresse femme, qui n'écoutait que la sienne aussi, qui était de régner, et que François, même aux jours de sa puissance, s'est toujours montré un fils obéissant, trop obéissant ; ensuite, il y avait Suffolk, dont ces chroniqueurs nous paraissent aussi faire par trop peu de cas : s'il s'abstenait lui-même, comment croire qu'il n'eût pas trouvé le moyen de contraindre les autres à la même réserve, ou, n'y pouvant parvenir, celui de faire au moins comme eux? Marie l'aimait, après tout, et elle ne tarda pas à le lui prouver.

Quoi qu'il en soit, il est certain que les mœurs étaient fort relâchées à la cour de Louis XII, et que la médisance y avait les coudées franches. On y épargnait la reine moins que personne naturellement, et, comme la cour donnait le ton, la médisance, et peut-être aussi la calomnie, coulait comme un fleuve de la cour à la ville et se répandait en flots épais jusque dans les bas-fonds.

On rapporte qu'un jour que le seigneur de la Trémoille se plaignait au roi de la licence effrontée que se donnaient les écoliers de l'Université et les clercs de la Bazoche, dans leurs soties, farces et autres, où ils montraient les mœurs de la cour sous des couleurs fort crues et peu édifiantes, Louis XII lui répondit :

— Je veux, la Trémoille, que les jeunes gens déclarent les abus qui se font à ma cour, puisque les confesseurs et autres qui passent pour sages, n'en veulent rien faire, pourvu qu'on ne parle de ma femme, car je veux que l'honneur des dames soit gardé.

On part de là pour dire que le roi prenait les devants afin d'éviter qu'on vînt l'entretenir des intrigues de la jeune reine : conséquence tirée un peu par les cheveux, dans tous les cas ; mais il n'y a aucun intérêt à insister là-dessus.

Hélas ! oui, la cour de Louis XII était profondément dissolue, il ne lui manquait plus qu'un maître prodigue pour la gangrener à tout jamais, avec la ruine des peuples pour conséquence inévitable. Heureusement Louis XII était avare, et préférait « être ridicule aux courtisans que lourd au peuple. »

Ce roi, qui avait en horreur les procureurs, et considérait les juges, âpres à poursuivre une condamnation, à exagérer le délit pour perdre plus sûrement un accusé, comme comparables aux savetiers « qui allongent le cuir en tirant dessus avec leurs dents ; » ce roi, qui avait mérité, en grande partie au moins, d'être surnommé le *Père du peuple*, ne pouvait être que ridicule aux yeux des grands. Mais il allait être remplacé au trône par le fastueux, le prodigue, le brillant François, qui fut quelquefois ridicule, sans doute peu ou prou, mais pas dans le même sens, à Dieu ne plaise !

Mais revenons à nos moutons, c'est-à-dire à notre jeune reine, défendue avec tant de dévouement contre la dent cruelle des loups ravisseurs ou ravissants.

Ah ! pour cela, certainement, on peut dire que c'était une reine bien gardée, que cette pauvre Marie d'Angleterre, quelle que fût son humeur ; et l'on peut ajouter que lorsqu'elle eut conquis enfin son indépendance, elle ne l'avait pas volée. Le roi seul, on pouvait en être sûr, était admis auprès d'elle. — Et dans quelles conditions, bon Dieu ! Existe-t-il un épicier de ce temps-ci qui voulût les supporter ?

Mais c'était alors le bon vieux temps.

Cependant le roi aimait passionnément sa femme. Il était bien certainement innocent de l'abominable système d'espionnage exercé autour d'elle, car ce n'était pas dans son intérêt qu'on s'y livrait. — Il la plaignait même, cela est hors de doute, mais il n'y pouvait rien : il eût fallu une Anne de Bretagne pour tenir tête à un pareil orage. Quant à lui, pour employer une expression triviale mais exacte « il s'en allait, » quoique d'âge raisonnable encore.

« Remarié en troisièmes noces à cin-

quante-deux ans, usé de goutte et de fatigues, à une sœur de Henry VIII, Anglaise de seize ans, légère et galante, dit M. Paul de Saint-Victor, il voulut, selon l'expression de Fleuranges, « faire du gen-
« til compagnon avec sa jeune femme. »
Aussi disait-on, rapporte Brantôme, « qu'il
« avoit pris une jeune guilledrine qui
« bientôt le mèneroit en paradis tout
« droit. »

« Il en mourut en effet, après trois mois de mariage, le premier jour de l'an 1515. Avant d'expirer, il dit à sa femme ce mot mélancolique :

« Mignonne, je vous donne ma mort pour
« vos étrennes. »

« La « mignonne » accepta ce cadeau funèbre, et, sans prendre le temps de finir son deuil, se remaria avec son amant, le duc de Suffolk. »

La mort de son époux, il faut ajouter cela, ne délivra pas la reine Marie de l'espionnage organisé autour d'elle. Elle ne fut rendue à la liberté que lorsqu'on fut bien convaincu qu'elle n'était pas grosse, c'est-à-dire qu'elle ne pouvait plus se faire passer pour telle, si l'envie lui en fût venue. Mais il est à croire qu'elle n'y songeait même pas : Aurait-elle épousé sitôt son amant, si elle avait eu dans la tête le moindre grain d'ambition ?

Devenu François Ier, roi de France, le comte d'Angoulême se mit en devoir de tenir la promesse qu'il avait faite à Suffolk, et malgré les conseils politiquement sages que voulurent lui donner ses ministres, malgré leur insistance, il persévéra dans sa résolution de rester honnête homme : exemple rare, que, malgré ses défauts, François Ier donna en beaucoup d'occasions, mais sans le moindre profit pour la morale publique, et singulièrement pour l'honneur des souverains et des ministres.

Cette religion de la parole donnée n'eut point les terribles conséquences qu'on avait prédites. Henry VIII accepta d'assez bonne grâce les faits accomplis, renouvela avec François le traité d'alliance échangé avec Louis XII, et rappela son beau-frère et sa sœur (mais pas avant qu'on eût assuré un douaire convenable à celle-ci) en Angleterre, en les assurant de son généreux pardon.

Il s'ensuit que ce n'est pas encore cette affaire-là qui nous fera revenir de notre prévention, à savoir que la ligne la plus courte, et surtout la plus sûre, c'est la ligne droite — principalement en morale usuelle et familière.

X
Louise de Savoie.

SOMMAIRE. — Avènement de François Ier. — Fruits d'une bonne éducation. — Loi du bon plaisir. — Déréglements chevaleresques du jeune comte d'Angoulême. — Brillants débuts de François Ier. — A la conquête de... la signora Cleria. — La jeunesse de Louise de Savoie. — Vaudemesse et le maréchal de Gié. — Charles de Bourbon, comte de Montpensier. — Louise de Savoie et la comtesse de Châteaubriant. — Montpensier aux noces de Claude de France. — Impression qu'il produit sur le cœur de la comtesse d'Angoulême. — Il obtient sa protection. — Son mariage avec la fille d'Anne de Beaujeu, Susanne de Bourbon. — Fureur de la comtesse d'Angoulême. — Mariage du duc d'Alençon et de Marguerite de Valois. — Retour de la comtesse à des sentiments plus tendres. — Montpensier reçoit l'épée de connétable. — Brillante réception du roi à Chantelle. — Premières hostilités contre le connétable. — Charles de Bourbon est veuf. — Nouvelles tentatives de la fidèle comtesse. — Le chancelier Duprat et le maréchal Bonnivet. — Siège d'un cœur rebelle. — La justice des hommes. — Nouvelle humiliation infligée au connétable. — Sa défection. — Les prouesses de la duchesse d'Angoulême. — Un enfant gâté de roi. — Le « doux passe-temps des dames » avant tout. — La peste ! — La seconde femme du roi François. — Les deux « bonnes reines. » — Conduite réservée d'Éléonore d'Autriche.

Quand François Ier monta sur le trône de France, en 1515, il avait tout juste vingt et un ans. Il s'entoura dès lors des anciens compagnons de sa jeunesse, des Anne de Montmorency, des Montchenu, des Robert de la Marck, des Philippe de Chabot, des Bonnivet — ce dernier frère du précepteur du jeune comte d'Angoulême, Artus de Boisy, — lesquels n'eurent pas à se plaindre d'avoir été oubliés.

Ce n'était pas, pour le dire en passant, la faute de Boisy, si l'éducation de son élève laissait quelque chose à désirer et avait une teinte d'extravagance due en partie à son tempérament impétueux, et en partie aussi à ses lectures acharnées des romans de chevalerie qui, s'il eût été moins jeune et moins actif, eussent produit sur son esprit les mêmes effets exactement que Cervantès leur fait produire sur le cerveau fêlé de Don Quichotte de la Manche.

Il n'y puisa, quant à lui, que des idées de despotisme absolu, de *bon plaisir*, suivant l'expression qu'il adopta pour justifier ses coûteuses fantaisies. Il y puisa toutefois encore l'idée d'entière soumission aux dames. S'il n'avait eu, dans la pratique, qu'à obéir aux conseils de sa sœur Marguerite qu'il écoutait volontiers, ou de sa première femme Claude, pour laquelle il professait un grand respect, cela eût pu aller ; malheureusement, il n'obéissait pas moins à sa mère Louise de Savoie, et il était plus encore l'esclave de ses maîtresses dont la meilleure valait peut-être encore moins que sa mère.

La vie déréglée du jeune comte d'Angoulême était notoire. Nous l'avons vu bien près (s'il ne l'a fait) de trahir son bienfaiteur et son roi, même au risque de se fermer à jamais le chemin du trône. On vante son désintéressement dans cette affaire : nous n'y voyons, nous, qu'une déplorable absence de sens moral. Au reste, le jeune François ne choisissait guère ; son bon plaisir s'exerçait déjà volontiers aux dépens et au profit de n'importe qui sans qu'il s'en inquiétât. Le roi François continua purement et simplement les dérèglements chevaleresque du comte d'Angoulême.

Les débuts de son règne furent brillants. En ceignant la couronne de France, il prenait ouvertement le titre de duc de Milan, et pour appuyer ses prétentions, descendait aussitôt en Italie où la victoire l'attendait.

Seulement, s'il est vrai qu'il ne s'y rendit avec tant de précipitation que sur le rapport que lui avait fait Bonnivet relativement à une certaine signora Cleria, dame milanaise, réputée la plus jolie femme de toute l'Italie, on conviendra que c'était risquer beaucoup pour peu de chose ; non pas que nous pensions que la dame ne méritât point de grands sacrifices personnels, mais parce que les sacrifices faits pour ses beaux yeux n'étaient justement pas personnels du tout.

Mais avant de nous étendre sur les dérèglements du fils et d'exposer quelques portraits choisis dans la galerie pressée de ses maîtresses, quelques lignes sur la mère paraîtront certainement aussi intéressantes qu'utiles.

Louise de Savoie, mère de François Ier et de Marguerite de Valois, duchesse d'Alençon puis reine de Navarre, auteur de l'*Heptaméron*, était restée veuve à dix-huit ans de Charles d'Orléans, comte d'Angoulême et cousin du roi Louis XII.

Lorsque Louis XII eut fait venir auprès de lui le jeune comte François, qu'il considérait comme son successeur à la couronne, la comtesse se retira au château d'Amboise où elle tint une petite cour. Là, elle eut, dit-on, une intrigue amoureuse avec Vandenesse, beau-frère de La Palisse. Le maréchal de Gié, ancien gouverneur de son fils et qui s'était gravement compromis pour elle dans sa lutte avec Anne de Bretagne, au sujet du mariage de Claude de France, l'aimait éperdument ; il lui en fit l'aveu, mais fut repoussé avec brutalité, et ses services antérieurs, qui lui avaient coûté si cher, ne purent le sauver de la ruine, bien que son élève fût sur le point de monter sur le trône de France.

Si la comtesse d'Angoulême fut insensible à l'amour du maréchal de Gié, ce n'est pas que son cœur fût muet. On a vu que Vandenesse avait su le faire parler ; un autre devait lui faire tenir, en dépit de lui-même, un langage autrement passionné, auquel, pour son malheur et surtout pour le malheur de la France, il ne devait répondre à son tour que par l'ingratitude et le sarcasme ; nous voulons parler du comte de Montpensier, plus tard connétable de Bourbon.

Louise de Savoie n'était pas une personne d'humeur douce et sentimentale : elle était surtout haineuse, vindicative, avide de pouvoir et aussi d'argent. Lorsque ces sentiments étaient excités en elle, elle ne connaissait plus rien, et elle n'eût pas même reculé devant la ruine de son fils — à plus forte raison devant la ruine de la France — pour assouvir sa haine.

La première favorite de François Ier, Mme de Châteaubriant, avait voulu lui disputer une part d'autorité : non seulement elle fut brisée, mais auparavant ses frères, qui gouvernaient ou commandaient les armées en Italie, privés des subsides qu'on leur avait promis, parce que le comtesse s'était approprié cet argent, ce qui fut cause de la mort ignominieuse du malheureux Semblançay, trésorier de l'Epargne, qui avait permis cette action odieuse par sa faiblesse pour la mère du roi ; — les frères de Mme de Châteaubriant, disons-nous, furent battus honteusement par les impériaux, avec lesquels les Italiens faisaient cause commune, en haine des Français qui les pillaient ; et par suite, le duché de Milan fut perdu pour la France : Mais Louise de Savoie était vengée !

Pour en revenir à l'affaire du connétable de Bourbon, qui fut encore plus grave dans ses conséquences, il nous faut remonter au mariage du comte d'Angoulême avec Claude de France (1514) ; car c'est à l'occasion de ce mariage que parut à la cour le jeune comte de Montpensier, et qu'il se distingua à tel point, dans les tournois et les divertissements de toute sorte qui s'y donnèrent, que, sa bonne mine aidant, il conquit le cœur rebelle de la comtesse d'Angoulême.

Charles de Bourbon, comte de Montpensier, avait alors vingt-quatre ans. Il était, paraît-il, extraordinairement beau, discret, libéral et vaillant ; quoique d'une grande franchise, il savait fort bien se conduire au milieu des intrigues de cour et mener à bien une négociation difficile. Mais il faut avouer qu'avec la comtesse, toutes ces qualités lui servirent de peu, ou plutôt le servirent mal.

Il était le troisième fils de Gilbert de Bourbon, comte de Montpensier, mort vice-roi de Naples, mais chassé de son gouvernement par les Napolitains révoltés, et le seul survivant de ses trois fils ; il appartenait en conséquence à la branche malheureuse de la famille de Bourbon, et s'il avait été superstitieux, il aurait pu mettre plus de prudence dans ses rapports avec son altière et puissante maîtresse.

Quoi qu'il en soit, Louise de Savoie amoureuse ne fit rien pour combattre sa passion naissante, ne doutant pas qu'elle n'eût le dénouement qu'elle espérait. Mais, contre son attente, Montpensier ne répondit point à sa flamme, soit qu'il craignît de donner de l'ombrage à celui dont il lui faudrait devenir le beau-père, soit plutôt

Philippe VI et Blanche de Navarre.

qu'il ne se souciait point d'épouser une femme acariâtre et orgueilleuse qui avait, pour comble de disgrâce, quelque chose comme quatorze ans de plus que lui. Il ne voulut pourtant pas désespérer tout à fait la comtesse, car il avait son chemin à faire, et il était ambitieux, quoique de mœurs honnêtes et pures qui faisaient vraiment tache au milieu de la dépravation générale. De sorte que la comtesse d'Angoulême, voyant que le cœur du jeune homme restait libre, et était plutôt indifférent qu'hostile, ne désespéra pas de le toucher à la fin, et fit tout ce qu'elle put pour y faire naître d'abord le sentiment de la reconnaissance, en attendant mieux.

C'est ainsi qu'elle obtint successivement pour son protégé le commandement de l'armée de Guyenne, où il fut heureux et celui de l'armée d'Italie qu'il refusa : ce refus, que les revers de ceux qui prirent ensuite ce commandement firent prendre pour le résultat d'une sorte de divination, ou d'une grande perspicacité tout au moins lui fit une réputation de sagesse et de discernement. Tout le monde, du reste, applaudissait à tout ce que faisait la comtesse pour l'avancement du comte de Montpensier, et peut-être songea-t-elle dès lors à lui faire donner l'épée de connétable; mais les affaires du jeune comte, devenu, par la mort des siens, l'aîné de Bourbon, prirent une tournure fort désagréable pour la comtesse d'Angoulême qui dut s'abstenir et observer.

Anne de Beaujeu, ennemie déclarée de Louise de Savoie, était restée veuve avec une fille appelée Suzanne, et son mari avait eu l'attention de ne mourir qu'après avoir recueilli la succession de Bourbon. Mais, en sa qualité d'aîné de cette maison, le comte de Montpensier revendiquait l'héritage, en vertu de la loi salique, passée en coutume dans cette famille, et qui dépouillait les femmes héritières directes, en faveur des héritiers mâles les plus éloignés.

La princesse Suzanne réclamait, par opposition, l'application pure et simple des lois de droit commun, qui donnaient à la plus opulente héritière les mêmes droits qu'à la fille du plus humble savetier.

Il est probable que l'arrêt à intervenir aurait donné raison à la princesse, quoiqu'il ne faille pas trop se fier aux arrêts de la justice ; mais il n'y eut point procès. La duchesse de Beaujeu était trop heureuse de cette occasion de se venger de la comtesse d'Angoulême pour ne pas la saisir avec empressement. Elle fit proposer discrètement la main de Suzanne de Bourbon au comte de Montpensier, afin que ni l'ambition, ni aucun autre sentiment, ne finisse par le convaincre d'écouter les soupirs de sa vieille adoratrice, et que la ruine des espérances de celle-ci fût d'autant plus complète.

Montpensier ne balança pas sur une proposition qui lui était doublement avantageuse, car il savait bien que, quand même les biens de la maison de Bourbon lui seraient adjugés par arrêt, ce qui était au moins douteux, il ne laisserait pas d'être inquiété, non seulement à cause de l'importance de la dot, du douaire etc., attribués à la duchesse de Beaujeu, à qui le madré Louis XI s'était appliqué à faire la plus grosse part possible, mais encore parce que cette princesse avait, grâce aux *bénéfices* réalisés pendant sa régence, éteint les dettes de la maison de Bourbon, qui montaient à une somme énorme qu'il faudrait naturellement lui rembourser.

En fin de compte, obtenir par arrêt du parlement les biens de la maison de Bourbon lui eût coûté presque aussi cher que de les payer à beaux deniers comptants.

Nous avons déjà dit que Montpensier était un jeune homme réfléchi. Il le prouva une fois de plus dans cette occasion, qui était trop belle pour qu'il la laissât échapper.

Il alla trouver le roi Louis XII (car il n'avait pas fallu un an pour que se produisissent tous les événements que nous venons de résumer, et pour que les fils de cette intrigue multiple fussent emmêlés à ce point). Montpensier alla donc trouver Louis XII, pour le prier de lui permettre de rechercher Mlle de Bourbon et d'avoir la bonté de vouloir bien la demander pour lui.

Le roi jugea cette union si convenable, qu'il la fit conclure en trois jours, à l'extrême irritation de la comtesse d'Angoulême, qui n'avait pas eu le temps d'y mettre des entraves.

N'ayant aucun autre moyen de se venger, elle alla trouver le duc d'Alençon, premier prince du sang, fiancé à la princesse Suzanne dès le berceau, et lui fit entrevoir que ce mariage était une insulte pour lui, une insulte qui demandait du sang !...

Le duc d'Alençon n'était pas d'un naturel féroce. Au contraire, s'il n'avait craint de s'attirer une mauvaise affaire avec les princes de Bourbon, dont la réputation de susceptibilité et de bravoure l'effrayait considérablement, il eût très volontiers renoncé à l'honneur d'épouser leur parente, car il aimait Marguerite de Valois, propre fille de la comtesse d'Angoulême. De sorte que celle-ci s'adressait assez mal. Le duc d'Alençon profita des confidences de la comtesse pour lui faire les siennes, qu'elle accueillit avec enthousiasme. Et c'est ainsi que la sœur de François Ier, bien qu'elle éprouvât une extrême répulsion pour ce prince, devint duchesse d'Alençon.

Bien entendu, le gendre de la comtesse d'Angoulême s'était engagé envers celle-ci à tout ce qu'elle avait voulu, voire à découper le Montpensier en une infinité de morceaux. Par bonheur pour sa réputation, la comtesse avait changé d'avis avant que le temps fût venu de lui demander l'exécution de ses engagements : Elle aimait toujours Charles de Bourbon, en dépit qu'elle en eût.

Oui, l'altière et vindicative Louise de Savoie s'humiliait! Au lieu de poursuivre sa vengeance envers l'ingrat, elle redoubla de bienfaits dans l'espoir de le séduire et de se l'attacher comme amant, à défaut de liens plus étroits.

Elle ne mit plus de bornes aux bienfaits dont elle voulait l'accabler, et la première chose qu'elle demanda à son fils devenu roi, ce fut l'épée de connétable pour Montpensier. Jeune et sans expérience, le nouveau roi ne put cependant s'empêcher de réfléchir au danger qu'il y avait à placer toutes les forces de l'État entre les mains d'un prince qui ne manquerait pas de le renverser pour se mettre à sa place, s'il avait autant d'ambition que de mérite et de naissance. Mais il devait finalement céder à l'ascendant que sa mère avait pris sur lui, et surtout à ses obsessions, et cela d'autant plus aisément que la comtesse s'en prit à son amour-propre, qui était fort grand, en lui représentant que, pour mériter, non seulement l'estime, mais encore l'admiration de ses sujets, il était de toute nécessité de leur faire savoir qu'il n'avait ni la timidité ni la bassesse d'âme de ses quatre prédécesseurs, qui n'avaient osé confier leur épée à des princes du sang, de crainte d'avoir ensuite à se défendre contre les entreprises de leur ambition.

Montpensier, devenu connétable en conséquence, sa femme accoucha d'une fille, en son château de Chantelle, où le roi voulut aller tenir l'enfant sur les fonts. Il y fut reçu par cinq cents gentilshommes feudataires de la maison de Bourbon, « vêtus de velours, la chaîne d'or au col, faisant trois tours et montés à l'avantage. »

Festins, tournois, comédies, ballets, mascarades, divertissements variés étalant un luxe inouï, furent prodigués, pendant son séjour à Chantelle, au roi profondément mortifié et furieux de jalousie de ce que le nouveau connétable avait semblé vouloir le lui disputer sous le rapport du faste et de la magnificence.

Son dépit éclata quelque temps après, à la marche de Valenciennes, où le duc d'Alençon reçut le commandement de l'avant-garde, qu'il avait sollicité, sous prétexte qu'étant premier prince du sang, il était par trop dur pour lui d'agir toujours sous les ordres du second, c'est-à-dire du connétable, mais en réalité parce qu'il savait bien qu'on ne se battrait pas ce jour-là. Le connétable, à cette sorte d'affront, entra dans une violente colère, et pensant avec quelque raison que le coup devait venir de la comtesse d'Angoulême, il se répandit contre elle en propos insultants qui lui furent rapportés avec une promptitude toute télégraphique.

Cependant la vieille comtesse avait le cœur si bien pris que, malgré le vif chagrin que lui causa cette nouvelle, elle ne se livra à aucun acte d'hostilité envers le coupable; et peut-être, après tout, n'y eût-elle pas eu recours de sitôt sans une circonstance qui se présenta et sans les encouragements que, pour lui faire sa cour, l'immonde personnage qui était pour lors le chef de la justice, vint lui donner.

Au mois de mai 1522, la femme du connétable de Bourbon mourait en couches, sans laisser d'enfants.

Le chancelier Duprat n'eut pas plutôt appris cette nouvelle qu'il se présenta chez la comtesse d'Angoulême, pour la féliciter d'un événement qui allait si bien servir ses intérêts de toutes les façons. En effet, la comtesse se trouvait la plus proche héritière de la défunte, et le chancelier se faisait fort, en attaquant le contrat de mariage du connétable, dans la rédaction duquel une petite irrégularité, facile à grossir, s'était glissée, de lui faire recueillir sa succession.

C'était dépouiller le connétable, ou le réduire, s'il tenait à la fortune que son mariage lui avait assurée, à épouser la comtesse d'Angoulême pour la conserver : c'est surtout cette conclusion, présentée comme inévitable par le chancelier, qui séduisait celle-ci.

Duprat fut autorisé à réunir les pièces nécessaires au procès. Pendant ce temps-là, Louise de Savoie essayait d'une nouvelle attaque contre le cœur cuirassé du connétable. Le négociateur qu'elle choisit fut Bonnivet.

Bonnivet était trop courtisan pour travailler de gaieté de cœur à l'élévation d'un nouveau favori ; en outre, malgré les mésaventures que lui avait attirées sa passion pour la duchesse d'Alençon, il l'aimait toujours, et si le roi n'avait pas fait son devoir de frère et de souverain, lors d'une certaine escapade de Bonnivet dont nous parlerons en temps convenable, celui-ci se doutait bien que le connétable, devenu le beau-père de la duchesse, se montrerait en pareille occasion d'une humeur toute différente. Toutes ces considérations faisaient de Bonnivet un ennemi naturel de Charles de Bourbon, et l'homme le moins propre à remplir la mission que voulait lui confier celle qui lui ouvrait si inconsidérément son cœur.

Cependant le connétable avait eu vent du procès qu'on préparait contre lui ; mais il ne faisait qu'en rire.

Il se croyait bien fort, le connétable, fort de l'excellence de son droit d'abord, car il n'entendait rien à la chicane et ignorait, comme l'enfant, les puissantes ressources de sa tortueuse casuistique. D'autre part, la reine Claude venait de lui témoigner justement le désir de lui voir épouser sa sœur Renée de France, plus tard duchesse de Ferrare, mariage qui lui eût apporté le tiers des terres allodiales de la maison de Bretagne, sans parler des autres avantages joints à cette union. Il s'en suit que le négociateur eut à peine besoin d'indiquer ses mauvaises dispositions pour se voir renvoyer avec un refus très net.

Dès lors le procès suivit son cours, et malgré la courageuse et honnête éloquence de Montholon, plaidant pour le connétable, tandis que Poyet, que Montholon devait plus tard remplacer aux sceaux, comme Poyet y devait remplacer Duprat, le connétable fut dépouillé.

Toutefois, on différa de prononcer l'arrêt, à la sollicitation de la comtesse d'Angoulême, qui voulut tenter un suprême effort. En réponse aux sollicitations de ceux de ses amis qui craignaient pour lui les conséquences de son opiniâtreté, le connétable fit demander au roi la main de sa belle-sœur Renée de France.

Mais, à son tour, François Ier répondit par un refus à la demande du connétable.

Outré de tant d'insultes gratuites, celui-ci prêta de dépit l'oreille aux propositions que Charles-Quint lui fit faire par le canal d'Adrien de Croy, comte de Rieux, premier gentilhomme de sa chambre ; et finalement, après toute une série d'incidents qui sont plutôt du domaine de l'histoire générale, il passa au parti de l'empereur et ne recula pas devant la terrible nécessité de prendre les armes contre sa patrie.

Il est juste de dire, quant à ce dernier point, que dans le « bon vieux temps » dont il s'agit ici, on n'y regardait pas de si près : peu de simples gentilshommes, et à plus forte raison de princes, étaient imbus de ces sentiments de patriotisme étroit qui ont cours dans l'odieux, abominable et pervers temps où nous avons le malheur de vivre.

Charles de Bourbon, lieutenant général dans l'armée impériale, chassa les Français d'Italie, contribua au désastre de Pavie et à la captivité de François Ier. Il envahit la Provence dont il enleva un grand nombre de places, et finit comme devraient finir les traîtres, quoiqu'il fût plus intéressant que la plupart d'entre eux. — Mais ceci n'est pas notre affaire.

« Ainsi, s'écrie le président de Thou, la duchesse (François Ier avait érigé en duché, à son avènement, le comté d'Angoulême) la duchesse d'Angoulême, qui avait été cause de la perte du Milanais, le fut encore du plus grand danger où se soit trouvé l'État. Sa passion triompha aux dépens du sang le plus pur, de la captivité du roi, des sommes immenses qu'il en coûta pour sa rançon, et peu s'en fallut du démembrement de la France. »

Et comment, dira-t-on, le roi laissait-il sa mère se livrer à toutes ces intrigues, dont le résultat était invariablement si désastreux pour la France et pour lui-même ? Son respect filial, sa condescendance pour les dames n'expliquent pas suffisamment l'indifférence coupable dont il semble avoir fait preuve dans tant d'occasions.

Certainement il y avait autre chose, et cette autre chose c'était l'amour du plaisir qui, chez François Ier, primait tout ; en exploitant cette disposition d'esprit qu'elle connaissait bien, peut-être pour l'avoir développée elle-même, Louise de Savoie était sûre de faire tout ce qu'elle voudrait de l'État; et elle fut, en effet, la véritable reine de France aussi longtemps qu'elle vécut.

« Connaissant, dit Montrésor, le caractère de son fils, vif et sensible au plaisir, pour l'éloigner des affaires, elle conduisait à sa suite tout ce qu'il y avait de beautés aimables et tendres. François Ier, qui était capable des plus grandes choses, s'était tellement livré au doux passe-temps des dames, que tout ce qui n'y avait pas rapport lui était indifférent.

« C'était ce que demandait Mme Louise, et elle ne se faisait pas faute de l'y encourager.

« Cette passion de l'amour, toujours funeste à qui s'y livre sans réserve, l'avait tourmenté dès sa première jeunesse, au point qu'il y sacrifiait tout. Aucuns même disent que, lorsqu'il fut roi, il appela à la cour toutes les dames de marque, fit préparer dans le palais des appartements à toutes celles qui avaient de la beauté, et prit des doubles clefs, afin de pouvoir y entrer à telle heure qu'il le jugerait à propos, sans être vu… »

L'année qui suivit la défection du connétable de Bourbon vit mourir la reine Claude. François Ier était donc veuf lorsqu'il éprouva ce terrible échec devant Pavie qu'il pouvait attribuer à bon droit au connétable. A son retour de captivité, il commença par protester contre le traité de Madrid qu'il avait signé et qui aliénait le quart de la France ; et à la suite de cette protestation, la guerre reprit entre l'empereur et le roi de France, et, pour cette fois, se termina, à notre désavantage, par le traité de Cambrai, connu dans l'histoire sous le nom de *paix des dames*, pour avoir été négocié par Marguerite d'Autriche, femme de Charles-Quint et Louise de Savoie (1530), et qui donna à François Ier la princesse Éléonore, sœur de l'empereur et veuve d'Emmanuel le Fortuné, roi de Portugal, pour seconde femme.

Ce fut le dernier acte politique de la mère de François Ier. L'année suivante, elle succombait à Grez, dans le Gâtinais, sous les coups d'une amie : la peste !

Il est vrai qu'elle avait commis l'impolitesse de fuir devant elle, de Paris à Fontainebleau, et de Fontainebleau... au diable, mais trop tard pour la tranquillité de tout le monde.

Il faut convenir que le roi François fut vraiment favorisé en femmes : après Claude de France, qu'on appelait « la bonne reine, » mais dont on n'écoutait guère les avis, il est vrai, Éléonore d'Autriche à qui l'on donne exactement le même surnom, et qui n'était pas plus écoutée, c'est vraiment jouer de chance.

Éléonore avait déjà servi d'appât à son frère pour attirer le connétable de Bourbon ; mais la situation autrement considérable que lui fit le traité de Cambrai ne l'éblouit pas, et elle tint à la cour magnifique du fastueux François, une place modeste, loin du bruit des orgies incessantes et des trames de l'intrigue toujours tendues. Malgré cette réserve, la calomnie ne l'épargna point, et l'on a fait du connétable de Montmorency son amant heureux ; mais tout dans sa vie plaide contre une pareille accusation qui n'est basée d'ailleurs sur aucun fondement solide ou même à moitié sérieux.

Charmé par la grâce modeste de sa nouvelle femme, François Ier se montra d'abord fort empressé auprès d'elle, mais elle eut bientôt perdu pour lui le plus précieux de ses charmes, celui de la nouveauté, et il ne tarda pas à retourner à ses maîtresses et à ses plaisirs habituels.

Éléonore, au témoignage des écrivains contemporains, s'efforça constamment de maintenir la paix entre ces deux rivaux présomptueux : son frère et son mari ; mais sans y parvenir, comme on ne le sait que trop. Et pourtant, comme il eût été bien plus raisonnable et bien plus profitable à ces deux entêtés de se tenir tranquilles, sans parler des peuples courbés sous leurs lois ! Mais ils ne pouvaient se passer de se battre, à ce qu'il paraît, pour avoir le plaisir de conclure ensuite des traités, et enfin, de se donner la satisfaction de les violer aussitôt que possible — pour recommencer après.

Elle prit une grande part au traité de Crespy, plus défavorable encore à la France que tous ceux qui l'avaient précédé, et cela de concert avec la duchesse d'Étampes, maîtresse favorite de son époux. Mais elle était étrangère et, n'ayant pas d'enfants de François Ier dont la santé déclinait visiblement, on peut lui pardonner d'avoir cherché à s'assurer un accueil plus empressé de la part de son frère, pour l'époque prochaine où elle serait veuve.

XI

Anecdotes de la cour et de la ville.

Sommaire. — La cour du roi-chevalier. — La « Dame des filles de joye. » — Ordonnancement de la solde mensuelle de ces filles. — Le mot *courtisan* prend décidément le féminin. — Les dames à la cour. — Une mesure d'hygiène royale. — Les amoureux de cour. — Honneur aux dames! — Mésaventure de Brisambourg, gentilhomme et mauvaise langue. — Les dames de la *petite bande*. — Leur crédit illimité auprès du roi. — Enchantement de maître Gonin. — Le poulailler du roi. — Un mari jaloux tenu à distance. — Exemples choisis de vengeances exercées sur leurs faibles femmes par des maris trompés. — Contre-partie : Une femme adultère trouve le moyen de faire condamner son mari à mort. — Danger d'avoir une femme honnête. — Spécimens des couplets du temps. — Marguerite de Navarre et l'*Heptaméron*. — Cause de la disgrâce du chancelier Poyet. — Un favori impudent : La reine de Navarre et Bonnivet. — Bonnivet rival de son maître. — Position critique d'un amiral. — La duchesse d'Étampes et la sénéchale. — Jalousie rétrospective du duc d'Étampes. — L'enquête juridique et ses conséquences. — Visite à Chambord. — *Souvent femme varie*. — La débauche élevée à la hauteur d'une institution. — Libéralités du cardinal de Lorraine. — Les maîtresses anonymes. — Aventure du beau Gruffy. — Extravagances de femmes. — Un homme à la Seine! — De Lorges dans la fosse aux lions.

A la cour de François Iᵉʳ, le roi des ribauds, qui a disparu depuis quelque temps déjà, est remplacé par une *Dame des filles de joie*, dont le titre caractérise assez brutalement les fonctions.

Une pièce curieuse, conservée dans nos archives nationales, fait plus que constater son existence. — Au reste, voici cette pièce :

« Françoys, par la grâce de Dieu, roy de France, à nostre amé et féal conseiller et trésorier de nostre espargne, maistre Jehan Duval, salut et dilection;

« Nous voulons et vous mandons que des deniers de nostredite espargne vous payez et baillez et délivrez comptant à Cecille du Viefville, dame des filles de joye suivant nostre cour, la somme de 45 livres tournois faisant la valeur de XX escus d'or à XLV sous pièce, dont nous lui avons fait et faisons don par ces présentes, tant pour elle que pour les autres femmes et filles de sa vacation, à départir entre elles ainsi qu'elles adviseront, et ce pour leur droict du moys de may dernier.

« Fasse ainsi qu'il est accoutumé de faire de toute anciennneté et rapportant cesdites présentes signées de nostre main avec quittance sur ce suffisante deladicte Cécille de Viefville;

« Seulement, nous voulons ladicte somme de XLV livres tournois estre passée et allouée en des dépenses de vos comptes et rabattue de vostre recepte de nostredite espargne par les amés et féaulx les gens de nos comptes auxquels par ces mesmes présentes mandons ainsi de faire sans aucune difficulté, car tel est nostre bon plaisir, nonobstant quelzconque ordonnances, restrictions, mandements ou défences à ce contraire.

« Donné à Paris, le dernier jour de juing de l'an de grâce 1540, de nostre règne le vingt-sixiesme.

« Signé : Françoys.

« Et plus bas :

« Bochetel. »

Cette pièce nous apprend, en outre, que les « filles de joie » ne touchaient pas très régulièrement ce qui leur y est attribué comme un « droict. »

Probablement les pensionnaires de Mᵐᵉ de Viefville étaient affectées au service de la valetaille, car elles n'eussent été d'aucune utilité soit pour le service du roi, soit pour celui des courtisans, avec les mœurs que le roi était parvenu à introduire à la cour, et qui faisait de toute grande dame qui y paraissait une véritable prostituée, au bout de quelque temps de pratique.

C'est du reste sous ce règne que le nom de *courtisan* prit le féminin : toute dame de cour devint dès lors une courtisane, et ce ne fut pas seulement de nom.

Avant François Iᵉʳ, les dames ne paraissaient à la cour que dans les grandes solennités, et encore en assez petit nombre. Sans doute Anne de Bretagne, dans un but excellent, a apporté un amendement à cette coutume, mais de si peu d'importance que ce n'est pas la peine d'en parler. En fait, les filles d'honneur d'Anne de Bretagne ne quittaient guère les jupes de leur maîtresse, au moins de vue; il n'en fut pas de même de celles de la reine Claude, la pauvre femme, — sans parler de celles dont s'entourait la comtesse d'Angoulême, dont le système devait recevoir tout son perfectionnement de Catherine de Médicis.

Mais François Ier emplit systématiquement la cour de femmes, et des plus nobles et naturellement des plus belles qu'on put trouver.

Suivant Brantôme, il avait pour but, en agissant ainsi « de faire l'amour bien royalement, dont pour ce, institua sa belle cour, fréquentée de si belles et honnestes princesses grandes et demoiselles, dont ne fit faute que pour se garantir des vilains maux et ne souiller son corps plus des ordures passées, s'accommoda et s'appropria d'un amour moins salaud, plus gentil, net et pur. »

Le fait est que, dans ses amours errantes, François Ier avait été de bonne heure désagréablement *pincé* à plusieurs reprises. C'était l'époque où florissait dans toute son horreur l'ignoble maladie dont quelques écrivains attribuent l'importation en Europe aux compagnons de Christophe Colomb, qui l'auraient *découverte* en Amérique presque en même temps que ce monde nouveau. C'était donc par mesure d'hygiène, que le roi s'entourait ainsi de « si belles et honnestes princesses grandes et demoiselles. »

Aussi n'épargna-t-il rien pour les attirer à la cour. A chaque instant des fêtes brillantes y étaient organisées; on y donnait des bals, ballets, comédies, tournois, etc.; et toujours en l'honneur des dames.

Quant aux courtisans, il était tacitement entendu qu'aucun, à moins qu'il ne fût vieux et caduc, ne pouvait se dispenser d'avoir une maîtresse, sous peine de forfaiture; il fallait de plus que le roi fût instruit des intrigues de tous, qu'il sût le nom de leurs maîtresses, et ce qui se passait de plus secret entre les couples amoureux. Si un de ses courtisans éprouvait quelque difficulté à se faire écouter d'une dame dont il convoitait les faveurs, volontiers il s'entremettait pour hâter la conclusion de l'affaire.

Enfin, s'il rencontrait ensemble deux personnes de sexe différent, s'entretenant d'une manière confidentielle, il s'informait du sujet de leur entretien et de la manière dont il était conduit; et s'il lui semblait manquer en quelque chose sous le rapport de la galanterie, il ne dédaignait pas, — au contraire, — à abaisser sa royale dignité jusqu'au rôle d'instituteur.

Cette sollicitude, — tranchons le mot, — cet espionnage de tous les instants avait bien quelque chose de gênant, on en conviendra; mais la familiarité d'un roi est chose si agréable en elle-même!

Avec cela, il ne fallait pas, sous aucun prétexte, mal parler des dames, à plus forte raison les maltraiter, fût-on leur mari et eût-on pour cela cent raison pour une : c'est ce qui explique comment le comte de Châteaubriant ne souffla mot et rongea son frein tant que sa femme fut à la cour. Pour ce qui est de mal parler des dames, le cas était presque aussi dangereux.

La cour passant le carême à Meudon, dans une retraite édifiante comme il va sans dire, l'un de ses gentilshommes servants, nommé Brisambourg, qui appartenait à une bonne famille de Saintonge, reçut l'ordre du roi, à la table duquel il servait de la viande, en vertu d'une dispense de Sa Sainteté, de porter quelques-uns des meilleurs mets à la table de la duchesse d'Étampes et de ses compagnes qu'on appelait les *dames de la petite bande*, ou la petite bande de Mme d'Étampes.

Brisambourg exécuta l'ordre, comme de raison, et avec les marques extérieures du plus profond respect, tant ici que là. Mais son

Odette et Charles VI.

service terminé, il s'avisa de faire en riant à ses compagnons la remarque que ces dames, malgré le carême, ne se contentaient pas... d'autre chose, et qu'elles se repaissaient aussi de chair cuite « tout leur benoist saoûl. »

Les vertueuses dames de la petite bande ayant 'eu vent de l'innocente plaisanterie du malheureux gentilhomme, elles portèrent aussitôt plainte au roi, qui faillit suffoquer de colère à cette nouvelle. Il ordonna aux archers de se saisir immédiatement du coupable et de le pendre sans autre forme de procès. Les archers n'eussent pas mieux demandé, mais par bonheur Brisambourg, prévenu à temps, avait pris la fuite.

On a bien d'autres exemples de la partialité de François Ier en faveur des dames, voire les plus méprisables ; mais celui-ci suffit amplement. Il nous suffira d'ajouter qu'à cette occasion, le roi-chevalier déclara solennellement que quiconque se permettrait de dire la moindre chose qui pût toucher en quoi que ce fût l'honneur des dames, serait pendu sans rémission.

Les femmes étaient en tel crédit auprès de lui, que toutes les charges s'obtenaient par leur protection, que toutes les grandes dignités étaient d'avance assurées à ceux qui les servaient le mieux, c'est-à-dire aux compagnons de débauche du roi, et avant tout aux parents, amis et serviteurs de la toute-puissante duchesse d'Étampes : il est à remarquer que la plupart des hauts dignitaires de l'Église étaient recrutés dans cette joyeuse phalange de plats valets gentilshommes.

Mais, bien entendu, quand on avait le roi pour complice, s'il était de prudence élémentaire de retenir sa langue, on pouvait toutefois se livrer envers les dames à des actions qui auraient très sérieusement compromis de simples gentilshommes.

Ainsi, il paraît que maître Gonin, magicien de la cour, offrait quelquefois au roi et à ses amis les plus intimes, par ses « inventions, illusions, sorcelleries et enchantements, » le spectacle assurément curieux de toute la collection des belles dames de la cour « devestues et nues, » ou de quelque chose qui produisait le même effet sur l'esprit étroit de ces messieurs.

En somme, les dames ne savaient rien de l'état dans lequel Maître Gonin se permettait de les représenter à leurs admirateurs insatiables ; il n'y avait donc pas grand mal à cela, à s'en rapporter aux doctrines de la morale courante. Elles étaient maîtresses, malgré tout, et c'étaient elles qui vraiment gouvernaient.

Les efforts du roi pour les grouper autour de lui commencèrent dès son avènement au trône. Aux Tournelles, au Louvre, à Meudon, à Chambord et autres lieux royaux, il faisait préparer des appartements à celles qui se recommandaient à son attention par leur beauté et par leur naissance ; précaution délicate, car il avait les clefs de leurs appartements et pouvait ainsi les visiter, sans scandale, à toute heure du jour ou de la nuit, à quoi il ne manquait.

Et, toujours d'après le même principe du *respect dû à l'honneur des dames*, il était défendu aux maris, sous peine de la vie, d'y trouver tant seulement à redire.

On raconte qu'un jour, rencontrant un mari qui, l'épée à la main, se rendait chez sa femme pour la tuer, ayant des raisons de n'être point satisfait de sa conduite, François l'arrêta et, lui mettant sa propre épée sur la gorge, le mit dehors et se rendit alors auprès de la dame fort effrayée, qu'il réussit pourtant à consoler.

— C'était là, dira-t-on, un mari bien circonspect. A sa place, je n'eusse pas hésité une minute à embrocher le galant de ma femme, tout roi qu'il fût.

Aujourd'hui, sans doute ; mais c'était alors le bon vieux temps.

Et puis il convient de dire que le roi n'allait qu'accompagné et convenablement armé. Il était toujours précédé d'un valet portant son épieu, et lui-même tenait une épée nue à la main. Lorsqu'il était chez la dame de son choix, son épée était toujours à portée de sa main et son épieu dressé contre le lit. En outre, le valet montait la garde à la porte.

Plusieurs maris royalement déshonorés, et qui peut-être en avaient tiré profit, ne se gênèrent toutefois qu'à moitié pour se venger de leurs femmes. On en cite un qui mit sa femme au pain et à l'eau et ne la visitait que pour se donner le plaisir de la faire dépouiller de ses vêtements et fouetter jusqu'au sang. Un autre fit sécher et languir la sienne jusqu'à ce que mort s'ensuivît, au moyen d'un poison lent dont on ne donne pas la recette, faute de la connaître. Un autre encore, après avoir fort agréablement passé la nuit avec la sienne, la régala d'une demi-douzaine de coups de dague : il est vrai que le chroniqueur ainsi que le roi, qui en était fatigué, pouvait très bien avoir conseillé cette exécution au mari. Le fait est qu'il put se présenter impunément à la cour après ce coup et même s'en vanter.

Enfin, les maris jaloux se vengèrent de toutes les façons sur leurs malheureuses femmes, et nous n'aurions pas fini tout à l'heure s'il nous fallait relever tous les traits de ce genre auxquels la licence extravagante des mœurs donnait lieu sous le règne du roi chevalier.

Il est vrai de dire que la femme la plus coupable, lorsqu'elle se voyait en danger d'expier à la fin ses criminels écarts, n'avait qu'à solliciter la protection du roi; quelque part qu'elle eût péché, cette protection ne lui faisait jamais défaut. Mais peut-être y avait-il un peu de politique, presqu'autant que de chevalerie, dans l'aimable attention qu'il prêtait aux discours des belles éplorées, surtout si elles pouvaient l'assaisonner de la révélation de quelque gros péché commis, projeté (ou supposé tel) par leurs maris assez imprudents pour se montrer cruels envers elles.

C'est ainsi que Mme de la Borne, aux adultères de laquelle son mari avait déclaré vouloir mettre fin, en même temps qu'à la vie de sa femme, monta sur l'échafaud, et n'en descendit qu'avec la tête de moins, n'ayant pas, comme Saint-Vallier, une fille qui pût la lui racheter et n'ayant rien de semblable à attendre de sa femme.

Il y avait naturellement quelques dames faisant exception à la règle commune, et pour lesquelles les appartements royaux, la protection royale n'avaient aucun attrait; il y en avait même parmi les femmes des hauts fonctionnaires. Mais dans ce dernier cas, il fallait que les maris marchassent droit : il y allait de leur vie à la moindre infraction; que si par une persécution bien conduite, on pouvait espérer que la femme se livrât au seul dispensateur des grâces pour sauver son mari, il était bien sûr de n'y point échapper longtemps, quelque honnêteté qu'il mît dans l'exercice de sa charge.

Ceci explique les nombreux procès en concussion qui distinguent cette époque. Il y avait des concussionnaires, sans doute : l'exemple venait de trop haut pour n'être pas suivi; mais pas autant qu'on le supposerait, et d'ailleurs peu de vrais voleurs de haut rang se mirent dans le cas d'être poursuivis. Il fallait si peu de chose pour se mettre à l'abri du glaive de la justice !

Bref, il n'y avait d'autre moyen de se pousser à la cour que de se munir d'une jolie femme; ou si l'âge s'y opposait, d'avoir eu soin, en temps opportun, de se prémunir de jolies filles.

Les chansons du temps, pour la peine, ne roulent guère que sur la perversion des mœurs, non qu'elles les flagellent comme il serait juste, mais du moins, et sans y mettre pourtant beaucoup de malice, elles les clouent au pilori de l'histoire. Un couplet, parmi tant d'autres, impossibles à citer pour la plupart, en donnera une idée.

> Quand viendra la saison
> Que les cocus s'assembleront,
> Le mien ira devant, qui portera la bannière;
> Les autres suivront après, le vôtre sera derrière;
> La procession en sera grande,
> On y verra une très belle bande

Un refrain dans le même goût, que l'on chantait aussi bien à la cour qu'à la ville, disait :

> Un cocu mène l'autre, et toujours sont en peine,
> Un cocu l'autre mène.

Du reste, pour trouver une image fidèle de la bonne société d'alors, il suffit de lire les *contes* de la reine de Navarre, sœur du roi, nouvelles écrites dans le langage licencieux qui était à la mode, qui déroulent des scènes tout aussi bien marquées au coin du temps, mais qui prêchent pourtant une morale plus honnête, ce qui les distingue des autres productions contemporaines.

Tout en déplorant le train des choses à la cour de son frère, où elle parut assez peu, Marguerite de Navarre ne manquait pas d'indulgence pour certains crimes résultant nécessairement des mœurs courantes, et c'est un peu cette indulgence qui causa la perte du chancelier Poyet.

Poyet étant en guerre ouverte avec la duchesse d'Étampes, un gentilhomme protégé par celle-ci, La Renaudie, qui fut plus tard le chef de la conjuration d'Amboise, se présenta un jour chez le chancelier pour lui réclamer impérieusement au nom du roi, que la duchesse avait su gagner à ses intérêts, réparation d'un préjudice que lui avait causé l'intervention dans un procès qu'il avait, du chef de la justice.

La reine de Navarre était présente à cette entrevue; Poyet, d'autant plus blessé du ton du gentilhomme, que cette scène avait la princesse pour témoin, ne put s'empêcher d'en marquer sa mauvaise humeur.

— Voilà, dit-il en se tournant vers la reine de Navarre, une preuve du bien que les dames font à la cour. Elles ne se contentent pas d'exercer leur empire, il faut encore qu'elles violent les lois et fassent la leçon aux magistrats les plus consommés dans l'exercice de leur charge.

Ces paroles ne s'appliquaient bien évidemment qu'au cas actuel et aux entreprises de la favorite; mais, par malheur, la reine Marguerite venait solliciter le chancelier en faveur d'un de ses domestiques qui se trouvait fort en peine pour avoir enlevé une riche héritière; de sorte qu'elle prit sa part de l'admonestation, et qu'elle en conçut un si grand ressentiment, qu'elle se ligua aussitôt avec la duchesse dans le but de ruiner Poyet, qui ne l'avait pas volé, si ce n'est pour cette affaire.

Comment le crédit d'un homme, même de grande valeur, tiendrait-il contre une pareille ligue? D'un côté, la maîtresse favorite, à qui rien n'était refusé; de l'autre, la sœur tout aussi tendrement aimée, quoique d'une autre manière, et non moins puissante. La perte de Poyet était donc assurée, et le malheureux, retors comme il était, n'y put cependant échapper.

La reine de Navarre, malgré sa liaison au moins passagère avec la duchesse d'Étampes, malgré ses nouvelles licencieuses de l'*Heptaméron* était de mœurs honnêtes. La quatrième nouvelle de ce recueil contient le récit d'une aventure dont elle est l'héroïne, et qui à elle seule suffirait à caractériser une époque.

L'amiral Bonnivet, qui fut tué à Pavie, était un des compagnons de débauche de François Ier, après comme avant son avènement, et ils s'entendaient si bien ensemble qu'ils se rencontraient souvent chez les mêmes femmes sans que le roi s'en blessât, quoique fort jaloux en tout de ses prérogatives. Abusant de sa position de favori, Bonnivet voulut s'attaquer à la princesse Marguerite, alors duchesse d'Alençon; mais il fut repoussé.

Le favori ne se tint pas pour battu. Voyant qu'il n'obtiendrait rien par les voies ordinaires, il eut recours aux grands moyens, et s'introduisit nuitamment dans la chambre de la duchesse d'Alençon. Eh bien, cette tentative audacieuse ne lui réussit pas mieux que l'autre; et cette fois il dut se tenir pour battu, et bien battu, jusqu'à en porter sur le visage des marques très cruelles et surtout visibles. Pour le coup il n'y revint pas. On dit pourtant que son amour pour la sœur du roi ne fit que s'en accroître et qu'il conserva ce sentiment toute sa vie.

Ce qu'il y a d'étrange dans tout cela, c'est que Bonnivet n'ait pas même reçu du roi les moindres reproches sur sa conduite avec la princesse Marguerite, car toute l'aventure fut connue de François Ier; mais sa complaisance pour son ami, à moins que ce ne soit son indulgence pour ce genre de faute, l'empêcha de s'en montrer offensé comme il nous semble qu'il l'aurait dû.

Un jour que Bonnivet était en visite chez une dame qui tenait de fort près au roi (nous aurions aussi bien fait de dire *une nuit*), le roi s'avisa de se rendre de son côté chez cette dame. Il frappe à la porte; mais on le fait un peu attendre, et pour cause.

En effet, la dame était fort en peine : Où cacher Bonnivet? Il n'y avait pas la moindre armoire, le moindre bahut qui pût remplir l'office de cachette. Enfin on avise la cheminée : c'était en été, et, suivant la coutume d'alors, cette cheminée, qui était spacieuse, avait été bourrée de branchages et de feuilles. Bonnivet s'y blottit en chemise, dissimulant sa présence le mieux qu'il put au moyen des feuilles et des branches.

Il était temps, le roi s'impatientait d'autant plus qu'il se doutait de quelque tour. Enfin tout s'arrangea le mieux du monde, et Sa Majesté, une fois admise dans la chambre de la « belle et honneste dame, » ne récrimina pas trop, soit que telle fût son humeur du moment, ou bien qu'il méditât quelque bonne petite vengeance.

Quoi qu'il en soit, voilà que vers le matin, François Ier éprouve un petit besoin naturel qui le chasse du lit. « Il voulut faire de l'eau, dit Brantôme, et se levant, la vint faire dans la cheminée, par faute d'autre commodité; dont il en eust si grande envie, qu'il en arrousa le pauvre amoureux plus que si l'on luy eust jetté un sceau d'eau, car il l'en arrousa, en forme de chantepleure de jardin, de tous costez, voire et sur le visage, par les yeux, par le nez, la bouche et partout; possible en eschappât-il quelque goutte dans la bouche. Je vous laisse à penser dans quelle peine estoit ce gentilhomme, car il n'osoit se remuer, et quelle patience et constance tout ensemble !... »

Cela fait, le roi se retira, et Bonnivet, sortant de derrière ses fagots, dut se laver et changer de linge, avant de rire avec la belle de la sotte aventure dont elle seule avait bien le droit de rire après tout. C'est au Louvre même que cette scène burlesque se passa, et l'héroïne n'est autre que l'altière duchesse d'Étampes dont la prédilection pour l'amiral n'était plus, depuis longtemps, un secret pour François Ier, qui pourtant ne s'en montra pas autrement affecté.

La duchesse était loin d'être fidèle à son royal amant, qui savait fort bien à quoi s'en tenir. C'est pourquoi la maîtresse du Dauphin, la toujours belle Diane de Poitiers, parlait si volontiers de la « liste des infidélités » de sa rivale, et nommait ou faisait nommer au Dauphin lui-même quelques-uns des privilégiés de la favorite, qu'elle détestait d'autant plus, qu'étant plus jeune qu'elle, la duchesse d'Étampes affectait sans cesse de la vieillir encore.

— Je suis née, disait-elle, l'année même du mariage de Mme la sénéchale.

Ce n'était pas exact. La vérité, c'est qu'il y avait entre la sénéchale et la duchesse six à sept années de différence, pas davantage. L'insulte n'était pas très grave non plus, mais elle suffit à mettre ces deux femmes en lutte l'une contre l'autre, à partager la cour en deux camps, et faillit presque ruiner la France à tout jamais.

Nous avons cité quelques exemples de vengeances terribles exercées sur leurs femmes par des maris trompés. Nous en avons cité le moins possible, parce que le sujet manque de gaieté, et que l'occasion s'était déjà présentée de raconter la mort tragique de Mme de Châteaubriant, ainsi que celles de la belle Ferronnière et du roi

François lui-même. Mais une des plus bizarres qui ait jamais été inspirée par la jalousie est à coup sûr celle dont s'avisa le mari de la comtesse d'Étampes, qui devait pourtant bien savoir à quoi s'en tenir quand il l'avait prise.

Le duc d'Étampes avait eu le singulier caprice de faire faire une enquête juridique sur la conduite de sa femme depuis son mariage !

Sans doute la duchesse s'était montrée peu aimable envers son mari, qu'elle méprisait, non parce qu'il l'avait épousée dans les conditions que l'on sait, mais parce qu'il était d'un tempérament froid et indifférent aux plaisirs de l'amour. Son mariage l'avait rétabli dans ses biens, et il avait reçu par surcroît divers avantages, avec le titre de duc d'Étampes; mais ensuite, il n'eut aucune part aux libéralités royales, et sa femme prit, à ce qu'il semble, un plaisir maladroit à le mécontenter.

Tant que le roi fut bien portant, la duchesse d'Étampes rit de l'enquête juridique de son mari; mais lorsqu'elle sentit que le dénouement funèbre approchait, il n'en fut plus de même, car elle se demandait où elle trouverait un refuge contre la persécution dont elle allait être inévitablement l'objet de la part de la grande sénéchale, élevée tout d'un coup au rang de favorite du roi, rang qu'elle n'occupait plus, elle-même, que pour un temps qui s'avançait rapidement vers son terme.

Que la jalousie du duc d'Étampes pût s'éteindre avec son objet, c'était dans les probabilités, mais il avait tant de raisons de garder du ressentiment! C'est par ces considérations pénibles que la duchesse fut amenée à trahir son pays pour s'assurer un refuge à l'étranger.

Mais, en vérité, nous ne voulons pas l'en excuser.

François Iᵉʳ — qui ne variait pas, sans doute — avait, comme nous venons de le voir, appris à ses dépens que « souvent femme varie. » A propos de cette maxime, Brantôme raconte qu'étant allé visiter Chambord, un vieux concierge qui avait été valet de chambre du roi François, la lui fit lire, écrite de sa main, à côté de la fenêtre de sa chambre. Il était accompagné d'un gentilhomme du Périgord, nommé M. de La Roche, qui lui fit à ce sujet la remarque suivante :

— Pensez, dit-il, que quelques-unes de ces dames qu'il aimait le plus, et de la fidélité desquelles il s'assurait le plus, il les avait trouvées varier et lui faire de faux bonds, et en elles avait découvert quelque changement dont il n'était guères content, et, de dépit, en avait écrit ce mot.

Le vieux concierge repartit au gentilhomme :

— C'est cela, vraiment, ne vous en pensez pas moquer : car de toutes celles que je lui ai jamais vues et connues, je n'en ai vu aucune qui n'allât au change plus que ses chiens de la meute à la chasse du cerf; mais c'était avec une voix fort basse, car s'il s'en fût aperçu, il les eût bien relevées.

Et Brantôme d'ajouter :

« Voyez, s'il vous plaît, de ces femmes qui ne se contentent ni de leur maris, ni de leurs serviteurs, grands rois et princes et grands seigneurs ; mais il faut qu'elles aillent au change, et que ce grand roi les avait bien connues et expérimentées pour telles, et pour les avoir débauchées et tirées des mains de leurs maris, de leurs mères, et de leurs libertés et viduités. »

Parbleu! c'est bien évident. Comment les ayant débauchées et arrachées des mains de leurs maris ou de leurs mères pour en faire des femmes perdues, comment en encourageant, en protégeant ouvertement la débauche, pouvait-il espérer qu'il lui suffirait de les élever à lui, quelquefois pour un temps seulement, pour qu'elles revinssent à la vertu? — C'est par trop de présomption, en dépit du « bon plaisir » royal.

L'exemple était bon à suivre, à ce qu'il paraît, car c'était à qui se donnerait le ton de débaucher femmes ou filles, croyant faire ainsi mieux sa cour, et la faisant en effet.

Le cardinal de Lorraine, renommé pour ses prodigalités, fut un de ceux qui se distinguèrent le plus dans cette voie honorable. Il y allait assez brutalement, et c'est par de riches présents, des bombances, des poignées d'or, en ce temps où cette sorte de marchandise était rare, qu'il opérait ses édifiantes conversions. S'il apercevait à la cour quelque visage nouveau qui en valût la peine, Son Éminence l'accostait aussitôt, fille ou femme, entamait la conversation, lui montrait son ignorance de toute chose et se chargeait de la *dresser*.

Aussi disait-on qu'il n'y avait guère de femmes ou de filles à la cour, ou fraîchement débarquées, qui ne fussent débauchées ou attrapées par sa propre avidité et par les largesses de monsieur le cardinal.

Il faut croire, au bout du compte, que les femmes et les filles de ce temps-là étaient faciles à débaucher, — du moins celles qui briguaient l'honneur de résider à la cour, car sans doute il en était d'autres qui eussent méprisé les présents les plus riches et les « bombances » les plus abondantes. Pour celles de la cour, nous pouvons, tout compte fait, nous en tenir à cette appréciation de Brantôme : « Peu ou nulles sont sorties de cette cour femmes ou filles de bien. »

Il y avait, d'autre part, de grandes dames qui, elles aussi, séduisaient, par des présents plus ou moins riches, des amoureux rebelles ou simplement trop pauvres pour mener un état en rapport avec leur condition actuelle.

Il y en avait d'autres qui avaient recours à un moyen habile pour échapper à cette nécessité d'entretenir leurs amants, quand leur attention s'était ainsi abaissée sur un pauvre hère. Témoin cette grande dame amoureuse du beau Gruffy, écuyer de l'écurie du roi François.

Gruffy, ayant accepté les propositions d'un valet de chambre qui lui était inconnu, était tous les soirs conduit par ce valet dans l'appartement d'une très grande dame demeurant au palais, les yeux bandés et après avoir parcouru à tâtons une infinité de couloirs et d'escaliers. Au toucher, il pouvait reconnaître que sa bonne fortune était certainement digne d'envie, mais c'était tout. La dame qui, à ce qu'il paraît, avait dans le jour diverses occasions d'adresser la parole à Gruffy, la nuit ne soufflait mot, de peur de se trahir. De sorte que l'heureux amant, malheureux en ceci, mourut sans savoir le nom de sa maîtresse.

Beaucoup d'autres grandes dames, au reste, agissaient de la même façon, soit par économie, soit pour ménager leur réputation : s'il se fût agi d'un grand seigneur, il va sans dire qu'une telle liaison était au contraire de celles qu'une femme affichait et dont elle tirait gloire, honneur et quelquefois profit.

Toutes les extravagances étaient d'ailleurs à l'ordre du jour; et la moindre des choses que l'extravagance affectât un air chevaleresque, il n'y avait plus de raison pour qu'elle ne dépassât toute limite.

C'est ainsi que la maîtresse de Genlis, un jour qu'il traversait la Seine avec elle, en face du Louvre, ayant laissé tomber son mouchoir à l'eau, demanda à son fidèle chevalier d'aller le lui chercher. Genlis, qui nageait à peu près comme une pierre, lui exprima ses regrets; mais la belle le trouva impertinent et couard, de prétendre qu'il fallait savoir nager pour exécuter l'ordre donné par une femme qu'on aime.

Le pauvre diable de gentilhomme se trouva t-il blessé de ce nom de *couard* qui lui était si libéralement octroyé? c'est possible. En tout cas, n'hésitant plus, il risqua le plongeon, et sans un bateau arrivé promptement à son secours, il restait au fond.

Celle de de Lorges, vaillant capitaine en son temps et jouissant d'une grande réputation de bravoure, soumit son amant à une épreuve non moins dangereuse, dont il se tira à son honneur mais aussi se vengea comme il fallait.

Un jour que le roi faisait combattre des lions dans la cour du Louvre, la belle dame, ne voulant pas s'en rapporter a la voix publique publiant la valeur de son amant, laissa tomber intentionnellement son gant dans l'arène où les terribles fauves étaient occupés à se déchirer en conscience, pour le grand plaisir de cette cour modèle, le roi en tête avec Mme d'Étampes et les dames de la grande et de la petite bande. Elle pria alors de Lorges d'aller lui chercher ce gant qui venait de lui échapper, s'il voulait lui prouver son amour de manière à ce qu'elle n'en pût douter — et sans doute aussi son intrépidité, bien qu'elle ne le dit pas tout haut.

Sans hésiter, de Lorges, sa cape au poing, l'épée nue à l'autre main, descend résolument dans l'arène, ramasse le gant de l'aimable grande dame, et le lui rapporte, — mais non dans la posture traditionnelle du galant chevalier, car on dit qu'il le lui jeta brutalement au nez et se retira ensuite en jurant de ne plus revoir une femme dont la folle présomption l'avait rendu ridicule.

Ridicule, toutefois, il ne l'était qu'à ses propres yeux qui appréciaient sainement les choses et étaient les seuls de toute l'assistance organisés pour cela : Tout le monde, au contraire, était émerveillé de tant d'audace, et il n'eût tenu qu'à lui de recevoir une ovation que le roi était certainement d'humeur à autoriser.

Mais il faut dire que dans une cour aussi dissolue, où des combats de bêtes fauves sont devenus un ragoût appétissant, l'extravagance dont de Lorges avait à se plaindre était bien naturelle. Sur le chemin des insanités, il ne se rencontre pas de barrières infranchissables.

De Lorges était, en effet, l'un des hommes les plus énergiques de cette époque. C'est son fils, Gabriel de Montgomery, sire de Lorges, qui blessa involontairement le roi Henri II dans un tournoi où celui-ci voulut rompre à toute force une dernière lance avec lui à visière levée, blessure dont il mourut.

Agnès Sorel à la cour de Charles VII.

XII

Les favorites.

Sommaire. — La première favorite du roi François. — Un mari jaloux. — Le comte de Châteaubriant invité à présenter sa femme à la cour, n'y met aucun empressement. — Une précaution ingénieuse. — Le valet confident. — Trahison. — Mme de Châteaubriant à la cour. — Retraite du comte. — La maison de Foix à la curée. — Mère et maîtresse. — Fin tragique de la comtesse de Châteaubriant. — Une version toute différente. — Varillas ou Brantôme. — Devises d'amour fondues en lingots. — Echange de bons procédés. — Diane de Poitiers sauve la vie à son père. — La grande sénéchale. — Le fils après le père. — Prévoyance délicate d'une mère. — Anne de Pisseleu présentée au roi à son retour de captivité. — Ce qu'était Mlle d'Heilly. — Elle devient duchesse d'Etampes. — Politique prudente. — Les conseillers du roi. — Poyet nommé chancelier en remplacement de Duprat. — Favorite contre favorite. — Disgrâce de l'amiral Chabot. — Ce que coûte à entretenir une maîtresse de roi affligée d'une famille nombreuse et famélique. — Charles-Quint en France. — La comédie de la bague. — Patriotisme éclairé de la duchesse d'Etampes. — Elle triomphe de ses ennemis. — Benvenuto Cellini et le Primatice. — Le « chétif personnage » forcé de céder à celle « qui gouverne le monde. » — L'approche du moment critique. — Mort de François Ier. — Mme de la Bourdaisière. — Histoire (ou légende) de la *Belle Ferronnière*. — Son épitaphe.

La comtesse de Châteaubriant fut la première inclination sérieuse de François Ier, à dater de son avènement au trône. La comtesse de Châteaubriant était fille de Phœbus de Grailly, prince de la maison de Foix, et elle avait en partage, si l'on en croit les écrivains contemporains, toutes les grâces du corps et de l'esprit. Est-ce dès l'époque de son mariage qu'elle était si bien pourvue? Ils ne le disent pas; mais comme elle n'avait pas encore douze ans lorsqu'elle épousa le comte de Châteaubriant, à qui la famille de Foix l'accorda sans peine, parce qu'il ne réclama aucune dot, il est difficile de croire que toutes les grâces du corps lui fussent dès lors réparties.

Quoi qu'il en soit, une fille naquit bientôt de cette union prématurée, et Châteaubriant, qui tenait son trésor caché dans un coin ignoré de la Bretagne, nageait dans les flots d'une félicité sans mélange et dont rien ne pouvait lui faire pressentir le terme, quand François Ier, sur les conseils de sa mère, dit-on, s'avisa de décider que les dames, qui n'avaient paru jusque-là à la cour que dans les grandes cérémonies, y seraient désormais admises d'une manière permanente.

Comme de raison, le comte de Châteaubriant fut invité à y présenter sa femme; mais soit jalousie, soit tout autre sentiment, il réussit longtemps à différer le moment de cette présentation.

« Ses défaites, dit Sauval, étoient si galantes et accompagnées de circonstances si vraisemblables, qu'il n'y avoit pas lieu de le soupçonner d'artifice : il rejettoit toute la faute sur l'humeur particulière de la comtesse, et la faisoit passer pour une beauté farouche, qu'il étoit impossible d'apprivoiser; mais toute sa prévoyance ne put détourner le malheur de son étoile. Une affaire imprévue dans laquelle il s'agissoit de tout son bien l'appela nécessairement à la cour, et l'arracha de la Bretagne où il se seroit estimé heureux de pouvoir passer toute sa vie.

« Comme il prévoyoit que son voyage seroit de durée, il donna la gêne à son esprit pour chercher un expédient capable d'éviter les importunités du roi, sans s'ôter la liberté de la mander (la comtesse) quand il lui plairoit.

« Après en avoir examiné plusieurs, il n'en trouva point de meilleur que de faire faire deux bagues d'une invention bizarre, et pourtant si semblables qu'on ne pût les distinguer, et de s'en servir pour faire entendre à sa femme quelles seroient ses intentions. Il en retint une et donna l'autre à la comtesse, en lui disant qu'il alloit à la cour où il seroit peut-être obligé de la faire venir, mais qu'elle n'ajoutât aucune foi à ses lettres, si elle n'y trouvoit enfermée la bague qu'il se réservoit.

« La comtesse ne fit pas beaucoup de réflexion sur le discours de son mari, parce qu'aiant toujours été à plus de cent lieues de la cour, elle n'en connoissoit ni les divertissemens, ni les dangers; elle se contenta donc de serrer la bague, et de répondre qu'elle ne manqueroit pas d'obéir.

« Le comte reçut du roi un accueil favorable, et pourtant mêlé de reproches pour n'avoir pas mené sa femme; mais comme il avoit beaucoup d'esprit, il s'excusa le plus longtemps qu'il put sans rien promettre. Il feignit ensuite de laisser la chose à la disposition de la comtesse, et lui écrivit même dans les termes que la cour voulut lui prescrire : mais comme elle ne vit point de bague, elle répondit toujours par quelque nouvelle défaite.

« La collusion auroit duré davantage si le comte eût gardé le secret; mais il avoit un valet de chambre qui le gouvernoit absolument, et pour qui il n'avoit rien de réservé. Ce domestique lui voyant faire beaucoup d'état d'une bague qui ne paroissoit pas extraordinairement riche, lui en demanda la cause, et le comte lui repartit imprudemment que c'étoit parce qu'elle contenoit le secret de faire venir sa femme.

« Le valet de chambre ne connut pas d'abord le sens des paroles de son maître, mais il y fit depuis tant de réflexions qu'il devina une partie de la vérité ; et comme il avoit été tenté diverses fois de servir la cour au préjudice du comte, il alla trouver ceux qui l'avoient sondé, et leur dit qu'il mettoit en leurs mains le moïen de faire venir sa maîtresse, pourvu qu'on le mit en état de se passer du comte.

« Le marché fut conclu et la bague dérobée.

« On la mit entre les mains d'un orfèvre habile, qui en fit une si semblable, que le valet de chambre même ne put la discerner. La fausse fut mêlée parmi les bijoux du comte, et on réserva la vraie pour tirer sa femme de sa retraite.

« On fit entendre au comte qu'on ne pouvoit croire qu'il écrivît sincèrement à la comtesse de venir à la cour ; et sur l'offre qu'il fit d'employer les termes les plus touchans, et de donner sa lettre au courrier que l'on choisiroit, on le prit au mot, et on renferma la bague dans la lettre.

« La comtesse, abusée par cet artifice, partit de Châteaubriant, et fit tant de diligence que son mari la vit avant d'avoir su qu'elle devoit venir. Il ne fut pourtant pas si surpris de son arrivée que des deux bagues qu'elle lui montra, et il reconnut qu'il avoit été trahi, mais il ne se souvint pas qu'il avoit donné lui-même occasion à la perfidie. Il accusa le ciel de sa propre faute, et partit sur-le-champ pour retourner en Bretagne, de peur d'être témoin de sa honte.

« La comtesse, abandonnée par celui qui avoit le plus d'intérêt à la conservation de son honneur, fit ce qu'on devoit attendre d'une vertu qui n'avoit pas encore été éprouvée. Elle résista quelque temps, et céda enfin aux importunités du roi.

« Elle prit d'abord un grand ascendant sur l'esprit de ce prince ; et elle auroit fait élever le comte aux premières charges de l'État, s'il eût été d'humeur à préférer l'ambition à l'honneur, mais il refusa toujours ce qu'il soupçonnoit lui être offert en considération de sa femme, et ne voulut plus entendre parler d'elle, sous quelque prétexte que ce fût.

« Lorsque la comtesse vit que son époux s'opposoit avec tant d'opiniâtreté à tout ce qu'elle vouloit faire pour sa fortune, elle songea à pousser ses frères. Ils étoient tous aussi braves qu'elle était belle.

« Elle fit donner à Lautrec, qui était l'aîné, le gouvernement du Milanais, après que le connétable de Bourbon s'en fut démis...

« Elle fit quitter la soutane à Lescut, son jeune frère, nommé à l'évêché d'Aire, et obtint pour lui ce même emploi, pendant que Lautrec (qui avait été forcé de le quitter) régloit ses affaires domestiques en Guyenne... »

Mais Lescut, connu dès lors sous le titre de maréchal de Foix, présomptueux et avide, ne tarda pas à se faire détester des Milanais par ses extorsions abominables. Lautrec, qui ne s'était guère mieux conduit à Milan, fut contraint d'aller reprendre son gouvernement, abondamment pourvu de brillantes promesses, mais, au demeurant, sans le sou. De sorte que, dès son arrivée, il commença à se procurer des fonds par le moyen facile et prompt de la confiscation sommaire.

D'une part, la conduite ignoble des frères de Mᵐᵉ de Châteaubriant dans le Milanais, dont ils n'avaient dû le gouvernement qu'à la position honteuse de leur sœur auprès du roi ; de l'autre, la haine jalouse de la comtesse d'Angoulême contre la favorite : telles sont les deux seules causes de la perte du duché de Milan, sans parler des catastrophes particulières qui en furent la conséquence. Mais, le roi-chevalier ne pouvait faire autrement que d'obéir aux moindres fantaisies des « dames » comme c'est le devoir de tout vaillant chevalier.

Qu'importait l'intérêt du pays à l'inventeur de cette monstruosité cynique : le *bon plaisir* royal ?

Ainsi quand Lautrec avait dû quitter son gouvernement pour venir se marier, car c'était pour cela seulement, il avait laissé à Milan, pour l'y remplacer provisoirement, un gentilhomme d'Auvergne nommé Téligny-Gentil, lequel était fort aimé des Italiens, et en eût fait tout ce qu'il eût voulu, — Mais il n'avait pas l'honneur du moindre lien de parenté avec une prostituée royale, et on lui substitua l'évêque d'Aire, depuis maréchal de Foix.

Les complications qui résultèrent de tout ceci, forcèrent le roi à se rendre en Italie où, après une série de revers dont nous n'avons pas à nous occuper ici, il fut fait prisonnier à Pavie.

C'est dans ce temps-là que, pour fuir les persécutions de Louise de Savoie, comtesse d'Angoulême, Françoise de Foix, comtesse de Châteaubriant, courut au-devant de sa destinée.

« La comtesse de Châteaubriant, dit Sauval, se voiant exposée à la haine de cette princesse, qui étoit demeurée régente pendant l'absence de Sa Majesté, ne savoit à qui recourir. L'aîné de ses frères avoit été confiné dans la Guienne, le second avoit été tué à la bataille de Pavie, et le troisième avoit perdu la liberté et la vie en recouvrant la Navarre. Comme il n'y avoit point de retraite pour elle parmi les siens, elle fut contrainte d'en chercher une à Châteaubriant.

« Son mari la reçut d'une manière qui, toute bizarre qu'elle étoit, faisoit pourtant espérer qu'il pourroit s'adoucir à la fin.

« Il ne la voulut point voir, et la fit enfermer dans une chambre qui sembloit être destinée à la pénitence, puisque tout l'ameublement en étoit noir. Il permit à leur fille, qui avoit déjà sept ans, de manger avec elle, et ne pouvoit s'empêcher lui-même de la regarder quelquefois pendant le repas, d'un lieu où elle ne le voyoit point, ni de comparer la beauté naissante de l'une à celle de l'autre, qui étoit dans le point de sa perfection.

« Ce traitement ne dura que six mois, parce que la fille ne vécut pas plus longtemps ; et le comte n'aiant plus devant les yeux cet objet uniquement aimé, qui lui demandoit grâce pour l'autre, il ne pensa plus qu'à sa vengeance. Il entra dans la chambre de sa femme avec six hommes masquez, et deux chirurgiens qui saignèrent la comtesse aux pieds et aux jambes et la laissèrent mourir en cet état.

« Le roi, à son retour, se proposa d'abord de faire une punition exemplaire des coupables, mais une nouvelle inclination lui fit bientôt perdre le souvenir de la première.

« Le comte ne s'oublia pas dans l'excès où la jalousie l'avoit porté : il prévint les poursuites de la justice par un exil volontaire, et demeura parmi les étrangers tant que la maison de Foix fut en état de le poursuivre. Il s'adressa ensuite au connétable de Montmorency, dont la faveur s'étoit augmentée par la mort de Bonnivet et de Montchenu, qui avoient partagé avec lui la bienveillance du roi. Le comte offrit de lui faire une donation entrevifs, pourvu qu'il le tirât d'affaires ; et Montmorency aima mieux acquérir la terre de Châteaubriant par cette voie que par celle de la confiscation, qui l'auroit engagé dans des démêlés éternels avec la maison de Laval dont le comte tiroit son origine.

« Quelques critiques, ajoute Sauval (et c'est justement pour cela que nous l'avons cité de préférence), ont prétendu que M. de Varillas, de qui j'ai tiré ces mémoires, avoit été mal informé, que la comtesse de Châteaubriant s'étoit réconciliée avec son mari, et qu'elle n'étoit morte que dix ans après le retour du roi : mais il y a si bien répondu, que j'ai cru que la fin tragique de la comtesse devoit demeurer pour constante, et je n'ai fait nulle difficulté de suivre mot à mot ce célèbre historien. »

Une anecdote racontée par Brantôme contredit absolument cette version de la fin tragique de Mme de Châteaubriant, publiée pour la première fois dans l'*Histoire de François Ier* de Varillas ; et ce qu'il y a de plus curieux, c'est que Sauval, qui l'adopte et la défend des attaques dont elle fut l'objet, dans ses *Galanteries des rois de France*, s'approprie, suivant sa coutume, l'anecdote de Brantôme, dans son *Histoire et recherches des antiquités de la ville de Paris*, sans paraître s'apercevoir de la contradiction.

Comme nous ne saurions démêler la vérité dans cette confusion, nous mettrons tout bonnement l'anecdote en question sous les yeux du lecteur, qui en fera ce qui lui semblera convenable.

« J'ai ouï conter, et le tiens de bon lieu, dit Brantôme, que lorsque le roy François Ier eut laissé Mme de Châteaubriant, sa maîtresse fort favorite, pour prendre Mme d'Estampes, que madame la régente avoit prise avec elle pour une de ses filles, et la produisit au roi François à son retour d'Espagne à Bordeaux, laquelle il prit pour sa maîtresse ainsi qu'un clou chasse l'autre, Mme d'Estampes pria le roy de retirer à ladite dame de Châteaubriant tous les plus beaux joyaux qu'il lui avoit donnés, non pour le prix et la valeur, car pour lors les perles et pierreries n'avoient pas la vogue qu'elles ont eue depuis, mais pour l'amour des belles devises qui y étoient mises, engravées et empreintes, lesquelles la reine de Navarre, sa sœur, avoit faites et composées, car elle en étoit très bonne maîtresse.

« Le roy François lui accorda sa prière, et lui promit qu'il le feroit, ce qu'il fit ; et, pour ce, ayant envoyé un gentilhomme vers elle pour les luy demander, elle fit de la malade sur le coup, et remit le gentilhomme dans trois jours à venir, et qu'il auroit ce qu'il demandoit.

« Cependant, de despit, elle envoya quérir un orfèvre et luy fit fondre tous ces joyaux, sans avoir respect et acception des belles devises qui y estoient engravées ; et après, le gentilhomme tourné, elle luy donna tous les joyaux convertis et contournés en lingots d'or.

« — Allez, dit-elle, portez cela au roy, « et dites-luy que, puisqu'il luy a pleu me « révoquer ce qu'il m'avoit donné si libé- « ralement, que je luy rends et renvoye en « lingots d'or. Pour quant aux devises, je « les ay si bien empreintes et colloquées en « ma pensée, et les y tiens si chères, que « je n'ay peu permettre que personne en « disposast, en jouist et eust du plaisir, « que moy-même. »

« Quand le roy eut reçu le tout, et lingots et propos de cette dame, il ne dit autre chose sinon :

« — Retournez-luy le tout ; ce que j'en « faisois, ce n'estoit pour la valeur (car je « luy eusse rendu deux fois plus), mais « pour l'amour des devises ; et puisqu'elle « les a fait ainsi perdre, je ne veux point « de l'or, et le luy renvoye ; elle a monstré « en cela plus de courage et de générosité « que n'eusse pensé pouvoir provenir d'une « femme. »

« Un cœur de femme généreuse dépité, conclut Brantôme, et ainsi desdaigné, fait de grandes choses. »

Il est fort difficile de concilier ceci avec le récit de la mort de Mme de Châteaubriant donné par Varillas et par Sauval. Nous ne pouvons malheureusement démêler la vérité avec les documents vagues en notre possession ; nous devons dire toutefois que Varillas prétend tenir ses renseignements sur cette tragique histoire de mémoires tirés des archives de Châteaubriant par le président Ferrand, et que Varillas était un écrivain sérieux, tandis que Brantôme, dans son amour du bavardage, a fait souvent de singulières confusions, même en racontant des faits contemporains.

En fait, le comte de Châteaubriant fait tache dans le cortège des gentilshommes avides et corrompus de ce temps, car il refuse constamment de profiter du déshonneur de sa femme, quand on voit les frères mêmes de celle-ci toujours en quête de nouvelles faveurs. C'est évidemment un caractère honnête, mais sombre et vindicatif, et l'on ne voit pas quel autre dénouement un homme de cette trempe pouvait donner à cette aventure.

Enfin nous ne serions nullement étonné que cette maîtresse délaissée à qui François Ier, à l'instigation de sa nouvelle favorite, fit redemander les bijoux qu'il lui avait précédemment offerts, fût tout bonnement Diane de Poitiers, et voici pourquoi :

Le connétable de Bourbon avait entraîné dans sa révolte plusieurs seigneurs, parmi lesquels se trouvait Jean de Poitiers, seigneur de Saint-Vallier, père de Diane qui, après avoir été attachée à la personne de la comtesse d'Angoulême, était alors fille d'honneur de la reine Claude. C'était une fort belle, et jeune, et gracieuse personne, et c'est bien aussi à cause de tant d'attraits que son père l'avait introduite à la cour, pour s'assurer une protection efficace, en cas de malheur.

Saint-Vallier avait pensé juste. Poursuivi pour crime de haute trahison, il avait eu la maladresse de se laisser prendre. On lui avait en conséquence fait son procès, et il avait été condamné à avoir la tête tranchée.

Diane, atterrée par cette horrible nouvelle, n'hésita pas une minute, elle alla se jeter aux pieds du roi, criant grâce pour son père, inondée de ses larmes et dans tout le désordre d'un violent désespoir. François Ier, ému comme il convenait à son tempérament, promit la grâce du père pour prix du déshonneur de la fille.

Ce qu'il y a de vraiment atroce dans cette sale affaire, c'est que, malgré tout, on eut la cruauté de mener Saint-Vallier au supplice et de lui laisser croire, jusqu'au dernier moment, qu'il le subirait. De sorte que ce malheureux monta sur l'échafaud dressé en place de Grève, subit toutes les lugubres cérémonies qui précèdent l'instant fatal, et qu'on ne le lâcha qu'à cet instant même. Il en éprouva une si belle peur, qu'une fièvre qui le prit dans ce moment-là ne le quitta plus de toute sa vie. Pourtant il eut le courage, en descendant de l'échafaud, de faire au prix que sa fille avait payé pour lui conserver la vie une allusion grossière, obscène même, qui prouve bien la bassesse de son âme, non moins grande toutefois que celle de la plupart des gentilshommes de ce temps.

Mais c'était une habitude consacrée. Les maris et les pères faisaient des tours pendables, trahissaient, volaient, pillaient, assassinaient ; les femmes et les filles se prostituaient, et tout allait le mieux du monde.

De temps en temps on décollait quelque seigneur (pour l'exemple) qui n'avait pas de prostituée à livrer au roi, et cela faisait compensation. C'est ainsi que l'honnête Semblançay, pour n'avoir point défendu avec assez d'énergie sa caisse contre le pillage organisé du roi-chevalier et de sa digne mère, mais surtout pour s'être constamment tenu à l'écart des intrigues de cour, fut ignominieusement pendu à Montfaucon !

Mais, pour en revenir à Diane, il est à remarquer qu'à l'époque où elle se livra ainsi à la lubricité du roi (1523), elle était déjà la *grande sénéchale*, pour avoir épousé, à quinze ans, Louis de Brézé, grand sénéchal de Normandie, de sorte que c'est au bout du compte le grand sénéchal qui paya la rançon de Saint-Vallier.

Cependant le roi était réellement épris des charmes de Diane, et sa liaison avec elle dura plus d'une année ; mais comme, ayant peut-être quelques remords de la façon dont il avait corrompu et ruiné la comtesse de Châteaubriant, il avait toujours montré à celle-ci de grands égards, François exigea le secret ; en sorte qu'une obscurité inattendue règne sur cette période de l'histoire galante de ce règne, et que Mme de Châteaubriant ne sut jamais rien, ou ne parut jamais rien savoir de cette infidélité du roi. Cette liaison fut naturellement rompue lorsque François Ier dut se rendre en Italie, pour tâcher de reconquérir son duché de Milan, perdu par Lautrec : circonstance qui, avec d'autres, avait dû considérablement refroidir la passion de François pour la comtesse.

C'est pendant cette absence que Mme de Châteaubriant, comme nous l'avons dit, alla chercher auprès de son époux un refuge si près de son tombeau ; quant à la grande sénéchale, elle attendit ; mais comme à son retour une nouvelle passion attendait François Ier, Diane, sans hésiter, passa au dauphin avec armes et bagages, n'ayant aucun scrupule de partager la couche du du fils après celle du père.

On voit donc bien que ce n'est pas une pure préférence qui nous fait admettre la version de Varillas comme vraisemblable. Si, en effet, comme il est probable, la comtesse de Châteaubriant fut forcée de fuir, en l'absence du roi, les persécutions de la comtesse d'Angoulême, il y avait pourtant une autre maîtresse du roi qui attendait son retour avec espoir, et ce peut être à cette autre que Mme d'Étampes fit reprendre les bijoux donnés naguères et si bien ornés de belle devises « engravées et empreintes. »

S'il en était ainsi, comme à son tour Diane de Poitiers rendit la pareille à la duchesse, lors de la mort de François Ier, on ne peut s'empêcher d'être amusé d'un si curieux rapprochement.

Donc, au retour de sa captivité à Madrid, François Ier rencontra à Mont-de-Marsan son aimable mère, entourée de sa *bande* de filles d'honneur, et qui lui présenta d'une manière toute spéciale la jeune et charmante Anne de Pisseleu, autrement dit Mlle de Hellé ou d'Heilly, blanche et blonde Picarde aux trait de madone, qu'elle venait d'attacher à sa personne probablement dans ce but : car la bonne mère savait bien qu'elle avait quelque chose à se reprocher dans la captivité de son fils.

Le roi fut littéralement subjugué, à ce qu'il paraît : il venait précisément de tâter des charmes bruns, et il ne lui fallait pas tant de raisons pour qu'un joli minois le séduisît.

Anne était fille de Guillaume de Pisseleu, seigneur d'Heilly, capitaine dans la légion picarde, gentilhomme fort pauvre, quoique d'ancienne noblesse. Son apparition dans l'entourage de Louise de Savoie, si nous en croyons Clément Marot, suffit à éclipser toutes les beautés qui s'y pressaient ; et la mère de François Ier, en bonne mère qu'elle était, conçut dès ce moment la pensée de la réserver pour son fils. Mlle d'Heilly avait reçu une éducation supérieure à ce qu'était alors l'éducation des jeunes filles de son rang ; elle sut dès le début se faire prendre au sérieux par un roi qui avait des prétentions d'artiste et de lettré, et ce fut elle bientôt qui gouverna la France, tout en ayant soin de ne pas se mettre en hostilité déclarée avec l'irascible comtesse d'Angoulême, si avide d'autorité.

Devenue favorite en titre, Anne de Pisseleu ne jugea pas probablement que sa position fût assez respectable, car elle chercha à se pourvoir d'un mari.

Le roi ne tarda pas à lui trouver son affaire. Jean de Brosse, dont le père avait suivi la fortune du connétable de Bourbon, et dont en conséquence tous les biens avaient été confisqués, accepta le rôle de chaperon de la maîtresse du roi, et estima faire ainsi une opération profitable. Le fait est que, par ce mariage, Jean de Brosse recouvrait son patrimoine et obtenait, outre le collier de l'ordre et le gouvernement de Bretagne, le comté d'Étampes érigé en duché par François Ier.

Voilà donc Jean de Brosse duc d'Étampes, et Mlle d'Heilly duchesse et souveraine.

« La duchesse se voyant en liberté de profiter du bonheur qu'elle avoit eu de plaire au roi, dit Sauval, ne songea plus qu'à éviter toutes les occasions qui pouvoient arrêter le cours de sa bonne fortune. Elle avoit assez pratiqué la cour pour savoir que le plus dangereux écueil que puissent rencontrer les maîtresses des souverains, est de se brouiller avec les favoris ou avec les ministres, qui ayant souvent l'oreille du prince, peuvent profiter de certains moments de dégoût et des petites brouilleries qui naissent souvent entre deux amans, les envenimer et porter enfin leur maître à une entière rupture. Cette réflexion la fit résoudre à s'unir d'intérêt avec le connétable de Montmorency, l'amiral Chabot et le chancelier Duprat, qui par l'autorité de leurs charges et par l'inclination du roi, s'étoient emparés du ministère.

« Ces trois officiers de la couronne répondirent obligeamment aux avances que leur fit faire la duchesse, parce qu'ils n'ignoroient point que quelque grand que fût leur crédit, il pouvoit être ébranlé si la maîtresse du roi savoit profiter de ces moments favorables dans lesquels on ne peut rien refuser à une personne qu'on aime.

« L'intelligence entre ces quatre personnes eut un favorable succès pendant le reste de la vie du chancelier...; mais après sa mort, le conseil s'étant trouvé sans directeur, le connétable et l'amiral, qui n'avoient pas eu soin de se faire instruire, parurent si neufs dans le gouvernement, que le roi fut contraint d'y appeler le président Poyet; c'était un des plus habiles magistrats du royaume, sa capacité était égale pour les grandes affaires et pour les petites, et son génie alloit plutôt à les brouiller qu'à les terminer.

« Dès qu'il fut entré dans le ministère, il se proposa de mettre hors du conseil les deux favoris, parce que la fierté du premier lui étoit devenue insupportable, et qu'il appréhendoit le ressentiment du second, à cause d'un procès de conséquence qu'il lui avoit fait perdre.

« La fortune sembla seconder ses desseins; car le roi, chagrin du mauvais succès de ses entreprises, s'étoit mis en tête qu'il justifieroit sa conduite à la postérité s'il en rejettoit la faute sur ses favoris, et que leur disgrâce suffiroit pour les faire paroître coupables de toutes les fausses démarches qu'on avoit faites.

« L'amiral fut le premier à qui il voulut faire sentir les effets de sa mauvaise humeur, quoi qu'il se fût allié avec la duchesse d'Étampes. Le roi fit confidence à Poyet, qu'il avoit revêtu de la charge de chancelier, de son indignation contre l'amiral, et prit des mesures avec lui pour faire dans les formes le procès à ce favori.

« Le chancelier fut ravi de trouver une disposition si favorable à ses desseins, et fit à Sa Majesté des ouvertures dont elle fut contente.

Dunois à Bordeaux.

« Cependant, comme il craignoit la colère de la duchesse d'Étampes, dont le pouvoir lui étoit connu, il chercha la protection de Diane de Poitiers, sénéchale de Normandie, maîtresse du dauphin... »

Ne sont-ce pas là des mœurs bien édifiantes, et faites pour soûler à tout jamais d'un régime qui permet, qui favorise et encourage ces ignobles intrigues? Où est dans tout cela l'intérêt du peuple, l'intérêt du pays? — Le peuple n'existe pas en dehors de la tourbe des courtisans; le pays n'existe que pour être trahi, pillé, livré. Dans cette guerre entre courtisanes, née de la préférence du roi pour la duchesse d'Étampes, on voit tour à tour celle-ci ou l'autre, la grande sénéchale, prête à vendre la France pour se venger de son ennemie, sans que ce roi lâche et cruel, sous ses dehors chevaleresques et magnifiquement ridicules, y trouve la moindre chose à dire, comme si son propre intérêt n'y était pas engagé!

Poyet réussit facilement à mettre Diane dans ses intérêts, car elle trouva piquant d'avoir pour protégé le chef même de la justice en France. Sans crainte dès lors sur les suites du coup audacieux qu'il méditait, il prépara laborieusement le dossier du malheureux Chabot qui avait bien quelques peccadilles à se reprocher, dont ce n'est pas ici le lieu de parler; puis il alla prévenir le roi que tout était prêt.

Chabot fut arrêté. Poyet tenait son ennemi à sa merci, et il comptait bien s'en débarrasser une bonne fois. Pourtant sur l'ordre du roi, l'amiral fut simplement condamné à la perte de tous ses biens et au bannissement. — Après quoi, François Ier trouva amusant de rétablir l'amiral dans toutes ses charges et dignités, et de faire reviser le procès et casser l'arrêt si laborieusement obtenu.

Mais il faut dire que l'intervention de la duchesse d'Etampes fut d'un grand poids dans cette résolution.

Il est à croire que la duchesse d'Etampes ne sut que trop tard le péril où se trouvait son noble protégé, ou qu'elle avait quelques raisons de le laisser patauger un peu avant d'aller à son secours, car il est certain que l'influence d'un Poyet n'était pas de poids à contrebalancer la sienne, qui était assez grande sur le roi pour que le peuple l'attribuât à quelque maléfice.

Les dépenses que François Ier fit pour cette favorite, les sommes que lui coûta le souci de faire « un sort » aux parents de sa maîtresse, qui n'avait pas moins de TRENTE frères ou sœurs, constituèrent certainement une des saignées les plus abondantes et les plus régulières que trésor royal eût jamais subie.

Il lui fit d'abord élever le splendide hôtel de Luynes, sur le quai des Augustins; puis un autre petit hôtel, attenant au premier, dont la façade était rue de l'Hirondelle. En réalité, l'hôtel de Luynes était pour son propre usage à lui, et c'était dans l'autre que demeurait la duchesse, près de laquelle il se rendait sans être vu, par le moyen de couloirs secrets réunissant les deux maisons.

En face de l'hôtel des Tournelles, son séjour privilégié, le roi François donna en outre à sa favorite un autre hôtel, appelé par cette raison hôtel d'Etampes; puis le château de Chalvaux, entre Montereau et Fontainebleau, et bien d'autres encore. « En un mot, il lui fit tant de bien, qu'il égala sa fortune à celle des plus grands de France; et, bien que dans le cours de leurs amours, il eût bien d'autres maîtresses, et elle, à son exemple, bien d'autres galants, ils ne laissèrent pas pour cela de vivre en bonne intelligence. »

Quant au bien qui résulta de sa faveur pour ceux de sa famille, il nous suffira d'en donner quelques exemples : Son second frère, Charles de Pisseleu, devint abbé de Bourgueil et évêque de Condom; le suivant, François, fut abbé de Saint-Corneille de Compiègne et évêque d'Amiens; le quatrième, Guillaume, évêque de Pamiers; son oncle maternel, Antoine Sanguin, devint archevêque de Toulouse; deux de ses sœurs furent abbesses; et les autres mariées dans les plus nobles et les plus riches familles de France.

Ce fut Guy de Chabot, seigneur de Jarnac, époux de Louise de Pisseleu, qui eut, sous Henri II, ce fameux duel judiciaire avec La Châtaigneraie, justement au sujet de propos insultants tenus par le dauphin lui-même, à l'instigation de la sénéchale, sur le compte de la duchesse. Ce duel n'avait pas eu lieu plus tôt, parce que François Ier avait eu le bon sens de s'y opposer toujours.

L'humeur jalouse et vindicative de la belle Anne de Pisseleu eut l'occasion de s'exercer sur le connétable de Montmorency, qui avait tourné au parti de Diane de Poitiers, et l'autorisation accordée à Charles-Quint, de traverser la France pour aller soumettre les Gantois révoltés — à la condition que l'investiture du duché de Milan serait donnée au duc d'Orléans, — la lui fournit fort à propos.

Le connétable avait été d'avis de permettre le passage à l'empereur, à la condition qu'il offrait lui-même; mais Charles-Quint ne fut pas plutôt hors de France qu'il désavoua tout ce qu'il avait promis, et qu'on n'avait pas exigé en temps opportun, par excès de confiance chevaleresque, — d'autres diraient par bêtise.

Cette bêtise, ou quel que soit le nom

qu'on donne à la chose, était trop bien dans le caractère de François Ier pour qu'il soit nécessaire d'aller chercher un autre coupable. Mais la duchesse d'Étampes ne fut pas embarrassée pour si peu ; profitant de ce que le roi était extrêmement vexé de la mauvaise foi de son rival, et le sachant d'ailleurs toujours disposé à rejeter ses propres fautes sur quelque autre, elle n'eut pas de peine à lui démontrer que Montmorency avait fait tout le mal ; et « ce pelé, ce galeux » fut envoyé en disgrâce à Chantilly, sans que les démarches du dauphin, pour qu'on maintînt son *compère* à la cour, parvinssent à fléchir l'inexorable amant de cette mégère.

La peine n'était pas terrible ; mais, pour un courtisan, on ne peut se faire l'idée de l'humiliation résultant d'une pareille mesure prise contre lui.

De ce que Montmorency avait appuyé l'avis de permettre à l'empereur le passage à travers la France, on se doute bien que la duchesse d'Étampes avait adopté l'avis contraire. Aussi, lorsque au lieu d'accorder au duc d'Orléans l'investiture du duché de Milan *avant*, Charles-Quint avait su obtenir du connétable qu'il passerait d'abord et « sur sa parole impériale », donnerait *après* tout ce qu'on voudrait, conseilla-t-on au roi-chevalier de faire arrêter son ancien geôlier et de le tenir en prison jusqu'à ce qu'il se fût exécuté. La duchesse était à la tête des partisans de cette mesure peu délicate, dont les résultats pouvaient être tout autres qu'on ne l'espérait ; et en conséquence François Ier, fut bien près de l'adopter.

Quand Charles-Quint fut arrivé à Paris, François Ier, au rapport de Dupleix, lui présenta la duchesse, et lui dit en riant :

— Mon frère, cette belle dame me conseille de vous obliger de détruire à Paris l'ouvrage de Madrid.

— Eh bien, lui répondit l'empereur, si l'avis est bon, il faut le suivre.

Malgré cette assurance qu'il affectait, on peut croire que Charles-Quint n'était pas tout à fait à son aise. Il avait compté, sans doute, sur l'affectation chevaleresque de son « frère, » et il avait compté juste ; mais il voyait qu'il avait une ennemie dans Mme d'Étampes, et il sentait bien que cette ennemie était plus dangereuse à elle seule que cent autres. Il résolut donc de la séduire ou tout au moins de l'apaiser.

Un jour qu'il se lavait les mains en compagnie du roi, avant le dîner, et que la duchesse leur présentait la serviette, il laissa tomber à dessein une bague enrichie d'un diamant de grand prix. Naturellement la duchesse la ramassa et la présenta à l'empereur ; mais celui-ci déclara qu'il ne pouvait la reprendre, attendu qu'une loi inviolable de l'empire disposait qu'un empereur ne pouvait plus rentrer en possession de ce qui lui était échappé des mains, quel qu'en fût le prix, et qui devenait de ce fait la propriété de la personne qui l'avait trouvé, en souvenir de l'événement.

Après l'échange de civilités qu'on peut supposer, entre les trois personnages de cette scène, la duchesse d'Étampes dut enfin garder le présent magnifique qui lui était venu de cette manière si détournée, et cela sur les instances mêmes du roi.

Comment rester hostile à un prince capable d'une aussi délicate attention et d'un si magnifique présent ? La duchesse comprit qu'elle ne le pouvait plus, et loin de s'opposer désormais au passage de l'empereur à travers la France, elle l'eût conduit au besoin, de crainte qu'il ne fît de mauvaises rencontres.

Or s'il était possible à ce moment de réparer la maladresse plus tard reprochée au connétable de Montmorency, il fallait le faire, ou ne rien dire après à qui que ce fût ; ou si quelqu'un pouvait se croire autorisé à y revenir, ce n'était évidemment pas la favorite qui poussa la reconnaissance envers un ennemi si libéral, que la trahison ne pouvait guère aller plus loin, surtout quand la guerre se fut rallumée quelque temps après entre ces deux « frères » ennemis.

« Dès lors, dit Varillas, la duchesse forma une liaison si étroite avec l'empereur, qu'il ne se passa plus rien de secret à la cour, ni dans le conseil, dont il ne fût ponctuellement averti ; et de fait, la première lettre qu'elle lui fit tenir, par la voie du comte de Bossut, lui rendit un service si signalé qu'elle sauva sa personne et son armée.

« Il était alors en Champagne avec une très puissante armée; mais il manquoit de vivres, et ses soldats étoient sur le point de se débander, lorsqu'elle le fit prévenir que le dauphin Henri avoit fait un grand amas de provisions dans les villes d'Epernay et de Château-Thierry, que ces villes étoient faibles et sans garnison, et que le dauphin avait donné ordre de détruire le seul pont sur lequel les Espagnols pussent traverser la Marne, mais que la duchesse en avoit si finement éludé l'exécution, que le pont étoit encore en état de servir.

« L'empereur profita de cet avis : Il tourna ses enseignes vers Epernay, dont les habitants intimidés lui ouvrirent les portes ; il marcha ensuite sur Château-Thierry, qu'il força avec peu de perte, la bourgeoisie n'ayant pu seule soutenir l'assaut. L'abondance de toutes choses qui se rencontra dans ces deux villes surpassa même les espérances des impériaux, qui se rafraîchirent tout à leur aise et reprirent embonpoint et vigueur... »

On ne saurait nier, après cela, que la France ne fût un pays bien gouverné, et que l'influence des favorites ne servit à quelque chose. Si pourtant le peuple se fût alors soulevé, que par impossible il eût triomphé, et que, justement affamé de vengeance, il eût accroché la belle Anne de Pisseleu, duchesse d'Étampes, à la première lanterne qu'il eût rencontrée, il se trouverait encore des écrivains onctueux pour verser des larmes d'encre sur un si abominable crime et en traîner les auteurs dans la boue de leurs factums !

C'est encore à l'influence de la duchesse d'Étampes, liguée avec la reine Éléonore, sœur de Charles-Quint, que François Iᵉʳ obéit, lorsqu'il signa avec l'empereur le honteux traité de Crespy (1544). Le mobile de la première de ces dames dans cette affaire était, à n'en pas douter, le désir de se ménager de la part de son frère un accueil d'autant plus aimable qu'elle lui aurait rendu un service plus important lorsqu'elle serait veuve. Pour la seconde, on peut croire qu'elle y fut poussée par sa haine pour la sénéchale, ou plutôt par la peur de l'avenir, quand l'événement pressenti par la reine la mettrait à la merci d'une ennemie toute-puissante et non moins vindicative qu'elle-même.

En effet, la santé du roi déclinait rapidement, sa puissante organisation, ruinée par les ravages d'une maladie honteuse, s'affaissait misérablement; il était temps, cela était visible, de songer à son propre salut. — Chacun pour soi!...

La duchesse d'Étampes aurait, dans tous les cas, ruiné ses ennemis — sauf, bien entendu, la plus implacable de ses ennemies — avant de prendre une retraite forcée. Ayant régné sur le roi aussi longtemps que le roi avait vécu, sa puissance n'avait pas reçu, pendant cette longue période, la plus petite atteinte. La disgrâce du chancelier Poyet avait suivi de près celle du connétable, et avait été plus complète, car, forcé de rendre gorge et d'abandonner même son bien propre et légitime, le malheureux avait dû reprendre dans sa vieillesse sa première profession d'avocat consultant.

Elle fit d'ailleurs sentir à tout ce qui l'entourait le poids d'un despotisme d'autant plus irritant qu'il venait d'une telle source, et qu'elle en sentait elle-même toute l'infamie.

Elle eut la gloire misérable de dégoûter de la cour et de la France un artiste de génie, Benvenuto Cellini, dont le ciseau se refusa à l'adulation servile qui fut si profitable au pinceau du Primatice. Et il est curieux de remonter à l'origine de son animosité contre Benvenuto, car elle donne la mesure de la petitesse de cette femme surfaite, même par ceux que le désir d'être juste lui rend nécessairement hostiles.

Un jour le roi, accompagné de la duchesse, va rendre visite à l'artiste, dans son atelier de l'hôtel du petit Nesle. Il manifeste à « son ami » Benvenuto sa royale satisfaction des ouvrages qu'il vient d'exécuter pour lui, et il lui en demande d'autres. Un mois après, le ciseleur va trouver le roi et lui présente deux modèles qui sont accueillis avec enthousiasme. François Ier en ordonne l'exécution immédiate, et Benvenuto s'en retourne chez lui enchanté, sans penser à rien de plus.

« Ma mauvaise fortune, raconte Cellini dans ses *Mémoires*, voulut que je ne songeasse pas à Mme d'Étampes. Lorsqu'elle apprit le soir, de la bouche du roi, tout ce qui s'était passé, elle en conçut une rage si violente qu'elle ne put s'empêcher de dire avec humeur : « Si Benvenuto m'avait « montré ses beaux ouvrages, il m'aurait « donné lieu de penser à lui. »

« Le roi essaya, mais en vain, de m'excuser. Je ne tardai pas à être instruit de ces particularités. Aussi quinze jours plus tard, quand la cour fut revenue à Saint-Germain, pris-je un charmant petit vase que j'avais exécuté à la demande de Mme d'Étampes, et, pensant qu'en le lui donnant je regagnerais ses bonnes grâces, je l'emportai avec moi et je le montrai à la nourrice de Mme d'Étampes, en lui disant que je voulais l'offrir à sa maîtresse. »

Mais la favorite, décidée à se venger de ce qu'elle pensait être du dédain, fit si longtemps faire antichambre à l'artiste, que la patience de celui-ci, qui n'était pas grande, s'en lassa, et que Benvenuto, après avoir envoyé Mme d'Étampes « à tous les diables, » alla offrir son vase au cardinal de Lorraine. Dès lors il y eut guerre ouverte. La favorite fit retirer à Benvenuto les commandes que le roi lui avait faites pour les donner à son protégé, le Primatice.

Cellini furieux va trouver celui-ci, qui valait autant qu'un poltron, et de peur, le fait reprendre le chemin de l'Italie en diligence.

— Comment, s'écrie la duchesse écumant de fureur, je gouverne le monde, et ce chétif personnage ne fait pas le moindre cas de moi!

Ainsi, vous l'entendez : Benvenuto Cellini n'était qu'un *chétif personnage* et Anne de Pisseleu *gouvernait le monde!* J'espère que la distance était assez grande.

Eh bien! mais, et François Ier, quel personnage faisait-il dans tout cela? Un personnage assez triste, il nous semble.

Quoi qu'il en soit, l'artiste ne pouvait lutter avec avantage. Un individu souple et rampant comme son habile rival en fût sans doute venu à bout, mais lui, il ne devait pas y songer; de sorte que, après avoir subi toutes sortes d'avanies, il arriva un jour où il trouva que c'était trop, et s'en alla.

La mort du roi pouvait seule avoir sur la destinée de cette femme une influence capable de l'émouvoir. Elle le savait, et c'est pourquoi elle cherchait, pendant qu'il en était temps encore, à se ménager une porte de derrière ; et pour cela, elle n'hésitait pas à trahir son pays, après qu'elle et les siens s'étaient attachés à ses flancs comme des sangsues, pour s'engraisser de sa substance.

Et il existe encore des lieux où l'on estime que François Ier fut un grand roi ! — Ce n'est vraiment pas sa faute, dans ce cas.

« Les dames plus que les ans, dit le maréchal de Tavannes, lui causèrent la mort. Il eut quelques bonnes fortunes et beaucoup de mauvaises. Il élevoit les gens sans sujet, s'en servoit sans considération, leur laissoit mener la paix et la guerre pour s'en décharger. Les femmes faisoient tout, même les généraux et capitaines ; d'où vient la variété des événements de sa vie, mêlée de générosité qui le poussoit à de grandes entreprises, d'où les voluptés le retiroient au milieu d'icelles. »

Après avoir conclu la paix avec Charles-Quint d'une part, et de l'autre avec Henri VIII d'Angleterre, allié de l'empereur (1546), François Ier traîna une existence misérable de quelques mois, allant sans cesse d'un lieu à un autre, espérant en vain quelque soulagement. Enfin il mourut à Rambouillet, n'ayant pu aller jusqu'à Saint-Germain, le 31 mars 1547. Il n'avait que cinquante-trois ans.

Dans cette rapide revue d'un règne si rempli de débauches de toutes les variétés, nous n'avons pu que citer quelques faits principaux ; de même, il nous serait impossible de dresser la liste des maîtresses connues qui se partagèrent les faveurs du roi, en dehors des favorites, qui avaient trop de dignité pour s'occuper de semblables détails. Nous en citerons encore une ou deux, cependant, pour compléter autant que possible cette courte relation.

Mme de la Bourdaisière est une des plus fameuses, parce que non seulement François Ier l'apprécia beaucoup pour lui-même, mais encore parce qu'il la procura à Charles-Quint et même au pape Clément VII, oncle de Catherine de Médicis.

Mais celle à laquelle une mention particulière ne saurait être refusée sous aucun prétexte, c'est la *Belle Ferronnière*.

Qu'était cette belle ferronnière ? Était-elle la femme de quelque riche *ferronnier*, ou simplement d'un bourgeois nommé Ferron ? On n'en sait rien. Mais, au reste, ce n'est pas de son état-civil qu'elle tire sa popularité.

On croit assez généralement que c'était une Espagnole de basse condition, que François Ier aurait amenée à son retour de captivité, pêle-mêle avec toute sorte de gens d'assez triste acabit. Là toutefois s'arrêtent les renseignements. Il se peut qu'arrivée à Paris, elle soit devenue la femme d'un Ferron ou d'un ferronnier quelconque ; et dans ce cas le reste va tout seul.

Cette femme étant douée d'une grande beauté, François la séduisit. Mais l'époux de la ferronnière ne trouva pas la chose de son goût, ce qui était évidemment mauvais et sentait son bourgeois d'une lieue. Or, comme il n'avait pas d'autre moyen de se venger, et qu'il y tenait absolument, il eut le triste courage de s'inoculer volontairement le virus d'une maladie terrible, connue alors sous le nom de *mal de Naples*, et à laquelle on n'avait pu trouver encore aucun remède.

Le bourgeois trompé, ou quel qu'il puisse être, communiqua son mal à sa femme, et celle-ci le repassa à son royal amant. La maladie dont le malheureux François souffrit dès lors toute sa vie, livré aux expériences dangereuses des médecins et aux charlataneries rebutantes des empiriques, et dont il mourut enfin, n'aurait pas d'autre origine.

Cependant, s'il attira à la cour les dames de qualité dans l'intention que l'on sait, il semblerait que la Belle Ferronnière ne lui donna que le dernier coup, et qu'il avait déjà, fort jeune, eu à se plaindre de ses fréquentations amoureuses. Mais nous n'avons aucun moyen de nous assurer du fait ; nous ne pouvons que répéter ce que d'autres ont dit avant nous, et en conséquence nous ne voyons pas qu'il soit utile d'insister là-dessus.

Quoi qu'il en soit, la cause de la mort de François Ier est bien la maladie en question, et la Belle Ferronnière également en mourut.

On lui fit alors cette épitaphe :

Ci-gît la belle Ferronnière,
Dont les dangereuses faveurs,
Par les soins d'un jaloux qu'aveuglaient ses fureurs,
Ont d'un galant monarque abrégé la carrière.

XIII
Diane de Poitiers et les favorites secondaires.

Sommaire. — Changement de front. — Retraite de la duchesse d'Étampes. — Ses dernières tribulations et sa transformation suprême. — Un amant bien épris. — Les attributs mythologiques succèdent aux devises. — Le tonneau des Danaïdes. — Un lot de prisonniers de guerre à vendre. — Un impudent calviniste. — Catherine de Médicis jeune et faible. — La reine esclave de la favorite. — Union touchante. — Portrait de la duchesse de Valentinois à cinquante-deux et à soixante-dix-ans. — Les bouillons d'or potable. — Les amours ingénues de Diane de Poitiers et de Charles de Cossé-Brissac. — Doux propos. — Le pavillon de Chambord. — L'indiscret puni. — Un repas où tous les convives ne sont pas à table. — « Il faut que tout le monde vive. » — Diane triomphe partout, mais sans bruit. — Autres maîtresses de Henri II. — Filippa Duco, mère de Diane de France. — Miss Haming et Mlle de Saint-Rémy. — Réjouissances de noces terminées tristement. — Henri II blessé par Montgommery. — Sa mort. — Catherine de Médicis lève un coin de son masque. — Rendez les bijoux ! — Fière attitude de la duchesse de Valentinois en présence de l'insulte. — Sa disgrâce. — Balai neuf à la cour. — Diane de Poitiers se retire à Anet. — Rare exemple de fidélité d'un courtisan. — Un roi sans vertus et sans vices. — Les cerfs de la forêt de Saint-Germain. — Le *Tigre*. — Mœurs de cour et mœurs publiques. — La polygamie un cas pendable. — Guerre à la débauche publique. — L'édit de 1560 abolissant la prostitution. — Les prostituées en appel. — Édit confirmatif de 1565.

La mort de François Ier produisit à la cour une révolution complète — non pas sous le rapport des mœurs, mais sous celui des personnes.

Les favoris ne furent plus les mêmes, ni les favorites non plus.

Mon compère de connétable de Montmorency fut rappelé de son exil, et partagea avec François d'Aumale, duc de Guise et Jacques d'Albon Saint-André la faveur de Henri II ; et Diane de Poitiers, créée duchesse de Valentinois, remplaça haut la main la duchesse d'Étampes.

Celle-ci s'était retirée en toute hâte à sa maison de campagne de Villemartin, près d'Étampes, attendant dans une appréhension terrible les effets de la vengeance de sa triomphante rivale.

La duchesse de Valentinois commença par exiger de l'ancienne favorite la restitution des bijoux, ornés aussi, sans doute, de « belles devises d'amour engravées et empreintes, » qu'elle avait reçus du roi : juste retour des choses d'ici-bas. Ensuite elle fit marcher cette odieuse et ridicule poupée de duc d'Étampes, qui intenta à sa femme, son enquête juridique à la main, une action en... malversation. Enfin le comte de Bossut, que nous avons vu servir ses intrigues avec Charles-Quint, fut poursuivi sous l'accusation de haute trahison, procès dont il ne se tira qu'à moitié.

La duchesse d'Étampes, abreuvée de dégoût, mais non ruinée, tant s'en faut, se convertit au protestantisme, et employa, dit-on, sa fortune à faire des prosélytes à la nouvelle religion. Mais en définitive, elle fit peu parler d'elle et on l'oublia si bien, qu'on ignore même la date exacte de sa mort.

La veuve du sénéchal de Brézé eût certainement pu, si elle en avait eu la fantaisie, écraser complètement sa rivale, la faire pendre au besoin, car elle était plus puissante sur l'esprit de son royal amant que jamais la duchesse d'Étampes ne l'avait été sur le sien.

Henri II portait les couleurs de sa maîtresse en tous lieux, en toute occasion : ses habits de gala, même celui qu'il portait à son mariage avec Catherine de Médicis, étaient semés de croissants entrelacés, attributs de la Diane mythologique dont il voyait dans cette autre Diane comme la représentation vivante. L'H de Henri se mariait au D de Diane sur tous les murs, dans tous les ornements des résidences royales, avec les croissants, les cornes d'abondance, les cors, les chiens, attributs de la divinité dont elle portait le nom et, il faut bien le dire, dont elle se donnait tous les airs.

L'amour de Henri pour Diane était si complet, si violent, si exclusif, que Nicolas Pasquier n'hésite pas à l'attribuer au charme d'une bague enchantée.

Cependant elle n'était plus jeune, même la première fois qu'il l'avait vue, et il ne paraît pas que ce fut par des ressources de volupté extraordinaires qu'elle le retint ainsi esclave. Bien au contraire.

« Le dauphin n'est guère adonné aux femmes, dit Marino Cavalli; la sienne lui suffit. Pour la conversation, elle s'en tient à celle de madame la sénéchale de Normandie, âgée de *quarante-huit ans*. Il a pour elle une tendresse véritable; mais on pense qu'il n'y a rien de lascif, et que, dans cette affection, c'est comme entre mère et fils. On affirme que cette dame a entrepri d'endoctriner, de corriger, de conseiller monsieur le dauphin et de le pousser à toutes les actions dignes de lui. »

En tout cas, elle n'oubliait pas ses propres intérêts, et les soignait au contraire de fort près.

Le roi en effet ne se contentait pas d'accoupler des H et des D, de donner des fêtes brillantes à sa maîtresse, de lui écrire des lettres passionnées, de chanter ses attraits et ses mérites en prose et en vers. Outre les somptueux appartements qu'elle avait dans toutes les résidences royales, la duchesse de Valentinois avait reçu de Henri l'hôtel d'Étampes, qui avait appartenu à la précédente favorite et qui s'élevait rue Saint-Antoine, au lieu même où se trouve aujourd'hui la rue du Petit Musc; elle possédait encore à Paris l'ancien hôtel que le contrôleur général des finances Roquencourt, s'était fait bâtir dans la rue d'Orléans; l'hôtel Barbette; mais celui-ci lui venait de l'héritage de son mari.

Henri II lui avait aussi donné le château de Chenonceaux, et fait bâtir exprès pour elle celui d'Anet. Mais le plus riche cadeau qu'il lui fit jamais, et qui peut passer pour un acte d'absolue folie, c'est celui de toutes les terres vacantes du royaume, c'est-à-dire environ le quart du territoire de la France !

Diane acceptait d'une main et tendait encore l'autre. C'était le tonneau des Danaïdes que cette femme. Elle spéculait sur tout, ventes de charges, de bénéfices, de grâces, confiscations, etc. Un jour, le roi

Ces femmes furent marquées au fer rouge.

lui fait un don singulier, mais qui aurait pu servir à toute autre femme, pour montrer à bon compte au moins un peu d'humanité : il s'agit de malheureux Espagnols faits prisonniers en mer par le baron de la Garde. Vous vous imaginez peut-être qu'elle va les rendre à la liberté ? Pas du tout, elle va les vendre. Tout ce qui l'inquiète, c'est de savoir avec qui elle pourra faire un plus riche marché.

« Vous regarderez, écrit-elle à son agent, qui en baillera le plus des capitaines des galères ou bien des Génois, et les destinerez à ceux-là. » Et comme le capitaine des galères n'en veut donner que 25 écus par tête, elle ajoute : « Ce n'est pas raisonnable, car le tout ne reviendroit qu'à environ 12,000 écus. » — Il y avait donc quatre cent quatre-vingts (peut-être cinq cents) malheureux qui attendaient leur sort de la femme la plus puissante et la plus riche du monde, et qui, s'ils l'avaient appris, espéraient !

Mais elle traite encore plus cruellement les protestants dont les dépouilles lui sont attribuées. C'est à son instigation que la persécution prend cette tournure impitoyable, et c'est elle qui dicte l'édit d'Écouen, qui punit de mort les dissidents et prévoit, pour s'y opposer, le cas où les juges pourraient se laisser aller à la pitié et amoindrir la peine. — Pourquoi? Parce que la peine de mort emporte la confiscation des biens, et que cette confiscation s'opère à son profit.

Un jour, Diane fait introduire dans sa chambre, où le roi lui tient compagnie, un de ces malheureux calvinistes si abominablement traqués. Son but, à ce qu'elle prétend, c'est de le forcer à abjurer en présence de Henri II; mais il est probable qu'il a été choisi parmi les plus fervents et les plus énergiques, et qu'elle est bien sûre qu'il n'abjurera pas. Ce n'est évidemment qu'une infâme comédie que joue là la favorite.

Quoi qu'il en soit, la comédie est bien jouée jusqu'au bout. Les promesses les plus brillantes, se croisant avec les plus terribles menaces, sont adressées au religionnaire qui demeure insensible aux unes comme aux autres.

— Madame, dit-il enfin à la duchesse de Valentinois, contentez-vous d'avoir infecté la France, et ne mêlez pas votre ordure parmi chose aussi sacrée qu'est la vérité de Dieu!

Il est à croire que la favorite n'avait pas prévu que l'insolence du calviniste pouvait aller si loin. Mais on peut être certain qu'elle en tira vengeance.

Quand on songe que la femme de Henri II était cette superbe Catherine de Médicis, qui a tant occupé, plus tard, de place dans l'histoire de la France, on ne peut se défendre d'un certain étonnement dû au peu de train qu'elle mène tout le temps que vit son époux et que règne la duchesse de Valentinois.

Ah! c'est que la fille de Laurent le Magnifique était bien jeune encore : elle se recueillait, elle étudiait, elle méditait sa revanche infaillible, et ne pouvait rien de plus.

Catherine, reine de France à vingt ans, n'avait aucun pouvoir et par suite aucun partisan. Son royal époux ne *** *** seulement que manquer d'*** *** elle, elle lui inspirait une *** *** cible, du moins pour un certain *** *** Quel rôle eût-elle pu choisir, dans ces *** jonctures, qu'elle pût remplir sans traces et surtout sans danger?

Elle fit la cour à la vraie souveraine, dont elle se fit l'amie, la confidente, l'esclave servile. « La reine, dit Contarini, fréquente continuellement la duchesse, *** de son côté, lui rend les *** *** dans l'esprit du roi : souvent c'est elle *** l'exhorte à aller dormir avec la reine. » Il ne faut pas croire que cette *** *** La duchesse n'avait pas une *** *** tance pour la reine : sans cette *** *** Henri II aurait répudié depuis *** *** sa femme. — Nous dirons *** *** quelles sont les raisons, en *** *** passion pour la belle Diane, *** *** poussé le roi à éloigner de lui la fille des Médicis.

Catherine, par ses cajoleries et sa *** lité constante envers la favorite, *** *** à captiver l'affection de celle-ci, à tel point qu'un jour, à Joinville, la reine étant malade d'une fièvre pourprée, et les médecins l'ayant déclarée en danger, la duchesse de Valentinois, si froide et si hautaine d'habitude, perdit contenance et éclata en sanglots. Le fait est que, pour elle aussi, une telle reine était une véritable providence : une autre épouse aurait pu gagner le cœur du roi, et peut-être le lui aliéner à tout jamais. Une vieille maîtresse, si sûre qu'elle soit du présent, ne peut jamais l'être entièrement du lendemain, et Diane le comprenait on ne peut mieux.

Cette vieille maîtresse, à tout prendre, était encore fort belle. Le portrait qu'en fait Contarini, ambassadeur de la république de Venise, à l'époque où il la vit pour la première fois (1551) en porte un éclatant témoignage.

« C'est une femme de cinquante-deux ans, dit Contarini, autrefois l'épouse du grand sénéchal de Normandie et petite-fille de M. de Saint-Vallier, laquelle, restée veuve et belle, fut aimée et goûtée du roi François et d'autres encore, selon le dire de tous; puis elle vint aux mains de ce roi lorsqu'il n'était que dauphin. Il l'a beaucoup aimée, il l'aime, et elle est sa maîtresse, toute vieille qu'elle est. Il est vrai de dire que, bien qu'elle n'ait jamais employé de fards, et peut-être en vertu des soins minutieux qu'elle prend, elle est loin de paraître aussi âgée qu'elle l'est en effet. »

Voici maintenant ce qu'en dit Brantôme :

« J'ai vu madame la duchesse de Valentinois à l'âge de soixante-dix ans, aussi belle de face, aussi fraische et aussi aimable comme en l'age de trente ans : aussi fust-elle fort aimée et servie d'un des grands rois et valeureux de ce monde. Je le peux dire franchement, sans faire tort à la beauté de cette dame, car toute dame aimée d'un grand roi, c'est signe que perfection habite et abonde en elle : aussi la beauté donnée des cieux ne doit être épargnée aux demi-dieux.

« Je vis cette dame, six mois avant qu'elle mourût, si belle encore, que je ne sçache cœur de rocher qui ne s'en fust ému, encore qu'auparavant, elle s'estoit rompu une jambe sur le pavé d'Orléans, allant et se tenant à cheval aussi dextrement et dispotement comme elle avoit fait jamais ; mais le cheval tomba et glissa sous elle. Et pour telle rupture, et maux et douleurs qu'elle endura, il eût semblé que sa belle face s'en fût changée ; mais rien moins que cela, car sa beauté, sa grâce, sa majesté, sa belle apparence, estoient toutes pareilles qu'elle avoit toujours eu : et surtout elle avoit une très grande blancheur, et sans se farder aucunement. Mais on dit bien que tous les matins elle usoit de quelques *bouillons composés d'or potable* et autres drogues que je ne sçay pas comme les bons médecins et subtils apothicaires.

« Je crois que si cette dame eût vécu encore cent ans, qu'elle n'eût jamais vieilli, fût-ce de visage, tant il estoit bien composé, fût-ce de corps, lacké et couvert, tant il estoit de bon trempe et belle habitude. C'est dommage que la terre couvre si beaux corps ! »

Diane devait sa beauté constante plus à des soins hygiéniques qu'à des bouillons d'or potable. Douée d'une activité toute virile, elle était levée avec le jour, et pendant l'hiver, dès six heures du matin ; quel que fût le temps, elle se lavait non seulement le visage mais le corps entier avec de l'eau froide ; et sa toilette achevée, elle faisait deux ou trois heures d'équitation.

Cette recette est infaillible, on peut nous en croire, et cependant nous la livrons gratuitement aux jolies femmes qui voudraient en essayer : elles ne conserveront pas seulement leur beauté, mais aussi leur santé par ce moyen à la portée de toutes.

La duchesse de Valentinois devait être pleinement satisfaite de sa part d'influence dans les affaires publiques et dans les affaires privées du roi, son fidèle adorateur et esclave. C'était en son honneur qu'étaient donnés les tournois, les chasses, ballets, comédies, toutes les fêtes solennelles ; elle « gouvernait le monde » aussi, celle-là ; et elle gouvernait aussi les enfants de France, pendant que leur mère était reléguée dans un coin ignoré, comme une servante dont on n'a plus besoin. D'autre part, son royal amant se permettait à peine une infidélité par-ci par-là, en cachette, et si les objets de ces faveurs passagères ne s'en fussent elles-mêmes vantées, on ignorerait encore leur infamie.

Malgré cela, malgré le danger qu'il y avait pour elle à s'abandonner à ses caprices amoureux, à « aller au change », comme dit Brantôme et comme devait le dire elle-même une chasseresse telle que Diane, elle ne put rester fidèle à son roi, dans son âge mûr, plus qu'elle ne l'avait été au sénéchal de Normandie dans tout l'éclat de sa jeunesse.

Elle éprouva surtout une passion violente pour Charles de Cossé-Brissac, plus tard maréchal de Brissac, gentilhomme de bonne mine et l'un des plus galants et des plus valeureux de son temps. Elle fit mieux, car elle se décida à faire les premiers pas.

Diane chercha auparavant à combattre les sentiments de tendresse qu'elle éprouvait pour le brillant capitaine; mais n'y pouvant parvenir, et son miroir l'ayant assurée qu'elle possédait encore assez d'attraits pour qu'en dépit de l'âge aucun homme ne pût la regarder avec indifférence — comptant aussi, peut-être, quoique sans vouloir se l'avouer, sur l'influence de son crédit à la cour, — elle résolut d'ouvrir son cœur à Brissac à la première occasion qui se présenterait.

L'occasion ne se fit pas attendre. En vrai et habile courtisan, Brissac alla rendre visite à la nouvelle duchesse de Valentinois, dès l'éloignement de la duchesse d'Étampes, sa rivale enfin ruinée, pour lui en faire ses compliments.

— Vos protestations sont-elles vraiment sincères? lui repartit l'enchanteresse, et peut-on s'assurer que vous avez pour ma personne l'attachement que vous montrez?

Brissac en fit le serment, et pria la duchesse de le mettre à l'épreuve, ajoutant qu'il était tout prêt à sacrifier sa vie même à ses intérêts si elle l'exigeait.

— Je sais, poursuivit-elle, que le crédit que j'ai à la cour engage tous ceux qui ont quelque ambition à m'offrir leurs services, mais j'exige de votre part des sentiments plus désintéressés; je prétends que vous n'aimiez en moi que ce que je tiens de la nature, sans considérer ce que je dois aux bontés du roi. Je n'en serai pas ingrate, et je veux prendre soin de votre fortune, pourvu que vous me laissiez suivre mon inclination et que vous vous en reposiez entièrement sur moi.

Elle accompagna ces paroles, pleines de promesses, de regards si passionnés que Brissac, qui n'était plus novice en amour, comprit immédiatement de quoi il retournait.

Il fit réflexion qu'il y avait certainement beaucoup à craindre de la colère du roi s'il venait à surprendre un pareil commerce; mais il y aurait bien plus à craindre encore du ressentiment de la favorite, si elle se voyait méprisée après s'être avancée si loin. Dans cette alternative, il n'y avait pas à balancer sur le parti à prendre: c'était de saisir aux cheveux l'occasion, et sans avoir l'air d'hésiter.

C'est ce que fit Brissac.

Il s'empara des mains de la duchesse tout émue, et les couvrit de baisers passionnés. Ce langage était plus éloquent que toutes les protestations, que tous les serments du monde. Diane de Poitiers n'en demanda pas davantage, et s'en montra au contraire fort satisfaite.

On ne sut jamais bien si Brissac éprouva pour la favorite la passion intense dont il faisait étalage auprès d'elle, ou si, ce qui est plus probable, il joua bravement la comédie de l'amour pour profiter du crédit de la duchesse; on sait seulement qu'il eut avec celle-ci de fréquents rendez-vous, partout où la chose fut possible, et, ce qui plus remarquable, qu'il lui fut fidèle même dans le malheur.

Quelque temps après cette entrevue décisive, la cour se rendit à Chambord. La duchesse y fut logée dans un pavillon élevé au bout du parc, et quand tout le monde était sorti de sa chambre, le roi s'y rendait le soir, par un passage souterrain, afin de passer avec elle le reste de la soirée et la nuit. La plupart du temps, Henri II prenait dans les bras de son infidèle la place que venait seulement de quitter Brissac.

Un soir que celui-ci s'était, plus que de coutume, attardé dans le bienheureux pavillon, ou que le roi se trouvait en avance sur les soirs précédents, le valet chargé de veiller à l'entrée de la galerie souterraine s'en vint tout effaré dire à nos amoureux qu'il avait aperçu de la lumière à l'autre extrémité de la voûte, et que, par conséquent, le roi ne pouvait être loin.

La duchesse, fort alarmée, s'empressa de faire échapper son amoureux, de sorte que tous deux en furent quittes pour la peur, cette fois encore.

Cependant, ayant à peine quitté le pavillon, Brissac rencontra Claude de Taïs, grand maître de l'artillerie, qui se promenait en flânant dans le parc, et qui le reconnut aussitôt. Voyant de quel endroit il sortait et avec quelle précipitation, Taïs se douta de l'aventure, et abordant Brissac, se permit de le railler — amicalement toutefois.

Brissac ne fut pas excessivement flatté des propos que lui tint ce promeneur indiscret, et, considérant cette rencontre comme fâcheuse, il en prévint aussitôt la duchesse.

Le lendemain Brissac était grand maître de l'artillerie, et Taïs, qui sentait bien d'où lui venait ce coup, dévora sa disgrâce en silence, dans la crainte d'un pire traitement.

Mais un autre soir, malgré toutes leurs précautions, le roi faillit les surprendre, ou, pour être plus exact, les surprit en effet ; car Brissac n'eut que bien juste le temps de se fourrer sous le lit.

Il est juste de dire que Henri II savait parfaitement à quoi s'en tenir sur la fidélité de sa maîtresse favorite et que, de manière ou d'autre, il était averti de son intrigue avec Brissac. Mais il ne voulait pas avoir l'air d'y faire attention, et ce qu'il y a de plus singulier, c'est qu'il continua à l'un aussi bien qu'à l'autre l'affection qu'il leur avait toujours montrée auparavant.

Ce soir-là, par exemple, il est certain que le roi avait tout vu, et qu'il savait fort bien où trouver Brissac s'il avait eu besoin d'entrer en conférence avec lui. Il s'installa cependant, avec sa compagnie, le plus confortablement du monde, et déclara qu'il avait faim.

Aussitôt on apporte à manger, et entre autres mets des boîtes de confitures que le roi distribue autour de lui, en gardant toutefois une certaine quantité qu'il met de côté. Quand tout le monde fut pourvu, le roi Henri, se baissant, jeta sous le lit la part qu'il avait mise en réserve.

— Tiens, dit-il, Brissac ! il faut que tout le monde vive.

Et chacun de rire, à la suite et à l'imitation du roi : excepté sans doute la belle Diane ; car Brissac, sorti de sa cachette inutile, fit chorus avec les autres, en bon courtisan que rien ne saurait émouvoir si ce n'est la perte de la faveur royale, et il n'y avait pas apparence qu'un tel malheur fût à craindre pour lui.

La position de la duchesse de Valentinois ne fut pas même ébranlée de ce coup ; rien ne devait l'ébranler, au reste, que la mort du roi. Toutes ses créatures étaient portées au pouvoir ; tous ceux qui ne lui montraient une soumission entière en étaient infailliblement précipités. A côté du plaisir de la vengeance, il y avait aussi la satisfaction de toucher quelque bon pot-de-vin, qui était très vivement sentie chez Diane, ainsi que nous l'avons montré.

C'est ainsi que, voulant se débarrasser

du chancelier Olivier, elle obligea le roi à ériger la principale fonction du chancelier, la commission de garde des sceaux, en titre d'office, et la fit donner à Bertrandi; une autre de ses créatures, Gilles Le Maître, fut nommé premier président au parlement de Paris à la place de Bertrandi; Brissac reçut le bâton de maréchal de France, etc.

Diane de Poitiers eut d'autres intrigues que celle dont nous venons de parler, mais nous ne trouvons que des indications assez vagues et tout à fait dépourvues d'intérêt. D'autre part, comme nous l'avons dit, le roi fut loin d'être scrupuleusement fidèle à sa vieille maîtresse.

Au nombre des maîtresses de Henri II, on voit surgir une douce figure d'ingénue qui mérite bien une courte mention, car elle ressort avec une singulière vigueur du fond perverti de cette triste époque; aussi fut-elle une victime.

Pendant l'expédition d'Italie, Henri, étant encore dauphin (c'était en 1537), rencontra en Piémont une jeune fille d'une rare beauté, nommée Filippa Duco, dont il devint éperdument amoureux. La jeune fille céda aux instances du prince français; elle devint enceinte, mit au monde une fille qu'elle confia aux soins de Henri, et, honteuse et repentante de sa faute, alla s'enfermer dans un couvent d'où elle ne sortit plus.

Cette fille de la jeune Piémontaise, Henri l'emmena avec lui, et elle fut élevée avec soin sous ses yeux, par Diane de Poitiers, qui lui donna son nom; si bien que beaucoup d'historiens l'ont prise pour sa fille à elle. C'est Diane de France, qui épousa Horace Farnèse, duc de Castro, tué six mois après dans Hesdin, assiégé par les Espagnols; elle épousa ensuite le maréchal de Montmorency, qui la laissa veuve en 1579. Mais cette Diane-là, dans tous les cas, fut une honnête femme, et digne du respect de tous.

Le roi Henri, au dire de Brantôme, « aimoit aussi bien les bons comptes que ses prédécesseurs; mais il ne vouloit point que les dames en fussent escandalisées ni divulguées; si bien que luy, qui estoit d'assez amoureuse complexion, quand il alloit voir les dames, y alloit le plus caché et le plus couvert qu'il pouvoit, afin qu'elles fussent hors de soupçon et diffame; et s'il y en avoit aucunes qui fussent découvertes, ce n'estoit pas sa faute ny de son consentement, mais plutost de la dame. »

Et oui, il y avait de ces dames qui, dans la crainte de n'être point diffamées, prenaient les devants, comme cette miss Flaming ou Haming, venue à la suite de Marie Stuart, qui venait d'épouser le Dauphin, et qui était un peu sa parente, laquelle allait criant sur les toits qu'elle était enceinte du roi. Et de même cette demoiselle de Saint-Rémy, qui jouit du même honneur et privilège.

Cette miss Haming, l'Ecossaise, menaça très sérieusement la position de la duchesse de Valentinois, et finalement la ruina, mais non pour la remplacer, car c'est elle qui fut la cause involontaire de la mort du roi Henri.

Henri aimait beaucoup cette toute jeune fille que les Guises, brouillés avec la duchesse de Valentinois, lui avaient jetée dans les bras, de complicité, en apparence du moins, avec la reine Catherine. Dans le commencement de sa liaison avec cette nouvelle maîtresse, il prenait autant de soin de la cacher à la vieille Diane que si elle avait été son épouse légitime, et quand elle fut devenue grosse, il la fit accoucher si secrètement que personne à la cour n'eut véritablement connaissance du moment où l'événement s'était produit. L'enfant de l'Ecossaise était un fils, il fut appelé Henri et devint, sous les règnes suivants, grand prieur de France et gouverneur de Provence, et se fit tuer devant Marseille sous le règne de Charles IX.

La passion du roi pour miss Haming s'était encore accrue de ce qu'elle lui avait donné un fils, et il ne la cachait plus guère. Cependant, c'était toujours les couleurs de Diane qu'il arborait dans les grandes occasions.

C'était donc encore les couleurs de la duchesse de Valentinois qu'il portait ce jour-là, mais c'était pour miss Haming qu'il paradait.

Pour donner le spectacle de son adresse au jeu des armes, qui n'était pas mince à la vérité, au jeune objet de ses nouveaux feux, Henri II avait voulu prendre part aux tournois qui eurent lieu à l'occasion des noces de sa fille Élisabeth avec Philippe II, et de sa sœur Marguerite avec le duc de Savoie, Emmanuel Philibert, en exécution du honteux traité de Câteau-Cambrésis ; et il s'y distingua, comme on pouvait le prévoir.

Sur la fin du troisième jour de ces fêtes, qui était le 29 juin 1559, le roi, qui avait déjà rompu plusieurs lances avec son succès habituel, insista pour joûter une dernière fois, à visière levée, contre le comte Gabriel de Montgommery, fils de Lorges, capitaine des gardes du corps. Le comte fit tout ce qu'il put pour se soustraire aux exigences du roi, du moins tous les historiens y tiennent absolument, malgré l'invraisemblance, pour faire croire à un pressentiment impossible. En réalité, le comte ne pouvait se douter qu'il blesserait grièvement le roi, et en conséquence il n'avait qu'à obéir.

On objecte que Catherine de Médicis avait consulté les astrologues, et que ces astrologues avaient prédit la mort de Henri II. La vérité est que les astrologues avaient été en effet, consultés par la reine, dans cette occasion ou dans toute autre, et qu'ils avaient bravement répondu, en dépit de Brantôme, de Thou et autres, que le roi mourrait dans une vieillesse heureuse autant qu'avancée.

Quoi qu'il en soit, cette dernière course devait être fatale au roi Henri, car la lance de Montgommery ayant, par la force du choc, volé en éclats, le tronçon qui lui était resté dans la main frappa le roi au visage, un peu au-dessus du sourcil droit, d'un coup terrible, qu'il en fut renversé évanoui et sanglant dans la lice.

Il fut en toute hâte porté sur son lit, et pendant onze jours on ne le quitta pas ; tous les remèdes connus et inconnus furent appliqués sur sa blessure ; mais ce fut en vain, et au bout de ce temps, il rendit le dernier soupir (10 juillet 1559).

Dès qu'il fut bien établi que la blessure du roi était mortelle, Catherine de Médicis qui, une heure auparavant, faisait encore bassement la cour à la favorite, lui envoya faire défense d'entrer dans la chambre du roi, et ordonner de quitter sans délai le palais des Tournelles et de se retirer dans une des maisons qu'elle possédait à Paris. En outre, il lui fut enjoint d'avoir à rendre les joyaux de la couronne qui étaient entre ses mains, ainsi que les bijoux et meubles précieux que le roi lui avait donnés. — Il paraît que c'était la coutume.

La duchesse de Valentinois laissa tranquillement le porteur de tant de commissions désagréables défiler son chapelet. Quand il eut terminé, elle se tourna vers lui en s'écriant :

— Comment ! le roi est-il mort ?

— Non, madame, répondit le messager, mais il n'en vaut guère mieux.

— Dans ce cas, repartit la duchesse, je veux que mes ennemis sachent bien que, tant qu'il lui restera un doigt de vie, je ne les crains pas, et que je ne leur obéirai pas tant qu'il sera vivant. Je suis encore invincible de courage ; mais lorsqu'il sera

gamie. Ceci prouve que l'exemple était contagieux et que plus d'un bourgeois, et peut-être quelques hères et pauvres diables, jugèrent mal à propos, en ce temps de libertinage éhonté, de se contenter d'une femme unique.

Les mœurs publiques, on s'en douterait sans cela, étaient absolument déplorables.

Nous avons déjà eu l'occasion de dire, dans un chapitre précédent, qu'en 1518, à la requête de la reine Claude de France, François I*er* avait ordonné la destruction pure et simple des maisons occupées par les filles publiques dans la rue de Glatigny, et que les bourgeois du voisinage, prenant l'ordre au pied de la lettre, avaient jeté bas, à coups de pioches, ces repaires de la débauche la plus crapuleuse, lesquels, à l'exemple du Phénix, renaquirent de leurs cendres peu de temps après.

En 1560, les états généraux d'Orléans, tenus par François II à l'agonie, prononcèrent l'abolition absolue de la prostitution dans toute la France.

Mais l'application de cet arrêt rencontra les plus grandes difficultés. Les filles publiques de la rue du Houleu se groupèrent et en appelèrent au Châtelet, puis au roi (alors Charles IX). Le procès dura cinq ans. Enfin, en 1565, un nouvel édit, confirmatif des dispositions de celui de 1560, fut publié à cor et à cri aux deux extrémités de la rue, et il fallut bien alors qu'elles déguerpissent.

Naturellement ces filles continuèrent leur triste métier, et au lieu d'être parquées en des lieux déterminés, et placées ainsi sous la main de la police municipale, elles fréquentèrent les repaires des malfaiteurs et des vagabonds, ou pour mieux dire tous les lieux publics.

XIV
Une parenthèse.

SOMMAIRE. — Dépravation générale. — Les amours honteuses et les amours sinistres. — Les liens du mariage. — La chanson du mari... houreux. — Un fiancé dûment prévenu et traité en conséquence. — Marché ignoble. — Artistes et beaux esprits à l'œuvre. — L'Arétin professeur à la cour de France. — Tentative utilitaire d'un *clincailleur* parisien. — La ceinture de chasteté. — Origine de cette ceinture. — Ses succès éphémères. — La vie du clincailleur menacée par les dames et aussi par leurs galants. — Intervention providentielle d'un galant et habile serrurier. — Abandon du cadenas protecteur. — Réapparitions accidentelles de la ceinture de chasteté. — Une anecdote de ce temps-ci. — Vengeance d'une homme vertueuse injustement bâillonnée. — Retour sur le « bon vieux temps. » — Jugement motivé de M. Maxime du Camp. — Nos expositions de peintures et les mœurs. — Un sermon à Notre-Dame sur les « goûts babyloniens » des grands de notre époque. — Nudité et nudités. — Comment on corrige les mœurs chez Thémis. — Fermons la parenthèse.

Rien ne saurait donner une idée des excès de débauche, des emportements hystériques auxquels les plus grandes dames et les plus qualifiées se livraient effrontément, pendant les règnes que nous venons de parcourir avec trop de rapidité sans doute; mais il faut bien garder de la place pour les autres.

Nous avons donné déjà quelques exemples de ces extravagances, mais il en est, on le comprend, sur lesquelles nous sommes forcés de garder le silence. Il nous suffira de dire, pour en faire comprendre la nature, que plusieurs de ces aimables personnes, et en assez grand nombre même, avaient soin de compter parmi leurs « serviteurs, » ainsi qu'elles appelaient leurs amants, un médecin, un chirurgien, ou tout au moins un apothicaire.

Il n'y avait plus rien de sacré dans le lien du mariage, et les plus vertueuses ne l'acceptaient que pour pouvoir ensuite agir en toute liberté ; aussi est-ce peut-être l'époque où il y eut le plus de mésalliances, car c'était le mariage, alors, qui était la formalité accessoire.

Sous Henri II, il n'était un moment question que de la sagesse et de l'honnêteté de deux belles filles de noble maison : *deux* seulement ! aussi cela faisait-il parler. Or, l'une de ces deux vertus farouches, serrée de trop près par un galant qu'au fond elle aimait, ne trouva rien de mieux à lui dire, pour lui faire prendre patience, que ceci :

— Attendez encore un peu que je sois mariée, et alors vous verrez beau jeu.

L'autre était également poursuivie par un amant qui lui plaisait fort ; en même temps, elle était recherchée en mariage par un grand seigneur éperdument épris de ses charmes.

— Pourvu, dit-elle à son amant, que le roi me marie au grand seigneur que vous savez, ne craignez rien : le lendemain de mes noces, marché nul !

Telle était la mesure exacte de la vertu de ces deux belles et nobles demoiselles.

Et de fait, quelque temps après, une chanson fort en vogue à la cour racontait les malheurs d'un grand seigneur qui, marié le mardi, était cocu le jeudi. — C'était être de parole, au moins.

Il y en avait qui s'y prenaient autrement. Une charmante fille conduite à l'autel contre son gré, — ou à peu près, — quoique par un grand personnage, et des plus opulents, lui promit en riant de violer sans retard la foi que le prêtre exigerait d'elle. — Et elle y mit en effet le plus louable empressement.

Une autre avait épousé un gentilhomme fort riche mais de moindre qualité qu'elle-même, qui l'aimait à la folie, à la condition qu'il lui servirait une pension mensuelle de 2,000 livres et la laisserait se conduire à sa fantaisie. Le malheureux, fou d'amour, avait accepté les conditions de ce pacte honteux.

De semblables marchés et de pareilles combinaisons se débattaient tous les jours à la face du ciel ; mais l'exemple venait de si haut ! Y avait-il, sous François Ier et Henri II, dans les hautes régions du pouvoir, un objectif autre que la satisfaction des passions les plus brutales, déguisées sous un vernis d'élégance et de poésie ? Non, il n'y en avait pas d'autre, l'histoire en fait foi ; et pour atteindre un but si noble, on n'hésitait pas à ruiner la France et à répandre des flots de sang !

« Au reste, remarque Sauval, comme si François Ier et Henri II n'eussent souhaité autre chose que d'avoir sans cesse devant leurs yeux des objets capables d'entretenir leurs passions, tout autant de beaux esprits qui composèrent des vers dissolus, étoient récompensés ; ils ne lisoient autre chose que leurs ouvrages : et enfin on en vit tant, que le Parnasse et le cabinet satirique n'en contenoient pas la moindre partie.

« De plus ils firent venir d'Italie des statues de bronze et de marbre, tant d'hommes et de femmes que de dieux et de déesses, où la lubricité triomphoit ; celles qu'on ne voulut pas vendre furent jettées en bronze et exposées aux yeux de chacun dans les cours et les jardins de Meudon, de Fontainebleau, des Tournelles, aussi bien que du Louvre.

« Et non contents de ceci, ils attirèrent encore en France, par leurs grands présents et de grosses pensions, Léonard da Vinci, l'abbé de Saint-Martin, Messer Nicolo et quelques autres peintres italiens, dont le pinceau n'étoit pas moins dissolu que les mœurs ; par leurs ordres, ces artistes remplirent les appartements de nos rois de peintures à fresque et de tableaux qui suivoient la cour, où étoient représentées des choses non seulement lascives, mais incestueuses et exécrables.

« Ils en firent même de semblables pour des particuliers, que chacun a pu voir dans les cabinets des ducs de Richelieu, de Créquy et de Liancourt ; dans l'hôtel Carnavalet, à la rue de la Culture-Sainte-Catherine ; dans la salle basse de l'hôtel de Vauruy, conseiller de la cour ; à la rue des Bernardins, à Meudon, à Chantilly, à Écouen et autres maisons de plaisance des environs de Paris ; mais surtout à Fontainebleau, car non seulement les chambres, les salles et les galeries du château en sont toutes pleines ; mais encore il y en a partout, et en telle quantité, que si la reine mère qui, en 1643, à son avènement à la régence, en fit brûler pour plus de 100,000 écus, avoit voulu brûler tout ce qu'il y avait d'abominable et de dissolu, il lui aurait fallu réduire en cendre presque tout Fontainebleau.

« Pour crayonner en petit une partie de ces peintures : ici des hommes et des dieux tous nuds dansent, badinent et font quelque chose de pis avec des femmes et des déesses toutes nues ; là les unes exposent aux yeux de leurs galants ce que la nature a pris tant de peine à cacher ; les autres s'abrutissent avec des aigles, des cygnes, des autruches, des taureaux : en plusieurs endroits, on voit des Ganymèdes, des Saphos et des Bélettes ; des dieux et des hommes, des femmes et des déesses qui outragent la nature, et se plongent dans les dissolutions les plus monstrueuses.

« Après cela, il ne faut pas s'étonner des incestes et des abominations qui arrivèrent sous les règnes de Charles IX et de Henri III ; si alors on mettoit en pratique toutes les postures de l'Arétin, et si on eût voulu enchérir dessus. »

En effet, ces règnes furent pis encore, et il ne pouvait en être autrement : on ne saurait récolter autre chose que ce qui a été semé.

Si la dépravation des mœurs était si générale, on voit aussi où elle prenait sa source. Naturellement cet état de choses n'était pas du goût de tout le monde ; tous les tempéraments ne pouvaient y trouver leur compte, d'ailleurs : il est des choses qui résistent aux édits royaux. Il ne sera donc pas sans intérêt de rappeler que c'est sous le règne de Henri II qu'un « clincailleur » ingénieux eut l'idée de construire et d'exposer à la foire Saint-Germain un objet nouveau dans ce pays, une invention tout à fait de circonstance : la *ceinture de chasteté*...

Cet engin étrange, hâtons-nous de le dire, n'est point d'invention française, quoique l'ouvrier en question pût fort bien avoir imaginé le sien sans se douter que d'autres avaient eu avant lui la même idée saugrenue et l'avaient mise à exécution.

On en fait honneur, en effet, à un certain Francesco de Carrara, viguier de Padoue, qui florissait vers le milieu du XIVe siècle ; voulant mettre en sûreté son honneur, pendant les fréquentes absences qu'il était obligé de faire, et n'ayant probablement qu'une mince confiance dans la vertu de sa femme, ce maître jaloux avait fait fabriquer une sorte d'engin de fer, attaché à une ceinture, dont il munissait son épouse au moment des adieux ; cet engin se fermait au moyen d'un cadenas dont le signor Carrara portait toujours sur lui la clef.

Le président de Brosses, lors de son séjour à Venise, vit cette machine, qui était alors exposée au palais de Saint-Marc. « C'est aussi là, dit le Président dans ses *Lettres familières*, qu'est un cadenas célèbre, dont jadis un certain tyran de Padoue se servait pour mettre en sûreté l'honneur de sa femme. »

Le plaisant de la chose, c'est que la précaution de François de Carrara ne l'empêcha nullement d'être... ce que vous savez.

C'est un cas isolé, après tout ; et s'il n'est pas difficile d'en trouver d'autres, du moins le serait-il de prouver que la ceinture de chasteté fut jamais d'un usage général dans aucun pays. L'époque où cette insanité paraît avoir sévi avec le plus d'entrain, est celle des croisades, où plus d'un chevalier aurait cru son honneur à jamais compromis, s'il n'avait avant de partir paré sa dame de cet ornement secret.

Cette précaution passe toutefois pour avoir toujours été de la plus déplorable inefficacité.

S'il est un pays où la ceinture de chasteté a eu plus de succès qu'ailleurs, ce doit être en Italie, car c'est dans ce pays qu'on trouve le plus de traces de son existence: Rabelais en parle comme d'un instrument bergamasque, tandis que Diderot le signale comme venant de Florence ; enfin nous venons de le voir mis en pratique à Padoue.

Le comte de Bonneval, qui mourut chez les Turcs, musulman et pacha, rapporte dans ses *Mémoires*, dont nous ne garantissons pas l'authenticité cependant, qu'il eut une intrigue à Côme, avec une dame qui portait une écharpe de cette sorte, dont il ne put venir à bout, car si elle avait été rompue de manière ou d'autre et que le mari s'en fût aperçu, il y allait de la vie de la pauvre signora. Ce que voyant Bonneval, il provoqua le jaloux en duel et le tua — pour lui apprendre à vivre.

Ce dénouement tragique fit un tel bruit que Bonneval dut prendre la fuite. Il se réfugia à la cour de l'empereur Joseph, et il paraît que les dames viennoises l'accablèrent à qui mieux mieux de questions fort délicates sur ce fameux cadenas qui n'était pas en usage dans leurs ménages.

En Angleterre sous le règne d'Élisabeth, en France jusque sous Louis XIV, on rencontre çà et là quelque ceinture de chasteté dans l'exercice de ses fonctions. — On peut du reste en voir une, mais parfaitement inoffensive, sous une des vitrines du musée de Cluny.

Pour en revenir à notre « clincailleur, » ses cadenas arrivaient dans un moment si opportun, qu'ils eurent un succès inouï, un trop grand succès même, car, cinq ou six maris jaloux en ayant fait emplète, tout ce qu'il y avait à la cour de galants dont cette détestable innovation contrariait les habitudes se rua sur la boutique du pauvre hère, en faisant entendre les plus terribles menaces contre sa vie, qu'il ne sauva de leurs mains qu'à grand'peine pour retomber aussitôt dans un danger plus terrible : celui d'être traité par les dames de la même cruelle façon que le divin Orphée le fut, pour d'autres raisons, par les Ménades.

Tout le beau sexe était dans la désolation qu'on peut imaginer, lorsqu'une de ces dames, pourvues par leurs maris de l'abominable instrument, eut l'idée de prendre conseil d'un serrurier. Elle s'en trouva si bien, qu'on assure qu'elle paya de sa peine et de son adresse l'heureux ouvrier, le plus libéralement et le plus gracieusement qu'une jeune et jolie dame soit en état de le faire. En outre, cette dame confia à ses amies, sous le sceau du secret, le moyen dont elle s'était servie pour déjouer les précautions insultantes de son jaloux, qui riait dans sa barbe, se croyant à l'abri de tout danger ; et l'on peut croire que les serruriers eurent fort à faire pendant quelque temps.

Quant au quincaillier de la Foire Saint-Germain, il ne fit point, avec ses cadenas, la fortune qu'il espérait; car MM. les maris ne furent pas longtemps à s'apercevoir qu'ils ne fermaient plus, ou du moins qu'ils s'ouvraient trop aisément.

Remarquez qu'à cette époque les femmes, du moins celles dont nous nous occupons ici, n'étaient rien moins que chastes. Mais que penser d'un mari qui, sans aucune raison, s'avise d'imposer à sa femme une ceinture de précaution? Vous me direz que c'est pour prévenir le danger, et qu'il vaut mieux dans ce cas agir de bonne heure que de courir les risques de l'attente. Sans doute; mais le moyen ne vaut rien.

Nous n'en voulons d'autre preuve que celle que nous offre l'anecdote suivante, racontée par M. A. Debay à qui nous l'empruntons :

« Une jeune demoiselle, aussi vertueuse qu'aimable, dit M. A. Debay, fut mariée à un homme déjà mûr, qui la conduisait dans les brillantes soirées de la capitale : c'était la mode, et le mari, homme du monde, ne pouvait s'y soustraire.

« La jeune femme devint l'objet des attentions les plus empressées d'un beau cavalier qu'elle rencontrait sans cesse attaché à ses pas; mais elle ne lui répondit point. Dans plusieurs autres circonstances, le cavalier revint à la charge, toujours inutilement; la jeune dame le menaça même de se plaindre de ses obsessions.

« Les maris jaloux sont toujours portés à croire au mal, jamais au bien : c'est ce qui arriva à celui de la dame en question. Après les boutades, les emportements de la jalousie, le brutal commanda un brayer à cadenas et l'imposa de force à sa chaste moitié. Dépitée, outrée d'un procédé aussi peu conforme aux mœurs parisiennes, la jeune femme parvint à prendre l'empreinte de la clef et en fit fabriquer une semblable ; puis elle écrivit au jeune homme, qui déjà ne pensait plus à elle, pour lui donner un rendez-vous.

« — Monsieur, lui dit-elle en lui présentant la clef de sa ceinture, jusqu'à ce jour j'ai été honnête, je vous le jure sur l'honneur et devant Dieu!... Mais depuis que mon mari, par une jalousie atroce, se fait le gardien de ma chasteté, j'ai résolu de la perdre.

« A peine la jeune dame eut-elle été satisfaite, qu'elle en éprouva un remords amer : mais la vengeance était consommée. »

Cette fois, ce n'est pas le mari que nous plaignons. Mais au « bon vieux temps, » malgré la brutalité du moyen employé, tant de désordres justifiaient si amplement l'emploi d'un cadenas de ce genre, que nous ne pouvons nous empêcher d'éprouver un sentiment de pitié pour ces pauvres maris doublement trompés, — quoiqu'ils ne valussent guère mieux que leurs femmes.

Il y a, dans le *Paris, ses organes, ses fonctions et sa vie*, de M. Maxime du Camp, un chapitre intitulé *le Bon vieux temps*, où l'auteur, qui trop souvent se laisse entraîner par l'esprit de parti (d'un parti qui, malheureusement pour lui, n'est pas celui de sa jeunesse), compare le passé au présent. Cette comparaison, sincère malgré tout, est loin d'être à l'avantage du « bon vieux temps, » mais elle est incontestablement à l'avantage de la vérité.

Nous croyons bon d'extraire de ce chapitre, édifiant d'un bout à l'autre, le passage qui se rapporte plus spécialement à l'objet de notre travail :

« Quant à ce que l'on appelle plus particulièrement la moralité, dit M. Maxime du Camp, la main brûle à feuilleter l'histoire; qu'est-ce donc que la collection des *Mémoi-*

res ou des *Correspondances* du temps passé, si ce n'est le récit d'aventures que l'on ne sait trop comment qualifier ; il y a certaines portions des annales de Paris qui ne seraient point déplacées dans l'*enfer* de la Bibliothèque nationale. La simplicité de ces impudeurs qui s'étalaient au grand jour est extraordinaire ; on les acceptait sans trop détourner la tête.

« Lorsque Henri III posa la première pierre du Pont-Neuf, il voulut que l'on nommât celui-ci le pont des Larmes, en commémoration de celles qu'il versait alors, sans contrainte, sur la mort de Quélus et de Maugiron.

« Dans les *Tragiques*, d'Aubigné l'a marqué d'un vers rouge.

« En 1610, Lestoile peint d'un mot l'état moral de Paris :

« En un siècle fort dépravé comme est le nôtre, dit-il, on est estimé homme de bien à bon marché ; més que vous ne soiés qu'un peu bougre, parricide et athée, vous ne laissés de passer pour un homme d'honneur.

« Sous la régence de Marie de Médicis, sous Louis XIII, le dévergondage ne trouve plus de mots pour s'exprimer. Moralement jamais on n'a été plus bas que sous la Fronde ; cette guerre civile, cette lutte de prérogatives menée par des coureuses qui traînent des intrigants derrière elles et les cachent tout crûment dans leur alcôve, est faite pour donner la nausée[1].

« Ce n'est pas précisément par la pureté des mœurs que brilla l'époque de Louis XIV ; la fin du règne fut presque le pendant de celui du dernier des Valois. « Il souffle un vent de vertige qui se répand partout, » disait Mme de Maintenon, impuissante à combattre le mal. La régence du moins fut un retour à la nature ; c'est le mot de Michelet.

1. Condé disait : « J'en ai assez de cette guerre de pots de chambre. »

« Il faut écouter La Palatine et les cris qu'elle pousse ; elle était aux premières loges, du reste, pour bien voir et tout savoir ; mère du régent et habitant le Palais-Royal, elle vivait au centre même d'une débauche qui l'épouvantait ; « Jamais rien de pareil ne s'est vu à ce qu'est la jeunesse d'à-présent ; les cheveux en dressent sur la tête, je m'étonne que Paris n'ait pas encore été englouti en punition des choses affreuses qui s'y commettent ; toutes les fois qu'il tonne, j'ai peur pour cette ville. » On ne sait quelle cruauté malsaine se mêlait au plaisir et semblait lui donner une acuité plus vive ; il faut lire l'horrible plaisanterie que le comte de Charolais — une bête féroce, — fit subir à Mme de Saint-Sulpice ; la pauvre femme en mourut ou peu s'en faut ; son oraison funèbre fut une chanson.

« Les plus hauts personnages n'étaient points exempts de ces fantaisies maladives qui font croire à un trouble mental : un soir, à Versailles, malgré la présence du vieux roi, on avait eu grand'peine à empêcher le duc de Bourgogne de glisser un pétard enflammé sous le siège de la princesse d'Harcourt qui jouait au piquet.

« Les femmes, du moins, allaient-elles à franc visage, sans fard, ni cosmétique ? Le « maquillage » que l'on reproche tant aux femmes d'aujourd'hui était fort à la mode ; Marie de Médicis avait auprès d'elle un valet de chambre-coiffeur que l'on appelait : le raccommodeur du visage de la reine ; son secret n'a point été perdu, il a été fidèlement transmis à travers les âges, seulement le nom a changé ; un procès a prouvé que le mot brutal de raccommodeur avait été remplacé par un vocable plus poli ; les gens qui font aujourd'hui métier de peindre les lèvres en rose, les veines en bleu, la peau en blanc, le bord de l'œil en noir, sont des *émailleurs*.

« Des femmes du monde, je le sais, se sont compromises avec des hommes de théâtre; il n'est si mince chanteur qui n'ait eu des succès d'alcôve; un gymnasiarque a failli être enlevé de vive force et d'étranges histoires ont couru dont les sots se sont amusés et dont les honnêtes gens ont rougi; on a crié au scandale et on l'a cru qu'une telle dépravation n'avait point d'analogue dans les siècles écoulés.

« L'histoire est comme Janus, elle a deux visages: qu'elle regarde le passé ou le présent, elle voit les mêmes choses.

« Pendant les beaux jours de Louis XIV, La Bruyère a vertement dit leur fait aux grandes dames de son temps.

« Qui ne se souvient de cet admirable paragraphe dont Estienne Pasquier aurait dit qu'il est le plus beau « placard » de la langue française. La fin en est une flétrissure pour les femmes qu'elle atteint:

« Vous soupirez, Lélie; est-ce que Dracon aurait fait un choix? ou que malheureusement on vous aurait prévenue? Serait-il enfin engagé à Césonie, qui l'a tant couru, qui lui a sacrifié une si grande foule d'amants, je dirai même toute la fleur des Romains; à Césonie, qui est d'une famille patricienne, qui est si jeune, si belle et si sérieuse? Je vous plains, Lélie, si vous avez pris par contagion ce nouveau goût qu'ont tant de femmes romaines pour ce qu'on appelle des hommes publics, et exposées par leur condition à la vue des autres. Que ferez-vous, lorsque le meilleur en ce genre vous est enlevé? Il reste encore Bronte le questionnaire: le peuple ne parle que de sa force et de son adresse; c'est un jeune homme qui a les épaules larges et la taille ramassée, un nègre d'ailleurs, un homme noir. »

Eh! mais, on dirait que M. du Camp n'est pas plus tendre pour le temps actuel que pour le bon vieux! Nous serions-nous trompés?

Cherchons un peu plus loin, ou plutôt ailleurs...

L'élégant écrivain rend compte du salon de 1863, et il est singulièrement choqué de ce qu'il y voit; mais, franchement, on le serait à moins:

« L'art efféminé, dit M. Maxime Du Camp, et bassement sensuel semble être devenu l'art national; de la grâce on est vite descendu à la mignardise; on tombe aujourd'hui dans l'érotisme.

« Boucher est surpassé, on arrive à Clingstet...

« Le souffle énervant et malsain qui inspire aux peintres des conceptions mauvaises, n'a point épargné la sculpture. Cet art naturellement froid, auquel la blancheur du marbre semble imposer une chasteté de nature, fait des efforts désespérés pour parvenir à être aussi inconvenant que la peinture, et il n'y arrive que trop souvent. »

Ainsi l'art, l'art admis aux expositions, car il y aurait trop à dire sur les œuvres laissées à la porte, et qui s'étalent (en copies) à toutes les portes, cet art où nous excellons, tombe dans l'érotisme. — Car, au bout du compte, mil huit cent soixante-trois, ce n'est pas si loin!

Mais les mœurs, les mœurs des « puissants du jour, » des collets montés officiels, des gens qui donnent le ton, protestent sans aucun doute contre ces orgies du pinceau et du ciseau — sans parler de la plume?

Nous pourrions le croire si, du haut de la chaire de Notre-Dame, nous n'avions entendu le R. P. Félix jetant cet éloquent et trop juste anathème sur la société la plus brillante de ce temps:

« Ah! messieurs, s'écriait-il, si, non contents d'étaler partout, aux regards de l'artiste, des mœurs dépravées, des modèles immondes, vous l'invitez encore, par vos

Gilles de Retz fait périr sa femme.

préférences, vos faveurs et vos applaudissements, à répondre par des œuvres éhontées à des goûts babyloniens; si, pour orner vos musées, vos salons, vos maisons, vos boudoirs, vous demandez à prix d'or des tableaux et des statues qui eussent fait rougir même la pudeur païenne; s'il vous faut, pour rassasier non l'admiration, mais la convoitise d'un peuple sensuel, non pas ce qu'un homme a nommé la nudité chaste, la nudité pudique, où le rayonnement de l'esprit fait oublier la chair; mais s'il vous faut la nudité honteuse, libertine, audacieuse, provocante; si vous demandez à l'artiste le nu pour le nu, le nu quand même, le nu partout; si l'artiste est convaincu que, pour arriver à la renommée et surtout à la fortune, il n'a qu'à vous montrer dans ses tableaux des scènes de volupté et des débauches de sensualité; alors, je le demande, que peut-il advenir de la grandeur et de la dignité de l'art? »

Mais, nous dira-t-on, cela est vieux, bien vieux; cela peut bien avoir une dizaine d'années!...

Sans doute, et nous sommes les premiers à regretter qu'il n'y ait plus aujourd'hui de père Félix dans la chaire de Notre-Dame — et que « la nudité honteuse, libertine, audacieuse, provocante » s'étale toujours impunément à tous les coins des rues, offensant les regards même des moins pudibonds.

Cependant, qu'un pauvre diable indigné s'avise de relever toutes ces turpitudes, de les classer laborieusement et de les montrer aux gens, comme on montre aux navigateurs l'écueil qui peut les briser et les engloutir ; il n'aura pas allumé sa lanterne qu'aussitôt de crier haro sur le baudet. Un loup quelque peu clerc surgira, prouvant par sa harangue qu'il faut, sans retard, dévorer ce maudit animal.

Ce pelé, ce galeux, d'où nous vient tout le mal !

Et on le dévouera, car son cas est incontestablement pendable. Et la peste continue à sévir ; elle en prend même une force nouvelle : le silence ne fait de tort qu'au bien ; le mal au contraire, à la faveur du silence et des ténèbres, fait sûrement son petit bonhomme de chemin, que la lumière et la publicité entraveraient de manière à le lasser.

Tout cela, on l'a dit cent fois, et on le redira mille sans plus de résultat ; nous le savons fort bien ; de sorte qu'il nous paraît plus opportun de retourner bêtement à nos moutons.

La citation du bel ouvrage de M. Maxime du Camp nous a peut-être entraîné plus loin qu'il ne fallait ; d'autant plus qu'il nous faudra revenir sur tous les points que ce passage ne fait qu'indiquer. Mais nous étions sur le seuil, pour ainsi parler, de l'époque qu'il signale plus particulièrement à notre attention, et la tentation était trop forte. Ce chapitre peut donc être considéré comme une parenthèse, un hors-d'œuvre si l'on veut, mais intimement lié par le fond à la trame même de notre histoire, qui a justement pour objet la peinture du côté ignoble de l'histoire générale — laquelle se trouve trop souvent n'avoir que celui-là.

Ce sera même une transition toute naturelle pour en venir à nous occuper d'une des plus grandes et des plus hideuses (moralement) figures de cette époque mémorable : celle de Catherine de Médicis, femme de Henri II, et mère de François II, de Charles IX et de Henri III, c'est-à-dire des derniers représentants, et des représentants les plus repoussants à tous les points de vue, de cette dynastie des Valois, qui commence par des voleurs pour finir par... pis encore.

Cette grande figure, à peine l'avons-nous entrevue, d'abord humble, timide, servile esclave d'une courtisane, pour être plus sûre de rester reine ; puis, montrant, au jour du triomphe, un peu de sa nature impérieuse, vindicative, ingrate. Ce n'est rien ; mais le moment est venu où, reine mère et régente, elle laissera enfin tomber le masque devenu inutile — pour en prendre d'autres, aussi variés qu'il sera nécessaire, car l'intrigue est sa vie, mais aucun de ceux qui pourraient faire reconnaître à Henri II celle qui fut sa femme dédaignée et soumise.

XV
Catherine de Médicis et Charles IX.

SOMMAIRE. — La jeunesse de Catherine de Médicis. — Cause de la répulsion inspirée à Henri II par sa jeune femme. — Explication de Michelet. — Le sang corrompu des Médicis. — La suite italienne de Catherine. — L'astrologue et l'empoisonneur-parfumeur. — L'institution d'Anne de Bretagne profondément remaniée. — L'escadron volant de la reine. — La duchesse de Montpensier et le roi de Navarre. — La cour pendant la minorité de Charles IX. — Les factions. — Politique de la reine-mère. — Réapparition de la duchesse de Valentinois. — Mlle du Rouet. — Mlle de Limeuil et le prince de Condé. — Quelques victimes dans le troupeau de la reine. — Mort du roi de Navarre. — Intrigues matrimoniales. — La maréchale de Saint-André donne des arrhes. — Noble conduite du prince de Condé. — Françoise de Rohan et le duc de Nemours. — Charles IX devenu majeur ne manifeste encore que peu de penchant pour les femmes. — On soigne son éducation pour qu'il en soit autrement. — Pamphlets et livres obscènes. — Le roi se déniaise. — L'ingénue Marie Touchet. — Mariage de Charles IX. — Infidélité de la belle Marie. — Le billet de Montluc. — Amoureux et coupeurs de bourses. — Le duc de Guise et Marguerite de France. — Catherine de Clèves, duchesse de Guise. — Le duc d'Anjou et la princesse de Condé. — Mlle de Châteauneuf. — Son amant Ligneroles assassiné par ordre du duc. — La Saint-Barthélemy et les prétendus remords de Charles. — Le sac de l'hôtel Nantcuillet exécuté par trois rois en goguette. — Mort de Charles IX. — Charles IX poëte. — Les anagrammes de Marie Touchet. — La débauche publique sous Charles IX. — La prostitution légale en interdiction. — La prostitution dans les armées catholiques. — *Huit cents filles publiques jetées à l'eau d'un seul coup.*

Nous n'avons fait qu'entrevoir en passant cette grande figure de Catherine de Médicis, et telle qu'elle nous est apparue, elle est certes bien loin de revêtir l'aspect sinistre qui la caractérise dans l'histoire.

Qu'avons-nous vu en définitive ? Une pauvre jeune femme innocente qui, quoique reine, était forcée de s'abaisser à courtiser, à servir une maîtresse impérieuse et vieille jusqu'à l'antiquité amoureuse la plus reculée, pour se faire une protection nécessaire auprès de son royal époux, — nécessaire, indispensable même, car sans cette protection avilissante, Henri II se fût débarrassé de bonne heure de la malheureuse Catherine.

Il est vrai que nous l'avons vue aussi, chassant durement du palais des Tournelles, à la mort du roi son mari, celle à qui elle devait sa position désormais inattaquable, celle à qui l'histoire doit d'avoir à enregistrer, dans la liste de nos rois, les derniers et les plus ignobles représentants de cette triste race des Valois, issus de Catherine. Dans cette circonstance, on peut dire que Catherine n'a pas fait précisément preuve de ce qu'on appelle grandeur d'âme. Il n'en est pas moins vrai qu'on ne saurait trop vivement la blâmer de cette attitude, lorsqu'on se rappelle sa vie passée, et que Diane de Poitiers ne crut vraiment à son affection que parce que sa propre présomption l'aveuglait — si tant est qu'elle y crut.

Avant d'aller plus loin, il nous paraît utile de remonter vers ce passé de Catherine, laissé dans l'ombre, afin de connaître au moins les raisons de la répugnance presque insurmontable que Henri II ne cessa de lui témoigner qu'en cessant de vivre.

Catherine avait quatorze ans et demi lorsque, grâce aux intrigues de Clément VII, son grand-oncle, elle épousa le dauphin Henri. Au témoignage de Varillas, elle était belle de cette beauté italienne qui, à la pureté des traits, à la blancheur mate du teint, joint la mobilité, la vie, l'expression, presque la fascination ; elle paraissait aussi douce et bonne.

Avec toutes ces qualités, pourtant, elle séduisit du premier coup... François Ier, son beau-père. Par contre, elle déplut souverainement à son mari ! Est-ce parce que ce dernier, qui se piquait de chevalerie, était tout entier à son amour pour la vieille Diane ? — Mais il ne lui épargnait pas tant que cela les infidélités, et quelle plus agréable infidélité que celle qu'il pouvait commettre *légitimement* avec une si charmante enfant !

Voici comment Michelet explique cette répugnance de la part de Henri, or comme le père et le fils n'avaient que peu de rapports dans les goûts, il est possible, en effet, que ce qui répugnait tant au dauphin laissât le roi indifférent :

« En Catherine, dit l'illustre historien, on sentait la mort ; son mari instinctivement s'en reculait, comme d'un ver, né du tombeau de l'Italie. Elle était fille d'un père tellement gâté de la grande maladie du siècle, que la mère, qui la gagna, mourut en même temps que lui au bout d'un an de mariage. La fille même était-elle en vie? Froide comme le sang des morts, elle ne pouvait avoir d'enfants qu'aux temps où la médecine lui permettrait d'en avoir. On la médecina dix ans. Le célèbre Fernel ne trouva nul autre remède à sa stérilité. On était sûr d'avoir des enfants maladifs.

« Henri fuyait sa femme. Mais ce n'était pas le compte de Diane, elle avait horriblement peur que, Henri mourant sans enfants, son successeur ne fût son frère, le duc d'Orléans, l'homme de la duchesse d'Étampes.

« En avril 1543, lorsque Henri partait pour la guerre et pouvait être tué, il dut d'abord tenter un autre exploit, surmonter la nature, aborder cette femme et lui faire ses adieux d'époux. Le 20 janvier 1544, naquit le fléau désiré, un roi pourri, le petit François II, qui meurt d'un flux d'oreille et nous laisse la guerre civile. Puis un fou naquit, Charles IX, le furieux de la Saint-Barthélemy. Puis un énervé, Henri III, et l'avilissement de la France.

« Purgée ainsi, féconde d'enfants malades et d'enfants morts, elle-même vieillit, grasse, gaie et rieuse, dans nos effroyables malheurs. »

Pendant le règne éphémère du petit François II, Catherine, encore forcée à la dissimulation, dut s'attacher ostensiblement aux Guises, oncles de la reine Marie Stuart; mais elle eut soin de rester en bonne intelligence avec les divers partis qui se regardaient d'un œil de menace, de parlementer même avec les huguenots et de s'attacher les partisans de la favorite chassée, mais non persécutée par elle.

Au reste, à l'exception peut-être du seul Montmorency qui, en assurant que de tous ses enfants aucun ne ressemblait au roi son époux, s'était attiré sa haine, Catherine ne négligea rien, à aucune époque de sa vie, pour séduire tous les hommes influents qui fréquentaient la cour, et pour y attirer dans le même but tous ceux qui la fuyaient, que son objectif suprême fût, ou de se les attacher ou de les perdre.

Pour arriver à ses fins, elle avait recours à des moyens qui manquent rarement leur effet.

Elle avait importé d'Italie, comme on sait, un astrologue fort habile, surtout en politique, le célèbre Ruggieri, et le non moins illustre parfumeur-empoisonneur René. Ces deux hommes lui étaient d'une grande utilité dans une foule de cas désespérés, mais non dans tous. Craignant que la matière fît défaut en France, elle y fit venir d'Italie également, les plus belles filles et les plus maniables, sur lesquelles elle put mettre la main, pour en former le noyau du corps des filles d'honneur, institué dans un tout autre but par Anne de Bretagne, et qui, devenu son « escadron volant, » ne fut plus qu'un corps de prostituées politiques dévouées corps et âme, peut-être par crainte de pire, à la fortune de la reine mère, et tendant aux ennemis de celle-ci des embûches auxquelles ils ne pouvaient guère se soustraire.

C'est donc en réalité par la prostitution, élevée à la hauteur d'un sacerdoce, que Catherine de Médicis régna sur la France, à peu près sans contrôle, pendant un demi-siècle! Aussi les conséquences d'une pareille politique furent-elles les plus désastreuses, les plus avilissantes qu'il se puisse imaginer.

Nous ne pouvons guère toucher qu'en passant, dans un ouvrage de ce genre, à la politique du temps; mais en rappelant çà et là les hauts faits des dames de l'escadron volant de la reine, nous en verrons assez pour nous édifier amplement.

A son avènement au trône, Charles IX n'avait que dix ans (1560). Son tuteur naturel était le roi de Navarre, mais par le moyen de la duchesse de Montpensier, sa maîtresse, qui en faisait ce qu'elle voulait, Catherine obtint le désistement de ce rival dangereux, qui reçut en compensation la lieutenance générale du royaume.

Il faut convenir que ce résultat ne fut pas toutefois obtenu sans une longue série d'intrigues et de luttes passionnées. Catherine finit malgré tout par avoir le dessus. « Cette princesse, dit un vieil écrivain, était fort raffinée en politique et croyait pouvoir employer indifféremment, pour régner, les moyens légitimes et les défendus. Elle était magnifique dans toutes ses actions et aimait tous les divertissements qu'elle faisait servir à ses desseins ambitieux.

« Pendant les troubles dont l'État fut agité, on voyait les mêmes chariots porter les machines de guerre et celles des ballets. C'était par ces artifices qu'elle retenait auprès d'elle les jeunes gens de la cour qui, trouvant près d'elle les plaisirs conformes à leurs âges et à leurs inclinations, et charmés par la beauté de ses filles d'honneur, préféraient le plus souvent son parti aux autres, qui s'étaient formés au mépris de l'autorité royale.

« La cour était alors partagée par deux factions, celle des huguenots et celle des catholiques zélés. Louis, prince de Condé, était à la tête de la première, et les Guises gouvernaient la seconde. Le roi de Navarre, le connétable de Montmorency et le maréchal de Saint-André semblaient faire un troisième parti, et la reine prétendait conserver l'autorité que la régence lui avait donnée, en divisant ces trois partis et en les balançant, de manière que l'un ne pût opprimer les deux autres.

« Le tiers parti, qu'on nommait communément le *triumvirat*, lui semblait trop puissant, et elle se servit de la duchesse de Valentinois (Diane de Poitiers) pour diviser le roi de Navarre et le connétable, de peur qu'étant unis, ils ne lui laissassent que l'ombre du gouvernement. » La duchesse s'y porta d'autant plus volontiers que ses intérêts s'accordaient avec ceux de la reine. Elle avait feint de se laisser fléchir par les larmes de sa fille et par les soumissions du duc d'Aumale, son gendre, pour rentrer en bonne intelligence avec la maison de Guise, qui l'avait abandonnée à la discrétion de ses ennemis ; et la cour prit cette réunion pour l'effet d'une vertu héroïque, quoiqu'elle ne s'y fût portée que par une nécessité indispensable.

« La duchesse avait assez d'esprit et d'expérience pour juger qu'il lui était impossible de conserver les immenses richesses dont elle jouissait, que par l'appui de la maison de Guise, qui d'ailleurs ne pouvait se maintenir longtemps qu'en trouvant le secret de se raccommoder avec le connétable ; ainsi la duchesse travaillait en effet pour elle-même, lorsque la reine et le duc d'Aumale se figuraient qu'elle agissait pour eux.

« Elle usa si efficacement de l'autorité qu'elle avait conservée sur l'esprit du connétable, qu'elle l'accoutuma insensiblement à ne plus regarder les Guises comme ses ennemis.

« Voilà comment la duchesse se maintint jusques à la mort dans l'état florissant où l'avait laissée Henri II, sans que personne osât plus la traverser, lui voyant de si puissants protecteurs. »

Le triumvirat était donc dissous en fait, mais ce n'était pas assez pour Catherine, elle voulut attacher absolument à ses propres intérêts les deux princes de la maison de Bourbon, le roi de Navarre et le prince de Condé. Ce fut alors que l'escadron volant fut mis en réquisition. Catherine y choisit les deux plus jolies, aimables et surtout adroites filles qui y fussent et les lança aux trousses des deux princes.

Le roi de Navarre fut le partage de Mlle du Rouet, fille de Louis de la Béraudière de la Guiche, seigneur de l'Isle-Rouet en Poitou; et le prince de Condé échut à Mlle de Limeuil. Au fait du caractère particulier des gentishommes à qui elles s'adressaient, ces demoiselles s'y prirent vraiment avec une admirable habileté. Tandis que Mlle du Rouet allait partout vantant les qualités diverses du roi de Navarre, Mlle de Limeuil, au contraire, ne laissait échapper aucune occasion de traiter le prince de Condé avec un grand dédain, disant de lui qu'il était tout ambition, n'avait aucune constance et était incapable de toutes ces petites attentions délicates si agréables aux dames, et protestant, en fin de compte, que c'était le dernier des hommes qu'elle consentît à choisir pour amant.

Le résultat de cette double intrigue ne se fit pas attendre : le roi de Navarre, très flatté d'apprendre qu'il existait une jeune et séduisante personne si éprise de ses qualités, voulut à toute force faire plus ample connaissance avec elle ; et le prince de Condé, piqué au jeu de Mlle de Limeuil, se fit une sorte de point d'honneur de lui prouver qu'elle s'était trompée sur son compte.

Cependant, le roi de Navarre était toujours sous l'influence de la duchesse de Montpensier, dont la séduction était telle, qu'on ne l'appelait à la cour que la *Sirène*; il fallait que la reine connût bien le dessous des cartes, pour engager contre cette favorite, à qui elle devait d'ailleurs le désistement du roi de Navarre à la régence, une partie si aventureuse.

En effet, malgré les représentations de ses amis et les vives remontrances des Montmorency, des Châtillon, des principaux chefs du parti huguenot et des catholiques modérés, le roi de Navarre avait obéi aux conseils de la duchesse de Montpensier poussée par Catherine, et abandonné la proie pour l'ombre, et en retour qu'avait-il obtenu de cette altière maîtresse ? — Presque rien ; de sorte qu'il avait été deux fois dupe dans cette affaire.

Quant à Catherine, la reconnaissance n'était pas son faible ; et d'autre part elle craignait l'esprit ambitieux de la duchesse. Avec Mlle du Rouet, elle n'avait rien à craindre. Profitant donc du mécontentement d'Antoine de Bourbon, la reine mère n'hésita pas à lui jeter sa fille d'honneur en pâture, espérant faire ainsi d'une pierre deux coups.

Sur ces entrefaites se produisit un incident qui avança grandement les affaires du roi de Navarre avec Mlle du Rouet qui, en cherchant à séduire, paraît s'être laissée prendre elle-même au piège qu'elle avait tendu. Le roi de Navarre se trouvait sollicité de prendre la direction du parti catholique, décidé à purger la France des calvinistes, et pour acquérir une plus grande autorité sur ses nouveaux amis, de faire casser son mariage avec Jeanne d'Albret, qui avait embrassé et soutenait de tout son pouvoir la religion réformée, pour épouser une catholique fervente, la belle veuve de François II, Marie Stuart.

Antoine de Bourbon n'était pas du tout disposé à accepter cette proposition, quoique peu constant dans ses idées. Toutefois, Mlle du Rouet, ayant été avertie de l'espèce de complot qui se tramait, et mue soit par la jalousie, soit par tout autre sentiment, chercha l'occasion de parler au roi de Navarre, et l'ayant trouvée, insista pour qu'il ne souscrivît pas à une semblable proposition qui n'était avantageuse pour lui qu'en apparence.

Le roi se fit un peu prier, qu'il fût ou non décidé à refuser, et enfin promit à Mlle du Rouet tout ce qu'elle voulut, mais à une condition...

Comment une pauvre fille d'honneur à qui un roi prétendait faire le sacrifice de « la plus belle reine de l'Europe, » pouvait-elle refuser à ce roi la grâce qu'il lui demandait en retour?

Mlle du Rouet ne refusa donc plus rien à son royal amant, et en eut un fils qui reçut le nom de Charles de Bourbon et devint plus tard, lorsqu'il fut d'âge convenable, archevêque de Rouen.

Du côté de Mlle de Limeuil et du prince de Condé, les choses allèrent plus lentement, parce que la demoiselle avait, d'après son plan, marqué trop de répugnance pour le prince pour lui céder après sans transition: mais ce n'était reculer que pour mieux sauter.

« Le prince de Condé, dit à ce propos Mézeray, étant devenu amoureux d'une des filles de la reine, nommée Mlle de Limeuil, lui en conta si bien qu'ils en vinrent à ce qu'on appelle la conclusion du roman. Elle en eut un fils dont elle accoucha sous le règne de Charles IX, dans le Louvre même; mais la reine qui, dans ce temps-là, avait besoin du prince pour balancer la puissance de la maison de Guise, qui s'élevait trop, eut compassion de la fragilité humaine.

« Même aventure arriva à une autre fille de la reine, au bout de deux ou trois ans. Catherine de Médicis s'étant aperçue que le prince aimait cette jeune demoiselle, se voulut servir de l'occasion pour pénétrer ses desseins. C'est pourquoi elle excita la jeune fille, qui apparemment ne se fit pas beaucoup prier, à ne point faire la prude. »

La reine mère avait, au reste, de quoi choisir dans le troupeau de ses « filles, » dont le chiffre s'élevait à cent cinquante; aussi y aurait-il de beaux contes à faire à propos des unes ou des autres. Pour revenir à celles qui nous occupent plus particulièrement en ce moment, elles étaient si fort amies qu'elles éprouvèrent un véritable chagrin lorsque, obéissant chacun de son côté aux intrigues d'un parti différent, les deux princes de Bourbon prirent le commandement. l'aîné des catholiques, et l'autre des calvinistes.

Blessé peu de temps après devant Rouen, le roi de Navarre fut installé dans la ville qui avait été prise. Sa blessure n'était pas dangereuse; mais lorsque Mlle du Rouet eut reçu avis de la position de son amant, elle se rendit aussitôt auprès de lui, et pour tout dire en un mot, ses trop fréquentes visites furent fatales au malheureux Antoine, dont la blessure s'envenima tellement qu'il en mourut, à l'âge de quarante-deux ans, le 7 octobre 1562.

La pauvre fille ne se consola jamais d'avoir été la cause involontaire de la mort d'un prince qu'elle aimait, assure-t-on, fort tendrement. Mais le mal était fait.

Un an après environ, la régente ayant conclu la paix avec les calvinistes, le prince de Condé reparut à la cour et y fut traité avec la plus grande magnificence. On y avait pour les moindres désirs de ce brillant et dangereux ennemi des prévenances vraiment touchantes; si nous ajoutons à cela qu'il avait renoué ses amours momentanément interrompues avec la belle Mlle de Limeuil, on comprendra que les vrais intérêts de ses partisans ne l'occupaient que médiocrement.

Ses amours avec Mlle de Limeuil étaient si peu dissimulées, si publiquement affichées pour mieux dire, que la malheureuse princesse de Condé en mourut de chagrin et surtout de jalousie. Alors ce fut une autre source d'intrigues, car la défunte appartenait à la famille de Châtillon, et c'est grâce à cette parenté que le prince de Condé s'était trouvé à la tête du parti calviniste ; il fallait donc lui choisir un seconde femme dont l'influence le retint au parti catholique, ou plutôt l'y attachât.

En attendant, Mlle de Limeuil poursuivait son rôle, et ce fut vers ce temps, c'est-à-dire en 1563, que lui arriva ce petit accident dont parle Mézeray.

La reine mère se montra fort courroucée de la faute d'une de ses filles « d'honneur, » et Mlle de Limeuil dut, aussitôt ses couches terminées, aller faire ses relevailles au couvent des Cordeliers d'Auxonne. Cependant elle en sortit bientôt pour épouser un jeune gentilhomme que son intrigue avec le prince de Condé lui avait fait dédaigner et qui, lui, ne l'avait pas oubliée : Geoffroy de Caussac, seigneur de Frémont.

Cependant les prétendantes à la main du prince veuf qui, s'il n'était ni beau ni bien fait, du moins était prince, ne laissaient pas de se mettre sous les armes.

Au nombre de ces beautés ambitieuses, il y en avait une dont ses rivales ne songeaient guère à se méfier, bien qu'elle fût plus à craindre qu'elle ne paraissait l'être, c'était la veuve du maréchal de Saint-André, Marguerite de Lustrac, maîtresse femme qui, après s'être engagée, du vivant de son mari, à un veuvage éternel, en signant les clauses du mariage de sa fille unique avec le prince de Joinville, fils aîné du duc de Guise, alliance qui n'avait été consentie qu'en considération des grands biens qu'elle devait faire passer dans la famille des Guises, cherchait à rompre cet engagement, sous prétexte que sa fille pouvait trouver une plus haute alliance encore.

Or, la combinaison à laquelle s'était arrêtée l'habile matrone était aussi intelligente qu'audacieuse : il s'agissait tout simplement pour elle d'épouser le prince de Condé, et de faire épouser à sa fille le propre fils de celui-ci, le marquis de Conti.

Il est bon d'établir que le marquis dont il est ici question avait pour lors neuf ans. Le prince de Condé, *sondé* par des amis communs, fit très justement la remarque que, une fois princesse de Condé, il n'y avait aucune raison de croire que Mme la maréchale ne rompît ses engagements envers le marquis de Conti comme elle avait fait avec le prince de Joinville.

Mais la maréchale ne se tint pas pour battue, et pour montrer au moins son désintéressement, elle fit offrir au prince, par donation entre-vifs et sans aucune réserve, la terre de Valery en Gâtinais, présent considérable, représentant plus de la moitié de ses biens, et que le prince, en conséquence, accepta comme vraiment digne d'un homme de son rang...

Peu après il épousait Françoise d'Orléans, sœur du duc de Longueville.

La mésaventure de la maréchale de Saint-André est beaucoup moins digne de pitié que celle de Françoise de Rohan, dont les dernières péripéties se déroulèrent vers la même époque.

Françoise de Rohan, élevée à la cour de sa cousine, la reine de Navarre, y avait fait la connaissance du beau Jacques de Savoie, duc de Nemours, et, sur la foi d'une promesse de mariage, s'était entièrement abandonnée à lui. C'était du vivant de Henri II. Mais le duc de Nemours, ayant obtenu ce qu'il voulait, ne se souciait plus d'épouser celle qu'il avait séduite et, pour s'en dispenser, il partit pour le Piémont d'où il ne revint qu'au commencement du règne de Charles IX.

Cependant, Mlle de Rohan avait eu un fils des œuvres du duc. Ce retour fit renaître dans son cœur l'espérance de voir enfin accomplir une promesse solennelle. Mais il n'en fut rien. Nemours se jeta dans le parti des Guises, et devint amoureux de la femme

La fête des fous.

du duc. Lorsque celui-ci eut été assassiné par Poltrot, à Orléans, le duc de Nemours se déclara et quelques mois plus tard il épousait la veuve.

Françoise de Rohan avait essayé de prévenir le dénouement, en intentant un procès à son infidèle pour le contraindre à exécuter sa promesse ; malheureusement, elle appartenait à la religion réformée, et l'affaire évoquée devant le pape par le pieux catholique Nemours, l'issue n'en pouvait être douteuse : Sa Sainteté ne pouvait mieux faire que de déclarer Mlle de Rohan mal fondée dans sa réclamation et le duc de Nemours digne, parfaitement digne de félicitations de ne point tenir ses engagements envers sa maîtresse et son bâtard. Le Parlement de Paris, saisi ensuite de cette affaire, se déclara également contre l'abandonnée.

Plus tard, Henri III érigea en faveur de Françoise de Rohan la terre de Loudun en duché et autorisa son fils à prendre le titre de prince de Genevois.

Cependant le jeune roi grandissait, et approchait de sa majorité sans s'être encore particulièrement signalé par la violence de ses passions. — Il est vrai qu'ayant été reconnu majeur à treize ans, il n'avait pas perdu beaucoup de temps et pouvait se rattraper.

Brantôme constate que, « pour sa tendresse d'aage, » le roi Charles IX ne se souciait pas des dames au commencement; « ains se soucioit plustost à passer son temps en exercices de jeunesse.

« Toutefois, ajoute le malin vieux conteur, feu M. de Sipierre, son gouverneur, et qui estoit à mon gré, et de chascun aussi, le plus honneste et le plus gentil cavalier de son temps et le plus courtois et révérentieux aux dames, en apprit si bien la leçon au Roy son maistre et disciple, qu'il a esté autant à l'endroit des dames qu'aucuns roys ses prédécesseurs... Quand il vint sur l'aage d'amour, il servit quelques honnestes dames ou filles que je sçay, mais avec si grand honneur et respect que le moindre gentilhomme de sa cour eust sceu faire.

« De son règne les grands pasquineurs commencèrent pourtant avoir vogue, et mesmes aucuns gentilshommes bien galants de la cour, lesquels je ne nommeray point, qui détractoient estrangement les dames, et en général et en particulier, voire des plus grandes ; dont aucuns en ont eu des querelles à bon escient, et s'en sont très mal trouvés : non pourtant qu'ils advouassent le faict, car ils nioient tout ; aussi s'en fussent-ils trouvés de l'escot s'ils l'eussent advoué, et le roy leur eust bien faict sentir, car ils s'attaquoient à de trop grandes.

« D'autres faisoient bonne mine, et enduroient à leur barbe mille démentis qu'on disoit conditionnels et en l'air, et mille injures qu'ils buvoient doux comme laict, et n'osoient nullement répartir; autrement il leur alloit de la vie : en quoy bien souvent me suis-je estonné de telles gens qui se mettoient ainsi à mesdire d'autruy, et permettre qu'on mesdits à leur nez tant et tant d'eux. Si avaient-ils pourtant la réputation d'être vaillants ; mais en cela ils enduroient le petit affront gallantement sans sonner mot. »

Brantôme se fait plus naïf qu'il ne le fut jamais, et il est bien venu vraiment à se montrer sévère contre les médisants, car remarquez qu'il ne dit point *calomniateurs*. En effet, il eût été difficile de calomnier la cour de Charles IX. Quant au roi, la vérité est que toutes ces histoires l'amusaient, qu'il y prenait souvent part, et que la mauvaise langue la plus déchaînée contre les femmes était celle de son propre frère, le duc d'Anjou, plus tard Henri III, le roi des *Mignons*.

Au reste, les *pasquins* dont il est ici parlé n'étaient pas les seules armes employées contre les femmes de cour aux mœurs plus que légères ; on se passait de main en main des livres à enluminures obscènes, imités de l'Arétin, où les plus grandes, à commencer par la reine mère, étaient représentées *au naïf* dans les attitudes les plus ignobles, en compagnie d'un, deux ou trois gentilshommes à la fois, et des plus connus. Ces sortes d'ouvrages, au lieu de scandaliser les dames, qu'elles y figurassent ou non, semblent au contraire avoir été fort recherchés d'elles; et il semble aussi qu'ils ne furent pas regardés par le jeune roi comme susceptibles d'exciter sa colère contre leurs auteurs, au même point que les pasquins, que nous appellerions aujourd'hui des *pamphlets*.

Nous verrons bientôt que sous Henri III la mode en était venue à son apogée.

Si Charles IX ne fut pas, dès l'abord, fort empressé auprès des dames, il est juste de reconnaître que ce ne fut pas la faute de celles-ci.

Tant qu'il ne fut pas déclaré majeur, le jeune roi fut sans doute regardé par elles comme un enfant, mais lorsque le Parlement de Rouen, dans sa haute sagesse, eut déclaré que cet enfant de treize ans avait, par grâce divine, toute la haute intelligence nécessaire à la majorité d'un pasteur d'hommes, toutes s'entendirent pour inspirer au puissant monarque une passion qui fût d'un bon rapport pour la privilégiée. Mais le jeune Charles préférait alors la chasse.

Un jour, pourtant, Mme de Montpensier lui ayant fait de vifs reproches sur son insensibilité, il lui répondit que s'il s'y mettait une bonne fois, ce serait d'une manière si sérieuse qu'on pourrait bien se repentir d'avoir éveillé le lion qui dormait. Propos de gamin vantard, car sous ce rapport il ne fut jamais bien terrible, et quant au félin auquel il faisait allusion, le tigre eût plus justement servi à la comparaison.

Cependant Charles IX coqueta comme un autre, çà et là, et eut quelques petites intrigues presque innocentes, vu l'état des mœurs à la cour.

Enfin, 1566, ayant eu occasion de faire un séjour à Orléans, il y fit la connaissance d'une fort jolie fille qui, à ce qu'il paraît, était venue par curiosité le voir dîner comme une personne naturelle.

Cette jeune fille, c'était Marie Touchet.

qu'à tort quelques chroniqueurs ont fait la fille d'un apothicaire.

Jean Touchet, père de Marie, était sieur de Beauvais et du Quillard, conseiller du roi et son lieutenant particulier au bailliage d'Orléans, de bonne noblesse de robe d'origine flamande, très instruit et très méritant sous tous les rapports. Quant à sa mère, elle était fille naturelle d'Orable Mathy, médecin du roi.

Marie, d'après un contemporain, « avait le visage rond, les yeux vifs et bien fendus, le front plus petit que grand, le nez d'une juste proportion, la bouche petite et le bas du visage admirable; » ce qui constitue assurément un portrait fort séduisant, mais nous aimons à croire qu'elle avait d'autres attraits dont le chroniqueur ne s'est pas aperçu.

Il ne faudrait pas non plus la faire plus ingénue qu'elle ne l'était réellement, car avant de connaître ce roi de seize ans, elle, qui en avait dix-sept, était déjà la maîtresse du jeune Montluc, autrement dit M. de Lyoux, frère de l'évêque de Valence et du trop fameux Blaise de Montluc : beau trio de gredins paillards, assassins et voleurs, mais ultra-catholique, bien que l'évêque fût marié.

Donc, Charles IX ayant remarqué cette jolie fille, s'informa de ce qu'elle était et, ayant obtenu les renseignements qu'il désirait, il ordonna à Latour, maître de la garde-robe, d'aller lui porter ses royales propositions. La négociation ne traîna pas en longueur : la nuit même, Marie Touchet était introduite dans la chambre du roi.

Charles pria sa sœur Marguerite de la prendre pour femme de chambre, et celle-ci y consentit; mais il fallut bientôt retirer cette position officielle à la jeune Marie, car elle devint grosse. Le roi la fit accoucher secrètement, et le fruit de cette intrigue fut un prince auquel on donna le nom de Charles, et qui fut plus tard duc d'Angoulême.

En 1570, lorsqu'il fut question de marier le jeune roi avec Élisabeth d'Autriche, seconde fille de l'empereur Maximilien II, Marie Touchet accueillit cette nouvelle avec un flegme tout flamand, disant : « — L'Allemande, elle ne me fait pas peur. » Et elle avait raison de ne rien craindre de ce mariage, car elle conserva l'amour du roi jusqu'à la mort de celui-ci.

Cependant Mlle Touchet n'avait point rompu son commerce avec Montluc, et elle était, à tout le moins, en correspondance suivie avec ce jeune chef de brigands.

Un jour, le roi, ayant été averti que la favorite venait de recevoir un billet de Montluc, et l'avait mis dans sa bourse, imagina un stratagème des plus étranges, et qui peint bien un autre côté non moins laid des mœurs du temps, pour s'en emparer.

Il invita un certain nombre de dames, parmi lesquelles Marie, à souper, et commanda en même temps, à La Chambre, capitaine d'une troupe de bohémiens, de venir à ce souper et d'y amener une douzaine des plus habiles coupeurs de bourse qu'il pût réunir, avec mission de couper toutes les bourses des dames qui prendraient part au repas, sans oublier celle de la favorite, bien entendu, et de les lui apporter bien fidèlement à son coucher.

Pour plus de précaution, il fit placer Marie Touchet près de lui à table, de manière à pouvoir surveiller lui-même tous ses mouvements.

Les coupeurs de bourse s'acquittèrent adroitement et fidèlement de leur mission tout entière. La Chambre apporta au roi, comme il était convenu, le butin de la soirée. Celui-ci s'empara de la bourse de sa maîtresse, qu'il n'eut pas de peine à reconnaître parmi les autres, et l'ayant ouverte, en tira le fatal billet qu'il lut à loisir.

Le lendemain, il le montra à Marie Touchet, qui protesta ne savoir ce qu'il voulait dire, assurant que jamais semblable poulet ne lui avait été adressé ; et le fait est qu'elle n'y était point nommée et que le billet n'avait pas de suscription. Mais, en présence de sa bourse d'où il avait été tiré avec divers menus objets dont elle ne pouvait décliner la propriété, force lui fut d'avouer, demandant pardon de sa faute et jurant ses grands dieux de ne plus recommencer.

Le roi accorda le pardon à cette condition qu'elle romprait complètement avec Montluc, et pour s'assurer que cette rupture serait sérieuse, il imagina de charger un tiers de la surveillance de sa maîtresse en mariant celle-ci, conditionnellement, avec François de Balzac d'Entragues, bailli ou gouverneur d'Orléans, chevalier des ordres du roi.

Marie Touchet eut toutefois de son mari deux filles, dont l'une fut la maîtresse de Bassompierre, et l'autre, la belle marquise de Verneuil, celle du roi Vert-Galant.

Charles IX était affecté d'un insurmontable orgueil. S'étant aperçu que le duc Henri de Guise était au mieux avec sa sœur Marguerite, dont il était d'ailleurs excessivement jaloux, et le soupçonnant d'aspirer à devenir son beau-frère, alliance qui n'était pas déjà tant à dédaigner, puisque Henri de Guise était cousin de Marie Stuart et parent du roi par conséquent, Charles IX voulut faire assassiner le galant.

S'il avait réussi dans ce dessein, il aurait épargné à son royaume et à sa famille bien des tracas, et à son frère Henri la peine de faire égorger à Blois un homme si remuant ; mais, ayant donné commission au grand prieur de France, fils de Henri II et de miss Haming, son frère par conséquent, de le débarrasser du duc, celui-ci fut averti de ce qui se tramait contre lui par d'Entragues, et s'abstint en conséquence de paraître à une partie de chasse organisée exprès pour lui faciliter les moyens de disparaître sans scandale.

Le duc de Guise, peu rassuré, et dont la popularité n'était pas encore ce qu'elle devait être plus tard, jugea à propos de faire disparaître tout prétexte à la jalousie et à la vengeance royale. Il épousa donc Catherine de Clèves, veuve d'Antoine de Croy, prince de Porcien, femme galante de réputation bien et dûment établie, qui lui donna beaucoup de tracas, le mit dans l'obligation, à son tour, de faire assassiner l'un de ses amants les plus agaçants, Saint-Mégrin, mignon de Henri III, et qui n'en mourut pas moins presqu'en odeur de sainteté à l'âge respectable de quatre-vingt-six ans.

Après ce mariage, Henri de Guise tâcha cependant de s'assurer la protection du duc d'Anjou, frère du roi, celui-là même qui devait le faire assassiner plus tard. Pour y parvenir plus sûrement, il lui offrit de servir sa passion pour la princesse de Condé, sa belle-sœur, passion si violente qu'elle faillit le faire renoncer à la couronne de Pologne, pour ne pas s'éloigner d'elle.

Mais il paraît que les bons soins du duc de Guise furent impuissants dans cette occasion.

Repoussé de ce côté, le duc d'Anjou finit par prêter une oreille complaisante aux conseils de son excellente mère et à transporter ses soins à la belle Renée de Châteauneuf, l'une des plus aimables et nobles filles de l'escadron volant de la reine. La belle Châteauneuf était, comme de juste, toute préparée à son rôle, et capitula à première sommation ; mais voyant qu'elle ne servait guère que de passe-temps au duc d'Anjou, elle se choisit un ami de cœur dans la personne de Lignerolles, favori de ce prince, qui se comporta infiniment mieux avec elle.

Seulement, Lignerolles était vain comme tous les favoris, c'est-à-dire jusqu'à l'insolence ; il se vanta de sa bonne fortune, il s'en vanta même devant son maître et rival. Celui-ci dissimula, suivant son habitude, mais il fit assassiner le malheureux jeune bavard par l'exécuteur ordinaire de ses basses œuvres, l'immonde Villequier. On fit courir le bruit que Lignerolles, ayant appris de son maître qu'il se tramait quelque chose de *grand* contre les huguenots (c'était à la veille de la Saint-Barthélemy), n'avait pas su garder pour lui cette dangereuse confidence ; mais la véritable cause de la mort du favori, aussi peu intéressant d'ailleurs dans un cas que dans l'autre, était bien celle que nous venons de dire.

Cet incident paraît avoir rattaché plus étroitement le duc d'Anjou à cette maîtresse infidèle, car à son retour de Pologne, pour prendre la succession de son frère, il renoua avec elle. Mme de Châteauneuf ne quitta la cour qu'à l'époque du mariage de son royal amant. Alors elle épousa un gentilhomme italien, nommé Antinotti, qu'elle ne tarda pas à poignarder par jalousie. Elle en épousa ensuite un autre, Philippo Altovitti, que Henri III créa baron de Castellane pour la peine, et qui ne finit guère mieux.

Nous n'avons rien à voir aux horreurs de la Saint-Barthélemy ; nous passerons donc rapidement sur cette époque lamentable dont un jeune roi, hébété par les excès, porte, injustement, peut-être, toute la responsabilité devant l'histoire, tandis que quelques écrivains se trouvent encore qui refusent de donner à Catherine tant d'importance que de faire remonter jusqu'à elle la responsabilité des crimes épouvantables qui ensanglantèrent les règnes de ses fils.

Notre mission est beaucoup moins haute, heureusement, et nous permet de nous détourner de ces scènes d'horreur, bien faites pour inspirer le plus profond mépris de l'humanité, la haine la plus violente du fanatisme religieux.

Charles IX joua incontestablement dans cette orgie sanglante un rôle non seulement infâme, mais bête, au témoignage des contemporains, non pas seulement des écrivains protestants, mais des courtisans les plus attachés à sa cause qui nous ont laissé, comme Brantôme, des documents sur cette épouvantable catastrophe. Le remords ne lui vint pas tout de suite non plus, ce qu'on pourrait croire, à la lecture superficielle de la plupart des histoires du temps ou des biographies modernes de Charles IX ; ce que les tragédies, les drames, les romans affirment, pour les besoins de leur plan ; une foule de traits de sa vie pendant les deux années qui suivirent le prouvent surabondamment.

Ce fut notamment en 1573, que, sur l'incitation du duc d'Anjou, alors roi de Pologne, qu'il se décida un beau soir à se rendre avec ce dernier, le roi de Navarre, le duc de Guise, le bâtard d'Angoulême et quelques autres seigneurs des principaux de sa cour, à l'hôtel de Nantouillet, pour le piller et le saccager.

Ce n'était pas la première fois qu'il prenait part, et avec les mêmes seigneurs ou à peu près (seigneurs dont la réunion ne manquera pas de sembler au moins étrange) à de semblables expéditions, faisant tapage dans les rues de sa bonne ville de Paris, rossant le guet, se livrant, en un mot, à toutes les extravagances en usage parmi les plus détestables vauriens.

Il y avait toutefois un sujet de vif mécontentement, difficile à satisfaire par les voies ordinaires, contre le seigneur de Nantouillet.

Imaginerait-on que Nantouillet, homme puissamment riche et célibataire endurci, avait péremptoirement refusé d'épouser une jeune et honnête demoiselle de très grande maison que le duc d'Anjou avait pris la peine de débaucher ?

L'expédition toutefois faillit tourner au tragique, car un gredin de la même espèce quoique de plus basse condition, un nommé Viteaux, qui avait de son côté une petite vengeance particulière à satisfaire, s'était introduit dans la maison avec quatre autres joyeux compagnons armés jusqu'aux dents. Au tapage que firent à la porte le roi et ses compagnons, les assassins crurent que c'était le guet qui arrivait pour s'emparer d'eux. Ils sautèrent sur leurs armes et se tinrent prêts à tomber sur les survenants s'ils faisaient seulement mine de venir de leur côté. Par bonheur pour ces derniers, qui n'étaient pas en état de soutenir la lutte avec des gens bien armés et résolus à tout, Charles IX tourna ses pas du côté opposé, où les autres le suivirent, échappant ainsi à un danger qui aurait fort bien pu ouvrir trois successions royales.

Charles IX ne poursuivit pas longtemps le cours de ses glorieux exploits ; il tomba malade peu après cette aventure, et mourut au château de Vincennes, à peine âgé de vingt-quatre ans, après une longue agonie.

La fièvre qui le dévora pendant plus d'un an peupla, je le veux bien, son chevet de visions terrifiantes ; il était rongé par le remords, c'est possible ; dans tous les cas, il ne cessa guère d'avoir près de lui sa maîtresse, Marie Touchet, sa mère et sa sœur Marguerite. Alors, si l'on s'en rapporte à quelques chroniqueurs du temps, on se trouve fort embarrassé de savoir laquelle des trois, sa sœur, sa mère ou sa maîtresse, acheva en fin de compte l'œuvre de destruction commencée par des débauches prématurées et abrégea ainsi ses misérables jours.

Hélas ! oui, c'est infâme, mais on parlait à la cour des amours de Charles IX avec sa mère, et surtout avec sa sœur, la reine de

Navarre, également accusée d'avoir été la maîtresse de ses deux autres frères, sans parler d'une infinité d'autres, comme de chose absolument notoire ; et, à la mort du roi, on ne manqua pas de les en rendre responsables. Masson toutefois est d'avis que c'est avec sa maîtresse que Charles IX se livra à ses derniers transports provoqués par l'excitation d'une fièvre mortelle.

Quoi qu'il en soit, c'en est évidemment un de plus que la débauche a tué.

Il convient cependant d'ajouter que le président de Thou se montre assuré que Charles IX mourut empoisonné par les Gondi, par vengeance de ce que l'un d'eux l'avait surprise avec sa femme.

C'est pourtant à Paul de Gondi que le roi mourant recommanda sa maîtresse pour laquelle, chose étonnante au dernier point, il n'avait jamais songé, jusqu'à ce moment, à rien faire. Il va sans dire, que si le roi n'avait rien fait pour sa maîtresse, c'est que celle-ci avait montré, dans sa haute position, un désintéressement trop louable pour que nous la laissions dans l'ombre, et auquel les courtisanes royales qui l'avaient précédée ne nous avaient pas accoutumés.

Charles IX, qui était poète et en a fait de meilleurs, composa les vers suivants sur sa maîtresse ; ce furent les derniers qu'il écrivit :

Toucher, aimer, c'est ma devise,
De celle-là que plus je prise,
Bien qu'un regard d'elle à mon cœur
Darde plus de traits et de flamme
Que de tous l'archerot vainqueur
N'en feroit oncq appointer dans mon âme.

Le mot aimer, du premier vers, n'est autre chose que l'anagramme de Marie ; mais il y avait une autre anagramme sur le nom entier de Marie Touchet, qu'un courtisan vraiment ingénieux avait trouvée et qui était autrement éloquente et gracieuse : Je charme tout.

Mais que devenait la débauche publique, dont nous avons détourné un moment les yeux ?

La débauche publique allait son train, prenant comme toujours exemple de haut, mais n'offrant que peu de traits dignes d'être remarqués. On sait qu'après la suppression de la prostitution, par édit royal en date de 1560, il avait fallu un nouvel édit, cinq ans plus tard, pour contraindre les filles publiques à se soumettre au premier. Les choses étaient restées depuis dans le même état.

Seulement, comme il est avec le ciel des accommodements, il en est aussi avec les édits royaux. De sorte que les armées étaient toujours accompagnées de filles publiques en nombre suffisant et même excessifs. Il y en avait tant dans l'armée catholique envoyée contre les calvinistes en 1570, que l'un des chefs, le maréchal Strozzi, imagina de les jeter à la Loire pour s'en débarrasser.

C'était aux Ponts-de-Cé : « Il fit jeter d'un coup, dit Brantôme, du haut en bas des ponts, plus de huit cents de ces pauvres créatures qui, piteusement criant à l'aide, furent toutes noyées, par trop grande cruauté laquelle ne fust jamais trouvée belle des nobles cœurs, et même des dames de la cour qui l'en blâmèrent étrangement et l'avisèrent longtemps de travers. »

En vérité, le maréchal méritait bien d'être « avisé de travers, » même par les dames de la cour, pour une aussi belle action. On ne dit pas qu'il en fut puni autrement, ni qu'il mourut dévoré de remords.

Ah! c'était le bon temps, vraiment!

XVI

Mignonnes et mignons.

SOMMAIRE. — Mme de Sauve, *fille* de la reine. — Le roi de Navarre Henri et le duc d'Alençon en captivité. — Henri III et la princesse de Condé. — Opposition de Catherine. — Réapparition de Mlle de Châteauneuf. — Mlle d'Elbeuf, maîtresse transitoire. — Mme de Sauve à la rescousse. — La vie amoureuse de la baronne de Sauve. — Elle devient marquise de Noirmoutiers et maîtresse du grand Balafré. — Mariage de Henri III avec Louise de Vaudémont. — Proposition royale à un rival éconduit. — Échange de maîtresses. — Coup d'œil d'ensemble sur les mœurs de la cour de Henri III. — Le roi et les grands. — Orgies et assassinats. — La pourriture des Valois. — René de Villequier débauché infâme, proxénète, assassin, empoisonneur et secrétaire d'Etat. — Il poignarde sa femme en pleine cour, par dépit de n'avoir pu l'amener à se prostituer au roi. — Il est récompensé de cette belle action par l'ordre du Saint-Esprit. — Bussy d'Amboise et la dame de Montsoreau. — Assassinat du mignon Saint-Mégrin par *trente* braves conduits par le duc de Mayenne. — Le duel des Mignons. — Magnanimité de Charles d'Entragues. — Mort de Schomberg, favori de Guise, et de Quélus et Maugiron, mignons du roi. — Obsèques pompeuses faites aux infortunés mignons. — Leurs monuments funéraires à l'église Saint-Paul. — Leur oraison funèbre. — Sonnet sur le beau Maugiron. — La morale de la cour en fait de duel. — Henri III, résolu à venger ses mignons, s'abstient en présence des menaces du duc de Guise. — Le marquis d'O, mignon du roi, surintendant des finances et ami des jésuites.

Au nombre des plus belles filles d'honneur de la reine mère figurait la très-belle baronne de Sauve, fille unique du malheureux surintendant Semblançay, victime de la jalousie et de la cupidité de Louise de Savoie, et femme d'un secrétaire d'État.

A la suite du massacre de la Saint-Barthélemy, auquel il avait échappé comme par miracle, le roi de Navarre était retenu prisonnier au Louvre, en compagnie du duc d'Alençon, le plus jeune des fils de Catherine. Ces deux princes ne s'amusaient guère au début; heureusement que les distractions ne leur firent pas longtemps défaut.

« Ne sachant à quoi se divertir, dit Sully, car ils ne sortoient point souvent, ils n'avoient d'autre exercice qu'à faire voler des cailles dans leur chambre... Ces deux princes s'amusoient encore à un autre jeu, ajoute toutefois Sully en manière de correctif, qui estoit de caresser les dames, en sorte qu'ils devinrent tous les deux amoureux d'une même beauté, qui estoit Mme de Sauve. »

Cette Mme de Sauve n'était pas faite pour s'effaroucher de deux amours, ni même de trois à la fois. Agent politique de la reine Catherine, elle agissait dans l'intérêt de celle-ci en même temps que pour la satisfaction de ses propres goûts, si nous en croyons Mézeray, qui nous la montre « n'employant pas moins ses attraits pour les intentions de la reine que pour sa propre satisfaction ; se jouant de tous ses *mourants* avec un empire si absolu qu'elle n'en perdoit pas un, quoiqu'elle en acquît toujours de nouveaux. »

Dans l'occasion où nous la voyons employée ici, Mme de Sauve avait pour mission de brouiller ensemble le duc d'Alençon et Henri de Navarre, dont la liaison effarouchait fort la reine mère, et en outre, de brouiller ce dernier avec sa femme, Marguerite de Valois, qu'il venait à peine d'épouser.

« Les plus propres expédients pour les divorcer, dit la reine Marguerite elle-même, dans ses *Mémoires*, estoient, d'un côté, de me brouiller et mettre en mauvais ménage avec le roi mon mari, et d'autre, de faire

Le duc de Suffolk et François Ier.

que Mme de Sauve, qu'ils servoient tous deux, les ménageroit tous deux de façon à les faire entrer en jalousie extrême l'un de l'autre. Cet abominable dessein, source et origine de tant d'ennuis, de traverses et de maux, que mon frère et moi nous avons depuis soufferts, fut poursuivi avec autant d'animosité, de ruses et d'artifices qu'il avoit été pernicieusement inventé. »

La reine de Navarre mit tout en œuvre pour combattre l'influence pernicieuse de la baronne de Sauve, et pour lui enlever au moins l'un de ses deux amants. La jalousie y était-elle pour quelque chose ? L'un des deux hommes, en effet, était son mari et l'autre, étant son frère, était nécessairement son amant.

Supposons que son but, inspiré par un sentiment plus noble, était simplement de prévenir un malheur qui n'était que trop à craindre ; le fait est que si ce malheur ne se produisit pas, ce n'est pas que la pauvre reine Margot eût réussi dans ses efforts, car elle y échoua de la manière la plus complète.

Mme de Sauve, en continuant à partager plus ou moins équitablement ses faveurs entre les deux princes, les tenait toujours en haleine, prêts à sauter l'un sur l'autre comme deux tigres — ou deux matous — crevant de jalousie, de sorte que ce jeu faillit finir tragiquement. Voici comment l'historien P. Matthieu raconte l'aventure :

« Un soir que le duc d'Alençon estoit auprès de Mme de Sauve, le roi de Navarre lui dressa un tour de page, de sorte qu'en se retirant il heurta quelque chose si rudement qu'il eut l'œil tout meurtri. Le lendemain, du plus loin que le roi de Navarre le rencontra, il s'écria :

« — Eh ! qu'est cela, mon Dieu ! à l'œil ? à l'œil ? Quel accident !...

« Le duc lui répondit brusquement :

« — Ce n'est rien ; peu de chose vous étonne.

« L'autre continue de le plaindre ; le duc, piqué d'ailleurs, s'avance et, feignant de ne penser qu'à rire, lui dit à l'oreille :

« — Quiconque dira que je l'ai pris où vous pensez, je le ferai mentir.

« Souvray et du Guast les empêchèrent de se battre. »

On voit que la reine mère savait s'y prendre, et que lorsqu'elle manquait son but, du moins elle y touchait de bien près. Il est vrai qu'elle employait aussi d'habiles agents, cette Mme de Sauve, par exemple, que nous reverrons à l'œuvre bientôt.

Le duc d'Anjou, enfin parti pour la Pologne, y avait emporté sa passion pour la princesse de Condé, à laquelle il écrivait *avec son sang* des lettres insensées. Il la rapporta en France, plus violente, plus impérieuse que jamais, cette passion ; et comme la princesse persistait à n'y répondre qu'à bon escient, il lui proposa tout net de l'épouser, après avoir fait casser son mariage avec son hérétique de prince, ce qui eût été extrêmement facile.

Mais ce qu'aimait par-dessus tout la reine mère, c'était le pouvoir : pour conserver le pouvoir, elle dépravait ses enfants afin de les rendre incapables de régner par eux-mêmes ; elle employait tous les moyens, y compris le fer et le poison, pour écarter non seulement les ambitieux, mais les conseillers qui eussent pu détruire l'échaffaudage de ses propres projets ; enfin son escadron volant donnait bravement, comme on voit, dans toutes les occasions ou une charge habile pouvait décider la victoire.

Pour rien au monde, en conséquence, Catherine n'aurait permis que l'ambitieuse princesse de Condé devint sa bru, c'est-à-dire maîtresse suprême, car Henri serait infailliblement gouverné par elle, et du même coup la puissance de la reine mère complètement annihilée. — Il fallait tout faire pour empêcher un tel malheur.

Catherine eut recours à ses filles d'honneur : elle avait si bien pétri ses fils, qu'elle savait que ce moyen était toujours bon avec eux, même dans les cas désespérés comme celui-ci.

Ayant remarqué que Henri avait conservé une très vive inclination pour la belle Châteauneuf, elle styla celle-ci avec une patience digne vraiment d'un meilleur objet, et réussit à la maintenir en faveur pendant quelque temps ; après quoi, la voyant à peu près usée, ou tout au moins bonne à remplacer, elle lui substitua adroitement la jolie Mlle d'Elbeuf, dont le règne fut encore plus court. Renonçant à chercher du nouveau, Catherine n'hésita plus, elle s'adressa à l'irrésistible Mme de Sauve.

On dit que Mme de Sauve aimait vraiment le roi de Navarre : c'est bien possible, mais ce qui est sûr c'est qu'elle aimait l'intrigue par-dessus tout. Elle réussit complètement à subjuguer le roi et, sur les ordres de la reine mère, fit si bien, qu'elle détourna le versatile Henri III de ses projets sur la princesse de Condé.

Mais obéit-elle vraiment aux suggestions de Catherine ou à celles de Henri de Guise, dont elle était dès lors la maîtresse, en réveillant dans le cœur du roi la tendresse qu'il avait ressentie autrefois pour la fille du comte de Vaudémont? La question est difficile à trancher. Dans tous les cas elle y travailla ardemment, et comme la princesse de Condé vint justement à mourir fort à propos, Henri III ne tarda pas à épouser Mlle de Vaudémont, augmentant ainsi, à son propre détriment, la puissance des Guises.

Disons tout de suite, pour n'avoir plus à y revenir, que Mme de Sauve, devenue veuve en 1579, s'était remariée en 1584 à François de la Trémaille, marquis de Noirmoutiers; mais sans abandonner la moindre de chose de ses habitudes galantes, et surtout restant la maîtresse du grand Balafré, qui n'eût point été assassiné en 1588, s'il avait prêté une oreille plus complaisante à ses avertissements.

Pour en revenir à Mlle de Vaudémont, lorsque Henri III la choisit, un peu précipitamment, pour l'élever au trône de France, elle avait pour *serviteur*, presque pour fiancé, François de Luxembourg, de la maison de Brienne, que les princes lorrains, comme on pense, s'empressèrent d'éconduire.

Henri III trouva dans cette aventure matière à amusement. Il fit appeler Luxembourg, et lui tint à peu près ce langage :

— Mon cher, je vous prends votre maîtresse, c'est vrai ; mais si vous voulez, nous pouvons nous entendre : prenez la mienne.

— Mais, sire, balbutia Luxembourg, que veut dire Votre Majesté ?...

— Epousez Mlle de Châteauneuf, repartit Henri III sans autre préambule.

— Que Votre Majesté veuille bien me permettre de lui dire, répondit François de Luxembourg avec dignité, que je prends trop de part à tout ce qui touche à la reine pour ne pas me réjouir des avantages extraordinaires que la fortune lui a procurés en ce jour, et que je la loue de s'être soumise à ses décrets...

— Il n'est pas question de cela, interrompit le roi avec impatience.

— Pour ce qui est d'épouser Mlle de Châteauneuf, poursuivit François, je ne vois pas ce que j'aurais tant à y gagner, en sorte que je supplierai Votre Majesté de vouloir bien me donner le loisir d'y songer mûrement.

Mais le roi entra aussitôt en fureur, et déclara au pauvre amant éconduit qu'il n'y avait point à délibérer sur une proposition qu'il faisait, et qu'il fallait obéir sans tant de façons.

Luxembourg demanda huit jours pour tout délai. Le roi lui en accorda trois. Il accepta, et employa ces trois jours à se mettre hors des griffes du facétieux monarque, qui d'ailleurs, ne l'ayant plus à sa portée, ne tarda guère à l'oublier. Il était d'ailleurs trop épris de la jeune reine pour s'intéresser longtemps au sort de son ancienne maîtresse : il filait ce qu'on a appelé depuis le *parfait amour* aux pieds de la belle Vaudémont, et passait alors tout son temps entre sa femme et sa mère enchantée de la tournure que prenaient les choses.

Ce fut à ce propos que fut publié certains pamphlets où l'on trouve un édit contre les amants infidèles, lequel commençait ainsi :

« Henri, par la grâce de Dieu inutile roi de France, et roi de Pologne imaginaire, concierge du Louvre, marguillier de Saint-Germain-l'Auxerrois, gendre de Colas, premier valet de chambre de sa femme, mercier du Palais, gardien des Quatre mendiants, protecteur des pénitents et capucins, etc. »

On voit que déjà Henri III donnait en spectacle sa prétendue dévotion, qu'il s'était rendu en fort peu de temps aussi ridicule qu'odieux. Avant d'aller plus loin, il nous semble intéressant de reproduire le jugement qu'a porté sur son règne et sur lui un historien peu suspect de partialité, si ce n'est justement en sa faveur, puisqu'il rejette les accusations les plus odieuses qui ont pesé sur ce roi infâme en tous cas, accusations sur lesquelles nous aurons du reste à revenir.

Voici donc comment Théophile Lavallée juge la politique, le caractère et les turpitudes de Henri III et les mœurs générales d'une cour qu'il avait formée :

« Henri III, dit-il, s'était fait une politique en tout conforme à ses goûts ; indifférent à toute croyance religieuse, il pensait qu'il pourrait amollir les convictions en dépravant les mœurs, qu'on le croirait catholique parce qu'il s'entourait de moines, portait l'habit de capucin, avait un chapelet de têtes de mort à sa ceinture, et qu'en mêlant les processions aux bals, les pénitences aux mascarades, il viendrait à bout de ces controverses, de ces fanatismes, de ces guerres religieuses si fatales à la royauté.

« Avide de plaisirs et de fêtes, aimant la poésie et les arts, brave et prisant par-dessus tout la bravoure, exigeant même de ses favoris parfumés qu'ils jouassent leur vie avec cette frivolité féroce que la guerre civile avait mise en honneur, ce prince aurait sans doute été, à une époque de paix et de régularité, un roi assez semblable à François I*er*; mais à une époque de passions, de convictions, de fureurs religieuses, où les opinions démocratiques fermentaient dans le catholicisme comme dans la Réforme, ses vices, ses mœurs, ses fautes, devaient n'exciter que le dégoût et la haine.

« Henri semblait résumer cette race des Valois, si peu sensée, si dépensière, si funeste à la France ; il devait payer pour ses pères...

« Les calomnies les plus atroces, les pamphlets les plus sanglants, les caricatures les plus dégoûtantes couraient sur ses actes et sur sa personne ; la chaire s'était transformée en une tribune politique effrénée, cynique, furibonde ; elle dévoilait sans cesse au peuple les scandales du roi, ses hypocrisies, ses débauches, ses dépenses, ses exactions ; elle effeuillait une à une, sans pitié, les dernières vénérations qu'on portait à la royauté.

« Et combien le malheureux Henri prêtait le flanc à ces attaques !

« Ces jeunes gens si braves et si fastueux, dont il avait fait sa garde de confiance et son conseil intime, courtisans dévoués qu'il prenait dans la foule et dont il voulait faire la grandeur, amis subalternes dont l'épée était toujours prête pour le service du maître, c'étaient ses *mignons*, disaient les nobles qui n'avaient pas part aux faveurs royales.

« Et pourtant le duc de Guise, le roi de Navarre, le duc d'Anjou étaient tout aussi débauchés que Henri ; ils avaient aussi leurs *mignons*, leurs spadassins, leurs courtisans, ils entretenaient des assassins à gages comme des domestiques. Les mignons de Guise, ceux de Monsieur, se battaient journellement contre ceux du roi ; Bussy d'Amboise, le plus beau, le plus audacieux de tous, ne tarissait pas d'injures contre les amis de Henri, contre Henri lui-même ; les cours du Louvre étaient une arène où les jeunes seigneurs s'exerçaient à manier le poignard et le pistolet ; les rues de Paris étaient continuellement le théâtre de combats à outrance de deux contre deux, de dix contre dix, de vingt contre vingt.

« Un duel eut lieu entre trois mignons de Henri et trois mignons de Guise : « très « beau combat, dit Brantôme, où les seconds « se battirent seulement par envie de mener « les mains ; » des six, quatre furent tués, dont deux favoris du roi ; et l'on croit trouver, dans les témoignages excessifs de la douleur de Henri, la preuve de l'espèce d'amitié qu'il a pour ses mignons.

« A voir les mœurs brutales, anarchiques, matérielles de ce temps, il semblerait qu'un mouvement perpétuel de fièvre agitât ces hommes turbulents, sensuels, avides de hautes émotions, de plaisirs et de souffrances.

« On jouait avec la mort; on voulait toucher du doigt la douleur; on se délectait aux supplices; on aimait le sang; on se plaisait à y plonger les mains, comme faisait Montluc, à le faire jaillir au visage, comme faisait Brissac. Chaque jour on se racontait quelque crime nouveau; la cour était une sentine d'abomination; les adultères et les meurtres en étaient les accidents ordinaires.

« La reine de Navarre faisait tuer un favori du roi, du Guast, qui avait révélé ses amours avec Bussy d'Amboise; la dame de Châteauneuf, maîtresse du roi, tue de sa main son mari Antinotti, qui lui était infidèle; Villequier, favori du roi, tue sa femme pour cause d'adultère « dans le palais et du consentement de Henri, qui haïssait cette dame pour un refus en cas pareil »; Cimier, favori de Monsieur, tue son frère surpris en adultère avec sa femme; Lavardin, favori du roi de Navarre, tue Randaut qui faisait la cour à sa maîtresse; le duc de Guise fait assassiner Saint-Mégrin, favori du roi, qui faisait la cour à sa femme; Bussy d'Amboise est tué en guet-apens par Monsoreau, qui avait forcé sa femme de lui donner un rendez-vous.

« Et au milieu de tous ces meurtres, quelles fêtes! quelles orgies!...

« Le roi s'habille en femme, il pare ses mignons comme des femmes, il se fait servir à table par des femmes nues! Les filles de la reine mère forment une sorte de harem où tous les princes, et surtout le roi de Navarre, vont chercher des maîtresses!

« Marguerite de Valois, distinguée au milieu de toutes ces femmes perdues, a une liste d'amants presque innombrable, où l'on trouve le duc de Guise, Bussy d'Amboise, le vicomte de Turenne, Saint-Luc, Champvallon, et même, dit-on, ses deux frères!

« Enfin Henri III, en discord continuel avec le duc d'Anjou, à cause de ses mignons, à cause de ses maîtresses, à cause de Marguerite, le fait arrêter... »

Fut-il jamais une sentine de vices et de crimes comparable à cette cour de Henri III? Même avec les plus grands ménagements, on ne peut la présenter qu'infectée; même dans un tableau si sommaire, les lignes à peine ébauchées frappent d'horreur et de dégoût.

Nous reverrons quelques points principaux, pour les examiner en détail; nous reviendrons surtout sur le rôle des mignons, que Lavallée, par excès de pudeur, cherche à pallier; et l'on jugera de ce que fut la pourriture des Valois.

Mais tenez, ce René de Villequier, qui assassina sa femme sous prétexte d'adultère, ce favori du roi, moins connu, mais tout aussi digne de l'être que les autres héros mentionnés dans la citation précédente, quelques lignes suffiront à le peindre.

René de Villequier était alors gouverneur de Paris, ministre conseiller du roi et chevalier de ses ordres, et aussi, comme les autres favoris dont c'était l'emploi principal, serviteur et pourvoyeur de ses plaisirs et de ses vengeances. Il était parent des Guises par alliance, mais leur ennemi implacable.

René de Villequier, seigneur de haut vol par conséquent, tuait ou empoisonnait sur commande, ou par intérêt, ou par plaisir. Nous l'avons déjà vu à l'œuvre, mais ce n'est rien : il n'était presque pas d'assassinat ou de guet-apens honteux où Villequier n'eût la main directement ou indirectement. Lâche et rusé, dès qu'il y avait danger à se montrer, la main d'un assassin à gages suppléait la sienne, et il est constant que plusieurs misérables, condamnés au dernier supplice, confessèrent sur la roue n'avoir été que les vils instruments du haut et puissant Villequier, ministre de Henri III, et de tous points digne d'un tel maître.

Il tua sa femme pour crime d'adultère : adultère, elle l'était, comme presque toutes les dames qui avaient le pied au Louvre; mais ce n'était là qu'un prétexte. Villequier s'inquiétait bien de semblable vétille, vraiment !

Le vrai crime de la baronne était d'avoir résisté au roi, ou plutôt à son mari, qui voulait la livrer à son maître !

Dans un temps aussi dépravé, la vertu n'existait que comme une exception monstrueuse, un phénomène physiologique à placer dans un bocal rempli d'esprit-de-vin; mais il y avait des degrés dans l'infamie. Si Villequier était complet, sa femme était loin d'être à sa hauteur. Le roi l'eût peut-être obtenue en la sollicitant lui-même, en prenant le mari pour entremetteur auprès de la femme, il échoua ; et il en conçut pour cette malheureuse une haine féroce.

A qui pouvait-il demander la satisfaction de sa haine, si ce n'est à celui qui n'avait pu lui procurer la satisfaction de son ignoble caprice ?

Villequier accepta cette commission comme il avait accepté l'autre, bien sûr de ne pas échouer cette fois.

Donc, le 28 septembre 1577, en plein jour, à la face du ciel, au milieu de toute cette cour infâme, Villequier poignarde sa femme de sa propre main, pendant qu'elle était assise à sa toilette, ne s'attendant à rien moins. La malheureuse roula sanglante aux pieds de son assassin.

Mais ce n'est pas tout.

Il y avait auprès de Mme de Villequier une jeune fille, une belle et douce enfant, bâtarde d'un grand seigneur ; cette jeune fille présentait un miroir à sa maîtresse au moment où le coup fatal l'atteignit. L'ignoble brute altérée de sang et que la vue du sang exaspère, se jette sur cette jeune fille à coup sûr innocente, et lui plonge dans la poitrine le poignard ensanglanté qu'il vient d'arracher de celle de sa malheureuse femme !

Et nous le répétons, ce double crime fut commis en plein jour, à la vue de toute la cour, et sans que nul n'élevât la voix seulement pour blâmer l'assassin, ou tout ou moins pour plaindre ses victimes.

Le lendemain, Villequier recevait de son gracieux maître l'ordre du *Saint-Esprit !*...

Un roman célèbre, et encore aujourd'hui populaire, la *Dame de Montsoreau*, en dit assez long sur les hauts faits, les bonnes fortunes et la fin tragique du brillant et audacieux Bussy d'Amboise, favori du duc d'Alençon, maître plus lâche et surtout plus égoïste que son frère Henri. Ceci nous dispensera d'y insister. Il suffit qu'on sache que Alexandre Dumas n'a presque rien inventé dans la scène du guet-apens où Bussy trouva la mort.

Bussy, en effet, se rendit à un rendez-vous que la dame de Montsoreau avait été contrainte par son mari de lui donner en son château ; et lorsqu'il y fut arrivé, Montsereau se rua sur le malheureux, avec *dix* de ses amis !

Parlez-moi de la noblesse, de la vaillance, de l'honneur de ces onze gentilshommes se ruant, armés jusqu'aux dents, sur un amoureux à peine armé ! Y a-t-il, eu ce temps-ci, onze *royaux* capables d'un pareil trait ? — Non, n'y comptez pas : il faut être de haute et puissante lignée pour cela...

Bref, après une défense héroïque, Bussy succomba sous le nombre, trahi et peut-être achevé par son maître !

L'aventure de Saint-Mégrin est à peu près de la même espèce que celle de Bussy.

Saint-Mégrin, gentilhomme gascon et favori du roi, était vain comme un gascon ; ce fut à la duchesse de Guise qu'il porta ses vœux. Ils furent bien accueillis, car la duchesse de Guise était bien la dernière femme capable de faire languir un pauvre joli garçon amoureux.

Mais le grand Henri de Guise fut profondément vexé de voir que sa femme écoutât un si mince gentilhomme. Ah ! s'il se fut agi de quelque grand seigneur dans son genre à lui, voire de deux ou trois, c'eût été une autre paire de manches. Mais un hobereau gascon, mais un mignon du roi !... Fi ! Le Balafré jura ses grands dieux de mettre ordre à cela.

Comment s'y fut pris un manant ? Nous n'avons pas à nous occuper d'une telle question. Quant à l'illustre duc, au chef du parti ultra catholique, il procéda de la manière qui convenait le mieux à ses goûts raffinés et à son rang élevé, et qui est la plus sommaire.

Un soir, vers onze heures, Saint-Mégrin qui sortait du Louvre, frisant sa moustache et le poing sur la hanche, fut attaqué dans la rue Saint-Honoré par *trente* hommes masqués. rien que cela !

Le malheureux n'eut pas seulement le temps de se mettre en défense qu'il tombait sur le pavé, percé de coups, et rendait l'âme peu après. Le roi fit porter son corps dans la maison de Boissy, près de la Bastille, d'où il fut conduit à l'église Saint-Paul et inhumé en grande pompe.

Bien que Henri III regrettât vivement son mignon, les assassins ne furent pas inquiétés : c'était un ramassis de chenapans, tous gentilshommes néanmoins, selon toute probabilité, et envers lesquels il n'y avait aucune considération à tenir ; mais leur chef, le duc de Mayenne avait été parfaitement reconnu à leur tête, et à un tel personnage ces sortes de choses étaient bien permises ; sans compter que Mayenne était Guise, et par conséquent puissant.

Saint-Mégrin allait rejoindre à l'église Saint-Paul, surnommée en conséquence le *sérail des mignons*, ses amis Quélus et Maugiron, tués moins de deux mois auparavant en combat singulier et presque loyal, c'est-à-dire en duel, derrière le parc du palais des Tournelles.

Charles d'Entragues, favori du duc de Guise, avait insulté gravement Quélus, en lui reprochant son métier de *mignon* du roi. Quelques écrivains ont voulu voir dans cette lutte sanglante une histoire de femmes : c'est notoirement faux.

Quoi qu'il en soit, il y eut échange de cartel et rendez-vous fut pris où nous avons dit, pour le 25 avril 1578, à 5 heures du matin.

Quélus avait pour seconds Maugiron et Livarot, autres mignons ; d'Entragues, Ribérac et Schomberg, autres favoris de Guise. Des six jeunes gens qui avaient pris part à ce combat, deux seulement survécurent : d'Entragues, qui avait pris ses précautions pour cela, et Livarot qui, ayant reçu un coup terrible sur la tête, en fut toutefois quitte pour six semaines passées au lit.

Maugiron et Schomberg furent tués roides : ils avaient dix-huit ans l'un et l'autre ; Ribérac succomba le lendemain à ses blessures ; Quélus reçut dix-sept coups d'épée ou de dague : il fut transporté à l'hôtel de Boissy, où devait l'être plus tard le cadavre de Saint-Mégrin, et il y mourut dans les bras du roi, après trente-trois jours d'agonie.

La mort de Quélus fut un assassinat pur et simple ; du moins, dans le temps peu chevaleresque où nous avons le malheur de vivre, c'est ainsi qu'on serait assez manant pour traiter un acte pareil. Quélus n'avait que son épée, tandis que d'Entragues avait en plus la dague : il n'y a pas de nos jours un simple fantassin qui, dans un duel, ne préférât le rôle de Quélus à celui d'Entragues. Il parait cependant qu'il y avait matière à discussion là-dessus au temps de Henri III. Tel est du moins l'avis de Brantôme.

« Quélus, dit l'aimable vieux conteur qui n'était ni plus honnête ni moins dépravé que les pires de son temps, Quélus se plaignoit fort que d'Entragues eût la dague plus que lui qui n'avoit que la seule épée ; aussi en tâchant de parer et de détourner les coups que d'Entragues lui portoit, il avoit la main toute découpée de plaies ; et lorsqu'ils commencèrent à se battre, Quélus lui dit :

« — Tu as une dague et moi je n'en ai point.

« A quoi d'Entragues répliqua :

« — Tu as donc fait une grande sottise de l'avoir oubliée au logis ; ici, sommes-nous pour nous battre, et non pour pointiller des armes.

« Il y en a aucuns qui disent, ajoute cet excellent gentilhomme de la chambre et conteur grivois, que c'étoit quelque espèce de supercherie d'avoir eu l'avantage de la dague, *s'il l'on étoit convenu de n'en point porter*, mais la seule épée. *Il y a à disputer là-dessus* ; d'Entragues disoit qu'il n'en avoit point été parlé ; d'autres disent que, par gentillesse chevaleresque, il devoit quitter la dague : C'est à savoir s'il le devoit. »

Ainsi Brantôme n'en est pas sûr. Il est évidemment d'avis, au contraire, quoiqu'il n'ose le proclamer ouvertement, que d'Entragues fit bien. — C'est à savoir, pour nous servir de sa propre expression, s'il devait assassiner son adversaire, s'il n'avait pas été convenu qu'on n'assassinerait point.

Le peuple de Paris salua ce drame sanglant de tout le mépris qu'il méritait en somme, et il courut par la ville un refrain satirique sur cette triste boucherie, dont les derniers vers étaient :

> Que Dieu reçoive en son giron
> Quélus, Schomberg et Maugiron.

Ces vers montrent assez clairement que le peuple, toujours équitable lorsqu'il juge une grande iniquité, n'avait pas plus de regrets à perdre en faveur du mignon du duc de Guise qu'en faveur du mignon du roi, et qu'au fond Valois et Guise étaient tout aussi méprisables pour lui.

Quélus et Maugiron furent inhumés en grande pompe à Saint-Paul, comme nous avons dit, et Saint-Mégrin vint bientôt les y rejoindre. Henri III leur fit ériger de magnifiques tombeaux en marbre noir, ornés des statues très ressemblantes des défunts, et portant gravées en lettres d'or les épitaphes les plus hyperboliques en assez bon latin. La plus tendre, la plus désolée de ces épitaphes était celle de Maugiron, le préféré du roi, quoiqu'il fût borgne des suites d'une blessure reçue au siège d'Issoire, à seize ans.

Un sonnet en vers français, gravé également en lettres d'or sur une des faces du tombeau de ce jeune homme de dix-huit ans, faisait principalement allusion à cet accident ; les termes en sont tels, que les moins collet-monté jugeront sans doute qu'une telle épitaphe en un tel lieu constitue bel et bien un honteux sacrilège.

La voici, du reste :

La déesse Cyprine avoit conçu des cieux,
En ce siècle dernier, un enfant dont la vue
De flammes et d'éclairs étoit si bien pourvue
Qu'Amour, son fils aîné, en devint envieux.

Chagrin contre son frère et jaloux de ses yeux,
Le gauche lui creva, mais sa main fut déçue,

Dame des filles de joie.

Car l'autre qui étoit d'une lumière aiguë
Blessoit plus que devant les hommes et les dieux.

Il vient, en soupirant, s'en complaindre à sa mère ;
Sa mère s'en moque ; lui, tout plein de colère,
La Parque supplia de lui donner confort.

La Parque, comme Amour, en devint amoureuse.
Ainsi Maugiron gît sous cette tombe ombreuse
Et vaincu par l'Amour et vaincu par la Mort.

Ajoutons que le jour de l'inauguration de ces monuments, Arnauld de Sorbin, évêque de Nevers, prononça en grande cérémonie l'éloge funèbre des trois mignons. — Il est vrai qu'en cas pareil, on ne serait pas eu peine d'un prélat, ni d'une oraison funèbre, en ce temps-ci plus qu'en ce temps-là.

Nous avons dit que Henri III n'avait pas même songé à poursuivre les assassins de Saint-Mégrin. C'est que Saint-Mégrin était en retard. Après la mort de Maugiron et de Quélus, le roi furieux, désespéré, jura qu'il tirerait une vengeance éclatante du meurtre de ses deux mignons, et ordonna des poursuites immédiates. Mais le duc de Guise intervint aussitôt, déclarant qu'au moindre signe d'hostilité contre quelqu'un des siens, d'Entragues par exemple, puisqu'il était question de d'Entragues en cette occasion, il tirerait hors du fourreau à son tour son épée, « laquelle coupoit bien. »

Henri courba la tête sous cette menace :

l'assassinat était mieux son fait, et il le fit bien voir.

Lorsque Henri III se fut enfin vengé de toutes les insultes dont son beau cousin de Guise l'avait si longtemps abreuvé, en le faisant massacrer au château de Blois, le peuple se souleva presque partout contre le lâche monarque. Les Parisiens coururent à l'église Saint-Paul, et détruisirent les tombeaux fastueux que ce misérable avait eu l'infamie de leur élever.

Parmi les plus ignobles des favoris de Henri III qui survécurent à tous les traquenards ouverts sur les pas des plus braves, parce qu'ils étaient, eux, complétement lâches, il faut citer, outre Villequier, le fameux marquis d'O, « tout confit en débauches, » comme dit Mézeray.

François d'O avait incontestablement toutes les passions les plus honteuses, et lorsqu'on voyait son nom figurer quelque part, on était sûr d'avance qu'il s'agissait de quelque entreprise plus infâme que de coutume, trop même pour que le nom de Villequier y fût une enseigne assez significative.

Celui-là, pendant que ses jeunes camarades se faisaient bravement, quoique bêtement tuer, faisait en paix son petit bonhomme de chemin. Il est vrai qu'il avait quarante-trois ans quand moururent Maugiron, Quélus et Saint-Mégrin. Il fut à ce moment élevé par Henri III, dont il flattait servilement tous les vices, surintendant des finances, avec permission tacite de les dilapider à loisir. Mais ce qu'il y a de plus étrange et qui montre bien la souplesse de son échine, c'est qu'il conserva cette charge au commencement du règne du Béarnais.

Protecteur attitré des Jésuites, le marquis d'O avait pour appuis et pour familiers les plus puissants à la fois et les plus avides membres du clergé : c'est ce qui explique sans doute qu'il put durer si longtemps.

XVII
La bande débordée du roi.

SOMMAIRE. — Mœurs infâmes du roi Henri. — Origine du mot mignon. — Mignons frisés et fraisés. — Irruption du roi et de ses mignons dans un bal de noces où ils n'étaient pas priés. — Scènes abominables. — Pasquino et Marforio défenseurs des mœurs. — L'ennemi des femmes. — Henri III chez la présidente. — Une revue de nymphes dans le parc de Saint-Cloud. — Viol suivi de mort de la femme d'un conseiller. — La « bande débordée. » — La Guiche et Mme de la Mirande. — Autre viol exécuté par ordre du roi. — La fête de Chenonceaux présidée par la reine mère. — Le service y est fait par les dames de la cour à moitié nues. — Les processions et les mascarades. — Les dames de la cour en pénitentes. — La Sainte-Beuve à l'église. — Livres d'heures galants et albums obscènes. — Largesses de Henri III à ses mignons. — D'Epernon. — Joyeuse épouse Catherine de Vaudémont, belle-sœur de son maître. — Fête donnée par le cardinal de Bourbon à cette occasion. — Le « poulain farouche. » — Le crime contre nature chez les deux sexes. — La duchesse de Montpensier et le moine régicide Jacques Clément. — Manifeste des dames de la cour. — La reine Margot. — Ses intrigues sans nombre. — La Mole et Coconas. — Marguerite expulsée du Louvre s'installe à l'hôtel de Sens. — Son palais du faubourg Saint-Germain. — Marguerite aux Petites-Maisons. — Le savetier-roi. — Le bouffon Guérin orateur jovial de la reine Marguerite.

Quelques historiens, et nous avons vu que Théophile Lavallée était du nombre, ont voulu nier que les mignons de Henri III et Henri III lui-même, par conséquent, eussent les mœurs infâmes qu'on leur prête. « Quelle apparence, dit à ce propos Capefigue, que des jeunes gens si distingués, si braves, de si haute race et de si bonne mine se fussent ravalés jusqu'à servir de mignons de couchette au roi ? »

Leur bonne mine, fort bien ; leur haute race est plus discutable ; enfin ils n'étaient pas tous braves. Mais eussent-ils toutes les qualités que leur donne l'historien peu sérieux, mais de bonne foi, que nous venons de citer, que ce ne serait pas une raison. L'apparence, à la vérité, ne suffirait pas, surtout à cette distance, pour les juger comme des misérables. Les luttes féroces du temps ; ses mœurs dépravées ; l'habitude invétérée des ultra-calotins de déverser les injures les plus grossières, les plus fangeuses sur leurs adversaires, laquelle n'est pas spéciale au temps de la Ligue ; tout cela pourrait servir à combattre avantageusement toutes les suggestions de la seule apparence ; mais il y a des faits avérés, des faits honteux, défiant tout palliatif intéressé.

« Henri III, dit très justement M. Henri Martin, éleva au pouvoir des misérables tels que René de Villequier et François d'O, les Narcisse et les Pallas qui présidaient, dans sa cour impure, à des mystères dignes de Néron et d'Héliogabale. C'étaient Villequier et d'O, le beau-père et le gendre, tous deux connus, surtout Villequier, pour leurs habitudes infâmes, qui avaient introduit la plupart des mignons auprès de Henri III. »

C'est déjà plus qu'une apparence, cela, car Villequier et d'O étaient de ces hommes qu'on ne saurait calomnier : on peut y aller franchement avec d'aussi nobles personnages, bien sûr de ne pouvoir leur prêter un vice, une infamie qu'ils ignorent et n'aient point pratiqué. Et c'étaient les dispensateurs des faveurs, les proxénètes de leur maître : aussi leur étoile ne pâlit-elle pas un seul instant.

Nous verrons tout à l'heure qu'il y a mieux.

« Ce fut en 1576, dit L'Estoile, que le nom de *mignon* commença à trotter par la bouche du peuple, à qui les mignons étoient fort odieux, tant par leurs façons de faire badines et hautaines, que par leurs accoutrements efféminés et les dons immenses qu'ils recevoient du roi.

« Ces beaux mignons portoient des cheveux frisés et refrisés, remontant par-dessus leurs petits bonnets de velours, comme chez les femmes, et leurs fraisés de chemise de toile empesées et longues d'un demi-pied, de façon qu'à voir leurs têtes dessus leurs fraises, il sembloit que ce fût le chef de saint Jean dans un plat. »

Voilà du moins pour les apparences.

Mais suivons d'un peu près les divertissements de Henri III, et nous rencontrerons bien certainement quelques faits plus probants.

En 1577, Marcel, l'orfèvre du Pont-au-Change, qui était devenu intendant des finances, mariait sa fille à l'hôtel de Guise, avec le baron de Viernet. Tout à coup, au beau milieu de la cérémonie, le roi, avec une trentaine de courtisans et des princesses et des dames de la cour en nombre égal, fit irruption dans l'hôtel. Les dames étaient couvertes de drap et de toile d'argent, et étincelantes de pierreries et de perles ; tout le monde était masqué.

Cette irruption jeta une grande confusion dans l'assemblée, confusion qui augmenta bientôt, car les aimables farceurs soufflèrent les bougies ; les dames timorées qui en faisaient partie s'empressèrent de déguerpir sans demander leur reste ; les autres furent forcées ou se livrèrent librement à qui en voulut derrière les tapisseries, à la faveur de l'obscurité.

On fit sur cette scène scandaleuse, selon la mode du temps, un pamphlet satirique, sous l'étiquette d'un *Discours entre Pasquino et Marforio*, où toutes les dames qui soutinrent comme nous venons de le dire cet étrange assaut, sont nommées en toutes lettres. Marforio y supplie les États de Blois, alors rassemblés, de remédier à un état de choses si honteux, mais il le fait en des termes tels qu'il faut renoncer à les reproduire ici.

Au reste, Henri III ne laissait pas de faire de belles expéditions avec ses mignons, et avec tout le succès qu'il méritait en tant que souverain, quoiqu'il fût personnellement peu aimé des dames, qu'il ne cessait de « descrier » au témoignage des contemporains ! « Si, dit Brantôme, que je croy qu'en partie elles ne luy ont point peu nuy, ny à sa malle fortune, ni à sa ruyne. J'en dirais bien quelques particularités, ajoute le malin gentilhomme, mais je m'en passeroy bien : si non qu'il faut considérer que la femme est fort encline à la vengeance. »

« Aucuns, dit encore notre chroniqueur, ont voulut excuser le roy de la guerre qu'il faisoit aux dames par descriements, que c'étoit pour corriger et réfréner le vice, comme si la correction en cela lui servoit ; veu que la femme est de tel naturel que tant plus on luy défend cela, tant plus y est-elle ardente, et a-t-on beau luy faire le guet. Aussy, par expérience, ay-je veu que pour luy on ne se détournoit de son grand chemin. »

Henri, en général, n'avait donc qu'un faible penchant pour les femmes, et au témoignage du même Brantôme, il ne leur épargnait les réprimandes directes que quand il jugeait plus à propos de les faire admonester par la reine même. Or, il avait soin de se faire tenir au courant de la chronique scandaleuse, ayant toujours des espions derrière les cotillons les plus sujets à caution, et il n'en tirait guère d'autre parti que de faire à propos le collet-monté.

Il en était de cette sévérité de mœurs comme de la dévotion outrée qu'il affectait en public, et qui ne l'empêchait pas de se livrer, au sortir d'une procession de pénitents, aux fureurs de la plus sale orgie.

Tant que dura le carême de 1578, notamment, on le vit avec ses mignons, faire bombance trois jours la semaine au moins, le reste étant consacré aux dévotions, dans les maisons de Paris les plus réputées, entre autres chez la présidente Boulencourt qui, dit-on, lui prêtait très volontiers sa belle-fille, Mme de Bussy, quand la fantaisie lui en prenait.

Vers le même temps, il lui prit fantaisie de faire transporter à sa maison de Saint-Cloud toutes les plus fieffées coureuses de Paris. Il les fit conduire dans le parc ; puis, accompagné de ses mignons et suivi de ses suisses, il se présenta à ces filles qu'il fit brutalement dépouiller de leurs vêtements et qu'il passa en revue toutes nues, au grand enthousiasme de ses dignes compagnons. — Et quelles étaient ces coureuses, puisqu'il n'y avait pas de femmes publiques notoires, du moins légalement ?

S'étant mis en tête, par hasard, de posséder la femme d'un conseiller de la cour, non moins célèbre pour sa vertu que pour sa beauté, il s'introduisit subrepticement chez elle, au Louvre, lui fit violence, et non content de cette infamie, il eut l'atrocité de la livrer ensuite à ses mignons, dans les bras desquels la malheureuse femme outragée rendit le dernier soupir, mourant plus de honte que d'autre chose !

Un pareil acte ne suffit-il pas à justifier la haine que le peuple avait vouée à ce roi infâme et à ses vils mignons, qu'il appelait tantôt les « mignons fraisés et frisés du roi, » tantôt la « bande débordée du roi. »

Le roi était d'ailleurs extrêmement prévenant pour ses mignons, et s'ils pourvoyaient à ses plaisirs, il pourvoyait aux leurs avec un grand empressement. Sa complaisance envers eux n'avait vraiment point de bornes.

C'est ainsi que l'un d'eux, La Guiche, devenu éperduement amoureux de Mᵐᵉ de la Mirande qui, étant vertueuse, avait su lui résister, Henri III, ayant reçu la confidence du mignon, résolut de servir royalement ses intérêts. Pour cela, il commença par faire insinuer à la dame par un autre complaisant, qu'il était en disposition de lui accorder un don important sur les cochers, et qu'il ne lui en coûterait rien de plus que d'aller lui en adresser la demande au Louvre.

Mᵐᵉ de la Mirande se laissa aisément convaincre, et un sentiment de cupidité trop commun pour qu'on pût le lui reprocher bien sévèrement, la porta à se rendre effectivement au Louvre pour y faire respectueusement la demande qu'on lui avait conseillé.

Elle s'y présente au moment où le roi était encore à table. En attendant qu'il eût achevé de dîner, il la fit conduire dans son cabinet, où il arriva bientôt, accompagné de La Guiche. Il la conjure tout d'abord, avec de belles paroles, de donner satisfaction à la passion de son amoureux ami; puis il joint aux belles paroles les plus brillantes promesses.

Émue au dernier point, la pauvre femme se défend comme elle peut; enfin, poussée dans ses derniers retranchements, elle s'excuse de ne pouvoir obéir au désir du roi, en alléguant une incommodité naturelle commune à toutes les femmes.

Alors le roi fait saisir cette malheureuse par deux de ses valets de chambre... et si vous me demandez ce qu'elle devint ensuite entre les mains de ces infâmes, c'est que vous professez un bien grand amour pour les points sur les i.

Abandonnée par ces brutes de haute race, l'infortunée fut prise d'une crise nerveuse épouvantable, poussant des cris inarticulés, de véritables hurlements qui, dans ce séjour du crime même, eurent un douloureux écho dans plus d'un cœur indigné. Cependant La Guiche et son royal complice l'abandonnèrent tranquillement, après avoir eu tiré d'elle ce qu'ils en voulaient, et s'en allèrent bras dessus bras dessous, riant de leur aimable farce, sans se soucier le moins du monde des cris pitoyables qui les poursuivaient comme une malédiction.

Henri III, en vérité, n'eut guère de commerce avec les femmes où la violence n'ait pas été employée, et c'est un des traits qui le distingue à coup sûr de tous les rois réputés pour leurs excès.

Tous les enfants de Catherine se ressemblent, au reste, en plus d'un point; celui-là étant l'avant-dernier valait moins que ses aînés, et l'on sait que si son frère le duc d'Anjou (ci-devant d'Alençon) eût assez vécu pour monter sur le trône à son tour, l'ignominie eût été plus repoussante encore. Mais n'était-ce pas Catherine qui les avait formés?

Et pour ce qui concerne Henri III, que dire de cette fête qu'elle lui offrit à Chenonceaux, en 1577, et qui coûta 100,000 fr., c'est-à-dire plus d'un million d'aujourd'hui?

Quant à cette somme énorme, L'Estoile nous apprend qu'on se la procura en levant un emprunt forcé sur les serviteurs du roi les plus riches, « et même sur quelques Italiens qui surent bien s'en rembourser au double. »

Le festin eut lieu dans la grande allée du parc, à l'entrée du jardin. Henri III y prit place entouré de ses mignons, frisé, fraisé, fardé, outrageusement comme eux, et vêtu d'un costume quasi féminin qu'il affectionnait particulièrement.

Il y avait là trois reines : Catherine d'abord, puis la reine de France, Louise de

Vaudémont, puis la reine de Navarre. Le service fut fait par les dames de la cour « à moitié nues et ayant leurs cheveux espars comme les nouvelles espousées. » Le soir, le parc fut illuminé ; mais il n'y manquait pas de coins sombres où l'orgie se poursuivit. Il y eut bal dans la grande galerie du château, récemment achevée, et que Catherine avait ornée de peintures et de marbres tirés d'Italie.

La soirée finit par la représentation d'une de ces comédies ou farces italiennes qui, au témoignage de L'Estoile, « n'enseignent que paillardises. »

Henri, comme nous l'avons déjà vu, aimait à s'habiller en femme. Il est bon d'ajouter qu'il passait la plus grande partie de son temps à sa toilette, apportant à la conservation de sa beauté, qui était très réelle, des soins plus minutieux que la plus besogneuse des vieilles courtisanes. Il ne couchait que le visage enduit d'une pâte onctueuse et parfumée recouverte d'un masque, et les mains dans des gants faits d'une certaine peau ayant la réputation de conserver la blancheur des mains.

Mais il nous semble avoir oublié les actes publics de dévotion du pieux Henri III, si ce n'est pendant certain carême qu'il passa presque entièrement en divertissements et en dîners. Il n'en fut pas de même du carême de 1583. Un vendredi, notamment, jour de l'Annonciation, le roi et ses mignons firent pieds nus une procession de pénitents, depuis les Augustins jusqu'à Notre-Dame, par une pluie battante, et furent en conséquence trempés jusqu'aux os.

Un prédicateur racontait peu après, en s'en moquant, cette royale équipée, et il ajoutait qu'au retour, nos bons pénitents mangèrent de la viande et passèrent la nuit dans l'orgie.

Il est vrai que le prédicateur en question était un fougueux ligueur.

Les dames de la cour, comme de raison, ne manquaient pas à ces pieuses processions. On les y voyait souvent, au contraire, les unes avec des gants ou des heures à la main, les autres avec des chapelets au côté, ou des rubans de couleur aux souliers, enfin avec toute sorte de signes visibles pour se faire reconnaître de leurs amants.

Lorsqu'elles passaient ainsi parées et affichées, le roi, le duc de Guise, les mignons et autres courtisans, leur envoyaient des dragées musquées au moyen d'une sarbacane, les poursuivant de cette galante manière jusque dans l'église ; après quoi, ils leur donnaient la collation, tantôt sur le pont Notre-Dame, tantôt rue Saint-Jacques ou ailleurs.

La Sainte-Beuve, fort en renom pour sa beauté et sa dépravation, se faisait ordinairement remarquer à ces processions, vêtue seulement d'une robe de toile fine, avec un point coupé sur la gorge ; et l'on raconte qu'à l'église Saint-Jean, des galants la conduisaient sous le bras, en prenant publiquement avec elle, au grand scandale des fidèles, les privautés les plus audacieuses.

Enfin, s'il faut en croire les mémoires du temps, roi et mignons d'une part et dames galantes de l'autre, allaient à l'église avec des livres d'heures enluminés de dessins obscènes et de portraits, celles-ci de leurs amants, ceux-là de leurs maîtresses.

Du reste les livres à enluminures obscènes, avaient, nous l'avons déjà dit, une très grande vogue à cette époque, et l'Arétin avait trouvé de nombreux imitateurs en France. Brantôme prend la peine d'en décrire un qui faisait fureur parmi les « plus honnêtes et vertueuses » dames de la cour, et dont tous les personnages étaient des portraits frappants de ressemblance. On comprend que nous ne nous engagions pas à sa suite dans cette description.

Courir en masque dans les rues à l'époque

du carnaval n'était pas d'un attrait moins vif pour Henri III, que courir les rues en pénitent, autre sorte de mascarade, dans les processions dévotes ordonnées par l'Église.

Le mardi gras de 1582, avec ses mignons, comme il va sans dire, il erra ainsi masqué, se livrant à toutes sortes de mauvaises farces, jusqu'au lendemain matin, à six heures.

Cette fois encore, la « chaire de vérité » tonna encore contre le roi frivole et débauché. Henri s'en émut. Il envoya chercher Rose, docteur de Sorbonne, plus tard évêque de Senlis, qui s'était exprimé sur son compte avec la plus grande liberté; c'est-à-dire avec toute la fougue venimeuse d'un ligueur enchanté de l'occasion.

— Monsieur Rose, lui dit-il, je vous ai laissé pendant dix ans courir les rues le jour et la nuit sans blâmer votre conduite, et pour les avoir courues une seule fois à la fin du carnaval, vous m'avez déchiré dans la Chaire de vérité : je vous conseille d'être plus sage une autre fois, et n'y revenez plus.

Ce n'était pas trop mal, vraiment, et l'on pourrait passer bien des choses à un roi qui n'eût rien fait de pis que de prendre part aux fêtes du carnaval. Le docteur Rose s'en alla légèrement déconfit. Mais voilà que quelques jours après, le roi le fit appeler de nouveau, et lui ayant fait donner quatre cents écus, lui demanda si, avec cette somme, il ne pourrait pas acheter ce qu'il fallait de sucre pour édulcorer l'aigreur de ses sermons. — Et, ma foi! voilà une étrange pasquinade.

Mais la prodigalité était une des vertus — vertu négative, comme toutes celles qu'il eut — du roi Henri III; c'est cette vertu-là qui le fit dilapider le trésor public au profit de ses mignons. D'Épernon, le plus avide de tous peut-être, recevait des deux mains. Il ne fut pas moins généreux avec d'Arques, qu'il fit duc de Joyeuse et à qui il donna pour femme sa belle-sœur Henriette-Catherine de Lorraine.

A l'occasion de ce mariage, il y eut de grandes réjouissances à la cour: « Toutes les dames, dit un historien, y parurent superbement parées, et il y eut des mascarades, des ballets, des courses de bagues et des tournois. Ronsard et Baïf eurent chacun deux mille écus pour avoir composé des vers sur le sujet de cette fête.

« Tous les princes, pour faire leur cour au roi, traitèrent les nouveaux mariés chacun à leur tour. Le cardinal de Bourbon, qui logeait dans l'abbaye de Saint-Germain, y prépara un grand régal le 10 octobre 1581. Il avait fait équiper une superbe galère pour passer Leurs Majestés du Louvre au Pré-aux-Clercs: elle devait être tirée par vingt-quatre petits bateaux qui seraient couverts de peaux peintes, qui les feraient paraître de loin comme autant de monstres marins, et on devait renfermer dedans des trompettes, des hautbois et des violons qui composeraient successivement des concerts guerriers et des accords rustiques. Cette machine ne réussit pas, ce qui obligea le roi à monter en carrosse pour se rendre à l'abbaye; mais le manquement fut réparé par d'autres ga nteries, entre lesquelles on remarqua un jardin artificiel orné de toutes les fleurs du printemps, bien qu'on fût dans le cœur de l'hiver.

« Lorsque le roi traita cette compagnie au Louvre, il y fit danser un ballet qui eut pour sujet les divertissements de Cérès et de ses nymphes. Ce ballet fut suivi d'un carrousel où leurs chevaux accordèrent leurs pas au son de divers instruments, et d'un feu d'artifice, d'où partirent une infinité de fusées qui, en tombant, formèrent les chiffres du duc et de la duchesse de Joyeuse. »

Il faisait vraiment bon être mignon du roi, à part les petits désagréments inhérents à l'emploi ; car il fallait bien qu'il y en eût, pour qu'ils fussent estimés un si haut prix.

D'Aubigné dit crûment, dans sa *Confession de Sancy*, qui si Saint-Séverin avait mérité le surnom de poulain farouche, comme il le disait, ce n'était toujours pas pour n'avoir point voulu répondre au goût et aux caresses de Henri III.

Enfin plusieurs écrivains du temps — non des amis, sans doute — prétendent que le roi Henri avait passé avec Maugiron un contrat de mariage que signèrent tous les favoris.

En ces temps d'abomination, il est d'ailleurs certain que le vice contre nature, répandu dit-on par les Italiens de la suite de Catherine, infectait tous les rangs de la société, mais surtout les plus élevés. On en trouve des traces nombreuses dans tous les pamphlets. D'Aubigné, la *Satire ménippée* y font de trop fréquentes allusions, levant le plus souvent les masques sans la moindre réserve, ainsi qu'aux adultères, aux incestes qui étaient seulement péchés d'habitude et auxquels il n'y a pas à s'arrêter plus longtemps.

Pourtant, et quelque réserve que nous voulions nous imposer, nous devons dire que le vice contre nature n'était pas le privilège d'un sexe, mais bien dans la pratique des deux.

On cite... mais non, décidément, reproduire ici les tableaux dont nos chapitres sur l'Orient et la Grèce sont suffisamment pourvus, cela nous répugnerait trop, et ne répugnerait pas moins à nos lecteurs. Qu'il nous suffise donc de constater l'extrémité à laquelle nous serions contraints, si nous voulions être absolument exacts, en parlant des turpitudes du règne de Henri III.

On conçoit aisément qu'un roi aussi monstrueusement corrompu ait eu surtout des femmes dans les rangs de ses ennemis.

La plus acharnée, la plus terrible fut certainement Mlle de Montpensier, sœur du Balafré et fille du duc Guise tombé sous le pistolet de Poltrot, devant Orléans. De mœurs fort légères, mais femme dans toute l'acception du mot, elle détestait surtout dans Henri III l'homme efféminé, ennemi des femmes et entouré de mignons ; l'ennemi politique ne venait qu'après.

L'auteur de la Confession de foi des chefs de l'Union lui fait dire :

Mon adultère et mon ire effrenée
M'ont fait deux fois avorter mes enfants,
Et de mon roi j'ai abrégé les ans,
Et de sa mort l'invention donnée.

On voit qu'elle est assez bien partagée. L'auteur prétend qu'elle se vantait de porter à sa ceinture des ciseaux d'or destinés à dessiner une couronne monachale sur le chef de Henri III, dès qu'il aurait été déclaré indigne de régner. Mais l'assassinat de Henri de Guise, les complications qui survinrent lui ayant fait perdre l'espoir de se servir de ses ciseaux, elle songea vraisemblablement à faire agir le poignard.

Mlle de Montpensier passe, comme on sait, pour s'être prostituée au moine Jacques Clément pour le pousser au régicide. Henri Martin juge l'accusation peu vraisemblable : il le serait encore bien moins que Jacques Clément eût tué Henri III dans l'espoir d'obtenir en récompense le chapeau de cardinal. Quelque audace qu'eussent alors les ultramontains, ils n'auraient jamais osé promettre une semblable récompense à l'assassinat.

On prêchait ouvertement le régicide dans la « Chaire de vérité, » cela est vrai ; mais il était bien entendu que celui qui l'accomplirait serait sacrifié. Aussi, quoique tuer un roi de cette espèce fût un crime infiniment moins grand que de tuer un honnête

Mme Passefilon la bijoutière.

chiffonnier, personne ne se présentait-il pour remplir cette mission déclarée sacrée par l'immense majorité des représentants de Dieu sur cette terre de douleurs, mais avilissante malgré tout.

Donc, Mlle de Montpensier étant, dans toute l'acception de ce vieux mot, une « fille folle de son corps » et Jacques Clément un mystique débauché, il n'est pas le moindrement douteux pour nous que ses faveurs payèrent l'assassin de l'ennemi des femmes.

Et ce fut justice.

Catherine ne fut point témoin de ce dernier malheur. Elle n'avait pas survécu de beaucoup au duc de Guise. Sa carrière avait été assez bien remplie de toute façon. A en croire d'Aubigné et plusieurs autres écrivains du temps, elle fut en relation amoureuse avec le plus grand prélat de l'époque et parmi les seigneurs, elle fit toujours d'excellents choix. En outre, nous savons qu'elle dirigeait dans le bon chemin son escadron volant, très disposé d'ailleurs à lui obéir en ceci.

Au reste, les princesses les plus huppées donnaient le ton à ce point que, pour faire d'un trait le portrait d'une femme parfaitement dissolue, on avait coutume de dire : « Elle est p.... comme une princesse. »

D'un pamphlet satirique prétendant peindre les mœurs des filles d'honneur de la reine mère, l'Estoile nous a conservé le suivant *Manifeste des dames de la cour* qui vaut la peine d'être reproduit.

Le voici dans sa naïveté :

« Les demoiselles Victri, Bourdeille, Sourdis, Birague, Surgères, et tout le reste des filles de la reine mère disoient toutes d'une voix :

« Ha, ha, ha, mon Dieu ! que ferons-nous si tu n'estens ta grande miséricorde sur nous ? Nous crions donc à haute voix que tu nous veuilles pardonner tant de péchiés de la chair, commis avec rois, princes, cardinaux, gentilshommes, évêques, abbés, prieurs, poètes et tout autre sorte de gens de tous estats, métiers, qualités et conditions ; et disons avec M. de Villequier : Mon Dieu ! miséricorde, donne-nous la grande miséricorde, et si nous ne pouvons trouver maris, nous nous rendrons aux Filles repenties. »

« Donné à Charcheau, au voyage de Nérac.   « Signé : Péricart. »

Que si nous venons à nous occuper de la reine Marguerite de Navarre avant qu'elle ne devienne à son tour reine de France, ce sera bien une autre affaire vraiment !

Toute l'existence de la reine Margot a été une chose si honteuse, que tout le monde en rougissait. Et d'abord, elle eut tous ses frères pour amants. Si le fait est douteux ce ne peut être que pour les gens d'une bonne volonté au-dessus de l'ordinaire.

On disait que, ne pouvant avoir d'enfant de son mari, elle eut un garçon d'un autre « à la rue du Four, dans une certaine première chambre, vis-à-vis de la rue des Deux-Ecus ». On l'accusait en outre avec une princesse et la femme d'un favori (la duchesse de Nevers), d'avoir été la cause de la mort de Coconas et de la Mole, décapités en place de Grève sous Charles IX, sous prétexte d'être passés aux Mécontents, mais en réalité pour avoir souillé la couche du favori et déshonoré le sang royal.

A ce propos, Marguerite fit exhumer la tête de la Mole, la fit porter à Montmartre et enterrer dans la chapelle des Martyrs.

Mais elle ne le pleura pas aussi longtemps qu'elle l'aurait pu croire elle-même, et retomba bientôt dans des désordres tels que Henri III, qui l'avait tant aimée, se vît contraint de la chasser honteusement du Louvre.

Elle se retira alors à l'hôtel de Sens ; et le quatrain suivant célébra comme il faut ce changement de résidence :

> Comme reine elle debvoit être
> Dedans la royale maison ;
> Mais comme p......, c'est raison
> Qu'elle soit au logis d'un prêtre.

On prétendit que cet hôtel devint un sérail dès qu'elle y fut installée, aussi bien que le palais qu'elle fit bâtir au faubourg Saint-Germain ; et qu'enfin sa chambre servait de lieu de débauche.

Un jour, elle eut la fantaisie d'aller aux Petites-Maisons. Parmi divers fous qu'on fit venir dans la cour pour son divertissement, un savetier, dont la folie consistait à se croire roi de France, ne l'eut pas plus tôt vue qu'il s'écria :

— Ah ! c'est toi, grosse p.....! Tu m'en as joliment donné à garder...

Mais comme il était en disposition évidente de ne s'en point tenir là, on le réintégra bien vite dans sa loge, quoique Marguerite eût accueilli cette sortie du fou en riant à gorge déployée.

Les mémoires du temps nous apprennent en outre qu'elle avait chez elle un certain bouffon, nommé Guérin, qui prenait la qualité de maître des requêtes de la reine Marguerite et d'orateur jovial de ladite reine. Il portait une robe de velours, une soutane de satin noir et un bonnet carré.

Ce bouffon ne manquait pas, chaque jour, de monter sur le théâtre que la reine de Navarre avait fait élever dans son palais du faubourg Saint-Germain, à un des bouts de la grande salle. Comme elle prenait plaisir à l'écouter, il n'épargnait pas les mots les plus orduriers, sachant que tel était son goût.

Il continua d'ailleurs cet agréable métier tant que vécut sa vertueuse maîtresse; mais il ne lui rapporta pas grand'chose, ou du moins n'en sut-il pas profiter, car il mourut dans le dénuement.

Nous aurons à revenir, dans la suite de ce récit, sur beaucoup d'incartades de la reine Marguerite, incartades dont le nombre fut si considérable et la nature tellement scandaleuse, que Henri IV put réclamer le divorce avec l'applaudissement de tout le monde, même dans un temps si corrompu, dès qu'il les eut publiquement dévoilées.

XVIII

La reine Margot.

SOMMAIRE. — Noces d'Henri de Béarn et de Marguerite de France. — Pas de bonne fête sans lendemain. — La Saint-Barthélemy. — La... messe ou la vie! — Passion matrimoniale du roi Henri. — Un ménage bien assorti. — *Manifeste du roi Henri quatrième sur les causes de son divorce.* — Précocité amoureuse de Marguerite. — Entragues et Charrins. — Entragues donne sa démission. — Le prince de Martigues. — Le duc de Guise. — *Complaisances* fraternelles de Marguerite. — La reine Margot et la duchesse de Nevers. — La Mole et Coconas. — La morgue de l'amour. — Saint-Luc et Bussy d'Amboise. — Une colique malencontreuse. — Le duc du Maine. — Le soleil et la lune. — Le vicomte de Turenne dans le monde et dans « le particulier. » — Va te faire pendre! — Clément d'Amboise. — Un mari par trop... complaisant. — Raisons par trop... politiques de cette complaisance. — L'amour podagre. — Draps de taffetas noir et illuminations exagérées. — Réception d'une pouilleuse de la maison d'Albret par une sainte de la maison de Valois. — Marguerite expulsée de Paris, puis d'Agen. — Elle se réfugie à Carlat, en Auvergne, où elle fait la connaissance d'aimables muletiers et de chaudronniers galants. — Le cuisinier de Marguerite fait des heures en plus. — Duras, Saint-Vincent et Aubiac le Roux. — Débauches et intrigues tant amoureuses que politiques, mêlées d'empoisonnement. — Un pendu pour de bon. — Le petit Canillac. — L'Arétin en action. — L'enfant de chœur et de cœur Pomini. — Débauche et dévotion mêlées. — La boîte d'argent. — Réapparition de Marguerite à Paris. — Le fils du charpentier arlésien. — Invocation aux hôtes du Parnasse. — Bajomon. — Péroraison édifiante du manifeste du vertueux roi Henri contre l'indigne reine Marguerite.

A l'époque de leur mariage, Henri de Béarn et Marguerite de Valois formaient un couple charmant; ils avaient pour eux la beauté, la jeunesse, un présent assez douteux sans doute et un avenir peu sûr, mais à cet âge on est si plein de confiance !

Marguerite avait vingt ans bien sonnés ; Henri n'en avait pas encore dix-neuf, différence insignifiante, car ils n'avaient aucun goût l'un pour l'autre et avaient l'un et l'autre perdu toute espèce de candeur depuis bien longtemps.

L'un et l'autre se trompaient sciemment, comme ils étaient trompés par les autres. Aussi y eut-il à leurs noces grande abondance de discours déclamatoires, de protestations affectueuses et d'engagements solennels et réciproques entre Valois et Bourbons, entre catholiques et huguenots.

Il y eut naturellement des fêtes splendides. La France était en proie à la guerre civile ; les coffres du trésor étaient vides : mais ce n'était pas le moment de lésiner.

« Le dimanche 17 août (1572), après les fiançailles, on soupa, dit un vieux chroniqueur, et balla au Louvre.

« Le lendemain au soir, après le mariage à Notre-Dame, et le dîner à l'évêché, le roi festoya en la grand'salle du palais, les princes et princesses, les cours de parlement, les aydés, chambres des comptes et des monnoies. Après souper fut commencé le bal par le roi; cela dura peu, à cause de la mascarade où le roi étoit... »

Et ce n'était pas une mascarade de rien du tout, dans le genre de celles du mardi gras dernier. Vous allez voir :

« Premièrement se présentoient trois grands chariots qui estoient trois rochers ou écueils de mer tout argentés, et sur chacun avoit cinq musiciens jouant de diverses sortes d'instruments. Sur l'un d'eux estoit ce chantre si renommé, Etienne Leroy, qui faisoit retentir toute la salle de sa voix harmonieuse.

« Après venoient sept autres chariots aussi argentés, dont trois étoient des rochers couverts de coquilles et d'une infinité de petits animaux de mer; à la cime y avoit une loge faite avec quatre colonnes, et dedans un dieu marin assis. Les autres quatre étoient des lyons marins aussi argentés, ayant le derrière comme un poisson, la queue entrelacée, haut élevée et à la cime d'ycelle une coquille d'argent dans laquelle étoit pareillement un dieu marin, et étoient ces dieux tous vêtus de longues robes de drap d'or de diverses couleurs.

« Après cela venoit un autre grand chariot doré qui étoit un cheval marin, avec sa grande queue de poisson, aussi entrelacée, et à la cime une coquille d'or sur laquelle étoit assis Neptune, guidant les autres dieux ses sujets.

« Sur ce chariot étoit le roy de France; sur les autres étoient les frères du roy, le roy de Navarre, le prince de Condé, le prince Dauphin, le duc de Guise et le chevalier d'Angoulême. »

Cortège magnifique, splendide plat de marée assurément!

Et les seigneurs, gentilshommes et officiers des deux partis, huguenots et catholiques, fraternisaient de la façon la plus touchante. La cour était remplie de protestants de marque, et ils y étaient accueillis de manière à leur donner la plus entière confiance.

A l'issue même de la cérémonie, Coligni, venu exprès de sa terre de Châtillon-sur-Loing, pour assister aux noces du roi de Navarre, était blessé grièvement d'un coup d'arquebuse tiré sur lui par Maurevel, assassin aux gages des Guises.

Quelques jours plus tard, six jours après le mariage du huguenot Henri de Navarre avec la catholique Marguerite de Valois, dans la nuit du 24 août 1572, et pour ne pas l'oublier, le jour de la Saint-Barthélemy, le sang des huguenots, si habilement conduits à l'abattoir catholique, coulait à pleins bords dans tous les ruisseaux de Paris.

La femme de Henri ne paraît pas avoir été dans le secret de ce lâche et abominable complot; sa conduite, pendant et après la Saint-Barthélemy, montre bien quelle horreur elle ressentait d'un crime aussi épouvantable. Mais il faut avouer que le jeune ménage avait là une étrange lune de miel et qui eût pu faire une terrible impression sur des esprits superstitieux.

Remarquez qu'on n'égorgeait pas que dans la rue, mais jusque dans les corridors et les chambres du Louvre même.

Un malheureux gentilhomme huguenot, poursuivi par des assassins, alla chercher un refuge, fort précaire d'ailleurs, jusque dans la chambre de la reine de Navarre.

Marguerite raconte ainsi, dans ses *Mémoires*, cet épisode dramatique du massacre :

« Comme j'étois la plus endormie, voici un homme frappant des pieds et des mains à la porte de ma chambre, criant : *Navarre! Navarre!* Ma nourrice, pensant que c'estoit mon mari, courut vitement à la porte; un gentilhomme, déjà blessé et poursuivi par des archers, entra avec eux dans ma chambre. Lui, se voulant garantir, se jette dessus mon lit; moi, sentant cet homme qui me tient, je me jette à la ruelle et lui après moi, me tenant toujours à la travers du corps. Je ne sçavois si les archers en vouloient à lui ou à moi, car nous criions tous deux et étions aussi effrayés l'un que l'autre.

« Enfin Dieu voulut que M. de Nançay, capitaine x gardes, vint, qui me trouvant en cet é. -là, encore qu'il eût de la compassion, ne put se tenir de rire et se courrouça fort aux archers, les fit sortir, et me donna la vie de ce pauvre homme, qui me tenoit, et que je fis coucher et panser dans mon cabinet jusqu'à ce qu'il fût tout guéri.

« Et changeai bien vite de chemise, parce qu'il m'avoit couverte de sang. »

Tous les lecteurs d'Alexandre Dumas connaissent cet épisode et sont convaincus que ce gentilhomme navarrais était La Mole; mais ils se trompent, ou du moins ont été trompés par le grand romancier.

Henri de Navarre, de son côté, n'échappait à la boucherie qu'en abjurant.

— La messe ou la mort, telle fut l'agréable alternative que son bien-aimé frère Charles IX lui proposa.

Henri choisit la messe, c'était moins dangereux. Peut-être fit-il bien; mais il y en a tant qui choisirent l'autre alternative, qu'il est permis de douter. Je ne sais pas très bien non plus si le fait d'avoir assisté en grande cérémonie au supplice de quelques-uns de ses coreligionnaires, coupables d'avoir échappé au massacre général, est digne de louanges... Mais détournons nos yeux de ces infâmes turpitudes, de ces débauches de sang, et retournons à nos moutons.

Ce brillant mariage, dont la Saint-Barthélemy avait été le prix, ne pouvait plus avoir un si grand charme pour Henri s'il en avait jamais eu auparavant; il ne pouvait voir, quelle que fût sa grandeur d'âme, si souvent prônée, il ne pouvait voir, disons-nous, sa femme qu'à travers un brouillard de sang : c'est ce qui fait sans doute qu'il continua d'en voir d'autres — et que Marguerite l'imita en ceci, et le dépassa bientôt, donnant le spectacle des excès les plus abominables et les plus éhontés.

Nous avons soulevé un coin du voile qui cache la vie de la reine Margot, à la fin du chapitre précédent; mais en vérité ce serait trop peu que de nous en tenir là, ou de ne faire apparaître que çà et là, comme une vulgaire *utilité*, un personnage de cette importance.

C'est son histoire complète qu'il nous faut, ou du moins l'esquisse du spectacle ininterrompu de débauches qui ne peuvent être comparées qu'à ceux de la Messaline romaine.

Pour cela, à qui pourrions-nous mieux nous adresser qu'à son mari?

Henri, devenu roi de France et de Navarre, mûri par des épreuves de tout genre, ou du moins supposé tel, était toujours l'amant extrêmement passionné de sa maîtresse du moment, complètement subjugué par elle et capable des plus monstrueuses folies pour lui plaire. Toutes celles, en conséquence, qui cherchèrent à lui faire répudier Marguerite afin de la remplacer, trouvèrent auprès de lui un accueil empressé. C'est ainsi que la belle Corisandre fut bien près d'être reine de Navarre; la belle Gabrielle, la marquise de Verneuil et une ou deux autres, bien près de devenir reines de France.

S'il avait vécu au bon temps du commencement du moyen âge, nul doute que Henri IV n'eût eu constamment autour de lui une douzaine de femmes légitimes au bas mot et autant de concubines que le glorieux sultan d'Aix-la-Chapelle, autrement dit Charlemagne; ou bien qu'il ne fût constamment occupé à se marier et à se démarier, comme nous avons vu faire à tant de rois, de grands seigneurs et de prélats d'antan. Mais les temps étaient un peu changés sous ce rapport, bien que le prétexte ostensible de la rupture de son mariage avec Marguerite fût, comme le prétexte de tant d'autres divorces précédents, sa parenté avec elle au « degré prohibé. »

Il y avait alors vingt-huit ans qu'ils étaient mariés !

Quoi qu'il en soit, cette rupture eut lieu d'un commun accord. Henri IV n'avait donc aucune raison d'en vouloir à sa femme. Mais les contemporains du roi de la « poule au pot », qui ne pouvaient comme nous profiter des bienfaits de la légende à peine à l'état embryonnaire de leur temps, savaient à quoi s'en tenir sur leur roi. Scandalisés par la conduite de Marguerite, ils l'étaient sans aucun doute; mais par cela même ils ne pouvaient être frappés d'admiration pour les vertus du roi *vert galant*. La répudiation tardive de Marguerite fut donc sévèrement jugée, non pas dans quelques rares coteries, mais dans le grand public.

Alors Henri IV crut devoir des explications à ses sujets et publia le document étrange qu'on va lire, et qu'il est inutile de qualifier, tout lecteur étant aussi capable que nous de le faire, pour peu qu'il le lise avec quelque attention :

MANIFESTE D'HENRI IV SUR LES CAUSES DE SON DIVORCE AVEC LA REINE MARGUERITE

« Je pensois me dispenser de rendre raison au public des motifs qui m'ont porté, après vingt-huit années de mariage, à me séparer de la sœur les rois mes prédécesseurs, sous prétexte de la parenté qui est entre nous. Etant au-dessus des lois, je ne dois qu'à Dieu le compte de mes actions ; mais comme quelques étrangers, et plusieurs François peu affectionnés à mon service, prennent de là occasion de décrier ma conduite, les uns m'appelant voluptueux, les autres athée, et tous ensemble ingrat : j'ai cru qu'il y alloit de mon honneur d'éclairer l'esprit de ceux qui se sont laissé abuser et de confondre la malice de mes ennemis secrets, en exposant aux yeux de tout le monde les véritables causes du divorce que je demande.

« Dans le rang où Dieu m'a élevé, ce n'est pas assez que ma vie soit sans reproche, il faut encore éviter qu'elle ne soit soupçonnée et tirer enfin le rideau avec lequel j'avois essayé de cacher le désordre de ma famille.

« On dit que le ciel envoie des avertissements à ceux qui sont nez pour commander aux autres, des malheurs qui leur doivent arriver. Si la pluye de sang qui tomba à Rome avant la bataille de Cannes fut un présage de la perte que la République y devoit faire, je puis dire que le sang qui fut répandu le jour de mes nôces, sembloit m'annoncer les cruels déplaisirs que devoit me causer cette union fatale.

« Je ne m'arrêtai pas à ce mauvais augure et n'y fis aucune réflexion, non plus qu'aux paroles du roi Charles IX, frère de cette impudique, qui, la connoissant mieux que moi, dit plaisamment qu'il ne donnoit pas sa Margot pour femme seulement au roi de Navarre, *mais à tous les hérétiques de son royaume*. J'y donnai un sens bien différent de ce qu'il vouloit faire entendre, et je m'imaginai qu'il la regardoit comme un nœud qui devoit à l'avenir attacher inviolablement tous les huguenots à son service; cependant le temps ne m'a que trop découvert le sens de cet oracle.

« J'avois si peu pratiqué cette princesse que j'ignorois que, dès l'âge d'*onze ans*, elle avoit commencé d'être sensible à l'amour, et qu'Entragues et Charrins se vantoient tous deux d'en avoir obtenu les premières faveurs en cet âge.

« Je ne sçai si la généreuse émulation de disputer cette conquête, ou l'emportement du plaisir fit aller Entragues au delà de ses forces, mais il est certain que les efforts qu'elle lui fit faire le mirent à deux doigts du tombeau, et lui firent quitter la partie pour prendre une femme moins belle, mais plus retenue et plus sage.

« Le prince de Martigues remplit la place que d'Entragues venait de laisser vacante, et ayant écarté Charrins, pour qui elle n'avoit plus que de l'indifférence, il demeura seul le maître de son cœur.

« Ce prince, assez vain naturellement, fit si peu de mystère de sa bonne fortune, que leur intrigue, après avoir été le sujet de l'entretien de toute la cour, se divulgua dans l'armée, et passant de bouche en bouche, fournit une ample matière de raillerie à tous les soldats de l'infanterie, dont Martigues étoit colonel. Cet amant indiscret portoit, aux occasions les plus périlleuses, une écharpe en broderie et un petit chien qu'elle lui avoit donné, et conserva jusques à la mort ce gage de son amitié.

« La perte de ce favori lui arracha des larmes que le roi tâcha d'essuyer en la mariant avec le roi de Portugal ; mais le duc de Guise, qui prétendoit en l'épousant donner quelque couleur à ses desseins ambitieux, traversa le mariage par l'adresse du cardinal de Lorraine, son oncle, qui avoit été en Espagne, pour faire au roi catholique des compliments de condoléance sur la mort d'Elisabeth de France, sa femme.

« Cependant, ce duc s'insinua dans les bonnes grâces de cette princesse, par les bons offices que lui rendit M*** de Carnavalet. On prétend que les ducs d'Anjou et d'Alençon troublèrent cette intrigue, et qu'*elle eut pour eux des complaisances que le droit du sang n'autorisoit pas*, mais je ne puis croire que sa débauche ait été jusqu'à cet excès.

« Quoi qu'il en soit, elle n'avoit pas mal débuté avant notre mariage, et tout le monde sera aisément persuadé que je n'ai pas eu besoin d'une grande vigueur pour emporter la bague à la première course.

« Dès que nous fûmes mariés, ceux qui avoient pu prétendre à son alliance s'écartèrent et l'obligèrent par leur retraite à se réduire à des galanteries de moindre éclat.

« La duchesse de Nevers, sa bonne amie, qui aimoit Coconas, l'engagea à favoriser La Mole, confident de leur intrigue, pour lui épargner le chagrin de garder les manteaux pendant qu'ils étoient ensemble. Elles ne conservèrent pas longtemps leurs deux amants, qui s'étant trouvez impliquez dans la conspiration des maréchaux de Montmorency et de Cossé, laissèrent leur tête sur un échafaud.

« Ces dames pitoyables ayant appris qu'on les avoit laissés à la vue du peuple, enlevèrent elles-mêmes les restes précieux de l'objet de leurs amours, et les mirent dans leur carrosse. Elles les portèrent ensuite dans la chapelle Saint-Martin, au-dessous de Montmartre, où, après les avoir mouillés de leurs larmes, elles les enterrèrent de leurs propres mains.

« La reine parut si touchée de la fin tragique de La Mole, qu'elle fit pitié à Saint-Luc. Ce cavalier résolut de l'en consoler, et dans cette pieuse intention vint souvent la visiter à Nérac, déguisé en plusieurs manières ; mais comme son chagrin recommençoit le jour, lorsqu'elle se voyoit dépourvue de ses douces consolations, elle eut besoin de Bussy pour les dissiper. Elle ne trouva néanmoins guères son compte avec ce dernier, parce qu'on dit qu'il n'étoit pas aussi brave dans les ruelles qu'à la tranchée, et qu'il étoit souvent tourmenté d'une colique, dont il sentoit ordinairement les accès à l'entrée du plaisir.

« La différence de partis ne l'empêcha pas d'écouter le duc du Maine, bon compagnon, gros et gras et voluptueux comme elle : cette conformité d'humeur fit durer longtemps leur intelligence, malgré la concurrence de Mme de Vitry, qui fit ce qu'elle put pour la traverser. Le duc s'oublia néanmoins un jour jusques à écrire à sa rivale qu'il préféroit le soleil à la lune ; ce qui, en termes plus intelligibles, vouloit dire Mme de Vitry à la reine de Navarre, parce que ma chaste épouse se faisoit appeler *Diane* ; mais la paix se fit, et la lune éclipsa le soleil.

« Ce sacrifice ne put faire perdre à Diane son humeur inconstante ; aussi n'étoit-il pas juste qu'elle gardât fidélité à un homme qui s'éloignoit d'elle pour aller faire la guerre à un parti que l'honneur et le devoir l'obligeoient d'embrasser. Les huguenots auroient même eu sujet de se plaindre, si elle n'avoit trouvé personne parmi eux digne de l'occuper. Le vicomte de Turenne fut le premier de leurs héros qui entra en lice.

« Il étoit de bonne taille, il avoit bonne mine, et il la charma d'abord par cet agréable extérieur ; mais elle ne le trouva pas aussi aimable dans le particulier qu'en public, et lui donna son congé, disant qu'il ressembloit aux nuages vuides, qui n'ont rien de beau que l'apparence.

« Cet amant désespéré vouloit s'aller pendre dans quelque terre inconnue, et je ne sçai ce qui en seroit arrivé, si dans l'intérêt de notre parti *je ne l'eusse obligée de le rappeler*. Elle eut peine à s'y résoudre, parce que sa vanité lui avoit fait espérer que le vicomte auroit le dessein de l'amant d'Anaxarète, et il lui fâchoit de se voir dérober la gloire d'avoir porté un homme de ce mérite à se pendre.

« Elle me fit payer cher cette complaisance, et je fus contraint de souffrir celle qu'elle avoit pour Clément d'Amboise, qui l'embrassoit souvent en déshabillé sur la porte de sa chambre, tandis que le soir, pour lui donner le loisir de se mettre au lit, je jouois ou me promenois dans ma salle, avec les officiers qui s'étoient trouvés auprès de moi. On ne peut pas pousser la commodité plus loin, et je connois plus d'une coquette qui achèteroit, au prix de l'or, un mari de ce caractère ; cependant, afin qu'on ne m'accuse pas de débiter ma morale si extraordinaire pour apprivoiser les jaloux et profiter de leur facilité, je veux bien expliquer les raisons qui me portèrent à tenir cette conduite.

« J'étais un roi sans royaume et chef d'un parti qu'il me falloit maintenir, le plus souvent sans troupes, et sans argent pour en avoir ; et quand je voyois l'orage prêt à fondre sur moi, sans autre moyen de le détourner, cette bonne dame, telle qu'elle est, ne m'étoit pas inutile, sa considération fléchissoit sa mère et ses frères, aigris contre moi. D'un autre côté, sa beauté m'attiroit quantité de braves, que sa facilité retenoit à mon service, et elle auroit cru toucher l'intérêt de mon parti, si elle en avoit rebuté quelqu'un par excès de sévérité. Jugez après cela si je n'avois pas raison de la ménager, quoiqu'avec ses autres minauderies elle amusât tous ceux qui lui en contoient !

« Il y en eut pourtant quelques-uns qui furent l'objet de sa raillerie, et je fus honoré de la confidence de leur passion ridicule.

« Le vieux fou de Pierat fut de ce nombre, l'amour le fit son chancelier, et il brigua cette charge pour avoir le privilège de lui écrire les belles lettres que sa tendresse lui dictoit, et dont cette perfide se divertissoit avec moi, quand nous étions seuls.

« Ceux qui avoient fait son horoscope lui

Le seigneur de Villiers le Bocage.

avoient prédit qu'elle étoit menacée, depuis le 21 jusqu'au 28 mars 1580, de mourir de ma main, et que je devois l'immoler à mon honneur outragé, mais ma prudence ou l'espérance de ma future séparation rendirent la prédiction vaine, et corrigèrent la malignité de son étoile. Nous continuâmes de vivre tous deux comme auparavant, moi dans mon indulgence et elle dans son abandonnement à la volupté.

« Elle y chercha même de nouveaux ragoûts en y faisant mettre à son lit *des draps de taffetas noir* et éclairer sa chambre par plus de *mille bougies*. Ce fut alors qu'elle devint féconde et qu'elle mit au jour ce fruit de son libertinage qui, élevé sous un nom emprunté, promet d'enchérir un jour sur les heureux talents de sa mère.

« Ces raffinements l'avoient rendue si délicate, qu'elle ne pouvoit plus me souffrir. Lorsque, revenant de la chasse, le visage poudreux et baigné de sueur, je me couchois auprès d'elle, aussitôt que j'étois sorti du lit, elle faisoit changer de draps, quoique souvent je n'y eusse demeuré qu'un quart d'heure.

« Son mépris n'étoit pas seulement pour ma personne, il étoit aussi pour ma naissance, qu'elle croyoit fort inférieure à la sienne, et ne pouvoit s'empêcher de le témoigner à mes parents.

« Un jour l'ayant priée de souffrir que

Mme de Thoiras, avec qui j'avois quelque alliance, mangeât à sa table, elle me répondit qu'il falloit donc qu'auparavant il lui fût permis de lui laver les pieds dans un bassin plein d'eau, voulant dire par là qu'elle étoit si pauvre qu'on pouvoit la mettre au nombre de ceux qu'on choisit pour faire la Cène; comme si elle n'avoit pas à Florence cent marchands qui lui étoient plus proches de vingt degrés que pas un allié des illustres maisons de Foix et d'Albret n'étoit de celle de Bourbon; mais il lui arriva depuis des aventures qui humilièrent bien sa fierté.

« Après qu'elle eut été chassée honteusement de Paris, d'où un capitaine des gardes du corps la fit sortir, et qu'on eut fouillé jusque dans sa litière pour voir qui l'accompagnait, et si Mmes de Duras et de Béthune, secrétaires de son cabinet, à qui il étoit défendu de la suivre, n'y étoient pas, elle garda plus de mesures, de peur d'être traitée avec plus d'ignominie.

« Sa retenue ne dure néanmoins qu'autant que le souvenir de cet affront; après que l'image du plaisir l'eut effacé de sa mémoire, on la vit se plonger dans la volupté sans ménagement.

« Elle me quitta sans me dire adieu, et s'en alla à Agen, ville contraire à mon parti, pour y tenir sa cour galante et continuer avec plus de liberté sa débauche. Les habitants, scandalisés de sa mauvaise conduite, la firent partir avec tant de précipitation, qu'elle eut à peine le loisir de monter en croupe derrière son favori.

« Ses filles, qui n'avoient pas pu trouver assez de chevaux de louage ou de poste pour les monter, suivoient à la file, les unes sans masque et les autres sans devantière, et plusieurs à moitié déshabillées et dans un si grand désordre qu'on les eût plutôt prises pour des Egyptiennes que pour les filles d'honneur d'une grande reine. Elles furent accompagnées par quelques officiers dont les uns étoient à cheval sans bottes et les autres à pied, sous les ordres de Lignerac, qui les mena à Carlat, dans les montagnes d'Auvergne, dont Macé, son frère, étoit gouverneur; place forte à la vérité, mais qu'on auroit plutôt prise pour une caverne à retirer des voleurs que pour la résidence d'une princesse, fille, sœur et femme de roi.

« Je rougis quand je songe à toutes ces indignitez, sachant bien que l'histoire ne manque jamais de transmettre à la postérité les actions des grands, quelque soin qu'on mette à les étouffer.

« Quelle honte, quand après vingt siècles, un siècle moins vicieux apprendra que celui-ci a produit ce monstre d'impudicité, et qu'il est sorti, d'un sang si noble et si pur, une femme dont la dissolution a surpassé celle des Julie et des Messaline!

« J'espérois, avant cette dernière aventure, que son inconstance naturelle lui donneroit du dégoût pour une débauche où elle n'avoit trouvé aucune opposition, puisque les désirs ne sont irrités que par les obstacles qu'ils rencontrent, et que pour récompenser l'indulgence avec laquelle j'avois souffert toutes ses infidélitez, elle cesseroit de me déshonorer; mais l'expérience m'a fait voir que, s'étant fait une habitude du vice, elle ne sentoit plus de remords quand elle trahissoit son devoir.

« Cette obstination à violer avec tant de scandale tout les droits du mariage m'a fait enfin résoudre à rompre le lien qui nous unissoit.

« Dieu qui m'a fait la grâce de me délivrer de cette impudique, sait combien j'aurois souhaité pouvoir avec des paroles plus douces expliquer l'article secret de notre divorce, et n'être pas obligé de mettre au jour ce qui devroit être enseveli dans un éternel silence; mais le murmure public et les calomnies m'y forcent, et l'assurance que j'ay de n'avancer rien qui ne soit connu de toute la France m'y convie.

« Le roi son frère apprenant sa fuite et les plaintes que j'en faisois, m'écrivit que, si j'eusse cru son conseil, en sortant de Paris, et traité sa sœur comme elle le méritoit, je serois hors d'inquiétude, et qu'il n'auroit pas la tête rompue de toutes ses folies. Il dit même tout haut à son dîner, que la reine de Navarre ne s'étoit pas contentée de se prostituer aux cadets de Gascogne, qu'elle étoit allée trouver les muletiers et les chaudronniers d'Auvergne.

« Ces paroles ne se trouvèrent que trop véritables, elle n'eut guère plus de discernement dans le choix de ses favoris après qu'elle fut arrivée à Carlat, où elle demeura longtems, non seulement sans dais et sans lit de parade, mais aussi sans chemise.

« Elle honora de ses faveurs son cuisinier, ne pouvant demeurer oisive, pendant qu'elle attendoit Duras, qu'elle avoit envoyé en Espagne pour en faire venir de l'argent; quoique la femme de cet envoyé lui en vantât tous les jours la constance et la fidélité, pour l'empêcher de prendre un si honteux engagement. Il est vrai que tous ses autres amants l'avoient abandonnée quand ils l'avoient vue dans la misère, et que Saint-Vincent s'en étoit retourné chez lui pour s'exempter de l'excessive dépense qu'il lui auroit fallu faire, s'il avoit entrepris de nourrir toute sa maison.

« La délicatesse de la reine de Navarre ne put s'accommoder longtemps d'un amant qui sentoit toujours la graisse, mais comme elle ne pouvoit s'en passer, elle prit en sa place son écuyer Aubiac, qui n'auroit jamais espéré, avec son poil roux, sa peau truitée et son nez teint en écarlate, de devenir un jour l'objet de la tendresse d'une fille de France : cependant il eut une ample matière de satisfaire sa vanité, ayant été trouvé dans le lit de cette princesse par Mme de Macé, qui étoit venue un peu trop matin lui faire sa cour.

« Cet officieux empressement fut payé par la mort de son mari, dont elle se défit adroitement par un breuvage préparé à la mode du pays de sa mère.

« Elle crut qu'après avoir empoisonné le gouverneur, il ne lui seroit pas difficile, avec le secours des soldats que Roras, cousin d'Aubiac, étoit allé lever en Gascogne, de se rendre maîtresse absolue de la place, et d'en chasser ceux qui l'avoient généreusement reçue pendant sa disgrâce. Elle ne tira néanmoins aucun avantage de son crime. Duras, revenu d'Espagne, voyant qu'un autre amant avoit pris sa place, ne donna point d'argent, et feignit d'avoir employé en gants parfumez, en chevaux et en d'autres curiosités du pays d'où il venoit, ce que cette amazone avoit destiné pour me faire la guerre ; le secours gascon fut découvert, la garde forcée, et on lui conseilla charitablement de chercher un autre giste, ce que la peur d'un affront lui fit exécuter sur l'heure : elle en partit au même équipage et au même désordre qu'elle y étoit arrivée, et fit tant par ses journées, qu'elle se rendit à Jury, maison de la reine sa mère.

« A peine avoit-elle eu le loisir de mettre pied à terre, qu'elle s'y vit assiégée par le marquis de Canillac à qui le roi en avoit donné la commission ; elle y fut prise avec son amant, qu'on trouva caché sous un tas d'ordures, sans barbe et sans cheveux, elle-même les lui ayant coupés avec ses ciseaux pour le mieux déguiser !

« Elle ne s'étoit néanmoins résolue de le sauver par cette voye qu'après avoir tenté inutilement de lui donner du courage, et l'avoir exhorté d'éviter par la mort l'ignominie qui lui étoit préparée, offrant de lui en montrer l'exemple, pourvu qu'il eût assez de résolution pour la suivre.

« Je ne doute point que ceux qui liront ce manifeste, ne soient touchez de compassion quand ils apprendront à quelles extrémités se voit réduite cette princesse, indigne rejeton de ces fameux héros qui ont si glorieusement étendu les bornes de ce fameux royaume et humilié l'orgueil de ses voisins. Je n'ai pas moins de chagrin de voir ainsi leur mémoire offensée et leur réputation ternie par cette ennemie de la vertu ; mais il faut s'en consoler, puisqu'il n'est point de race, quelque illustre quelle puisse être, qui n'ait un endroict défectueux, ni de source si pure qui, dans une longue course, ne mêle de la bourbe au cristal de son eau.

« C'est assez moraliser, finissons cette réflexion, pour voir comment elle se tira du précipice où elle étoit tombée.

« Elle avoit des manières flatteuses dont il étoit difficile de se défendre quand elle vouloit s'en servir. Elle fit tant d'avances à Canillac qu'il n'y put demeurer insensible, et préférant à la fidélité qu'il devoit à son maître un plaisir passager, il se laissa surprendre aux artifices de sa prisonnière, il sacrifia l'intérêt de sa fortune aux douceurs que l'amour lui promettoit, et se laissant aveugler à la jalousie, il fit faire le procès à Aubiac par Lugoli.

« Ce malheureux, qui n'étoit coupable d'autre crime que d'avoir répondu comme lui aux caresses de cette Circé, fut pendu à Aigueperse avec tant de constance pour son infidèle maîtresse, qu'au lieu de penser à son salut, il baisa, jusqu'au dernier moment de sa vie, un manchon de velours bleu, unique reste de ses faveurs.

« Il sembla que le malheureux Aubiac eut quelque pressentiment de son infortune. La première fois qu'il vit cette reine, il fut si charmé de sa beauté, qu'il ne put s'empêcher de dire au commandant du régiment de Saint-Luc, qui étoit auprès de lui :

— Mon Dieu, l'aimable personne ! si je pouvois passer une nuit avec elle, je n'aurois pas regret d'être pendu ensuite.

« Il n'y a pas de plaisir de deviner comme lui, de semblables oracles sont à craindre, et je m'étonne que ceux qui ont hérité d'une si bonne fortune n'y ayent fait quelque réflexion : apparemment ils se sont fiés sur le proverbe qui dit que *les gibets sont pour les malheureux et non pour les coupables.*

« Canillac s'étant defait de son rival, qu'il avoit plutôt immolé à sa jalousie qu'à ma vengeance, n'oublia rien pour plaire à sa nouvelle maîtresse.

« Cet illustre galant, qui avant que l'amour l'eût métamorphosé étoit aussy propre que moi, commença de consulter son miroir, et de se servir de tous les ajustements qui pouvoient donner quelque lustre à sa petite taille ; mais il eut beau se parer, il lui fut impossible de fixer l'humeur inconstante de sa reine ; les complaisances qu'elle eut pour lui ne furent que pour l'apprivoiser, afin que se croyant aimé, il la laissât maîtresse absolue dans Usson.

« Pour venir à bout de son dessein, elle lui reprocha qu'il se défioit de son mérite, qu'il n'avoit guère de délicatesse de ne la laisser pas suivre son penchant sans contrainte, et qu'elle vivroit avec lui avec moins de retenue, si elle le voyoit persuadé qu'il ne devoit ses caresses qu'à l'ardeur de sa passion.

« Canillac se laissa séduire à ces flatteuses espérances, mais à peine eut-il fait sortir de la ville la garnison qu'il y avoit mise, et permis à la reine d'y en faire entrer une à sa dévotion, qu'elle l'envoya à Saint-Cirque, cueillir ses pommes, et ne voulut plus entendre parler de lui.

« Quand elle se fut fortifiée d'un secours qu'elle avoit fait venir d'Orléans, elle établit sur ce rocher l'empire de ses délices, et se voyant indépendante, elle lâcha la bride à ses plaisirs déréglés et prit pour modèle la Nanna de l'Arétin, et profita si bien de ses instructions, qu'elle auroit fait leçon à la femme de Joconde et à celle du roi de Lombardie.

« Il est vrai que, dans la crainte de se donner un maître, elle se réduisit à ses secrétaires, à ses chantres et à quelques hobereaux dont la race et les noms inconnus, même à leurs voisins, ne méritent pas de trouver place dans ces mémoires.

« Je n'ai pu néanmoins oublier le fameux Pomini, fils de chaudronnier d'Auvergne, qu'elle tira de l'église cathédrale, où il avoit place entre les enfants de chœur. Il parvint par le mérite d'une assez belle voix à la dignité d'un de ses musiciens, et passant de la chapelle à la chambre, et de la chambre au cabinet, fut enfin élevé au rang de secrétaire, où il a longtemps tenu diverses parties et fait des dépêches sur des matières bien différentes. C'est de tous ses amants celui qu'elle a le plus tendrement aimé : c'est de luy qu'elle disoit qu'il changeoit de corps, de voix, de visage et de poil comme il lui plaisoit, et qu'il avoit audience à huis clos quand il vouloit. C'est pour lui qu'elle fit faire les lits des dames qui étoient à son service si élevés, qu'on pouvoit voir tout ce qui étoit dessous sans se baisser, afin qu'il ne pût plus se cacher. C'est lui qu'elle cherchoit si souvent la nuit à tâtons derrière la tapisserie. Enfin c'est pour lui qu'elle fit ces couplets de chansons qu'on a si souvent chantez à la cour.

« Cependant aujourd'hui c'est un méchant homme qui dérègle toute sa maison, et qui ne fait que trop connoître qu'on n'a plus les mêmes yeux quand on n'a plus le même cœur.

« Je me suis peut-être trop étendu sur le détail de ces intrigues ; mais comme ce manifeste durera apparemment plusieurs siècles, j'ai cru devoir apprendre à la postérité ce que j'ai voulu taire au saint-père et au cardinal de Joyeuse, commis par Sa Sainteté pour m'entendre sur les causes de notre divorce, estimant qu'il étoit de la modestie de ne pas salir leur imagination par le récit de tant d'impuretez.

« J'ai eu la discrétion, sur les vingt-quatre articles que contenoit mon interrogatoire, de ne rien répondre qui pût donner la moindre atteinte à l'honneur de cette ingrate. Il est vrai que lors même qu'on me demanda si j'avois consommé le mariage, je ne pus m'empêcher de dire que nous étions tous deux si jeunes et si sensibles au plaisir que nous n'avions pas cru devoir nous refuser celui que les loix nous permettoient.

« Si dans ce manifeste j'ai enchéri sur la vérité, je m'en rapporte à ses amis, si toutefois sa mauvaise conduite lui en a encore laissé quelqu'un, et je leur permets de dire si j'ai ajouté ou diminué en quelque chose, aimant beaucoup mieux obmettre quelques circonstances que de rapporter toutes ses faiblesses.

« C'est à mon sens le véritable nom qu'il faut donner à ses jalousies et à ses dernières fureurs amoureuses, qui ont commencé par Bonnivet et ont toujours continué depuis.

« Qui eût pu soupçonner d'un tel abaissement la fille d'un des plus grands et des plus sages (!) rois de la terre ! Cependant, de reine, elle est devenue duchesse ; et de femme légitime du roi de France, amante passionnée de ses plus bas officiers.

« Quoiqu'elle ne garde plus aucune mesure lorsqu'il s'agit de contenter ses désirs, elle croit éblouir les yeux en profanant le plus auguste mystère de notre religion.

Elle s'approche trois fois la semaine de la sainte table, avec une bouche aussi fardée que le cœur; avec un visage plein de blanc et de rouge, et la gorge découverte jusqu'aux épaules!

« On attribua à quelque charme l'entêtement qu'elle avoit pour Pomini, parce qu'on lui voioit porter ordinairement, entre la chair et la chemise, une bourse de soie bleue pendue au cou, qui renfermoit une boîte d'argent sur laquelle on voyoit gravée plusieurs caractères inconnus. Elle l'ouvrit en présence de quelques-uns de ses amis qui virent d'un côté son portrait et de l'autre celui de son chaudronnier. Elle leur dit, la larme à l'œil, qu'elle s'étoit engagée à ne l'ouvrir qu'en de certains temps et de le conserver jusques à la mort.

« Ce n'est pas d'aujourd'hui que l'on attribue à des causes surnaturelles les choses extraordinaires dont on ne peut deviner la véritable cause. On a dit la même chose de la duchesse de Valentinois, qu'on assuroit, de son temps, ne devoir qu'à la magie le grand ascendant qu'elle avoit sur l'esprit du roi Henri II, père de la reine de Navarre; personne ne le sait plus que cette impudique : il n'est point de meilleur juge que la conscience, elle nous éveille et nous fait sentir ses remords lorsque nous paroissons ensevelis dans une profonde léthargie.

« C'est ainsi qu'encore que cette princesse fût enfermée dans Usson où elle ne voioit approcher d'elle que des gens d'un rang inférieur au sien, et qui sembloient ne devoir la regarder qu'en tremblant, elle ne pouvoit entendre tousser, rire ou parler en sa présence, qu'elle ne s'imaginât qu'on se railloit d'elle.

« M'en voici enfin défait, Dieu merci! et je suis encore homme à lui en dire deux mots si elle en valoit la peine.

« Le désordre de sa vie passée sembloit être effacé de la mémoire des hommes, l'âge, le temps et sa prison volontaire avoient empêché ses intrigues d'éclater, sa longue habitude au mal avoit lassé les langues les plus médisantes, dont le venin ne se répand que sur ce qui a le charme de la nouveauté. Une absence de dix années avoit presque fait oublier son nom aux plus grands du royaume; mais pour couronner une si belle vie et donner la dernière touche à son portrait qui n'étoit qu'ébauché, elle a voulu que Paris et la cour fussent le théâtre sur lequel devoit être représenté le dernier acte de la pièce qu'elle promet d'écrire elle-même pour donner au public.

« Elle avoit eu dans sa jeunesse assez de commerce avec la noblesse et le tiers état, mais afin que le clergé n'eût pas sujet de se plaindre, elle alla descendre à l'hôtel de Sens.

« S'il lui reste encore quelque sentiment d'honneur, je ne doute pas qu'elle n'ait l'âme cruellement bourrelée lorsqu'elle tourne les yeux vers le Louvre, et qu'elle songe que sa mauvaise conduite lui a fait perdre le droit que sa naissance lui donnoit d'y loger : une plus chaste qu'elle n'auroit osé regarder ce superbe palais sans rougir.

« Elle affecta des dehors honnêtes pendant six semaines qu'elle passa tant à Paris qu'au bois de Boulogne, sans souffrir qu'aucun amant approchât d'elle. Mais enfin, se lassant de cette contrainte, elle envoya chercher en Provence, pour la consoler de l'absence de Pomini, un valet qu'elle avoit anobli dans Usson depuis quelques années, avec six aunes d'étoffe.

« L'éloignement de son musicien lui avoit paru si sensible, que lorsqu'il fut de retour, pour se récompenser des chagrins que son absence lui avoit causez, elle demeuroit quelquefois huit jours enfermée avec lui, sans se laisser voir qu'à M⁽ᵐᵉ⁾ de Châtillon, qui faisant la sentinelle à la porte, essayoit de cacher ce qui donnoit lieu à la cour et à la ville de blâmer sa conduite.

« Cet amant, fils d'un charpentier d'Arles, jadis laquais de Garnier, un des maîtres de ma chapelle, lui étoit devenu si cher que, pour en conserver la mémoire, sous une allégorie dont personne qu'eux n'entendoit le mystère, elle fit remplir ses tapisseries de palmiers.

« Bien lui prit d'avoir eu cette précaution : deux mois après que son favori fut arrivé à Paris, le jeune Vermon le tua devant la portière de son carrosse ; le déplaisir qu'elle en eut lui rendit odieux l'hôtel où elle avoit goûté tant de plaisir avec lui. Ce fut pour éloigner cette idée qu'elle abandonna le quartier de Saint-Antoine pour aller loger au faux-bourg Saint-Germain.

« Elle employa tous les hôtes du Parnasse à célébrer par leurs vers cet illustre défunt. Ses yeux demeurèrent longtemps ouverts aux larmes, quoique l'éloquent Bajomon, assisté de son compagnon Le Maire, tâchât d'en tarir la source et de l'en consoler par des raisons plus fortes que celles qu'il auroit pu tirer de Sénèque.

« Ceux qui liront ces actions héroïques (car elle ne manquera pas d'historiens), admireront son obstination au vice, que l'âge, la diminution de ses charmes et les affronts qu'elle a reçus n'ont pu vaincre. Ils demeureront d'accord qu'une si belle vie doit être enregistrée au temple de Paphos, pour servir de modèle à ceux qui voudront s'enrôler dans le célèbre corps des filles de Cypris.

« Ceux qui, pour s'attirer quelques libéralitez, lui ont dédié des livres, et fait son panégyrique, ont beau lui attribuer des vertus qu'elle n'a jamais eues, une longue tradition qui se conservera malgré eux pendant plusieurs siècles, de père en fils, leur donnera un démenti et les convaincra d'une basse flatterie aussi bien que d'une lâche imposture, outre le reproche qu'ils ont à craindre de ceux qui, après leur mort, liront leurs écrits. Ils ne doivent pendant leur vie attendre aucune récompense de leur travail, puisque personne ne s'est jamais loué de ses bienfaits et que tout le monde se plaint de son ingratitude.

« Ses amans les plus favorisez ne se sont jamais enrichis de ses présens, et l'on voit les prisons pleines de ceux qu'elle a ruinés.

« On lui a vu quelquefois prodiguer des aumônes, mais jamais payer une dette de bon cœur.

« Elle a toujours eu si peu de sentiment de religion qu'elle n'a jamais été au sermon sans dormir, à vêpres sans parler, ni à la messe sans l'escorte d'un galant.

« Elle donne à mes dépens la dixme de ses rentes et de ses pensions aux monastères les plus proches, mais elle retient les gages de ses officiers et le prix des marchandises qu'on lui a fournies pendant toute l'année pour l'entretien de sa maison.

« Elle ne cherche que l'apparence et la vanité, et n'a dans le cœur aucun sentiment d'honneur ni de piété.

« Je croyais finir ce manifeste par la peinture de ses inclinations, mais Bajomon m'arrête, et me presse de lui donner un coup de pinceau.

« Cet homme, le plus grand sot qui ait jamais paru à la cour, y fut introduit par M⁰⁰ d'Anglure, instruit par M⁰⁰ Roland, et achevé de polir par Le Maire. Elle en a fait son idole, quoiqu'il eût été soufleté par de Lone, fils d'un procureur de Bourdeaux, et elle a pris soin de sa fortune, pour l'empêcher d'aller finir ses jours à l'hôpital.

« Je n'entrerai point dans le détail de leurs amours. Comme on n'y verroit rien que de bas et d'indigne d'une reine, je dois tirer le rideau, par un reste de considération pour elle, et finir cette histoire pour n'ennuyer pas le lecteur.

« Je me contenterai de prier Dieu qu'il leur touche le cœur, et qu'il répande sur eux la grâce efficace, sans laquelle il n'y a pas lieu d'espérer qu'ils puissent sortir de l'aveuglement où ils sont.

XIX

Les prédécesseurs de la Belle Gabrielle à la couche royale

SOMMAIRE. — Rapports affectueux et négociations anti-matrimoniales entre Henri et Marguerite. — Un peu de charité, s'il vous plaît. — La *candeur* et l'*ingénuité* de la reine de Navarre, hautement proclamées par son chaste et véridique époux. — Péché d'ingratitude. — Echappées sur les amours du roi de Navarre. — La *Fosseuse*. — Xainte, femme de chambre de la reine et maîtresse du roi. — Les « incommodités d'estomac » de Françoise de Montmorency. — Ménage modèle quoique royal. — La reine Marguerite se fait accoucheuse. — Disparition d'une étoile. — La belle Corisandre. — Une veuve consolée. — Mars et Vénus. — Une correspondance amoureuse digne d'être encadrée. — La « dame aux chameaux. » — Le dernier chapitre d'une correspondance amoureuse. — Une obésité criminelle. — La belle mais vertueuse marquise de Guercheville. — Le « mal de Naples » chez les religieuses de Maubuisson. — L'abbesse de Montmartre. — Le *Vert-Galant* s'occupe de placer avantageusement la marquise de Guercheville et Marie de Beauvilliers. — Un petit-fils du roi Candaule. — Gabrielle d'Estrées à Mantes et à Cœuvres. — Les infortunes de Mme d'Humières et les bonnes fortunes de la Belle Gabrielle. — Le duc de Longueville suit l'exemple du duc de Bellegarde. — Un roi amoureux jusqu'à la platitude — Henri IV, déguisé en paysan, se rend à Cœuvres, à travers sept lieues de pays ennemi. — Il y est reçu comme il le mérite, ou à peu près. — Va te débarbouiller, manant ! — Où Jean s'en retourne comme il était venu.

Nous avons dit que Henri IV, roi de France et de Navarre, était toujours accessible à la suggestion d'épouser sa favorite actuelle après avoir répudié sa femme légitime. Il en fut d'ailleurs tout de même quand cette femme légitime s'appela, au lieu de Marguerite de France, Marie de Médicis : c'était une affection organique.

Du projet, il avait fait plus d'une fois les premiers pas indispensables pour passer à la réalisation; c'est-à-dire qu'il avait communiqué à sa femme la proposition qui lui était faite, en la priant de la manière la plus aimable de vouloir bien donner son approbation.

Marguerite n'était naturellement guère disposée à consentir à sa déchéance. Quel intérêt y eût-elle trouvé ?

L'assassinat du duc de Guise, au château de Blois, arracha au Béarnais un gros soupir de regret : Si, pendant qu'on y était, on en avait seulement fait autant de Catherine de Médicis et de sa trop-dévergondée fille !

— Je n'attends, disait-il en faisant allusion à ce crime, que l'heure de ouïr dire que l'on aura envoyé étrangler la *feue* reine de Navarre. Cela, avec la mort de sa mère, me ferait bien chanter le cantique de Siméon !

C'est à la belle comtesse de Guiche qu'il écrivait cela, et c'est parce qu'il aurait voulu pouvoir élever cette favorite jusqu'à lui, qu'il regrettait que sa femme ne se fût pas trouvée dans la vieille peau toute couturée du grand Balafré.

Plus tard, au plus fort de sa passion pour Gabrielle d'Estrée, et pris du désir effréné d'épouser sa maîtresse, il fit auprès de Marguerite une démarche polie, dans le but d'obtenir son consentement au divorce nécessaire pour pouvoir convoler avec la belle Gabrielle : Mais Marguerite, qui vi-

La Belle Ferronnière.

vait alors à Usson de la manière vertueuse que nous avons vu, consacrant les loisirs que lui laissait la débauche à la rédaction de ses *Mémoires*, Marguerite refusa net, motivant comme suit son refus :

— Jamais je ne laisserai ma place à une p...!

Ce cri de la vertu offensée ne pouvait satisfaire le roi, et encore moins la favorite. Mais qu'y faire ?

Il ne faut pas perdre de vue qu'il eût été extrêmement difficile, pour ne pas dire impossible, d'obtenir du saint-siège, après vingt-huit ans de ménage, la dissolution de ce ménage sous prétexte de parenté, sans le consentement des *deux* intéressés. Par conséquent, force était d'attendre une meilleure occasion.

L'occasion se présenta bientôt.

Henri revint donc à la charge. Il s'agissait alors, non plus d'élever au trône une... Gabrielle d'Estrée, mais d'épouser Marie de Médicis, fille de François, grand-duc de Toscane.

Quelle que soit l'opinion que les désordres de Marguerite nous suggèrent tout naturellement sur son compte, car rien dans le *Manifeste* que nous avons inséré dans le précédent chapitre n'est inventé, il faut reconnaître qu'elle fit preuve de désintéressement dans cette occasion.

Bref elle consentit.

Le roi la remercia de son obligeance avec le luxe de compliments qui lui était familier lorsqu'il obtenait ce qu'il désirait vivement. « Aussi, lui écrivit-il, suis-je très satisfait de la *candeur* et de l'*ingénuité* de vostre procédure, et espère que Dieu bénira le reste de vos jours d'une amitié fraternelle accompagnée d'une félicité publique qui les rendra très heureux. »

Cette épître extra-matrimoniale est datée du 21 octobre 1599 ; quelques mois plus tard Henri IV épousait Marie de Médicis, dont il ne resta pas longtemps épris ; et comme il ne courait que mieux, bien qu'il n'eût plus le prétexte que sa femme lui en donnait l'exemple, la morale publique se sentit quelque peu outragée de sa conduite décousue et murmura ; on commença à croire qu'avec la plus vertueuse des femmes Henri ne se fût pas mieux conduit qu'avec Marguerite, et au contraire, qu'avec un autre époux Marguerite fût peut-être devenue meilleure.

Le besoin d'un manifeste se faisait donc vivement sentir ; et il parut en effet, moitié déclamatoire, moitié ironique, vrai monument de gasconnade royale s'il en fut, quoique exact au fond dans les accusations portées contre la fille des Valois.

Mais il était inutile d'y attaquer autre chose que les mœurs dissolues de la reine Marguerite ; et il n'appartenait pas au roi *vert galant*, singulièrement, de l'accuser d'ingratitude ; car nul au monde et dans aucun temps ne fut plus ingrat que lui.

Ingrat, il l'est déjà envers sa première femme, non seulement à cause du consentement qu'elle lui a accordé, mais encore parce qu'elle lui a rendu, à une époque plus heureuse, des services qu'il n'aurait pas dû oublier, — services d'affaires et services d'amour.

D'autre part, celui qu'on appelait de son temps le *Chevalier banal* de France et de Navarre, est encore plus mal venu à reprocher à Marguerite et cela avec tant d'insistance et d'amertume, ses chaudronniers, ses muletiers et ses laquais.

Comme d'autres rois de France et d'ailleurs avant lui, Henri braconnait volontiers dans le troupeau des suivantes de sa femme, à sa petite cour de Nérac, et c'est de cette manière qu'il fit la connaissance de la *Fosseuse*.

La Fosseuse était fille de Pierre de Montmorency, baron de Fosseux, d'où son sobriquet. C'était une charmante jeune fille, qui fut placée à treize ans auprès de la reine Marguerite, en qualité de fille d'honneur, et qui ne tarda pas à attirer son attention. Cela ne pouvait guère manquer, car l'enfant servait dès le début d'intermédiaire entre les deux époux ; elle avait commission de la reine de répéter au roi tous les cancans, médisances ou calomnies contre lui, qu'elle recevait ou prétendait recevoir de la cour de France.

« Cette fille, dit à ce propos d'Aubigné, craintive pour son âge au commencement, ne pouvoit bien pratiquer les leçons de sa maîtresse ; elle la faisoit aider par une fille de chambre nommée Xainte, avec laquelle le roi de Navarre *familiarisait.* » — Vous voyez combien le roi de Navarre était autorisé à reprocher à sa femme ses « familiarités » avec des laquais.

La Xainte qui, elle, n'était pas « craintive pour son âge, » servait au mieux sa maîtresse auprès du roi ; mais celui-ci n'en voyait pas moins avec un vif plaisir la petite Fosseuse croître et se développer. De sorte que, soit que Marguerite se fût aperçue de quelque chose, soit caprice, la Fosseuse reçut son congé.

Le roi de Navarre s'opposa au départ de sa jeune maîtresse, qui avait alors environ seize ans, et qui était grosse. Il contraignit Marguerite à la garder près d'elle, et mieux que cela, lui enjoignit de la conduire aux eaux d'Aigues-Chaudes, où il voulait qu'elle allât pour se débarrasser, à ce qu'il dit, de ses « incommodités d'estomac. »

Marguerite ayant décliné l'invitation, Henri conduisit lui-même la Fosseuse aux eaux, avec plusieurs autres filles d'honneur, pour « s'esbattre un peu. »

De retour d'Aigues-Chaudes, l'état de la Fosseuse était plutôt aggravé en ce sens que sa grossesse touchait à son terme. La reine lui proposa alors de la conduire à une maison de campagne située au Mas-d'Agenois, pour que sa délivrance pût avoir lieu secrètement et ne fît pas scandale. Mais la jeune fille d'honneur, toujours craintive pour son âge, sans doute, protesta qu'elle n'était pas enceinte, et que ceux qui disaient cela étaient de pures mauvaises langues. De sorte que, dans l'impossibilité de lui arracher un aveu à peu près inutile, on finit par la croire et que, le moment fatal arrivé, on se trouva pris au dépourvu.

Quand les premières douleurs de l'enfantement étreignirent la malheureuse fille, il ne fut pourtant plus possible de nier. Henri, ne sachant où donner de la tête, ni à qui s'adresser, tant pour assurer le secret que pour procurer à sa maîtresse les soins qui lui étaient si nécessaires, Henri, disons-nous, après avoir fait venir un médecin, ne trouva rien de mieux à faire que de s'adresser à sa propre femme pour le reste.

« Nous étions, dit la reine Marguerite, dans ses *Mémoires*, couchées en une même chambre, en divers lits, comme nous avions accoutumé...

« Il ouvre mon rideau et me dit : —
« M'amie, je vous ai celé une chose qu'il
« faut que je vous avoue. Je vous prie de
« m'en excuser et ne vous point souvenir
« de tout ce que je vous ai dit pour ce
« sujet ; mais obligez-moi tant de vous
« lever tout à cette heure et aller secourir
« Fosseuse, qui est fort malade. Je m'as-
« seure que vous ne voudriez, la voyant
« en cest état, vous ressentir de ce qui s'est
« passé. Vous savez combien je l'aime. Je
« vous prie, obligez-moi en cela. »

« Je lui dis : que je l'honorois trop pour m'offenser de chose qui vînt de lui ; que je m'y en allois et y ferois comme si c'étoit ma fille ; que, cependant, il s'en allât à la chasse et emmenât tout le monde, afin qu'il n'en fût point ouï parler. »

On remarquera deux choses dans ce récit : d'abord la complaisance de l'épouse, qui peut passer pour au moins égale à celle dont se targue l'époux ; ensuite l'état des mœurs de cette petite cour, qui semble du moins indiquer le souci de cacher une faute de ce genre, dont c'est tout le plus si on ne se fût pas vanté à la cour de France.

Pour en finir avec la Fosseuse, sa maîtresse la fit enlever en toute hâte de la chambre des filles où elle était couchée et transporter dans une pièce écartée. Là les secours ne tardèrent pas à lui être prodigués. « Dieu voulut, dit Marguerite, qu'elle ne fît qu'une fille, qui encore étoit morte. » — Le croira qui voudra.

L'intrigue paraît s'être terminée au lit de l'accouchée. Quelque temps après, Françoise de Montmorency, dite la *Fosseuse*, épousait François de Broc, seigneur de Saint-Marc, qui estima avoir fait, en l'épousant, une bonne affaire. Elle vécut dès lors dans une salutaire obscurité, à telle enseigne qu'on ignore tout à fait où elle est morte — et même si elle l'est.

Au voyage qu'Henri III fit en Guyenne, le roi de Navarre alla à sa rencontre à Bordeaux. C'était peu après la délivrance de la Fosseuse, et ce voyage d'agrément ne l'aida peut-être pas peu à se délivrer lui-même d'une maîtresse qui avait fait son temps.

C'est dans ce voyage en effet qu'Henri de Navarre fit la connaissance de Diane d'Audouins, veuve de Philibert de Gramont, comte de Guiche, plus connue dans l'histoire sous le nom de la *belle Corisandre*; et qu'il s'éprit pour elle d'une belle passion, qui dura, ma foi, assez longtemps : six à sept ans au moins.

Diane d'Audouins avait alors environ vingt-sept ans. Fille d'un cadet de famille sans fortune, elle n'avait d'autre dot que celle que la nature donne quelquefois aux plus pauvres : elle passait à seize ans pour la plus belle personne du royaume. C'est donc pour ses beaux yeux que Philibert de Gramont, comte de Guiche, gouverneur de Bayonne, épousa celle qu'on n'appelait dès lors que la belle Corisandre. Cette union fut heureuse, mais courte : Philibert de Gramont fut tué au siège de la Fère, en 1580. Dans tout l'éclat de sa beauté, la jeune veuve était entourée d'une foule de jeunes seigneurs avides de lui offrir les consolations dont elle ne pouvait manquer d'avoir le plus grand besoin. lorsque Henri de Navarre se présenta à son tour, les mains pleines de promesses, le cœur en pleine combustion. La belle Corisandre ne semble pas lui avoir tenu longtemps rigueur, et tout alla si bien, qu'entre deux batailles, Henri quittait souvent l'armée pour aller voir sa maîtresse au risque de compromettre un succès chèrement obtenu, tant il lui était impossible de demeurer longtemps éloigné d'elle.

Après la bataille de Coutras, raconte à ce propos Sully, le romanesque jeune homme s'esquive sans presque avertir personne; il part à franc étrier, il vole et va jeter aux pieds de sa maîtresse les enseignes, cornettes et autres dépouilles des ennemis qu'il avait fait mettre à part pour lui être envoyées. Il prit pour prétexte de ce voyage l'affection qu'il portait à sa sœur et au comte de Soissons, tellement qu'au bout de huit jours tous les fruits espérés d'une si grande et si belle victoire s'en allèrent en vent et en fumée.

Naturellement, Henri eut une très forte envie d'épouser la comtesse de Guiche, et d'Aubigné eut toutes les peines du monde à l'en dissuader.

Cette liaison a donné lieu a une correspondance amoureuse d'une tendresse, d'un charme et même d'une perfection rares dont les gourmets littéraires se sont souvent régalés. Henri était, au reste, un lettré délicat pour le temps, et ses lettres respirent la passion la plus sincère et la plus ardente. Il n'est toutefois pas immuablement monté à ce ton de lyrisme, et il y a tels passages de sa correspondance avec la belle Corisandre qui pourraient avoir été écrits tout aussi bien par un chaudronnier.

C'est ainsi que peu de temps après l'installation forcée de sa femme au château d'Usson (1587), ayant appris que celle-ci avait eu la fantaisie de faire venir des chameaux sur lesquels elle s'amusait à parcourir le pays, Henri écrit à sa maîtresse, à propos d'un message qu'il vient de recevoir de la reine Marguerite :

« Il est venu un homme de la part de *la dame aux chameaux* me demander passe-port pour passer cinq cents tonneaux de vin, sans payer taxe, pour sa bouche; et ainsi est escrit en une patente. C'est se déclarer *ivrognesse* en parchemin. De peur qu'elle ne tombât de si haut que le dos de ses bêtes, je le lui ai refusé. »

Qu'avait besoin la belle Corisandre de savoir cela? Et puis, le magnanime Béarnais pouvait bien, sans trop s'appauvrir, octroyer la passe demandée, sans craindre pour cela que les *cinq cents* tonneaux fussent bus en un jour.

Cette correspondance amoureuse avec la comtesse de Guiche, qui avait pu espérer un moment, sans trop de présomption, devenir reine de Navarre et de plus reine de France, elle se termine brusquement par ce poulet, qui suit de tout près des protestations de fidélité éternelle :

« Madame,

« J'avois donné charge à Lareine (?) de parler à vous touchant ce qui, à mon grand regret, étoit passé entre ma sœur et moi. Tant s'en faut qu'il vous ait trouvée capable de me croire, que tous vos discours ne tendoient qu'à me blâmer et fomenter ma sœur en ce qu'elle ne doit pas.

« Je n'eusse pas pensé cela de vous, à qui je ne dirai que ce mot : Que toutes personnes qui voudront brouiller ma sœur avec moi, je ne leur pardonnerai jamais.

« Sur cette vérité, je vous baise la main. »

C'est court, mais catégorique. Cette lettre est datée de mars 1591, et le ton qu'on y trouve s'explique par ce fait, que Mᵐᵉ de Guiche était remplacée dans la dignité de favorite, depuis quelque temps déjà, par la belle Gabrielle que nous présenterons bientôt au lecteur.

La belle Corisandre se le tint pour dit : C'était un congé en forme.

Et pourtant elle possédait un document bien précieux, dont une autre eût peut-être su tirer un meilleur parti : elle avait une promesse de mariage écrite, non seulement de la propre main, mais avec une plume trempée dans le propre et royal sang de l'infidèle. La comtesse jeta ce document au feu et ce qui lui restait d'illusions avec ; ensuite de quoi, elle engraissa d'une manière si inconvenante qu'au témoignage de Sully, Henri IV avait honte qu'on dit qu'il l'eût aimée.

Il faut reconnaître cependant que la comtesse de Guiche avait droit, en tout état de cause, à plus d'égards de la part de son royal amant, que nous prenons une fois de plus en flagrant délit d'ingratitude.

« La belle Corisandre, revue en son jour, dit Sainte Beuve, nous laisse l'idée d'une amie dévouée, vaillante, romanesque ; elle fut bien la maîtresse qu'on se figure au roi de Navarre, en Guyenne, pendant les luttes de son laborieux apprentissage, l'aidant de son zèle, *de ses deniers, de la personne de ses serviteurs* ; elle fut à la peine, et ne put atteindre jusqu'au jour du triomphe : une autre hérita facilement de son bonheur. »

Peu de celles ou de ceux qui furent à la peine, avec Henri de Navarre, partagèrent ensuite le triomphe : c'est une justice à lui rendre.

Étant en Normandie, en 1589, Henri IV, car il était dès lors roi de France, fit la connaissance de Mᵐᵉ de Guercheville, et devint, comme de raison, passionnément amoureux d'elle. Antoinette de Pons, marquise de Guercheville, veuve d'Henri de Silly, comte de la Roche-Guyon, n'était pas, à ce qu'il paraît, une veuve aussi aisément consolable que la belle Corisandre. Elle éconduisit le Béarnais, mais avec une grâce si séduisante que celui-ci ne l'en aima que davantage.

Le « romanesque jeune homme, » comme dit Sully, ne fut pas moins enchanté de la vertu de la marquise de Guercheville qu'il eût pu l'être... du contraire ; il le fut même bien davantage, car, voyant qu'il ne pouvait l'obtenir par les moyens habituels et vulgaires, il conçut le dessein de l'épouser. Mais heureusement pour la marquise, je suppose, Henri fut obligé de se séparer d'elle pour aller guerroyer, et la faim, l'occasion, l'herbe tendre l'ayant quelque peu détourné de cette passion, il n'y pensa plus, ou du moins fort peu.

Henri avançait sur Paris. A Pontoise, lui et ses officiers firent des leurs — comme ils avaient déjà fait auparavant, mais l'histoire ne s'arrête qu'à Pontoise, quitte à en revenir un peu plus tard.

« Au siège de Pontoise, dit en conséquence un chroniqueur soigneux des détails, ses officiers donnèrent le *mal de Naples* à huit religieuses de Maubuisson (ce couvent de Maubuisson n'avait décidément pas de chance); soit du roi ou de quelques-uns de ses courtisans, il y en eut cinq qui parurent grosses dans leur temps.

« Pendant le siège de Paris, ajoute le même chroniqueur soigneux, il devint amoureux de l'abbesse de Montmartre, et à son exemple, ceux qui commandoient sous lui, cajolèrent la plupart des religieuses, avec tant de scandale, qu'on nommoit l'abbaye, tantôt l'Académie des angins de l'armée, tantôt le magasin des ...... de l'Armée. »

Cette abbesse de Montmartre était fille du comte de Saint-Aignan, et s'appelait Marie de Beauvilliers. Comme beaucoup de filles de son temps, et même du nôtre, elle n'avait pas pris le voile de son plein gré, mais pour obéir à des convenances de famille dont elle faisait probablement peu de cas. Henri en eut donc aisément raison, car elle espérait, par son secours, être relevée de ses vœux et rendue à la vie mondaine.

Pour être exact, il faut dire que Marie de Beauvilliers, à peine âgée de seize ans à cette époque, n'était pas *abbesse*, mais simple religieuse de l'abbaye de Montmartre. Le Béarnais l'en tira et l'installa au château de Senlis, qui était dès lors pays conquis. Bien souvent il quitta son armée, comme il avait déjà fait auparavant à l'intention de la comtesse de Guiche, pour aller voir la jeune nonnain émancipée à laquelle il s'attachait tous les jours davantage.

Il n'est pas question toutefois qu'il proposa à celle-là de l'épouser.

Mais bientôt, Henri fit la connaissance de Gabrielle d'Estrées, cousine de Marie de Beauvilliers, et il oublia complètement celle-ci, qui, lasse de l'attendre, retourna à son couvent, dont le roi de France la nomma abbesse seulement en 1598. Pendant cinquante-neuf ans qu'elle occupa ce poste, la chronique veut que Marie ait lutté avec autant de constance que d'insuccès pour faire cesser les désordres dont le couvent soumis à sa direction était, et demeura par conséquent, le théâtre privilégié.

Henri IV, un peu honteux, probablement, d'avoir si complètement oublié Mme de Guercheville, à qui il avait offert, avec son enthousiasme habituel, son cœur, sa main et la couronne qu'il n'avait pas encore, négocia le mariage de cette beauté rebelle avec Charles Duplessis, sieur de Liancourt, qu'il fit grand écuyer à cette occasion.

On s'est beaucoup moqué de cet excellent et infortuné roi Candaule, si vain de la beauté de sa femme, et on l'a mis aux sauces les plus piquantes, au théâtre et ailleurs, sans s'apercevoir que ses imitateurs sont encore très nombreux parmi nous. Sans doute, il y a peu de maris assez enthousiastes pour faire voir, dans le costume d'Eve avant la pomme, leur femme à un esclave, encore moins à un grand seigneur, mais les amants !... Il y a plus de rois Candaule parmi eux qu'on ne pense; parce qu'on a oublié.

Si les choses vont ordinairement moins loin, on sait qu'un amant bien épris ne saurait laisser tranquillement faire à côté de lui l'éloge d'une autre femme que sa maîtresse : c'est une grave imprudence; mais que voulez-vous, la vanité des amoureux est littéralement sans limites.

Un soir, à son petit coucher, le roi s'entretenait avec ses courtisans de la beauté comparative des dames de la cour, et de celles de la ville, voire de la campagne dont il pouvait parler par expérience. Henri, emporté par son sujet, vanta beaucoup la beauté de Marie de Beauvilliers, sa dernière passion.

— Parbleu, sire, intervint le duc de Bellegarde qui était présent, vous auriez bientôt changé de sentiment si vous aviez vu M⁽ˡˡᵉ⁾ d'Estrées.

Et voilà que notre amoureux se met à détailler devant son maître toutes les beautés visibles, tangibles ou susceptibles de se laisser deviner dont, à ses yeux du moins, la belle Gabrielle marchait parée.

Le Béarnais écarquillait à ce tableau des yeux brillants d'ardente convoitise.

— Ventre Saint-Gris ! Bellegarde, s'écria-t-il à la fin, il faudra me la faire voir.

Bellegarde s'avisa seulement alors qu'il avait peut-être été trop loin. Il balbutia, et peut-être même rougit ; finalement, il crut avoir écarté définitivement le danger qu'il avait fait naître, car Henri, devinant son embarras, ne lui parla plus de la belle M⁽ˡˡᵉ⁾ d'Estrées et la conversation s'égara, sous sa direction, sur d'autres personnes non moins dignes d'être admirées, vantées et surtout critiquées.

Quelques jours plus tard, la cour se rendit à Mantes, où le roi, selon son habitude, se divertit tant qu'il put, ayant pris le soin préalable de s'entourer de tout ce qu'il avait pu réunir de jolies femmes aux environs comme en ville.

M⁽ˡˡᵉ⁾ d'Estrées habitait Cœuvres, c'était donc une jolie femme des environs : Malgré cela, on ne la vit pas aux fêtes de Mantes-la-Jolie. Probablement Bellegarde l'avait priée de se tenir sur la réserve.

Henri IV, dépité, se rendit alors à Senlis, où était toujours la future abbesse de Montmartre ; et il donna à cette beauté tous les divertissements que comportait la situation et que le peu de séjour qu'il fit près d'elle lui permit de lui donner.

Henri, décidément, avait quelque autre objet en tête.

Cependant Bellegarde était dans tout le feu de sa passion pour Gabrielle d'Estrées, car cette passion était à son début, et pour Gabrielle, le duc venait de sacrifier M⁽ᵐᵉ⁾ d'Humières. Lorsque le roi fut de retour de Senlis, Bellegarde lui demanda donc l'autorisation de quitter Mantes pour aller à Cœuvres.

Henri accorda la permission demandée, mais il y mit une condition, à savoir que lui, Henri, serait du voyage.

Comment refuser ? Bellegarde accepta et même avec un empressement fort bien joué.

A Cœuvres, l'infortuné amant n'eut pas de peine à s'apercevoir que sa maîtresse faisait sur son maître une très vive impression ; Henri déclara au reste, sans la moindre hésitation, qu'il la trouvait beaucoup plus belle qu'il ne s'y était attendu, même après le portrait que lui avait fait d'elle le duc de Bellegarde.

Le roi invita la belle Gabrielle à venir le voir à Mantes, et avec une si gracieuse insistance, qu'il était pour ainsi dire impossible de refuser.

Après tout, M⁽ˡˡᵉ⁾ d'Estrées ne tenait-elle pas beaucoup à refuser. Elle aimait Bellegarde, sans aucun doute, puisqu'elle venait de lui sacrifier l'amiral de Villars, comme lui-même lui avait sacrifié M⁽ᵐᵉ⁾ d'Humières ; mais ce n'était pas une raison pour rester confinée dans son château ; et le fait est que sans le despotisme trop justifié de son père, M⁽ˡˡᵉ⁾ d'Estrées ne se fût pas fait faute de plaisirs plus qu'une autre — plutôt moins, car telle était son humeur, comme nous le verrons.

Gabrielle d'Estrées vint donc à Mantes, où elle brilla d'un éclat non pareil et... enleva à M⁽ᵐᵉ⁾ d'Humières le successeur du duc de Bellegarde, Henri d'Orléans, duc de Longueville, qui la consolait laborieusement de la perte de Bellegarde et finit par suivre le même chemin que cet infidèle.

Déjà, sans doute, le roi s'était déclaré,

mais avant que son sort eût pu être fixé, Henri IV dut s'absenter de Mantes pour combattre les troupes de la Ligue, et cela lui prit quelque temps. A son retour, il trouva Mlle d'Estrées flanquée de deux chevaliers au lieu d'un, Bellegarde et Longueville. Ce dernier n'avait encore que des espérances, à ce que dit l'histoire, mais c'était encore trop, et le roi déclara fort nettement et d'un air furieux qui ne présageait rien de bon, qu'il prétendait n'avoir pas de « compagnons ».

Qui le croirait? La personne qui se fâcha le plus de la déclaration royale ne fut pas l'amant privilégié, ni même l'autre : ce fut bel et bien Mlle d'Estrées.

Le fait est qu'il n'y avait qu'elle qui pût se fâcher contre le roi sans risque.

Elle déclara donc à son tour très fermement au Béarnais qu'elle prétendait être libre dans ses inclinations, et que de la contrarier en ceci n'était pas le moyen de lui plaire, mais de s'attirer sa haine; qu'au reste elle était fiancée avec le duc de Bellegarde, qui avait l'agrément de ses parents, et qu'il ne l'empêcherait pas de l'épouser sans que sa haine pour lui arrive alors à son paroxysme.

Sur ce beau discours, Mlle d'Estrées quitta Mantes sans tambour ni trompette, sans dire adieu au roi — elle savait trop bien à qui elle avait affaire, — et retourna directement à Cœuvres.

Le Béarnais fut extrêmement penaud, car il était épris. Très affligé d'avoir contraint la belle à entrer en fureur comme un simple gentilhomme gascon, il fut positivement malheureux de son départ, et prit dès lors la salutaire résolution d'obtenir sa rentrée en grâce par le moyen le plus court et le plus sûr, — qui était la soumission la plus plate.

Henri IV ne faisait pas les choses à demi.

Mais comment se rendre à Cœuvres? Sept lieues à faire en pays ennemi, avec une escorte nécessairement faible pour ne pas attirer l'attention : ce n'était pas trop rassurant.

Il n'y avait pourtant pas d'autre parti à prendre, excepté celui de rester; mais il est bien entendu que Henri était tout à fait incapable de s'arrêter à un pareil parti, qui était trop raisonnable pour être pris en sa royale considération.

Le roi monta donc un beau matin à cheval, accompagné de cinq ou six de ses officiers qui avaient le plus de part à ses confidences, et se dirigea avec cette faible escorte, à travers une campagne couverte de troupes ennemies, pour y retrouver sa belle. Arrivé à trois lieues de Cœuvres, il renvoya ses officiers et songea au moyen d'atteindre seul le château.

Il eut bientôt fait de trouver le moyen. Ayant mis pied à terre, il revêtit des habits de paysan, mit sur sa tête un sac plein de paille, prit en main un grossier gourdin et fit, en cet équipage, avec sa paillasse sur la tête, les trois lieues de chemin qui lui restaient à faire pour arriver au château de Cœuvres.

En vérité, c'est à n'y pas croire, et cependant ce n'est pas de la légende, c'est de l'histoire; ce n'est pas au bon Perrault nous racontant les aventures du Petit Poucet et de l'Ogre, mais au grave Sully qui nous rapporte les faits et gestes de Henri IV, roi de France et de Navarre, que nous demandons nos inspirations pour cette partie de notre histoire.

Mlle d'Estrées était avec sa sœur, Mme de Villars, à la fenêtre d'une galerie d'où la vue s'étend fort loin dans la campagne, lorsqu'elle aperçut ce paysan qui se dirigeait d'un bon pas vers le château, mais si bien dans la peau de son rôle, que ni l'une ni l'autre de ces deux dames ne daigna lui ac-

Henri II et Diane de Poitiers.

corder un regard, ni s'étonner de la présence de ce manant en ces lieux.

Henri, cependant, une fois dans la cour du château, jeta brusquement son sac par terre, et, tout poudreux et couvert de sueur, il escalada sans crier gare — voire même sans prévenir qui que ce fût et sans demander permission à personne — l'escalier conduisant à la galerie où il avait aperçu celle qui était le but de cette belle équipée.

Arrivé en sa présence, il prit tout à coup l'attitude la plus humble et la plus soumise et balbutia comme un écolier à sa première affaire de cœur.

Mais elle, très surprise, et surtout excessivement choquée de reconnaître le roi sous ce déguisement et dans cet équipage peu conforme à sa dignité, ne lui dissimula pas son mépris : elle le reçut, pour être exact autant que bref, comme un chien dans un jeu de quilles ; et l'engagea à aller se laver et changer de vêtements, si son but était de demeurer auprès d'elle. Là-dessus, elle lui tourna le dos et le laissa en tête-à-tête avec sa sœur.

Certes, elle fit bien. Si la belle Gabrielle n'avait jamais commis que des actes de ce genre, il faudrait l'en louer, bien que pas un courtisan, pas même Bellegarde, peut-être, ne se fût fait faute de l'en blâmer.

Pourtant ce même Henri de Navarre qui devait reprocher si amèrement à la reine Marguerite d'avoir fait changer les draps de son lit dans lequel il s'était fourré tout couvert de poussière et de sueur, dès qu'il l'avait quittée, ce qui nous paraît, à nous, indigne, assez naturel, ne songea jamais à reprocher à Gabrielle d'Estrées l'audacieuse invitation qu'elle lui fit à cette occasion, d'aller se débarbouiller s'il voulait qu'elle le tolérât auprès d'elle.

La jeune châtelaine, quoique le roi se fût débarbouillé, ne se montra pas plus aimable pour lui tout le temps de son séjour à Cœuvres, de sorte que son séjour y fut fort court, et qu'il remporta à Mantes sa veste, pour parler familièrement, avec un visage fort refrogné et une humeur à l'avenant.

On était fort inquiet à la cour pendant cette absence, dont ceux qui en avaient reçu la confidence étaient naturellement obligés de garder la cause secrète. Sa mine piteuse n'était faite que pour rasséréner dans une mesure médiocre le front soucieux de ses courtisans ; mais comme, en dépit de cause, il se remit pour un temps à faire sérieusement son métier de roi en lutte pour la conquête de son trône, l'inquiétude ne persista pas au delà des bornes raisonnables.

XX

La Belle Gabrielle.

SOMMAIRE. — Portrait physique (moderne) de la belle Gabrielle. — Le livre d'Heures caractéristique. — Portrait moral (contemporain) de la même. — Les prédécesseurs du Béarnais dans les faveurs de Mlle d'Estrées. — Proxénétisme secourable. Henri IV, le banquier Zamet, Bellegarde, Longueville, Brunet, Stenay, etc., etc.—Situation embarrassante pour un amant profondément épris. — Un médecin puni du péché d'indiscrétion. — La parenté de Gabrielle. — Henri IV séduit le père pour avoir la fille. — Retraite de Longueville. — Trop de précaution nuit. — Mme Gabrielle devient de Liancourt. — Une première nuit de noces. — Un lendemain idem. — L'enlèvement prématuré. — Une tante de bon conseil. — Sombres préoccupations d'un roi sans héritier présomptif. — Catherine de Bourbon et son compte, ou comte. — La maîtresse et la sœur. — Mme de Liancourt membre du conseil. — Triste fin d'une mère prodigue. — Les amants surpris. — L'armoire aux confitures. — Une soubrette précieuse quoique rousse. — Trompé, battu et content. — Mme et Mlle de Guise, veuve et fille du Balafré. — L'irrésistible et volage Bellegarde. — Un amoureux entre deux... selles. — Rivales en prouesse. — Le devoir et l'amour. — Mme de Liancourt et le duc du Maine. — L'amour et l'ambition. — Gabrielle se fait des alliés. — Gens de cœur et gens de cour. — Démarches en récidive auprès de la « dame aux chameaux. » — Naissance mémorable du duc de Vendôme et de la marquise de Beaufort. — Bellegarde à résipiscence.

Sainte-Beuve a fait un portrait charmant de la belle Gabrielle. Est-il ressemblant ? Je n'en sais trop rien, mais on est convenu de le trouver tel, et le voici :

« Elle était blanche et blonde, dit-il ; elle avait des cheveux blonds et d'or fin, relevés en masse ou mi-crêpés par les bords, le front beau, l'entr'œil (comme on disait alors) large et noble, le nez droit et régulier, la bouche petite, souriante et purpurine, la physionomie engageante et tendre, un charme répandu sur les contours. Ses yeux étaient de couleur bleue et d'un mouvement prompt. Elle était complètement femme dans ses goûts, dans ses ambitions, dans ses défauts mêmes.

« D'un air gentil et gracieux, elle avait surtout un naturel parfait, rien de savant ; le seul livre qu'on ait trouvé dans sa bibliothèque était son livre d'Heures. »

Voilà qui est bien. Ce livre d'Heures surtout fait ici une chute admirable. Nous pouvons ajouter à ce portrait, qu'à l'époque où Henri IV connut Gabrielle d'Estrées, elle avait environ dix-neuf ans.

Bassompierre, aussi, parle de la belle Gabrielle, dans ses *Mémoires* ; et lui, qui l'avait bien connue, se montre infiniment moins galant pour elle que Sainte-Beuve, surtout lorsqu'il raconte ses antécédents :

« Cette femme, dit-il, a obtenu plus de célébrité qu'elle n'en méritait.

« Dès l'âge de seize ans, elle fut, par l'entremise du duc d'Epernon, prostituée par sa mère au roi Henri III, qui la paya six mille écus. Montigny, chargé de lui porter cette somme, en garda deux mille.

« Ce roi se dégoûta bientôt de Gabrielle ; alors sa mère la livra à Zamet, riche financier, et à quelques autres partisans ; ensuite au cardinal de Guise, qui vécut avec elle pendant un an.

« La belle Gabrielle passa ensuite au duc de Longueville, au duc de Bellegarde et à plusieurs autres gentilshommes des environs de Cœuvres, tels que Brunet et Stenay ; enfin le duc de Bellegarde la produisit au roi Henri IV. »

On voit par ces détails que Mlle d'Estrées n'était pas précisément une vertu quand elle fit la connaissance de Henri IV. On s'étonne même qu'elle prenne avec lui ce ton d'impertinente hauteur, au risque de perdre à tout jamais une si rare occasion. Mais si nous en croyons Bassompierre, cette attitude peut s'expliquer très aisément et aussi les manières embarrassées, soumises au delà des bornes les moins raisonnables, qu'affecte le Béarnais dans les premiers temps de sa cour.

Le roi, à ce moment-là, ne pouvait se permettre avec les femmes, pour des raisons de santé, que des caresses innocentes. « L'abbesse de Vernon, dit Bassompierre, Catherine de Verdun, lui avait laissé un *souvenez-vous de moi* dont il ne pouvait guérir.

« Néanmoins, ajouta-t-il, Gabrielle devint grosse, et Mme de Sourdis, sa tante, manœuvra si habilement, qu'elle fit avouer l'enfant au roi. Ce prince parut cependant fort étonné quand d'Alibours, son médecin, lui apprit que Gabrielle était enceinte.

« — Que voulez-vous dire, bonhomme ? lui dit Henri IV ; comment serait elle grosse ? Je sais bien que je ne lui ai encore rien fait ! »

Le malheureux d'Alibours mourut peu de jours après cette conversation avec le roi ; cette mort fut si subite, si inattendue, que la belle Gabrielle fut véhémentement soupçonnée et même accusée sans hésitation de l'avoir fait empoisonner. — Mais on ne s'occupa pas longtemps d'un incident si peu digne d'intérêt.

Il faut reconnaître que Gabrielle avait de qui tenir, ne fût-ce que du côté de sa mère, Françoise de Babon de la Bourdaisière, qui d'ailleurs l'avait prostituée argent comptant, comme on l'a vu, ce qui nous dispense d'insister sur ses mœurs. Sa grand'mère n'avait pas vécu d'une façon moins édifiante que sa mère; et l'une de ses sœurs, la célèbre abbesse de Maubuisson, que ses honteux déréglements devaient faire déposer en 1618, et jeter aux Filles pénitentes, n'aurait pas été un moins bon exemple à suivre, si elle n'avait été plus jeune que Gabrielle.

Pour en revenir à Henri IV, réduit à l'état misérable d'amant éconduit, après avoir affronté tant de dangers, travesti en paysan, pour voir sa belle, nous commencerons par constater qu'à la honte de la nature humaine en général et de la nature royale en particulier, après son retour à Mantes, il ne fut que plus épris de Gabrielle d'Estrées et plus que jamais résolu à obtenir ses faveurs.

Le père de la belle, Antoine d'Estrées, marquis de Cœuvres, grand maître de l'artillerie, qui avait eu déjà beaucoup à se plaindre de sa femme, pour ce qu'il en sut jamais, veillait avec un soin aussi louable qu'inutile, ne voulant pas qu'on prît le château de Cœuvres tout à fait pour une maison de prostitution. De sorte que, outre les mauvaises dispositions de Gabrielle, Henri avait encore à combattre ou à écarter celles, encore plus mauvaises, de son père.

Il tourna la difficulté en faisant entrer celui-ci dans son conseil, ce qui l'obligea premièrement à venir rejoindre la cour, installée à Mantes, avec sa famille.

La fille ne pouvait plus décemment rebuter plus longtemps un roi qui traitait ainsi son père. Il y eut donc du mieux dans ses manières avec le Béarnais; mais soit par les raisons que nous donne Bassompierre, soit parce que Henri, forcé à tout instant de monter à cheval et de courir aux armes, ne pouvait être aussi souvent auprès d'elle qu'il l'eût désiré, ses affaires n'en avancèrent pas beaucoup plus promptement pour cela.

Bellegarde était toujours le favori de Gabrielle, qui ne laissait pas pour cela d'écouter Longueville, de lui écrire et d'en recevoir des lettres lorsque ses devoirs le tenaient éloigné d'elle; et le roi par conséquent était doublement joué.

Cependant Henri IV finit par avoir raison de ses ennemis; alors, la première chose à laquelle il songea, toute autre affaire cessante, ce fut de se débarrasser de ses rivaux.

Le duc de Longueville, sacrifiant son amour à sa sécurité et à ses intérêts bien entendus, fut le premier à prier Mlle d'Estrées de vouloir bien consentir à rompre une intrigue qui ne pouvait avoir que de fâcheuses conséquences aussi bien pour l'un que pour l'autre. Il lui demanda les lettres qu'il lui avait écrites et lui offrit de lui rendre les siennes : c'était une bonne précaution et qui méritait de réussir.

Mlle d'Estrée, sûre de ne point chômer, consentit volontiers à ce que lui demandait le duc de Longueville, et lui indiqua un endroit convenable pour opérer l'échange de la correspondance amoureuse désormais terminée. Elle lui porta en ce lieu toutes les lettres qu'elle avait reçues de lui; mais il paraît que lui n'eut pas le même scrupule et qu'il garda les plus tendres, c'est-à-dire les plus compromettantes pour la favorite, afin de pouvoir la tenir ainsi dans sa dépendance.

Gabrielle se montra extrêmement irritée de cette perfidie vraie ou simulée; dans sa férocité de blonde, il n'est pas d'avanie qu'elle ne réussît à lui faire faire à la cour, de sorte qu'il fut obligé de la quitter à la fin, et si furieux, qu'il se jeta dans le parti des Espagnols, lui qui avait rendu de si grands services à Henri IV. Quand Doullens fut pris, et que l'armée ennemie y fit son entrée solennelle, au milieu des salves de mousqueterie, un coup de mousquet chargé à balle, par un soldat qu'on prétendit ensuite avoir été suborné par Gabrielle d'Estrée, étendit mort sur le pavé le malheureux duc de Longueville.

Il ne l'avait pas volé, après tout, et méritait moins de regrets que ce pauvre diable de médecin d'Alibours, qui n'avait fait que son devoir.

Malgré toute sa bonne volonté pour le marquis de Cœuvres, père de la belle Gabrielle, le roi ne pouvait venir à bout de lui et obtenir toute sa complaisance. Cet homme était sous le coup d'une idée fixe qui lui faisait voir toutes les femmes de sa famille liguées entre elles pour le déshonorer, ce qui était fait et parfait depuis longtemps. C'était un homme à plaindre assurément, car non seulement il était déshonoré par la conduite de ses filles et de sa femme, mais on avait encore l'audace peu charitable de prétendre qu'il en profitait, ce qui le mettait homme — sans toutefois le porter à se mettre hors de la faveur royale.

Sa femme, la marquise de Cœuvres, ne lui rapportait rien assurément. Elle avait suivi en Auvergne son amant, le marquis d'Allègre, et vivait avec lui en concubinage public, sans s'inquiéter du qu'en dira-t-on, mais c'était tout. Pour se mettre à l'abri du côté de sa fille Gabrielle, et mettre sur le dos (et sur le front) d'un autre ce qu'il portait sur le sien depuis si longtemps, et tout aussi sûrement, il résolut de marier celle-ci sans retard.

Il lui choisit en conséquence un gentilhomme d'illustre naissance, et joignant à cet avantage et à celui d'une grande fortune, un corps difforme et un esprit non moins contrefait, Nicolas d'Amerval, seigneur de Liancourt.

Gabrielle, qui trouvait son père décidément assommant, accepta avec joie la proposition qu'il lui fit de la marier avec ce gentilhomme dont toutes les qualités physiques et morales lui étaient connues ; car, par ce moyen, elle serait débarrassée de la ridicule surveillance de son honoré père, et pour le reste... le roi lui avait promis solennellement de ne point laisser consommer le mariage.

Cependant les noces eurent lieu, sans que le roi, qui avait naturellement promis d'y assister s'y trouvât, retenu qu'il était ailleurs par une affaire des plus sérieuses, — peut-être quelque amourette avec une fille d'auberge ou une vachère accorte. La mariée n'était pas plus à son aise que — plus tard — la belle Bourbonnaise : l'heure fatale allait sonner où il allait falloir se laisser livrer au minotaure Liancourt, et cela ne faisait pas du tout son affaire.

Ayant surabondamment juré et pesté contre la négligence incorrigible du Béarnais et s'être autant de fois promis à elle-même de s'en venger largement, elle se prépara à soutenir l'attaque fatale avec tout l'héroïsme dont elle pouvait disposer.

La première nuit de noces de ce couple mal assorti fut littéralement une nuit de lutte entre Nicolas d'Amerval et sa femme, lutte dont celle-ci demeura vainqueur, mais au prix d'une nuit blanche passée debout.

Le lendemain, le mari ainsi maltraité, qui pourtant savait fort bien n'avoir point affaire à une pucelle, pensa qu'une fois chez lui, il en viendrait aisément à bout, et l'y conduisit incontinent dans cette intention ; mais elle, rusée, se flanqua de tous ses parents qui avaient assisté à ses noces, et les garda près d'elle jusqu'à l'arrivée du roi.

Celui-ci, arrivé à la ville la plus prochaine du lieu où sa belle luttait si courageusement pour défendre sa vertu en péril, envoya un messager à Liancourt, avec ordre de venir le trouver sur-le-champ.

Liancourt réfléchit que, s'il ne pouvait tirer rien de plus de sa femme, il était convenable au moins que, par elle, il pût tirer quelque chose du roi ; et en conséquence, il se rendit en toute hâte à l'appel de Henri IV, poussant la complaisance jusqu'à lui conduire celle qu'il venait de prendre pour épouse devant les autels, sans qu'il lui eût été possible de lui prendre autre chose depuis cette heure solennelle. Mais si tel fut son calcul, il fut bien déçu.

Le roi reçut avec toutes les marques de la joie la plus vive la nouvelle Mᵐᵉ de Liancourt, l'emmena avec lui assiéger Chartres, et ne fit pas plus attention au mari que s'il n'avait été là que pour servir de repoussoir ; celui-ci n'eut donc d'autre choix que de s'en retourner penaud chez lui.

Bien que Mᵐᵉ de Liancourt eût déjà près d'elle une de ses sœurs et une de ses cousines, le siège de Chartres ayant traîné en longueur plus qu'il ne supposait, Henri IV fit venir Élisabeth de Babou, femme de François d'Escoubleau, marquis de Sourdis, tante maternelle de Gabrielle d'Estrées, fort experte dans les intrigues galantes, quoique de réputation un peu meilleure que sa sœur la marquise de Cœuvres déjà nommée. La marquise donna à sa nièce de bons conseils qui la firent se résoudre à faire décidément l'aimable auprès du roi, lequel en fut si reconnaissant à la digne tante, qu'il donna, quand Chartres fut tombée en son pouvoir, le gouvernement de cette place au marquis de Sourdis, lui que nous avons quelquefois taxé d'ingratitude !

Et voilà comment le mérite est toujours récompensé.

Plus tard, Henri IV servit même de parrain à l'enfant adultérin que la marquise de Sourdis avait eu du chancelier Cheverny — du moins suivant l'opinion de celui-ci.

Dès avant sa liaison avec Gabrielle d'Estrées, Henri IV avait tenté auprès de la reine Marguerite, « la Dame aux Chameaux, » une démarche ayant pour but d'obtenir son consentement au divorce qu'il méditait. Avec la manie du Béarnais de vouloir épouser toutes ses maîtresses, quand sa passion pour elles était à son paroxysme, rien à cela de bien étonnant ; mais il y avait une autre raison : l'âge venait, et aucune apparence qu'il eût jamais un héritier légitime et direct ne paraissait à l'horizon.

Cette considération lui fit songer à marier sa sœur Catherine avec un prince de son sang ; il la manda donc auprès de lui, et allant au-devant d'elle jusqu'à la Loire, il lui présenta le duc de Montpensier comme son futur époux.

Mais Catherine était depuis longtemps en intrigue avec le comte de Soissons, qui avait abandonné la Ligue pour combattre à Coutras aux côtés d'Henri, dans l'espoir que la reconnaissance de celui-ci l'amènerait à consentir à son mariage avec sa sœur et qui n'en avait reçu que des marques de dédain.

Catherine reçut donc le duc de Montpensier avec la dernière froideur, et déclara à son frère, qu'elle ne trouvait pas son *comte* (compte) à un mariage avec ce duc, et que par conséquent elle n'en voulait pas. Elle se rendit ensuite à Dieppe, où elle trouva Mᵐᵉ Gabrielle, qu'on appelait ainsi depuis son mariage, et ces deux dames se détestèrent si cordialement à première vue, qu'il fut de toute nécessité de les séparer. Henri IV, très embarrassé, se borna toutefois à laisser sa sœur à Dieppe et à emmener partout avec lui, qui était toujours par monts et par vaux, la belle et vindicative Gabrielle.

Ce fut dans ce temps que Mᵐᵉ de Liancourt, conseillée par Mᵐᵉ de Sourdis et aidée par Cheverny qui, après avoir été l'amant de la tante était devenu amoureux fou de la nièce, commença à s'occuper des affaires de l'État, et à tenir, pas plus mal qu'un autre et en ne faisant pas plus qu'un autre passer ses propres intérêts avant ceux du roi ou de l'État, la place d'un conseiller.

A cette époque-là aussi, ou à peu près, elle reçut la nouvelle de la mort de son excellente mère, massacrée à Issoire par le peuple révolté contre les exactions du marquis d'Allègre, son amant, pour l'entretenir. On assure même qu'elle en montra quelque tristesse ; il faut donc croire qu'elle ne lui en voulait pas de lui avoir rendu facile le chemin de la prostitution.

Mais les affaires de l'État, ses affaires de famille, choses sérieuses ou frivoles, gaies ou tristes, tout cela ne l'émut point au delà d'une sage modération, et — il est aussi bien de le dire tout de suite — ne la refroidit pas une seule minute pour son favori, le duc de Bellegarde, qu'elle n'avait pas cessé de voir secrètement sans que le roi, qui se savait trompé, pût jamais les convaincre du crime de trahison ni l'un ni l'autre.

Il s'en fallut de bien peu une fois, cependant, malgré toutes les précautions que prenaient sans cesse les deux amants.

Un matin, le roi quitta Mᵐᵉ Gabrielle, pressé qu'il était de se rendre à quelque affaire importante, où elle ne pouvait ou ne voulait pas l'accompagner ; feignant une indisposition, elle garda même le lit.

Dans le même temps, Bellegarde faisait publier qu'il s'en retournait à Mantes.

Mais le roi n'avait pas plus tôt tourné les talons, qu'Arphure, confidente de Gabrielle, qu'on désignait généralement sous l'apellation peu aimable de *la Rousse*, introduisait Bellegarde dans un cabinet dont elle seule avait la clef, et l'en fit sortir aussitôt que sa maîtresse eut réussi à se débarrasser de toutes les personnes qui lui paraissaient suspectes autour d'elle.

Mais, tandis que les deux amants goûtaient le plaisir d'une douce intimité, voilà que le roi, sans le faire exprès, et simplement parce qu'il n'avait pu exécuter le dessin qu'il avait formé le matin, revint inopinément, et par son retour précipité, les jeta dans un grand embarras.

Sans doute, Mᵐᵉ Gabrielle, en femme prudente, avait placé des sentinelles ; mais on ne saurait jamais tout prévoir. Prévenue de l'arrivée du roi, Mᵐᵉ de Liancourt eut aussitôt recours à sa fidèle Arphure, qui réinséra précipitamment le duc dans le cabinet qu'il venait de quitter à peine, et dont la porte donnait dans la ruelle et la fenêtre sur le jardin.

Cependant, le roi se doutait probablement de quelque chose, car, dès qu'il fut rentré dans la chambre de sa maîtresse, il manifesta tout à coup une envie extraordinaire de manger des confitures qu'il savait que la Rousse serrait dans le cabinet en question. Il en demanda donc la clef. Mais Gabrielle lui répondit qu'elle ne l'avait pas, et qu'Arphure qui la portait toujours avec elle, était justement sortie, lui ayant demandé permission d'aller voir une sienne parente qui résidait en ville.

Les soupçons de Henri IV ne firent qu'augmenter à cette réponse, et jurant comme un damné, il se mit sans plus de façon à flanquer des coups de bottes dans la porte du cabinet où Bellegarde « n'en menait pas large, » comme on dit ; et cela, sans aucun égard pour la migraine de Mᵐᵉ Gabrielle, qui poussait des gémissements à fendre l'âme, à chaque nouvelle ruade royale.

Il faut croire que la porte était solide, car les coups de pied du jaloux Béarnais, qui devaient être solides pourtant, ne réussirent pas à la jeter en dedans, avant que Bellegarde, n'ayant pas d'autre alternative, se décidât à sauter par la fenêtre.

Cette fenêtre était encore assez élevée au-dessus du sol ; mais la terre était humide, et le duc n'hésita pas à plonger dans une plate-bande où il enfonça jusqu'aux chevilles et s'assit ensuite sur les fleurs comme un simple manant. Bref, il se releva promptement et, tirant au large, fit voir ainsi à la Rousse, qui faisait sentinelle, qu'il ne s'était rien détérioré dans sa chute.

L'opération ainsi menée à bonne fin, celle-ci accourut au secours de sa maîtresse ou plutôt du cabinet aux confitures variées ; — elle était essoufflée et en nage, venant de loin et ayant appris à l'office que le roi voulait absolument manger des confitures qu'elle tenait sous clef : la porte remarquablement robuste fut ouverte incontinent, et les confitures servies, auxquelles le roi, surpris de ne trouver personne dans le cabinet et honteux de sa conduite, fit peu d'honneur.

En revanche, Mme Gabrielle l'accabla de reproches sanglants, et justement mérités s'il en fut.

Elle lui dit qu'apparemment son amour pour elle commençait à s'affaiblir et qu'il cherchait bassement un prétexte de rupture, mais qu'elle ne lui laisserait pas la satisfaction de se retirer le premier, attendu qu'elle était dès maintenant absolument décidée à se retirer auprès de son Antinoüs de mari.

Si le Béarnais avait été raisonnable, il... n'eût pas été amoureux, cela est clair. Mais étant amoureux, que vouliez-vous qu'il fît en cette occurrence malheureuse?

Qu'il se jetât aux pieds de celle qu'il venait d'offenser si gravement, n'est-ce pas?

C'est ce qu'il fit en effet, s'engageant dans les termes les plus solennels à bannir de son esprit toute idée de jalousie et de soupçon, eût-il même les preuves les plus visibles, sous son maître nez!

Et le fait est qu'il fit, pendant longtemps à dater de cette époque, tout son possible pour se boucher les yeux, dans la crainte qu'elle n'exécutât une menace qu'elle était si loin de vouloir jamais prendre au sérieux, ce qui n'aurait pas demandé beaucoup de perspicacité pour être deviné.

C'est vers le même temps, que la duchesse de Guise, restée à Paris avec les chefs de la Ligue, fit demander à Henri IV un passeport, que celui-ci s'empressa, avec sa galanterie habituelle, de lui accorder, pour aller à une de ses terres.

Mlle de Guise était enchantée de ce voyage : c'était pour elle une distraction ; mais, en outre, elle aimait le duc de Bellegarde qu'elle espérait bien rattacher à son char, et détestait en conséquence la belle Gabrielle, dont elle allait faire son possible pour se venger, si l'occasion la favorisait le moins du monde, dût-elle l'épier avec la patience haineuse d'un argousin.

Mais cette histoire demande à être prise d'un peu plus haut, pour être bien comprise.

Pendant que Paris était assiégé par l'armée de Henri IV, il y avait des trêves fréquentes entre les combattants, pendant lesquelles les officiers du roi se rendaient sur le bord du fossé pour caqueter avec les dames de la ville, venues sur les remparts dans cette aimable intention.

Anne d'Anglure, seigneur de Givry, qui était fort amoureux de Mlle de Guise, en prenait naturellement occasion pour le lui répéter à satiété ; mais elle, qui avait quelque prétention sur le cœur du roi — prétention justifiée par les démarches de celui-ci, qui avait fait demander son portrait et manifesté l'intention de l'épouser si ce mariage pouvait mettre un terme à la guerre, en faisant déposer les armes aux ligueurs, — recevait les avances de Givry avec une grande froideur.

Elle agissait de même avec tous ses soupirants, et dans la même idée : c'est une

Les entrevues du roi et de Diane étaient entourées de mystère.

justice à lui rendre, ainsi qu'à Givry. Mais un jour vint, pourtant, où elle devait se départir de cette attitude que l'espoir d'une couronne lui avait fait contracter, sans toutefois que cet espoir s'éteignît.

Ce jour-là, Bellegarde s'étant laissé entraîner par des amis aux endroits les plus commodes où l'on pût entretenir conversation avec les dames, il vit Mlle de Guise, et la trouva si aimable qu'il ne put s'empêcher d'arrêter longtemps les yeux sur elle.

En dépit de son ambition, celle-ci se sentit remuée. Évidemment, le duc l'avait admirée, et de l'admiration à l'amour il n'y a qu'un pas.

Partant de là, Mlle de Guise, flattée, examina avec plus d'attention cette apparence d'amoureux. Elle le trouva, à tout prendre, fort digne d'être aimé, et l'aima en conséquence.

Seulement, il y avait un accroc : Le duc avait été véhémentement soupçonné d'avoir trempé dans l'assassinat du duc de Guise, au château de Blois, et non sans raison. La veuve du Balafré, Mme de Guise, qui n'ignorait pas cette particularité, et naturellement haïssait de confiance l'assassin de son mari, combattrait le penchant de sa fille, du moins rien n'était plus supposable, dès qu'elle en aurait le plus petit soupçon. Cependant, après plusieurs entrevues, il se trouva que, non seulement Mme de Guise ne paraissait pas haïr autant qu'elle le disait celui qui avait aidé à la rendre veuve, mais qu'elle l'accueillait au contraire avec un plaisir évident.

Dans une conversation qu'elle eut avec sa mère, Mlle de Guise découvrit enfin qu'elles étaient rivales. En bonne fille qu'elle était, elle fit son possible pour étouffer dans son cœur cet amour naissant qui allait la rendre l'ennemie de sa mère ; mais, bien entendu, elle n'étouffa rien du tout.

De son côté, le duc sentait quelque penchant pour Mlle de Guise. Mais comment courir le risque qu'une intrigue avec cette jeune personne fût découverte par la vindicative Gabrielle d'Estrées, de qui dépendait sa fortune et son avenir ? Il dissimula donc. Toutefois, sachant l'accusation qui pesait sur lui, et ne pouvant se faire à l'idée qu'une personne aussi aimable que Mlle de Guise pût être son ennemie, il employa quelques-uns de ses amis qui avaient accès auprès des deux dames, à le disculper de de cette imputation auprès de la mère et de la fille.

La duchesse accueillit cette démarche avec une grande faveur, et attesta aux amis du duc de Bellegarde, qu'elle n'avait jamais ajouté foi à ces infâmes calomnies. Elle défendit même, avec beaucoup de sévérité, à sa fille, de jamais prononcer un mot qui ressemblât à une accusation de ce genre portée contre Bellegarde.

Celle-ci obéit aisément à cette injonction maternelle.

Mais la chaleur avec laquelle la duchesse de Guise avait accueilli les protestations — par procuration — de Bellegarde, qui savait fort bien que son innocence était de l'espèce suspecte au premier chef, jeta celui-ci dans un nouvel embarras. La fille, très bien ; mais la mère, c'était trop : jamais il ne pourrait à la fois satisfaire la mère et la fille d'une part, et la maîtresse du roi de l'autre, sans courir les plus terribles dangers.

Il résolut d'essayer son influence sur la fille, quitte à profiter de la bonne volonté de la mère pour arriver à ses fins et à mettre à contribution les ressources de son esprit pour éloigner le soupçon de celui de Gabrielle d'Estrées.

Il commença par établir une correspondance régulière avec la duchesse de Guise, à laquelle celle-ci se prêta avec une grande facilité et probablement un peu d'espoir.

Sur ces entrefaites, le duc de Guise réussit à s'échapper de la prison où il était renfermé depuis la mort de son père. Bellegarde lui dépêcha aussitôt un trompette pour le féliciter en son nom ; ce trompette était en outre chargé d'un message pour la mère et d'un autre pour la sœur de l'évadé, laquelle reçut le sien, grâce à l'habileté du soldat, sans que personne s'en aperçût, et en manifesta une satisfaction non équivoque.

Tel était l'état des choses, quand la duchesse de Guise fit auprès du roi la démarche que nous savons.

Bellegarde ayant appris que la duchesse était partie pour aller à Mantes, eut l'art de se faire envoyer au-devant d'elle par le roi. Il joignit les deux dames et les conduisit à la cour, où elles furent naturellement présentées à Mme Gabrielle ; mais tandis que la mère ne tarissait pas en éloges sur la beauté et la grâce de la favorite, il convient de dire que la fille garda une attitude glaciale qui n'échappa pas à celle-ci.

Mlle de Guise alla même jusqu'à dire à Bellegarde, à peine assez bas pour n'être point entendue, qu'elle ne trouvait pas Mme Gabrielle aussi belle que la renommée l'avait faite. Bellegarde, qui était sur des épines, ne put répondre que des yeux à ce compliment. Il lui fallait en effet s'observer car la belle Gabrielle avait trop de pénétration pour ne pas s'être aperçue de quelque chose dès le début, bien que le roi, tout au contraire, ne voyant que le manège qui avait lieu entre la mère, la fille et le duc, s'en amusât beaucoup dans le fond, et cela pour une double raison : d'abord, parce qu'il sentait sa jalousie contre Bellegarde se dissiper, ensuite parce qu'il saisissait admirablement le côté ridicule des gens et surtout des situations.

Bellegarde n'eut donc aucune crainte à avoir du côté du roi, qui avait évidemment renoncé à épouser Mlle de Guise; mais du côté de la belle Gabrielle, c'était une autre paire de manches !

La situation était d'autant plus périlleuse pour lui que, plus elle voyait sa rivale enrager de jalousie, plus Mlle de Guise donnait des marques publiques de son... estime au jeune seigneur, qu'elle compromettait en conséquence de la façon la plus grave.

Enfin, — car nous ne sortirions pas de cet imbroglio qui n'a vraiment rien de palpitant d'intérêt, si ce n'est pour ceux qui y sont mêlés — Mme et Mlle de Guise se retirèrent dans une maison de campagne du voisinage, qui fut déclarée terrain neutre, et de là, la duchesse entama avec son fils une correspondance ayant pour objet de l'amener à traiter avec le roi.

La duchesse obtint ce qu'elle voulut de son fils, et fit savoir à Henri IV, par courrier spécial, cette bonne nouvelle : car cette soumission de l'un des principaux chefs de la Ligue, c'était la fin de la Ligue elle-même.

Ce fut Bellegarde qui fut chargé de traiter avec le jeune duc au nom du roi, et c'est par lui que, malgré la rentrée de Paris sous la domination de Henri IV, événement qui diminuait de beaucoup l'importance de la soumission du duc de Guise, celui-ci obtint pourtant les conditions qu'il avait d'abord offertes.

Le duc de Guise vint à Mantes saluer le roi, dont il fut accueilli de la façon la plus courtoise ; il alla ensuite saluer Mme Catherine, laquelle le trouva fort bien tourné et de bonne mine, et le préféra momentanément, au dire des mauvaises langues, au comte de Soissons.

Comme un roi de l'espèce d'Henri IV était, en vérité, trop bon pour ceux qui le touchaient de près, pour espérer de n'être pas trahi, pendant que Bellegarde faisait tout son possible dans l'intérêt du duc de Guise, Mme Gabrielle se fit la protectrice d'un autre chef tout aussi important, le duc du Maine : mais ici, il y avait marché entre le ligueur et la favorite.

Le ligueur déconfit avait, comme tous les vaincus, besoin d'appui ; la favorite, au zénith de la puissance en tant que favorite, voulait monter plus haut : elle voulait être reine. Or, pour atteindre à ce but, il était bon d'avoir l'appui d'un grand seigneur dont l'influence à la cour serait fort considérable, si l'on pouvait lui faire des conditions assez douces.

Et voilà comment les chefs d'un parti qui avait si longtemps ensanglanté la France, assassinant, massacrant, pillant, volant, violant, incendiant au nom de la sainte religion catholique ; voilà comment les auteurs de la Saint-Barthélemy furent traités par Henri IV, non à cause de sa propre grandeur d'âme, à lui, mais à cause de la grandeur et de l'élasticité de conscience de ses favoris, très capables de livrer jusqu'à un morceau de leur maître — pas tout cependant — pour la satisfaction de leurs intérêts, de leurs passions ou de leurs caprices.

Mais les gens de cour sont tous et partout les mêmes, il n'y a vraiment pas lieu à distinction d'un règne à l'autre.

Ainsi la belle Gabrielle voulait être reine. C'est-à-dire que, comme celles qui l'avaient précédée dans le cœur du roi Vert-Galant, elle avait à ce propos reçu les propositions, la promesse, peut-être même encore écrite avec son sang, d'en faire sa femme. Mais elle connaissait trop le pèlerin pour ne pas s'assurer des amis puissants qui pussent l'aider quand l'occasion serait venue, à lui faire tenir sa promesse.

C'est alors que furent faites, auprès de la reine Marguerite, par ces amis complaisants, les démarches auxquelles elle répondit de la manière énergique que nous avons précédemment rapportée.

Cependant, le roi était parti pour assiéger Laon qui résistait toujours. La favorite, en son absence, accoucha d'un fils, qui reçut le nom de César et fut fait duc de Vendôme.

Cet événement remplit le Béarnais d'une vive joie. Il était au camp lorsqu'il en reçut la nouvelle, et y répondit en élevant l'heureuse mère au rang de marquise de Beaufort.

Dès qu'il fut de retour, Henri se mit sérieusement à la besogne lui-même pour obtenir le consentement de sa femme au divorce, afin d'accomplir la promesse qu'il avait faite à la marquise, en vain, nous le savons. Cette recrudescence de faveur ramena auprès de Gabrielle le volage Bellegarde : on n'abandonne pas ainsi une maîtresse qui peut être reine au premier moment. Comme elle l'aimait vraiment, la marquise fut enchantée de ce retour d'affection empressée, et écouta d'une oreille ravie la justification de l'infidèle.

Et tout fut pour le mieux dans la meilleure des cours.

XXI
Les dernières années de la Belle Gabrielle.

SOMMAIRE. — Bellegarde entre la chèvre et le chou. — Le duc de Guise et Madame Catherine. — Un vieux mignon. — Catherine de Navarre finit par se marier. — Mlle de Guise et la marquise de Beaufort. — Une distraction malheureuse de la Rousse. — Le billet compromettant. — Les amants surpris de n'avoir point été surpris. — Un moyen, entre mille, de gagner le bâton de maréchal. — Bellegarde condamné au mariage. — Une nouvelle étoile. — Louise de Budos. — L'étoile file. — Une maîtresse féconde. — Intrigues matrimoniales nouvelles. — Disgrâce de Villeroi. — Tentative vaine de la favorite pour obtenir aussi la disgrâce de Sully. — Impopularité de la marquise de Beaufort. — Raison de la haine que nourrissait Gabrielle à l'égard de Sully. — « Comment Panurge se conseille à Pantagruel pour sçavoir s'il se doibt marier. » — Gabrielle et le parti protestant. — « Mariez-vous donc de par Dieu, Sire. » — Négociations avec le Saint-Siège. — Nouveau témoignage de fécondité. — La duchesse de Beaufort. — Transformation morale de la « duchesse. » — Gabrielle se prépare à faire ses Pâques. — Les *Ténèbres* au Petit Saint-Antoine. — Préoccupations mondaines troublées par d'étranges douleurs. — Gabrielle ne fera décidément pas ses Pâques. — Fin terrible d'une favorite trop ambitieuse. — Commentaires populaires sur cet événement. — Autres commentaires plus vraisemblables. — Médicis et Borgia. — Douleur épouvantable du roi Henri. — Les courtisans pleureurs. — Gabrielle enterrée en grande pompe. — Les vers s'y mettent.

Bellegarde avait donc fait assez aisément sa paix avec la marquise de Beaufort, mais il ne laissait pas pour cela d'être toujours fort empressé auprès de Mlle de Guise ; de sorte que le duc de Guise finit par s'apercevoir de ces assiduités, et eut le mauvais goût et l'ingratitude de s'en montrer profondément vexé et de laisser paraître ses sentiments.

Le duc de Guise était lui-même en relations très intimes avec Mme Catherine, sœur du roi, comme nous l'avons dit. Bellegarde, prévenant le coup qui le menaçait, fit représenter à Henri IV que la manière d'agir du duc de Guise était tout à fait blessante pour sa dignité de roi et de chef de famille, et aidé du duc de Nevers et de la marquise de Beaufort, qu'on est étonné de rencontrer dans cette affaire, il réussit à faire reléguer le jeune duc dans le gouvernement de Provence, vacant juste à point.

Mais la chronique assure que Catherine fut courroucée au dernier point de ce qu'on lui enlevait son amant avec si peu de précautions, et qu'elle jura et tempêta en béarnais pendant plusieurs jours après son départ. Cela fait, en conscience, elle se consola de son veuvage prématuré, avec Jean-Louis de Nogaret de la Valette, duc d'Épernon, jeune courtisan de quarante-trois ans ou environ, et ancien mignon du feu roi Henri III, qui continuait à se faire remarquer par la flexibilité de son échine, l'élasticité de sa conscience et une cupidité rapace que rien ne pouvait rassasier. Elle vécut, à ce qu'il paraît, au mieux avec lui, n'étant guère plus jeune d'ailleurs, jusqu'à ce que son royal frère, sans doute embarrassé d'elle, la maria à Henri de Lorraine, duc de Bar, qu'elle alla retrouver dans ses États, à l'immense satisfaction de la marquise de Beaufort avec laquelle elle n'avait pas cessé d'être en hostilité ouverte.

Le départ de la sœur du roi eut des conséquences assez curieuses pour les relations du petit cercle qui nous occupe en ce moment. Grâce aux efforts de Bellegarde, la marquise de Beaufort et Mlle de Guise se lièrent d'amitié à un tel point, qu'elles ne se quittèrent presque plus, affectèrent de porter les mêmes vêtements, d'étaler les mêmes parures — et d'être du même avis, du moins en ceci, que le mariage de Bellegarde avec Mlle de Guise serait la chose la plus désirable du monde.

Que ce fût simplement un manège concerté pour endormir les soupçons du roi vert-galant, qui ne laissait pas d'être jaloux, ou qu'il y eût, en plus, quelque chose de sérieux, il n'importe : le fait est que le bon Henri tomba dans le piège aussi innocemment que le plus innocent moineau. — Du moment où Bellegarde recherchait Mlle de Guise, il était clair qu'il n'y avait plus à craindre de le voir papillonner autour de la belle Gabrielle.

Il en paraissait convaincu, le pauvre excellent roi, lorsqu'un incident des plus vulgaires vint le tirer de sa trop grande quiétude.

Un soir, Bellegarde remit un billet fort tendre à Arphure, l'incomparable soubrette rousse de la marquise, pour le remettre à sa maîtresse. Mais la Rousse, probablement distraite par quelque intrigue suivie pour son propre compte, laissa traîner le malencontreux billet sur un meuble, d'où il ne manqua pas de tomber dans les mains d'un indiscret de profession.

Cet indiscret n'était autre que le premier valet de chambre du roi, Pierre Beringhen, venu de bon matin chez la marquise de Beaufort pour s'informer de sa santé, légèrement ébranlée, au nom de son maître, et qui, apercevant le fatal billet, avait cru de son devoir de valet dévoué, de s'en emparer et de le remettre à celui qui aurait dû être le dernier à en recevoir communication.

Henri bondit de fureur. Lorsqu'il fut un peu remis de l'émotion que lui avait causée la nouvelle de « son malheur, » il félicita chaudement Beringhen et lui recommanda d'espionner les deux traîtres.

Beringhen s'acquitta de sa mission en conscience. Ayant enfin surpris Bellegarde, sur le tard, entrant dans la chambre de la marquise, il s'empressa d'aller prévenir le roi de sa découverte.

Celui-ci ne chercha pas longtemps le meilleur parti à prendre dans cette délicate conjoncture. Il fit appeler Charles de Choiseul, marquis de Praslin, capitaine de ses gardes du corps, et lui donna l'ordre aussi simple qu'expéditif d'aller poignarder le duc de Bellegarde dans les bras de la marquise de Beaufort.

Praslin s'inclina en signe d'obéissance. Il se rendit ensuite dans la salle des gardes, en prit une demi-douzaine avec lui, et se dirigea vers la chambre de la belle Gabrielle — mais par le chemin le plus long et en faisant le plus de bruit possible : de sorte que, lorsque le capitaine des gardes du corps arriva avec ses hommes au lieu de sa destination, l'oiseau était envolé. Praslin exposa à la marquise de Beaufort de quelle commission le roi l'avait chargé et comment il l'avait remplie, en reconnaissance des obligations qu'il avait envers elle et envers le duc de Bellegarde. La belle Gabrielle le remercia avec la plus grande chaleur, protestant qu'il n'aurait pas lieu de se repentir de sa complaisance, qu'elle n'oublierait jamais.

Comment le capitaine des gardes du corps s'y prit-il pour expliquer son échec à son maître? Nous n'en savons rien. Ce que nous savons, par exemple, c'est que peu de temps après, il recevait, pour prix de son habileté, le bâton de maréchal de France !

Servez donc votre pays avec dévouement, ou même simplement votre roi, pour voir si vous serez jamais aussi magnifiquement récompensé...

Mais, dira-t-on, de ce que Praslin n'avait pas trouvé Bellegarde avec la marquise, il n'en résultait pas qu'il ne lui eût adressé un billet d'une tendresse excessive, parvenu aux mains du roi, par le canal du sieur Beringhen.

C'est justement ce que Henri IV essaya de faire entendre à son infidèle maîtresse; mais, comme de juste, sans pouvoir y réussir.

Cette lettre, elle ne l'avait pas lue; si elle lui avait été écrite par Bellegarde, elle l'ignorait. Finalement, elle s'emporta, fit une scène, comme on dit aujourd'hui, au jaloux Béarnais qui, tout ahuri, consentit à croire ou à faire semblant de croire tout ce qu'on voudrait.

Toutefois, elle dut consentir à l'exil de son complice, ce qu'elle fit d'assez bonne grâce.

Bellegarde reçut donc l'ordre de quitter la cour et de n'avoir point l'audace de s'y montrer de nouveau — qu'il ne fût marié. Tous les articles de ce programme, il les exécuta de point en point, sans sourciller, et aussi rapidement qu'il lui fut possible.

Il alla en poste épouser Anne de Beuil, fille de feu Honoré de Beuil, sieur de Fontaine, tué au siège de Saint-Malo, et revint à la cour, muni de cet innocent chaperon, avec la même célérité.

Bellegarde trouva la marquise de Beaufort en proie à une grande inquiétude et même à un véritable chagrin. Pendant sa courte absence, une nouvelle étoile s'était levée à l'horizon de la cour, et le roi s'était, comme toujours, empressé à lui rendre hommage.

Cette étoile, qui brillait d'un éclat tel, qu'elle faisait littéralement pâlir la lumière des coquettes les plus sûres de leurs charmes, c'était Louise de Budes, fille de feu

Jacques de Budos, vicomte de Portes et de Catherine de Clermont, mariée au connétable de Montmorency. Il paraît pourtant qu'elle n'encouragea aucun des galants qui lui faisaient cortège, pas même le roi, et qui, dans l'espoir de la voir s'humaniser à leur profit, n'hésitaient pas à tourner le dos à leurs anciennes maîtresses, au risque imminent de les voir sécher de jalousie.

Le connétable, dans sa sécurité insolente, se permettait même de railler les victimes que faisait sa femme. Mais il ne jouit pas longtemps de son triomphe, car cette rivale dangereuse quoique honnête, qui causait à la belle Gabrielle des transes si cruelles, mourut en couches peu de temps après le retour de Bellegarde, laissant à son époux, douloureusement frappé, deux enfants en bas âge, qu'il avait au moins les raisons les plus puissantes de croire siens.

La marquise de Beaufort avait donné, de son côté, deux nouveaux enfants au roi : Catherine-Henriette de France, qui fut mariée ensuite à Charles de Lorraine, duc d'Elbeuf, et Alexandre de Vendôme, qui devint grand prieur et mourut au donjon de Vincennes où Louis XIII l'avait fait enfermer.

Lorsqu'elle accoucha de ce dernier, la marquise avait déjà obtenu l'annulation de son mariage avec Nicolas d'Amerval, seigneur de Liancourt ; tranquille de ce côté, il ne lui restait plus qu'à attendre l'annulation de celui de Henri IV avec la reine Marguerite, pour se voir bientôt assise sur le trône de France.

En effet, Henri était si bien disposé à faire une reine de sa maîtresse, que non seulement il reprit une fois de plus les négociations avec sa femme pour l'amener à donner son consentement au divorce, mais encore qu'il exila Nicolas de Neuville, seigneur de Villeroy, son secrétaire d'État, parce que celui-ci avait eu l'audace de critiquer fort librement un pareil projet. — Il n'exila pourtant pas Sully, qui ne s'exprima guère moins librement que Villeroy sur le même sujet.

Un jour, au dire de Sully lui-même, la toute puissante marquise aurait tenté très ouvertement de se débarrasser de ce ministre intègre qu'elle devinait hostile à son ambition. Nous verrons d'ailleurs dans un moment, que sa haine pour Sully était justifiée dans une large mesure.

— J'aime mieux mourir, aurait-elle déclaré à son royal amant, j'aime mieux mourir que de vivre avec cette vergogne de voir soutenir un *valet* contre moi, qui porte le titre de maîtresse.

Sully, un valet ! Il faut convenir que ces royales souillons le prenaient royalement.

Mais Henri IV, une fois en passant, répondit à cette sortie indécente avec la dignité qui sied à un roi persuadé que les serviteurs dévoués, honnêtes et capables sont trop rares pour qu'on ne les traite pas avec quelques égards.

— Pardieu, madame, dit-il, c'est trop, et je vois bien qu'on vous a dressée à ce badinage, pour essayer de me faire chasser un serviteur duquel je ne puis me passer, mais je n'en ferai rien, et, afin que vous teniez votre cœur en repos et ne fassiez plus l'acariâtre contre ma volonté, je vous déclare que, si j'en étois réduit à cette nécessité, de perdre l'un ou l'autre, je me passerois mieux de dix maîtresses comme vous, que d'un serviteur comme lui.

Fit-il vraiment cette réponse, et en ces propres termes ? Nous avouons sans hésiter que le doute nous envahit quand nous y réfléchissons. Peut-être Sully apprit-il de son maître tous les détails de cette affaire, et naturellement, il faut faire la part de la gasconnade dans tout ce qui vient d'Henri IV.

En tout cas, la belle Gabrielle a dû certainement faire une tentative de ce genre, et, ce qui est une grande consolation pour les âmes sensibles, c'est qu'ayant échoué, elle n'en mourut pourtant pas, malgré les termes si catégoriques de sa déclaration préalable.

Cependant l'amour du roi pour la belle Gabrielle, malgré les sujets de jalousie qu'elle ne lui avait pas épargnés, ne s'était pas amoindri, au contraire : non seulement son plus cher désir était de l'élever au trône, mais encore il la traitait comme sa femme, et tout le monde autour de lui, comme de raison, n'agissait pas avec elle autrement que si elle avait été véritablement la reine.

Mais, si telle était la position de la favorite à la cour, et si le roi l'adorait, ce n'était pas une raison pour que le peuple en fit autant.

Pierre de l'Estoile remarque que le mardi 13 septembre 1594, le roi vint se promener à la dérobée à Paris, et s'en retourna le lendemain seul avec Mme de Liancourt, dans son coche, à Saint-Germain en Laye. A l'entrée solennelle qui se fit le 15 septembre, aux flambeaux, il était huit heures du soir quand le roi, à cheval, passa sur le pont Notre-Dame, accompagné d'un gros de cavalerie et entouré d'une magnifique noblesse.

« Luy, avec un visage fort riant, et content de voir tout ce peuple crier si allègrement : Vive le roi ! avait presque toujours son chapeau au poing, principalement pour saluer les dames et damoiselles qui étoient aux fenestres...

« Mme de Liancourt marchoit un peu devant lui, dans une litière magnifique, toute découverte, chargée de tant de perles et de pierreries si reluisantes, qu'elles offusquoient la lueur des flambeaux ; elle avait une robe de satin noir, toute houpée de blanc. »

Mais on ne s'occupe d'elle que pour lui lancer des regards moitié admiratifs, moitié insolents. Quand il la connut davantage, le peuple de Paris la détesta cordialement. Et voici un trait, que Pierre de l'Estoile nous fait connaître, qui le prouve surabondamment.

« Un jour, dit-il, la nouvelle arrive qu'Amiens vient d'être pris par les Espagnols (12 mars 1597). Henri IV se retournant vers sa maîtresse, lui dit : « Il faut quitter nos amours et monter à cheval pour faire une autre guerre. » Le roi partit ; mais, une heure avant lui, Gabrielle avait quitté Paris, ne se sentant pas en sûreté où n'était pas son amant.

Il ne faut pas inférer de là, que Gabrielle fut plus mauvaise qu'une autre ; mais son luxe insolent contrastait d'une manière si violente avec la misère affreuse qui désolait Paris à cette époque, que le peuple ne pouvait, en vérité, aimer une femme qui portait sur elle, en joyaux, de quoi nourrir pendant huit jours une centaine de malheureuses familles mourant de faim !

C'est le même sentiment, et pour les mêmes causes, que nous avons vu manifester par les Parisiens du temps de Charles VII envers la dame de beauté, la superbe Agnès Sorel. Du moins, si la belle Gabrielle fuyait les Parisiens, elle ne les insultait pas.

En ceci, au reste, qui était le plus à blâmer, sinon le prodigue Béarnais ? Le roi de « la poule au pot » s'inquiétait fort peu, quoi qu'en dise l'évêque Hardouin de Péréfixe, que les Parisiens mourussent de faim ; mais il ne trouvait jamais son idole assez parée, et cela, il s'en inquiétait fort.

On est vraiment surpris de l'engouement insensé d'un homme, d'un roi aussi inconstant, aussi volage que le fut en toute occasion Henri IV, pour une maîtresse qui, après tout, devait le trahir avant, pendant

La duchesse d'Etampes.

et après, si elle eût assez vécu et qui semble, pour comble d'agréments, s'être montrée fort exigeante et acariâtre en plus d'une occasion et même dans la plus tendre intimité. Mais il est hors de doute qu'Henri de Béarn lui demeura attaché jusqu'à la dernière heure de sa vie, et que même il eût certainement fini par en faire sa femme, si des gens intéressés à ce qu'il en fût autrement, n'y avaient mis ordre.

Et voici justement pourquoi la marquise de Beaufort en voulait tant à Sully : c'est que, sondé habilement, socratiquement, sur l'opportunité d'un pareil événement, Sully avait répondu d'une manière non moins diplomatique, qu'il jugeait excellent que le roi eût pour « mie » Mᵐᵉ Gabrielle, qu'il l'eût « pour confidente, afin de lui pou-voir communiquer ses secrets, ses ennuis et recevoir d'elle une familière et douce consolation. » Ce qui sous-entendait évidemment que quant à la voir s'asseoir sur le trône de France, le fidèle serviteur espérait bien ne jamais être témoin d'une pareille profanation.

Cependant, faire Gabrielle d'Estrées reine, était toujours le plus ardent désir du roi Henri, et s'il ne l'avait déjà fait, ce n'est pas tant parce qu'il était marié que parce que quelque chose, dans le fond de sa conscience, lui représentait un tel acte comme une simple lâcheté; aussi cherchait-il à obtenir un peu d'encouragement des rares gens de bien qui l'entouraient, et dont Sully faisait naturellement partie; et pour cela, il s'y prenait exactement comme Panurge prenant conseil de ses amis, ainsi qu'il est dit au chapitre IX de la deuxième partie de *Pantagruel, roy des Dipsodes: restitué en son naturel, avecque ses faicts et prouesses espouvantables*, etc.

Voici de quelle façon piquante, sans cesser d'être exacte, l'éminent auteur des *Causeries du lundi* rapporte la conversation qu'eurent sur ce sujet délicat, Sully et le roi.

« A Rennes (1598), quand le roi, qui songeait sérieusement à épouser Gabrielle et qui depuis quelque temps, voulait s'en ouvrir à Sully sans l'oser, s'arma à la fin de courage et, emmenant son serviteur dans un jardin, le retint à causer pendant près de trois heures d'horloge ; on assiste à une conversation à la fois politique et des plus plaisantes.

« Henri commence en marquant son intention.

« — Allons nous promener, nous deux
« seuls, lui dit-il en lui prenant la main et
« passant familièrement, selon sa cou-
« tume, ses doigts entre les siens ; j'ai à
« vous entretenir longuement des choses
« dont j'ai été quatre fois tout près de
« vous parler ; mais toujours me sont sur-
« venues, en ces occasions, diverses fan-
« taisies en l'esprit qui m'en ont empêché.
« A présent je m'y suis résolu... »

« Il n'arrive pourtant au sujet même qu'après une demi-heure au moins, durant laquelle il parle encore d'autres affaires ; après quoi, venant au point indiqué, y venant par de nouveaux circuits, énumérant les fatigues et les peines qu'il s'est données pour parvenir au trône et pour rétablir l'État, il montre que tout cela n'est rien encore et n'aboutira à rien de solide et de durable s'il ne se procure des héritiers.

« Mais cette nécessité des héritiers admise et le divorce avec la reine Marguerite étant aussi chose convenue et déjà ménagée en secret auprès du pape, quelle femme prendre et de qui faire choix ? Ici, Henri IV plaisante, selon son usage, et mêle à sa consultation de roi ses saillies de Béarnais.

« Pour lui, le plus grand des malheurs
de la vie serait « d'avoir une femme laide,
« mauvaise et despote. — Que si l'on ob-
« tenoit des femmes par souhait, afin de ne
« me repentir point d'un si hasardeux mar-
« ché, ajoute-t-il, j'en aurois une laquelle
« auroit, entre autres bonnes parties, sept
« conditions principales : beauté en la per-
« sonne, pudicité en la vie, complaisance
« en l'humeur, habileté en esprit, fécon-
« dité en génération, éminence en extrac-
« tion et grands estats en possession. Mais
« je crois, mon ami, que cette femme est
« morte, voire, peut-être, n'est pas encore
« née ni prête à naître, et, partant, voyons
« un peu ensemble quelle fille ou femme
« dont nous avons ouï parler seroit à dé-
« sirer pour moi, soit dehors, soit dedans
« le royaume. »

« Cela posé, il énumère et parcourt la liste de toutes les personnes royales et d'extraction souveraine qui sont à marier ; il épuise, comme on dirait, l'*Almanach de Gotha* de son temps, distribuant à droite et à gauche des lardons et voyant à toutes des impossibilités. Au dedans du royaume, il cherche encore parmi les princesses ; il nomme sa nièce de Guise, sa cousine de Rohan, la fille de sa cousine de Conti ; à toutes il trouve des inconvénients, et conclut à la normande, en disant :

« — Mais quand elles m'agréeroient tou-
« tes, qui est-ce qui m'assurera que j'y trou-
« veroi conjointement ces trois principales
« conditions que j'y désire, et sans les-
« quelles je ne voudrois point de femme, à
« savoir : qu'elles me feront des fils, qu'elles
« seront d'humeur douce et complaisante,
« et d'esprit habile pour me soulager aux

« affaires sédentaires et pour bien régir
« mes États et mes enfants, s'il venoit faute
« de moi avant eussent âge?... »

« Sully n'est pas dupe de cette espèce de consultation de Panurge, et il le fait sentir au roi :

« — Mais, quoi? sire, lui répondit-il, que
« vous plaît-il d'entendre par tant d'affir-
« matives et de négatives, desquelles je ne
« saurois conclure autre chose, sinon que
« vous désirez bien être marié, mais que
« vous ne trouvez point de femmes en
« terre qui vous soient propres? Tellement
« qu'à ce compte il faudroit employer l'aide
« du ciel, afin qu'il fît rajeunir la reine
« d'Angleterre et ressusciter Marguerite
« de Flandre, Mlle de Bourgogne, Jeanne la
« Folle, Anne de Bretagne et Marie Stuart,
« toutes riches héritières, afin de vous en
« mettre au choix. »

« Et se faisant gausseur à son tour, il propose pour dernier moyen de faire publier par tout le royaume « que tous les
« pères, mères ou tuteurs qui auroient de
« belles filles de haute taille, de dix-sept à
« vingt-cinq ans, eussent à les amener à
« Paris, afin que sur icelles le roi élût pour
« femme celle qui lui agréeroit. »

« Et il poursuit en détail ce conseil gaillard avec toutes sortes d'enjolivements.

« Bref, le roi insistant toujours sur ces trois conditions dont il veut être sûr à l'avance : que la femme en question soit belle, qu'elle soit d'humeur douce et complaisante, et qu'elle lui fasse des fils ; Sully, de son côté, tenant bon et se retranchant à dire qu'il n'en connaît pas avec certitude de telles, et qu'il faudrait en avoir fait l'essai au préalable, pour savoir ces choses, Henri finit par livrer son mot, le mot du cœur :

« — Et que direz-vous si je vous en
« nomme une? »

« Sully fait l'étonné et n'a garde de deviner ; il n'a pas assez d'esprit pour cela, assure-t-il.

« — Oh! la fine bête que vous êtes, dit
« le roi. Mais je vois bien où vous voulez en
« venir et, faisant ainsi le niais et l'igno-
« rant, c'est en intention de me la faire
« nommer, et je le ferai. »

« Et il nomma sa maîtresse Gabrielle comme réunissant évidemment les trois conditions :

« — Non pour cela, ajoute-t-il un peu
« honteusement et en faisant retraite à
« demi, non que je veuille dire que j'aie
« pensé à l'épouser, mais seulement pour
« savoir ce que vous en diriez si, faute
« d'autre, cela me venoit quelque jour en
« fantaisie. »

« On voit quelle vive et vraie conversation il s'est tenu entre le roi et Sully dans ce jardin de Rennes ; il n'y a manqué, pour faire une excellente scène de comédie historique, que d'avoir été racontée par les secrétaires un peu peu plus légèrement. »

Poussé dans ses derniers retranchements, le madré Sully fut bien obligé, après qu'il fut revenu d'un étonnement qui n'avait fait que redoubler, comme on pense, à cette déclaration catégorique — Sully fut bien obligé, disons-nous, de donner son opinion au roi qui la lui demandait, ou du moins, de faire en sorte qu'il la devinât derrière ses restrictions habiles d'homme de cour.

Ce fut alors, en conséquence, qu'il fit l'éloge de la marquise de Beaufort en tant que « confidente » du roi.

En ceci, Sully parlait en honnête homme, non en homme politique. Avec de Thou et quelques autres, il faisait exception dans le parti protestant, presque tout entier favorable au mariage de Gabrielle d'Estrées avec le roi, par crainte de voir celui-ci épouser une catholique dont il subirait très probablement toutes les fantaisies, ces fantaisies dussent-elles aller jusqu'à lui faire persécuter ou tout au moins disgracier ses amis et anciens coreligionnaires. Et nul doute que ce fût ce parti et Gabrielle qui, en fin de compte eussent triomphé, sans un événement tragique qui devait mettre un terme aux intrigues de la marquise de Beaufort en même temps qu'à sa vie.

En attendant, et quoique les deux interlocuteurs du jardin de Rennes eussent dû garder le secret, certainement le sujet de leur conversation, ressassé du reste depuis des années, transpersa dans le public, commenté bientôt par l'épigramme suivante :

> Mariez-vous de par Dieu, Sire,
> Votre héritier est tout certain,
> Puisqu'aussi bien un peu de cire
> Légitime un fils de p.....;
> P..... dont les sœurs sont p.tantes.
> La grand'mère le fut jadis,
> La mère, cousines et tantes,
> Hormis madame de Sourdys.

C'était une belle et noble famille, par le côté des femmes, en effet ; le peu que nous en avons dit en est certainement une preuve. Mais un roi n'a pas besoin d'y regarder de si près. Il est vrai de dire, pourtant, qu'après ce qu'il avait souffert de la reine Marguerite, il pouvait être au moins assuré de ne point courir le risque, sous un certain rapport, d'échanger son âne borgne pour un aveugle.

Sainte-Beuve rappelle, dans la citation que nous avons faite plus haut de ses admirables causeries, que le divorce de Henri avec la reine Marguerite était à cette époque « chose convenue et déjà ménagée en secret auprès du pape. » Chose convenue, jusqu'à un certain point, mais en tout cas, il est vrai qu'un envoyé du Béarnais, un ambassadeur extraordinaire, suivait auprès du Saint-Siège cette délicate négociation ; c'était Nicolas Brûlard, seigneur de Sillery, alors président au Parlement de Paris et depuis grand chancelier de France, l'un des serviteurs les plus dévoués et les plus habiles du roi Henri.

Cependant la négociation trainait en longueur. Le roi, poussé par sa maîtresse qui, bien qu'occupée aussi à d'autres intrigues, se montrait de plus en plus impatiente d'une solution, écrivit à Sillery dans les termes les plus pressants de ne rien négliger pour en finir avec cette affaire.

Sur ces entrefaites, la marquise de Beaufort devint grosse pour la quatrième fois. A cette occasion, le roi érigea la terre de Beaufort, dont elle portait maintenant le nom, en duché-pairie. Il redoubla d'activité pour assurer son union avec une femme qui, parmi d'autres avantages dont nous n'avons pas besoin de parler, lui apporterait des héritiers tout faits en dot.

Malgré tous ces retards, la duchesse de Beaufort était certaine du triomphe ; aussi, se considérant déjà comme reine — et nous avons vu que tous les courtisans agissaient à son égard comme si elle l'était en réalité, — elle agissait en conséquence.

Sa conduite avait totalement changé dans ces derniers temps, et elle affecta un air si digne, si modeste, si *comme il faut*, dirions-nous aujourd'hui, qu'on lui aurait donné le bon Dieu sans confession. Le roi, dans son étrange naïveté, l'admirait de plus en plus, et se reprochait comme un crime d'avoir quelquefois accusé d'infidélité une si vertueuse personne.

Mais ce n'était pas seulement pour l'édification d'Henri que la rusée commère étalait des dehors vertueux : elle se savait, non seulement détestée du peuple à cause de son faste, mais surtout méprisée par lui pour son infamie ; — et c'était lui qu'elle voulait convaincre d'erreur. Dans cette vue, elle résolut d'aller faire ses pâques à Paris.

Le roi avait passé joyeusement le carême à Fontainebleau, d'où il partit le dimanche des Rameaux (1599) pour se rendre à Melun. Là, la duchesse fit préparer un bateau et s'y embarqua le mardi saint pour Paris.

Arrivée le même jour, elle descendit chez la maréchale de Balagny, sa sœur ; le lendemain, elle se rendit au Petit-Saint-Antoine avec Mᵐᵉ et Mˡˡᵉ de Guise, la duchesse de Retz et ses filles, pour y entendre l'office des Ténèbres. Elle y alla en litière, et les autres dames en carrosse ; un capitaine des gardes du corps marchait à côté de sa litière sans s'en écarter d'une semelle et lorsqu'on fut arrivé, ce capitaine la conduisit dans une chapelle qu'on lui avait réservée, pour qu'elle ne fût pas trop pressée par la foule.

Tant que dura l'office, il convient de dire que la duchesse de Beaufort s'occupa de toute autre chose. Elle montra à Mˡˡᵉ de Guise des lettres qu'elle venait de recevoir de Rome et par lesquelles on lui mandait que ses vœux ne tarderaient pas à être comblés. Elle lui fit également voir des épîtres extrêmement passionnées de son royal amant. Henri lui mandait qu'il dépêchait en ce moment à Rome le secrétaire d'État Duchêne (entièrement dévoué aux intérêts de la duchesse et à l'élévation de sa famille, par la raison qu'il en faisait quelque peu partie, ayant épousé une parente de sa future souveraine), lequel avait mission de prier Sa Sainteté de se hâter de donner son approbation à l'acte qu'il méditait, attendu que, s'il tardait trop, il était résolu à l'accomplir avec ou sans sa permission.

Des nouvelles si intéressantes firent donc beaucoup de tort au service religieux que ces dames étaient venues pour entendre, et le fait est qu'il fut achevé avant qu'elles eussent eu le loisir de s'en occuper.

On quitta donc l'église, et alors la duchesse de Beaufort dit à Mˡˡᵉ de Guise qu'elle se sentait mal à son aise, et qu'elle allait descendre au Doyenné de Saint-Germain-l'Auxerrois, où elle logeait habituellement, pour se mettre au lit immédiatement.

Elle remonta donc dans sa litière tandis que Mˡˡᵉ de Guise regagnait son carrosse.

Lorsque Mˡˡᵉ de Guise arriva ensuite chez la duchesse de Beaufort, elle trouva celle-ci en train de se faire déshabiller, et se plaignant d'un violent mal de tête. A peine fut-elle au lit qu'elle fut saisie d'une convulsion dont on eut quelque peine à la faire revenir.

Elle voulut alors écrire au roi, sans doute pour lui apprendre dans quel état elle se trouvait ; mais une nouvelle convulsion l'en empêcha. Une lettre d'Henri IV étant arrivée sur ces entrefaites, on la lui remit lorsqu'elle fut calmée ; mais une troisième convulsion l'empêcha de la lire.

Elle resta dans cet état convulsif jusqu'à l'heure de sa mort, qui arriva seulement le vendredi saint, 10 avril 1599, à six heures du matin, ayant accouché la veille d'un enfant mort.

Cette mort horrible, dans des convulsions qui l'avaient défigurée à tel point, qu'au rapport de Sainte-Foix, on ne pouvait plus voir sans horreur ce visage naguère si charmant, fut bientôt le commentaire de la cour et de la ville.

Quelle était la cause de cette mort ? — L'apoplexie, tout bonnement, répondent quelques historiens. Peu de contemporains, dans tous les cas, admirent cette explication ; mais celles qu'ils en donnaient ne valaient guère mieux.

Dans le peuple, il va sans dire qu'on attribuait cette fin terrible à quelque sortilège.

On publia en effet que Gabrielle avait fait un pacte avec le diable pour épouser le roi, et que le diable lui avait joué un mauvais tour de sa façon. On ajoutait, pour embellir cette fable grossière qui rencontrait beaucoup de crédit, que longtemps auparavant la duchesse avait été avertie de sa fin tragique; qu'étant un jour au jardin des Tuileries, elle y avait rencontré un fameux magicien qui tirait l'horoscope aux dames de la cour; qu'ayant la curiosité de savoir quelle serait sa destinée, elle l'avait prié de le lui apprendre; de quoi le magicien s'était défendu pendant plus d'une heure, disant que, dans l'état florissant où était sa fortune, elle ne devait plus rien avoir à souhaiter.

Mais, comme elle avait insisté pour savoir au moins de quelle manière elle terminerait ses jours, cet homme lui avait répondu qu'elle n'avait qu'à prendre son miroir de poche, et qu'elle y verrait ce qui faisait l'objet de sa curiosité.

La duchesse ayant effectivement tiré son miroir de sa poche, et y ayant arrêté ses regards, elle y avait vu le diable en personne activement occupé à l'étrangler. Ce tableau lui avait même causé une telle épouvante qu'elle était tombée évanouie dans les bras d'une de ses femmes qui se trouvait près d'elle à point nommé pour lui rendre cet office.

L'opinion de Sismondi est beaucoup plus raisonnable, et en outre elle nous paraît infiniment plus digne de créance. L'auteur de l'*Histoire des Français* est d'avis, ou tout au moins le laisse-t-il supposer, que Gabrielle fut empoisonnée par le grand-duc de Toscane, en ce moment à Paris pour suivre de plus près certaines négociations secrètes ayant pour objet de faire épouser sa nièce, Marie de Médicis, au roi de France.

Le grand-duc de Toscane cachait sans doute l'objet de sa présence à Paris, mais non cette présence même; il allait à la cour, et le jour où, en sortant du Petit-Saint-Antoine, Gabrielle se sentit frappée du mal qui devait l'emporter, il est constant qu'elle avait dîné avec le grand-duc chez le banquier Zamet; or quand on dîne avec un Médicis ou un Borgia dont on contrarie les intérêts, l'histoire nous apprend qu'on commet toujours une grande imprudence.

Ce même vendredi saint, jour de la mort de la duchesse, La Varenne vint trouver, à Saint-Germain-l'Auxerrois où il entendait dévotement le sermon de la Passion, le maréchal d'Ornano, et lui communiqua la lugubre nouvelle, avec prière de tout tenter pour empêcher le roi de venir à Paris, comme il en avait manifesté l'intention. D'Ornano n'eut qu'à se tourner un peu de côté pour donner les instructions nécessaires au marquis de Bassompierre qui, non moins dévot que le maréchal, était à ses côtés.

Bassompierre partit immédiatement, et il rencontra le roi près de Villejuif, arrivant à bride abattue. « Dès que ce prince vit le maréchal, dit un historien, il se douta bien des nouvelles qu'il venait lui annoncer... »

Ceci nous paraît un peu fort, mais nous n'y insisterons pas. Ce qui n'est pas moins fort, c'est que le Béarnais, lorsqu'il vit ses soupçons vérifiés, se laissa emporter à des gémissements bruyants, à des cris, à des gesticulations indignes d'un petit Savoyard qui aurait vu sa marmotte expirer dans ses bras. Finalement il s'évanouit; on dut l'emporter à l'abbaye de la Saussaye et le coucher jusqu'à ce qu'on eût trouvé un carrosse pour le remmener à Fontainebleau.

Si vous croyez cela, lecteur bénévole, ou si, le croyant, l'idée d'une infâme comédie ne vous vient pas immédiatement à l'esprit, c'est que vous serez plus crédule que je ne le puis être.

En tout cas, Henri IV trouva à Fontainebleau le corps complet de ses courtisans transformés en pleureurs. Il les pria charitablement de retourner à Paris en toute hâte, afin de prier Dieu avec la plus grande ferveur, non pour le repos de l'âme de sa maîtresse regrettée, mais pour sa propre et prompte consolation. Il retint toutefois auprès de lui Bellegarde et Bassompierre. Pendant cinq ou six jours, il ne fut visible que pour ces deux seigneurs, à l'exception des ambassadeurs accrédités à sa cour, qui eurent la platitude de venir lui faire, au nom de leurs souverains, leurs compliments de condoléance.

Si le grand public, par ses représentants je suppose, avait été admis, lui aussi, à manifester ses sentiments sur l'événement qui venait de s'accomplir, peut-être ne l'eût-il pas fait en des termes sensiblement différents des mauvais vers qui, sous le titre de *Dialogues*, parurent le lendemain de la mort de Gabrielle, et parmi lesquels nous choisirons, pour les citer, les seuls qui puissent l'être ou à peu près :

De mes parents l'amour voluptueuse
Et de mes sœurs l'ardeur incestueuse
Rendent assez mon lignage connu.
De l'exécrable et malheureuse Atrée
Est emprunté notre surnom d'Estrée,
Nom d'adultère et d'inceste venu...

Les obsèques de la duchesse de Beaufort eurent lieu avec une pompe extravagante. Le maréchal de Balagny, son beau-frère et bâtard de l'évêque de Valence, Montluc, conduisait le deuil ; et comme les six autres sœurs (la femme de Balagny était l'aînée) de la défunte, qui étaient encore plus dissolues qu'elle-même y assistaient, le poète Sigogne célébra tout le cortège dans le sixain que voici, lequel ne manque certes pas de valeur :

J'ai vu passer sous ma fenêtre
Les six péchés mortels vivans,
Conduits par le bâtard d'un prêtre,
Qui tous ensemble allaient chantans
Un *Requiescat in pace*
Pour le septième trépassé.

XXII

La marquise de Verneuil.

SOMMAIRE. — Sauvons le roi ! — Un clou chasse l'autre. — La Thébaïde de Marie Touchet. — Une noble famille. — Exposition de jolies filles. — Henriette d'Entragues. — Une affaire supérieurement conduite. — Cent mille écus et une promesse de mariage solennelle et authentique. — Un document à consulter. — Menus braconnages du roi vert-galant. — La Glandée. — Tapage nocturne à l'hôtel Zamet. — Un duel à trois sur l'escalier. — Le Parlement mis en réquisition pour rien. — Le roi revient à la Bourdaisière. — Henriette d'Entragues fait de mauvaises couches. — Reprise des négociations matrimoniales. — La maîtresse ou la femme ? — Le crime est consommé. — La marquise de Verneuil. — Arrivée en France de Marie de Médicis et de son cortège. — Intrigues d'amour et querelles de jalousie. — La marquise et la reine. — Conduite blâmable d'un jeune marié. — Léonora Galigaï et Concino Concini. — Entre deux accouchées. — Touchante union de la maîtresse et de l'épouse. — Le réveil de la haine. — La duchesse de Villars à l'œuvre. — Le prince de Joinville dans une position désagréable et quelque peu honteuse. — Un paquet de lettres. — Bellegarde à la rescousse. — Utilité des secrétaires. — Le sot amoureux dupé. — Les méchants confondus et les bons réhabilités. — Querelles de ménage. — Un nouveau retour du roi à l'aimable et complaisante Bourdaisière. — La comtesse de Moret.

Point n'est besoin de nous estomaquer à crier sur les toits, que le deuil de la belle Gabrielle ne pesa pas longtemps sur les épaules ni sur le cœur du roi vert-galant. Il avait pourtant pris la peine d'écrire à sa sœur Catherine, qui lui avait adressé une lettre de condoléance, cette phrase solennelle : « La racine de mon amour est morte ; elle ne rejettera plus. » Mais c'était quelques jours seulement après la mort de sa maîtresse ; et puis, le roi Henri n'était pas chiche d'engagements solennels, qu'il ne devait jamais tenir.

En outre, un roi triste, dans une telle cour, aurait produit une impression lamentable, une choquante anomalie ; il fallait prévenir à tout prix une aussi triste éventualité. Et comme un clou chasse l'autre, les courtisans se mirent en quête d'occuper le cœur — ou l'esprit — du roi mélancolique par un nouvel amour.

L'objet nouveau qui devait faire complètement oublier, au bout de quelques semaines, la maîtresse tant pleurée, non sans un grain d'hypocrisie à ce qu'il nous semble, fut bientôt découvert ; l'intrigue se noua et le piège tendu au vert-galant, on s'occupa du soin d'ailleurs facile de l'y pousser.

Ses favoris l'entraînèrent donc — sans grandes peines, il est vrai, à une partie de chasse qui avait lieu dans les environs de Malesherbes, château appartenant au marquis d'Entragues, époux de Marie Touchet, l'ancienne maîtresse du roi Charles IX.

Ce n'est pas cette dernière que l'on comptait présenter au roi pour succéder à Gabrielle d'Estrées, comme on pense bien, mais ses deux filles, charmantes toutes deux, et probablement préparées d'avance.

La marquise d'Entragues, ayant appris que le roi chassait dans le voisinage, l'envoya prier de venir se reposer chez elle au retour. Henri IV, s'il ignorait le piège qui lui était tendu, savait fort bien, du moins, qu'il y avait là deux jolies filles à voir, et aucune puissance humaine ne l'eût dissuadé d'y aller. Il accepta donc l'invitation de la marquise avec les marques de la reconnaissance la plus chaleureuse.

L'aînée des filles de Marie Touchet n'avait pas vingt ans alors, et elle était douée d'une beauté ravissante, dont la réputation avait retenti jusqu'à la cour, et par conséquent aux oreilles d'Henri IV, qui désirait d'autant plus s'en assurer par lui-même. La réalité, à ce qu'il paraît, dépassa toutes ses suppositions ; et comme elle était là justement comme l'appât du piège et qu'elle ne répugnait nullement à remplir un pareil rôle, l'affaire fut réglée en peu de temps.

Henri demeura plusieurs jours au château. A table, on eut soin de le placer toujours, en sandwich, entre les deux filles de la maison qui, la nuit, couchaient porte à porte avec lui.

On se dira que nous exagérons sans doute à plaisir le rôle infâme des parents dans cette affaire...

Bah ! attendez un peu, et vous en verrez bien d'autres.

Une fois le roi amené au point où les d'Entragues comptaient le voir, ce qui ne tarda guère, l'innocente Henriette consentit en rougissant tendrement à « couronner ses feux, » mais elle mit un prix à ses faveurs, et un prix assez élevé, à notre appréciation, pour un temps où l'argent était cher, et où le peuple végétait dans une misère abjecte.

Sully dut en effet, non sans rechigner, compter à la belle la somme de cent mille écus à titre d'arrhes. Mais outre cela, les parents d'Henriette exigèrent du roi une promesse de mariage en bonne et due forme.

Henri IV n'en était pas à son coup d'essai, nous le savons, en fait de promesses de mariage, et comme, en attendant un peu, la proposition ne pouvait manquer de venir spontanément de lui-même, il accepta cette condition comme il avait fait de l'autre.

Notez qu'à cette époque, le Béarnais

HISTOIRE DE LA PROSTITUTION

Filippa Duco.

avait quarante-six ans, c'est-à-dire cet âge où, chez les gens du commun, on fait le moins de sottises grossières, n'étant ni assez jeune ni assez vieux pour cela. Quoi qu'il en soit, Henri de Navarre écrivit et signa de sa propre et royale main le document exigé, dont nous donnons le texte, d'après la pièce originale que la Bibliothèque nationale conserve parmi ses manuscrits précieux :

« Nous, Henry quatrième, par la grâce de Dieu, roi de France et de Navarre, promettons et jurons devant Dieu, en foy et parole de roy, à messire François de Balzac, sieur d'Entragues, chevalier de nos ordres, que, nous donnant pour compagne damoiselle Henriette-Catherine de Balzac, sa fille, au cas que dans six mois, à commencer du premier jour du présent, elle devienne grosse et qu'elle en accouche d'un fils, alors et à l'instant, nous la prendrons à femme et à légitime épouse, dont nous solenniserons le mariage publiquement et en face de Nostre Saincte Église, selon les solennités en tels cas requis et accoustumez.

« Pour plus grande approbation de laquelle présente promesse, nous promettons et jurons comme dessus de la ratifier et renouveler soubs nostre seing, incontinent et aprez que nous aurons obtenu de Nostre Sainct Père le Pape la dissolution du mariage entre nous et dame Marguerite de

France, avec permission de nous remarier où bon nous semblera.

« En tesmoing de quoy nous avons escrit, signé la présente,

« Au bois de Malesherbes, ce jourd'huy premier octobre 1599.

« HENRY. »

Le roi, là-dessus, alla s'installer avec sa cour peu nombreuse au Hallier, tandis que Mlle d'Entragues, quittant la maison paternelle où une si belle éducation lui avait été donnée, prenait ses quartiers au Chenaut, où le roi l'allait voir tous les jours, étant dans le premier enthousiasme de la possession.

Henriette se rendit ensuite à Paris. Le roi avait affaire à Orléans et y alla en conséquence. Là, un nouveau piège lui était tendu : la maréchale de la Châtre, avec ses deux filles, était sous les armes. Les deux demoiselles de la Châtre étant à la vérité fort jolies, Henri en fut très occupé pendant deux grands jours. Mais il était pourvu et attaché de court : il quitta, non sans regret peut-être, l'aimable et hospitalière maison de madame la maréchale et partit en poste pour Paris. Il y descendit à l'hôtel de Gondy, pour être plus près de Mlle d'Entragues, qui était descendue à l'hôtel de Lyon, par suite d'un accord préalable.

On ne s'explique pas aisément, après ce que nous avons été obligés de dire sur les parents d'Henriette d'Entragues, dans le marché qui livrait celle-ci au roi, ce qui arriva ensuite ; mais si l'on parvenait à démêler toutes ces odieuses intrigues de cour sans y mettre du sien, comme lorsqu'on fait du roman, il faudrait passer pour sorcier.

Le fait est que le père et le frère d'Henriette s'avisèrent de recevoir fort mal le messager ordinaire du roi près de celle-ci, lorsqu'un jour ils rencontrèrent chez elle ce Pandarus, dont le vrai nom était le comte de Lude. Le frère, cela se comprendrait à la rigueur : la jeunesse est généralement honnête ; mais le marquis d'Entragues, ce mari complaisant de la maîtresse de Charles IX et le possesseur de la pièce que nous venons de signaler !... C'était grotesque.

Grotesque ou non, le fait est que François de Balzac fit mettre les chevaux à son carrosse et qu'il enleva sa fille à la barbe du Béarnais furieux, pour l'enfermer, soi-disant, au château de Marcoussis.

Henri IV eut bientôt pris la poste, sous prétexte d'aller à Blois, et comme Marcoussis se trouvait par hasard sur son chemin, il y descendit tout naturellement en passant, et y demeura plusieurs jours ; après quoi il revint à Paris, où il descendit chez le président de Verdun, car il n'avait pas pour le moment d'équipage à Paris et était obligé d'aller demander à l'un et à l'autre le vivre et le couvert.

Au nombre des personnages alors favorisés des visites du roi, se trouvait le financier Zamet, à la table duquel avait été empoisonnée, à ce que beaucoup pensèrent, la duchesse de Beaufort ; mais Henri IV ne paraissait pas s'en douter, ou bien, s'il s'en doutait, ne lui en tenait pas rancune. Il faut dire que Zamet était un homme à ménager. Quand le roi avait besoin d'argent, il en trouvait chez lui ; il y trouvait encore autre chose à l'occasion. Ainsi, dans le temps que, se jouant de sa passion, les parents d'Henriette d'Entragues tenaient leur fille claquemurée, c'est chez Zamet que le Béarnais trouva les distractions les plus agréables et selon son goût, c'est chez Zamet qu'il fit la rencontre de Mlle de la Glandée, espèce de prostituée de profession, quoique de « bonne » maison.

La première nuit qu'il passa avec cette demoiselle fut toutefois troublée par un incident bizarre, dont les principaux acteurs étaient, au reste, les seigneurs de la suite d'Henri.

A peine s'était-il mis au lit, qu'il entendit sur l'escalier un cliquetis d'épées. Il se leva précipitamment, ouvrit la porte de sa chambre et appela. Bassompierre parut et lui raconta que le duc de Bellegarde et le prince de Joinville (depuis duc de Chevreuse) s'étaient querellés. Joinville avait reproché à Bellegarde d'avoir tenu au roi des propos malveillants au sujet de Mlle d'Entragues et de lui-même. Tel était le grave sujet de la dispute, et l'on pense bien que les épées n'avaient pas tardé à sortir du fourreau pour une aussi belle cause.

Bassompierre ajouta que le prince de Joinville avait reçu un coup d'épée dans les fesses — ce qui est un singulier endroit pour un coup d'épée, — et que le vidame du Mans, qui avait voulu séparer les deux adversaires, avait été grièvement blessé.

Sur ce rapport, le roi sortit en robe de chambre et l'épée sous le bras, précédé de Bassompierre, armé, lui, d'un flambeau. Parvenu sur le lieu de la lutte, il n'y rencontra plus que Praslin, les auteurs de la querelle s'étant retirés, et Praslin venant de faire fermer les portes derrière eux.

Henri IV, furieux d'avoir été ainsi dérangé, rentra dans sa chambre et envoya immédiatement au premier Président l'ordre de se rendre auprès de lui le lendemain, avec le Parlement.

L'illustre corps obéit, et le lendemain à neuf heures, se présenta à la maison Zamet pour prendre les ordres du roi, qui se résumaient à informer rapidement de cette aventure et à en tirer prompte et sévère justice; — car il y avait peine de mort contre les fauteurs de duel.

Une commission fut aussitôt nommée et chargée de cette information. Elle reçut les dépositions de Cramail, de Bazaut, de Bassompierre et de Chasseran, témoins de la querelle. Mais tout cela n'aboutit à rien : l'intervention de Mme de Guise et de sa fille ayant fait abandonner l'information à peine à son début. D'ailleurs, le roi avait bien pu jeter feu et flamme sur le moment, mais c'est à peine s'il s'en souvenait le surlendemain.

Quelque temps après, Henri IV retourna à Blois, avec l'intention évidente de faire une pointe sur Malesherbes; mais auparavant, il alla rendre visite, à Chenonceaux, à la reine Louise, et pour ne pas perdre son temps, prit quelques libertés avec Mlle de la Bourdaisière, fille d'honneur de cette princesse, et de bonne lignée s'il en fut, surtout par les femmes.

Mais ce n'étaient que des actes de simple braconnage, incapables de lui faire oublier la belle Henriette d'Entragues. Or, comme celle-ci, voyant qu'à tenir une espèce de rigueur au roi elle jouait gros jeu, finit par s'humaniser, Henri fut bientôt tout à elle. Si bien que, lorsqu'il fut de retour à Paris, où il l'avait envoyée et fait loger à l'hôtel d'Archand, il la trouva grosse. Elle alla faire ses couches à Monceaux; mais ces couches ne devaient pas avoir lieu selon le cours ordinaire de la nature. Mme d'Entragues, épouvantée par un violent coup de tonnerre, tomba à la renverse et se blessa; de sorte qu'on tira un enfant mort de son sein.

Cependant les négociations relatives à un mariage avec Marie de Médicis n'avaient pas été suspendues — sincèrement? Ce n'est pas sûr : dans quelle occasion de sa vie peut-on vraiment dire que le Béarnais agit avec une entière sincérité?

Ce que voulait Henri IV, c'était rompre son mariage avec la reine Marguerite; or, en dépit de l'accumulation des preuves d'impudicité de la pauvre Margot que présente le fameux manifeste que nous avons publié, la demande de divorce était basée sur la parenté des deux conjoints, tout simplement. Le saint-siège répugnait à rentrer dans une voie dangereuse et depuis longtemps abandonnée. D'autre part, le consentement de Marguerite, qui eût pu aplanir les principales difficultés, ne pouvait être obtenu d'elle qu'à une condition que l'on sait.

Marguerite voulait bien consentir à céder sa place à quelqu'un qui valût mieux qu'elle, mais non à une p..... comme elle.

Ce n'était pas trop exiger.

Or, à toutes les démarches tentées par son chaste et scrupuleux époux et roi, il y avait toujours un même mobile : être libre de s'unir à la favorite actuellement régnante, c'est à dire à une femme qui valait moins que la fille des Valois, que les sens dominaient infiniment plus que l'ambition ; et celle-ci refusait obstinément.

Mais lorsqu'on lui eut fait part du projet d'union avec la fille de François de Médicis, sa parente, elle tint parole et donna le consentement demandé (novembre 1599).

Nous avons dit avec quel luxe d'expressions, le roi le plus populaire de France et de Navarre manifesta aussitôt la haute estime qu'il avait toujours conservée pour le caractère, la loyauté, la « candeur » etc., de son ancienne femme légitime (et il faut bien reconnaître qu'il y a une certaine grandeur, et peu ordinaire, dans cette renonciation), quelques mois seulement avant de la traîner publiquement dans la boue.

Bref, au moment de la catastrophe, Henri IV était libre de ce côté depuis un certain temps déjà. Mais il ne l'était presque plus d'autre part.

Si l'enfant qu'Henriette d'Entragues portait dans son sein, et qui était un fils, fût venu à terme et plein de vie, de par « sa foy et parole de roy » Henri se trouvait engagé à épouser la mère de ce fils, si l'on s'en souvient, « alors et à l'instant. »

Cela ne faisait plus aussi bien son affaire, car les négociations pour l'union projetée avec Marie de Médicis étaient allées si bon train, et avec son entière approbation, du moins dans les derniers temps, que le duc de Bracciano, nanti de sa royale procuration, que lui avait apportée Bellegarde, venait d'épouser Marie au nom du roi de France !...

Le roi ne souffla mot de cette petite circonstance à sa maîtresse, sérieusement malade et dont il ne quittait guère le chevet, poussant le dévouement jusqu'à présider à l'administration des remèdes que la malade devait prendre, jusqu'à préparer lui-même ses potions.

Mais à la fin, il fallut bien que l'ambitieuse sacrifiée apprît ce qui s'était passé. Alors elle entra dans une violente fureur et traita son amant parjure... comme il le méritait. « Oubliant, dit un écrivain, les obligations qu'elle avoit au roy, et toutes les marques d'amitié qu'elle en avoit reçues, elle le traita avec une indignité qui auroit rebuté tout autre amant ; mais bien loin de sentir diminuer sa passion par un procédé si bizarre, il la combla de nouveaux bienfaits et la fit marquise de Verneuil. »

Ajoutons que, le jour même où Henri IV apprenait à Mme d'Estragues que son mariage avec Marie de Médicis avait été célébré à Florence, il lui remettait, à elle, Henriette d'Entragues, désormais marquise de Verneuil, une lettre de créance pour un agent spécial qu'elle envoyait à Rome, avec les pièces nécessaires pour obtenir l'invalidation de ce mariage à peine prononcé !

Cependant la nouvelle reine de France débarquait à Marseille. Elle était accompagnée de sa tante Élisabeth, femme du grand duc régnant de Toscane, d'Éléonore, femme de Vincent de Médicis, premier duc de Mantoue, et de Giordano Orsini, son cousin germain et, assure-t-on, son amant.

Elle y fut reçue par le duc de Guise, gouverneur de la Provence, les cardinaux de Givry, de Joyeuse, de Gondy et de Sourdis, le chancelier de Bellièvre, le connétable de Montmorency, par les duchesses de Nemours, de Guise, etc., etc.

La marquise de Verneuil avait suivi la cour jusqu'à Lyon, mais elle n'eut pas le courage d'aller plus loin. Elle retourna à Paris, pour n'être pas témoin de la célébration solennelle de son propre désastre, du convoi funèbre de ses ambitieuses espérances.

Le connétable de Montmorency avait avec lui ses deux filles, et la plus jeune, la duchesse de Ventadour, ne perdit pas de temps à nouer une intrigue avec Giordano Orsini — autrement Jourdain des Ursins, fils du duc de Bracciano. — Intrigue éphémère, d'ailleurs, car Jourdain repassa les monts peu de temps après.

La duchesse de Ventadour, par bonheur, avait plus d'une corde à son arc : les ducs de Guise et d'Épernon se disputaient ses précieuses faveurs, et sans l'intervention du roi Henri, qui déjà papillonnait lui-même autour de la jeune duchesse, nul doute que ces deux seigneurs ne se fussent réciproquement coupé la gorge — ce qui eût été une perte irréparable pour l'humanité.

Après cette entrevue, une querelle s'éleva sur une question de préséance, entre Mlle de Guise et la duchesse de Ventadour, rivales de beauté et toutes disposées par conséquent à se haïr mortellement. Toutes les interventions du monde n'y purent rien faire.

Pour vider une bonne fois le sac aux ferments de haine, nous dirons que malgré son empressement auprès de sa femme, qui avait au moins pour elle l'attrait du fruit nouveau, Henri IV entretenait une correspondance suivie avec la marquise de Verneuil, et que les courriers royaux se succédaient sans relâche dans la retraite de celle-ci. Enchantée de ce retour, ou plutôt de cette continuation de la faveur royale, la marquise ne se gêna pas pour manifester tout haut l'opinion, rien moins que favorable et respectueuse, qu'elle avait conçue de la reine, et celle-ci, déjà irritée des manières du roi, en conçut une haine vigoureuse pour cette maîtresse insolente qui la raillait. Dès lors, deux partis se formèrent à la cour : le parti de la reine et celui de la maîtresse du roi. — On sait que les rois eux-mêmes n'ont pas de partisans propres.

Mais ne nous appesantissons pas trop sur ces haines de femmes, si vigoureuses qu'elles puissent paraître. Bientôt la maîtresse et l'épouse légitime furent au mieux, et il n'y eut plus guère que le mari et l'amant qui, entre elles deux, fut à la gêne ordinaire et extraordinaire. Il ne l'avait pas volé, par exemple !

A son retour de Lyon, Henri IV s'embarqua à Roanne, descendit la Loire jusqu'à Briare, vint de là coucher à Fontainebleau, et le lendemain dînait à Villeneuve-Saint-Georges, d'où passant la Seine au bas des Tuileries, le pont Rouge n'étant pas encore construit, il alla coucher à Verneuil accompagné seulement de quatre personnes. Il n'y demeura que trois jours et retourna enfin à Paris où il descendit chez Monglas, au cloître Saint-Nicolas du Louvre. Il y mena joyeuse vie, ayant toujours à souper huit ou dix bons vivants, ses compagnons ordinaires pour tout dire, et des dames, et quelles dames ! Les plus huppées et les plus aimables !

Pendant ce temps, la reine arrivait à petites journées ; les dames désignées pour remplir les charges de sa maison allèrent à sa rencontre, notamment la duchesse de

Nemours, surintendante ; Mme de Guercheville, dame d'honneur ; Mme de Richelieu, dame d'atours. Mais quant à cette dernière elle était révoquée avant d'être entrée en fonctions : la place était réservée à Éléonore Galigaï, la sœur de lait de la reine.

Le roi alla au-devant de la reine jusqu'à Nemours. Il la conduisit à Fontainebleau, puis, cinq ou six jours après, à Paris, où il l'installa à l'hôtel de Gondy, le Louvre n'étant pas encore prêt à la recevoir.

Le même jour, le Béarnais, dans sa haute sagesse et délicatesse singulière, ordonna à Mme de Nemours d'aller chercher chez elle la marquise de Verneuil et de la présenter à la reine. La surintendante dut obéir, non sans observations et sans chercher tous les moyens honnêtes et prudents de décliner l'invitation. Elle se doutait bien de ce qui arriverait. La marquise fut mal reçue, ce dont le roi sut très mauvais gré à... la duchesse, contre laquelle la reine se montrait furieuse de lui avoir présenté la marquise.

Entre l'arbre et l'écorce... Mais ce n'est pas toujours volontairement qu'on y place le doigt, surtout à la cour.

Cependant le jour allait briller où Marie de Médicis et Henriette d'Entragues allaient devenir amies intimes. Cette dernière, comprenant l'intérêt qu'il y avait pour elle à rester dans de bons termes avec la reine, saisit volontiers une excellente occasion qui se présenta, ou plutôt que présenta spontanément la sœur de lait de Marie.

Cette pauvre petite moricaude de Léonora Galigaï rencontrait tant d'opposition de la part du roi (elle était laide !) à se maintenir dans ses fonctions de dame d'atours de la reine, qu'elle ne savait à quel saint se vouer, lorsque l'idée lui vint que la protection qui devait être la plus facile à obtenir, en même temps que la plus efficace, devait être celle de la maîtresse du roi.

En effet, elle obtint par ce moyen ce qu'elle n'eût pu raisonnablement espérer obtenir de toute autre façon ; et la reine, du même coup, manifesta à la marquise de Verneuil une reconnaissance sincère et démonstrative.

Ce que voyant le roi, il s'empressa d'en profiter pour installer sa maîtresse au Louvre, à côté de sa femme.

Toutes deux devinrent grosses presque en même temps, et ce pauvre roi avait fort à faire, à partager ses soins entre l'une et l'autre ; mais un chroniqueur du temps fait toutefois la remarque qu'il était plus assidu et restait plus longtemps chez la marquise que chez la reine.

Malgré tout, l'épouse et la maîtresse continuaient à vivre en parfaite intelligence. Une circonstance nouvelle vint encore resserrer le nœud d'une union si édifiante.

Marie de Médicis avait amené avec elle, outre Éléonore Galigaï et d'autres spécimens remarquables de la race italienne, le beau Concini, son amant, qui avait su s'attirer par sa morgue et son insolence, bien qu'il ne fût qu'une espèce d'aventurier besogneux, la haine de tout le monde, à la ville comme à la cour, et en particulier celle du roi, qui flairait quelque chose de désagréable pour lui dans ses assiduités familières auprès de la reine.

Celle-ci, peut-être pour écarter le soupçon, désirait fort marier son amant avec sa sœur de lait, mais elle n'osait même en souffler mot.

Il n'y avait qu'un moyen de faire réussir ce projet, c'était d'en confier la fortune à la marquise de Verneuil. Concini, Éléonore, puis la reine elle-même prièrent si instamment la maîtresse du roi de s'occuper de cette affaire, qu'elle y consentit, malgré sa répugnance, basée sur l'aversion qu'elle savait bien que le roi professait pour les deux principaux personnages de cette comédie.

Sur la nouvelle de son consentement à s'en charger, la reine fit mille amitiés à la marquise, et à dater de ce moment, les deux rivales furent plus unies que deux sœurs. La reine traitait la marquise avec une distinction marquée en public, et lui envoyait des présents, partageait avec elle ceux qu'elle recevait elle-même.

N'était-ce pas touchant?

Enfin la reine accoucha du dauphin, depuis Louis XIII, le 27 septembre 1601; et un mois après, la marquise mettait au monde Gaston-Henri de Bourbon, duc de Verneuil.

Parmi les réjouissances qui eurent lieu pour célébrer cette double naissance, en temps convenable pour que les deux reines pussent y prendre part, il y eut un ballet que la reine fit préparer et qu'on étudia pendant trois mois. La marquise de Verneuil y figura, sur la prière de Marie de Médicis, et Henri IV, vaincu par tant de prévenances de la part de sa femme, fit aussitôt conclure le mariage d'Éléonore avec Concini et fit des présents magnifiques aux mariés.

Cependant l'amitié de la reine pour la marquise était trop démonstrative pour être sincère; au fond, elle la haïssait toujours mortellement, comme sait haïr une Italienne, et une Médicis. Il n'était pas douteux que, si une occasion se présentait de se venger de sa rivale préférée, elle ne la saisit avec empressement. Ces sortes d'occasions ne manquent jamais, et nous allons la voir naître d'un autre foyer de jalousie féminine dont la marquise ne soupçonnait peut-être même pas l'existence.

Henri IV, dont nous ne saurions rappeler que les intrigues amoureuses qui eurent le plus d'éclat, tant le nombre en est grand, avait eu jadis un penchant prononcé pour une sœur de la feue duchesse de Beaufort, la duchesse de Villars, qui avait fortement espéré avoir la survivance de sa sœur, quoiqu'elle ne fût point belle. Elle fit tout son possible pour conserver cette conquête équivoque, sans pouvoir y réussir; alors on peut croire qu'elle ne vit pas d'un bon œil celle qui l'avait dépossédée à tout jamais.

A mesure que sa rivale entrait plus avant dans la faveur royale et les privilèges y attachés, la duchesse de Villars sentait croître sa haine pour elle. Mais elle était impuissante à la traverser et presque autant à se venger elle-même. De sorte qu'elle se consumait dans sa rage, sans remède possible.

La reine s'aperçut bientôt de l'état d'esprit lamentable dans lequel se trouvait Mme de Villars, et n'eut pas de peine à en pénétrer la cause. Elle lui parla de telle manière qu'elle n'eut bientôt plus le moindre doute qu'elle tenait enfin sa vengeance, et qu'elle allait pouvoir l'exercer en toute sécurité, sans avoir l'air d'y être pour rien.

Éléonore et Concini, disons-le à leur décharge, ignorèrent ce qui se tramait contre leur bienfaitrice, de sorte que leur reconnaissance ne fut pas soumise à une épreuve dont ils ne se fussent peut-être pas tirés à leur honneur.

Il faut bien avouer que la marquise de Verneuil n'avait pas une conduite absolument exempte de critique, bien loin de là, hélas!

Bellegarde et, en dernier lieu, le prince de Joinville avaient, de notoriété presque publique, obtenu notamment ses faveurs. Peut-être le roi était le seul dans son royaume à l'ignorer. Ce dernier même, sinon l'autre, avait reçu d'elle de nombreuses lettres dans lesquelles, pour comble d'audace, le roi de France et de Navarre était çà et là traité comme un vulgaire paltoquet.

Or, il se trouva que Mme de Villars, si peu belle qu'elle fût, attira l'attention du prince de Joinville; elle résista quelque temps, pour la forme, et enfin elle mit pour condition au sacrifice de sa vertu sur l'autel de l'Amour, que Joinville lui remettrait les lettres qu'il avait reçues de Mme de Verneuil. Celui-ci, en honnête gentilhomme qu'il était, s'empressa de déférer à une demande si naturelle.

Quand Mme de Villars eut les lettres de sa rivale en son pouvoir, elle les porta d'abord à la reine, qui en fut enchantée, comme on pense, et la pressa de les remettre entre les mains du roi.

Mme de Villars, après quelques hésitations, se décida à chercher l'occasion de voir le roi en particulier. Elle y réussit en se rendant dans une église où il entendait dévotement la messe, en bon catholique qu'il était; elle prétexta quelques affaires importantes à lui communiquer et obtint aisément de lui un entretien particulier, quand le service fut achevé. Alors elle lui remit la correspondance qu'elle s'était procurée de la manière que nous savons, tout en lui adressant un petit *speech* de circonstance extrêmement touchant sur l'amour qu'elle n'avait jamais cessé de porter à sa personne, la peine que lui faisaient les abominables trahisons qu'elle lui voyait souffrir, son élévation, ses vertus, et patati et patata.

Un tel hors-d'œuvre n'était pas superflu avec un roi aussi vertueux et aussi intelligent et vraiment bon comme l'était Henri IV: on pouvait impunément lui casser l'encensoir sur le nez, pourvu que l'encens n'y fît pas défaut, et demander encore du retour. Il remercia Mme de Villars avec la plus grande effusion et lui promit de la récompenser de son dévouement avant même d'avoir la moindre idée de quoi il retournait.

Lorsqu'elle fut partie, le Vert-Galant prit connaissance des lettres qu'elle lui avait laissées. Cette lecture attachante le transporta de fureur. Il appela l'un de ses favoris, le comte du Lude, et l'envoya chez la marquise de Verneuil, avec ordre de lui dire que tout était fini entre eux et qu'il ne voulait plus entendre parler d'elle.

On peut imaginer l'étonnement de la marquise à l'ouverture du jeune messager du roi. Si dépravée qu'était la cour de France sous Henri IV, une lâcheté aussi honteuse que celle dont Joinville s'était rendu coupable était la dernière chose dont personne se fût avisé, et Mme de Verneuil moins que personne.

Elle reçut toutefois du Lude avec une froide dignité et lui donna à entendre que, sûre de son irréprochabilité, elle ne pouvait supposer autre chose, sinon qu'elle avait été odieusement calomniée auprès de Sa Majesté par des ennemis sans vergogne qu'elle saurait bien démasquer, avec l'aide de Dieu.

Quelques jours après cette aventure, Bellegarde, qui était toujours bien avec la marquise et qui s'était mis dans la tête de découvrir d'où pouvait venir le coup, faisait en effet cette belle découverte: Comment? par quel moyen? Nous ne saurions le dire; mais il la faisait, voilà l'essentiel.

Alors il résolut de déjouer les machinations diaboliques des ennemis de la marquise. Cela doit paraître bien impossible: il y a des preuves écrites, et ces preuves sont aux mains du principal intéressé; le doute ne lui est pas possible.

Erreur. Il est toujours possible de faire croire aux puissants qu'ils le sont trop pour qu'on ose vouloir les tromper; aux *vertsgalants* que leurs maîtresses leur sont fidèles en dépit de tout, et même des preuves les plus palpables et les plus convaincantes.

HISTOIRE DE LA PROSTITUTION

Marie Touchet.

Henri IV était payé pour se méfier, nous objectera-t-on. Sans doute ; mais plus on a de raisons de se méfier et moins on le fait : n'avez-vous jamais remarqué cela ?

Bref, Bellegarde, qui était habitué à tromper son maître tout en le flattant, s'y prit bien, et voici comment :

Le duc de Guise avait un secrétaire qui avait le talent de l'imitation poussé à un degré prodigieux : il n'y avait pas d'écriture qu'il ne pût contrefaire. Ceci était de notoriété publique, de sorte que ce secrétaire devait être un bien rare honnête homme, car s'il avait été le contraire, il aurait eu bien soin de cacher à tout le monde son dangereux talent.

Bellegarde alla trouver le prince de Joinville, et lui fit promettre qu'il déclarerait avoir eu recours au ministère de cet homme pour la confection des lettres que le roi avait entre les mains, et que par conséquent la marquise de Verneuil ne les avait jamais écrites. Il alla ensuite trouver cette dernière et lui fit part du résultat de sa démarche auprès de Joinville, qu'il avait trouvé d'ailleurs dans ses petits souliers et fort courroucé contre Mme de Villars.

La marquise ne perdit pas de temps. Elle

envoya prier le roi de vouloir bien lui permettre de se justifier de l'odieuse accusation dont elle était l'objet.

Henri ne doutait pas de sa culpabilité, c'eût été trop de bêtise à la fois; néanmoins il alla lui rendre visite, espérant plutôt y trouver un prétexte de raccommodement dont sa dignité n'eût pas trop à souffrir.

Il revint de chez la marquise absolument convaincu qu'elle avait été affreusement calomniée!!!...

Toute la colère royale tomba dès lors sur ceux qui avaient été les instruments de la disgrâce de la marquise de Verneuil, volontairement ou non : le secrétaire du duc de Guise, qui n'avait pas, qui ne pouvait avoir trempé dans le complot, fut jeté en prison ; le prince de Joinville fut envoyé en Hongrie combattre les Turcs, Mme de Villars fut reléguée, exilée dans une de ses terres.

De sorte que Mme de Villars, qui avait tant de raisons de se croire triomphante, se trouvait bannie honteusement de la cour, séparée d'un amant de famille plus que jamais chéri qu'il n'avait moins de compétiteurs, et voyait au contraire la fortune de sa rivale plus brillante que jamais.

Et que faisait la reine Marie pendant ce temps-là ?

La reine Marie, certaine de la victoire de sa complice, victoire qui aurait paru inévitable à un esprit sérieux et réfléchi, s'avisa de jeter le masque, c'est-à-dire de montrer la haine qu'elle ressentait pour la concubine de son royal époux à jamais perdue et ruinée, à ce qu'elle croyait.

Elle s'était un peu trop hâtée, comme on l'a vu, et Mme de Verneuil, s'apercevant qu'elle avait été dupe jusque-là de l'hypocrisie de la reine, s'empressa de lui rendre la monnaie de sa pièce. Ce fut cette fois une lutte ouverte, et la cour y prit part comme elle l'avait déjà fait, en se divisant en deux camps animés l'un contre l'autre des sentiments les plus fervents.

N'y pouvant plus tenir, le bon roi Henri déserta à la fois le lit conjugal et le lit concubinal. Il revint d'abord à Mlle de la Bourdaisière ; puis, ayant marié cette vertueuse damoiselle au comte d'Étampes, il noua une intrigue un peu plus serrée avec Jacqueline de Bueil, comtesse de Moret, qui avait été élevée dans la maison du prince de Condé, et que nous reverrons à l'œuvre avant qu'il soit longtemps.

XXIII

Décadence de la marquise de Verneuil et autres histoires.

SOMMAIRE. — La marquise de Verneuil se révolte. — Une conspiration. — Gémissements épistolaires du bon roy Henry quatriesme. — Arrestation, jugement et condamnation des conspirateurs. — L'odyssée du comte d'Auvergne. — Mme de Verneuil en disgrâce. — Levée inattendue d'une consigne sévère. — Siège de la duchesse de Nevers. — Echec piteux de l'assiégeant. — Réapparition de deux astres éclipsés : la comtesse de Moret et la marquise de Verneuil en scène. — Encore une histoire de lettres. — Bassompierre, criminel d'Etat. — Le graveur Turpin. — Intervention de Mme de Loménie. — Heureuse issue d'une méchante affaire. — La reine boit ! — La reine boude. — La comtesse de Moret et le prince de Joinville. — Ne touchez pas à la... maîtresse du roi. — Bassompierre en bonne fortune. — Le duc de Guise en mauvaise. — Un amusant quiproquo. — La décoration du Saint-Esprit. — Le duc de Guise trompé, berné et presque content. — Les erreurs d'une ingénue. — Une paire de gifles maternelles qui fait bien plaisir au roi. — Bassompierre songe à se ranger. — Infortunes matrimoniales de Mlle d'Entragues. — L'épilogue des amours de Mlle d'Entragues avec Bassompierre. — Le roi poursuit le cours de ses prouesses. — Mlle des Essarts. — La carrière accidentée d'une maîtresse royale.

La marquise de Verneuil n'était pas précisément ce qu'on appelle une personne commode, et ramener par la douceur les gens qui s'éloignaient d'elle, n'entrait pas le moins du monde dans ses moyens de persuasion.

Voyant que le roi la délaissait pour courir à droite et à gauche et nouer intrigue sur intrigue, de manière à lui faire craindre une disgrâce complète et prématurée, elle le prit de haut avec lui, et de plus, n'hésita pas à entrer, avec son frère utérin, le comte d'Auvergne, fils comme elle de Marie Touchet, le marquis d'Entragues, son frère, et d'autres encore, dans une conjuration contre le roi, avec le concours de l'Espagne.

Henri eut vent de toute l'affaire et en fit de vifs reproches à sa maîtresse, en même temps que d'autres reproches tout aussi bien fondés sur ses infidélités. Mais elle nia le tout avec son effronterie ordinaire.

« Mon amy, écrivait à Sully ce roi malmené, que je vous confesseroy qu'outre ce que je vous ai dit des causes de la mauvaise humeur où vous aviez jugé que j'estois, que je vis hier soir Mme de Verneuil, de laquelle je me séparoy fort mal et en grande colère, pour deux causes principalement : la première, pour ce que elle veut maintenant faire la fine, la rusée et la renchérie avec moy, comme si c'estoit par dévotion et scrupule de conscience, ce que je crois procéder plus tost de quelques nouvelles amourettes avec de certaines gens dont j'ai entendu parler et dont la condition me desplaist ; la seconde, pour ce que luy aiant parlé des advis que j'ai eus de ses intelligences avec son frère et les autres faiseurs de menées contre ma personne et mon Estat, elle m'a respondu avec une fierté merveilleuse et mine desdaigneuse, voire soustenu que cela estoit faux absolument ; mais qu'à mesure que je vieillissois, je devenois si méfiant et si soupçonneux qu'il n'y avoit plus moyen de vivre avec moy, et que le plus grand bien et faveur que je luy pourrois faire seroit de ne la voir plus en particulier. »

Attrape !

C'était payer d'audace en vérité, car poussé à bout, Henri IV fit arrêter les conspirateurs. Avant d'en venir à cette extrémité, il avait toutefois fait offrir le pardon au comte d'Auvergne, à la condition qu'il se rendît à la cour et manifestât un honnête repentir de son crime. Mais le fils de Marie Touchet jugea que c'était risquer trop gros jeu, et se mit à l'abri. On employa alors le moyen habituel en pareil cas : la trahison, et il fut arrêté et conduit à Paris.

Cette trahison, la voici : d'Eure, Murat et Norestan, chargés d'opérer sa capture, l'attirèrent à Clermont sous prétexte de lui faire voir la revue de la compagnie du duc de Vendôme. Comme il ne se méfiait pas d'eux, il accepta ; et dès qu'il fut à portée des mains de ses amis, ceux-ci les lui mirent au collet sans crier gare.

Le marquis d'Entragues aussi fut arrêté et écroué à la Conciergerie ; enfin, le chevalier Daguet reçut la mission délicate de garder à vue dans son appartement la marquise de Verneuil.

Le procès fut instruit. Les preuves étant plus que suffisantes, d'Entragues et le comte d'Auvergne furent condamnés à avoir la tête tranchée — peine qui fut commuée en celle de la prison perpétuelle, et la marquise de Verneuil à être enfermée pour le reste de sa vie, à l'abbaye de Beaumont-lès-Tours (1er février 1605).

Cette fois c'était bien fini, la disgrâce était complète.

Marie de Médicis triomphait, et elle pouvait se vanter qu'elle n'y était pour rien. Henri, faute de distractions qui le séduisissent davantage, se montra plus empressé auprès de la reine qu'il ne l'avait été depuis longtemps. Tout était pour le mieux dans le meilleur des mondes.

Malheureusement, il n'y a rien de si monotone que la félicité conjugale; Henri s'en lassa vite; et la reine apprit un beau jour que le roi avait revu secrètement la marquise de Verneuil! Peindre son indignation et sa fureur, il faudrait une brosse de peintre en décors pour y réussir, et encore!... Elle alla jusqu'à interdire l'accès de sa chambre à toutes les dames qui seraient convaincues ou même seulement soupçonnées de rapports avec la marquise.

Voulant l'apaiser, Henri s'abstint de nouveau. Ce fut alors qu'il chercha à conquérir le cœur rebelle de Catherine de Lorraine, duchesse de Nevers. N'en pouvant venir à bout, il imagina d'envoyer le duc à Rome, chargé d'une mission sainte, espérant en venir plus aisément à ses fins pendant son absence. Mais la duchesse de Nevers insista pour suivre son mari, et le vert-galant en fut pour ses peines tout du long; ce dont il fut extraordinairement vexé.

Henri IV, de guerre lasse, se rabattit franchement sur ses deux anciennes maîtresses, la comtesse de Moret et la marquise de Verneuil. La comtesse s'était accommodée dans ces derniers temps du prince de Joinville, dont la disgrâce n'avait pas duré trop longtemps; la marquise de Verneuil avait alors pour favori le duc de Guise — sans compter les autres; de sorte qu'elles acceptèrent de bon cœur ce partage des faveurs royales. Mais cette intrigue en partie double fut cause d'une aventure assez drôle que nous allons rapporter.

A son retour du siège de Sedan, Henri IV dépêcha Bassompierre à la reine Marguerite, pour lui porter ses doléances à propos de la mort de Julliendat qu'elle avait tendrement aimé, et par la même occasion, il le chargea de deux lettres, l'une pour la comtesse de Moret, l'autre pour la marquise de Verneuil.

Bassompierre commença par celle-ci à s'acquitter de sa commission, non pas précisément par préférence personnelle, mais parce qu'il était alors en intrigue avec la sœur de la marquise, qui demeurait avec elle. Bassompierre, jeune encore et plein d'indiscrétion, dit à sa maîtresse, qui le redit à sa sœur, qu'il avait également une lettre du roi pour la comtesse de Moret. La marquise, curieuse de voir ce que le roi pouvait écrire à sa rivale, obtint de sa sœur qu'elle aurait cette lettre de son amant et la lui communiquerait. Bientôt, Mme de Verneuil eut cette lettre entre les mains; elle la décacheta tranquillement, la lut, et la remit au messager infidèle et quelque peu déconcerté, en lui disant de faire faire un cachet semblable à celui du roi pour la recacheter, afin de pouvoir la porter ensuite à son adresse.

Le lendemain, en effet, Bassompierre envoya son valet de chambre chez un graveur, pour faire faire le faux cachet en question.

Malheureusement, le graveur auquel le valet de Bassompierre s'adressa, était justement celui qui avait fait le cachet royal. Ce graveur était un honnête homme — ce qui n'était pas rare dans sa classe, même à cette époque où les classes supérieures pullulaient d'aventuriers, de vulgaires filous et de pis encore. — Soupçonnant quelque infamie préméditée, il se jeta sur le valet et le saisit au collet pour l'arrêter.

Le valet était le plus fort. Il se dégagea donc des mains du graveur, mais en abandonnant son chapeau et son manteau aux mains de son adversaire.

Arrivé chez son maître, dans un état pitoyable, tant de fatigue que de terreur, car il s'était sauvé à toutes jambes, il lui conta son aventure et n'eut pas de peine à lui faire partager ses craintes.

Bassompierre fit cacher son valet de chambre et, en dépit de cause, se rendit chez Mᵐᵉ de Moret, à qui il fit une histoire assez vraisemblable : il lui dit que, croyant décacheter une lettre qu'il avait reçue d'une dame, il avait par mégarde brisé le cachet de celle que le roi lui avait donnée pour lui remettre ; que, de crainte d'être accusé de l'avoir fait exprès, il avait voulu faire imiter le cachet du roi pour la refermer, mais que le graveur Turpin avait maltraité son valet et gardé la lettre.

La comtesse rit de bon cœur de cette aventure, preuve qu'elle était d'humeur plus accommodante que sa rivale. Elle envoya chez Turpin demander la lettre du roi ; mais le graveur ne l'avait plus : il l'avait tout bonnement remise entre les mains du président Séguier.

L'affaire se compliquait, car si le graveur s'était montré pointilleux à l'excès, il y avait à craindre que le président, homme sévère, et auprès de qui ni les courtisanes ni les compagnons de plaisir du roi n'avaient le moindre accès, ne se montrât intraitable.

Bassompierre se trouvait décidément mal à son aise.

La comtesse de Moret lui conseilla de s'adresser à Mᵐᵉ de Loménie, femme d'un conseiller d'État, personne influente et par elle-même et par son mari, et qui pouvait, soit tirer des mains de Séguier la maudite lettre, soit faire présenter au roi par son mari les excuses de Bassompierre de manière à prévenir un éclat et même une disgrâce.

Mais cette affaire misérable avait fait bien plus de bruit que Bassompierre ne pouvait s'en douter. Lorsqu'il se trouva en présence de Mᵐᵉ de Loménie, celle-ci, fort affairée, le pria d'attendre qu'elle eût achevé d'écrire à son mari une lettre de la dernière importance à propos d'un fait d'une gravité inouïe !...

Le marquis interloqué s'enquit du fait si grave qui pouvait émouvoir à ce point Mᵐᵉ de Loménie.

Celle-ci apprit alors à Bassompierre qu'on avait voulu, dans un but évidemment criminel, contrefaire le cachet royal ; que la tentative n'avait pas réussi grâce à l'honnêteté du graveur Turpin, mais que, malheureusement, le scélérat qui avait conçu ce criminel dessein avait réussi à fuir. Tout ce qu'on avait pu faire, c'était de s'assurer de la lettre écrite de la main de Sa Majesté ; et elle écrivait maintenant à son mari pour qu'il sût de la bouche du roi à qui il l'adressait et à qui il l'avait confiée, afin qu'on pût éclaircir ce mystère et poursuivre les coupables.

Mᵐᵉ de Loménie, en femme curieuse qu'elle était, ajouta en soupirant qu'elle donnerait bien deux mille écus pour avoir des éclaircissements sur cette affaire.

Si inquiet que fût réellement Bassompierre, il ne put s'empêcher de rire de l'importance qu'avait prise en si peu de temps une simple étourderie d'amoureux indiscret, et lui dit que, s'il en était ainsi, il allait la satisfaire à bien meilleur marché. Alors il lui raconta toute l'histoire.

Mᵐᵉ de Loménie ne fut pas peu surprise. Mais elle et son mari étaient des amis intimes de Bassompierre, et voyant qu'il ne s'agissait plus que de tirer d'embarras le marquis, elle s'occupa d'en trouver le moyen sans retard.

Elle lui promit, toute réflexion faite, d'apaiser aisément cette affaire, pourvu qu'il voulût aller lui-même à Villers-Cotterets, où le roi devait se trouver le lendemain et se charger d'une autre dépêche qu'elle allait faire pour M. de Loménie sur le même sujet, pour l'informer de ce qu'il venait de lui apprendre.

Bassompierre accepta. Il prit les réponses de la marquise de Verneuil à la lettre qu'elle avait reçue et de la comtesse de Moret à celle dont elle ignorait toujours le contenu, les dépêches de Mme de Loménie, et partit pour Villers-Cotterets.

Il y trouva le roi qui, déjà informé par la comtesse de Moret et de l'aventure et du tintouin qu'elle avait donné au pauvre marquis de Bassompierre, s'en divertissait libéralement avec elle.

Ainsi finit la comédie.

Quelques jours plus tard, le roi passait le bac de Neuilly pour se rendre à Saint-Germain avec la reine, la princesse de Conti (ci-devant Mlle de Guise) et le duc de Montpensier ; le carrosse ayant versé dans le fleuve, les deux dames furent en grand danger d'être noyées, mais le roi et le duc ne furent même pas mouillés.

La marquise de Verneuil eut connaissance de cet accident.

— Si j'avais été de la partie, dit-elle au roi, lorsque j'aurais vu Votre Majesté en sûreté, j'aurais crié de toutes mes forces : *La reine boit ! la reine boit !*

Ce propos impertinent fut rapporté à la reine.

Remarquez en passant que l'accident de la noyade est raconté à la marquise par le roi, et que le compliment par lequel elle accueille ce récit palpitant est aussitôt rapporté à la reine, soit par le roi, soit par quelqu'un des familiers de la marquise. Quelles étranges manies de cancans !

La reine fut si furieuse, qu'elle bouda quinze jours et refusa sa porte au roi pendant tout ce temps.

Voilà encore toute la cour en émoi, et il fut employé plus de diplomatie pour raccommoder les deux majestés qu'il n'en aurait fallu pour brouiller à mort toutes les nations de l'Europe les unes avec autres.

On y réussit cependant. Mais peu après, on organisa un ballet dont la reine voulut être, comme à l'habitude ; or le roi, avec son esprit d'à-propos ordinaire, ayant manifesté le désir que la marquise y dansât, la reine rompit net la partie et bouda de rechef.

Si vous m'en croyez, lecteur, nous la laisserons bouder.

Quoique Henri IV ne négligeât pas la marquise de Verneuil, sa favorite, à cette époque, était certainement la comtesse de Moret. Aussi l'intrigue de la belle comtesse avec le prince de Joinville le rendit-il furieux, lorsqu'il fut bien convaincu de son existence. Il fit une scène violente à la comtesse, et celle-ci, pour s'excuser le mieux possible, lui dit que le prince lui avait promis de l'épouser.

Henri se radoucit un peu. Un mari, ses maîtresses pouvaient en prendre, c'était convenable et bien porté ; mais pas d'amant que lui-même. Il fit donc venir la duchesse de Guise, à laquelle il peignit sous les couleurs les plus noires la conduite de son fils, en déclarant que s'il n'épousait sur l'heure la comtesse, il le punirait de son audace.

La duchesse de Guise était fière. Elle envoya promener le bon roi Henri qui n'aimait guère l'orgueil chez les autres, et qui, dans une fureur bleue après cet entretien amical, ordonna l'arrestation du prince de Joinville. — Mais celui-ci était prévenu et avait pris la poudre d'escampette. Toutes les démarches pour apaiser le ressentiment du roi demeurèrent infructueuses. Il voulut bien *pardonner* au prince de Joinville son crime abominable, mais c'était à la condition qu'il sortît du royaume pour n'y rentrer jamais.

Et le fait est que le prince ne reparut en

France qu'après la mort d'Henri IV, qui ne se fit pas trop attendre, à dire vrai.

Les succès du roi vert-galant devenaient de plus en plus difficiles et précaires, du moins à la cour. Après sa brouille avec Mme de Moret, il songea à s'adresser à la duchesse de Montpensier, veuve depuis quelques mois. La belle veuve habitait la campagne, où elle avait pour voisin le comte de Cramail. Le roi chargea celui-ci de la négociation. Mais Cramail, une fois dans la place, agit pour son propre compte; et s'il réussit ou non, nous ne saurions le dire : ce qui est certain, c'est qu'Henri IV en fut pour ses frais d'avances.

Toutes ces intrigues, qui échouaient les unes après les autres, ramenaient invariablement le volage Henri à la marquise de Verneuil ; mais celle-ci en conçut de l'ombrage, craignant que quelque beauté nouvelle, plus ambitieuse que les autres, ne finît par la supplanter tout à fait.

Pour ramener plus sûrement le roi, très accessible à la jalousie, surtout vers la fin de sa vie et après tant d'échecs répétés, la marquise fit courir le bruit que le duc de Guise, qui avait été son amant mais cherchait maintenant à obtenir les faveurs de Mlle d'Entragues, allait l'épouser. Elle poussa même l'audace jusqu'à faire publier les bans de ce prétendu mariage à l'insu du duc.

Or celui-ci venait bien dans la maison, mais ce n'était même pas pour voir la marquise, c'était, nous l'avons dit, pour voir sa sœur qui le désespérait pourtant par ses refus réitérés. L'amant chéri de Mlle d'Entragues était alors Bassompierre, qui passait avec elle presque toutes les nuits. Il avait fait louer par un tiers le troisième étage de la maison, où il pénétrait le soir par une porte secrète, ouvrant rue de la Coutellerie. Arrivé chez lui, il recevait bientôt la visite de Mme d'Entragues, qui y montait par un escalier dérobé dès que la mère était endormie.

Le roi apprit que quelqu'un entrait la nuit chez Mme d'Entragues, et ne douta pas que ce quelqu'un fût le duc de Guise et qu'il n'allât retrouver Mme de Verneuil. Il s'en ouvrit directement au duc lui-même, qui parut si étonné d'apprendre cette nouvelle, qu'il n'était guère permis de supposer que ce fût lui en effet. Alors le roi le chargea d'éclaircir ce mystère.

Le duc de Guise mit, dès le soir même, des espions en campagne. Ceux-ci virent entrer dans la maison de Mme d'Entragues un gentilhomme couvert d'un manteau sur lequel ils remarquèrent l'ordre du Saint-Esprit. Ils ne purent en conséquence reconnaître dans ce gentilhomme Bassompierre, qui ne portait point cet ordre. Le fait est que le manteau appartenait à Bellegarde, qui l'avait prêté au marquis pour le garantir d'une averse que celui-ci n'avait pas prévue avant de sortir de chez lui.

Les espions rapportèrent donc à leur maître qu'ils avaient vu entrer par la porte de derrière de la maison qui leur avait été signalée, un jeune chevalier du Saint-Esprit.

Le duc de Guise comprit qu'ils avaient été abusés et envoya à leur place deux valets de chambre qui sauraient bien découvrir la vérité.

Mais Bassompierre, s'étant aperçu qu'il était observé, se cacha avec plus de soin que jamais, et à la sortie, les valets du duc de Guise ne virent rien qui ne fût la confirmation pure et simple du rapport des espions. Alors le duc, ayant mûrement réfléchi à cette aventure et fait les suppositions les plus absurdes, s'arrêta finalement à celle qui lui parut la plus raisonnable : ce chevalier devait être certainement Bellegarde, car c'était le seul des jeunes chevaliers qui pût prétendre à une si haute bonne fortune, — toujours en supposant qu'il s'agissait de la marquise de Verneuil.

De son côté, Bassompierre fit avertir sa maîtresse de ce qui lui était arrivé, afin qu'elle pût se préparer aux événements qui allaient probablement se produire à la suite de cet espionnage dérouté.

Dès le lendemain matin, pour éclaircir ses soupçons, le duc de Guise se rendit chez le duc de Bellegarde; mais il ne put le voir, et la raison qu'on lui en donna ne servit qu'à le confirmer dans les idées qui l'avaient poussé à cette visite : le duc avait souffert toute la nuit d'un violent mal de dents, et venait seulement de s'endormir.

Le duc de Guise se rendit alors chez Bassompierre, qui était au lit comme Bellegarde, mais pour d'autres raisons. Il le pria de se lever et de passer une robe de chambre, parce qu'il avait à causer avec lui.

Bassompierre ne fit aucune objection. Il se croyait découvert et s'attendait à un éclat.

Mais les premières paroles du duc eurent bientôt mis en fuite toutes ses craintes.

— Que diriez-vous, marquis, commença le duc de Guise, si le Grand Écuyer (le duc de Bellegarde) était mieux que vous, et mieux que tout le monde ensemble, dans l'esprit de Mlle d'Entragues, et si l'on vous prouvait qu'elle le reçoit toutes les nuits dans son lit?

— Je dirais, répondit froidement Bassompierre qui savait bien à quoi s'en tenir au plus juste, que cela ne peut être, et que ni elle ni lui n'ont aucun dessein l'un sur l'autre.

— Que les amants sont donc aisés à duper! repartit le duc avec ironie. Comme vous, moi aussi, j'étais persuadé de la vertu de Mlle d'Entragues, comme vous j'aurais juré qu'elle était incapable d'une semblable conduite; et cependant il est absolument vrai que le Grand Écuyer a passé toute cette nuit auprès d'elle.

— Allons donc! fit Bassompierre, qui ne put s'empêcher de sourire. Je vous dis que c'est impossible.

— En voulez-vous la preuve?

— Certes, je le veux bien.

— Eh bien, on l'a vu sortir de chez elle ce matin à quatre heures; on l'y avait vu entrer la veille au soir; et mes valets de chambre ont pris garde qu'il marchait avec tant de négligence, et faisait si peu de mystère de sa bonne fortune, qu'il n'a même pas cherché à cacher la croix de l'ordre qui était sur son manteau.

— Et il n'y a aucun doute que c'était lui? demanda Bassompierre raillant un peu.

— Pas le moindre, répondit le duc; car, pour m'en assurer, je me suis rendu chez lui tout à l'instant, mais je n'ai pu le voir... Devineriez-vous pourquoi?...

— En vérité, non.

— Parce que M. le Grand Écuyer, affecté d'un grand mal de dents qui l'a tenu éveillé toute la nuit, dormait pour réparer le temps perdu.

— Ah! ah!...

Le duc et le marquis, pendant cette conversation, se promenaient de long en large dans la chambre de ce dernier, qui n'était qu'à moitié à son aise.

Tout à coup, Bassompierre aperçoit sur une chaise près de son lit, et étalé comme à la porte d'un fripier, la croix en dessus, le manteau qui avait si bien protégé son incognito en le faisant prendre pour Bellegarde. Il s'assied précipitamment sur cette chaise délatrice, et quelques efforts que fit le duc de Guise pour la lui faire abandonner, il resta inébranlable.

Par bonheur, un valet de chambre parut; le marquis lui fit un signe que ne vit point le duc, et l'intelligent valet ayant preste-

Les Mignons.

ment enlevé le manteau, Bassompierre se leva au même instant et reprit sa promenade et sa conversation avec son visiteur matinal.

J'ai peur qu'il n'ait, dans son empressement à enfoncer de plus en plus le duc de Guise dans son erreur, fortement maltraité l'innocente Mlle d'Entragues, et blâmé avec une édifiante sévérité l'impardonnable légèreté de cette dame.

Le duc parti, Bassompierre prévint sa maîtresse de la comédie qui venait de se jouer dans sa chambre; il en rendit également compte à Bellegarde, qui en rit aux larmes. Mlle d'Entragues, pour aider d'autant le duc de Guise à patauger dans son erreur, affecta dès lors d'adresser en sa présence des signes d'intelligence à Bellegarde, qui y répondait on ne saurait plus à propos, de sorte que le jaloux fut plus convaincu que jamais de la justesse de ses soupçons.

Il en fit des reproches très vifs au Grand Écuyer, qui lui répondit d'une manière ambiguë qui ne pouvait le désabuser, au contraire. Le roi reçut bon compte de la découverte; mais comme il s'agissait, non de Mme de Verneuil, mais seulement de sa sœur, il n'en prit pas beaucoup d'ombrage. Cependant, il était trop vertueux pour permettre qu'une jeune fille de son entourage donnât un semblable exemple de démoralisation. Il fit donc avertir Mᵐᵉ d'Entragues qu'elle eût à veiller sur sa fille, attendu qu'elle entretenait un commerce coupable avec M. le Grand Écuyer.

L'ingénue avait été trop loin. Sans beaucoup s'inquiéter de la conduite de sa fille, Marie Touchet promit cependant d'y veiller d'un peu plus près. Cette surveillance n'était pourtant pas de l'espèce tyrannique, et sans un hasard, qui se serait tout aussi bien produit si Mᵐᵉ d'Entragues n'avait pas été prévenue, la vieille et respectable mère serait probablement restée longtemps sans pénétrer la vérité.

« Un matin, revenant un de ses laquais des cours de ménage, ayant tiré le rideau pour cracher, elle s'aperçut que le lit de Mᵐᵉ d'Entragues, qui couchait auprès d'elle, était découvert et qu'elle n'y était pas; elle se douta de la vérité et, se levant tout doucement, passa dans sa garde-robe, où elle vit que la porte de l'escalier dérobé, qu'elle croyoit condamnée, étoit ouverte; elle se mit incontinent à crier, et sa fille, qui entendoit sa voix, se leva en diligence d'auprès de Bassompierre et vint à elle.

« Mᵐᵉ d'Entragues, après avoir donné quelques soufflets à sa fille, dans les premiers transports de la colère, fit enfoncer la porte de cet escalier, que Bassompierre avoit fermée sur lui pour avoir au moins le loisir de s'habiller. Quand elle fut ouverte, elle monta avec précipitation au troisième étage, et fut bien étonnée de n'y trouver plus personne, et encore plus de voir la chambre du rendez-vous meublée des plus beaux meubles de Zamet, avec des plaques et des flambeaux d'argent.

« Voilà comment finit ce commerce. Mais l'amour, qui est ingénieux, fournit d'autres moyens à ces deux amans pour se voir chez Mᵐᵉ Dazi, qu'ils mirent de leur confidence.

« Cependant, ce fracas acheva de dissiper tous les soupçons que le roi avoit eus que le duc de Guise fût en intrigue avec Mᵐᵉ de Verneuil. »

Il fut question peu après du mariage de Mᵐᵉ d'Entragues avec le comte d'Aché; mais ce mariage fut rompu au moment de la signature du contrat. A la suite de cet échec, la marquise de Verneuil emmena sa sœur avec elle passer la belle saison à la maison de campagne de la marquise de Conflans, située près de Charenton, et autour de laquelle le duc de Guise et Bassompierre firent longtemps la ronde chaque nuit à tour de rôle et quelquefois ensemble.

Monté, cependant, Bassompierre songea à se ranger; l'occasion d'une alliance aussi avantageuse que brillante, avec la fille du connétable de Montmorency, réclamant tous ses soins, il rompit définitivement avec Mᵐᵉ d'Entragues.

Ce n'était pas généreux, surtout si, comme celle-ci le prétendit, il y avait eu de sa part promesse formelle de mariage.

Le fait est que Mᵐᵉ d'Entragues plaida huit ans contre Bassompierre pour obtenir la réalisation de cette promesse de mariage, mais ce fut en vain.

Un jour que le marquis — alors maréchal de France — se promenait en carrosse avec la reine — alors régente, — il arriva que, dans un embarras de voitures, celle de Mᵐᵉ d'Entragues fut obligée de s'arrêter tout auprès du carrosse de la reine.

— Ah! dit tout haut Sa Majesté, voilà Mᵐᵉ de Bassompierre.

— Ce n'est que son nom de guerre, répondit le maréchal, qui avait la repartie prompte.

— Vous êtes le plus sot des hommes!

vociféra du fond de sa voiture son ancienne maîtresse indignée, — et on le serait à moins, vraiment.

— Bah! repartit Bassompierre en riant, que diriez-vous donc de moi si je vous avais épousée?

Encore une fois, c'était peu généreux de la part de Bassompierre, car il est certain que la promesse de mariage existait, et que pendant longtemps le marquis n'avait pas songé un instant à lever ses regards plus haut que Mlle d'Entragues.

Mais il s'agissait d'une union avec Mlle de Montmorency, — union qui ne devait pas se faire, après tout. — Beaucoup à sa place n'eussent pas fait autrement que lui.

Bassompierre avait l'assentiment du connétable, celui de la jeune fille; il obtint aisément la permission du roi qui, n'ayant jamais vu Charlotte de Montmorency, ou l'ayant perdue de vue depuis fort longtemps, ne s'inquiétait guère de savoir qui elle épouserait. Le connétable, qui était en disgrâce, fut rappelé à cette occasion; le roi le reçut à son lever et lui fit bon accueil; le lendemain, il alla rendre visite à la duchesse d'Angoulême, chez qui demeurait la future; il ne la vit point, mais il rencontra chez elle Mlle des Essarts, avec laquelle il entama aussitôt une intrigue.

Charlotte des Essarts, comtesse de Romorantin, avait alors au moins vingt-huit ans; elle était d'une assez grande beauté et fort gracieuse. Mais elle ne réussit pas à fixer ce roi volage, bien que sa liaison avec lui durât assez longtemps pour qu'elle en eût deux filles, dont l'une fut abbesse de Fontevrault et l'autre abbesse de Chelles.

Après la mort du roi, Charlotte des Essarts passa dans les bras de Louis, cardinal de Guise, qui l'épousa secrètement. Elle lui donna trois enfants, dont l'aîné fut évêque de Condom, le second marquis de Romorantin, et une fille qui fut marquise de Rhodes. Mais, à la mort du cardinal, le duc de Guise s'empara du contrat de mariage et de la dispense du pape, qui non seulement l'avait autorisé, mais avait permis à l'époux clandestin de Charlotte de posséder des bénéfices malgré sa situation matrimoniale. De sorte que les descendants du cardinal essayèrent vainement par la suite de faire valoir leurs droits à la succession des Guises.

A la mort du cardinal de Guise, Charlotte convola avec le marquis du Hallier, plus connu sous le nom de maréchal de l'Hospital, dont elle n'eut pas d'enfants.

Celle-ci avait poursuivi au moins une carrière longue et laborieuse, sans se trop heurter aux aspérités de la route; mais quand le temps des intrigues amoureuses fut passé pour elle, elle se jeta dans les intrigues politiques, et comme elle avait alors affaire à Richelieu, elle s'y perdit. Obligée de se retirer, par ordre du cardinal, dans une des maisons que du Hallier possédait en province, elle y mourut délaissée, mais non trop malheureuse, car elle avait atteint l'âge respectable de soixante et onze ans, en 1651.

XXIV

Les dernières fredaines du roi vert-galant.

SOMMAIRE. — Courte histoire d'amour pour le bon motif. — Le marquis de Bassompierre et Mlle de Montmorency. — Projets traversés. — Scrupules du duc de Bouillon. — Le roi se demande si, par hasard, il ne les partagerait pas. — Il tâte le terrain. — Doux amis. — Sollicitude du bon roi Henri pour le bonheur de ceux qu'il honore de son amitié. — Bassompierre sur le gril. — « Il faut me céder ta maîtresse... » (air connu). — Grandeur d'âme d'un courtisan. — Édifiante sensibilité d'un tout-puissant monarque. — Bassompierre malade de désespoir. — Le roi lui donne des marques particulières de son amitié et des preuves de sa reconnaissance. — La princesse de Condé. — Un mari grincheux. — L'enlèvement. — Conseil des ministres. — Les bons conseils ne sont pas donnés pour être suivis. — La chasse aux époux. — Echecs répétés des émissaires du roi de France dans les Etats de l'Empereur. — La guerre pour la conquête d'un cotillon. — Assassinat d'Henri IV. — Ce qu'il faisait et où il allait au moment où il fut frappé. — Angélique Paulet, la *Belle lionne*. — Ses succès inouïs à la cour. — Y fut-elle sensible ou non ? — Tallemant des Réaux et Mlle de Scudéry. — Cousin brochant sur le tout. — Pas plus avancé qu'auparavant. — Mlle Paulet prend ses invalides. — Les complices supposés de Ravaillac. — La marquise de Verneuil et Marie de Médicis. — Zamet et son hôtel. — Acclimatation et développement d'une jeune plante italienne en terre française. — L'ancien cordonnier lucquois devenu financier et grand seigneur. — Relations magnifiques, brillantes bonnes fortunes et autres avantages qu'assure infailliblement une grande habileté jointe à l'absence de scrupules.

Nous avons eu soin de dire que le roi n'avait fait que d'entrevoir, à une époque dont il ne se souvenait même plus, la belle Charlotte de Montmorency qui allait devenir, de son consentement, marquise de Bassompierre. Mais ce mariage n'était pas fait, et revenir sur une parole donnée était peu de chose pour Henri IV.

Il y eut une première tentative d'opposition de la part du duc de Bouillon, beau-frère du connétable, oncle par conséquent de la future, lequel se sentait menacé de céder à Bassompierre sa charge de premier gentilhomme de la chambre du roi. Il trouvait fort mauvais, disait-il, qu'on eût traité cette affaire sans sa participation, et il ferait voir qu'on avait eu tort d'en agir ainsi avec lui.

Un jour que le roi avait vu Mlle de Montmorency chez la reine, et qu'il vantait sa beauté avec son enthousiasme méridional, le duc de Bouillon saisit un moment où il pût l'entretenir en particulier, et il lui dit qu'il s'étonnait qu'il eût donné son consentement pour le mariage de sa nièce avec le marquis de Bassompierre, puisqu'il n'y avait point d'autre parti pour le prince de Condé, son propre neveu, qu'elle ou Mlle du Maine et que l'intérêt de sa politique ne lui permettait pas d'augmenter le crédit du chef de la Ligue par une alliance avec celle-ci, il se trouvait presque obligé de donner Mlle de Condé au prince de Montmorency.

Le roi écouta ce discours, mais ne répondit rien.

Le lendemain, étant allé voir répéter un ballet qu'on devait danser au Louvre, il y rencontra Bellegarde, qui ne tarit pas pendant tout le temps qu'il fut avec le roi sur les charmes extraordinaires de la fiancée de Bassompierre.

Décidément, c'était comme un parti pris. Henri IV n'avait déjà que trop admiré cette beauté juvénile ; il n'était pas nécessaire de lui en rabattre ainsi les oreilles, très probablement, pour le porter à la résolution d'entreprendre une si charmante conquête. Or, si elle épousait quelqu'un qu'elle aimât, il fallait désespérer du succès d'un si noble projet ; tandis que si on la forçait de prendre un mari pour lequel elle n'eût aucun goût, elle serait indubitablement plus traitable. La principale chose à faire, c'était donc de savoir si la jeune fille aimait son fiancé.

Quelques jours plus tard, le roi était retenu au lit par un accès de goutte ; il n'avait pu trouver encore l'occasion de s'occuper de son projet, mais justement Mme d'Angoulême vint lui rendre visite, accompagnée de sa nièce : l'occasion était toute trouvée.

Pendant que le comte de Gramont accaparait la duchesse, le roi s'empara de M⁽ˡˡᵉ⁾ de Montmorency. Sous prétexte qu'il l'aimait déjà comme sa fille, il la pria de lui dire franchement si elle aimait son fiancé, parce que, dans le cas contraire, il ferait immédiatement rompre ce mariage, et même, si cela pouvait lui convenir, lui donnerait pour époux le prince de Condé, son neveu.

La jeune fille ayant répondu ingénument au roi qu'elle s'estimait heureuse d'épouser un gentilhomme qui avait le consentement de son père, Henri parut enchanté de cette circonstance, mais en dedans il se promit bien de ne point laisser Bassompierre épouser une si charmante personne.

Le lendemain, Bassompierre fut mandé par le roi, de très bonne heure.

Après lui avoir fait mille caresses, Henri dit tout à coup à son favori qu'il avait songé à le marier.

Bassompierre étonné remercia son trop généreux maître et lui fit observer que, sans l'indisposition dont souffrait le connétable, son mariage serait déjà chose faite.

— Il ne s'agit pas de cela, dit le roi. La personne que je prétends te faire épouser est Mˡˡᵉ d'Aumale, et en considération de ce mariage, je veux faire revivre le duché d'Aumale en sa personne. Me comprends-tu ?

— Parfaitement, sire, répondit Bassompierre qui ne se doutait pas encore où le roi en voulait venir. Mais est-ce que Votre Majesté voudrait me donner deux femmes ?

Le roi vit bien qu'il fallait aller droit au but.

— Bassompierre, dit-il, il faut que je te parle en ami. Je suis devenu, non seulement amoureux, mais fol et outré de Mˡˡᵉ de Montmorency. Si tu l'épouses et qu'elle t'aime, je te haïrai ; si elle m'aimait, tu me haïrais. Il vaut mieux que cela ne soit point cause de rompre notre bonne intelligence, car je t'aime d'affection et d'inclination. Je suis résolu de la marier à mon neveu, le prince de Condé, et de la tenir près de ma famille. Ce sera la consolation et l'entretien de ma vieillesse. Je donnerai à mon neveu, qui est jeune et aime mieux la chasse cent mille fois que les dames, cent mille livres par an pour passer son temps, sans exiger autre chose de celle que je lui destine pour femme, qu'une affection innocente.

Ce beau discours, plein d'hypocrisie, troubla fort sur le moment le marquis de Bassompierre ; mais il n'aurait pas été si parfait courtisan s'il était resté court, ou s'il avait fait mine de contredire la volonté du roi.

— Il y a longtemps, sire, dit-il, que je souhaitais de trouver une occasion de témoigner à Votre Majesté la forte inclination que j'ai eue toute ma vie pour son service ; en voici une telle que je la pouvais désirer, puisque le sacrifice que je vais lui faire est le plus grand dont un homme puisse être capable. Je renonce en même temps, pour l'amour de Votre Majesté, à une haute alliance et à une femme toute aimable, pour laquelle j'éprouve un amour dont je ne saurais bien exprimer l'ardeur et la puissance, et cependant je lui immole tous ces avantages sans peine et sans regret, et je souhaite que cette nouvelle intrigue lui apporte autant de joie que la perte de mes espérances me causerait de tristesse si je les cédais à tout autre qu'à mon maître, et à un maître dont j'aime autant les vertus que j'en respecte le sang.

A cette apologie débitée par l'infortuné Bassompierre sur le ton d'une émotion qui n'était peut-être qu'à moitié jouée, car cette rupture était certainement une grande perte pour lui, Henri IV, d'attendrissement, se mit à pleurer comme un veau. Il se jeta dans les bras de Bassompierre et l'embrassa avec la plus grande effusion, en lui jurant d'avoir soin de sa fortune.

Bassompierre avait trop l'étoffe d'un bon courtisan pour ne pas réussir; cela est visible.

Quand le roi, ayant repris son sang-froid, en revint sur la question du mariage de son favori avec Mlle d'Aumale, Bassompierre le pria toutefois, avec une certaine dignité, de vouloir bien se contenter de lui enlever une femme qu'il aimait, sans le forcer à en épouser une qu'il n'aimait pas.

Nous ne voulons pas dire pourtant que Bassompierre ne fût pas sincèrement attaché à Mlle de Montmorency et qu'il l'abandonna sans regret à son maître. Il fit bien voir, au contraire, dans la soirée même, que le sacrifice qu'il était forcé de faire lui était plus sensible que personne, pas même lui, ne pouvait le croire.

Le roi, couché dans son lit, jouait aux dés avec Bassompierre et quelques autres courtisans, lorsque la duchesse d'Angoulême et sa nièce parurent dans sa chambre. Le roi fit passer dans sa ruelle d'abord Mme d'Angoulême, puis Mlle de Montmorency, et leur apprit tour à tour le changement qu'il avait décidé.

Mlle de Montmorency, à cette nouvelle, tourna vers le malheureux Bassompierre un regard où se peignait à tout le moins la surprise. Le marquis n'y put tenir. Il quitta le jeu et sortit de la chambre du roi, en prétextant un saignement de nez. Les valets de chambre lui apportèrent sur l'escalier son chapeau et son manteau, et Beringhen serra son argent qu'il avait laissé sur la table de jeu.

L'amant désespéré n'eut pas le courage de gagner son carrosse; il monta dans celui du duc d'Epernon qu'il trouva dans la cour et se fit conduire chez lui, où il resta deux jours enfermé sans vouloir voir personne.

Les événements s'étaient singulièrement précipités pendant son absence, si courte qu'elle eût été. Lorsqu'il reparut à la cour, le prince de Condé avait déjà fait sa demande dans toutes les formes. Il le pria de l'accompagner dans sa première visite à sa fiancée. Bassompierre refusa, mais le roi le lui ayant ordonné, il dut accepter cette nouvelle épreuve qui ne devait pas être la dernière ni la plus cruelle.

Les fiançailles furent célébrées dans la galerie du Louvre. Bassompierre dut y assister, et le roi, par un trait qui fait ressentir plus encore sa bonté incomparable, comme ami autant que comme roi, l'y retint jusqu'à la fin, en s'appuyant sur lui avec affectation.

Pour le coup, c'était trop de bonté. Bassompierre n'y résista pas. Rentré chez lui, il se mit au lit et y fut retenu des semaines par une fièvre qui le conduisit aux portes du tombeau.

Lorsqu'il fut guéri, le roi voulut lui faire épouser Mlle de Chamilly qu'il venait de démarier d'avec le duc de Montmorency, en lui promettant d'ériger à cette occasion la terre de Beaupréame en duché-pairie. Mais Bassompierre déclina cette offre nouvelle de son bienveillant souverain et ami.

Cependant, nous savons quel but poursuivait Henri IV en mariant Mlle de Montmorency avec le prince de Condé. Il nous reste donc à savoir si ce but paternel fut atteint, et comment.

Le mariage était à peine consommé, que le roi vert-galant aborda hardiment l'exécution de son honnête programme. La princesse de Condé ne le quittait guère et il l'entourait de soins qui eussent suffi à compromettre une duègne. L'aventure de Bassompierre suivie de celle du prince de Condé défrayaient les conversations des bonnes langues de la cour. On plaignait celui-là; on raillait celui-ci. Mme de Verneuil, des profondeurs de sa joyeuse retraite où elle faisait, au dire de Tallemant des Réaux, « une vie de Sardanapale, » avait prononcé sur le mariage du prince un mot qui avait fait fortune : « Son oncle l'a mariée, avait elle dit, pour lui abaisser le cœur et lui hausser la tête. »

Le prince de Condé ne tarda pas à s'apercevoir de la vérité de cette interprétation, mais il n'était pas d'humeur à la voir vérifier d'un bout à l'autre.

Ayant vainement tenté d'éloigner sa femme de la cour, il résolut de l'enlever lui-même. A cet effet, la cour étant à Fontainebleau, il prépara tout ce qu'il fallait pour l'exécution de son projet, et un matin, il monta à cheval avec deux gentilshommes de sa suite, un écuyer qui portait la princesse en croupe, Mme de Certeaux, et Philippette, la femme de chambre favorite de la princesse. Le soir même, il couchait à Muret.

Le roi jouait dans son petit cabinet quand d'Elbeuf vint lui annoncer la nouvelle que le chevalier du Guet vint confirmer presque aussitôt.

Henri se leva dans un transport d'émotion indicible.

— Ah ! mon cher ami, dit-il à Bassompierre qui se trouvait tout près de lui en ce moment. Mon cher ami, je suis perdu ! Cet homme emmène sa femme dans un bois, je ne sais si c'est pour la tuer ou pour la faire sortir de France : prends garde à mon argent et entretiens le jeu, pendant que je vais m'éclairer sur les particularités de cet enlèvement.

Alors il s'élança comme un fou dans l'escalier, monta à une chambre située à l'étage supérieur, et ayant fait signe au comte de Cramail, au marquis de Cœuvres, à d'Elbeuf et à Loménie de le suivre, il leur demanda leur avis avec une incohérence à laquelle répondit l'incohérence des avis donnés. Les ordres se suivaient, différents, exagérés, ineptes, contradictoires... Enfin, n'y pouvant plus rien entendre, Henri contremanda tout ce qu'il avait ordonné et convoqua aussitôt son conseil des ministres pour délibérer sur cette grave affaire.

Autant de ministres, autant d'avis différents, dont un seul était sage, celui de Sully, qui prétendait qu'il n'y avait rien à faire, aussi ne fut-ce pas celui-là que le roi voulut suivre.

Il envoya émissaire sur émissaire après le couple fugitif, qui s'était rendu dans les Pays-Bas, puis de là à Cologne et enfin à Bruxelles, mais sans succès ; il mit en l'air de même toute la famille de Montmorency, mais en vain.

Le marquis de Cœuvres, le dernier des agents d'Henri IV, tenta deux fois d'enlever la princesse de Condé, du consentement de celle-ci, qui regrettait vivement soit Bassompierre, soit la très galante cour de France et faisait avec le prince son époux ce qu'on appelle communément un ménage de Polichinelle ; mais, pour faire pièce au roi de France ou pour toute autre raison, l'archiduc, gouverneur des Flandres, et le marquis Spinola, général en chef des troupes espagnoles, prirent fait et cause pour l'époux persécuté qui était venu leur demander asile et protection.

Leur police surprit les projets du marquis de Cœuvres, qui furent deux fois déjoués.

Alors de Cœuvres, réduit à l'impuissance, dépêcha un courrier au roi de France pour lui demander de nouvelles instructions.

Mais Henri IV ne savait plus à quel saint se vouer ; et comme il était néanmoins plus résolu que jamais à rentrer en possession de son aimable nièce, et qu'il n'y avait que ce moyen à tenter, il se prépara à déclarer la guerre à Sa Majesté Très Catholique pour les beaux yeux de Charlotte de Montmorency.

Il eut toutefois la précaution de chercher à s'assurer des alliances. Il fit d'abord pressentir Jacques VI, roi d'Angleterre, d'Ecosse et d'Irlande, qui ne fut point d'avis de se lancer dans une pareille aventure. Mais Henri IV organisa une ligue avec le duc de Savoie, la République de Venise et les Pays-Bas.

Un différend étant survenu, à la mort du duc de Clèves, entre l'électeur de Brandebourg et le duc de Neubourg qui se disputaient sa succession, Henri IV jugea le prétexte bon pour armer et envoyer des troupes du côté des Pays-Bas...

Mais le couteau de Ravaillac vint arrêter net le roi Henri dans ses projets, sauvant en même temps la France d'une des guerres les plus aventureuses qui aient jamais été entreprises pour la conquête d'un cotillon.

On sait que c'est rue de la Ferronnerie qu'Henri IV fut frappé à mort, au deuxième coup toutefois, par Ravaillac. Nous ne décrirons pas cette scène tragique, qui est assez connue jusqu'en ses moindres détails. Quant à l'occupation à laquelle il se livrait à ce moment suprême, à l'endroit où il allait ou d'où il venait, les chroniqueurs sont fort peu d'accord.

Les uns assurent qu'il était occupé à lire une lettre aussi tendre que chagrine de la princesse de Condé.

D'autres disent qu'il ne faisait rien du tout que causer avec les personnes qui l'accompagnaient, et qu'il se rendait à l'Arsenal, ou à l'hôtel Zamet, à un rendez-vous que lui avait donné là Mlle Paulet.

Quant aux complices du visionnaire fanatique qui l'assassina, il semble aujourd'hui prouvé qu'il n'en avait point; mais les uns prononçaient tout haut alors le nom de Marie de Médicis, les autres celui de la marquise de Verneuil. — Nous reviendrons sur ces accusations; en attendant, un mot de cette maîtresse du roi que nous venons de nommer la. *la Paulette*, surnommée aussi la *belle lionne*.

Angélique Paulet était fille de Charles Paulet, secrétaire de la chambre du roi. Elle avait dix-neuf ans à l'époque de la mort tragique d'Henri IV.

« Mlle Paulet, dit Tallemant des Réaux, avait beaucoup de vivacité, était jolie, avait le teint admirable, la taille fine, dansait bien, jouait du luth et chantait mieux que personne de son temps. On raconte que l'on trouva *deux* rossignols morts sur le bord d'une fontaine où elle avait chanté tout le jour; elle avait les cheveux si dorés, qu'ils pouvaient passer pour roux. »

Il y a de l'exagération dans tout cela : deux rossignols morts sur le bord de la même fontaine, c'est déjà trop de moitié au moins. Il doit en être de même du reste.

Ses yeux ardents, son air d'assurance, sa crinière dorée l'avaient fait surnommer la belle lionne; mais rien ne prouve qu'elle fût aussi rousse que le dit Tallemant des Réaux, qui est une abominable mauvaise langue. Et puis, supposé qu'elle le fût, qu'est-ce que cela prouve?

Elle parut à la cour pour la première fois en 1609, à l'occasion des fêtes données par Henri IV pour les noces du prince de Condé. Elle y parut dans une espèce de comédie mêlée de chant, représentant les aventures d'Arion, et dans le rôle même d'Arion, monté sur un dauphin. Son entrée en scène souleva l'enthousiasme universel. « Le roi en fut si transporté, dit Mlle de Scudéri, que, sans attendre la fin de la cérémonie, il fut l'embrasser. »

Ce triomphe ne tarda pas à porter ses fruits.

Tallemant des Réaux dresse la liste de ses amants les plus brillants et les plus passionnés. Ce sont : le duc et le chevalier de Guise, le duc de Chevreuse, le duc de Bellegarde, le marquis de Termes, le mar-

Mme de Sauve.

chal de Montmorency, de Pontac, premier président au parlement de Bordeaux, qui la disputa l'épée à la main au marquis de Termes, enfin le roi Henri en personne.

C'était donc au rendez-vous que lui avait donné cette jeune fille, chez Zamet, qu'Henri IV se rendait quand il fut assassiné.

Un instant ! c'est là la version de Tallemant des Réaux ; suivant Mlle Scudéri, qui était son amie, et qui l'a introduite dans le *Grand Cyrus*, sous le nom d'Élise, elle n'aurait répondu à aucun degré à tous ces hommages, pas même à ceux du roi — si ce n'est par « une noble affection. »

Je n'y vois pas d'empêchement, et je trouve alors qu'Isart s'est rendu coupable, d'une grossière impertinence lorsqu'il a osé canoniser la belle lionne dans son grand almanach d'amour pour l'année 1657.

Qu'en savait-il, puisqu'il n'était pas né qu'elle était déjà morte ? — Pas plus que Cousin, qui a adopté la version de Mlle de Scudéri. Et il a bien fait, puisqu'il y en a pour tous les goûts.

Mlle Paulet, suivant Mlle de Scudéri, aurait été, dit Cousin, fort peu sensible à tant d'hommages ; mais elle aurait été touchée des sentiments du roi Henri, toutefois sans les partager, sans les encourager, ou plutôt en faisant tout au monde pour les affaiblir et les réduire à une noble affection. Mais Tallemant, comme on le pense bien, ne prend pas la chose aussi platoniquement : où Mme de Scudéri met des adorateurs, lui ne manque pas de voir des amants heureux ; il prétend que MM. de Guise furent les premiers qui obtinrent les faveurs de la belle demoiselle, et il nous dit tout cela en des termes tels qu'il faudrait un autre Tallemant pour les citer.

« Il va sans dire que, dans sa cynique historiette, Henri IV n'est pas plus maltraité que MM. de Guise ; mais c'est se moquer du lecteur un peu instruit que de soutenir que, le jour où le roi fut assassiné, il allait à un rendez-vous chez Mlle Paulet et qu'il y menait son fils, le duc de Vendôme, pour le former à l'amour. Il n'y a pas jusqu'au chaste Louis XIII, qui, étant encore dauphin, n'ait voulu, selon Tallemant, posséder la belle musicienne. Ici, Tallemant se fonde sur une chanson : belle autorité comme on voit ! Louis XIII, né le 27 septembre 1601, avait huit ans à ce bal de 1609 où Tallemant le fait tomber amoureux de Mlle Paulet, qui y parut montée sur un dauphin... »

Enfin, nous ne saurions prendre parti. nous surtout qui croyons que toutes les prétendues prouesses amoureuses du vertgalant dans sa vieillesse ne furent que de ridicules échecs, que le lecteur juge et choisisse.

Mlle Paulet, musicienne et belle esprit, fut un des ornements de l'hôtel de Rambouillet et resta volontairement Mlle Paulet jusqu'à ce que mort s'ensuivît.

La marquise de Verneuil, toujours en intrigues avec l'*Espagne* et, depuis son abandon, ne rêvant que vengeance ou la « mangeaille » et les « ragoûts » que lui reproche Tallemant des Réaux, la marquise de Verneuil, disons-nous, passa dans son temps pour complice de l'assassin du roi.

Elle fut plus que soupçonnée de cette complicité : elle en fut formellement accusée par une de ses familières, la d'Escoman, qui, soit qu'elle eût de graves raisons de se venger de cette femme, soit qu'elle fût réellement convaincue, ne varia jamais dans ses accusations.

Il est convenu, encore une fois, que Ravaillac n'eut pas de complices. Nous le voulons bien. Mais, en vérité, cette femme qui dénonce si courageusement l'ancienne maîtresse du roi, connue pour vindicative jusqu'à la férocité, et qui, expiant sa témérité par une détention perpétuelle, ne cesse pas cependant une minute de renouveler son véhément mais impuissant témoignage, malgré les rigueurs qu'attire sur elle son opiniâtreté courageuse, cette femme nous paraît avoir été inspirée par un sentiment d'une puissance singulière, par une conviction inébranlable à tout le moins.

Henriette d'Entragues ne fut point inquiétée pour cette affaire, dans tous les cas ; on la laissa tranquillement engraisser et s'avachir dans sa retraite, séparée de ses enfants et ne voyant presque plus personne, depuis qu'elle n'avait plus de crédit nulle part.

Pour Marie de Médicis, il est à remarquer que l'assassinat du roi fut perpétré juste le lendemain du sacre (14 mai 1610), et que, elle régente, la marquise de Verneuil, son ennemie très intime, ne fut en aucune façon molestée ; — elle fut au contraire protégée contre les accusations de la d'Escoman qui offraient à la reine une si belle occasion de vengeance, puisque ce fut, non la dénoncée, mais la dénonciatrice qui fut jetée en prison.

Mais contre l'une ou contre l'autre, pas plus de preuves que sur la main.

Dans le cours de notre relation des intrigues amoureuses de la cour de France sous le règne de Henri IV, il est un nom qui s'est fréquemment rencontré sous notre plume et qu'il importe de faire suivre, ici plutôt qu'ailleurs, d'un bout de note biographique. Ce nom, c'est celui du financier Zamet.

Sebastiano Zametti, fils d'un cordonnier de Lucques et cordonnier lui même, faisait partie du cortège de mendiants et d'aventuriers italiens qui suivait Catherine de Médicis lors de son arrivée en France, et qui ne furent point expulsés tous comme ils le méritaient.

Zametti, devenu Zamet par l'usage, fleurit d'abord sous le règne de Henri III, à la personne duquel il avait été attaché, alors qu'il n'était encore que duc d'Anjou, en qualité de valet de sa garderobe. Spirituel, facétieux, patelin, intrigant au suprême degré, il réussit au mieux auprès des seigneurs de la cour aussi bien qu'auprès de son maître. Ses talents lui firent gagner quelque argent ; il thésaurisa, et fut bientôt en état de prêter à usure, puis de se lancer dans les affaires de finances les plus considérables.

Devenu le caissier et le confident du duc de Mayenne, il fut envoyé par celui-ci en ambassade auprès d'Henri IV, en 1592, pour négocier une réconciliation aussi nécessaire au roi qu'à la Ligue, d'où il reçut le surnom de « Monsieur l'ambassadeur, » qu'il subissait de la meilleure grâce du monde.

Henri IV, que les talents diplomatiques de « Monsieur l'ambassadeur » avaient séduit, témoigna, lorsqu'il fut rentré à Paris, la reconnaissance qu'il lui avait vouée, à la suite des négociations dont il avait été chargé et qu'il avait su mener à si bonne fin, en empruntant de l'argent à « Monsieur le financier. »

L'hôtel de Zamet, un hôtel vaste et splendide comme un palais florentin, était situé rue de la Cerisaie. Henri IV y allait dîner amilièrement et y faire des parties échevelées avec ses maîtresses en titre, ou ses maîtresses de rencontre, ou encore... les premières venues, souvent procurées *impromptu* par l'opulent, ingénieux et serviable Zamet. Ce qui se fit d'orgies, ce qui s'y perpétra de crimes, viols, incestes et autres plaisanteries de ce genre, dans ce magnifique hôtel de la rue de la Cerisaie, dépasse tout ce que pourrait concevoir une imagination de richesse moyenne.

Henri IV tirait parti de tous les talents de Zamet. Il s'en servait comme d'amphitryon, de banquier ou de proxénète suivant l'occurrence. Ainsi faisaient la plupart des grands seigneurs de la cour ; car il entrait dans les principes de Zamet de ne rebuter personne — personne de foncièrement solvable de manière ou d'autre.

Le roi payait les complaisances de Zamet et le loyer de l'argent qu'il lui prêtait, par des concessions sur les impôts, d'abord, moyen commode dont l'emploi faisait souvent pester Sully, quoiqu'il fût extrêmement tolérant à l'endroit de Zamet. Ce n'est pas tout : Zamet fut fait par Henri IV baron de Murat et de Billy, seigneur de Beauvoir et de Cazabelle, conseiller du roi, capitaine du château et surintendant des bâtiments de Fontainebleau. Mais lui, intelligent en cela, préférait à tous ces titres vains, ou à peu près, celui de « seigneur de dix-sept cent mille écus. »

Zamet eut de nombreuses bonnes fortunes, et cela ne saurait surprendre ; il eut longtemps pour maîtresse Madeleine Leclerc, demoiselle du Tremblay, sœur du P. Joseph, surnommé l'*Éminence grise*, et en eut plusieurs enfants, dont l'un fut évêque de Langres et un autre maréchal de camp. Il avait, assure-t-on, obtenu les faveurs de la duchesse de Beaufort, et de bien d'autres qu'il serait trop long de nommer. Il recevait à sa table, non seulement le roi et les seigneurs de la cour les plus puissants et les plus hautains, mais aussi Marie de Médicis, même au temps de sa régence.

On sait que c'est à sa table que fut empoisonnée, soit par lui-même, soit par d'autres, Gabrielle d'Estrée, duchesse de Beaufort, presque reine !

Il fut chargé par Henri IV repu, de le débarrasser, moyennant finances, de Charlotte des Essarts, que nous avons vue passer comme un météore dans le ciel constellé d'amours du sensible et volage Béarnais !

Les plus exclusifs parmi les grands seigneurs, le connétable de Montmorency, le duc d'Epernon, par exemple, se laissaient traiter en égaux par l'ancien cordonnier lucquois dont la bourse était si enflée. On sait que c'est avec son concours que Bassompierre loua et meubla le troisième étage de la maison de Mme d'Entragues, où sa fille venait chaque nuit le rejoindre. Bassompierre était du reste un des commensaux les plus assidus du banquier, il soupait chez lui presque tous les soirs.

Sébastien Zamet mourut à Paris en 1614, comblé d'honneurs et de richesses.

Après tout, quels que fussent ses antécédents, il est certain que ses enfants — ses bâtards — menèrent une vie plus honnête et plus noble de tous points que ceux de la plupart des grands seigneurs qui fréquentaient sa maison et qui comptaient une interminable lignée d'ancêtres.

On sait maintenant ce qu'était Zamet, et ce que pouvait être l'hôtel Zamet où nous avions conduit, sans autre indication, tant et de nos plus huppés personnages.

XXV

Henri quatrième. — Informations, anecdotes et cancans.

SOMMAIRE. — Henri IV amoureux et poète. — Epitres et chansons du vert-galant. — Une restitution peu importante. — Menue monnaie des amours royales. — Mme de Boinville et Mme Le Clin. — Un orgueilleux faux bâtard de Bourbon. — La femme d'un malin bourgeois de Paris et son époux. — Le roi Henri et son historiographe. — La sauce qui doit faire passer le poisson. — Le roi Henri va se corriger un de ces jours. — Gaillard et Paillard. — La danse aux chansons. — Bruslart, Pinart et Villeroy et les femmes d'yceux. — Nouveaux spécimens de la poésie royale. — Un baptême. — L'enfant de Mme de Sourdis, ses deux pères probables et les sceaux de France. — La Varenne parvenu à un poste honorable et lucratif. — Le jésuite Gonthier. — Conduite aimable et captivante des dames de la cour aux sermons du Révérend Père. — Sortie intempestive et inélégante d'un prédicateur de carême. — Il faut le pendre ! — Grandeur d'âme du bon roi Henri. — Résignation chrétienne. — Aventure funeste du chevalier d'Aumale. — Une dernière nuitée d'amour. — Le chiffre de la Paverie. — L'écuyer de la reine et l'amant de son hôtesse. — Le faux Bassompierre. — Les ministres de Henri IV. — Sully le Bourru. — Ce qu'était devenue la promesse de mariage souscrit par le roi à Henriette d'Entragues. — Bombances à l'Arsenal. — Sully grise les filles de la reine. — Fatigues excessives que s'impose Henri IV. — Ce sont ses serviteurs qui s'en ressentent le plus. — Un coup de soleil. — Réorganisation de la prostitution publique en France sous le règne du roi vert-galant.

De toutes ces maîtresses favorites du grand roi Henri IV que nous venons de passer en revue, — car les autres se comptent par centaines, et nous n'en finirions jamais seulement d'en dresser la liste, — celle qu'il aima le mieux et le plus longtemps, après tout, c'est encore la duchesse de Beaufort.

Comme Henri II pour la duchesse de Valentinois, il fit entrelacer ses chiffres avec ceux de la belle Gabrielle dans les palais qu'il fit bâtir ou restaurer pendant le temps de ses amours avec elle. On n'en retrouve plus trace aujourd'hui, parce que Marie de Médicis prit soin de les effacer ou gratter partout.

Il lui écrivit des lettres qui sont des modèles de passion amoureuse et qui, en vérité, fourmillent de traits poétiques d'une fraîcheur exquise. — Mais il en fit presque autant pour la marquise de Verneuil.

Ce qu'il ne fit pas pour cette dernière, par exemple, c'est de se transformer ou de se laisser transformer en poète véritable, c'est-à-dire peignant en vers plus ou moins heureux les joies et les tristesses de son amour. Nous avons effectivement une *Charmante Gabrielle* et point de *Charmante Henriette* plus que sur la main.

Au fait, si nous donnions ici, pour la satisfaction des goûts littéraires de nos lecteurs, cette royale romance — qui n'est pas l'œuvre du roi, mais qui a longtemps passé pour telle — peut-être ferions-nous une espèce de bonne œuvre.

La voici, en tout cas :

CHARMANTE GABRIELLE

1er couplet

Charmante Gabrielle,
Percé de mille dards,
Quand la gloire m'appelle
A la suite de Mars...
Cruelle départie,
 Malheureux jour !
Que ne suis-je sans vie
 Ou sans amour !

2e couplet

L'Amour, sans nulle peine,
M'a, par vos doux regards,
Comme un grand capitaine
Mis sous ses étendards.
Cruelle départie,
 Malheureux jour !
Que ne suis-je sans vie
 Ou sans amour !

3e couplet

Si votre nom célèbre
Sur mon drapeau brillait,
Jusqu'au delà de l'Èbre
L'Espagne me craindrait.
Cruelle départie,
 Malheureux jour !
Que ne suis-je sans vie
 Ou sans amour !

4e couplet

Je n'ai pu dans la guerre
Qu'un royaume gagner ;
Mais sur toute la terre
Vos yeux doivent régner.
Cruelle départie,
 Malheureux jour !
Que ne suis-je sans vie
 Ou sans amour !

5e couplet

Partagez ma couronne,
Le prix de ma valeur :
Je la tiens de Bellone ;
Tenez-la de mon cœur.
Cruelle départie,
 Malheureux jour !
Que ne suis-je sans vie
 Ou sans amour !

6e couplet

Bel astre que je quitte ;
Ah ! cruel souvenir !
Ma douleur s'en irrite :
Vous revoir ou mourir !
Cruelle départie,
 Malheureux jour !
Que ne suis-je sans vie
 Et sans amour !

7e couplet

Je veux que mes trompettes,
Mes fifres, les échos
A tout moment répètent
Ces doux et tristes mots :
Cruelle départie,
 Malheureux jour !
Que ne suis-je sans vie
 Ou sans amour !

La belle Gabrielle accepta cette production comme une émanation directe de l'inspiration royale. La vérité est que l'air de cette romance, qui n'est pas sans agrément, est un ancien noël arrangé pour la circonstance par Du Caurroy, successivement maître de la musique du roi, sous Charles IX, Henri III et Henri IV, et que les paroles sont de son secrétaire Jean Berton. — Mais il n'y a pas de mal à cela.

Parmi les maîtresses de Henri que nous

n'avons point nommées et dont le succès eut pourtant un assez grand retentissement, nous trouvons dans les *Mémoires* de Bassompierre les noms de Mme de Boinville et de Mme Le Clin, femme d'un conseiller à la grand'chambre. Et voyez un peu où l'amour-propre va se nicher : le fils de cette dernière se vantait des succès de sa mère et se prétendait, pour la peine, fils de roi pour tout de bon ! Mais, naturellement, lui seul croyait à cette illustre origine. — S'il eût affecté la prétention contraire, le nigaud, il fût devenu marquis ou évêque pour le moins, tant la voix publique se fût égosillée à le traiter de bâtard royal.

Au reste Henri IV eut des enfants un peu partout, car il aima en tous lieux.

Étant devenu, à une certaine époque, amoureux de la femme d'un marchand, il se rendit, un beau soir, à un rendez-vous nocturne que lui avait donné la belle; mais le mari était sur ses gardes, et il ne paraît pas qu'il y eût été mis par sa chaste moitié, du moins la chronique n'en souffle pas mot.

Que fit alors ce mari ?

Il se mit bravement à la fenêtre de sa chambre et attendit l'événement.

Il n'attendit pas longtemps. Bientôt le roi parut à deux pas de la porte qu'il croyait franchir incognito pour se régaler d'une bonne nuitée d'amour. Mais le marchand, aussitôt qu'il l'aperçut, se mit à crier d'une voix de stentor : Vive le roi !

Le roi, un peu penaud sur le moment, s'arrêta net; puis il tourna le dos et reprit bravement le chemin du Louvre, en riant de bon cœur d'une aventure à la vérité fort risible; qu'on la prenne comme on voudra.

Henri IV n'aimait pourtant pas autant qu'on pourrait le croire être traversé dans ses projets amoureux : nous l'avons d'ailleurs suffisamment montré pour n'avoir pas besoin d'y revenir. Il n'aimait également qu'à demi qu'on insistât sur ses prouesses de vert-galant, du moins en public, et surtout en face de la postérité.

Pierre Matthieu, son historiographe, lui lisait un jour quelques pages de son travail où il était question de son irrésistible penchant pour les femmes et de son empressement à le satisfaire.

— Que diable ! s'écria-t-il en interrompant le lecteur. Est-il donc si nécessaire de révéler mes faiblesses ?

Mais sur quelques observations de Matthieu, il réfléchit et reprit aussitôt :

— C'est juste, il ne faut rien changer, il faut dire la vérité tout entière. Si vous vous taisiez sur mes fautes, on ne croirait pas le reste ; ainsi donc consignez-les dans votre ouvrage, afin que je les évite.

Nous savons qu'éviter ces sortes de fautes fut, jusqu'à sa dernière heure, le moindre des soucis du bon roi Henri, puisque, s'il eût vécu quelques semaines de plus, ce répit lui permettait de commettre la plus grande faute peut-être et la plus injustifiable de tout son règne et de toute sa vie !

Il goûtait fort la plaisanterie, par exemple, et n'était pas de ces mauvais plaisants qui raillent les autres et n'entendent pas qu'on leur rende la pareille ; bien au contraire, il se fût considérablement ennuyé entouré de gens qui, à ses mots souvent piquants, se fussent bornés à saluer platement.

Un jour on introduisit dans sa chambre un farceur qu'il avait désiré voir, uniquement à cause de sa réputation. Il le fit approcher de sa table où lui-même était assis, et la conversation s'engagea aussitôt dans ces termes :

LE ROI. — Comment vous appelle-t-on, mon ami ?

LE FARCEUR. — Gaillard, sire.

LE ROI. — Ah ! ah ! Et quelle différence

faites-vous, dites-moi, entre un *gaillard* et un *paillard?*

LE FARCEUR. — Sire, il n'y a pas une grande distance entre les deux : il n'y a que la largeur de cette table.

Et le roi de rire de bon cœur de cette repartie audacieuse quoique spirituelle.

Une autre fois, c'était à Fontainebleau, on dansait aux chansons. Les chansons achevées, comme le roi prétendait ne point laisser le divertissement s'arrêter, il chercha à improviser quelque chose, et voici en conséquence un échantillon de la poésie d'Henri IV, qui n'est pas précisément dans le même goût que la romance *Charmante Gabrielle;* il se mit donc à chanter :

Brulart, Pinart et Villeroy
Sont trois cocus, ce dit le roy.

Brulart, Pinart et Villeroy, ses secrétaires d'État, étaient là, avec leurs femmes, prenant part au divertissement. L'un d'eux prit alors la parole et chanta :

Si toutes les femmes voulaient,
Tous les maris cocus seraient ;
Et vous, sire, tout comme un autre :
Un cocu mène l'autre.

Et la danse se prolongea d'autant, au milieu des rires.

De même, en contemplant le panorama de Paris du haut de la butte Montmartre où il était en compagnie de ses courtisans favoris, il lui prit fantaisie de le voir à l'envers, et pour cela, il tourna le dos à Paris, se mit la tête entre les jambes et s'écria :

— Ventre-Saint-Gris! que je vois de nids de cocus!

Tous les courtisans imitèrent le roi — c'était inévitable — et Gallet, dans la posture que l'on devine, s'écria à son tour :

— Sire, je vois le Louvre !

Il est bien superflu de dire ici, qu'à l'imitation du roi, tous les seigneurs de la cour étaient autant paillards que le leur permettait leur constitution : nous en avons vu des exemples ; et par suite, que les princesses d'une chasteté exemplaire étaient fort rares.

Henri IV avait une tante qui ne le cédait guère à la plus dissolue des dames de la cour. Un jour qu'il allait lui rendre visite, il se rencontra dans son antichambre avec un grand seigneur qui y attendait l'heure du berger et, pour charmer l'attente, s'évertuait à faire des vers.

Il était déjà en fort bon train, si ce n'est qu'il ne pouvait pas trouver de rimes aux deux vers dont il venait d'accoucher laborieusement, et que voici :

Je ne vois rien qui me contente,
Absent de ma divinité...

Le roi s'empara de la plume vacante et ajouta les deux vers suivants aux deux premiers :

N'appelez pas ainsi ma tante,
Elle aime trop l'humanité !

Vous voyez bien qu'Henri IV était poète.

Lorsqu'il alla tenir sur les fonts baptismaux, comme nous l'avons déjà dit ailleurs, l'enfant que son garde des sceaux de Chiverny avait eu — ou croyait avoir eu — de madame de Sourdis, tante de la duchesse de Beaufort, et tante aimable et de bon conseil, comme nous le savons, la sage-femme lui remit le poupon entre les bras en affectant de prendre toutes sortes de précautions pour ne pas le laisser tomber.

— Sire, tenez-le bien, s'il vous plaît, car il est extraordinairement lourd, lui dit-elle.

— Bah ! fit le roi, cela ne m'étonne pas, car les sceaux lui pendent au c...!

Ajoutons que, si Chiverny se croyait le père de l'enfant de Mme de Sourdis, Henri IV ne doutait pas de son côté qu'il y fût lui-même pour quelque chose : lequel des deux y avait le plus travaillé, c'est ce qu'on ne saurait dire.

Madame Catherine avait cédé à son frère une sorte de marmiton appelé la Varenne, que nous avons eu déjà l'occasion de nommer, et dont l'office à la cuisine de la future duchesse de Bar était de piquer les viandes. Henri IV en fit un messager de ses amours; ce n'était pas une sinécure, au contraire il y avait de la besogne, mais, d'un autre côté, cet emploi lui rapportait gros. De sorte que son ancienne maîtresse, qui avait à un haut degré le mot pour rire, le rencontrant après plusieurs années, ne put s'empêcher de lui faire compliment sur sa bonne mine.

— La Varenne, lui dit-elle, tu as plus gagné décidément à porter les poulets de mon frère qu'à piquer les miens.

C'est tout au plus si le valet ne sut pas mauvais gré à la princesse de lui rappeler ainsi à brûle-pourpoint l'humilité de ses débuts à la cour de Navarre.

Au temps où ses amours avec la marquise de Verneuil étaient dans tout leur éclat, un prédicateur médiocre, mais toutefois le meilleur et le plus suivi du moment, le père Gonthier, jésuite, prêchait le carême à Saint-Gervais.

Naturellement, le roi, la marquise et toutes les plus renommées coquettes de la cour ne manquaient pas un de ces sermons. Le roi se plaçant presque toujours dans le banc d'œuvre, ces dames se groupaient autour et le plus près possible de Sa Majesté, à laquelle elles faisaient mille agaceries jusqu'à ce qu'il éclatât de rire, — à quoi elles ne réussissaient que trop bien, pour la satisfaction du pauvre diable de Révérend Père.

A la fin, le prédicateur, indigné de voir ainsi violer le respect dû à la maison du Seigneur — et aussi, sans doute, à sa propre parole, se tourna un soir vers le groupe bruyant et s'écria d'une voix tremblante de colère :

— Sire, ne vous lasserez-vous jamais de venir avec un sérail (il voulait dire harem) entendre la parole de Dieu, et de donner un si honteux scandale dans ce saint lieu ?...

Il n'en demeura pas là, le révérend, vous pouvez m'en croire : il fit tout un sermon sur ce sujet et sur ce ton; et il y avait de quoi, franchement.

Mais les belles pécheresses, et l'irascible marquise en tête, ne l'entendaient pas ainsi. Elles crièrent vengeance au roi, réclamant de sa haute justice qu'il fît un exemple terrible de ce prédicateur effronté et — s'il n'aimait mieux toutefois le faire pendre, selon son mérite — qu'il le fît jeter dans l'un des plus noirs cachots de la Bastille, pour y pourrir jusqu'au jour du jugement !

Henri IV eut le bon esprit de les laisser épancher leur bile et de ne rien faire de ce qu'elles lui demandaient. Mais lorsque, le lendemain, il retourna à l'église, il vit le P. Gonthier, qui comparut tout tremblant devant sa personne royale. A la grande surprise du R. P., le roi affecta d'être très content de ses remontrances; il l'en remercia même chaleureusement, en disant qu'il profiterait toujours de ses leçons...

— Seulement, ajouta-t-il en terminant, vous ferez bien de ne me les point administrer publiquement à l'avenir.

Et pendant tout le carême, le roi, suivi comme devant de son « sérail, » assista assidûment aux sermons du R. P. Gonthier. Il y eut fort peu de changement dans la manière d'être du brillant auditoire. — Je crois que ces dames y faisaient pis encore qu'auparavant. — Mais l'infortuné jésuite les souffrit sans essayer de nouveau de les corriger publiquement, et comme il n'avait aucun autre moyen de le faire, il dévora son humiliation en silence.

Le roi se faisait servir par des femmes à demi nues.

Sous le règne d'Henri IV, comme sous les précédents, les intrigues amoureuses, les adultères, les incestes, qui n'abondaient pas moins, avaient assez fréquemment des dénouements tragiques.

Nous n'allons pas nous embarquer dans la relation de ces monstruosités, pas plus que nous n'avons voulu nous appesantir sur la description des orgies dont l'hôtel Zamet ne fut pas le seul théâtre, par la seule raison que ce serait se répéter avec trop de complaisance. Mais il y avait par-ci, par-là, quelques poètes satiriques, médisants comme des diables, et qui consignaient, parmi les autres jolies choses propres à défrayer une chronique scandaleuse bien comprise, les drames conjugaux. Citer quelques vers de ces messieurs suffira à donner comme une teinte adoucie de cet ignoble tableau.

On publiait par exemple, à cette époque, des vers comme ceux ci, dont il est facile de deviner la signification, même sans chercher à lire entre les lignes :

> Dames qui aimez s'afliquer,
> Gardez-vous en toute manière
> Des lacs de soye de d'Humières,
> Des grands pardons de Villequier,
> Des catarrhes de Chiverny,
> Des lamentations de Fargy,

> Et du retour de Scipion.
> Têtes dures et sans pardon !

Si le libertinage éhonté fit le malheur de plus d'une « belle et honeste dame, » comme disait Brantôme, il ne réussit pas davantage à beaucoup de galants aimables et valeureux, sans parler des victimes de la vengeance plus ou moins légitime des jaloux.

Pendant les guerres de la Ligue, le chevalier d'Aumale enleva par un coup de main audacieux la ville de Saint-Denis. Le coup n'eut pas plus tôt réussi, qu'il s'en va trouver une courtisane, à laquelle il avait déjà eu affaire, et qui logeait à l'*Épée royale*. Cette fille avait nom la Paverie — peut-être parce qu'elle battait le pavé des rues à son ordinaire.

Pendant qu'il se divertit ainsi, et se délasse des fatigues de la guerre, de Vic, gouverneur de la place et qui venait d'en être chassé, rallie son monde avec précaution et en silence, rentre dans Saint-Denis et s'en empare de haute lutte.

D'Aumale, rappelé par le bruit à la triste réalité, se jeta au milieu de la bagarre, et combattit avec tant de courage que, lorsqu'on le retrouva parmi les morts, on ne put sur le moment le reconnaître, tant il était percé, haché, couturé de coups variés. Heureusement la Paverie avait pris la précaution inconsciente de lui graver sur les deux bras leurs chiffres entrelacés, ce qui fit qu'on le reconnut.

On voit, par cet exemple et par bien d'autres, celui d'Henri IV notamment, que la paillardise n'exclut pas la vaillance, mais elle y fait un grand tort malgré tout.

Les gens de Paris, ligueurs déterminés, envoyèrent réclamer le corps du malheureux chevalier, et ils l'enterrèrent avec une grande magnificence et des manifestations de douleur sincères, à l'église de Saint-Jean-en-Grève, dont le curé, qui avait été son précepteur, présida en pleurant la triste cérémonie.

Dans le plus beau temps des amours de Bassompierre avec Mlle d'Estragues, il arriva une aventure sanglante à laquelle fut mêlé, quoique mal à propos, le nom du marquis, mais pas de manière à ce qu'il nous parût nécessaire d'en parler quand nous avons eu à nous occuper de cette intrigue.

Un écuyer de la reine Marie de Médicis, un de ses serviteurs florentins, Camillo Simoni, était logé dans une petite rue située en face de la porte de la Monnaye et tout près de la maison de Mme d'Entragues. Le signor aimait son hôtesse, qui le payait de retour il est vrai, mais en faisait tout autant, à ce qu'il semble, pour bon nombre d'autres galants.

Un soir, en rentrant, il trouva dans le lit de la belle un jeune homme qui y avait autant de droits que lui sans doute. Mais cela déplut à notre Italien, qui appela ses gens à la rescousse. Ces gens, des Italiens aussi, comme de raison, happèrent le pauvre diable, le jetèrent dans la rue, en chemise, et lui administrèrent une demi-douzaine de coups d'épée, avec d'autant plus d'ensemble qu'il n'y avait aucun risque à courir avec un homme aussi complètement désarmé.

Le malheureux était si mal accommodé, qu'après avoir titubé sur un espace d'une cinquantaine de pas, il alla tomber mort sous les fenêtres mêmes de Mlle d'Entragues.

Quelqu'un qui avait une certaine connaissance de l'intrigue de Bassompierre avec celle-ci, vint justement à passer, et s'avisa de croire que c'était le marquis qui venait d'être assassiné à la porte de sa maîtresse. Il se rendit chez lui en conséquence, et avertit ses gens que leur maître était à tel endroit, ou tout au moins en grand besoin de secours.

L'affaire leur parut si naturelle, qu'ils se rendirent en toute hâte au lieu indiqué. Justement Bassompierre était sorti déguisé; ils le savaient en bonne fortune, mais ignoraient que ce fût ailleurs que chez Mme d'Entragues. Sans seulement chercher à interroger les traits de l'homme assassiné, ces fidèles domestiques emportèrent ce cadavre déjà froid dans la maison de leur maître.

Cependant, lorsqu'on eut fait venir les flambeaux, ils n'eurent pas de peine à reconnaître leur erreur, et remportèrent le cadavre de l'inconnu chez un chirurgien qui prévint la justice du dépôt qu'on lui avait confié.

Cependant cette affaire fit quelque tapage, on en plaisanta assez en ville, aux dépens de la réputation de Mlle d'Entragues, comme on le pense bien. Quant au marquis de Bassompierre, l'important pour lui était de n'avoir aucun rapport avec l'homme immolé par l'Italien à sa farouche jalousie.

On a vu que, lors de l'enlèvement de la princesse de Condé par son mari, Henri IV, furieux et désespéré, convoqua ses ministres pour leur demander avis sur la meilleure manière d'agir dans cette conjoncture délicate. Sully conseilla de ne rien faire du tout. Quant à l'opinion respective des autres, nous l'aurions donnée si elle avait eu un bien vif intérêt et qu'ils l'eussent exprimée moins longuement.

Mais voici une anecdote qui peut servir à donner la mesure du caractère de chacun des ministres du roi vert-galant et laisser deviner le sens de la réponse qu'ils purent faire, dans l'occasion que nous rappelons.

Dans un but qu'on n'explique pas, Henri IV voulant faire connaître à un ambassadeur étranger qui était avec lui, le caractère de ses différents ministres, les fit mander près de lui l'un après l'autre.

Le premier qui parut fut Villeroy.

— Voici une poutre qui menace ruine, Villeroy, dit Henri IV.

— Sire, répondit Villeroy sans même lever les yeux vers l'objet de la proposition, il faut la faire changer sur-le-champ.

Quand ce fut le tour du président Jeannin, le roi répéta sa calomnie sur la fameuse poutre.

Jeannin regarda attentivement, déclara qu'il n'en percevait pas le vice, mais ajouta que pour ne pas courir le risque d'un malheur, il serait prudent de la faire voir à des gens du métier.

Arriva enfin Sully, le sourcil froncé et grognant qu'il était toujours dérangé et que le roi ne pouvait le laisser à ses affaires.

— Cette poutre menace ruine, Sully, que faut-il faire ? lui demanda le roi.

— Cette poutre ! allons donc, sire, qui a pu vous inspirer une si étrange erreur ? elle durera plus que vous et moi.

Sully était un ministre intègre et un serviteur, je dirai plus, un ami dévoué de son maître qui, par exception, le lui rendait assez bien. Mais sa qualité maîtresse, c'était la franchise poussée jusqu'à l'audace, jusqu'à la brutalité au besoin.

On sait que lui seul put faire impunément opposition au projet que le roi avait conçu d'épouser Gabrielle d'Estrée. Sans doute il n'eût pas été tenu plus de compte de son avis dans cette occasion que de celui qu'il donna plus tard sur la meilleure manière d'agir avec le prince de Condé, mais qu'il l'ait pu donner sans que sa disgrâce suivît immédiatement, c'est énorme. Et l'on sait également que malgré la haine que lui avait vouée la favorite, Henri IV lui répondit que, dans le cas où il serait forcé d'opter, il sacrifierait plus aisément dix maîtresses comme elle, qu'un ministre comme Sully.

Il fit plus avec la marquise de Verneuil ; car, comme le roi lui demandait encore une fois son avis sur la valeur de la promesse de mariage qu'il avait écrite à Henriette d'Entragues, et qu'il avait entre les mains ce document pour l'étudier plus à son aise, Sully déchira purement et simplement la promesse en question et en jeta au vent les morceaux.

Sully habitait l'Arsenal, où il vivait avec une régularité, une frugalité fort rares à cette époque, piochant comme un employé zélé et installé à son bureau dès quatre heures du matin, été comme hiver, sachant que la matinée était le seul moment du jour auquel on ne viendrait pas le déranger.

Parmi les personnages qui dérangeaient le plus fréquemment le ministre, il fallait compter, pour deux au moins, son royal maître et ami; et il n'est pas moins probable que, le jour où il fut assassiné, Henri IV se rendait chez Sully, qu'il ne l'est qu'il allât à un rendez-vous d'Angélique Paulet à l'hôtel de Zamet, voisin de l'Arsenal.

Ce n'était pas toujours pour parler d'affaires que le roi allait voir son ministre; il aimait à dîner avec lui, à émoustiller un peu, par quelque bombance impromptu, ce froid et rugueux puritain qui se laissait faire quelquefois de bonne grâce. Dans ces occasions, Sully recevait un billet dont la teneur ne variait guère :

« J'arriverai demain chez vous, écrivait le roi, et n'oubliez pas le poisson. »

Ce jour-là, il y avait bombance à l'Arsenal.

M. Ernest Legouvé raconte qu'une fois, peu après son mariage avec Marie de Médicis, le roi s'y rendit avec toute la cour. Sully lui fit faire très grande chère et s'occupa tout particulièrement de soigner les filles italiennes qui accompagnaient la reine.

Après le dîner, le roi prit Sully à part :

— Hé! grand maître, lui dit-il, voyez donc comme les filles d'honneur de la reine ont l'œil brillant, les joues empourprées et le rire éclatant !

— Je sais pourquoi, répondit le ministre gravement.

— Qu'est-ce donc?

— Le voici : comme j'avais remarqué que ces jeunes Italiennes appréciaient fort mon vin blanc d'Arbois, j'en ai fait remplir toutes les aiguières destinées à contenir de l'eau, de façon qu'elles ont, pendant tout le dîner, trempé leur vin rouge avec du vin blanc.

— Ah! bon Dieu! vous les avez grisées !

— Un peu, répondit Sully de plus en plus grave; j'ai pensé que cela égayerait la fin du repas.

Il paraît que le grave Sully se montrait, par hasard, badin, folâtre, voire un peu grivois tout comme un autre. C'était probablement pour montrer que, s'il l'avait voulu, il n'eût pas valu mieux que les seigneurs de son temps, en y comprenant le roi lui-même.

Lorsqu'on réfléchit aux fatigues inouïes que s'imposait Henri IV, pour la satisfaction de ses passions, et que ces fatigues ne l'empêchaient ni de s'occuper, bien ou mal, des affaires de son royaume, ni de guerroyer à tort et à travers et plus souvent qu'à son tour, on est frappé d'étonnement, et l'on se demande de quelle étrange vigueur cet homme devait être doué pour suffire à toute cette dépense de force.

Lorsqu'il faisait à chaque instant le voyage de Paris à Blois et *vice versâ*, pour avoir un prétexte de passer à Marcoussis ou à Malesherbes, où le marquis d'Entragues, pour le tenir en haleine et l'amener plus aisément à composition, tenait sa fille enfermée, jamais on ne se fût douté qu'il se surmenât ainsi, à la parfaite placidité que conservaient ses traits et toute sa personne dans les intervalles de repos.

Mais il n'en était pas toujours de même

des gentilshommes que leur devoir contraignait à lui faire cortège.

Un jour, qu'au retour d'une de ces équipées où il avait fourbu neuf chevaux de Blois à Paris, il était venu demander asile au président de Verdun, il était à peine au lit que le gentilhomme qu'il faisait coucher dans sa chambre, Bourigueux, se leva tout à coup du sien, en proie à un violent accès de fièvre chaude et faisant mille extravagances.

Le malheureux avait été frappé d'insolation sur la route.

Le roi surpris, et quelque peu effrayé, voulut se rendre maître du forcené afin de l'enfermer dans une chambre contiguë, mais il n'y put parvenir et fut obligé d'appeler à l'aide.

On arriva aux cris du roi; Bourigueux fut saisi, garrotté et emporté comme un paquet; et Roquelaure prit sa place auprès de son souverain qui se recoucha fort ému de cette scène.

Comme toujours, les mœurs publiques se sentaient du dérèglement des mœurs de la cour. L'exemple vient toujours d'en haut. La dépravation était à peu près sans bornes.

Pour comble de misère, il y avait le *mal de Naples*, — que nous n'avons pas besoin de désigner autrement, laissant de côté la question de savoir si les soldats de Charles VIII en infectèrent le royaume de Sicile et les pays circonvoisins, ou si, au contraire, ils l'en rapportèrent dans leur propre pays. Il y avait donc le mal de Naples, qui faisait des ravages d'autant plus terribles, qu'il ne rencontrait aucun obstacle à son extension.

Henri IV, dans le but d'y pourvoir sans doute, reconnut la légalité de la prostitution, abolie par les États d'Orléans en 1560. Il assigna aux filles publiques des rues spéciales, à peu près les mêmes qui leur étaient déjà affectées sous François Ier, et fixa les heures auxquelles elles devaient s'y rendre. — Il ne fut toutefois pas fait grand'chose sous son règne pour la régularisation de leur situation, outre ce que nous venons de dire.

XXVI

Le maréchal d'Ancre.

Sommaire. — Retour aux prétendus complices de Ravaillac. — La marquise de Verneuil et Marie de Médicis. — Portrait de la seconde et dernière femme de Henri IV, dit le Grand. — La mégère indomptée. — Ménage royal, ménage de chien. — La mère du dauphin devenue toute-puissante. — Rappel des jésuites. — Marie de Médicis régente. — Cérémonie du sacre. — Pas de bonne fête sans lendemain... — Concino Concini. — La sœur de lait d'une reine de France. — Toutes les italiennes ne sont pas nécessairement belles. — Portrait peu flatté de Léonora Galigaï. — Un mariage de raison. — Le Sigisbée de la reine et mari de la plus laide femme de France et de Navarre. — Impertinences audacieuses du beau Concini. — Une course de bagues. — Le vert-galant vieilli. — Largesses de la « grosse dame. » — Le pont d'Amour. — Concini régent de France. — Eléonora Galigaï se met dans le commerce. — Le jeune Louis XIII et son jeune favori de Luynes conspirent la perte du trop brillant Concini. — Assassinat du maréchal d'Ancre. — Sacrifice propitiatoire aux mânes du roi de la poule au pot. — Ce qu'il advint de Léonora Galigaï. — La manie de la « possession. » — Avarice et magie aussi noires l'une que l'autre. — Le grand rôle joué par le diable à cette mémorable époque de notre histoire. — Le procès de la maréchale d'Ancre. — Drôle de procès, en vérité !... — La maréchale brûlée comme sorcière en place de Grève. — Etat approximatif de la fortune des Concini au moment de la double catastrophe. — Fin misérable de la « grosse dame, » *alias* Marie de Médicis. — Les victimes innocentes.

Nous avons dit que, parmi les complices supposés de Ravaillac que la voix publique nommait tout haut, et au premier rang, figuraient la marquise de Verneuil et la reine Marie de Médicis.

La marquise de Verneuil, reine dépossédée, nous savons ce qu'elle était devenue, et qu'elle occupait ses loisirs à conspirer contre la vie du roi, ou tout au moins contre son trône.

Si l'on tient pour bonne cette maxime policière que, dans tout crime dont l'auteur est inconnu, il faut rechercher d'abord à qui il peut profiter, certes la marquise de Verneuil n'était pas à l'abri de tout soupçon — et encore moins Marie de Médicis.

Malgré toutes ces raisons, nous sommes loin d'accuser formellement ces « belles et honestes dames » d'un pareil forfait. M. J. Loiseleur nous a presque convaincu, par ses savantes études, que Ravaillac n'avait pas de complices.

Voyons un peu, toutefois, ce qu'était la seconde femme d'Henri IV, ce qu'était surtout son entourage.

Somme toute, du moins à en croire Sismondi, le bon Henri avait été volé comme dans un bois : Marie n'était pas aussi belle qu'on le lui avait dit et était beaucoup plus désagréable qu'il ne pouvait le supposer. Elle était grosse et grande, avait une figure en pleine lune avec de gros yeux ronds sans expression... Décidément, ce n'était pas une beauté.

« Elle n'avait, dit Sismondi, rien de caressant dans les manières, aucune gaieté dans l'esprit; elle n'avait point de goût pour le roi; elle ne se proposait point de l'amuser ou de lui plaire; son humeur était acariâtre et obstinée; toute son éducation avait été espagnole, et dans l'époux, qui lui paraissait vieux et désagréable, elle soupçonnait encore l'hérétique relaps. »

Le fait est que Henri avait vingt ans de plus que sa femme, et que pour ce qui est de la confiance qu'elle pouvait avoir dans ses sentiments religieux, elle ne pouvait être que fort mince.

Mais le vert-galant, qui comptait sur une femme jeune, jolie, aimable et amoureuse de sa royale personne, était fort déconfit. Il commença par tomber amoureux de sa femme : ça, c'était fatal. Mais l'aigreur de son caractère l'en éloigna bientôt, et nous avons vu comment il revint à la marquise de Verneuil, et comment il eut la délicate attention de l'installer auprès de sa femme, au Louvre même, de façon à pouvoir varier ses plaisirs sans trop se déranger.

Dès lors, le ménage royal fut un ménage de chien — sauf le respect dû à l'institution. On ne se bornait pas à s'y quereller, on s'y arrachait les cheveux exactement comme dans le ménage de mon avant-dernier portier. Un jour, en présence de Sully, Marie allait probablement pocher un œil à son royal époux, sans l'intervention du fidèle ministre, qui arrêta sans façon l'évolution menaçante de son bras téméraire.

Devenue mère du Dauphin, plus tard Louis XIII, Marie fut l'objet des plus grands soins de la part du roi, dont elle venait de combler les vœux les plus chers en lui donnant un héritier légitime. Elle en abusa pour lui faire rappeler les jésuites expulsés; enfin elle se fit déclarer régente, et sacrer à Saint-Denis...

Le lendemain du sacre, Henri IV succombait sous le poignard de Ravaillac !

Singulière coïncidence, on en conviendra.

Les écarts d'un époux aussi volage — et aussi vieux — que le roi vert-galant n'étaient pas faits pour lui conquérir le cœur d'une jeune femme comme Marie de Médicis, bien sûr; d'autant plus que celle-ci était un parangon de vertu, comme on va le voir.

Parmi les Italiens que, malgré la volonté du roi, elle avait conservés auprès d'elle, il y avait un certain Concino-Concini, fils d'un notaire florentin, bellâtre que la débauche et tous les désordres avaient prématurément conduit à la ruine et au déshonneur, et sur le compte duquel nous reviendrons tout à l'heure. Il y avait aussi son petit monstre de femme de chambre, Léonora Dori, dite Galigaï (de *galigare*, avoir la berlue).

La mère de Léonora, blanchisseuse et femme d'un menuisier, avait été la nourrice de la future reine de France ; et c'est au moins par un sentiment des plus honorables que, parvenue au faîte des grandeurs, Marie de Médicis avait gardé près d'elle, élevé avec elle, son humble sœur de lait — du moins, j'aime autant le croire ainsi.

Si Marie n'était pas aussi belle que le roi l'aurait pu désirer, il en était bien autrement d'Éléonore, qui était d'une laideur aussi complète que possible.

« C'était, dit Michelet, une sorte de naine noire, avec des yeux sinistres comme des charbons d'enfer. (J'ignore si Michelet a jamais vu de charbons d'enfer, mais la question n'est pas là.) Cette figure peu rassurante n'était pourtant pas un diable. C'était au fond le personnage important de cette cour. Elle avait beaucoup d'esprit, gouvernait la princesse comme elle voulait, remuait à droite et à gauche cette pesante masse de chair...

« Si Léonora faisait peur, elle était encore plus peureuse ; elle rêvait en plein jour. Triste hibou, asphyxié de bonne heure dans l'obscurité malsaine des alcôves et des cabinets, elle croyait que quiconque la regardait lui jetait son sort. Elle portait toujours un voile de crainte du mauvais œil. La France, maligne et rieuse, lui devait être odieuse. Elle devait ici s'assombrir et se pervertir, et de plus en plus devenir méchante...

« Ce nain noir, ce hibou, ce monstre de laideur osa cependant, un jour, jeter les yeux sur le cavalier de la cour de la reine le plus beau, le plus élégant, le plus charmant, le plus fin, aussi le plus vain, le plus insolent, sur Concini ; or Concini, outre ses qualités brillantes dans une cour, était le chevalier servant en titre, ou, pour parler sans détour, l'amant connu, presque avoué de la reine. C'est pour cette raison que Marie de Médicis servit sa chère Léonora et ordonna à Concini de la prendre pour épouse.

« Comment Henri IV pourrait-il se défier désormais, car déjà il le prenait d'assez haut à propos de ce sigisbée, comment pourrait-il se défier du mari de la plus laide femme de son royaume, du mari de l'amie, de la sœur de lait, presque de la sœur de son épouse ? »

Franchement, je croirais plutôt qu'il y aurait eu à se défier davantage du mari d'une femme laide que de celui d'une femme agréable ; et tout porte à croire d'ailleurs que tel fut le sentiment du roi, qui ne se laissa arracher son consentement à ce mariage qu'à la faveur de la joie qu'il ressentait d'avoir un dauphin, un vrai dauphin qui ne devait rien à personne — si ce n'est peut-être à Concini... Mais passons.

Le fait est qu'après comme avant son mariage, Concini jouit effrontément de sa faveur sans limites.

« De ses petites épargnes, dit Michelet, il allait acheter pour un million une terre princière, la Ferté. Le roi, si patient, eut peur cependant du bruit que cela ferait, et prit la liberté, non de dire (il n'eût osé), mais de faire dire à la reine, par madame de Sully, que cela lui ferait du tort et qu'on pourrait en jaser.

« Cet avis timide, ménagé par la dame autant qu'elle put, jeta le signor Concini dans une épouvantable fureur.

« Une telle révolte du mari contre le chevalier servant était, dans les mœurs italiennes, chose inouïe, intolérable. Le roi s'était mépris ; on le lui fit bien voir. Non seulement Concini lava la tête à la dame, mais il dit qu'il se moquait du roi, qu'il n'avait pas peur du roi et que, si le roi bougeait, *il lui arriverait malheur.*

« Concini dont le grand mérite, outre sa jolie figure, était sa bonne grâce à cheval, voulut, exigea qu'on lui arrangeât une fête où il pût se montrer solennellement. Il ne prit pas un lieu obscur, mais royalement la place historique du fameux tournoi de Henri II, les lices de la grande rue Saint-Antoine, devant la Bastille. Du moins, ce n'était pas cette fois un combat bien dangereux, mais tout bonnement une course de bagues. Du reste, la même dépense et guère moins d'émotion. Les vives rivalités des hommes, la faveur des femmes pour celui-ci ou celui-là, leurs palpitations, tout était de même, et pour un jeu puéril de sauteurs et d'écuyers !

« L'heureux faquin, brillant d'audace, tint la partie contre les princes et tous les plus grands de France, envié et admiré, sous les yeux de la reine, qui siégeait là comme juge et dame du tournoi, et qui, de sa faveur visible, l'avouait pour son cavalier.

« Il fut très amer au roi qu'on se gênât si peu pour lui ; cela touchait à l'outrage public. Il n'en parla qu'à Sully, mais d'autres le devinèrent, et quelqu'un lui demanda s'il voulait qu'on tuât Concini. »

Il faut savoir gré au vert-galant vieilli de n'avoir pas accueilli l'ouverture de cet aimable courtisan. Malgré cela, en bonne justice, c'est tout au plus s'il avait tout ce qu'il méritait.

Après la mort du roi, on pense que la faveur de Concini ne baissa pas ; bien au contraire !

De son propre aveu, transmis par Bassompierre à la postérité, il avait su tirer de la « grosse dame » les immenses terres d'Ancre et de Lésigny, deux hôtels dans Paris, le bâton de maréchal de France (sans avoir jamais tiré l'épée et avec une réputation de couardise supérieurement établie), la charge d'intendant de la maison de la reine, les gouvernements d'Amiens, de Péronne, de Roye, de Montdidier, de Normandie, et de l'argent par tonnes !

A la vérité, on aurait pu expliquer toutes ces largesses autrement, du moins aux yeux du peuple qui admet tout ce qu'on veut, pourvu qu'on lui dore un peu la pilule ; mais il ne manquait pas d'indices des intrigues de la reine Marie avec Concini, et le peuple même savait au mieux à quoi s'en tenir.

« Si bien, dit un chroniqueur, que comme il (Concini) logeait au coin de la rue et du petit jardin du Louvre, et que, venant à des heures indues pour parler à la reine d'affaires secrètes et pressées, il lui fallait passer sur un pont-levis qui traverse le fossé et conduit du petit jardin à l'appartement des reines-mères, pour cela on donna à ce pont le nom de *pont d'Amour*... »

Marie de Médicis régente, c'était Concini — ou le maréchal d'Ancre — roi de France et de Navarre ; et le fait est qu'il agit bien comme s'il était le successeur légitime d'Henri IV. Dévoré d'ambition et incapable de mettre aucune borne raisonnable à ses aspirations, il voulut marier au premier prince du sang la fille qu'il avait eue d'Eléonore. Mais c'est surtout la cupidité insatiable de ce ménage immonde qui vaut la peine d'être signalée.

Rien entendu, dès son arrivée au pouvoir, Concini en avait chassé avec empressement tous les conseillers du feu roi, à commencer par Sully dont il s'était adjugé la charge ; et c'est lui qui présidait le con-

Fêtes du mariage du baron de Vierne.

seil qui dirigeait toutes les affaires du royaume.

Pendant ce temps, Eléonore Galigaï tenait office de places, de récompenses pécuniaires et autres, et d'honneurs. Avec un peu d'habileté et un pot-de-vin suffisant, il n'était rien qu'un honnête gentilhomme ne pût obtenir de M⁰ᵉ la maréchale.

Louis XIII n'aimait guère ce couple envahissant ; il l'aimait d'autant moins, qu'étant enfant, il avait déjà, paraît-il, eu maille à partir avec la maréchale d'Ancre qui, logée au Louvre au-dessus de l'appartement du jeune roi, s'était plainte qu'il faisait trop de bruit en jouant. « — Dites à madame la maréchale, avait alors répondu le royal enfant, que si sa chambre est exposée au bruit, Paris est assez grand pour qu'elle puisse y en trouver une autre. »

Il n'y avait probablement pas un seul des courtisans qui eût la moindre sympathie pour ces personnages avides, présomptueux et insolents ; de sorte que le fruit mûrit vite, et qu'une fois mûr, il fit comme tous les fruits mûrs, il tomba.

Luynes, favori du roi avec qui il avait

été élevé, lequel voyait dans Concini une espèce de tuteur imposé, et de la plus misérable espèce encore, Luynes finit par obtenir de son jeune maître, avec un ordre d'arrestation pour le maréchal d'Ancre, sous un prétexte plus ou moins spécieux, l'autorisation de le massacrer sommairement. Ce fut Vitry, capitaine des gardes, qui fut chargé de cette mission délicate, et il s'en tira le plus adroitement du monde en dressant une embuscade au maréchal, qui tomba percé de coups, au moment où il s'apprêtait à rentrer au Louvre, le 24 avril 1617. Le corps de Concini fut alors saisi par la populace, traîné sur le pavé jusque devant la statue d'Henri IV, sur le pont Neuf, et là, coupé en morceaux et brûlé, en guise d'holocauste, sous le nez du bon roi, tant le peuple était convaincu que l'amant de Marie de Médicis avait trempé dans le crime expié par le seul Ravaillac.

— Quelques historiens prétendent même qu'un des fauteurs de cette réjouissance publique fit rôtir le cœur du maréchal d'Ancre sur des charbons échappés du bûcher qu'on lui avait dressé, et en déjeuna avec toute l'apparence d'une vive satisfaction.

Que devint alors la malheureuse Léonora?

« Léonora, tremblante, dit Michelet, demanda asile à Marie de Médicis ; celle-ci refusa.

« Alors cette femme, chez qui la reine tenait les diamants de la couronne (comme ressource en cas de malheur), se déshabilla et se mit au lit, en cachant ses diamants sous elle. On la tira du lit, on fouilla tout; on mit la chambre au pillage, on la mena à la Conciergerie... Le procès si facile qu'on pouvait faire à Concini et à sa femme (spécialement pour certaines intelligences avec l'ennemi, que la reine avait pardonnées) ce procès fut habilement étouffé, détourné. On en fit un procès de sorcellerie.

« C'était l'usage, du reste, de ce siècle. Les *tyrannies libidineuses des prêtres dans les couvents de femmes*, quand par hasard elles éclatent, tournent en sorcellerie, et le diable est chargé de tout.

« Léonora elle-même se croyait le diable au corps, et elle s'était fait exorciser par des prêtres qu'elle avait fait venir d'Italie, dans l'église des Augustins. Comme elle souffrait cruellement de la tête, Montalte, son médecin juif, fit tuer un coq, et le lui appliqua tout chaud, ce qu'on interpréta comme un sacrifice à l'enfer.

« On trouva aussi chez elle une pièce astrologique, la Nativité de la reine et de ses enfants. Il n'est nullement improbable qu'elle ait cherché, quand son crédit fut ébranlé, à retenir la reine par la sorcellerie. C'était la folie générale du temps ; Luynes y croyait aussi. Il avait fait venir, dit Richelieu, deux magiciens piémontais pour lui trouver des poudres à mettre dans les habits du roi et des herbes dans ses souliers. »

Oui, en effet, le diable, à cette époque, se mêlait — ou plutôt était mêlé — beaucoup plus qu'aujourd'hui aux affaires de ce monde et de ses habitants ; de sorte que nous allons nous trouver entraîné tout à l'heure dans une ronde de sorciers et de sorcières dont nous sortirons comme nous pourrons. Mais, en attendant, quelques détails sur le procès de cette pauvre vilaine sorcière de Léonora Galigaï méritaient, je crois, un bon accueil. Nous les emprunterons au vieux Anquetil et à ses *Intrigues de cabinet*, etc.

« On est surpris, dit l'historien impérial, quand on voit sur quoi roule l'interrogatoire d'une femme qui avait, pour ainsi dire, tenu le timon de l'État.

« On passa très légèrement, sans doute faute d'indices et de preuves, sur ce qui aurait dû faire l'objet principal du procès, sur les concussions et les correspondances avec les étrangers. Elle répondit fermement que jamais elle n'était entrée dans une affaire de finance ; que jamais elle n'avait eu de liaisons avec les ministres étrangers, sinon par permission et par ordre de la reine.

« Les juges la questionnèrent sur la mort de Henri IV ; d'où elle avait reçu avis d'avertir le roi de se garder du péril ; pourquoi elle avait dit auparavant qu'il arriverait incessamment de grands changements dans le royaume, et pourquoi elle avait empêché de rechercher les auteurs de l'assassinat. »

On lui fit bien d'autres questions, et de plus ridicules que cette dernière, à coup sûr, auxquelles elle répondit toujours avec une grande fermeté et sans la moindre hésitation, souvent avec un air de dédaigneuse ironie, comme lorsqu'on l'accuse de manger de la chair de porc, ou de s'être enfermée dans des églises avec des religieux italiens et lorrains pour s'y livrer à des pratiques superstitieuses.

Lorsqu'on lui demande, par exemple, par quels moyens elle était parvenue à ensorceler la réponse, Léonora répond fièrement, d'un ton qui ne paraît pas appartenir à l'être fuyant et craintif, à l'espèce de chauve-souris de cour, que nous dépeint Michelet : « — Mon charme fut celui des âmes fortes sur les esprits faibles ! »

Le procès de Léonora s'étant ouvert le 3 mai 1617, il dura jusqu'au 8 juillet, jour où l'arrêt fut prononcé. Cet arrêt terrible avait mis beaucoup de temps à tomber des lèvres des juges, où il était suspendu dès avant l'entrée en séance, mais on ne libelle pas comme cela, au pied levé, un arrêt de cette importance, et c'était justement ce libellé qui était difficile à trouver.

« Elle voulut, rapporte Anquetil, s'envelopper de ses coiffes ; mais on la contraignit à écouter à visage découvert la lecture de sa condamnation.

« L'arrêt déclarait Éléonore Galigaï coupable de lèse-majesté divine et humaine. Il y était porté qu'en réparation de ses crimes, sa tête serait séparée de son corps sur un échafaud dressé en place de Grève ; quo l'un et l'autre seraient brûlés et les cendres jetées au vent...

« Elle fut donc traînée au supplice comme la plus vile criminelle, à travers un peuple nombreux qui gardait le silence et semblait avoir oublié sa haine.

« Peu occupée de cette foule, Éléonore ne parut pas déconcertée de ses regards, ni de la vue des flammes qui embrasaient le bûcher où son corps allait être consumé ; intrépide, mais modeste, elle mourut sans bravade et sans frayeur. »

L'arrêt du Parlement est purement et simplement odieux, mais, en dépit de son attitude à la dernière heure, il faut convenir que la punition infligée à la maréchale n'était pas loin d'être méritée, si impitoyable qu'elle paraisse ; et il eût été beaucoup mieux que son époux figurât auprès d'elle en place de Grève, au lieu d'être tombé sous les coups de lâches assassins — car ce n'étaient que de lâches assassins tous ces sbires royaux chargés de prévenir les lenteurs d'un procès et pour lesquels la loi existait à peine, même quand ils agissaient pour leur propre compte.

Les concussions du ménage Concini, dont on s'était bien gardé de dire un mot, valaient la peine pourtant d'être relevées. Ainsi, ce fils de tabellion tombé dans l'égout de l'indigence, après avoir roulé dans les ruisseaux de la débauche, et ramassé là par le crochet compatissant d'une reine, il avait pu, sur ces économies, entretenir à ses frais un corps de 7000 mercenaires. Les honnêtes gens qui l'égorgèrent, fouillèrent ensuite dans ses poches, comme c'est l'usage, et y trouvèrent pour 1.985.000 livres de rescriptions. On trouva en outre, dans sa petite maison, pour 2.200.000 livres de valeurs diverses. Enfin, sa femme avait en sa possession pour 1.200.000 écus de pierreries, ce qui n'est pas mal pour une fille de blanchisseuse, sans compter les diamants de la couronne qu'elle eût si volontiers mis dans sa poche si on lui en avait donné le temps.

Telle fut la fin, en tout cas, de la favorite et du principal favori de Marie de Médicis, car elle en eut bien d'autres, mais de si obscurs, que ce n'est pas la peine d'en parler. Quant à la reine-mère elle-même, après vingt-cinq ans d'intrigues et de luttes, elle finit par aller échouer à Cologne, où elle mourut en 1642, dans la plus profonde misère.

Mourir sur un grabat, presque de faim, après avoir bâti le palais du Luxembourg, voilà une destinée plus étrange encore que celle de Léonora Galigaï!

Cette lamentable catastrophe fit des victimes innocentes, comme toutes les catastrophes qui atteignent les ambitieux, sur la fin de leur ambitieuse carrière et dont les proches sont inévitablement éclaboussés.

Nous ne voulons pas parler du frère de Léonora Galigaï, venu en France pour lécher les plats de la table de sa sœur et en ramasser les miettes, et dont la favorite avait fait un évêque de Tours et abbé de Marmoutier. Celui-là en fut quitte pour repasser les monts : évêque il était, évêque il demeura ; il ne faut donc pas trop le plaindre.

Mais Léonora avait deux enfants : elle avait une fille pour laquelle elle et son père avaient rêvé les alliances les plus brillantes, et qui, avec plus de cœur qu'on était accoutumé à en trouver alors, soit chez les filles, soit chez les mères, mourut de chagrin peu après le supplice de Léonora ; elle avait aussi un fils, qui retourna à Florence comme si le diable l'y emportait, y parvint sans encombre, s'y établit, et y vécut obscurément des revenus d'un modeste magot que son père avait eu la prudence d'y déposer chez un banquier, à titre d'en-cas.

Ainsi finit la comédie.

XXVII

Le diable au couvent.

SOMMAIRE. — Que le diable a bon dos. — Le curé Goffridi, magicien. — Les révoltes des sens provoquées par la fréquence des tentations. — Madeleine. — Amour et magie. — De quoi le diable se mêle! — Procédé ingénieux et commode pour séduire les femmes. — Madeleine chez les Ursulines d'Aix. — Le diable au couvent. — Les possédées. — Le procès du sorcier Goffridi. — Preuves accablantes de sa culpabilité. — Goffridi brûlé vif. — Les *diables de Loudun*. — Toujours les Ursulines. — Urbain Grandier, son éducation, son humeur, ses avantages personnels, ses succès variés. — Julie et Marthe. — Un procureur du roi agacé mais pas gêné. — Amours contrariées d'un avocat du roi. — Le complot. — Triomphe trop ostensible du curé de Saint-Pierre. — Première apparition des esprits chez les Ursulines. — Grandier refuse le doux emploi de directeur de ces religieuses. — Trop de science nuit aussi bien que trop de perfection plastique. — Premières scènes de possession suivies d'exorcismes. — Grandier prend peur et cherche à parer le coup qui le menace. — L'arrivée de l'archevêque calme comme par enchantement exorcistes et démoniaques. — Le conseiller Laubardemont paraît à l'horizon chargé de nuages. — Accusation inattendue relevée contre Grandier. — La haine d'un parvenu trop puissant. — Grandier arrêté. — On instruit son procès. — Relation authentique d'une des séances de cette instruction merveilleuse. — Défense de ma' parler des bons diables de Loudun, c'est-à-dire de celles dont ils ont choisi le corps charmant pour abriter leurs maléfices. — Ce qu'en disent, malgré cette interdiction, les religieuses elles-mêmes. — Confession publique de sœur Claire. — Amende honorable de sœur Jeanne des Anges, supérieure des Ursulines, suivie de pendaison incomplète. — Séquestration de deux *dépossédées*. — Le vrai secret de la possession des Ursulines de Loudun. — Choix édifiants de preuves articulées contre Urbain Grandier par les religieuses et autres possédées (ou ne demandant qu'à l'être), ou par leurs souffleurs. — Arrêt condamnant Grandier au supplice du feu, pour avoir incendié méchamment tant de cœurs candides, supplice devant être précédé de toute une série de tortures les plus cruelles. — Aveux d'Urbain Grandier. — Son supplice et sa mort. — Son véritable crime.

« C'était, du reste, l'usage de ce siècle, dit Michelet, dans une citation que nous avons faite au chapitre précédent et relative au procès de Léonora Galigaï. — Les tyrannies libidineuses des prêtres dans les couvents de femmes, quand par hasard elles éclatent, tournent en sorcellerie, et le diable est chargé de tout. »

Il faudrait bien se garder de prendre ceci pour une simple boutade d'historien humoriste ; quelques exemples feront voir qu'il n'y a dans cette phrase aucune exagération, et que le mot d'ordre des couvents *hantés* était bien en effet de mettre tout sur le dos du diable — qui a bon dos.

Six ans avant l'exécution en place de Grève de la maréchale d'Ancre, convaincue d'un peu de sorcellerie, mais coupable seulement d'avarice, un prêtre français, Louis Goffridi, était mort sur le bûcher, à Aix en Provence, en expiation du même crime. Et vous allez voir comme on couvre aisément d'un même pavillon toute espèce de marchandise.

Goffridi était alors curé de l'église collégiale des Acoules, à Marseille. C'était un beau garçon, bien fait, intelligent, spirituel, de manières aisées et charmantes qui, grâce à sa position, était reçu dans la haute société de la ville, non seulement avec distinction, mais avec le plus vif empressement, surtout par les dames.

Le malheureux était de ces prêtres sans vocation dont le tempérament vigoureux se révolte sans cesse, surtout sous l'aiguillon impitoyable d'une tentation trop fréquemment et trop libéralement offerte, et qui finissent presque toujours par une catastrophe.

Parmi les pénitentes du curé des Acoules, il y avait une jeune et ravissante fille de seize ans appartenant à l'une des meilleures familles de Marseille, Madeleine Mandols de la Palud, dont il tomba éperdument amoureux et qu'il réussit aisément à séduire, grâce sans doute à sa position de directeur de cette jeune conscience à peine éveillée.

On dit que, dès avant cette époque, il s'était plongé avidement dans la lecture des livres de magie, et qu'il se livrait à des actes de sorcellerie. L'esprit troublé déjà par la violence de son tempérament passionné, cette lecture aurait achevé de l'égarer, au point qu'il en vint à se croire en relation avec le diable en personne, lequel diable lui avait donné, en retour de son âme, le pouvoir de séduire toutes les femmes qui lui plairaient, rien qu'en soufflant dessus.

Moyen commode, qui supprime les pertes de temps, et à la possession duquel plus d'un malheureux dans la position sans issue de Goffridi a probablement rêvé plus d'une fois, éveillé ou endormi.

Quoiqu'il en soit, on ajoute que c'est en persuadant sa jeune pénitente de se laisser initier aux mystères de la magie noire, qu'il parvint à la séduire. — Je n'en crois pas un mot ; mais on le dit et je dois le répéter.

Dans toute l'ardeur de sa passion, on pense bien que le curé des Acoules ne cacha pas très habilement sa bonne fortune, car il était trop violemment épris pour se livrer au calcul le plus rudimentaire que la prudence aurait dû lui inspirer. Les parents de

Madeleine de la Palud découvrirent l'intrigue scandaleuse qui déshonorait leur enfant, et, sans bruit, sans nouveau scandale, ils emmenèrent la jeune fille à Aix, où elle fut enfermée dans un couvent d'ursulines.

Nous avons pris soin de dire que le confesseur était follement épris de sa pénitente. Ainsi violemment séparé d'elle, il lui fut impossible de vivre. Après avoir découvert en quel lieu Madeleine était reléguée, il se rendit à Aix et, grâce au prestige attaché à son habit, il sut se faire ouvrir le couvent où sa maîtresse avait été enfermée.

Une fois dans la place, il paraît que Goffridi se livra à une série d'extravagances qui eurent pour effet de rendre les nonnes à peu près, ou même tout à fait folles. Il leur fit accroire qu'une légion de diables allait faire irruption dans leur couvent, et qu'il ne fallait rien de moins que sa présence pour les tenir en bride. Mais les bonnes ursulines, vivant sans cesse avec cette menace suspendue sur leurs têtes innocentes, comme l'épée de Damoclès, ne tardèrent pas à se sentir *possédées*, et elles se livrèrent à leur tour à toutes les extravagances en usage en pareil cas, et dont les exemples abondent, surtout à cette époque-là.

On apprit bientôt dans la ville, puis dans la province tout entière, que le couvent des ursulines était hanté par une légion de diables. Cela fit un bruit du diable! et ce bruit parvint aux oreilles pour lors bien tranquilles de la famille de Madeleine.

Les la Palud se portèrent aussitôt au secours de la jeune possédée (car il va sans dire que Madeleine était possédée aussi bien que les autres, plus que les autres peut-être), et trouvant le curé Goffridi mêlé à cette affaire, ils ne doutèrent pas une minute qu'il n'en fût le principal, sinon l'unique instigateur et le déférèrent sans hésitation à la justice.

Le Parlement d'Aix instruisit l'affaire, et Goffridi comparut devant lui, ainsi que Madeleine de la Palud, citée seulement comme témoin, bien entendu.

« Madeleine, dit Lecuy, se prétendit, dans son interrogatoire, possédée par le diable Asmodée. Tantôt elle louait Goffridi ; d'autrefois elle l'accusait des choses les plus abominables. Lui-même, soit que la crainte lui eût aliéné l'esprit, soit qu'en effet il se fût persuadé qu'il était sorcier, avoua un commerce avec les diables, parla du sabbat, et convint avoir fait usage, à l'égard de Madeleine, de caractères magiques, et d'avoir employé sur elle d'autres sortilèges.»

On pense bien que les possédées du couvent des ursulines n'avaient pas manqué d'exorcistes ; l'un de ces saints personnages, qui avait plus spécialement, et à diverses reprises, exorcisé Madeleine, le dominicain Michaëlis, membre du saint-office, avait rédigé un procès-verbal de ces cérémonies, lequel fut mis sous les yeux sagaces de Messieurs du Parlement d'Aix en Provence.

Il n'en fallut pas davantage. Louis Goffridi, prêtre, curé de l'église des Accoules à Marseille, fut reconnu coupable de *magie*, d'impiété et de *lubricité abominable*, et condamné, en expiation de ses crimes, à être brûlé vif ; arrêt qui reçut sa pleine et entière exécution à Aix même, le 30 avril 1611.

Soit que cette terrible condamnation eût rappelé Goffridi au sentiment de la vérité, soit qu'il considérât comme inutile désormais de *poser* pour la sorcellerie, soit enfin qu'il ne se souciât plus autant de l'honneur de celle pour l'amour de laquelle il allait mourir si cruellement (car affirmer, comme il l'avait fait, qu'il avait employé la magie pour obtenir ses faveurs, c'était proclamer l'innocence de Madeleine contrainte de céder par une puissance occulte), toujours est-il que, jusqu'à l'heure du supplice, le curé des Acoules protesta n'avoir eu recours avec Madeleine de la Palud qu'aux moyens naturels et ordinaires...

Mais personne ne voulut le croire.

C'est également dans un couvent d'ursulines que les diables de Loudun firent, quelques années plus tard, leur apparition prolongée, avec un beau tapage; et un autre prêtre, jeune, beau, intelligent, passionné, dont le nom est plus populaire que celui de Goffridi, parce que ses diables firent incomparablement plus de bruit, et plus longtemps que ceux du curé des Acoules, paya de sa vie, dans les mêmes tortures que ce dernier, ses écarts de tempérament et la prodigieuse charge de jalousie et de haine qu'il avait soulevée autour de lui.

Nous voulons parler d'Urbain Grandier.

Urbain Grandier, élève des jésuites de Bordeaux, qui avaient soigné tout particulièrement son éducation, pour développer les dispositions rares qu'ils avaient reconnues en lui, avait été pourvu, dès que l'avait permis son âge, de la cure de Saint-Pierre-au-Marché de Loudun, grâce à ses puissants protecteurs. Cette préférence lui suscita dès le début des jalousies sur lesquelles nous ne nous arrêterons point, jalousies qu'augmentèrent encore d'autres avantages qui lui échurent successivement par la même voie.

Le jeune curé eut bien d'autres succès, d'ailleurs, et uniquement dus à ses avantages personnels, sauf toutefois l'éloquence de la chaire, qu'il devait un peu aussi à des études spéciales.

Son père et son oncle, qui s'occupaient d'alchimie l'un et l'autre, l'avaient instruit d'une foule de choses que le vulgaire ignore; l'éducation des jésuites avait ajouté à ce bagage de connaissances d'une étendue fort rare à cette époque. Lettré et savant, Urbain ne croyait guère au diable; il croyait à peu de choses en somme, et en tout cas, professait le plus profond mépris pour l'ignorance superstitieuse et les ridicules momeries des moines.

Ses sermons se ressentaient de cette science profonde pour le temps et de cette disposition d'esprit particulière; ils en acquéraient un sel extrêmement alléchant; et, de fait, ils étaient fort suivis, à la grande indignation et colère des prédicateurs habituels de Loudun, appartenant aux ordres mendiants pour lesquels Grandier n'avait pas assez de sarcasmes.

Ses succès d'éloquence étaient peut-être encore éclipsés par ses succès au confessionnal et dans le monde.

Grandier était rempli d'orgueil, et ce fut l'orgueil, en fait, qui le perdit; d'une allure d'esprit téméraire, il était avec cela doué d'un tempérament fougueux. — Il avait en un mot tous les beaux défauts qui séduisent les femmes; et il les séduisit par poignées, cela est hors de doute, — cela est acquis au procès.

Sa conduite fit scandale. Il va sans dire qu'on mit à son compte cent fois plus de victimes volontaires qu'il ne devait raisonnablement y en avoir: Urbain brillait dans une petite ville, et aux dépens d'une quantité de jaloux, en outre, ses manières cassantes, ses sarcasmes lui avaient aliéné les habitants de Loudun les plus bêtes, mais aussi les plus puissants; lorsque ces braves gens eurent trouvé le joint, on peut croire qu'ils y insérèrent le coin avec empressement et cognèrent dessus de tout leur cœur.

La réputation du curé de Saint-Pierre-au-Marché, dans un cercle assez étendu, était donc déjà déplorable lorsque survint un événement assez grave.

Urbain Grandier comptait au nombre de ses pénitentes une fort jolie jeune personne, fille du procureur du roi, un monsieur du nom euphonique de Trinquant.

Un beau jour, la belle pénitente d'Urbain, Julie Trinquant, tomba dans un état de langueur qui la força de garder la chambre. Elle fut soignée pendant cette maladie par une de ses amies nommée Marthe Pelletier, qui, renonçant tout à coup aux sociétés qu'elle fréquentait, poussa le dévouement jusqu'à s'enfermer avec elle; mais, lorsque Julie Trinquant fut guérie et qu'elle reparut dans le monde, on apprit que, dans sa retraite, Marthe Pelletier était accouchée d'un enfant qu'elle avait fait baptiser et qu'elle avait mis en nourrice.

Malgré cela, le public prétendit que la véritable mère n'était point celle qui s'était déclarée, et le bruit se répandit qu'à prix d'argent Marthe Pelletier avait vendu sa réputation à son amie; quant au père, on avait encore moins de doute sur ce point, et la clameur publique désignait nettement le curé de Saint-Pierre-au-Marché.

Trinquant, instruit des bruits qui couraient sur le compte de sa fille, prit sur lui, en sa qualité de procureur du roi, de faire arrêter et conduire en prison Marthe Pelletier; là elle fut interrogée sur le compte de l'enfant, soutint qu'elle en était la mère, fit la soumission de l'élever, et comme il pouvait y avoir faute, mais non pas crime, Trinquant fut obligé de la relâcher, sans que cet abus de pouvoir eût eu d'autres suites que de rendre l'affaire plus scandaleuse, et d'enfoncer davantage le public dans la conviction qu'il s'était faite.

Était-ce à tort ou à raison que la clameur publique désignait Urbain Grandier comme le père de l'enfant et Julie Trinquant comme sa mère? Il est assez difficile de se faire une opinion sur un pareil sujet si précieusement enveloppé de mystère, mais les apparences... Ah! dame! les apparences... Il n'est pas nécessaire d'être de Loudun pour les trouver raides.

Après tout, Urbain triompha cette fois encore. Il aurait pu dire, il est vrai : Encore une victoire comme celle-là et je suis perdu. Mais il était bien trop orgueilleux pour faire une pareille réflexion.

Les ennemis du curé de Saint-Pierre veillaient pourtant, et il aurait dû s'en douter. Ils se renforcèrent bientôt d'un nommé Menuau, avocat du roi et amoureux. D'après Menuau, l'objet de sa passion n'y répondait que d'une manière extrêmement peu satisfaisante, que parce qu'elle était elle-même follement éprise de l'abbé Grandier. Ce renfort arrivé, ils eurent une grande réunion dans laquelle on discuta les moyens les plus pratiques de débarrasser Loudun de ce bourreau des cœurs.

Urbain Grandier, surtout depuis qu'il se sentait épié, veillait sur ses propres actions.

— Par où le prendrait-on? Quel crime lui imputer?

On ne pouvait lui reprocher réellement que le plaisir qu'il paraissait prendre dans la société des femmes, qui, de leur côté et avec ce tact que possèdent les plus médiocres, voyant un prêtre jeune, beau et éloquent, le choisissaient de préférence pour leur directeur.

Comme cette préférence avait déjà blessé bon nombre de pères et de maris, on convint que ce serait sur ce point, le seul où il fût vulnérable, que l'on attaquerait Grandier.

En effet, dès le lendemain de cette décision, tous les bruits vagues qui depuis longtemps déjà s'étaient répandus commencèrent à prendre quelque consistance; on parla, sans la nommer, d'une demoiselle de la ville, qui serait, disait-on, malgré les fréquentes infidélités qu'il lui faisait, sa maîtresse dominante; bientôt on raconta que cette jeune personne ayant eu des scrupules de conscience à l'égard de cette liaison, Grandier les avait apaisés par un

HISTOIRE DE LA PROSTITUTION

Marguerite de Navarre et Pomini.

sacrilége : ce sacrilège était un mariage qu'il aurait contracté avec elle pendant la nuit, et dans lequel il aurait été à la fois le prêtre et le marié.

Plus ces bruits touchaient à l'absurde, plus ils obtinrent de croyance ; bientôt personne ne douta plus à Loudun que la chose ne fût vraie ; et cependant il était, chose étonnante dans une aussi petite ville, impossible de nommer cette étrange épouse qui n'avait pas craint de contracter mariage avec un prêtre du Seigneur.

Cette fois, il y avait exagération évidente. — Calomniez, calomniez, dit Basile, il en reste toujours quelque chose : sans doute, et surtout si la calo. nie a débuté par la médisance ; et nous croyons sincèrement que c'est par là qu'avait commencé cette nouvelle imputation au très suspect Urbain Grandier.

Celui-ci, voyant que la bouillie sentait le brûlé, se décida à partir pour Paris.

Pendant son absence, ses ennemis, ayant circonvenu l'évêque de Poitiers, qui n'aimait guère Urbain, entamèrent un procès contre le curé de Saint-Pierre. Nous ne nous appesantirons pas sur les détails de ce chassé-croisé, nous nous bornerons à dire qu'Urbain Grandier réussit à se tirer blanc comme neige de cet imbroglio menaçant et jugea à propos de faire à Loudun une entrée triomphale qui scandalisa fort tous ceux qui n'étaient pas ses amis déterminés.

Ceci se passait en 1631, et qu'il nous soit permis de dire qu'à cette époque, Urbain Grandier avait quarante ans bien sonnés et aurait pu montrer plus de réserve sans déroger.

Sur ces entrefaites le directeur du couvent des Ursulines de Loudun vint à mourir.

La maison occupée par la communauté *jouissait* d'une réputation détestable. On la disait hantée. De sorte que les Ursulines l'avaient obtenue pour un loyer dérisoire à la condition d'accepter pour directeur de leur conscience le frère du propriétaire, un prêtre comme un autre ; et c'était celui-là même qui venait de mourir.

Les jeunes pensionnaires saisirent avec empressement cette occasion de la mort de leur directeur pour s'amuser un peu aux dépens des vieilles religieuses timorées, grincheuses, et, comme il convient, généralement détestées ; elles résolurent donc d'évoquer les esprits que l'on croyait à jamais refoulés dans les ténèbres.

En effet, au bout de quelque temps, on entendit d'abord sur les toits de la maison de grands bruits pareils à des plaintes et à des gémissements ; bientôt les fantômes se hasardèrent à pénétrer dans les greniers et dans les mansardes, où leur présence s'annonçait par un grand bruit de chaînes ; enfin ils devinrent si familiers, qu'ils en arrivèrent jusqu'à entrer dans les dortoirs pour tirer le drap des lits et enlever les jupes des religieuses.

La chose inspira une si grande terreur dans le couvent, et fit si grand bruit dans la ville, que la supérieure réunit les plus sages religieuses en conseil, et leur demanda avis sur les circonstances délicates dans lesquelles on se trouvait. L'opinion unanime fut qu'il fallait remplacer le directeur défunt par un plus saint homme encore, s'il était possible d'en rencontrer un ; et soit réputation de sainteté, soit tout autre motif (mais plutôt par tout autre motif, comme on le verra plus tard), on jeta les yeux sur Urbain Grandier, et on lui fit faire des propositions ; mais celui-ci répondit que, déjà chargé de deux bénéfices, il ne lui resterait pas assez de temps pour veiller efficacement sur le blanc troupeau dont on lui proposait d'être le berger, et qu'il invitait la supérieure à s'adresser à un autre plus digne et moins occupé que lui.

Cette réponse, comme on le comprend bien, blessa l'orgueil de la communauté, qui alors tourna les yeux vers Mignon, prêtre chanoine de l'église collégiale de Sainte-Croix, qui, tout blessé qu'il était que cette offre lui fût faite au refus d'Urbain Grandier, n'en accepta pas moins, mais en gardant à celui qui avait d'abord été jugé plus digne que lui une de ces haines bilieuses qui, au lieu de se calmer, s'aigrissent avec le temps, comme la piquette.

Mignon fut mis au courant de ce qui se passait. C'était un malin, et il eut bientôt découvert toute la vérité. Comme il avait, depuis longtemps, conçu contre Grandier une haine que les dernières circonstances n'avaient fait qu'accroître, il résolut d'en tirer parti pour se venger d'un rival par trop dédaigneux, à cause de ses succès mêmes.

Bientôt le bruit courut que le saint directeur des Ursulines avait réussi à expulser les démons du couvent, mais que, par l'influence d'un autre prêtre, ceux-ci étaient revenus à la charge, plus enragés que jamais. Cet autre prêtre finit par être nommé : c'était Urbain Grandier, qui avait fait un pacte avec Satan — pour être l'homme le plus savant de la terre !

Et en effet, la science de Grandier n'était pas contestée : loin de là, comme on voit, on la tournait contre lui.

Alors commencèrent des scènes scandaleuses. Les religieuses, stylées à cette ignoble comédie, firent toutes les extravagances que la trahison considère comme inhérentes à l'état de possession. Ces femmes ignorantes furent mises en état de répondre en latin, à des questions posées en latin, au prix de fautes monstrueuses contre la grammaire, qu'elles étaient possédées de tel ou tel diable, envoyé par un charme quelconque, ou par un messager *diabolique*, de la part du curé de Saint-Pierre.

Grandier rit d'abord de ces momeries ; mais Mignon ayant fait, une fois, une allusion chrétienne à la fin de l'abbé Goffredi, notre sceptique orgueilleux sentit un frisson lui courir dans le dos.

Il se présenta chez le bailli, homme de bon sens et de bonne foi, pour déposer une plainte contre les odieuses machinations dont il était l'objet. Il chercha aussi à voir son évêque, l'évêque de Poitiers, qui le détestait cordialement et ne voulut pas le recevoir. — Il y avait au reste tant d'opposition soulevée contre Grandier, que la bonne volonté du bailli ne devait aboutir à rien d'efficace.

Cependant, les scènes de possession suivies d'exorcismes continuaient. Les mystificateurs poussèrent même si loin les choses, que les plus jeunes et les plus impétueuses parmi les nonnes commencèrent à s'impatienter. Un jour, à la première question posée par un exorciste éminent, une jeune religieuse répondit en éclatant de rire au nez du questionneur ; une autre fois, ce fut une réponse très nette que l'indiscret s'attira : « — Ah ! tant pis, je renie ! » répondit la jeune sœur. Mais il fut bientôt reconnu que les paroles prononcées par elle n'étaient pas celles que nous venons de reproduire, mais des paroles en langue hébraïque qui y ressemblaient un peu.

On ne peut suivre sans écœurement la longue série des extravagances de ces démoniaques, et par conséquent nous en épargnerons le tableau à nos lecteurs. L'archevêque s'en étant mêlé à la fin, la possession cessa comme par enchantement, et Grandier se put croire sauvé et une fois de plus triomphant. Malheureusement, un événement imprévu vint tout remettre en question.

C'était en 1633 ; le cardinal de Richelieu poursuivait son œuvre de destruction de ce qu'il appelait les « forteresses intérieures du royaume. » Le soin de faire abattre la forteresse intérieure, plus connue sous le nom de château de Loudun, était incombé au trop fameux conseiller Laubardemont. Or, la supérieure des Ursulines était parente de Laubardemont, et c'était au maire ou *major* de la ville, l'un des ennemis les plus acharnés de Grandier, que Laubardemont avait le plus directement affaire pour l'accomplissement de sa mission.

Le conseiller fit bientôt cause commune avec les ennemis du curé de Saint-Pierre, et comme il était au mieux avec le cardinal-duc, il ne leur demanda qu'un tout petit prétexte pour leur assurer la perte d'Urbain Grandier.

La reine mère, Marie de Médicis, avait parmi ses femmes une certaine demoiselle Hammon, qui, ayant plu à cette princesse dans une occasion qu'elle avait eue de lui parler, était restée auprès d'elle, et y jouissait de quelque crédit : elle était née à Loudun, dans la classe inférieure, et y avait passé la plus grande partie de sa jeunesse.

Grandier, qui avait été son curé, la connaissait particulièrement, et comme elle avait beaucoup d'esprit, s'était fort complu en sa compagnie, du temps où elle habitait la ville.

Or, dans un moment de disgrâce, il avait été publié une satire contre les ministres, mais surtout contre le cardinal-duc. Cet écrit, plein d'esprit, de verve et de raillerie amère, avait été attribué à la Hammon, qui partageait tout naturellement la haine de Marie de Médicis contre son ennemi, et qui, protégée par elle, n'avait pu en être punie par le cardinal, quoique celui-ci en eût conservé un profond ressentiment.

Les conjurés eurent l'idée d'attribuer cette satire à Grandier, qui aurait su de la Hammon toutes les particularités de la vie intérieure du cardinal qui s'y trouvaient racontées : si le ministre croyait à cette calomnie, on pouvait être tranquille, Grandier était perdu…

Y crut-il? Peut-être. — On parle du souvenir qu'aurait conservé le cardinal d'un affront à lui infligé jadis par Grandier, à propos d'une question de prééminence. C'est encore possible. Mais ce qui est sûr, c'est que Laubardemont n'attendit pas longtemps les pouvoirs qu'il était allé solliciter du cardinal, dans le but de perdre Grandier.

Lorsqu'il revint à Loudun, le conseiller d'État était donc en possession — non du diable — mais des pièces suivantes, qu'il comptait bien faire servir à ses projets vraiment diaboliques.

C'était le 5 décembre.

« Le sieur Laubardemont, conseiller du roi en ses conseils d'État et privé, se rendra à Loudun et autres lieux que besoin sera, pour informer diligemment contre Grandier, sur tous les faits dont il a été ci-devant accusé, et autres qui lui seront de nouveau mis à sus, touchant la possession des religieuses ursulines de Loudun, et autres personnes qu'on dit être aussi possédées et tourmentées des démons, par les maléfices dudit Grandier, et de tout ce qui s'est passé depuis le commencement, tant aux exorcismes qu'autrement, sur le fait de ladite possession, faire rapporter les procès-verbaux et autres actes des commissaires ou délégués, assister aux exorcismes qui se feront, et de tout faire procès-verbaux, et autrement faire procéder, ainsi qu'il appartiendra, pour la preuve et vérification entière desdits faits, et surtout décréter, instruire, faire et parfaire le procès audit Grandier et à tous autres qui se trouveront complices desdits cas, jusques à sentence définitive, exclusivement, nonobstant opposition, appellation ou récusation quelconque, pour lesquelles, et sans préjudice d'icelles, ne sera différé, même, attendu la qualité des crimes, sans avoir égard au renvoi qui pourrait être demandé par ledit Grandier.

« Mandant Sa Majesté à tous les gouverneurs, lieutenants généraux de la province, et à tous baillis, sénéchaux et autres officiers de ville et sujets qu'il appartiendra, donner, pour l'exécution de ce que dessus, toute assistance et main-forte, aide et prisons, si métier est et qu'ils en soient requis. »

« Louis, etc., etc.

« Avons donné la présente au sieur Laubardemont, conseiller en nos conseils privés, pour, par ledit sieur Laubardemont, arrêter et constituer prisonnier ledit Grandier et ses complices en lieu de sûreté, avec pareil mandement à tout prévôt des maréchaux et autres officiers et sujets de tenir la main-forte à l'exécution desdites ordonnances, et obéir pour le fait d'icelles aux ordres qui leur seront donnés par ledit sieur, et aux gouverneurs et lieutenants généraux donner toute l'assistance et main-forte dont ils seront requis. »

Ces deux pièces, dûment signées et contresignées, portaient la date du 30 novembre. En vertu de la seconde, Grandier fut arrêté le lendemain de grand matin.

Une perquisition faite chez lui amena la découverte d'un traité contre le célibat des prêtres, dont il s'avoua l'auteur, et de quelques vers érotiques manuscrits, tracés d'une main étrangère : découverte significative, mais bien maigre pour la circonstance. Quant à lui, il fut transféré au château d'Angers, où il demeura quatre mois.

Pendant cette réclusion, les diables reparurent au couvent des Ursulines, et je me demande ce qu'ils y venaient faire! De même, les scènes d'exorcisme recommencèrent : c'était pour aider l'instruction du procès de Grandier.

Cette instruction se résumait dans les interrogatoires subis par les religieuses possédées, ou plutôt par les diables qui les possédaient, en présence maintenant du conseiller Laubardemont. Démons et religieuses faisaient entendre les accusations les plus terribles et les plus bêtes contre le malheureux Grandier qui, du fond de sa prison, se défendait courageusement, écrivant mémoires sur mémoires en réponse à toutes ces insanités. — Mais il se donnait une peine bien inutile, puisqu'il était, dans l'esprit de ses juges, condamné d'avance.

Ici, malgré notre répugnance, déjà manifestée, à mettre sous les yeux du lecteur une chose si abominable et nauséabonde, nous sentons qu'il est pourtant nécessaire de l'initier à l'une au moins des séances de l'instruction de cette affaire; nous en choisirons une qui eut lieu devant l'évêque de Poitiers, venu tout exprès, et dans laquelle Grandier fut confronté avec ses *victimes*. La relation en est due à un bon bourgeois de Loudun, fervent catholique, convaincu de la réalité de la possession des dames ursulines et de toutes les monstruosités enseignées alors par la sainte Église comme articles de foi; par conséquent, elle ne saurait être suspecte.

Voici cette précieuse pièce :

« Le vendredi 23 de juin 1634, veille de la Saint-Jean, sur les trois heures de l'après-midi, monseigneur de Poitiers et M. de Laubardemont étant à l'église de Sainte-Croix de Loudun, pour continuer les exorcismes des religieuses ursulines, de l'ordre de M. de Laubardemont, commissaire, fut amené de la prison en ladite église Urbain Grandier, prêtre curé, accusé et dénommé magicien par lesdites religieuses possédées; auquel Urbain Grandier furent produits par ledit sieur commissaire quatre *pactes* rapportés à diverses fois aux précédents exorcismes par lesdites possédées, que les diables qui les possédaient disaient avoir faits avec ledit Grandier pour plusieurs fois, mais particulièrement rendu par Léviathan, le samedi 17 du présent mois, composé de la chair du cœur d'un enfant, prise en un sabbat à Orléans, en 1631, de la cendre d'une hostie brûlée, du sang et de la... (obligé de taire le mot, tout cru dans le document!) dudit Grandier, par lequel Léviathan dit avoir entré au corps de sœur Jeanne des Anges, supérieure desdites religieuses, et l'avoir possédée avec ses adjoints Béhérit, Eazas et Balaam, et ce fut le 8 de décembre 1632. L'autre composé de graines d'oranges de Grenade, rendues par Asmodée, alors possédant la sœur Agnès, le jeudi 22 du présent mois, fait entre ledit Grandier, Asmodée, et quantité d'autres diables, pour empêcher l'effet des promesses de Béhérit, qui avait promis, pour signe de sa sortie, d'enlever la capote du sieur commissaire de la hauteur de deux piques, l'espace d'un *Miserere*.

« Tous lesquels pactes représentés audit

Grandier, il a dit, sans en être aucunement étonné, mais avec une résolution constante et généreuse, ne savoir en aucune façon ce que c'était que lesdits pactes, ne les avoir jamais faits et ne connaître point d'art capable de telles choses : n'avoir jamais eu communication avec les diables, et ignorer complètement ce qu'on lui disait : dont fut fait procès-verbal qu'il signa.

« Cela fait, on amena toutes lesdites religieuses possédées, au nombre de onze ou douze, compris trois filles séculières, aussi possédées, dans le chœur de ladite église, accompagnées de quantité de religieux carmes, capucins et récollets, de trois médecins et d'un chirurgien ; lesquelles, à leur entrée, firent quelques gaillardises, appelant ledit Grandier leur maître et lui témoignant allégresse de le voir..

« Alors, le père Lactance, Gabriel, récollet, et l'un des exorcistes, exhorta toute l'assistance d'élever son cœur à Dieu avec une ferveur extraordinaire, de produire des actes de douleur, des offenses faites contre cette adorable majesté, et de lui demander que tant de péchés ne missent point obstacle aux desseins que sa providence avait pour sa gloire en cette occasion, et pour marque extérieure de la contrition interne, de dire le *Confiteor*, pour recevoir la bénédiction de monseigneur l'évêque de Poitiers.

« Ce qui ayant été fait, il continua de dire que l'affaire dont il s'agissait était de si grand poids et tellement importante aux vérités de l'Eglise catholique romaine, que cette seule considération devait servir de motif pour exciter la dévotion, et que d'ailleurs le mal de ces pauvres filles était si étrange, après avoir été si long, que la charité obligeait tous ceux qui avaient droit de travailler à leur délivrance et à l'expulsion des démons d'employer l'efficace de leur caractère pour un si digne sujet, par les exorcismes que l'Eglise prescrit aux pasteurs ; et adressant la parole audit Grandier, il lui dit qu'étant de ce nombre par l'onction sacrée de prêtrise, il devait y contribuer de tout son pouvoir et de tout son zèle, s'il plaisait à monseigneur l'évêque de lui en donner la permission et de commuer la suspension en autorité.

« Ce que ledit sieur évêque ayant concédé, le père récollet présenta une étole à Grandier, lequel, s'étant retourné vers monseigneur de Poitiers, lui demanda s'il lui permettait de la prendre : à quoi ayant répondu que oui, il se mit ladite étole au cou, et alors le père récollet lui présenta un rituel, qu'il demanda permission de prendre audit sieur évêque, comme ci-dessus, et reçut sa bénédiction, se prosternant à ses pieds pour les baiser, sur quoi, le *Veni creator Spiritus* ayant été chanté, il se leva et adressa la parole à monseigneur de Poitiers, et lui dit : *Monseigneur, qui dois je exorciser ?* A quoi lui ayant été répondu par ledit évêque : *Ces filles*, il continua et dit : *Quelles filles ?* A quoi il fut répondu : *Ces filles possédées.*

« — Tellement, dit-il, monseigneur, que je suis donc forcé de croire la possession. L'Eglise la croit : je la crois donc aussi, quoique j'estime qu'un magicien ne peut faire posséder un chrétien sans son consentement.

« Lors quelques-uns s'écrièrent qu'il était hérétique d'avancer cette croyance ; que cette vérité était indubitable, reçue unanimement dans toute l'Eglise, approuvée par la Sorbonne.

« Sur quoi il répondit qu'il n'avait point d'opinion déterminée là-dessus ; que c'était seulement sa pensée ; qu'en tout cas, il se soumettait à l'opinion du tout, dont il n'était qu'un membre, et que jamais personne ne fut hérétique pour avoir eu des doutes, mais pour y avoir persévéré opiniâtrement, et que ce qu'il avait proposé audit sieur évêque était pour être assuré par sa bouche qu'il n'abuserait point de l'autorité de l'Eglise.

« Et lui ayant été amenée par le père récollet la sœur Catherine, comme la plus ignorante de toutes et la moins soupçonnée d'entendre le latin, il commença l'exorcisme en la forme prescrite par le rituel. Mais au moment de l'interrogatoire, il ne put y procéder, parce que les autres religieuses furent alors travaillées par les démons, et firent force cris étranges et horribles; et entre autres la sœur Claire, qui s'avança vers lui, lui reprochant son aveuglement et son opiniâtreté, si bien qu'en cette altercation il fut forcé de quitter cette autre possédée qu'il avait entreprise, et adressa ses paroles à ladite sœur Claire, qui pendant tout le temps de l'exorcisme ne fit que parler à tort et à travers, sans aucune attention aux paroles de Grandier, qui furent encore interrompues par la mère supérieure, qu'il entreprit, laissant ladite sœur Claire.

« Mais il est à noter qu'auparavant que de l'exorciser, il lui dit, parlant en latin, comme il avait presque toujours fait, que, pour elle, il savait qu'elle entendait le latin, et qu'il voulait l'interroger en grec. A quoi le diable répondit par la bouche de la possédée :

« — Ah! que tu es fin! tu sais bien que c'est une des premières conditions du pacte fait entre toi et nous, de ne répondre point en grec.

« Ce à quoi il s'écria : *O pulchra illusio, egregia crasio!* O belle illusion, excellente défaite !

« Et lors, il lui fut dit qu'on lui permettait d'exorciser en grec, pourvu qu'il écrivit premièrement ce qu'il voudrait dire.

« Ladite possédée offrit néanmoins de lui répondre en telle langue qu'il voudrait ; mais cela ne se put faire, car dès qu'il voulut commencer, toutes les religieuses recommencèrent leurs cris et leurs rages avec des désespoirs non pareils, des convulsions fort étranges et toutes différentes, persistant d'acuser ledit Grandier de la magie et du maléfice qui les travaillait, s'offrant de lui rompre le cou si on voulait le leur permettre, faisant toutes sortes d'efforts pour l'outrager ; ce qui fut empêché par les défenses de l'Église, et par les prêtres et religieux là présents, travaillant extraordinairement à réprimer la fureur dont toutes étaient agitées.

« Lui, cependant, demeura sans aucun trouble ni émotion, regardant fixement lesdites possédées, protestant de son innocence et priant Dieu d'en être le protecteur. Et s'adressant à monseigneur l'évêque et à M. de Laubardemont, il leur dit qu'il implorait l'autorité ecclésiastique et royale, dont ils étaient les ministres, pour commander à ces démons de lui rompre le cou, ou du moins de lui faire une marque visible au front, au cas qu'il fût l'auteur du crime dont il était accusé, afin que par là la gloire de Dieu fût manifestée, l'autorité de l'Église exaltée, et lui confondu, pourvu toutefois que ces filles ne le touchassent point de leurs mains, ce qu'ils ne voulurent point permettre, tant pour n'être point cause du mal qui aurait pu lui en arriver, que pour n'exposer point l'autorité de l'Eglise aux ruses des démons qui pouvait avoir contracté quelque pacte sur ce sujet avec ledit Grandier.

« Alors les exorcistes, au nombre de huit, ayant commandé le silence aux diables et de cesser les désordres qu'ils faisaient, on fit apporter du feu sur un réchaud, dans lequel on jeta tous ces pactes les uns après les autres ; et alors les premiers assauts redoublèrent avec des violences et des confusions si horribles, et des cris si furieux, des postures si épouvantables, que cette assemblée pouvait passer pour un sabbat, sans la sainteté du lieu où elle était et la qualité des personnes qui la composaient, dont le moins étonné de tous, du moins à l'extérieur, était ledit Grandier, quoiqu'il en eût plus de sujet qu'un autre.

« Les diables continuaient leurs accusations, lui citant les lieux, les heures, les jours de leurs communications avec lui ; ses premiers maléfices, ses scandales, son insensibilité, ses renoncements faits à la foi et à Dieu ; à quoi il repartit avec assurance qu'il démentait toutes ces calomnies, d'autant plus injustes qu'elles étaient éloignées de sa profession ; qu'il renonçait à Satan et à tous les diables ; qu'il ne les connaissait point, et qu'il les appréhendait encore moins ; que malgré eux il était chrétien, et, de plus, personne sacrée ; qu'il se confiait en Dieu et en Jésus-Christ, quoique grand pécheur du reste ; mais néanmoins, qu'il n'avait jamais donné lieu à ces abominations, et qu'on ne lui en saurait donner de témoignage pertinent et authentique.

« Ici, il est impossible que le discours exprime ce qui tomba sous les sens : les yeux et les oreilles reçurent l'expression de tant de furies, qu'il ne s'est jamais rien vu de semblable, et à moins que d'être accoutumé à de si funestes spectacles, comme sont ceux qui sacrifient aux démons, il n'y a point d'esprit qui eût pu retenir la liberté contre l'étonnement et l'horreur que cette action produisait.

« Grandier seul, au milieu de tout cela, demeurait toujours lui-même, c'est-à-dire insensible à tant de prodiges, chantant les hymmes du Seigneur avec le reste du peuple, assuré comme s'il eût eu des légions d'anges pour sa garde ; et de fait, l'un de ces démons cria que Béelzébub était alors entre lui et le père Tranquille, capucin ; et sur ce qu'il dit, en s'adressant au démon, — *Obmutescas*, — fais silence, ledit diable commença de jurer que c'était là le mot du guet, mais qu'ils étaient forcés de tout dire, parce que Dieu était incomparablement plus fort que tout l'enfer ; si bien que tous voulurent se jeter sur lui, s'offrant de le déchirer, de montrer ses marques et de l'étrangler, quoiqu'il fût leur maître ; sur quoi il prit l'occasion de leur dire qu'il n'était leur maître ni leur valet, et que c'était incroyable qu'une même confession le publiât leur maître, et s'offrit de l'étrangler ; et alors les filles étant entrées en frénésie, et lui ayant jeté leurs pantoufles à la tête :

« — Allons, dit-il en souriant, voilà les diables qui se défèrent d'eux-mêmes.

« Enfin ces violences et ces rages crûrent à un tel point, que, sans le secours et l'empêchement des personnes qui étaient au chœur, l'auteur de ce spectacle y aurait infailliblement fini sa vie, et tout ce que l'on put faire fut de le faire sortir de ladite église et de l'ôter aux fureurs qui le menaçaient. Ainsi il fut reconduit dans sa prison vers les six heures du soir, et le reste du jour fut employé à remettre l'esprit de ces pauvres filles hors de la possession des diables, ce à quoi il n'y eut pas peu de peine. »

L'auteur de cette relation s'en retourna chez lui évidemment très édifié, et de bonne foi ; mais il n'en fut pas de même de tous les spectateurs de cette indigne comédie, indigne non seulement de la religion, mais de toute société honnête et tant soit peu raisonnable.

Les langues s'en donnèrent dans Loudun ce soir-là, tant et si bien que l'autorité s'en émut. Le lendemain, en effet, un placard officiel, contenant l'avis paternel suivant, s'étalait sur tous les murs de la ville :

« Il est très expressément défendu à toutes personnes, de quelques qualité et condition qu'elles soient, de médire ni autrement entreprendre de parler contre les religieuses et autres personnes de Loudun

Henri de Navarre.

affligées des malins esprits, leurs exorcistes, ni ceux qui les assistent, soit aux lieux où elles sont exorcisées ou ailleurs, en quelque façon et manière que ce soit, à peine de dix mille livres d'amende, et autre plus grande somme et punition corporelle, si le cas y échoit ; et afin qu'on n'en prétende cause d'ignorance, sera la présente ordonnance lue et publiée aujourd'hui et au prône des églises paroissiales de cette ville, et affichée tant aux portes d'icelles que partout ailleurs où besoin sera.

« Fait à Loudun, le 2 de juillet 1634. »

Cette terrible défense eut pour effet immédiat de faire taire les critiques par trop blessantes pour la souveraine Justice et dont la continuation aurait aussi coûté par trop cher.

Mais, voilà-t-il pas que les religieuses s'en mêlèrent à leur tour, spectale désolant de la perversion humaine !

Le lendemain même de la scène ignoble dont la description précède, dans l'église du château, le père Lactance se disposait à exorciser en conscience la sœur Claire, quand celle-ci se leva tout à coup.

Le visage inondé de larmes, la sœur Claire prit le ciel à témoin que, cette fois, elle allait dire la vérité. Alors elle déclara d'une voix ferme que tout ce qui avait été dit et fait pour perdre le malheureux Grandier, depuis quinze jours, n'était qu'invention et que calomnie infâme, suggérées par le directeur du couvent, Mignon, dans le but soi-disant de remplir les coffres vides de la communauté, et par les moines recollets et carmes, ennemis acharnés du prédicateur à succès plus encore que du prêtre élégant et recherché.

Mais la sœur Claire échoua complètement, car il fut aisé de la convaincre que ce n'était pas elle, mais le diable dont elle était possédée qui parlait en ce moment par sa bouche, dans un but trop facile à comprendre, celui de sauver son ami Grandier. Et comme elle faisait de la rébellion, on la saisit et elle fut plongée dans un cachot du couvent dont il y a apparence qu'elle ne sortit plus jamais que pour sa dernière demeure.

L'exemple de la sœur Claire était bien fait pour dégoûter celles qui auraient conçu l'idée de le suivre. Eh bien, il n'en fut pas ainsi ; une scène plus significative encore se produisit dès le lendemain.

Laubardemont en personne interrogeait une religieuse, lorsque la supérieure descendit dans la cour, en chemise, pieds nus et une corde au cou. Il faisait un orage épouvantable. La malheureuse ne paraissait seulement pas s'en apercevoir, et elle demeura là pendant deux longues heures, attendant que Laubardemont et les juges eussent terminé leur besogne et sortissent.

Alors la supérieure, sœur Jeanne des Anges, autrement dit Jeanne de Belfield, fille du marquis de Cose et parente, comme nous avons dit, du Commissaire du roi, se prosterna au milieu de la cour, aux pieds de ce dernier, en déclarant qu'elle n'avait pas la force d'aller plus loin, de jouer plus longtemps l'abominable rôle, et que devant Dieu et devant les hommes, Urbain Grandier était innocent de toutes les infamies dont on l'accusait.

Elle ajouta que la haine que toutes ces nonnes, à commencer par elle-même, portaient à ce prêtre venait des désirs charnels que sa beauté leur avait inspirés, et que rendait encore plus ardents la réclusion du cloître...

Laubardemont, furieux de cette scène, menaça sa parente des châtiments les plus terribles ; mais ce fut en vain, et elle déclara qu'elle ne craignait d'autre châtiment que celui que Dieu, dans sa justice, ne manquerait pas de lui infliger en expiation de son crime.

On voulut faire entendre que le démon qui la possédait était le seul auteur responsable des paroles que l'on entendait ; mais sœur Jeanne des Anges affirma qu'elle n'avait jamais été possédée d'autre démon que celui de la vengeance, et que celui-là, aucun pacte magique ne le lui avait mis au corps, mais bien ses propres mauvaises pensées.

Là-dessus, la supérieure se rendit dans le jardin, où elle se pendit à un arbre avec la corde qu'elle avait au cou. — Mais on arriva à temps pour couper la corde, et l'on séquestra la coupable, quoique parente de Laubardemont, comme on avait déjà fait la veille de sœur Claire.

Voici, du reste, un choix curieux des preuves recueillies de la bouche même des religieuses au cours de l'instruction. Les religieuses étant possédées, et par conséquent inconscientes, donnaient au public qui assistait à ces séances et aux juges qui les interrogeaient le spectacle immonde des postures les plus lascives, et proféraient sans hésitation les phrases les plus obscènes. Il y a, dans ces procès verbaux, des passages qu'on ne peut absolument reproduire, et l'on trouvera dans ceux que nous avons cru pouvoir choisir sans danger, quelques mots qu'il n'était pas possible d'écrire.

On jugera du reste par ces exemples :

III. Entre les témoins de cette accusation, il y en a cinq fort considérables, savoir : trois femmes, dont la première dit qu'un jour, après avoir reçu la communion de l'accusé, qui la regarda fixement pendant cet acte, elle fut incontinent surprise d'un violent amour pour lui, qui commença par un petit frisson par tous ses membres.

L'autre dit : qu'ayant été arrêtée par lui dans la rue, il lui serra la main, et qu'incontinent elle fut éprise d'une forte passion pour lui.

Enfin, la troisième dit : qu'après l'avoir regardé à la porte de l'église des Carmes, où il entrait avec la procession, elle sentit de très grandes émotions, et eut des mouvements tels, qu'elle eût volontiers désiré... avec lui, quoique avant ce moment elles n'eussent point eu de particulière inclination pour lui, étant d'ailleurs fort vertueuses et en très bonne réputation.

IV. Les deux autres sont un avocat et un maçon, dont le premier dépose avoir vu lire à l'accusé des livres d'Agrippa ; l'autre, que, travaillant à réparer son étude, il vit sur sa table, ouvert à l'endroit d'un chapitre qui traitait des *moyens pour se faire aimer des femmes*. Il est vrai que le premier ne s'est aucunement expliqué à la confrontation, et a dit qu'il croit que les livres d'Agrippa dont il avait entendu parler par la déposition, sont *De vanitate scientiarum* ; mais cette explication est fort suspecte, parce que l'avocat s'était retiré de Loudun, et ne voulut subir la confrontation qu'après y avoir été forcé.

V. La seconde information contient la déposition de quatorze religieuses, dont il y en a huit de possédées, et de six séculières, qu'on dit aussi être possédées. Il serait impossible de rapporter par abrégé ce qui est contenu dans toutes ces dépositions, parce qu'il n'y a mot qui ne mérite considération : il est seulement à remarquer que toutes ces religieuses, *tant libres que travaillées*, aussi bien que les séculières, ont eu un amour fort déréglé pour l'accusé, l'ont vu de jour et de nuit dans le couvent les solliciter d'amour, etc...

VII. Et la sœur Claire se trouva si fort tentée de... avec son grand ami, qu'elle disait être ledit Grandier, qu'un jour s'étant approchée pour recevoir la sainte communion, elle se leva soudain et monta dans sa chambre, où, ayant été suivie par quelqu'une des sœurs, elle fut vue avec un crucifix dans la main dont elle... (*Histoire des Diables de Loudun*, page 182. Extrait des preuves qui sont au procès de Grandier.)

IX. Quant aux séculiers, la déposition d'Élisabeth Blanchard, suivie et confirmée par celle de Suzanne Hammon, n'est pas une des moins considérables ; car elle déclare avoir été connue charnellement par l'accusé, lequel, un jour, après avoir...

avec elle, lui dit que si elle voulait aller au sabbat, il la ferait princesse des magiciens...

Le procès de Grandier est jugé, pour nos lecteurs du moins; mais il y a longtemps, tout le monde le sait, que le malheureux curé de Saint-Pierre-au-Marché, de Loudun, est mort dans d'horribles supplices, comme « dûment atteint et convaincu du crime de magie, maléfices et possessions arrivés par son fait ès-personnes d'aucunes religieuses ursulines de cette ville de Loudun et autres séculières, etc., etc. »

L'arrêt condamnait Grandier à faire amende honorable, nu-tête, la corde au cou, tenant en main une torche ardente du poids de deux livres, devant l'église qu'il avait desservie et devant celle de Sainte-Ursule; puis à être brûlé vif sur un bûcher élevé sur la place de Sainte-Croix « avec les pactes et caractères magiques restant au greffe, ensemble le *livre manuscrit par lui composé contre le célibat des prêtres*... Et auparavant que d'être procédé à l'exécution du présent arrêt, ordonnant que ledit Grandier sera appliqué à la question ordinaire et extraordinaire, sur le chef de ses complices. »

Lecture de ce document fut fait au malheureux, le 18 août 1634.

De complices, il n'en avait point qu'il pût dénoncer. Soumis à la question avec une cruauté inouïe, folle, dont tout l'honneur revient au père Lactance, Grandier ne put que s'avouer l'auteur du fameux manuscrit contre le célibat, et dire qu'il l'avait écrit pour rendre le repos à une pauvre fille qu'il avait aimée. Son entêtement à ne point nommer cette fille lui valut une augmentation de tortures, mais il tint bon.

Il répondit à Laubardemont, qui le pressait d'avouer ses crimes, tout en lui faisant briser les membres par le père Lactance pour l'encourager à entrer dans la voie salutaire des aveux :

— Je n'ai point commis de crimes, monsieur, mais seulement des fautes. Comme homme, j'ai abusé des voluptés de la chair; mais je m'en suis confessé, j'en ai fait pénitence, et crois en avoir obtenu le pardon par mes prières; et ne l'eussé-je point obtenu, j'espère qu'en faveur de ce que je souffre en ce moment, Dieu me l'accorderait.

En fin de compte, la sentence rendue par Laubardemont fut exécutée de point en point, avec un raffinement de cruauté dont on aurait pu croire des moines seuls capables, si nous n'avions eu dans la magistrature des personnages ignobles, justement frappés d'infamie par la postérité, et dont Laubardemont en France et Jeffreys en Angleterre sont les types les plus réussis.

De quoi, en somme, était coupable Grandier? Il l'a avoué lui-même, avec une modestie qui le ferait presque pardonner : il avait abusé des voluptés de la chair. — Mais nous avons entendu sœur Jeanne des Anges déclarer que tout le couvent des Ursulines brûlait de désirs charnels pour le beau prêtre quadragénaire...

Voilà donc son véritable crime. N'y insistons pas, de peur de réveiller les *Diables de Loudun*, qui sont de méchants diables, après tout.

XXVIII

La reine Anne d'Autriche.

SOMMAIRE. — Louis XIII, le Chaste. — Le duc de Buckingham et la duchesse de Chevreuse. — Deux rivaux accommodants. — Le troisième larron. — Issue misérable d'un triste complot. — L'émigration fuyant la Terreur cardinalesque. — La cour de France à Bruxelles. — Aventures des d'Orléans. — La comtesse de Rennebourg et dona Blanca. — Mme de Chevreuse et l'archiduc Léopold. — Le duc d'Elbeuf et Mme de Grimbergue. — L'ex-archevêque de Reims. — Une maîtresse héroïque pour un piètre amoureux. — La comtesse de Bossut. — Roué et ingénue. — Un mariage à la campagne. — Scandale à la ville. — Louis XIII et ses favoris. — Les favorites ou confidentes du même. — Comment Louis XIII s'y prend pour tirer un billet du corsage d'une jolie femme. — Richelieu seul, et c'est assez. — La reine Anne d'Autriche et le cardinal. — Un soupirant peu ordinaire. — La déclaration et les projets qu'elle inspire. — Son Éminence, vêtu en bouffon espagnol, danse une sarabande devant une société choisie. — Berné ! — Les amours d'Anne d'Autriche et du duc de Buckingham. — La Dame Blanche. — Les ferrets de diamants. — Anne d'Autriche et Giulio Mazarini. — Un portrait de Mazarin tiré des *Mazarinades* mêmes. — Mme Mazarin. — Témoignage irréfutable. — Décadence de la reine. — La fable du héron. — Regrets tardifs et superflus. — Les pensées du poète Voiture pensant « extravagamment. » — Parallèle entre Buckingham et le Père Vincent.

Louis XIII ne fut guère lui-même qu'un amoureux platonique ; on n'eût pas aisément deviné en lui le fils de l'exubérant Henri IV, à coup sûr. Il était faible, maladif et sombre comme un Médicis de la décadence, et son humeur était d'être dominé. En vérité c'était bien le souverain qui convenait pour permettre à une nature comme celle de Richelieu de prendre, sur les marches mêmes du trône, son complet développement.

Si Louis XIII fut un roi chaste, il n'en fut pas de même de sa cour. Il suffit de nommer Anne d'Autriche, avec qui on l'avait marié alors qu'il n'avait guère que quatorze ans, et après elle Ninon de Lenclos et Marion Delorme, pour rappeler tout de suite quelle fut en réalité cette époque de galanterie enragée, touchant de plus en plus près à la prostitution vulgaire, — sauf toutefois le cas d'Anne d'Autriche qui ne va pas si loin.

Nous jetterons d'abord un coup d'œil sur cette cour dissolue, puis nous nous arrêterons un moment sur les figures les plus curieuses parmi celles qui y brillèrent d'un éclat plus ou moins vif, et nous décrirons au passage quelques bonnes petites intrigues amoureuses cachant, comme toujours, des intrigues politiques et plaçant dans un honnête relief, quelques personnages qui, sans cela, seraient maintenant profondément oubliés, selon leurs mérites véritables.

En 1624, le duc de Buckingham, favori de Charles Ier d'Angleterre, vint en France pour y chercher la femme de son maître, Mme Henriette de France, et aussi — mais cela plus secrètement — pour prévenir, s'il était possible, les nouveaux dangers qui menaçaient encore les huguenots.

Buckingham était beau, gracieux, séduisant au possible ; il étalait un faste qui, en France du moins, écrasait le luxe royal. Cet ambassadeur était donc taillé pour réussir auprès des femmes, et c'est en effet par les femmes qu'il réussissait toujours dans ses missions dont son maître, le roi Jacques avant le roi Charles, le chargeait.

Le brillant ambassadeur commença donc, dès son arrivée à la cour de France, l'essai de sa puissance de séduction.

La fille du duc de Montbazon qui, veuve du connétable de Luynes, était à présent duchesse de Chevreuse, fut celle qui attira d'abord l'attention du duc.

La duchesse de Chevreuse était une coquette renforcée. Sa beauté lui avait acquis un pouvoir absolu sur l'esprit des plus grands seigneurs du royaume, qu'elle affectait tour à tour de distinguer de la foule de ses adorateurs. Buckingham vit tout cela, comprit le caractère de la jeune duchesse; il s'aperçut en outre que le Grand Prieur de France, bâtard de Henri IV, et le comte de Chalais étaient les plus assidus auprès d'elle, mais sans savoir, ni l'un ni l'autre, lequel était préféré.

Buckingham s'insinua dans la confidence des deux amoureux, et leur promit de déterminer la belle à se prononcer catégoriquement.

Ceux-ci, qui se trouvaient alors à Limours, auprès de duc d'Orléans, tandis que la duchesse de Chevreuse était à Dompierre à dix lieues de là, eurent la complaisance de présenter Buckingham à leur maîtresse.

Le duc brilla à Dompierre comme partout ailleurs, donna des fêtes magnifiques auxquelles prenaient part Chalais et le Grand Prieur, et faisait ses propres affaires on ne saurait mieux.

C'est à Dompierre que prit naissance cette conspiration contre la vie de Richelieu à laquelle prirent part, avec Chalais le Grand Prieur, le duc de Vendôme, frère de celui-ci, le maréchal d'Ornano et le duc d'Orléans lui-même, laquelle coûta la vie à l'infortuné Chalais tout seul; et l'on prétend que ce fut pour masquer son intrigue avec la duchesse de Chevreuse, au moins aux yeux de ses rivaux que Buckingham avait suggéré ce complot, sans doute pour leur donner de l'occupation. Quant à Mme de Chevreuse, qui y était engagée également, elle se retira précipitamment en Flandre pour y laisser passer l'orage.

Bientôt, du reste, une partie de la cour suivit l'exemple de la duchesse de Chevreuse et, fuyant les persécutions du cardinal, alla s'installer à Bruxelles, où l'on ne tarda pas à bien s'amuser. Jusqu'au duc d'Orléans, qu'on y vit paraître, bientôt rejoint par sa seconde femme, Marguerite de Lorraine, d'ailleurs attendue très patiemment.

Seul, le duc d'Orléans ne s'apercevait pourtant guère que sa femme lui manquât. Il passait ses journées auprès de la comtesse de Rennebourg et ses nuits auprès d'une ravissante Espagnole du nom de Doña Blanca.

Mme de Chevreuse s'était insinuée dans les bonnes grâces de l'archiduc Léopold, gouverneur des Pays-Bas.

Le duc d'Elbeuf rompait avec Mme de Grimbergue le pain amer de l'exil.

Tout cela n'était que galanteries sans conséquence; il n'en fut pas de même pour le duc de Guise, qui se laissa gentiment prendre au trébuchet par une maîtresse femme, pour sûr.

Le duc de Guise, qui était le cadet de sa maison, avait eu le temps de devenir archevêque de Reims (il est vrai qu'il n'avait que quinze ans alors) quand son frère aîné mourut. Il jeta alors la mitre aux orties, car ce n'était pas plus difficile que cela, se défit de ses nombreux bénéfices et rechercha en mariage la princesse Anne de Gonzague.

Ce mariage n'étant pas du goût de Richelieu, la princesse fut enfermée dans un couvent et le duc de Guise, sentant son impuissance, se réfugia à Cologne. Mais il paraît que les choses étaient fort avancées entre l'ancien archevêque de Reims et la princesse Anne, car celle-ci trouva le moyen de se sauver du couvent et d'aller rejoindre son amant, vêtue d'habits d'homme. Le duc de Guise eut le « courage » d'accueillir avec froideur celle qui lui donnait une si grande preuve d'attachement, et la contraignit à s'en retourner. Pour lui, il quitta Cologne pour Bruxelles, quartier général des émigrés, comme nous l'avons dit.

A Bruxelles, le duc de Guise qui n'y avait pas d'habitude, s'en fit une de passer la meilleure partie de son temps chez la duchesse de Chevreuse, au point que celle-ci, craignant pour sa réputation, commença à s'alarmer de ses assiduités.

Comment faire, pourtant? — Et l'archiduc qui montrait déjà de l'ombrage!...

Pour sauver les apparences, la duchesse de Chevreuse n'avait qu'un moyen; elle s'en saisit avec empressement : elle procura une de ses intimes au duc de Guise.

Cette intime était la comtesse de Bossut, jeune femme d'humeur enjouée et facile, et rouée comme un diable sous des apparences d'ingénue.

Elle fut engagée dans une partie où se trouva le duc de Guise, et fit tant d'avances à celui-ci, qui ne s'attendait à rien moins, que l'affaire ne traîna guère. Le duc toutefois se crut obligé de promettre le mariage à la jolie comtesse ; et celle-ci, qui n'était pas obligée de le croire, fit toutefois semblant, pour céder plus vite.

Un jour, la comtesse conduisit son amant à une maison de campagne qu'elle avait à une lieue de Bruxelles, et l'y régala de tous les divertissements que, dans la belle saison, la campagne peut procurer. Le duc, touché des prévenances de cette jeune femme qui marquait en toute chose une ingénuité si charmante, qui était une grâce de plus à ajouter aux autres, lui marqua toute sa reconnaissance, en amoureux bien épris.

La comtesse en prit occasion pour lui rappeler sa promesse de l'épouser, qu'il ne montrait pas un grand empressement à accomplir. A quoi le duc répondit que le plus tôt serait le mieux et qu'il n'y avait rien au monde qu'il désirât davantage que cette union qui ferait le bonheur de sa vie. Il l'assura même qu'il ne tenait qu'à elle de le mettre à l'épreuve.

— Je vous prends au mot, s'écria soudain la comtesse. Il y a présentement dans cette maison un notaire et un prêtre qui nous marieront sur-le-champ, si vos protestations sont vraiment sincères.

Mis au pied du mur, le duc n'hésita pas longtemps. Songeant qu'après tout un mariage conclu dans de telles circonstances serait nécessairement nul, il accepta — sous toutes réserves.

La comtesse fit alors appeler Manfele, aumônier de l'armée. Celui-ci donna gravement dispense de la publication des bans aux nobles fiancés, et les maria haut la main.

Ayant passé la nuit avec sa nouvelle épouse, le duc de Guise s'en retourna chez lui le lendemain matin, en priant celle-ci de consentir à ce que le mariage demeurât secret jusqu'à ce qu'il eût obtenu l'agrément de sa famille et celle du roi, à quoi il allait s'employer incontinent.

De manière ou d'autre, le bruit de cette équipée vint aux oreilles de la duchesse de Chevreuse et du duc d'Elbeuf, qui la lui reprochèrent dans des termes tels, que le duc de Guise voulait absolument couper la gorge à ce dernier, ce qui n'aurait pas manqué sans l'intervention personnelle de l'archiduc Léopold.

Alors le duc de Guise n'hésita plus. Il installa sa femme chez lui et la traita publiquement comme telle, au grand scandale de toute l'émigration.

Pourquoi, scandale? me direz-vous. Eh! parbleu, est-ce qu'on se marie avec sa maîtresse! — On se marie avec la maîtresse d'un autre, très bien ; mais pas avec la sienne : rien n'est plus inconvenant qu'une semblable façon d'agir.

Cependant, le roi Louis XIII se laissait gouverner tour à tour par toute une série de favoris. Luynes mort, Barradas lui avait succédé, et à celui-ci, Saint-Simon, le père du chroniqueur. Le duc de Saint-Simon tombé en disgrâce, le cardinal s'était entièrement emparé de l'esprit du jeune roi, et dans cette position, il était homme à ne pas souffrir de partage. Il était donc maître absolu.

Jusque-là, Louis XIII n'avait donné aucun soupçon qu'il pût s'intéresser aux femmes — pas même à la sienne. Mais alors, on remarqua qu'il distinguait Mlle de Lafayette...

Mais ce n'est pas ici le lieu de parler de Mlle de Lafayette, ni de Mlle de Hautefort qui lui succéda dans la faveur du roi après qu'elle se fut retirée au couvent — au moment peut être où Louis XIII allait s'émanciper avec elle. L'une et l'autre furent des confidentes du roi, et par conséquent des ennemies du cardinal de Richelieu ; mais rien de plus.

L'affection toute platonique du roi pour ses confidentes n'était pas exempte de passion ; malgré cela, il ne prit jamais avec elles aucune de ces libertés si chères au plus réservé des amants. L'anecdote suivante donnera du reste la mesure de son extrême retenue ; les chroniques du temps racontent toutes cette anecdote et en donnent des versions différentes, mais le fond étant toujours le même, nous choisirons la version la plus vraisemblable et la plus convenable à la fois.

« Un jour, le roi étant entré dans la chambre de la reine, comme elle était encore à sa toilette, et ayant vu que Mlle de Hautefort tenait un billet dans sa main, que l'on venait de donner, il voulut voir ce billet ; mais Mlle de Hautefort l'ayant déjà lu et voyant que celle qui lui écrivait lui faisait quelque guerre sur le sujet de sa nouvelle faveur, elle n'avait garde de le montrer au roi, et craignant qu'il n'employât le crédit de la reine pour le lui ôter, elle le mit dans son sein ; alors la reine, s'étant levée de sa toilette, lui prit les deux mains et dit au roi de prendre le billet avec sa main de l'endroit où elle l'avait mis.

« Mais le roi dit qu'il n'avait garde, qu'il était en lieu de sûreté et qu'il n'oserait y toucher ; si bien que la reine la tenant toujours, le roi prit des pincettes d'argent qui étaient auprès du feu, pour essayer s'il pourrait avoir ce billet avec ces pincettes ; mais elle l'avait mis trop avant, et ainsi la reine la laissa aller, après s'être bien divertie de la peur de Mlle de Hautefort et de celle du roi. »

Que pouvait-on faire, je vous prie, d'un roi de cette trempe ?

Aussi Mlle de Hautefort, favorite du roi, fut toujours l'amie de la reine et montra dans son amitié un véritable héroïsme — mal récompensé d'ailleurs, comme elle devait s'y attendre ; par suite, elle devint pour le roi quelque chose comme une ennemie, et le cardinal, habile à profiter des occasions, obtint aisément du faible et ridicule Louis XIII la disgrâce de Mlle de Hautefort, qui ne fut pas remplacée, si ce n'est par Richelieu en personne, par Richelieu propre à tout, comme on sait.

Pour ce qui est de la reine, dont il est temps de nous occuper un peu, on sait qu'Anne d'Autriche fut mariée à **Louis XIII** qui n'avait que quatorze ans, avant d'avoir elle-même accompli sa treizième année. — Rassurons nos lecteurs en leur disant tout de suite que le mariage ne fut consommé que beaucoup plus tard.

Anne d'Autriche était charmante, même à cet âge si tendre.

« Elle avoit, écrit madame de Motteville,

Une première nuit de noces.

une mine douce et majestueuse qui ne manquait jamais d'effet. La couleur meslée de vert de ses yeux rendoit leurs regards plus vifs et leur puissance devoit être fatale à beaucoup d'illustres particuliers. Ses cheveux blonds estoient si longs et si abondans que rien n'estoit si agréable que de la voir peigner. Ses mains joignoient l'adresse avec une extrême blancheur, si bien que les spectateurs estoient toujours ravis, quand elle les faisoit voir ou à sa toilette en s'habillant, ou à table quand elle prenoit ses repas. Sa gorge estoit enfin fort belle, et ceux qui aimoient le beau auroient eu sujet de se plaindre du soin qu'elle prenoit de la cacher, si la pudeur qui le lui faisoit faire ne les eût forcés d'estimer ce qui s'opposoit à leur plaisir. »

Mais elle était coquette, et peut-être même légère. Comme Louis XIII n'était pas, ainsi que nous l'avons vu, homme à goûter comme il faut de pareils avantages physiques, soit chez sa propre femme, soit chez tout autre, il est aisé de deviner qu'elle provoqua l'admiration d'un autre côté. Le duc d'Anjou surtout, qu'elle avait certainement distingué, inspira au malheureux Louis XIII, à qui les qualités physiques faisaient défaut comme les qualités morales, une jalousie haineuse. — Il faut dire que dès lors Louis XIII passait pour impuissant.

Un des principaux, et peut-être des premiers adorateurs de la jeune Anne d'Autriche, ce fut le cardinal de Richelieu.

Richelieu était le protégé de la maréchale d'Ancre. Par le crédit de celle-ci, il était secrétaire d'État au moment où le maréchal fut assassiné. Richelieu apprit la veille au soir tous les détails de la tragédie qui se préparait; il allait se mettre au lit, et il s'y mit; le lendemain, avant qu'il eût quitté sa chambre, l'évêque de Luçon, car il n'était pas encore cardinal, apprenait la mort de Concini qu'il eût pu sauver. Quand la reine-mère, qu'il suivit forcément dans sa disgrâce, eut fait sa soumission, il reçut le chapeau rouge. Dès lors sa puissance fut solidement assise, et il n'était pas homme à la laisser choir.

Mais il y avait déjà longtemps qu'Armand Duplessis avait distingué la reine, et il était résolu à lui faire part à la prochaine occasion, c'est-à-dire lorsqu'il se serait mis en mesure de le faire sans danger, de cet événement extraordinaire.

Cette occasion se présenta, ou plutôt il la fit naître, quelques semaines seulement après avoir coiffé ce glorieux chapeau couleur de sang.

Un soir, Richelieu se fait annoncer chez Anne d'Autriche, qu'il savait seule, sous prétexte de l'entretenir des affaires de l'État.

La reine n'avait, en effet, près d'elle qu'Estefana, vieille femme de chambre espagnole qui l'avait suivie à Paris. Le cardinal était déjà un peu grison, mais il portait un superbe costume de gentilhomme et était aussi pimpant qu'un mignon de couchette.

Après les préliminaires indispensables, le dialogue suivant s'établit entre les deux interlocuteurs :

— Le roi est malade, madame, dit Richelieu.

— Bouvard le dit, répondit la reine; mais il ajoute que cette maladie n'est pas dangereuse.

— Parce que les hommes de l'art n'oseraient dire ce qu'ils en pensent à Votre Majesté. Mais j'ai moi-même interrogé Bouvard et il m'a révélé la vérité...

— Et cette vérité?...

— C'est que le roi ne guérira jamais.

La reine poussa un soupir attristé. Richelieu, voyant l'effet qu'avaient produit ses paroles, poursuivit :

— Votre Majesté a-t-elle songé quelquefois à la situation dans laquelle elle se trouverait, si le roi venait à mourir?

La reine fit une moue significative.

— Cette cour, poursuivit le prélat, où vous êtes regardée comme une étrangère, n'est peuplée que de vos ennemis. La reine mère vous déteste. Peut-être espérez-vous être soutenue par le duc d'Anjou, par un enfant, et quel enfant encore!... Avez-vous jamais pris la peine de lire dans ce cœur lâche et dans cette pauvre tête, où tous les désirs avortent, non pas faute d'ambition, mais faute de courage? Défiez-vous de cette impuissante amitié, madame, si vous comptez vous appuyer dessus, car au moment du danger, elle pliera sous votre main.

— Mais il y a vous, monsieur le cardinal, ne puis-je pas compter sur vous?

— Oui, sans doute, madame, si je ne devais pas être entraîné dans la catastrophe qui vous menace; mais ce Gaston, qui succédera à son frère, me hait; mais Marie de

Médicis, dont il est l'enfant chéri et qui pétrit son cœur comme elle ferait d'une cire molle, reprendra tout le pouvoir, et ne me pardonnera pas les marques de sympathie que je vous ai données. Si le roi meurt sans enfants, nous sommes perdus tous deux ; on me relègue dans mon évêché de Luçon et l'on vous renvoie en Espagne où un cloître vous attend. C'est une triste perspective quand on a rêvé comme vous la royauté, ou mieux que cela encore, la régence !

— Monsieur le cardinal, la destinée des rois, comme celle des autres hommes, est dans les mains de Dieu.

— Oui, dit le cardinal en souriant, et c'est pour cela que Dieu dit à sa créature : Aide-toi, et le ciel t'aidera.

— Je ne vous comprends pas, dit la reine en fixant son clair regard sur l'impudent personnage.

— Et avez-vous quelque désir de me comprendre ? demanda Richelieu.

— Oui, car la situation est grave.

— Il y a des choses difficiles à dire.

— Non pas, si l'on s'adresse à quelqu'un qui entende à demi-mot.

— Votre Majesté me permet donc de parler ?

La reine fit un signe d'assentiment.

— Eh bien ! il ne faut pas qu'en cas de mort du roi, la couronne tombe aux mains du duc d'Anjou... Il faut qu'au moment même où l'on annonce que Louis XIII est mort, on puisse annoncer également qu'il laisse un héritier au trône de France !

— Mais, fit la reine qui rougit légèrement, Votre Éminence sait bien que, jusqu'à présent, Dieu n'a point béni notre union.

— Votre Majesté ne croit pas que ce soit sa faute...

La reine attacha sur son audacieux interlocuteur un regard où il y avait une nuance d'indignation et même de courroux. Richelieu ne broncha pas.

— Je comprends, dit enfin la reine ; vous m'offrez quatorze ans de royauté en échange de quelques nuits d'adultère !

— De quelques nuits d'amour, madame, rectifia l'Éminence avec chaleur, car je n'apprends certes rien à Votre Majesté en lui disant que je l'aime, et que l'espoir d'être payé de cet amour me porterait à tout faire, à tout risquer pour vos intérêts...

Il y eut un silence embarrassant. Richelieu n'avait pas grand'chose à ajouter à un tel aveu ; quant à la reine, surprise, indignée de tant d'insolence, mais ne voulant pas cependant blesser trop cruellement un homme dont la puissance se faisait déjà sentir et qu'elle savait haineux et vindicatif, elle réfléchissait.

— Monseigneur, dit-elle, la proposition est inusitée et vaut, vous en conviendrez, la peine qu'on y réfléchisse. Laissez-moi la nuit et la journée de demain pour me consulter.

— Et, demanda le cardinal tout joyeux, et demain soir j'aurai l'honneur de mettre de nouveau mes hommages aux pieds de Votre Majesté ?...

— Demain soir, j'attendrai Votre Éminence.

— Et avec quels sentiments Votre Majesté permet-elle que je m'éloigne d'elle ?

Pour toute réponse la reine tendit gracieusement la main au fougueux prélat qui la baisa avec passion, et s'en retourna ensuite transporté au septième ciel.

Après être demeurée un moment pensive, Anne d'Autriche ordonna qu'on lui fît venir le lendemain, dès le matin, Mme de Chevreuse.

Nous avons déjà rencontré Mme de Chevreuse sur notre chemin, et l'on sait qu'avant d'épouser Claude de Lorraine, elle avait eu pour premier époux le favori de Louis XIII, l'un des assassins de Concini : le connétable de Luynes.

Extrêmement jolie et piquante, spirituelle, hardie, évaporée, ses manières avaient dès l'abord fortement alarmé la candeur royale dont elle avait un peu l'air de vouloir triompher. Il faut croire qu'elle était allée un peu loin le jour où Louis XIII, décidément effrayé, lui dit avec sévérité :

— Sachez, madame de Luynes, que je ne peux souffrir mes maîtresses que de la ceinture en haut.

— Alors, sire, repartit Mme la connétable, vos maîtresses devront faire comme Gros-Guillaume : elles se ceindront au milieu des cuisses.

Ce trait pourrait achever de peindre Mme de Chevreuse, car l'histoire affirme qu'étant Mme de Luynes elle était très réservée et d'une conduite tout à fait édifiante — par comparaison, sans doute.

Entre Mme de Chevreuse et Anne d'Autriche un complot fut formé pour guérir ou punir, comme on voudra, le cardinal de son impertinente passion.

C'est aux *Mémoires* de Brienne que nous empruntons les détails de la scène qu'on va lire.

Le soir, quand tout le monde fut retiré, Richelieu se présenta de nouveau, comme il en avait reçu la permission de la reine. Celle-ci l'accueillit parfaitement, mais parut émettre seulement des doutes sur la réalité de l'amour dont Son Éminence lui avait parlé la veille avec tant de chaleur.

Alors le cardinal appela à son secours les serments les plus terribles ; il jura qu'il était prêt à accomplir, pour le simple bon plaisir de Sa Majesté, les hauts faits les plus extraordinaires, et que la reine n'avait qu'à le mettre à l'épreuve, elle acquerrait bien vite la conviction qu'il ne disait que l'exacte vérité.

Mais, au milieu de ses protestations, la jeune femme l'interrompit :

— Voyez le beau mérite, de tenter des prouesses dont l'accomplissement donne la gloire ; c'est ce que tous les hommes font par ambition aussi bien que par amour. Mais ce que vous ne feriez pas, monsieur le cardinal, parce qu'il n'y a qu'un homme véritablement amoureux qui consentirait à le faire, ce serait de danser une sarabande devant moi.

— Madame, je suis aussi bien cavalier et homme de guerre qu'homme d'Église, et mon éducation, Dieu merci, a été celle d'un gentilhomme ; je ne vois donc pas ce qui pourrait m'empêcher de danser devant vous, si tel était votre bon plaisir, et que vous me promissiez de me récompenser de cette complaisance.

— Mais vous ne m'avez pas laissé achever, dit la reine ; je disais que Votre Éminence ne danserait pas devant moi avec un costume de bouffon espagnol.

— Pourquoi pas ? répondit le cardinal ; la danse étant en elle-même une chose fort bouffonne, je ne vois pas pourquoi l'on n'assortirait pas le costume à l'action.

— Comment, reprit Anne d'Autriche, vous danseriez une sarabande devant moi, vêtu en bouffon, avec des sonnettes aux jambes et des castagnettes aux mains ?

— Oui, si cela devait se passer devant vous seule, et, comme je vous l'ai dit, que j'eusse promesse d'une récompense.

— Devant moi seule, c'est impossible ; il vous faut bien un musicien pour marquer la mesure.

— Alors prenez Boccau, mon joueur de violon ; c'est un garçon discret et dont je réponds.

— Ah ! si vous faites cela, s'écria la reine, je vous jure que je serai la première à avouer que jamais amour n'a égalé le vôtre.

— Eh bien ! madame, vous serez satisfaite ; demain, à cette même heure, vous pouvez m'attendre.

Il fallait, en effet, que le cardinal fût bien profondément épris, pour consentir ainsi à se travestir en bouffon, même devant l'objet de son culte ; mais peut-être se souvint-il à propos de David dansant devant l'arche...

Les conspirateurs eux-mêmes ne pouvaient croire au succès si complet de leur folle combinaison. La journée se passa à discuter si le cardinal viendrait ou ne viendrait pas.

Mais le plus fou de tous, c'était encore lui : il viendrait!

A dix heures tout était prêt pour le recevoir dans la chambre de la reine. Celle-ci était seule. — Il est vrai que Mme de Chevreuse était, avec deux gentilshommes, Beringhen et Vauthier, dissimulés par un paravent.

L'orchestre, sous la figure de Boccau armé de son violon, parut, annonçant que Son Éminence le suivait.

En effet, dix minutes après le musicien, un homme entra, enveloppé d'un grand manteau qu'il rejeta aussitôt qu'il eut fermé la porte. C'était le cardinal lui-même, dans le costume exigé ; il avait des chausses et un pourpoint de velours vert, des sonnettes d'argent à ses jarretières et des castagnettes aux mains.

Anne d'Autriche eut grand'peine à tenir son sérieux en voyant l'homme qui gouvernait la France accoutré d'une si étrange manière ; mais cependant elle prit cet empire sur elle, remercia le cardinal du geste le plus gracieux, et l'invita à pousser l'abnégation jusqu'au bout.

Soit que le cardinal fût véritablement assez amoureux pour faire une pareille folie, soit qu'ainsi qu'il l'avait laissé paraître, il eût des prétentions à la danse, il ne fit aucune opposition à la demande, et, aux premiers sons de l'instrument de Boccau, se mit à exécuter les figures de la sarabande, avec force ronds de jambes et évolutions de bras.

Malheureusement, grâce à la gravité même avec laquelle Richelieu procédait à la chose, ce spectacle atteignit à un grotesque si véhément, que la reine ne put garder son sérieux et éclata de rire.

Un rire bruyant et prolongé sembla lui répondre alors comme un écho. C'étaient les spectateurs cachés derrière le paravent qui faisaient chorus.

Le cardinal s'aperçut que ce qu'il avait pris pour une faveur n'était qu'une mystification, et sortit furieux.

Aussitôt Mme de Chevreuse, Vauthier et Beringhen firent irruption ; Boccau lui-même suivit l'exemple, et tous cinq avouèrent que, grâce à cette imagination de la reine, ils venaient d'assister à un des spectacles les plus réjouissants qui se pussent imaginer, de passer, comme on dit, un bon quart d'heure.

Mais il y a lieu de croire que Richelieu passa une mauvaise nuit à former des projets de vengeance. Il n'avait pas encore répandu le sang, à cette époque, et il n'y avait pas la main faite : sans cela !..

Lorsqu'on voit, quelques années plus tard, la duchesse de Chevreuse introduire dans la chambre de la reine le duc de Buckingham déguisé en *Dame Blanche*, avec une longue robe blanche ornée de larmes noires et de têtes de mort, il n'est pas malaisé de démêler la part de la duchesse dans toutes ces mascarades. Son cerveau fécond était bien mieux préparé que celui de sa maîtresse pour concevoir toutes ces farces grotesques ; plus fine, plus intrigante, plus dépravée, elle faisait mieux que les concevoir, elle passait rapidement du projet à l'exécution ; — seulement elle ne songeait pas toujours, dans ce cas, aux risques qu'elle pouvait courir, et eut plus d'une fois l'accasion de se mordre les doigts pour avoir devancé le moment opportun ou pour l'avoir volontairement laissé échapper.

Notre mission n'est pas ici de suivre les ronds de jambes et les mines, les vraies fourberies et les petites intrigues prétentieuses et bêtes des grands *creres* de ce temps-là.

Nous ne nous embarquerons donc pas, à la suite de cinq ou six romanciers trop connus, dans le récit des amours du beau Georges Villiers de l'Isle-Adam, duc de Buckingham, et d'Anne d'Autriche, reine de France et de Navarre. Ces amours ont de trop pâles couleurs, à notre avis, et dans les scènes les plus frappantes dont elles furent le sujet ou l'objet, nous ne voyons, au bout du compte, que deux personnages importants : les deux ferrets de diamants détachés des aiguillettes de la reine par le trop fastueux ambassadeur de Charles Ier !

C'est trop peu, et surtout trop fade.

Anne d'Autriche était profondément dissimulée. Fut-elle ou ne fut-elle pas, longtemps avant la mort de Louis XIII, deux ans au moins avant la naissance de Louis XIV, la maîtresse d'un certain Giulio Mazarini qui a fait quelque bruit dans l'histoire ? Elle n'avait plus alors la duchesse de Chevreuse pour conseil. — Berner Richelieu pour se jeter dans les bras d'un Mazarin, c'est par trop déchoir !

Voici un portrait, peu flatté il est vrai, et émanant d'un pamphlétaire odieux, qui pourra cependant donner une idée assez exacte des traits physiques et moraux qui distinguaient le Mazarin ; il est extrait de la *Requête des trois États du gouvernement de l'Ile de France au Parlement de Paris* :

« Mazarin était Sicilien, dit le vil folliculaire auteur de cette *Requête* éhontée, sujet du roi d'Espagne et de basse naissance ; il avait été valet à Rome, avait servi dans les plus abominables débauches ; il avait été poussé par les fourberies, les bouffonneries et les intrigues, il avait été reçu en France comme espion, avait, par son influence sur la reine, gouverné toutes choses depuis six ans, au grand scandale de la maison royale et à la grande dérision des nations étrangères.

« Il avait disgracié, banni, emprisonné les princes, les officiers de la couronne, les gens du parlement, les grands seigneurs, enfin les plus fidèles serviteurs du roi.

« Il s'était environné de traîtres, de concussionnaires, d'impies et d'athées ; il s'était attribué la charge de gouverneur du roi pour l'élever à sa mode ; il avait corrompu le peu qui restait de candeur et de bonne foi à la cour en y mettant à la mode les brelans et les jeux de hasard ; il avait violé et renversé la justice, pillé et ravi toutes les finances, consommé par avance trois années de revenu de l'État.

« Il avait encombré les prisons de vingt-trois mille personnes, dont cinq mille étaient mortes dans une seule année.

« Quoiqu'il eût dévoré par an près de 120 millions, il n'avait payé ni les gens de guerre, ni les pensions, ni l'entretien des places fortes ; il avait enfin partagé les grandes sommes avec ses amis, en ayant transporté hors du royaume la plus grande partie, tant en lettres de change et en espèces qu'en pierreries, etc., etc. »

Et malgré tout cela, Anne d'Autriche, dont Louis XIV enfant se plaignait hautement de voir la porte et l'escalier encombrés des gens de M. le cardinal, ne se contenta pas d'accorder ses faveurs au Mazarin, elle finit par l'épouser secrètement !

Quelques écrivains nient cette union ridicule ; mais lorsqu'une femme comme la princesse Palatine, tante de Louis XIV et mère du duc d'Orléans, plus tard régent, l'affirme, je ne sais trop quelle espèce de négation pourrait prévaloir contre cela.

« La reine Anne d'Autriche, écrit la princesse, non contente d'aimer le cardinal de Mazarin, avait fini par l'épouser : il n'était point prêtre et n'avait pas les ordres qui pussent l'empêcher de contracter mariage. Il se lassa terriblement de la bonne reine, et la traita durement, mais c'était l'usage du temps de contracter des mariages clandestins. »

« Nous ignorons, dit à propos de cette union mal assortie un écrivain moderne, M. P. Mahalin, si Anne d'Autriche avait eu beaucoup à se louer de l'amant ; en revanche, l'histoire nous apprend qu'elle eut largement à se plaindre de l'époux.

« Athée et matérialiste en amour comme en politique, Mazarin n'avait jamais ressenti une bien vive affection pour la reine.

« L'étrange passion de celle-ci servit seulement de marchepied à l'ambition de l'adroit Italien ; mais, quand il vit le pouvoir passer insensiblement des mains de la régente dans celles de Louis XIV, devenu majeur, tous ses calculs se bornèrent à se mettre bien dans l'esprit de ce dernier, et on l'entendit dire tout haut de sa vieille maîtresse : « Qu'elle n'avait pas d'esprit, que le roi, « son mari, avait eu de justes raisons de se « défier d'elle ; qu'elle n'était dévote que « par nécessité, qu'enfin, elle n'avait de « goût que pour la bonne chère, ne se met- « tant point en peine pour tout le reste. »

« Il y eut plus : l'homme qu'elle avait préféré à Buckingham, et qu'elle avait tellement défendu contre toute la France ameutée, tellement gorgé d'or et d'honneurs qu'il mourut premier ministre, tout puissant dans l'État, aussi maître du monarque que du royaume, et laissant dans ses coffres plus de quarante millions ; cet homme laissa habiter l'orgueilleuse fille des Césars dans des chambres délabrées et la força de coucher dans des lits dont les draps de toile bise « lui donnaient un avant-goût des supplices de l'enfer ! » Elle se plaignit, elle, l'Espagnole doublée d'Autrichienne, elle se plaignit à plusieurs reprises, et, quand l'ancien laquais du cardinal Bentivoglio, qui ne daignait plus descendre chez elle, l'entendait gratter à sa porte, il grommelait :

« — Que me veut encore cette femme ! »

« Cette femme semblait pourtant douée du plus rare privilège : celui de ne point vieillir. Ses bras étaient restés magnifiques ; son front demeurait pur de rides ; ses yeux, toujours armés en guerre, n'avaient pu renoncer à ces habitudes de coquetterie qui les avaient rendus si dangereux jadis. Combien ne dut-elle pas regretter alors d'avoir fait de toute cette beauté le régal d'un turlupin qui eût pu poser pour Harpagon devant Molière, et d'en avoir sevré des galants tels que le prodigue Georges Villiers et le grand cardinal !

« Un jour, s'arrêtant, au Palais-Royal, devant un portrait de Richelieu, elle le considéra longuement, puis, avec un soupir :

« — Si cet homme eût vécu jusqu'à présent, dit-elle, il eût été plus puissant que jamais, et peut-être ne serais-je pas aussi isolée !...

Ce qu'il y a de plus curieux dans le cas d'Anne d'Autriche, c'est que les regrets semblent avoir précédé d'assez loin la dernière grande faute : le mariage secret avec cet homme que huit années d'intimité lui avaient appris à connaître.

Quelques jours seulement après la mort de Louis XIII, elle se promenait dans les jardins du Palais-Cardinal, suivant les uns, ou, suivant les autres, dans une allée du bois de Rueil, en tête-à-tête avec le poète Voiture, qui était un peu son favori.

Voiture paraissait rêveur. La reine lui demanda ce qu'il avait, à quoi il pensait. A quoi Vincent Voiture répondit tout d'une haleine, — du moins la tradition le veut-elle ainsi :

> Je pensais que la destinée,
> Après tant d'injustes malheurs,
> Vous a justement couronnée
> De gloire, d'éclat et d'honneurs ;
> Mais que vous étiez plus heureuse,
> Lorsque vous étiez, autrefois,
> Je ne dirai pas amoureuse...
> La rime le veut toutefois.
>
> Je pensais que ce pauvre Amour,
> Qui toujours vous prêta ses armes,
> Est banni loin de votre cour,
> Sans ses traits, son arc et ses charmes ;
> Et ce que je puis profiter,
> En passant près de vous ma vie,
> Si vous pouvez si mal traiter
> Ceux qui vous ont si bien servie.
>
> Je pensais, — nous autres poètes
> Nous pensons extravagamment, —
> Ce que, dans l'humeur où vous êtes
> Vous feriez si, dès ce moment,
> Vous avisiez en cette place
> Venir le duc de Buckingham,
> Et lequel serait en disgrâce
> Du duc ou du Père Vincent.

Ces vers ne sont pas tous bons ; la rime n'y est pas toujours riche ; et il est bon d'insister sur ce point que pour faire rimer *Vincent* avec *Buckingham*, il faut bien se garder de prononcer ce dernier nom à l'anglaise, mais bien le prononcer comme on le faisait alors à la cour de France, quelque chose comme *Bouguinyhent*.

Quant au P. Vincent, ce n'était que le confesseur de Sa Majesté, sur laquelle il avait d'ailleurs une grande influence.

Quand le diable devint vieux...

XXIX
Le Masque de fer et autres têtes remarquables.

SOMMAIRE. — Comment se prépare la conception d'un *roi-soleil*. — Sœur Angélique et son auguste admirateur. — Cocher, au Louvre ! — Anne d'Autriche eut-elle un ou deux fils ? — Rapprochement bien heureux, dans tous les cas. — La légende (!) du Masque de fer. — *Les Mémoires de la cour de Perse* et *le Siècle de Louis XIV*. — Le prisonnier de l'île Sainte-Marguerite. — Respects et soins de toute sorte dont on l'entoure. — Du bonheur de ne savoir point lire. — Note intéressante de l'éditeur de M. de Voltaire. — Magnanimité extraordinaire du grand roi Louis quatorzième. — Celui qui régna sous ce nom était-il fils de Louis XIII l'Impuissant, ou de Mazarin, ou d'un autre ? — Nouvel imbroglio. — Les mémoires du duc de Richelieu et la relation de Saint-Mars. — Comment le jeune anonyme se trouva tout à coup élevé à la dignité de Masque de fer. — Les chercheurs de versions nouvelles et de figures n'ayant pas encore servi. — La dernière incarnation du Masque de fer découverte par M. Th. Jung. — Un fait divers d'hier. — M. de Lanzoux. — La discussion est rouverte. — Un roi d'Éthiopie à Paris. — Le roi et la conseillère. — M. le conseiller Saulnier prend la mouche et fait mettre au clou Sa Majesté éthiopienne. — Zagachist devant le lieutenant criminel, au Châtelet. — Fin misérable d'un monarque africain. — Les filles de la reine. — Les plumes de Randan de La Rochefoucault et la robe de Mme de Simier. — Les farces de ces demoiselles. — Le lit ensorcelé. — Louis XIV et les « filles » de sa mère. — Le jeune grand roi s'exerce à l'art du ramonage. — Disgrâce de Mme de Navailles. — Aventure scandaleuse de Mlle de Guercby. — L'*Avorton*. — La cour à la ville.

Nous avons eu l'occasion d'admirer l'extraordinaire réserve de Mlle de Lafayette qui voyant Louis XIII s'allumer au feu de ses beaux yeux, battit en retraite en toute hâte, et s'enferma au couvent des Dames de la Visitation Sainte-Marie pour n'en plus jamais sortir.

Sœur Angélique — tel fut désormais le nom de la belle confidente des insanités royales — fit de plus grands miracles encore que celui-là.

Un vilain jour de décembre 1637, le roi s'avisa d'aller voir son ancienne « amie » dans sa retraite sacrée de la rue Saint-An-

Le duc de Longueville.

toine. La visite se prolongea extraordinairement. Il faisait un temps affreux lorsque le roi quitta sœur Angélique; mais il avait promis, dit-on, à celle-ci d'accomplir un exploit dont, par malheur, beaucoup de gens croient encore aujourd'hui qu'il fut toujours incapable, et il voulait tenir parole.

Il faisait donc un vent du diable, il pleuvait, et grêlait, et neigeait tout à la fois; c'était à n'y pas tenir; il faisait avec cela, dans les rues, une obscurité à ne pas voir à deux pas devant soi. Le cocher demanda au roi s'il retournait à Grosbois d'où il venait;

Louis XIII alors parut se faire violence, et après un instant d'hésitation:

— Non, dit-il, nous allons au Louvre.

Ce fut pour Anne d'Autriche un grand étonnement lorsqu'elle vit entrer son mari qui, depuis si longtemps, semblait avoir oublié le chemin de chez elle. Elle se leva et salua respectueusement.

Louis XIII lui prit la main, la baisa avec cette gaucherie qui le rendait si ridicule auprès des femmes, et d'une voix embarrassée :

— Madame, il fait gros temps, je ne puis retourner à Grosbois, je viens donc vous demander un souper pour ce soir et un gîte pour cette nuit.

— Ce me sera un grand honneur et une grande joie d'offrir l'un et l'autre à Votre Majesté, répondit la reine, et je remercie Dieu maintenant de cette bourrasque qu'il nous a envoyée et qui m'effrayait si fort tout à l'heure.

Neuf mois, jour pour jour, après cette nuit, Louis XIV vint au monde.

Vous pensez comme on dut se livrer à la joie dans les régions courtisanesques !

Oui mais, le premier enthousiasme refroidi, empêchez donc les mauvaises langues d'aller, pour voir.

Est-ce que, d'ailleurs, le roi Louis XIII n'était pas atteint et convaincu d'impuissance ?

Ce dauphin avoué et reconnu n'était pas, affirmait-on, le premier enfant d'Anne d'Autriche.

« Un an auparavant, en 1636, cette princesse était accouchée clandestinement d'un garçon qui avait disparu sans que personne pût dire de qui il était advenu, ni ce qu'il était devenu.

« De plus, lors de la seconde grossesse, M. de Guitaut, capitaine des gardes de la reine, avait raconté, non seulement que ce n'était pas Louis XIII qui avait eu l'idée d'aller coucher et souper au Louvre, mais encore que, pendant cette mémorable soirée du 5 décembre, c'était Anne d'Autriche qui deux fois avait envoyé quérir au couvent de la Visitation son auguste époux.

« Il y aurait donc eu scène préparée où Sa Majesté aurait joué le rôle de dupe et endossé de sa signature les œuvres d'autrui ! Est-ce que Mlle de Lafayette aussi était passée au parti de la reine ? Ou bien n'était-elle pour rien dans la comédie dont on nous a habitués à la regarder comme l'instigatrice, comme la « metteuse en scène ? »

Maintenant, ce premier enfant d'Anne d'Autriche, qu'en avait-on fait ?

Voyons un peu : citons Voltaire, par exemple, qui avait commencé par charger de son mépris les *Mémoires de la cour de Perse* où se trouve la première révélation de ce fait, et qu'il traitait de « pamphlet ridicule et nauséabond. »

« Quelques mois après la mort de Mazarin, dit l'auteur du *Siècle de Louis XIV*, il arriva un événement qui n'a point d'exemple, et ce qui est non moins étrange, c'est que tous les historiens l'ont ignoré.

« On envoya dans le plus grand secret au château de l'île Sainte-Marguerite, dans la mer de Provence, un prisonnier inconnu, d'une taille au-dessus de la moyenne, jeune et de la figure la plus noble et la plus belle. Ce prisonnier, dans la route, portait un masque dont la mentonnière avait des ressorts d'acier qui lui laissaient la liberté de manger avec le masque sur son visage. On avait ordre de le tuer s'il se découvrait.

« Il resta dans l'île jusqu'à ce qu'un officier de confiance, nommé Saint-Mars, gouverneur de Pignerol, ayant été fait gouverneur de la Bastille en 1690, l'alla prendre à l'île Sainte-Marguerite et le conduisit à la Bastille, toujours masqué.

« Le marquis de Louvois alla le voir dans cette île avant la translation, et lui parla debout et avec une considération qui tenait du respect.

« Cet inconnu fut mené à la Bastille, où il fut logé aussi bien qu'on peut l'être dans le château. On ne lui refusait rien de ce qu'il demandait. Son plus grand goût était pour le linge d'une finesse extraordinaire et pour les dentelles ; il jouait de la guitare. On lui faisait la plus grande chère, et le gouverneur s'asseyait rarement devant lui.

« Un vieux médecin de la Bastille, qui avait souvent traité cet homme singulier dans ses maladies, disait qu'il n'avait jamais vu son visage, quoiqu'il eût examiné sa langue et le reste de son corps. Il était admirablement bien fait, disait ce médecin; sa peau était un peu brune; il intéressait par le seul ton de sa voix, ne se plaignant jamais de son état, et ne laissant pas entrevoir ce qu'il pouvait être.

« Cet inconnu mourut en 1703, et fut enterré la nuit à la paroisse de Saint-Paul.

« Ce qui redouble l'étonnement, c'est que, quand on l'envoya dans l'île Sainte-Marguerite, il ne disparut de l'Europe aucun personnage considérable.

« Voici ce qui arriva les premiers jours qu'il était dans l'île: Le gouverneur mettait lui-même les plats sur la table et ensuite se retirait après l'avoir enfermé. Un jour, le prisonnier écrivit avec un couteau sur une assiette d'argent et jeta l'assiette par la fenêtre, vers un bateau qui était au rivage, presque au pied de la tour.

« Un pêcheur, à qui ce bateau appartenait, ramassa l'assiette et la porta au gouverneur.

« Celui-ci, étonné, demanda au pêcheur:

« — Avez-vous lu ce qui est écrit sur cette assiette, et quelqu'un l'a-t-il vue entre vos mains?

« — Je ne sais pas lire, répondit le pêcheur, je viens de la trouver et personne ne l'a vue.

« Ce paysan fut retenu jusqu'à ce que le gouverneur se fût assuré qu'il n'avait jamais su lire et que l'assiette n'avait été vue de personne.

« — Allez, lui dit-il, vous êtes bien heureux de ne pas savoir lire. »

Plus tard, Voltaire, qui affectait d'en savoir plus long qu'il n'en voulait dire, inséra la note précédente dans son *Dictionnaire encyclopédique* (7e édition), en la faisant suivre, ou en permettant qu'on la fît suivre de cette autre note, qui est censée de son éditeur:

« Le Masque de fer était sans doute un frère, et un frère aîné de Louis XIV, dont la mère avait ce goût pour le linge fin, sur lequel M. de Voltaire appuie. Ce fut en lisant les mémoires de ce temps, qui rapportent cette anecdote au sujet de la reine, que, me rappelant ce même goût du Masque de fer, je ne doutai plus qu'il ne fût son fils, ce dont toutes les autres circonstances m'avaient déjà persuadé.

« On sait que Louis XIII n'habitait plus depuis longtemps avec la reine; que la naissance de Louis XIV ne fut due qu'à un heureux hasard, habilement amené, hasard qui obligea le roi à coucher en même lit avec la reine.

« Voici donc comme je crois que la chose sera arrivée: La reine aura pu s'imaginer que c'était par sa faute qu'il n'arrivait point d'héritier à Louis XIII. La naissance du Masque de fer l'aura détrompée. Le cardinal à qui elle aura fait la confidence du fait, aura, par plus d'une raison, su tirer parti de ce secret. Il aura su tourner cet événement à son profit *et à celui de l'État*; persuadé par cet exemple que la reine pouvait donner des enfants au roi, la circonstance qui amena le roi et la reine à coucher dans le même lit fut arrangée en conséquence.

« Mais la reine et le cardinal, également pénétrés de cacher à Louis XIII l'existence du Masque de fer, l'auraient fait élever en secret.

« Ce secret en aurait été un pour Louis XIV jusqu'à la mort de Mazarin. Mais ce monarque apprenant alors qu'il avait un frère, et un frère aîné, que sa mère ne pouvait désavouer, qui, d'ailleurs, portait peut-être des traits marqués qui annonçaient son origine, faisant réflexion que cet enfant, né durant le mariage, ne pouvait, sans de grands inconvénients et sans un énorme scandale, être déclaré illégitime après la mort de Louis XIII, Louis XIV aura jugé ne pouvoir user d'un moyen plus sage et plus *juste* que celui qu'il employa pour assurer sa propre tranquillité et le repos de l'État, moyen qui le dispensait de commettre une cruauté que la politique aurait représentée comme nécessaire à un monarque même consciencieux et moins magnanime que Louis XIV. »

D'après les *Mémoires* du baron de Gleichen, la chose serait encore bien pire que d'après l'hypothèse de Voltaire.

Le Masque de fer, suivant la version du baron suédois, ne serait pas, en effet, l'enfant adultérin d'Anne d'Autriche, mais au contraire le véritable héritier du trône, tandis que celui qui régna sur la France avec tant de faste et de tyrannique hauteur ne serait pas autre chose que le produit des amours coupables de Mazarin et d'Anne d'Autriche, mais le fils aîné toutefois de celle-ci.

Cet enfant, élevé en secret, aurait été produit au lieu et place du fils légitime, ou supposé tel et destiné à succéder à Louis XIII sur le trône de France, aussitôt après la mort de celui ci; l'autre serait du même coup rentré dans l'obscurité d'où il ne devait plus sortir que pour le sort le plus misérable. Or, ce prétendu fils du Louis XIII n'ayant guère plus de cinq ans à cette époque, on conviendra au moins que la substitution n'était pas excessivement difficile à opérer.

Mais nous ne sommes pas au bout!

On a fait, d'autre part, du Masque de fer, non plus un frère aîné ou cadet, mais un frère jumeau de Louis XIV.

Soulavie, secrétaire du duc de Richelieu, raconte dans les *Mémoires* de son maître, que Mlle de Valois, fille du Régent, et alors maîtresse de Richelieu, cédant aux conseils de celui-ci, consentit à se prostituer à son père, qui était amoureux d'elle, pour obtenir de lui la communication d'un mémoire sur le Masque de fer, rédigé par Saint-Mars, le gouverneur même du prisonnier.

Suivant ce mémoire, Louis XIV serait né à midi, et le soir, pendant le souper du roi, la reine serait accouchée d'un second fils!

Le dernier né aurait été élevé en secret par le cardinal de Richelieu d'abord, par Mazarin ensuite, avec beaucoup de soin, mais dans la plus complète ignorance de son origine illustre.

Un jour qu'un portrait de Louis XIV lui était tombé sous la main, il fut frappé de la ressemblance qui existait entre le roi et lui, et communiqua naïvement sa surprise à ceux de son entourage.

Comme on lui montrait toujours de grands égards, sa cervelle se mit dès lors à travailler, et il en vint à se considérer comme véritablement attaché au roi par les liens de la nature les plus étroits. Il alla donc incontinent trouver son gouverneur, et lui tint à peu près ce langage :

« — Je suis frère du roi, dit-il, et je veux aller à l'instant me faire reconnaître à la cour et jouir de mon état. »

Le gouverneur, effrayé, avertit le roi, qui, dans sa magnanimité, ordonna qu'on enfermât immédiatement son frère dans la forteresse de l'île Sainte-Marguerite.

On a contesté l'authenticité de la relation de Saint-Mars (publiée *in extenso* dans les *Mémoires* du duc de Richelieu); puis on a dit que, la relation fût-elle exacte, rien ne prouvait que Saint-Mars l'eût écrite dans un autre but que celui de donner quelque pâture à la curiosité publique, en la jetant sur une fausse piste.

A ce compte-là, il faut renoncer à rien croire; on sera plus sûr d'être trompé.

Nous ne ferons pas l'examen laborieux et d'ailleurs stérile de tous les mémoires, notes, brochures et volumes publiés depuis sur la question toujours pendante du Masque de fer, et nous nous garderons bien de relever la liste par trop nombreuse des noms qu'on a successivement placés sous ce masque de fer qui, en fin de compte, était en velours. Nous nous bornerons à dire, qu'à force de recherches, on semble s'égarer de plus en plus, quoique à la fin de son travail, chaque nouveau chercheur, brandissant son crochet symbolique, ne manque pas de s'écrier :

« Désormais, grâce à moi, la lumière est faite dans ce chaos ; il n'y a pas plus de frère de Louis XIV sous le masque en question que sur la main. Si l'on entourait le captif de tant d'égards et de précautions, c'était justement pour égarer l'opinion publique, et patati et pata... »

Eh bien ! malgré tant de papier noirci, nous n'en sommes pas moins convaincu que le premier jour, que le prisonnier de M. de Saint-Mars était bien l'innocente victime d'une royale et cardinal mais sale intrigue.

Au début, d'ailleurs, personne n'en doutait ; ce n'est que depuis que tant d'écrivains, animés du louable désir de faire du nouveau avec une vieille rengaine, se sont précipités sur le Masque de fer avec leur conclusion en poche, préalable à toute tentative d'étude, que l'opinion s'est sentie égarée, et que les partisans de telle ou telle solution se sont comptés.

Le dernier historien du Masque de fer est un officier d'état-major, M. Th. Jung. Son livre : *La vérité sur le Masque de fer*, qui parut en 1873, est fort bien et fort consciencieusement fait ; et pour que l'on ne nous accuse pas nous-même de parti pris, nous nous y arrêterons une minute.

Avec une patience et un zèle qu'il faut louer, M. Th. Jung a laborieusement fouillé des monceaux de paperasses, retourné le problème sous toutes ses faces, et, après avoir, — procédant par élimination, — fait l'historique exact de tous les prisonniers que M. de Saint-Mars avait eus sous sa garde, après avoir démontré l'inanité de toutes les versions connues, il en est arrivé à cette conclusion, appuyée de pièces qui nous paraissent irréfutables : le prisonnier connu dans l'histoire sous le nom de l'*Homme au Masque de fer*, et qui porte tour à tour les noms de chevalier de Kiffenbach, de chevalier des Armoises, de Louis de Oldendorf, de Lefroid, était en réalité un *M. de Marchiel*. « Jeune, élégant, Lorrain de naissance, ancien capitaine dans les troupes de cavalerie de l'Empire, mestre de camp pour l'instant, ambitieux, fort instruit, parlant plusieurs langues et avide d'argent, ce M. de Marchiel était l'âme d'un complot tramé contre les jours de Louis XIV, qu'on devait empoisonner. » Il faut se reporter à cette époque pour comprendre ce qu'il y avait de terrifiant dans ce mot : *le poison*. Les empoisonneurs étaient partout, dans tous les rangs de la société : prêtres, grands seigneurs, dames de la cour, aventuriers de tous les pays, étaient les complices ou les adeptes de la marquise de Brinvilliers, de la Voisin et de l'Italien Exili. Cette vaste association avait des ramifications dans toute l'Europe, et le procès qui amena deux cent quatre-vingt-six de ses affiliés devant la Chambre ardente (1678-1680), prouva jusqu'à l'évidence combien sa force était grande et redoutable. Ces empoisonneurs, dont quelques-uns appartiennent à la meilleure noblesse de France, tuent souverains et ministres, fomentent des révoltes de provinces, organisent des complots. « C'est contre eux, dit M. Jung, que de 1672 à 1681, luttent sans pitié Louvois et son père, le chancelier Le Tellier. »

Louis XIV allait partir pour le siège de Maëstricht et devait séjourner à Péronne. C'est aux abords de cette place que fut arrêté M. de Marchiel dans la nuit du 28 au

29 mars 1673. Sa cassette, qui contenait des papiers importants, tomba dans les mains de Louvois. Grâce à ces révélations inattendues, le ministre put tenir en échec quelques-uns de ses ennemis les plus acharnés, fort compromis dans tous ces complots.

Le prisonnier fut conduit à la Bastille avec un grand luxe de précautions. Il y séjourna du 3 avril 1673 au 10 mars 1674, puis confié à la garde de M. de Saint-Mars, âme damnée de Louvois; il fut transféré successivement au donjon de Pignerol, où il resta jusqu'en octobre 1681, au château d'Exiles, qu'il quitta en 1687 pour les îles Sainte-Marguerite et enfin à la Bastille où il fut réintégré en septembre 1698. C'est dans cette prison qu'il mourut le 19 novembre 1703. Son véritable nom figura sur le registre mortuaire.

De Marchiel était resté trente ans sept mois et dix-neuf jours en prison, depuis son arrestation près de Péronne jusqu'à sa mort à la Bastille, et vingt-neuf ans sous la surveillance *inquiète* de M. de Saint-Mars, qui l'appellait son *merle*. Pendant cette longue captivité, dix personnes seulement (parmi lesquelles Louvois et son père), fonctionnaires ou geôliers, communiquèrent avec lui. A part ces personnes, « *nulle âme au monde,* » dit lui-même Saint-Mars, « *ne peut s'être vantée d'avoir vu le prisonnier et d'avoir causé avec lui.* »

L'ouvrage de M. Jung eut un grand succès à son apparition; personne qui ne s'écriât avec l'auteur, après l'avoir lu : « Voilà enfin la vraie, la seule solution du fameux problème du Masque de fer ! »

Combien en reste-t-il aujourd'hui de ces enthousiastes?

Certainement les mesures propres à assurer l'incognito du malheureux captif ont été bien prises : — on y a mis tout le soin qu'on y aurait pu mettre s'il se fût agi de placer la légitimité de la dynastie bourbonienne à l'abri de toute attaque, de toute contestation ; voilà qui nous paraît clairement établi.

Et puis, savez-vous bien qu'au moment où je fais cette moralité, voici que la discussion se rouvre par un moyen inattendu, — avec le secours d'une fausse clef peut-être :

Au commencement de mars 1880, les journaux publiaient en effet, à tour de rôle, la curieuse et laconique note ci-après :

« On vient de découvrir à la bibliothèque de Nice un autographe d'une princesse de Monaco (Laure de Grammont), disant : *J'aime monsieur de Lanzoun. C'est le Masque de fer, frère du Grand Roy Louis quatorzième.* »

Maintenant vous en croirez ce que vous voudrez, et moi aussi; — vous croirez à la chasteté d'Anne d'Autriche même si vous y tenez : c'est affaire entre votre conscience et vous. Mais pour l'amour de la vérité, laissez passer toutes ces hypothèses absurdes qui feraient d'un plat et vulgaire coquin, d'un vil espion ou d'un empoisonneur un prisonnier tellement important qu'on l'entourait d'égards, de soins et de précautions si extraordinaires. Quelle nécessité de faire tant d'histoires à propos d'un misérable gibier de potence que l'on peut, que l'on doit pendre et dont la pendaison ne saurait entraîner pour le plus infime de ses geôliers le moindre désagrément?

On en a beaucoup fait pour Bazaine, c'est vrai, mais au moins l'ex-maréchal en a profité.

Mais en voilà bien assez sur ce sujet ; que la descendance des Bourbons, par impossible, soit pure ou qu'elle ne le soit pas, le boudin n'en sera pas plus sain. Voyons donc un peu si, dans le voisinage, il n'y aurait quelque bon conte à recueillir qui nous permît de terminer honnêtement ce chapitre...

Vers la fin du règne de Louis XIII, un prince, un roi d'Éthiopie, s'il vous plaît, du nom de Zagachrist, fit son apparition à l'horizon du monde parisien avec un succès assez bruyant.

Les affaires qui appelaient ledit roi en Europe étaient peut-être de la même nature que celles qui y amenèrent plus récemment quantité de souverains non moins étranges qu'étrangers. Le fait est qu'il s'occupait surtout de galanterie, et que les conquêtes ne lui faisaient pas défaut.

L'une de ces conquêtes, Mme Saulnier, femme d'un conseiller au parlement de Paris, s'enticha à tel point de son roi éthiopien qu'elle lui donnait tout l'argent dont elle pouvait disposer, économisant sur les dépenses de sa maison pour lui faire la part la plus large, ce dont s'accommodait fort le souverain exilé, attendu que ses sujets et serviteurs semblaient l'avoir absolument oublié ; du moins oubliaient-ils souvent de lui faire tenir ses revenus — ou sa liste civile, comme on voudra. Mais Mme Saulnier y allait de tout cœur, c'est-à-dire qu'elle se montrait vraiment pas trop économe, et il arriva... ce qu'il devait arriver.

M. le conseiller au parlement se fâcha, découvrit le pot aux roses et fit informer des débauches africaines de Mme la conseillère. Il alla plus loin, et fit si bien qu'il obtint décret de prise de corps contre le beau Zagachrist, qui fut écroué au Châtelet comme un vulgaire escroc.

Le lieutenant criminel instruisit le procès de l'infortuné roi qui, avec un peu plus d'habileté, eût peut-être réussi à se faire héberger au Louvre. Toutefois, il est à remarquer que le lieutenant criminel eut le bon goût de montrer au galant Zagachrist tous les égards dus à sa personne royale, car, tout en lui faisant subir un interrogatoire minutieux, il resta constamment debout et la tête découverte, devant l'accusé assis et couvert; mais il n'en poussa pas moins cet interrogatoire jusqu'où il put le pousser dans l'intérêt de la justice et du conseiller Saulnier.

Bref, le monarque éthiopien finit ses jours sur la paille humide des cachots, et l'on vit quelque temps après une ambassade de ses sujets, venue pour recueillir ses augustes dépouilles, faute de mieux.

Quant à Mme Saulnier, j'ignore ce que M. Saulnier jugea à propos d'en faire.

Il va sans dire aussi que les « filles de la reine, » que nous allions oublier, faisaient toujours leurs escapades, et que de leur côté, il y avait çà et là quelque bon petit scandale propre à aiguiser les bonnes langues. Voici, par exemple, une *historiette* de Tallemant des Réaux qui nous initie à une petite affaire de ce genre, et qui n'est pas laide (l'historiette).

« Mme de Simier avait eu, dit-il, étant fille de la reine, une promesse de mariage du jeune Randan de La Rochefoucauld, et lui, pour s'en dégager, fut contraint de lui donner six mille écus. Après cela, elle s'en alla au Louvre avec une robe de plumes, et dit :

« — L'oiseau m'est échappé, mais il y a laissé les plumes.

« Mme Randan, mère du cavalier, qui était présente, répondit :

« — Ce ne sont que celles de la queue, cela ne l'empêchera pas de voler. »

Sur la fin du règne du Louis XIII et pendant la régence d'Anne d'Autriche, de nombreuses anecdotes d'un genre assez voisin de celle-ci coururent sur les filles de la reine, et les faits ne les justifiaient que trop, tandis que la surveillance n'était pas facile et même sans péril avec ces demoiselles trop délurées, aussi promptes à la vengeance qu'à l'intrigue.

« Car, dit le même Tallemant, en ce temps-là, comme bien depuis encore, la reine laissait faire à ses filles tout ce qui leur plaisait, et on les cajolait tous les jours à ses yeux.

« Pour leur chambre, leur gouvernante, la pauvre Mme du Puys n'y avait pas grand pouvoir ; elles lui faisaient même des malices épouvantables ; car, non contentes de lui avoir coupé des brins de vergette dans son lit pour l'empêcher de dormir, à Fontainebleau, une nuit d'été, qu'il fit un chaud étrange, elles lui mirent des réchauds de feu sous son lit.

« Elle crut que c'était l'air étouffé de Fontainebleau qui lui causait cette incommodité ; elle se leva pour respirer à la fenêtre, pensant que son lit découvert se rafraîchirait, et elle le trouva encore plus chaud. Elle fut longtemps avant de deviner ce que c'était. »

C'était tout bonnement une petite farce de pensionnaires vindicatives, mais pour ces sortes d'espiègleries, il leur venait parfois du renfort du dehors, contre une malheureuse et faible duègne par trop imbue de ses devoirs — qui croyait, en un mot, que c'est arrivé, pour parler le beau jargon du jour. Ce qui arriva un peu plus tard à une autre gouvernante des filles d'honneur, à Mme de Navailles, le prouve surabondamment.

On sait que Louis XIV, dans sa jeunesse, considérait assez volontiers la chambre des filles d'honneur de sa mère comme une dépendance de la sienne, comme une sorte de harem agréable et commode, pour tout dire.

Souvent, accompagné de quelques-uns de ses favoris, le jeune roi se glissait pendant la nuit dans la retraite de ces demoiselles, et dame...

Mme de Navailles ayant eu vent de ces menées, fit murer la porte par laquelle s'introduisaient le roi et ses amis. C'était audacieux, brutal même, mais Louis XIV ne renonça pas pour si peu à ses équipées nocturnes ; il escalada les toits et descendit par la cheminée.

Mais ce nouveau passage ayant encore été découvert, à la fin, par Mme de Navailles, celle-ci fit intercepter le passage de la cheminée par une grille de fer, et Sa jeune Majesté, étant plus épais qu'une souris, dut renoncer à ses projets.

La gouvernante des « filles de la reine » ne triompha pas longtemps, car la disgrâce et l'exil vinrent bientôt lui apprendre qu'il y a devoir et devoir, comme il y a fagot et fagot.

C'est à l'occasion d'une aventure scandaleuse arrivée à l'une des douze filles de la reine mère, Mlle de Guerchy (un avortement, prémédité ou non, mais qu'on voulut croire prémédité), que Jean Hesnault écrivit son fameux sonnet de l'*Avorton*, qui ne vaut pas cher, mais qui suffira peut-être à sauver son nom de l'oubli, en faveur d'un sujet si bien choisi.

Voici ce morceau :

Toi qui meurs avant que de naître,
Assemblage confus de l'être et du néant,
Triste avorton, informe enfant,
Rebut du néant et de l'être.

Toi que l'amour fit par un crime,
Et que l'honneur défait par un crime à son tour,
Funeste ouvrage de l'amour,
De l'honneur funeste victime.

Donne fin aux remords par qui tu t'es vengé,
Et du fond du néant où je t'ai replongé,
N'entretiens point l'horreur dont ma faute est suivie.

Deux tyrans opposés ont décidé ton sort :
L'amour, malgré l'honneur, t'a fait donner la vie ;
L'honneur, malgré l'amour, t'a fait donner la mort.

Nous le répétons, les vers d'Hesnault ne valent pas le diable, et puis c'est un sonnet et ce n'est pas un sonnet : c'est une sorte de production hybride, informe, tirée par les cheveux, un... *avorton*, quoi !... Mais ce n'est pas moins une pièce curieuse pour l'histoire des mœurs de cour au XVIIe siècle.

La ville ne valait guère mieux, il est vrai ; et même la cour ne laissait pas de se répandre dans la ville tout comme au temps de Charles IX, et non seulement les seigneurs, mais

HISTOIRE DE LA PROSTITUTION

Henriette d'Entragues.

aussi les princes du sang, s'il faut en croire Dulaure, couraient la nuit — et probablement aussi le jour — les maisons de débauche les plus mal famées.

S'ils promenaient ainsi leur pourriture par la ville, il faut bien croire qu'elle se communiquait au commun des bourgeois ; on sait que c'est toujours d'en haut que vient l'exemple, et qu'il est, en bas, rarement suivi jusqu'à ses extrêmes limites. Dans cette voie, j'ai remarqué que les petits étaient presque toujours dégoûtés avant d'être arrivés à moitié chemin des grands ; il n'y a guère d'exception que pour les plus pervers — ou les plus malades.

Nous nous en tiendrons donc à cette constatation pour le moment.

XXX

Les filles de la reine. — Mlle de Pons. — Mlle de Guerchy.

SOMMAIRE. — La règle chez les filles de la reine. — L'exception : Mlle de Ségur. — Quelques-uns des nombreux amants de Mlle de Pons. — Les frères rivaux. — Le portrait et *l'originale*. — Chassez-croisez, amoureux trop nombreux pour être détaillés. — Les preux du XVIIe siècle. — Les violons du roi en réquisition. — Une affaire pour des couplets. — L'aspirant bigame. — Mlle de Pons dans une belle passe. — L'instance en dissolution de mariage. — Le couvent de Chasse-Midi. — Le duc de Guise et Masaniello. — Tentative de mariage par procuration. — La fuite interrompue. — Changement de garnison. — Mlle de Pons en liberté, le duc de Guise en captivité. — Le beau Malicorne. — Que les maris ne sont pas seuls ridicules. — Nouvel accès de fièvre matrimoniale. — A la recherche d'un domicile legal. — Le duc d'Orléans faisant des ronds dans la Loire du haut du pont de Tours. — La voyageuse incivile reconnue et trahie. — Le duc de Guise reprend connaissance. — La cassette aux billets doux. — Un défilé nombreux et choisi. — Fureur du sot amoureux dupé. — Les gardes du corps. — Exigences du maréchal d'Albret. — La ligue des décousûs. — Encore la perspective du couvent. — La fuite. — Prouesses de Mlle de Pons à la cour de Bruxelles. — Bouteville et Fuenclara. — Apparition tardive, inopportune et peu imposante du grand Condé. — L'amour ambulant. — Mlle de Pons et le Ruingrave. — Faiblesse coupable d'un commandant de place amoureux. — Malicorne retrouvé. — !! est reperdu. — La dernière passion du duc de Guise. — Les autres filles de la reine. — Les malheurs de Mlle de Guerchy. — Une « fille » scandaleusement féconde. — Vitry, son dernier amant, prétend mettre le hola! — Mort cruelle et honteuse de Mlle de Guerchy. — Singulière façon dont Vitry porte le deuil de sa maîtresse. — La marquise de Gourdon.

Aussitôt après la mort de Louis XIII, et comme le gouvernement était aux mains d'Anne d'Autriche, régente, et surtout du cardinal Mazarin, substituant un roi de cinq ans, quel que fût son degré de légitimité, tous les émigrés avec lesquels nous avons fait connaissance en passant s'étaient empressés de revenir, le duc d'Orléans en tête, puis le duc de Guise avec sa femme d'occasion, et la duchesse de Chevreuse, et celui-ci et celui-là.

De nouvelles intrigues se nouèrent, se greffant sur les anciennes, et ce fut un beau remue-ménage. Mais comme ce n'était qu'un commencement, nous n'en dirons pas davantage pour le quart d'heure. Retournons encore un peu du côté des filles d'honneur de la reine, il y a à grappiller toujours de ce côté, et nous n'avons fait qu'effleurer le dessus du panier.

Ces filles étaient toutes belles, et coquettes, et galantes cela va sans dire. Une seule faisait, paraît-il, exception à cette règle. C'était Mlle de Ségur, sur qui, en conséquence, avait été fait ce couplet de chanson :

> Quelle injustice pour Ségur :
> Elle est blanche, elle est blonde,
> Elle trouve à tout le monde
> Le cœur un peu trop dur.

Celle dont les prouesses firent le plus de tapage, par contre, c'est Mlle de Pons, d'une illustre maison de Guyenne, mais galante comme une chatte de gouttière.

Mlle de Pons avait pour amants notoires les plus réputés galants de la cour, et entre autres le duc de Candale, fils du duc d'Epernon, le maréchal de Schomberg, colonel général des Suisses, le marquis de Villequier, capitaine des gardes du corps, le marquis de Moissans, lieutenant des gens d'armes du roi, le duc de Joyeuse, grand chambellan, frère du duc de Guise.

Joyeuse avait fait faire le portrait de sa belle, mais il avait négligé de le retirer de chez le peintre. C'était une fort belle miniature, ou, si on le préfère, la miniature d'une fort belle personne Ainsi en jugea du moins le duc de Guise, qui étant allé, poussé par quelque secrète malice du hasard, chez le peintre en question, s'empara de vive force dudit portrait, laissant à sa place, pour calmer l'artiste, un liniment de trente pistoles.

Bien entendu, si le duc de Guise s'était emparé de cette peinture, ce n'est pas qu'il fût si passionné pour les arts ; il l'était bien plus pour la nature, et par suite, il n'eut de tranquillité qu'il n'eût vu Mlle de Pons, ne lui eût parlé de sa passion en termes appropriés et ne l'eût amenée à y répondre.

L'apparition du duc de Guise dans l'orbite de Mlle de Pons suffit du reste à faire évanouir la plupart de ses autres adorateurs.

Le duc de Candale s'embarqua avec la marquise de Castellane, qui fut, par la suite, comme tout le monde sait ou doit savoir, cause de sa fin prématurée, pour lui avoir donné de trop violentes preuves de son grand amour, lorsqu'il passa par Avignon, où elle demeurait habituellement, en revenant de Catalogne où il avait commandé l'armée du roi. — Nous retrouverons d'ailleurs la belle marquise, dont la fin fut si horriblement tragique.

Le duc de Joyeuse s'attacha, de dépit, à Mlle de Guerchy, déjà nommée dans le chapitre précédent et que nous aurons à nommer encore ; mais celle-ci ne tarda pas à le lâcher pour le commandeur de Jars, de la maison de Rochechouart.

Malgré cela, Joyeuse n'était pas satisfait de la conduite du duc de Guise, son frère, qui lui enlevait avec si peu de ménagement sa maîtresse, Mlle de Pons ; et il résolut de se venger de ce trait. Il lui suscita un rival redoutable — par sa position seulement — dans le duc d'Orléans.

Le duc d'Orléans fut donc un amant de plus à ajouter à la liste déjà fort longue de Mlle de Pons, qui semble avoir fourni à toutes les demandes avec l'empressement le plus louable chez un fournisseur.

Cependant, le duc de Jojeuse, éconduit par Mlle de Guerchy, adressa ses vœux à la voisine, c'est-à-dire à une autre fille d'honneur, Mlle de Saint-Mégrin. Le duc de Guise, qui avait senti le coup pour venir de son frère, eut l'idée de lui rendre la pareille, et ce fut encore ce paillasse de duc d'Orléans qui servit de plastron dans cette lutte peu courtoise.

Le duc de Guise persuada Mlle de Saint-Mégrin que Monsieur était amoureux fou d'elle, et un soir qu'il devait y avoir bal chez la régente, il pria cette aimable fille de vouloir bien lui donner pour le prince un ruban bleu qu'elle portait à son manchon, l'assurant que Monsieur souhaitait fort de porter ce ruban au bal qui allait s'ouvrir.

Mlle de Saint-Mégrin donna assez volontiers cette faveur au duc de Guise, qui le porta incontinent au duc d'Orléans, en priant celui-ci, au nom de la fille d'honneur, de le porter au bal ; à quoi il ne manqua pas, commençant à en avoir assez, non peut-être de Mlle de Pons elle-même, mais du cortège par trop nombreux d'adorateurs qu'elle traînait partout auprès elle.

Bref, il s'entendit le soir même avec Mlle de Saint-Mégrin, et le duc de Guise n'eut pas seulement la satisfaction de s'être vengé de son frère, mais encore il se trouva débarrassé du même coup d'une rivalité qui le gênait fort.

Sur ces entrefaites, il fallut se mettre en campagne. Le duc d'Orléans alla prendre le commandement de l'armée de Flandres. Le duc de Guise et le marquis de Villequier l'y suivirent en qualité de volontaires. Pour donner des preuves de leur valeur en même temps que de leur amour pour la belle Mlle de Pons — car ils étaient toujours rivaux de ce côté-là, — ils convinrent de faire des prodiges et de se jeter à l'envi l'un de l'autre dans la tranchée, au siège de Dixmude, de manière à ce que l'un d'eux, pour le moins, y restât.

Ils firent en effet des prodiges de... folie, mais aucun des deux n'y resta, après tout.

Au retour de la campagne, la cour alla à Fontainebleau, où les deux amants rivaux eurent une belle petite querelle dont voici la cause :

Villequier, prenant les devants, avait retenu les violons du roi pour en régaler Mlle de Pons sur le canal ; le duc de Guise, de son côté et dans le même but, voulait à toute force les avoir. Et en vérité, on ne se it comment la querelle aurait fini si la reine ne se fût employée activement à réconcilier les deux indécrottables.

Le duc de Guise eut encore là une autre querelle, cette fois avec le maréchal de Schomberg, et pour des couplets de chansons qui couraient sur les filles de la reine, et dans lesquels ledit duc de Guise était assez malmené. On avait eu la complaisance de porter à ce dernier des copies de ces couplets visiblement faites de la main du secrétaire du maréchal : alors, vous comprenez... l'auteur ne pouvait être autre que le maréchal lui-même.

Le duc d'Elbeuf s'interposa, et l'affaire fut arrangée : — l'honneur fut satisfait, comme on dit aujourd'hui, quand on s'est assuré que personne ne l'est.

— Mais, nous dira quelque lecteur pointilleux, je croyais M. le duc de Guise marié... Vous savez, dans cette maison de campagne, près de Bruxelles... la comtesse de Bossut, une ingénue ? — Je crois même que vous venez de nous dire qu'il l'avait ramenée avec lui de l'émigration ?...

Parbleu ? — Malgré cela, le duc de Guise, voyant qu'il avait si fort à faire pour tenir à distance les soupirants de sa maîtresse, résolut de la mettre sous clef, et dans ce but, louable à tous égards, il demanda à la reine l'autorisation de l'épouser.

Anne d'Autriche n'y vit pas d'inconvénient, et à partir de ce moment, le duc envoya régulièrement à manger de son hôtel à Mlle de Pons dans sa chambre, et la fit servir par ses propres officiers, ce qui fit joliment *renauder* les compagnes de celles-ci, moins bien partagées.

Comme conséquence naturelle de ses nouveaux projets d'avenir, le duc songea à faire casser son mariage avec la comtesse de Bossut. Il y avait déjà commencement de poursuites ; le tribunal de la Rote était saisi, et ce, à la diligence de Mme de Guise, mère du défendeur, qui ne voulait pas du tout entendre parler de la femme de son fils. Mais lorsque la duchesse eut appris qu'elle n'allait se débarrasser de Mme de Bossut que pour faire place à Mlle de Pons, elle manda à son agent à Rome de se tenir tranquille.

Le duc, voyant cela, s'embarqua pour l'Italie aussitôt. Il alla d'abord à Florence, et obtint du grand-duc qu'il écrivît en sa faveur à Innocent X, qui venait d'être élu au pontificat. Ensuite, il se rendit à Rome, fut fort bien accueilli du pape et obtint même de Sa Sainteté le chapeau de cardinal pour le frère de Mazarin. En dépit de ce service rendu au premier ministre, le duc se vit pourtant traversé dans ses desseins par l'ambassade de France.

En son absence, Mlle de Pons, mécontente de la façon dont elle était traitée à la cour, s'était décidée à la quitter.

Elle s'était retirée au couvent de Chassemidi, les officiers du duc continuaient de l'y servir, dans une maison dépendante du couvent, où elle se rendait par une galerie aux heures des repas.

Ce fut quand la nouvelle des ennuis de sa maîtresse fut venue s'ajouter à ses propres ennuis, qu'il s'imagina de se jeter dans Naples, tombée au pouvoir de l'insurrection dirigée par Masaniello, non pour la disputer à celui-ci au profit de l'Espagne, encore moins pour la réduire plus sûrement sous son autorité, mais bien pour se l'approprier.

Il s'était au préalable muni de l'autorisation du cardinal-ministre pour cette équipée ; mais celui-ci, au moment opportun, lui refusa les secours promis. — Il avait appris dans l'intervalle, à n'en pouvoir douter, que le duc de Guise entendait se faire roi de Naples, pour avoir la satisfaction de faire une reine de Mlle de Pons.

Ayant échoué évidemment de ce côté, le

duc de Guise ne se découragea pas pour si peu. Il chassa les Espagnols de tous les postes qu'ils occupaient encore dans le royaume de Naples, et ayant fait, roi dans la réalité, il résolut d'agir en roi, et en conséquence, envoya au marquis de Brancas sa procuration pour épouser à sa place Mlle de Pons.

Brancas n'eut rien de plus chaud que de prévenir Mazarin, qui, pour avoir un otage qui lui répondît du duc de Guise, résolut de faire enfermer Mlle de Pons dans un couvent plus sûr que celui qu'elle occupait.

Mlle de Pons, avertie, jugea à propos de prévenir le cardinal et de prendre du champ sans tarder. Elle prévint de sa résolution deux de ses amants ordinaires, qui lui firent les plus grands serments de fidélité qu'on eût jamais entendus, et la promesse formelle de l'aider et même de l'accompagner dans sa fuite.

Oui, mais on n'était pas encore à Saint-Cloud que nos deux gentilshommes, qui s'étaient querellés tout le long du chemin pour savoir qui céderait à l'autre la jouissance entière et exclusive de la belle fugitive, ne pouvant se mettre d'accord ni pour le bien ni pour le mal, persuadèrent Mlle de Pons de rentrer au couvent; de sorte que, lorsque le lendemain, un envoyé du cardinal, qui avait eu déjà vent de l'affaire, se présenta au couvent de Chassemidi, il put constater que Mlle de Pons y était toujours, en personne et non en effigie comme il avait été supposé.

Toutefois, d'après les ordres de la reine, Mmes les duchesses de Liancourt et d'Esguillon vinrent tirer la pauvre recluse de son commode monastère, et la conduisirent assez brutalement au couvent des religieuses de la Visitation-de-Sainte-Marie, rue Saint-Antoine, lui refusant même la satisfaction d'emmener une de ses femmes avec elle, ni de parler à personne.

Le duc de Guise, averti, envoya à la reine et au cardinal une lettre à cheval, dans les termes de laquelle l'un et l'autre crurent démêler l'intention du duc de traiter avec les Espagnols, si on ne lui donnait prompte et complète satisfaction à l'endroit de Mlle de Pons.

Il n'en fallut pas davantage pour faire mettre celle-ci en liberté sans condition. Elle se retira au couvent des Anglaises, sur le fossé Saint-Victor, et y reçut tranquillement tous ses amis qui étaient fort nombreux.

Peu après, le duc de Guise, qu'avait trahi le sort des armes, — ce qu'il trouva fort mauvais, lui qui trahissait si aisément, — était fait prisonnier et emmené en Espagne, où, désavoué carrément par Mazarin, beaucoup plus fourbe que lui encore, il demeura plusieurs années enfermé dans la forteresse de Ségovie.

Sa détention devait être trop longue pour que Mlle de Pons pût prendre sur elle de lui conserver « sa foi. » Le beau Malicorne, frère du chevalier de Hautefeuille, qu'elle avait rencontré à un bal, chez la présidente de Chanron, et qui s'était littéralement jeté à ses pieds, fut l'élu de son cœur qui remplit de sa passion l'intervalle de cette lamentable séparation.

La famille de Malicorne eut beau faire pour le séparer de la jolie fille : plus elle tirait sur la ficelle, et plus le nœud se serrait.

Le retour du duc de Guise lui-même ne fut d'aucun effet.

C'est en 1653 que le duc de Guise sortit du château de Ségovie, en exécution du traité que le prince de Condé avait fait avec les Espagnols. Sans s'occuper davantage du prince à qui il devait la liberté, l'amoureux duc courut immédiatement à Paris, pour y revoir plus tôt la belle Mlle de Pons.

Il la revit, et se livra avec elle à des embrassements passionnés, sincères au moins de son côté. Le premier épanchement passé, Mlle de Pons songea à organiser sa vie, et vous allez voir qu'elle le fit habilement.

Elle raconta au duc de Guise que le père de Malicorne l'avait assistée avec dévouement et affection pendant son absence, et que, ne sachant comment reconnaître ses bontés, elle avait décidé qu'à son retour le duc prendrait Malicorne le fils à son service.

Le duc de Guise prit donc dans sa maison son rival heureux.

Ce n'était pas assez pour Mlle de Pons, qui voulait avoir toute facilité d'entretenir Malicorne sans courir le moindre risque, et sans avoir besoin de se gêner le moindrement. Elle exigea donc du trop crédule duc de Guise qu'il ne la visitât que le soir, arguant, pour justifier cette exigence, du bruit extraordinaire qu'avait fait leur intrigue et des ménagements qu'il fallait garder en conséquence dans leurs relations.

De cette manière, les deux amants pouvaient se voir toute la journée et ne s'en firent pas faute.

Le croirait-on ? Toutes ces difficultés, qu'il acceptait de si bonne foi comme nées des circonstances, ne faisaient qu'irriter la passion du duc pour son infidèle ; cela en vint à tel point, qu'il résolut de bâcler son mariage avec elle sans plus tarder, sans même faire semblant de prendre un instant au sérieux son premier engagement.

Il proposa à Mlle de Pons d'aller passer quelques mois chez ses parents, en Guyenne, pour y acquérir un domicile légal et se mettre en état d'y faire publier ses bans, pendant que de son côté, il se retirerait dans le comté d'Eu, dans le même dessein.

Mlle de Pons ayant accepté cette proposition, comme on le pense bien, il lui fit faire un équipage magnifique et l'accompagna jusqu'à Etampes.

Malicorne, prévenu du passage de sa maîtresse, alla l'attendre sur la levée de la Loire. Elle le fit alors monter dans son carrosse, et ils prirent ainsi de compagnie la route de Blois.

En passant dans cette ville, ils aperçurent sur le pont, faisant des ronds dans l'eau, le duc d'Orléans, qui s'y était retiré (non sur le pont, mais au château) depuis la majorité de Louis XIV, son neveu.

Cette rencontre ne fut pas très agréable à Mlle de Pons. Elle avait son masque, il est vrai ; mais par respect pour un prince du sang, elle était tenue de l'ôter en passant devant lui. Elle ne le fit point, ne voulant pas être reconnue et décidée à courir tous les autres risques pour échapper à celui-là, qui était le plus pressant.

Le duc d'Orléans, surpris de cette incivilité, non moins que de la magnificence extraordinaire de l'équipage, les fit suivre jusqu'à Amboise par un gentilhomme chargé de s'enquérir du nom des personnes qui se trouvaient dans le carrosse. Le gentilhomme n'eut pas grand'peine à remplir sa mission, et le prince était informé dès le soir même.

Comme les deux ducs n'étaient pas précisément des meilleurs amis, le duc d'Orléans fut enchanté de se trouver ainsi en mesure de prouver que le duc de Guise n'était qu'une méprisable dupe, et que Mlle de Pons se moquait de lui aussi largement qu'il était désirable. Le bruit de l'aventure ne tarda pas à se répandre ; il parvint aux oreilles du principal intéressé.

— Mais suivons les deux amants fugitifs ou paraissant tels.

Naturellement ils avaient dû se séparer à l'entrée même de la Guyenne ; Mlle de Pons ne pouvait décemment installer son Malicorne chez ses parents. Ledit Malicorne dut donc s'en retourner, tandis que sa maîtresse allait se préparer un « domicile légal. »

Ce fut celle-ci qui résista le moins longtemps à la tristesse de la séparation. Elle écrivit au duc de Guise pour le prier de trouver bon qu'elle retournât à Paris. Ce prince, instruit déjà et ébranlé dans sa foi, ne voulut pas du tout trouver cela bon, mais comme Mlle de Pons était habituée à voir exaucer ses moindres prières avant qu'elles fussent à moitié formulées, elle était partie en même temps que sa demande d'autorisation : il ne pouvait donc plus être question de la retenir.

Le duc de Guise reçut donc sa maîtresse avec un visage aimable. Mais il était décidé à y voir clair, et pour y arriver, il corrompit une des filles qui servaient Mlle de Pons, et eut par elle, entre les mains, la cassette aux billets doux de sa maîtresse, dont la lecture lui procura, on peut le croire, un bon quart d'heure d'agrément.

Il paraît qu'il y en avait de toutes les sources. De Malicorne, il y en avait des tas, naturellement; mais il y en avait de bien d'autres : du maréchal d'Aumont, du maréchal d'Albret, entre autres; et ce qui exaspéra le plus le duc de Guise, c'est que tous parlaient, non comme de timides soupirants, mais comme des amants heureux !

Par Jupiter ! cette belle fille, de famille illustre, n'y allait pas de main morte !

Alors le prince se fâcha tout rouge; il rompit avec l'infidèle premièrement; il lui fit des scènes et se livra même, à ce qu'on a dit, sur sa gracieuse et sensible personne, à des sévices indignes, — sans aller, je suppose, jusqu'à lui administrer ce qu'on appelle dans un certain monde, une « vénérable tripotée. »

Voulant montrer toute sa grandeur d'âme, il fit à Mlle de Pons un procès en revendication d'une paire de pendants d'oreilles estimés cinquante mille écus et d'une splendide tapisserie qu'il lui avait également donnée. — Mais, voyez un peu l'indignité de ces juges : ils déboutèrent l'amant berné, qui ne s'attendait à rien moins et entra dans une fureur épouvantable.

Pour se venger plus sûrement, il se décida à aller insulter chez elle sa défenderesse triomphante. Mais celle-ci, avertie à temps, fit prévenir ses deux maréchaux, dont l'un était capitaine des gardes du corps et l'autre lieutenant des chevau-légers du roi. Ils se rendirent aussitôt à son appel, escortés d'un piquet de leurs cavaliers, et le duc de Guise en fut pour sa courte honte.

Mais, voici que le maréchal d'Albret exigea pour ce service une trop forte récompense, ou peut-être la répétition trop fréquente de cette récompense. Or, la belle, étant toujours fort entichée de son Malicorne, envoya paître le maréchal qui, pour se venger de son ingratitude, se ligua avec le duc de Guise.

Les deux seigneurs tombèrent d'accord sur un plan suivant lequel Mlle de Pons serait enfermée dans un couvent dont l'abbesse était parente du maréchal, et qui se trouvait dans les Pyrénées. On obtiendrait aisément un ordre du roi pour cela.

Oui, mais en attendant, Mlle de Pons était encore avertie et quittait secrètement Paris, vêtue en paysanne, et accompagnée seulement de deux filles. Elle se rendait à Bruxelles.

Elle laissait en partant la fatale cassette à billets doux à Mlle Le Fèvre, qui avait été comme elle pensionnaire au Chassemidi, avec ordre de ne la remettre jamais à personne qu'à elle-même.

Mlle de Pons ne fit pas moins de tapage à la cour de Bruxelles qu'elle en avait fait à Paris, et cela ne tarda guère.

Le marquis de Bouteville, favori de Monsieur le Prince, autrement dit le grand Condé, et le marquis de Fuenclara, capitaine de Don Juan d'Autriche, gouverneur des Pays-Bas, lui offrirent en même temps leurs services. Ayant le choix, la belle émigrée accueillit seulement Bouteville.

Ce choix lui causa des désagréments, car le prince de Condé s'étant épris de ses charmes trouva fort mauvais que son favori fût beaucoup mieux traité que lui-même par la belle. Il fit venir Bouteville, et lui déclara que, s'il ne rompait complètement et tout de suite avec sa maîtresse, il ne lui pardonnerait jamais; ajoutant que, quant à lui, jamais il ne la reverrait non plus.

Il obtint en effet de Don Juan d'Autriche un ordre enjoignant à Mlle de Pons de quitter Bruxelles dans les vingt-quatre heures, et les Etats soumis à l'obéissance du roi catholique dans les huit jours.

Bouteville, lorsque cet ordre lui eut été notifié, la vit secrètement et la persuada de faire semblant de partir, mais de demeurer incognito à Bruxelles, après y être rentrée de sa fausse sortie, dans une chambre qu'il allait lui préparer dans un quartier écarté.

Ainsi fit-elle, et les deux amants passèrent encore ensemble quinze bons jours de liesse à peu près paisible. Malheureusement, au bout de ce temps, Fuenclara, bayant aux corneilles, aperçut à une fenêtre inconnue le visage bien connu d'une des filles de Mlle de Pons. L'amant évincé, en sa qualité d'Espagnol, était fort vindicatif. Ayant gagné la fille par ses libéralités, ce qui n'était pas fort difficile, il apprit d'elle que sa maîtresse n'avait pas quitté Bruxelles, et était présentement dans cette chambre, à la fenêtre de laquelle il venait de la voir.

Cette fois, Mlle de Pons, se voyant découverte, décampa crainte de pis. Elle se retira à La Haye, où elle demeura tant que dura la compagnie.

Les troupes espagnoles rentrées dans leurs quartiers d'hiver, Bouteville fit venir sa maîtresse à Anvers où il devait se rendre lui-même. Mais celui qu'on appelait MONSIEUR LE PRINCE, ayant justement affaire à Anvers, il fallut contremander le voyage. Bouteville envoya donc un trompette au-devant de Mlle de Pons, pour lui dire d'éviter Anvers, mais de se rendre à Bruxelles, où elle n'avait rien à craindre, et où il lui ferait meubler un appartement.

La belle émigrée obéit ponctuellement à ce nouvel ordre, et bien qu'elle eût rencontré en chemin le prince de Condé, elle arriva heureusement à Bruxelles, où son amant lui fit les honneurs d'un appartement somptueusement meublé pour la circonstance.

L'entrevue des deux amants fut extrêmement tendre et passionnée, et lorsqu'il fallut se séparer, du moins le firent-ils très satisfaits l'un de l'autre.

Au commencement de l'automne, Mlle de Pons alla aux eaux de Spa, et y fit la rencontre du Rhingrave dont elle tourna la tête. Sa cure achevée, le Rhingrave conduisit la belle chez lui, où elle se lia d'une amitié très étroite avec la femme de son amant, qui était aussi naïve que belle, peut-être même davantage, — à tel point, dans tous les cas, qu'elle ne cessait de parler de l'obligation qu'elle avait à Mlle de Pons d'avoir rendu à son mari sa belle humeur disparue.

Mais voilà-t-il pas qu'une bonne âme s'avisa de dévoiler à Mme la Rhingrave le moyen employé par sa belle amie pour rendre aux hommes mélancoliques leur aimable gaieté!... Alors la brebis devient tigresse, et Mlle de Pons reprend en toute hâte le chemin des Pays-Bas.

A La Haye, elle apprend que Malicorne est à toute extrémité, et sentant renaître son vieil amour, elle reprend sans débrider le chemin de France.

Elle arrive à Charleville où, en l'absence du duc de Noirmoutier, gouverneur de

Mort de la duchesse de Beaufort.

cette place, elle est reçue par le lieutenant du roi qui en avait le commandement intérimaire. Elle y reste quelque temps, et le lieutenant du roi s'éprend d'une si belle passion pour elle, qu'il lui offre de livrer aux Espagnols Charleville et le Mont-Olympe, si, par ce moyen, elle pouvait s'assurer une position considérable à Bruxelles.

Mlle de Pons eut au moins l'honnêteté de repousser les offres de ce noble gredin.

Sur ces entrefaites, Malicorne, rétabli, vint rejoindre sa maîtresse à Charleville ; après quelques jours passés auprès d'elle, il reprit le chemin de Paris avec l'intention de lui préparer un logement où elle pût demeurer incognito — car elle était presque partout condamnée à vivre cachée.

Au moment de partir, Mlle de Pons donna à son amant une lettre pour Mlle Le Fèvre.

Avait-il des soupçons? C'est probable. Le fait est qu'il ajouta au contenu de la lettre quelques lignes imitées de l'écriture de la correspondante, lesquelles lui firent livrer la fameuse cassette dont Mlle Le Fèvre était dépositaire, comme nous savons.

Ladite cassette entre ses mains, Malicorne se mit à dépouiller la correspondance amoureuse de l'infidèle.

Nous ne nous étendrons pas sur ce qu'il y trouva; après ce que nous avons dit, on peut bien s'en douter. Furieux, Malicorne, qui était aussi, à ce qu'il paraît, de ceux qui croient toujours que « c'est arrivé, » tant qu'on ne leur a pas mis le nez dans les intrigues de ce qui les berne, Malicorne, disons-nous, sans bruit, sans éclat, rompit avec Mlle de Pons, se jurant à lui-même de ne la revoir jamais.

Ah çà! pourquoi diable une rouée de l'espèce de Mlle de Pons gardait-elle tout ce fatras? Avec cela que ce devait être intéressant, toutes ces lettres d'amoureux taillées sur le même patron!

Enfin, elle les gardait, quel que fût son but; et c'est justement ce qui la perdit.

Malicorne tint bon; il ne la revit point. Quant au duc de Guise, il s'embarqua avec Mlle de Gorce, laquelle lui fut fidèle jusqu'à sa mort, après quoi elle se retira aux Carmélites, où elle prit l'habit.

Bien entendu l'odyssée amoureuse de Mlle de Pons ne s'arrête pas là : un amant de perdu, dix de retrouvés, et nous savons qu'elle n'était pas en peine; mais ce qu'il y avait d'intéressant à dire sur ce sujet est dit maintenant.

Un mot maintenant des autres membres de la bergerie dont Mlle de Pons avait fait partie.

Mlle de Chémerault finit par épouser La Basinière, trésorier de l'épargne. Mlle de Saint-Louis devint marquise de Flavacourt lorsqu'elle jugea à propos de se ranger. Mlle de Saint-Mégrin, après avoir été ballottée du duc de Joyeuse au duc d'Orléans, prêta une oreille favorable aux accents du marquis de Saint-Même, premier écuyer de ce dernier, puis le quitta pour le marquis de Broutte, colonel du régiment de Navarre, qu'elle épousa après la conclusion des guerres civiles. Mlle de Nevillan prit pour amant le duc de Noailles, qui l'épousa également après que les troubles de la Fronde furent apaisés. Il n'y eut, en fait, que Mlle de Guerchy, déjà nommée, qui ne put trouver d'époux.

Elle avait quitté le commandeur de Jars, remplaçant du duc de Joyeuse pour Jeannin de Castille, trésorier de l'épargne. Ce fut à la suite de cette liaison qu'arriva l'épouvantable scandale auquel nous avons fait allusion à la fin du chapitre précédent.

Honteusement chassée de la cour par la reine elle-même, Mlle de Guerchy fut recueillie par le duc de Vitry, qui la traita avec beaucoup de respect et de magnificence.

Remarquez qu'avant son avortement, Mlle de Guerchy avait déjà eu quatre ou cinq enfants de pères différents.

Elle devint grosse une fois de plus (la femelle était décidément féconde!) mais le duc de Vitry, qui croyait probablement à quelques restes de réputation qu'il fallait sauvegarder à tout prix, exigea qu'elle se fît avorter.

En vain protesta-t-elle qu'elle serait heureuse d'avoir ce gage de l'amour d'un homme si accompli, le duc insista, et pour qu'elle n'y revînt pas, lui envoya une sage-femme, nommée la Constantin, chargée des instructions nécessaires pour pratiquer l'avortement.

La malheureuse pécheresse d'ex-fille de la reine succomba à cette barbare opération, et la Constantin fut pendue comme elle le méritait.

Il n'y eut que le duc de Vitry, ce petit-fils d'aventurier napolitain, qui ne reçut pas la récompense méritée par son ingénieuse scélératesse.

Toutefois, on assure que le noble duc fut si désolé de la perte qu'il avait faite, et cela par sa faute, de la belle et candide Mlle de Guerchy, que quelque temps après sa mort, il s'embarqua avec une coureuse notoire, de la plus basse et crapuleuse espèce, uniquement parce qu'elle ressemblait à son infortunée maîtresse.

Il y a donc des créatures sans nom qui ressemblent à des demoiselles de haut lignage autrement qu'au moral?...

Quoi qu'il en soit, la coureuse repêchée dans le ruisseau par le noble duc de Vitry, enrichie par son amant, épousa dans la suite le marquis de Gourdon, cadet de l'illustre maison de Gamaches.

Tout arrive en ce monde, et surtout ce qui, d'après les lois immuables — et non moins immuablement transgressées — de la saine morale, ne devrait jamais arriver.

XXXI

Les grandes courtisanes. — Marion Delorme et Ninon de Lenclos.

SOMMAIRE. — Un petit coin imprévu de la comédie du temps. — Gourville et Langlade. — La cour, la ville et la province. — Mme de Saint-Loup, Mme de Parville et Mlle de Campaignol. — Un ami généreux. — Langlade marié. — Gourville veuf. — Un conseiller au Parlement de Paris, épicurien renforcé. — Un procès qui ne traîne pas. — Les écumeurs de délices. — Le *Nouveau Bacchus*. — Des Barreaux, précepteur de Marion Delorme. — Les amours de Marion et de Cinq-Mars. — Mme la Grande. — Le cardinal de Richelieu et l'abbé de Boisrobert. — Marion et Ninon à Rueil. — La collation dans l'île au son des violons et des hautbois. — Le cardinal propose à Des Barreaux un marché avantageux autant que canaille, que celui-ci refuse. — Mort de M. le Grand. — Marion se recramponne au contrôleur général d'Emery qu'elle pressure en conscience. — Les premiers pas de Ninon de Lenclos. — Un père aimable et complaisant. — Quelques noms remarquables copiés sur la liste des amoureux de Ninon. — Le marquis de La Châtre. — « Ah! le bon billet!... » — Portrait de Ninon (en vers), par M.-J. Chénier. — De Ninon à Marion. — Parallèle entre ces deux célèbres courtisanes. — La nature et l'artifice. — Mort mystérieuse de Marion Delorme. — Un joyeux enterrement. — Une Marion de cent trente-sept ans. — Ninon menacée du couvent. — Ni *repentie*, ni *fille*. — La vieillesse de Ninon. — L'abbé de Châteauneuf clôt la liste des amoureux de Ninon, arrivée à l'heureux âge de soixante et dix printemps. — Relation de Voltaire. — La probité de Ninon. — Le dévot et la fille. — Probe, intelligente, mais sans cœur. — Les enfants de Ninon. — Le fils amoureux de la mère. — Fin tragique du fils aîné de Ninon de Lenclos et du marquis de Villarceau. — Une mère criminelle très aisément consolée.

Voici une assez drôle d'histoire qui mérite d'être racontée, parce qu'elle peint bien les mœurs des courtisans de cette époque.

Les deux personnes qui avaient le plus de part aux confidences du cardinal de Mazarin et qu'il employait le plus volontiers dans les négociations secrètes, étaient Gourville, qui avait été précédemment au service du duc de La Rochefoucauld, et Langlade, qu'il avait fait secrétaire du cabinet.

Ces deux hommes furent quelque temps jaloux de la faveur l'un de l'autre, et n'épargnèrent rien pour se nuire réciproquement. Cependant, voyant qu'ils s'épuisaient en vains efforts l'un contre l'autre, ils s'avisèrent qu'ils feraient peut-être mieux de s'unir et d'agir de concert dans l'intérêt de leur fortune que de se combattre ainsi, sans profit personnel.

Ils firent donc un traité par lequel ils s'engagèrent à partager également tous les profits qu'ils pourraient tirer de la cour.

Langlade aimait depuis longtemps Mme de Saint-Loup, veuve d'un colonel de cavalerie, qui était assez bien à la cour; elle avait eu les premiers feux du duc de Candale et passait pour l'avoir formé aux belles manières, ce dont, paraît-il, il avait très grand besoin. Les deux associés convinrent de se servir de cette dame, pour découvrir ce qu'ils auraient intérêt à savoir ; ils lui fourniront de l'argent pour jouer avec la reine mère, et elle s'engagea en retour à leur rapporter fidèlement tout ce qu'elle entendrait dire à celle-ci qui pût les intéresser.

Avec une pareille auxiliaire, les affaires des deux gentilshommes ne pouvaient manquer de prospérer. Cependant, Langlade s'aperçut bientôt que la fortune de Gourville allait d'un meilleur train que la sienne. Il le crut en conséquence plus malin que lui, et voulut, pour profiter davantage de cette habileté, s'unir à lui plus étroitement encore.

Langlade ne trouva rien de mieux que d'offrir à Gourville sa sœur en mariage. Malheureusement le cœur de Gourville était fort occupé d'une belle personne qu'il ne pouvait quitter ; il ne voulait pourtant pas non plus risquer de blesser Langlade par un refus ; de sorte qu'il se trouvait extrêmement perplexe.

Il alla trouver sa maîtresse, Mme de Parville, lui conta la chose, et lui proposa un mariage. La dame refusa cette offre qui aplanissait toutes les difficultés ; mais elle permit à Gourville d'assurer que le mariage était fait depuis quelque temps ; et, sans plus de souci de sa réputation, pour donner plus de vraisemblance à l'affaire, elle fit un petit voyage à la campagne, sous prétexte de couches.

Langlade ne douta point de la vérité de ce qu'on lui affirmait avec de si grandes apparences de sincérité. Il ne songea plus au mariage de sa sœur avec Gourville, et quelque temps après, il rompit avec Mme de Saint-Loup dont il avait surpris plusieurs infidélités flagrantes.

Avant de venir à la cour, Langlade avait aimé dans son pays une fille de qualité appelée Mlle de Campaignol que sa position ne lui avait pas permis d'épouser, mais de qui il avait obtenu la promesse de ne point se marier avant que la fortune lui eût permis, à lui Langlade, de la rendre heureuse.

Il fit confidence à son ami de cet engagement de jeunesse, ajoutant qu'il souffrait réellement de ne pouvoir, dans l'état actuel de sa fortune, prétendre à cette alliance, ne possédant en tout qu'une quarantaine de milliers d'écus.

Gourville lui répondit que, s'il ne tenait qu'à cela, il pouvait hardiment accomplir son mariage, et qu'il lui donnerait une somme égale à celle qui, disait-il, composait toute sa fortune. Langlade partit sur cette assurance, épousa Mlle de Campaignol et revint avec elle à Paris, où il trouva que Gourville leur avait retenu une belle maison qu'il avait superbement meublée.

Outre les quarante mille écus promis, Gourville donna au jeune ménage de beaux meubles, des pierreries pour madame et quantité de vaisselle plate. Mme de Parville, qui passait toujours pour sa femme, promena dans le monde la jeune provinciale émerveillée ; bref, les nouveaux mariés nagèrent dans un océan de délices auquel ils ne s'attendaient vraiment pas.

De sorte que, si Gourville était plus malin que Langlade, comme il y paraît assez, il faut convenir aussi qu'il n'était pas un mauvais ami ; car s'il n'avait été que simplement fidèle au traité d'alliance, il y a gros à parier que Langlade y eût beaucoup perdu.

Cependant, peu après, Gourville perdit sa maîtresse, que la maladie lui enleva dans le moment où il en était le plus amoureux.

Mme de Parville avait du reste inspiré dans sa vie de grandes passions. Avant de connaître Gourville, elle avait attaché à son char Préfontaine, qui éprouvait pour elle une passion si profonde, qu'il avait refusé seize mille livres de pension que lui avait fait offrir Mlle de Montpensier pour l'attacher entièrement à son service, ne pouvant supporter l'idée de sacrifier à cette princesse les moments qu'il voulait exclusivement consacrer à celle qu'il aimait. Et pourtant, si la chronique dit vrai, celle-ci ne lui rendait pas tout à fait la monnaie de sa pièce.

Mais, qu'on dise donc après cela qu'il n'y eut pas de grandes passions, dans ces temps de basses intrigues et de hautes trahisons! Qu'on dise aussi que l'amitié n'existait pas! — On trouve bien quelques perles, en cherchant laborieusement, dans le fumier d'Ennius : pourquoi le fumier des cours ne nourrirait-il pas par-ci par-là quelques fleurs?

Gourville, veuf de Mme de Parville, et fort triste de ce veuvage, n'en mourut pourtant pas, hâtons-nous de rassurer nos lecteurs là-dessus ; il se remit assez promptement même de la perte cruelle qu'il avait faite par la mort de cette aimable personne : il faut dire aussi que les occasions de se consoler ne pouvaient manquer à un gentilhomme aussi bien tourné et d'aussi agréables manières comme il était. Nous ne consulterons pas son carnet de bonnes fortunes, ce serait probablement trop long, mais il nous suffira de dire que, si nous voulions le faire, nous y trouverions le nom de la superbe et difficile Ninon de Lenclos, et ce trait suffira.

Il y avait en ce temps-là, au parlement de Paris, un véritable phénomène vivant et agissant : un conseiller athée et qui s'en vantait.

Jacques Vallée, sieur Des Barreaux, ancien élève des jésuites, était d'ailleurs petit-neveu d'un homme brûlé vif pour fait d'impiété ; il avait donc de qui tenir.

Mais Des Barreaux n'était pas seulement athée, il était aussi profondément débauché et d'humeur tout à fait désordonnée ; au reste bien fait de sa personne, intelligent, spirituel et d'agréables manières.

Pour peindre, non l'homme, mais le conseiller, il suffit de rappeler dans quelles circonstances il se défit de sa charge au parlement.

Un jour que, rapporteur d'une affaire, la lecture des pièces du dossier le faisait bâiller à se démonter la mâchoire, il imagine, pour jeter un peu de variété dans la procédure, de brûler solennellement les pièces maudites. A cet effet il convoqua les parties, leur fit un petit discours approprié, et sous leurs yeux, brûla froidement toutes les paperasses. Cette plaisanterie ne lui coûta que cent écus, mais le lendemain il avait vendu sa charge.

Il était jeune encore, et c'était pour se jeter dans tous les plaisirs que sa fortune pouvait lui procurer qu'il s'était ainsi débarrassé, après s'en être à lui-même fourni le prétexte, d'une charge que l'on tenait trop longtemps éloigné.

« Il pouvait avoir trente-cinq ans, dit Tallemant des Réaux, quand il fit partie avec un nommé Picot et d'autres qui leur ressemblaient, d'aller écumer toutes les délices de la France, c'est-à-dire de se rendre en chaque lieu dans la saison de ce qu'il produit de meilleur. Balzac, qu'ils visitèrent dans leur excursion, appela Des Barreaux le *Nouveau Bacchus*... »

Les orgies que Des Barreaux accomplit, pendant assez longtemps, avec ses compagnons, mêlées à des actes publics d'impiété qu'il ne manquait jamais l'occasion de faire, faillirent lui jouer plus d'un vilain tour. Mais nous ne le suivrons pas dans cette étrange odyssée, et nous bornerons à constater qu'il mourut à soixante-douze ans dans l'impénitence finale.

Eh bien! cet athée, cet épicurien, ce débauché — il y a des athées qui ne sont ni l'un ni l'autre — que les jésuites, le connaissant tel, avaient fait tout leur possible pour s'attacher, ce Des Barreaux fut, à ce qu'il paraît, le premier amant, le précepteur d'amour de la célèbre courtisane Marion Delorme.

Oui, ce fut ce conseiller au parlement de Paris, car il l'était encore à cette époque, qui fit l'éducation de la belle Marion, qui en fit une véritable hétaïre grecque en plein XVIIe siècle français!

Cette Marion, ce qui est assez étrange, on ne sait au juste d'où elle sortait. Les uns la font naître à Blois, les autres à Châlons, nul ne sait de qui. Des Barreaux la prit jeune et la forma aisément, car elle avait de grandes dispositions, peut-être les avait-elles exercées déjà avant de le connaître.

Le premier amant de marque qu'on lui connaisse après, ou plutôt en même temps que Des Barreaux, c'est le magnifique Cinq-Mars, le favori de Louis XIII, qui devint son grand écuyer et qu'on ne désigna bientôt plus que sous le nom de M. le Grand, — d'où l'on prit l'habitude de traiter Marion de « Mme la Grande. »

On sait combien Louis XIII était réservé avec les femmes. Cinq-Mars, qui le savait encore mieux que pas un de nous, cachait avec soin à son maître sa liaison avec Marion, mais il fut dénoncé par le premier valet de chambre du roi, La Chénaye, qui d'ailleurs en fut le mauvais marchand. Mais La Chénaye était une créature du cardinal de Richelieu, et c'est de cette affaire que datent les malheurs du trop présomptueux Cinq-Mars, qui n'hésita pas à entamer la lutte avec un adversaire si redoutable, et finalement y laissa sa tête.

Au commencement, pourtant, M. le Grand tenait à demeurer en bons termes avec Richelieu, auquel, en fait, il devait son avancement et sa fortune, bien que la reconnaissance chez les courtisans soit une monnaie qui n'a aucun cours. La vérité, c'est que Cinq-Mars comptait bien remplacer le cardinal, mais qu'il sentait qu'il fallait encore attendre, le cardinal étant en pleine faveur.

Il alla donc trouver Richelieu, lui conta le mauvais tour que La Chénaye avait voulu lui jouer; puis, s'étendit complaisamment sur la question de ses amours avec la belle Marion, dont il vanta les charmes avec cette exagération propre aux amants qui fait venir l'eau à la bouche, ou plutôt le feu à la peau des plus indifférents.

C'est justement ce qui arriva. Richelieu, qui avait affecté une grande froideur à la peinture que le grand écuyer lui avait faite des attraits incomparables de Marion Delorme, parla de cette fille, le soir, à l'abbé de Boisrobert, son pourvoyeur attitré, et lui demanda s'il n'avait aucun moyen de correspondre avec elle.

Boisrobert dit qu'il ne connaissait pas Marion, mais qu'il connaissait beaucoup Mlle de Lenclos, appelée communément à la cour Ninon, laquelle était amie intime de Marion Delorme, et que par son canal, il serait sans doute facile de faire venir à Rueil, où était le cardinal, la maîtresse de Cinq-Mars. On pourrait prendre pour prétexte de lui faire voir les eaux, et son Éminence ne serait pas embarrassée de trouver alors le moyen de la considérer à loisir et sans qu'elle soupçonnât être l'objet de sa curiosité.

Richelieu approuva l'idée de son agent, et lui recommanda de la mettre à exécution sans retard.

Le lendemain, Boisrobert alla s'entendre avec Ninon de Lenclos, et il mit tant d'habileté dans la négociation, que celle-ci ne soupçonna rien de son dessein.

Le cardinal, ayant été averti du jour où ces dames devaient venir visiter sa maison de Rueil, leur fit préparer une collation magnifique dans une petite île située au milieu du parc, avec accompagnement des violons et des hautbois du roi, mais en laissant au compte de l'abbé cette galanterie. Il vit alors Marion Delorme, et la trouva plus belle encore et plus désirable que Cinq-Mars ne la lui avait dépeinte.

Edifié désormais, Richelieu voulut savoir si vraiment Cinq-Mars était autant aimé de cette belle fille qu'il s'en vantait.

Il chargea, comme toujours, Boisrobert de s'assurer de la chose, et ce dernier ne tarda pas à apprendre que la vanité entrait pour beaucoup plus que l'amour dans le sentiment qu'inspirait à Marion son intrigue avec le grand écuyer, et que toute sa tendresse était encore pour l'impie Des Barreaux.

Cela étant, le cardinal fit proposer au conseiller, par Boisrobert, de céder sa maîtresse; il lui était promis en retour tout ce que l'intérêt de sa fortune pourrait lui faire désirer.

Mais le sarcastique Des Barreaux reçut l'agent du cardinal en plaisantant, s'entêtant à feindre un trop grand respect pour Son Eminence, pour la croire capable d'une pareille faiblesse; et par conséquent Boisrobert échoua piteusement dans sa négociation. Son Eminence, toutefois fort irritée, garda à Des Barreaux un chien de sa chienne, qu'il lui lança plus d'une fois dans les mollets par la suite.

Quand Des Barreaux, ayant vendu sa charge de conseiller au barreau de Paris, un peu peut-être pour se mettre hors des griffes du cardinal, fut parti avec Picot et autres pour son exploration épicurienne de la carte de France, Ninon de Lenclos, stylée par Boisrobert, parla à son amie de la passion qu'elle avait inspirée au cardinal. Cette première déclaration fut immédiatement suivie d'un présent de gros chenets d'argent et d'un candélabre estimés plus de vingt-cinq mille livres.

Cinq-Mars, surpris de trouver ces nouveaux ornements dans la chambre de sa maîtresse, voulut savoir d'où venait tout cela. Ne pouvant obtenir aucun éclaircissement de la bouche de Marion, ses soupçons tombèrent sur d'Emery, contrôleur général des finances, et assez naturellement, puisque d'Emery rendait d'assez fréquentes visites à cette fille. D'Emery, averti des soupçons qu'avaient fait naître ses assiduités, jugea prudent de se tenir sur la réserve et cessa ses visites.

Quant au cardinal, il paraît avoir décidément échoué avec Marion, mais il s'en consola avec Ninon.

Cependant la jalousie augmentait encore la passion de Cinq-Mars pour sa maîtresse. Malgré la défense expresse du roi, il se rendait tous les jours auprès d'elle, mais déguisé et en prenant toutes sortes de précautions pour n'être point découvert.

Mais on surprit bientôt le secret de ses assiduités; le bruit courut même qu'il avait secrètement épousé la courtisane; et ce bruit, en parvenant jusqu'aux oreilles de sa famille, peu rassurée sur sa sagesse, l'émut à tel point qu'elle en alla porter ses doléances au roi.

Louis XIII, indigné de la conduite de son favori, fut plusieurs jours à le bouder. Fatigué de tous ces obstacles et de la contrainte qu'il était obligé de s'imposer, Cinq-Mars finit par suivre ouvertement le penchant qui le poussait vers la belle courtisane, qu'on croit assez généralement, à dire vrai, qu'il avait épousée en effet.

Comme Cinq-Mars se trouva bientôt entraîné à des intrigues d'une autre nature.

par sa haine pour le cardinal, intrigues qui ne nous regardent pas ici, mais qui se dénouèrent par la mort tragique du grand écuyer, cette union, en tout cas, ne fut pas de longue durée.

Cinq-Mars mort, Marion tâcha de se consoler avec d'Emery, qui s'embarqua entièrement avec elle, et qui fit, pour conserver ses faveurs, des dépenses extravagantes.

On dit qu'ayant voulu arrêter son compte chez Martial, fameux parfumeur qui fournissait cette fille de gants, d'éventails, de pommade, d'essence et parfums divers, il trouva qu'elle en avait pris dans un an pour cinquante mille écus !

La Guillaumine, qu'elle avait fait de son laquais son valet de chambre, s'enrichit tellement aux dépens du surintendant, qu'il acheta quelque temps après, quatre cent cinquante mille livres, une charge de greffier au conseil.

Marion toutefois, c'est une justice à lui rendre, n'en était pas plus fidèle pour cela à cet amant libéral jusqu'à la bêtise. Elle voyait tous les jours Des Barreaux, qui était revenu à Paris après la mort du cardinal, et plusieurs autres encore, s'il faut en croire la chronique, qui payaient moins largement que le surintendant d'Emery.

Mais il s'en va temps que nous présentions aux lecteurs une personne dont la notoriété n'est pas moins grande que celle de Marion Delorme, et que nous avons déjà eu plusieurs fois l'occasion de nommer ; nous voulons parler de Mlle Anne de Lenclos, communément appelée « Ninon. »

Anne de Lenclos, ou de l'Enclos, naquit à Paris le 15 mai 1616. Si Marion Delorme eut pour précepteur son premier amant de marque, Ninon paraît ne pas avoir besoin de chercher le sien si loin, ayant dans son propre père les exemples réunis de toutes les vertus domestiques propres à préparer une fille docile à la vie de débauche.

Quel était ce père ? Demandons-le à Voltaire, qui connut Ninon et fut même son héritier. Il est à croire que ce qu'il nous en dira approchera de la vérité.

« Je vous dirai d'abord, en historiographe exact, commence l'auteur de *Candide* et du *Dictionnaire philosophique*, que le cardinal de Richelieu eut les premières faveurs de Ninon, qui probablement eut les dernières de ce grand ministre. C'est, je crois, la seule fois que cette fille célèbre se donna sans consulter son goût. Elle avait alors seize à dix-sept ans.

« Son père était un joueur de luth, nommé Lenclos ; son instrument ne lui fit pas une grande fortune, mais sa fille y suppléa par le sien. Le cardinal lui donna deux mille livres de rente viagère, qui étaient quelque chose dans ce temps-là.

« Elle se livra depuis à une vie un peu libertine, mais ne fut jamais courtisane publique. Jamais l'intérêt ne lui fit faire la moindre démarche. Les plus grands seigneurs du royaume furent amoureux d'elle, mais ils ne furent pas tous heureux, et ce fut toujours son cœur qui la détermina.

« Il fallait beaucoup d'art et être fort aimé d'elle pour lui faire accepter des présents. »

Pour avoir une idée de la liste des amants de Ninon, c'est à un autre, à Tallemant des Réaux par exemple, que nous devrons le demander.

Les principaux, parmi ces privilégiés, furent donc, outre Richelieu, Saint-Évremont, Villarceau, Gondy, l'abbé Scarron, le chevalier de Sévigné, le prince de Condé, le duc de Larochefoucauld, Coligny, le maréchal d'Estrées, le maréchal d'Albret, Jean Bonnier, Gourville, l'associé de Langlade.

Nous en passons, mais non des meilleurs, car il nous faut faire une mention à

Le cabinet de Sully à l'Arsenal.

part du plus célèbre de tous par sa crédulité, réelle ou feinte, du marquis de la Châtre, l'homme au billet!

Il y avait quelques jours à peine que La Châtre était l'amant heureux de Ninon, lorsqu'il reçut l'ordre de rejoindre l'armée.

Quitter Ninon, c'était beaucoup; mais le pire, c'était de la quitter avec la certitude de ne plus la retrouver au retour, si ce n'est dans les bras d'un autre. Or, La Châtre savait fort bien ce qui l'attendait sous ce rapport, — à moins qu'il ne prît ses précautions.

Ses précautions, il les prit, et voici comment : il obtint de Ninon qu'elle s'engageât par écrit à lui rester fidèle jusqu'à son retour de l'armée.

Ninon consentit, signa le billet demandé, et La Châtre partit tout joyeux et plein de confiance, — si vraiment il était aussi bête que la tradition veut nous le faire, ce dont nous aimons à douter.

Mais, le lendemain, — mettons le surlendemain, — la foi jurée et paraphée était trahie de la manière la plus complète.

Le crime consommé, la coupable se garda bien de fondre en larmes, de se gourmer la poitrine, de s'arracher les cheveux. Au souvenir de son engagement, elle éclata de rire, et lorsqu'elle fut un peu calmée, elle le fit connaître par cette exclamation adorable de candeur.

— Ah! le bon billet qu'a La Châtre!

Avec toutes ses infidélités, il ne paraît pas que Ninon de Lenclos se fît des ennemis de ses anciens amants ; plusieurs d'entre eux jouirent d'un regain de faveur, suivant la fantaisie de la belle, et ne s'en plaignirent pas.

Mais c'est qu'elle était enjouée, très intelligente et spirituelle bien plus que belle; la beauté sans autre accompagnement paraît bientôt monotone, l'agrément de la conversation retient plus sûrement et défie toute idée de rupture complète. — De plus, Ninon tenait de son père un véritable talent sur le luth.

Les portraits, en vers et en prose, de Ninon de Lenclos abondent, et s'accordent à lui reconnaître toutes les grâces de l'esprit. Non seulement Mlle de Scudéry, qui la peint dans *Clélie*, sous le nom de Clarisse, mais jusqu'à l'académicien Saumaise qui s'en mêle.

Marie-Joseph Chénier peint ainsi la belle courtisane :

> En amour connaissant l'ivresse,
> Mais très peu la fidélité;
> Pleine d'honneur, de probité,
> Si ce n'est en fait de tendresse ;
> Bel esprit sans fatuité
> Et philosophe sans rudesse.
> Paris tour à tour enviait
> Villarceau, Sévigné, Gourville,
> Et La Châtre dormant tranquille
> Sur la foi de son bon billet.
> Affrontant la troupe hargneuse
> Des médisants par métier,
> Elle osait être plus heureuse
> Que les prudes de son quartier.

> Tous les arts venaient lui sourire;
> Douce amitié, tendres amours
> Egayaient ses nuits et ses jours;
> Le trait jaloux de la satire
> Ne l'atteignait point dans leurs bras;
> Tartufe pouvait en médire,
> Mais Molière en faisait grand cas.
> Afin de varier la vie,
> Chemin faisant elle avait eu
> Mainte faiblesse fort jolie;
> On parlait peu de sa vertu,
> Mais on l'aimait à la folie.

Et Marion Delorme? Marion n'avait pas moins de succès, ni moins d'amants que Ninon de Lenclos. La cour de France, galante et folle sous les règnes précédents, n'avait pas beaucoup changé sous celui du morose Louis XIII ; elle s'était seulement déplacée, et c'était chez Ninon ou chez Marion qu'il fallait aller pour la voir dans tout son épanouissement d'autrefois.

Quelques-uns des amants de Ninon furent ensuite ou avaient été auparavant les amants de Marion.

Voici du reste les principaux noms de la liste de cette dernière : Des Barreaux, Cinq-Mars, d'Emery, déjà nommés ; puis le duc de Buckingham, le cardinal de Richelieu, le prince de Condé, Saint-Evremont, Grammont, etc., etc.

On trouve dans les *Mémoires du comte de Grammont* ce curieux parallèle entre les deux rivales :

« Ces deux courtisanes, y est-il dit, partagèrent tous les suffrages de la cour; cependant, il s'en fallut de beaucoup que Marion Delorme eût le mérite de Ninon.

« Le génie de Ninon était ferme, étendu, élevé, noble, celui d'un vrai philosophe. Marion n'était que vive, spirituelle et amusante.

« L'une s'était fait un mystère de ses plaisirs, et raisonnait jusque dans les bras de la volupté ; l'autre donnait tout au tempérament. L'esprit de Ninon guidait le sentiment; le sentiment de Marion était le guide de l'esprit. On était séduit par les charmes de Marion, mais on pouvait s'en dégager par la réflexion; plus on réfléchissait sur le mérite de Ninon, moins on était disposé à la quitter.

« Les infidélités de Marion chagrinaient ses amants et les écartaient; Ninon était inflexible avec tant de raisonnement qu'on se voulait du mal de l'en blâmer.

« On ne se fût point attaché à Marion si elle n'eût pas été belle, c'était son premier mérite, ce n'était que le second de Ninon; et sans beauté, elle se fût fait une cour et des adorateurs. On oubliait presque ses charmes en faveur de son esprit, de son caractère et de ses entretiens; mais avec Marion, on ne voyait qu'une créature toute charmante, qui avait de l'esprit et de l'enjouement parce qu'elle était belle.

« Un homme sage, sans passion, pouvait aimer Ninon; il suffisait de passer auprès d'elle pour lui rendre hommage; mais on n'aimait Marion que parce qu'on était jeune, et qu'on oubliait sagesse et philosophie avec elle. La nature semblait s'être épuisée pour la figure de Marion, ce n'était que la moitié des dons qu'elle avait accordés à Ninon; les plus précieux étaient ceux du caractère et de l'esprit.

« Ajoutons, pour dernier coup de pinceau à leur portrait, que l'une était, à la conduite près qu'on exige du sexe, telle qu'on voudrait que fussent toutes les femmes, et l'autre ce qu'elles sont ordinairement, lorsqu'elles sont aimables et coquettes... »

D'où il suit, quelques efforts qu'ait faits l'auteur pour produire l'effet contraire, que nous eussions de beaucoup préféré Marion Delorme à Ninon de Lenclos, la femme comme elle est à la femme « telle qu'on voudrait que fussent toutes les femmes, » la nature, pour tout dire en un mot et parler sans détour, à l'artifice.

Pendant les troubles de la Fronde, Marion reçut chez elle en secret les mécontents, ou passa pour le faire. Mazarin ordonna de la faire enlever de chez elle et jeter dans un couvent; mais au moment où les agents du cardinal se présentaient chez la courtisane, celle-ci expirait. — C'était en 1650.

Mourut-elle bien à ce moment-là? Les romanciers disent non, et ils décrivent une scène d'orgie pendant laquelle, d'une fenêtre ouvrant sur la place Royale, Marion Delorme assistait au défilé de son convoi :

J'ai vu mon enterrement;
Le prêtre était mon amant.
Ah! j'en ai ri joliment.

Si Marion se fût fait passer pour morte, afin d'échapper aux griffes du cardinal, elle n'aurait pas assisté à une orgie au moment même de son enterrement et chez elle, d'abord; ensuite, puisqu'elle était morte légalement, nous ne voyons pas très bien pourquoi, par su croît de précaution, elle s'empressait de quitter la France aussitôt enterrée, pour s'abandonner à une série d'aventures plus extravagantes les unes que les autres et qui n'en finissent pas...

Si pourtant, elles en finissent, puisqu'il s'est trouvé un malin pour découvrir que Marion Delorme était morte à Paris dans la plus grande misère, à l'âge de *cent trente-sept ans* — vous entendez bien : CENT TRENTE-SEPT ANS!!!

L'élève de Des Barreaux! Allons donc!

Voici, du reste, un quatrain qui date de 1650 et auquel nous préférons nous en référer, malgré son peu de prétentions et ses regrets laconiques :

La belle Marion Delorme,
De si belle et plaisante forme,
A laissé ravir au tombeau
Son corps si charmant et si beau.

Ninon de Lenclos aussi fut menacée du couvent, mais pour une autre cause : deux de ses amants s'étaient battus en duel, et dans ce temps-là, il y allait toute bonnement de la peine capitale. Mais enlever une femme que le prince de Condé saluait chapeau bas publiquement, cela était assez difficile.

— A quel couvent prétend-on m'enfermer? demanda-t-elle.

— Lequel choisiriez-vous?

— Un couvent de cordeliers.

— Ce n'est pas tout à fait cela, lui fut-il répondu.

— Alors?

— Il est question des filles repenties.

— Ce serait par trop injuste, repartit Ninon, car je ne suis ni fille, ni repentie.

Et le fait est qu'injuste ou non, on la laissa tranquille.

Un des amants dont Ninon de Lenclos pouvait à bon droit être fière, — car autrement la conquête des princes n'était pas chose si difficile ni si rare pour une femme tant soit peu à la mode, — c'est à coup sûr le célèbre astronome Huygens, dont Voltaire dit qu'après avoir découvert une des lunes de Saturne, il reporta sur Ninon de Lenclos son génie d'observation.

Il fit même pour elle, à ce qu'il paraît, des vers galants d'allure légèrement mathématique :

Elle a cinq instruments dont je suis amoureux :
Les deux premiers ses mains, les deux autres ses yeux,
Pour le plus beau de tous, le cinquième qui reste,
Il faut être fringant et leste.

Les succès de Ninon l'accompagnèrent jusque dans l'extrême vieillesse ; les succès amoureux, c'est assez surprenant pour qu'on s'en réjouisse !

Sa dernière conquête fut l'abbé de Châteauneuf, qu'elle eut la coquetterie de faire languir jusqu'à l'anniversaire de sa *soixante-dixième* année ! L'abbé resta son ami intime jusqu'à la fin de sa vie.

Nous avons dit que Voltaire avait connu Ninon de Lenclos. Voici en quelle occasion il en fit la connaissance :

« L'abbé de Châteauneuf, dit-il, me mena chez elle dans ma plus tendre jeunesse ; j'étais âgé d'environ treize ans. J'avais fait quelques vers qui ne valaient rien, mais qui paraissaient fort bons pour mon âge. Mlle de Lenclos avait autrefois connu ma mère qui était fort amie de l'abbé de Châteauneuf. Enfin, on trouva plaisant de me mener chez elle.

L'abbé était le maître de la maison ; c'était lui qui avait fini l'histoire amoureuse de cette personne singulière ; c'était un de ces hommes qui n'ont pas besoin de l'attrait de la jeunesse pour avoir des désirs, et les charmes de la société de Mlle de Lenclos avaient fait sur lui l'effet de la beauté. Elle ne poussa guère plus loin cette plaisanterie et l'abbé resta son ami intime.

« Pour moi, je lui fus présenté un peu plus tard : elle avait *quatre-vingt-cinq* ans. Il lui plut de me mettre sur son testament; elle me légua 2,000 francs pour acheter des livres. Sa mort suivit de près ma visite et son testament. »

Ninon de Lenclos avait passé ses dernières années entourée de l'estime générale. Mme de Maintenon, son amie, étant devenue toute-puissante, voulut même lui faire donner une charge à la cour, et il n'eût tenu qu'à elle de l'avoir, presque de la choisir. Il est vrai que Mme de Maintenon, alors qu'elle n'était encore que Mme Scarron, avait partagé avec Ninon les faveurs du même amoureux, Villarceau ; mais enfin ce n'est pas une raison.

On vantait fort la probité de Ninon, et non sans preuves, comme en fait foi l'anecdote suivante :

Gourville, comme à une autre époque La Châtre, avait été obligé de quitter subitement Ninon, dont il était pour lors le chevalier en activité de service. Avant de partir, au lieu de lui demander un billet, Gourville, qui savait pouvoir compter sur sa maîtresse pour tout autre chose que la fidélité de l'amour de l'amoureux absent, lui confia une cassette renfermant une somme de dix mille écus, en même temps qu'il faisait un dépôt de pareille somme entre les mains trempées d'eau bénite d'un dévot fieffé.

A son retour, Gourville passe d'abord chez son dévot pour lui réclamer son dépôt.

— Je ne l'ai plus, répond celui-ci d'un ton mielleux. J'ai beaucoup réfléchi, voyez-vous, à la responsabilité qui m'incombait, pendant votre absence ; et de peur de contribuer à votre perte, en vous laissant la disposition d'une si forte somme, sachant trop bien à quel emploi damnable elle était destinée, j'ai préféré l'employer en œuvres pies, risquant ainsi de m'attirer vos reproches, mais certain que, plus tard, vous me saurez gré de ma conduite.

Gourville ne dit mot. A quoi bon! Il était volé, cela n'était que trop clair, et volé sans ressources. Il courut chez Ninon, le cœur involontairement rempli d'angoisse.

— Ah! Gourville, s'écrie-t-elle d'aussi loin qu'elle l'aperçoit, j'ai perdu...

— Allons bon! Elle aussi!!! maugrée le malheureux.

— J'ai perdu, reprend Ninon, le goût que j'avais pour vous, mon cher ami. Mais je n'ai pas perdu la mémoire, et voici les dix mille écus que vous m'avez confiés.

On se volait effrontément à cette époque ; si l'on en doutait, il suffirait du bruit qu'on a fait autour de ce trait de probité qui paraît si simple, aujourd'hui que les journaux en publient tous les jours d'infiniment plus touchants, pour le montrer. Mais aussi, c'est que Ninon paraît très clairement n'avoir eu, avec son esprit, que cette qualité-là.

On aura beau faire, mais dans toutes les actions de sa vie perce un égoïsme affreux, un absolu manque de cœur. Des traits d'esprit, tant et plus qu'on en veut ; du désintéressement aussi, je le veux bien : je n'ai pas dit qu'elle fût sordide ; mais c'est là tout. Pas un trait de bonté ou d'intérêt tout simple, manifesté à n'importe qui.

Elle avait eu des enfants. S'en était-elle jamais occupée? Une aventure épouvantable, une de ces aventures que l'imagination du plus hardi des romanciers hésiterait à inventer, ou du moins à décrire, nous fournira la preuve de cette abominable indifférence.

De ses relations avec Villarceau, deux fils étaient nés, que leur père avait élevés, sans que Ninon s'inquiétât le moins du monde de savoir comment, et sans qu'ils sussent eux-mêmes qui était leur mère.

L'aîné, lorsqu'il eut atteint l'âge d'homme, fut présenté à Ninon de Lenclos. Il devint bientôt un habitué de la maison de sa mère, et (cela n'étonnera pas d'une femme qui faisait encore la conquête d'un jeune abbé à soixante-dix ans) devint amoureux d'elle.

Un soir que le malheureux jeune homme avait soupé avec la brillante courtisane dans un cabaret du faubourg Saint-Antoine, il lui fit, dans le jardin du cabaret, une déclaration des plus passionnées. Il se montra si pressant que, mise pour ainsi dire au pied du mur, Ninon fut obligée de lui déclarer qu'elle était sa mère!...

Le malheureux resta un moment atterré par cette révélation ; puis, laissant sa « mère » rentrer dans la maison, il se dirigea vers l'écurie où il avait mis son cheval, prit un des pistolets placés dans les fontes de la selle, et se brisa la tête...

On dira peut-être que, dans cette douloureuse occasion, Ninon de Lenclos fit son devoir. Je n'en suis pas sûr. J'ajouterai qu'il était peut-être un peu tard pour songer au devoir maternel. — Et puis, après tout, cela m'est bien égal ; car, pour moi, le jeune Villarceau ne s'est pas brûlé la cervelle parce que sa passion amoureuse était sans espoir ; il l'a fait pour échapper à cette horrible situation : avoir pour mère une prostituée !

Mais ce n'est pas là que j'en voulais venir.

Vous croyez peut-être que cette horrible tragédie affecta beaucoup l'amie de la duchesse de Maintenon, qu'elle en fit une maladie, qu'elle prit tout au moins en aversion des intrigues amoureuses qui pouvaient entraîner à de pareilles conséquences ?

Si elle avait fait cela, nous lui accorderions toutes les vertus qu'on voudrait. Mais elle ne fit point de maladie, ne maigrit pas et elle poursuivit, sans la plus étroite solution de continuité, le cours de ses aimables prouesses. — Ce fut peu de temps après cet événement, d'ailleurs, qu'elle noua une intrigue avec le chevalier de Sévigné, qu'elle avait préféré au maréchal de Choiseul.

XXXII

La belle Provençale.

SOMMAIRE. — Galanterie et guerre civile. — Le duc de Beaufort et le duc de Nemours. — La femme de qualité et l'avocats. — Le rendez-vous au Jardin des Plantes. — Conséquences tragiques. — Mort du duc de Nemours. — Mme de Châtillon. — Tribulations amoureuses de l'abbé Fouquet. — La foire Saint-Germain. — Un service de table de 50,000 écus. — Un début à la cour. — *La belle Provençale*. — La marquise de Castellane et le duc de Candale. — Un enlèvement à la cour. — La marquise prématurément veuve mais promptement consolable. — Le marquis de Ganges. — Une union qui débute bien. — Lendemain de lune de miel. — Monsieur s'ennuie et cherche la compagnie. — Le chevalier et l'abbé. — Une déclaration audacieuse. — Econduit, l'abbé pousse le chevalier à tenter la même fortune. — Echec du chevalier. — Les deux rivaux deviennent complices. — Préparation de la vengeance. — Intervention du poison dans les relations de famille. — La crème à l'arsenic. — Effet manqué. — Le château de Ganges. — Une médecine trop noire. — Le poison, le fer ou le feu, au choix. — « Il faut avaler le goupillon, madame ! » — L'évasion par la fenêtre. — Les derniers secours d'un ministre du Seigneur. — Le palefrenier compatissant. — Au secours ! — Une horrible chasse à la femme. — Asile précaire. — Les coups d'épée du chevalier. — Le pistolet de l'abbé. — La dernière station. — Mort de la victime. — Châtiment dérisoire infligé aux meurtriers. — Le plus puni est le moins coupable. — La marquise de Villarceau et le précepteur de son fils. — *Ninus, Nini, Nino, Ninum*. — Déplorable quiproquo et fureur concomitante de la jalouse marquise. — Conséquences désastreuses, pour un pauvre précepteur, d'une déclinaison mal choisie.

En pleine Fronde, et quand Paris était à feu et à sang, il ne faut pas croire qu'il manquait de temps pour la galanterie.

Condé, battu par Turenne dans le faubourg Saint-Antoine, n'avait été sauvé, et les débris de son armée avec lui, que grâce à la connivence des Parisiens qui, en lui ouvrant la porte Saint-Antoine, lui avaient assuré la retraite. On pense quelles calamités sévissaient, dans ces temps de trahisons et de soulèvements qui n'avaient pas, comme ceux d'aujourd'hui, l'excuse d'un noble sentiment d'indépendance ou de mauvais conseils de la misère.

Il n'y avait toutefois pas là de raisons suffisantes pour ne plus faire d'amour, du moins pour les généraux, sinon pour les soldats.

Aussi le duc de Nemours ayant eu connaissance que le duc de Beaufort avait une intrigue avec une femme de qualité dont l'histoire n'a pas daigné nous transmettre le nom, entreprit-il de lui enlever sa conquête. Et il y réussit très aisément.

La dame lui donnait des rendez-vous la nuit. Une fois qu'il se rendait à un de ces rendez-vous, il trouva une porte ouverte, par laquelle on lui fit signe d'entrer.

Il monta au premier appartement et y trouva la femme d'un avocat, assez bien faite et point farouche le moins du monde, quoiqu'elle se fût aperçue bien vite que sa femme de chambre s'était méprise, et avait introduit un étranger au lieu du galant qu'elle attendait, un collègue de son mari.

Cependant, soit qu'il eût trouvé trop de facilité avec cette femme, soit qu'il eût l'imagination farcie de celle qu'il allait chercher, le duc de Nemours parut, suivant l'expression d'un contemporain « tout tel que Pétrone nous représente Polyenos auprès de Circé. Il fit ce qu'il put pour ranimer sa vigueur mourante, et y employa tant de temps, qu'il manqua l'occasion de l'autre rendez-vous. »

Il chercha bien à se justifier de ce retard « involontaire » auprès de l'autre dame, et le fait est qu'il finit par la convaincre et obtint d'elle, pour le lendemain, un autre rendez-vous, dans le labyrinthe du jardin du roi, aujourd'hui Jardin des Plantes.

Mais voyez à quoi tient la destinée, même d'un grand seigneur !

Si la femme de chambre de l'infidèle épouse de l'avocat ne se fût trompée sur son identité; si, reconnaissant qu'il n'avait que faire dans la chambre où celle-ci l'avait introduit, le duc de Nemours n'eût pas perdu le temps à « ranimer sa vigueur mourante, » mais se fût tout bonnement rendu où on l'attendait; il est très probable que de second rendez-vous n'eût pas été nécessaire, au moins sitôt, et que certaines les choses se fussent passées bien plus convenablement à tous égards !

Ainsi, imaginez-vous que, en même temps que le duc de Nemours, le duc de Beaufort se rendit ce soir-là au Jardin des Plantes. Pourquoi faire ?... On ne le sut jamais.

Quoi qu'il en soit, les oiseaux n'étaient pas plus tôt posés, que le duc de Beaufort, séparé d'eux par une simple palissade, crut entendre parler de l'autre côté. Il s'approcha, tendit l'oreille, et put bientôt se convaincre de la terrible vérité : cet animal de duc de Nemours, avec qui il n'était déjà que trop brouillé, lui avait enlevé sa maîtresse !

Le duc de Beaufort ne dit rien sur le moment ; mais le lendemain il envoya un cartel à son ennemi, qui était de plus son beau-frère.

Les deux seigneurs se battirent au Marché-aux-Chevaux. L'arme choisie était le pistolet, cet instrument d'assassinat, qui commençait à venir à la mode.

Le duc de Nemours tira le premier ; mais soit maladresse, soit précipitation, il manqua son coup. Le duc de Beaufort, lui, ne manqua pas le sien : une balle dans la tête étendit le duc de Nemours mort à ses pieds.

A cette époque-là, le prince de Condé était en intrigues avec Mᵐᵉ de Châtillon, qui l'avait contraint à rompre, non sans quelque scandale, tout commerce avec sa sœur aînée, la duchesse de Longueville, l'héroïne de la Fronde ; mais le duc de Nemours partageait avec lui, comme avec le duc de Beaufort dans l'occasion que nous venons de signaler, les faveurs de la maîtresse en titre du prince. La mort de ce rival aurait donc dû être très agréable au prince de Condé, et peut-être le lui fut-elle ; mais ce qu'il y a de bizarre, c'est qu'elle eut pour effet de refroidir considérablement son amour pour Mᵐᵉ de Châtillon, tant et si bien que ce fut justement à ce moment, que pressé de s'éloigner, il accepta les propositions de l'Espagne, et passa en Flandres, pour ajouter à toutes ses trahisons précédentes la plus infâme de toutes, mais dont il profita peu.

Quant à la belle délaissée, elle se consola dans les bras de l'abbé Fouquet, à qui elle avait inspiré une passion violente, à l'occasion des rapports qu'elle avait eus avec lui lors des négociations pour la paix, dans lesquelles Fouquet représentait Mazarin.

Mais la duchesse lui en fit voir de toutes les couleurs, à ce pauvre abbé. Pas une de ses faveurs qu'il ne payât, si mince qu'elle fût, d'un prix tout à fait hors de proportion avec les plus grandes ! Évidemment la belle duchesse n'avait qu'un but : tirer de son clérical amant le plus qu'elle en pouvait tirer.

Un jour que l'abbé Fouquet était allé rendre visite à la duchesse de Châtillon, il la trouva étendue sur son lit en proie au chagrin, il eut beau se mettre en frais d'amabilité, il ne put rappeler le sourire sur ses beaux traits assombris.

Il demanda à sa dame d'honneur ce qu'il pourrait bien faire pour la divertir, et proposa même plusieurs parties qui ne furent pas agréées. Mais la dame d'honneur était une finaude, bien au fait des singeries de sa maîtresse. Elle conseilla à l'abbé amoureux de la conduire à la foire Saint-Germain, et elles jouèrent toutes deux si bien leur rôle, qu'elles tirèrent de lui un service de vaisselle d'or valant plus de cinquante mille écus.

Elle avait quantité d'autres amants, vous m'entendez bien, lesquels en étaient quittes à meilleur marché, et entre autres Bouchu, intendant en Bourgogne, et Cambiac, chanoine d'Albi, qui avait plus de cinquante ans.

Vers 1654, il y eut grand émoi à la cour de Louis XIV. Une toute jeune femme, innocente et naïve comme un enfant et comme une provinciale qu'elle était, d'une beauté vraiment resplendissante, y faisait son apparition avec un succès sans précédent. Elle y était présentée par son mari, capitaine des galères, qui l'avait épousée à treize ans, elle en avait à peine plus de seize.

Louis XIV, qui n'était guère plus âgé, qui l'était même un peu moins, fut vivement frappé de tant de beauté et de grâce. Bientôt on remarque qu'il danse avec elle jusqu'à deux fois dans une même soirée, qu'il la fait monter dans son carrosse, qu'il la fait dîner à sa table. Plus de doute, c'est une nouvelle favorite qui se dessine à l'horizon...

Christine de Suède elle-même est éblouie. Elle déclare sans barguigner que c'est là la femme la plus séduisante qu'elle ait jamais rencontrée dans ses pérégrinations sans fin.

Au reste, voici le portrait que trace d'elle un contemporain :

« Son teint, qui était d'une blancheur éblouissante, se trouvait orné d'un rouge qui n'avait rien de trop vif, et qui s'unissait et se confondait par une nuance que l'art n'aurait pas plus adroitement ménagée avec la blancheur du teint : l'éclat de son visage était relevé par le noir décidé de ses cheveux placés autour d'un front bien proportionné, comme si un peintre du meilleur goût les eût dessinés ; ses yeux grands et bien fendus étaient de la couleur de ses cheveux, et le feu doux et perçant dont ils brillaient ne permettait pas de la regarder fixement : la petitesse, la forme, le tour de sa bouche et la beauté de ses dents n'avaient rien de comparable ; la position et la proportion régulière de son nez ajoutaient à sa beauté un air de grandeur qui inspirait pour elle autant de respect que sa beauté pouvait inspirer d'amour ; le tour

La mère de Léonora était blanchisseuse.

arrondi de son visage, formé par un embonpoint bien ménagé, présentait toute la vigueur et la fraîcheur de la santé : pour mettre le comble à ses charmes, les grâces semblaient diriger ses regards, les mouvements de ses lèvres et de sa tête ; sa taille répondait à la beauté de son visage ; enfin ses bras, ses mains, son maintien et sa démarche ne laissaient rien à désirer pour avoir la plus agréable image d'une belle personne. »

Cette merveille des merveilles dont la destinée devait, sous un autre nom, être si épouvantable, c'était la marquise de Castellane ; mais déjà ce nom est oublié, et c'est la *Belle Provençale*, qu'on l'appelle d'une commune voix, dans cette cour galante où règnent tant de beautés, de second ordre maintenant, crues jusque-là sans rivales — dans leur genre.

Mais le marquis de Castellane était amoureux de sa femme et jaloux de son honneur. Si sûr qu'il pût se croire de la vertu de la marquise, il savait bien que, de manière ou d'autre, elle pouvait être amenée à succomber et il résolut de se garantir de cette éventualité malsaine.

Il était déjà un peu tard, car on se rappelle que la vertu de la marquise de Castellane était si peu à l'abri de la critique, que la chronique l'accuse de la fin prématurée du duc de Candale, mort d'épuisement,

Celui-ci, après le départ de la marquise, allait la retrouver à Avignon, la consoler de l'absence de son mari, avec lequel elle ne vécut qu'une année, sur sept que dura leur union.

Bref, le marquis de Castellane enlève sa femme à la cour et va s'enfermer avec elle au fond de sa province.

Cette manifestation n'était pas faite pour plaire au grand jeune roi, comme on pense, ni à ses favoris. A la prochaine occasion, le marquis de Castellane reçut l'ordre de rejoindre les galères. Quelques semaines plus tard, il périssait victime d'un naufrage sur les côtes de Sicile.

La jeune veuve, douloureusement frappée, malgré sa légèreté bien naturelle, alla passer chez sa belle-mère la plus grande partie de son deuil, dans la retraite la plus étroite. Elle était veuve depuis six mois, lorsqu'elle céda aux sollicitations de son grand-père maternel, qui l'avait élevée, et se rendit chez lui, à Avignon.

Bientôt entourée d'hommages, elle finit par distinguer un homme dont la réputation de beauté était égale à la la sienne : le sieur Lanide, marquis de Ganges, baron du Languedoc et gouverneur de Saint-André. — Bref, les deux jeunes gens se mariaient en 1658.

Les commencements de cette union furent heureux, et bénis par la venue de deux enfants, un fils et une fille. Mais après cela, la froideur sépara les deux époux que leurs enfants auraient plutôt dû unir plus étroitement.

Comment cette froideur vint-elle, et de quel côté? — Du côté du mari, cela paraît incontestable.

Le marquis de Ganges, qui fut un monstre, à tout prendre, n'était encore à cette époque qu'un tout jeune homme (du même âge que sa femme), ayant incomplè-tement jeté ce que nous appellerions « la gourme. »

Il s'ensuit que peu à peu ses plaisirs de garçon lui firent faute; et il commença à s'éloigner de la marquise pour se rapprocher de ses anciens amis.

La marquise, de son côté, se rejeta dans la société, où de nouveaux triomphes l'attendaient. Ces triomphes excitèrent la jalousie du marquis ; mais trop de son siècle pour se donner le ridicule de la manifester, il la renferma dans son âme, d'où, à chaque occasion, elle sortit sous une nouvelle forme. A ces paroles d'amour, si douces qu'elles semblent le langage des anges, succédèrent ces propos âcres et mordants, présages d'une prochaine rupture.

Bientôt le marquis et la marquise ne se virent plus qu'aux heures où ils ne pouvaient plus faire autrement que de se rencontrer ; enfin, le marquis, sous le prétexte de voyages indispensables, puis bientôt sans même prendre de prétextes, s'éloigna les trois quarts de l'année, laissant sa jeune femme dans le plus complet abandon.

Bientôt, il lui sembla même insupportable de passer en tête-à-tête avec sa femme le peu de temps qu'il restait à la maison. Il appela donc près de lui ses deux frères : le chevalier de Ganges, son cadet, et son plus jeune frère, qui était abbé sans l'être et cachait sous l'habit clérical l'âme la plus noire, la plus hideuse, la plus violente qui ait jamais battu sous une soutane ou sous une veste de forçat.

Pour le faire court, disons toute de suite que ces deux misérables, le chevalier et l'abbé, tombèrent amoureux fous à première vue de leur belle-sœur.

Le chevalier seul n'eût peut-être pas été à craindre ; en tous cas, il cache sa passion dans son cœur et ne souffle mot. Quant à l'abbé, bassement, tortueusement, il prépare les voies.

Il excite ou apaise à volonté la jalousie du marquis, sur lequel, comme sur le chevalier, il exerce une influence énorme : l'influence des âmes perverses et déterminées sur les âmes endormies et faibles. Puis, il va à sa belle-sœur, lui démontre qu'il est tout-puissant sur l'esprit du marquis, et que ce n'est que par son intervention qu'elle peut espérer la paix.

Mais laissons décrire cette scène, peut-être inexacte dans les détails, par un maître en l'art d'écrire. Alexandre Dumas, qui a fait le récit de la douloureuse odyssée de la marquise de Ganges, affirme que c'est dans une partie de chasse chez un voisin de campagne que l'abbé se déclara à sa malheureuse belle-sœur, voici comment :

« L'abbé, qui s'était fait par son esprit l'indispensable de toute réunion, se déclara pour ce jour le chevalier de la marquise, titre que sa belle-sœur lui confirma avec sa bienveillance ordinaire. Chacun des chasseurs fit choix, d'après cet exemple, d'une femme à laquelle il devait consacrer ses soins de toute la journée; puis cette précaution chevaleresque prise, chacun s'achemina vers le rendez-vous.

« Il arriva ce qui arrive presque toujours : les chiens chassèrent pour leur compte. Deux ou trois amateurs seulement suivirent les chiens; le reste s'égara.

« L'abbé, en sa qualité de cavalier servant de la marquise, ne l'avait pas quittée un instant, et avait si habilement manœuvré, qu'il se trouva en tête-à-tête avec elle : c'était une occasion qu'il cherchait depuis un mois avec autant de soin que la marquise l'évitait. Aussi, dès que la marquise crut s'apercevoir que c'était avec intention que l'abbé s'était écarté de la chasse, elle voulut remettre son cheval au galop dans une direction opposée à celle qu'elle venait de suivre : mais l'abbé l'arrêta. La marquise ne pouvait ni ne voulait engager une lutte; elle se contenta d'attendre ce que l'abbé avait à lui dire, en donnant à son visage cet air de fierté dédaigneuse que les femmes savent si bien prendre lorsqu'elles veulent faire entendre à un homme qu'il n'a rien à espérer d'elles. Il y eut un silence d'un instant; l'abbé l'interrompit le premier.

« — Madame, lui dit-il, je vous demande pardon d'avoir employé ce moyen pour vous parler en tête-à-tête; mais comme, malgré ma qualité de beau-frère, vous ne paraissiez pas disposée à m'accorder cette faveur, si je vous l'eusse demandée, j'ai pensé qu'il valait mieux pour moi vous ôter la facilité de me la refuser.

« — Si vous avez hésité à me demander une chose aussi simple, monsieur, répondit la marquise, si vous avez pris de telles précautions pour me forcer à vous écouter, c'est que vous saviez d'avance, sans doute, que les paroles que vous aviez à me dire étaient de celles que je ne pouvais entendre. Ayez donc la bonté de réfléchir avant d'entamer cette conversation, qu'ici comme ailleurs, je vous en préviens, je me réserve le droit d'interrompre du moment où elle cessera de me paraître convenable.

« — Quant à cela, madame, dit l'abbé, je crois pouvoir vous répondre que, quelles que soient les choses qu'il me plaira de vous dire, vous les écouterez jusqu'au bout; mais, au reste, ces choses sont si simples, qu'il est inutile de vous en inquiéter d'avance; je voulais vous demander, madame, si vous vous êtes aperçue d'un changement dans la conduite de votre mari vis-à-vis de vous.

« — Oui, monsieur, répondit la marquise, et il ne s'est point passé un seul jour sans que j'aie remercié le ciel de ce bonheur.

« — Et vous avez eu tort, madame, reprit l'abbé, avec un de ces sourires qui n'appartenaient qu'à lui, le ciel n'a rien à faire là dedans; remerciez-le de vous voir faite la plus belle et la plus charmante des femmes, et le ciel aura assez d'actions de grâces à attendre de vous, sans m'enlever celles qui me reviennent.

« — Je ne comprends pas, monsieur, dit la marquise d'un ton glacial.

« — Eh bien, je vais me faire comprendre, ma chère belle-sœur. C'est moi qui ai fait le miracle dont vous remerciez le ciel, c'est donc à moi que la reconnaissance appartient. Le ciel est assez riche pour ne pas voler les pauvres.

« — Vous avez raison, monsieur; si c'est réellement à vous que je dois ce retour, dont j'ignorais la cause, je vous en remercierai d'abord; puis ensuite j'en remercierai le ciel qui vous a inspiré cette bonne pensée.

« — Oui, répondit l'abbé; mais le ciel, aussi bien qu'il m'a inspiré un bonne pensée, si cette bonne pensée ne me rapporte pas ce que j'en attends, pourrait bien m'en inspirer une mauvaise.

« — Que voulez-vous dire, monsieur?

« — Qu'il n'y a jamais eu dans toute la famille qu'une volonté, et que cette volonté est la mienne; que l'esprit de mes deux frères tourne au caprice de cette volonté comme une girouette au vent, et que celui-là qui a soufflé le chaud peut souffler le froid.

« — J'attends toujours que vous vous expliquiez, monsieur.

« — Eh bien, ma chère belle-sœur, puisqu'il vous plaît de ne pas me comprendre, je vais m'expliquer plus clairement. Mon frère s'était éloigné de vous par jalousie; j'ai eu besoin de vous donner une idée de mon pouvoir sur lui, et des extrémités de l'indifférence, je l'ai, en lui faisant voir qu'il vous soupçonnait à tort, ramené aux ardeurs du plus vif amour. Eh bien, je n'ai

qu'à lui dire que je me suis trompé, fixer ses soupçons errants sur un homme quel qu'il soit, et je l'éloignerai de vous comme je l'en ai rapproché. Je n'ai pas besoin de vous donner de preuve de ce que j'avance : vous savez parfaitement que je dis la vérité.

« — Et quel a été votre but, en jouant cette comédie?

« — De vous prouver, madame, que je puis vous faire à mon gré triste ou joyeuse, chérie ou délaissée, adorée ou haïe. Maintenant, écoutez-moi : je vous aime.

« — Vous m'insultez, monsieur, s'écria la marquise en essayant de retirer des mains de l'abbé la bride de son cheval.

« — Pas de grands mots, ma chère belle-sœur; car avec moi, je vous en préviens, ils seraient perdus. On n'insulte jamais une femme en lui disant qu'on l'aime; seulement il y a mille manières différentes de la forcer de répondre à cet amour. La faute est de se tromper dans celle qu'on emploie, et voilà tout.

« — Et puis-je savoir celle que vous avez choisie? demanda la marquise avec un sourire écrasant de mépris.

« — La seule qui puisse réussir avec une femme calme, froide et forte comme vous, la conviction que votre intérêt veut que vous répondiez à mon amour.

« — Puisque vous prétendez me connaître si bien, répondit la marquise en faisant un nouvel effort aussi inutile que le premier pour dégager la bride de son cheval, vous devez savoir alors de quelle manière une femme comme moi doit recevoir une pareille ouverture : dites-vous à vous-même ce que je pourrais vous dire, et surtout dire à mon mari.

« L'abbé sourit.

« — Oh! quant à cela, reprit-il, vous êtes la maîtresse, madame. Dites à votre mari tout ce que bon vous semblera; répétez-lui notre conversation mot à mot ; ajoutez-y tout ce que votre mémoire pourra vous fournir, vrai ou faux, de plus convaincant contre moi ; puis, quand vous l'aurez bien endoctriné, quand vous vous croirez sûre de lui, je lui dirai deux paroles, et je le retournerai comme ce gant. Voilà tout ce que j'avais à vous dire, madame ; je ne vous retiens plus ; vous pouvez avoir en moi un ami dévoué, ou un ennemi mortel. Réfléchissez.

« Et à ces mots, l'abbé lâcha la bride du cheval de la marquise, la laissant libre de lui imprimer l'allure qui lui conviendrait. La marquise mit sa monture au trot, afin de n'indiquer ni crainte ni empressement. L'abbé la suivit, et tous deux regagnèrent la chasse. »

Il n'était que trop vrai ; la marquise, après un instant de réflexion, fut convaincue que toute plainte portée par elle à son mari contre l'abbé ne pourrait être que mal accueillie, et surtout avec la plus parfaite incrédulité. Elle résolut donc de garder le silence.

Se voyant éconduit, l'abbé de Ganges comprit qu'il n'avait plus qu'à se venger, et il y employa dès lors tous ses soins. Mais, sans qu'on puisse exactement savoir à quel sentiment il obéissait en ceci, il commença par pousser le chevalier, dont il connaissait la passion pour la marquise, à faire à celle-ci la déclaration de cet amour ; et pour cela il persuada son frère que la marquise elle-même était on ne peut mieux disposée pour lui, et que ce n'était vraiment pas à elle à faire les premiers pas.

Rien de plus raisonnable en effet, présenté de cette manière. Le chevalier fit donc la démarche qui lui était conseillée, et il fut éconduit, quoique avec plus de ménagements, aussi catégoriquement que l'abbé.

Désormais l'abbé avait ce qu'il avait probablement cherché dans cette affaire, un allié pour la vengeance !

Les effets de cette vengeance ne tardèrent pas à se manifester. Peu après cette dernière scène, la marquise, après avoir mangé d'une certaine crème servie sur la table, mais à laquelle elle avait seule touché, se sentit malade. Elle ne le fut pas pourtant autant que l'espéraient les empoisonneurs, qui, ignorant que le lait est l'antidote de l'arsenic, avaient choisi cette dernière substance pour la mêler à la crème.

La crème fut analysée, la présence de l'arsenic reconnue, mais attribuée à la maladresse d'un domestique qui se serait trompé, et l'on n'en parla plus.

Mais la marquise savait vraisemblablement à quoi s'en tenir.

Cela se passait à Avignon. Le marquis proposa d'aller passer au château de Ganges les derniers beaux jours d'automne. La marquise accepta, mais avec le pressentiment qu'elle se rendait à la mort si complètement dans son esprit qu'elle fit son testament avant de partir, instituant sa mère légataire de tous ses biens, à la charge de les restituer à ses petits-enfants, maintenant âgés de six et cinq ans ; et que, devant les magistrats d'Avignon, elle prit la suprême précaution de désavouer d'avance tout testament postérieur, qui ne pourrait que lui être arraché de force.

Le marquis, instruit de cette affaire, devint furieux. Instrument de ses frères jusqu'à ce moment, il se fit dès lors leur complice.

Que se passa-t-il alors entre ces trois misérables ? On ne saurait le dire.

Dans les premiers temps, loin de montrer à sa femme le moindre ressentiment, le marquis l'entoura de fêtes tous les jours renaissantes, et sur lesquelles nous passerons. Les beaux-frères de la marquise se montraient eux-mêmes galants, mais réservés. Celle-ci commençait à reprendre courage et espoir.

De cette manière, on atteignit l'hiver. Alors la belle-mère de la marquise, qui avait séjourné au château pendant tout ce temps, s'en retourna chez elle, à Montpellier. Deux jours plus tard, le marquis, prétextant des affaires, partit pour Avignon.

Que la chose ait été préméditée ou non, la marquise se retrouvait seule entre ses deux ennemis déclarés. Cependant, ce ne fut qu'assez longtemps après avoir été faits ainsi maîtres du terrain que les misérables tentèrent enfin d'en profiter, sans doute parce que l'occasion ne s'était pas encore présentée assez belle.

« Le 17 mai 1667, la marquise, malade depuis quelque temps déjà, se décida à prendre médecine : elle fit donc connaître son désir au pharmacien, en le priant de lui en composer une à sa guise, et de la lui envoyer le lendemain. En effet, le matin et à l'heure convenue, le breuvage fut apporté à la marquise ; mais elle le trouva si noir et si épais que, se défiant de la science de celui qui l'avait composé, elle l'enferma sans rien dire dans une armoire de sa chambre et tira de son nécessaire quelques pilules, moins efficaces, mais qui, lui étant habituelles, lui inspiraient moins de répugnance.

« A peine l'heure où la marquise devait prendre cette médecine fut-elle écoulée que l'abbé et le chevalier envoyèrent demander de ses nouvelles. Elle leur fit répondre qu'elle allait bien, et les invita à une petite collation qu'elle devait donner vers les quatre heures de l'après-midi aux femmes de la société.

« Une heure après, l'abbé et le chevalier lui envoyèrent demander une seconde fois de ses nouvelles : la marquise, sans faire attention à cet excès de civilité, qu'elle se rappela ensuite, leur fit répondre comme la première fois qu'elle ne pouvait mieux se porter.

« La marquise était restée au lit pour faire les honneurs de sa collation, et jamais ne s'était sentie de meilleure humeur ; à l'heure dite, toutes ses conviées arrivèrent ; l'abbé et le chevalier furent introduits, et l'on servit le goûter. Ni l'un ni l'autre ne voulurent y prendre part ; l'abbé, cependant, s'assit à table ; mais le chevalier resta appuyé sur le pied du lit. L'abbé était soucieux, et ne sortait de sa préoccupation que par secousses...

« La collation prise, la société se retira ; l'abbé reconduisit les femmes et le chevalier resta près de la marquise ; mais à peine l'abbé fut-il sorti, que Mme de Ganges vit le chevalier pâlir et que, de debout qu'il était, il tomba assis au pied du lit.

« La marquise, inquiète, lui demanda ce qu'il avait ; mais avant qu'il eût pu répondre, son attention fut attirée d'un autre côté.

« L'abbé, aussi pâle et aussi défait que le chevalier, rentrait dans la chambre, tenant à la main un verre et un pistolet, et fermait la porte derrière lui à double tour. Effrayée à cette vue, la marquise se souleva à moitié sur son lit, regardant, sans voix et sans parole. Alors l'abbé s'approcha d'elle, les lèvres tremblantes, les cheveux hérissés et les yeux enflammés, et lui présentant le verre et le pistolet :

« — Madame, lui dit-il après un moment de silence terrible, choisissez, du poison, du feu, — et faisant un signe au chevalier, qui tira son épée, — ou du fer.

« La marquise avait eu un moment d'espoir : au mouvement qu'elle avait vu faire au chevalier, elle avait cru qu'il venait à son secours ; mais bientôt détrompée, et se trouvant entre deux hommes qui la menaçaient tous deux, elle se laissa glisser à bas de son lit et tombant à genoux :

« — Qu'ai-je fait, s'écria-t-elle, ô mon Dieu! que vous prononcez ainsi ma mort, et qu'après vous être faits juges, vous vous fassiez bourreaux? Je ne suis coupable envers vous d'aucune faute, que d'avoir été trop fidèle à mes devoirs envers mon mari, qui est votre frère.

« Puis, voyant qu'il était inutile qu'elle continuât d'implorer l'abbé, dont les regards et les gestes indiquaient une résolution prise, elle se retourna vers le chevalier :

« — Et vous aussi, mon frère, lui dit-elle, ô mon Dieu! mon Dieu! vous aussi ; mais ayez donc pitié de moi, au nom du ciel !

« Mais celui-ci, frappant du pied et lui appuyant la pointe d'une épée sur la poitrine :

« — Assez, madame, lui répondit-il, assez, et prenez votre parti sans retard ; car si vous ne le prenez pas, c'est nous qui le prendrons pour vous.

« La marquise se retourna une dernière fois vers l'abbé et heurta de son front la bouche du pistolet. Alors elle vit bien qu'il lui fallait mourir, et choisissant de trois genres de mort celui qui lui paraissait le moins terrible :

« — Donnez-moi donc le poison, dit-elle, et que Dieu vous pardonne ma mort.

« A ces mots, elle prit le verre ; cependant la liqueur noire et épaisse dont il était rempli lui causa une telle répulsion, qu'elle voulut essayer une dernière tentative ; mais un blasphème effroyable de l'abbé et un geste menaçant de son frère lui ôtèrent jusqu'à la dernière lueur d'espoir. Elle porta le verre à ses lèvres, et murmurant une fois encore : — Mon Dieu, Seigneur, ayez pitié de moi, — elle avala ce qu'il contenait. Pendant ce temps, quelques gouttes de la liqueur tombèrent sur sa poitrine et lui brûlèrent à l'instant même la peau, comme auraient pu le faire des charbons ardents ; c'est qu'en effet le breuvage infernal était composé d'arsenic et de sublimé délayés dans de l'eau-forte ; puis, croyant qu'on n'exigerait pas davantage d'elle, elle laissa tomber le verre.

« La marquise se trompait, l'abbé le ramassa et, remarquant que tout le précipité était demeuré au fond, il rassembla avec un poinçon d'argent ce qui s'était coagulé aux parois du verre, le réunit à tout ce qui était resté au fond, et présentant à la marquise, au bout du poinçon, cette boule qui était de la grosseur d'une noisette :

« — *Allons, madame*, lui dit-il, *il faut avaler le goupillon !* »

« La marquise, résignée, ouvrit les lèvres ; mais au lieu de faire ce que lui ordonnait l'abbé, elle retint ce reste de poison dans sa bouche, et se rejetant sur son lit en poussant un cri et embrassant ses oreillers de douleur, elle le rejeta entre les draps, sans que ses assassins s'en aperçussent ; puis, se retournant alors vers eux :

« — Au nom de Dieu, leur dit-elle les mains jointes, puisque vous avez tué mon corps, au moins ne perdez pas mon âme, et envoyez-moi un confesseur.

« Si cruels que fussent l'abbé et le chevalier, un pareil spectacle commençait sans doute à les lasser ; d'ailleurs l'acte mortel était accompli : après ce qu'elle avait bu, la marquise ne pouvait vivre que quelques minutes, ils sortirent donc à sa prière, et refermèrent la porte derrière eux. Mais à peine la marquise se vit-elle seule, que la possibilité de la fuite se présenta à elle. Elle courut à la fenêtre : elle n'était élevée que de vingt-deux pieds ; mais elle donnait sur un terrain plein de pierres et de décombres. Comme la marquise était en chemise, elle se hâta de passer un jupon de taffetas ; mais, au moment où elle achevait de le nouer autour de sa taille, elle entendit des pas qui se rapprochaient de sa chambre ; croyant alors que c'étaient ses assassins qui revenaient pour l'achever, elle courut comme une insensée vers la fenêtre.

« Au moment où elle posait le pied sur son rebord, la porte s'ouvrit : la marquise ne calcula plus rien, et se précipita la tête la première. Heureusement que le nouveau venu, qui était le chapelain du château, eut le temps d'étendre la main et de saisir sa jupe. La jupe, trop faible pour soutenir le poids de la marquise, se déchira ; mais cependant cette résistance, si légère qu'elle fût, suffit pour changer la direction du corps : la marquise, qui devait se briser la tête, tomba au contraire sur ses pieds, sans se faire autre mal que de se les meurtrir sur les pierres.

« Tout étourdie qu'elle était de sa chute, la marquise vit quelque chose qui se précipitait après elle, et fit un bond de côté. C'était une énorme cruche pleine d'eau, sous laquelle le prêtre, voyant qu'elle lui échappait, avait essayé de l'écraser ; mais, soit qu'il eût mal pris ses mesures, soit que la marquise eût effectivement eu le temps de s'écarter, le vase se brisa à ses pieds sans l'atteindre, et le prêtre, voyant qu'il avait manqué son coup, se rejeta en arrière et courut avertir l'abbé et le chevalier que la victime leur échappait... »

Cependant la marquise, assise au bas de la fenêtre se provoquait à vomir en s'enfonçant dans la bouche une tresse de ses cheveux. Elle y parvint, et un sanglier privé qui se jeta sur ces déjections, en mourut presque sur-le-champ.

Revenue à elle, la malheureuse se releva, cherchant un refuge. Elle aperçut un palefrenier et l'appela.

— Mon ami, lui cria-t-elle, ouvrez-moi l'écurie, je vous en prie, sauvez-moi, je suis empoisonnée !

Le palefrenier lui fit traverser les écuries et sortir par la rue, où il la remet entre les mains de femmes qui passaient. Mais au même instant, la marquise aperçoit, sur le seuil de la porte qu'elle venait de franchir, ses deux assassins. Elle quitte brusquement ces femmes et s'enfuit comme une insensée, poursuivie par les deux complices qui crient à la folle !

Toute cette ignoble scène se passait au milieu d'une populace qui, ne sachant pour qui prendre parti, s'écartait pour laisser passer la victime et les meurtriers : la terreur donnait à la marquise une force surhumaine ; cette femme, habituée à marcher dans des souliers de soie, sur des tapis de velours, courait alors ensanglantant ses pieds nus sur les pierres et les cailloux, demandant en vain du secours, que nul ne lui accordait ; c'est qu'en effet, à la voir ainsi, courant d'une course insensée, en chemise, les cheveux épars, n'ayant pour tout vêtement qu'un jupon de taffetas en lambeaux, il était difficile de ne pas croire, ainsi que le disaient ses beaux-frères, que cette femme était folle.

Enfin le chevalier la joignit, l'arrêta, et l'entraînant malgré ses cris dans la maison la plus proche, referma la porte derrière eux, tandis que l'abbé sur le seuil, un pistolet à la main, menaçait de brûler la cervelle à quiconque ferait mine d'approcher, ne pouvant consentir, à ce qu'il disait, à ce que sa sœur offrît à la foule le spectacle de sa folie.

La maison appartenait à un sieur Desprats, absent pour le moment ; mais sa femme était là, entourée de plusieurs de ses amies, dont plusieurs étaient également de la société de la marquise. Elles se levèrent pour porter secours à la marquise, mais

Madeleine de La Palude fut enfermée au couvent des Ursulines.

furent brutalement repoussées par le chevalier, qui criait qu'elle était folle.

La marquise, en réponse à cette accusation stéréotypée, disait qu'elle était empoisonnée, et pour preuve, montrait son cou brûlé, ses lèvres noircies. Alors, une Mme Brunelle, femme d'un ministre protestant, lui glissa dans la main une boîte d'orviétan, dont elle parvint à prendre quelques morceaux, en profitant d'une distraction de son bourreau.

Une autre dame lui présenta en même temps un verre d'eau ; mais au moment où elle le portait à sa bouche, le chevalier le lui brisa entre les dents. Toute l'assistance, indignée, voulut se précipiter sur le misérable ; mais la marquise, croyant peut-être le ramener, s'en faire un protecteur, demanda avec instances qu'on la laissât au contraire seule avec lui. A quoi les dames obéirent, non sans faire quelques réflexions, en passant dans une pièce voisine.

La marquise implora alors dans les termes les plus humbles et les plus affectueux, le chevalier son « frère » d'avoir pitié d'elle, lui représentait ce que le monde ne pourrait manquer de dire d'une conduite aussi atroce, et lui promettant de ne se souvenir de rien...

Mais le chevalier ne la laissa pas achever ; il lui donna deux coups d'épée dans la poitrine, et comme elle s'enfuyait, sanglante, en appelant du secours, il lui en porta cinq autres coups, et ne s'arrêta au cinquième que parce que l'arme se rompit dans la blessure ! La malheureuse tomba inanimée...

Les dames qui s'étaient retirées à contre-cœur dans la pièce voisine, entendant les cris, se précipitèrent au secours de la victime et, à la vue de cette scène hideuse, voulurent se jeter sur l'assassin, qui réussit pourtant à leur échapper.

Sur le seuil, il retrouva son frère faisant faction.

— Retirons-nous, l'abbé, lui dit-il, l'affaire est faite.

Mais l'abbé voulut s'en assurer par lui-même. Entrant à son tour dans la maison, il se précipita dans la chambre, au moment où les femmes soulevant la marquise à grand'peine, car elle était si faible qu'elle ne pouvait plus s'aider, essayaient de la mettre au lit : l'abbé les écarta, et parvenant jusqu'à la marquise, il lui appuya son pistolet sur la poitrine; mais au moment où il lâchait le coup, Mme Brunelle, la même qui avait déjà donné une boîte d'orviétan à la marquise, leva le canon avec la main ; de sorte que le coup partit en l'air, et que la balle, au lieu d'atteindre la marquise, alla se loger dans la corniche du plafond.

L'abbé prit alors le pistolet par le canon, et donna de la crosse un si furieux coup sur la tête de Mme Brunelle, qu'elle chancela et fut près de tomber; il allait redoubler, mais toutes les femmes se réunissant contre lui le poussèrent avec mille malédictions à la porte, qu'elles refermèrent derrière lui.

Aussitôt les deux assassins, profitant de la nuit, s'enfuirent dans la direction d'Aubenas, où ils arrivaient le soir même. Quelques jours plus tard, ils s'embarquaient à Agde.

Les dames prodiguèrent alors leurs soins à la victime de l'horrible tragédie qui n'avait pas duré moins de trois heures !

Mme Brunelle pansa ses blessures, et put extraire le tronçon d'épée resté dans l'épaule, grâce à l'incroyable énergie de cette malheureuse femme qui indiqua elle-même le moyen d'opérer en disant à Mme Brunelle de pas craindre de la faire souffrir.

Aucune des blessures reçues par la marquise de Ganges n'était mortelle ; mais en s'occupant de les guérir, on négligea le poison qui, lui, faisait son œuvre, quoiqu'il n'eût fait que passer.

Bientôt, des douleurs atroces firent comprendre à la marquise que là était le mal auquel elle allait succomber. Et en effet, elle expirait le 5 juin 1667, après dix-neuf jours de maladie.

Que devinrent les assassins de la pauvre femme cependant?

Le prêtre, l'aumônier du château de Ganges, complice infâme et servile, fut condamné aux galères. Le marquis fut dégradé et banni. Le chevalier et l'abbé, contumax, furent condamnés à être rompus vifs ; — mais la justice ne mit jamais la main dessus.

En somme, le plus sévèrement puni, quoiqu'il ne l'eût pas volé, ce fut celui qui était le moins coupable.

Le corps de la marquise de Ganges fut ouvert après sa mort ; l'estomac et les entrailles étaient atrocement corrodés, et le cerveau tout noir.

Ce crime abominable est bien de ceux qui devaient figurer dans notre collection, qui n'admet pourtant qu'exceptionnellement des tableaux aussi noirs, puisqu'il fut inspiré par un double amour coupable, incestueux. Ce grand siècle en vit bien d'autres qui pourraient également y trouver place, car c'est le temps où les Exili, les Voisin, les Brinvilliers, ces dignes disciples des empoisonneurs de la suite de Catherine de Médicis, procurèrent, sous des formes diverses, le secours de leur art diabolique à ceux ou à celles que la passion ou la jalousie portaient aux dernières extrémités, quand ils ne s'en servirent pas pour leurs propres desseins.

Le mobile de tous ces crimes infâmes, ou leur objet, c'est la satisfaction des passions les plus violentes, les plus immondes, c'est la débauche sans contrainte ou la recherche ardente des moyens de la satisfaire.

Malgré la répugnance que nous inspirent de semblables tableaux, il nous paraît cependant nécessaire de n'en point rester sur celui-ci, qui n'a, au bout du compte, qu'une importance surtout locale; car ceux qu'il nous reste à reproduire constituent le fond même d'une longue période de l'histoire des mœurs sous le règne du roi-soleil, si bien qu'on aurait de la peine à comprendre sans cela les détails de cette histoire.

Auparavant, et pour terminer ce chapitre sur un mode un peu moins lugubre, nous rappellerons une anecdote qui le rattache au précédent, par l'influence qu'y exerce le nom de Ninon de Lenclos.

Nous avons parlé incidemment de la liaison exceptionnellement prolongée du marquis de Villarceaux avec Ninon de Lenclos, liaison qui eut des conséquences si tragiques. Elle en eut aussi d'assez comiques, dans le temps qu'elle était dans tout son feu.

Mme de Villarceaux, à qui son mari avait pourtant donné assez de raisons d'être jalouse pour qu'elle y fût habituée, l'était à tel point de Ninon, qu'elle ne pouvait entendre prononcer son nom sans colère.

On raconte à ce propos une assez plaisante histoire :

Mme de Villarceaux avait, de son mari, un jeune garçon qui, de gré ou de force, commençait à mordre au latin. Un jour, elle s'avisa de s'informer auprès de son précepteur des progrès que faisait le petit bonhomme dans la langue de Cicéron.

Le précepteur, qui n'y entendait pas malice, voulut donner à la mère de son élève une représentation des talents de son fils, et à cet effet, il demanda à celui-ci de décliner *Ninus* en présence de sa mère.

Le jeune garçon obéit de bonne grâce, et le voilà parti : *Ninus, Nini, Nino, Ninum* (prononcez *Ninon*).

A ce nom abhorré ainsi jeté à sa face maternelle par la bouche de son propre fils, Mme de Villarceaux entra en fureur. Elle traita le malheureux précepteur d'insolent, lui disant qu'il fallait qu'il fût bien hardi pour apprendre à son fils à prononcer le nom d'une pareille coureuse.

Le pauvre homme ne savait que faire pour s'excuser. Il protesta qu'il n'avait pas pensé le moins du monde à Ninon, qu'il ne connaissait d'ailleurs pas ; qu'il était désolé d'avoir pu déplaire à madame la marquise...

Ce fut en vain ; cette entêtée jalouse ne voulut seulement pas entendre les excuses du pauvre diable, qui étaient bien sincères cependant, et qu'il ne fallait qu'un peu de sang-froid pour reconnaître telles.

Bref, le précepteur fut ignominieusement chassé pour avoir fait décliner au fils de Mme de Villarceaux *Ninus*, sans prévoir où cela allait le conduire.

XXXIII

Les empoisonneuses à la mode.

Sommaire. — La jeunesse de la Brinvilliers. — Dépravation monstrueusement précoce. — Son mariage. — Un ménage bien assorti. — Le mestre de camp et le capitaine. — Le marquis de Brinvilliers présente un amant à sa femme. — Le beau capitaine et la belle marquise. — Le mari paraît satisfait, mais le père se fâche. — Sainte-Croix embastillé. — A quelque chose malheur est bon. — Sainte-Croix sort de la Bastille armé pour la lutte. — Il se range, devient dévot et se marie. — Les poisons de Sainte-Croix, leur inventaire et leur analyse. — Une expérience renouvelée de Locuste. — La femme de chambre. — Empoisonnement du lieutenant civil d'Aubray. — Essais d'un nouveau poison pratiqués avec succès sur les malades de l'Hôtel-Dieu. — Les frères après le père. — La belle-sœur se gendarme. — Soupçons vagues. — L'autopsie des cadavres démontre aux hommes de l'art que le poison pourrait bien être pour quelque chose dans la mort des infortunés. — Une brouille d'amoureux. — Mme de Brinvilliers songe au suicide. — Mort soudaine de Sainte-Croix. — Découverte du pot aux roses. — Fuite de la marquise de Brinvilliers. — Joyeuse vie au couvent liégeois. — Dévotion et débauche mêlées. — Le beau policier. — L'abbé Desgrez à Liège. — Il pénètre aisément jusqu'à la marquise, qui l'accueille comme le messie. — Renouvellement de visite. — La cellule d'abord, la guinguette ensuite, quatre hommes et un caporal à la fin. — La cassette délatrice. — *Ma Confession.* — Parricide, fratricide, infanticide, adultère, incestueuse, criminelle contre nature, incendiaire, empoisonneuse, etc. — Déposition d'un amant de passage. — La voie des aveux et le chemin de la place de Grève. — Portrait physique et moral de la « grande empoisonneuse, » par Edme Pirot, docteur de la maison et société de Sorbonne. — Mort de la Brinvilliers. — La mode des poisons se propage. — Prospérité inouïe du commerce de la *poudre de succession*. — Institution de la Chambre ardente, dite aussi *Chambre des poisons*. — La Voisin, son industrie multiple, sa brillante et nombreuse clientèle, ses complices. — Mort de la Voisin et de ses complices les plus infâmes. — Tirons le rideau.

Il suffit que le nom de la marquise de Brinvilliers soit prononcé, pour que toute une série d'empoisonnements épouvantables, ayant pour objet la préparation hâtive d'héritages qui faisaient grand besoin à leurs auteurs, se retrace aussitôt à l'esprit.

Mais ici encore, chez la marquise de Brinvilliers, la femme débauchée précède l'empoisonneuse, et c'est la première qui fait l'autre.

Débauchée, elle l'était de bonne heure, à s'en rapporter à sa propre confession :

« Mme de Brinvilliers, dit la marquise de Sévigné, nous apprend dans sa confession qu'à sept ans elle avait cessé d'être fille, qu'elle avait continué sur le même ton, qu'elle avait empoisonné son père, ses frères, un de ses enfants, qu'elle s'empoisonna elle-même, afin d'essayer un contre-poison : Médée n'en avait pas tant fait. Elle a reconnu que cette confession était de son écriture, c'est une grande sottise, mais qu'elle avait la fièvre chaude quand elle l'a écrite, que c'était une frénésie et une extravagance qui ne pouvait être lue sérieusement. »

Elle en disait bien d'autres dans cette confession ! Les sixième et septième articles étaient consacrés au récit des débauches les plus monstrueuses, les plus immondes, et dans des termes tels, qu'il est absolument impossible d'en rien reproduire.

Nous reviendrons pourtant sur cette confession.

Mais voyons un peu ce qu'était, à son entrée dans la vie, cette femme si tristement célèbre à la fin ; car on l'oublie assez souvent.

Fille de M. de Dreux d'Aubray, maître des requêtes, puis lieutenant civil au Châtelet de Paris, elle épousait à 19 ans, en 1651, le marquis de Brinvilliers, fils d'un président de la Chambre des comptes, riche de 30,000 livres de revenu et à qui elle apportait une dot de 200,000 livres.

C'était bien commencer les affaires pour ce jeune ménage, aussi cela paraît-il avoir été assez bien au début, et le temps de donner cinq enfants à son mari, la marquise paraît s'être bien conduite, comme une épouse fidèle et une mère à peu près convenable.

Mais, s'il est bien vrai qu'elle se conduisait ainsi, il est beaucoup plus certain encore que le marquis de Brinvilliers menait une vie de débauches absolument ignoble, qu'il entretenait tout un troupeau de maîtresses, et mangeait son patrimoine et la dot de sa femme, l'un portant l'autre, le plus follement du monde.

D'autre part, la marquise n'était guère moins dépensière, aimant le luxe, et ayant des habitudes d'insouciance et de désordre peu faites pour remettre du beurre dans les épinards de la communauté.

Quelques scènes provoquées par les écarts du marquis achevèrent de détacher celui-ci de sa femme dont il n'accusait que la jalousie.

Le marquis de Brinvilliers était mestre de camp au régiment de Normandie. En 1660, il présentait à sa femme un beau garçon, à peu près du même âge que lui, et qui était un de ses compagnons de débauche les plus assidus. Il s'appelait Gaudin de Sainte-Croix, sortait on ne savait d'où, et était pour lors capitaine au régiment de Tracy.

Sainte-Croix, aventurier sans conscience, débauché systématique, était jeune, extrêmement séduisant, fin et souple.

« Il avait, dit un contemporain, un esprit tourné à tout ce qui peut plaire. Il faisait son plaisir du plaisir des autres, et entrait dans un dessein de piété avec autant de joie qu'il acceptait la proposition d'un crime.

« Délicat sur les injures, sensible à l'amour, et, dans son amour, jaloux jusqu'à la fureur, même des personnes sur qui la débauche publique se donnait des droits qui ne lui étaient pas inconnus; d'une dépense effroyable, et qui n'était soutenue d'aucun emploi; l'âme, au reste, prostituée à tous les crimes... »

Voilà l'homme que le marquis de Brinvilliers présentait à sa jeune femme, sachant ce qu'il était et ce dont il était capable. On ne peut guère, quand on y songe, s'empêcher de croire que c'était à dessein!

La marquise de Brinvilliers, alors âgée de vingt-huit ans, était dans tout l'éclat de sa beauté: sa taille était petite, mais parfaitement prise; son visage arrondi était d'une mignardise charmante; ses traits, d'autant plus réguliers qu'ils n'étaient jamais altérés par aucune impression intérieure, semblaient ceux d'une statue qui, par un pouvoir magique, auraient momentanément reçu la vie, et chacun pouvait prendre pour le reflet de la sérénité d'une âme pure cette froide et cruelle impassibilité, qui n'était qu'un masque à couvrir le remords ou à dissimuler des projets criminels.

A première vue, ces deux jeunes gens, beaux tous deux, ayant au fond les mêmes passions, les mêmes instincts, se plurent. Avec des tempéraments de cette nature, les affaires ne traînent guère, aussi est-il à croire qu'ils s'entendirent de bonne heure, et il est certain que, sans doute plus maître de lui encore, ou moins épris, Sainte-Croix prit sur la jeune femme de son ami un ascendant puissant, la poussa à des dépenses insensées et la compromit de toutes les manières, affichant leurs relations aussi publiquement que possible.

La marquise s'y prêtait, d'ailleurs, de la meilleure grâce du monde; peut-être son amant lui eût-il moins plu s'il eût agi avec plus de circonspection.

Et le marquis de Brinvilliers? quelle mine faisait-il à ce spectacle?

Le marquis ne bougeait ni ne soufflait. Soit qu'il fût doué de cette philosophie conjugale sans laquelle il n'y avait point de bon goût à cette époque, soit que les plaisirs auxquels il s'abandonnait lui-même ne lui donnassent pas le loisir de s'apercevoir de ce qui se passait presque sous ses yeux, il n'apporta par sa jalousie aucun empêchement à cette intimité, et continua les folles dépenses par lesquelles il avait déjà fortement entamé sa fortune : bientôt ses affaires se dérangèrent tellement, que la marquise, qui ne l'aimait plus, et qui, dans toute l'ardeur d'un nouvel amour, désirait une liberté plus grande encore, demanda et obtint une séparation. Dès lors, elle quitta la maison conjugale, et, ne gardant plus de mesure, se montra partout et publiquement avec Sainte-Croix.

Ce commerce, autorisé du reste par l'exemple des plus grands seigneurs, ne fit aucune impression sur le marquis de Brinvilliers, qui continua de se ruiner gaiement, sans s'inquiéter de ce que faisait sa femme. Mais il n'en fut point ainsi de M. de Dreux d'Aubray, qui avait conservé les scrupules de la noblesse de robe : scandalisé des désordres de sa fille, et craignant qu'en rejaillissant sur lui ils ne fissent tache à sa réputation, il obtint une lettre de cachet qui l'autorisait à faire arrêter Sainte-Croix partout où celui qui en serait porteur le rencontrerait.

Ce fut en pleine rue, dans le carrosse même et aux côtés de la marquise que fut arrêté Sainte-Croix, « cet homme pernicieux. »

Sainte-Croix passa un an à la Bastille. Il y fit la connaissance du fameux empoisonneur italien Exili qui, si nombreuses que fussent ses victimes, n'avait jamais pu être pris sur le fait, et n'avait été claquemuré que sur des preuves morales, à la vérité assez convaincantes.

Exili initia, pendant sa détention, son nouveau compagnon de cellule aux secrets de son art ; et Sainte-Croix, en sortant de la Bastille, était armé pour la lutte d'une façon autrement formidable que lorsqu'il y était entré, ayant seulement pour lui alors son audace, sa bonne mine et son manque absolu de principes ; aussi ne fit-il plus aussi grand étalage de ses vertus naturelles.

Il affecta un genre de vie tout différent de celui qu'il avait pratiqué jusque-là, et pour montrer à quel point il était résolu à faire pénitence, commença par se marier. Il se montra dévot aussi, de la manière la plus édifiante, évita ses compagnons d'autrefois, et rechercha la bonne société qui lui ouvrit les bras avec sa charité habituelle pour tout ce qui présente les dehors qui lui plaisent.

La marquise elle-même semblait maintenant délaissée par son ancien amant. — Mais jamais ils ne s'étaient peut-être tant rencontrés, ou, du moins, n'avaient été si intimement unis et si complètement d'accord.

Et il faut dire enfin, qu'en dehors du temps qu'il consacrait soit à la dévotion, soit à sa maîtresse, Sainte-Croix s'occupait innocemment de la confection des poisons les plus subtils, suivant la méthode d'Exili, avec un honnête pharmacien du faubourg Saint-Germain nommé Glazer.

Et voulez-vous que je vous apprenne tout de suite ce que c'était que ces poisons? Nous passerons après à l'usage qui en fut fait.

On sait que Sainte-Croix mourut asphyxié par les émanations des poisons qu'il était en train de composer, subitement, sans avoir pu par conséquent prendre toutes les précautions nécessaires pour éviter des contrariétés à ceux qui avaient été ses complices.

Les scellés furent mis sur tous les objets ayant appartenu au défunt.

La marquise de Brinvilliers, prévenue trop tard de l'événement, fit elle-même et fit faire des démarches sans nombre auprès du commissaire qui avait procédé à l'apposition des scellés, afin d'obtenir la remise entre ses mains, et sans avoir été ouverte, de certaine cassette placée dans le cabinet de Sainte-Croix, laquelle lui appartenait. Elle fit même offrir cinquante louis à ce commissaire, mais en vain..

L'honnête magistrat fit répondre à la marquise que la cassette qu'elle réclamait étant sous les scellés, elle y resterait telle quelle jusqu'à ce qu'ils fussent levés ; qu'alors la cassette serait inévitablement ouverte, qu'on ferait l'inventaire de ce qu'elle contenait, et que si parmi ces objets, il en était reconnu pour appartenir à Mme de Brinvilliers, ils lui seraient rendus fidèlement, mais pas avant, et pas autrement.

Les démarches de la marquise n'avaient donc produit qu'un résultat qu'elle ne cherchait certes pas : celui d'attirer invinciblement l'attention sur cette cassette.

Le jour solennel arrivé, ce fut donc par elle qu'on commença, et voici comment s'exprime sur son contenu le procès-verbal de la levée des scellés :

« Dans le cabinet de Sainte-Croix s'est trouvée une petite cassette d'un pied en carré, à l'ouverture de laquelle s'est offerte une demi-feuille de papier, intitulée *mon testament*, écrite d'un côté et contenant ces mots :

« Je supplie très humblement ceux ou celles entre les mains de qui tombera cette cassette de me faire la grâce de vouloir la rendre en mains propres à Mme la marquise de Brinvilliers, demeurant rue Neuve-Saint-Paul, attendu que tout ce qu'elle contient la regarde et appartient à elle seule, et que d'ailleurs il n'y a rien d'aucune utilité à personne au monde, son intérêt à part ; et en cas qu'elle fût plus tôt morte que moi, de la brûler et tout ce qu'il y a dedans sans rien ouvrir ni innover. Et afin que l'on n'en prétende cause d'ignorance, je jure sur le Dieu que j'adore et par tout ce qu'il y a de plus sacré, qu'on n'impose rien qui ne soit véritable. Si d'aventure on contrevient à mes intentions toutes justes et raisonnables en ce chef, j'en charge, en ce monde et en l'autre, leur conscience pour la décharge de la mienne, protestant que c'est ma dernière volonté.

« Fait à Paris, ce 25 mai, après midi, 1672. Signé de Sainte-Croix. »

Et au-dessous sont écrits ces mots :

« Il y a un seul paquet adressé à M. Penautier qu'il faut rendre. »

Cela se corsait dès le début. — Voilà bien des serments terribles et qui seraient tout à fait ridicules s'il ne s'agissait que de choses sans conséquence, se disaient les assistants, dont la curiosité devenait aiguë.

On passa outre, comme de juste, et le procès-verbal continue ainsi :

« S'est trouvé un paquet cacheté de huit cachets marqués de différentes armes, sur lequel est écrit : « Papiers pour être brûlés en cas de mort, n'étant d'aucune conséquence à personne. Je supplie très humblement ceux entre les mains de qui ils tomberont de les brûler ; j'en charge même leur conscience : le tout sans ouvrir le paquet. » Dans ce paquet s'est trouvé deux paquets de drogue de sublimé.

« *Item*, un autre paquet cacheté de six cachets de plusieurs armes, sur lequel était pareille inscription, dans lequel s'est trouvé d'autre sublimé du poids d'une demi-livre.

« *Item*, un autre paquet cacheté de six cachets de plusieurs armes, sur lequel était pareille inscription, dans lequel se sont trouvés trois paquets contenant, l'un une demi-once de sublimé, l'autre deux onces et un quarteron de vitriol romain, et le troisième du vitriol calciné et préparé.

« Dans la cassette fut trouvée une grande fiole carrée, d'une chopine, pleine d'eau claire, laquelle observée par M. Moreau, médecin, celui-ci a dit n'en pouvoir désigner la qualité jusqu'à ce que l'épreuve en ait été faite.

« *Item*, une autre fiole, d'un demi-setier d'eau claire, au fond de laquelle il y a un sédiment blanchâtre. Moreau a dit la même chose que de la précédente.

« Un petit pot de faïence, dans lequel étaient deux ou trois gros d'opium préparé.

« *Item*, un papier ployé, dans lequel il y avait deux drachmes de sublimé corrosif en poudre.

« Plus, une petite boîte, dans laquelle s'est trouvée une manière de pierre, appelée pierre infernale.

« Plus, un papier, dans lequel était une once d'opium.

« Plus un morceau de régule d'antimoine pesant trois onces.

« Plus, un paquet de poudre, sur lequel était écrit : « Pour arrêter la perte du sang des femmes. » Moreau a dit que c'était de la fleur de coing et du bouton de coing séché.

« *Item*, fut trouvé un paquet cacheté de six cachets, sur lequel est écrit : « Papiers pour être brûlés en cas de mort, » dans lequel s'est trouvé trente-quatre lettres, que l'on a dit être écrites par la dame de Brinvilliers.

« *Item*, un autre paquet cacheté de six cachets, sur lequel est écrite pareille inscription que dessus, dans laquel s'est trouvé vingt-sept morceaux de papier, sur chacun desquels est écrit : « Plusieurs secrets curieux. »

« *Item*, un autre paquet, contenant encore six cachets, sur lequel était écrite pareille inscription que ci-dessus, dans lequel s'est trouvé soixante-quinze livres, adressant à différentes personnes... »

Il y avait encore bien d'autres choses dans cette cassette, entre autres une obligation de trente mille livres souscrite par la marquise de Brinvilliers et dont la date coïncidait avec celle de la mort de son père, le lieutenant civil d'Aubray, mais cela ne nous regarde pas.

Les officiers civils qui avaient procédé à l'autopsie de la cassette mystérieuse, s'empressèrent de livrer les substances qu'ils y trouvèrent aux expertises d'un homme de l'art.

Guy Simon, marchand apothicaire, fut commis à cet effet, et voici un assez curieux extrait de son rapport, relatif à la fiole carrée « pleine d'eau claire » :

« Ce poison artificieux se dérobe aux recherches que l'on en veut faire; il est si déguisé qu'on ne peut le reconnaître, si subtil qu'il trompe l'art, si pénétrant qu'il échappe à la capacité des médecins; sur ce poison les expériences sont fausses, les règles fautives, les aphorismes ridicules.

« Les expériences les plus sûres et les plus communes se font par les éléments ou sur les animaux.

« Dans l'eau, la pesanteur du poison ordinaire le jette au fond; elle est supérieure, il obéit, se précipite et prend le dessous.

« L'épreuve du feu n'est pas moins sûre : le feu évapore, dissipe, consume ce qu'il y a d'innocent et de pur, il ne laisse qu'une matière âcre et piquante, qui seule résiste à son impression.

« Les effets que le poison produit sur les animaux sont encore plus sensibles : il porte

Mourir dans la misère après avoir construit le Luxembourg.

sa malignité dans toutes les parties où il se distribue, et vicie tout ce qu'il touche ; il brûle et rôtit d'un feu étrange et violent toutes les entrailles.

« Le poison de Sainte-Croix a passé par toutes les épreuves, et se joue de toutes les expériences : ce poison nage sur l'eau, il est supérieur, et c'est lui qui fait obéir cet élément ; il se sauve de l'expérience du feu, où il ne laisse qu'une matière douce et innocente ; dans les animaux il se cache avec tant d'art et d'adresse, qu'on ne peut le reconnaître : toutes les parties de l'animal sont saines et vivantes ; dans le même temps qu'il y fait couler une source de mort, ce poison artificieux y laisse l'image et les marques de la vie.

« On a fait toutes sortes d'épreuves : la première, en versant quelques gouttes d'une liqueur trouvée dans l'une des fioles dans l'huile de tartre et dans l'eau marine, et il ne s'est rien précipité au fond des vaisseaux dans lesquels la liqueur a été versée ; la seconde, en mettant la même liqueur dans un vaisseau sablé, et il n'a été retrouvé au fond du vaisseau aucune matière aride, ni âcre à la langue, et presque point de sale fixe; la troisième, sur un poulet d'Inde, un pigeon, un chien et autres animaux, lesquels animaux étant morts quelque temps après, et le lendemain ayant été ouverts, on n'a rien trouvé qu'un peu de sang caillé au ventricule du cœur.

« Autre épreuve d'une poudre blanche donnée à un chat, dans une fressure de mouton, ayant été faite, le chat vomit pendant une demi-heure, et, ayant été trouvé mort le lendemain, fut ouvert sans que l'on ait rencontré aucune partie altérée par le poison.

« Une seconde épreuve de la même poudre ayant été faite sur un pigeon, il en mourut quelque temps après, et fut ouvert, et ne fut rien trouvé de particulier, sinon qu'un peu d'eau rousse dans l'estomac. »

Maintenant que nous voici édifiés ou à peu près, nous allons nous occuper de savoir à quels usages principaux d'aussi délicates substances furent employées par nos deux tourtereaux.

Nous l'avons dit, malgré les apparences, les relations entre Sainte-Croix et la marquise de Brinvilliers n'avaient jamais été plus intimes. Il fallait bien se cacher : le lieutenant civil d'Aubray guettait le couple suspect, et la Bastille ne s'était pas si bien débarrassée de Sainte-Croix qu'il ne pût renouer connaissance avec elle.

M. d'Aubray reproduisit-il ses reproches, après avoir surpris de nouveau l'intrigue de sa fille? Cela est probable. En tout cas les deux amants nourrissaient contre lui un ressentiment terrible, et il avait tout à craindre d'eux.

Lorsque Sainte-Croix eut confié à sa maîtresse avec quelles armes il était sorti de la Bastille, le premier cri de celle-ci, le cri du cœur, fut qu'il fallait d'abord en essayer la puissance sur son père!

L'opération offrait un double avantage : se débarrasser d'un censeur incommode, et faire tomber dans les mains des assassins un héritage dont le besoin commençait à se faire impérieusement sentir.

Mais la marquise avait des doutes sur l'efficacité du poison que lui avait livré son amant dans un but si louable; et comme elle ne voulait pas agir à la légère, elle en fit l'essai sur sa femme de chambre.

Ce que c'est que la précaution! La femme de chambre fut très malade, mais elle en réchappa. — Donc le poison ne valait rien.

Sainte-Croix en fournit un autre, dont la puissance avait été augmentée d'après les données tirées de l'épreuve de la femme de chambre; et... dans l'automne suivant (1666), le lieutenant civil expirait dans les bras de sa fille éplorée, en proie aux plus atroces douleurs, et bénissant son assassin!

Voilà donc les deux amants délivrés du vieux et incorrigible censeur, que la Faculté déclare mort d'une goutte remontée, et de plus en possession de l'héritage...

Quant à l'héritage, la marquise dut le partager avec deux frères et une sœur. Et quant au censeur, Antoine d'Aubray, qui succède à son père dans la charge de lieutenant civil au Châtelet, lui succède aussi dans cet emploi moins agréable et qu'il remplit avec tout le zèle inconsidéré de la jeunesse, sans compter que le cadet, qui est conseiller au Parlement, se fait un devoir de l'assister dans cet office.

Tout le profit qu'ils en tirent, c'est de subir le même sort que leur père (1670), c'est-à-dire de succomber aux mêmes douleurs, à quelques mois d'intervalle.

Il y avait toutefois une nuance : les deux frères avaient succombé à une sorte de maladie de langueur, quoique avec des symptômes presque identiques. Le poison avait été modifié et, comme la première fois, *essayé* avant d'être servi à ceux à qui il était destiné : de pauvres malades de l'Hôtel-Dieu avaient fait, cette fois, les frais de l'expérience ; la pieuse et charitable marquise les avait empoisonnés avec des friandises !

Cependant des soupçons commencèrent à se faire jour. Les corps des deux frères furent ouverts, et des désordres qui *pouraient être attribués à l'empoisonnement*, mais aussi à d'autres causes, furent constatés. On ne fit rien, parce qu'il était impossible d'affirmer qu'il y eût en effet empoisonnement.

Nous ne parlerons que pour mémoire des tentatives d'empoisonnement exercées à diverses reprises sur la veuve du lieutenant civil, ainsi que des crimes nombreux dont Sainte-Croix se rendit coupable pour son compte personnel, parce que ce serait sortir de notre cadre.

Les deux amants vivaient, malgré leurs crimes, dans la plus entière sécurité. La marquise, abandonnée de son mari, débarrassée de son père et de ses frères (la sœur s'était retirée aux Carmélites), menait sans aucune retenue la vie la plus dissolue ; elle nageait en plein désordre, de conserve avec son digne complice.

Quant à celui-ci, il menait large et joyeuse vie ; quoique personne ne lui connût de fortune, il avait un intendant nommé Martin, trois laquais nommés Georges, Lapierre et Lachaussée ; de plus, et outre son carrosse et ses équipages, des porteurs ordinaires pour ses excursions de nuit. Au reste, comme il était jeune, comme il était beau, on ne s'inquiétait pas trop d'où lui venait ce luxe. C'était assez l'habitude à cette époque que les cavaliers bien faits ne manquassent de rien, et l'on disait de Sainte-Croix qu'il avait trouvé la pierre philosophale, tandis que l'on eût dit tout net, si la comédie de **Dumas** fils avait été de ce temps, qu'il jouait les *Alphonse*.

Cela dura peu, au demeurant. Un beau jour, Sainte-Croix, qui était lancé dans les grandes affaires, se lassa de la marquise, et l'abandonna. Cet abandon la plongea dans un désespoir si violent qu'elle conçut le projet de se suicider.

« J'ai trouvé à propos, écrit-elle à son infidèle, de mettre fin à ma vie ; pour cet effet, j'ai pris ce soir de ce que vous m'avez donné si chèrement : c'est de la recette de Glazer, et vous verrez par là que je vous sacrifie volontiers ma vie ; mais je ne vous promets pas, avant que de mourir, que je ne vous attende dans quelque lieu pour vous dire le dernier adieu. »

Ce passage d'une des lettres trouvées dans la fameuse cassette de Sainte-Croix, dont nous avons suivi une partie de l'autopsie, prouve en effet l'intention de mourir. Mais le fait est que la marquise n'en eut point le courage, et survécut à son malheur...

Et ceci prouve, pour le dire en passant et au risque de nous mettre en contradiction formelle avec les moralistes les plus accrédités, qu'il faut plus de courage pour se suicider que pour assassiner son père.

Dans cette cassette, il y avait, comme nous avons vu, trente-quatre lettres écrites à son amant par la dame de Brinvilliers, dans la plupart desquelles on trouva, outre la preuve de la complicité de cette dame dans les crimes de Sainte-Croix, et *vice versâ*, celle de relations amoureuses ayant toutes les allures de la folie érotique la mieux caractérisée.

La mort soudaine et mystérieuse de Sainte-Croix arriva quelques mois à peine après cette rupture (1672). Appréhendant justement les conséquences de l'inventaire fait chez l'empoisonneur, Mᵐᵉ de Brinvilliers, aussitôt après son échec auprès de l'officier civil pour ravoir la cassette fatale, partit en poste pour la frontière belge.

Deux jours après, elle était à Liège, où, à sa sollicitation, les portes d'un couvent se refermaient sur elle.

Elle y mena une vie de dévote renforcée, s'il faut en croire un de ses biographes, « de cette dévotion à l'italienne dont les petites pratiques s'accordent fort bien avec la galanterie, l'amour effréné du plaisir et les passions les moins contenues. » Son principal amant, que l'on doit considérer comme le successeur de Sainte-Croix, était à Liége un certain Théria, gentilhomme français émigré probablement à la suite de quelques peccadilles, et dont l'histoire n'a d'ailleurs conservé que le nom.

Cependant, les ressources de la marquise étaient extrêmement précaires, de sorte qu'elle était toujours en correspondance suivie avec sa sœur, qui lui faisait une petite pension ; avec son modèle de mari, qui n'avait que des dettes à partager avec elle ; avec d'autres encore. Peut-être fut-ce cette rage de correspondance qui la perdit, en faisant découvrir sa retraite.

Il y avait alors, parmi les agents de M. le lieutenant de police La Reynie, un jeune homme nommé Desgrez ou Desgrais, d'une habileté aussi extraordinaire que sa bonne mine : le prototype véritable du policier romantique. A tous les avantages extérieurs, à l'éloquence, à l'esprit, il joignait un courage à toute épreuve et l'amour de son métier poussé jusqu'à la passion. Ce fut cet homme qu'on choisit pour opérer l'arrestation de la belle et surtout sensible empoisonneuse ; car de l'enlever de force de son couvent, il n'y fallait naturellement pas songer.

Desgrez partit pour Liège, travesti en abbé élégant et galant. Il s'introduisit aisément près de la marquise, fit l'aimable, un peu même l'impertinent, et plut à tel point à Mme de Brinvilliers dans cette première entrevue, qu'elle lui en accorda spontanément une seconde.

Desgrez fit cette seconde visite dès le lendemain, avec un empressement qui aurait pu paraître suspect à bien d'autres, mais qui, aux yeux de la marquise, était une preuve d'impatience amoureuse, dont elle résolut de le récompenser.

Sûr de lui, le galant policier proposa à l'aimable empoisonneuse une petite partie à la campagne, couronnée par un dîner à la guinguette comme deux tourtereaux. Celle-ci accepta, ravie.

Mais à peine les deux amants eurent-ils gagné la campagne, que derrière un bouquet d'arbres, surgirent quatre archers, lesquels s'emparèrent de la religieuse, tandis que Desgrez retournait au couvent, porteur d'un ordre des autorités liégeoises pour faire une minutieuse perquisition dans la cellule de la marquise.

Dans une cassette placée sous le lit, se trouvait un manuscrit de la marquise, ayant pour titre : *Ma Confession*, dont il fut plus tard pris connaissance.

Dans ce document, la malheureuse s'accuse d'avoir été incendiaire, d'avoir empoisonné elle-même son père, fait empoisonner ses deux frères, tenté de faire subir le même sort à sa belle-sœur ; d'avoir donné du poison à une femme pour se débarrasser de son mari ; d'avoir donné elle-même cinq ou six fois du poison au marquis de Brinvilliers : mais chaque fois, prise de remords, elle l'avait « fait bien soigner » ; elle avait également donné du poison à une de ses filles « parce qu'elle était grande. » De ses enfants, elle déclarait en avoir eu deux de Sainte-Croix, avec lequel elle avait vécu quatorze ans, et un d'un cousin issu de germain.

Souillée avant l'âge de sept ans, elle s'accusait d'avoir commis une quantité innombrables d'incestes et d'adultères, voire, avec Sainte-Croix, le crime contre nature !

Elle s'accusait enfin d'avoir pris une fois « des drogues pour avorter. »

Une des dépositions les plus terribles qui furent reçues dans le procès de cette femme si profondément dépravée, fut celle de Brincourt, qui avait été précepteur de ses enfants, et qu'elle avait initié elle-même, en récompense, aux mystères de l'amour.

Ce jeune homme déclara en effet qu'à différentes reprises, au milieu des épanchements d'un amour impétueux, des mots étranges s'échappaient de ses lèvres, parlant invariablement de poisons et de mort.

Une nuit même, entre deux baisers, elle lui avait ouvert son cœur tout entier, c'est-à-dire qu'elle lui avait fait la confidence de tous ses crimes!...

Reconnaissant trop tard son imprudence, en voyant l'horreur qu'inspiraient à Brincourt de pareils forfaits, elle avait cherché à le faire assassiner; mais il avait été assez heureux pour éviter tous les pièges qu'elle lui avait tendus.

Si cette femme ne fut pas la victime de la folie — de la folie érotique — que faut-il penser d'elle, je vous prie?

Certainement, si son procès se fût plaidé de nos jours, son défenseur n'aurait pas manqué de baser là-dessus toute sa plaidoirie, et c'est à savoir s'il n'aurait pas au moins sauvé sa tête, si abominables que fussent ses forfaits.

D'ailleurs, il ne faut pas croire que cette parricide, fratricide, infanticide, incendiaire, incestueuse, adultère et pis encore, n'eût pas des défenseurs ardents et convaincus dans le public.

N'est-elle pas morte réconciliée avec Dieu? — D'autres dirent même en odeur de sainteté, et cherchèrent à s'approprier quelques-unes de ses reliques calcinées!

Après avoir nié longtemps sa culpabilité, et juré que sa prétendue *Confession*, écrite à la vérité de sa propre main, mais dans un moment de désespoir voisin de la folie, ne contenait pas un mot de vrai, la marquise de Brinvilliers avoua tout à Edme Pirot, docteur de Sorbonne, chargé de l'assister dans ses derniers moments, la veille même de sa condamnation (16 juillet 1676).

Le docteur Pirot, qui a laissé (manuscrite) une relation de la mort de cette femme trop célèbre, y fait d'elle le portrait que voici :

« C'était une femme naturellement intrépide et d'un grand courage; elle paraissait née d'une imagination assez douce et fort honnête; d'un air indifférent à tout; d'un esprit vif et pénétrant, concevant les choses d'une façon fort nette, et les exprimant justes et en peu de paroles, mais très précises; trouvant sur-le-champ des expédients pour sortir d'une affaire difficile, et prenant tout d'un coup son parti dans les choses les plus embarrassantes; légère, au reste, et ne s'attachant à rien; inégale, et ne se soutenant pas, se rebutant quand on lui parlait souvent d'une même chose; et c'est ce qui m'obligea, continue le docteur, de diversifier de temps en temps celles que je lui dis, pour ne la tenir que peu sur un sujet que je faisais cependant revenir aisément en lui donnant une nouvelle face, et en le proposant d'un nouveau tour.

« Elle parlait peu et assez bien, mais sans étude et sans affectation; se possédant parfaitement, toujours présente à elle-même et ne disant que ce qu'elle voulait bien dire, nul ne l'eût prise à sa physionomie ni à sa conversation pour une personne aussi maligne qu'il apparut qu'elle l'était par l'aveu public de son parricide; aussi est-ce une chose surprenante, et où il faut adorer le jugement de Dieu quand il abandonne l'homme à lui-même, qu'une âme qui avait de sa nature quelque chose de grand, d'un sang-froid aux accidents les plus imprévus, d'une fermeté à ne s'émouvoir de rien, d'une résolution à attendre la mort et à la souffrir même, s'il eût été nécessaire, ait été capable d'une aussi grande lâcheté que celle qui se trouve dans l'attentat parricide qu'elle a confessé aux juges.

« Elle n'avait rien dans le visage qui menaçât d'une si étrange malice ; elle était d'un poil châtigné et fort épais ; elle avait le tour du visage rond et assez régulier, les yeux bleus, doux et parfaitement beaux, la peau extraordinairement blanche, le nez assez bien fait ; nuls traits désagréables, mais rien à tout prendre, qui pût faire passer son visage pour fort séduisant ; il avait déjà quelques rides et marquait plus d'années qu'elle n'avait réellement.

« Quelque chose m'obligea à lui demander son âge dans le premier entretien : Monsieur, me dit-elle, si je vivais jusqu'au jour de la Magdelaine, j'aurais quarante-six ans. Je vins au monde ce jour-là, et j'en porte le nom. Je fus appelée au baptème Marie-Magdelaine. Mais, si près que nous soyons de ce jour, je ne vivrai pas jusque-là ; il faut finir aujourd'hui ou demain au plus tard, et c'est une grâce qu'on me fera de différer d'un jour ; et cependant je m'attends à cette grâce sur votre parole.

« On lui aurait bien donné, à la voir, quarante-huit ans. Si doux que parût son visage naturellement, quand il lui passait quelque chagrin au travers de l'imagination, elle le témoignait par une grimace qui pouvait d'abord faire peur, et de temps en temps je m'apercevais de convulsions qui marquaient de l'indignation, du dédain et du dépit.

« J'oubliais de dire qu'elle était d'une fort petite taille et fort menue.

« Voici à peu près la description de son corps et de son esprit que je reconnus en peu de temps, m'étant tout d'abord appliqué à l'observer, pour me conduire ensuite selon ce que j'aurais remarqué. »

Il faut croire que la détention, les fatigues et les terreurs d'un procès épouvantable l'avaient vieillie et fanée, cette femme qui, à Liège, si peu de temps auparavant, menait encore une vie de plaisirs et de débauches.

Malgré le châtiment terrible que lui infligea la justice des hommes, la Brinvilliers fit école. Les empoisonnements se multiplièrent d'une manière menaçante, et les plus grands noms de France furent compromis dans le commerce répréhensible de la « poudre de succession, » dont l'extension nécessita bientôt l'établissement d'une juridiction spéciale, dite la *Chambre ardente* ou *Chambre des poisons*, qui s'ouvrit à l'Arsenal, le 11 janvier 1680.

Les nièces de Mazarin comparurent devant cette terrible chambre, entre autres personnes de marque. On comprend, maintenant, pourquoi dans un ouvrage de cette nature, nous ne pouvions nous dispenser de nous arrêter sur cette sombre période du siècle de Louis XIV, pendant laquelle l'empoisonnement donne la main à la débauche comme à une alliée naturelle.

Les grands noms, en somme, ne trouvèrent pas dans la chambre ardente une juridiction aussi terrible qu'on aurait dû s'y attendre ; mais les petits payèrent cher les scélératesses des grands et les leurs propres.

La Voisin, la Vigoureux et l'abbé Vigoureux, frère d'icelle, Le Sage et autres terminèrent en place de Grève leur existence criminelle.

La Voisin, pour parler de la plus célèbre, était, de son état accoucheuse. La profession était assez lucrative pour elle, d'autant plus qu'elle la poussait jusqu'à l'avortement et à l'infanticide. D'après le témoignage de sa servante, il y avait quantité de nouveau-nés enterrés dans son jardin, mais réduits préalablement en cendres dans un four érigé expressément pour cet usage.

Elle avait pourtant d'autres cordes à son arc, de peur d'en manquer. Elle tirait les cartes, faisait retrouver par divers sortilèges les objets perdus, vendait des secrets pour se rendre invulnérable, pour gagner au jeu, pour se faire aimer, pour conserver une jeunesse éternelle, montrait le diable, vendait enfin de la *poudre de succession* ; et sa clientèle était exclusivement recrutée dans la haute aristocratie et dans la bourgeoisie opulente.

Chez elle défilèrent Olympe et Marie-Anne Mancini, autrement dites les duchesses de Soissons et de Bouillon, M⁰⁰ de Montespan, le maréchal de Luxembourg, le duc de Vendôme, le prince de Clermont-Lodève, etc., etc.

Les uns lui demandaient de voir le diable, et alors elle se servait de l'entremise d'un de ses amants, Le Sage, et d'un prêtre de N.-D. de Bonne-Nouvelle, l'abbé Davot, qui se livraient à des jongleries ridicules, à des actes dégoûtants suivant le cas.

Le nom de la Voisin avait été prononcé dans le cours du procès de la Brinvilliers. Elle ne fut toutefois arrêtée, avec ses complices, qu'en 1679. Enfermée à la Bastille et mise à la question, afin de la contraindre à faire des aveux, elle en fit de tels qu'on s'empressa de lui faire grâce du reste : toute la cour fastueuse de Louis XIV y eût bientôt passé, sans cela.

Elle fut brûlée vive, en place de Grève, le 22 février 1680, et nous avons trop hâte de quitter des sujets si attristants pour nous attarder aux détails odieux de cette exécution.

Maintenant que cette revue nous a forcément entraînés un peu loin, nous serons obligés de retourner sur nos pas ; mais toutes les fois que nous aurons à faire allusion aux accoucheuses et empoisonneuses à la mode, nous n'aurons plus besoin maintenant d'ouvrir une parenthèse pour expliquer ce que nous voulons dire et à qui nous en avons. Ce sera autant de fait.

XXXIV
Les Mazarines.

SOMMAIRE. — Mancines et Martinosses. — Laura Mancini, sa réception à la cour de France. — Mot du maréchal de Villeroy. — Mazarin cherche à établir ses Mazarines dans la lignée bâtarde du grand roi Henri. — Laure devient duchesse de Mercœur. — La sagesse. — Louis XIV et les Mazarines. — La « nymphe mancine » Olympe. — Elle devient la maîtresse du roi, puis comtesse de Soissons. — Elle renoue avec Louis XIV. — Scandales de l'hôtel de Soissons. — Le beau de Vardes. — La comtesse de Soissons et la duchesse d'Orléans en rivalité. — Mort du comte. — L'affaire des poisons. — Fuite d'Olympe. — Elle se réfugie à la cour de Madrid. — La reine d'Espagne meurt empoisonnée. — Refuite de la comtesse. — Marie Mancini, la plus laide des Mazarines. — Elle se refait et remplace sa sœur Olympe dans le cœur du roi. — Son ingratitude pour son bon oncle. — Hortense, la plus belle des Mazarines. — Ses nombreux et illustres prétendants. — Elle devient duchesse de Mazarin, pour son malheur. — Un bel héritage qui produit de tristes effets. — Les toquades bigotes du duc de Mazarin. — Traité pratique de décence fort indécent. — La duchesse quitte une bonne fois le toit conjugal après plusieurs tentatives infructueuses. — Elle commence la revue de ses anciens prétendants, tous bien établis aujourd'hui. — Elle va retrouver à Madrid sa sœur la Connestabile. — Fugue des deux sœurs. — Leur retour en France. — Le duc de Mazarin met les archers aux trousses de sa femme. — Celle-ci reprend la revue de ses anciens adorateurs. — Charles-Emmanuel de Savoie. — Charles II d'Angleterre. — Hortense se fixe à Londres. — Le chevalier de Soissons, son neveu, devient amoureux d'elle et tue son amant favori. — Détails parasites. — Marie-Anne Mancini, dernière Mazarine. — « Le bel instituteur de filles, que ce M. de Mazarin. » — Les couches d'une petite maman de neuf ans. — Marie-Anne devient duchesse de Bouillon. — Une courte lune de miel. — Retraite littéraire de Marie-Anne. — Astrologie et poisons. — Marie-Anne devant la chambre ardente. — Elle voit le diable. — Dernières années de la duchesse de Bouillon — Le salon littéraire.

« La famille de Mazarin était un fléau, dit Michelet. Le bataillon de ses nièces, fort nombreuses, était né, formé sous l'étoile de la reine de Suède, qui vint à Paris en leur temps.

« Le cynisme altier de Christine, ses courses errantes et son dévergondage, comme d'un vaisseau sans gouvernail, enfin le coup royal qu'elle frappa sur Monaldeschi, tout cela les avait éblouies, si bien qu'elles prenaient son costume et beaucoup trop ses mœurs.

« Une autre singularité de ces Mazarines, c'est que leur frère, à l'instar des Condés, admirait, célébrait les charmes de ses sœurs et vivait avec elles dans une peu édifiante union. »

Ainsi, les voilà jugées d'un mot, ces Mazarines qui firent tant de jalouses et de si jolis tours. Nous les passerons en revue l'une après l'autre, pour voir ce qui revient à chacune.

L'aînée des Mazarines, et aussi la plus sage, fut Laure Mancini. Elle n'avait que treize ans lorsqu'en 1647, son oncle, affermi dans sa position entre l'amitié de Richelieu et l'amour d'Anne d'Autriche, la fit venir à Paris avec sa sœur Olympe et ses deux cousines, Anne-Marie et Laure Martinozzi, la première devenue princesse de Conti, la seconde duchesse de Modène.

Les nièces de Mazarin sortaient donc de deux souches différentes : de Géronima Mazarini, sœur du cardinal et épouse de Michel-Lozenzo Mancini et d'une autre sœur de Mazarin, mariée à Girolamo Martinozzi, neveu du pape Urbain VIII ; ce qui procura à Loret l'inappréciable satisfaction de consigner dans son journal ce supercoquentieux distique :

Les Mancines, les Martinosses,
Illustres matières de noces !...

Toutefois hâtons-nous de dire que Laure Mancini, et surtout les deux Martinosses, si elles firent des noces brillantes, ne firent guère plus pour qu'on parlât d'elles, contrairement au surplus de la mazarinerie.

Lorsqu'elles furent arrivées à la cour, où les amena Mme de Navailles, les nièces de Mazarin furent placées sous la haute surveillance de Mme de Senecay, ancienne gouvernante du roi. Mme de Nogent les reçut à Fontainebleau comme des princesses de sang royal, et la reine alla les voir le soir même de leur arrivée. En conséquence, une véritable cour se forma autour d'elles.

On en glosa un peu, le maréchal de Villeroy dit même : « Voilà de petites demoiselles qui présentement ne sont point riches, mais qui bientôt auront de beaux châteaux, de bonnes rentes, de belles pierreries, de bonne vaisselle d'argent et peut-être de grandes dignités ; » se montrant ainsi prophète en son pays. Mais la foule suit la foule, surtout quand elle se précipite à quelque acte de servilisme bien plat ; et Mazarin, riant dans sa barbe, traitait de haut en bas cette tourbe d'imbéciles.

Dès que Laure Mancini eut ses dix-sept ans, son oncle songea à la marier. Il jeta d'abord les yeux sur le beau Candale, « qui se prétendait prince, dit Amelot de la Houssaye, à cause que sa mère était fille bâtarde de Henri IV. » Le duc de Candale était en effet fils du duc d'Épernon et de Gabrielle, fille de la marquise de Verneuil, maîtresse du roi vert-galant. Mais le beau Candale, pendant qu'on lui préparait à la cour un si brillant avenir, mourait à Lyon, empoisonné par un mari jaloux, le marquis de Castellane, suivant les uns ; d'après les autres, d'épuisement, pour avoir donné de trop grandes et trop fréquentes preuves de sa passion à la malheureuse jeune femme dont nous avons raconté la fin terrible, sous le nom de marquise de Ganges.

Mazarin, qui tenait à ce qu'il paraît à la

Mlle de Pons aime le jeune Malicorne.

lignée bâtarde du grand roi Henri, se rabattit donc sur le petit-fils de Henri IV et de Gabrielle d'Estrées, le duc de Mercœur qui, épris lui-même, après bien des tribulations qui ne sauraient nous intéresser, épousa à la fin Laure Mancini.

Nous l'avons déjà dit : Laure fut la plus sage des Mazarines, et spécialement des Mancini, dont les pamphlets du temps peignent ainsi la beauté :

> Elles ont les yeux d'un hibou,
> L'écorce blanche comme un chou,
> Les sourcils d'une âme damnée
> Et le teint d'une cheminée.

Ce qu'il convient de traduire : elles avaient les yeux extrêmement brillants, les cheveux et les sourcils couleur d'encre et la peau brune ; — Mme de Motteville ajoute, à l'actif de la duchesse de Mercœur : « le visage le plus gracieux. »

Tandis que le duc de Mercœur guerroyait en Italie, la sage duchesse vivait dans la retraite, au château d'Anet, ne paraissant au Louvre et à Fontainebleau qu'à de rares intervalles.

« La reine de Suède railla le chevalier de Gramont, dit Mme de Motteville, sur la passion qu'il avait pour Mme de Mercœur, et ne l'épargna nullement sur le peu de reconnaissance qu'il en pouvait espérer. »

Louis XIV chercha lui-même à plaire à l'intraitable duchesse de Mercœur ; mais il y perdit ses royales peines.

« Le jeune roi, dit encore Mme de Motteville, trop accoutumé à rendre tous les honneurs aux nièces de Mazarin, alla prendre Mme de Mercœur pour commencer le branle. La reine, surprise de cette faute, se leva brusquement de sa chaise, lui arracha Mme de Mercœur en lui disant tout bas d'aller prendre la princesse d'Angleterre. La reine d'Angleterre, qui s'aperçut de la colère de la reine, courut après elle, et lui dit tout bas qu'elle la priait de ne point contraindre le roi, que sa fille avait mal au pied et qu'elle ne pouvait danser. La reine lui dit que, si la princesse ne dansait, le roi ne danserait point du tout. Ainsi la reine d'Angleterre laissa danser la princesse sa fille, et dans son âme, fut mal satisfaite du roi.

« Il fut encore grondé le soir par la reine, sa mère, mais il lui répondit qu'il n'aimait point les « petites filles. »

En voilà, j'espère, des histoires pour une entrée en danse !

Si sa jeune Majesté n'aimait pas les petites filles, il aimait fort les grandes en revanche, et à défaut de Laure Mancini, il fit son affaire de sa sœur Olympe.

Olympe était la plus noire — disons la plus brune — de toutes. Mais elle était extrêmement gracieuse ; en outre, il paraît qu'à dix-sept ans elle jouissait d'un embonpoint potelé qui était un charme de plus, et fort rare chez les jeunes personnes de dix-sept ans les plus gracieuses d'ailleurs. Ajoutons à cela beaucoup d'esprit, et un esprit souple, rusé, malicieux, vraiment italien, qui la fit vite s'apercevoir que le jeune roi, dont elle partageait les jeux, pas toujours innocents, était épris et la porta à profiter de la circonstance.

Nous trouvons dans la *Gazette* de Loret le portrait d'Olympe :

> . . . La nymphe Mancias,
> Fort bien vestue à la Christine,
> D'une amazone avoit les traits.

Parmi ces célestes attraits,
Qui font que sous son bel empire
Maint cœur d'importance soupire...

et ainsi de suite. Mais il n'y a de ressemblant dans ce portrait que le « cœur d'importance. » cœur royal s'il en fut. Mais peut-être ce cœur d'importance ne soupirait-il pas en vain, car on signale dès lors certaines privautés prises par le roi sans grande difficulté.

« La reine, dit le chroniqueur déjà cité, ne se fâchait point de cet attachement ; mais elle ne pouvait souffrir, pas même en riant, qu'on parlât de cette amitié comme d'une chose qui pouvait tourner au légitime ; la grandeur de son âme avait de l'horreur pour un tel abaissement. »

C'est bien possible, mais cela n'empêche que la reine Christine, qui avait quelque chose à obtenir du cardinal, dit un jour tout haut : « Ce serait fort mal de ne point marier au plus vite deux jeunes gens qui se conviennent si bien. » De sorte qu'Anne d'Autriche était quelquefois obligée de renfoncer cette amertume d'une supposition avilissante pour son fils, sans en faire plus d'histoires que s'il se fût agi de son propre abaissement.

Cependant, on ne les maria pas, ces deux enfants qui se convenaient si bien ; on dit que la faute en fut à Olympe, pour s'être livrée trop vite, de sorte que Louis XIV était rassasié lorsqu'il eût été convenable de parler mariage.

On chercha donc à établir la noire Mazarine, « âme noire et visage noir, » à ce que prétend Michelet, qui n'est pas un oracle.

Il fut question du prince de Conti, puis du duc de Modène, enfin du duc de la Meilleraye : tous les trois déclinèrent cet honneur ; et le dernier, en motivant son refus sur ce qu'il voulait se marier pour se ranger et faire son salut, et que ce ne serait pas prendre le bon chemin que d'épouser ce diable en jupons, qu'il ne saurait se résoudre à aimer, de sorte qu'il serait obligé de pécher avec d'autres femmes ; et adieu alors tout espoir de salut !

Ce bavard de la Meilleraye, savez-vous comment il termina cette rodomontade ?

En tombant amoureux fou d'Olympe.

Il alla donc trouver Mazarin, la crête fort basse, et lui demanda la main de sa nièce.

Mazarin eut un sourire en dessous à cette ouverture, et il renvoya le solliciteur à la sollicitée.

— Monsieur, dit la malicieuse Olympe à cet homme qui oubliait si facilement le soin de son salut, je ne veux me marier que pour faire mon salut, pour aimer mon mari par conséquent ; or, comme vous m'inspirez une insurmontable aversion, je vous refuse.

Le duc, « fait au même, » comme on dit dans les régions bien informées, n'avait pas d'autre ressource que de « pécher avec les autres femmes. » Nous espérons que c'est ce qu'il fit.

Peu après, Olympe Mancini épousait Eugène de Carignan, de la maison de Savoie, en faveur duquel Mazarin fit revivre le titre de comte de Soissons. Il y eut de grandes fêtes, auxquelles le Pinde du temps mêla ses accents lyriques. Il se trouva même un des nourrissons dudit Pinde pour avertir le nouveau comte de Soissons que sa femme avait été jugée digne de la « couche des dieux, » ce qu'il savait probablement assez bien.

Lorsque Louis XIV eut épousé Marie-Thérèse, Olympe Mancini, comtesse de Soissons, un moment éloignée de la cour par les soins de sa sœur Marie, qui l'avait remplacée dans le cœur d'importance que nous savons, reparut plus pimpante et surtout plus scandaleusement effrontée qu'elle ne l'avait jamais été.

Le roi avait repris goût pour son ancienne maîtresse, et il allait ouvertement la voir à l'hôtel de Soissons. Elle l'accompagna, aller et retour et en tête-à-tête dans son carrosse, dans un voyage qu'il fit à Bordeaux.

Bartet, agent secret de Mazarin, écrivait à celui-ci, à la date du 3 octobre 1657 :

« Le roi a trouvé le moyen de venir de Bordeaux ici en jouant ; il a quitté le carrosse de la reine dès la seconde journée et est entré dans le sien avec Mme la comtesse de Soissons seule et Mme d'Uzès ; ils ont fait dans le carrosse d'une machine une table où ils jouent tête-à-tête un jeu à perdre 300 ou 400 pistoles. La perte n'est pas de cela jusqu'à cette heure, et c'est le roi qui perd.

« Il a repris avec Mme la comtesse le commerce de lui parler, de rire avec elle, et particulièrement de jouer plus qu'avec qui que ce soit ; de sorte que cela va aussi bien qu'on le peut souhaiter, et dure comme cela depuis six jours. Ils ont dîné tous les jours tête à tête dans le carrosse, sans en sortir. »

L'hôtel de Soissons fut, pendant quelque temps, renommé pour les fêtes qu'y donnait Olympe Mancini, fêtes dans lesquelles on jouait un jeu d'enfer, suivant l'expression consacrée. Louis XIV y était fort assidu ; mais bientôt il se dégoûta une seconde fois de la belle Olympe, et la céda à son favori, le marquis de Vardes, celui qu'on appelait familièrement le beau de Vardes, et qui était fils d'une ancienne maîtresse de Henri IV, lui aussi, de la comtesse de Moret.

C'est que Louis XIV venait de s'attacher à Mlle de la Vallière. De Vardes et la comtesse de Soissons, nous le verrons du reste plus loin, se liguèrent contre la nouvelle maîtresse du roi, et il n'est pas d'infamie qu'ils n'aient inventé pour tâcher de la perdre.

La comtesse de Soissons, pour son compte personnel, ourdit bien d'autres trames, notamment contre Madame, duchesse d'Orléans, dont elle était extrêmement jalouse, non sans raison.

« Jalouse de Madame jusqu'à la folie, dit Mᵐᵉ de Lafayette, elle ne laissait point de bien vivre avec elle. Un jour qu'elle était malade, elle pria Madame de l'aller voir, et elle reprocha à Madame le commerce que, depuis trois ans, elle avait avec de Vardes à son insu...

« Une autre fois, elle envoya encore prier Madame de l'aller voir : la princesse la trouva dans une douleur inconcevable des trahisons de son amant...

« Sur cela, elle conta à Madame tout ce qu'elle savait, et, dans cette confrontation qu'elles firent entre elles, elles découvrirent des tromperies qui passent l'imagination. La comtesse jura qu'elle ne verrait de Vardes de sa vie; mais que ne peut une violente inclination? De Vardes joua si bien la comédie qu'il l'apaisa. »

Mais, pour apaiser la belle moricaude, de Vardes avait dû quitter Madame, et Madame, pas contente du tout, alla se jeter aux pieds du roi; seulement elle s'y rencontra avec Olympe Mancini; et c'est là que le roi en apprit de belles, et que de Vardes finit par n'être pas le bon marchand de toutes ses misérables intrigues.

Une époque de la vie de la brillante Olympe qui ne dut pas lui être agréable fut celle qui suivit la mort subite de son époux, le comte de Soissons, en 1673.

Il est possible qu'elle ne l'ait pas empoisonné, remarquez bien; et vous allez voir comme tout se présente innocemment, quoique très surnaturellement; toutefois, comprise dans le procès de La Voisin, dont nous avons déjà parlé, elle jugea prudent de s'esquiver, ayant à ses trousses la maréchaussée à cheval de M. de Louvois.

Or, voici ce qui arriva, pendant que le comte de Soissons, *déjà malade*, était en Champagne : Olympe fit venir chez elle une petite fille de cinq ans, laquelle, étant douée de seconde vue, prophétisa en présence de la duchesse de Bouillon, sœur d'Olympe, dont nous aurons à nous occuper tout à l'heure, et des ducs de Vendôme et de Villeroi, que ledit comte mourrait prochainement.

Voilà.

Eh bien! qu'y a-t-il de suspect là-dedans?

Il y a des gens qui suspectent tout et qui trouvent que quand de telles prophéties se vérifient exactement, on peut croire que le résultat était préparé d'avance.

Mais voilà tout ce qu'on peut dire. Pas de preuves plus que sur la main.

Louvois fit publier dans Paris, sa cavalerie ayant échoué dans sa poursuite, que la fugitive était sommée de se présenter sous trois jours. Mais, pas si bête! Elle savait que Louvois lui en voulait à mort et qu'il ne valait pas mieux qu'elle dans son genre.

A Bruxelles, où elle s'était réfugiée, Olympe Mancini faillit être écharpée par la populace, au courant des rumeurs d'empoisonnement qui avaient franchi la frontière : comme si cela la regardait, cette populace! Mais elle avait un fils, le prince Eugène de Savoie, victorieux de Louis XIV trop souvent pour que son prestige ne la couvrît pas, et on la laissa bientôt tranquille.

Des Pays-Bas, la comtesse de Soissons passa en Espagne, où sa sœur Marie était déjà réfugiée. Mais Charles II la reçut assez froidement, attendu que, s'il eût pu la croire innocente de l'accusation d'empoisonnement qui la précédait partout, il la suspectait véhémentement de sorcellerie. Ne pouvant avoir d'enfants, il l'accusa carrément de lui avoir « noué l'aiguillette, » en sa qualité de sorcière ; et en sa qualité d'empoisonneuse, il déclara que si la reine Louise d'Orléans, sa femme, s'entêtait à la recevoir, il y allait de sa vie.

Ce qu'il y a de plus fort, c'est que cette fois encore, comme pour la prophétie sinistre de la petite fille concernant le comte de Soissons, l'événement justifia cette prédiction.

Louise d'Orléans mourut-elle empoisonnée ? La plupart des écrivains contemporains disent non ou ne disent pas oui. La comtesse alors n'avait vraiment pas de chance, car si elle n'était pas empoisonneuse, pour sûr elle était sorcière, et sorcière de l'espèce la plus fâcheuse.

Voici au reste comment Saint-Simon s'exprime sur cet événement :

« Le comte de Mansfeld était ambassadeur de l'empereur à Madrid, et la comtesse de Soissons lia un commerce intime avec lui dès en arrivant. La reine, qui ne respirait que France, eut une grande passion de voir la comtesse de Soissons. Le roi d'Espagne, qui avait fort ouï parler d'elle, et à qui les avis pleuvoient, depuis quelque temps, qu'on vouloit empoisonner la reine, eut toutes les peines du monde à y consentir.

« Il paroît que, à la fin, la comtesse de Soissons vint quelquefois les après-dînée chez la reine, par un escalier dérobé, et elle la voyoit seule avec le roi.

« Ces visites redoublèrent, et toujours avec répugnance de la part du roi. Il avoit demandé en grâce à la reine de ne jamais goûter de rien qu'il n'en eût bu ou mangé le premier, parce qu'il savoit bien qu'on ne le vouloit point empoisonner.

« Il faisoit chaud, le lait est rare à Madrid. La reine en désira, et la comtesse, qui avoit peu à peu usurpé des moments de tête-à-tête avec elle, lui en vanta d'excellent, qu'elle promit de lui apporter à la glace.

« On prétend qu'il fut préparé chez le comte de Mansfeld.

« La comtesse de Soissons l'apporta à la reine, qui l'avala, et mourut peu de temps après... »

Après cet événement, la comtesse quitta Madrid et retourna à Bruxelles, où elle mena grand train jusqu'à ce que mort s'ensuivît (1703).

Mais encore une fois, nous ne voyons que cette mauvaise langue (écho de toutes les mauvaises langues de son temps) de Saint-Simon, qui accuse la comtesse de Soissons d'avoir empoisonné l'infortunée et innocente reine Louise d'Orléans,

Faut-il faire ici l'application du proverbe : Qui a bu boira, modifié comme suit : Qui a fait boire fera boire encore?...

Marie Mancini, plus jeune d'une année que la comtesse de Soissons, ne vint à Paris, avec sa sœur Hortense, plus jeune encore, qu'en 1653, dans une magnifique galère dorée que la république de Gênes avait mise à sa disposition.

Après avoir passé quelques mois à Aix, pour y cultiver les éléments de la langue française, ce nouveau lot de Mazarines fut placé au couvent de la Visitation de la rue Saint-Jacques.

D'après Mme de Motteville, quand Marie, âgée de dix huit ans, parut à la cour, elle était peu faite pour séduire. Elle nous la dépeint en effet avec de longs bras décharnés, un cou d'oie et un teint jaune ; et elle ajoute : « Ses yeux étaient grands et noirs, mais ils n'avaient pas encore de feu : ils paraissaient rudes ; sa bouche était grande et plate, et hormis les dents, qu'elle avait belles, on la pouvait dire toute laide alors. »

Le portrait n'est pas flatté, en tout cas.

Mais sa beauté se développa rapidement, et le grand roi, qui ne l'avait au début regardée que comme une camarade de jeux en plus, s'éprit si bien d'elle que, malgré sa paresse à l'étude, il apprit l'italien pour lui plaire.

C'est donc en lisant Pétrarque ensemble que les deux jeunes gens nouèrent leur roman d'amour, et celui-ci se fût certainement dénoué par un mariage, sans l'opposition active du cardinal qui, pour des raisons à lui, fit enfermer sa nièce au couvent du Brouage, jusqu'à ce que le mariage de Louis XIV et de Marie-Thérèse fût célébré.

Faut-il voir dans cet acte de Mazarin, qui était si dévoué aux intérêts de sa famille, une abnégation presque héroïque en faveur de l'État ? Allons donc !... La vérité c'est que cette nièce-là n'aimait pas le cardinal, qu'elle avait déjà beaucoup fait pour indisposer le roi contre lui et que, reine, Mazarin était sûr de son congé.

« Marie, sombre Italienne aux grands yeux flamboyants, dit Michelet, douée d'un esprit infernal et de l'énergie du bas peuple de Rome, enveloppa un moment le froid Louis XIV d'un tourbillon de passion. Elle eût été reine, à coup sûr, si son oncle n'avait deviné son ingratitude ; déjà elle travaillait à le perdre. »

Lorsque Marie le quitta, Louis XIV ne trouva que des larmes pour lui faire ses adieux. C'est alors que l'impétueuse Italienne dit à ce roi, non sans une nuance de mépris :

— Vous êtes roi, vous pleurez et je pars !

De son couvent, Marie entretenait une correspondance suivie avec Louis XIV. Enfin, en 1661, comme il n'y avait plus pour elle d'espoir de jamais devenir reine de France, elle épousa le connétable Colonna qu'elle suivit à Rome comme on part en exil.

Hortense Mancini fut la plus jolie des Mazarines. Elle parut à la cour en même temps que sa sœur Marie. Elle avait alors dix-sept ans. Cette apparition fit autrement sensation, par exemple, que celle de sa sœur. Les prétendants se jetèrent en foule sur cette belle proie. Charles II d'Angleterre, roi en disponibilité ; le futur Pierre II de Portugal, roi en expectative ; Charles-Emmanuel de Savoie, Charles de Lorraine ; un Courtenay, etc. : tels furent les principaux soupirants qui entourèrent Hortense Mancini à son entrée dans le monde.

Mais cette fois, Mazarin voulait un neveu de sa fabrication, c'est-à-dire qui lui dût tout. Il choisit donc pour cet aimable rôle, Armand de la Porte, marquis de la Meilleraye, celui dont Saint Simon dit qu'il s'appelait de la Porte parce que, sans doute, un de ses ancêtres avait été portier.

Fils du grand maître de l'artillerie, Armand de la Porte était amoureux d'Hortense au point qu'il allait répétant partout qu'il lui serait égal de mourir sous trois jours pourvu qu'il l'eût possédée.

Il la posséda donc, en légitime mariage, et eut encore bien d'autres avantages dont il ne tira pas tout le parti possible. Un mois après son mariage, le cardinal mourait lui laissant, avec le titre de duc de Mazarin, une fortune d'environ 28 millions.

Alors le nouveau duc de Mazarin, déjà jaloux, redoubla de jalousie et devint en outre d'une avarice sordide.

Les deux époux habitaient le palais Mazarin, où Marie, retour du couvent et en pourparlers matrimoniaux elle-même, recevait les visites du roi. A tort ou à raison, Armand de la Porte fut jaloux du roi. Il enleva sa femme, et à dater de ce moment, il la fit voyager sans repos ni trêve d'un de ses gouvernements à l'autre.

« En dépit de ses grossesses fréquentes, dit M. Amédée Renée, il la traînait de ville en ville, de Bretagne en Alsace, sans se faire annoncer nulle part, exposant sa compagne de route à mille fâcheuses aventures, comme d'accoucher dans quelque hôtellerie... L'image du roi, et peut-être de beaucoup d'autres, le poursuivait et ne laissait reposer nulle part ce Juif errant de la jalousie... »

Le duc de Mazarin, ne se trouvant sans doute pas assez détestable comme cela, devint d'une dévotion et d'un rigorisme outré. Il fit briser ou déchirer les chefs d'œuvre de la peinture et de la sculpture que le cardinal avait entassés à grand frais dans son palais, sous prétexte qu'ils représentaient principalement des personnages trop décolletés. Mais il fit, ou tenta de faire bien pis que cela !

L'écrivain déjà cité nous raconte, d'après Saint-Evremond, qu'il « voulut faire arracher les dents de devant à ses filles, qui étaient belles comme leur mère, pour qu'elles fissent naître moins de tentations.

« Il défendait aux villageoises de traire les vaches, dans *l'intérêt de leur chasteté*, et aux nourrices de donner à téter aux petits enfants le vendredi et le samedi.

« Il enseignait aux filles dans quelle posture pudique elles devaient battre le beurre ou filer.

« Il s'en allait, faisant le missionnaire, de village en village, et y répandait des catéchismes de sa façon ; il voulait convertir en couvents les corps de garde ; il vendit sa charge de grand maître de l'artillerie où il voyait un obstacle à son salut.

« Il avait la passion des règlements, et il en fit un des plus burlesques sur les règles à observer par les garçons apothicaires pour concilier la décence avec leurs fonctions. »

On avouera qu'un pareil mari pouvait passer pour un fléau, n'importe dans quelles circonstances et n'importe avec quelle femme. Hortense Mancini s'envola à la première occasion.

Hortense alla d'abord se réfugier chez son frère, devenu duc de Nevers ; mais sur l'intervention du roi, elle dut réintégrer le domicile conjugal. Elle s'enfuit de nouveau, et alla s'enfermer à l'abbaye de Chelles, où elle retrouva une de ses amies, la marquise de Courcelles ; cette fois encore, le roi la força à retourner auprès de son aimable époux. Enfin une troisième, une bonne fois celle-là, elle s'enfuit, mettant la frontière entre elle et le dévot duc de Mazarin.

Hortense avait pris le costume masculin pour mieux assurer sa fuite.

Elle était escortée de son amant, le chevalier de Rohan, et de son frère le duc de Nevers. Elle se rendit d'abord auprès d'un de ses anciens prétendants, Charles de Lorraine. De Nancy elle gagna l'Italie par Genève, et alla se réfugier chez sa sœur Marie, la connétable Colonna, à Rome.

Marie et le connétable étaient alors dans un état d'hostilité telle que le dénouement le plus désagréable pour une femme, une dure réclusion, semblait menacer Marie dans un délai rapproché. Le duc de Nevers crut devoir ouvrir les yeux de sa sœur sur la situation. Celle-ci prit peur, et de concert avec Hortense, s'enfuit du palais Colonna.

Toutes deux s'étaient travesties en homme. Après une traversée de huit jours dans une barque de pêcheurs, elles débarquèrent à la Ciotat, d'où elles se rendirent à cheval à Marseille. Tel était alors l'état de leurs toilettes, que Mme de Grignan dut leur envoyer jusqu'à des chemises, en leur écrivant qu'elles voyageaient comme de vraies héroïnes de roman, avec force pierreries et point de linge blanc.

Elles allèrent ensuite à Montpellier voir le beau de Vardes, en disgrâce. Mais là, Hortense apprit que son mari, informé de sa présence en France, avait mis les archers à ses trousses.

Les deux sœurs durent se séparer. Marie, après une suite de pérégrinations insensées, alla rejoindre son mari à la cour de Madrid ; mais il ne rapapillotèrent point, et la connétable erra dès lors de couvent en couvent, tant et si bien qu'on ne sait au juste dans lequel elle termina sa vie agitée.

Quant à Hortense, elle gagna précipitamment la Savoie, où elle retrouva encore un de ses anciens prétendants, Charles-Emmanuel, qui l'entretint pendant trois ans dans le plus grand luxe à sa cour de Chambéry. Au bout de ce temps, Charles-Emmanuel étant mort, sa veuve s'empressa de se débarrasser de la maîtresse de son mari.

Voici donc la duchesse de Mazarin en quête d'une nouvelle situation. Elle met le cap sur les Pays-Bas, et dans un équipage des plus romantiques.

« Elle était à cheval en plumes et en perruque, rapporte la marquise de Courcelles, avec vingt hommes à sa suite, ne parlant que de violons et de parties de chasse, enfin de tout ce qui donne du plaisir. »

Elle s'embarqua pour l'Angleterre à Amsterdam. Décidément elle voulait passer la revue de tous ses anciens adorateurs, car elle devait retrouver sur le trône d'Angleterre Charles II, qui lui fit un accueil des plus aimables.

Après une si longue série d'aventures de tout genre, elle n'avait toutefois que trente ans et était toujours extrêmement belle. Charles II n'eût pas mieux demandé que d'en faire sa maîtresse ; mais, instruite par l'expérience, elle préféra choisir ailleurs ses amants, dont les principaux furent à cette époque le prince de Monaco et le comte Bannier, un Suédois à qui cette préférence coûta cher.

En effet, le chevalier de Soissons, fils de sa sœur Olympe, étant tombé amoureux d'elle, et les jeunes gens étant toujours d'une impétuosité agaçante, celui-ci provoqua en duel l'amant en titre de sa tante, qui était pour lors le comte Bannier, et le tua bel et bien. L'aventure fit scandale. Hortense en fut au désespoir ; et l'on dit qu'elle fit tendre son appartement de noir avec la ferme intention de s'y enfermer pour le reste de ses jours.

Elle s'y confina en vérité pendant l'espace de quelques semaines, le temps que le scandale se fût un peu éteint, et reparut plus brillante que jamais.

Après la mort de Charles II, à qui devait succéder Guillaume de Hanovre, l'Angleterre ayant assez et trop des Stuarts, la duchesse de Mazarin fut mêlée à une foule d'intrigues qui faillirent tourner mal pour elle. Elle finit pourtant ses jours paisiblement dans une maison de Chelsea (1699), où elle avait vécu dans les derniers temps d'une pension de son ennemi le roi Guillaume.

Il nous reste à parler de la dernière des Mancini et non de la moins intéressante, de la duchesse de Bouillon.

Marie-Anne Mancini ne vint en France qu'en 1655. Voici une anecdote racontée par Amédée Renée sur son apparition à la cour :

« La cour se trouvait à la Fère ; le cardinal, une après-dînée, se mit à plaisanter sa nièce sur ses galants ; il alla jusqu'à lui dire qu'elle était grosse.

« Anne se fâcha tout rouge, et l'oncle de s'en amuser, si bien qu'il continua la plaisanterie. On rétrécit les robes de l'enfant pour lui faire croire que sa taille s'arrondissait. Ses colères divertissaient toute la cour. Il n'était question que de son prochain accouchement, et Marie-Anne, un beau matin, trouva dans ses draps un enfant qui venait de naître.

« Il lui fallut bien convenir alors de sa maternité ; elle jeta des cris de désespoir, et fit chorus avec son nouveau-né ; elle as-

Fuenclara aperçut à une fenêtre.

surait fort qu'elle ne s'était aperçue de rien.

« La reine alla faire sa visite de cérémonie à l'accouchée et voulut être la marraine. Tout le monde, en grande pompe, vint la voir et défiler devant son lit, selon l'étiquette.

« On pressa Marie-Anne de déclarer le père de l'enfant, et elle répondit que ce ne pouvait être que le roi ou le comte de Guiche, car elle ne voyait que ces deux hommes-là qui l'eussent embrassée.

« Telles étaient les plaisanteries du

temps, et la manière dont on formait l'esprit des petites filles. »

Remarquez, en effet, que Marie-Anne n'avait pas dix ans à l'époque où on lui faisait de si aimables farces!

Après la mort de son oncle, Marie-Anne restait à pourvoir, seule de toutes les Mazarines. Elle épousa en 1662 Maurice-Godefroy de la Tour, duc de Bouillon, neveu de Turenne. Elle avait alors seize ans. Mais les deux époux, ne se convenant point, jugèrent à propos de se séparer amiablement au bout de peu de temps. Le duc prit du service en Hongrie, et la duchesse se retira à Château-Thierry, dans l'une des résidences des Bouillon, où, entre autres connaissances, elle fit celle de Lafontaine.

« Elevée dans le sans-gêne des bouffonneries italiennes, elle prit plaisir aux récits que Lafontaine avait tirés du *Décaméron*, dit M. A. Renée ; c'est un goût que nous n'avons plus ; mais son temps l'explique et l'excuse. Des femmes plus sévères que Marie-Anne s'en amusaient comme elle ; Mme de Sévigné et sa rigide fille ne se gênent pas pour en parler dans leurs lettres. Lafontaine, chargé de désennuyer sa rieuse châtelaine, grossit donc le recueil de ses contes aussi bien que celui de ses fables. »

Et ajoutons qu'il faut savoir gré de cela à la duchesse de Bouillon.

Au retour du duc de Bouillon, la duchesse revint à Paris, et son salon devint un centre littéraire. Outre Lafontaine, Benserade, Molière et jusqu'au vieux Corneille, le fréquentaient assidûment. C'est chez elle que fut montée la fameuse cabale qui opposa la *Phèdre* de Pradon à celle de Racine... Mais ces questions de lutte littéraire ne nous regardent pas.

Marie-Anne était, comme ses sœurs, fille d'un astrologue, et partant quelque peu entichée d'astrologie, de nécromancie et autres *ies*, pour un moment mêlées d'empoisonnements. L'enquête ouverte contre les agissements de la Voisin révéla que la duchesse de Bouillon, tout comme la comtesse de Soissons, avait rendu de fréquentes visites à l'accoucheuse-nécromancienne-empoisonneuse trop célèbre.

Elle comparut devant devant la chambre ardente de l'Arsenal.

De quoi, en somme, accusait-on Marie-Anne Mancini?

D'avoir voulu empoisonner son mari. Pendant l'enquête, le duc de Bouillon déclara catégoriquement n'avoir jamais été empoisonné ni redouté de l'être, — du moins par sa femme.

Le prince de Conti, le duc de Bourbon et tous les parents du duc de Bouillon offrirent de se porter caution pour la duchesse. Ce fut en vain : la comtesse de Soissons était trop véhémentement convaincue d'avoir empoisonné son mari qui, lui, ne pouvait plus se porter garant pour sa femme, pour que celle de ses sœurs qui était la compagne assidue de ses visites chez la Voisin ne fût pas également soupçonnée.

Il lui fallut donc comparaître.

Mme de Sévigné a eu l'obligeance de nous conserver la relation de son interrogatoire.

« Mme de Bouillon entra comme une petite reine dans cette chambre ; elle s'assit dans une chaise qu'on lui avait préparée, et, au lieu de répondre à la première question, elle demanda qu'on écrivit ce qu'elle voulait dire, c'était :

« — Qu'elle ne venoit là que par le respect qu'elle avoit pour l'ordre du roi, et nullement pour la chambre, qu'elle ne reconnoissoit point, ne voulant point déroger au privilège des ducs.

« Elle ne dit pas un mot que cela ne fût écrit ; puis elle ôta son gant et fit voir une très belle main. Elle répondit sincèrement jusqu'à son âge.

« — Connaissez-vous la Vigoureux?
« — Non.
« — Connaissez-vous la Voisin?
« — Oui.
« — Pourquoi vouliez-vous vous défaire de votre mari?
« — Moi, m'en défaire! Vous n'avez qu'à lui demander s'il en est persuadé; il m'a donné la main jusqu'à cette porte!
« — Mais pourquoi alliez-vous si souvent chez la Voisin?
« — C'est que je voulois voir les sibylles qu'elle m'avoit promises; cette compagnie méritoit bien qu'on fît tous les pas.
« — N'avez-vous pas montré à cette femme un sac d'argent?
« Elle dit que non, par plus d'une raison, et tout cela d'un air fort riant et fort dédaigneux.
« — Eh bien, messieurs, est-ce là tant ce que vous avez à me dire?
« — Oui, madame.
« Elle se lève, et en sortant, elle dit tout haut:
« — Vraiment, je n'eusse jamais cru que des hommes sages pussent demander tant de sottises. »

Saint-Evremond toutefois rapporte un trait de cet interrogatoire, qui est de beaucoup le plus amusant et que Mme de Sévigné a négligé. Nous ferons bien de le rapporter à tout hasard.

Le lieutenant de police la Reynie, à la fois l'un des présidents, le procureur général et le rapporteur à ce tribunal d'exception, en interrogeant la duchesse de Bouillon, lui demanda avec tout le sérieux que comportait la circonstance, si, dans ses entrevues avec les sibylles et autres personnages également fantastiques, il lui avait été donné de voir le diable.

« — Je le vois dans ce moment, lui repartit la malicieuse duchesse, et la vision est fort laide: il est déguisé en conseiller d'État. »

Saint-Evremond ne nous dit pas comment La Reynie, qui n'était pas un monsieur commode, prit cette réponse; mais en tout cas la duchesse de Bouillon fut déchargée de toute accusation. Il est vrai qu'elle dut sortir aussitôt de Paris, en vertu d'un ordre royal.

Marie-Anne passa quelque temps après en Angleterre; elle y vécut près de sa sœur Hortense jusqu'à l'avènement de Guillaume d'Orange, vécut ensuite deux années tant à Venise qu'à Rome et revint à Paris en 1690.

Elle avait alors quarante-quatre ans, l'âge des résolutions héroïques. Elle rouvrit en conséquence un salon littéraire qui ne cessa pas d'être fort suivi par les plus grands écrivains de l'époque, à quelques exceptions près, et vécut au milieu de ce monde spécial, dans une tranquillité parfaite, jusqu'à sa mort, qui arriva en 1714.

XXXV

Les ménages extravagants.

Sommaire. — Sidonia de Lenoncourt. — Un coup de tête de jeune fille. — Un cheval aveugle pour un borgne. — Courte lune de miel. — Portrait de Sidonia peint par elle-même, et *joliment* peint. — Une distraction galante de M. de Louvois. — Efforts louables mais inutiles pour être agréable à l'illustre ministre, à charge de revanche. — Le prince Charmant. — Mme de Courcelles et Mme de Monaco. — Dénouement fâcheux. — Sidonia au couvent. — Une paire d'amies. — Amusements des pensionnaires des Dames de la Visitation. — Un bain de pieds homérique. — Les deux amies devenues libres se brouillent. — L'honneur est satisfait. — Mme de Courcelles en exil. — Le page de l'évêque. — Une

Manon Lescaut de qualité. — La vengeance du capitaine. — Parallèle trop littéraire entre Sidonia de Lenoncourt, marquise de Courcelles, et Hortense Mancini, duchesse de Mazarin. — Aventure invraisemblable d'un marquis et d'une fille d'honneur. — Cavoye et Mlle de Coetlogon. — Un mari fastidieusement adoré. — Lauzun et la Grande Demoiselle. — Une passion sur le retour. — Mariage manqué. — Le cachot de Pignerol au lieu des chaînes de l'hymen. — Tout vient à point à qui sait attendre. — La délivrance. — Lauzun reprend son emploi de favori des dames, avec tous les privilèges y attachés. Mademoiselle fait des scènes. — Lauzun pourchassé, raillé, vilipendé, berné, prend le parti d'aller se coucher. — La fièvre tierce. — Le quinquina de l'amour. — Un ménage de crocheteurs de qualité. — Rupture éclatante. — Le comte de Lauzun, devenu veuf, songe à faire une fin.

Puisque nous avons été amené incidemment à prononcer une fois ou deux le nom de Mme de Courcelles, l'amie d'Hortense Mancini, quoique beaucoup plus jeune, nous ferons peut-être bien de voir un peu dans la vie de cette charmante et spirituelle évaporée, qui vaut la peine qu'on y regarde, et fut mêlée d'ailleurs à celle de plus d'une de nos héroïnes galantes, autant ou même moins qu'elle.

Sidonia de Lenoncourt, plus tard marquise de Courcelles, appartenait à une ancienne et grande famille de Lorraine. Orpheline dès l'enfance, elle fut élevée près d'une tante abbesse d'un couvent d'Orléans.

Elle avait à peine quatorze ans, lorsque, par ordre du roi, elle dut se rendre à la cour pour épouser Maulevrier, frère de Colbert, qui avait besoin d'une belle dot, dont Sidonia était justement fort à propos lestée.

La jeune fille ayant vu celui qu'on lui destinait pour époux et reçu l'ordre formel du grand roi, épousa... le marquis de Courcelles.

Un pareil coup de tête ne pouvait être exécuté que par une fillette de quinze ans, on en conviendra. Le regard du roi-soleil qui enfantait les Corneille et faisait mourir de consomption les Racine, ne fut d'aucun effet sur cette jeune émancipée. Mais elle n'eut pas lieu de s'applaudir beaucoup de son choix : si Maulevrier ne valait pas le diable, elle s'aperçut, dès le soir de ses noces, que Courcelles pouvait bien valoir encore moins.

Elle demeura toutefois huit grands jours avec l'époux de son choix. *Huit jours !* — et huit nuits probablement.

Puis elle le planta là.

« Je crus, dit-elle, qu'il y allait de ma gloire de ne point m'entêter d'un homme que personne n'estimait, et je donnai un si libre cours à mon aversion pour lui, qu'en un mois toute la France en fut informée.

« Je ne savais pas encore que haïr son mari et pouvoir en aimer un autre n'est presque que la même chose. Dans cette erreur beaucoup de gens prirent le soin de me le dire. »

Nous verrons tout à l'heure qu'elle profita de la leçon ; mais auparavant, voyons le portrait de cette belle courtisane du grand monde, peint par elle-même, et qui n'en est que plus piquant.

C'est à un de ses amants qu'elle écrivait ceci :

« Pour mon portrait, je voudrais bien le faire sur l'idée que vous en avez conçue et qu'on voulût s'en rapporter à vos descriptions ; mais faut dire naïvement ce qui en est.

« J'avouerai que, sans être une grande beauté, je suis pourtant une des plus aimables créatures qui se voient ; que je n'ai rien dans le visage ni dans les manières qui ne plaise et qui ne touche ; que, jusqu'au son de ma voix, tout en moi donne de l'amour, et que les gens du monde les plus opposés d'inclination et de tempérament sont du même avis là-dessus et conviennent qu'on ne me peut voir sans me vouloir du bien.

« Je suis grande, j'ai la taille admirable

et le meilleur air que l'on puisse avoir ; j'ai de beaux cheveux bruns faits comme ils doivent être pour parer mon visage et relever le plus beau teint du monde, quoiqu'il soit marqué de petite vérole en beaucoup d'endroits.

« J'ai les yeux assez grands ; je ne les ai ni bleus ni bruns ; mais entre ces deux couleurs, ils en ont une agréable et particulière ; je ne les ouvre jamais tout entiers, et, quoique dans cette manière de les tenir un peu fermés, il n'y ait aucune affectation, il est pourtant vrai que ce m'est un charme qui me rend le regard le plus doux et le plus tendre du monde. J'ai le nez d'une régularité parfaite. Je n'ai pas la bouche la plus petite du monde ; je ne l'ai point aussi fort grande.

« Quelques censeurs ont voulu dire que, dans les justes proportions de la beauté, on pouvait me trouver la lèvre de dessous un peu trop avancée. Mais je crois que c'est un défaut qu'on m'impute pour ne m'en avoir pu trouver d'autres, et que je dois pardonner à ceux qui disent que je n'ai point la bouche tout à fait régulière, quand ils conviennent en même temps que ce défaut est d'un agrément infini, et me donne un air très spirituel dans le rire et dans les mouvements de mon visage.

« J'ai enfin la bouche bien taillée, les lèvres admirables, les dents de couleur de perle, le front, les joues, le tour du visage beaux, la gorge bien taillée, les mains divines, les bras passables, c'est-à-dire un peu maigres ; mais je trouve de la consolation à ce malheur par le plaisir d'avoir les plus belles jambes du monde.

« Je chante bien sans beaucoup de méthode ; j'ai même assez de musique pour me tirer d'affaire avec les connaisseurs. Mais le plus grand charme de ma voix est dans la douceur et la tendresse qu'elle inspire ; et j'ai enfin des armes de toute espèce pour plaire, et jusqu'ici je ne m'en suis jamais servie sans succès.

« Pour de l'esprit, j'en ai plus que personne ; je l'ai naturel, badin, plaisant, capable aussi de grandes choses, si je voulais m'y appliquer. J'ai des lumières et connais mieux que personne ce que je devrais faire, quoique je ne le fasse quasi jamais. »

Demandez donc un peu de modestie à une personne ainsi taillée et offrez donc des conseils, même désintéressés, à un esprit si remarquable et surtout si décidé !

Le premier personnage important qui apparaît sur la route incertaine de Mme de Courcelles, c'est Louvois, le ministre alors tout-puissant !

Un jour, Louvois entrait à l'Arsenal, où le ménage Courcelles, non encore séparé, demeurait, au moment où Sidonia sortait pour se rendre à l'église.

« Il me reconnut, dit-elle, à ma livrée, mit pied à terre, et me mena à la messe et l'entendit avec moi. Quoique je ne me connusse guère alors aux marques d'une passion naissante, je ne laissai pas de comprendre que cette démarche d'un homme aussi brusque et aussi accablé d'affaires me voulait dire quelque chose. »

Mais ce quelque chose, si nous devons l'en croire, elle ne voulut point faire semblant de l'avoir entendu. En vain les membres de sa propre famille, son mari luimême, firent les plus louables efforts pour la jeter dans les bras du ministre dont ils espéraient tirer charges, faveurs et pots de vin : la jeune femme, qui n'était pas de celles qu'on intimide aisément, résista, et Louvois dut renoncer à cet amour mal venu.

Mme de Courcelles, n'ayant que quinze ans, n'était point ambitieuse, voilà ce qui faisait sa force ; et puis elle était fort entêtée, et enfin... amoureuse.

Oui, amoureuse : ce que c'est que la jeunesse! — Et elle prétendait se donner, non se vendre.

L'objet de cette jeune et vive passion était le marquis de Villeroy, cousin de son mari. — Toujours les cousins! que le diable les confonde!!

Villeroy était alors le favori des dames, et elles ne l'appelaient que le *Charmant*. Il était pour lors l'amant déclaré de Mme de Monaco, à qui Mme de Courcelles l'enleva sans scrupules.

Mais la princesse de Monaco, furieuse de cette défaite, en fit un bruit de diable, et avec le secours de Louvois, qui ne demandait qu'une occasion de se venger, elle fit enfermer la belle et audacieuse Sidonia au couvent de la Visitation. C'est là que la duchesse de Mazarin, fuyant les fantaisies bigotes et jalouses de son précieux époux, retrouva Mme de Courcelles, aussi gaie, aussi folle que si elle était en pleine jouissance de sa liberté et de l'objet de sa passion.

« Comme elle était fort aimable et fort réjouissante de sa personne, rapporte la duchesse de Mazarin, j'eus la complaisance d'entrer pour elle dans quelques plaisanteries qu'elle fit aux religieuses. On en fit cent contes ridicules au roi : que nous mettions de l'encre dans le bénitier pour faire barbouiller ces bonnes dames; que nous allions courir par le dortoir pendant leur premier somne, avec beaucoup de petits chiens, en criant *tayaut*, et plusieurs autres choses semblables, ou absolument inventées ou exagérées avec excès.

« Par exemple, ayant demandé à nous laver les pieds, les religieuses s'avisèrent de le trouver mauvais et de nous refuser ce qu'il fallait, comme si nous eussions été là pour observer leur règle. Il est vrai que nous remplîmes d'eau deux grands coffres qui étaient sur le dortoir, et parce qu'ils ne tenaient pas et que les ais du plancher joignaient fort mal, nous ne prîmes pas garde que ce qui se répandit, perçant le mauvais plancher, alla mouiller le lit de ces bonnes sœurs. »

Quant aux autres plaisanteries, dans lesquelles elle avait eu la complaisance d'entrer, la belle Hortense Mancini est déjà une personne trop grave pour nous en livrer le secret.

Les deux recluses demeurèrent amies intimes tant que dura leur réclusion : il n'y avait pas d'homme entre elles. Mais aussitôt libres, elles se brouillèrent. Elles s'éprirent en même temps d'un gentilhomme dont les succès auprès des dames était grand alors, du marquis de Cavoye. Cavoye de son côté s'éprit de Mme de Courcelles. — Et voilà la guerre allumée.

Courcelles, on ne sait comment, prit de l'ombrage de cette nouvelle intrigue de sa femme. Il provoqua Cavoye, une des plus fines lames du royaume. Mais sur le terrain, les deux champions s'embrassèrent.

Peu après le marquis donna l'ordre à sa femme de se retirer dans son château du Maine, avec sa belle-mère pour espion. Elle se fit naturellement un vrai plaisir de tromper la vigilance de la duègne, et y réussit plus d'une fois. Elle noua notamment, à peine arrivée, une intrigue avec un page de l'évêque de Chartres, dont elle eut beaucoup de peine à se débarrasser ensuite : ce qu'elle ne put faire d'ailleurs sans quelque bruit. Son mari alors, qui cherchait un prétexte pour s'emparer, s'il était possible, de la fortune de sa femme, déposa contre elle une plainte d'adultère.

A dater de ce moment commence pour la marquise de Courcelles une existence qu'on a avec raison comparée à celle de Manon Lescaut; tantôt riche, tantôt misérable, toujours galante et toujours gaie et spirituelle; après avoir quinaudé juges et geôliers, on la voit courir les aventures les plus romanesques, tout à fait comme l'héroïne de l'abbé Prévost.

Devenue veuve en 1678, à vingt-sept ans, elle était alors à Genève, incendiant des feux contenus pourtant de ses beaux yeux « ni bleus ni bruns, » ni grands ni petits, tous les cœurs, même les plus coriaces des disciples de Calvin.

Un capitaine au régiment d'Orléans, devenu amoureux fou de M*me* de Courcelles, bien que la belle ne lui ménage pas ses faveurs, est toutefois désespéré de les partager avec d'autres et beaucoup trop à son gré, finit par éprouver le désir de se venger, et il semble que ce soit à ce louable sentiment que nous devions la publication de la correspondance de la trop aimable et fragile pécheresse.

« J'avais à me justifier, dit cet officier déconfit, d'avoir aimé trop fortement et trop fidèlement la plus charmante créature de l'univers, à la vérité, mais la plus perfide et la plus légère aussi, et que je reconnaissais pour telle. Je me défiais trop de mon éloquence pour m'en rapporter à elle seule de cette justification, et les discours que je faisais tous les jours pour bien représenter les charmes de son esprit (et c'était le fort de ma défense), me satisfaisaient si peu moi-même que je voyais bien qu'ils ne persuaderaient personne.

« Dans cet embarras dont je ne savais pas par où sortir, je m'avisai un jour heureusement que j'avais des moyens sûrs pour cette persuasion, et que ce qu'elle m'avait écrit était si beau et si parfait, qu'il ne fallait que le montrer pour persuader mieux que ce que je pouvais dire. »

Il est bien bon ce monsieur. Et dire qu'il y a des gens pour croire que c'est arrivé ! Enfin, de cette manière ou d'une autre, les *Mémoires et Correspondance de la marquise de Courcelles* est entre les mains des bibliophiles et des curieux de la connaissance des mœurs au XVII*e* siècle, dont nous sommes présentement en train de donner un assez bon aperçu ; et c'est quelque chose.

La vie agitée et souvent précaire de la marquise de Courcelles fut courte, car elle mourut à trente-quatre ans. Sainte-Beuve a fait entre elle et la duchesse de Mazarin ce parallèle curieux et assez exact :

« Une comparaison, dit-il, s'établit entre M*me* de Courcelles et la duchesse de Mazarin, cette nièce du cardinal avec laquelle elle avait été fort liée, qu'elle avait eu un moment pour compagne de réclusion, pour rivale ensuite, et qui est si connue elle-même par ses aventures conjugales, ses procès, sa fuite et ses pérégrinations galantes.

« Il y aurait à faire entre ces deux femmes (deux démons sous forme d'anges !) un parallèle suivi qui serait curieux pour les mœurs du grand siècle. Mais, sur un point important, je voudrais qu'on marquât bien la conclusion à l'avantage de la duchesse de Mazarin.

« Celle-ci, en effet, au milieu de tout ce qui pouvait la faire déchoir, sut toujours tenir son rang et se concilier ce qu'il faut bien appeler (je ne sais pas un autre mot) de la considération. Elle la devait sans doute en partie à la mémoire de son oncle, à sa richesse, à ses grandes relations, mais aussi à son caractère et à son attitude.

« M*me* de Mazarin n'est pas plus tôt arri-
« vée en quelque lieu, dit Saint-Evremond,
« qu'elle y établit une maison qui fait ou-
« blier toutes les autres. On y trouve la plus
« grande liberté du monde ; on y vit avec
« une égale discrétion. Chacun y est plus
« commodément que chez soi, et plus res-
« pectueusement qu'à la cour. »

« Voilà le mérite principal, l'art de vivre et de régner qui a immortalisé la duchesse de Mazarin et sauvé son renom.

« Elle eut, après tout, de la justesse, et

de l'économie jusque dans la prodigalité de ses qualités et de ses dons. Elle ne se contenta pas d'avoir de l'esprit, elle l'aima chez les autres ; elle rechercha les lumières, chose alors nouvelle, et sut partout s'entourer d'un cercle d'hommes distingués ; elle vécut enfin et mourut comme une grande dame, tandis que la pauvre Sidonia, avec tout son esprit et ses grâces, a fini comme une aventurière.

« Encore une fois, son nom est tout trouvé : c'est la Manon Lescaut du XVIIe siècle. »

Il faut que nous disions un mot maintenant de Louis d'Oger, marquis de Cavoye, gentilhomme picard, qu'à leur sortie du couvent des Filles de la Visitation, Mme de Mazarin [et Mme de Courcelles se disputèrent, et qui fut la cause de leur brouille.

« Il y a dans les cours, dit Saint-Simon à propos de Cavoye, des personnages singuliers qui, sans esprit, sans naissance distinguée et sans entours ni services, percent dans la familiarité de ce qui est le plus brillant et font enfin, on ne soit pourquoi, compter le monde avec eux. »

Tel fut en effet Cavoie qui, avec tous ces défauts, n'en était pas moins l'ami de Turenne et de Seignelay, et par conséquent l'ennemi de Louvois. Le roi même l'aimait fort, mais par suite de l'animosité de l'intraitable ministre, il ne put le lui manifester tout à fait comme l'eût désiré le favori.

« Cavoie, dit encore Saint-Simon, étoit un des hommes de France les mieux faits et de la meilleure mine, et qui se mettoit le mieux.

« C'étoit un temps où on se battoit fort, malgré les édits. Cavoie, brave et adroit, s'y acquit tant de réputation, que le nom de brave Cavoie lui en demeura.

« Mlle de Coetlogon, une des filles de la reine Marie-Thérèse, s'éprit de Cavoie, et s'en éprit jusqu'à la folie. Elle étoit laide, sage, naïve, aimée et très bonne créature. Personne ne s'avisa de trouver son amour étrange, et, ce qui est un prodige, tout le monde en eut pitié. Elle en faisoit toutes les avances. Cavoie était cruel et quelquefois brutal ; il en étoit importuné à mourir. Tant fut procédé, que le roi et la reine le lui reprochèrent, et qu'ils exigèrent de lui qu'il seroit plus humain.

« Il fallut aller à l'armée : Voilà Coetlogon aux larmes, aux cris, et qui quitte toutes parures tout du long de la campagne, et qui ne les reprend qu'au retour de Cavoie. Jamais on ne fit qu'en rire.

« Vint l'hiver un combat où Cavoie servit de second et fut mis à la Bastille. Autres douleurs ; chacun alla lui faire compliment. Elle quitta toutes parures et se vêtit le plus mal qu'elle put. Elle parla au roi pour Cavoie, et ne pouvant en obtenir la délivrance, elle le querella jusqu'aux injures. Le roi rioit de tout son cœur ; elle en fut si outrée, qu'elle lui présenta ses ongles auxquels le roi comprit qu'il étoit plus sage de ne point s'exposer.

« Il dînoit et soupoit tous les jours en public avec la reine. Au dîner, la duchesse de Richelieu et les filles de la reine servoient. Tant que Cavoie fut à la Bastille, jamais Coetlogon ne voulut servir au roi quoi que ce soit ; ou elle l'évitoit ou elle refusoit tout net, disant qu'il ne méritoit pas qu'elle le servît.

« La jaunisse la prit, les vapeurs, le désespoir ; enfin tant fut procédé que le roi et la reine exigèrent sérieusement de la duchesse de Richelieu de mener Coetlogon voir Cavoie à la Bastille, et cela fut répété deux ou trois fois.

« Il sortit enfin, et Coetlogon ravie se para tout de nouveau ; mais ce fut avec peine qu'elle consentit à se raccommoder avec le roi.

Mlle de Gurechy.

« Le roi envoya quérir Cavoie qu'il avait déjà inutilement tenté sur ce mariage et lui dit qu'il le vouloit ; à cette condition, il prendroit soin de sa fortune ; que pour lui tenir lieu de dot, avec une fille qui n'avoit rien, il lui feroit présent de la charge de grand maréchal des logis de sa maison. Cavoie renifla encore, mais il y fallut passer.

« Il a depuis vécu avec elle, et elle toujours en adoration jusqu'aujourd'hui, et c'est quelquefois une farce de voir les caresses qu'elle lui fait devant le monde, et la gravité importunée avec laquelle il les reçoit. »

C'était, à tout prendre, un brave petit cœur que celui de cette pauvre Coetlogon, et ce Cavoye un heureux coquin — et, s'il faut tout dire, un mauvais farceur que ce Saint-Simon, ce grand seigneur de la petite chronique.

Cavoye mourut adoré à l'âge respectable de soixante-seize ans. Du diable si, en cherchant bien, on eût trouvé deux paroissiens aussi heureux que lui sur toute la surface du royaume de France. Si, au lieu de la douce et un peu toquée Coetlogon il eût été le mari de la pimpante Sidonia de Lenoncourt, marquise de Courcelles, eût-il vécu si vieux, et surtout si tranquille ?

Poser la question c'est la résoudre, comme on dit à la tribune parlementaire quand on est à court d'arguments.

Il est une autre figure de ce temps, bien curieuse, et quoique d'un type différent de celle de Mlle de Coetlogon, qui peut être rapprochée de celle-ci en un point : l'amour insensé pour un homme indifférent.

Cette figure, c'est celle de Mlle de Montpensier, la fille de Gaston d'Orléans, frère de Louis XIII, l'héroïne de la Fronde, la GRANDE MADEMOISELLE, pour tout dire.

Nous ne suivrons pas Mlle de Montpensier dans ses exploits de frondeuse, nous la prendrons simplement en 1659, lorsqu'à trente-deux ans bien sonnés, elle laisse tomber son regard olympien sur un petit cadet de Gascogne, capitaine aux gardes, de sept ans moins âgé qu'elle, et portant le nom, pris on ne sait où, de marquis de Puyguilhem.

La grande Mademoiselle avait failli épouser Louis XIV, plus jeune encore que Puyguilhem, plus populaire (ce dernier) sous le nom de Lauzun qu'il hérita plus tard de son père ; elle avait repoussé, outre Charles II d'Angleterre, les plus brillants partis du royaume. A présent elle se faisait vieille, et elle était menacée de rester fille,

Mais elle ressentait pour le capitaine aux gardes une de ces passions violentes qui ne calculent guère, sinon en se servant des chiffres les plus agréables.

Cette passion consuma pourtant la malheureuse Mademoiselle pendant dix ans — dix ans, concevez-vous cela ! — avant qu'elle pût prendre sur elle de la déclarer.

Parbleu, Lauzun savait bien à quoi s'en tenir, et la passion qu'il avait inspirée en si haut lieu n'était pas plus un secret pour lui que pour les autres, puisque dans toutes ses actions, même les plus ordinaires, Mlle de Montpensier semblait prendre à tâche de l'exposer bien en vue, oubliant jusqu'aux règles de l'étiquette, crime inouï dans cette cour, pour qu'on ne pût s'y méprendre. Mais le finaud faisait semblant de ne rien voir, afin de forcer l'amoureuse princesse à se déclarer ouvertement et sans détour possible.

C'est ce qui arriva, mais au bout de dix ans.

Lauzun était, lui aussi, un favori des dames. Après avoir été fort occupé de Mme de Monaco, il avait précédé le roi dans les bonnes grâces de Mme de Montespan, lorsque la fille de Gaston d'Orléans, non seulement se déclara, mais finit, à force d'instances, par obtenir de Louis XIV l'autorisation d'épouser son amant.

Lauzun touchait certainement au but de son ambition : il allait devenir cousin du roi, sans parler que sa femme lui apportait une dot de vingt millions et quatre duchés ! et il n'avait, pour en venir là, qu'à se laisser faire.

Oui, mais il y a toujours un peu loin de la coupe aux lèvres. L'orgueil perdit Lauzun. Au lieu de se hâter, comme on le lui conseillait, de profiter de l'autorisation royale, il prit son temps, fit des préparatifs magnifiques pour célébrer ses noces ; et, pendant ce temps, Condé et Monsieur faisaient tant de démarches auprès du roi pour cela qu'ils obtenaient qu'il retirât la parole qu'il avait donnée à Lauzun.

Celui-ci, en bon courtisan, fit semblant d'avaler la pilule sans grimaces ; mais il n'en fut pas de même de la duchesse de Montpensier.

Mᵐᵉ de Caylus raconte que Mademoiselle jeta les hauts cris, s'enferma chez elle et refusa d'en sortir; elle recevait ses intimes, au lit comme si elle était malade à trépasser, avec la mine la plus désolée.

— Il serait là! disait-elle en sanglotant et montrant d'un geste désespéré la place vide à côté d'elle.

Il y eut certainement, peu après, mariage secret entre ces deux amants infortunés; mais peu après aussi, Lauzun, pour d'autres faits que nous rapporterons en lieu convenable, fut jeté à la Bastille, puis à Pignerol où, malgré les supplications de Mademoiselle, il resta enfermé dix ans.

Au bout de ce temps, de nouvelles démarches de Mˡˡᵉ de Montpensier furent couronnées de succès. Elle avait su choisir un moment propice: le roi, qui venait de perdre Mᵐᵉ de Fontanges, avant d'avoir eu le temps de s'en lasser, avait l'attendrissement relativement facile ; il consentit donc à ce que son ancien favori fût remis en liberté.

Quand Mademoiselle eut obtenu cette grâce, elle se laissa aller à des transports d'allégresse qui la firent un peu tourner en ridicule, et quand l'objet de tant d'amour apparut en personne naturelle à ses yeux éblouis, ce fut de la folie!

Lauzun n'alla pourtant pas demeurer chez elle comme elle s'en était flattée, mais, averti qu'il pouvait y aller autant qu'il lui plairait, il est juste de dire que, dans le commencement, il y était depuis le matin jusqu'au soir.

La duchesse de Montpensier était si ravie de cette conduite de son amant — ou de son mari — qu'elle n'eut de repos que quand le roi lui eut octroyé l'autorisation de lui faire don de deux terres considérables.

Cependant, Mademoiselle avait pour lors cinquante-trois ans bien sonnés, et l'amour de Lauzun pour elle était modéré en conséquence. De sorte qu'au bout de quelques mois de cette assiduité exemplaire, l'ancien pensionnaire de Pignerol trouva de la distraction au dehors auprès d'une jeune et belle dame bien disposée en sa faveur, et fut beaucoup moins empressé auprès de la vieille, qui ne tarda pas à s'apercevoir du changement.

Mˡˡᵉ de Montpensier ayant mis des espions aux trousses de l'infidèle, apprit donc qu'il fréquentait une jeune veuve charmante et fort recherchée de tout ce qu'il avait de gens distingués à Paris.

Ainsi instruite, elle fit une maîtresse scène au comte de Lauzun, à qui elle reprocha ses bontés envers lui et principalement que toute princesse du sang qu'elle fût, elle n'avait pourtant pas hésité à s'abaisser jusqu'à le vouloir épouser envers et contre tous. Ceci parut toucher Lauzun qui promit d'être plus sage, et le fut en effet, chose curieuse, l'espace de cinq à six semaines.

Mais un soir qu'il se promenait seul dans une allée du jardin du Luxembourg, tandis que Mademoiselle causait affaires dans une autre avec un ministre, un laquais sans livrée l'aborda et lui remit un billet.

Surpris, Lauzun profita toutefois de ce qu'il était seul pour ouvrir ce billet, et il y trouva qu'on le priait, de la part d'une dame de qualité distinguée, de se trouver le lendemain, à onze heures, dans une certaine église.

Le lendemain, comme il se disposait à entrer dans l'église indiquée, Lauzun retrouva son laquais de la veille, qui le conduisit dans une maison voisine et qui ne lui était pas inconnue.

Il comprit tout de suite de quoi il s'agissait.

Il fut en effet reçu par une jeune et charmante dame, toute rougissante d'émotion, et qui eut d'abord quelque peine à parler. Elle y parvint toutefois assez vite.

Elle lui dit qu'avec les qualités extraordinaires dont il était doué, il ne devait pas être surpris qu'on lui fît des avances, ajoutant qu'elle s'estimerait heureuse si elle n'en avait point fait en vain.

La dame avait tant de charmes véritables, que Lauzun demeura un moment confus et interdit de cette bonne fortune inattendue. Mais il se remit bientôt, protesta qu'il aimait la dame d'une passion ardente depuis plus de six mois, et finalement... la servit comme elle le désirait.

Cet heureux dénouement était fatal; mais ce qui ne l'était pas moins, c'est l'intervention de Mademoiselle, prévenue par ses limiers ordinaires, après quelques jours seulement de cette nouvelle intrigue. Nouvelle scène, nouveaux reproches, — raccommodement presque immédiat, ensuite des protestations de repentir du coupable.

Lauzun avait le plus grand intérêt à ménager la duchesse de Montpensier ; cela se comprend. Cependant, il commençait à se demander s'il ne devait pas regretter Pignerol, tant la vie qu'il menait ressemblait à la captivité. Il n'était pas constamment enfermé dans une cage, il est vrai, mais on ne le sortait qu'en laisse : là était toute la différence. C'était bien insuffisant, on en conviendra.

Enfin, il prit solennellement la résolution d'être sage. Cette fois, c'était une affaire décidée : il renonçait aux bonnes fortunes, à Satan et à ses œuvres ; il ne quitterait pas l'ombre de la duchesse...

Et, en effet, jamais il ne s'était montré si attaché, voire si passionné pour Mlle de Montpensier. Elle ne faisait point un pas qu'il ne l'emboîtât exactement. Il était chez elle à son lever, et ne la quittait que passé minuit.

La princesse était ravie !

Cela dura trois semaines...

Une duchesse, dont il fit la connaissance à l'Opéra, renversa comme une file de capucins de cartes toutes les bonnes résolutions du malheureux Lauzun.

La beauté et la grâce de cette duchesse l'avaient séduit ; il n'avait pu résister à la tentation de lui dire qu'il l'aimait ; la duchesse opina qu'il avait bien raison, et ils furent bientôt l'un vis-à-vis de l'autre sur le meilleur pied du monde — même quand ils perdaient pied.

Oui, mais la grande Mademoisello veillait en tigresse jalouse : elle eut éventé la mèche en moins de temps qu'il n'en avait fallu pour l'allumer ; et Lauzun dut abandonner cette nouvelle conquête, à laquelle il tenait pourtant à tel point qu'il en attrapa une fièvre tierce dont il pensa mourir.

Sans un médecin anglais et ses prises de quinquina, il n'y avait plus de Lauzun; Lauzun était perdu *for ever !*

Les écarts de jalousie de la duchesse de Montpensier firent tant de bruit que tout le monde sut bientôt à la cour que le comte de Lauzun, retour de Pignerol, avait, tout en se montrant le plus sage homme du monde, fait quatre ou cinq maîtresses fort désirables, dans l'espace d'autant de mois ou un peu plus. Le roi ne put s'empêcher d'en rire, et il y avait de quoi, après tout. Il dit même que c'était bien fait pour sa cousine, qu'il avait pris soin de prévenir, sachant que Lauzun n'était qu'un étourdi.

Les ennemies de Mademoiselle — et elle n'en manquait pas, au féminin, comme de raison — firent mille contes scandaleux sur toutes ces affaires.

Lauzun, de son côté, eut à essuyer les railleries de ses « amis. »

Il y répondit du mieux qu'il put, et l'on peut croire qu'il n'était pas homme à rester court. Toutefois, les rieurs ne furent pas avec lui, les rieuses encore moins; et ses tribulations finirent par lui faire perdre tant dans l'esprit des dames, qu'il n'eût pas osé après cela en conter à une soubrette.

La jeune veuve qu'il avait servie d'abord avec tant de passion et qui avait été extrêmement furieuse qu'il l'eût plantée là avec tant de désinvolture, l'entreprit même un jour, en nombreuse compagnie, de telle sorte qu'il ne savait plus où se fourrer.

L'attitude de cette innocente jeune veuve, ainsi sacrifiée au minotaure Montpensier, peint bien à quel degré d'effronterie étaient montées les mœurs dans le grand siècle.

Elle railla cruellement l'infortuné Lauzun sur son inconstance, d'abord, puis sur sa fièvre, dont il portait encore les marques sur son visage.

Tout homme d'esprit qu'il était, il paraît que Lauzun ne trouva rien à répondre à ces railleries d'une jolie femme abandonnée; de sorte qu'on serait porté à croire qu'il avait, en somme, plus de retenue que cette intéressante jolie femme.

Il la quitta toutefois si furieux contre les autres en général et contre lui-même en particulier, qu'il fit à son tour une scène violente à Mademoiselle.

Vous savez que dans ces *scènes* dont nous parlons, les mauvaises langues prétendent que les horions n'étaient pas épargnés.

Bref, il dut reprendre le lit par là-dessus, et le médecin anglais fut rappelé avec son quinquina. Il fut donc tiré de peine cette fois encore, sauf qu'il conserva de ces deux assauts successifs une humeur massacrante.

Ce fut alors qu'un de ses amis, un marquis (les marquis foisonnaient alors : demandez à Molière) lui composa, pour le consoler, les vers suivants, dont il prit de sa main plusieurs copies qu'il adressa à ses maîtresses exaspérées.

Voici la pièce de vers en question :

LE QUINQUINA DE L'AMOUR.

Sentant augmenter tous les jours
Mon amoureuse inquiétude,
Ce mal me paraissant trop rude,
Au médecin anglais je demandai secours :
Et supposé qu'un amant accomplisse
Ce qu'il m'a dit sans fiction,
Il faut sûrement qu'il guérisse
De la plus chaude passion.
Au public amoureux je crois rendre service
De débiter ici sa consultation :

Médecin dont on vante à bon droit le remède,
Ne me déguise rien, parle sincèrement;
Tu sais bien ce que c'est, lui dis-je, qu'un amant?
A la fièvre d'amour peux-tu donner quelqu'aide?
J'en suis atteint fort chaudement,
Et quand sa vive ardeur une fois me possède,
Je crois descendre au monument.
Mais, comme j'ai l'âme inconstante,
Encore que j'aime avec excès,
Souvent au plus fort de l'accès,
Un amour chassant l'autre, une nouvelle amante
Guérit le mal qui me tourmente :
Cela peut s'appeler, si je le comprends bien,
Fièvre d'amour intermittente.
Je sais que ton art ne peut rien
Lorsqu'elle devient continue,
Qu'elle nous fait languir, que souvent elle tue :
Mais tu connais mon mal, parle-moi sans façon.
Pour calmer cette humeur, qui quelquefois domine,
Le quinquina serait-il bon?

Te guérir, me dit-il, ce n'est pas une affaire,
Tu n'as, sans autre infusion,
Qu'à suivre ce penchant de l'inclination
Qui t'invite d'aller de bergère en bergère.
Lorsqu'auprès de quelqu'une, un peu fière et sévère
Ton cœur se trouble et commence à languir,
Prends une potion de ton humeur légère;
C'en est assez pour te guérir.
Je sais que ton âme étant tendre
Sur-le-champ à quelqu'autre elle s'engagera
Mais prends la potion tant qu'elle durera :
J'espère qu'à force d'en prendre,
Ta guérison s'achèvera.
Voilà tout ce que ma science
Peut pour te soulager me fournir en ce jour;
Mais souviens-toi que l'inconstance
Est le quinquina de l'amour.

> A quiconque aura besoin d'aide
> Pour detourner l'ardeur d'un mal pareil au mien.
> Je donne donc avis que j'use du remède
> Et que je m'en trouve fort bien.

Ce sont bien là des vers de marquis, bons tout au plus à mettre au cabinet, bien que Sauval, qui les reproduit, les déclare admirables. Cependant, ils firent à la cour beaucoup d'effet.

Cet effet se traduisit surtout par un redoublement de railleries à l'adresse de Mlle de Montpensier.

Lauzun, qui avait sans façon endossé la paternité de ces vers « admirables, » protesta à la duchesse que ce seraient les derniers qu'il ferait de sa vie; ajoutant que, s'il les avait faits, c'est qu'il avait cru qu'il n'y avait que ce seul parti à prendre pour faire accepter les démarches inconsidérées où l'on avait poussé son tempérament amoureux et fermer une bonne fois la bouche aux railleurs — qui se moquaient de lui.

Mais, à partir de ce moment, il semble que le ménage, au lieu de prendre un aspect tranquille, convenable, exemplaire, comme on pouvait l'espérer, présenta au contraire le spectacle peu édifiant de luttes continuelles.

D'abord Mademoiselle était par trop jalouse, et aussi par trop violente. On a beau avoir été une héroïne de guerre civile, avoir tiré le canon de la Bastille sur les troupes de Sa Majesté, il convient de s'y prendre avec plus de douceur dans son ménage; Mademoiselle semblait ignorer cela.

D'autre part, Lauzun n'était pas fort satisfait. On l'avait rendu à la liberté, c'est vrai; mais pas gratuitement. Pour obtenir son élargissement, la duchesse de Montpensier avait dû s'occuper de « faire un sort » aux bâtards de sa gracieuse Majesté. Il lui avait fallu abandonner au duc du Maine, outre la principauté de Dombes, le comté d'Eu et le duché d'Aumale, qu'elle avait déjà donnés à Lauzun.

C'était celui-ci qu'on dépouillait, après tout, et s'il poussait des cris de paon, il n'avait donc pas absolument tort.

Quoiqu'il en soit, et quelle que fût la date du mariage secret qui liait la cousine du roi au comte de Lauzun, ce mariage ne fut déclaré que quatre ans après la sortie de Pignerol de celui-ci. Le ménage n'en alla pas mieux, et il paraît qu'on prit l'habitude de s'y cogner comme dans un ménage de chiffonniers.

Ce fut Mademoiselle qui commença. Que diable aussi, Lauzun voulait qu'elle lui tirât ses bottes! Une petite-fille de Henri IV! Il faut avouer que c'était du toupet!

Lauzun paraît y avoir mis toutefois de la longanimité; mais, à la fin, il cogna à son tour sur la cousine du roi comme s'il se fût agi de la première gothon venue. « Lauzun, dit Saint-Simon, se lassa d'être battu, et, à son tour, battit bel et bien Mademoiselle, tant qu'à la fin, lassés l'un de l'autre, ils se brouillèrent une bonne fois pour toutes et ne se revirent jamais depuis. »

Après une existence toute d'aventures, Lauzun, fait duc et chevalier de la Jarretière par Jacques II, qui attendait en France, assez tranquillement comme on sait, que ses fidèles sujets bretons le rappelassent sur le trône de ses pères, Lauzun devint veuf. Il en profita pour se rendre à la cour en manteau de deuil, et y fut reçu par Louis XIV comme un chien dans un jeu de quilles, révérence parler.

Enfin, à soixante-trois ans, Lauzun épousait Mlle de Durfort, qui en avait seize. Dès lors, son existence fut celle des vieux maris en possession de jeunes femmes : on ne fit plus attention qu'à Mme de Lauzun.

La Bruyère a dit de Lauzun : « Sa vie est un roman; non, il y manque le vraisemblable. » Et certes il ne pouvait mieux dire.

XXXVI
Mademoiselle de La Vallière.

SOMMAIRE. — Madame. — Les os des saints innocents se recouvrent de chair. — On demande un chaperon. Une ingénue de cour. — Portrait de Mlle de La Vallière, « fille » de Madame. — Sa Majesté ne se sent pas bien, ce qui afflige extrêmement sa jeune compagne. — Un peu de solitude *à deux* lui fait beaucoup de bien. — La chambre des filles de Madame. — Madame enrage. — Les deux reines l'imitent. — La Vallière au couvent. — Elle en est ramenée en triomphe par le roi en personne. — La Vallière dans ses meubles. — Premières couches de la favorite. — Démarche téméraire du surintendant Fouquet, qui la paya cher par la suite. — Jalousie du grand roi. — Touchant raccommodement. — Nouveaux complots contre la favorite. — Un confesseur sur le pavé. — De Vardes et de Guiche en disgrâce. — Une invasion nocturne. — La vision du duc de Mazarin, messager de Dieu auprès du roi. — Sa Majesté le remet à sa place, ou plutôt le prie de s'y remettre lui-même. — Nouvelle démarche intempestive de la reine mère. — Nouvelle remise en place. — Louis XIV accoucheur. — La Vallière devient duchesse. — L'étoile Montespan se lève à l'horizon royal. — Elle file du côté de Lauzun. — Rivalité de femmes. — Montespan contre Monaco. — Quelques tours galants de M. de Lauzun. — Le roi se dérange. — L'amour à travers une porte close. — Mme de Monaco entre deux selles. — Mme de Montespan prépare son nid. — La Vallière de plus en plus... ingénue. — Elle devient, non seulement l'hôtesse, mais la femme de chambre de sa rivale. — La dernière compagnie permise à une favorite déchue. — La Vallière adresse au roi un... sonnet. — Louis XIV en prend occasion pour donner une preuve nouvelle de sa modestie bien connue. — Sœur Louise de la Miséricorde. — Le roi du ciel et le roi de la terre (Louis XIV comme de juste) en rivalité. — Celui-ci succombe dans une lutte suprême, ce qui est bien fait pour surprendre. — Une favorite désintéressée... pour les siens. — Juste, mais triste retour des choses d'ici-bas.

Abordons maintenant la collection des maîtresses vraiment célèbres du grand roi, car en dehors de sa liaison avec Marie Mancini, et même en tenant compte de cette liaison, nous ne l'avons encore vu que distrait par des aventures faciles et surtout vulgaires; ce n'est pas que nous espérions le voir accomplir des prouesses d'une singularité ou d'une noblesse particulière, mais enfin, nous verrons quelque chose d'un peu plus remarquable tout de même.

Henriette-Anne d'Angleterre, sœur de Charles II, qui avait été élevée au couvent de Chaillot par les soins d'Anne d'Autriche, fut offerte, lorsqu'elle fut en âge d'être mariée, au jeune roi de France, qui répondit par un refus motivé sur ce qu'il « avait peu d'appétit pour les os des saints Innocents. »

Mais lorsqu'en 1661, Henriette, dont le frère avait reconquis le trône sanglant de Charles Ier, épousait Philippe d'Orléans, frère du roi, celui-ci s'aperçut qu'elle était moins maigre, et qu'elle avait quelque chose sur les os de plus qu'auparavant, avec un peu d'innocence de moins ; et il juge à propos d'en devenir amoureux.

Cette liaison incestueuse, cachée avec autant de soin que possible, ne finit pas moins par être connue de tout le monde, excepté, comme de juste, du principal intéressé. Alors les courtisans de Louis XIV lui suggérèrent d'affecter de l'amour pour quelqu'une des filles d'honneur de Madame, afin de couvrir plus sûrement ses relations avec celle-ci.

Trois de ces filles furent proposées pour remplir ce rôle de confiance : Mlle de Chémerault et Mlle de Pons que nous connaissons déjà, et Mlle de la Vallière avec laquelle nous allons faire connaissance.

Mlle de la Vallière avait été amenée toute jeune à la cour par sa mère, qui venait de se remarier avec le maître d'hôtel du duc d'Orléans, le baron de Saint-Rémy. Et c'est ainsi que la jeune fille se trouva placée auprès de Mme Henriette comme fille d'honneur.

Or c'était une jeune fille toute simple et candide, mais d'une sensibilité extrême ; et il se trouva justement qu'elle s'était follement éprise du roi, qu'elle avait vu à Blois, lorsqu'il se rendait au-devant de l'infante Marie-Thérèse, devenue sa femme. Bien qu'elle s'efforçât de cacher son émotion toutes les fois qu'elle rencontrait l'objet de son culte, on avait fini par s'apercevoir de quelque chose ; une bonne amie, plus futée que les autres, avait réussi à arracher son secret à la pauvre enfant, et bientôt toute la cour, non seulement le connut, mais s'en amusa fort.

Cependant, dans les circonstances actuelles, c'était une coïncidence précieuse qu'il était heureux qu'on eût besoin de mettre à profit.

Mlle de La Vallière était moins belle que ses deux rivales ; du moins le dit-on, et en est-il qui prétendent même qu'elle n'avait aucune beauté.

Voici au reste le portrait que Sainte-Beuve, armé de tous les témoignages qu'il a pu se procurer, trace de cette jeune favorite :

« La beauté de Mlle de La Vallière, d'une nature, d'une qualité tendre et exquise sur laquelle il n'y a qu'une voix parmi les contemporains. Les portraits gravés, les portraits peints eux-mêmes ne donneraient pas aujourd'hui une juste idée de ce genre de charme qui lui était propre. La fraîcheur et l'éclat, un éclat fin, nuancé et suave en composaient une partie essentielle. « Elle était « aimable, écrit Mme de Motteville, et sa « beauté avait de grands agréments par « l'éclat de la blancheur et de l'incarnat de « son teint, par le bleu de ses yeux, qui « avaient beaucoup de douceur, et par la « beauté de ses cheveux argentés, qui aug- « mentait celle de son visage. »

« Ce blanc d'argent de ses cheveux, joint à cette blancheur transparente et vive, cette douceur bleue de son regard, s'accompagnaient d'un son de voix touchant et qui allait au cœur. Tout se mariait en elle harmonieusement ; la tendresse, qui était l'âme de sa personne, s'y tempérait d'un fonds visible de vertu. La modestie, la grâce, une grâce simple et ingénue, un air de pudeur qui gagnait l'estime, inspiraient et disposaient à ravir tous ses mouvements. « Quoi- « qu'elle fût un peu boiteuse, elle dansait « fort bien. »

« Plus tard, au cloître, une de ses plus grandes gênes et mortifications, sera pour la chaussure, que, dans le monde, elle faisait accommoder à sa légère infirmité. Très mince, et même un peu maigre, l'habit de cheval lui seyait fort bien. Le justaucorps faisait ressortir la finesse de sa taille, et « les cravates la faisaient paraître plus « grasse. »

« En tout, c'était une beauté touchante, et non triomphante, une de ces beautés qui ne s'achèvent point, qui ne se démontrent point aux yeux toutes seules par les perfections du corps, et qui ont besoin que l'âme s'y mêle ; et l'âme, avec elle, s'y mêlait toujours. »

En un mot c'était une dupe toute prête. A la faveur de cette liaison avec Mlle de La Vallière, et même avant, sous le prétexte qu'il était passionnément amoureux de cette jeune fille, Louis XIV ne quittait plus guère la duchesse d'Orléans, affectant de ne parler que de choses indifférentes — ou de Mlle de La Vallière — avec sa belle-sœur.

Mais, le roi se laissa prendre à ce jeu et tomba réellement amoureux de la fille d'honneur de Madame ; quand celle-ci s'en

La marquise de Gourdon.

aperçut, elle en fut très mortifiée, car elle se considérait comme ayant été le jouet d'une de ses filles. Mais que faire à cela? S'en consoler. Et c'est ce qu'elle fit, avec la collaboration active du beau de Guiche.

Cependant Louis XIV s'éprenait de plus en plus de Mlle de La Vallière, et si sérieusement, qu'il fut assez longtemps avant que d'oser déclarer son amour. Il y arriva cependant, mais d'une manière assez indirecte.

Un jour qu'il se promenait dans le parc de Versailles, il se plaignit de la façon la plus tendrement touchante de se sentir fort indisposé depuis quelque temps.

La Vallière, qui était présente, témoigna d'une vive affliction à cette nouvelle; et le roi, qui s'aperçut de l'effet qu'il avait produit sur cette âme ingénue, la prit à part et lui dit qu'elle était bien obligeante de prendre tant d'intérêt à sa santé : et du même coup, sans transition appréciable, lui déclara qu'elle était maîtresse absolue de sa vie.

La fille d'honneur, toute interdite, garda le plus profond silence.

Le roi alors lui reprocha son insensibilité; elle répondit à ce reproche d'une manière qui charma son royal amant, car elle lui prouvait qu'on ne l'avait pas trompé.

Cette conversation intime dura trois heures...

Ce n'est pas beaucoup pour une première entrevue, mais il faut dire que la pluie s'étant mise à tomber, force leur fut de descendre du ciel où ils étaient montés pour redescendre sur ce globe crotté et chercher un abri.

Le reste de la journée se passa dans la tristesse pour Mlle de la Vallière, dans l'inquiétude pour le roi. Mais le lendemain, les deux amants se retrouvèrent et eurent ensemble une conversation de la même nature que celle de la veille. Le roi fit présent à sa nouvelle maîtresse de quelques bijoux accompagnés du billet suivant :

« Voulez-vous ma mort? Dites-le moi sincèrement, mademoiselle. Il faudra vous satisfaire !

« Tout le monde cherche avec empressement ce qui peut m'inquiéter. *L'on dit que Madame ne m'est point cruelle*, et que la fortune me veut assez de bien ; mais on ne dit pas que je vous aime, et que vous me désespérez.

« Vous avez une espèce de tendresse qui m'accable. Au nom de Dieu, changez votre manière d'agir pour un prince qui se meurt d'amour pour vous. Ou soyez toute douce, ou soyez toute cruelle. »

Voilà en vérité le style de ce roi dont un flatteur a dit que son souffle enfantait des Corneilles !

Quelques jours après l'envoi de ce billet, le roi s'équipa avec une magnificence extraordinaire même chez lui, et alla trouver l'objet de ses feux chez Madame, qu'il savait occupée pour le moment avec le comte de Guiche.

A l'apparition du roi, les compagnes de la fille d'honneur quittèrent la place, la laissant seule avec le roi, qui l'aborda aussitôt, mais, s'il faut en croire un chroniqueur contemporain, « presque en tremblant. »

Bref, cette fois il ne perdit pas ses peines ; il ne quitta sa maîtresse qu'après avoir obtenu d'elle tout ce qu'il pouvait désirer.

A dater de ce moment, et pendant une quinzaine, il la vit ainsi tous les jours dans le plus grand secret. Mais au bout de ce temps, le secret fut éventé, et il n'y eut plus lieu de se cacher, de sorte que tout le monde en prit son parti. — Tout le monde, excepté toutefois Madame, qui fit quelque tapage, dès qu'elle fut assurée de son malheur.

Le roi ! lui préférer une de ses filles ! Une fille sans beauté, madame ! et qui boite comme feu Vulcain !

Les deux reines furent aussitôt mises au courant de l'affaire par la jalouse duchesse d'Orléans. La reine mère parut vivement alarmée à cette communication délicate, que Marie-Thérèse, par contre, reçut assez placidement.

Anne d'Autriche résolut, par crainte de s'en prendre à son fils, d'en parler à la Vallière ! Elle le fit avec tant d'aigreur et de brutalité, que celle-ci, honteuse et désespérée, s'en alla du coup s'enfermer dans un couvent.

Il arriva de ceci ce qu'une femme plus raisonnable qu'Anne d'Autriche aurait dû prévoir. Le roi alla au couvent, décida la fugitive à prendre place dans son carrosse, et comme elle refusa l'offre d'un hôtel et d'un train de maison magnifique qu'il lui fit, la ramena en triomphe chez Madame Henriette, qui fut obligée de l'accueillir comme si elle était enchantée de l'occasion.

Le roi continua ses visites à la favorite avec plus d'assiduité qu'auparavant et toute l'ostentation qu'il y put mettre. Il lui envoyait ouvertement les présents les plus riches. Enfin, lui ayant arraché son consentement pour cela, il lui meubla des choses les plus magnifiques qu'il put découvrir, le palais Biron.

On dit que la reine faillit mourir de dépit; mais on ajoute, fort heureusement, qu'il fallut bien qu'elle se consolât; de sorte qu'il est à croire que l'effort n'était pas au-dessus de ses forces, et cela console aussi.

Sur ces entrefaites, le roi tomba malade à Versailles. Mlle de la Vallière n'osa pas l'y aller voir, mais comme la maladie fut de peu de durée, et qu'on publia bientôt que roi était hors de danger et pouvait recevoir, elle lui écrivit en ces termes :

« Tout le monde dit que vous êtes fort mal. Peut-être n'est-ce que pour m'affliger. L'on dit aussi que vous êtes inquiet de ce dernier bruit. Dans ces troubles, je vous demande la vie de mon amant, et j'abandonne l'Etat et tout le monde. Pourquoi, si vous m'aimez, ne me voulez-vous point voir?

« Adieu, envoyez-moi quérir demain, c'est-à-dire si mon inquiétude me permet de vivre jusqu'à ce jour. »

Le lendemain, Saint-Aignan allait chercher la Vallière et la conduisait à Louis XIV qui l'accueillit avec des transports tels... qu'il en résultait une rechute.

Neuf mois après la favorite accouchait d'une fille.

La Vallière fit ses couches au Palais-Royal, dans un si grand secret, que la reine elle-même ne sut rien ni de sa grossesse ni de son terme. L'enfant, qui vécut peu du reste, fut présenté par des domestiques comme leur appartenant, et un pauvre, payé pour cela, vint apporter son témoignage à cette audacieuse supposition d'enfant, moins audacieuse à tout prendre que celle à laquelle est dû le personnage du **Masque de fer.**

Dans le temps que les relations du roi et de Mlle de la Vallière étaient encore secrètes, le surintendant Fouquet, qui n'y allait jamais par quatre chemins, ayant trouvé bon celui dont il s'était toujours servi, avait fait offrir à cette dernière 20.000 pistoles. Le roi eut connaissance de cet acte d'audace, et beaucoup affirment que la disgrâce éclatante du marquis de Belle-Isle fut due plutôt à cette démarche qu'à toutes les concussions dont il s'était rendu coupable et qui dépassaient à peine « les limites de l'habileté alors permise. »

Etait-ce le souvenir de cette aventure qui troublait la cervelle du grand roi? Ou bien avait-il quelque raison plus sérieuse d'être jaloux? Le fait est qu'il fut un moment jaloux de sa maîtresse au point d'en être malade.

« Il allait tous les jours chez elle, dit un contemporain, mais il y rêvait, il y lisait, et il en sortait quelquefois sans lui avoir presque parlé. Sa jalousie était si grande qu'il tomba dans une mélancolie épouvantable.

« Cependant, comme sa jalousie ne venait que d'un excès de passion, il lui prit un soir des maux de tête si furieux et de si grands vomissements, que le duc de Saint-Aignan, à qui le roi avait fait confidence de sa jalousie, crut qu'il fallait en avertir la Vallière. Le duc lui représenta qu'il falloit mettre tout en œuvre pour le guérir. La Vallière répondit que le caprice du roi l'avait affligée, mais qu'après tout, elle n'était pas d'humeur à lui demander pardon d'un mal qu'elle n'avait point fait; qu'en un mot elle avait sujet de se plaindre du roi et que le roi n'avoit point lieu de se plaindre d'elle.

« L'indisposition du roi redoubla; mais quelque violents que fussent ses maux de tête, son amour l'était encore davantage. Il dit au duc de Saint-Aignan d'aller incessamment chez sa maîtresse, de lui apprendre la cause de son mal, et le duc revint un moment après avec ce billet :

« Si on savoit la cause de vos maux, on y apporteroit du remède, quand il en devroit coûter la vie. Mais, mon Dieu, qu'il est inutile de vous dire ce que je vous dis; ce n'est pas moi qui donne à Votre Majesté ses bons ni ses mauvais jours. »

« Le roi fut charmé de la manière d'écrire de sa maîtresse (il y avait de quoi, vraiment!) qui arriva un moment après avec Mme de Montauzier. Cette dame se retira par respect au bout de la chambre avec le duc de Saint-Aignan, et La Vallière s'assit sur le lit du roi. Il lui demanda mille fois pardon; la conversation dura cinq heures, et ils se séparèrent après s'être jurez de s'aimer éternellement. »

Touchante réconciliation !

Cependant les deux reines enrageaient. Ayant épuisé toutes les ressources ordinaires pour faire rompre cet attachement du roi, elles abordèrent les moyens extraordinaires, et dépêchant à Louis XIV son confesseur, le père Annat, jésuite.

Le père Annat promit aux reines de ne rien épargner pour réussir dans sa mission; et il n'y épargna rien en effet, démontra clairement au roi que sa manière de vivre, irrégulière et coupable, compromettait gravement son salut.

A quoi sa Majesté répondit au jésuite qu'il lui était fort reconnaissant de ses bons avis et le remerciait de ses services, ne voulant avoir désormais d'autre confesseur que son curé.

Qui fut pantois ? — Ce fut le père Annat, sans parler de ceux qui l'avaient envoyé chercher ce camouflet dont ses confrères, qu'il avait dédaigné de consulter dans cette grave conjoncture, lui voulurent comme d'une trahison.

Peu après, loin de revenir à résipiscence, le roi se mit en tête que sa maîtresse fût reçue par sa mère et par sa femme.

Il avisa Mme de Montauzier de cette belle résolution, et par son ordre, celle-ci se mit en devoir de préparer Marie-Thérèse à cet événement qui n'était point, comme nous le savons bien, sans précédents dans l'histoire des amours royales.

La jeune reine fut si indignée de cette proposition qu'elle en fit une fausse couche dont elle faillit elle-même trépasser !

Louis XIV parut très affligé, et le fait est, qu'à cette escapade, il perdait peut-être un bel et bon héritier. La reine profita de la disposition du roi pour lui demander, un jour qu'il était auprès d'elle, en présence de la reine-mère, de marier sa maîtresse. A quoi il répondit qu'il ne demandait pas mieux, si toutefois La Vallière y consentait.

Et il pensa à la marier au marquis de Vardes, à qui il avait déjà repassé la comtesse de Soissons. Mais, poussé par celle-ci, de Vardes déclina la proposition dans des termes assez méprisants. Avec de Guiche et la comtesse de Soissons, ils se moquèrent même fort irrévérencieusement des tribulations amoureuses du roi, se rendirent coupables contre la pauvre La Vallière d'actes qu'en d'autres temps, et surtout dans un autre monde, on qualifierait d'infâmes, jusqu'à la contrefaçon de lettres compromettantes; ils en firent tant, qu'à la fin le roi les envoya planter leurs choux; autrement dit en exil chez eux.

Il résulta de tout ceci que Louis XIV, pour faire oublier à sa maîtresse qu'il avait consenti à la marier, se rendait chez elle jusqu'à trois fois par jour.

Les ennemis de celle-ci, voyant qu'ils ne pouvaient en venir à leurs desseins par les voies paisibles quoique tortueuses, eurent recours à la violence. Sa maison fut envahie nuitamment par des gens masqués munis d'echelles de cordes. Ce qu'ils lui voulaient? Nous ne saurions le dire. Dans tous les cas, La Vallière en fut quitte pour la peur, et le roi lui donna des gardes pour veiller sur elle et un maître d'hôtel pour goûter les mets qu'on lui préparerait.

Une autre tentative, qui a un côté vraiment burlesque, fut faite auprès du roi par un personnage que nous avons eu déjà l'occasion de présenter aux lecteurs sous son aspect le plus avantageux.

Un jour le roi reçoit une demande d'audience de ce personnage, qui n'était autre que le duc de Mazarin, et la lui accorde.

Notre bigot renforcé se mit alors à faire part au roi d'une vision qu'il avait eue, que le royaume allait être bouleversé s'il ne rompait incontinent avec La Vallière. Il termina sa harangue en insistant sur ce point qu'il était venu lui en donner avis de la part de Dieu.

— Eh bien, moi, lui répartit le roi, je vous donne avis de ma propre part de mettre ordre à votre cerveau, qui est dans un état pitoyable, et de restituer, en bon chrétien, tout ce que votre oncle a volé.

Le duc fit une profonde révérence au roi, et se retira légèrement interloqué.

On n'a jamais ouï qu'il eût jamais rendu une obole des 28 millions qu'il avait hérités du cardinal, sans parler des accessoires.

Deux ou trois mois après, la reine mère vint à la rescousse. Elle représenta à son fils le scandale que cette liaison causait dans le royaume. Et c'est vraiment quelque chose d'incroyable que cette animosité déchaînée contre Louis XIV, à une époque où sa conduite était certainement meilleure, après tout, non seulement que celle de ses prédécesseurs, mais encore que celle des gens qui lui faisaient ainsi de la morale. Aussi n'eut-il pas grand'peine à faire rentrer madame sa mère dans le silence dont elle n'eût jamais dû sortir, si son bigotisme ne lui avait troublé l'intellect.

Il lui dit qu'en tout temps les rois et les reines avaient fait parler d'eux, et qu'elle-même, elle devait bien le savoir, n'avait guère été épargnée.

Anne d'Autriche se le tint pour dit et n'y revint plus jamais.

Le lendemain de cette algarade, La Vallière accouchait d'un fils. Le roi était seul avec elle lorsque les douleurs la prirent, et c'est à regretter de ne l'avoir point vu dans cette position, car il paraît qu'il fut obligé de mettre la main à la pâte. Ce fut à cette occasion qu'il la fit duchesse.

Cette dernière couche fut fatale à la favorite, en ce qu'elle devint bientôt de mince qu'elle avait été, résolument maigre; et l'on sait que Louis XIV n'aimait pas les os. Elle alla au-devant d'une disgrâce qu'elle pressentait, mais son royal amant, pris au dépourvu, protesta de son amour inaltérable et éternel et cela la consola pour le moment.

A cette époque, justement, parut à la cour une jeune femme d'une beauté extraordinaire, Mme de Montespan, qui ne tarda pas à faire beaucoup parler d'elle, et même à faire des avances assez visibles au roi qui, encore trop réellement épris de La Vallière n'y fit que peu attention.

Mme de Montespan, voyant cela, se rabattit sur le frère du roi. Mais le duc d'Orléans avait des mœurs ignobles qui dégoûtèrent bientôt cette belle ambitieuse. Elle se jeta alors dans les bras de Lauzun, que Mme de Monaco venait de quitter pour le roi : ce qui prouve que si Louis XIV ne s'engoua pas tout de suite de Mme de Montespan, ce n'est pas qu'il fût resté fidèle à La Vallière.

Mme de Monaco était sœur du comte de Guiche et nièce du chevalier de Grammont, tous deux également célèbres par leurs galanteries et leurs débauches variées. Elle avait épousé Grimaldi, prince de Monaco en 1660, Lauzun étant déjà son amant.

Celui-ci n'avait pas pour si peu quitté la place. Il suivait Mᵐᵉ de Monaco partout ; s'introduisait effrontément jusque dans le domicile conjugal, déguisé tantôt en vieille marchande, tantôt en laquais. Toute la cour connaissait les prouesses de Lauzun et s'en amusait fort.

Louis XIV en entendit parler, et ayant fait quelques avances à la princesse de Monaco, héroïne passivement dévergondée de ces hauts faits amoureux, et il eut la satisfaction de la trouver on ne peut mieux disposée, trop peut-être pour qu'il s'éprît sérieusement d'elle. Cependant il eut avec elle plusieurs rendez-vous.

Tous les soirs, tant que dura cette intrigue, un valet de confiance introduisait Mᵐᵉ de Monaco enveloppée d'une cape, par un escalier dérobé, dans le cabinet du roi. Lauzun, qui s'était aperçu de quelque chose, guetta son infidèle, acheta le valet « de confiance » et, arrivé le premier à l'escalier, en ferma la porte à double tour et emporta la clef dans sa poche.

L'heure du rendez-vous venue, la princesse parut, chercha la clef à tâtons et, ne la trouvant pas, frappa à la porte. Le roi accourut ; mais il ne fut pas possible d'ouvrir la porte et, pour cette fois, les deux amoureux en furent réduits à s'entretenir par le trou de la serrure.

Lauzun tira de la malheureuse princesse des vengeances plus terribles que celle-là, et surtout plus lâches. Mais ceci ne nous regarde pas.

Donc, voyant que le roi lui avait pris sa maîtresse et ayant comme une sorte d'intuition de ce que devait devenir Mᵐᵉ de Montespan, Lauzun tourna ses batteries du côté de cette dernière. Les choses ne traînaient guère dans ce temps-là, et Lauzun eût bientôt obtenu les faveurs qu'il sollicitait.

Mᵐᵉ de Montespan était réputée la plus belle femme du royaume. De sorte que Lauzun eut beaucoup d'envieux et qu'on exalta son bonheur sur tous les tons.

Ces cancans finirent par piquer le roi au jeu. Mᵐᵉ de Montespan s'aperçut alors qu'il la regardait avec plus de complaisance. Elle résolut, en conséquence, de s'établir à la cour en toute solidité pour ne pas laisser échapper une si belle occasion.

Pour y parvenir plus sûrement, elle eut l'adresse de s'insinuer dans l'intimité de celle qu'elle cherchait à déposséder, de La Vallière qui, de plus en plus triste des froideurs évidentes de son royal amant, cherchait justement une bonne amie à qui confier ses chagrins.

Mᵐᵉ de Montespan et Mᵐᵉ de la Vallière devinrent donc grandes amies, et cette intimité eut pour premier résultat de donner aux visites du roi une fréquence inattendue, qui rappelait les anciens jours, sauf que Mᵐᵉ de La Vallière ne tarda pas à s'apercevoir que ce n'était pas elle qui attirait le roi dans sa propre maison, mais bien son amie.

Elle en fit la remarque au roi du ton le plus doux qu'elle put prendre ; et le roi, magnanime comme toujours, avoua très volontiers qu'il venait pour Mᵐᵉ de Montespan ; ajoutant que *ça ne faisait rien*, et s'arrangeant si bien qu'il obtint de la pauvre délaissée qu'elle continuerait de recevoir chez son heureuse rivale, de vivre avec elle comme par le passé, afin de lui procurer, à lui, le plaisir de pouvoir la rencontrer sans difficulté.

Les choses en vinrent à ce point que la favorite de la veille devint en réalité la femme de chambre de la nouvelle favorite, la coiffant, la parant de son mieux pour qu'elle plût davantage au roi.

Il fallait que la Vallière, malgré ses autres qualités, fut douée d'une forte dose de bêtise, n'est-ce pas? C'est bien mon avis dans tous les cas. Et cependant ce n'est pas tout.

Voici en effet ce que raconte la princesse palatine :

« La Montespan, qui avait plus d'esprit qu'elle, se moquait d'elle publiquement, la traitait fort mal, et obligeait le roi d'en agir de même. Il fallait traverser la chambre de La Vallière pour pour se rendre chez Mme de Montespan. Le roi avait un joli épagneul appelé *Malice*; à l'instigation de la Montespan, il prenait cet épagneul et le jetait à la duchesse de la Vallière en lui disant : « — Tenez, madame, voilà votre compagnie, c'est assez. »

« Cela était d'autant plus dur, qu'au lieu de rester, il ne faisait que passer chez la Montespan. Cependant, elle a tout souffert en patience. »

Il est probable que ce fut alors que, dans la tristesse de son délaissement, elle écrivit son fameux opuscule : *Réflexions sur la miséricorde de Dieu*, que Bossuet, son directeur, jugea à propos de corriger, ou plutôt de falsifier.

Ce fut dans ce temps-là, certainement, qu'elle exhala son chagrin en vers pas plus mauvais que beaucoup d'autres et notamment dans ce sonnet qu'elle adressa à son infidèle amant :

Tout se détruit, tout passe, et le cœur le plus tendre
Ne peut d'un même objet se contenter toujours ;
Le passé n'a point eu d'éternelles amours,
Et les siècles futurs ne doivent point attendre.

La constance a des lois qu'on ne peut point entendre ;
De vos désirs errants rien n'arrête le cours
Ce qui plaît aujourd'hui déplaît en peu de jours,
Votre inégalité ne se peut point comprendre.

Tous ces défauts, grand roi, sont joints à vos vertus,
Vous m'aimiez autrefois, et vous ne m'aimez plus :
Ah! que mes sentiments sont différents des vôtres!

Amour, à qui je dois et mon mal et mon bien,
Que ne lui donniez-vous un cœur comme le mien,
Ou que ne faisiez-vous le mien comme les autres.

Ce n'était pas méchant, pour sûr. Louis XIV en jugea ainsi, et il fut même enchanté de ce sonnet, qu'il déclara admirable. Il fit mieux, il y répondit en vile quoique royale prose, par cette déclaration empreinte de son habituelle et touchante modestie, que les rois donnent à l'Amour les lois que l'Amour donne aux autres hommes ; ajoutant que, d'ailleurs, il *estimerait* l'auteur du sonnet éternellement.

Peut-être La Vallière, malgré tant de raisons de ne point se bercer d'illusions décevantes, espérait-elle une autre réponse. Mais sur celle-ci, elle alla s'enfermer au couvent des carmélites et prit l'habit peu de temps après sous le nom de sœur Louise de la Miséricorde.

Il est bien clair que cette retraite n'eut pas d'autre motif que le dépit de se voir à jamais remplacée dans le cœur du grand roi qui l'avait aimée jusqu'à lui demander avec une insistance singulière si, oui ou non, elle désirait qu'il mourût ; mais elle chercha à faire croire à une vocation décidée, dans laquelle n'entrait aucun sentiment profane. A cet effet, on vit paraître aussitôt après sa disparition de la surface du monde galant ces vers évidemment composés dans ce but :

Deux grands rois pour m'avoir se sont fait une guerre,
L'un est le roi du ciel, et l'autre de la terre.
Le roi du ciel vainqueur m'a conduit dans ce lieu ;
Quel bonheur est plus grand sur la terre *et sur l'onde*!
Je me vois aujourd'hui l'épouse du grand Dieu,
D'amante que j'étais du plus grand roi du monde.

Indépendamment de la faiblesse pitoyable des vers, pour ne pas dire plus, ce parallèle entre le Dieu du ciel et Louis XIV est passablement grotesque et choquant. Cette plate courtisanerie, il n'est pas besoin de le dire, ne doit pas être mise au compte de la sœur Louise de la Miséricorde, pas fine assurément, mais d'un esprit trop droit pour commettre une pareille platitude.

Quoiqu'il en soit, il est certain que la pauvre folle fut peu regrettée, et que Louis XIV, aussi bien que la Montespan, fut enchanté de sa détermination.

On dit qu'en se retirant aux carmélites, elle fit dire au roi qu'il était inutile qu'il se dérangeât pour venir la demander au couvent, attendu qu'elle refuserait de le voir. Louis XIV eut soin de lui épargner cette épreuve : il ne fit jamais la moindre tentative pour revoir son ancienne maîtresse.

La duchesse de La Vallière fut en tout une personne bizarre.

Ainsi, dans le plus fort de sa faveur, quand elle n'aurait eu qu'à demander pour obtenir le double aussitôt, elle n'eut pas même l'idée de faire profiter sa famille de son éclatant déshonneur.

Mal lui en prit : il n'y a que chez les pauvres gens qu'on trouve des bourrus décidés à « ne pas manger de ce pain-là, » chez les gens sans éducation. Chez les grands, au contraire, on s'en rassasie difficilement.

Aussi, pour la peine, un jour que, dans son chagrin, elle se plaignait au maréchal de Gramont que tout le monde l'avait abandonnée, celui-ci ne lui mâcha-t-il pas que c'était sa faute.

— Pendant que vous aviez sujet de rire, lui dit l'honnête maréchal, vous auriez bien dû prendre soin de faire rire les autres à l'unisson, si aujourd'hui que vous avez sujet de pleurer, vous vouliez que les autres pleurent avec vous.

C'était bien fait, à coup sûr, et voilà une morale un peu propre. C'est la vraie morale de cour.

La Vallière, ce qu'on oublie assez volontiers lorsqu'on songe à la célèbre maîtresse de Louis XIV, si abusivement poétisée dans ces derniers temps, demeura quarante-six ans sœur Louise de la Miséricorde. Entrée au couvent des carmélites à trente ans à peine, en avril 1644, elle prenait l'habit noir dès le mois de juin suivant. La date de sa mort est le 6 juin 1710. — Ce n'est pas difficile à compter.

XXXVII

Montespan et Fontanges principalement.

SOMMAIRE. — Un mari incommode et récalcitrant. — Il est traité comme il le mérite. — Le deuil de l'honneur de M. de Montespan ne l'empêche pas d'en empocher le prix. — Lauzun ne prend pas le deuil, mais il s'emballe. — Mlle de Montpensier lui offre ses consolations. — Un échec immérité. — Lauzun se croit obligé de traiter la favorite du haut en bas. — On l'enferme. — La Montespan dans toute sa gloire. — Elle est la source des grâces, dignités, bénéfices, pensions et autres. — La plus belle femme du royaume. — Son portrait par le duc de Noailles. — Distractions royales. — Mme de Ludre, chanoinesse de Lorraine. — L'union des trois États. — Une nouvelle favorite à l'horizon. — Les escapades d'une chanoinesse. — Marie-Isabelle à la cour de Charles IV de Lorraine. — Fiançailles magnifiques, mais non suivies de l'effet ordinaire des fiançailles. — Mlle d'Apremont prend part à de semblables fêtes. — Un drôle de procès. — Le procureur général de Lorraine met le holà! — La chanoinesse devient dame d'honneur de la reine Marie-Thérèse. — Elle fait de nombreuses conquêtes à la cour de France, entre autres celle du roi. — Et cependant elle renonce spontanément à Satan, à ses pompes et à ses œuvres. — Mme de Montespan en butte aux complots. — Le sermon. — David et Bethsabée. — Le billet falsifié. — Qui a fait le coup? — Tout est bien qui finit bien. — Mlle de Fontanges. — Le feu sans la glace. — Le prince de Marsillac chargé d'attiser ce feu. — Une jeune personne en très bonnes dispositions et très forte pour son âge. — La Montespan s'inquiète. — « Un roi doit être libre. » — Première entrevue de Louis XIV et de Mlle de Fontanges. — Un billet doux suivi de réponse en personne naturelle et royale. — Pourquoi Marsillac fut fait grand-veneur. — Une chasse royale à l'Opéra.

Marion Delorme

la coiffure dite *Fontanges*. — Les maux de cœur d'une maîtresse. — La source des faveurs se déplace sans changer de lit. — Mlle de Fontanges est duchesse à son tour. — Mme de Montespan se retire sans se retirer. — Mauvaises couches. — La duchesse de Fontanges à Port-Royal, y reçoit la visite du roi et y meurt. — Encore le poison! — Mme de Montespan trompée dans ses légitimes espérances. — Mme Scarron sort de l'ombre. — La Vallière vengée. — Origine des relations de Louis XIV avec la veuve du *Roman comique*.

Alors que Mlle de la Vallière, sur l'ordre du roi, hébergeait bonnement sa rivale, la servait, la parait de son mieux pour mieux assurer sa propre disgrâce, Louis XIV, qui en avait toutes les commodités, voyait à tout moment sa nouvelle favorite dans la maison de son ancienne. Toutefois, le voisinage d'un certain sieur Louis de Pardailhan de Gondrin, marquis de Montespan, qui avait bien quelque droit de s'y trouver, l'offusquait singulièrement. Il chercha à l'écarter, de la façon la plus naturelle et la plus aimable, c'est-à-dire en lui donnant de grands emplois, très honorables, très lucratifs et surtout très éloignés.

M. de Montespan, qui avait mauvaise tête, refusa tout et resta. On dit même qu'il eut la cruauté de maltraiter odieusement sa femme, qui s'en plaignit au roi. Celui-ci, dans sa haute justice, intima à ce mari incommode l'ordre de se retirer dans ses terres, situées dans le voisinage des Pyrénées, un peu loin par conséquent de celui de Versailles et de Paris.

M. de Montespan n'avait pas à réclamer. Il fit donc ses malles; mais avant de partir, il alla rendre visite au roi, en grand deuil, pour prendre congé.

Sur interpellation, il déclara fièrement qu'il portait le deuil de son honneur; seulement, ce qui gâte un peu cette fière réponse, c'est que, tout en en portant le deuil, il ne laissa pas d'en accepter le prix, sous la forme séduisante d'une faible somme de 200,000 livres que Sa Majesté, toujours magnanime, lui envoya pour l'aider à payer ses dettes, qui étaient importantes et de l'espèce criarde.

Tout ceci se passait avant que La Vallière se retirât aux Carmélites. Du reste, il y avait déjà quelque temps que le roi était en relations avec la Montespan à cette époque, puisqu'elle était grosse, et assez avancée dans sa grossesse, quand cet événement se produisit, — et pas de M. de Montespan, soyez-en sûr : elle y avait mis ordre.

Ces relations, on ne l'a peut-être pas oublié, devaient mettre au désespoir un autre que M. de Montespan. Le marquis de Lauzun, en effet, après avoir vu la princesse de Monaco le trahir avec le roi, voyait celui-ci lui enlever M⁽ᵐᵉ⁾ de Montespan ! C'était jouer de malheur. Il fit cependant contre fortune bon cœur et feignit de rester l'ami de la favorite.

Mais cela dura peu, et les deux anciens amants se brouillèrent si fort que le roi crut devoir s'employer pour les raccommoder, toutefois à la condition que Lauzun demandât pardon à la favorite.

Il le fit comme on le lui demandait, et, après avoir frisé la disgrâce, on le vit plus puissant et plus insolent que jamais.

Ce fut à cette époque que M⁽ˡˡᵉ⁾ de Montpensier, par humanité peut-être, voulut le consoler, et qu'elle obtint de Louis XIV le moyen d'y parvenir en l'épousant. Nous avons raconté ailleurs cette histoire, et le lecteur sait que le projet de mariage tomba dans l'eau, un peu par la faute de Lauzun, mais beaucoup par celle de la Montespan, alliée dans cette affaire aux princes du sang qui, réduits à leurs propres forces, n'eussent peut-être rien obtenu.

Lauzun se douta bien d'où venait vraiment le coup qui le frappait. Furieux, il se rendit chez M⁽ᵐᵉ⁾ de Montespan et lui fit une scène dans laquelle il la traita du haut en bas, sans épargner le roi parjure qui lui avait ainsi retiré sa parole. Ce fut à l'issue de cette manifestation peu pacifique que Lauzun, arrêté, fut envoyé en villégiature à Pignerol pour dix ans.

M⁽ᵐᵉ⁾ de Montespan se sentit réellement plus tranquille, car elle avait une peur bleue de Lauzun qui, peu gêné pour un courtisan, déblatérait contre elle dans toutes les occasions qui se présentaient ou qu'il provoquait lui-même. Sa puissance grandit avec sa quiétude, et elle en usa sans mesure.

Si La Vallière, par une délicatesse outrée, ou peut-être simplement par indifférence, n'avait cherché à rien tirer du roi pour les siens, il n'en fut pas de même de la Montespan.

Aucun emploi considérable ne se donnait que par son entremise et à sa sollicitation, jusqu'aux bénéfices ecclésiastiques. Et elle en profita pour élever ses parents et les enrichir.

Voilà, j'espère, qui est d'une bonne parente !

Elle obtint pour son frère, le comte de Vivonne, la dignité de duc et pair, celle de général des Galères, enfin le bâton de maréchal de France, dont il se servit comme d'un manche à balai, le misérable imbécile ! — On dit à ce propos, par comparaison entre La Feuillade et lui, que le premier était maréchal de l'Épée, et l'autre du fourreau seulement.

Et cependant Louis XIV prétendait n'être

attaché à cette femme, que parce qu'il « se devait à lui-même d'avoir pour maîtresse la plus belle femme de son royaume, » — que par pure vanité, alors.

La Montespan, en effet, au témoignage des contemporains, surpassait les plus jolies femmes de la cour sans exception. « La nature, dit le duc de Noailles, avait prodigué tous ses dons à Mme de Montespan : des flots de cheveux blonds, des yeux bleus ravissants, avec des sourcils plus foncés, qui unissaient la vivacité à la langueur, un teint d'une blancheur éblouissante, une de ces figures enfin qui éclairent les lieux où ils paraissent. »

Mais son esprit mordant, sa malice pour mieux dire, qui avait déjà effrayé Louis XIV au début, seule cause pour laquelle il la laissa se jeter, malgré ses avances, dans les bras de Lauzun, continuait sans doute de faire aux yeux du roi contre-poids à tant de charmes incomparables.

Le fait est qu'il partagea pendant quelque temps ses faveurs entre Mme de Montespan et Mme de Ludre, chanoinesse de Lorraine. C'était évidemment pour se délasser de l'une avec l'autre, à moins de croire, avec l'auteur de l'épigramme suivante, que ce fût pour « unir les trois États. »

Voici l'épigramme en attendant l'éclaircissement de ce problème :

> La Vallière était du commun,
> La Montespan est de noblesse,
> Et la de Ludre est chanoinesse :
> Toutes trois ne sont que pour un.
> Mais savez-vous ce que veut faire
> Le plus puissant des potentats ?
> La chose paraît assez claire :
> Il veut unir les trois États.

Mais la chanoinesse, quoiqu'il en puisse être, n'était pas celle qui devait porter le plus d'ombrage à Mme de Montespan. Ce n'était pas par celle-là qu'elle devait être remplacée dans la faveur du roi.

A l'époque où Mme de Montespan avait le droit de se croire le plus solidement établie dans la faveur royale et d'une puissance inébranlable par conséquent, on donna à la femme de Monsieur, frère du roi, une fille d'honneur d'une beauté au moins égale à celle de la favorite, et plus neuve, ce qui est quelque chose. Cette jeune personne s'appelait Mlle de Fontanges. Voilà celle qui devait remplacer véritablement Mme de Montespan, quoiqu'elle fut condamnée à passer comme un météore dans le ciel amoureux du grand roi.

Nous devons toutefois un mot en passant à la chanoinesse, car ce fut, en somme, un caractère intéressant à plus d'un titre, au titre galant surtout.

Marie-Isabelle de Ludre, chanoinesse du chapitre des dames nobles de Poussey, appartenait à une très vieille et grande famille, branche cadette des premiers ducs souverains de Bourgogne, dont un représentant s'était établi en Lorraine et y avait acheté la terre de Ludre au XIIIe siècle.

Élevée à la cour de Lorraine, Marie-Isabelle avait acquis toute jeune une grande réputation de beauté et d'esprit, parfaitement justifiée, à ce qu'il paraît, et si bien, que Charles IV de Lorraine en devint amoureux, quitta brusquement pour elle la princesse de Cantecroix, qui en mourut de dépit — ou de chagrin, et décidé à l'épouser, alla jusqu'à faire célébrer ses fiançailles avec elle...

Mais il n'alla pas plus loin.

Charles IV était un prince volage ; comme il avait quitté la princesse de Cantecroix pour Mlle de Ludre, il quitta celle-ci pour Mlle d'Apremont avec laquelle il recommença le même jeu qu'avec la précédente.

Marie-Isabelle n'en mourut pas, au contraire. Au moment où le mariage allait se conclure, s'appuyant sur ses fiançailles d'antan, elle fit bravement opposition. L'affaire eut du retentissement, et l'on ne saurait dire maintenant qui aurait eu raison du prince inconstant ou de la belle délaissée, si le procureur général de Lorraine, agissant extra-judiciairement, — officieusement si vous le préférez — n'avait démontré à la chanoinesse la possibilité de lui faire trancher la tête le plus proprement du monde, après arrêt la condamnant comme faussaire si elle persistait dans son opposition.

Mlle de Ludre voyant bien qu'elle gagnerait trop à faire l'entêtée, se désista noblement et quitta son ingrate patrie. Elle vint à la cour de France, où elle devint bientôt dame d'honneur de la reine Marie-Thérèse.

La chanoinesse ne tarda pas à faire tourner toutes les têtes de la cour habituées à cet exercice salutaire. On cite au nombre de ses soupirants MM. de Vendôme et de Vivonne, le chevalier de Sévigné et bien d'autres. Enfin Louis XIV s'en mêla.

Ses relations avec le roi ne durèrent pas seulement quelques jours, comme l'ont prétendu quelques écrivains, mais deux années, pendant lesquelles elle balança l'influence de la Montespan. Au bout de ce temps, Mlle de Ludre rompit spontanément avec la cour et se retira dans une maison religieuse. — Pourquoi ? — Voilà ce que nous ne saurions dire.

Avant l'apparition sur la scène galante de Mme de Fontanges, les ennemis de Mme de Montespan avaient déjà cherché, par divers artifices, à la brouiller avec le roi.

Tout ce qu'on rapportait au roi contre sa maîtresse ne servant de rien, on songea qu'on obtiendrait peut-être davantage en faisant intervenir la religion, et l'on tâta le nouveau confesseur par lequel le roi avait remplacé l'indiscret père Annat. Mais celui-ci, n'étant point d'humeur à courir les mêmes risques que son prédécesseur, destitué de sa place et morigéné par les siens, on s'adressa alors au prédicateur à la mode. Celui-ci prit en mains l'affaire, et du haut de la chaire de vérité, expliqua à ses ouailles attentives l'histoire édifiante de David et de Bethsabée...

En sortant du sermon, le roi loua beaucoup l'éloquence de ce prédicateur... et se rendit du même pas chez Mme de Montespan.

Ce moyen reconnu sans valeur, on chercha autre chose, et quelle autre chose vaut mieux qu'une bonne petite trahison bien conditionnée?...

On gagna sans peine une des filles de Mme de Montespan, qui livra aux ennemis de sa maîtresse un billet de celle-ci, dans lequel un mot ou deux ajoutés à propos, devaient faire croire au roi qu'il était misérablement trahi.

Louis XIV reçut ce billet, qui avait été soi-disant trouvé par hasard et le lut. Comme cela devait arriver, il ne se douta nullement de la falsification dont il avait été l'objet, et entra en fureur par conséquent.

Il se rendit chez Mme de Montespan, qu'il trouva occupée comme il convient à une jolie femme, à lire une nouvelle galante.

— Quoi ! madame, lui dit-il avec toute l'écrasante majesté dont il était capable, vous amuseriez-vous encore à ces bagatelles?

— Il est vrai, répondit Mme de Montespan, qu'il n'y a rien de bien sérieux dans ces sortes d'ouvrages, et j'avoue que ce sont ici les songes et visions des autres qui nous causent de la joie ou de la tristesse. Cependant, je suis encore assez faible pour m'y laisser séduire, et je n'ai pu lire l'infidélité d'une amante, dont parle cette historiette, sans donner des larmes à l'infortune de son amant.

— Je suis surpris, repartit Louis XIV, qu'une chose si ordinaire à votre sexe vous ait émue à ce point...

Il continua sur le même ton d'emphase

amère, sans toutefois aborder franchement le sujet de sa démarche, pendant trop longtemps pour que la favorite ne soupçonnât quelque anguille sous roche à la fin.

— Hélas! fit-elle avec un beau mouvement de candeur, pourquoi me dire tout cela? Ce n'est pas un prince fait comme vous l'êtes qui doive craindre la trahison, eût-il affaire à la plus volage et à la plus inconstante de toutes les femmes. En un mot, ceux qui ont un mérite aussi éclatant que le vôtre sont au-dessus de pareils soupçons.

Cette réponse habile flatta extraordinairement le monarque. Reconnaissant qu'il y avait quelque chose de vrai dans ce que disait Mme de Montespan, ne fût-ce que son mérite si éclatant, il se trouva tout à coup mieux disposé à croire ce qu'elle pourrait lui dire ensuite. Il répondit toutefois à l'argument spécieux dont sa maîtresse venait de se servir, avec une modestie qui lui fait honneur:

— Je m'en étais flatté jusqu'ici, madame. Mais les rois se trompent de même que les autres hommes.

Voyant que la partie se montrait difficile à gagner, Mme de Montespan eut recours aux larmes.

Le roi s'attendrit à cette vue, essaya de consoler sa maîtresse, et au lieu de lui demander brutalement des explications, comme nous eussions pu faire vous et moi, se contenta de glisser dans sa poche le fatal billet avant de s'en aller.

Le roi sorti, Mme de Montespan songea à essuyer les belles larmes qui venaient de lui assurer la victoire et dont elle n'avait plus besoin. Mais en tirant son mouchoir, elle fit tomber un billet qu'elle ramassa avec empressement.

C'était l'instrument de son infortune! Elle n'eut pas de peine à en acquérir l'assurance, car la falsification dont il avait été l'objet lui sauta aux yeux tout d'abord.

Elle courut toute affaire cessante après le roi, attira son attention sur le corps du délit, et n'eut pas de peine à lui démontrer la supercherie. La paix fut donc faite de nouveau et scellée incontinent.

Qui donc avait pu se rendre coupable d'une si abominable méchanceté? — Les amis du comte de Lauzun, disaient les uns: ceux de Mme de La Vallière, disaient les autres, quelque agent de la reine Marie-Thérèse, insinuait un troisième groupe de *reporters* de cour. — Mais on n'en sut jamais le fin mot.

L'important, au reste, était que Louis XIV fût bien convaincu de la fidélité de Mme de Montespan, et il l'était.

Malgré cela, la beauté de Mlle de Fontanges fit sur son cœur une impression si profonde, qu'elle se traduisit sans retard par des présents magnifiques.

Cette impression ne fut pas immédiate. On raconte en effet que la première fois que Louis XIV vit cette toute jeune fille chez sa belle-sœur, il dit, en l'examinant avec soin : « Bon, voilà un loup qui ne me mangera pas. »

Il est vrai que cette phrase peut être entendue de deux manières; cependant la beauté de Mlle de Fontanges étant de l'espèce sculpturale marmoréenne, cela voulait évidemment dire : « Cette jeune personne ne m'inspirera jamais une violente passion; elle est bien trop roide et trop froide pour cela. »

Cependant le feu couvait sous cette surface glaciale, et ce marbre s'animait parfois : le souffle de l'ambition y suffisait.

Comment Louis XIV s'en aperçut-il? Je n'en sais rien; mais lorsqu'il s'en fut aperçu, il jugea qu'il n'avait rien de mieux à faire que de tomber amoureux de cette jeune beauté trop correcte. Cette formalité accomplie, il donna commission au prince de Marsillac d'en informer M{ll} de Fontanges.

Le prince de Marsillac réussit dans sa mission beaucoup plus facilement et promptement qu'il ne pouvait l'espérer, parce qu'il savait que Mlle de Fontanges n'était venue à la cour que dans le but qu'elle allait ainsi pouvoir atteindre sans le moindre effort.

Elle répondit donc au prince Pandarus-Marsillac que le roi était doué de qualités si précieuses et si touchantes qu'il faudrait vraiment qu'elle fût tout à fait insensible pour n'être point ravie et reconnaissante de la passion que le plus grand monarque du monde voulait bien ressentir pour elle, malgré son peu de mérite — ce qui était d'une jeune personne bien élevée en vérité.

Mais elle ajouta — et ceci est d'une fine mouche — qu'elle ne pourrait toutefois avoir confiance dans les paroles qu'il venait de lui faire entendre, tant que Mme de Montespan occuperait dans le cœur du roi, ou à côté, la glorieuse position de maîtresse en titre; et que, du jour où elle serait assurée que Mme de Montespan n'était plus rien pour le « plus grand monarque du monde, » on pouvait compter sur elle: son... cœur était ouvert à deux battants.

Marsillac, ne voulant pas la quitter sur cette réponse ambiguë, qui aurait pu passer pour un demi-refus et gâter ses propres affaires, fit toutes les promesses qu'exigeaient les circonstances. Il ne croyait pas, du reste, s'avancer témérairement, car la nouvelle flamme dont brûlait Louis XIV avait singulièrement fait pâlir l'autre, et Mme de Montespan commençait à s'alarmer sérieusement, après avoir considéré d'abord l'incident avec un dédain magnifique.

Il s'éloigna donc avec l'aveu que la glaciale fille d'honneur de madame se consumait d'amour pour son maître, et que les choses étant dans l'état où il les lui avait présentées, elle était prête pour le sacrifice.

Mme de Montespan, désespérée, courut prendre conseil chez son grand ami Louvois, qui lui dit d'aller trouver le roi et de lui parler sans témoin, ne doutant pas que cette démarche suffirait pour le lui ramener.

Elle le fit, se jeta aux pieds de l'infidèle qu'elle baigna de ses précieuses larmes; mais l'infidèle se borna à lui répondre qu'il la verrait comme à l'ordinaire, mais « qu'un roi devait être libre. »

Décidément, son règne était passé.

Le roi rencontra pour la première fois Mlle de Fontanges aux Tuileries. Il eut avec elle une conversation fort longue et du plus grand intérêt, dans laquelle il lui déclara son amour et l'engagea fortement à y « correspondre, » lui faisant entrevoir tous les avantages qu'elle pourrait tirer d'une conduite si méritoire.

La fine mouche joua l'ingénue, rougit, balbutia, anima son marbre en un mot et parut aux yeux du monarque, transporté, cent fois plus séduisante qu'il ne l'avait jamais rêvé. Réellement touché de tant d'innocence et de charmes, il eut la bonté de ne point brusquer l'aventure et la quitta en la priant de prendre le temps de se remettre, de réfléchir et de lui adresser, sous peu d'heures, sa réponse écrite.

Dans le délai par lui fixé, comme il convenait, le roi recevait l'aimable lettre que voici:

« Quoique le peu de proportion qu'il y a entre vous et moi dût plutôt m'obliger à prendre les discours de Votre Majesté pour une galanterie que pour une déclaration sincère, cependant s'il est vrai que de véritables amants connoissent en se voyant ce qui se passe de plus secret dans leurs cœurs, ce seroit en vain que je voudrois vous cacher les sentiments que j'ai découverts dans le vôtre.

« Je vous l'avoue, sire, le seul mérite de votre personne avait déjà disposé de moi-même, avant que Votre Majesté m'eût fait l'aveu de ses inclinations.

« Pardonnez-moi, cependant, si j'ai combattu cette passion dès le moment de sa naissance : je l'ai fait, mais ce n'a été par aucune répugnance que j'eusse à chérir ce qui me paraissait aimable, Je craignais, sire, de vous déplaire.

« Jugez de la disposition où je suis, par une confession si ingénue de ma faiblesse. »

Comme en termes galants ces choses-là sont dites.

Même à cette époque d'emphase majestueuse, où l'on marchait la tête dans les nuages — figurés par une perruque de pltre, écrivit-on jamais lettre plus laborieusement alambiquée !

Louis XIV en fut ravi, comme c'était son devoir d'amant vivement épris ; il la lut et la relut cent fois, toujours avec un ravissement nouveau. — Mais on devine qu'il ne s'en tint pas là...

Le jour même, le roi répondait en personne à la lettre de Mlle de Fontanges, qu'il entretint longuement en particulier. — Au reste, il en fut de cette liaison comme de toutes celles du même genre, à leur début, même chez les amants au-dessous du commun.

Le négociateur, l'entremetteur, le prince de Marsillac enfin ne fut pas oublié, car Louis XIV était reconnaissant ce ces sortes de services beaucoup plus que Henri IV. Il reçut en récompense de son zèle la charge de grand veneur, ce qui lui attira l'épigramme suivante, dont vraisemblablement il se moqua :

Sur l'océan de la faveur
Marcillac vogue à pleines voiles ;

Quoiqu'il ne soit pas bon chasseur,
Pour avoir mis la bête dans les toiles,
Le roi l'a fait son grand veneur.

Le surlendemain du jour mémorable où Louis XIV recevait la touchante épître de sa nouvelle conquête et y répondait d'une façon plus touchante encore, sans plus, il y eut grande chasse où se trouvèrent les dames les plus distinguées de la cour, et par conséquent Mlle de Fontanges, qui y parut avec un éclat que ne comportait peut-être pas la circonstance.

Le roi ne la quitta point, et après lui avoir donné le plaisir de faire passer devant elle le cerf qu'on courait, ils s'écartèrent dans l'endroit du bois le plus couvert où ils furent pendant un certain temps, on ne sait au juste à quoi faire ; mais on prétendit que que ce fut à dater de ce jour que Mlle de de Fontanges se trouva un peu incommodée.

Elle était vêtue d'un justaucorps en broderie d'un prix extravagant, présent du roi, et portait une capeline couverte de plumes incarnat et blanc, qui faisaient un effet admirable.

Il avait fait ce jour-là le plus beau temps du monde. « Le soir, comme on se retirait, raconte Bussy-Rabutin, il s'éleva un petit vent qui obligea Mlle de Fontange à quitter sa capeline ; elle fit attacher sa coiffure par un ruban dont les nœuds tombaient sur le front, et cet ornement de tête plut si fort au roi, qu'il la pria de ne se coiffer point autrement de tout ce soir.

« Le lendemain, toutes les dames de la cour parurent coiffées de la même manière.

« Voilà l'origine de ces grandes coiffures qu'on porte encore, et qui, de la cour de France, ont passé dans toutes les cours de l'Europe. »

Les *fontanges* durèrent en effet autant, non que celle qui les avait innocemment inventées, ce serait trop peu, mais que le grand roi qui leur avait donné la vogue.

Le jour qui suivit cette partie de chasse, Mlle de Fontanges se plaignit de douleurs de tête et de maux de cœur. Le roi ne la quitta pas plus qu'il ne l'avait fait la veille dans des circonstances bien différentes.

A chaque instant, elle poussait des gémissements à fendre l'âme, et auxquels répondaient les gémissements sympathiques du monarque illustre qu'elle avait attaché à son char. Tout à coup, levant les yeux sur son royal amant, l'aimable malade se prit à dire languissamment et tendrement :

— Faut-il, mon cher prince, que des douleurs si grandes suivent de si près des plaisirs si grands ! N'importe, ajouta-t-elle, j'en aime la cause, et l'aimerai toute ma vie.

A quoi Louis XIV répondit par des embrassements passionnés et en lui jurant que jamais il n'avait aimé aucune de ses maîtresses autant qu'il l'aimait et l'aimerait éternellement.

Deux heures après cette scène, les détails en étaient connus de toute la cour. Madame qui détestait autant Mlle de Fontanges que jadis La Vallière, simplement parce que l'une et l'autre avaient été ses filles d'honneur, en fit les plus piquantes railleries qu'elle put, et ainsi fit de son côté Mme de Montespan. En outre, le soir, au moment de se mettre au lit, le roi trouva sur sa toilette les vers suivants :

> Grand roi, ne vous alarmez pas :
> Un héros comme vous marque trop de faiblesse,
> Les maux de cœur d'une maîtresse
> N'ont jamais causé le trépas.
> Que les rois sont peu raisonnables,
> Du moment que l'Amour les soumet sous leurs lois !
> Finissez vos soupirs et vos cris lamentables :
> Ce n'est pas la première fois,
> Que la Fontange sent des maux de cœur semblables.

Ce n'était pas très fort, mais c'était autant méchant qu'on pouvait le désirer.

La brebis insultée devint tigresse. Elle cria justice au roi déjà profondément blessé qu'on ait eu l'audace de lui faire tenir un tel poulet, et qui avait manifesté hautement son indignation.

On ouvrit une enquête.

Mais Louis XIV ayant appris que quelques jours auparavant Madame avait soutenu, en nombreuse compagnie, que Mlle de Fontanges avait eu des intrigues dans sa province, il ne poussa pas plus loin l'instruction de l'affaire et persuada sa maîtresse de mépriser, pour toute vengeance, de si misérables calomnies.

Bien entendu, c'était désormais Mlle de Fontanges la grande dispensatrice des grâces, pensions, honneurs et bénéfices. Elle fit donner à une de ses sœurs l'abbaye de Chelles, d'un revenu considérable. Cette nouvelle abbesse fut bénite avec une pompe, une magnificence sans précédent ; un très grand nombre de prélats, plus empressés à faire leur cour qu'à assurer le règne de Dieu sur cette terre de douleur, assistèrent à cette cérémonie, et Mlle de Fontanges y parut avec tant d'éclat que, tout compte fait, on n'y voyait bien qu'elle.

Mlle de Fontanges, peu après cette solennité, crut devoir déclarer catégoriquement et officiellement son état de grossesse.

Le roi, en conséquence, ne crut pouvoir mieux faire que de lui conférer le titre de duchesse, lui organiser un train de maison et allouer *cent mille écus* par mois, avec un trésorier, qui fut M. le duc de Noailles pour veiller de près à la dépense, parce qu'elle allait bien, la petite, si bien que les 100,000 écus mensuels n'eussent vraisemblablement pas suffi à défrayer ses menus plaisirs, sans cette précaution.

Les choses en étant venues à ce point, Mme de Montespan fut enfin convaincue qu'il lui fallait céder la place, sans espoir, du moins pour le moment, de la recon-

Ninon de Lenclos au cabaret.

quérir. Elle parla donc ouvertement de sa retraite.

On crut d'abord qu'elle méditait de se retirer à Fontevrault, mais point : elle n'avait d'ailleurs aucune idée de s'enfermer dans le moindre couvent.

Bref elle se retira et ne se retira point ; car elle demeura à la cour et fit en sorte de rester mêlée à toutes ses intrigues et d'avoir même toujours une assez grande influence dans les conseils du cabinet.

Au reste, le roi continuait à la voir, comme il le lui avait dit ; et elle en tirait avantage pour faire croire que son crédit était toujours aussi grand que par le passé. Ses partisans à la cour appuyaient ces insinuations de leur autorité personnelle, mais les plus clairvoyants savaient bien à quoi s'en tenir et recherchaient ouvertement les faveurs de Mlle Fontanges, qui les en récompensait libéralement, étant en fait la grande dispensatrice des faveurs royales.

Furieuse, Mme de Montespan commença à décrier tant qu'elle put et à tourner en ridicule sa rivale triomphante, à la grande irritation du roi.

A quelque temps de là, Mlle de Fontanges accoucha. Mais les suites de ses couches furent déplorables. Elle tomba dans un état de langueur et de dépérissement qui l'eut rendue bientôt méconnaissable, et eut une perte si abondante qu'on craignit pour sa vie. Elle ne devait point, d'ailleurs, en relever, et déjà, pour beaucoup, la malheureuse était empoisonnée par sa rivale!

Le fait est que, loin d'en ressentir du soulagement, les remèdes qu'on lui administrait semblaient au contraire augmenter sa langueur. Le roi, douloureusement affecté, ne la quittait guère, lui prodiguant les consolations les plus affectueuses; mais elle sentait bien qu'elle ne se relèverait jamais, et pria son royal amant de lui permettre de quitter la cour, ajoutant avec des larmes amères qu'elle ne devait plus songer qu'à mourir.

Elle se retira donc à l'abbaye de Port-Royal, dans le faubourg Saint-Jacques, où le duc de la Feuillade l'allait voir de la part du roi, deux ou trois fois par semaine. Mais les médecins avaient prédit sa fin prochaine, et ils avaient prédit juste.

Lorsqu'elle se sentit près de mourir, Mlle de Fontanges fit demander comme une grâce suprême que le roi vînt la voir une dernière fois. Louis XIV, qui avait pourtant horreur des choses lugubres, se décida à donner cette satisfaction à la mourante. On dit, il est vrai, qu'il ne se décida que sur le conseil de son confesseur, qui espérait que la vue des derniers moments de sa maîtresse serait pour le royal pécheur une haute leçon de morale très profitable pour son salut; or, Louis XIV était toujours fort préoccupé de son salut, en conséquence il obéit.

« Il se fit transporter à Port-Royal, dit M. Eugène Pelletan, et en voyant, pâle, amaigrie, expirante, celle qui, quelques mois avant, illuminait Versailles de sa beauté, il ne put s'empêcher de verser des larmes.

« — Ah! maintenant, s'écria Mlle de Fontanges, je puis mourir, puisque mes derniers regards ont vu pleurer mon roi. »

Trois jours après, effectivement, le 28 juin 1681, elle expirait, « blessée au service du roi, » suivant l'expression de Mme de Sévigné.

On lit dans les *Mémoires* de Madame : « Il est certain que la Fontanges est morte empoisonnée; elle a même accusé de sa mort la Montespan. Un laquais que celle-ci avait gagné l'a fait périr avec du lait. »

La mode était alors aux empoisonnements, comme nous l'avons dit; et l'on sait que Madame elle-même périt peu après d'un mal qui fut toujours considéré comme n'ayant d'autre cause que le poison. Mais, pour elle comme pour la Fontanges, on ne put jamais découvrir de preuves certaines.

Cela tient peut-être à ce que Louvois était autant l'ami de Mme de Montespan qu'il était l'ennemi de tout ce qui avait tenu, de près ou de loin, au cardinal de Mazarin.

Quoi qu'il en soit, il est certain que le roi ne douta jamais que sa dernière maîtresse n'eût été la victime de la favorite dépossédée. Il continua pourtant à voir cette dernière; mais pour bien marquer à quel point il regrettait Mlle de Fontanges, il n'est faveur qu'il ne se fît un plaisir d'accorder aux siens même après sa mort. Il pourvut un de ses frères d'une riche abbaye, maria avantageusement une de ses sœurs et fit tout le bien possible au reste de sa famille.

Mme de Montespan enrageait; mais elle enragea bien plus encore, lorsque, cédant aux prières de Mlle de Montpensier, le roi rendit Lauzun à la liberté.

D'autre part, elle voyait que malgré les visites qu'il ne cessait de faire, visites assez fréquentes mais très froides, Louis XIV prenait un plaisir évident dans la compagnie de la veuve Scarron, gouvernante de ses enfants, à elle, Mme de Montespan, et qui lui devait tout, à commencer par la survivance de la pension de 2,000 livres attribuée à feu Scarron, en qualité de « malade en titre de la reine mère. »

Mme de Montespan avait reçu jadis les visites du roi chez Mme de la Vallière qu'elle traitait d'une manière infâme, si l'on s'en souvient. On peut dire qu'à compter de ce moment, celle qui devait être bientôt Mme de Maintenon, et un peu plus tard, Madame Louis XIV, recevait chez Mme de Montespan, où c'était elle qui était la servante, des visites que le roi ne fit bientôt plus que pour elle. Mais comme son attitude était bien plus convenable! et de quelle habile modestie ne faisait-elle pas étalage!

Il faut dire aussi que Mme de Montespan n'avait pas attiré chez elle par pure charité chrétienne celle qui devait la supplanter. Mme Scarron avait besoin qu'on s'intéressât à elle : mais elle avait des moyens, une intelligence très vive et infiniment d'esprit. On devait nécessairement avoir besoin d'elle, pour peu qu'on vécût d'intrigues.

C'est justement pour cela que Mme de Montespan se lia avec la veuve du poète cul-de-jatte. Elle en fit son secrétaire, sa confidente.

Mme Scarron voyait toutes les lettres que la Montespan écrivait au roi, ou qu'elle recevait de lui ; et quand celle-ci était embarrassée pour rédiger une épître au roi, c'était Mme Scarron qui s'en chargeait.

Un jour Louis XIV reçut de sa maîtresse une lettre si admirablement tournée qu'il reconnut tout de suite qu'elle ne pouvait venir de Mme de Montespan. Il voulut savoir qui l'avait écrite.

— Quand je vous l'aurai dit, répondit Mme de Montespan, vous aurez de la peine à le croire. Mais pour ne pas vous laisser en suspens, je vous proteste, sire, que c'est la Scarron qui me l'a dictée. J'avais un si gros mal de tête ce jour-là, et vous vouliez si absolument que je vous répondisse, qu'il me fallut bien avoir recours à elle.

Le roi voulut voir immédiatement la personne capable d'exécuter un pareil chef-d'œuvre épistolaire. Et telle fut l'origine des relations du roi-soleil avec Mme de Maintenon.

XXXVIII

Vieilles maîtresses! vieux galons!

SOMMAIRE. — Origine des relations de la veuve Scarron avec Mme de Montespan. — Mme Scarron nourrice des bâtards de France. — Les charmes de l'esprit. — La nourrice des « légitimés » installée à Versailles. — La marquise de Maintenon. — Mme de Maintenon se fait la Providence du ménage royal légitime. — Le truc de la résistance. — Amie peut-être, maîtresse jamais, femme à l'heure propice. — Madame Louis XIV. — Coup-d'œil rétrospectif sur la vie de la nouvelle reine de France. — Mlle d'Aubigné à seize ans. — Ses relations et son mariage avec le poète cul-de-jatte. — Mme Scarron et Ninon de Lenclos. — Mme de Montespan épanche sa bile. — Les pamphlétaires de cour et leurs œuvres. — Spécimen des aménités épistolaires adressées à Mme de Maintenon par d'honnêtes anonymes. — Comment elle les accueille. — Sonnet un peu raide à son adresse, attribué à Mlle de Nantes. — Complet retour de fortune. — La mère des « légitimés » éloignée de Versailles. — Vieillesse errante, décousue et quinteuse d'une favorite à la réforme. — Détails émouvants sur cette époque de la vie de

Mme de Montespan. — Quand le diable devint vieux... — Coup d'œil sur les conditions d'établissement des bâtards du roi. — Vilenies de grands seigneurs n'ayant point l'avantage d'être bâtards. — Le sang de Bourbon réduit à l'état de misérable coupage!

Les relations de Mme de Montespan avec la Scarron remontaient à 1669. Elle l'avait installée rue de Vaugirard et lui avait confié l'éducation du premier enfant qu'elle avait eu du roi, lequel mourut cette même année.

L'année suivante, elle lui confia le duc du Maine, puis le comte de Vexin, Mlle de Nantes, Mlle de Tours.

« On envoyait chercher Mme de Maintenon, dit Mme de Caylus, quand les premières douleurs pour accoucher prenaient Mme de Montespan. Elle emportait l'enfant, le cachait sous son écharpe, se cachait elle-même sous un masque, et prenant un fiacre, revenait ainsi à Paris. Combien de fayeur n'avait-elle pas que cet enfant ne criât! Ces craintes se sont souvent renouvelées, puisque Mme de Montespan a eu sept enfants du roi! »

On voit quelle était alors, et quelle fut longtemps la position subalterne de la veuve Scarron, au service de la favorite du roi; et l'on comprend que celle-ci était bien loin de soupçonner une rivale en elle.

Toute la cour ne fut pas moins surprise que Mme de Montespan de voir les assiduités du roi auprès d'une femme de si petite importance, et sur le compte de laquelle on avait débité une foule de médisances et peut-être de calomnies, laquelle avait d'ailleurs passé la quarantaine. On comptait sans les charmes de l'esprit, qui avaient maintenant une grande influence sur ce monarque blasé en toute chose, excepté sur celle-là que ses maîtresses ne lui avaient jamais servie qu'avec une sordide parcimonie.

Il distingua si bien la gouvernante des enfants qu'il avait eus de Mme de Montespan, qu'ayant légitimé le duc du Maine en 1673, il fit donner un appartement à Versailles à celle qui l'avait élevé, et peu après, la terre de Maintenon érigée en marquisat. En outre, un généalogiste reçut l'ordre de s'arranger de façon à la faire descendre de Jeanne d'Albret, reine de Navarre, qui, après la mort du roi, son époux, se serait mariée secrètement avec un de ses gentilshommes, lequel gentilhomme serait ou devrait être, qu'il le voulût ou non, le père d'Agrippa d'Aubigné, grand père de Mme de Maintenon.

La besogne ainsi mâchée, le généalogiste n'eut pas beaucoup de peine à l'accomplir à la satisfaction des intéressés, sinon de tout le monde.

On remarquera que, dans l'intervalle, l'aventure dramatique de Mlle de Fontanges a eu le temps de se dérouler. Les relations du roi avec Mme de Maintenon n'avaient en effet d'autre caractère que celui de l'amitié, au début. Plus tard, Louis XIV voulut faire sa maîtresse de sa confidente; mais celle-ci résista habilement : « Je le renvoie toujours désolé, écrit-elle, jamais désespéré. » Elle fit mieux, elle rapprocha le roi de la reine, et s'assura par cette action la reconnaissance de celle-ci.

Tant que la reine vécut, Mme de Maintenon avait résisté au roi sous prétexte de lui épargner l'épouvantable péché d'adultère. La reine morte (1683), elle résista, par scrupule de conscience; la religion lui interdisant, arguait-elle, de se livrer à un homme en dehors des liens sacrés du mariage!

Et le roi l'épousa. Il ne la fit pas languir même, car cette union secrète, bénie par l'archevêque de Paris du Harlay, en présence de M. de Montchevreuil et du premier valet de chambre du roi, Bontemps, date de décembre 1684.

Mais Mme de Maintenon avait-elle toujours été aussi scrupuleuse? L'auteur du *Roman comique*, impotent, l'avait prise à seize ans pour la sauver de la misère. Sa position misérable lui interdisait tout autre plaisir que celui de la vue et de l'ouïe, et par conséquent il devait l'avoir laissée vierge en même temps que veuve; et vierge elle devait être restée jusqu'à son mariage avec Louis XIV, c'est-à-dire jusqu'à l'âge respectable de quarante-neuf ans sonnés.

Nous n'y voyons pas d'inconvénient, quoique nous l'ayons vue quelque part en relations très intimes avec Ninon de Lenclos. Mais à la cour, il faut croire qu'on en voyait plus d'un.

Quand la Montespan se vit bien décidément dépossédée par cette femme, et sans aucun espoir dans l'avenir, elle fit et fit faire tout ce qu'elle put pour ruiner Mme de Maintenon dans l'esprit du roi. Mais elle y échoua, et ses amis aussi échouèrent, même les plus puissants.

Louis XIV répondit même fort durement, dans une certaine occasion, à des officieux qui, s'appuyant sur leur haute position personnelle, venaient lui apporter respectueusement leur part de venin courtisanesque, qu'il romprait plutôt avec la famille royale tout entière qu'avec Mme de Maintenon!

Il n'y avait pas à y revenir, si ce n'est par la porte de derrière.

En conséquence les libelles les plus injurieux, les épigrammes les plus cruelles se colportaient contre elle. On lui envoyait à chaque instant des lettres anonymes contenant les insultes les plus grossières, et dont bien entendu, de nombreuses copies couraient sous le manteau.

En voici d'ailleurs un échantillon pris au hasard.

« On est surpris, Madame, quelque haute que soit la faveur où vous êtes montée, que vous vous connaissiez si peu. On peut fort bien vous appliquer l'apologue de ce vil animal qui, portant les reliques d'un dieu, s'était mis dans l'esprit que c'était lui qu'on adorait, et non pas l'idole dont il était chargé; vous êtes à peu près dans les mêmes termes. Un peu de réflexion sur ce que vous avez été vous ferait grand bien. Il faut vous en faire souvenir, car vous avez bien la mine de vous être étourdie là-dessus.

« Tout le monde sait, Madame, que quand l'envie de se marier prit à M. Scarron, ses amis se moquèrent de lui. On lui dit que de la manière dont il était bâti, il s'allait enrôler dans la famille d'Actéon.

« A quoi le bonhomme répondit que ce n'était pas cela qui le mettait en peine; que les gens faits comme lui se devaient marier pour leurs amis; et qu'afin qu'on ne pût rien lui reprocher sur ce chapitre, il voulait prendre la *chasse blessée*.

« Pour le bonheur de M. Scarron, le sort tomba sur vous; il vous épousa publiquement, ce qui lui fit dire d'une manière si agréable, qu'on ne pourrait pas lui reprocher que sa faiblesse fût cause de la coquetterie de sa femme; et il avait raison sans doute.

« Comme il était homme de bon sens, il vous laissa à votre sage conduite, et personne n'ignore vos manèges.

« Si le bonhomme revenait de l'autre monde, je crois qu'il rirait de bon cœur de voir votre métamorphose. Et comme il était homme de bonne humeur, je ne doute pas qu'il ne fît au roi un procès qui embarrasserait bien le Parlement, qui, ne pouvant s'empêcher de lui rendre justice, vous condamnerait à quitter les honneurs royaux et à reprendre vos anciens titres.

« Adieu, la bonne vieille, souvenez-vous, si vous me croyez, de ce que vous avez été.

« Je vous donne un avis salutaire. »

Ceci est simplement inepte. A de telles attaques l'habile femme ne répondait que par le dédain. Quand la chose était possible, c'est-à-dire qu'aux injures bêtes ne se mêlait point le rappel de quelque événement bien caractérisé, faux ou vrai, Mᵐᵉ de Maintenon montrait le factum au roi, et s'en amusait franchement avec lui au lieu de crier vengeance et de l'ennuyer de ses récriminations. Ah! c'était une maîtresse femme, je vous en réponds.

Mais on lui décochait parfois quelques traits acérés, où l'esprit le disputait à la méchanceté, et cette fois il n'y avait pas moyen de rire.

Voici, par exemple, un sonnet qui fut attribué à l'une de ses anciennes élèves, à Mˡˡᵉ de Nantes, fille du roi et de Mᵐᵉ de Montespan, et à qui probablement il appartenait pour l'avoir acheté; en tous cas, il cingle, celui-là:

Que l'Éternel est grand! Que sa main est puissante!
Il a comblé de biens mes pénibles travaux;
Je naquis demoiselle et je devins servante;
Je lavai la vaisselle et souffris mille maux.

Je fus plusieurs amants et ne fus point ingrate;
Je me livrai souvent à leurs premiers transports.
A la fin, j'épousai ce fameux cul-de-jatte
Qui vivait de ses vers comme moi de mon corps.

Mais enfin il mourut, et vieille devenue,
Mes amants sans pitié me laissaient toute nue,
Lorsqu'un héros me crut encore propre aux plaisirs.

Il me parla d'amour, je fis la Madeleine;
Je lui montrai le diable au fort de ses désirs;
Il en eut peur, le lâche!... Et je me trouve reine!...

Toutes ces attaques peu courtoises sont, comme on pense, antérieures au mariage secret; d'ailleurs, Mˡˡᵉ de Nantes, à qui ce sonnet fut attribué, mourut en 1681. Mais qu'elles vinssent de Mᵐᵉ de Montespan ou d'autre part, elles cessèrent dès qu'on put voir qu'il y avait dans la position de la nouvelle favorite une force autrement solide que tout ce qu'on avait vu jusque-là. Il se trouva au moins autant de plumes pour louer qu'il y en avait eu pour souffleter. — C'étaient peut-être les mêmes. — Et l'on tourna le dos à Mᵐᵉ de Montespan avec la plus parfaite désinvolture.

Dès 1684, au reste, pendant le court veuvage de Louis XIV, l'appartement qu'occupait à Versailles la « mère des légitimés » lui fut retiré, afin de lui faire comprendre qu'elle ferait bien de s'éloigner de la cour. Mais elle fit la sourde oreille. La dignité était un sentiment qu'elle ne connaissait pas.

« De toutes les favorites de Louis XIV, dit M. Imbert de Saint-Amand, Mᵐᵉ de Montespan avait été la plus despotique et la plus hautaine; ce fut aussi la plus humiliée. Ne pouvant s'habituer à sa déchéance, elle resta pendant plus de dix ans à la cour, bien qu'elle fût devenue à charge au roi et à elle-même. « On disait qu'elle
« était comme ces âmes malheureuses qui
« reviennent dans les lieux qu'elles ont
« habités, expier leurs fautes. » Dans la demi-conversion de cette fière Mortemart, il y avait encore de l'ironie, de la colère. Allant un jour voir Mᵐᵉ de Maintenon, elle y rencontra le curé et les sœurs grises de Versailles qui venaient assister à une assemblée de charité. « Savez-vous, madame,
« lui dit-elle en l'abordant, que votre anti-
« chambre est merveilleusement parée pour
« votre oraison funèbre? »

« Le roi continuait à voir la mère des légitimés. Chaque jour, après la messe, il allait passer quelques instants près d'elle, mais comme par devoir et non par plaisir. En 1686, à Marly, elle lui dit dans un moment d'exaspération: « J'ai une grâce à
« vous demander, c'est de me laisser le
« soin d'entretenir les gens du second car-
« rosse et de divertir l'antichambre. » Entre Louis XIV et son ancienne maîtresse il n'y avait ni abandon, ni confiance, ni amour,

ni amitié. Ce qui restait de leur liaison, ce n'était même pas un souvenir, pas même un respect, c'était un remords. Dévorée d'ambition et de scrupules, tiraillée en sens divers par ses passions comme par autant de coursiers fougueux, Mme de Montespan fut pendant de longues années en proie à cette lutte de tous les jours, de toutes les heures, qui constitue l'une des angoisses psychologiques les plus douloureuses qu'on puisse imaginer...

« Mme de Montespan voulait quitter la cour, et elle n'en avait pas le courage. Elle pouvait se dire, comme saint Augustin dans ses Confessions : « Ces bagatelles des « bagatelles, ces vanités des vanités me « tiraient par ma robe de chair et murmu- « raient à mon oreille : Est-ce que tu nous « renvoies ? Quoi, dès ce moment, nous ne « serons plus avec toi ?... pour jamais ?... « Cette lutte intérieure n'était qu'un duel « de moi avec moi. » C'est une intéressante gradation que celle qui va des premiers symptômes du repentir jusqu'à la pénitence la plus complète et la plus absolue...

« Il y a dans l'opinion publique un fond de moralité qui fait que la foule contemple avec une sorte de plaisir l'écroulement de certaines fortunes. Au milieu de cette cour naguère encore remplie de ses flatteurs, Mme de Montespan ne rencontrait plus de regards amis. C'est ainsi que presque toujours le vice trouve ici-bas son châtiment.

« Si courte qu'elle soit, la vie est encore assez longue pour laisser s'accomplir même sur terre la vengeance de Dieu...

« Après s'être longtemps rattachée aux épaves de sa fortune et de sa beauté, comme un naufragé aux débris du navire, celle qu'on avait appelée autrefois la maîtresse « tonnante et triomphante, » se résigna enfin à la retraite. Le 15 mars 1691, elle fit dire au roi par Bossuet que son parti était bien pris, et que, cette fois, elle abandonnait Versailles pour toujours. Ainsi le prélat, qui, seize années auparavant, avait essayé de l'arracher à l'étreinte des passions coupables, était celui-là même à qui elle recourait pour briser le dernier anneau de la chaîne. Et cependant elle avait encore des hésitations, des regrets. Un mois après la pieuse résolution, Dangeau écrivait :

« Mme de Montespan a été quelques jours « à Clagny, et s'en est retournée à Paris. « Elle dit qu'elle n'a point absolument re- « noncé à la cour, qu'elle verra le roi « quelquefois, et qu'à la vérité on s'est un « peu hâté de faire démeubler son apparte- « ment. » Mais la favorite avait été prise au mot. Son logement au château de Versailles était désormais occupé par le duc du Maine. Elle ne devait plus revoir le théâtre de ses tristes triomphes. Son départ fut pour le roi une délivrance.

« Mme de Montespan vécut alternativement à l'abbaye de Fontevrault, dont sa sœur était abbesse, aux eaux de Bourbon, où elle allait tous les étés, au château d'Oiron, qu'elle avait acheté, et au couvent de Saint-Joseph, situé à Paris, sur l'emplacement du ministère de la guerre actuel. C'est dans ce couvent qu'elle recevait les personnages les plus considérables de la cour. Il n'y avait dans son salon qu'un seul fauteuil, le sien. « Toute la France y allait, « dit Saint-Simon, elle parlait à chacun « comme une reine, et de visites, elle n'en « faisait jamais, pas même à Monsieur, ni « à Madame, ni à la grande Mademoiselle, « ni à l'hôtel de Condé. » Au château d'Oiron, il y avait une chambre superbement meublée, où le roi ne vint jamais, et qu'on appelait cependant la chambre du roi.

« De temps en temps, la vieille favorite déchue songeait encore à ce sceptre de reine de la main gauche qu'elle avait autrefois porté avec une telle audace d'orgueil. Elle était tantôt honteuse et tantôt fière d'être la mère des légitimés. Mais peu à peu les pensées sérieuses succédèrent aux idées de vanité et de rancune. Le monde fut vaincu par le ciel. Le scandale disparut devant l'édification. La pénitente arriva non seulement aux remords, mais aux macérations, aux jeûnes, aux cilices. Cette femme, jadis si raffinée, si élégante, s'astreignit à ne porter que des chemises de la toile la plus dure, à mettre une ceinture et des jarretières de pointes de fer. Elle en vint à donner tout ce qu'elle avait aux pauvres. Elle travaillait pour eux plusieurs heures par jour à des ouvrages grossiers.

« A côté de son château d'Oiron, elle avait fondé un hospice dont elle était plutôt la servante que la supérieure. Elle soignait elle-même les malades et pansait leurs plaies. Comme le dit si bien M. Pierre Clément dans la belle étude qu'il lui a consacrée, le scandale avait été grand, le défi à la morale, à la loi, aux prescriptions religieuses insolent et prolongé; mais, de la part d'une si orgueilleuse nature, le repentir et l'humilité doublaient en quelque sorte de valeur. Elle se résigna, sur l'ordre de son confesseur, à l'acte qui lui coûtait le plus; elle demanda pardon à son mari dans une lettre où, se servant des termes les plus humbles, elle lui offrait de retourner avec lui, s'il daignait la recevoir, ou de se rendre dans telle résidence qu'il voudrait bien lui assigner. M. de Montespan ne répondit même pas.

« Au dire de Saint-Simon, l'ancienne favorite, dans les dernières années de sa vie, était tellement tourmentée des affres de la mort, qu'elle payait plusieurs femmes dont l'emploi unique était de la veiller : « Elle « couchait tous ses rideaux ouverts, avec « beaucoup de bougies dans sa chambre, « ses veilleuses autour d'elles, qu'à toutes « les fois qu'elle se réveillait elle voulait « trouver causant, jouant ou mangeant, « pour se rassurer contre leur assoupisse-« ment... » Ce qui est certain, c'est que, de l'aveu de Saint-Simon lui-même, elle mourut avec autant de dignité que de courage.

« Au mois de mai 1707, lorsqu'elle partit pour les eaux de Bourbon, elle n'était pas encore malade, et cependant elle avait le pressentiment d'une fin prochaine. Dans cette prévision, elle paya deux ans d'avance toutes les pensions qu'elle faisait et doubla ses aumônes habituelles. A peine arrivée à Bourbon, elle se coucha pour ne plus se relever. Quand elle fut en face de la mort, elle la regarda, sans la braver et sans la craindre. « Mon père, dit-elle au capucin « qui l'assistait à l'heure suprême, exhor-« tez-moi en ignorante, le plus simplement « que vous pourrez. » Après avoir appelé autour d'elle tous ses domestiques, elle demanda pardon des scandales qu'elle avait causés, et remercia Dieu de ce qu'il permettait qu'elle mourût dans un lieu où elle se trouvait éloignée des enfants de son péché.

« Quand elle eut rendu l'âme, son corps jadis si beau, si adulé, fut « l'apprentissage « du chirurgien d'un intendant de je ne « sais où, qui se trouva à Bourbon et qui « voulut l'ouvrir sans savoir comment s'y « prendre. » Il y eut une dispute de prêtres et de chanoines quand le cercueil fut porté à l'église, où il devait rester, en attendant d'être envoyé à Poitiers dans une tombe de famille. La mort d'une femme qui, pendant plus de trente ans, de 1660 à 1691, avait joué un si grand rôle à la cour, n'y causa aucune impression. Depuis longtemps, Louis XIV considérait son ancienne maîtresse comme morte pour lui. Dangeau se contenta d'écrire dans son journal : « Sa-« medi, 28 mai 1691, à Marly : Avant que « le roi partît pour la chasse, on apprit « que Mme de Montespan était morte à

Marie et Hortense de Mancini s'enfuirent.

« Bourbon, hier, à trois heures du matin. « Le roi, après avoir couru le cerf, s'est « promené dans les jardins jusqu'à la « nuit. »

« Un ordre formel interdit au duc du Maine, au comte de Toulouse, aux duchesses de Bourbon et de Chartres de porter le deuil de leur mère. Son seul enfant légitime, d'Antin, se couvrit de vêtements noirs. Mais il était trop bon courtisan pour être triste, quand le roi ne l'était point. Peu de jours après, il recevait magnifiquement son souverain à Petit-Bourg et faisait disparaître en une nuit une allée de marronniers qui n'était pas du goût du maître. Quant à Mme de Montespan, l'on ne prononçait même plus son nom. Voilà le monde. C'est bien la peine de l'aimer. »

Ce qui était bien la peine, il nous semble, c'était de rappeler par le menu les détails de cette fin édifiante d'une pécheresse qui ne fut pas seulement coupable de débauche et d'adultère, mais vraisemblablement aussi d'empoisonnement.

Si le proverbe n'avait eu déjà quelque vogue de son temps, certes on l'eût imaginé pour elle :

« Quand le diable devint vieux, il se fit « ermite. »

Nous ne reviendrons pas sur le compte

de Mᵐᵉ de Maintenon; devenue reine à cinquante ans, on pense bien que sa conduite, en admettant qu'elle eût laissé à désirer quand brûlaient dans son sang les feux d'une jeunesse difficile à dompter, fut tout à fait irréprochable sous le rapport des mœurs. Quant à ses actes politiques, quant à la part surtout que prit à la révocation de l'édit de Nantes cette petite-fille de l'illustre protestant Agrippa d'Aubigné, nous ne pouvons nous occuper ici de ces choses.

Mais voyons un peu ce que coûtèrent à la France, même après qu'elles furent passées, les principales fantaisies amoureuses du roi-soleil.

Les enfants et les suivants de la duchesse de La Vallière et de la marquise de Montespan ont accaparé pendant longtemps les honneurs et les dignités du royaume. Le roi leur ménagea, malgré toutes les protestations impuissantes devant sa volonté, les alliances les plus riches et les plus puissantes.

Le comte de Vermandois, fils de Mᵐᵉ de La Vallière, fut fait grand amiral de France. Mˡˡᵉ de Blois, sa sœur, fut mariée au prince de Conti. — Et « La Vallière était du commun. »

Le Prince de Condé, qui vivait retiré à Chantilly et n'était pas fort enthousiaste de cette alliance, reçut même en cette occasion une sorte d'affront qu'il dévora courageusement, comme c'était son devoir. — Figurez-vous que sur le contrat de mariage qu'on lui présenta à signer, on ne lui donnait pas le titre de « haut et puissant seigneur » auquel il avait droit de par une longue tradition !

Lorsque ce contrat lui fut présenté par Colbert, il refusa carrément de le signer, et, furieux, alla trouver le roi, pour se plaindre de la manière dont on le traitait. Mais le roi lui répondit sèchement qu'il eût à signer, sans s'occuper d'autre chose. Et il signa !

Mˡˡᵉ de Tours, fille de Mᵐᵉ de Montespan et le comte de Toulouse son frère moururent avant d'être mariés; mais Mˡˡᵉˢ de Nantes et de Blois, leurs sœurs, ne le furent pas moins avantageusement que Mᵐᵉ la princesse de Conti.

La première épousa le duc de Bourbon, et la seconde le duc de Chartres.

Enfin le duc du Maine, fils aîné de Mᵐᵉ de Montespan, duc d'Aumale, comte d'Eu, prince de Dombes (au détriment de la grande Mademoiselle et de ce pauvre paillard de Lauzun, si l'on s'en souvient), pair de France, colonel-général des Suisses et des Grisons, gouverneur de la province de Languedoc, colonel d'un régiment d'infanterie, chevalier des ordres du roi et officier général des armées, — épousa Mˡˡᵉ de Charolais, troisième fille du prince de Condé.

Eh bien ! franchement, cela fait plaisir. On voit au moins que si le métier de concubine royale est bon, les fruits résultant de ce commerce n'ont pas besoin, pour être assurés de vivre, d'être portés aux Enfants trouvés !

« On ne saurait, dit un chroniqueur contemporain, exprimer les égards que toute la cour était obligée d'avoir pour les enfants naturels du roi, les princes du sang eux-mêmes ont été obligés d'en avoir, ce que la postérité aura peine à croire.

« Un jour que M. le prince de Condé s'entretenoit avec quelques courtisans, le duc du Maine, qui étoit alors fort jeune, et quelques autres seigneurs de son âge, qui n'étoient pas fort éloignés, faisoient tant de bruit que cela trouble l'entretien qui étoit fort sérieux et auquel on étoit fort appliqué; si bien que M. le Prince se vit contraint de dire que l'on fît taire les enfants.

« Le duc du Maine, qui dès sa plus tendre jeunesse a eu de l'esprit infiniment, et qui entendit cela, répondit d'abord qu'il avoit cru que son Altesse ne devoit point craindre le bruit, elle qui en avoit fait tant dans le monde !

« Et M. le Prince alla de ce pas rapporter ces paroles au roi, avec la même gayeté, à en juger par les apparences, que s'il eût rapporté quelque gentillesse de M. le duc de Bourgogne.

« Ce grand prince qui voyoit bien que c'étoit un parti qu'il devoit nécessairement prendre, poussa bien plus loin la déférence, car, lorsqu'il alla voir le comte de Vermandois pour lui témoigner la part qu'il prenoit au mariage de M¹ˡᵉ de Blois, sa sœur, avec le prince de Conti, il n'osa prendre le fauteuil qu'on lui présenta, et s'assit sur un siège pliant, parce que le comte de Vermandois avoit pris un semblable siège.

« Cependant toutes ces déférences n'empêchèrent pas que toute la cour ne glosât en secret, et qu'elle ne glose encore de ces mariages, ce qui cause des disgrâces de tems en tems.

« En effet, ceux qui ont donné les plus grands éloges au roi n'ont pas laissé de dire qu'un des plus grands défauts de ce monarque a été de mêler avec le sang de Bourbon celui de La Vallière et de Montespan... »

Le fait est que c'est malheureux. Le chroniqueur en question finit par excuser le grand roi, comme c'est son devoir ; mais nous, nous ne pouvons y consentir, à aucun prix...

Le sang de Bourbon ! Hein ! — Mais il y avait déjà bien longtemps qu'il était mêlé, s'il nous en souvient, ce fameux sang de Bourbon : ce n'était déjà plus que du coupage !

XXXIX
Miscellanées galantes et autres.

Sommaire. — Suppression de l'institution des filles d'honneur, comme étant d'utilité trop publique. — Les douze dames du palais. — En fourrageur. — Résurrection du marquis de Gauger. — Le père et la bru. — Le fils et le père. — Sus à l'assassin ! — La fille de la victime. — Un ménage mal assorti. — Etrange fantaisie d'un époux septuagénaire. — Un page innocent et persécuté. — Faut d'la vertu, pas trop n'en faut. — Un mari qui supplie sa femme de le faire cocu... — Et qui meurt de désespoir de n'avoir pu obtenir d'elle cette satisfaction. — Sa veuve convole sans retard. — Très recherchée pour sa réputation de vertu excessive, elle justifie (d'abord) sa haute réputation. — Le neveu d'un cardinal, messager du diable. — Un moment psychologique. — Un triomphateur bruyant. — Un mari étrangement déçu. — Le guet-apens éventé. — Une facétie de nobles débauchés. — L'influence du nom. — Lecocq chaponné. — Ce que c'est que d'avoir un oncle cardinal. — Visite d'adieux. — Le portrait dédaigné. — Chasse à l'amoureux fugitif. — Odyssée lamentable d'un portrait de femme amusante. — Preuve nouvelle de l'avantage qu'il y a à être neveu d'un cardinal. — Quel c'était que l'oncle de ce neveu. — La débauche publique. — Ravages épouvantables exercés par le « mal de Naples. » — Mesure imaginée pour les combattre. — Hygiène et réglementation policières. — Singulier traitement appliqué aux prostituées atteintes de l'infernale maladie. — Le sort des filles de joie sous la Régence — et sous Louis XV. — Châtiments infligés aux individus convaincus de « maquerellage » public. — Projets variés de réglementation de la prostitution. — Ordonnances de police sur ce sujet, à diverses époques. — Un séminaire de prostituées en plein boulevard, au xviiiᵉ siècle. — La Gourdan et ses courtiers « distingués et de bonne tenue. » — Correspondance édifiante et instructive.

C'est à Mᵐᵉ de Montespan qu'on doit, nous avions oublié de le mentionner, la suppression des filles d'honneur. Cette exécution remonte au temps où la belle de Ludre, dame d'honneur de la reine, était l'objet des attentions galantes du roi, ou à celui où

M¹¹ᵉ de Fontanges, fille d'honneur de Madame, commençait à faire échec à l'irascible favorite sur son déclin. N'importe, au reste, il est bien probable que la Montespan ne rencontra pas d'opposition dans cette affaire du côté de Madame, furieuse elle-même contre ses filles et contre le roi à cause d'elles.

« C'était, dit Mᵐᵉ de Sévigné, une caverne redoutable, que cette chambre de filles, d'où sortait une hydre à têtes renaissantes, qu'il fallait sans cesse combattre. Mᵐᵉ de Montespan préféra la sûreté qu'elle se procurait en l'étouffant d'un coup, à l'honneur incertain d'en triompher souvent ; car les armes sont journalières. »

Les filles d'honneur furent remplacées par douze dames du palais bien et dûment mariées, de sorte que leurs écarts, lorsqu'elles en faisaient, causaient moins de scandales, par la raison qu'elles les cachaient un peu plus que toutes ces demoiselles et que tous les cocus ne sont pas de la trempe d'un d'Étampes ou d'un Montespan.

Mais, pour régler définitivement nos comptes avec le grand siècle, il nous reste à fourrager en divers coins restés inexplorés ou explorés seulement à demi.

Ainsi, nous avons raconté l'histoire tragique de la belle marquise de Ganges, ci-devant marquise de Castellane, et en cette qualité, cause supposée de la mort du beau Candale. Nous savons que le marquis de Ganges, contre lequel ne s'élevaient que des présomptions morales, insuffisantes quoique terribles, avait été condamné au bannissement et à la confiscation de ses biens. Il nous reste à voir ce que devint par la suite le marquis, et surtout ses enfants, car en vérité la chose en vaut la peine.

Au bout de quelques années d'exil, le marquis était revenu en secret et rentré dans son château de Ganges. Mᵐᵉ de Rossan étant morte, il n'avait plus à craindre personne qui fût intéressé à le relancer pour poursuivre l'exécution rigoureuse de l'arrêt qui le frappait.

Il faut dire qu'il avait bien choisi son moment.

C'était l'époque des persécutions contre les protestants, et Baville, l'infâme bourreau du Languedoc était tout-puissant dans ce pays dont il était intendant et commandant en chef des forces militaires. Le marquis de Ganges se montra zélé catholique, et agit avec ses vassaux, quelle que fût leur foi, comme en ce pays agissaient tous les seigneurs zélés catholiques.

Cela plut extrêmement à Baville, qui, au lieu d'inquiéter le marquis en rupture de ban, dès qu'il apprit sa présence dans le Languedoc, s'empressa de lui écrire pour le féliciter sur son zèle religieux et le rassurer sur son séjour en France en dépit de la justice.

Le fait est qu'après douze ans de séjour, il aurait pu passer en France un nombre d'années encore plus grand, s'il avait eu seulement le moindre grain d'honnêteté. Mais point.

On se rappelle que le marquis avait eu de sa victime deux enfants, un fils et une fille.

Le fils avait alors vingt ans. Il avait épousé une jeune fille belle, riche et de condition distinguée, M¹¹ᵉ de Moissac, lorsqu'il fut appelé à l'armée. Naturellement, le fils était resté en relations avec le père, qui, dans l'affaire de la mort de sa femme, n'avait d'ailleurs cessé de se poser en victime. Il conduisit donc sa jeune femme au château de Ganges, et la confia à la sollicitude paternelle.

Pour le faire court, nous nous bornerons à dire que le marquis, qui n'avait que quarante-deux ans, devint amoureux de sa belle-fille, écarta d'auprès d'elle tous ceux qui lui étaient dévoués, et montra bientôt toutes les dispositions à abuser d'elle, fût-ce par la violence.

La pauvre jeune femme était livrée sans défense aux mains d'un homme dont elle connaissait les crimes, dans la maison même où ces crimes s'étaient accomplis. Son père eût pu la secourir, mais son père était un protestant récemment converti ; le secret des lettres n'existait pas pour de telles gens : elle ne pouvait lui écrire.

Mais elle trouva le moyen de faire connaître sa situation à son mari, qui se trouvait alors à Metz.

A cette nouvelle, le marquis prit la poste et courut se jeter aux pieds du roi, qui apprit seulement alors la présence en France de l'infâme assassin contre lequel (par ressouvenir de la beauté resplendissante de la marquise de Castellane, pour laquelle, on s'en souvient, il avait manifesté dans le temps une partialité qui avait failli la compromettre), il avait toujours nourri un secret ressentiment.

Des ordres furent donnés, en conséquence, pour que le marquis fût poursuivi avec la plus grande rigueur.

Par bonheur pour lui, le marquis avait un frère à la cour. Ce frère courut le prévenir du danger qui le menaçait, et le marquis de Ganges échappa encore une fois à la justice de Louis XIV, qui n'était pas toujours tendre, et se réfugia à Avignon, c'est-à-dire à l'étranger, le comtat Venaissin appartenant encore au pape.

Ce n'est pas seulement parce qu'Avignon était tout près de Ganges que le marquis s'y était réfugié ; c'était surtout parce qu'il y avait sa fille, âgée seulement de six ans à la mort de sa mère, et présentement mariée et établie dans la cité papale.

Le marquis de Ganges ne resta toutefois pas auprès de sa fille, où il eût été trop en vue; il se retira dans un petit village des environs de la fontaine de Vaucluse, et plus jamais on n'entendit parler de lui, ce qui est bien dommage.

Quant à cette fille de l'infortunée marquise de Ganges, sa vie fut tellement étrange et, à la fin, si outrageusement désordonnée, que nous ne pouvons décemment nous dispenser d'en parler. On trouvera du reste, dans ce récit, dont nous empruntons presque tous les éléments à Alexandre Dumas, pour ne tromper personne, des détails extrêmement édifiants sur les mœurs de la noblesse, pendant la dernière partie du règne de Louis XIV, cette partie signalée par le bigotisme outré et la plus lâche complaisance pour les jésuites : c'est justement ce qu'il nous faut.

L'orpheline, dont la mère était morte assassinée et dont le père errait, le diable savait où, proscrit et frappé d'un arrêt infamant, était restée auprès de la douairière de Ganges qui, lorsqu'elle eût atteint sa douzième année, lui présenta comme époux le marquis de Perraut, qui avait été l'amant de son aïeule. Quoique septuagénaire, le marquis, né sous Henri IV, avait vu la cour de Louis XIII, celle de la jeunesse de Louis XIV, et en était resté un des seigneurs les plus élégants et les plus favorisés : il avait toutes les manières de ces deux époques, les plus galantes du monde, si bien que la jeune fille, qui ignorait encore ce que c'était que le mariage, qui n'avait point vu d'autre homme que celui qu'on lui offrait, ne fit aucune difficulté pour devenir Mme la marquise de Perraut, à la grande satisfaction de tout le monde.

Mais, direz-vous, pourquoi diable ce M. de Perraut se mariait-il à une si jeune fille ?

Ah ! voilà. M. le marquis avait un frère qu'il voulait frustrer de son héritage. Et il s'était dit : « Je vais me marier, j'aurai des enfants et... » Mais, s'il comptait que les années que la marquise avait en moins pourraient venir en déduction de celles qu'il avait en plus, il ne tarda pas à s'apercevoir qu'il s'était trompé.

Il s'était marié, sans doute. Mais s'il voulait avoir des enfants... il fallait nécessairement qu'il les commandât à quelque autre : cela lui parut bientôt évident.

Vous croyez que je plaisante. Eh bien, non ; le marquis de Perraut chercha effectivement quelqu'un qui pût le remplacer avec avantage dans cet office délicat, pour lequel seulement il avait pris femme ; et il trouva.

Ce n'était pas difficile : il y avait dans la maison un jeune page, âgé d'une année environ plus que sa maîtresse, et qui, comme cela entrait naturellement dans ses fonctions, était tout de suite tombé amoureux de la marquise. C'est juste l'espèce d'homme qu'il fallait au mari septuagénaire. Au commencement, il n'avait pas eu de peine à démêler les sentiments du jeune page, et cela l'avait fait loucher ; mais, à présent, il s'en applaudissait.

Il appela le jeune homme, et après lui avoir fait jurer le secret, il lui conta son affaire...

Imaginez-vous un peu la figure que dut faire à cette ouverture ce page de seize à dix-sept ans, amoureux comme on ne l'est qu'à cet âge !

Le marquis lui promettait de l'aider, autant qu'il pourrait le faire *décemment*, à obtenir les faveurs de sa femme, lui donnait de l'argent autant qu'il en voudrait dépenser pour atteindre son but, et s'il l'atteignait, lui promettait de lui acheter un régiment !

Le page n'avait pas besoin de tant de stimulants. Le jour même il faisait à M*me* de Perraut une déclaration passionnée — et se faisait flanquer à la porte !

C'était un vrai dragon que cette femme, qui avait à peine quinze ans !

Le marquis fut obligé de consoler son page, qui parlait déjà de suicide, en lui promettant de lui fournir cette fois une occasion infaillible.

Et il le fit comme il l'avait promis.

C'est-à-dire qu'il fit cacher le page dans un cabinet de la chambre à coucher, et que, dès qu'il vit sa femme plongée dans son premier sommeil, il se leva doucement d'auprès d'elle, laissa sa place au page.

C'était ingénieux, sinon infaillible.

S'étant retiré discrètement, en fermant derrière lui la porte à double tour, M. de Perraut prêta l'oreille.

Bientôt s'éleva de l'intérieur un grand bruit de voix : le page, au lieu d'agir discourait, à ce qu'il semble. La marquise qui ne pouvait sonner, les cordons des sonnettes ayant été intentionnellement relevés trop haut pour qu'elle y pût atteindre, finit par crier au secours avec une telle force, que son mari, craignant le scandale, finit par rentrer dans la chambre, scène d'un désordre indescriptible.

Sa femme, pauvre petite colombe, chercha aussitôt dans ses bras son refuge naturel, et, lui désignant le page, qui n'était pas penaud pour un peu, elle lui demanda justice contre l'insolent.

Alors le marquis lui avoua que l'insolent en question avait agi ainsi d'après ses ordres.

La marquise demeura stupéfaite. Alors le marquis, sans faire sortir le page, donna à sa femme l'explication de tout ce qui s'était passé, la suppliant de se prêter au désir qu'il avait d'obtenir un successeur, qu'il regarderait comme son propre enfant, pourvu qu'il le tînt d'elle ; mais toute jeune qu'elle était, la marquise lui répondit avec une dignité étrange pour son âge, et qu'elle n'eut pas toujours, que le pouvoir qu'il avait sur elle avait les bornes que la loi lui avait données, et non celles qu'il lui plairait de mettre en leur place, et que, quelque envie qu'elle eût de faire ce qui lui était agréable, elle ne lui obéirait cependant jamais aux dépens de son salut et de son honneur.

Une réponse si positive tout en désespérant le mari, lui prouva qu'il devait renoncer à obtenir de sa femme un héritier ; mais comme il n'y avait point de la faute de son page, il acquitta, en lui achetant un régiment, la promesse qu'il lui avait faite, et se résigna à avoir la femme la plus vertueuse de France ; au reste, sa pénitence ne fut pas longue : au bout de trois mois il mourut, après avoir confié au marquis d'Urban, son ami, la cause de ses chagrins.

Une vertu si extraordinaire, dans une toute jeune veuve, charmante et fort riche, ne pouvait manquer de la faire rechercher. Ainsi en fut-il ; et le marquis d'Urban, le premier avisé, qui avait justement un fils à établir, pensa-t-il que rien ne lui pouvait mieux convenir qu'une femme dont la vertu était sortie triomphante d'une pareille épreuve ; il laissa passer le temps du deuil, présenta le jeune marquis d'Urban, qui parvint à faire agréer ses soins à la belle veuve, et bientôt devint son époux. Plus heureux que son prédécesseur, et pour cause, le marquis d'Urban, au bout de deux ans et demi, avait déjà trois héritiers à opposer à ses collatéraux. — Et la vertu de sa femme ne s'était pas démentie.

Mais juste à ce moment, arriva dans la capitale du comtat Venaissin, celui qui devait entraîner dans l'abîme, et dans l'abîme le plus ordurier de la débauche, cette femme imprenable, cette vertu farouche et en apparence insensible comme le marbre.

Cet homme, c'était le chevalier de Bouillon, type des débauchés grands seigneurs de ce temps, si fécond en personnages de cette sorte. Il était beau, jeune, bien fait, neveu d'un cardinal puissant à Rome, et fier de tenir à une maison qui avait des privilèges souverains. Le chevalier, dans son indiscrète fatuité, n'épargnait aucune femme ; si bien que sa conduite avait fait scandale dans le cercle de Mme de Maintenon, qui commençait d'entrer en puissance.

Un de ses amis, témoin du mécontentement qu'avait manifesté contre lui Louis XIV, qui commençait à se faire dévot, avait cru lui rendre service en le prévenant que le roi gardait une dent contre lui.

— Pardieu, avait répondu le chevalier, je suis bien malheureux que la seule dent qui lui reste lui soit demeurée pour me mordre.

Le mot avait fait du bruit et était revenu à Louis XIV, de sorte que le chevalier avait appris assez directement, cette fois, que le roi désirait qu'il voyageât pendant quelques années ; il savait le danger de négliger de semblables invitations, il préférait encore la province à la Bastille ; il avait donc quitté Paris et arrivait à Avignon avec tout l'intérêt qui s'attache à un jeune et beau seigneur persécuté.

La vertu de madame d'Urban faisait autant de bruit à Avignon que l'inconduite du chevalier avait fait de scandale à Paris.

Une réputation égale à la sienne et dans un genre si opposé ne pouvait que l'offenser étrangement ; aussi prit-il en arrivant le parti de jouer l'une contre l'autre, n'ayant pas grand'chose à perdre dans tous les cas.

De fait, il était bien facile d'essayer, par la raison que M. d'Urban, sûr de la vertu de sa femme, lui laissait toute la liberté ; le chevalier la vit partout où il voulut la voir, et chaque fois qu'il la vit, il trouva moyen de lui témoigner un amour croissant. Soit que l'heure de Mme d'Urban fût venue, soit que l'honneur qu'avait le chevalier d'appartenir à une maison princière l'éblouît, sa vertu, jusqu'alors si farouche, fondit comme la neige aux rayons du soleil, et plus heureux que le pauvre page, le chevalier prit la place du mari, sans que cette fois Mme d'Urban songeât à crier au secours.

Comme le chevalier ne cherchait qu'un triomphe public, il eut bientôt soin d'instruire toute la ville de son bonheur ; puis, comme quelques esprits forts de l'endroit doutaient encore, le chevalier ordonna à l'un de ses domestiques de l'attendre à la porte de la marquise avec un fallot et une sonnette.

A une heure du matin le chevalier sortit ; aussitôt le domestique marcha devant lui, faisant sonner sa sonnette.

A ce bruit inaccoutumé, grand nombre de bourgeois qui dormaient tranquillement se réveillèrent et, curieux de savoir ce qui se passait, ouvrirent leurs fenêtres.

Alors ils virent le chevalier qui, marchant gravement derrière son domestique toujours éclairant et sonnant, suivait les rues qui conduisaient de la maison de Mme d'Urban à la sienne. Comme il n'avait fait de mystère de sa bonne fortune à personne, personne ne prit même la peine de lui demander d'où il venait.

Cependant, comme il pouvait rester encore des incrédules, il répéta, pour sa propre satisfaction, trois nuits de suite la même facétie ; si bien que le quatrième jour au matin personne ne doutait plus.

Naturellement, M. d'Urban ne se douta de rien, jusqu'à ce que ses amis vinrent l'avertir qu'il était la fable de toute la ville.

Il hésita d'abord à croire à son malheur ; mais il ne pouvait hésiter longtemps, et fut bientôt convaincu. Il défendit alors à sa femme de revoir son amant. Cette défense porta ses fruits ordinaires.

Le lendemain, dès que M. d'Urban fut sorti, la marquise envoya chercher le chevalier pour lui annoncer leur commune disgrâce ; mais elle le trouva bien mieux préparé qu'elle contre de pareils coups, et il essaya de lui prouver, en lui reprochant l'imprudence de sa conduite, que tout cela était sa faute ; si bien que la pauvre femme, convaincue que c'était elle qui s'était attiré ses malheurs, fondit en larmes.

Pendant ce temps, M. d'Urban, qui, jaloux pour la première fois, l'était d'autant plus sérieusement, ayant appris que le chevalier était chez sa femme, ferma les portes et se plaça dans l'antichambre avec ses domestiques pour le saisir lorsqu'il sortirait.

Mais le chevalier que les larmes de Mme d'Urban ne préoccupaient pas, entendit tous les préparatifs, et se doutant de quelque guet-apens, ouvrit la fenêtre, et bien qu'il fût une heure de l'après-midi, et que la place fût pleine de monde, il sauta de la fenêtre dans la rue sans se faire aucun mal, quoiqu'il y eût une vingtaine de pieds de hauteur, et s'en retourna chez lui sans se presser autrement, se sachant hors de danger.

Vous allez maintenant assister à un intermède infâme, qui vous montrera mieux que tout ce qu'on pourrait dire, ce que valaient au juste les jeunes seigneurs de l'espèce du chevalier de Bouillon.

Dans la soirée même de cette équipée, le chevalier, voulant raconter cette nouvelle aventure dans tous ses détails, invita quelques-uns de ses amis à souper avec lui chez un pâtissier nommé Lecocq, frère du fameux Lecocq de la rue Montorgueil : c'était le plus habile traiteur d'Avignon, et lui-même, par une corpulence plus qu'ordinaire, faisait l'éloge de sa cuisine, et servait d'ordinaire d'enseigne à son restaurant, en se tenant sur sa porte.

Le brave homme, sachant à quels fins appétits il avait affaire, fit ce soir-là de son

On jouait un jeu d'enfer à l'hôtel de Soissons.

mieux, et voulut, pour qu'ils ne manquassent de rien, servir ses convives lui-même. Ceux-ci passèrent la nuit à boire, et vers le matin, comme le chevalier et ses compagnons étaient ivres, ils avisèrent leur hôte, qui, le visage riant et épanoui, se tenait respectueusement à la porte.

Alors le chevalier le fit approcher, lui versa un verre de vin et le força de trinquer avec eux ; puis, comme confus de cet honneur, le pauvre diable le remerciait avec force révérences :

— Pardieu, lui dit-il, tu es trop gras pour un coq, et il faut que je fasse de toi un chapon.

« Cette étrange proposition fut reçue comme elle devait l'être par des hommes ivres et habitués par leur position à l'impunité. Le malheureux traiteur fut pris, attaché sur la table, et mourut pendant l'opération.

« Le vice-légat, averti de ce meurtre par un des garçons qui, aux cris de son maître, était accouru et l'avait trouvé tout sanglant aux mains de ses bourreaux, eut d'abord envie de faire arrêter le chevalier et d'en tirer une éclatante justice. Mais il en fut empêché par la considération qu'il portait au cardinal de Bouillon, son oncle, et se contenta de lui faire dire que, s'il ne sortait pas à l'instant même de la ville, il le ferait remettre aux mains de la justice, et laisserait le procès suivre son cours.

« Le chevalier, qui commençait à avoir assez d'Avignon, n'en demanda point davantage, fit graisser les roues de sa chaise et commanda les chevaux.

« Cependant, en attendant qu'ils fussent arrivés, il lui prit le désir de revoir Mme d'Urban.

« Comme la dernière maison où le chevalier fût attendu à cette heure, après la manière dont il en était sorti la veille, était celle de la marquise, il y pénétra avec la plus grande facilité, et rencontrant la femme de chambre, qui était dans ses intérêts, il se fit introduire par elle auprès de la marquise.

« Celle-ci, qui ne comptait plus revoir le chevalier, le reçut avec tous les transports de joie dont une femme qui aime est capable, surtout lorsque cet amour lui est défendu. Mais le chevalier y mit bientôt fin, en lui annonçant que sa visite était une visite d'adieu, et en lui racontant la cause qui le forçait de la quitter.

« Pareille à cette femme qui plaignait les chevaux qui écartelaient Damiens de la fatigue que les pauvres bêtes étaient obligées de prendre, toute la commisération de la marquise tomba sur le chevalier, que l'on forçait, pour une pareille misère, à quitter Avignon.

« Enfin, il fallut se dire adieu, et comme en ce moment fatal, le chevalier, ne sachant que dire, se plaignait de ne pas avoir de souvenir de la marquise, celle-ci fit décrocher un cadre dans lequel était un portrait d'elle, faisant pendant à celui de son mari, et, déchirant la toile, elle en fit un rouleau et le donna au chevalier.

« Mais celui-ci, au lieu d'être touché de cette preuve d'amour, le déposa, en sortant, sur une commode, où une demi-heure après, la marquise l'aperçut ; alors, elle se figura que dans sa préoccupation pour l'original il avait oublié la copie, et se représentant la douleur où devait être le chevalier d'un oubli pareil, elle fit venir un valet, et lui remettant la toile, elle lui ordonna de monter à cheval, et de courir après la chaise du chevalier.

« Le valet prit la poste, et comme il fit grande diligence il aperçut de loin le fugitif qui achevait de relayer. Il fit alors de grands gestes et de grands cris pour que le postillon attendît.

« Mais le postillon ayant dit au chevalier qu'on apercevait un homme qui arrivait à toute bride, celui-ci crut qu'il était poursuivi, et ordonna de repartir à fond de train. Cet ordre fut si bien exécuté, que ce ne fut qu'une lieue et demie plus loin que le malheureux valet parvint à rejoindre la chaise ; et ayant arrêté le postillon, descendit de cheval et présenta fort respectueusement au chevalier le portrait qu'il s'était chargé de lui remettre.

« Celui-ci, revenu de sa première frayeur, l'envoya promener, et l'invita à reporter le portrait à celle qui le lui envoyait, attendu qu'il ne savait qu'en faire. Mais le valet, en messager fidèle, répondit qu'il avait reçu un ordre positif, et qu'il n'oserait se représenter devant Mme d'Urban sans l'avoir exécuté.

« Le chevalier, voyant alors qu'il ne pouvait vaincre l'obstination de cet homme, fit demander par le postillon, à un maréchal ferrant dont la maison se trouvait sur la route, un marteau avec quatre clous, et cloua lui-même le portrait derrière sa chaise ; puis il remonta en voiture, ordonna au postillon de fouetter ses chevaux, et repartit, laissant l'envoyé de Mme d'Urban très étonné de l'usage que le chevalier avait fait du portrait de sa maîtresse.

« A la poste suivante, le postillon, qui s'en retournait, demanda son argent; le chevalier répondit qu'il n'en avait point. Le postillon insista, alors le chevalier descendit de sa chaise et décloua le portrait de Mme d'Urban, en lui disant qu'il n'avait qu'à le mettre en vente à Avignon, et raconter de quelle manière il était tombé en sa possession, et qu'il lui rapporterait vingt fois le prix de la poste : le postillon, qui vit qu'il n'y avait pas autre chose à tirer du chevalier, accepta le gage, et suivant de point en point ses instructions, l'exposa le lendemain à la porte d'un fripier de la ville, avec une narration exacte de l'histoire.

« Le même jour, le portrait fut racheté vingt-cinq louis.

« Comme on le devine bien, l'aventure fit grand bruit par toute la ville. Le lendemain Mme d'Urban disparut sans qu'on sût où elle allait, au moment même où les parents du marquis tenaient une assemblée dans laquelle il fut décidé que l'on solliciterait du roi une lettre de cachet.

« Un des membres de cette assemblée, qui partait le lendemain pour Paris, fut chargé de faire les démarches nécessaires ; mais soit qu'il n'y mît point l'activité convenable, soit qu'il fût dans les intérêts de Mme d'Urban, on n'entendit point reparler, à Avignon, du résultat de ses démarches.

« Pendant ce temps, Mme d'Urban, qui s'était retirée chez une tante, entama avec son mari des négociations qui furent suivies du plus heureux succès, et, un mois après cette aventure, rentra triomphalement dans la maison conjugale.

« Deux cents pistoles, données par le cardinal de Bouillon, apaisèrent les parents du malheureux pâtissier, qui avaient d'abord dénoncé l'affaire à la justice, et qui bientôt retirèrent leur plainte, en publiant qu'ils s'étaient trop pressés de se porter parties, sur un comte fait à plaisir, et que de plus amples renseignements leur avaient appris depuis que leur parent était mort d'une apoplexie foudroyante.

« Grâce à cette déclaration, qui disculpa le chevalier de Bouillon dans l'esprit du roi, il put, après un voyage de deux ans en Italie et en Allemagne, revenir en France sans être aucunement inquiété. »

Eh bien, cette histoire n'est elle pas édifiante ? C'est ce chevalier de Bouillon, qui d'ailleurs n'a de notoriété qu'à titre de vil chenapan, que son oncle le cardinal prétendait faire nommer « dauphin d'Auvergne. » Louis XIV ayant refusé, le cardinal eut le courage de lui en manifester sa mauvaise humeur, et cette attitude, qui ne prouve pas, au reste, que l'oncle valait mieux que le neveu, tout cardinal qu'il était, lui attira même d'assez sérieux désagréments.

Mais passons à un autre ordre de faits.

A la débauche élégante si effrénée faisait pendant la débauche populaire, généralement moins ordurière, moins criminelle surtout que l'autre, comme nous l'avons démontré déjà ailleurs, mais presque toujours plus dangereuse pour la santé aussi bien que pour la morale publique.

Paris imitait Versailles, la ville copiait la cour, suivant une règle immuable, mais sans pouvoir se résoudre à aller jusqu'au bout, comme toujours.

Ainsi il est bien sûr que le débauché le plus exalté, pour peu qu'il fût manant, artisan ou bourgeois, ne se fût jamais avisé, comme un chevalier de Bouillon, de châtrer un pauvre diable d'hôtelier par la seule raison qu'il s'appelait Lecoq et était assez gras pour faire un chapon.

Le danger pour la santé publique, d'autre part, était très grand. L'ignoble maladie importée, on ne sait d'où au juste, deux siècles auparavant, faisait des ravages épouvantables que toutes les mesures hygiéniques semblaient impuissantes à enrayer.

En 1684, Colbert voulut remédier à cet état de choses en publiant un double règlement applicable aux prostituées notoires, et ayant pour objet la répression de la prostitution et le traitement des filles de joie atteintes de la syphilis.

« Les femmes d'une débauche publique et scandaleuse, est-il dit dans ce règlement, ou qui en prostituent d'autres, seront renfermées dans un lieu particulier, destiné à cet effet, dans la maison de la Salpêtrière ; lorsqu'elles y seront conduites par ordre de Sa Majesté ou en vertu des jugements qui seront rendus pour cet effet, au Châtelet, par le *lieutenant de police*, à l'encontre desdites femmes, sur les procès qui leur seront instruits, pour y demeurer le temps qui sera ordonné. Sa Majesté voulant que les ordonnances dudit lieutenant de police, en ce fait particulier, et dont Sa Majesté lui a attribué en tant que besoin est, toute juridiction et connaissance, soient exécutées comme de juge en dernier ressort. »

Celles atteintes de la terrible maladie étaient envoyées à l'Hôpital Général, pour y subir un traitement approprié.

La fille de joie envoyée à l'hôpital y recevait d'abord le fouet, comme entrée de jeu, ce qui devait lui faire grand bien sans aucun doute, et avancer d'autant sa guérison.

On la soumettait ensuite au régime le plus dur, aux travaux les plus pénibles. En cas de paresse et d'insubordination, on lui infligeait le carcan et les *malaises*. Moyens tout aussi efficaces que le premier.

Puisque nous voici sur le seuil de la Régence, nous ferons aussi bien de jeter un coup d'œil sur la prostitution publique, du moins les réglementations successives dont elle fut l'objet sous ce gouvernement et jusqu'à la chute de la monarchie.

Sous la Régence et sous Louis XV, on arrêtait les femmes prostituées de la manière la plus arbitraire, on les jetait en prison, puis on les transportait. C'était le règne de la vertu farouche, et le spectacle de la débauche publique était évidemment une insulte aux mœurs des grands.

En 1734 le vertueux Louis XV rendait une ordonnance sévère contre le proxénétisme dont il faisait un si grand usage pour sa propre consommation.

En vertu de cette ordonnance, la procureuse qui avait corrompu des femmes ou filles honnêtes était promenée sur un âne, le visage tourné vers la queue de l'animal et la tête couverte d'une mitre en paille portant cette inscription : *Maquerelle publique*. En outre, on la fustigeait à nu et, après lui avoir imprimé sur le corps la lettre M avec un fer rouge, on la bannissait.

Si le coupable était un homme, on lui donnait le fouet, puis on le bannissait, ou, si le cas était grave, on l'envoyait ramer sur les galères du roi.

Il ne faut pas oublier que c'était l'époque où florissait l'institution d'utilité royale connue sous le nom de *Parc aux Cerfs*, dont la « maquerelle, » la Pompadour, échappa glorieusement aux dispositions de l'ordonnance de 1734.

Berryer en 1746, Aulas en 1762, présentèrent des projets de réglementation sanitaire qui ne furent même pas examinés.

En 1765 un mémoire présenté au lieutenant de police, proposant une réglementation plus sérieuse que celle qui était en usage ou plutôt en désuétude, et notamment l'inscription des prostituées sur des registres spéciaux, n'eut pas un meilleur sort. Un autre projet de règlement sanitaire fut présenté en 1771, avec le même succès que ses prédécesseurs.

Dans une ordonnance de 1778, Lenoir, lieutenant général de police de la ville, prévôté et vicomté de Paris, déclare qu'il croit « nécessaire de rappeler la vigueur des ordonnances contre les filles et femmes de débauche, parce que le libertinage est porté aujourd'hui à un tel point, que les femmes et filles publiques, au lieu de cacher leur infâme commerce, ont la hardiesse de se montrer en plein jour à leurs fenêtres, d'où elles font des signes aux passants pour les attirer, de se tenir le soir sur leurs portes et même de courir les rues, où elles arrêtent les personnes de tout âge et de tous états... »

Qu'est-ce que dirait Lenoir, s'il revenait parmi nous aujourd'hui ?... Je me le demande.

Ce lieutenant de police s'est sérieusement occupé, à plusieurs reprises, de la réglementation de la prostitution. A-t-il agi mieux, et surtout plus justement que les autres? Assurément non : Il n'est dans l'habitude d'aucun magistrat d'être juste, quand il s'agit de certains actes, non seulement répréhensibles, mais essentiellement choquants, comme l'est la prostitution publique.

Dans ses ordonnances de 1780 et 1784, on remarque des prescriptions comme celles-ci.

« Défense aux logeurs en garni de donner à loger aux dites femmes ou filles de débauche, à peine de 400 francs d'amende.

« Défense à tous marchands et autres de leur louer ou prêter des hardes, vêtements ou ajustements pour se parer, à peine de 300 francs d'amende et de confiscation des objets dont elles se trouveraient saisies.

« Les femmes et filles qui raccrochent dans les rues sont arrêtées par des patrouilles et conduites chez le commissaire le plus voisin, qui les envoie en prison pendant un *certain temps*...

« Enjoignons à toutes personnes tenant hôtels, maisons et chambres au mois, à la quinzaine, à la journée... de mettre les hommes et les femmes dans des chambres séparées et de ne pas souffrir dans des chambres particulières des hommes et des femmes prétendus mariés. »

On conviendra que celle-ci est raide. Il est vrai que Louis XV était mort, et que cette fois la France n'était pas gouvernée par des prostituées de bas étage que la débauche avait portées sur les marches du trône. Mais c'est égal, mon bon monsieur Lenoir, je voudrais bien voir la figure que vous feriez si vous viviez de notre temps et que vous occupassiez la place de préfet de préfet de police qui vous allait si bien.

La Révolution française eut à s'occuper d'autre chose que de réglementer la prostitution. Cependant il y a matière à revenir là-dessus et nous y reviendrons.

Mais nous n'avons pas tout dit sur l'exercice de la prostitution publique à cette époque. Même après Louis XV, même à l'époque où la police avait à sa tête un homme aussi sévère que le lieutenant général Lenoir, la prostitution publique s'exerçait régulièrement à la face de tous, comme une honnête industrie.

On a remarqué, au reste, que ce qui ressort de plus net des ordonnances de Lenoir, c'est l'interdiction de la prostitution *pauvre* et rien de plus.

Il existait au siècle dernier, sur le boulevard Saint-Denis, un véritable séminaire de prostituées, à l'instar de ceux de Lesbos et de Milet, lequel était dirigé par une maîtresse maquerelle qu'on ne songea jamais ni à fouetter, ni à marquer d'un fer rouge : la Gourdan.

C'est de chez la Gourdan que sortait la comtesse du Barry, maîtresse de Louis XV; vous voyez que c'était une bonne maison.

En 1783, la Gourdan s'avisa de publier

ses *Mémoires* ou quelque chose d'approchant. Cette publication valut à son éditeur un logement provisoire à la Bastille, et à nous la connaissance de quelques lettres *d'affaires* extrêmement curieuses, dont voici quelques échantillons :

1° « Je vous envoie, madame, mon mémoire ; ne manquez pas de le faire remettre ce soir à monseigneur ; si l'affaire réussit, il y a cent louis pour vous ; cela vous est très facile. Il n'y a qu'à faire rentrer cette affaire dans le marché de la petite Rosalie ; par le canal d'une jolie fille, on obtient tout en France.

« Paris, le 10 février 1770.

« Le Chevalier du... »

2° — « Madame, j'ai fait hier la connaissance de deux Anglais qui sont nouvellement arrivés ; je leur ai proposé de venir ce soir souper chez vous ; ils ont accepté.

« N'oubliez pas qu'il faut de grandes femmes pour ces messieurs ; c'est le goût de la nation.

« Envoyez-moi par le porteur quatre louis à compte de mes *honoraires* ; j'en ai besoin pour retirer un habit et ma montre de gage et aller aux Italiens, où est notre rendez-vous.

« J'ai l'honneur d'être, avec respect, etc.

« Paris, le 14 février 1776.

« Le Marquis de L... »

3° — « Je descends, madame, demain ma garde. Je vous amènerai à souper chez vous un jeune officier de notre régiment. Il est tout neuf. N'oubliez pas d'arranger le mémoire de manière que la moitié paye la dépense totale. Vous savez que c'est nos conventions.

« Adieu, madame, à lundi.

« La jeunesse de Paris devrait vous élever une statue en considération des services que vous lui rendez.

« Je suis tout à vous.

« Versailles, le 15 juillet 1776.

« Le baron de P... officier aux Gardes françaises. »

J'espère que ce sont là des preuves que le proxénétisme, *le maquerellage* public dans ce qu'il a de plus lâche et de plus odieux était pratiqué sur une assez grande et respectable échelle, et que personne n'y trouvait à redire. C'est que la Gourdan avait soin de n'employer que des courtiers « distingués et de bonne tenue, » comme on dit en style d'annonce de placement.

Cependant quelle bonne occasion pour le lieutenant de police Lenoir — car il l'était en 1776, au moins — de frapper un grand coup !

Il s'en trouvera d'autres exemples encore, quoique nous ayons cru devoir anticiper sur l'ordre chronologique pour présenter celui-ci, dans la crainte qu'entraînés par le tourbillon insensé des orgies de cour, nous ne vinssions à l'oublier.

XL

Les dernières années du grand règne.

Sommaire. — Choisy-Mademoiselle. — Un nouveau locataire. — Les amours du grand Dauphin. — Nouvelle revue de détail au quartier des filles d'honneur. — Mlle de Chois. — Une maîtresse de grand seigneur comme on en voit peu. — Les courtisans de Mme la Dauphine ou à peu près. — Belle et noble attitude du maréchal d'Uxelles. — Les têtes de lapin rôties du petit chien de Madame. — « Je ne le connais pas. » — Quelques autres maîtresses de Monseigneur. — La Raisin. — Libertinage et dévotion mêlés. — Un jour de carême d'une comédienne amoureuse. — Monseigneur manifeste des goûts que nous reverrons perpétués et exagérés chez son petit-fils. — « Trop jeunette. » — La cour et les joyeux petits soupers de Choisy, où l'on met souvent les pieds dans le plat. — Déménagement forcé. — Les dames du palais successeurs des filles d'honneur. — La princesse de Soubise. — A femme galante mari avare. — Une maîtresse royale en retrait d'emploi. — Deux intrigantes de haute volée : Mme de Soubise et Mme de Maintenon. — Alliance offensive et défensive. — Les petits-fils de François de Soubise. — Un épisode de sa jeunesse raconté par anticipation. — Monseigneur, son valet de chambre et la cousine de celui-ci. — Une drôle de fille ! — « Ce n'est rien, c'est une femme qui se noie. » — Tableau des mœurs de la cour à la fin du règne de Louis XIV, par Mme de Brancas. — Histoire d'un bas-bleu de qualité. — Charlotte de Caumont La Force fait quelques conquêtes de marque à la cour. — Elle se rabat ensuite sur la ville. — L'acteur Baron à la recherche de son bonnet de nuit. — Relation dramatique des amours de Mlle de La Force et du jeune de Briou. — La danse des ours. — Charlotte à son jeune homme. — Elle l'épouse de haute lutte. — On le lui reprend, on casse le mariage et on la met à l'amende. — De désespoir, Mlle de Caumont La Force se précipite dans la... littérature. — Elle n'y réussit pas mal d'abord, et finit par se faire claquemurer pour avoir écrit trop tard des vers licencieux.

Après sa rupture définitive avec le comte de Lauzun, son aimable époux, la grande Mademoiselle se retira dans son château de Choisy-Mademoiselle, comme on l'appelait alors, retraite aimée par-dessus toutes ses autres résidences, et qu'elle avait fait bâtir en 1674, comme d'autres choisissent d'avance un couvent.

C'est dans ce château que cette grande victime de l'amour exhala ses plaintes trop justifiées contre l'ingratitude et la brutalité de l'homme à qui elle s'était donnée — ou qu'elle s'était donné, et avait élevé au premier rang ; et c'est là qu'elle mourut, en odeur de sainteté, le 5 mars 1693, à l'âge de soixante-six ans.

Après Mlle de Montpensier, le grand Dauphin, fils de Louis XIV et élève de Montausier et de Bossuet, vint transporter à Choisy le siège de ses amours. Comme, dans sa jeunesse, on lui avait présenté pour modèle à suivre les belles actions et la noble conduite du grand roi son père, le grand Dauphin avait cru satisfaire aux préceptes de ses maîtres en imitant tout d'abord la galanterie paternelle.

Dans le cours de sa carrière érotique, il s'amouracha d'une fille d'honneur de la Dauphine, appelée Mlle de Rambure, vive, hardie, robuste beauté qui ne le fit pas soupirer longtemps. A cette première fille d'honneur en succéda une seconde, puis une troisième, puis une quatrième...

A celles-ci, pendant que nous y sommes, nous ferons bien d'ajouter Louise de Caumont, devenue plus tard comtesse de Roure et enfin Mlle de Choin, fille d'honneur de Mme de Conti, qu'il finit par épouser secrètement.

Mlle de Choin appartenait à une famille noble originaire de Pavie. « C'étoit, dit Saint-Simon, une grosse camarde brune qui, avec toute la physionomie d'esprit, avait l'air assez commun, et qui, longtemps avant cet événement, était devenue grasse, et encore vieille et rebutante. » Mais il paraît qu'elle était douce et aimante, et comme ces qualités étaient assez rares, le grand Dauphin ne fit pas trop mal, en vérité, d'en tenir bon compte.

« Son commerce avec le Dauphin, ajoute le médisant chroniqueur, fut longtemps caché, sans être moins connu. Ce prince partageait son séjour entre la cour du roi son père et le château de Meudon. Lorsqu'il y devait venir, Mlle Choin s'y rendait de Paris dans un carrosse de louage.

« Elle paraissait être à Meudon tout ce que Mme de Maintenon était à Versailles, gardant son fauteuil devant le duc et la duchesse, sans addition de *Monsieur* ni de *Madame*.

« La duchesse de Bourgogne faisait à Mlle Choin les mêmes petites caresses qu'à Mme de Maintenon... La favorite de Meudon avait donc tout l'extérieur, l'air et le ton d'une belle-mère, et comme elle n'avait le caractère insolent avec personne, il était naturel d'en conclure à la réalité d'un mariage avec le Dauphin. »

Le fait est que c'était exactement la tenue de Mme de Maintenon à Versailles, comme si Mlle Choin l'eût copiée. Dans tous les cas, elle ne fit jamais plus d'embarras et se contenta parfaitement de son lot, sans accaparer ni honneurs, ni fortune, ni influence comme elle aurait pu le faire.

Louis XIV, d'abord mécontent de la liaison de son fils, voulut que Mlle Choin fût présentée à la cour et eût un appartement à Versailles.

Elle eut le bon esprit de refuser, et continua de vivre obscurément à Paris, sans maison montée ni équipages. Cela est si vrai, que nous voyons Saint-Simon se moquer du peu que le Dauphin donne à sa maîtresse.

« Cela, dit-il, ne passoit pas 400 louis par quartier, faisant en tout 1600 louis par an. Il les lui remettoit lui-même, sans y ajouter ni se méprendre d'une pistole, et tout au plus une boîte ou deux par an. »

Ce qu'il faut ajouter (c'est si rare dans l'histoire des maîtresses de princes !) c'est que Mlle de Choin était loin de dépenser tout cet argent pour elle-même : c'étaient les pauvres qui en profitaient le plus !

On pense bien que dans sa retraite du petit Saint-Antoine, la maîtresse, ou plutôt la femme du Dauphin de France, ne manquait pas de courtisans et de flatteurs : elle aurait pu avoir une grande influence, et dans ce fait, elle pouvait devenir reine !

Au nombre des plus assidus, le maréchal d'Uxelles se faisait remarquer par ses prévenances, ses petits soins, ses galanteries, qui s'étendaient jusqu'au petit chien de Madame. En effet, tous les matins, un laquais portait, de la porte Gaillon, où demeurait le maréchal, au petit Saint-Antoine, avec les compliments de son maître, des *têtes de lapins rôties* pour le susdit petit chien.

On pense que le maréchal d'Uxelles était bien accueilli au petit Saint-Antoine, et son laquais aussi, tant par le petit chien que par sa maîtresse.

Mais quand le Dauphin fut mort, plus de têtes de lapin, plus de visites du maréchal, qui même, à ce qu'on assure, eut la plate effronterie de dire, en parlant de Mlle Choin, qu'il ne « connaissait pas cette demoiselle. »

Un autre beau trait du caractère de « cette demoiselle : »

Le Dauphin, sur son départ pour l'armée de Flandre, lui montra le testament qu'il avait fait et par lequel il lui assurait après sa mort une grande fortune. Mlle Choin lut le document, et cette lecture achevée, le déchira.

— Tant que je vous conserverai, dit-elle, je n'ai besoin de rien, et si j'avais le malheur de vous perdre, 1000 écus de rente me suffiraient.

On comprend que le maréchal d'Uxelles, et bien d'autres de son acabit, s'empressèrent d'abandonner la veuve trop désintéressée, et de déclarer qu'ils ne la connaissaient pas.

Est-ce qu'on connaît ces *gens-là ?*

Cependant Mlle Choin, pour nous, est à cent piques au-dessus des ambitieuses courtisanes, avides, insatiables, mais qui s'appliquèrent sur le tard à faire, une « belle fin » et à s'assurer les sympathies intéressées des bigots — sans en excepter sœur Louise de la Miséricorde.

Cependant, il ne faut pas croire que le

La Vallière aux Carmélites.

Dauphin s'en tint à cette maîtresse exemplaire. Il en eut bien d'autres en même temps qu'elle, et avant qu'il échangeât par ordre royal le séjour de Choisy pour celui de Meudon. Nous citerons la principale : la veuve du comédien J. B. Raisin, dont il eut une fille, et qu'il traitait plus libéralement que Mlle Choin, puisqu'il lui fit une pension viagère de 10,000 livres, à condition qu'elle quitterait le théâtre.

« Cette actrice, dit Parfaict, était belle, grande, bien faite et pleine de grâces naturelles. Ses yeux étaient charmants. Elle avait la bouche un peu grande, mais ce défaut était réparé par la beauté de ses dents et l'agrément de son sourire. Elle était d'un caractère facile et fort charitable. »

Ce fut après que l'institution si utile et si commode des filles d'honneur fut supprimée, dans les circonstances que nous avons dites, que Monseigneur le Dauphin se rabattit sur les actrices, faute de mieux — ou de pis.

On raconte une aventure assez singulière, dont la jolie actrice fut, en dépit d'elle-même, la triste héroïne, et qui montre à quel point Monseigneur savait allier les devoirs pieux avec les faiblesses humaines.

C'était un jour de carême. Le prince, dans un rendez-vous qu'il avait donné à sa maîtresse, au château de Choisy, ne fit servir à table que de la salade maigrement assaisonnée et du pain frit dans l'huile!... Le prince mangea avec appétit; l'actrice, accoutumée à de meilleurs repas, n'osa se plaindre, mangea avec répugnance et faillit mourir d'une indigestion.

Les personnes qui prodiguaient leurs soins à la belle comédienne reprochaient au prince d'avoir régalé sa maîtresse d'un repas bien dur à digérer.

— Écoutez donc, leur répondit-il en mettant la main sur son cœur, je voulais bien commettre un péché, mais je ne voulais pas en commettre deux.

Il n'y avait rien à dire à cela : Le salut de Monseigneur en était un peu moins compromis, et c'était déjà beaucoup. Mais comme cela peint bien cette époque de débauche et d'hypocrisie!

Quelques jours après cette scène grotesque, une aventure bien différente arriva au Dauphin, qui avait oublié pour le moment, les soins minutieux que réclamait son auguste salut, en fort mauvais état à l'accoutumée.

Ce jour-là — ou, peut-être, bien avant pour la première fois, — le Dauphin sentit un goût très vif pour une chanteuse âgée de quinze ans au plus, et dont l'accent mélodieux avait séduit ce prince. Dumont, gendre de Lully, qui lui avait succédé dans l'exploitation du privilège de l'Opéra, fut chargé de porter à la jeune personne une lettre accompagnée d'un riche présent. Elle refusa formellement l'une et l'autre chose, vertu bien rare chez une demoiselle de sa qualité — et même de beaucoup plus haute.

Le lendemain de la démarche, Monseigneur se rendit à l'Opéra, plein d'espérance et d'amour ; il attendait avec impatience dans sa loge le rapport de Dumont, lorsque la petite chanteuse, ayant fait lever à moitié le rideau, s'avança jusque sur le bord du théâtre, et tournant ses regards vers le Dauphin chanta de la meilleure façon du monde ce refrain connu :

Je ne saurais,
Je suis trop jeunette;
J'en mourrais.

Tous les musiciens reprirent l'air, le jouèrent jusqu'à ce que la toile fût levée, et le Dauphin finit par rire de sa propre déconvenue, sentant bien que c'était l'unique moyen de se tirer de ce mauvais pas.

Cependant Versailles était devenu si ennuyeux, si ridiculement bigot, si vieux, si glacial, que tout ce qui avait l'humeur gaie, de l'esprit, des penchants à la galanterie, avait fini par former à Choisy une véritable petite cour bien piquante, bien médisante, bien agissante et fantastiquement joyeuse.

On rencontrait chez Madame la dauphine le duc de Chartres, le prince de Conti, les ducs du Maine, de Vendôme, de Vaudemont, Chaulieu, Lafare, Corbinelli, la belle princesse de Conti, la jolie duchesse du Maine, Mme de Roure, l'ancienne maîtresse de Monseigneur et toutes les femmes qui brillaient par un avantage quelconque.

On peut juger par cette liste très incomplète que ce n'était pas l'esprit qui manquait à ces réunions.

Les allures y étaient libres, les manières dégagées, les propos légers, le langage un peu leste; mais il fallait bien se dédommager quelque peu de l'ennui que l'on éprouvait ailleurs.

La cour du roi y était surtout fort gaiement critiquée, ridiculisée, chansonnée même, l'héritier de la couronne donnant le ton. La vive, la maligne duchesse de Bourbon y disputait à Chaulieu le sceptre de la chanson satirique et légèrement grivoise.

On n'avait aucune idée de la réserve, dans cette aimable cour de Choisy, sous aucun rapport; et ceux qui en faisaient partie ne laissaient pas de mettre les pieds dans le plat. De sorte qu'il arriva qu'un beau jour, une de leurs parties fit tant de bruit, le roi y avait été chanté d'une manière si leste par sa fille chérie, Madame la duchesse du Maine, que Sa Majesté voulut avoir des détails précis, afin, disait-elle, de punir sévèrement les auteurs de cette orgie, Monseigneur et la petite princesse les premiers.

En conséquence, La Reynie, qui était intendant de la police, reçut l'ordre exprès de dépister les convives du souper scandaleux; mais il y perdit finalement ses peines...

Mais aussi, cette affaire mit le comble à la mauvaise humeur de Louis XIV, et le Dauphin reçut l'ordre de quitter Choisy et de se retirer à Meudon.

Il fallut quitter cette résidence aimée par-dessus tout; le Dauphin ne le fit pas sans déchirement, il ne put s'y résoudre avant d'avoir épuisé toutes les démarches pour faire revenir sur sa détermination son royal père; mais ce fut en vain.

Une fête galante d'une splendeur inimaginable fut donnée à Choisy pour les adieux. Nous ne nous laisserons pas entraîner à en faire la description, cela nous mènerait trop loin, et bientôt y entra la veuve de Louvois avec son cortège rare et morose.

Mais un peu plus tard, et nous y reviendrons à ce propos, Louis XV ayant jugé convenable d'en faire sa retraite, non pour y prier mais pour s'y livrer en compagnie de ses favoris, Richelieu, Soubise, Duras et autres, et de ces dames à de discrètes et plantureuses orgies, Choisy-Mademoiselle, brillamment restauré, devint Choisy-le-Roy.

Quand nous avons mentionné la suppression des filles d'honneur et leur remplacement par des « dames du palais, » nous avons eu soin d'ajouter qu'on gagna peu, en définitive, à cette substitution. Nous sentons maintenant qu'une simple affirmation ne suffit pas, et qu'il est nécessaire de la justifier. Pour cela, nous prendrons une de ces *dames* au hasard, et nous la présenterons ingénument au lecteur.

Anne de Rohan, princesse de Soubise, mariée à son cousin François de Rohan, grâce à l'intervention active de Turenne et de Mme de Chevreuse, devint grâce au même appui, dame du palais « Une fois à la cour, dit Saint-Simon, sa beauté fit le reste. »

Or voici ce *reste* :

Elle devint presque aussitôt maîtresse de Louis XIV avec qui elle avait des rendez-vous chez la maréchale de Rochefort. Elle profita de sa position — bien que Mme de

Montespan fût toujours la maîtresse en titre, et officiellement la source de toutes les grâces et avantages, — pour faire combler elle-même, sa famille et ses amis de richesses et d'honneurs.

Pour commencer, elle fit ériger sa baronnie de Soubise en principauté : ceci pour elle et pour son commode époux.

Car M. de Soubise n'ignorait rien. « Pour prix de sa complaisance, dit Eugène Pelletan, il recevait la pluie d'or dans son manteau, et l'or tombait, tombait toujours, et le mari achetait l'hôtel de Soubise, et il entassait million sur million.

« Comme on le félicitait de son opulence, il baissait modestement la tête :

« — Tout cela vient par ma femme, disait-il ; je n'en dois pas recevoir le compliment. »

M. Pelletan n'a pas inventé cela. Saint-Simon parle aussi de cette complaisance du courtisan pour les incartades fructueuses de sa femme :

« M. de Soubise, dit-il, n'avait eu de jalousie de sa femme que celle qu'il avait jugé utile de n'avoir point. Être à la cour et ne rien voir, il avait trop d'esprit pour le croire praticable aux yeux du monde.

« Il avait donc pris le parti d'y aller rarement ; de ne parler au roi que de sa compagnie de gens d'armes, dont, dans les vacances de charges et dans la manutention ordinaire, il sut tirer des trésors ; de servir longtemps et bien à la guerre, et, du reste, se tenir enfermé dans sa maison, à Paris, à y voir peu de monde, tout appliqué à ses affaires et à son ménage, et laisser sa femme à la cour se mêler du grand, des grâces et des établissements de sa famille.

« C'est le partage qui subsista entre eux pendant toute leur vie. »

Le règne de la Soubise ne dura pas moins d'une dizaine d'années.

Quand Louis XIV voulait la voir en particulier, il mettait à son petit doigt un diamant ; et elle mettait des boucles d'oreilles d'émeraude pour répondre que le rendez-vous était accepté.

— Lorsque prirent fin leurs relations amoureuses, ils restèrent toutefois amis et les mêmes préoccupations de bienséance subsistèrent entre eux.

« Elle écrivait très souvent au roi, dit Saint-Simon, et de Versailles à Versailles. Le roi répondait toujours de sa main, et c'étaient Bontens ou Bloin qui rendaient les lettres au roi et faisaient passer ses réponses.

« C'est de la sorte qu'elle fit M. de Soubise prince par degrés et par occasion, et que peu à peu elle en obtint tout le rang...

« Mme de Soubise sut gagner Mme de Maintenon et se servit jusque de sa jalousie du goût que le roi lui conservait, en lui offrant une capitulation dans laquelle la nouvelle épouse se crut heureuse d'entrer.

« Elle fut, de la part de Mme de Soubise, de ne jamais voir le roi en particulier que pour affaire dont Mme de Maintenon aurait connaissance ; d'éviter même ces particuliers quand les billets pourrait y suppléer ; de le voir même à la porte de son cabinet, lorsqu'elle n'auraient qu'un mot court à dire ; de n'aller presque jamais à Marly, pour éviter toute occasion ; de choisir les voyages les plus courts et de n'y aller qu'autant qu'il serait nécessaire pour empêcher le monde d'en parler ; de n'être jamais d'aucune des parties particulières du roi, ni même des fêtes à la cour, que lorsque, étant fort étendues, ce serait une singularité de n'en être pas ; enfin, que, demeurant souvent à Versailles et à Fontainebleau, où ses affaires, sa famille, sa coutume, qu'il ne fallait pas changer aux yeux de son mari, la demandaient, elle n'y chercherait jamais à rencontrer le roi, mais se contenterait, comme toutes les autres dames, de lui faire la cour à son souper, assez souvent (ou même, si, au sortir de table, elle trouvait fort à propos que le roi ne lui parlât point, non plus qu'il avait accoutumé de parler aux autres.)

« De son côté, M⁰⁰ de Maintenon lui promit service sûr, dévoué, fidèle, ardent, exact dans tout ce qu'elle pourrait souhaiter du roi pour sa famille et pour elle-même ; et, de part et d'autre, elles se sont toutes deux tenu parole avec la plus scrupuleuse intégrité. »

Il faut avouer que cette entente fidèle entre deux intrigantes de haute volée est bien édifiante.

Au reste, ces deux femmes n'avaient guère que l'esprit d'intrigue en partage, M⁰⁰ de Soubise principalement. Le plus grand souci de cette dernière, avec celui d'accaparer à son profit honneurs et richesses, était de conserver sa beauté, qui était fort remarquable.

Lorsqu'elle eut passé l'âge de plaire, elle n'en continua pas moins de suivre un régime qu'elle avait adopté pour conserver l'éclat de son teint, régime qui à la fin devait lui être fatal.

Elle fut en effet, atteinte d'une maladie scrofuleuse et « pourrit, dit Saint-Simon, sur les meubles les plus précieux, au fond de ce vaste et superbe hôtel de Guise qui, d'achat ou d'embellissement, avait coûté plusieurs millions...

« Elle mourut à soixante et un ans, le dimanche matin 3 février 1709, laissant la maison de la cour la plus riche et la plus grandement établie, ouvrage dû tout entier à sa beauté et à l'usage qu'elle en avait su tirer. »

Son digne époux lui survécut trois années seulement.

Le petit-fils de François de Rohan, — Soubise, mais non d'Anne de Chabot dont nous venons de parler, et qui était la seconde femme de celui-ci, Charles de Rohan prince de Soubise fut l'ami intime, « l'ami de cœur » de Louis XV.

Nous le retrouverons dans cet emploi lucratif, auquel il joignit, suivant les temps, celui d'ami dévoué de M⁰⁰ de Châteauroux, puis de M⁰⁰ de Pompadour et enfin de M⁰⁰ Dubarry ; mais nous pouvons tout aussi bien rapporter ici un épisode de sa vie, raconté par lui-même, à la suite d'un souper prolongé, tant à son maître qu'à ses co amis de cœur, Richelieu, Duras et autres, attendu qu'il est plein d'intérêt, et nous rapproche beaucoup de l'époque que nous n'avons pas encore abandonnée.

Voici cet épisode, dans toute la candeur mise par le prince à le raconter :

« J'avais vingt ans, une jolie figure, une tournure élégante. J'étais maître d'une fortune qui rendait plus sensibles encore les agréments de ma personne. J'avais la plus grande envie du monde de me ruiner, envie que depuis j'ai assez bien satisfaite.

« Les femmes ne me détestaient pas : toutes celles qui étaient jolies me plaisaient. Elles n'avaient pas besoin pour m'enflammer d'être issues d'une illustre maison et de porter des robes de velours.

« Mon premier valet de chambre était un nommé Finot, aussi mauvais sujet, tout valet de chambre qu'il était, qu'aucun grand seigneur de la cour.

« Il m'entretenait avec enthousiasme d'une de ses cousines, créature belle comme un astre, et sage comme une vestale. Il lui avait parlé d'amour : malgré sa profonde expérience, il n'avait pas réussi, non que la demoiselle fût sauvage, mais elle était prudente, elle voulait se faire épouser, et son cousin Finot était déjà marié.

« Quand il vit que le portrait de la belle Annette Dumont commençait à m'enflammer :

« — Monseigneur, me dit-il, vous êtes le plus joli garçon du royaume : à votre place, je ferais la cour à cette petite coquette ; elle ne vous résistera pas ; vous serez heureux, et moi j'aurai la consolation d'être vengé. »

« L'idée de Finot ne me déplut pas. Je mourais d'envie de contempler de près cette merveilleuse créature. L'aborder dans toute la splendeur de mon rang ne m'était pas possible, ses parents ne l'auraient pas souffert : c'étaient d'honnêtes gens, menuisiers dans la rue Saint-Joseph.

« Finot avait l'esprit de l'intrigue, des fourberies, des déguisements.

« J'endossai, par son conseil, un habit à ma livrée, et me voilà mon second valet de chambre, le collègue de Finot et son ami. En cette qualité il me présente à son oncle et à sa tante. Je suis fort bien accueilli, et nous passons dans l'arrière-boutique.

« Mademoiselle Annette arrive : de ma vie je n'avais rien vu de plus charmant que mademoiselle Annette.

« C'était une figure angélique ; de grands yeux bleus, d'une douceur inexprimable ; une taille fine, une main, un pied parfaits. Bref, me voilà éperdument amoureux. Je fus galant, empressé ; on m'avoua que je ne déplaisais point ; mais on me parla de mariage.

« Pour le moment je ne pouvais y penser ; j'étais depuis trop peu de temps au service du prince. En attendant on me permit de soupirer, et je ne perdis pas mon temps. Annette, qui m'aimait avec idolâtrie, céda ; elle eut regret de sa faute, puis elle y retomba volontairement.

« Cependant elle me pressait avec une impatience extrême de tenir ma promesse et de l'épouser : ses instances m'embarrassaient.

« Cette petite était si douce, si intéressante, si affectueuse, qu'après six mois de constance je ne pouvais me décider à la laisser là.

« On jouait à cette époque une tragédie nouvelle de M. de Voltaire, qui faisait courir tout Paris. Il prit fantaisie à la famille Dumont de voir cette pièce.

« J'avais dîné ce jour-là chez M. de La Poplinière ; j'en sortis un peu tard. Ne pouvant m'en retourner à Versailles, j'entrai à la Comédie-Française. Je me plaçai dans la loge des gentilshommes ; je passai ensuite dans celle de madame René ; c'était le temps de ma grande passion pour cette dame.

« Le lendemain, Finot entre tout effaré dans ma chambre :

« — Pourquoi cette mine consternée ?

« — Monseigneur, une fâcheuse aventure...

« — Laquelle ?

« — Ma cousine Annette est ici.

« — Que demande-t-elle ?

« — A vous voir. Elle vous a reconnu hier à la Comédie-Française ; elle jure qu'elle ne s'en ira pas sans vous parler.

« — Fais-la entrer.

« Imaginez, car je ne saurais la peindre, la scène qui se passa alors, les pleurs, les sanglots de la tendre Annette ; ses reproches, ses invectives, ses supplications.

« Comment une fille si tranquille et si douce était-elle si véhémente et si emportée dans son désespoir ?

« Je fis de mon mieux pour ramener la paix dans son pauvre cœur. Mes serments de l'aimer toujours ne furent pas écoutés. Je lui promis un sort magnifique pour l'avenir : promesse inutile !

« — Enfin, Annette, soyez raisonnable : que voulez-vous ?

« — Que vous m'épousiez.

« L'idée était plaisante : la fille d'un menuisier femme du prince de Soubise !... Je ne pus m'empêcher d'en rire.

« Ma gaieté calma tout à coup la douleur d'Annette ; ses larmes cessèrent ; elle dévint tranquille, sérieuse, pensive, me dit adieu avec un sang-froid extraordinaire, et sortit de ma chambre.

« Elle m'avait quitté depuis cinq minutes. Je sonne Finot.

« — Cours après ta cousine, lui dis-je ; suis-la, ne la quitte pas que tu ne l'aies vue rentrer chez elle.

« Finot m'obéit : il arrive au Pont-Neuf. La foule était amassée ; on se pressait vers le parapet, on s'agitait, on se questionnait.

« Il demande ce qui se passe : une jeune fille vient de se jeter à l'eau.

« Il écarte les curieux, arrive au bord du pont, aperçoit sa cousine entraînée par le courant, qui disparaît, reparaît encore, disparaît enfin, et pour toujours ! On court pour la sauver ; il était trop tard !

« Il revint me raconter cette triste catastrophe. J'en fus consterné. Je ne croyais pas que le désespoir pouvait inspirer à une amante abandonnée une telle résolution.

« Quelques jours après, Finot me demanda son congé, que je ne lui refusai pas. Depuis son départ, je n'entendis jamais parler de lui ni de sa famille. »

Ne serait-ce pas affaiblir l'effet d'une pareille narration, que d'essayer de la commenter ?

Aussi ne l'entreprendrons-nous pas.

D'ailleurs que pourrions-nous dire ? Quelle différence pourrions-nous bien établir, en conscience, entre le crime de M. de Soubise, jeune homme de vingt ans, quoique déjà brigadier de cavalerie, et ce cousin, laquais, marié, et qui, de dépit de n'avoir pu séduire sa cousine, la jette dans les bras de son maître ?

Arrachons-nous donc bravement à cette perplexité menaçante.

Comme transition entre ce qui précède et ce qui va suivre, il nous semble qu'une page de madame de Brancas sur les mœurs de la cour à la fin du règne de Louis XIV viendra à propos ici. En dévoilant l'hypocrisie des mœurs de cette époque où madame de Maintenon régnait absolument, cette page expliquera ce qui a pu rester obscur dans certains passages de notre récit et préparera mieux à la réaction complète dont la Régence offre le tableau instructif.

« Dans ce temps, dit la femme du menin du duc de Bourgogne, père de Louis XV, qui ne fut que dévot, dans ce temps, une jeune femme de la cour ne manquait guère de se donner de la considération en recevant les assiduités des courtisans distingués par les bontés du roi, et que leur âge rendait plus capables de soins que d'entreprises.

« La duchesse de Tallard disait qu'il en fallait passer par là ; c'était un point établi.

« Avait-on environ trente ans, formé *par conséquent* quelques liaisons plus intimes enfin, était-on parvenue à être quelque chose, parce que l'on était de tout, c'est-à-dire des soupers, des bals, des spectacles, des voyages, on commençait à vivre un peu pour soi, et les vieux courtisans vous priaient de traiter avec bonté les jeunes gens qui leur appartenaient.

« Mais, quand on avait poussé cette vie aussi loin qu'elle pouvait aller, et qu'il fallait s'apercevoir qu'allant encore partout, on commençait pourtant à n'être rien ; qu'enfin les cérémonies avec lesquelles vous étiez reçue, les compliments qu'on vous faisait, les égards dont vous ne pouviez pas vous défendre, vous avertissaient que, pour rester à la cour, il fallait pourtant quitter le monde, et que si vous pouviez remplir votre place à Versailles, y faire votre devoir, y vivre enfin, il ne fallait pas moins renoncer à la vie, il n'y avait pas d'autre parti à prendre, que de se faire dévote, en attendant qu'on le devînt peut-être.

« On cessait alors de parler de Corneille et de Racine, et l'on commençait à parler de Bossuet et de Massillon. On n'allait presque plus à la comédie, mais on allait au sermon. On voyait beaucoup moins les gens qui ne quittaient le théâtre de la cour que pour celui de Molière ; mais on était remarquée par ceux qui suivaient le roi à la chapelle.

« N'avait-on pas son carreau, avait-on oublié son livre, ou bien en avait-on pris un pour un autre, vous attiriez l'attention de quelque aumônier ; enfin, la connaissance n'était point faite avec lui sans l'engager à venir chez vous.

« On avait déjà quitté le rouge, les mouches, les diamants, renoncé à la parure et pris la coiffe.

« Pendant tout cela, vous n'aviez pas manqué de prendre pour confesseur celui du roi, ou bien quelque jésuite de ses amis ; vous étiez parvenue à l'honneur de recevoir ces pieux personnages.

« On disait le *Benedicite*, c'était une prière ; on faisait le signe de la croix, c'était une bénédiction, et par conséquent vous vous trouviez mariée ecclésiastiquement à votre jeune abbé.

« Il prenait un soin public de votre conscience ; vous vous intéressiez publiquement à sa fortune : aussi, aviez-vous été au débotté, si le roi avait été à la chasse, ou bien à l'appartement, que sais-je ? au jeu ; vous rentriez le soir ; votre porte n'était ouverte qu'à votre directeur ; vous étiez en conférence, il vous lisait un chapitre d'un bon livre.

« On se quittait à onze heures ; vos femmes faisaient la prière avec vous ; vous leur demandiez de l'eau bénite, et l'on se couchait du moins dans les bras d'Abraham et de Jacob.

« Vous voyez qu'en vieillissant la retenue des mœurs en devenait l'hypocrisie ; il y avait sans doute des exceptions, mais elles devaient être bien rares, parce qu'elles n'étaient pas nécessaires, excepté pour la conscience, quand on en avait une ; la vie était tellement réglée par les devoirs de la société, tellement remplie de riens, indispensables pourtant, qu'aucune de ses actions n'était scandaleuse.

« Les prédicateurs ne s'en élevaient pas moins contre l'hypocrisie.

« J'ai beaucoup aimé l'archevêque de Cambrai et connaissais davantage l'illustre Bossuet. Nous parlions un jour de cela :

« — N'est-il pas dangereux, lui disais-je, d'épuiser les lieux communs sur l'hypocrisie, au point d'en faire un paradoxe ?

« — Comment ? me dit-il.

« — Oui, lui dis-je, et que le mérite de n'être plus fausse, vous inspire le courage d'être scandaleuse ?

« — Parlons d'autre chose, me dit-il.

« Vous aimeriez mieux une autre réponse ; il ne m'en fit pas d'autre. »

Un tableau plus exact n'est pas possible, et il faut avouer qu'il n'est guère attrayant. Élevés dans cette atmosphère de bigoterie renforcée, le grand Dauphin de France et après lui son fils, le duc de Bourgogne, père de Louis XV, n'auraient pas manqué de continuer sans doute le système ; mais ils moururent tous deux avant le vieux roi, et le trône de France échut à un enfant de cinq ans et demi, suppléé par un régent qui, neveu de Louis XIV, peu aimé de son oncle, était devenu l'antipode de celui-ci devenu vieux.

Ah ! peut-être, après tout, eût-il mieux valu pour la France que le grand Dauphin eût vécu et remplacé, sous le nom de Louis XV, en même temps que M°° Choin aurait remplacé la marquise de Maintenon, Louis XIV mort en odeur de sainteté et voué à l'exécration de tous les cœurs droits.

Mme de Montespan.

Avant de clore ce chapitre, esquissons une assez curieuse figure de femme de cette époque, et qui eut avec le fils de Louis XIV au moins quelques relations passagères. Nous voulons parler de Mᵐᵉ de Caumont La Force, qui eut plus tard une certaine réputation comme femme de lettres et membre de l'Académie des *Ricocrati* de Padoue.

Charlotte de Caumont La Force, pas belle, pauvre d'écus, mais riche d'intelligence et d'un commerce extrêmement agréable, parut à la cour de Louis XIV avec un succès que n'eurent pas toujours les plus belles. Elle devint peu après dame de compagnie de Mˡˡᵉ de Guise, et ne tarda pas à se faire remarquer par ses galanteries.

Son premier amant connu, au témoignage de la princesse Palatine, aurait été le dauphin en personne; mais elle en eut bien d'autres et en avait eu bien d'autres auparavant, cela n'est pas douteux.

Après le dauphin, nous lui voyons le marquis de Nesle, le futur auteur des *Trois maîtresses* de Louis XV. Elle ensorcela si bien ce pauvre marquis qu'il voulut l'épouser et que, en présence de l'opposition déterminée de sa famille, il parla de suicide. Chose inouïe dans ce temps de mœurs dépravées, qu'un suicide d'amour! c'eût été bien original, en vérité ! Mais le marquis résista à la tentation et abandonna la tentatrice.

Mlle de Caumont La Force n'eut aucune idée de suicide pour son compte, et se consola de cet abandon ; peu après nous la retrouvons dans les bras du Baron, l'illustre tragédien.

Si célèbre que fut alors Baron, il n'était rien moins que gentilhomme et Mlle de Caumont La Force, qui était très orgueilleuse de son rang, ne le recevait que la nuit, en règle générale. Mais Baron était au moins aussi orgueilleux que sa noble maîtresse, et du contact de ces deux caractères irascibles, il devait inévitablement résulter quelque conflit un beau jour.

Le conflit eut lieu en effet un jour que, sans crier gare et n'y songeant même point, Baron entra dans la chambre à coucher de Mlle de Caumont, qui y était justement en conversation avec deux prudes de haute volée.

La belle se leva, pâle d'indignation, à cette violation inattendue et surtout si inopportune.

— Monsieur Baron, dit-elle avec une froideur dédaigneuse, que venez-vous chercher ici ?

— Je vous fais mes excuses, mademoiselle, répartit le comédien avec effronterie, je venais seulement chercher mon bonnet de nuit que j'ai oublié ici ce matin.

Ce fut une rupture, comme on pense, mais si Baron s'est vraiment peint lui-même dans son *Homme à bonnes fortunes*, il n'était pas en peine de maîtresses.

Mlle de Caumont n'était pas encore par trop en peine d'amoureux non plus ; elle passait du mauvais côté de la trentaine, cela est vrai, mais ce qui lui manquait en jeunesse, comme d'ailleurs en beauté, était remplacé chez elle par l'expérience et une habileté consommée.

Comme toutes les femmes galantes d'âge mûr, Mlle de Caumont fit dès lors la chasse aux petits jeunes gens ; c'est ainsi qu'elle parvint sans grande difficulté à enjôler le jeune fils du président de Briou, à peine au sortir de l'adolescence, et qui fit pour elle toutes les folies dont on est capable à cet âge lorsqu'on est habilement remonté.

Le président, après avoir fait tout ce que peut faire un père en pareille circonstance, pour tirer son jeune fils des griffes de cette courtisane, prit le parti de le tenir enfermé.

Cela réussit quelque temps, le jeune homme enrageait, mais il ne cherchait pas à s'évader. « Mais, dit la princesse Palatine, La Force a l'esprit inventif ; elle gagna un musicien ambulant qui accompagnait des ours dansants, et fit dire à son amant qu'il n'avait qu'à demander à voir danser les ours dans sa cour, et qu'elle viendrait cachée sous une peau de ces animaux.

« S'étant fait coudre, en effet, dans une peau d'ours, elle se fit conduire chez M. de Briou, dansa comme les autres et s'approcha du jeune homme qui, faisant semblant de jouer avec ces ours, eut le temps de s'entretenir avec elle et de convenir de ce qu'ils allaient faire. »

Sur les conseils de sa maîtresse, le jeune Briou feignit dès lors d'être complètement détaché de celle-ci et tout à fait indifférent à ce qu'elle pouvait être devenue. On lui rendit bientôt sa liberté. Et naturellement, il en profita pour aller rejoindre sans retard ni délai Mlle de Caumont qui l'attendait.

M. de Briou fils demeura caché dans la maison de sa maîtresse jusqu'à ce qu'il eût atteint sa majorité. Lorsqu'arriva ce grand événement, c'est-à-dire au commencement de 1687, Mlle Charlotte de Caumont La Force avait trente-trois ans.

Le 22 mai suivant, M. de Briou épousait Mlle de Caumont haut la main !

Seulement, si la majorité de Briou fils lui permettait d'épouser sa belle, elle n'amoindrissait en rien pour le surplus, l'autorité paternelle, et le président le lui fit bien voir, en le jetant à Saint-Lazare pour y attendre l'issue du procès qu'il allait entreprendre contre les auteurs de cette machination quels qu'ils fussent et tous.

Ce procès dura deux ans.

En juillet 1689 la cour du Châtelet déclara qu'il y avait eu abus dans la célébration du mariage et qu'il était nul ; condamna la demoiselle de Caumont La Force à mille livres d'amende, le sieur de Briou fils à trois mille livres de la même peine ; et ordonna que le prêtre qui avait célébré le mariage serait poursuivi à la requête du procureur général.

La belle Charlotte comprit que la houille sentait le brûlé, d'autant plus qu'on ne se gênait pas pour railler son amoureuse infortune. Elle songea donc à tourner ses batteries d'un autre côté, et demanda à la littérature une consolation pour ses chagrins, et en même temps des ressources pour vivre ; car elle était loin d'avoir fait fortune dans toutes ses équipées, n'ayant pas du moins l'abjection, pire que toutes, de tirer des ressources de ses liaisons amoureuses.

Elle écrivit force poésies et livres d'imagination ou d'histoire, mais principalement d'histoires *secrètes* et d'intrigues amoureuses, des contes de fées, des romans où il y a du talent et de l'imagination.

Parmi ses poésies il y a une *épître à Mme de Maintenon* qui aurait dû lui assurer la protection de cette dame et partant la sympathie royale pour le moins ; par malheur il s'y trouvait aussi bon nombre de couplets fort licencieux, et ma foi, le vent ne soufflait plus de ce côté qu'en secret. De sorte que Louis XIV, indigné, la fit enfermer dans un couvent par le moyen commode et fort en usage d'une lettre de cachet.

L'infortunée mourut peu après son incarcération. Elle était toutefois âgée de quelques soixante et dix ans.

XLI

Roués et rouées.

SOMMAIRE. — La jeunesse de Philippe d'Orléans. — Son gouverneur Dubois. — L'abbé Dubois valet, secrétaire, puis héritier de Saint-Laurent. — Instituteur remarquable, proxénète et compagnon de débauche d'un mérite non moins grand, instruit et déprave supérieurement son élève. — Comment Dubois, protégé du grand roi, devint abbé. — Dubois veut être évêque. — L'enquête. — Dubois n'est pas prêtre mais il est marié au village. — Comment M. de Breteuil aplanit des difficultés considérées comme insurmontables. — Le curé grisé. — Le registre de la paroisse lacéré. — Le garde-notes forcé de lâcher le contrat sous peine de détention perpétuelle. — Dubois fait sa première communion et reçoit tous les ordres le même jour. — Il est sacré évêque. — Il devient cardinal pour la bagatelle de 8 millions. — Un maquereau transformé en rougel. — Portrait de Dubois par Saint-Simon. — Mort édifiante d'un cardinal-archevêque et premier ministre. — Les *Philippiques* de Lagrange-Chancel. — Débauches de la duchesse de Berry. — Le duc d'Orléans et sa fille remportés ivres-morts d'un banquet. — Les derniers amants de la duchesse de Berry. — La Haye et Rion. — Lauzun reparaît pour donner un bon conseil à son neveu. — Dernière orgie de la duchesse. — Mlle de Valois et le duc de Richelieu. — Une précieuse correspondance. — Mlle de Valois finit duchesse de Modène. — Origine du mot *roué*. — Les orgies du Palais-Royal et du Luxembourg. — Notules biographiques. — Un portier bien dégoûté. — Coup d'œil général sur les mœurs du temps. — Portrait du régent par Saint-Simon. — Philippe d'Orléans artiste. — Ses derniers moments. — Assistance de la duchesse de Phalaris, sa dernière maîtresse. — Ce que c'était que Mme de Phalaris. — Intervention tardive de Mme de Sabran. — Ce que c'était que

M== de Sabran et que son *mâtin*. — Autre histoire de bas-bleu de qualité. — M== de Tencin et son évêque de frère. — La religieuse défroquée. — Ses amants. — Son fils, l'illustre « enfant trouvé » d'Alembert. — Le prétendu suicide de Lafresnaye trop à propos venu. — Le salon littéraire de M== de Tencin devenue mûre. — Mot cruel de l'abbé Trublet sur cette aimable dame.

Nous n'avons pas à nous occuper des faits purement politiques qui signalèrent l'avènement de Philippe d'Orléans à la régence de France. Louis XIV avait préféré à son neveu son bâtard, il avait désigné dans son testament le duc du Maine comme devant remplir cet emploi, et le Parlement, après avoir acquiescé — de force — à cette volonté du roi-soleil couchant, s'empressa après sa mort de briser son œuvre et de casser le testament.

Ceci était nécessaire à rappeler, pour qu'on pût se rendre compte des attaques que Philippe eut à essuyer de la faction des bâtards, à laquelle appartenait sa femme, Mlle de Blois, fille de la Montespan, et qui a si fort exagéré les écarts déjà assez jolis comme cela du duc d'Orléans.

Ce qu'il faut dire aussi, c'est que le duc d'Orléans, alors duc de Chartres, fut tenu à l'écart par Louis XIV, de tout emploi où il pouvait montrer son mérite, de l'armée notamment pour s'y être prématurément signalé par sa valeur : on parlait trop de lui, et un parallèle entre le fils et le neveu du grand roi aurait trop été à l'avantage de celui-ci.

Ce n'est qu'après cela que Philippe, embarrassé de son exubérante activité, se jeta dans les plaisirs et les fêtes et descendit tout doucement la pente des désordres les plus honteux; or à ce moment-là, malgré sa conversion, Louis XIV se garda bien d'intervenir ; cet avilissement de son neveu était loin de lui déplaire : les bâtards allaient bientôt valoir mieux que lui, les bâtards que la toute-puissante M== de Maintenon avait pris sous sa haute protection.

Cependant l'exemple des débauches de Louis XIV n'avait pas manqué à son neveu, et nous ne voulons pas dire que, avec de tels exemples, il fût devenu un prince vertueux si on l'avait seulement voulu laissé faire ; en outre il y avait son dernier gouverneur, le futur cardinal Dubois, qui n'aurait pas manqué d'y mettre ordre.

L'influence de ce Dubois, qu'un pape eut l'infamie de revêtir de la pourpre, fut si grande sur le duc d'Orléans, qu'il nous semble convenable de commencer par donner un portrait de cet illustre gredin avant de jeter un coup d'œil sur les « orgies du Palais-Royal », qui pour nous, doivent résumer l'histoire de la régence — ou plutôt du régent.

Dubois, fils d'un Apothicaire de Brives-la-Gaillarde, avait fait d'assez bonnes études au collège de Saint-Michel, payant les leçons qu'il recevait en faisant l'office de valet du principal. Il passa ensuite, en la même qualité, auprès de Saint-Laurent, gouverneur du duc de Chartres, puis devint son secrétaire et enfin, Saint-Laurent étant mort, le remplaça auprès du jeune prince.

« Tout à la fois, dit M. de Sévelinges, instituteur zélé du jeune prince et ministre infâme de ses plaisirs secrets, on voyait tour à tour l'abbé Dubois faire subir à son élève de brillants examens devant la cour entière, et le soir introduire furtivement au palais royal les beautés subalternes dont il avait lui-même marchandé les complaisances. »

On pourrait s'en tenir là pour juger d'un coup le genre d'éducation dont l'élève de l'abbé Dubois fut saturé dès sa jeunesse la plus tendre par son indigne précepteur ; mais écoutons l'expression du ressentiment maternel :

« J'avais, dit la princesse Palatine, de l'attachement pour l'abbé Dubois parce que je croyais qu'il aimait tendrement mon fils, et qu'il ne cherchait en tout que son bien et son avantage; mais quand j'ai vu que c'était un chien perfide, préoccupé seulement de ses propres intérêts, qui ne songeait nullement à soigner mon fils, mais qui le précipitait dans la perte éternelle en le laissant se plonger dans la débauche, sans faire semblant de s'en apercevoir, toute mon estime pour ce petit prélat s'est changée en mépris. »

C'est peu, mais voici plus et mieux :

« Je tiens de mon fils lui-même, dit-elle ailleurs, que, l'ayant rencontré un jour tout seul au moment où son élève se disposait d'entrer dans un mauvais lieu, il ne fit qu'en rire avec lui, au lieu de le prendre par le bras et de le ramener à la maison. »

Le moyen n'eût peut-être pas été très efficace, mais la pauvre princesse ne savait pas que, fort probablement du moins, loin de ramener le jeune prince à la maison, et au lieu de l'avoir seulement rencontré par hasard, Dubois l'avait conduit à la maison de débauche, et peut-être encore, l'y avait accompagné.

En dépravant autant qu'il put le duc de Chartres, Dubois était sûr au moins d'une chose, c'était de se faire le camarade nécessaire du jeune prince, qui le défendait à l'occasion contre de plus rigides, et qui se verrait forcé dans tous les cas, de compter avec lui.

Mais, détail plus curieux, c'est que Dubois avait même un protecteur dans la personne de Louis XIV, du moins lorsqu'il eut décidé son élève à épouser, contre son gré, Mlle de Blois, la bâtarde royale. D'abord le vieux roi lui fit don de l'abbaye de Saint-Just pour le récompenser du succès de cette négociation épineuse; ensuite, il le défendit contre les attaques du père Lachaise, son confesseur très influent pourtant sur son esprit.

Le père Lachaise représentait au vieux roi, justement à l'occasion de la récompense dont nous venons de parler, que l'*abbé* Dubois était adonné aux femmes, au vin et au jeu.

— Cela peut-être, répartit le dévot Louis XIV, mais il ne s'attache, ne s'enivre et ne perd jamais.

On ne saurait exposer en moins de mots *toutes* les qualités qui distinguaient le nouvel abbé de Saint-Just.

Dubois ne quitte point le duc de Chartres; il le suit à l'armée comme ailleurs, et s'y comporte même à sa propre gloire. Il est décidément une sorte de favori du vieux roi, qui apprécie fort son esprit d'intrigue. Mais il ne l'est décidément plus de la princesse Palatine.

Lorsque la régence fut déférée par le parlement à son fils, Madame lui dit ceci tout d'abord :

— Mon fils, je n'ai qu'une grâce à vous demander, c'est de ne jamais employer ce fripon de Dubois, le plus grand coquin qu'il y ait au monde. Il sacrifierait l'Etat et vous-même au plus léger intérêt.

Philippe essaya bien de suivre les conseils de sa mère; mais Dubois cria à l'ingratitude et il n'en fallut pas davantage pour le faire rentrer en grâce en dépit de tous les conseils.

Après qu'avec une habileté qu'on ne peut nier, il eut conclu le traité de la Triple alliance, puis découvert la fameuse conspiration de Cellamare ourdie à Sceaux, dans les salons de la duchesse du Maine, Dubois au comble de la puissance rechercha les honneurs. Il demanda au régent un évêché.

Philippe d'Orléans rit au nez de son ancien gouverneur, ce fut là toute sa réponse.

Mais Dubois n'était pas homme à abandonner la partie pour si peu. Il fit agir le roi d'Angleterre, et le régent fut obligé de prendre sa demande au sérieux.

— Eh! malheureux, dit le régent à l'ambitieux abbé, où trouveras-tu quelqu'un pour te sacrer?

Mais ce quelqu'un était tout trouvé.

Dubois présenta l'archevêque de Rouen qui se chargeait volontiers de l'affaire. De plus l'évêque de Clermont, Massillon, offrit d'être parrain du nouvel évêque!

Mon Dieu, ceci est de l'histoire, et l'on peut croire que les prédicateurs, comme les avocats, n'ont une langue bien affilée que pour déguiser plus sûrement leur pensée secrète, si l'on veut, nous n'y voyons point d'inconvénient, — au contraire.

Cependant, d'où sortait l'*abbé* Dubois?

Personne ne le savait bien; on savait qu'il était abbé pour jouir des revenus d'un abbaye, sans parler d'une foule de bénéfices ecclésiastiques et autres. Mais, était-il prêtre, seulement?...

Nul n'eût pu l'affirmer.

On jugea donc prudent d'ouvrir une enquête préalable, et voici ce qu'on apprit:

Dubois n'avait jamais reçu les ordres, d'abord; ensuite il était marié à une paysanne du Limousin qu'il avait abandonnée de bonne heure pour aller chercher fortune à Paris.

Il était très jeune, lors de ce mariage, et comme il n'avait d'aptitude que pour l'intrigue et la débauche, et pas le sou, la misère s'installa bientôt dans le jeune ménage, où, d'un commun accord, on décida de se séparer. Mme Dubois resterait au village, allant aux champs pour gagner son pain; M. Dubois irait à la capitale, et mettrait en pratique tous les moyens que lui suggérerai son intelligence pour faire fortune.

On sait déjà qu'il volait au jeu. Mais c'est un moyen précaire et auquel on ne se tient que lorsque l'on n'est pas propre à quelque chose de mieux.

Lorsque Dubois, qui s'était fait abbé de sa propre autorité, eut acquis un soupçon d'aisance, nous devons déclarer qu'il songea à sa femme et lui envoya quelque argent. Mais prêt à atteindre l'épiscopat, Dubois ressentit quelque crainte. S'il se taisait, s'il continuait à se fier à la discrétion de sa femme, et qu'un hasard quelconque vînt à faire découvrir le pot aux roses, quel scandale! il était ruiné à jamais.

Dubois se confia à l'intendant du Limousin, M. de Breteuil, qui se chargea de tout arranger, et voici comment:

M. de Breteuil se rendit aussitôt, suivi seulement de deux valets, en Limousin, sous prétexte de tournée... préfectorale, si vous voulez. Il arriva de la sorte au village où s'était autrefois fait le mariage Dubois, au milieu de la nuit, et alla, d'un air ingénûment embarrassé, demander l'hospitalité au curé.

Celui-ci, enchanté d'une pareille visite, fit préparer à souper à M. l'Intendant, ainsi qu'à ses valets qui allèrent partager celui de la servante à la cuisine, laissant en présence les deux convives.

L'Intendant fit boire le curé le plus qu'il put, tout en l'entretenant des intérêts de la fabrique; et, tout en plaisantant, parut émettre des doutes sur la tenue des registres de la paroisse.

Piqué, le curé tira lesdits registres de l'armoire où ils étaient enfermés et les exhiba avec un certain orgueil, car il n'y avait rien à reprendre. M. de Breteuil les parcourut négligemment, marqua la page où était inscrit le mariage du postulant évêque, les referma et continua la conversation bachique entreprise avec l'innocent curé.

Finalement, celui-ci, qui n'avait pas l'habitude de semblables débauches, laissa aller sa tête sur ses bras et s'endormit profondément.

C'est ce qu'attendait Breteuil, et le moment psychologique arrivé, il enleva dextrement du registre de l'état civil la page dont la reproduction eût pu empêcher Dubois d'être évêque, la mit dans sa poche, se leva, graissa la patte à la servante, qu'il chargea de ses compliments pour le curé endormi, et partit.

Mais ce n'était pas tout : il y avait eu contrat passé devant un tabellion mort depuis vingt ans, mais qui avait un successeur.

Ce successeur, mandé par M. de Breteuil, fut simplement placé dans l'alternative ou de livrer la minute de ce contrat en échange d'une honnête indemnité, ou d'aller pourrir obscurément et péniblement dans un cul de bas de fosse. Que faire en pareille occasion? Qu'eussions-nous fait, vous et moi? — Je n'en sais rien ; ce que je sais c'est que l'honnête tabellion hésita peu, prit la somme et livra l'acte, que M. de Breteuil emporta en triomphe et remit au puissant ministre.

Le jour même Dubois recevait tous les ordres, car il n'était en possession d'aucun, il fallut bien en convenir, quoique ce fût un détail de peu d'importance.

Cette cérémonie multiple eut lieu à Poissy; et des plaisants en avisèrent le régent, en lui disant qu'il ne devait pas compter ce jour-là sur son ministre, attendu qu'il était allé faire sa première communion.

Le régent ne voulait pas assister au sacre, qui se fit en grande pompe au Val-de-Grâce, mais Mme de Parabère qui était alors sa maîtresse — et probablement celle de Dubois — réussit à l'y entraîner.

Nous ne nous étendrons pas sur les intrigues qui eurent lieu plus tard pour assurer le chapeau de cardinal à cet homme qui avait cent fois mérité le bonnet de galérien ; nous nous bornerons à dire qu'il ne l'obtint à la fin qu'après avoir soudoyé le collège des cardinaux au moment de l'élection du remplaçant de Clément XI, qui l'avait joué, et fait promettre par écrit au cardinal Conti, de le lui donner s'il était élu pape.

Conti, élu pape sous le nom d'Innocent XIII, à l'unanimité moins sa propre voix, preuve que tous les cardinaux étaient achetés, créa en effet cardinal Dubois — et mourut ensuite de remords, car il n'avait que ce crime à se reprocher, et comme il était isolé, il faisait un effet diabolique.

Cet heureux résultat coûta la bagatelle de 8 millions au trésor. Mais, du moins, il fit dire aux mauvaises langues que le pape était décidément un bien bon cuisinier, puisqu'il avait été assez habile pour transformer un *maquereau* en *rouget*. C'est une compensation.

Ce mot, parfaitement grossier, n'est pas moins parfaitement exact et complet comme un portrait.

Oui, ce Dubois, « au mufle fort, de grossière animalité, d'appétits monstrueux, qui doit — comme dit Michelet — en faire ou un vilain satyre de mauvais lieux, ou un chasseur d'intrigues nocturnes, une furieuse taupe qui, de ce mufle, percera dans la terre ces trous subits qui mènent on ne sait où ; » ce Dubois n'était pas autre chose qu'un ignoble et vulgaire « maquereau », quoique cardinal, archevêque de Cambrai, premier ministre d'État, membre de l'Académie française, de l'Académie des sciences et de l'Académie des inscriptions et belles-lettres, sans parler d'une foule d'autres sociétés moins savantes mais plus conséquentes.

« Son esprit, dit Saint-Simon, était fort ordinaire, son savoir des plus communs, sa capacité nulle ; son extérieur d'un furet, mais d'un cuistre ; son débit désagréable, par articles, toujours incertain ; sa fausseté écrite sur son front ; ses mœurs trop affichées sans aucune mesure pour pouvoir être cachées ; des fougues qui pouvaient passer pour des accès de folie ; sa tête, incapable de contenir plus d'une affaire à la fois, et lui d'y en mettre ni d'en suivre aucune que pour son intérêt personnel; rien de sacré, nulle sorte de liaison respectée; mépris déclaré de foi, de parole, d'honneur, de probité, de vérité; grande estime et pratique continuelle de se faire un jeu de toutes ces choses; voluptueux autant qu'ambitieux; voulant tout en tout genre; se comptant lui seul pour tout, et tout ce qui n'était point lui pour rien, et regardant comme la dernière démence de penser et d'agir autrement.

« Avec cela, doux, bas, souple, louangeur, admirateur, prenant toutes sortes de formes avec la plus grande facilité et revêtant toutes sortes de personnages et souvent contradictoires, pour arriver aux différents buts qu'il se proposait, et néanmoins très peu capable de séduire. »

Voilà donc l'homme qui avait conquis, pour s'y être pris de bonne heure, une si grande influence sur le duc Philippe d'Orléans, devenu régent de France. Nous demanderons tout à l'heure à Saint-Simon de nous donner le portrait de celui-ci : on pourra faire le rapprochement, et juger de ce qu'il put résulter de cette liaison.

Monseigneur Dubois creva des suites de ses débauches, d'une maladie aussi cruelle qu'ignoble et qu'il avait longtemps cachée, au cours d'une douloureuse opération, et en blasphémant comme un damné... ou comme un cardinal. Il eut de somptueuses funérailles, comme on s'en doute, et c'est tout ce que nous en dirons.

Philippe d'Orléans était donc lancé en pleine débauche depuis longtemps lorsqu'il épousa Mme de Blois, son cœur étant du reste avec la duchesse de Bourbon. Cet événement ne changea rien à sa manière de vivre. Il avait au Palais-Royal une petite cour où régnaient les mœurs les plus licencieuses, et où les femmes surpassaient encore les hommes par leur débraillé.

Entre temps, il s'occupait de chimie, avec Homberg; et comme le grand dauphin, son fils le duc de Bourgogne, la duchesse et leur fils aîné moururent presque subitement dans la même année, et qu'évidemment Philippe aurait eu intérêt à leur mort, on ne tarda pas, dans l'entourage de Mme de Maintenon et des bâtards légitimés, à affirmer qu'il les avait empoisonnés les uns après les autres.

Plus tard, sous l'inspiration de la duchesse du Maine, Lagrange-Chancel publia ses *Philippiques*, dans lesquelles il relève ces accusations et bien d'autres plus sérieuses.

M. Augustin Challamel flétrit justement ce factum odieux, « où le régent est accusé des crimes les plus monstrueux, où on le dénonce comme un Néron à la deuxième puissance, comme un Héliogabale moderne, comme un nouveau Sardanapale; où l'on compare la duchesse de Berry à Messaline; où l'on appelle à cris redoublés les Euménides vengeresses des divorces et des incestes... »

La duchesse de Berry une Messaline, l'exagération n'est pas aussi grande qu'elle le paraît. Mais, dans ces *Philippiques*, il n'est pas seulement question des débauches du régent, de ses amis et de ses filles; il y a par exemple des passages comme celui-ci, qui doivent être flétris par tout le monde, et principalement par les pamphlétaires honnêtes :

> Nocher des ombres infernales,
> Prépare-toi sans t'effrayer
> A passer les ombres royales
> Que Philippe va t'envoyer!

On dit que lorsque ce passage fut lu au duc d'Orléans, qui n'avait fait que sourire au tableau exagéré de ses débauches, il ne put se contenir et s'écria :

Louis XIV visitant Mlle de Fontanges à Port-Royal.

— Ah! c'en est trop! Cette horreur est plus forte que moi : j'y succombe!

On aurait pu s'indigner à moins.

Pourtant, le jeune Louis XV, d'abord d'une faible santé, ayant fait une maladie grave, mais en ayant réchappé, il fallut bien reconnaître que, si Philippe avait réellement empoisonné le grand-père, le père et le frère aîné du jeune souverain, il n'avait aucune raison pour s'en tenir là, dans une besogne presque achevée. Il y eut donc une réaction en sa faveur, ou plutôt les calomniateurs du régent durent se taire.

Ses débauches, par exemple, ne semblent avoir connu aucun frein. Lagrange-Chancel l'accuse d'inceste avec ses filles : ici nous devons dire que l'accusation est absolument invraisemblable pour la plupart d'entre elles; mais quant à celle qu'il aimait le mieux, au moins, la duchesse de Berry, il s'est trouvé beaucoup d'écrivains pour accueillir l'accusation que, pour notre part, nous repoussons absolument.

Michelet, s'appuyant sur les *Mémoires de Richelieu*, écrits par Soulavie, croit qu'en effet la duchesse de Berry s'est livrée à son père au château de la Muette, pour en obtenir le secret du Masque de fer. De nombreux pamphlétaires du temps, de ceux qui se tenaient prudemment hors de France, sont très affirmatifs sous ce rapport; des écrivains plus sérieux — et plus près du soleil — montrent assez clairement qu'ils ne doutent point de la culpabilité du régent...

Après tout, le régent était assez souvent ivre, et ses filles, la duchesse de Berry et Mlle de Valois comme lui et avec lui, pour avoir pu devenir incestueux sans s'en apercevoir, avec la plus grande facilité. Mais quoi! les amants de ces demoiselles, le duc de Richelieu qui fut à peu près l'amant de toutes, principalement, prenaient part aux mêmes orgies, à la suite desquelles, seulement, un pareil crime avait pu être commis!

Marie-Louise-Élisabeth d'Orléans, duchesse de Berry, dont il est ici question, mourut des suites de ses débauches, à peine âgée de vingt-quatre ans ; elle était donc bien capable de tout et de pis encore, cela n'est pas le moindrement douteux.

Ce fut une enfant gâtée dès l'âge le plus tendre, entre un père débauché et une mère indifférente à tout. Elle était pourtant née, au témoignage de Saint-Simon, « avec un esprit supérieur, et, quand elle le voulait, également agréable et aimable, et avec une figure qui imposait et qui arrêtait les yeux, mais que, sur la fin, l'embonpoint gâta un peu.

« Elle parlait avec une grâce singulière, une éloquence naturelle qui lui était particulière et qui coulait avec aisance et de source ; enfin, avec une justesse d'expression qui surprenait et qui charmait. »

Vous me direz que tout cela ne prouve rien. Sans doute...

Mariée à quinze ans au duc de Berry, petit-fils de Louis XIV, elle était veuve à dix-neuf ans ; mais elle n'avait pas attendu ce moment pour se lancer dans la débauche, puisque l'on prétend que c'est du chagrin que lui causa la conduite de sa femme qu'il mourut. — D'autres, il est vrai, assurent qu'il est mort de l'avoir menacée du couvent, ou du moins du poison qu'elle lui administra à propos, en réponse à cette menace.

Son père devenu régent, elle ne mit plus de bornes à sa dépravation. Elle passait notoirement ses nuits dans les orgies les plus abjectes, et, nous le répétons, il arrivait souvent à son père de prendre part à ces orgies, où les femmes — ses filles comme les autres, par conséquent — paraissaient quelquefois entièrement nues!...

Ce n'étaient pas *toutes* ses nuits qu'elle passait ainsi, bien certainement ; et de même, elle assistait parfois à des banquets sans se mettre nue ; mais il n'en valait guère mieux.

Saint-Simon, parlant d'une de ces orgies où assistaient le père et la fille, s'exprime tranquillement et poliment dans les termes que voici :

« Madame la duchesse de Berry et M. le duc d'Orléans s'y enivrèrent au point que tous ceux qui étaient là ne surent que devenir. L'effet du vin, *par haut et par bas*, fut tel qu'on en fut en peine, et cela ne la désenivra pas ; tellement qu'il fallut l'emmener dans cet état à Versailles. Tous les gens des équipages la virent et ne s'en turent pas. »

On comprend qu'après la vue de pareils débordements, l'un de ses derniers compagnons d'orgie, un simple gentilhomme nommé La Haye, à qui elle offrit de l'épouser, refusa net, au grand désespoir de la demoiselle qui alla s'enfermer aux Carmélites.

Mais elle sortit du couvent au bout de huit jours et reprit le cours de ses exploits « mondains. »

Le comte de Riom, cadet de Gascogne et neveu de Lauzun, bête, laid, sans le sou, fut son dernier favori. Il était simple lieutenant de dragons et débauché sans vergogne. La duchesse de Berry, éprise de lui à la folie, ne tarda pas à se faire l'esclave de ce pilier de mauvais lieux qui, stylé par son oncle, la traitait comme une guenon.

« Lauzun, dit Saint-Simon, lui avait conseillé de traiter sa princesse comme lui-même avait traité Mademoiselle. Sa maxime était que les Bourbons voulaient être rudoyés et menés le bâton haut, sans quoi on ne pouvait conserver sur eux aucun empire. »

Riom suivit de point en point les conseils de son oncle, et la duchesse, loin de lui en vouloir, le combla de prévenances, et mieux que cela, de richesses.

Elle eut de lui un enfant; mais malgré un accouchement extrêmement laborieux, elle ne laissa pas de donner quelques jours après, à Meudon, une fête nocturne à son père, de ces fêtes comme ils les aimaient tous deux. Mais de celle-là, elle en mourut.

Charlotte-Aglaé de Valois, qui finit par épouser le duc de Modène, est celle des filles du régent qui fit le plus parler d'elle après la duchesse de Berry. Elle prit souvent part aux orgies paternelles et fraternelles, et ne se contentait pas de boire, mais fumait la pipe!

Mlle de Valois se distingue au reste de sa sœur par plus d'un point. « Tête vide et cœur sec, dit M. de Lescure, joli visage d'une expression équivoque et d'un charme faux, coquette sans grâce, intrigante sans esprit, vicieuse sans naïveté, amoureuse sans passion, effroyablement corrompue, même pour la famille et pour le temps, ayant trouvé moyen de scandaliser, plus d'une fois, l'époque la plus tolérante qui fut jamais, et d'écrire des lettres dont le cynisme est tel que leur dernier dépositaire, effrayé des conséquences possibles d'une indiscrétion, a dû prendre le parti de les brûler.

Toutefois, par une note, l'auteur des *Confessions de l'abbesse de Chelles* nous apprend que ces lettres ne sont point brûlées le moins du monde. Elles font naturellement partie de « la trop complète collection des lettres galantes de Richelieu, étrange et cynique recueil, composé à loisir pour l'esbattement de sa goguenarde vieillesse, où ce patriarche de la rouerie a authentiqué chaque billet *d'une mèche de cheveux scellée de ses armes.* »

Richelieu en effet, fut le plus illustre de ses amants. Elle avait espéré l'épouser, mais n'y put parvenir, se rabattit sur Charolais qu'elle ne put épouser davantage, et finalement devint duchesse de Modène.

Le duc de Richelieu avait eu aussi la singulière idée de faire peindre ses principales maîtresses, parmi lesquelles Mlle de Valois figurait en bonne place, revêtues du costume monastique, affirmant ainsi, non seulement ses débauches, mais son mépris pour la religion.

Nous ne parlerons que pour mémoire de Louise Adelaïde, plus tard abbesse de Chelles, de beaucoup la plus réservée, et de Louise-Elisabeth, qui fut reine d'Espagne tout juste assez de temps pour scandaliser ses nouveaux sujets par des désordres d'un autre genre, et mourut confite en dévotion à trente deux ans. En somme, à l'exception de la duchesse de Berry, peu des filles du régent eurent quelque part aux désordres paternels.

On désignait sous le nom de *roués*, les compagnons de débauche du régent, ou plutôt lui-même les désignait ainsi, d'après ce que nous apprend Saint-Simon.

Ces roués, nous dirons qui ils étaient principalement tout à l'heure. Mais d'où vient le mot?

On raconte qu'un jour, en 1719, un jeune seigneur en complète ébriété, traversait la place de Grève au moment où un malheureux la traversait aussi, mais pour y être roué vif. Celui-ci, scandalisé, se mit à invectiver le noble ivrogne.

— Ami, lui répartit gravement l'étourdi, être roué ne dispense pas d'être poli.

C'est une de ces réparties qu'on ne trouve que dans ces moments-là, et qui méritent de faire fortune. Celle-ci eut un grand succès à la cour, où elle fut répétée, et on affecta de se montrer d'une politesse d'autant plus grande que par ses débauches et par ses escroqueries — car l'époque, comme on sait, fut féconde en escroqueries — on avait plus mérité la *roue*.

Le jargon du grand monde s'enrichit donc d'un vocable nouveau, et le régent n'appela plus ses compagnons de débauche que de ce nom.

« Vers l'heure du souper, dit Duclos, il se renfermait avec ses maîtresses, quelquefois des filles d'Opéra ou autres de pareille étoffe et dix ou douze hommes de son intimité, qu'il appelait tout uniment ses *roués*.

« Là régnait la licence la plus effrénée; les ordures, les impiétés étaient le fond et l'assaisonnement de tous les propos, jusqu'à ce que l'ivresse complète mît les convives hors d'état de parler et de s'entendre. Ceux qui pouvaient encore marcher se retiraient; l'on emportait les autres, et tous les jours se ressemblaient. »

Ces orgies avaient aussi bien lieu chez la duchesse de Berry, au Luxembourg, que chez son père, au Palais-Royal.

Les *roués* s'appelaient Mme d'Averne, Mme de Parabère, Mme de Polignac, Mme de Sabran, Mme de Phalaris, etc., sans compter les femmes de théâtre : la d'Usé, la Souris, la Desmarets, la Florence. Les *roués* étaient le duc de Brancas, plus tard converti, le marquis de Canillac, le comte de Broglie, le comte de Nocé et d'autres encore.

Canillac, capitaine de mousquetaires, était remarquable par un esprit singulièrement mordant qui s'exerçait aux dépens de tout le monde, et du régent, et de lui-même. C'est Canillac qui disait un jour au trop célèbre financier écossais :

— Monsieur Law, vous n'avez rien inventé; bien avant vous, j'ai fait des billets que je n'ai pas payés, vous m'avez volé mon système?

Les chroniqueurs du temps représentent Broglie comme ressemblant à la fois à une chouette et à un singe, ce qui est beaucoup pour un homme seul. Joueur et libertin, il passait les journées dans les tripots, et le soir faisait sa partie dans le concert des roués du régent.

La princesse Palatine assure que Nocé était « noir, vert et jaune, » encore une comparaison multiple peu à l'avantage du personnage; très hautain, sarcastique et débauché jusqu'à la moelle, il accompagnait le régent, avec qui il avait été élevé, dans toutes ses équipées nocturnes.

Il y avait aussi Cossé-Brissac, un chevalier de Malte, réputé pour ses manières d'une élégance exquise qu'il conservait au plus fort de l'ivresse et même peut-être après avoir roulé sous la table, et le chevalier de Ravanne.

« C'est avec ces hommes, dit un historien, et c'est avec ces femmes, auxquelles s'adjoignait parfois sa fille, la duchesse de Berry que, dix heures arrivées, le régent se renfermait. Alors, et une fois les portes closes, Paris pouvait brûler, la France s'engloutir, le monde crouler. Il y avait défense, défense positive, absolue, de venir troubler le régent.

« Ce qui se passait dans ces soirées, c'est tout ce que pouvait imaginer la folie de gens ivres, riches et puissants; ce sont des choses comme en raconte Pétrone, comme en rêve Apulée. »

Un soir que d'Hagnet, le vieux concierge du Palais-Royal, qui avait vu naître le duc d'Orléans, conduisait comme d'habitude son maître à la salle d'orgie, celui-ci l'invita à entrer.

— Monseigneur, répondit d'Hagnet en s'inclinant respectueusement, mon service finit ici. Je ne vois pas si mauvaise compagnie. Et il se retira, laissant le régent sourire, mais avec une nuance de tristesse.

L'exemple de tant de coupables folies n'était pas perdu. La cour et la ville luttaient de rouerie, les jeunes beaux de l'époque, quel que fût leur rang, se traitaient entre eux de jeunes roués, et agissaient en conséquence; mais il n'y avait rien de tel que la cour.

« Dans la famille royale, parmi les princes et les ministres, dit l'auteur des *Confessions de l'abbesse de Chelles*, c'était un assaut de dévergondage, une émulation de scandale. Déjà s'étalaient et régnaient dans toute leur force insolente, les principes cyniques que l'on doit tout ce qu'on peut, que le plaisir absout la faute, que l'or achète et rachète tout.

« Les premiers mirages du système de Law avaient ébloui et aveuglé les consciences. L'avènement de quelques parvenus enrichis avaient détruit les rangs, et n'avait laissé subsister qu'un seul privilège supérieur à tous les droits, celui de jouir.

« Dans cette société criminelle, où l'amour était devenu ridicule, où le mariage était décrié par ceux-là même qui osaient y croire, où on ne craignait plus Dieu, où l'on bravait à la fois la morale et la police, le mauvais exemple semblait en raison directe du rang, et c'est autour du trône, sur lequel un roi enfant offrait l'image perdue de l'innocence, qu'on multipliait l'outrage aux lois de la famille et aux décences du rang.

« Personne de pur, dans cette Gomorrhe pour laquelle tremblait Madame, chaque fois qu'il tonnait.

« A côté de quelques rares fautes qui osaient se cacher, et qui, affectant au moins cette pudeur qu'elles n'avaient pas, rendaient hommage à la vertu par ses apparences, s'étalaient, éclataient comme un défi les liaisons les plus effrontément coupables.

« M. le prince de Conti rendait la cour et la ville témoins de ses démêlés conjugaux et introduisait lui même, jusque dans son alcôve, la malignité publique; Mme la duchesse la mère, vivait avec le marquis de Lassay et se montrait avec lui aux bains de la Samaritaine; Mme la duchesse la jeune, s'affichait avec du Chayla; M. le duc se vengeait en étalant Mme de Nesle et Mme de Prie; Mlle de Charolais disputait à sa sœur (Mlle de Valois) le cœur de ce duc de Richelieu, après lequel couraient toutes les femmes.

« Les fêtes de Sceaux avaient parfois éclairé solennellement, d'une lumière imprévue, la nullité du mari et les imprudences de la femme.

« Mme la duchesse de Vendôme avait épousé son écuyer, et M. le comte de Toulouse commençait à s'enfoncer avec la belle Mme de Gondrin dans le mystère d'une passion trop ambitieuse pour n'être point indiscrète.

« Les portraits malins, les couplets scandaleux étaient l'unique punition de ces débordements, l'unique vengeance de la pudeur publique humiliée, l'unique pluie de feu, facilement éteinte par quelques lettres de cachet, de cette Sodome impunie; et c'est à peine si quelques justes obscurs, conservant dans leur modeste logis la foi et la vertu des ancêtres, protestaient par de rares exemples d'amour conjugal, de dignité laborieuse, de fidélité aux vieilles mœurs (?) contre le scandale des mœurs nouvelles...

« Mais du point de vue dont la cour formait le sommet, nul n'eût pu apercevoir que ce que j'y aperçus moi-même, c'est-à-dire l'universelle corruption, une immense et permanente orgie dont les bals de l'Opéra, et, bientôt, le camp des agioteurs de la place Vendôme, formaient le double temple.

« Le soir, les maisons de jeu, que les

plus nobles familles ne dédaignaient pas de protéger de leur blason flétri, recevaient dans l'ombre, pour leur donner un nouveau et dernier plaisir, les convives avides d'émotions homicides.

« On n'entendait raconter partout que des traits scandaleux ou criminels. Les personnes les plus graves jouaient avec l'infamie. Pour la première fois, on vit une société qu'on ne pouvait calomnier, et la médisance fut de l'histoire.

« Et parmi ceux qui donnèrent alors le funeste exemple de l'oubli de leur dignité, de la corruption des mœurs et de l'abaissement des caractères, je dois à la vérité de compter avec regret ceux qui avaient le plus de raisons de donner l'exemple contraire.

« Je ne m'appesantirai pas sur ces noms qui ont fait rougir la religion. Mais que penser, grand Dieu! d'un troupeau qui eut pour pasteurs un Dubois, un Tencin, un Beauvilliers, un Vauréal, un Tressan, un Sesmaisons, un Laffiteau?

« Ce qu'il faut penser d'une société où les courtisanes les plus effrontées portaient des noms tels que ceux de Sabran, de Polignac, de Nesle, de Parabère ; ce qu'il faut penser d'un monde où les agioteurs étaient des d'Estrées, des Guiche et des La Force, et où l'on rouait en grève des comte de Horn! »

Voici maintenant le portrait que Saint-Simon trace du régent, dont il n'eut guère à se louer et dont il blâma toujours les honteux désordres :

« Avec beaucoup d'aisance, quand rien ne le contraignoit, il étoit doux, accueillant, ouvert, d'un accès facile et charmant, le son de la voix agréable, et un don de la parole qui lui étoit tout particulier, en quelque genre que ce pût être, avec une facilité, une netteté que rien ne surprenoit et qui surprenoit toujours.

« Son éloquence étoit naturelle jusque dans les discours les plus communs et les plus journaliers, dont la justesse étoit égale sur les sciences les plus abstraites, qu'il rendoit claires, sur les affaires de gouvernement, de politique, de finances, de justice, de guerre, de cour, de conversation ordinaire, et de toutes sortes d'art et de mécanique.

« Il ne se servoit pas moins utilement des histoires et des mémoires et connoissoit fort les maisons. Les personnages de tous les temps et leurs vies lui étoient présents, et les intrigues des anciennes cours comme celles de son temps.

« A l'entendre, on lui auroit cru une vaste lecture. Rien moins. Il parcouroit légèrement ; mais sa mémoire étoit si singulière qu'il n'oublioit ni choses, ni noms, ni dates, qu'il rendoit avec précision, et son appréhension étoit si forte, qu'en parcourant ainsi, c'étoit en lui comme s'il eût tout lu fort exactement. Il excelloit à parler sur le champ, et en justesse et vivacité, soit de bons mots, soit de réparties...

« Comme Henri IV, il étoit naturellement bon, humain, compatissant ; et cet homme, si cruellement accusé du crime le plus noir et le plus inhumain (l'empoisonnement successif des dauphins), je n'en ai point connu de plus naturellement opposé au crime de la destruction des autres, ni de plus singulièrement éloigné de faire peine même à personne, jusque-là, qu'il peut se dire que sa douceur, son humanité, sa facilité avoient tourné en défauts, et je ne craindrois pas de dire qu'il tourna en vice la suprême vertu du pardon des ennemis. »

Il est vraiment fâcheux qu'un prince, doué de si brillantes qualités ait, en effet, si mal tourné ; mais il avait reçu au début une si déplorable impulsion! — S'il était, malgré tout, l'ami du duc d'Orléans, nous n'avons pas besoin de dire que le duc de

Saint-Simon était l'ennemi déclaré du cardinal Dubois, l'homme nécessaire, et qui servait les vices du maître en même temps que les siens.

Le régent avait des goûts artistiques très fins. On lui doit des illustrations, dessins et gravures, la fameuse « édition du régent » de *Daphnis et Chloé*, pour lesquelles Mᵐᵉ de Caylus prétend que la duchesse de Berry posa dans le costume classique de Chloé. Il écrivit aussi la musique de plusieurs opéras, notamment de *Panthée* et d'*Hypermnestre* — du moins en partie et avec le secours de Gervais, son maître de chapelle.

Panthée, pour le dire en passant, dut être représentée à huis-clos, par la même raison que les soupers du Palais-Royal ne pouvaient être représentés en public.

En pleine panique financière, causée par l'effondrement du système de Law, Louis XV jugea à propos d'atteindre sa majorité. Le régent remit ses pouvoirs au jeune roi sans délai, et s'occupa de le faire sacrer; puis il se retira, laissant Dubois à la tête du ministère. On sait que Dubois mourut peu après de sa propre infection; nous ajouterons que le duc d'Orléans, appelé à le remplacer par Louis XV, ne survécut que quelques mois à son précepteur.

Voici quelques détails sur les derniers moments du duc d'Orléans :

La duchesse de Phalaris, la dernière maîtresse du régent, est très peu connue ; elle a passé comme une ombre dans la vie du duc d'Orléans, et comme exprès pour l'emporter. Il y a mieux, le régent, qui connaissait cette femme depuis peu de temps lorsqu'il mourut, avait sans doute d'autres maîtresses en même temps qu'elle, car, six mois auparavant, il est question d'une demoiselle Oüel, encore moins connue que la duchesse.

Voltaire, au mois d'avril 1723, écrivait à la présidente de Bernières :

« M. le duc d'Orléans ne travaille presque plus, et quoiqu'il soit encore moins fait pour les femmes que pour les affaires, il a pris une nouvelle maîtresse qui se nomme Mˡˡᵉ Oüel. »

Le régent mourut le 25 décembre suivant. Dans le cas où Mᵐᵉ de Phalaris aurait succédé à Mˡˡᵉ Oüel, son règne aurait donc été de bien peu de durée.

D'après Buvat, la duchesse de Phalaris était une Dauphinoise du pays de Mᵐᵉ de Tencin, et probablement procurée par celle-ci.

Elle était jolie et rieuse, et avait plu au régent par son humeur enjouée et parce que ses malheurs la rendaient intéressante.

Elle était mariée à un neveu de cardinal; et nous savons déjà combien cela vaut cher, un neveu de cardinal. Celui-ci avait les mœurs les plus ignobles, et pour commencer, détestant les femmes, il battait la sienne et lui refusait jusqu'au nécessaire.

Par le crédit de son oncle, il ne s'était pas moins fait faire duc de Phalaris, et c'était de lui qu'elle tenait ce nom euphonique et ronflant.

Le régent était au régime lorsqu'il prit Mᵐᵉ de Phalaris pour maîtresse, et il lui fallut en effet peu de temps pour achever de ruiner sa santé avec elle.

Voici comment la dernière entrevue des deux amoureux est racontée dans le journal de Buvat :

« Il était six heures. Le régent devait, à sept, monter chez le roi et travailler avec lui. Ayant une heure à attendre, il dit, tout en buvant ses tisanes, au valet de chambre :

« — Va voir s'il y a dans le grand cabinet des dames avec qui l'on puisse causer.

« — Il y a Mᵐᵉ de Prie...

« — Cela ne lui plut pas. Par je ne sais quel

flair, elle était venue au-devant des nouvelles, observer et rôder.

« — Mais il y a une autre dame, Mme de Phalaris.

« — Tu peux la faire entrer.

« Le régent qui était assis à boire ses drogues, la fit asseoir aussi, et, pour rire, pour l'embarrasser, dit :

« — Crois-tu qu'il y ait un enfer, un paradis?

« — Sans doute.

« — Alors, tu es bien malheureuse de mener la vie que tu mènes.

« — Mais Dieu aura pitié de moi.

« Tout en conversant de la sorte, Philippe se sent défaillir et s'affaisse lourdement sur le tapis. La duchesse appelle au secours et se précipite dans les escaliers. Mme de Sabran survint avec un laquais qui savait saigner et qui voulut aussitôt pratiquer l'opération.

« — N'en faites rien, s'écria Mme de Sabran, il sort d'avec une gueuse, vous le tuerez. »

Le régent ne se releva pas de ce coup, comme on sait. Quant à la duchesse de Phalaris, elle avait disparu sans laisser d'autres traces, et plus jamais, ni nulle part, on n'entendit parler d'elle.

Bien d'autres femmes brillèrent aux côtés du régent et leurs noms sont populaires aujourd'hui, bien que les renseignements biographiques fassent défaut sur la plupart d'entre elles. Au reste, leur notoriété est surtout due à leurs débauches. Celles qui n'avaient point de nom illustre par lui-même ou par le mérite de quelques ancêtres oubliés, il n'y a pas grand'chose à en dire : la débauche est partout la même, et n'est belle nulle part ; mais il en est d'autres qui, mettant sous les pieds tout respect des ancêtres comme toute pudeur personnelle, par dépravation ou par ambition, se sont particulièrement distinguées dans cette foule immonde.

De ce nombre est Mme de Sabran, dont nous venons de prononcer le nom.

Toute la notoriété de la comtesse de Sabran vient de la part qu'elle a prise, part importante d'ailleurs, aux orgies du Palais-Royal.

« Elle avoit épousé, dit Saint-Simon, un homme d'un grand nom, mais sans bien et sans mérite qui la mit en liberté.

« Il n'y avoit rien de si beau qu'elle, de plus régulier, de plus agréable, de plus touchant, de plus grand air et de plus noble, sans aucune affectation. L'air et les manières simples et naturelles, laissant penser qu'elle ignoroit sa beauté et sa taille qui était grande et la plus belle du monde, et, quand il lui plaisoit, modeste à tromper.

« Avec beaucoup d'esprit, elle était insinuante, plaisante, robine, débauchée, point méchante, charmante surtout à table. En un mot, elle avoit tout ce qu'il falloit à M. le duc d'Orléans, dont elle devint bientôt la maîtresse, — sans préjudice des autres.

« Comme elle ni son mari n'avoient rien, tout leur fut bon, et si ne firent-ils pas grande fortune.

« Montigny, frère de Turmenies, un des gardes du trésor royal, étoit un des chambellans du duc d'Orléans, à 6,000 livres d'appointements ; il le fit son premier maître-d'hôtel à la mort de Matharel. Mme de Sabran trouva que 6,000 livres étoient toujours bonnes à prendre pour un mari dont elle faisoit si peu de cas, qu'en parlant de lui elle ne l'appeloit que son *matin*. M. le duc d'Orléans lui donna la charge, qu'il paya à Montigny.

« C'est elle qui, soupant avec le duc d'Orléans et ses roués, lui dit fort plaisamment que les princes et les laquais avaient été

Scarron.

faits de la même pâte, que Dieu avoit, dans la création, séparée de celle dont il avoit tiré tous les autres hommes. »

Enfin, il est d'autres femmes qui, avec une plus haute intelligence, avec d'autres cordes à leur arc, mais douées de cet esprit d'intrigue qui sert si bien les uns et perd si complètement les autres, sont venues échouer dans ce bourbier, que vous verrons d'ailleurs surpasser bientôt en infection.

On peut considérer Mme de Tencin comme appartenant à cette dernière catégorie.

Mme de Tencin ne devint bas-bleu que sur le tard et faute de mieux; ayant débuté par le couvent, elle pouvait décemment finir de même.

Fille d'un président au parlement de Grenoble, de gré ou de force elle dut prendre jeune l'habit religieux, qui ne lui allait pas le moins du monde; aussi, grâce aux démarches de l'abbé de Tencin, son frère, plus tard archevêque de Lyon et cardinal, quoique ayant subi une condamnation comme simoniaque et escroc, elle obtint sa sécularisation un peu avant la mort de Louis XIV, et vint briller à Paris.

La « religieuse défroquée », comme l'appelait la duchesse de Noailles, était résolue à faire fortune par tous les moyens, excepté les moyens honnêtes; et elle fit, en conséquence, marché de son corps ni plus ni moins que les courtisanes les plus viles.

Parmi ses amants de marque, on cite le diplomate anglais Matthew Prior; Marc-René d'Argenson, alors lieutenant de police; le duc d'Orléans, régent de France;

le cardinal Dubois et le chevalier Destouches, le père probable du mathématicien d'Alembert.

On sait que le malheureux enfant, abandonné dès sa naissance sur les marches de l'église Saint-Jean-le-Rond, y fut recueilli par la femme d'un pauvre vitrier, et qu'il dut faire seul et sans autre appui son chemin dans le monde. Quand ce chemin fut fait, on prétend que son excellente mère revendiqua très haut sa maternité, et que l'homme célèbre déclara qu'il ne se connaissait pas d'autre mère que celle qui l'avait élevé.

On a nié l'authenticité de cette anecdote. Très bien ; mais il faudrait la remplacer par quelque chose. La mère et le fils, très en vue l'une et l'autre, connaissaient les liens qui les rattachaient l'un à l'autre et néanmoins n'eurent point de rapports ensemble. Il est donc presque impossible que la scène de l'anecdote en question ne se soit pas produite à la fin.

Avec le régent, Mᵐᵉ de Tencin ne brilla pas longtemps. Elle voulait s'occuper de politique avec son illustre amant, et ce n'était pas pour faire avec elles de la politique que le prince aimait les femmes. Il congédia celle-ci, après avertissement ; et elle alla, comme nous l'avons dit, faire de la politique avec Dubois.

Un amant de Mᵐᵉ de Tencin, nommé Lafresnaye, qu'elle avait amené à mettre tous ses biens sous son nom, fut tué ensuite chez elle d'un coup de pistolet. — Par qui ? — Par lui-même, affirma Mᵐᵉ de Tencin.

Cette affaire ne parut pas claire à tout le monde, et Mᵐᵉ de Tencin, enfermée d'abord au Châtelet, fut conduite à la Bastille ; mais elle avait trop de protecteurs pour y rester longtemps ; elle fut en effet bientôt remise en liberté. A cette époque, elle comptait déjà quarante et un ans (1726) ; elle était riche ; il était donc temps de songer à la retraite, et à écrire des romans.

Son frère, le prêtre faux, ignorant et débauché, qui fut son associé dans la grande lutte pour la fortune, où il réussit beaucoup mieux qu'elle encore, son frère, disons-nous, passe pour avoir été l'un de ses nombreux amants.

Devenue raisonnable avec l'âge, Mᵐᵉ de Tencin réunit dans son salon tous les savants et les beaux esprits de son temps sur lesquels elle put mettre la griffe, et qu'elle appelait sa *ménagerie*, et où brillaient des hommes tels que Montesquieu et Fontenelle.

C'est elle qui, se peignant du même trait, donnait à Mᵐᵉ Geoffrin le conseil de ne jamais rebuter un homme quel qu'il fût, « car, ajoutait-elle, si neuf sur dix ne rapportent rien, un seul peut tout compenser. » Mᵐᵉ Geoffrin suivit ce conseil, mais en l'interprétant de manière à s'ôter tout droit de figurer ici, à côté de sa trop intrigante et licencieuse amie.

Mᵐᵉ de Tencin suivait elle-même ses ordonnances à la lettre, et l'on pense à quel point elle se faisait prévenante et doucereuse pour tout le monde. C'est à ce point que Chamfort, qui n'était pas un imbécile, sortant un jour de chez elle en compagnie de l'abbé Trublet, ne tarissait pas sur sa douceur, sa grâce aimable...

— Certes ! appuya l'abbé. Et si elle avait résolu de vous empoisonner, soyez assuré qu'elle choisirait le poison le plus doux.

XLI

Les mœurs de la Régence. — Revue d'inspection générale.

SOMMAIRE. — A bas les masques. — Quelques dames galantes de haute volée que Brantôme n'aurait pas négligées. — Galanteries variées des filles du régent et de leur père. — Portrait physique et immoral de la duchesse de Berry. — Les gardes d'honneur de la princesse. — Débauche et dévotion alternées. — Louise-Adélaïde de Chartres, seconde fille du régent. — Pourquoi elle se fit religieuse, au vif étonnement de sa grand'mère. — Suite de la liste des grandes dames galantes. — Les Lesbiennes de la cour. — Le « côté des hommes. » — Une aventure de Richelieu. — Immonde confrérie. — Mlle de Valois, son père et le duc de Richelieu. — Un marché ignoble. — La petite chambre de la cour des cuisines, au Palais-Royal. — Orgies raffinées. — Le costume en peau. — Une épigramme de Voltaire (sinon deux.) — Scène d'ivrognerie au naturel. — Une main bonne à couper d'un prince bon à rouer. — Autre épigramme, mais point de Voltaire, à l'adresse du cardinal Dubois. — La Fillon veut être abbesse, au propre. — Les « fêtes d'Adam. » — Remords cruels, mais passagers, du régent. — Dubois répond à ses reproches par des consolations dont il a puisé l'inspiration chez Mme de Tencin. — Propagation des mœurs de la cour. — Richelieu moraliste. — Usage que fait des couvents de Paris le chevalier d'Argenson. — Dépravation définitive de la classe moyenne, fidèle imitatrice des classes élevées. — L'ennui d'une grande dame bien difficile à médicamenter. — La duchesse de Longueville n'aime pas les plaisirs innocents. — Précoce dépravation de Philippe d'Orléans. — Cherchez la femme. — Quelques prélats de la fleur du panier. — Le jésuite Lafiteau et l'abbé de Tencin. — Pas de règle sans exceptions.

Nous avons signalé, presque au hasard de la plume, quelques scènes typiques, quelques portraits caractéristiques de cette époque corrompue, et nous avons essayé d'atténuer les portraits les plus hideux, les scènes les plus ignobles. Il nous semble qu'en en demeurant là nous n'en laisserions au lecteur qu'une image non seulement incomplète, mais tout à fait insuffisante. Nous allons donc, avant d'aborder une époque qui dépasse encore celle-ci en turpitudes de toutes sortes, celle du règne effectif de Louis XV, jeter, avec Dulaure pour guide, un dernier coup d'œil d'ensemble sur cette longue série d'infamies.

On verra dans ce chapitre des faits que nous avons révoqués en doute affirmés, des actes repoussants sur lesquels nous avions passé, relevés. Nous le répétons, nous ne ferons que reproduire Dulaure, dans ces passages négligés jusqu'ici, ou les écrits du temps que nous citerons, dont plusieurs nous sont suspects, mais dont nous croyons cependant nécessaire de relever les assertions pour bien caractériser une fois pour toutes les mœurs générales de la Régence.

Les masques d'hypocrisie qui, dans les années de bigoterie idiote et cruelle qui furent les dernières du règne de Louis XIV, couvraient tous les visages, tombèrent comme par enchantement à la mort du grand roi! Ce fut un véritable changement à vue.

Nous avons vu, par l'extrait des lettres de Mme de Brancas, à quelle hauteur de perfection avait atteint cette hypocrisie : elle fut suivie d'un débordement général, et d'autant plus irrésistible que le flot des passions avait été plus longtemps contenu.

La férocité et la perfidie des siècles barbares, les crimes de la féodalité, les abus, les désordres résultant des vices du gouvernement ne sont point les principaux traits des mœurs de cette période. Ce qui la caractérise plus particulièrement, c'est la débauche extrême qu'un vernis de politesse et de civilisation rendait aimable et d'autant plus dangereuse.

« Il est difficile, dit fort justement Dulaure, de peindre des mœurs scandaleuses sans blesser la délicatesse des lecteurs modernes ; mais, parce que les traits en sont hideux, faut-il que la peinture ne ressemble pas à l'original ? Faut-il renoncer à la vérité de l'histoire ? N'est-il pas possible d'accorder cette vérité avec les convenances, d'exprimer en termes décents des faits qui ne le sent pas ? »

Le fait est que la chose est difficile. Nous ferons de notre mieux pour y réussir, et encore une fois, nous n'emploierons que des documents authentiques ou le témoignage de cet écrivain scrupuleux malgré tout.

Voici, par exemple, un passage des *Pièces inédites sur les règnes de Louis XIV, Louis XV, etc.*, qui nous édifiera sur les mœurs de quelques grands personnages.

« En 1719, la duchesse douairière vivait publiquement avec Law. La duchesse de Bourgogne, méprisée de son mari, se consolait avec du Chayla. La princesse de Conti, fille du roi, quoique à demi dévote et souvent agitée de scrupules et de remords, ne pouvait renvoyer son neveu La Vallière. La jeune princesse de Conti, malgré toute la jalousie de son mari, conservait La Fare, et se préparait à le quitter pour Clermont, gentilhomme de sa maison. Sa sœur, Mme de Charolais, aimait, comme on sait, le duc de Richelieu, et le lui prouvait tant qu'elle pouvait ; et sa cadette, la belle demoiselle de Clermont, commençait déjà à aimer le duc de Melun...

« Les filles du régent avaient des amants : Mme de Berry, son père ; la seconde (la future abbesse de Chelles), *toutes les filles du couvent ;* et Mlle de Valois, le duc de Richelieu, et de plus, son papa, qu'elle détestait. »

Voici maintenant quelques détails sur les deux premières filles du régent, Marie-Louise-Élisabeth d'Orléans, duchesse de Berry, et Louise-Adelaïde de Chartres.

« La duchesse de B..., fille de Philippe d'Orléans, régent de France, était de petite stature, de fort embonpoint, et avait le visage très coloré, surtout par une forte couche de rouge destinée à cacher ses marques de petite vérole.

« Dès les premières années de son mariage, elle fut corrompue par son père. Ce prince lui donna une garde d'honneur composée de cinquante jeunes gens, dont plusieurs furent admis à calmer l'ardeur de son tempérament. Cette princesse mérita le surnom de *Messaline française*.

« Un cadet de Gascogne, nommé de Riom, petit, laid, mais vigoureux, obtint une lieutenance dans les gardes de la princesse, et fonda sa fortune à venir sur sa jeunesse, sa vigueur, et sur les goûts de la duchesse de Berry. Il parla même de ses espérances à quelques seigneurs de la cour.

« Comme les jeunes gens de nos jours ne font pas plus de façons, dit le duc de Richelieu lui-même, Riom *fit ses preuves et les constata* en présence du duc de Richelieu et d'autres seigneurs de la cour... La duchesse, convaincue de la bravoure et de tout ce que Riom était capable de faire, en fut si contente, qu'il devint l'arbitre de ses plaisirs. Rarement depuis elle changea, *hormis le père et quelques autres par-ci par-là !* » (Pièces inédites, etc.)

Nous avons vu précédemment que de Riom avait pour conseiller son oncle le duc de Lauzun, et avait appris de lui la bonne manière de conduire les filles de Bourbon.

Au commencement de 1719, la duchesse de Berry étant grosse, cachait son état sous une ample robe à cerceau. Elle aimait le luxe et la représentation avec rage, et l'on cite d'elle, à ce propos, des faits d'un ridicule incroyable ; mais ces faits n'ajouteraient rien à l'intérêt de ce récit. Elle était aussi fort dévote, mais par intermittences.

Pendant la semaine sainte, elle se retirait chez les Filles du Calvaire ou aux Carmélites ; là, elle jeûnait, couchait sur la dure, et priait avec ferveur. Lorsque des religieuses lui faisaient des observations sur le contraste violent que présentait sa vie austère au couvent et sa vie ultra-scandaleuse à la cour, elle riait de bon cœur de cette bizarrerie qu'elle n'eût même pas remarquée sans cela.

Enfin, nous avons rapporté les circonstances de la mort de la duchesse de Berry. Cet événement eut lieu à Meudon, le 19 juillet 1719.

Louise-Adélaïde, seconde fille du régent, devint, paraît-il, et de fort bonne heure, maîtresse de son père, comme son aînée. C'était de beaucoup la plus jolie des filles du régent, et elle parvint un moment à le dominer tout à fait. Mais elle fut bientôt négligée.

« La princesse, le voyant si constant dans son goût pour le changement, ne put supporter l'idée d'être renvoyée, ni d'être supplantée par ses sœurs ou par quelque autre... *elle avoua tout à sa mère*, la duchesse d'Orléans, lui confessant qu'elle avait du goût pour la vie dévote...

« La raison particulière qui la déterminait à se retirer au couvent... ce fut l'amour effréné et connu qu'elle avait pour son sexe. » (V. *Pièces inédites*, etc., tome II, p. 46 et 47.)

Voici le portrait que trace de la future abbesse de Chelles, sa grand'mère, la princesse Palatine, qui n'avait naturellement aucun soupçon des goûts dépravés, supposés ou vrais, qui portaient sa petite-fille à s'enfermer dans un couvent :

« Elle a de beaux yeux, de belles dents, une belle taille ; elle danse bien, elle chante encore mieux. Tous ses goûts sont portés vers *ce que les garçons aiment de préférence* : rien ne lui plaît tant que les chiens, les chevaux, d'aller à cheval, de tirer au vol. Tout ce qui amuse les femmes l'ennuie. Elle n'a peur de rien, ne se soucie pas du tout de sa figure, et elle veut se faire religieuse ! Cela est-il bien croyable ? Ce n'est point par jalousie de sa sœur qu'elle a conçu cette résolution, mais pour se soustraire aux persécutions de sa mère... »

Et dans une autre lettre, revenant sur la détermination renversante de sa petite-fille, la vieille douairière dit encore :

« Je n'aurais jamais cru que cette jeune personne pût prendre une pareille résolution. Ses inclinations n'étaient pas du tout celles qui sympathisent avec la vie claustrale : elle aimait la musique, le spectacle et la danse... elle s'amuse toute la journée avec de la poudre ; elle fait des fusées, des feux d'artifice ; elle a une paire de pistolets avec lesquels elle tire au blanc, tant qu'elle peut. »

Louise-Adélaïde de Chartres prit l'habit en mars 1717, et deux ans après, le 10 mars 1719, elle était sacrée abbesse de Chelles.

« Nous laisserons Mme l'abbesse voler de jouissance en jouissance, dit l'auteur des *Pièces inédites*, et contenter ses penchants vicieux, sans renoncer à *ceux* de son père, qui allait la voir de temps en temps, lui accordait aisément tout ce qu'elle demandait, et, comme elle était bien payée, elle a trouvé le moyen de mettre deux millions à fonds perdus sur la ville, ce qui l'a rendue fort riche

« Elle affectait des dehors modestes et allait régulièrement au chœur ; mais il lui échappa de dire une fois quelques paroles qui firent entendre quelle vie elle y menait. »

On voit trace de ces désordres sans nom dans beaucoup d'écrits contemporains. Les *Mémoires* de Richelieu fourmillent de preuves; nous y trouvons, entre mille autres, le passage suivant :

« Mme de la Roche-sur-Yon (sœur de la duchesse de Bourbon) jouissait paisiblement de Marton ; Mme du Maine avait le cardinal de Polignac *et quelques autres.* De cette manière, les princesses du sang, que le feu roi avait conservées dans la décence *pour le public*, s'étaient bien pourvues. Leurs amours se passaient de manière que tout le monde le savait et le voyait, sans qu'on y trouvât à redire, parce que la morale et la dévotion du feu roi (sur le tard, comme on sait) avaient été véritablement trop onéreuses. »

D'autre part, la passion contre nature qu'on reprochait à l'abbesse de Chelles n'était pas son partage exclusif; il paraît au contraire que c'était alors une passion autant à la mode à la cour de France que jadis parmi les hétaïres grecques.

« Il est certain, dit en propres termes la princesse Palatine, mère du régent, que Mme de Men... aime les femmes ; elle a voulu me communiquer ce singulier goût; elle a même pleuré amèrement quand elle a vu que le succès ne répondait pas à ses espérances. Elle a voulu ensuite me rendre amoureuse du chevalier de Vendôme ; et n'y ayant pas réussi davantage, elle me dit : « Je ne puis concevoir de quelle pâte vous « êtes pétrie: n'aimer ni homme ni femme ! « il faut que la nation allemande soit plus « froide que toutes les autres. » (*Fragments de lettres originales.*)

Dans une autre lettre, datée du 5 mai 1719, la même princesse rapportant que la seconde dauphine couchait avec « la vieille, » comme elle appelle Mme de Maintenon, ajoute : « Cette familiarité a donné lieu à des bruits auxquels je n'ai cependant jamais eu la moindre croyance. Pour la duchesse de..., Mme de... et la d'..., je n'en jurerais pas. »

Le « côté des hommes » n'était pas moins dépravé que celui des femmes. Au reste, le vice contre nature avait toujours existé à la cour de Louis XIV, malgré la juste sévérité que montrait celui-ci pour les coupables, quand il pouvait en pincer quelqu'un ; mais sous la Régence, ces messieurs ne souffrirent plus aucune contrainte.

Le duc de Richelieu raconte que, se rendant secrètement, un soir, chez la duchesse de Charolais, qui était une de ses maîtresses, il fut suivi avec empressement par un homme qui, dit-il, appartenait à cette secte, à laquelle le roi avait fait une guerre très secrète.

« Le duc, lit-on dans les *Pièces inédites*, craignant d'être découvert, ignorait encore qu'il y eût une confrérie en France dont les actions fussent aussi hardies, aussi impunies ; il ne pouvait croire surtout que les jardins des princes du sang fussent les postes de leurs attentats... Il ne manqua pas de raconter cette aventure à la princesse, qui lui dit que rien n'avait été capable de dissiper et d'éloigner ces sortes de confréries, protégées par des hommes puissants. »

Dans ses *Mémoires*, Richelieu raconte qu'un groupe de dix-sept courtisans, qu'il nomme en toutes lettres, se livra dans le jardin de Versailles, presque sous les fenêtres du roi, et par un beau clair de lune, aux excès les plus dégoûtants.

Le régent, qui ne faisait qu'en rire, « se contenta de dire qu'il fallait faire une rude réprimande à ces seigneurs, et leur dire qu'*ils n'avaient pas le meilleur goût du monde.*» Cependant, lorsqu'on lui dit que ces messieurs avaient déjà formé une confrérie, il opina pour sa dissolution.

« L'abbé Dubois voulait qu'on les laissât tranquilles, et Villars qu'on les punît légèrement et sans éclat. Quelques-uns furent enfermés à la Bastille, d'autres envoyés dans leurs terres ou à leur régiment. »

Le régent avait donc montré quelque sévérité pour ces hérétiques de l'amour, leur vice dominant était justement un de ceux qu'il n'avait pas, tandis que son précepteur Dubois les avait tous, ce qui fait justement la différence du jugement porté respectivement sur eux par le précepteur et par l'élève.

Au reste, le régent avait bien assez de ses propres vices.

« La dissipation, le bruit, la débauche, dit Duclos, étaient nécessaires au Régent ; il admettait dans sa société des gens que tout homme qui se respecte n'aurait pas avoués pour amis, malgré la naissance et le rang de quelques-uns d'entre eux. Le Régent, qui pour se plaire avec eux ne les en estimait pas davantage, les appelait ses *roués*, en parlant d'eux et devant eux.

« La licence de cet intérieur était poussée au point que la comtesse de Sabran dit un jour, en plein souper, que « Dieu, après « avoir créé l'homme, prit un reste de « boue, dont il forma l'âme des princes et « des laquais. »

Une seule des trois filles du régent, la duchesse de Valois, résista aux ardeurs paternelles ; mais elle finit par succomber, du moins au témoignage même du duc de Richelieu, son amant, qui raconte comme il suit (voir les *Pièces inédites*) les circonstances de sa défaite :

« Un jour, le Régent, dominé par sa passion atroce plutôt que d'un véritable amour, et ne pouvant plus résister aux désirs qui le dévoraient, en vint au point de lui promettre que, si elle voulait satisfaire à ses transports, il lui donnait sa parole qu'il lui procurerait tous les moyens de voir Richelieu à son aise, tant qu'elle le voudrait, et sans qu'on le sût.

« — Faites vos réflexions, lui dit-il, et « demain vous serez à moi, ou votre amant « est mort. »

« Dès qu'il fut sorti, la princesse ne tarda pas à consulter son amant sur le parti qu'elle avait à prendre. Le duc, *peu délicat* et fort amoureux, voyant qu'il n'y avait pas d'autres moyens de jouir tranquillement de sa maîtresse, l'exhorta d'accepter le marché... Cela fut exécuté, et le Régent tint sa parole.

« Il y avait dans la cour des cuisines (au Palais-Royal) une chambre, dont le mur était mitoyen à celui d'une garde-robe de la princesse, sa fille. Il en fit déloger le cuisinier, et fit abattre de ce mur ce qu'il en fallait pour construire une porte.

« Dans cette ouverture, on plaça une armoire, dont les battants pouvaient s'ouvrir également du côté de la princesse et dans la petite chambre. Le duc fut possesseur de la chambre, et la princesse eut la possession de l'armoire, avec la faculté d'ouvrir au duc, aux heures qu'elle lui indiquerait.

« Par cette invention, le régent avait voulu non seulement donner à sa fille tous les moyens qu'il lui avait promis ; mais il espérait cacher au public l'intrigue qui le déshonorait. »

En cela, il se trompait grossièrement ; personne ne fut dupe, excepté lui, de toutes ces complications. La vie scandaleuse du régent excita bientôt l'indignation générale ; les mémoires particuliers, les allégories transparentes, les épigrammes, les couplets satiriques cinglent à qui mieux mieux les orgies nocturnes et les incestes plus ou moins secrets de ce prince dépravé.

Au Palais Royal et au Luxembourg, comme nous l'avons déjà dit, avaient lieu le plus ordinairement ces fêtes érotico-bachiques. On y voyait les acteurs des scènes qui s'y jouaient à l'ordinaire, paraître dans ce qu'ils appelaient le *Costume en prau*, qu'on devine assez, et les princes et princesses de la plus haute volée, se livrer, sans l'ombre de pudeur, aux actes les plus crapuleux.

Voltaire, qui, peu après, composait sa tragédie d'*Œdipe*, où l'on a toujours cru qu'il avait voulu faire allusion aux liaisons du régent et de sa fille aînée, liaison qui n'a jamais été révoquée en doute par personne, celle-là, fut accusé d'être l'auteur de l'épigramme que voici :

> Enfin votre esprit est guéri
>   Des craintes du vulgaire :
> Belle duchesse de Berri
>   Achevez le mystère.
> Un nouveau Loth vous sert d'époux ;
>   Mère des Moabites :
> Puisse bientôt naître de vous
>   Un peuple d'Ammonites.

Il est vrai que Voltaire a désavoué cette épigramme ; mais il l'a fait de telle sorte, qu'on serait tenté de croire qu'il ne tenait pas le moins du monde à ce qu'on crût le désaveu sérieux.

Au fait voici le désaveu ; il est en vers comme l'épigramme, et n'est pas autre chose, comme on le verra bien, qu'une épigramme nouvelle entée sur la première.

> Non, monseigneur, en vérité,
> Ma muse n'a jamais chanté
> Ammonites ni Moabites ;
> Brancas vous répondra de moi :
> Un rimeur sorti des jésuites,
> Des peuples de l'ancienne loi
> Ne connaît que les Sodomites.

Ce n'était pas seulement la fureur érotique qui animait les convives des festins du Luxembourg et du Palais-Royal. Les princes, les ducs buvaient avec autant d'excès qu'auraient pu le faire de simples palefreniers ou de pauvres sonneurs.

Le duc de Richelieu, dans sa chronique dit du régent : « Comme il aimait le vin, on buvait chez lui beaucoup plus qu'il ne convenait à un régent de France. D'ailleurs, ayant le malheur de ne point supporter le vin aussi bien que ses convives, il se levait souvent de table ivre, ou ayant la raison fort altérée. Deux bouteilles de vin de champagne faisaient en lui cet effet. »

Un soir de la fin de l'année 1716, en revenant du Luxembourg avec le marquis de la Fare, le joyeux poète courtisan, son capitaine des gardes, ivre comme un portefaix, le régent, qui titubait désespérément disait d'un ton larmoyant :

— La Fare, je t'en prie, coupe-moi la main droite.

La Fare, bien entendu, n'en fit rien et se récusa le plus habilement qu'il put.

— Est-ce que tu ne sens pas la puanteur qui sort de ma main ? Elle a contracté une odeur infecte que je n'ai pu dissiper en me lavant ; je ne puis la souffrir davantage : coupe-la-moi, je t'en prie.

Le chronique ne dit pas où Philippe d'Orléans avait ou supposait avoir mis sa main droite, pour lui avoir fait contracter la puanteur dont il se plaignit.

La Fare fit tout son possible pour calmer son maître et compagnon, et finit par le convaincre que cette odeur s'évaporerait d'elle-même pendant son sommeil.

Je passe plusieurs autres scènes de même nature et origine, qui me forceraient à des répétitions ridicules et peu amusantes au demeurant, aussi nombreuses que les ribotes de Monseigneur. Il semblerait d'après le témoignage de sa mère, que l'érotisme n'aurait été chez le régent que la passion secondaire.

« Pourvu que les femmes soient gaies, dit cette princesse, qu'elles boivent et mangent beaucoup, mon fils les tient quittes d'amour et même de beauté ; je lui reproche souvent d'en avoir de laides. »

Au reste l'ivrognerie n'était pas le privilège exclusif de la plus laide portion du

La veuve Scarron.

genre humain ; nous avons déjà vu la duchesse de Berry emportée ivre-morte, en compagnie de son père, de la salle du festin : ce n'était pas une exception. « Mᵐᵉ la duchesse de Bourbon, dit à ce propos la princesse Palatine, peut boire beaucoup sans perdre la tête ; *ses filles veulent l'imiter*, mais elles n'ont pas la tête assez forte ; elles sont, en général, un peu moins maîtresses d'elles-mêmes que leur mère. »

Nous sommes loin d'avoir dit tout ce ce qu'il y avait à dire sur le cardinal Dubois, comme on s'en doute. Nous n'y reviendrons toutefois que légèrement, car il serait difficile et par trop répugnant de faire plus.

Citons une des épigrammes qui accueillirent son élévation à la dignité épiscopale ; ce n'est pas qu'elle ait une grande valeur, au point de vue de l'art, mais elle est un document de l'époque, et c'est à ce titre seul que nous l'enregistrons :

> Je ne trouve pas étonnant
> Que l'on fasse un ministre,
> Et même un prélat important,
> D'un maquereau, d'un cuistre ;
> Rien ne me surprend en cela :
> Ne sait-on pas bien comme
> De son cheval Caligula
> Fit un consul à Rome.

L'épigramme n'était pas moins pour le

prince que pour le ministre, et était bien méritée par l'un comme par l'autre; mais si quelqu'un des deux y fut sensible, ce n'est certes pas ce dernier.

Peu après la nomination scandaleuse de Dubois à l'archevêché de Cambrai, illustré par Fénelon, une prostituée appelée la Fillon, qui avait ses entrées libres et ses coudées franches chez le régent, se présenta à celui-ci, disant qu'elle avait une grâce à lui demander.

— Parle, lui dit le duc d'Orléans, que veux-tu?

— L'abbaye de Montmartre, répondit effrontément la Fillon.

Le régent et Dubois, qui assistait à l'entrevue, éclatèrent de rire à cette demande follement audacieuse.

— Ah! çà, vociféra la Fillon en se tournant vers le prélat qui se tenait les côtes, pourquoi ris-tu de ma demande, toi? Tu es bien archevêque, toi maquereau; pourquoi donc ne serais-je pas abbesse, moi qui suis maquerelle?

Le régent convint que l'argument était spécieux ; il ne donna toutefois point l'abbaye de Montmartre à la Fillon, et il y aurait lieu de s'en étonner, si l'on ne savait pas que Philippe d'Orléans, avec toutes ses qualités intellectuelles, ne se piquait nullement de logique. A la qualification de « maquereau » qu'on était dans l'habitude d'appliquer à tout propos à Dubois qui se contentait d'en rire, le régent ne laissait pas de joindre celles de « scélérat », de « coquin », de « drôle » et bien d'autres de même valeur ou à peu près, mais le vénérable prélat, dans sa charité sans borne, n'en tenait aucun compte.

Il faut encore que nous mentionnions une des séries d'orgies les plus mémorables de ce règne fangeux qu'on appelle la Régence, si fécond en spectacles de cette sorte.

En 1722, le régent et ses compagnons de débauche célébraient un nouveau genre de divertissements caractérisés par l'épithète de fêtes d'Adam, que le duc de Richelieu décrit ainsi :

« On s'assemblait donc à Saint-Cloud, d'où l'on chassait tous les valets. Là se trouvaient des femmes publiques, conduites de nuits, les yeux bandés, pour qu'elles ignorassent le nom du lieu où elles étaient. Le régent, *ses femmes* et *ses roués*, qui ne voulaient pas être connus, se couvraient de masques, et je dois dire, à ce sujet, qu'on dit un jour en face de ce prince, *qu'il n'y avait que le régent et le cardinal Dubois capables d'imaginer de pareils divertissements*.

« D'autres fois on choisissait les plus beaux jeunes gens de l'un et de l'autre sexe qui dansaient à l'Opéra, pour répéter des ballets que le ton aisé de la société pendant la Régence avaient rendus si lascifs, et que les jeunes gens exécutaient *dans cet état primitif où étaient les hommes avant qu'ils connussent les voiles et les vêtements.*

« Ces orgies, que le régent, Dubois et les roués appelaient *Fêtes d'Adam*, furent répétées une douzaine de fois : car le prince parut s'en dégoûter. »

Mais on devine comment devaient finir ces « fêtes primitives, » surtout si l'on se souvient que le vin y coulait à flots.

Aux fêtes d'Adam en succéda d'autres, d'espèce nouvelle, imaginées par Mme de Tencin, déjà nommée, et mises en scène par l'infatigable cardinal-ministre : ce furent les « fêtes des Flagellants. ».

Quand Dubois proposa au régent d'organiser ces fêtes, le duc lui répondit :

— Je veux bien, mais à la condition que tu seras de la partie et que nous t'écorcherons solidement.

« Toute la cour, dit encore Richelieu, flagella dans une nuit profonde. »

Le régent, somme toute, se dégoûtait de toutes ces turpitudes le premier de tous.

Les flagellants ne paraissent pas avoir poursuivi leurs exploits au delà de cet essai, qui causa d'assez vifs remords à ce prince.

— Que dira l'histoire? soupirait-il un jour en présence de Dubois qu'il accablait de reproches. Elle représentera les orgies de ma régence comme ces fêtes, que nous connaissons tous, de la cour des mignons de Henri III. Nos fêtes ténébreuses seront mises au grand jour ; la postérité en connaîtra les détails ; les artistes les graveront... On saura du moins, ajouta-t-il après une pause, que tout se passait à l'instigation d'un cardinal.

Il reprocha alors avec une vive amertume, à son complaisant précepteur, de l'avoir, dès sa jeunesse, poussé aux excès du libertinage le plus honteux.

— Va-t'en, chien de cardinal, conclut-il, hors d'ici !

Mais Dubois ne s'émut pas plus qu'à l'ordinaire de cet orage dont il avait sans doute essuyé plus d'une fois les semblables, et réussit, au contraire, à prendre le dé de la conversation.

Il raconta à son élève récalcitrant, à ce que rapportent les *Mémoires* de Richelieu, qu'il avait ordonné à Mme de Tencin de composer la *Chronique scandaleuse du genre humain*, et qu'elle avait été à la recherche des plaisirs des Grecs et des Romains, et lui promit de lui apporter le lendemain le récit fidèle de ce que les empereurs et les plus fameuses courtisanes avaient imaginé ou pratiqué de piquant et de voluptueux pendant leur règne. Il ajouta que lorsque Son Altesse royale aurait lu la description de quelques fêtes, elle voudrait essayer de ce genre nouveau.

« A ce récit, le régent se réveilla de son indifférence ; il ouvrit ses deux grands et beaux yeux, tout émerveillé d'entendre annoncer des fêtes qui seraient le résultat des plaisirs de l'espèce humaine tout entière, et demanda sur-le-champ ce livre nouveau de Mme de Tencin. »

Ce livre, le duc de Richelieu prétend l'avoir lu, et on en trouve une courte analyse dans ses mémoires ; malgré cela, nous ne saurions dire s'il exista jamais.

Au commencement de la Régence, on peut croire que la corruption ne franchit point d'abord l'enceinte de la cour, du moins elle ne s'étendit dans tous les cas que peu au delà ; mais on ne perdit rien pour attendre ; voici quelques extraits des *Pièces inédites* qui nous édifient complètement à ce sujet :

« Les femmes titrées imitèrent bientôt la cour et les princesses. La bourgeoisie seule ne paraissait pas *généralement* aussi effrénée : modeste dans ses habitudes, elle ne brillait pas comme les personnes qualifiées, qui, par leur rang, avaient plus de hardiesse et d'effronterie. »

Ailleurs (à la date de 1716) le duc de Richelieu dit :

« Peu à peu s'introduisait en France cette funeste maxime, que les femmes devaient fermer les yeux sur les égarements de leurs maris, obligés d'avoir les mêmes attentions pour leurs femmes ; et bientôt, parmi les grands seigneurs, on regarda, à la cour, comme une folie inconcevable de se conduire *bourgeoisement*. On disait qu'il fallait laisser cette vie commune aux restes de la cour de l'ancien temps.

« Ces principes passaient de la cour du régent dans le reste de la France ; les princes étaient pervertis ; la corruption se communiquait aisément ; et je reconnais encore, vers le déclin de mes jours, les effets funestes de la dépravation de tous les ordres de l'État...

« En 1719, dit-il plus loin, l'amour se montrait effrontément à Paris sans voile, sans bandeau : l'exemple des chefs autorisait les déportements de la multitude. »

En effet, la corruption s'étendit rapidement dans cette ville, et y fit les plus grands ravages. D'infâmes agents faisaient métier de corrompre les bourgeoises, femmes ou filles, pour les livrer à la luxure de leurs maîtres. « Le chancelier d'Argenson, dit Dulaure, portait ses goûts libertins jusque dans l'asile de la pudeur, et convertissait en sérails quelques couvents de religieuses. »

On lit dans les *Mémoires de Duclos* :

« La classe moyenne des citoyens... voyait le vice sans pudeur, la décence méprisée, le scandale en honneur. On en était réduit à regretter l'hypocrisie de la vieille cour. On ne peut nier que la Régence ne fût l'époque, la cause principale et n'ait donné l'exemple et le signal de la corruption sans voile. »

Les roués, blasés sur l'effronterie hautaine des princesses, s'adressaient aux bourgeoises pour varier leurs sensations, et ils leur communiquaient leur dépravation effrénée : ce fut ainsi que le mal se propagea.

Les orgies du Palais-Royal et du palais du Luxembourg, malgré les soins qu'on prenait pour les cacher au peuple, ne tardèrent pas d'ailleurs à transpirer dans le public qui, n'étant plus assez vertueux pour s'indigner de tant d'infamies, faisait de son mieux, comme c'est la coutume, pour imiter les vices des grands.

Un trait emprunté aux *Fragments de lettres originales*, et qui est relatif à l'ennui dont se plaignait la duchesse de Longueville et aux remèdes qu'on lui offrait pour le combattre, peint au mieux la corruption, pour ainsi dire inconsciente, qui distinguait les dames les plus qualifiées de cette époque nauséabonde :

« — Mon Dieu, madame, lui dit quelqu'un, l'ennui vous ronge; ne voudriez-vous pas quelque amusement? Il y a des chiens ici, et de belles forêts : ne voudriez-vous pas chasser ?

« — Non, dit-elle, je n'aime pas la chasse.

« — Voudriez-vous de l'ouvrage?

« — Je n'aime pas l'ouvrage.

« — Voudriez-vous vous promener, ou jouer à quelque jeu?

« — Je n'aime ni l'un ni l'autre.

« — Que voudriez-vous donc?

« — Que voulez-vous que je vous dise ? *Je n'aime pas les plaisirs innocents.* »

On ne saurait être plus nette.

La source du mal était bien à la cour ; et la cour elle-même avait été dépravée par le régent — aidé en conscience par son précepteur.

Cependant, si Dubois n'avait pas été là, nous croyons l'avoir déjà dit quelque part, Philippe d'Orléans n'était, pour cela, rien moins qu'assuré d'être un prince vertueux. Assez vieux déjà pour avoir devant les yeux le spectacle des plus belles débauches de son oncle, chez qui la sagesse ne se montra que comme une fleur tardive, rien ne l'empêchait (au contraire !) de suivre un si bel exemple, et il n'y manqua pas : il débuta même de fort bonne heure dans la voie de l'imitation, et le souci de la vérité nous oblige à dire que ni l'abbé Dubois ni lui-même n'y furent pour beaucoup, au témoignage même de la mère [de ce prince précoce.

« Mon fils, dit en effet la princesse Palatine, a donné des marques de virilité à l'âge de treize ans. — *Il dut ce premier essai, cet apprentissage à une femme de qualité.* »

Cherchez la femme...

Nous avons peu parlé des mœurs du clergé, et nous estimons qu'il convient de glisser un peu sur un pareil sujet. Mais lorsqu'on voit un misérable de l'espèce de Dubois parvenir aux plus hautes dignités de l'Église, sans soulever dans l'Églis même, aucune protestation ouverte, on peut juger de l'état des mœurs de cette partie si importante de la population.

On vit, en effet, trois évêques, parmi lesquels Massillon, servir volontairement de parrains à un Dubois ! Si une pareille abjection n'est pas un indice de la corruption des mœurs des prélats, nous nous trompons bien grossièrement. Sans doute, tous ces prélats n'étaient pas personnellement corrompus, à beaucoup près, que le cardinal-ministre, mais souffrir cette corruption éhontée sur le siège épiscopal, sur le siège de Fénelon ! C'est beaucoup trop d'indulgence pour n'être point quelque chose de pis.

Dubois, au reste, trouva parmi les évêques de cour autant de serviteurs et de complices qu'il en voulut. Au premier rang, il convient de placer le jésuite Lafiteau, qui fut évêque de Sisteron, et l'agent de Dubois à Rome, dans l'affaire du chapeau.

Voyons un peu ce que c'était que cet homme.

« Le jésuite Lafiteau, dit Duclos, fut un des premiers instruments que Dubois employa avec succès ; il le connaissait pour un fripon ; mais il ne l'en estimait pas moins... Il l'avait fait évêque pour le retirer de Rome, où il avait su que Lafiteau payait ses maîtresses et ses autres plaisirs, de l'argent qu'on lui envoyait pour le distribuer dans la maison du pape, lorsqu'il était question du chapeau de Dubois.

« Lafiteau avait le caractère d'un vrai valet de comédie : fripon, effronté, libertin, nullement hypocrite, mais très scandaleux et grand constitutionnaire. Voici ce que je lis dans une lettre du cardinal Dubois au cardinal de Rohan :

« En suivant le chemin que l'évêque de
« Sisteron m'a marqué avoir fait faire à
« des montres, à des diamants, j'ai trouvé
« des détours bien obscurs, et d'autres bien
« clairs... »

« Lafiteau, continue Duclos, n'avait pas employé pour ses plaisirs tout l'argent qu'il avait reçu pour la promotion de Dubois : il en avait répandu dans la domesticité du pape ; mais il comptait en recueillir le fruit pour lui-même. L'abbé Tencin écrivait à sa cour : « Il est certain que l'évêque de Sisteron prétendait se faire cardinal ; je le sais du camerlingue. »

« Lafiteau fut chargé d'engager le régent à nommer Dubois premier ministre.

« A peine eut-il entamé la matière que le régent, voyant où il en voulait venir, l'interrompit :

« — Que diable veut donc ton cardinal ? Je lui laisse toute l'autorité du premier ministre ; il n'est pas content s'il n'en a pas le titre. Eh ! que fera-t-il ? Combien de temps en jouira-t-il ? Il est pourri de v...... Chirac, qui l'a visité, m'a assuré qu'il ne vivra pas six mois.

« — Cela est-il bien vrai, monseigneur ?

« — Très vrai ; je te le ferai dire.

« — Cela étant, reprit l'évêque, dès ce moment je vous conseille de le déclarer premier ministre, plus tôt que plus tard. »

L'abbé de Tencin, qui bientôt après devint évêque à son tour, et qui valait peut-être un peu moins que celui-ci, écrivait de Rome à sa sœur : « L'évêque de Sisteron est parti d'ici avec la v...... C'est apparemment pour se faire guérir qu'il va à la campagne. »

Il convient de dire toutefois que tous les prélats n'étaient pas des Lafiteau, de Tencin ou des Dubois, et que Massillon par exemple, quels qu'aient été ses torts et bien qu'évêque de cour, ne saurait être comparé à ces intrigants sans honneur comme sans dignité, pour ne rien dire des vertus évangéliques.

XLIII

Les débuts de Louis XV. — Les demoiselles de Nesle.

SOMMAIRE. — Une dernière figure de rouée. — La fille d'un financier. — Mme de Prie, à la cour du régent s'empresse de la lui faire. — Elle passe au duc de Bourbon, sans négliger les passants. — L'ami de cœur. — Un amant crédule au delà du vraisemblable. — Mme de Prie au pouvoir. — Une fournée de chevaliers du Saint-Esprit. — La pluie et le beau temps à la discrétion d'une courtisane. — L'agence matrimoniale de Prie et Cie. — Les sœurs du prince de Condé et la vertu. — La haine est mauvaise conseillère et la flatterie aussi. — La disgrâce. — Adieux touchants de Mme de Prie au valet de son mari. — Le désespoir non feint. — Préparatifs de départ. — La mission de d'Amfreville. — Mme de Prie a tenu parole. — Voltaire et Mme de Prie. — La dédicace de l'*Indiscret*. — L'enfance de Louis XV. — Innocentes fredaines. — Charmantes privautés conjugales. — La Mailly. — Un mari complaisant. — Un père noble pris au sérieux. — La bonne Mme de Mailly et sa petite sœur. — La nuit de noces de M. de Vintimille. — Le *Demi-Louis*. — Le poison?... — La pénitente et le confesseur!... — Une deuxième sœur de la toujours bonne Mme de Mailly. — La marquise de la Tournelle et Mme de Flavacourt. — Noble sacrifice du comte d'Aiguillon, s'il n'avait été forcé. — Une sœur reconnaissante. — Disgrâce complète de la trop bonne Mme de Mailly. — La duchesse de Châteauroux entourée de sa cour. — La Dame de Pique. — Le Roi de Pique se venge en partie. — L'épigramme du tabouret. — Mme de Châteauroux à l'armée. — Victime d'un infâme complot!!! — Autre sœur de cette pauvre Mailly. — Mme de Châteauroux revient à flot. — La future Pompadour montre le bout de son nez. — Encore le poison!... — Un roi sans favorite. — Quelques pis-aller. — Mme de la Poplinière et du Portail. — Les cheminées à la Poplinière et les coiffures idem. — Une aventure scandaleuse de Mme du Portail. — Mme de Mailly en retraite. — Sa mort tranquille et édifiante. — V'la c'que c'est que d'avoir des sœurs.

Une curieuse figure de femme de cette époque de libertinage et d'intrigue, laquelle apparut dans les dernières années du règne de Louis XIV, et que nous avons vue assister à la mort du régent, c'est celle de la marquise de Prie.

Jeanne-Agnès de Berthelot, marquise de Prie, était fille de Berthelot de Pléneuf, riche financier, qui étant un des premiers commis du chancelier Voisin, ministre de la guerre, avait fait une fortune immense dans les entreprises des vivres, et tenait une maison opulente. Mme de Pléneuf en faisait les honneurs. Avec de l'esprit, de la figure et un ton noble, elle s'était formé une espèce de cour dont elle était l'idole.

Entourée d'adorateurs qui s'empressaient à lui plaire, elle eut beaucoup d'amis distingués qui ne lui manquèrent dans aucun temps de disgrâce. Elle se fit un devoir, durant l'enfance de sa fille, de lui donner l'éducation la plus soignée, et s'applaudissait de ses soins.

Mais à peine la fille commença-t-elle à fixer sur elle les regards, qu'elle déplut à sa mère. L'aigreur de celle-ci excita les plaisanteries de l'autre; une haine réciproque s'alluma entre elles, et bientôt devint une antipathie.

Pléneuf, pour avoir la paix chez lui, maria sa fille au marquis de Prie, parrain du roi, et qui fut nommé à l'ambassade de Turin, où il emmena sa femme. Au retour, la fille, se prévalant de son état, traita sa mère comme une bourgeoise, et ne voulut voir, de la société qu'elle voyait naguère chez ses parents, que ceux qui lui manifestèrent la plus enthousiaste admiration, avec la promesse d'un dévouement aveugle.

Elle inspirait d'ailleurs aisément des sentiments très vifs, mais d'une nature particulière, car elle n'était pas seulement belle, mais séduisante.

Ainsi, dès son retour de Turin, décidée à être quelque chose par le seul vrai moyen qui fût réservé aux jolies femmes, en étant la maîtresse de quelqu'un, elle fit résolument des avances au régent. Le duc d'Orléans accueillit ces avances, et c'eût été miracle qu'il ne l'eût point fait ; mais il s'en tint là, et se borna à donner à la marquise des preuves d'amour qui, pour elle, étaient insuffisantes, bien qu'elle eût la part des orgies du prince.

Elle se rabattit en conséquence sur le duc de Bourbon, prince de Condé, et n'eut pas trop lieu de s'en repentir. Elle avait un autre amant déjà, d'Alincourt, qu'elle ne congédia que forcée par le prince, avec lequel elle se rencontrait d'abord secrètement dans une petite maison de la rue Sainte-Apolline, mais qu'elle fréquenta bientôt ouvertement, à la face de toute la cour, — sans compter la ville.

Profondément vicieuse et fausse, la créature la plus dépravée du temps, s'il faut en croire Duclos, la marquise de Prie avait un air d'ingénuité incomparable : on lui eût donné le bon dieu sans confession. Sans la moindre idée de la vertu, qui était pour elle un mot vide de sens, elle était simple dans le vice, violente sous un air de douceur, libertine par tempérament.

Elle trompait sans scrupule son mari ; elle trompait de la même manière son amant, qui avait la bonhomie de croire tout ce qu'elle lui disait, malgré ce qu'il voyait lui-même. On pourrait rapporter à ce sujet une foule de traits assez plaisants, s'ils n'étaient pas trop décolletés...

Il suffira bien de savoir qu'un jour, elle eut l'art de persuader à son trop crédule amant qu'il lui avait communiqué un mal qui est ordinairement la suite de l'inconduite la plus abjecte, tandis que c'était justement le contraire.

A la majorité de Louis XV, le prince de Condé fit partie du conseil du roi, à la suite du duc d'Orléans, qui conserva l'autorité suprême jusqu'à ce que ses débauches l'eussent conduit à la mort ce qui ne tarda guère, et nous avons vu comment.

Dès lors, ce ne fut pas Condé, mais Mme de Prie qui dirigea les affaires du royaume, et elles furent bien dirigées, je vous en réponds. Jamais, au reste, la monarchie n'eut de ministre plus inepte que le très puissant et noble duc de Bourbon, et il n'y a pas lieu de s'étonner, en conséquence, qu'il eût la plus haute idée des capacités de sa maîtresse.

Mais, ce qu'il y avait de pis, c'est qu'elle était l'instrument des frères Pâris, ces quatre fils d'aubergistes, financiers interlopes, qui firent, grâce à elle et au prince de Condé, une si haute fortune.

La marquise de Prie tenait entre ses mains la clef des titres et des honneurs. Un jour, cédant à une fantaisie bizarre, elle voulut donner une marque de distinction à tous les roués de l'époque qui lui avaient adressé des hommages. Elle en fit une liste complète, la présenta à son amant, et l'engagea à les nommer tous chevaliers du Saint-Esprit. Le prince acquiesça facilement à la demande de sa maîtresse, et la marquise ne fut plus entourée que des décorations les plus brillantes.

C'est avec beaucoup de peine qu'elle se vit enlever par Fleury la nomination aux bénéfices ecclésiastiques ; la marquise aurait voulu avoir sous sa domination le temporel et le spirituel, et remplir toute la France, l'armée, les finances et les abbayes, de ses créatures. Aussi adressa-t-elle de grands reproches à son amant d'avoir cédé à l'évêque de Fréjus une partie aussi importante de l'administration, et fit-elle tous ses efforts pour ressaisir ce qui venait d'échapper à son autorité absolue.

Elle accabla de ses avances et de ses caresses l'évêque de Fréjus, qui reçut ces hommages avec plaisir, mais qui ne voulut point se déposséder de ce qu'il tenait entre les mains.

Ce qui est bon à prendre est bon à garder.

Sauf ce léger contre-temps, la marquise gouvernait absolument; aussi était-elle orgueilleuse de sa position et ne laissait-elle pas d'en faire parade. Lorsqu'en 1725, année où la récolte manqua, on porta en procession la châsse de sainte Geneviève, non pour avoir de la pluie, mais pour la faire cesser, elle crut bien de dire, en raillant :

— Le peuple est fou! Est-ce que ce n'est pas moi qui fais la pluie et le beau temps!

Mais elle faillit payer cher cette parole imprudente, car le bruit ne tarda pas à se répandre que, voyant la récolte perdue par les pluies, elle avait accaparé des quantités énormes de blé, ce qui était cause de la hausse formidable qui se produisait.

Dans le but d'asseoir sur des bases solides dans l'avenir sa puissance actuelle, Mme de Prie s'occupa de négocier le mariage de Louis XV. Elle sonda le terrain, et après l'avoir d'abord accueillie, écarta décidément la duchesse de Vermandois, trop peu aimable pour elle; enfin, elle se décida pour Marie Leczinska, et ce fut en effet cette fille de roi dépossédé qui devint reine de France.

Le duc d'Antin avait été chargé d'aller au-devant de la reine future et de la complimenter sur son mariage. Le duc, quoique homme d'esprit et fin courtisan, dit assez maladroitement, dans sa harangue, que le prince premier ministre, ayant pu préférer une de ses sœurs, n'avait cherché que la vertu. Sur quoi, Mlle de Clermont, l'une des sœurs du prince, qui était présente à ce compliment, dit hautement, de manière à être entendue des personnes qui l'entouraient :

— D'Antin nous prend apparemment, mes sœurs et moi, pour des catins.

Le mariage du roi ne changea rien dans le gouvernement. La reine monta sur le trône, et la marquise de Prie continua de régner : affaires générales ou particulières, tout était de son ressort.

Le prince, en prévenant tous les goûts et les fantaisies de cette femme, était encore obligé d'en servir les fureurs. Le conseiller d'État Le Blanc, le comte et le chevalier de Belle-Isle, furent tous trois mis à la Bastille, pour le crime irrémissible d'être les amis de sa mère.

Le maréchal de La Feuillade, voulant faire ostentation de son crédit dans le Parlement, persuada au prince d'y renvoyer l'affaire, et lui répondit de la condamnation des accusés. Condé fit ce qui lui était conseillé.

L'arrêt qui suivit trompa l'espoir du prince et de la marquise; il fut si favorable aux accusés et l'applaudissement si général, que c'était une espèce de triomphe.

Le ministre et sa maîtresse en furent outrés; mais il fallut en passer par là, et ils le firent de bonne grâce.

C'était un premier échec; au fond, il n'était pas bien terrible; mais on sait qu'un malheur ne vient jamais seul, et comme Mme de Prie n'en avait pas fini avec ses tentatives de vengeance, on pouvait prévoir qu'elle en aurait bientôt fini avec le pouvoir.

Ayant, avec la complicité passive de la reconnaissante Marie Leckzinska, résolu à l'instigation de sa maîtresse de briser l'influence de l'évêque de Fréjus, le prince de Condé se trouva avoir travaillé au contraire à sa propre disgrâce.

Ce fut le 11 juin 1726 que la bombe éclata.

Le roi venait de partir pour Rambouillet, et le prince, désigné pour l'accompagner, s'apprêtait à partir à son tour, lorsqu'un capitaine des gardes vint lui signifier, par

La cour de la duchesse du Maine.

ordre royal, de se retirer à son château de Chantilly.

Quant à Mme de Prie, une lettre de cachet l'exilait à sa terre de Courbe-Épine.

La marquise prit assez bien la chose, ne croyant qu'à une disgrâce passagère. En prenant congé de ses amis, elle leur promit de revenir bientôt.

On dit même qu'une heure avant son départ, elle passait dans un cabinet où elle avait fait venir un amant obscur, dont elle prit congé. Ils étaient apparemment trop occupés l'un de l'autre, ou trop pressés, pour songer à fermer les fenêtres : de sorte que de celles d'une maison voisine, quelques personnes furent témoins de ces tendres adieux, et purent reconnaître, dans le rival favorisé du prince de Condé, le valet de chambre du mari de la marquise.

Sans doute, elle promit aussi à ce joli garçon de le revoir bientôt; mais elle ne revint plus jamais de Courbe-Épine.

A peine y était-elle arrivée, qu'elle apprit que sa place de dame du palais lui était retirée et que Mme d'Alincourt l'y remplaçait. Elle fut prise alors d'un véritable désespoir.

« Il lui prit, dit d'Argenson, un chagrin si tenace, si obstiné, si violent, qu'elle commença de maigrir à vue d'œil, sans que les médecins pussent attribuer à son mal d'autre cause que les nerfs et les vapeurs. Alors elle vit bien que tout était fini pour elle, puisque, après la faveur, la beauté la quittait.

« Elle résolut, en conséquence, de s'empoisonner, et fixa d'avance le jour et l'heure, bien décidée à ne rien changer à cette résolution.

« Elle avait en ce temps-là pour amant un garçon d'esprit et de cœur nommé d'Amfréville. A lui, comme aux autres, elle avait annoncé sa mort. Deux jours avant le moment indiqué, elle lui fit cadeau d'un diamant valant à peu près cent louis; mais en même temps, elle le chargea d'aller porter à Rouen, à l'adresse d'une personne dont elle lui fit promettre de taire le nom, pour plus de 50,000 écus de diamants.

« Lorsqu'il revint de sa mission, Mme de Prie n'existait plus; elle était morte à l'heure et au jour dits.

« L'inspection du corps ne laissa aucun doute sur le genre de mort; elle s'était empoisonnée, et les douleurs de son agonie avaient été telles, que ses pieds étaient tordus, la pointe du côté des talons. »

On ne peut qu'admirer la résolution de cette femme et regretter qu'elle n'ait pas fait servir tant de fermeté à quelque chose de bon et de grand; mais, quant à la plaindre, nous n'avons vraiment pas assez de sensibilité à perdre.

Elle n'avait que vingt-neuf ans!

Cette femme avait eu tous les succès, et il ne faut pas trop s'étonner qu'après la perte de sa position, la perte de sa beauté, qui rendait l'autre définitive, l'eût plongée dans un chagrin si noir.

Voltaire, qu'on lui prête pour amant, fit toute une cargaison de vers pour Mme de Prie. Grâce à elle, Voltaire, après son affaire avec le chevalier de Rohan, fut bien près d'éviter la Bastille, et de fait, le prince de Condé avait péremptoirement refusé la lettre de cachet nécessaire; mais un officieux lui apporta certain quatrain adressé par le poète à la belle maîtresse du prince, lequel en disait beaucoup trop. Condé fut décidé en un instant, et Voltaire fut coffré.

Entre autres choses gracieuses, Voltaire envoyait à Mme de Prie sa comédie de l'*Indiscret*, qui lui est dédiée, accompagnée des vers suivants:

> Vous qui possédez la beauté,
> Sans être vaine ni coquette,
> Et l'extrême vivacité
> Sans être jamais indiscrète;
> Vous à qui donnèrent les dieux
> Tant de lumières naturelles,
> Un esprit juste, gracieux,
> Solide dans le sérieux
> Et charmant dans les bagatelles,
> Souffrez qu'on présente à vos yeux
> L'aventure d'un téméraire
> Qui, pour s'être vanté de plaire,
> Perdit ce qu'il aimait le mieux.
> Si l'héroïne de la pièce,
> De Prie, eût eu votre beauté,
> On excuserait la faiblesse
> Qu'il eût de s'en être vanté.
> Quel amant ne serait toute
> De parler de telle maîtresse,
> Par un excès de vanité
> Ou par un excès de tendresse!..

Mais il est temps de nous occuper du jeune roi qui, depuis huit ans, attend si patiemment son entrée en scène, sans que nous lui ayons accordé rien de plus jusqu'ici qu'une simple allusion en passant.

Dépravé dès l'enfance par des habitudes et des fréquentations suspectes, peut-être, s'il faut en croire certains libelles, par des vices infâmes. Louis XV n'avait ni sentiment, ni passion, ni la moindre chaleur de cœur. « Enfant, non pas sans intelligence, mais sans charme et sans tendresse, sans gaieté ni ouverture de cœur, dit Henri Martin, il laissait percer, sous quelques apparences de sensibilité nerveuse, le fond d'une nature sèche, timide et dure à la fois. Il n'avait pour affections que des habitudes. »

Tel il était enfant, tel homme, il resta. A la reine, qu'au début il semble avoir aimée, il ne manifestait aucune tendresse, et d'Argenson dit crûment dans ses mémoires : « Il lui fit sept enfants sans lui dire un mot. »

Il est vrai que la conversation de Marie Leczinska n'était pas particulièrement attachante, à moins que ce ne fût pour un bigot renforcé ; or Louis XV n'en était pas encore là, et sa femme était en outre son aînée de sept ans !

En conséquence, Louis XV, marié à quinze ans, ne tint pas longue compagnie à la reine. Il eut d'abord quelques maîtresses obscures qu'on lui procurait argent comptant, et quelques femmes galantes de la cour toujours prêtes à prendre cette place honorable, telles que Mmes de Charolais et de Clermont, Mme de Rohan et autres, notamment Mme de Nesle, dont il devait avoir ensuite pour maîtresses, les trois filles, ensemble ou séparément.

Enfin, en 1732, il avait alors vingt-deux ans, comme ses tendances étaient évidemment portées vers une liaison plus durable, le cardinal Fleury, son précepteur d'abord, son ministre ensuite, se chargea du soin de lui trouver l'objet qui pouvait remplir auprès de lui cet emploi.

L'habile cardinal cherchait une dame d'humeur facile et connue pour n'être point travaillée par l'ambition. Il découvrit ce phénix dans Louise-Julie de Nesle, comtesse de Mailly, fille d'Armande de la Porte, duchesse de Mazarin, qui avait épousé le fils unique d'Hortense Mancini et du duc de la Meilleraye, et s'était rendue célèbre elle-même par ses galanteries.

De sorte que, le roi s'étant montré pressant, il n'eut qu'un mot à dire :
— Eh bien donc, qu'on lui amène la Mailly !
Et la Mailly lui fut amenée.
Ce jour-là, après une entrevue intime avec le roi, Mme de Mailly sortit toute rouge et en désordre de la chambre, en s'écriant :
— Voyez comme ce paillard m'a accommodée !...
Quelques jours après, elle fut officiellement déclarée maîtresse en titre. Le mari fit la grimace — car il y avait un mari, comme de juste. On lui donna 500,000 francs pour le faire taire, et il se tut comme un joli petit garçon. Le père de la favorite, peut-être dans l'espoir d'une pareille aubaine, se permit quelques réflexions : — on l'exila dans ses terres.

Tout marcha bien, ces deux exécutions opérées. La Mailly, loin d'abuser du pouvoir que lui donnait sa position, vivait avec modestie et étrangère aux intrigues. Elle était pourtant généreuse.

« Elle ne demandait jamais rien pour elle, dit un chroniqueur ; c'était toujours en faveur des étrangers que coulaient les grâces dont elle était le canal : charitable, douce, affable, obligeante, ses qualités effaçaient la tache qu'elle avait faite à son honneur ; et loin qu'elle songeât à s'enrichir, ce fut toujours avec une sorte de violence qu'elle reçut les petits présents que le roi lui faisait. »

Cette liaison tranquille, exempte de scandale et peu coûteuse, dura près de huit années, malgré son heureuse monotonie. Mais on vit alors arriver à la cour une des jeunes sœurs de la favorite.

Elle avait appris du fond de son couvent la position qu'occupait sa sœur à Versailles ; et elle désirait bien aussi se faire aimer du roi.

Dans cette pensée, elle écrivit lettres sur

lettres à sa sœur, la priant de permettre qu'elle lui servît de dame de compagnie, de secrétaire, de lectrice.

La bonne madame de Mailly, qui n'avait dans l'esprit aucune espèce de malice, se laissa surprendre par la petite pensionnaire, qui vint s'établir à Versailles, et plut au monarque, non par sa beauté, mais parce que ce prince avait, dans ses convoitises naturelles, le goût des petites filles innocentes et de l'âge de douze ans. La jeune friponne, qui le devina, fit si bien que le prince se dégoûta de Mᵐᵉ de Mailly, et affectionna chaque jour davantage sa nouvelle maîtresse.

Afin de lui donner une position convenable à la cour, il lui fit épouser M. de Vintimille, neveu de l'archevêque de Paris, lequel archevêque eut la complaisance de bénir cette union en personne.

Louis XV voulut que les époux allassent passer leur nuit de noces au château de Madrid, dans le bois de Boulogne, puis, lorsque les invités se furent retirés, il trouva charmant d'envoyer coucher le marié à la Muette et de prendre sa place dans le lit de la mariée.

Il est inutile de dire que cette farce royale parut excellente à tout le monde, et que Mᵐᵉ de Vintimille fut considérée comme une espèce d'héroïne.

Elle était enceinte, lors de son mariage, et ne tarda pas longtemps à accoucher d'un garçon à qui on donna le nom de Louis et le surnom ironique de *demi-Louis*.

Le lendemain de ses couches, Mᵐᵉ de Vintimille se sentit prise de douleurs d'entrailles, et une demi-heure après, elle expirait dans les bras d'un prêtre, à qui elle avait eu à peine le temps de faire sa confession — ce qui aurait été bien malheureux.

On cria à l'empoisonnement. Louis XV fit faire l'autopsie de sa maîtresse. Ce que révéla cette autopsie, personne ne le sut jamais, car le procès-verbal en fut tenu secret ; mais ce qui ne put l'être, ce fut l'odeur fétide que quatre heures après que la vie l'avait abandonnée, le corps de la favorite défunte répandait, et qui força à le porter loin du château, dans une espèce de remise, en attendant l'inhumation.

N'oublions pas de dire qu'une heure après sa pénitente, le confesseur de Mᵐᵉ de Vintimille mourait aussi rapidement qu'elle-même et du même genre de mort. — Il paraît que le mal était contagieux.

Le cardinal Fleury fut véhémentement soupçonné de ce double assassinat, mais, que le roi le crût coupable ou non, sa position n'en fut pas ébranlée.

Dans son désespoir de la mort de sa maîtresse dernière, Louis XV alla chercher des consolations dans le sein de la précédente, Mᵐᵉ de Mailly, qui n'avait pas quitté la cour, et qui, dans son ingénuité vraiment phénoménale, avait déjà remplacé sa sœur morte, sa rivale et son ennemie, par son autre jeune sœur, la marquise de la Tournelle, plus tard duchesse de Châteauroux, et l'avait installée dans les mêmes appartements, exactement où Mᵐᵉ de Vintimille avait trahi sa trop confiante sœur.

La marquise était veuve depuis peu, lorsqu'elle était venue chercher près de Mᵐᵉ de Mailly un asile qu'elle ne trouvait nulle part ailleurs. Elle était dans tout l'éclat de la jeunesse et de la beauté, et le roi en fut frappé dès qu'il la vit.

On dit pourtant que, d'abord, il remarqua Mᵐᵉ de Flavacourt, autre demoiselle de Neale, et que c'est vers celle-ci qu'il se sentait attiré. Mais, par une exception inouïe, Mᵐᵉ de Flavacourt aimait son mari ; et Louis XV eut le crève-cœur sans précédent de se voir repoussé. C'est alors qu'il s'attaqua à Mᵐᵉ de la Tournelle.

Mᵐᵉ de la Tournelle n'avait pas non plus le cœur vacant. Elle aimait le jeune comte d'Aiguillon, neveu du duc de Richelieu : elle fit la sourde oreille aux propositions du roi, et il fallut que Richelieu lui-même, incapable d'hésiter entre son neveu et son roi, s'occupât d'arranger l'affaire; et l'affaire fut arrangée.

Mais Mme de la Tournelle posa des conditions :

Avant tout, elle exigea que sa sœur, toute disposée à partager avec celle-ci comme avec les autres, plutôt que de ne rien avoir du tout, fut chassée.

Secondement, elle exigea que son titre de marquise serait changé en celui de duchesse, « avec les honneurs et distinctions attachés à cette dignité. »

Troisièmement, que le roi la mettrait sur un pied tel que nul événement ne pût en rien menacer ni sa situation, ni, surtout, sa fortune.

Et quatrièmement, que le roi se mettrait à la tête de son armée, afin qu'on ne pût l'accuser, elle, de l'avoir en rien détourné de ses devoirs de souverain, et que son crédit en fût d'autant plus stable.

Le premier article de ce marché fut exécuté sur l'heure : le 12 novembre 1742, en même temps que le roi montait en carrosse avec Mme de la Tournelle, pour se rendre à Choisy, Mme de Mailly quittait Versailles dans un humble fiacre pour aller se réfugier auprès de son amie, Mme de Toulouse.

Mme de la Tournelle reçut sans plus de retard le brevet qui lui conférait la duchépairie de Châteauroux « avec ses appartenances et dépendances, situées en Berry », avec un contrat de 80,000 livres de rente.

Enfin, l'occasion se présenta bientôt pour Louis XV de remplir les obligations que lui imposait le quatrième article du contrat échangé avec la belle et prudente duchesse de Châteauroux, c'est-à-dire de prendre le commandement de l'armée.

Il aurait peut-être mieux fait de rester couché, par exemple.

La nouvelle favorite était dans tout l'éclat de sa gloire. Elle avait une cour composée principalement des princes de Conti, de Charo'..., de la Roche-sur-Yon, de Mmes d'Antin, de Soubise, d'Egmont, de Boufflers, de Chevreuse, etc. — Mme de Maurepas, la *Dame de Pique*, comme on avait coutume de l'appeler, qui n'aimait guère la marquise de la Tournelle et l'avait même un peu flanquée à la porte de chez elle, manquait seule à cette glorieuse réunion.

Maurepas, voyant poindre la haute fortune de la ci-devant marquise, avait bien, en parfait courtisan, cherché à se repapilloter avec elle, mais il avait été reçu par la duchesse de Châteauroux comme un chien dans un jeu de quilles, et s'était promis de lui donner la monnaie de sa pièce à la première occasion.

Cette occasion ne tarda pas à se présenter. La duchesse de Châteauroux ayant reçu la faveur inespérée d'un tabouret à la cour, vite, Maurepas de tailler sa plume la plus acérée et de la faire accoucher du sixain que voici :

« Incestueuse La Tournelle,
« Qui des trois êtes la plus belle,
« Ce tabouret tant souhaité
« A de quoi vous rendre bien fière :
« Votre devant, en vérité,
« Sert bien votre gentil derrière. »

Nous retrouverons Maurepas plus méchant, après tout.

Enfin, le 4 mai 1744, Louis XV exécutait le quatrième article de la fameuse convention, et partait pour l'armée.

Dès le 7, la favorite partait pour le rejoindre, elle commençait peut-être à craindre que loin des yeux, son royal amant s'habituât à rester aussi loin du cœur de celle qui lui avait si inconsidérément inspiré cette entreprise.

Elle le rejoignit à Menin, et malgré les ovations peu agréables qui lui étaient faites, les insultes des soldats, les chansons satiriques et même obscènes qu'on venait chanter le soir sous ses fenêtres en guise de sérénades, elle le suivit à Lille, à Ypres, à Dunkerque et enfin à Metz, où il tomba dangereusement malade.

A cette occasion, fut reprise une comédie qui déjà avait eu un grand succès, lors d'une maladie de Louis XIV, contre la Montespan, et dont alors Bossuet et la veuve Scarron étaient les principaux metteurs en scène.

Là ce furent, avec Maurepas, l'évêque de Soissons et le jésuite Pérusseau, MM. de Bouillon, Larochefoucault et Balleroy qui instrumentèrent et donnèrent à Louis XV, né bigot, une salutaire venette du diable et de l'enfer, dont on lui offrit le moyen de se débarrasser en éloignant la duchesse de Châteauroux. A quoi, très préoccupé de son salut, le royal moribond consentit sans la moindre peine.

Mme de Châteauroux fut donc expulsée de la cour par lettre de cachet, et avec tout l'éclat que des ennemis de cour seuls savent mettre à une pareille exécution.

Sur ces entrefaites, la reine arriva à Metz, accompagnée d'une de ses dames, Mme de Lauraguais, qui était une troisième sœur de Mme de Mailly. On dit que Louis l'aima, mais que cet amour ne fut que de courte durée.

Le roi, guéri de la fièvre maligne dont il avait été attaqué, retourna à Paris, où ses scrupules de conscience ne tardèrent pas à cesser. Il reçut de Mme de Châteauroux, d'abord une rose, puis une cocarde, ensuite un billet fort amoureux.

Le roi, qui l'avait beaucoup aimée, alla la voir de nuit, et le plus complet raccommodement ne tarda pas à se faire.

Il y avait peu de temps que la duchesse de Châteauroux avait reconquis sa position auprès du roi, lorsque Mme d'Étiolles, plus tard marquise de Pompadour, commença ses manœuvres préméditées dans le but d'attirer l'attention du roi, qu'elle suivait à la chasse dans la forêt de Sénart, qu'elle voyait, toutes les fois que la chose était possible, dans les appartements de Versailles. Mme de Châteauroux, devenue inquiète, et par tous les moyens ordinaires n'ayant pu parvenir à écarter l'audacieuse postulante, lui fit intimer l'ordre de ne plus paraître devant le roi, sous quelque prétexte que ce fût. — Mais nous reviendrons sur ce sujet.

Dans son raccommodement avec le roi, il va sans dire qu'un nouveau contrat était intervenu, en vertu duquel, tous ceux qui avaient contribué à la faire expulser de la cour furent exilés, — sauf Maurepas, qui fit les plus plates excuses.

La duchesse de Châteauroux triomphait donc sur toute la ligne; elle était en pleine faveur, et plus puissante que jamais.

Un soir, cependant, qu'elle se préparait à se rendre à Versailles, de sa maison de la rue du Bac, le 14 novembre 1744, elle se sentit malade, se coucha, et le 8 décembre suivant, elle expirait dans d'atroces convulsions, criant qu'elle mourait empoisonnée par M. de Maurepas.

Il en fut de cette mort comme de celle de Mme de Vintimille. Si le poison y entra pour quelque chose, et si Louis XV le sut ou le soupçonna, il n'en fut ni plus ni moins. Cette fois, même, il n'y eut aucune enquête, Mme de Châteauroux inhumée en grande pompe à l'église Saint-Sulpice, le roi ne s'occupa plus d'elle.

Maurepas demeura en faveur, qu'il eût ou non l'habitude d'employer un poison plus terrible que celui de ses épigrammes.

Il ne faut pas croire cependant que cette mort de la favorite n'amena aucun changement; elle amena ce changement capital et extrêmement désagréable que le roi, désormais sans favorite, se trouva dans le plus déplorable embarras.

Cet embarras du monarque ne fut pas longtemps un secret pour ceux de ses sujets qui l'approchaient de plus près — et surtout de ses sujettes, et il en résulta un grand mouvement de toutes les ambitions légitimes. Le roi, pendant quelque temps, parut se plaire dans l'inconstance; plusieurs femmes de rangs différents, et même de petites grisettes, lui furent présentées; mais il ne parut s'attacher à aucune. Le duc de Richelieu, qui était un courtisan très habile, fit en vain tous ses efforts pour établir auprès de Sa Majesté quelques-unes de ses maîtresses. De ce nombre fut Mme de La Poplinière, ou de La Poupelinière, et aussi Mme du Portail.

La première, chanteuse à l'Opéra, fut enlevée au théâtre par M. de La Poplinière, fermier général, homme par conséquent très riche, qui l'épousa; elle crut sans doute qu'elle ne pouvait trop se hâter de le punir de sa folie, en se livrant à la galanterie.

Le duc de Richelieu était à la tête de ses nombreux favoris; il avait loué chez un tapissier un appartement attenant à celui de la dame, et avait trouvé moyen de pratiquer par la cheminée une porte de communication qu'une grande platine dérobait à la vue. Une malheureuse révélation d'une des femmes de Mme de La Poplinière, qui voulut se venger de sa maîtresse, découvrit la secrète ouverture ; et le pauvre mari, au lieu de cacher sa honte en dissimulant son chagrin, alla raconter à tous ceux qui voulurent l'entendre la singulière aventure, avec toutes ses circonstances.

Ceci ne prouve certainement pas en faveur de l'intelligence du fermier général de La Poplinière — ou de La Poupelinière — qui aurait bien dû garder pour lui sa découverte et laver, comme on dit, son linge sale

en famille. Les rieurs, on le devine, ne furent point de son côté, mais du côté de la cheminée, dont l'invention fut trouvée si ingénieuse qu'elle attira une infinité d'éloges à la galante dame, à qui l'on en faisait honneur. Son nom en devint si fameux, qu'on le donna à toutes sortes de choses : ce fut la mode d'avoir des jupes, des éventails, des coiffures et jusqu'à des *cheminées* à la Poplinière.

Mme de La Poplinière, quoique avec de l'esprit, avait des manières affectées qui blessaient le monarque; aussi fut-elle évincée aussitôt qu'aperçue.

Un mot maintenant de Mme du Portail.

Mme du Portail, femme du président de ce nom, ne paraît pas avoir eu avec Louis XV des rapports bien intimes, du moins ils n'eurent pas une longue durée ; mais ce n'est pas la faute de la jolie présidente, et il ne faut pas lui en vouloir.

Pour preuve de sa bonne volonté, il suffira de raconter l'anecdote suivante, dont Mme du Portail fut l'héroïne très volontaire et non moins trompée :

La belle présidente, dont la vanité était vraiment excessive, s'était prématurément mis en tête qu'elle avait fait la conquête du roi, et que le défaut seul d'une occasion sûre avait empêché le prince de lui en donner une preuve convaincante. Elle se berçait dans cette idée ravissante, lorsqu'à un bal masqué elle vit un homme qui, par ses airs, sa taille, sa voix, ressemblait si fort au roi, qu'on pouvait facilement le prendre pour le souverain.

Elle n'y alla pas par quatre chemins, ni pour s'assurer de l'identité du personnage, ni pour lui faire connaître les sentiments dont son tendre... cœur était agité pour lui. Après avoir ôté son masque, elle se mit à l'agacer : cet homme, qui était de la garde du roi et qui connaissait très bien la dame, profitant de son erreur, obtint d'elle tous les avantages qu'il put désirer en cette circonstance ; puis Mme du Portail, toute orgueilleuse de son aventure, affecta de rentrer en désordre dans l'assemblée.

Elle ne se sentait pas d'aise, elle triomphait, elle était heureuse et fière, je vous en réponds !

Mais le roi d'occasion, le faux-roi, le roi malgré lui, — le garde du corps, pour tant dire en un mot et parler sans détours, est-ce qu'il n'avait pas, lui aussi, le droit de triompher ?

Il triomphait aussi, soyez-en sûr, et ne tarda pas à s'amuser énormément de l'incroyable bonne fortune que le destin lui avait ménagée, car, ne se croyant pas obligé de respecter une faveur qui ne lui était pas destinée, et trouvant la chose trop belle pour ne pas la divulguer, suivit la galante dame dans la salle du bal, et raconta sa bonne fortune à tous ceux qui voulurent l'écouter.

On devine quelle dut être la confusion de l'infortunée présidente, lorsqu'elle eut reconnu l'étrange erreur où sa vanité l'avait entraînée ; elle jura sans doute — mais un peu tard — qu'on ne l'y prendrait plus.

Il y eut d'autres tentatives faites auprès du roi, principalement par Richelieu, son entremetteur attitré, pour le fixer sur le choix d'une favorite ; mais ce choix devait se fixer sur une personne d'une habileté et d'une constance extraordinaires, et qui s'était présentée elle-même déjà. Nous voulons désigner par là Mme d'Etiolles, dont nous parlons plus au long ci-après.

Quant à Mme de Mailly, la première maîtresse en titre de Louis XV, après avoir un instant songé à se retirer dans un couvent, elle vivait tranquillement des 40,000 livres de rentes que le roi lui avait assurées, dans l'hôtel de la rue Saint-Thomas-du-Louvre qu'il lui avait donné.

Elle était devenue dévote, comme il convient à toute pécheresse convertie par force, mais pourtant sans l'exagération ridicule qu'y mettaient ordinairement ses pareilles.

On raconte qu'un jour qu'elle était allée à Saint-Roch écouter le prédicateur à la mode, le père Renaud, de l'Oratoire, et qu'elle y était allée tard, on fut obligé de déranger plusieurs personnes pour lui permettre de gagner sa place.

— Voilà bien du bruit pour une *catin*, dit un des assistants de mauvaise humeur.

L'ancienne favorite se contenta de répondre au personnage :

— Puisque vous la connaissez, priez pour elle.

Ce qui n'empêche pas que c'est l'autre, le dévot grincheux, qui avait raison ; et encore, que ce n'est pas une conséquence naturelle de la connaissance que l'on peut avoir d'une catin dérangeant tout le monde pour se mettre le plus près possible de la chaire de vérité dont elle a soif, que de prier pour elle.

Mme de Mailly s'éteignit en 1750, très obscurément. Elle n'avait guère plus de quarante ans.

La duchesse de Mailly était bonne, sans orgueil, sans ambition comme, sans méchanceté ; on la plaignait sincèrement d'avoir été la dupe de son cœur et d'avoir ses sœurs, recueillies par elle, pour rivales. On oubliait donc assez volontiers qu'elle n'était, en somme, qu'une courtisane en disgrâce, parce qu'elle avait possédé le pouvoir et n'en avait point abusé.

On la chansonnait pourtant assez volontiers. Il y avait, entre autres, une chanson sur elle qui commençait ainsi :

J'ai vu la Mailly tout en pleurs :
V'là c'que c'est que d'avoir des sœurs !...

On voit, par cet exemple, que les épigrammes qu'on lui décochait de temps en temps n'étaient pas terribles, et qu'on faisait une différence entre elle et... ces sœurs.

Le château de Meudon, résidence du grand dauphin.

XLIV

Madame de Pompadour.

Sommaire. — La famille Poisson. — Une fille qui ne manque pas de pères. — Il s'en trouve un dans la quantité pour assumer les devoirs que cette qualité impose, et il le fait grandement. — Epitaphe de M⁰⁰ Poisson. — L'éducation d'une courtisane. — Prédiction de la tireuse de cartes. — M⁰⁰ d'Etiolles. — Un mari modèle. — La forêt de Sénart. — Versailles. — M⁰⁰ d'Etiolles et la duchesse de Châteauroux. — Le valet de chambre entremetteur. — Une favorite à l'essai. — Perspicacité étonnante du roi. — La rue des Bons-Enfants. — Un mari qui se rebiffe. — On le fait taire. — Le roi devient prodigue. — La marquise de Pompadour. — Le marquis d'Avant-hier. — Avancement rapide d'un humble tapin. — Ambitions matrimoniales. — Les ennemis de M⁰⁰ de Pompadour. — Un avertissement au roi. — L'histoire de la Sauvé. — D'Argenson compromis par sa maîtresse et réciproquement. — Prélude à l'établissement du Parc-aux-Cerfs. — Les fleurs de la marquise. — Rességuier et la « sangsue. » — Vengeance de favorite. — Rességuier, Latude, d'Aligre, etc. — Les affaires de l'Etat et la consomption. — Morte dans le palais des rois! — Oraison funèbre prononcée par Louis XV sur le cercueil de sa maîtresse. — Ce que coûte une favorite qui connaît son affaire. — Âpreté et faste de Mme de Pompadour. — L'aventure du marquis de Souvré. — La domesticité huppée de la favorite. — Un maître d'hôtel presque chevalier de Saint-Louis. — L'affaire du tabouret. — Le favori des favorites. — Le maréchal de Soubise blanchi par la Pompadour et repassé par le roi de Prusse. — Louis XV renonce à Satan, à sa pompe et à sa Pompadour. — Le danger imaginaire passé, Satan revient et la Pompadour aussi. — Un coup de balai. — Les ministres de la favorite. — L'abbé de Bernis. — Bernis académicien, diplomate, homme d'État et cardinal. — Ingratitude d'un « pigeon pattu. » — Sa disgrâce. — Le duc de Choiseul. — Un chapitre connu, mais toujours édifiant, du grand « art de parvenir. »

Mme de Pompadour !

Celle-ci aussi vaut bien un bout de biographie, et le voici :

Jeanne-Antoinette Poisson, plus tard marquise de Pompadour, naquit à Paris en 1722, d'un drôle de père et d'une mère qui était une drôlesse.

Ce père, François Poisson, avait débuté par être valet, il était devenu ensuite commis chez l'un des frères Pâris, fournisseur des vivres aux armées. Il se distingua si bien dans ses fonctions qu'il fut poursuivi, condamné pour malversation et pendu — seulement en effigie, parce qu'il avait eu l'habileté de mettre à temps la frontière entre le bourreau et lui.

Ceci se passait sous la Régence. Plus tard, il est bien entendu que le crédit de sa fille lui permit de revoir sa patrie ; il obtint même, ce qui était une espèce d'incitation à recommencer les exploits de sa jeunesse, la fourniture de la viande à l'hôtel des Invalides.

La favorite eut beau faire pour décrasser son ivrogne, son voleur de père, elle eut beau l'accabler de pensions et lui faire octroyer la seigneurie de Marigny, elle y réussit aussi bien qu'à faire un gentilhomme d'un cochon, en lui mettant un chapeau à plumes incliné sur le groin.

« C'était, disent Edmond et Jules de Goncourt, un gros homme plein de vie, de sang, de vin, allumé et débraillé par la débauche, crapuleux et suspect, cuvant son scandale dans son cynisme. Il rappelle aux laquais de sa fille son titre de père dans une langue qui ne peut être citée ; il impose des ordres à la Pompadour, il lui arrache des grâces par l'intimidation de sa vue, et la menace du tapage, et c'est lui qui, une nuit, jette à ses convives :

« — Vous, monsieur de Montmartel, vous êtes fils d'un cabaretier ; vous, monsieur de Lavalette, fils d'un vinaigrier ; toi, Bouret, le fils d'un laquais ! Moi, qui l'ignore ? »

Quant à la mère, ses amants étaient si nombreux, qu'elle ne put jamais dire au juste qui était le père de sa fille. Deux se disputèrent ouvertement cette paternité, Pâris, le patron de François Poisson, et Lenormant de Tournehem, syndic des fermes : c'est assez dire que l'un et l'autre y avaient autant et plus travaillé que le père Poisson, ce qui était bien égal à celui-ci.

Lenormant de Tournehem, indigné du litige, était si persuadé qu'il était père de la jeune Poisson, qu'il se chargea, avec le plus grand soin, des devoirs que cette qualité lui imposait. Il présida à l'éducation de cette enfant avec une sorte de passion, quand il vit surtout qu'elle annonçait de grandes dispositions pour l'étude des beaux-arts.

Mlle Poisson, dès l'âge le plus tendre, se distinguait déjà dans la musique, le dessin, la gravure sur cuivre et la gravure sur pierres fines ; elle fit même de tels progrès dans ces deux derniers arts, que l'on compara depuis les productions de son burin aux plus jolies estampes dans le genre agréable et facile.

L'honnête syndic ne devait pas s'en tenir là : il devait la marier, la doter et lui laisser en mourant la bagatelle d'une douzaine de millions, constituant la moitié de sa propre fortune.

Ce que nous venons de dire suffirait à faire connaître la femme galante sans préjugés qu'était M⁽ᵐᵉ⁾ Poisson ; ses intrigues étaient nombreuses et connues de tous ceux qui pouvaient avoir quelque curiosité de les connaître.

La brave femme ne fut pas longtemps à charge à sa fille, car elle mourut l'année qui suivit l'avènement de celle-ci à la couche royale.

Voici l'épitaphe qu'on lui fit :

Ci-gît qui, sortant du fumier,
Pour faire une fortune entière,
Vendit son bonheur au fermier
Et sa fille au propriétaire.

On ne pouvait guère dire plus en si peu de mots. Mais revenons à la séduisante Jeanne.

Il semble moralement prouvé que, tant par le fermier qui se prétendait son père que par sa vraie mère, la jeune fille fut élevée dans l'idée qu'elle serait un jour la maîtresse du roi ; son éducation fut certainement dirigée dans un sens qui rappelle l'éducation des hétaïres grecques.

Pour la convaincre mieux des hautes destinées qui l'attendaient, une tireuse de cartes les lui prédit nettement, et en fut bien récompensée. Dans l'état des pensions servies par la favorite, on trouve en effet cette note curieuse :

« Six cents livres à M⁽ᵐᵉ⁾ Lebon, pour lui avoir prédit, à l'âge de neuf ans, qu'elle serait la maîtresse de Louis XV. »

A dix-neuf ans, son paternel protecteur la maria à son neveu, Lenormant d'Étiolles, qui, l'ayant rencontrée fréquemment chez son oncle, en était tombé éperdument amoureux. Le jeune homme était fort riche, mais il avait d'autres qualités plus précieuses : il était bon, d'un caractère paisible et d'humeur tout à fait accommodante. On a affirmé que c'est justement pour ces qualités que son oncle l'avait choisi, car il n'avait pas abandonné son projet de faire de Jeanne Poisson la favorite du roi.

Il est bien superflu de dire que, quant à elle, la jeune femme n'était guère amoureuse de son époux. Elle ne voyait dans ce mariage que l'indépendance opulente qu'elle y gagnait, et qui était un grand pas de fait vers le but si longtemps caressé.

L'oncle ne s'était point trompé sur son neveu. Loin de tenir sa femme éloignée du monde, celui-ci lui forma une véritable cour et lui mit entre les mains les rênes du gouvernement.

Comme la belle M⁽ᵐᵉ⁾ d'Étiolles avait des vues ambitieuses, les conseils et les intrigues qui devaient la conduire au comble de ses vœux la portèrent à la réserve, la rendirent circonspecte et sage dans le sein de sa société ; elle ne renvoyait jamais un amant entièrement disgracié ; mais les faveurs qu'elle accordait avec réserve, successivement et par degrés, conservaient à sa disposition des personnages considérables. Elle disait aux plus pressants que le roi seul pouvait la rendre infidèle à son mari, tandis que Binet, son parent et l'un des premiers valets de chambre du roi, apprenait à ce prince, qui en parut très flatté, qu'il y avait dans Paris une bourgeoise, la plus jolie de la capitale, qui avait promis à son mari une éternelle fidélité, à l'exception de Louis XV ; plaisanterie dont le bonhomme d'Étiolles était le premier à badiner.

Louis XV, de son côté, chassant dans la forêt de Sénart, entra, un jour d'orage, au château d'Étiolles, et offrit au seigneur du lieu les bois d'un cerf qu'il venait de tuer. M. d'Étiolles, charmé de la gracieuseté du roi, plaça dans son salon ce présent de mauvais augure, où il resta, dit-on, longtemps après que Mme d'Étiolles eut changé, par sa conduite, le présage en réalité.

En attendant, celle-ci, élevée dans l'espérance de devenir maîtresse du monarque, se joignait à son mari pour rire de ce qu'il y avait de plaisant dans cette offre si étrange. Personne ne voyait encore en cette circonstance que du badinage, mais les mesures que la dame prenait n'en étaient pas moins sérieuses. Elle avait conçu le projet de captiver le cœur du roi, et cette résolution l'obligeait à ne rien oublier de ce qui pouvait lui faciliter cette conquête magnifique.

La chasse était un des plus grands divertissements de Louis XV : elle fit connaître à son mari le penchant qu'elle sentait elle-même pour ce plaisir et pour celui de la promenade. Ce mari commode était à cent lieues de vouloir rien refuser à sa femme, et cela moins encore peut-être que n'importe quoi.

En conséquence, Mme d'Étiolles ne manqua pas une chasse royale, ayant toujours soin de se rapprocher le plus possible du roi ; elle se promena beaucoup, à cheval, en voiture, cherchant, sans en avoir l'air, à croiser la voiture royale, à la rencontrer le plus souvent qu'il était possible ; mais elle eut la mortification de voir que toutes ses démarches furent longtemps vaines et toutes ses avances inutiles. Enfin, comme il était facile de la distinguer, à cause de sa taille élégante et de sa jolie figure, le roi passa si souvent auprès d'elle, qu'il finit par la remarquer et demanda qui elle était, sans faire entrevoir ni amour ni désir.

Il était d'ailleurs impossible de ne la point remarquer, car, outre la bonne volonté qu'elle y mettait, on la voyait tantôt vêtue d'une robe d'azur dans un phaéton couleur de rose, et tantôt vêtue d'un habit rose dans un phaéton couleur d'azur : sa beauté était éclatante. Aussi la duchesse de Châteauroux, qui redoutait déjà l'inconstance de son royal amant, prit-elle ombrage de ce qu'elle voyait, et fit-elle suivre avec soin toutes les démarches de celle qui s'appliquait à la supplanter, très évidemment.

Mais Mme d'Étiolles s'occupait peu qu'on l'épiât. Elle ne se contentait pas de pourchasser Louis XV dans la forêt de Sénart, elle le suivait même au château de Versailles, et allait se poser en face de Sa Majesté, les jours où le public était admis à assister au dîner du prince. Un dimanche que Mme d'Étiolles, confondue dans la foule, était venue étaler ses charmes au grand couvert, Mme de Châteauroux, cédant à un mouvement de jalousie, alla se placer entre le roi et sa rivale, comme un écran, chercha des pieds la rencontre des siens, et les écrasa de tout le poids de son corps, pour la punir, par ce châtiment secret, de marcher sur ses brisées et de chasser sur le même terrain qu'elle. Mais Mme d'Étiolles montra dans cette occasion le stoïcisme d'une Spartiate.

Mme de Châteauroux vit bien qu'elle n'obtiendrait rien de cette manière, ni même par un affront public. Elle changea en conséquence de méthode : elle fit purement et simplement signifier à sa rivale en expectative, que le roi n'avait encore fait que remarquer, d'avoir à s'abstenir de paraître aux chasses royales et dans les appartements de Versailles. Mme d'Étiolles, n'ayant aucun moyen de résister à cet ordre péremptoire, se résigna à rester chez elle, en attendant le moment de rentrer en scène qui, elle en avait la conviction, ne pouvait manquer de se présenter.

Mais la duchesse de Châteauroux ne devait pas retarder longtemps le triomphe de Mme d'Étiolles. La malheureuse jeune femme mourait peu après (8 décembre 1744) dans les convulsions de l'empoisonnement. Elle avait à peine vingt-sept ans !

Désormais, plus d'obstacle à l'ambition de la belle Jeanne Poisson. Louis XV désœuvré eut bien quelques distractions dont nous nous sommes occupé ailleurs, mais point d'attachement sérieux.

Un soir, en se mettant au lit, Louis XV confia à son valet de chambre Binet le triste état de vacuité de son royal cœur, et, comme cela était naturel, lui demanda conseil.

Le valet de chambre, enchanté, répondit au roi qu'il avait justement sous la main une jeune dame qui ne manquerait pas de lui plaire, que cette dame était sa parente, et qu'elle avait toujours été amoureuse du roi, depuis qu'elle avait eu, pour la première fois, le bonheur de le voir; nourrissant les sentiments les plus tendres pour la personne de Sa Majesté.

Cette réponse excita la curiosité du roi, qui lui demanda le nom de cette jeune dame. Binet tâcha de lui rappeler à l'esprit qu'il l'avait vue, dans une partie de chasse, dans le bois de Sénart, et qu'il s'était déjà informé d'elle.

Le roi s'en ressouvint parfaitement. Il avoua qu'elle lui avait plu autant qu'il était possible de lui plaire, malgré l'attachement qui le retenait alors auprès de Mme de Châteauroux. Il ajouta qu'il serait charmé d'avoir un entretien secret avec elle, et qu'il le chargeait de lui en ménager l'occasion.

Dès le lendemain, Binet racontait l'histoire à sa jeune parente qui, à l'instant même, se concerta avec lui pour passer la nuit hors de chez elle sans que son mari en sût rien.

Elle passa, en effet, cette nuit-là avec le roi, sans que M. d'Étiolles s'en doutât; mais, le matin venu, Louis XV la congédia avec une froideur désespérante.

La pauvre et intéressante jeune femme était désolée. Pensez donc, le rêve de toute sa vie détruit en une seule nuit !

Ce qu'il y eut de plus terrible, c'est que Louis XV, muet comme une carpe avec son valet confident, qui n'osait parler lui-même, conserva cette attitude pendant un grand mois !

Enfin, un jour vint — ou plutôt un soir — où le roi, s'adressant à Binet, lui demanda, en riant, ce que faisait sa parente, et ce qu'elle pensait de lui. Binet lui dit que Mme d'Étiolles ne cessait de pleurer, qu'elle ne s'occupait que de Sa Majesté, qu'elle ne songeait qu'à elle, que son image était continuellement présente à ses yeux, jusque dans les rêves du sommeil.

— Est-ce qu'elle pleure son péché? répliqua Louis XV... Pour parler franchement, je craignais qu'elle ne fût, comme les autres, livrée à l'ambition ou à l'intérêt, passion bien moins noble et beaucoup plus condamnable que l'ambition de plaire; d'ailleurs, je peux bien dire qu'elle m'a plu; je voulais aussi voir quel effet produiraient sur elle les marques apparentes de mon dédain.

L'habile homme, en vérité !

On devine comme le valet de chambre répondit, et comme il flétrit ces âmes mercenaires qui, dans l'amour d'un roi, ne voient que la fortune et la puissance qu'il donne. Il avait un atout dans la main, maître Binet, et il ne manqua pas de le jouer à propos : Mme d'Étiolles était riche à millions; comment supposer qu'elle fût guidée par l'intérêt?

Louis XV sourit d'un air d'approbation.

— Cela étant, dit-il, je serai charmé de la revoir.

Cette seconde entrevue fut le triomphe de la courtisane. Pendant quelque temps encore, les deux amants se virent par intervalles déterminés d'avance; et — chez qui, pensez-vous, avaient lieu ces rendez-vous clandestins ? — Parbleu ! chez Mme Poisson.

Celle-ci demeurait rue des Bons-Enfants, en face de l'hôtel d'Argenson. Le carrosse du roi s'arrêtait devant la porte du ministre, chez qui le roi lui-même était censé descendre, et les apparences étaient sauves.

Cependant le mari commode de Jeanne Poisson finit par soupçonner quelque chose, et dans l'état des affaires, il se fut bientôt convaincu de son malheur; il fit de vifs reproches à sa femme qu'il adorait toujours, mais celle-ci le planta là, et alla effrontément demander asile à Versailles.

Quelques jours plus tard, Lenormant d'Étiolles junior recevait un poulet royal, le priant d'aller prendre l'air d'Avignon dans l'intérêt de sa santé.

Il y resta un an, y eut la fièvre et finalement, prenant son parti, obtint sa liberté avec divers emplois lui rapportant quelque chose comme 400,000 livres par an, sans parler des faveurs accessoires qu'il ne se faisait pas faute de demander et qui ne lui étaient jamais refusées. Il ne correspondait avec sa femme que par lettres, mais il était probablement d'avis qu'il valait mieux qu'il en fût ainsi.

Avec l'éducation soignée qu'elle avait reçue, il est inutile de dire que Mme d'Étiolles sut se rendre rapidement nécessaire à Louis XV. Jusque-là, celui-ci avait passé pour économe, non sans raison, on pourrait presque dire pour avare. Ses premières maîtresses, en fait, n'avaient pas été rétribuées bien libéralement, Mme d'Étiolles changea tout cela.

Et d'abord elle fut créée marquise de Pompadour, et présentée officiellement comme telle à la reine et à toute la cour.

Le père Poisson, gracié de la corde, reçut une forte somme qui le mit à son aise pour le reste de ses jours, en attendant mieux.

Son frère, une espèce d'idiot, fut fait marquis de Vendières, titre que les plaisants s'amusèrent à changer en marquis d'Avant-hier. Pour le faire échapper à cette plaisanterie, il fut mis en état d'acheter le marquisat de Marigny et de changer son nom en conséquence. Il fut en outre nommé directeur et ordonnateur général des bâtiments, jardins, arts et manufactures, avec des émoluments en rapport avec de si hautes fonctions.

« Après avoir assuré, dit Saint-Edme, le sort de son frère et la fortune de sa sœur, la marquise de Pompadour pensa aux autres membres de sa famille. Un certain Poisson, tambour au régiment de Piémont, apprit la rapide élévation de sa cousine, et s'empressa de venir réclamer sa protection. Elle chercha à le faire entrer dans le régiment du roi ; les officiers de ce corps s'y opposèrent, et ne dissimulèrent pas à l'ex-tambour qu'il finirait par succomber en duel, à moins, ce qui était peu probable, qu'il ne tuât tous ses futurs camarades. Mme de Pompadour voulait faire punir le régiment ; mais on était en guerre, et l'on craignit un mécontentement. Le cousin fut nommé lieutenant de dragons, puis capitaine ; il passa ensuite dans les carabiniers, et mourut maréchal de camp avec la réputation d'un brave militaire.

« La marquise avait de son mari une fille charmante, nommée Alexandrine, élevée au couvent de l'Assomption. Quand elle fut en âge d'être mariée, sa mère songea à lui procurer un brillant établissement, et jeta les yeux sur le duc de Fronsac, fils du duc de Richelieu. Elle devait d'autant moins s'attendre à un refus, que le père de ce jeune homme lui faisait la cour la plus assidue, et qu'il était comblé des faveurs du roi.

« Richelieu cependant ne fut rien moins que flatté de cette proposition ; il se tira d'embarras en répondant qu'il était très sensible au choix de Mme de Pompadour, mais que son fils ayant l'honneur d'appartenir par sa mère à la maison de Lorraine, les bienséances exigeaient qu'il eût l'agrément de cette famille, et qu'il le demanderait.

« La favorite comprit ce que cette réponse avait d'évasif ; elle parut malgré cela approuver les raisons du duc, qui n'aurait trop su comment sortir d'embarras, sans la mort imprévue de Mlle d'Etiolles. »

Au bout du compte, il ne faut pas se faire d'illusions sur Richelieu, il aurait certainement fini par accepter, en se montrant seulement un peu exigeant sur le chapitre des compensations.

Le trésor royal était à son entière discrétion, et elle en usa et abusa sans aucune discrétion, comme nous le verrons bientôt, quand il faudra nous occuper d'une institution demeurée célèbre sous le nom de *Parc aux Cerfs*, tant pour ses proches que pour elle-même.

Dans ces conditions, on comprend que la Pompadour avait beaucoup de partisans ; mais on ne sera pas étonné qu'elle eût aussi des ennemis.

Voici une anecdote qui donnera une idée des manœuvres qui se produisaient autour d'elle, soit qu'elle fût l'œuvre de ses ennemis, soit qu'elle-même l'eût imaginée pour perdre quelques uns de ceux qui la gênaient le plus, par exemple le ministre de la guerre d'Argenson, qui ne lui avait pas laissé ignorer à quel point il la méprisait.

D'Argenson avait un commis nommé Sauvé, dont la femme était au service de Mme de Tollard, gouvernante du duc de Bourgogne, fils du Dauphin. Un jour que le jeune prince devait être exposé à la vue du peuple qui accourait en foule pour le voir, Mme de Tollard se trouva absente, et l'enfant fut mis dans un berceau, garanti de tous côtés par un grillage.

Quand le monde se fut retiré, Mme Sauvé s'approcha du berceau et, levant le prince, elle jeta un grand cri causé par un paquet cacheté qu'elle dit y avoir trouvé.

Ce paquet était pour le roi, qui le reçut de Mme de Tollard, à qui elle avait eu soin de le remettre aussitôt. On l'ouvrit : on y trouva d'abord des grains qui, sans doute, faisaient allusion à la disette qui régnait alors, et une lettre remplie de plaintes amères contre le roi, contre son gouvernement, et surtout contre sa vie scandaleuse avec Mme de Pompadour. On le menaçait d'un nouveau Ravaillac s'il ne changeait pas de conduite, et s'il n'avait pas plus de soin de ses peuples.

Le roi, à la vue du paquet, se mit dans une violente colère : ce qui l'irritait principalement, c'était moins le contenu de la lettre que la manière dont elle lui était parvenue.

Mme de Pompadour profita de l'occasion pour dénoncer d'Argenson comme l'auteur de la manœuvre, accusation d'autant plus vraisemblable que la Sauvé était notoirement sa maîtresse. Le roi la crut donc, et fit au ministre d'amers reproches. Mais la reine, les autres membres du conseil et la cour presque tout entière prirent ouvertement parti pour d'Argenson et, de plus, accusèrent *reconventionnellement* la favorite d'avoir imaginé cette intrigue pour perdre à la fois une pauvre femme innocente et un ministre intègre qui avaient le malheur de ne point être de ses amis.

D'Argenson s'en tira, mais la pauvre Sauvé ne put se sauver aussi aisément. Après enquête, contre-enquête, confrontation et le reste, on l'embastilla, et plus jamais on n'entendit parler d'elle.

Son mari, qui s'était réfugié à l'étranger, rentra peu après sans être inquiété et sans plus s'inquiéter de sa femme.

Au reste, la favorite ne fut ébranlée qu'un instant dans son crédit, si elle le fut vraiment. Plus que jamais aux petits soins pour ce roi que l'imbécillité envahissait déjà, elle lui devint plus que jamais une compagne indispensable.

Pour assurer mieux encore son empire sur lui, elle prit dès lors soin d'écarter les femmes de qualité qui pouvaient envier son éclatant déshonneur, et commença à fournir à la lubricité bestiale de Sa Majesté des aliments étrangers sans saveur comme sans importance : c'était le prélude de l'institution du Parc aux Cerfs.

Il faut dire que ce qui la conduisit à la découverte de ces moyens si ingénieux, ce fut une infirmité dont elle fut frappée à cette époque et qui la menaçait très sérieusement dans sa position de *femme de joie*, fût-ce d'un mendiant, et à laquelle Maurepas, dont elle se vengea du reste, fait une allusion fort claire dans le quatrain suivant :

La marquise a bien des appas,
Ses traits sont fins, ses grâces franches,
Et les fleurs naissent sous ses pas :
Mais, hélas! ce sont des fleurs blanches!

Maurepas croyait sans doute le règne de la favorite passé. Élevé en quelque sorte avec Louis XV, il pouvait peut-être se croire aussi à l'abri des coups de la fortune dirigés par une favorite universellement méprisée ; mais il ne connaissait pas le dessous des cartes, et partant, se trompait : ce fut lui qui perdit sa position.

Il y en eut bien d'autres qui eurent à porter le poids fort lourd de son ressentiment, de sa haine pour mieux dire, haine de femme lymphatique, flasque et gluante comme une pieuvre.

Rességuier, chevalier de Malte, général des galères de l'ordre, commandeur de Marseille, brave et honnête officier, mais rimeur caustique, y alla aussi de son quatrain à la Pompadour, genre Maurepas, et que voici :

Fille d'une sangsue et sangsue elle-même,
Poisson, dans son palais, sans remords, sans effroi,
Etale aux yeux de tous son insolence extrême,
La dépouille du peuple et la honte du roi.

Mais le roi avait toute honte bue, comme sa maîtresse, et la dépouille du peuple l'inquiétait peu dès qu'il s'en était repu.

On savait Rességuier faiseur d'épigrammes ; on le soupçonna tout de suite de celle-ci. Sur le simple soupçon, on choisit le moment où il n'était pas chez lui pour envoyer une garde à sa maison : on fouilla dans ses papiers, et l'on trouva ce qu'on cherchait. Un brouillon chargé de ratures, et écrit de sa main, déposa contre lui, et servit à prouver qu'il était l'auteur de la pièce.

Il fut condamné à passer ses jours dans l'étroite cage de fer du Mont-Saint-Michel : punition mille fois plus rigoureuse que le dernier supplice : car cette cage, qui avait la forme d'un cube, était trop étroite dans tous les sens pour que le prisonnier pût s'étendre ou se tenir debout : il ne lui restait donc d'autre position que celle d'être assis.

Il passa sept années dans ce malheureux état, et les instantes prières de l'ordre de Malte ne lui procurèrent d'autre soulagement qu'un échange avec l'étroite prison du château de Pierre-en-Cise, où il lui fut permis de faire usage de tous ses membres.

A peine eut-il resté quelques mois dans sa nouvelle prison que Mme de Pompadour, se piquant tout à coup de grandeur d'âme, lui procura son élargissement, avec la permission de retourner à Malte. Il ne perdit à cette affaire que le poste qu'il avait en France, si l'on compte le reste pour rien.

Le chevalier de Bouillon

Il ne faisait pas bon déplaire à la Pompadour, et il était prudent de ne pas trop compter sur de pareils retours de sa part. Latude subissant trente-cinq ans de captivité, d'Aligre traîné de la Bastille à Vincennes et de Vincennes à Bicêtre où il mourut fou, et tant d'autres, gentilshommes ou pamphlétaires, enfermés toute leur vie, soit à la Bastille, soit au Mont-Saint-Michel, soit ailleurs, pour un mot, pour un regard, pour rien, témoignent de la haine féroce que cette femme ressentait pour quiconque lui faisait obstacle, la méprisait ou simplement la raillait.

Nous ne suivrons pas la grande courtisane, l'illustre « maquerelle » royale, dans les méandres de ses intrigues politiques si fatales à la France. Pour ce qui est de sa grande institution, qui suffirait à elle seule à immortaliser son nom, à la maison de débauches, au séminaire de courtisanes, au lupanar infâme connu sous le nom du quartier où il était installé, le *Parc aux Cerfs*, nous avons jugé nécessaire d'y consacrer un chapitre spécial, qui est le suivant.

Mme de Pompadour, minée par la consomption, résultat de ses débauches, réduite à l'état de squelette, n'ayant plus que le souffle, tint bon jusqu'à la minute suprême, dissimulant sous le rouge sa lividité, et sa maigreur effrayante sous des ballots de dentelles.

Elle était à Choisy lorsqu'il lui fallut s'aliter. Elle se fit transporter, moribonde, à Versailles, afin de jouir du privilège précieux, réservé jusque-là aux seuls membres de la famille royale, de mourir dans le palais des rois.

Elle y mourut en effet le 15 août 1764.

Le jour de son convoi, l'eau tombait à torrents. Louis XV, le front collé aux vitres, examinait ce qui se passait au dehors, de son regard hébété.

— M™ la marquise, dit-il, aura aujourd'hui un mauvais temps pour son voyage.

Oraison funèbre laconique, mais vraie incontestablement.

Cependant, le convoi de Louis XV fut considérablement plus triste que celui de la marquise de Pompadour !

Ce que coûta à la France la dépravation de ce roi immonde, on ne peut l'estimer exactement, même en chiffres ronds. On a vu que les dépenses du Parc aux Cerfs, estimés un milliard par les plus exagérés, ne sont pas évaluées à moins de cent millions par les plus modérés. On ne saurait même dire ce que lui coûta la seule M™ de Pompadour et son honnête famille.

Et ce n'est pas tout.

Quelques documents, toutefois, peuvent donner une idée de l'importance de cette dernière dépense, et c'est toujours cela.

Les registres secrets de Louis XV, qui ont été découverts depuis, et publiés à l'occasion d'un procès fameux, contiennent les sommes payées par le trésor à la favorite et à son frère, le marquis de Marigny, en 1762 et 1763. Elles s'élèvent à trois millions quatre cent cinquante-six mille livres.

M™ de Pompadour avait reçu de la munificence de Louis XV, en 1749, un hôtel à Fontainebleau, la terre de Crécy, le château d'Aulnay. *Brimborion-sur-Bellevue* qu'il avait bâti pour elle à grands frais, la terre de Marigny, celle de Saint-Rémy ; en 1752, un hôtel à Compiègne ; et, en 1753, l'Ermitage, un hôtel à Versailles, le château de Bellevue, la terre et le château de Ménars, l'hôtel d'Évreux, à Paris, qui coûta huit cent mille francs. Le roi dépensa en outre des sommes énormes pour la restauration et l'embellissement de cet hôtel, qui était considéré comme le plus beau de la capitale.

Ces châteaux et hôtels étaient plus richement meublés que les palais du roi.

On trouve dans le même registre que ce prince fit compter, après la mort de M™ de Pompadour, à son frère, le 7 mars 1775, pour rente viagère, cent cinquante mille francs ; au même le 11 juillet de la même année, à Compiègne, aussi pour rente viagère, quatre cent mille francs ; et le même jour, pour l'aider à payer les dettes de M™ de Pompadour, deux cent mille francs.

L'insatiable appétit de la courtisane n'est pas, avec ses raffinements de débauche, le seul trait caractéristique de celle que Beséguier n'avait pas craint de traiter de *sangsue* ; elle aimait autant le faste que les richesses, et trônait au sein de sa propre cour avec une majesté qui contrastait singulièrement avec la réserve, exagérée d'ailleurs, de la vie de la reine.

« Rien n'est plus propre, dit à ce propos un chroniqueur, à faire connaître la haute idée qu'elle avait d'elle-même, que le cérémonial qu'elle avait introduit dans la chambre où elle recevait ses visites, lorsqu'elle était à sa toilette.

« Elle ne voulut jamais y souffrir d'autre siège que son fauteuil. C'était une sorte de grâce qu'elle accordait au roi, quand il venait la voir, que de lui faire donner une chaise. Pour les princes du sang, les cardinaux, et quelques autres personnes de la première distinction, comme elle n'osait pas s'asseoir devant eux sans leur offrir une chaise, parce qu'elle ne croyait pas pouvoir le faire impunément, elle les recevait debout, et ne s'asseyait qu'au moment où ils se retiraient.

« On ne finirait jamais si on voulait rapporter les preuves qu'elle a données d'un orgueil qui, tant de fois, a été l'objet de la risée de la cour, et en particulier de ceux des courtisans qui montraient le plus de complaisance à son égard : quelques exemples en feront foi.

« Le marquis de Souvré étant un jour à la toilette de la marquise, et ne trouvant pas de chaise, s'assit sur un des bras de son fauteuil, et continua à causer comme auparavant. Mme de Pompadour, enrageant de cette familiarité, s'abandonna à l'excès de sa colère, et alla se plaindre au roi de l'outrage qu'elle avait reçu de Souvré. Le roi saisit la première occasion qui se présenta d'en parler à M. de Souvré.

« — Sire, lui dit le marquis, j'étais diablement las, et ne sachant où m'asseoir, je me suis aidé comme j'ai pu.

« Cette réponse cavalière fit rire le roi, et comme le marquis avait le bonheur d'être une espèce de favori, l'affaire n'alla pas plus loin ; sans cela, une triste expérience n'aurait pas manqué de lui apprendre qu'on ne s'asseyait pas impunément sur les bras du fauteuil de la Pompadour.

« Voulant trancher de la grande princesse, elle voulut avoir un gentilhomme à son service. Elle choisit, à cet effet, un jeune homme d'une des meilleures et des plus anciennes familles de la Guienne, lequel se nommait d'Inville. Tout le monde, à cette occasion, fut dans l'embarras de décider lequel des deux l'emportait, ou de la vanité de la favorite, ou de la bassesse du gentilhomme.

« Elle avait un maître d'hôtel, nommé Collin, et elle ne le crut pas digne de la servir s'il n'avait la décoration de quelque ordre. Peu de princesses auraient conçu une semblable idée ; mais elle était d'une autre condition que celles à qui les droits du sang donnent les plus éminentes prérogatives.

« Pour elle, elle conçut non seulement cette idée, mais son crédit auprès du roi vint encore à bout de la mettre à exécution, et Collin fut maître des comptes de l'ordre royal et militaire de Saint-Louis.

« Cet ordre avait été institué en faveur des officiers de terre et de mer qui se distinguaient par leur valeur ou par l'ancienneté de leurs services. Collin, simple domestique et rien de plus, n'avait, par conséquent, aucune des qualités qui pussent l'y faire entrer. Il est vrai que cette charge de maître des comptes ne le faisait pas chevalier de Saint-Louis ; mais elle produisait à peu près le même effet en lui permettant de porter la croix et les autres marques de l'ordre.

« Ainsi, Mme la marquise de Pompadour, aux yeux de qui les dehors valaient toujours la réalité, avait la satisfaction de voir derrière sa chaise les apparences d'un chevalier de Saint-Louis, avec la croix sur la poitrine et la serviette sous le bras. Quand elle aurait voulu jeter un ridicule sur l'ordre, elle n'aurait pu s'y prendre mieux...

« La vanité de la marquise croissant toujours avec son crédit, rien ne pouvait plus la contenter que les honneurs du Louvre. Ces honneurs consistaient principalement à prendre le tabouret, à s'asseoir en présence de la reine, et à lui être présentée au moment de l'installation, pour en recevoir un baiser.

« Il y avait une très grande indiscrétion, de la part de Mme de Pompadour, à faire une pareille demande : elle ne devait pas ignorer ni sa naissance, ni les sentiments de la reine à son égard, elle devait aisément soupçonner que l'épouse de Louis XV ne verrait pas la favorite avec plaisir. Cependant un excès de complaisance ne permit pas à cette vertueuse princesse des oppositions contre la volonté du roi. Tout céda aux ordres et au crédit supérieur de la candidate, tout fléchit jusqu'à l'étiquette de la cour, qui n'accordait cette prérogative qu'à des duchesses.

« Aux objections qui lui furent faites, elle répondit audacieusement que sa qualité de maîtresse du roi était la base de ses prétentions, s'autorisant de l'exemple de Mme de Montespan, qui avait obtenu les mêmes honneurs de Louis XIV.

« Elle assura qu'il n'y avait rien de criminel dans son commerce avec le roi ; que tout se réduisait à un amour *platonique*, à une communication de la raison et du sentiment, et il ne se trouva personne assez impoli pour dire que sa continence était trop peu volontaire pour être alléguée en sa faveur... »

Ce n'était pas l'aplomb qui manquait à Jeanne Poisson, comme on peut le voir. Cependant, elle eut de la peine à obtenir ce qu'elle désirait si fort ; il lui fallut négocier longtemps, se faire adroitement refuser par M. d'Étiolles l'entrée de la maison conjugale, afin de mettre le droit de son côté, etc., etc. Nous ne nous appesantirons pas sur ces intrigues dont il nous suffit d'indiquer le complet succès.

Dans toutes ces négociations, la Pompadour avait eu pour agent principal le prince de Soubise, déjà nommé, lequel semblait avoir adopté le rôle plus fructueux qu'honorable de favori des favorites, qu'il conserva jusqu'à la fin.

Lorsque, à son instigation, la guerre de sept ans, si funeste à la France et si avantageuse à la Prusse, fut enfin déclarée, Mme de Pompadour obtint que le prince de Soubise fût mis à la tête de l'expédition.

La défaite de Rosbach, où son incapacité notoire fit perdre 8,000 hommes à l'armée française, le fit rappeler à Versailles : telle fut la seule punition que lui valut cette triste affaire, grâce au crédit de Mme de Pompadour, — sauf pourtant une pluie d'épigrammes parmi lesquelles nous choisirons la suivante :

En vain vous vous flattez, obligeante marquise,
De mettre en beaux draps blancs le général Soubise
Vous ne pouvez laver, à force de crédit,
La tache qu'à son front imprima sa disgrâce :
    Et quoi que votre faveur fasse,
En tout temps on dira ce qu'à present on dit,
    Que si Pompadour le blanchit,
    Le roi de Prusse le repasse.

Après l'attentat de Damiens, les ennemis de Mme de Pompadour avaient réussi à faire éloigner la favorite, en représentant à Louis XV la nécessité d'assurer son salut. Louis XV, qui se croyait perdu de bonne foi, s'était laissé facilement endoctriner, mais dès qu'il lui fut devenu impossible de se croire en danger, la favorite fut rappelée, et ceux qui avaient contribué à son expulsion de Versailles songèrent aussitôt à faire leurs paquets, car ils savaient à qui ils avaient affaire.

Parmi ces derniers, et les plus compromis, étaient les ministres en exercice : un vigoureux coup de balai en eut vite raison. La Pompadour les remplaça par ses créatures, et il n'en fut plus question. Ces ministres nouveaux étaient Maras, que la belle marquise appelait familièrement son *gros cochon*, sa *petite horreur* Paulmy, et l'abbé de Bernis, son *pigeon pattu*.

Ce titre de « pigeon pattu » que Bernis portait si galamment, en dit plus long qu'il n'est gros, mais n'implique pas nécessairement les talents qui doivent distinguer un ministre des affaires étrangères : tel fut pourtant le portefeuille qui échut à l'abbé

De toutes les créatures de Mme de Pompadour, celle qui eut le plus à se féliciter de ses faveurs, ce fut certainement l'abbé de Bernis. Venu de sa province avec quelques talents, il vécut d'abord très obscurément dans la capitale.

Il avait assez d'esprit, une jolie tournure, une mine susceptible de conquêtes, et était surtout fort insinuant auprès des femmes.

Il fut admis d'abord dans la société que Mme d'Étiolles se forma aussitôt après son mariage; là il put faire connaissance avec Voltaire, Cahusac, Fontenelle, Montesquieu, Maupertuis, et quelques autres personnages distingués.

L'abbé de Bernis parvint à se faire aimer de Mme d'Étiolles, et dès lors son avenir fut assuré. L'abbé faisait assez bien les vers; Mme d'Étiolles, qui était devenue la marquise de Pompadour, le fit arriver à l'Académie française. L'abbé avait beaucoup d'ambition, il voulait parvenir : la marquise le fit nommer cardinal. L'abbé se pensait du goût pour la politique : son amante lui fit donner un secrétariat, puis une ambassade, puis le portefeuille des affaires étrangères.

Malgré tant de preuves d'affection, Bernis se montra médiocrement reconnaissant, en fait il commença à dédaigner sa bienfaitrice du jour où elle l'eût amené au faîte des grandeurs. Il fut ministre seize mois. Pendant ce temps, Mme de Pompadour fit tout son possible pour rappeler le volage au sentiment de sa subordination; n'y ayant pu parvenir, elle le fit chasser du ministère où il n'avait guère fait que des bêtises et des vers.

Le duc de Choiseul remplaça au ministère le cardinal de Bernis.

Le duc aurait été arrêté dès le premier pas dans la brillante carrière qui venait de s'ouvrir pour lui, s'il se fût piqué d'une scrupuleuse loyauté dans ses procédés.

Il s'était bientôt aperçu qu'une de ses parentes avait été remarquée par le roi; déjà on s'écrivait. Le succès de cette intrigue pouvait le servir, mais le plus léger retour à Mme de Pompadour pouvait le perdre; il connaissait tout son ascendant sur l'esprit du roi : il se montra plus prudent que délicat. Il s'assura d'abord de toute la confiance de sa parente, qui bientôt n'eut plus de secret pour lui. Elle le consultait sur tout.

Le roi demandait un rendez-vous, et son billet respirait la passion la plus ardente. Le duc de Choiseul aidait souvent sa parente dans cette correspondance mystérieuse; il parut hésiter sur la réponse à faire au roi; elle devait être décisive. Il feignit d'avoir besoin d'y réfléchir, et maître du précieux billet, il se présenta chez Mme de Pompadour.

— Vous me regardez, lui dit-il en entrant, comme un de vos ennemis; vous me faites l'injustice de me croire leur complice pour vous faire perdre les bonnes grâces du roi... Tenez, lisez, et jugez-moi.

Et tandis qu'elle parcourt le billet du roi, il raconte comment il le possède, et n'ignore pas à quel danger il s'expose pour la servir; mais il préfère le bien de l'État et le bonheur de son maître à ses propres intérêts.

Mme de Pompadour n'eut pas de peine à déjouer cette intrigue; sa rivale fut sacrifiée, et le duc de Choiseul reçut le prix d'un service aussi important. Il était encore jeune et ardent; il remplaça l'exilé dans le cœur de la marquise, il devint son confident et son conseil. Ils n'eurent plus dès lors que les mêmes amis et les mêmes ennemis.

Jamais ministre n'était parvenu à un si haut degré de pouvoir et de considération. Sa réputation d'habileté et de probité politique était si bien établie qu'on ne lui imputait aucune des nombreuses fautes du gouvernement. Il réunit bientôt au département des affaires étrangères ceux de la guerre et de la marine.

A l'ambitieux tous les moyens sont bons, pourvu qu'ils réussissent.

Mais en voici assez sur le compte de la marquise de Pompadour. Nous n'en finirions pas s'il nous fallait relever une à une toutes ses petites intrigues politico-amoureuses, dont quelques-unes eurent toutefois de grands et funestes effets; maintenant, il nous reste pourtant, avant d'en avoir tout à fait fini avec la fille de Mᵐᵉ Poisson et d'on ne sait quel père, à jeter un coup d'œil furtif dans l'intérieur du Parc aux Cerfs. Ce sera l'objet du chapitre qui va suivre.

XLV
Le Parc aux Cerfs.

SOMMAIRE. — Incidents précurseurs. — L'Ermitage. — Les travaux d'Hercule de Mᵐᵉ de Pompadour. — Ragoûts variés et avariés. — La cure aux fruits verts. — Mˡˡᵉ de Lincourt. — Les pourvoyeurs du harem royal. — Lugeac et Lebel. — Le coup du portrait se renouvelle. — Une Sainte Famille. — Un bon tour du bon Lebel. — Le dépôt des Tuileries. — La mère et la fille. — Un enfant de neuf ans! — Mˡˡᵉ Tiercelin devient Mᵐᵉ de Bonneval. — Voyage de Versailles à la Bastille. — Institution officielle du Parc aux Cerfs. — Détails administratifs et autres. — La maison du Parc aux Cerfs et l'Ermitage. — La mère Bompart et les « madames » et « sous-madames. » — Un pensionnat sévèrement et dévotement tenu. — Le maître et les élèves. — Une pluie de bâtards royaux. — Collection de portraits galants avec accompagnement de notes biographiques. — Mˡˡᵉ de Romans. — Un viol hideusement cruel. — Le canif de Damiens empoisonné. — Désespoir d'une pauvre folle. — On la traite en conséquence. — La fille de l'épicier. — Attributions extraordinaires de la femme de chambre d'une favorite. — La supposition d'enfant et autres histoires. — Le traitement ordinaire des bâtards du roi. — Louis XV *paraît honteux*...

Le roi, abruti par l'abus des plaisirs, était l'être le plus ennuyé, le plus insensible, le moins facile à distraire et à intéresser, et si Mᵐᵉ de Pompadour, qui tenait à sa *place*, comme elle disait elle-même, pouvait s'y maintenir, c'était par des efforts d'intelligence comparables aux travaux d'Hercule.

Louis XV avait fait bâtir sur le terrain de l'ancien parc aux cerfs de Louis XIII un palais en miniature, qui fut baptisé l'*Ermitage*, et dont il fit présent à la marquise.

Dans cette maison, la Pompadour, au temps où les sens émoussés du roi présageaient peut-être un abandon prochain, recevait son amant harassé, costumée soit en petite laitière ou en vachère lui offrant du lait tout chaud, soit en bergère, en sœur grise, en jardinière, en paysanne, en abbesse, afin de lui procurer l'illusion du changement.

Cela alla au mieux quelque temps, mais quand la favorite se vit atteinte de l'infirmité que le quatrain de Maurepas lui reprochait si cruellement, elle comprit qu'il fallait que le changement eût quelque chose de plus réel. Elle le comprit d'autant mieux qu'une foule de femmes de la cour méditaient évidemment de la supplanter, et que le roi semblait prendre un certain intérêt à se prêter à leurs manèges.

Tout à coup, vers 1750, c'est-à-dire six ans avant l'installation du harem du Parc aux Cerfs, des bruits d'enfants volés, de jeunes filles enlevées par les pourvoyeurs des plaisirs du roi, commencèrent à courir.

Dans cette même année, la police ayant reçu l'ordre de ramasser tous les enfants vagabonds, abandonnés ou non, pour les envoyer aux colons des rives du Mississipi, fit des razzias effroyables, s'emparant, presque dans les bras de leurs parents, des enfants que ses agents rencontraient dans les promenades publiques, quitte à les rendre moyennant récompense.

On disait dans le public que les filles étaient mises à part pour peupler le harem de Sa Majesté, sous la direction de Mᵐᵉ de Pompadour, et que les garçons étaient égorgés pour fournir à Louis XV, devenu lépreux, les bains de sang dont il avait besoin.

Ces rumeurs, naturellement exagérées, ne l'étaient qu'en partie, comme on le verra tout à l'heure. Au reste, si des petites filles furent réellement enlevées dans le but de servir à l'immonde lubricité du prince, il est juste d'ajouter que ce moyen fut souvent inutile, attendu qu'il se trouva trop de parents assez dénaturés pour vendre leurs enfants aux courtiers du Parc aux Cerfs.

Le peuple se souleva, quoi qu'il en soit ; il fut question de brûler Versailles, ce repaire du crime ! Mais les temps n'étaient pas arrivés, et Louis XVI devait payer pour Louis XV.

Mais revenons-en aux événements qui précédèrent l'institution du harem en question.

Mᵐᵉ de Pompadour ne paraît pas avoir conçu l'idée de procurer au roi les fruits verts destinés à redonner le fil à ses sens émoussés ; et ce ne fut pas elle, il faut être juste avec tout le monde, qui l'appliqua la première. L'idée était en l'air, comme toutes les grandes idées dont on se dispute ensuite la priorité, et l'entourage de Louis XV tout entier en méditait la réalisation.

Un jour, la bombe éclata de la manière suivante : Un jeune courtisan présenta au roi un portrait en miniature, fait à dessein. C'était celui d'une enfant de douze ans, nommée Mˡˡᵉ de Lincourt. Le roi, émerveillé de la beauté de ce jeune visage, émit l'opinion que ce devait être un portrait idéal ;

c'est ce qu'on attendait, et on lui proposa aussitôt de comparer l'original avec la peinture.

Mˡˡᵉ de Lincourt fut donc présentée au roi. Il ne l'eut pas plus tôt aperçue, qu'il avoua que le peintre de la miniature, bien loin de l'avoir flattée, ne lui avait pas rendu la justice qui lui était due. Les grâces de son enfance, la beauté de sa taille, sa timidité, inspirée par la présence du monarque, concoururent à augmenter les désirs de Louis XV, que tant d'orgies avaient rendu exigeant en fait de libertinage.

L'innocence qu'il avait présumée, il la trouva, et l'on a su depuis qu'il prit du goût à présider à des éducations de ce genre, et qu'il se promit de les multiplier.

Le roi fut enchanté de sa petite conquête, mais n'ayant pas encore perdu tout respect humain, il n'osa la montrer en public, et ce fut à l'Ermitage, que Mᵐᵉ de Pompadour lui avait rétrocédé sans paraître savoir à quoi cette maison allait être employée, qu'il l'installa.

Il allait l'y voir fréquemment et s'était vraiment attaché à elle. Mais cette enfant étant devenue mère, il la maria aussitôt à un gentilhomme qui se considéra comme fort honoré du choix.

Telle fut la première affaire de ce genre, si Mˡˡᵉ de Lincourt ne fut pas la première enfant à peine nubile déshonorée par Louis XV.

Le plan était bon, puisqu'il avait réussi ; on résolut de le suivre, et Mᵐᵉ de Pompadour prit hardiment la direction de l'affaire, aidée par son neveu, le marquis de Lugeac, et par le valet de chambre du roi, Lebel. Lugeac présentait la miniature au roi, qui vantait le portrait qui y était représenté et dont Lebel enlevait aussitôt ou achetait l'original...

On alla plus loin, quant à l'intervention du portrait, comme on va le voir.

La reine ayant fait peindre dans son oratoire une Sainte-Famille, les pourvoyeurs eurent l'adresse de faire introduire dans le tableau, par le peintre, qui ne se doutait de rien, le portrait d'une charmante fillette sous les traits de la Vierge-Marie.

Le roi, qui vit bien que cette figure était un portrait, témoigna la sensation qu'il en avait éprouvée ; et Lugeac, bien instruit par la marquise, offrit de produire le modèle de la sainte. C'était une jeune fille âgée de douze ans à peine, et d'une figure céleste, née d'un gentilhomme irlandais, réfugié en France.

Lebel et Lugeac imaginèrent, pour arracher cette enfant à ses parents, un conte qui leur parut propre à faire réussir leur projet. Ils persuadèrent à la mère, qui idolâtrait sa fille, que l'enfant avait eu le bonheur de plaire à une grande dame de la cour de la reine, au moment où le peintre copiait ses traits. On l'assura que cette dame jouissait de la confiance de la reine, surtout à cause de sa grande piété ; qu'elle était très riche, qu'elle n'avait point d'enfants, et que le moindre bonheur qui pût arriver à sa fille serait d'être élevée à la cour, sous les yeux de la reine, et d'en recevoir une dot.

Un cœur maternel ne se laisse-t-il pas surprendre par de tels appâts ! La mère, tout émerveillée d'un bonheur de cette sorte, conduisit elle-même sa fille chez la prétendue dame de la reine ; elle y passa toute la journée, bénissant Dieu qui protégeait ses enfants. A l'issue du dîner, on la pria de s'absenter un moment, seulement pour essayer si la fille pourrait se séparer d'elle.

C'était où Lebel l'attendait.

Ce fabricateur de tant et de si profonds stratagèmes, enlève l'enfant et l'emporte dans un sien appartement qu'il avait dans un pavillon des Tuileries ; « dépôt depuis très connu, dit Soulavie, des vierges qu'il choisissait à son aise dans ce jardin, pour les plaisirs du prince ; » en sorte que la mère, rentrant chez la prétendue dame de la reine, ne trouva ni sa fille, ni la dame, ni Lugeac, ni Lebel, mais... visage de bois, comme on dit.

La pauvre mère, affolée, se répandit vainement en sanglots, en cris, en plaintes, en menaces, appelant le ciel et la terre à témoin d'un tel attentat. Un certain personnage se montra, qui lui dit que sa fille était dans un lieu si privilégié, que la police elle-même n'avait pas le droit d'y faire une visite. Ensuite on lui fit comprendre que le roi était *la dame* à qui sa fille avait eu le bonheur de plaire, ce qui acheva de jeter l'infortunée dans le dernier accès de désespoir — désespoir bien inutile, car il ne devait toucher personne, dans ce séjour de la débauche immonde et féroce.

Et l'enfant ? L'enfant, comme de raison, vivait en proie aux plus cruelles inquiétudes, à la désolation la plus profonde. Personne non plus n'y faisait attention, et elle fut retenue prisonnière, attendant le bon plaisir de Sa Majesté.

La pauvre petite maigrissait au point de changer presque de physionomie. On fit craindre au roi une maladie mortelle, et un jour on fut près de la rendre à sa mère, que l'enfant ne cessait de demander à ses bonnes et à ses gardiens.

Les bijoux, les caresses, les promesses de lui rendre sa maman quand on serait content d'elle, calma ses inquiétudes ; elle fut présentée à Louis XV, qui fut ravi de la rare beauté et de la candeur de cette jeune fille. « Je la garderai toute la vie, » dit le roi à Lebel en la voyant. En attendant il la fit conduire à l'Ermitage, où elle resta quelque temps inaccessible à tous les regards.

Cinq mois après son installation dans

L'agent de Dubois.

cette caserne de passage, la jeune Irlandaise devenait à la fois nubile et enceinte. Elle accoucha d'une fille qui lui fut enlevée pour être élevée en secret.

Enfin, peu après ce dernier événement, elle épousait un gentilhomme de province, toujours fort satisfait de son lot.

D'autres jeunes filles à peu près de même âge et, comble de l'infamie, plus jeunes encore, furent semblablement recrutées pour la satisfaction des passions immondes du minotaure royal.

De ce nombre est Mlle Tiercelin, enfant de *dix* ans, suivant Soulavie, de *neuf* ans, d'après Saint-Edme !!!

Le roi, cette fois, fut le premier à remarquer cette enfant, que sa bonne promenait dans le jardin des Tuileries. Le soir même, ayant parlé à Lebel de cette précoce beauté, celui-ci s'aboucha avec M. de Sartines, et toute la police fut bientôt sur pied pour retrouver celle qui avait eu l'honneur de plaire au roi, à qui il allait bientôt falloir des enfants au berceau. On la trouva, et moyennant quelques louis, on obtint aisément de sa bonne qu'elle la laissât enlever.

Le père de la jeune fille fit du bruit; mais on l'alla trouver, et en présence d'une menace de passer son existence dans un cul de basse-fosse, il finit par se taire.

Mlle Tiercelin fut conduite au petit Ermitage, où elle fut élevée avec soin jusqu'à ce qu'elle fût assez grande pour honorer la couche du roi. On l'appela dès lors Mme de Bonneval. Comme elle était très follette de son naturel, elle n'aimait point du tout Louis XV : « Tu es un laid! » lui disait-elle, jetant par les fenêtres les bijoux et les diamants que le roi lui donnait. C'est de cette enfant et de son père, aussi peu dangereux l'un que l'autre, que Choiseul fut si jaloux, qu'il obtint de la lâcheté du roi un ordre de faire enfermer séparément l'une et l'autre à la Bastille.

L'abruti dégoûtant qui régnait alors, ou semblait régner sur la France, montra dans cette occasion jusqu'où sa bassesse pouvait aller. On le vit entrer, sortir, rentrer, ressortir, hésitant et perplexe, de son cabinet, avant de signer les lettres fatales qui devaient emprisonner Mme de Bonneval, sa maîtresse, et le père Tiercelin. Le roi, en s'y déterminant, vint embrasser la petite favorite; puis il dépêcha et délivra la lettre qui la renfermait; en sorte que ce ne fut qu'après l'exil du duc de Choiseul qu'on a découvert la noirceur qui avait fait détenir ces deux prisonniers à la Bastille.

Mlle Tiercelin, au lieu de rentrer en faveur, eut l'ordre de se retirer dans un couvent, et elle ne put obtenir la permission de voir le fils auquel elle avait donné le jour que sous la condition qu'elle ne se déclarerait pas sa mère.

La Pompadour prit à cette époque une grande résolution : son lâche esclave, prenant évidemment plaisir à ce jeu, elle décida qu'il fallait lui fournir à satiété de ces « novices sans importance ». Jusque-là, elle ne lui en avait fait présenter de nouvelles qu'à mesure que la « novice » en exercice, devenue enceinte, n'était plus bonne à rien qu'à être mariée à une espèce d'honnête gentilhomme. Désormais, elle lui en procurerait tout un sérail à la fois.

Tel fut le point de départ de la création de la maison du *Parc aux cerfs*, dont parlent, mais sans détails suffisants, tous les chroniqueurs et mémorialistes contemporains.

« La tradition et les témoignages de plusieurs personnes attachées à la cour, dit Lacretelle, ne confirment que trop les récits consignés dans une foule de libelles, relativement au Parc aux cerfs.

« On prétend que le roi y faisait élever des jeunes filles de huit ou dix ans; le nombre de celles qui y furent conduites fut immense. Elles étaient ensuite dotées, mariées à des hommes vils ou crédules.

« Les dépenses du Parc aux Cerfs se payaient avec des acquits au comptant. Il est difficile de les évaluer, mais il ne peut y avoir aucune exagération d'affirmer qu'elles coûtèrent plus de 100 millions à l'État; dans quelques libelles, on les porte à UN MILLIARD. »

Mais cette maison du Parc aux Cerfs n'était point une ancienne habitation de Louis XIII, ni l'Ermitage de Mme de Pompadour.

Sur l'emplacement de la remise de Louis XIII, appelée Parc aux Cerfs, séparée du reste des jardins, on commença à bâtir vers la fin du règne de Louis XIV; et ces constructions, notablement accrues sous Louis XV, formèrent un nouveau quartier auquel le nom de Parc aux Cerfs demeura. La maison qui renfermait le harem de Louis XV, harem d'enfants, ne l'oublions pas, appartenait à ce quartier, d'où la locution consacrée : « une maison *dans le* Parc aux Cerfs. »

M. Leroi, conservateur de la Bibliothèque de Versailles, ayant retrouvé l'acte de vente de cette maison, passé « par devant les conseillers du roi, notaires au Châtelet de Paris, » le 25 novembre 1755, nous savons aujourd'hui que cette maison était située au n° 4 de la rue Saint-Médéric, dans le quartier Saint-Louis.

Quel que fût le toit qui l'abritât, le sérail se peupla insensiblement d'une foule de jeunes filles nobles et roturières, que les pourvoyeurs des plaisirs de Sa Majesté faisaient enlever de tous côtés, dans la capitale et la province, par le moyen d'agents secrets qui étaient constamment à la recherche des minois les plus affriolants.

La maison du Parc aux Cerfs prit bientôt une telle extension qu'il fallut en réglementer le service intérieur, ni plus ni moins qu'au Palais.

Lebel en fut nommé le directeur actif, sous la haute direction du comte de Saint-Florentin, et il y eut un chef militaire à qui cette position honorable valut le titre de *M. de Cervières*, sous lequel il est passé à la postérité.

Une surintendante, désignée par le titre de *Madame*, avait la haute main sur les pensionnaires, appelées d'ailleurs élèves; la première fut une chanoinesse d'un chapitre noble, appartenant à une maison des plus illustres; la seconde, une ancienne *madame*, d'autre part, pour varier. — Mais ne nous arrêtons pas à ces détails.

Il nous faut pourtant dire encore qu'au-dessous de la *madame* se trouvaient deux *sous-madames*, et au-dessous de celles-ci, une douzaine de femmes de chambre — dames de compagnie — espions, remplaçant les eunuques des harems d'Orient.

Au-dessous de toute cette ribambelle — ou peut-être au-dessus — il y avait enfin la mère Bompart.

La mère Bompart n'avait aucun titre officiel, ni aucune fonction dans la maison même. Ses fonctions, à elle, s'exerçaient au dehors, et n'en étaient pas moins importantes pour cela.

« Figurez-vous, dit un chroniqueur, une commère plus petite que grande, plus grasse que maigre, plus vieille que jeune, ayant bon pied, bon œil, une santé de fer, une vocation décidée pour l'intrigue ; ne buvant que du vin, ne disant que des mensonges, jurant au besoin, et reniant Dieu à propos ; figurez-vous tout cela, et vous connaîtrez la mère Bompart, pourvoyeuse en chef des cellules du Parc aux Cerfs.

« Elle était en correspondance avec toute sorte de personnes, avec les appareilleuses les plus célèbres, avec les ruffians les plus illustres. Elle traitait de pair à compagnon avec Lebel, entrait familièrement chez M. de Sartines, et ne dédaignait pas d'aller voir M. de Saint-Florentin. Elle était généralement bien reçue à la cour; car beaucoup comptaient sur elle pour placer, auprès de Sa Majesté, soit une parente, soit une amie, soit même une sœur, une épouse ou une fille. »

Louis XV mêlait aux abjections de ce libertinage affreux, qui s'exerçait sur des enfants, les pratiques personnelles de la bigoterie la plus outrée, et il exigeait que ses malheureuses pensionnaires fussent élevées dans la dévotion.

Les *élèves* étaient donc conduites à l'église avec une grande régularité ; et lorsqu'elles ne pouvaient absolument s'y rendre, le roi leur faisait ordonner de lire, dans leur chambre, les prières de la messe ou des vêpres.

Quand l'une d'elles était assez grande pour lui être présentée, le roi la faisait venir dans l'un de ses petits appartements du château de Versailles, où il passait souvent des journées entières avec elle.

Là, il se plaisait à la faire causer et à se jouer de son inexpérience. Quelquefois il s'amusait à l'habiller et à la lacer, d'autres fois il lui apprenait à lire, à écrire et à prier Dieu, comme l'aurait fait le maître de pension le plus scrupuleux, et ne se lassait jamais de leur parler de religion.

Ayant ce qu'on appelle une *belle main*, ce dont il n'était pas peu fier, le roi aimait à faire lui-même, dans ses moments de loisir, des modèles d'écriture pour les élèves du Parc aux Cerfs. Touchante sollicitude : mais passons à autre chose.

Quand, à force d'avoir copié des modèles d'écriture et dit des prières avec le roi, une élève était devenue enceinte, on la faisait sortir du pensionnat, et on la conduisait soit à Saint-Cloud, soit à Passy, soit à Saint-Germain, dans un logement spécial et tout préparé, où la demoiselle devait faire ses couches.

Le plus grand mystère devait présider à l'accouchement de la mère et au baptême de l'enfant. Le roi tenait à conserver envers celle qu'il avait séduite, l'incognito le plus impénétrable.

Avant l'établissement du Parc aux Cerfs, les enfants naturels de Louis XV étaient assez rares; mais bientôt il en arriva un tel nombre, qu'il fut résolu à la cour, et, en bon père, Louis XV n'en fit pas d'objection, une règle de conduite basée sur les mesures de prudence les plus louables qui pussent être imaginées. Car, qui eût pu dire combien le monarque « bien-aimé » eut alors de bâtards? Lebel ou M. de Sartines. Mais ils ont emporté leur secret dans la tombe.

Donc, ils étaient d'abord élevés dans les collèges ou dans les couvents, et on avait le plus grand soin de les tenir dans l'incertitude sur leur origine. Aux yeux du public, ils passaient pour être des enfants de très riches Américains, qui les envoyaient en France pour y recevoir une éducation.

Leur éducation étant finie, on plaçait les garçons dans les régiments ou dans l'Église; les filles faisaient profession dans les couvents où elles avaient été élevées, ou bien elles étaient, comme leurs mères, mariées sous un nom d'emprunt et avec une dot dont le chiffre ordinaire était de quarante mille écus, sans compter un très riche trousseau.

Les mères devaient donc ignorer complétement ce que leurs enfants étaient devenus : du moins on employait tous les moyens possibles pour parvenir à ce but.

Malgré les soins et les précautions que l'on pouvait prendre à cet égard, il arriva cependant plusieurs fois que la vigilance de la police fut mise en défaut par la sollicitude de ces pauvres mères, qui, après avoir subi l'outrage du déshonneur, se voyaient encore arracher leur enfant, leur unique joie. Mais leur succès tournait toujours à leur détriment, et la séparation qui le suivait infailliblement n'en était que plus cruelle.

Empruntons maintenant à Saint-Edme la liste suivante des principales maîtresses de second ordre qu'eut Louis XV, élèves du Parc aux Cerfs ou autres.

C'est d'abord Mme de Beaumanoir, bas bleu, auteur d'une comédie intitulée *Céline*, qu'elle dédia au roi, évidemment dans le but de s'attirer ses faveurs. Ce but fut atteint. Mme de Beaumanoir eut un appartement aux Petites-Écuries, et y mena une vie débordée, qui la fit littéralement jeter à la porte. Ah! dame, il fallait de la décence.

Mlle de Bomango était d'Amiens, d'où son père était venu suivre un procès à Paris. Conduite à Versailles par l'honnête Picard, elle y vit le roi, qui lui fit des propositions aussitôt acceptées, et passa comme un météore, sans laisser de traces.

La duchesse de Chaulnes régna sur le cœur du Bien-Aimé... une nuit.

Mlle de Coulanges, maîtresse du prince de Beauffremont qui l'entretenait d'une manière sordide, eut l'idée de passer quelques jours avec le roi, lequel la congédia avec un présent de mille louis, ce qui lui permit d'envoyer promener Beauffremont.

La comtesse d'Egmont, fille du cardinal de Richelieu, était citée à la cour pour la dépravation de ses mœurs, ce qui est tout dire. Du reste elle mourut à vingt-trois ans, des suites de ses débauches. Ses qualités particulières attirèrent vivement Louis XV, qui fut, au reste, bientôt rassasié.

La marquise d'Estignac joua mieux son jeu. Elle fut maîtresse du roi six mois, et le quitta, *renversée* par le parti de Choiseul qu'elle avait repoussé, mais lestée d'une fortune énorme !

Mme d'Esparbès était fort jolie, mais, d'après Louis XV lui-même, elle n'avait que *cela*, avec un brin d'esprit.

Un autre chroniqueur parle d'une Madame d'Esp..., qui est très probablement la même personne, et qui « prenait et donnait de l'amour d'un seul élan, et son inconstance était prompte comme sa défaite. »

« Elle avait, ajoute notre chroniqueur, des lèvres et des dents d'une fraîcheur, d'une pureté, d'un attrait irrésistibles. *Petit-Bec-d'Amour* était son surnom. Louis XV eut une fantaisie. Dans un moment de faiblesse et de dépit contre lui-même, il lui dit : « Comment veux-tu que je t'aime? tu as eu tous mes sujets.

— Ah ! Sire...
— Le duc de Choiseul.
— Sire, il est si puissant !
— Le maréchal de Richelieu.
— Il a tant d'esprit !
— Monville.
— Il a une si belle jambe !
— A la bonne heure ; mais le duc d'Aumont, qui n'a rien de tout cela ?
— Ah ! Sire, il est si attaché à Votre Majesté... »

Mlle Grandi, était romaine d'origine, elle avait accompagné à Paris son oncle, secrétaire de la légation romaine. Le roi la vit, en devint amoureux, et le lendemain lui envoya un carrosse magnifique, attelé de six chevaux ; Mlle Grandi trouva dans le carrosse 130,000 livres en or, auxquelles était jointe une lettre.

Mlle Grandi n'essaya pas de résister à une passion ainsi manifestée : elle quitta secrètement la maison de son oncle et alla prendre pension à Versailles. Elle paraît avoir duré peu, malgré cela.

Mlle Lefèvre, de la Comédie italienne, ayant eu une aventure scandaleuse avec le fils d'un fermier général, cela suffit pour lui mériter les faveurs passagères du roi.

Mme de Sainte-Hélène était une charmante créole de bonne famille, en puissance de mari, mais de mari complaisant. Remplie de grâces, jolie, vive, spirituelle et coquette, elle avait enfin tout pour plaire, lorsqu'à l'âge de vingt-quatre ans elle fit la connaissance de la maréchale de Mirepoix, qui la conduisit à Versailles et la présenta au roi.

Le marché se conclut sans difficulté, et le mari, satisfait, repassa les mers, laissant sa femme étaler à Paris un luxe scandaleusement éblouissant.

Mlle Lescot, fille de Clairval, de la Comédie italienne, avait *onze* ans lorsqu'elle fut présentée au roi. Elle fut admise d'emblée au pensionnat du Parc aux Cerfs.

Mlle de Malignan était de bonne famille ; elle avait de la beauté, mais peu ou point de fortune. Il paraissait donc difficile de l'établir, lorsqu'en 1770, le valet de chambre Lebel la rencontra au Palais-Royal. Il fut frappé de ses attraits, et, après avoir pris des informations sur le compte de cette jeune personne, il la fit passer dans les bras de Louis XV, *du consentement même de sa mère...*

Mme de Martinville, qui était femme d'un

fermier général, ne posséda qu'un moment les bonnes grâces du monarque, qui s'en dégoûta aussitôt. Mme de Martinville, disait-on alors, avait la même incommodité que la marquise de Pompadour.

La comtesse de Palun fut une personne remarquable à d'autres titres. Son nom de fille était *Bourier*; elle avait été servante à Lyon. Devenue comtesse, le roi entendit parler d'elle, voulut la voir, *s'expliqua*, n'éprouva point de refus. — Le lendemain, Mme de Palun était oubliée.

Autre singularité : Mme de la Rure était fille d'un apothicaire nommé Martin, et avait reçu une brillante éducation. Louis XV l'entendit chanter, et il en devint amoureux: Mme de la Rure céda.

Cette dame, à cinquante ans, se prit d'une belle passion pour un garde du corps, qui ne répondit point à ses avances. Désespérée de ses rigueurs, elle tomba dans une espèce de mélancolie frénétique qui la conduisit au tombeau.

S'il faut en croire Saint-Edme, Sa Majesté Louis XV ne serait venu à bout de Mme de Sades qu'en lui faisant prendre des pastilles de chocolat saupoudrées de cantharides; et cet infâme moyen ayant été employé dans une fête donnée à Chanteloup, beaucoup de seigneurs et de dames de la cour se seraient ressentis de la vertu singulière de ces pastilles.

On peut juger de l'effet qu'elles durent produire, si l'anecdote est vraie.

La baronne de Salis était femme d'un jeune officier suisse. Le roi en devint éperdument amoureux pendant un séjour qu'elle fit à Versailles. Il s'introduisit secrètement dans sa chambre, et à force d'instances, de prières ou d'autre chose, il triompha de la vertu de Mme de Salis. Mais cette malheureuse jeune femme en fut si fort affectée, qu'elle attenta à ses jours : le lendemain, on la trouva étranglée avec ses cheveux.

Nous avons déjà parlé de Mlle Tiercelin, devenue Mme de Bonneval, et entrée à *neuf* ans au Parc aux Cerfs; nous avons même vu qu'elle était devenue mère. Son fils, détail piquant, était cet abbé Leduc, qui ressemblait d'une manière si frappante à Louis XV, et qui osa demander aux juges de Louis XVI *le corps de son neveu* pour lui donner la sépulture.

Il y eut aussi une Mlle de Villo, qui était une véritable courtisane entretenue par M. de Clugny. Une aventure scandaleuse qu'elle eut au bois de Boulogne, avec quelques amies, donna au roi le désir de la connaître. Il est à croire que sa faveur ne fut pas de longue durée.

Mme de Villemane est plus intéressante. Elle n'avait pas moins de trente ans quand elle plut au roi. Cette femme fut une seconde Ninon de Lenclos. A soixante-douze ans, elle fit encore des passions.

Thomas, qui, tout philosophe qu'il était, a beaucoup aimé les femmes, disait souvent que personne ne lui avait fait une aussi grande impression que Mme de Villemane, et cependant elle avait cinquante passés la première fois que Thomas la vit...

Elle mourut peu de temps avant la Révolution.

Une Anglaise, à présent : Miss Witist. Cette jeune miss était demoiselle de compagnie de la duchesse de Devonshire, et l'accompagna à Paris, où elle fut connue sous le nom de *la belle Anglaise*. Louis XV l'aperçut à la chasse, chargea le duc de Richelieu de prendre des informations sur son compte, la fit suivre, et lui envoya une boîte enrichie de diamants, avec un bon de 30,000 livres.

C'était plus qu'il n'en fallait pour séduire cette beauté britannique, qui se sépara de la duchesse de Devonshire pour se rendre sur-le-champ à Versailles, où l'appelait *la reconnaissance*.

Il est bien entendu que cette liste est fort loin d'être complète; il n'y est même pas question de cette demoiselle de Romans, dont Mme Campan raconte la triste histoire, dont le père était chevalier de Saint-Louis, ce qui ne l'empêcha pas — au contraire, peut-être — de vendre au roi sa fille, à peine âgée de douze ans.

Mlle de Romans, qui avait un fils de Louis XV, pensa un moment remplacer la Pompadour, quand celle-ci fut morte; mais l'entourage du roi, qui commençait à en avoir assez de la direction despotique des femmes, y mit bon ordre.

Louis XV, du reste, n'y tenait pas; la Pompadour l'avait accoutumé à une orgie permanente d'une espèce particulière à laquelle il avait pris goût. Il avait aimé Mlle de Romans enfant, c'était des enfants qu'il lui fallait.

Souvent, pendant les nuits d'hiver, on lui amenait les pauvres petites pensionnaires du Parc aux Cerfs dans son palais de Versailles, pour l'*amuser*. On conduisit une fois à cet ogre fangeux une malheureuse innocente qui faillit mourir de honte et d'effroi dans ses bras. C'était en février 1756.

« Le roi, dit Michelet rapportant cette scène ignoble, avait quarante-sept ans. Ses excès de vin, de mangeaille, lui avaient fait un teint de plomb. La bouche crapuleuse dénonçait plus que le vice, le goût du vil. L'argot des petites canailles, qu'il aimait à parler, il le portait chez ses filles, si fières, leur donnant en cette langue des sobriquets étranges (*Loque* ou petit chiffon, *coche*, etc.). On peut juger par là des égards qu'il avait pour des enfants vendus.

« Il n'était pas cruel, mais mortellement sec, hautain, impertinent; et il eût cassé ses jouets.

« C'était un personnage funèbre au fond; il parlait volontiers d'enterrement, et si on lui disait : « — Un tel a la jambe cassée, » il se mettait à rire. Sa face était d'un croquemort. Dans ses portraits d'alors, l'œil gris, terne, vitreux fait peur. C'est d'un animal à sang froid.

« Méchant? Non, mais impitoyable. C'est le néant, le vide, un vide insatiable, et par là très sauvage.

« Devant ce monsieur blême, l'enfant eut peur, se sentit une proie.

« Il n'eut nulle bonté, nulle douceur, s'acharna en chasseur à ce pauvre gibier humain... »

Bref ce fut un viol, mais un viol dans tout ce que ce mot peut exprimer de plus hideux. Tout le château entendit les cris de l'enfant — et en rit beaucoup, sans aucun doute.

Qu'est-ce qui pouvait bien émouvoir Louis XV en ce genre? Il faudrait presque s'arrêter sur ceci, comme représentant le plus épouvantable des crimes; mais c'étaient ses crimes d'habitude, et l'on en citait d'autres, des incestes avec ses propres filles, notamment avec Mme Adélaïde, mère présumée du fameux Narbonne, — que d'autres, il est vrai, donnent pour fils à Mlle de Romans, sans plus de preuves.

L'année suivante, Damiens tenta d'assassiner ce monstre. Il ne fit que le blesser, et périt après avoir subi les plus horribles tortures.

On avait pensé d'abord que le canif de Damiens était empoisonné; mais on s'aperçut bientôt que c'était le contraire, et que c'était la chair royale qui avait communiqué son venin au canif.

Le roi en revint et continua de plus belle.

Précisément à l'époque de la tentative avortée de Damiens et à cette occasion, une pensionnaire du Parc aux Cerfs, honorée de la faveur du roi qui passait à ses yeux pour un seigneur polonais, fut l'innocente cause d'un incident qu'elle paya cher.

Voici ce que raconte à ce propos Mme du Hausset, femme de chambre de la marquise de Pompadour :

« Dans le temps de l'assassinat du roi, une jeune fille qu'il avait vue plusieurs fois et à laquelle il avait marqué plus de tendresse qu'à une autre, se désespérait de cet affreux événement.

« La mère abbesse, car on peut appeler ainsi celle qui avait l'intendance du Parc aux Cerfs, s'aperçut de la douleur extraordinaire qu'elle témoignait et fit si bien, qu'elle lui fit avouer qu'elle savait que le seigneur polonais était le roi de France. Elle avoua même qu'elle avait fouillé dans ses poches, et qu'elle en avait tiré deux lettres : l'une était du roi d'Espagne, l'autre était de l'abbé Broglio.

« La jeune fille fut grondée ; et on appela Lebel, premier valet de chambre, qui ordonna de tout, et qui prit les lettres et les porta au roi, qui fut fort embarrassé pour revoir une personne si bien instruite.

« Celle dont je parle, s'étant aperçue que le roi venait voir sa camarade secrètement, tandis qu'elle était délaissée, guetta l'arrivée du roi ; et, au moment où il entrait, précédé de l'abbesse, qui devait se retirer, elle entra précipitamment et furieuse dans la chambre où était sa rivale ; elle se jeta aussitôt aux genoux du roi :

« — Oui, vous êtes le roi, criait-elle, roi de tout le royaume ; mais ce ne serait rien pour moi si vous ne l'étiez pas de mon cœur. Ne m'abandonnez pas, mon cher sire ; j'ai pensé devenir folle quand on a manqué de vous tuer.

« L'abbesse criait :

« — Vous l'êtes encore !

« Le roi l'embrassa et cela parut la calmer. On parvint à la faire sortir ; et, quelques jours après, on conduisit cette malheureuse dans une pension de folles, où elle fut traitée comme telle pendant quelques jours ; mais elle savait bien qu'elle ne l'était pas, et que le roi avait été bien véritablement son amant.

« Ce lamentable événement, ajoute Mme du Hausset, m'a été raconté par l'abbesse, lorsque j'ai eu quelques relations avec elle, lors de l'accouchement d'une de ces demoiselles. »

Cette dernière circonstance, à laquelle fait allusion la femme de chambre de Mme de Pompadour, mérite bien aussi d'être rapportée à son tour.

Une autre pensionnaire du Parc aux Cerfs, fille d'un épicier parisien, devint donc enceinte. Le roi, de concert avec la favorite, résolut de faire conduire cette fille à Saint-Cloud, dans une maison de l'avenue du Château. Ils choisirent, toujours de concert, Mme du Hausset pour soigner la pauvre fille, veiller aux formalités et présider au baptême qui, de la manière dont il fut célébré, comportait ce que nous appellerions, de tout autre part, le crime de supposition d'enfant.

— Vous aurez soin de l'accouchée, n'est-ce pas ? dit le roi à Mme du Hausset. C'est une très bonne enfant, qui n'a pas inventé la poudre ; et je m'en fie à vous pour la discrétion. Puis se tournant vers Mme de Pompadour, il ajouta : Mon chancelier vous dira le reste.

Après quoi il sortit, laissant la marquise donner ses dernières instructions à sa femme de chambre.

— Vous aurez soin, lui dit Mme de Pompadour, de tenir compagnie à l'accouchée, pour empêcher qu'aucun étranger ne lui parle, pas même les gens de la maison. Vous direz toujours que le père est un seigneur polonais fort riche, et qui se cache à cause de la reine qui est fort dévote. Vous trouverez dans la maison une nour-

Le régent et ses filles.

rice à qui l'enfant sera remis, et tout le reste regarde Guimard. Vous irez à l'église comme témoin, et il faudra faire les choses comme le ferait un bon bourgeois. On croit que la demoiselle accouchera dans cinq ou six jours. Vous dînerez avec elle et vous ne la quitterez pas, jusqu'au moment où elle sera en état de retourner au Parc aux Cerfs, ce qui, je suppose, sera dans une quinzaine de jours, sans qu'elle coure aucun risque.

« Je me mis aussitôt, continue Mme du Hausset, car c'est elle-même qui raconte ces choses dans son journal, en mesure d'obéir aux ordres qui m'étaient prescrits. Je me rendis le soir même à l'avenue de Saint-Cloud, où je trouvai Guimard, mais sans habit bleu ; il y avait de plus une garde, une nourrice, deux vieux domestiques, et une fille, moitié servante, moitié femme de chambre.

« La jeune fille était de la plus jolie figure, mise fort élégamment, mais sans rien de trop marquant. Je soupai avec elle et avec la gouvernante, qui s'appelait Mme Bertrand. J'avais remis l'aigrette de Madame avant le souper, ce qui avait causé la plus grande joie à la demoiselle, et elle fut fort gaie.

« Mme Bertrand avait été femme de charge chez M. Lebel, premier valet de chambre du roi, et elle était sa confidentissime.

« La demoiselle causa avec nous après souper, et me parut fort naïve. Le lendemain j'eus avec elle une conversation particulière, et elle me dit :

« — Comment se porte M. le comte ? (C'était le roi qu'elle appelait ainsi.) Il sera bien fâché de n'être pas auprès de moi ; mais il a été obligé de faire un assez long voyage.

« Je fus de son avis.

« — C'est un bien bel homme, ajouta-t-elle, et il m'aime de tout son cœur. Il m'a promis des rentes ; mais je l'aime sans intérêt, et s'il voulait, je le suivrais dans sa Pologne.

« Elle me parla ensuite de ses parents et de M. Lebel, qu'elle connaissait sous le nom de Durand.

« — Ma mère, me dit-elle, était une grosse épicière droguiste, et mon père n'était pas un homme de rien : il était des six corps, et c'est, comme tout le monde sait, ce qu'il y a de mieux : enfin il avait pensé deux fois être échevin.

« Sa mère avait, après la mort de son père, essuyé des banqueroutes ; mais M. le comte était venu à son secours et lui avait donné un contrat de 1,500 livres de rente et 6,000 francs d'argent comptant.

« Six jours après, elle accoucha ; et on lui dit, suivant mes instructions, que c'était une fille, quoique ce fût un garçon ; et bientôt après, on devait lui dire que son enfant était mort, pour qu'il ne restât aucune trace de son existence pendant un certain temps ; ensuite on le remettrait à la mère.

« Le roi donnait dix à douze mille livres de rente à chacun de ses enfants. Ils héritaient les uns des autres, à mesure qu'il en mourait ; et il y en avait déjà sept ou huit de morts.

« Je revins trouver Madame, à qui j'avais écrit tous les jours par Guimard. Le lendemain, le roi me fit dire d'entrer ; il ne me dit pas une parole sur ce que j'avais fait, mais me remit une tabatière fort grande où étaient deux rouleaux de vingt-cinq louis chacun. Je fis ma révérence et je m'en allai. Madame me fit beaucoup de questions sur la demoiselle, et riait souvent de ses naïvetés et de tout ce qu'elle m'avait dit du seigneur polonais.

« — Il est dégoûté de la princesse, et je crois qu'il partira dans deux jours pour sa Pologne.

« — Et la demoiselle ? lui dis-je.

« — On la mariera en province avec une dot de quarante mille écus au plus et quelques diamants. »

« Cette petite aventure, qui me mettait dans la confidence du roi, loin de me procurer plus de marques de bonté de sa part, sembla le refroidir pour moi, parce qu'il était honteux que je fusse instruite de ses amours obscures.

« Il paraissait aussi un peu embarrassé des services que lui rendait Madame. »

Ab uno disce omnes. Mais, si Louis XV était si honteux des services ignobles que lui rendait sa maîtresse, il avait un moyen bien simple d'y mettre un terme, ce nous semble.

XLVI

La comtesse du Barry.

SOMMAIRE. — Maintien du Parc aux Cerfs après la mort de sa créatrice. — Petits appartements, petits châteaux. — La fille d'Anne Bécu. — Affaire Bécu contre Gomard. — Le parrain de Jeanne. — Le couvent. — Mlle Lançon, la modiste. — Mlle Vaubernier, dame de compagnie. — Mlle L'Ange, la « jolie fille » du tripot la Verrière. — Le monde où l'on s'amuse... aux dépens des autres. — Quelques portraits de souteneurs de la haute. — La Morlière, Sainte-Foix, le chevalier d'Arc, le prince de Soubise. — Le comte Jean du Barry, dit le Roué. — Les moyens d'existence du comte Jean. — Ses relations avec Lebel. — Lebel fait une découverte. — La nouvelle favorite, scène mêlée de couplets. — Un mariage d'inconvenances. — Belle-sœur et beau-frère. — Frère et sœur : le duc de Choiseul et la comtesse de Grammont. — Complot contre la favorite. — Diffamation par la voie de la presse. — Les Nouvelles à la main. — L'Apothicaire du roi Pétaud. — La présentation achetée cher. — Compte rendu non payé de la cérémonie. — La Du Barry s'organise une petite cour. — Elle change le ministère. — Le duc d'Aiguillon et l'abbé Terray. — L'argent des autres. — Un type d'abbé Louis XV. — Farces et prodigalités de la favorite. — Toute la bande Du Barry au même râtelier. — Le comte Jean et le Trésor. — Le roi songe à enrayer. — Signes précurseurs d'une fin prochaine. — La peur rend dévot. — Le parti de la réaction. — Dernière débauche de Louis XV. — Ses derniers jours. — La chambre mortuaire. — Le moribond. — Le cadavre. — Transport à Saint-Denis. — Taïaut! taïaut! — Trait malicieux de l'abbé de Sainte-Geneviève. — Choix d'épigrammes. — Le nouveau roi et la favorite de l'ancien. — Exil de la Du Barry. — Du pont aux Dames à Luciennes. — La Du Barry pendant la Révolution. — Attitude de ses fidèles serviteurs. — Son arrestation. — Son procès. — Une fin lamentable.

La mort de Mme de Pompadour n'entraîna point la fermeture du Parc aux Cerfs, comme on serait peut être tenté de le croire et comme le ferait supposer le témoignage de Mme du Hausset. Le fait est que, grâce aux soins des Lebel, des Bertin et autres, le harem royal ne manqua jamais de pensionnaires tant que dura la vie du roi. Et la preuve, c'est que ce fut une de ces pensionnaires, fille du concierge de Trianon, à peine âgée de quinze ans, qui, atteinte de la petite vérole, la communiqua au roi et causa ainsi sa mort.

Louis XV se livra à des excès qui nous paraissent dépasser, comme nous l'avons dit ailleurs, ceux de la régence même ; puisqu'on l'accuse également d'inceste et qu'on le pourvoyait d'enfants, il nous semble bien, en effet, qu'il fit pis que Philippe d'Orléans. Outre les « petits appartements » ménagés dans le palais et les châteaux qu'il habitait tour à tour, il avait fait établir aux châteaux de Choisy et de Trianon des tables volantes qui, à chaque service, disparaissaient à travers le plancher et étaient servies et desservies dans une pièce inférieure ; de sorte que, les convives loin des regards indiscrets de la domesticité, pouvaient se livrer sans gêne à toutes les turpitudes.

La table volante de Choisy existait avant celle de Trianon, qui ne fut établie qu'en 1769. Elle était d'un mécanisme fort simple, qui la rendait supérieure à celle du château de Choisy : comme celle-ci, elle s'élevait toute servie du parquet, avec quatre petites tables dites servantes, et lorsqu'elle était redescendue, le trou par lequel elle avait passé se recouvrait entièrement de feuilles de métal affectant la forme d'une rose.

Les passions ignobles de Louis XV ne pouvaient plus être satisfaites qu'au prix d'attentats audacieux à la morale et aux droits sacrés des familles. On multipliait les agents de la corruption ; on protégeait on récompensait les jeunes filles qui cédaient volontiers, on enlevait les autres de vive force à leurs familles ; on arrachait de leurs foyers et l'on plongeait dans les cachots des prisons d'Etat les pères et les époux qui osaient se plaindre des violences exercées contre leurs filles et leurs femmes.

Mais avant d'entrer dans plus de détails quant aux effets épouvantables de l'immonde dévergondage du roi sur son entourage immédiat et par suite sur le public en général, nous devons nous occuper de la dernière favorite, qui ne mérite pas moins que Mme de Pompadour d'arrêter l'attention, quoique pour d'autres motifs.

A un libertin blasé, usé, abêti, comme l'était Louis XV, il paraissait impossible de faire accepter une nouvelle favorite, car il lui fallait du nouveau, de l'imprévu, et où le prendre? Le fidèle Lebel ne fut pas longtemps embarrassé, il trouva l'objet, le merle blanc qui était nécessaire à son maître : une prostituée de bas étage, celle qui devint plus tard la comtesse du Barry !

Elle (nous tâcherons de donner son vrai nom tout à l'heure) naquit à Vaucouleurs, le 19 août 1746 — ou peut-être à une autre époque : nous avons quatre dates différentes sous les yeux, et nous choisissons celle-ci parce qu'elle est consacrée par arrêt de la cour de Paris. Comme elle était du même village que la Pucelle d'Orléans, on devait fatalement lui donner celle-ci pour ancêtre un jour ou l'autre : Capefigue, notamment, n'y a pas manqué.

Quant à ses parents immédiats, elle était, au dire d'un contemporain, le fruit du commerce d'un frère de Picpus, nommé le père Gomard, dont elle reçut le nom avant de prendre celui de Vaubernier, et d'une couturière, nommée Anne Bécu.

Au commencement, on s'occupa peu de la petite *Jeanne Bécu*, mais après sa mort, les Gomard et les Bécu s'étant rués d'un commun désaccord sur sa succession, il fallut bien recourir aux sources ; et l'acte de naissance, levé à Vaucouleurs pour servir de témoignage au procès, ayant prouvé que la défunte était « fille naturelle d'Anne Bécu », les Gomard furent purement et simplement déboutés de leurs prétentions. Rien n'est moins prouvé, du reste, que la paternité du frère Gomard, qui avait des concurrents.

Quoi qu'il en soit, la comtesse du Barry commença vraisemblablement sa carrière comme Jeanne Bécu ; puis, plus tard, sa mère ayant épousé un certain Vaubernier, commis aux barrières, elle s'empara de ce nom, comme plus euphonique sans doute. Un avantage de son extrême jeunesse est celui d'avoir été tenue sur les fonts baptismaux par un opulent financier, de passage à Vaucouleurs, nommé Billard de Monceau, mais ce ne fut qu'un avantage passager.

« Le hasard, dit à ce propos Saint-Edme, procura pour parrain à la jeune Marie-Jeanne le sieur du Monceau, qui, de suite après la cérémonie, quitta Vaucouleurs, où son service l'avait momentanément appelé. Plusieurs années s'écoulèrent. Le financier avait sans doute oublié sa filleule, lorsqu'un jour il la vit arriver chez lui, à Paris, accompagnée de sa mère. Celle-ci était veuve et dans la dernière misère ; du Monceau lui procura une place, et fit entrer la jeune fille dans la communauté de Saint-Aure, pour y recevoir quelque éducation. Il ne paraît pas que les religieuses fussent très satisfaites de la conduite de leur élève, qui déjà semblait promettre tout ce qu'elle a tenu par la suite. »

A sa sortie du couvent, elle entra, sous le nom de Mlle Lançon, dans le magasin de Mme Labille, marchande de modes de la rue Saint-Honoré. Là, elle se trouva en relation avec plusieurs compagnes, qui lui firent connaître le monde qu'elles fréquentaient, et l'initièrent à leurs plaisirs. Notre héroïne ne tarda pas à faire connaissance avec la Gourdan, célèbre maîtresse de mauvais lieu, dont nous avons déjà eu l'occasion de parler, et qu'on surnommait la « petite comtesse ».

Mlle Lançon fréquentait, avec plusieurs de ses camarades, sans aucun doute, la maison de la Gourdan, comme Messaline, jadis, le lupanar des bords du Tibre, et elle n'y manquait pas de clients. Pendant cette période vertueuse de sa vie, elle noua une intrigue avec un jeune commis de la marine, nommé Duval, son voisin de palier, qu'elle alla innocemment trouver dans sa chambre, après l'avoir agacé de toutes les manières pour attirer son attention.

Mais cette idylle dura ce que durent ordinairement les idylles, quelques semaines, et la jolie modiste vola vers d'autres plaisirs.

Mlle Lançon quitta le magasin de modes de la rue Saint-Honoré, pour entrer, en qualité de dame de compagnie, chez Mme la Garde, veuve d'un fermier général. L'ex-modiste crut, en changeant de maison, devoir aussi changer de nom; elle se fit appeler, à cette époque, Mme Vaubernier.

Sous ce nouveau nom, elle ne fut pas plus sage. Ayant eu une double intrigue avec les deux fils de Mme la Garde, elle fut renvoyée chez sa mère, devenue Mme Vaubernier, et qui demeurait rue de Bourbon.

Le temps passé chez Mme la Garde n'avait pas été perdu pour Mlle Vaubernier. Elle y avait rencontré une foule de gens distingués à des titres divers, et entre autres Diderot, d'Alembert, Voltaire, Grimm, Marmontel, dont la conversation était tant soit peu différente de ce qu'elle avait entendu jusque-là; elle y prit donc les manières de la bonne société et une teinture littéraire sous laquelle son faux vernis de grisette dévergondée disparaissait entièrement.

En sortant de cette maison fréquentée par la bonne compagnie, Mlle Vaubernier, transformée en Mlle l'Ange, entra dans une maison où la plus brillante, sinon la meilleure, n'était pas moins assidue.

Cette maison avait pour maîtresses les sœurs de la Verrière, célèbres dans « le monde où l'on s'amuse » aux dépens des autres. Ces demoiselles, en effet, tenaient le sceptre de la haute *bicherie*, et cumulaient l'attrait du jeu avec celui de la galanterie pour retenir plus sûrement leur clientèle. On rencontrait chez elle, en conséquence, des grands seigneurs et des gros financiers, des Grecs et des Alphonses gros et menus: Radix de Sainte-Foix, les chevaliers d'Arc et de la Morlière, le prince de Soubise, le héros de Rosbach, et bien d'autres de même farine, quoique généralement de moins haute extraction.

Les demoiselles de la Verrière s'entouraient de jolies filles, comme tant d'autres de nos jours encore, qui tiennent tripot; et c'est à ce titre que Mlle l'Ange avait trouvé place chez elles.

Veut-on un bout de biographie sur les principaux personnages reçus dans cette maison? Voici premièrement la Morlière, bretteur, filou et souteneur de filles, reçu partout néanmoins, parce qu'on avait peur de lui; il avait la figure du personnage qu'il remplissait si bien, d'ailleurs, et par conséquent ne trompait personne.

Radix de Sainte-Foix était un financier véreux, proprement un escroc, vivant de chantage et même de pis. Il devint aisément l'amant en titre de l'ex-modiste, mais il voulut l'exploiter en règle, et Mlle l'Ange n'en était pas encore là, de sorte qu'ils se brouillèrent.

Le chevalier d'Arc, avec de belles manières, une taille parfaite, une figure distinguée et tous les dehors d'un homme de son rang, ne valait guère mieux au fond que le chevalier de la Morlière : c'était un véritable roué dans toute la force du terme.

Voici un trait de lui qui le peint dans toute son effronterie : Il avait eu à se plaindre de la duchesse de la V..., sa maîtresse; que fit-il? Il découpa en rond la fin d'une de ses lettres où étaient quelques phrases très significatives, la mit sous glace, et la fit placer sur une énorme tabatière garnie d'un cercle de diamants. Il portait négligemment ce trophée sur la table où il jouait, et chacun pouvait venir lire à son aise les extravagances de la duchesse; le chevalier ne demandait pas mieux. Cela occasionna un scandale épouvantable. Le roi en fut instruit, et envoya au chevalier un de ses gentilshommes ordinaires, avec l'ordre de faire brûler, sous ses yeux, le dessus de la tabatière, et ce qui pouvait rester de cette curieuse correspondance.

Toute la conduite du chevalier était parfaitement en rapport avec ce trait-là.

Le prince de Soubise était le digne compagnon du chevalier d'Arc. Malgré son immense fortune, les agréments de son esprit, la douceur de son caractère, et la confiance intime dont le roi l'honorait, il ne jouissait d'aucune estime, ni à la ville, ni à la cour. Jamais il ne fut grand seigneur plus *populacier* jusqu'à lord Seymour.

Nous avons déjà dit qu'il s'était fait le favori des favorites; ce n'est rien : non content de courir les lieux les plus infâmes et de fréquenter des sociétés dont nous venons de donner un spécimen, il était le protecteur des maisons de prostitution les plus notoires, et le duc d'Aiguillon pouvait dire de lui, sans crainte de se tromper: « Le prince de Soubise a dans son département les provinces Gourdan, Levacher et autres semblables. »

Il passa les dernières années de sa vie chez la Guimard, faisant avec une morgue risible les honneurs de la maison.

Mlle l'Ange, brouillée avec Sainte-Foix, étendit le cercle de ses connaissances. Beaucoup de femmes de qualité faisaient alors le métier de Mlles de la Verrière, une espèce de concurrence *noble* à la Gourdan et autres, ce qui pouvait se faire sans déroger selon les mœurs du temps; Mlle l'Ange fréquenta ces dames, qui la reçurent toutes avec distinction — et profit.

Ce fut dans une de ces maisons qu'elle rencontra Jean du Barry, dit le *Roué*. Il n'était plus de la première jeunesse : il pouvait avoir de quarante-quatre à quarante-cinq ans; et avec sa mauvaise santé et sa mauvaise humeur continuelle, on lui aurait donné davantage. C'était un homme bien né, sa famille était alliée à ce qu'il y avait de mieux dans la Gascogne et le Languedoc. Elle n'était pas riche; tant s'en faut! Le comte du Barry avait épousé une femme respectable et aisée. Mais emporté par ses passions et le besoin de faire fortune, il était venu à Paris; se trouvant sans ressources, il avait fait des dettes, et les avait payées avec la gloire du jeu et les charmes de ses maîtresses qu'il savait faire valoir à propos.

La beauté de Mlle l'Ange le frappa; il comprit le parti qu'il pouvait en tirer.

« C'était alors, dit Morande, une nymphe toute fraîche, qui n'était point encore connue dans l'ordre des courtisans, et dont la figure voluptueuse et les grâces folâtres devaient à coup sûr faire tourner une multitude de têtes. Il chercha donc à cultiver la jeune personne et à l'éblouir par des promesses les plus magnifiques. Il lui fit l'énumération des filles qui avaient avancé sous ses auspices, s'étaient illustrées, et étaient alors citées comme du plus grand ton... »

Mlle l'Ange, enchantée du rôle que le comte Jean promettait de lui faire jouer, acquiesça à sa proposition, et le jour même elle allait s'établir dans l'appartement du gentilhomme gascon.

Huit jours après cette installation, lorsque le comte Jean sentit sa passion un peu amortie, il dit à sa maîtresse :

« Voilà qui est fait, à présent je ne suis plus jaloux. »

Et il se mit à l'exploiter dans les règles, et en tira, paraît-il, de gros bénéfices.

« Nous ne pouvons, dit un auteur déjà cité, donner la liste des gens illustres auxquels le comte Jean a communiqué un trésor dont il se réservait adroitement la propriété. Ces marchés secrets n'ont qu'une publicité vague, sans qu'on puisse assigner exactement les copartageants.

« Il est constant, d'ailleurs, qu'outre les seigneurs, M. du Barry ne refusait pas les matadors de la finance en état de payer ses services et en volonté de les acheter au poids de l'or. »

Ce fut dans ce temps-là que M. du Barry fit la rencontre de Lebel, en quête d'une nouveauté.

— J'ai votre affaire, lui dit du Barry. Venez tantôt dîner chez moi, et je vous montrerai la plus fraîche, la plus jolie, la plus séduisante créature que vous ayez jamais vu ! Un vrai morceau de roi !

Lebel vint, vit et fut vaincu : à telles enseignes qu'il traita sur-le-champ.

L'affaire convenue, la nouvelle odalisque est introduite dans les petits appartements du château. Le roi est enchanté... il est heureux de sa bonne fortune ; il avait éprouvé des plaisirs qu'il ne soupçonnait pas !

— Sire, lui dit un de ses courtisans à qui il faisait part de sa félicité, on voit bien que vous n'êtes jamais allé au... — mais le mot qu'employa l'illustre duc est trop énergique pour supporter la reproduction.

Si mystérieusement que Louis XV gardât sa « comtesse » près de lui (car Lebel la lui avait présentée sous le nom de comtesse du Barry), le public eut bientôt découvert le pot aux roses, et les couplets commencèrent à pleuvoir. En voici quelques-uns, ou du moins une portion suffisante, le reste étant impossible à reproduire :

. . . .
   Elle excite avec art
   Un vieux paillard.

   En maison bonne
Elle a pris des leçons :
Elle a pris des leçons
   En maison bonne,
Chez Gourdan, chez Brisson ;
Elle en sait long.

   Que de postures !
Elle a lu l'Arétin ;
Elle a lu l'Arétin,
   Que de postures !
Elle en sait en tous sens
Prendre les sens.

   Le roi s'écrie :
L'Ange, le beau talent !...
. . . .

Les satires et les couplets ne produisirent d'autre effet sur Louis XV que de le mettre en colère. Le monarque n'en persista pas moins à conserver auprès de lui, mais le plus mystérieusement possible, celle qui excitait toutes ces clameurs. Lebel, qui voyait prendre à la fausse comtesse chaque jour plus d'empire, fut effrayé des suites de son imposture ; il déclara à Louis XV qu'il l'avait trompé, que la nouvelle favorite était loin d'être une femme de qualité, qu'elle avait été introduite sous un faux nom, et qu'elle n'était pas mariée.

— Tant pis, dit le roi, qu'on la marie, et qu'on me mette dans l'impossibilité de faire une sottise.

Ceci était un ordre, et Jean du Barry, qui ne demandait pas mieux, se chargea de l'exécution. Il avait un frère, Guillaume du Barry, qui valait encore moins que lui ;

il n'eut pas de peine à le persuader d'épouser la favorite en expectative.

Guillaume du Barry vit sa femme pour la première fois le jour de son mariage à Saint-Laurent, le 1er septembre 1768, la quitta en sortant de l'église, prit la poste et se retira à Toulouse, bien pourvu.

De la sorte, Jeanne Bécu devint la belle-sœur du comte Jean, son ancien amant, et échangea tous ses noms d'emprunt contre le nom légitime de comtesse du Barry.

« Le roi, dit Saint-Edme, fut enchanté de la conclusion de cette affaire, et l'ambition de la nouvelle famille de la comtesse ne connut plus de bornes. Le comte Jean, homme froid et réfléchi, jugea sainement sa position personnelle, celle de sa belle-sœur et de ses autres parents ; il agit en conséquence.

« D'après la connaissance qu'il avait du caractère et de l'esprit de son ancienne maîtresse, il résolut d'avoir continuellement l'œil sur elle, de la diriger dans ce monde inconnu dont elle ignorait encore les habitudes ; en un mot, de lui dicter un plan de conduite dont elle n'eût pas à s'écarter : mais ce plan demandait beaucoup d'adresse et de circonspection. Heureusement pour lui, sa belle-sœur avait dans ses conseils une aveugle confiance ; seulement il fallait dérober aux regards de la cour les fils secrets qu'il allait faire mouvoir.

« Pour mieux y parvenir, il parut abandonner la favorite à elle-même, et s'en éloigna. Il eut soin toutefois de mettre auprès d'elle une demoiselle du Barry, sa sœur, assez laide pour n'inspirer aucun soupçon de rivalité, mais fine et spirituelle. »

Jean du Barry ne s'était pas retiré plus loin que Paris, et sur la route de Paris à Versailles, il se passait peu de demi-journées où l'on ne vit pas de ses messagers aller ou revenir, quand même ce n'était pas la favorite qu'on y rencontrait.

L'élévation de cette favorite rencontra plus d'opposition que celle d'aucune autre, quoique au fond elle ne valût pas beaucoup moins ; mais il y avait des ambitions frustrées plus que des délicatesses froissées dans cette affaire ; il y avait des postulantes à la couche royale qui, s'appuyant sur leur haute naissance, trouvaient inconvenant que Louis XV fût allé chercher sa maîtresse dans le seul monde où devrait se trouver cette espèce de femelles, lorsqu'il avait sous la main tant de bonnes volontés.

La duchesse de Grammont, sœur du duc de Choiseul avec lequel la rumeur publique l'accusait de vivre plus que fraternellement — qui s'était avancée autant qu'elle avait pu dans les bonnes grâces du roi et comptait sur l'héritage de la Pompadour, fut donc mise hors d'elle-même, lorsqu'elle se vit supplantée par cette « rien du tout. » Elle n'eut pas de peine à faire entrer son frère dans sa cause, et celui-ci, fort de ses services, de dix années passées au ministère, dans la plus entière sécurité, entreprit d' « ouvrir les yeux » de son maître.

Mais s'il est peu de maîtres qui aiment à ce qu'on leur ouvre les yeux de force, on doit penser que Louis XV avait, moins qu'aucun autre, de penchant pour cette opération, et Choiseul aurait dû songer à cela, accepter les avances de la comtesse du Barry et envoyer paître sa sœur qui, déjà mûre, revêche et d'une beauté plus que médiocre, n'était intéressante à aucun degré. L'ancien ami de Mme de Pompadour préféra agir contre la nouvelle favorite, et cherchant dans son passé, qui n'était ni éloigné ni bien caché, la diffamer ou plutôt la faire diffamer par les pamphlétaires, les nouvellistes, les faiseurs d'historiettes et de vaudevilles, par tous les écrivains, en un mot, avec lesquels il se trouvait en bon termes.

Il mit d'abord tous ses espions en cam-

Mort du régent.

pagne, avec mission de rétablir la filiation des aventures scandaleuses de la Du Barry, qu'il fit consigner dans les vaudevilles, les nouvelles manuscrites, les historiettes colportées dans les cercles. La police, à ses ordres, loin de jeter officieusement le voile sur les turpitudes du souverain, contribua la première à les divulguer. Voici un échantillon de ces *nouvelles*, dites *à la main*, qui étaient répandues et colportées à travers tout Paris par les soins du ministre :

3 septembre 1768... « Il a paru à Compiègne une comtesse du Barri, qui a fait grand bruit par sa figure. On dit qu'elle plaît à la cour, et que le roi l'a très bien accueillie. Sa beauté et cette prompte célébrité ont excité les recherches de beaucoup de gens. On a voulu remonter à l'origine de cette femme ; et si l'on croit ce que l'on publie, elle est d'une naissance très ignoble : elle est parvenue par des voies peu honnêtes, et toute sa vie est un tissu d'infamies. Un certain du Barri, qui se prétend issu des Barrimore d'Angleterre, et qui l'a fait épouser à son frère, est l'instigateur de cette nouvelle maîtresse. On assure que le goût et l'intelligence de cet aventurier dans le détail des plaisirs, le font aspirer à la

confiance du roi pour les amusements de Sa Majesté, et qu'il succédera au sieur Lebel en cette partie. »

Voltaire lui-même se mit de la partie, et fit paraître à cette occasion l'*Apothéose du roi Pétaud* qui ne s'attaquait pas seulement à la favorite, mais aussi bien au roi. Voici quelques vers de ce conte épigrammatique :

Il vous souvient encor de cette tour de Nesles :
Mivintille, Lymail, Rouxchâteau, Papadour ;
Mais dans la foule, enfin, de peut-être cent belles,
   Qu'il honora de son amour,
Vous distinguez, je crois, celle qu'à notre cour
On soutenait n'avoir jamais été cruelle.
   La bonne pâte de femelle !
Combien d'heureux ât-elle dans ses bras !
Qui, dans Paris, ne connut ses appas !
Du laquais au marquis; chacun se souvient d'elle.

Cela, au reste, finit ainsi :

Qui met sa confiance en un homme sans tête,
   Et qui peut croire une catin,
   Ne sera jamais qu'une bête.

Choiseul était mal inspiré décidément ; il ne réussit point à détacher le roi de sa nouvelle maîtresse et s'attira la haine de celle-ci qui, devinant d'où lui venaient les coups, n'eut de repos qu'elle ne se fût vengée.

Mais avant d'en venir là, son ambition, vraisemblablement stimulée par son beau-frère qui voulait la voir installée sûrement, était d'avoir ses entrées dans les grands appartements comme toutes les personnes reçues à la cour, et elle mit tout en œuvre dès lors pour obtenir ce beau résultat.

Mais d'abord, il fallait trouver une marraine qui consentît à la présenter en grande cérémonie ; et la difficulté était non seulement de trouver une personne assez dévouée pour remplir ce rôle, dans cette circonstance, mais aussi d'avoir l'assentiment du monarque, qui redoutait le scandale et les cris que cette présentation pourrait causer. La comtesse, endoctrinée et encouragée par son beau-frère, le comte Jean, ne se laissa pas effrayer par les difficultés : elle commença par mettre de son côté plusieurs personnages influents, tels que le duc d'Aiguillon, le duc de Richelieu, le conseiller Maupeou, et plusieurs autres seigneurs, puis elle se décida à parler au roi de ce qu'elle appelait son plus cher désir.

Avec l'appui de ces honnêtes complices, elle finit par l'emporter, malgré la répugnance évidente du roi, et surtout malgré l'énergique opposition de ses filles (la reine étant morte), vivement encouragées dans leur résistance par Choiseul et son parti, qui était dans une certaine mesure, après tout, le parti des honnêtes gens.

La présentation officielle de la comtesse du Barry était donc une affaire décidée. Il ne restait plus qu'à trouver une marraine qui se chargeât du cérémonial. Aucune dame de la cour ne voulait servir d'introductrice à l'ancienne modiste de la rue Saint-Honoré ; et le projet de la présentation faillit ainsi tomber un moment de lui-même.

Ce dénouement à tant d'intrigues ne convenait point du tout au comte Jean, qui voyait dans cette défaite la perte prochaine de la faveur de sa belle-sœur, ainsi que des rentes énormes qu'il prélevait chaque mois sur la cassette particulière de celle-ci.

Après bien des recherches, des peines, des démarches, il trouva enfin la marraine si désirée. C'était une madame de Béarn, vieille plaideuse qui s'était ruinée en procès, et qui était bien aise de refaire sa fortune par un moyen quelconque. Elle consentit à tout ce que l'on voulut d'elle, à la condition qu'on lui donnerait deux cent mille livres pour elle et un régiment pour son fils.

La présentation de cette manière put avoir lieu, et elle fut fixée au 22 avril 1769.

Il y eut encore à cette occasion une

guerre de chansons et d'épigrammes, qui vinrent de nouveau échouer devant la ferme volonté de Louis XV. Parmi les nombreux couplets qui parurent à cette époque, il y en eut plusieurs à la louange de la favorite. Parmi ces derniers nous citerons les plus remarquables ; ce sont ceux qui furent attribués au chevalier de Boufflers :

> Lisette, ta beauté séduit
> Et charme tout le monde.
> En vain la duchesse en rougit
> Et la princesse en gronde :
> Chacun sait que Vénus naquit
> De l'écume de l'onde.
>
> En vit-elle moins tous les dieux
> Lui rendre un juste hommage.
> Et Pâris, ce berger fameux,
> Lui donner l'avantage,
> Même sur la reine des cieux,
> Et Minerve la sage?
>
> Dans le sérail du Grand-Seigneur,
> Quelle est la favorite?
> C'est la plus belle au gré du cœur
> Du maître qui l'habite ;
> C'est le seul titre en sa faveur,
> Et c'est le vrai mérite.

On trouve dans les *Nouvelles à la main*, le compte rendu suivant de la présentation :

« Le vendredi soir (21 avril), en revenant de la chasse, le roi annonça qu'il y aurait une présentation le lendemain... que ce serait celle de Madame du Barri. Le soir, un bijoutier apporta pour cent mille francs de diamants à cette dame. Le lendemain, l'affluence fut si grande, qu'on la jugea plus nombreuse que celle occasionnée précédemment par le mariage de monseigneur le duc de Chartres; au point que le monarque, étonné de ce déluge de spectateurs, demanda si le feu était au château. Madame la comtesse du Barri a été fort bien reçue de Mesdames', et même avec des grâces particulières. Le lendemain, dimanche, elle a assisté à leur dîner. Tous les spectateurs ont admiré la noblesse de son maintien et l'aisance de ses attitudes. Ce rôle de femme de cour est ordinairement étranger les premiers jours qu'on le fait ; et madame du Barri l'a rempli comme si elle y eût été habituée depuis longtemps. Depuis lors, madame la comtesse du Barri donne des soupers où elle invite tous les grands de la cour et les ministres. Au bas de l'invitation, on assure qu'on lit ces mots : *Sa Majesté m'honorera de sa présence.* »

Les femmes ne répondirent pas tout de suite à ses invitations ; mais, insensiblement, leur orgueil s'humanisa, et on les vit les unes après les autres se jeter dans les bras de la favorite. La comtesse de l'Hôpital, Mme de Valentinois, la maréchale de Mirepoix, donnèrent l'exemple ; le comte de la Marche vint grossir le nombre de ses adorateurs, et le prince de Condé se crut très honoré de la recevoir avec le roi dans son château de Chantilly. C'est ainsi que les noms les plus illustres de la monarchie rivalisaient de bassesse pour faire leur cour à la maîtresse du roi.

La position de l'ex-modiste, de l'ancienne externe de la Gourdan et des demoiselles de la Verrière était désormais assise sur des bases solides, elle en profita pour remplacer le ministère Choiseul par un ministère à sa dévotion, c'est-à-dire composé de ses amis, de ses premiers protecteurs à la cour : le duc d'Aiguillon fut appelé au département des affaires étrangères ; le marquis de Monteynard, à celui de la guerre ; le duc de la Vrillère, à celui du palais; le marquis de Boisnes, à celui de la marine, et l'abbé Terray, à celui des finances. Les membres les plus saillants de ce ministère étaient le duc d'Aiguillon et l'abbé Terray.

D'Aiguillon, outre la bassesse servile de sa conduite envers Mme du Barry, qui pouvait avoir la reconnaissance pour prétexte, était propre à toutes les infamies. Au point de vue de la manière dégagée dont les affaires de son département étaient dirigées, il nous suffira de rappeler que c'est sous son ministère qu'eut lieu le premier partage de la Pologne.

Quant à l'abbé Terray, la désinvolture de ce financier avait quelque chose de phénoménal ; c'est lui qui répondait un jour à quelqu'un de ses familiers qui lui reprochait de « prendre l'argent dans la poche des sujets de Sa Majesté. »

— Où diable voulez-vous que je le prenne ?

Comme homme privé, l'abbé Terray était digne de figurer, non au ministère des finances, mais plutôt à la direction du Parc-aux-Cerfs, — et pour dire notre sentiment tout entier, un ministère composé des deux du Barry et de Lebel eût certainement mieux valu qu'un ministère composé de d'Aiguillon, Terray et Maupeou.

« L'abbé Terray, dit un chroniqueur, était certainement l'abbé le plus cynique, le plus voluptueux, le plus corrompu de l'époque. Indifférent au bien ou au mal, il faisait l'un sans goût, et l'autre sans remords. Sous Henri IV, il eût peut-être été un Sully ; sous Louis XV, il fut tout autre chose ; il se montra digne du maître qu'il servait. L'abbé Terray ne connaissait point les douceurs de l'amour ; mais il avait du tempérament, et il apportait dans sa lubricité le même sang-froid que dans tout le reste. Dans sa maison de la rue Notre-Dame-des-Champs, il avait un lit superbe, dond le fond était garni d'un rideau voilé ; en levant le rideau, on trouvait une femme nue, et il disait aux curieuses :

« Mesdames, voilà le costume. »

« Il avait beaucoup de maîtresses, mais il avait pour principe de ne s'attacher à aucune. La baronne de la Garde, l'une d'elles, vendait assez publiquement les faveurs de ce ministre ; celui-ci se prêtait à ce trafic, parce qu'il était commode de la payer ainsi ; mais dès qu'il vit que cela pouvait lui faire tort, et qu'il en résultait des murmures trop dangereux, il la fit exiler et la renvoya de chez lui très durement.

« Il avait sans scrupule des relations intimes avec Mme Damerval, sa bâtarde ; c'était un morceau friand qu'il s'était réservé ; il avait fait élever cette jeune personne exprès pour son lit ; il s'en détacha quand il plut à Mme du Barry, et qu'il fut question de la proposer à Louis XV. »

Le chancelier Maupeou, hâtons-nous de le dire, valait un peu mieux que ses deux complices, et les autres ministres un peu aussi, pas beaucoup.

L'auteur de la *Vie privée de Louis XV* nous présente un tableau bien curieux de la cour sous le règne de la du Barry :

« Quoi de plus extravagant, dit-il, que tout ce qui se passait alors à la cour ; que les scènes privées entre les deux amants, toujours trop publiques, puisque des témoins indiscrets les révélaient !

« Une fois, c'est Mme du Barry qui, en présence du roi et de son notaire, sortait nue de son lit, se faisait donner une de ses pantoufles par le nonce du pape, et la seconde par le grand aumônier ; et les deux prélats s'estimaient trop dédommagés de ce vil et ridicule emploi, en jetant un coup d'œil furtif sur les charmes secrets d'une pareille beauté.

« Une autre fois, c'était la marquise de Roses, dame pour accompagner Mme la comtesse de Provence, fouettée par les femmes de chambre de la favorite, sous ses yeux, sous prétexte que le roi, l'excusant sur sa jeunesse à l'égard de quelque manquement envers elle, avait dit en riant :

« — Bon ! c'est une enfant propre à recevoir le fouet !

« Et ces deux folles s'embrassant ensuite et se liant plus étroitement que jamais !

« C'était par une adulation plus méprisante que le duc de Tresme, ne trouvant pas la favorite chez elle, écrivait à sa porte :

« Le sapajou de M⁰⁰ la comtesse du « Barry est venu pour lui rendre ses hommages et la faire rire » — parce que la favorite s'amusait de la bosse de ce seigneur, et qu'il s'estimait d'en être le joujou !

« C'était M. de Boisnes, accordant la croix de Saint-Louis à un commissaire de la marine, en reconnaissance d'une perruche dont il avait fait présent à la comtesse.

« Quel comique indécent encore, de voir M⁰⁰ du Barry frappant sur le ventre du duc d'Orléans, qui venait la solliciter d'être favorable à son mariage avec la comtesse de Montesson, et lui dire :

« — Gros père, épousez-la toujours ; nous verrons à faire mieux ensuite : vous sentez que j'y suis fortement intéressée.

« Comme si elle n'eût pas désespéré de marcher quelque jour sur les traces de M⁰⁰ de Maintenon.

« Rien n'égalait, sans doute, l'abjection de Louis XV, qui, partageant avec Zamore, le négrillon de cette dame, ses faveurs, pour plaire à celle-ci, créait celui-là gouverneur du château de Luciennes, aux appointements de six cents livres, et lui en faisait sceller les provisions par le chancelier ; de ce Louis XV qui, se laissant assimiler par sa maîtresse à ses valets, en avait reçu le surnom de *la France*, et s'en égayait dans ses petits cabinets, où il aimait à faire lui-même son déjeuner.

« Qui dans le royaume n'a su ce propos de M⁰⁰ du Barry dans son lit, pendant que le roi, préparant le café, était distrait de quelque autre objet :

« Eh ! prends donc garde, la France, ton café f... le camp. »

« C'était cette même femme, si dévergondée, si grossière, si dégoûtante dans son intérieur, qui donnait audience aux ambassadeurs ; qui se voyait entourée des députés des confédérés, de ceux de toutes les petites principautés d'Allemagne, tremblantes pour leur destin lors du partage de la Pologne, et sollicitant sa protection auprès du roi pour leur soutien.

« C'était cette même femme que Louis XV promenait en triomphe au décintrement du pont de Neuilly, fête dont les princesses et M⁰⁰ la Dauphine avaient été exclues, afin que rien ne pût l'éclipser.

« C'était cette femme qui lui faisait trouver mauvais que l'héritier présomptif du trône l'eût écartée de la société de son auguste compagne, dans un souper de raccommodement qu'une intrigante de la cour avait imaginé, au point d'en témoigner son humeur en s'écriant :

« — Je vois que mes enfants ne m'aiment pas ! »

« C'était cette même femme pour qui l'on travaillait une toilette d'or, quoique la Dauphine n'en eût pas, et que la reine n'en eût jamais eue : on remarquait surtout le miroir surmonté de deux petits Amours tenant une couronne suspendue sur sa tête, toutes les fois qu'elle s'y regardait...

« C'était cette femme qui, ne se trouvant pas assez bien logée au palais d'une princesse du sang, avait fait bâtir le nouveau pavillon de Luciennes, colifichet dont on ne pouvait calculer la dépense, parce que tout y était de fantaisie et n'avait d'autre prix que la cupidité de l'artiste et la folie du propriétaire.

« C'était cette femme enfin qui, sur des chiffons signés de sa main, puisait à son gré au fisc public, elle et tous les siens ; qui coûtait plus à elle seule que toutes les maîtresses que Louis XV avait eues jusque-là, et, malgré la misère des peuples et les calamités publiques, allait tellement croissant en prodigalités et en déprédations, qu'elle eût en peu d'années englouti le royaume, si la mort de Louis XV n'y eût mis un terme. »

Ce qui est certain, en tout cas, c'est que tous les membres de la famille de rencontre de la favorite, et principalement le comte Jean du Barry, tiraient d'elle toutes les sommes qu'ils pouvaient.

Ce dernier ne se faisait aucun scrupule d'avouer la source où il puisait l'argent qu'il dépensait ou qu'il exposait souvent au jeu. Un jour, perdant une somme considérable sur parole, et son adversaire paraissant inquiet sur le payement :

« Soyez tranquille, lui dit le comte, *Frérot* (c'est ainsi qu'il appelait Louis XV) payera tout cela. »

Une autre fois il se vantait des dépenses qu'il faisait. Quelqu'un lui faisant remarquer qu'il épuisait le trésor :

— L'accusation est injuste, répondit-il, je n'en suis qu'à mon cinquième million.

La faveur de madame du Barri ne finit qu'avec la mort de celui qu'elle avait si bien captivé. En 1773, divers avertissements de la nature montraient au roi qu'il n'était plus propre aux plaisirs de l'amour. Lui même avait dit à son chirurgien :

— Je vois bien qu'il faut que j'enraye.

Sur quoi celui-ci lui avait répondu avec franchise et sur le même ton :

— Sire, vous feriez bien mieux de dételer tout à fait.

La mort du marquis de Chauvelin, l'un de ses compagnons de débauche, et tombé sous ses yeux dans une orgie, l'avait vivement frappé : il y songeait sans cesse. Celle du maréchal d'Armentières, à peu près semblable, et presque de l'âge du monarque, avait augmenté sa mélancolie. Enfin, un sermon prêché devant lui, le jeudi saint, par le fameux évêque de Senez, avait fait entrer le remords dans son cœur.

Il était temps !

Cependant, comme le remords conduisait le roi à une dévotion plus outrée, plus scrupuleuse qu'il n'en avait jamais manifesté, cela ne faisait pas le compte de tout le monde, et un conciliabule tenu chez la Du Barry décida qu'il fallait tirer le roi de ce « mauvais pas, » par quelque moyen inspiré de la Pompadour, c'est-à-dire en lui ménageant quelque orgie imprévue et saisissante, en offrant à sa lubricité inextinguible quelque objet nouveau capable de le séduire et de réveiller son ardeur épuisée.

On l'amena donc à ordonner un voyage à Trianon, et ce fut là qu'on lui présenta la jeune fille du concierge, qui, fraîche et pleine de santé qu'elle paraissait, recélait dans son sein les germes mortels de la petite vérole qu'elle communiqua à l'immonde vieillard.

De retour à Versailles le 1er mai 1774, il s'alitait ; le cinq il faisait éloigner la favorite, pour qu'on ne lui fasse pas « renouveler ici la scène de Metz. » Tous les du Barry la suivirent prudemment dans sa retraite, ce qui fit dire que les *tonneliers* allaient avoir de l'occupation, parce que tous les *barils* fuyaient.

Voici une relation des derniers moments, de la mort et des obsèques de Louis XV dit le Bien-Aimé, avec une description de la chambre où il rendit son âme on ne sait à qui, dont l'exactitude est absolue. Le tableau est assez triste, mais non exagéré, au contraire :

Afin d'avoir plus de facilité pour le servir, on déplaça le lit de l'alcôve de sa chambre à coucher et on l'installa au milieu de la salle.

Cette chambre à coucher était située dans la partie du château faisant retour au levant et se développant le long de la cour de marbre, côté nord. Elle était comprise dans l'ensemble des pièces dites « petits appartements. » On y pénétrait par le salon du conseil attenant à la chambre à coucher de Louis XIV.

Dans ce salon, que visite avec tant de curiosité le public, est la table ronde couverte d'un vaste tapis de velours vert autour de laquelle se groupaient les ministres du conseil, présidé par le grand roi.

La chambre à coucher de Louis XV prenait jour sur la cour de marbre. Il y avait une grande alcôve. Auprès du lit était une porte. C'était le passage secret communiquant avec l'appartement de Mᵐᵉ Dubarry, que le roi n'avait pas eu honte d'établir dans le château auprès de sa famille même.

Sur le mur du fond de l'alcôve était suspendu le portrait de Louis XV, jeune et revêtu du manteau royal, auprès d'un grand tableau du sacre de ce prince à Reims en 1722. Au chevet du lit, deux portraits des princesses Marie-Louise-Thérèse-Victoire, née le 11 mai 1733, et Sophie-Philippine-Elisabeth-Justine, le 27 juillet 1734, ses deux filles survivantes.

Pendant la maladie du roi, ces deux princesses voulurent être seules à lui prodiguer des soins au péril de leur vie, car elles s'exposaient à contracter la maladie contagieuse de leur père.

Le mal fit de rapides progrès, et ce prince, si brillant de santé quelques jours avant, tomba dans un tel état de décomposition que personne ne pouvait plus rester auprès de lui.

Dès que les médecins déclarèrent qu'il n'y avait plus d'espoir, toute la cour revint au château de Versailles. L'Œil-de-Bœuf se remplit de courtisans, le palais ne désemplissait pas de curieux ; les bulletins de la santé du monarque étaient colportés dans toutes les rues de Versailles ; la foule se pressait presque sous les fenêtres du moribond, n'ayant que des paroles d'imprécation à la bouche.

Il fut décidé que le Dauphin partirait avec toute la famille pour Compiègne, au moment où le roi rendrait le dernier soupir.

Les chefs des écuries étaient convenus avec les personnes qui se trouvaient dans la chambre du roi, que celles-ci placeraient une bougie allumée près d'une fenêtre ouvrant sur une cour intérieure et qu'à l'instant où le mourant cesserait de vivre, l'une d'elles éteindrait la bougie.

La bougie fut éteinte vers sept heures du matin. Le roi venait de mourir. C'était le 10 mai.

A ce signal, les gardes du corps, les mousquetaires, les écuyers, les pages montèrent à cheval. En un clin d'œil tout fut prêt pour le départ, le château resta désert, tout le monde se hâta d'éviter la contagion, que personne n'avait intérêt à braver.

Des serviteurs et des ouvriers restèrent seuls auprès du corps qu'on jeta, quelques heures après, dans une caisse de voiture préparée à la hâte en forme de corbillard, et des chevaux de poste entraînèrent à Saint-Denis les restes mortels du roi.

Le corbillard passa à minuit par le bois de Boulogne. A son passage, vers la porte Maillot, des cris de dérision furent poussés par un certain nombre de personnes ; on répétait *taïaut ! taïaut !* sur le ton dont le roi avait coutume d'appeler ses chiens.

Pendant la maladie de ce roi, si délaissé, à peine expiré, des prières de quarante heures avaient été ordonnées et l'on avait exposé la châsse de sainte Geneviève. Rien n'y fit. Le roi mourut au bout de son rouleau. Alors quelques sceptiques se permirent des critiques inconvenantes.

— Eh bien ! y répondit l'abbé de Sainte-Geneviève. De quoi avez-vous à vous plaindre? Est-ce qu'il n'est pas pas mort?

Il y avait longtemps, au reste, que Louis XV n'était plus le bien-aimé de ses sujets; — peut-être l'eût-il encore été de Vadé, le poète des halles, son parrain; mais il y avait dix-sept ans que Vadé était mort.

C'est que sous son règne néfaste, grâce à ses prodigalités envers ses courtisanes, aux dépenses d'entretien de son harem d'enfants et de ses concubines mûres, les extorsions les plus infâmes avaient réduit le peuple à la misère, à la famine! Ce peuple criait bien un peu, mais au bout du compte il se laissait écorcher : on ne pouvait honnêtement lui en demander davantage, et c'était l'avis de l'abbé Terray lui-même, ni trouver mauvais qu'il se sentît bien débarrassé de cet aquarium de pieuvres voraces, parti à la débandade à la mort du maître.

Quelques épigrammes, plus ou moins mordantes, constituent toute la vengeance de ce misérable troupeau, toujours tondu de plus en plus près; ce n'était pas terrible, mais c'était caractéristique. En voici une qui a trait au surnom de *bien-aimé*, donné par habitude au monarque trop justement détesté :

> Le bien-aimé de l'Almanac
> N'est pas le bien-aimé de France;
> Il fait tout *ab hoc* et *ab hac*,
> Le bien-aimé de l'Almanac :
> Il met tout dans le même sac,
> Et la justice et la finance;
> Le bien-aimé de l'Almanac
> N'est pas le bien-aimé de France.

Cette autre vise la *royale* façon de vivre de Louis XV :

> Le mot *royalement* jadis était louange;
> Tout ce qu'on faisait bien était fait *comme un roi*.
> On disait : *comme un dieu, comme un roi, comme un ange*,
> Mais aujourd'hui ce mot est d'un tout autre aloi,
> *Juger royalement*, c'est dire n'y voir goutte,
> Et n'écouter jamais qu'un gueux de chancelier.
> *Payer royalement*, c'est faire banqueroute;
> *Vivre royalement*, c'est être put...

Ajoutons à cela cette parodie, navrante quoique grotesque, et nous en aurons assez dit sur ce sujet pour le moment :

« Notre père, qui êtes à Versailles, que votre nom soit glorifié. Votre règne est ébranlé. Votre volonté n'est pas plus exécutée sur la terre que dans le ciel. Rendez-nous notre pain quotidien que vous nous avez ôté. Pardonnez à vos parlements, qui ont soutenu vos intérêts, comme vous pardonnez à vos ministres qui les ont vendus. Ne succombez plus aux tentations de *du Barri*, mais délivrez-nous du diable de chancelier. Ainsi soit-il. »

Aussitôt la mort de Louis XV, le nouveau roi s'empressa d'envoyer à la comtesse du Barry une lettre de cachet, dont le porteur était l'un de ses anciens adulateurs les plus vils, devenu comme par enchantement l'un de ses adversaires les plus vils aussi, mais les plus décidés en même temps, le duc de la Vrillière. Cette lettre de cachet disait ce qui suit :

« Madame la comtesse du Barry, et pour des raisons à moi connues, qui tiennent à la tranquillité de mon royaume, et à la nécessité de ne point permettre la divulgation du secret de l'État, qui vous a été confié, je vous fais cette lettre pour que vous ayez à vous rendre à *Pont-aux-Dames* sans retard, seule avec une femme pour vous servir, et sous la conduite du sieur Hamont, l'un de nos exempts. Cette mesure ne doit pas vous être désagréable, elle aura un terme prochain. La présente n'étant à d'autres fins, je prie Dieu qu'il vous ait en sa sainte garde. »

La comtesse, qui ne se gênait pas avec le duc, qu'elle avait coutume d'appeler le *petit saint*, s'écria en recevant ce message :

« Le beau f.... règne, qui commence par une lettre de cachet. »

Il fallut, en fin de compte, obéir. Elle se retira donc à l'abbaye du Pont-aux-Dames,

Mᵐᵉ de Prie et le duc de Bourbon.

près de Meaux, avec quelques fidèles, parmi lesquels le duc de Cossé-Brissac, son amant en titre. Au bout d'un an, elle obtint la liberté et put reprendre possession de son château de Luciennes, où elle vécut en paix pendant la première partie de la Révolution.

Mais ses allées et venues suspectes de Paris à Londres et de Londres à Paris furent à la fin dénoncées au comité de sûreté générale par la municipalité et la société populaire de Luciennes, dans lesquelles figuraient avantageusement les domestiques de « la ci-devant courtisane du tyran » et nommément son fidèle Zamore.

La comtesse fut arrêtée le 27 septembre 1793; on lui fit son procès pour complot contre la République, et elle fut condamnée à la peine capitale. Au reste, le procès n'eut pas une longue durée. Elle comparut devant le tribunal révolutionnaire le 7 décembre, et fut condamnée le jour même. Elle s'évanouit à la lecture de son arrêt; ensuite pria, supplia, pleura, fit les plus belles promesses pour qu'on lui permît de quitter la France; mais, bien entendu, sans le moindre succès.

Le lendemain, 8 décembre 1793, la malheureuse montait sur l'échafaud.

« On a généralement fait la remarque, dit Saint-Edme, que, de toutes les victimes de son sexe frappées par la hache révolutionnaire, Mme du Barri est celle qui a montré le plus de faiblesse. En effet, ajoute le même auteur, pendant le trajet, sa pâleur fut extrême; une agitation convulsive se manifestait dans ses traits. Ses compagnons de mort cherchèrent vainement à lui rendre quelque courage : *A moi, à moi!* criait-elle au peuple, qu'elle croyait intéresser à son sort.

« Arrivée à l'échafaud, elle respirait à peine, et son corps était presque entièrement renversé sur l'exécuteur. Mais quand celui-ci voulut remplir ses terribles fonctions, elle se ranima et se débattit avec tant de violence, qu'il fallut employer la force pour la fixer à la planche fatale.

« Un cri déchirant, affreux, se fit entendre : *Encore un moment, monsieur le bourreau! encore...* La hache, plus prompte, l'empêcha d'achever. »

Ainsi finit Jeanne Bécu, la petite modiste de la rue Saint-Honoré, la dernière favorite royale dont l'histoire présente quelque intérêt; car l'espèce en a disparu à jamais, à ce qu'on peut espérer, du moins.

XLVII
Les nuits de Paris.

SOMMAIRE. — Le roi s'amuse. — La chasse aux nouvelles scandaleuses. — Violation du secret des lettres et autres menues formalités administratives et policières. — L'intendant des postes et le bourreau, parallèle établi par le docteur Quesnay. — Rapports de police sur la conduite des grands seigneurs de la cour. — Les nuits de Paris. — La Grandi. — D'un seigneur polonais libéral à l'excès et d'un carrossier français qui ne l'est pas du tout. — Autre croquis : entreteneurs et entretenues. — M. de Sartines, lieutenant de police, entremetteur des princes. — Grandes impures et filles de ruisseau. — Noblesse de la prostitution. — Quelques hauts faits du comte de Barry, déjà nommé. — La dernière aventure de la demoiselle Bouscarelle. — Choix de folies de grands seigneurs pour des filles. — L'envers du tableau : Voleurs de filles et *Alphonses* de haute volée. — L'étalon de Mme de R...-Ch... — Un souper de grands seigneurs. — On y médite un rapt. — Criminelle infamie du duc de Froassac racontée en vers, avec une appréciation générale des mœurs du temps. — L'opéra de Louis XV et les dictérions de Solon. — Rapports de police sur le clergé gros et menu et sur les moines. — Jarente de la Bruyère, évêque d'Orléans. — L'évêque de Liège et la Duchamps. — Autres prélats désignés dans les rapports de police. — L'évêque de Lavaur et la petite marchande de fraises. — La *Chasteté du clergé dévoilée.* — Un prévôt de Saint-Louis du Louvre. — Sachons nous borner.

On a vu que Louis XV était devenu, d'assez bonne heure même, un monsieur difficile à amuser; ses propres débauches le fatiguaient vite, si on n'avait soin de les varier sans cesse, et encore cette diversité ne suffisait-elle pas toujours. Il imagina donc de chercher dans le récit des débauches de ses sujets un plaisir qui lui échappait. C'est à cette fantaisie royale que nous devons une véritable mine de renseignements sur les mœurs de cette époque.

Pour satisfaire la fantaisie du roi, on n'épargna aucune perfidie, aucune bassesse, aucun attentat nécessaires. Une armée d'agents de tous grades, au nombre de plusieurs milliers, travaillaient nuit et jour à corrompre, tromper ou trahir, à ramasser dans les boudoirs et les alcôves, privés ou publics, toutes les ordures de la débauche pour en offrir ensuite la quintessence à Sa Majesté.

Des rapports lui étaient présentés sur ces choses pleines d'intérêt, les uns tous les matins, les autres tous les dimanches seulement.

Ces rapports se composaient : 1° des extraits des lettres décachetées à la poste ; 2° des notes de police sur la conduite des princes et grands seigneurs de la cour, et sur leurs débauches avec les courtisanes en renom, sur celle des prélats de toutes catégories, sur celle des ecclésiastiques subordonnés, pincés dans des maisons de débauche (de celles-ci l'archevêque de Paris recevait un double) ; 3° des rapports adressés journellement au lieutenant de police par les maîtresses de maison de prostitution.

Ainsi les lettres étaient décachetées à la poste, et on en faisait des extraits pour la récréation du roi ! Il est juste de dire que la violation du secret des lettres ne fut pas une institution du règne de Louis XV ; elle se pratiquait couramment déjà sous Louis XIV, quoique dans un but différent, et avait été imaginée par Louvois.

Quoi qu'il en soit, on décachetait à la poste toutes les lettres dont les adresses faisaient soupçonner quelque intrigue amoureuse ou politique (car il ne faut rien négliger), et la grande habitude qu'en avaient les employés occupés à cette besogne ne les trompait guère ; on en faisait des extraits bien choisis, puis on les recachetait avec le plus grand soin et on les laissait parvenir aux destinataires.

Tous les dimanches, l'intendant des postes venait apporter au roi le résultat du travail de la semaine. Souvent ces extraits passaient des mains du roi dans celles de ses ministres qui, entraînés par le plaisir de raconter des anecdotes scandaleuses, divulguaient le secret des familles sans la moindre vergogne.

On lit à ce propos dans le journal de Mme du Hausset :

« Le roi a fait communiquer à M. de Choiseul le secret de la poste, c'est-à-dire l'extrait des lettres qu'on ouvrait ; ce que n'avait pas eu M. d'Argenson, malgré toute sa faveur. J'ai entendu dire que M. de Choiseul en abusait, et racontait à ses amis les histoires plaisantes, les intrigues amoureuses que contenaient souvent les lettres qu'on décachetait.

« L'intendant des postes apportait les extraits au roi le dimanche. On le voyait entrer et passer, comme un ministre, pour le redoutable travail. Le docteur Quesnay, plusieurs fois devant moi, s'est mis en fureur sur cet *infâme ministère*, comme il l'appelait.

« — Je ne dînerais pas plus volontiers, disait-il, avec l'intendant des postes qu'avec le bourreau ! »

Les rapports de police sur les mœurs des princes et seigneurs de la cour étaient en nombre considérable. — On les appelait les *nuits de Paris*.

Ils contenaient les aventures galantes et les scandales publics, des anecdotes sur les filles entretenues, actrices, danseuses, sur leurs infidélités, sur leur passage des mains d'un entreteneur dans celles d'un autre, ou de l'opulence dans la misère ; le prix courant des faveurs de ces dames, l'heure et le lieu où elles les livraient ; l'indication et la description des parties de plaisir et des orgies nocturnes que les seigneurs faisaient avec les courtisanes.

Quelques exemples donneront une idée

de l'intérêt peu commun qui s'attache à ces documents.

En 1768, une figurante de l'Opéra, la Grandi, se plaignait devant plusieurs seigneurs d'avoir perdu un entreteneur qui lui avait donné mille louis en cinq semaines.

A ces mots, un seigneur polonais répondit que c'était une perte facile à réparer; alors, la Grandi fit cette superbe déclaration qu'elle ne voulait plus avoir d'amant qu'à condition qu'elle en recevrait un carrosse, deux bons chevaux et cent louis de rente bien assurés.

Le lendemain, cette fille vit arriver à sa porte un superbe carrosse attelé de deux chevaux magnifiques, accompagnés de trois chevaux de main; dans le carrosse, elle trouva en outre cent trente mille livres en espèces.

C'était, j'espère, un splendide présent, et auquel la figurante ne s'attendait vraisemblablement guère. Mais voyons la fin, dont nous instruit un des rapports de police en question:

« Lorsque le Polonais Ros... devint fou de la Grandi, mais fou jusqu'à l'engager à porter son nom, il lui donna une montre de quarante louis, un ajustement de dentelles et un vis-à-vis attelé de deux bons chevaux. Tout cela fut bien reçu, mais *tout tout cela ne fut point payé.*

« Celui qui avait vendu le carrosse, le sieur Blanchard, à l'hôtel d'York, va, entre midi et deux heures, trouver la petite princesse à son lever; et comme elle croyait que cet homme avait quelque grâce à lui demander, elle lui témoigna beaucoup d'humeur sur ses chevaux, qui ne savaient pas courir.

« Le sieur Blanchard, d'un air respectueux, jaloux de la réputation de ses bêtes, lui proposa de les mener lui-même à Longchamp. Elle lui permet d'être son cocher. Sur les boulevards, il lui propose, à cause de ses nerfs délicats, de descendre, pour que, par de hardies caracoles, il lui prouve tout ce que savent faire ses chevaux sous un fouet savant.

« Elle regarde et ne les voit plus; ils sont déjà sous la remise de leur maître !

« Mlle Grandi, toute honteuse d'être à pied, fut trop heureuse de s'appuyer sur le bras d'un de ses amoureux à l'heure... Le soir, elle se consola de ce coup du sort, en apprenant qu'une de ses camarades, la nommée Haroire, qui avait son père pour portier, avait passé de son hôtel à l'hôpital, pour avoir jeté dans la rue un ordre du roi qui l'exilait, toute maîtresse qu'elle était d'un conseiller au Parlement. »

Le même jour, le prince de C... donnait un carrosse à la Duplan, et huit cents louis à la Montgautier, qui les mangeait avec un musicien.

Ce prince prodiguait de même des encouragements en espèces à une autre fille, la Pelain, dont il disait: « Je l'ai prise, je ne sais pourquoi; je l'ai gardée, je ne sais pourquoi; et voilà au moins mille louis qu'elle me coûte, je ne sais pourquoi. »

Le fils de ce prince, qui était si embarrassé de savoir le pourquoi de ses sottises, le comte de la M..., suivait comme il est juste l'exemple de son père. Mais le beau, c'est de voir le lieutenant de police, M. de Sartines, se faire l'entremetteur de ces princes et mettre sa police au service de la prostitution.

Voici, au reste, une lettre de l'inspecteur Marais, datée du 5 mars 1762, qui est fort édifiante, surtout si l'on tient compte de ce fait qu'elle est adressée à son chef suprême, le dit monsieur de Sartines:

« Monsieur,

« J'ai eu l'honneur de vous informer que Monseigneur le comte de la M..., était venu chez moi me demander un homme qu'il pût avec confiance employer dans ses affaires de galanterie.

« Après avoir reçu vos ordres, je lui en ai envoyé un ; et voilà les ordres que Son Altesse lui a donnés : de faire en sorte de se lier avec Mᵐᵉ T. de M..., rue Feydeau, afin de savoir ce qu'on disait de lui dans la maison ; de s'informer si le duc de Fronsac n'y allait point, ou quelques autres, sur le pied d'amans, et de l'instruire exactement des jours où cette dame irait au spectacle.

« Notre homme, jusqu'à présent, s'est bien acquitté de sa commission. Il s'est lié avec un des laquais de cette dame, qui s'est trouvé être de son pays, lequel lui a dit que M. le comte de la M... était fort amoureux de sa maîtresse, mais qu'il n'était pas le seul ; que M. le duc de Fronsac l'était aussi et venait souvent la voir, ainsi qu'un grand officier aux gardes, d'Est..., qui paraissait être très bien avec elle.

« Ce garçon lui avait ajouté que sa maîtresse avait raison ; que son mari la traitait durement et que dernièrement la voyant le matin en peignoir, ses cheveux déployés, il lui avait dit, en présence de plusieurs de ses gens : « — Savez-vous bien, madame à qui vous ressemblez, comme cela ? A une fieffée p...! » et qu'elle s'était mise à pleurer... »

Il ne manque pas d'autres pièces établissant que l'inspecteur Marais servit d'entremetteur au même prince, toujours « après avoir reçu les ordres » de monsieur de Sartines, cela ne fait pas l'ombre d'un doute.

Mais c'était surtout le triomphe des *impures de profession*, comme on appelait alors celles dont nous avons fait successivement des *lorettes*, des *cocottes*, des *biches* et des *cocottes*, en attendant pis. Actrices, danseuses, figurantes, filles de tripot ou de trottoir, les Sophie Arnould, les Adrienne Lecouvreur, les Clairon, les Champmeslé, les Raucour, les Camargo étaient suivies d'une longue file de courtisanes de plus en plus méprisables telles que les Duthé, les Grandi, les Touteville, les Gaussin, les Morancé, les Langeac, les Maupin, les Thévenet, etc., etc.

Il existait toute une collection de filles du ruisseau qui, après quelques relations avec un gentilhomme, se paraient sans façon de son nom sans que celui-ci soulevât la moindre objection, — peut-être même en était-il fier.

C'est ainsi que la comtesse de Sabatini, fille d'un sergent du régiment de Barrois et d'une vivandière, et coureuse elle-même pour toute profession, traînait partout ce titre nobiliaire.

Un soir, le marquis de la Platerie se fait présenter, au spectacle, à la baronne de Moresus.

— Eh ! s'écrie-t-il étonné, depuis quand, Jeanneton, es-tu baronne ?

La baronne de Burmann, maîtresse de l'acteur Julien, et qui avait su tirer d'un vrai baron quinze cents francs de porcelaines, onze plats d'argent (pourquoi pas la douzaine ?) et beaucoup d'autres menus bibelots et affiquets, la baronne de Burmann avait débuté dans la rue Feydeau, où elle était bien connue sous le nom de la « petite Lecoq, » et où elle sollicitait humblement les passants de vouloir bien l'accompagner dans sa chambre.

C'était pour de telles créatures que des gentilshommes, propres d'ailleurs à rien de mieux, comme ils le prouvèrent dans toutes les occasions, des grands seigneurs, des princes du sang versaient l'or à pleines mains, tandis que le peuple, écrasé d'impôts, criait famine. Mais il était de bon ton d'en agir ainsi ; et le bon ton est une gangrène à laquelle on échappe difficilement.

Le comte du Barry était un de ces gentilshommes prodigues qui couvraient d'or le lit des plus fameuses prostituées du temps, mais au moins ce n'était pas le sien. Du reste, c'était pour le comte une manière de spéculation à la hausse, en comblant de richesses les Thévenet, les Morancé, les Dubois et bien d'autres, il faisait monter extrêmement le prix de leurs charmes ; et peut-être tirait-il une commission importante des bénéfices de ces demoiselles.

Au reste, nous savons ce que valait le comte, et si nous l'ignorions, il nous suffirait de jeter un coup d'œil sur les rapports de police pour être renseigné.

« Le comte du Barry, lit-on dans un de ces rapports, regarde la *Beauvernier* (lisez Vaubernier) comme une terre, l'afferme tantôt au duc de Richelieu, tantôt au duc de Vil...; elle lui rapporte beaucoup. »

C'est encore à cet aimable gentilhomme, tuteur, parrain et beau frère de la dernière favorite, qu'il est fait allusion dans ce passage du testament de la demoiselle Bouscarelle, au sujet d'une infamie dont elle fut victime de la part d'un certain comte Du..., son amant, et qui est ainsi rapportée dans la *Police de Paris dévoilée* :

« Un jour que j'étais seule avec le sieur Du..., alors incommodé des yeux, il fit monter dans sa chambre à coucher, où il était alors, rue des Petits-Champs, le nommé Creps, son valet de chambre ; lorsqu'il fut entré, il ferma la porte à double tour, mit la clef dans sa poche, et lui ordonna d'avoir avec moi et devant lui, comte Du..., les particularités les plus grandes ; ce que je regardai d'abord comme une plaisanterie, qui augmenta la fureur de ce malheureux, au point de nous menacer l'un et l'autre, le couteau à la main, de nous poignarder, si nous ne satisfaisions ses désirs, auxquels la nécessité me contraignit.

« Tout ce qui se passa pendant ce temps entre son valet de chambre et lui m'a tourné le sang, au point que je meurs de regret et de chagrin d'y avoir innocemment contribué... »

Et le fait est que cette fille mourut de l'émotion que lui avait causée cette scène dégoûtante. Ce fut de jours avant de mourir, le 30 avril 1775, qu'elle rédigea le testament dont nous venons de donner un extrait, et dont les parents de Mlle Bouscarelle envoyèrent copie, avec un mémoire explicatif et complémentaire, au ministre, qui renvoya le tout au lieutenant de police. M. de Sartines en prit connaissance, et écrivit en marge ces mots : « Point de réponse. »

A cette époque-là, du Barry était en pleine faveur par ricochet et puisait à pleines mains dans le trésor royal ; si, avec de tels avantages et sous un lieutenant de police tel que M. de Sartines, il n'avait pas joui de l'impunité la plus complète, ce serait bien extraordinaire.

Mais jetons un dernier coup d'œil sur les libéralités insensées dont les grands personnages de ce temps accablaient les filles à la mode, avant de passer à des tableaux très différents.

Un jour, l'intendant Rouillé-Dorfeuil, qui dînait avec plusieurs gentilshommes et un nombre à peu près égal d'*impures*, s'aperçut qu'une de ces dernières lorgnait avec opiniâtreté la bague d'un des convives qui était fort belle. Au dessert, Rouillé acheta cette bague cent louis à son propriétaire et en fit présent à Caroline.

Le comte polonais Potocki, pour une nuit passée avec la Touteville, lui donne des girandoles de douze mille livres et lui promet sur l'honneur une maison montée, carrosse, laquais à livrée et tout le tremblement. — Mais il paraît s'en être tenu à la promesse. Potocki fut aussi quelque temps en bon termes avec la Duthé, figurante à l'Opéra : nous l'y retrouverons bientôt et dans une drôle de position.

Le sieur Bertin, trésorier des parties casuelles, logea dans un hôtel de la rue du Croissant la demoiselle Vadé, lui remit une bourse de deux mille louis pour le ménage et une autre de cinq cents louis pour défrayer ses menus plaisirs, plus un écrin dans lequel il y avait pour quarante mille livres de diamants, de la vaisselle plate, du linge en quantité, des étoffes, etc., etc.

Citons encore le vieux duc de Richelieu qui, pour donner des arrhes à la demoiselle Maupin, se voit dans l'obligation de mettre en gage sa plaque en diamants de l'ordre du Saint-Esprit; ce qui donna lieu au couplet suivant :

> Judas vendit Jésus-Christ
> Et s'en pendit de rage ;
> Richelieu, plus fin que lui,
> N'a mis que le Saint-Esprit
> En gage, en gage, en gage.

Il convient de dire que s'il y avait des gentilshommes — et autres — enclins à la plus ridicule ostentation et se ruinant en conséquence pour des filles qui ne les séduisaient très souvent qu'à moitié, ils n'en manquait pas non plus dont la conduite était diamétralement opposée.

On cite l'incroyable ladrerie de plusieurs princes et grands seigneurs habitués des lieux de débauche et qu'on y détestait comme la peste ; on en cite d'autres qui ne se gênaient pas pour se faire subventionner par des filles et quelques-unes même qui n'hésitaient pas à voler celles qui leur montraient une confiance exagérée.

Ainsi, un M. de Bour.... demande à la Sonville la clef de son secrétaire sous prétexte qu'il a une lettre à écrire ; et lorsqu'elle la lui a donnée, il en profite pour lui prendre son portefeuille, où était un billet de lui de vingt mille livres, avec la promesse de passer contrat, dix mille francs de billets de ferme, des boucles d'oreille et cent louis ; il s'enfuit avec le butin. — On ajoute, il est vrai, qu'il lui renvoya tout ce qui ne venait pas de lui, mais c'était si peu de chose !

L'abbé de Salze retenait la grande Mercier dans une chambre garnie sans robe, en jupon et en simple casaquin, dans la conviction qu'elle n'oserait sortir affublée de la sorte.

Le banquier Toquini s'assura la possession de Marie Testard moyennant trois cents livres par mois, trois robes et un peu de linge ; cela était d'accord avec les parents de cette fille, qui était extrêmement jeune, et chez lesquels on scella le marché par une noce à tout débrider.

La *Police dévoilée*, qui nous fournit tous ces renseignements, contient un rapport où il est dit :

« La demoiselle Sainte-Foy a mis en gage pour le marquis de Dur... pour plus de six mille livres d'effets ; elle a endossé pour lui quatre lettres de change ; elle est même décrétée pour lui de prise de corps ; et il la quitte, et c'est pour prendre Clermont.

« Comme toutes ces filles ne s'entendent-elles pas pour couper les vivres à un marquis qui est plus méprisable qu'elles ? »

Un rapport de l'inspecteur Marais, daté du 27 avril 1764, contient ce qui suit :

« M. de Rohan-Chabot est venu chez la Montigny lui faire une proposition qui lui a paru fort extraordinaire.

« Ce seigneur, après avoir exigé d'elle un secret inviolable, lui a dit qu'il fallait qu'elle lui trouvât un homme jeune, sain, grand, fort et vigoureux, et qui ne fût point connu, pour avoir affaire à une dame de la première qualité, fort aimable, et qui n'avait jamais communiqué qu'avec son mari, mais qui était curieuse de goûter des plaisirs avec un autre homme.

« La Montigny lui a demandé pourquoi il ne s'en chargeait pas lui-même ; il a répondu :

« — Cela ne se peut ; elle a bien voulu se confier à moi ; il y a même des raisons pour cela, et il faudra que celui que tu nous trouveras consente à ce que je vienne le prendre le soir chez toi et que je l'emmène les yeux bandés dans une petite maison où sera cette dame, et qu'il la satisfasse en ma présence. Surtout qu'il ne soit ni garde du roi, gendarme, mousquetaire, ni soldat aux gardes, parce qu'il pourrait reconnaître cette dame lorsqu'elle va à la cour. Je voudrais que ce fût un homme de la lie du peuple, et qui arrivât, si faire se peut, de province : au reste, il sera bien payé ; et toi tu peux être sûr que tu seras plus que contente, car cette dame sait bien que c'est à toi que je dois m'adresser. Mais si tu commets la plus légère indiscrétion, tu es une femme perdue sans ressources.

« La Montigny lui a promis le secret, et de donner ses soins pour lui trouver un homme tel qu'il le demandait, mais qu'il lui fallait un peu de temps pour y parvenir.

« M. de Ch.... est déjà revenu quatre fois ; mais elle n'a rien voulu faire sans me le communiquer, dans la crainte où elle est qu'on ne *détruise son étalon*, et que, pour ensevelir le mystère, on ne lui fît, à elle, un mauvais parti.

« J'ai demandé à la Montigny si elle ne se trompait pas et si elle connaissait bien M. de Rohan-Chabot. Elle m'a répondu qu'elle était sûre de son fait... ; qu'il avait été ci-devant colonel des grenadiers de France ; qu'elle le croyait aujourd'hui maréchal de camp ; qu'il pouvait avoir tout au plus trente ans, qu'il était blond de cheveux, le visage fort maigre et les joues creuses ; en outre qu'elle ne pouvait pas s'y tromper, parce qu'il avait eu accointance avec elle du temps qu'il était encore aux grenadiers de France.

« Je soupçonne que cette dame est dans l'impuissance d'avoir des enfants avec son mari ; qui lui est intéressant, ainsi qu'à son mari, d'en avoir ; que c'est peut-être même la femme de M. Rohan-Chabot ; et que, ne voulant commettre sa réputation par une intrigue galante, ils sont d'accord.

« J'ai très fort recommandé à la Montigny de ne rien faire sans m'en rendre compte, afin d'avoir le temps de prendre votre avis. »

Le malheur, c'est qu'on n'en sait pas plus long sur cette curieuse affaire ; soit que la Montigny se fût décidée à garder le secret promis, soit que le prince, ayant fini par la suspecter de trahison, n'eût brisé avec elle pour se pourvoir ailleurs.

Mais quelles mœurs, mes amis ! Quelles mœurs !

Voici un extrait d'un autre rapport sur une affaire toute différente mais non moins ignoble. Les noms sont abrégés, et nous les laissons tels, mais il est facile de les compléter :

« Le duc de Ch.... a soupé le 29 mars 1771, rue Blanche, n° 2, avec le duc de Lau..., le duc de Fr..., Fitz..., Confl..., le marquis de Lav..., le marquis de Cler.... et le comte de Coi... Ils avaient trois *demoiselles de compagnie*. On y parla beaucoup de la fille d'un peintre de la rue des Saints-Pères qui ne voulait pas se rendre.

« Un abbé avait offert de la part du duc de Lux..., à ses père et mère, six mille livres de rente et mille livres d'argent. M. de Sainte F.., trésorier de la marine, en donnait davantage. M. de Fitz... voulut parier cinquante louis que, sous huit jours, il la livrerait à M. de Confl....

« La *présidente* Brissaut (fameuse maîtresse de maison de débauche) a représenté qu'aucune fille ne pouvait être *mise dans le*

Louis XV et Mme de Vintimille.

commerce, sans qu'elle lui eût signé ses lettres de maîtrise. On décida qu'elle partagerait avec le duc la gloire et le profit de cette conquête. »

L'acte de violence médité par Sainte-Foy fut-il exécuté? Cela est fort probable; mais s'il avait manqué, ce ne serait qu'un entre mille, et l'exception ne servirait qu'à prouver l'existence de la règle.

Le duc de Fronsac, fils du duc de Richelieu dont il avait tous les vices à l'exclusion des qualités, et qui faisait partie de cette réunion joyeuse, ne se gênait pas pour employer la violence quand les autres moyens de séduction échouaient.

Un de ses exploits les plus infâmes a été signalé par Gilbert dans une de ses meilleures satire intitulée *Mon apologie*.

L'illustre et malheureux poète, pour justifier l'humeur satirique de sa muse, jette un coup d'œil sur les mœurs du temps :

Peindrai-je ces vauxhalls de Paris protégés,
Ces marchés de débauche en spectacle érigés,
Où des beautés du jour la nation galante,
Des sottises des grands à l'envi rayonnante,
Promenant ses appas par la vogue enchéris,
Vient en corps afficher des crimes à tout prix;

Où, parmi nos sultans, la mère court répandre
Sa fille vierge encor, qu'elle instruit à se vendre,
Jeune espoir des plaisirs d'un riche suborneur,
Qui cultive à grands frais son futur déshonneur !
Mais, partout affligée et partout méconnue,
La pudeur ne sait plus où reposer sa vue,
Et l'opprobre, et le vice, et leur postérité
Blessent de toute part sa chaste pauvreté :
La fille d'un valet, qu'entraîna dans le crime
Le spectacle public des respects qu'il imprime,
Par un grand dérobée aux soupirs des laquais,
Longtemps obscurs fermiers de ses obscurs attraits,
Possède ces hôtels dont la pompe arrogante
Reproche à la vertu sa retraite indigente :
Bientôt de sa beauté, fameuse dans Paris,
Vous verrez la fortune échappée au mépris,
Au sein de Paris même, encor plein de sa honte,
Epouser les aïeux d'un marquis ou d'un comte ;
Armorier son char de glaives, de drapeaux,
Et se masquer d'un nom porté par des héros.
Et n'imaginez pas que sa richesse immense
Ait de son fol amant dévoré l'opulence ;
Qu'il soit, pour expier sa prodigalité,
Réduit à devenir dévot par pauvreté.
L'Etat paya ses amours printanières ;
L'Etat jusqu'à sa mort paîra ses adultères.
Tous les jours dans Paris, en habit du matin,
Monsieur promène à pied son ennui libertin.
Sous ce modeste habit déguisant sa naissance,
Penthièvre quelquefois visite l'indigence,
Et de trésors pieux dépouillant son palais,
Porte à la veuve en pleurs de pudiques bienfaits ;
Mais ce voluptueux, à ses vices fidèle,
Cherche pour chaque jour une amante nouvelle...

Nous allons voir, après ce tableau trop fidèle des mœurs des grands sous Louis XV, se dessiner le portrait non moins fidèle de ce voluptueux anonyme, reconnaissable au trait infâme dont nous parlions tout à l'heure, et que Gilbert ne craint pas de dévoiler.

Le poète continue :

La fille d'un bourgeois a frappé Sa Grandeur ;
Il jette le mouchoir à sa jeune pudeur :
Volez, et que cet or, de mes feux interprète,
Coure, avec ces bijoux, marchander sa défaite ;
Qu'on la séduise. Il dit. Ses eunuques discrets,
Philosophes abbés, philosophes valets,
Intriguent, sèment l'or, trompent les yeux d'un père ;
Elle cède, on l'enlève : en vain gémit sa mère :
« Echue à l'Opéra par un rapt solennel,
« Sa honte la dérobe au pouvoir paternel... »

En effet, une fille admise à l'Opéra ne pouvait plus être réclamée par ses parents mais cette étrange disposition qui rappelle les temps absolument barbares, remontait à Louis XIV. Le roi-soleil avait décidé que l'Opéra serait un asile pour les filles débauchées, qui pouvaient dès lors se livrer impunément au libertinage, et étaient enlevées à l'autorité de leurs père et mère. Naturellement, on usait et on abusait de ce droit d'asile toutes les fois que l'occasion s'en présentait, et c'était souvent.

Mais poursuivons :

... Cependant, une vierge aussi sage que belle
Un jour à ce sultan se montra plus rebelle ;
Tout l'art des corrupteurs auprès d'elle assidus
Avait, pour le servir, fait des crimes perdus.
Pour son plaisir d'un soir que tout Paris périsse !
Voilà que, dans la nuit de ses fureurs complice,
Tandis que la beauté victime de son choix
Goûte un chaste sommeil sous la garde des lois,
Il arme d'un flambeau ses mains incendiaires,
Il court, il livre au feu les toits héréditaires
Qui la voyaient braver son amour oppresseur,
Et l'emporte mourante en son char ravisseur :
Obscur, on l'eût flétri d'une mort légitime ;
Il est puissant, les lois ont ignoré son crime !...

Personne n'est nommé dans ces vers ; le coupable se chargea de réparer cette omission. Le duc de Fronsac porta plainte au lieutenant de police contre le poète dénonciateur. Un honnête homme qui eût tenu l'emploi de M. de Sartines aurait, je pense, répondu à la plainte du bandit grand seigneur par un ordre d'arrestation : le comte de Horn, parent du Régent, voleur et assassin, avait après tout été roué vif en Grève comme un vilain, sans que son illustre parent voulût seulement entendre les clabauderies de sa famille, qui fit tout ce qu'elle put pour le tirer de ce mauvais pas.

Nous ignorons ce que fit au juste le lieutenant de police dans cette conjoncture délicate ; quant au poète, il écrivit au noble duc une lettre dans laquelle il se défendait d'avoir eu la prétention de peindre ses actions : « Pouvez-vous vous reconnaître, dit-il, dans des vers où je peins un personnage *si contraire à monsieur le duc!* »

Mais *monsieur le duc* savait fort bien à quoi s'en tenir.

Au reste, les excès de la corruption étaient des titres de gloire parmi les seigneurs de ce temps-là : ils se faisaient une sorte de célébrité à force d'infamies, de turpitudes, souvent de crimes; et dans leur conviction, leur espèce d'honneur n'était nullement atteint, il ne l'était que lorsqu'on leur jetait leurs infamies à la face.

Corneille a dit :

Le crime fait la honte, et non pas l'échafaud.

Mais s'il fut un temps où ce vers, passé en proverbe, a pu paraître exprimer le contraire de la vérité, c'est bien celui dont nous racontons les exploits.

Si nous passons de la noblesse au clergé, ce ne sera pas pour trouver un grand changement. Mais qu'on veuille bien se rappeler que ce sont les rapports de police, les comptes rendus des maîtresses de maisons de débauche, l'analyse des lettres décachetées à la poste, en un mot tous les documents livrés à Louis XV pour le *distraire*, qui nous fournissent ces renseignements, et que notre imagination est fort tranquille pendant ce dépouillement.

Les Dubois, les Lafiteau, les Tencin eurent des successeurs et des imitateurs parmi les prélats du temps de Louis XV ; comment supposer que le reste du clergé fût irréprochable !

Toutefois les prélats débauchés de ce temps-là mirent plus de soins que ceux de la Régence à cacher leurs turpitudes, et nous voyons la police se plaindre du mal qu'elle est obligée de se donner pour les découvrir. C'est déjà un bon signe.

En 1760, un espion de police mis à la poursuite de l'évêque d'Orléans, qui courait en carrosse au faubourg Montmartre, formule ainsi ses doléances dans le rapport qu'il adresse à son chef :

« Comme ces messieurs ont des voitures et qu'ils vont très vite, il faudrait avoir un *train* pour leur compte ; ce qui serait le moyen de faire des « observations » sûres. »

L'évêque en question se nommait Jarente de la Bruyère. Il était notoirement l'entreteneur de la célèbre danseuse de l'Opéra, la Guimard. Le même rapport parle de l'abbé de Brienne, dont la police suivait également les traces, et qui est probablement le même que celui qui devint par la suite archevêque de Sens et cardinal de Loménie.

On trouve dans les *Anecdotes de la cour de France*, pendant la faveur de la marquise de Pompadour, les renseignements suivants sur cet évêque d'Orléans :

« Elle (Mme de Pompadour) l'a préféré, parce qu'elle l'a connu neutre dans les affaires du temps, et qu'elle a su de la police qu'il reçoit des filles de la rue Saint-Honoré et qu'il fait des orgies...

« Il y a une analogie singulière entre une maîtresse royale et un prélat de cette sorte.

« — Serait-il possible, disait la marquise au lieutenant de police, que cet évêque eût été surpris avec une fille?

« — Une fille ! répliqua le magistrat. *Il en avait bien ramassé sept !* »

La police réussit à découvrir les intrigues de l'évêque de Liège avec la Deschamps à qui il prodiguait ses revenus ecclésiastiques ; ses espions surent qu'il avait logé cette fille magnifiquement, que sa chaise percée même était garnie de dentelles ; que cette fille, malgré tant de bienfaits, se moquait de son entreteneur ecclésiastique, qu'elle l'appelait « ma calotte », et qu'un jour, montrant à son amant de cœur, un officier de la garde suisse, ses richesses mobilières, elle lui avait dit :

— Un baiser de plus, et *ma calotte* payera tout cela.

Ce n'était déjà pas mal.

Un autre rapport signale les relations des évêques d'Orléans et de Grasse avec la dame Chavasse, autre prostituée.

L'évêque de Lescar est signalé par ses liaisons galantes avec la femme d'un conseiller au Parlement de Pau ; et le prince de Rohan, coadjuteur de l'archevèque de Strasbourg, comme ayant vendu plusieurs terres pour payer les dettes de sa maîtresse, M*** de Fleury.

Dans un autre rapport, daté du 3 juillet 1755, il est question de l'évêque de Lavaur et d'une jeune marchande de fraises qu'il avait fait monter dans sa chambre, avec une description de ce qui se passa entre eux et indication de la somme palpée par la jeune marchande de fraises en payement de ses complaisances pour le prélat.

Il est question de bien d'autres, et surtout de prélats quittant leurs diocèses pour venir s'amuser sans obstacles à Paris.

Nous avons dit que les rapports sur la conduite de ces indignes membres de l'épiscopat, que la police rédigeait pour le plaisir de Louis XV, étaient également communiqués à l'archevêque de Paris. Ce prélat était Christophe de Beaumont, et hâtons-nous de dire qu'il n'obéissait nullement à un sentiment de curiosité malsaine ; il espérait, en connaissant le mal aussi exactement, pouvoir en trouver plus aisément le remède. C'était une illusion, mais elle est respectable.

D'autre part, il convient de rappeler que le siège épiscopal de Marseille était occupé par l'illustre Belzunce, dont il suffit de prononcer le nom.

Sur les ecclésiastiques subalternes, la surveillance était plus facile, et partant plus rigoureuse : ceux-là, en général, on n'avait pas besoin d'un *train* pour les rattraper ; ils trottaient allègrement dans la boue, et les limiers de police pouvaient leur emboîter le pas.

En outre, les maîtresses de maisons de débauche étaient toutes attachées à la police, comme on a pu le deviner aux quelques exemples déjà rapportés ; or, elles étaient obligées de rendre un compte exact de tous ceux qui se présentaient chez elles. Lorsqu'un prêtre ou un moine y arrivait, elles devaient en avertir aussitôt un officier de police, qui se hâtait d'intervenir, faisait subir un interrogatoire au délinquant tout honteux et tremblant de crainte de se voir priver de ses bénéfices actuels ou futurs.

Bien entendu, la digne matrone n'avertissait la police que lorsque le *client* ecclésiastique avait payé.

Malgré toutes ces entraves, on pinçait toujours quelque malheureux prêtre dans les lieux infâmes, ainsi qu'en témoignent les procès-verbaux rédigés contre ceux que la police y surprenait, et dont une partie a été publiée dans le recueil intitulé : *La chasteté du clergé dévoilée*, le curieux pendant de *La police de Paris dévoilée*.

Dans le premier de ces recueils, publié en 1790, en deux volumes in-8°, et qui s'étend de 1754 à 1766, on compte deux cent six ecclésiastiques, dont quatorze moines ou religieux de divers couvents de Paris, surpris en flagrant délit. Mais ce n'était pas tout : l'éditeur, qui ne possédait déjà pas la totalité des procès-verbaux en question, n'a pas publié même tous ceux qu'il possédait. Il déclare que, pour ne pas fatiguer ses lecteurs par des répétitions nombreuses de notices uniformes, il a négligé quatre-vingt-treize prêtres, et que, sur cent rapports et procès-verbaux, il n'en a mentionné que douze pris au hasard ; il ajoute qu'il a respecté les curés pris en flagrant délit.

Il y a, d'ailleurs, plusieurs de ces pièces

insérées dans diverses autres publications, notamment dans *la Bastille dévoilée*.

D'après les documents incomplets que nous fournissent ces diverses publications, parmi les moines saisis dans les maisons de débauche de Paris, les cordeliers sont les plus nombreux : on en compte dix-huit. Les carmes, *chaux* ou *déchaux*, y figurent au nombre de cinq. Les augustins au nombre de deux (la *Police dévoilée* signale neuf autres augustins).

Le même ouvrage contient un rapport concernant le R. P. Fabre, religieux du couvent des grands-augustins, qui remplissait auprès du marquis de Pertuis l'honorable fonction de pourvoyeur de ses plaisirs ; il y est dit qu'ayant découvert une jeune beauté, ouvrière en dentelle, fille d'une veuve Boisselet, demeurant rue Saint-Thomas-du-Louvre, il la présenta audit marquis.

Un autre augustin, le P. Simon Bonicel, surpris en partie fine dans une maison de prostitution, y est indiqué comme ayant offert, pour gagner la bienveillance de la police, de se faire l'espion du couvent.

« Je fais, dit-il dans le procès-verbal qui le concerne, ma soumission à M. le lieutenant de police de me rendre utile en tout ce qui dépendra de moi pour lui donner tous les renseignements sur la maison dont je suis professeur en théologie. »

L'aimable théologien !

On compte aussi deux feuillants figurant dans ces procès-verbaux, dont un âgé de soixante-trois ans.

Les minimes, les récollets, les théatins, les mathurins, les antonins, les célestins, fournissent également deux délinquants chacun au total des religieux pris en flagrant délit de débauche publique. Nous trouvons ensuite les religieux de la Merci, les picpus et les jésuites, qui n'ont qu'un représentant chacun dans cette liste, tandis que les prémontrés en ont trois, dont un trouvé entre deux filles, Désirée et Zaïre.

On y trouve encore sept jacobins, six bernardins, cinq bénédictins clunistes, cinq capucins, dont deux, réunis au cabaret du *Cerf montant*, s'étaient, contrairement au prémontré cité plus haut, contentés d'une seule fille, nommée au procès-verbal : la Marin. Un autre capucin fut toutefois trouvé avec deux filles dans une maison de la rue Fromenteau, où le commissaire de police Chenu et l'inspecteur Meusnier se présentèrent au moment où tous trois étaient, comme dans les orgies de la régence dont nous avons parlé, *costumés en peau*.

Il faut ajouter à ces chiffres quatre oratoriens, un ermite (!), un frère de la doctrine chrétienne, deux prêtres conventuels de l'ordre de Saint-Jean-de-Jérusalem, huit chanoines réguliers de Sainte-Geneviève dont un, nommé Bernard, avait plus besoin des soins du médecin que d'autre chose, et dont un autre, Henry Régnard, âgé de cinquante-trois ans, fut trouvé dans une maison de la rue du Figuier, chez la Saint-Louis, entre deux filles, habillé en femme, avec du rouge et des mouches sur le visage.

Deux chanoines réguliers de l'ordre de Saint-Antoine pourront clore cette liste.

Quant aux prêtres séculiers, ils sont en très grand nombre. Il y a notamment beaucoup de prêtres de province qui s'imaginent pouvoir agir librement pendant leur séjour à Paris, sans se douter du piège que leur tend la police, moins par intérêt pour les mœurs que pour satisfaire à la curiosité royale ; mais il s'y trouve aussi des dignitaires ecclésiastiques auxquels on serait disposé à attribuer plus de sagacité.

Entre autres nous citerons Pierre de Gallon Franceschi, docteur de Sorbonne, grand vicaire de l'évêque de Viviers, surpris rue du Chantre, chez la nommée Dorine, le 1er juillet 1760 ; Louis-Jean-François Rivière, chanoine de Saint-Merry et chapelain de la reine, trouvé le 19 janvier 1758, dans une maison de prostitution de la Plâtrière, avec Marie de Chaterenne, *agée de quatorze ans* ; le grand archidiacre de Bazas, trouvé rue Mazarine ; J.-M. Mocet, chanoine et grand archiprêtre de Tours, âgé de soixante ans, rue de Seine ; J.-J. Joachim de Gobriade, grand vicaire de l'archevêque de Sens, découvert dans une maison de la rue Saint-Nicaise, avec deux filles : Marie-Anne et Manon, le 28 janvier 1759 ; Adrien Aubert, du diocèse de Paris, professeur au collège de France, rédacteur de la partie littéraire des *Petites affiches,* pris le 11 janvier 1758 avec la fille Julie ; Guillaume de Bar, député du diocèse de Senlis à la chambre souveraine du clergé de France, pris rue des Deux-Écus, le 7 juin 1766.

Citons encore : François de Clugny, aumônier du roi, surpris par le commissaire de police Mutel dans une maison de prostitution de la rue du Chantre. Ce Fr. de Clugny, alors prévôt de l'église de Lyon et abbé commanditaire de l'abbaye de Savigny, n'en devint pas moins évêque de Riez.

Un autre aumônier du roi, Michel-Ange de Castellane, fut trouvé, le 21 juillet 1764, dans une maison de débauche de la rue Mazarine, avec deux filles, Catherine et Éléonore.

Un ancien chapelain du roi, bachelier de Sorbonne, Gaspard Badonnet, fut pris par Mutel et Marais, déjà nommés, le 2 juillet 1763, rue Pagevin.

Nous terminerons cette nomenclature qui pourrait trop s'étendre, par la mention de la prise en flagrant délit de débauche, le 18 février 1755, pour commencer, de Pierre-Joseph Artaud, prévôt de Saint-Louis-du-Louvre, âgé de cinquante-cinq ans, dans une maison de prostitution de la rue des Deux-Portes-Saint-Sauveur.

Nous avons dit « pour commencer, » parce que ce prêtre modèle, qui n'en était pas à son coup d'essai, ne s'en tint pas à cette misère. Il était en possession de plusieurs bons bénéfices, étant frère de l'évêque de Cavaillon, dont il dissipait tous les revenus en débauches. Il était perdu de dettes ; ses meubles étaient saisis. Son neveu, qui était curé de Saint-Merry, obtint, en 1762, une lettre de cachet qui exilait l'abbé Artaud à l'abbaye de Corbery, un de ses bénéfices. Cela ne l'empêcha nullement de se faire reprendre, le 2 avril de l'année suivante, dans une maison de prostitution de la rue du Four, avec la femme Desmarest.

Il avait aussi un prieuré en province, lequel était devenu la proie d'une dame La Biche, qui nous paraît bien nommée, et beaucoup d'autres peccadilles sur sa conscience de vieux pêcheur endurci et incorrigible.

On pourrait en citer beaucoup d'autres, et donner à ces scènes mentionnées tout sèchement les développements qu'elles comportent ; mais autant avouer que nous n'en avons pas le courage.

XLVIII

Écarts de conduite de la société laïque.

Sommaire. — Procès-verbaux touchant la fréquentation des maisons de débauche par des laïques de tout rang. — Rapports journaliers des « maîtresses de maisons. » — Une page du journal de la Dufrêne. — Clients, courtiers et pensionnaires des lupanars parisiens. — Une marquise sollicite son admission chez la Brissaud, pour échapper à la nécessité avilissante de travailler. — Infamie de quelques mères livrant ou cherchant à livrer leurs enfants. — Le nombre des prostituées à Paris sous Louis XV. —

Les présidentes de biribi. — Les maisons de jeu. — L'*enfer* de l'ambassade de Venise. — Les joueuses. — Les liens conjugaux dans une mauvaise passe. — La duchesse et le précepteur. — Une aventure de Mme de Boufflers. — Une bonne fortune de l'acteur Molé. — Mme Favart. — Le maréchal de Saxe et l'abbé de Voisenon. — Aventures d'un châtelain normand, de sa femme et de sa fille. — État de la littérature à cette époque. — Poèmes érotiques et contes obscènes. — La satire et la comédie. — Complot des courtisanes contre le poète Gilbert qui menace leur industrie. — L'objet de leur juste aversion disparaît.

Il est bien entendu que les simples particuliers laïques n'étaient pas moins espionnés que les autres, autrement Louis XV eût perdu une bonne part des sujets d'amusement qu'il recherchait avec tant d'ardeur; seulement ils avaient cet avantage sur les membres du clergé, qu'on ne les troublait pas dans leurs plaisirs et que la surveillance dont ils étaient l'objet s'exerçait de la manière la plus discrète.

En fait, toute maîtresse de maison de prostitution, nous l'avons probablement dit déjà, pour être autorisée à exercer son honnête industrie, était tenue d'adresser chaque jour à la police un rapport contenant les noms de ceux qui s'étaient présentés chez elle, ceux des filles qui avaient été en relations avec ces clients de passage, le temps qu'avaient duré ces relations.

Il y avait donc, outre les procès-verbaux dressés par les agents de la police eux-mêmes, des rapports journaliers des maîtresses de ces maisons, obligées de tenir un journal véritable de toutes les turpitudes dont elles étaient témoins et *comptables*.

Une page d'un de ces journaux, empruntée à la *Bastille dévoilée*, donnera une idée de ce qu'ils étaient; elle est rédigée par la Dufrêne, une des plus fameuses « appareilleuses » de cette époque :

« Du 20 juin 1753. — M. Cot..., mathématicien du roi, demeurant à Versailles, âgé d'environ quarante ans, marié. Il est entré à six heures et sorti à huit ; il a vu la petite Raton, de chez Mme Huguet.

« Du 21. — M. de la R..., gouverneur de la ménagerie du roi, chevalier de Saint-Louis, âgé d'environ quarante ans, garçon ; il a vu la petite Adélaïde, qui demeure au roi Salomon, rue Saint-Honoré.

« Du 22. — Le baron de Ram..., chevalier de Saint-Louis, demeurant rue Hautefeuille, âgé d'environ *soixante-dix ans* ; il a vu la nommée Victoire, qui demeure chez moi. Il est entré à six heures et sorti à sept.

« Le prieur de Sezanne-en-Brie, demeurant rue Thérèse, butte Saint-Roch. Il s'habille quelquefois en petit-maître, en épée. Il est âgé d'environ trente-cinq ans. Il a vu la nommée Victoire ; il est entré à huit heures et sorti à neuf.

« Du 23. — M. le baron d'Urs.., vivant de son bien, demeurant place Vendôme, âgé d'environ quarante-cinq ans, garçon ; il a vu la nommée d'Arby, demeurant près le Luxembourg ; il est entré à sept heures et sorti à neuf.

« M. de Crem...., grand chevalier de l'ordre des Cordons-Rouges, lieutenant-général des armées du roi, frère de M. de la Boss...., trésorier des États de Bretagne, demeurant avec lui, rue des Capucines, près de la place Vendôme, âgé d'environ cinquante-cinq ans. Il a vu la nommée Adélaïde, qui demeure au roi Salomon ; il est entré à neuf heures du soir, et sorti à dix heures et demie.

« Du 24. — M. de Ger...... cordon-rouge, trésorier de la marine, garçon, âgé d'environ trente ans, demeurant place Vendôme ; il a vu la Victoire. Il est entré à huit heures, sorti à neuf.

« Du 25. — M. de P... d'Arg... est venu à dix heures ; il..... par Victoire.

« M. de la Ser.., ambassadeur de Portugal, demeurant rue de Richelieu, âgé de trente-six à quarante ans ; il a vu Agathe de chez la Desportes ; il est entré à huit heures et sorti à neuf. »

Signee (sic) femme DUFRESNE.

Il est clair que, dans ces rapports quotidiens, il n'était question que des gens marquants, connus : il ne serait pas malaisé, même aujourd'hui, de compléter les noms que nous avons reproduits tronqués comme dans le document qui nous les fournit ; mais on y trouve autre chose, on y voit des gens de qualité signalés comme remplissant l'honorable emploi de courtiers auprès de ces maisons de débauche, soit pour la remonte, soit pour la clientèle, et parmi ces courtiers ou courtières figurent également des noms fort connus, de gens qui ont légué à leurs descendants leur orgueil et leur morgue insolente de personnages archi-titrés. On y voit aussi des dames de la plus haute qualité sollicitant une place de prostituée, après avoir échoué sans doute dans la demande d'une pension. On y voit notamment une marquise ruinée, obligée de vendre ses meubles, qui, pour se tirer honorablement d'affaire, ne trouve rien de mieux que d'aller offrir ses services à la Brissaud, une des plus célèbres coryphées de la prostitution, et non pas comme courtière cette fois, mais comme pensionnaire agissante.

Il faut remarquer que le travail eût déshonoré cette marquise, et que les fonctions qu'elle sollicitait ne sont pas considérées comme un travail *manuel*, et partant restent nobles.

Des milliers de rapports de cette sorte arrivaient chaque matin chez le lieutenant de police, qui en faisait extraire ce qui s'y trouvait de plus intéressant, pour l'amusement du souverain.

La magistrature offrait autant d'exemples de corruption que les autres classes de la société et fournissait en conséquence son contingent aux rapports de police. De graves magistrats, des présidents, des conseillers ne craignaient pas d'aller traîner leurs dignités dans toutes les fanges de la prostitution la plus abjecte, où ne manquaient ni les bourgeois ni les artisans.

Nous laissons de côté les excès contre nature qui, chez les femmes comme chez les hommes, n'étaient pas moins répandus que du temps de Louis XIV et de la Régence. Nous en avons suffisamment parlé, dans diverses parties de cet ouvrage, et particulièrement dans notre tableau de cette dernière époque.

Nous avons signalé des mères offrant leurs enfants à la lubricité royale par l'intermédiaire de ses agents ; les rapports de police nous en montrent d'autres dont l'ambition est quelquefois moins haute et l'infamie pire encore. En voici des exemples tirés de *la Police dévoilée* :

La veuve d'un officier du roi promenait sa fille aimée dans les marchés du Palais-Royal, et destinait sa cadette à un chapitre noble.

Mme Chris.... a conduit elle-même sa fille au prince de Condé, à Chantilly, etc.

La dame C... a placé sa fille au couvent des Ursulines, rue Saint-Jacques, dans le dessein de lui faire obtenir, par le moyen de Lebel, valet de chambre du roi, la première place vacante au sérail du Parc aux Cerfs.

Jamais la prostitution publique ne fut plus florissante que sous Louis XV, et jamais les prostituées ne furent plus nombreuses à Paris. On comptait trente-deux mille filles publiques à Paris, sous ce règne ; le chiffre actuel n'est pas beaucoup moins élevé, il est vrai ; mais il faut considérer que Paris s'est considérablement agrandi ; qu'à cette époque, il comptait environ

M͏͏me de Châteauroux.

600,000 habitants et qu'il en a 2 millions aujourd'hui, et enfin, que beaucoup de filles, inscrites aujourd'hui à la police, eussent pu vaquer très librement à leurs petites affaires sous Louis XV, et échapper au recensement.

Aux maisons de prostitution pure et simple, qui florissaient alors, il convient aussi de joindre les maisons de jeu, leurs succursales naturelles. Voici ce qu'en dit l'auteur de la *Police de Paris dévoilée*, P. Manuel :

« C'est M. de Sartines, dont le valet de chambre a eu jusqu'à 40,000 livres de rente, qui, le premier, sous le prétexte spécieux de rassembler tous les chevaliers d'industrie qu'il devait connaître, a fait ouvrir dans la capitale ces cavernes séduisantes, où la seule loi était, en se demandant la bourse, de ne point s'arracher la vie ; et, comme l'or ne coule jamais si bien que dans la main des femmes, elles lui achetèrent le privilège des tapis verts.

« On imagine bien de quelle classe étaient celles qui destinaient leurs nuits à des escrocs : c'était une Latour, fille d'un laquais du président d'Aligre, qui l'avait créée et mise au monde pour les menus plaisirs de son maître ; c'était une Demare, qui, servante de cabaret, avait pris de bonne heure le goût de tenir table ouverte ; c'était la Cardaine, blanchisseuse de Versailles, mère à treize ans ; c'étaient les Dufresnes, qu'une bouquetière de Lyon suivit longtemps comme des fleurs...

« Ces présidentes de tripot n'avaient que la peine de bercer les victimes, et elles en partageaient les dépouilles avec leurs bons recors... »

Mais il n'y eut pas que ces filles de rebut, on vit aussi des baronnes, des marquises solliciter le privilège de ces tripots ; mais n'osant y figurer elles-mêmes, elles s'y faisaient remplacer par de moins honteuses.

Quinze maisons de jeu furent ainsi établies dans diverses rues de Paris ; et le chef de ces maisons était un nommé Gombaud, qui avait le titre de caissier général.

La police imagina bientôt de prélever sur les produits de chaque maison de jeu trois mille livres par mois pour les pauvres : on peut se faire une idée, par ce chiffre, des sommes énormes qui s'engouffraient mensuellement dans ces cavernes et des bénéfices réalisés par ceux qui en avaient le privilège.

L'exemple devint contagieux. Parce qu'on n'osait pas se montrer dans les établissements publics de M. de Sartines, ce n'était pas une raison pour n'aimer point le jeu : en conséquence, il s'établit des maisons de jeu particulières, ouvertement tenues par des « personnes de qualité, » hommes ou femmes.

L'ambassadeur de la République de Venise, par exemple, usant de l'inviolabilité dont son titre le couvrait, tenait dans son hôtel un tripot très productif, où étaient admis les gens de toute condition ; toutefois les ouvriers, les gens du même peuple étaient reçus dans une partie spéciale de l'hôtel de l'ambassadeur ; c'est de là qui, le premier, porta le nom trop justifié d'enfer.

Les dames, principalement celles à qui leur âge interdisait la coquetterie des toilettes, s'adonnaient au jeu avec fureur.

« Il est vrai, dit à ce propos un auteur, qu'elles ne s'y livraient avec une telle fureur que pour soutenir leurs dépenses plus chères ; mais à mesure que la vieillesse, leur passion pour le jeu redoublait ; et cette passion remplit seule la vie des mères.

« Elles veulent sauver leurs dents, et, pour y parvenir, elles ont les veilles les plus longues, elles mangent jusqu'à onze heures du soir, elles jouent jusqu'à trois heures du matin ; la mauvaise nourriture et les veillées amènent le dérangement ; la coquetterie l'augmente ; le jeu l'achève.

« J'ai vu souvent neuf ou dix femmes, ou plutôt neuf ou dix siècles rangés autour d'une table ; je les ai vues dans leurs espérances, dans leurs craintes, dans leurs joies, surtout dans leurs fureurs : tu aurais dit qu'elles n'auraient jamais le temps de s'apaiser, et que la vie allait les quitter avec leur désespoir ; tu aurais été en doute si ceux qu'elles payaient étaient leurs créanciers ou leurs légataires. (*Lettres persanes*.)

Les joueuses en général, et les joueuses de la cour en particulier, ne laissaient pas de tricher toutes les fois qu'elles en avaient l'occasion ou qu'elles pouvaient la faire naître.

Il faut pourtant convenir que, chez les femmes de la cour de Louis XV, c'était l'amour qui était la grosse affaire, et avec la galanterie, le mépris des liens conjugaux marchait de compagnie : il eût été honteux de les respecter.

« Un mari qui voudrait seul posséder sa femme, dit encore Montesquieu, serait regardé comme un perturbateur de la joie publique, et comme un insensé qui voudrait jouir de la lumière du soleil à l'exclusion des autres hommes.

« Ici, un mari qui aime sa femme est un homme qui n'a pas assez de mérite pour se faire aimer d'une autre...

« Ce n'est pas qu'il n'y ait des dames vertueuses ; et on peut dire qu'elles sont distinguées... Mais elles sont si laides, qu'il faut être un saint pour ne pas haïr leur vertu. »

Un exemple de l'audacieuse corruption des plus grandes dames de cette époque nous est fourni par la *Police dévoilée* :

« Le duc de... a surpris sa femme dans les bras du précepteur de son fils, lit-on dans un des rapports de police : elle lui a dit avec impudence :

« — Que n'étiez-vous là, Monsieur ! quand je n'ai pas mon écuyer, je prends le bras de mon laquais ! »

En fait, on se mariait pour avoir un héritier de son nom et de ses biens, et il importait fort peu que cet héritier vînt du mari ou de tout autre, pourvu qu'il vînt de la femme. Les deux époux vivaient donc très librement et comme s'ils n'avaient contracté l'un envers l'autre et tous les deux envers la société aucun devoir.

Nous avons rapporté l'aventure du prince de Rohan-Chabot cherchant d'avoir un héritier, du moins est-ce la conclusion de l'agent de police auteur du rapport, et est-ce aussi notre opinion ; ce n'est qu'un exemple entre cent ; et l'on voit comme il y a lieu, souvent, de faire sonner bien haut son illustre origine ! On ne peut le faire avec quelque chance de ne pas se tromper que si l'on est bien sûr d'avoir des ancêtres qui ont toujours vécu *bourgeoisement* ; ce qui est l'infime exception.

Vivre bourgeoisement était d'ailleurs la dernière expression du ridicule, et il n'y avait pas à craindre que la noblesse de cour commît une pareille infraction aux lois du bon ton.

Que peut-on maintenant penser des mœurs d'une société à laquelle revenait à chaque instant se mêler quelque pensionnaire du Parc aux Cerfs en retrait d'emploi ? Toutes celles que la faveur royale avait abandonnées, lorsqu'elles étaient rendues à la société, y apportaient nécessairement le goût, ou tout au moins l'habitude de la débauche raffinée dont elles étaient comme imprégnées dès l'enfance, et propageaient inconsciemment ces germes de corruption dont elles étaient infectées.

D'autre part, il va sans dire que les grands seigneurs se faisaient conscience d'imiter d'aussi près que possible les saturnales de leur souverain, et de se modeler en tout sur lui, autant que leurs moyens le leur permettaient ou que le crédit ne leur faisait pas défaut. Point de seigneur un peu favorisé de la fortune qui, en conséquence, n'eût sa « petite maison, » ou pour mieux dire son harem.

Les orgies de la Régence ne s'étaient jamais propagées au point où on les vit sous le règne de Louis XV, et l'on y voyait prendre part, avec les filles publiques les plus notoires, les grandes dames les plus illustres par leur origine, disputant à ces Laïs de bas étage le prix d'impudicité et d'effronterie.

Jamais société plus profondément gangrenée ne se vit en France, et les scènes que nous pourrions reproduire dépasseraient en invraisemblance toutes celles que nous avons pu peindre jusqu'ici, tant les choses s'y faisaient avec peu de discrétion, c'est-à-dire avec peu de respect de soi-même. Nous n'aurions, en vérité, que l'embarras du choix, et aussi, naturellement, celui de faire un choix qui ne soit pas trop dégoûtant ; car les scènes qu'on peut recueillir de mœurs semblables mises en action offrent à la reproduction de bien grandes difficultés.

Nous empruntons cependant à un chroniqueur contemporain la jolie description suivante d'une scène d'orgie qui, pour cette fois, s'arrêta à temps, circonstance qui, justement, nous permet d'en faire notre profit :

« Tous les roués de la cour se pressaient chez madame de B***, pour qui tout était bon, et qui ne se faisait pas faute de ses laquais. Rien de plus commode qu'un amant bête et opulent ; et madame de B*** disait que c'était pour cela qu'elle s'était donné M. de Luxembourg.

« Le duc de Durfort, depuis duc de Duras, eut un caprice pour elle ; il arrangea un souper, il fit venir le fameux chanteur Chassé, pour varier les plaisirs.

« Madame de B*** mettait au nombre de ses qualités celle de bien boire. Le vin et la belle voix de Chassé la jetèrent dans une double ivresse ; elle ne quittait le verre que pour accabler Chassé de baisers et de caresses.

« L'amphitryon, qui n'avait fait venir celui-ci que pour l'entendre chanter, le fit brusquement sortir de table et de l'hôtel.

« Madame de B***, furieuse, s'arrache des bras de Durfort, qui veut la retenir, et tout échevelée et dans tout le désordre d'une bacchante, elle court après Chassé jusque dans la rue, en criant avec l'accent de la plus effrénée lubricité : *Je le veux ! je le veux !*

« On eut toutes les peines du monde à la ramener à l'hôtel.

« Le mariage ne la rendit pas plus circonspecte, et peu de temps après avoir épousé le maréchal de Luxembourg, elle ne changea rien à sa conduite et conserva toute son indépendance ; elle ne refusait aucune partie et ne manquait aucun des soupers où l'on avait, pour nous servir de l'expression usitée alors, l'habitude de *parler anglais.* »

Parler anglais, c'est-à-dire parler en français excellent et appeler toute chose par son nom propre — ou sale, au besoin.

Or cette madame de B***, devenue duchesse de Luxembourg, n'était pas une *petite* dame, c'était Madeleine-Angélique de Neufville-Villeroi, veuve du marquis de Boufflers. Au moins elle était bonne et intelligente : c'est quelque chose.

Nous ne manquons pas, d'ailleurs, d'exemples de ce genre. Une dame du monde non moins grande que la précédente donnait chez elle des représentations théâtrales, comme nous verrons plus loin que ce fut une rage à un certain moment même assez long ; à ces représentations jouaient quelques seigneurs et dames de ses amis, et cette dame elle-même plus que personne.

Désireuse de se distinguer de ses amis et voulant, par cette raison, perfectionner son talent dans l'art dramatique, elle prit des leçons de l'acteur Molé, très renommé par sa fatuité et ses bonnes fortunes. Le professeur ne fut pas longtemps à se faire aimer de son élève, et parvint même à se mettre avec elle dans la plus étroite intimité.

Le mari fut instruit, par ses gens, des privautés qui existaient entre sa femme et l'acteur.

Un jour que le professeur et l'élève se livraient aux exercices auxquels ils étaient habitués, le mari, furieux, arrive, un poignard à la main, paraissant bien décidé à frapper les deux coupables. L'acteur, effrayé avec juste raison, s'empresse de sauter par une fenêtre très peu élevée; et la dame, à force de larmes et de supplications, vient à bout d'apaiser son époux irrité.

Le bruit de cet esclandre se répandit aussitôt à travers Paris, et l'acteur ne fut pas le dernier à publier ses prouesses.

L'infortuné mari fut, pendant quelques mois, l'objet des sarcasmes et des plaisanteries de la cour et de la ville. Et il faut avouer qu'il y avait de quoi !

Ce serait peut-être ici le lieu de tracer le croquis de quelques-unes de ces curieuses figures de courtisanes, filles d'Opéra et autres, dont le nom est parvenu jusqu'à nous, entouré d'une auréole particulière; mais nous remettons au chapitre suivant le soin d'éclairer le lecteur sur les charmes de cette galerie de portraits. En attendant, nous nous arrêterons un moment sur les aventures d'une comédienne qui ne fut pas une courtisane, mais qui fut courtisée de telle sorte qu'un côté des mœurs de ce temps, qui resterait inconnu sans cela, y gagnera d'être dévoilé dans les lignes que nous allons lui consacrer.

La comédienne dont nous voulons parler est Mme Favart.

Justine du Ronceray venait d'épouser Favart, et elle avait à peine dix-neuf ans, lorsque, l'Opéra comique ayant été fermé, son mari accepta la direction des comédiens que le maréchal de Saxe entretenait à son camp dans les Flandres, et peu après, appela sa femme auprès de lui.

Maurice de Saxe était un grossier soudard dans toute la force de l'expression. Mme Favart, dont le nom de théâtre était *Mlle de Chantilly*, lui plut extrêmement, et comme il ne savait ni écrire, ni parler, il résolut d'agir avec elle suivant ses habitudes. Mais Favart et sa femme en étaient encore à la lune de miel, et Maurice fut éconduit; alors il songea à employer la violence; mais Mme Favart, prévenue à temps, put s'enfuir à Bruxelles.

Quand le maréchal apprit que l'oiseau était envolé, il entra dans des transports de fureur dignes d'un fou, et obtint contre le malheureux comédien qui restait sous sa griffe, une lettre de cachet. Favart eut toutefois le temps de fuir à son tour, et alla se réfugier chez un curé de campagne, près de Strasbourg; il y était caché dans une cave, et à la lueur d'une chandelle, peignit des éventails pour vivre, jusqu'à ce que la mort de son ennemi vint le délivrer de ce *carcere duro*.

Les deux époux s'écrivaient des lettres touchantes, mais c'est tout ce qu'ils pouvaient faire.

Enfin Mme Favart croit pouvoir revenir à Paris. Elle jouait depuis quelques jours seulement à la Comédie italienne, lorsque son terrible amoureux la fit enlever: il avait obtenu une lettre de cachet à l'aide de laquelle il la fit enfermer dans un couvent au loin. Quelque temps après, la jeune comédienne reparut sur la scène, où on la laissa tranquille. Les bonnes langues du temps donnent à entendre qu'il n'en aurait pas été ainsi si elle n'avait fini par céder aux obsessions du maréchal; mais cette allégation ne repose sur aucune preuve, et la cessation des persécutions coïncide de si près avec la date de la mort de Maurice de Saxe (30 novembre 1750), qu'il est permis de croire qu'aucune autre cause ne rendit la liberté à Mme Favart, qui reparut du reste avec son mari au commencement de 1751.

Mme Favart n'était pas seulement une actrice de premier ordre, elle avait encore, comme femme, les plus charmantes qualités du cœur et de l'esprit, et l'on disait que sa gaieté n'était égalée que par sa bienfaisance. Malgré cela, il ne faut pas croire qu'elle échappa à la malignité publique. On lui donna pour amant le spirituel abbé de Voisenon, et beaucoup d'épigrammes et couplets s'inspirèrent de cette liaison vraie ou fausse.

Voici les deux couplets les plus propres d'une chanson faite sur ce sujet par Marmontel :

> Il était une femme
> Qui, pour se faire honneur,
> Se joignit à son confesseur.
> Faisons dit-elle, ensemble
> Quelque ouvrage d'esprit ;
> Et l'abbé le lui fit.
>
> . . . .
>
> On prétend qu'un troisième
> Au travail concourut,
> Et que Favart le secourut.
> En chose de sa femme,
> C'est bien le droit du jeu
> Que l'époux entre un peu.
>
> . . . .

Marmontel, dont la vie n'était rien moins qu'exemplaire, et qui avait eu pour maîtresses la Navarre, la Clairon, l'une des la Verrière et bien d'autres, ce dont on ne se douterait guère à lire ses Contes moraux, était le dernier homme qui pût croire à la vertu d'une femme de théâtre, ni d'aucune femme en général, pour tout dire. Cependant, il n'y a pas seulement, dans les couplets qu'on vient de lire, une accusation portée contre la vertu de Mme Favart ; il y a aussi l'attribution des meilleurs ouvrages de Favart à celui qu'il donne pour amant à sa femme.

Favart protesta avec énergie, et l'abbé de Voisenon appuya loyalement cette protestation de son ami.

« Favart, écrit-il à Voltaire, n'aurait pas manqué de vous offrir sa pièce de Gertrude ; mais il a la timidité d'un homme qui a vraiment du talent ; il a craint que l'hommage ne fût pas digne de vous.

« Vous ne croiriez pas, malgré les preuves multipliées qu'il a données des grâces de son esprit, qu'on a l'injustice de lui ôter ses ouvrages et de me les attribuer. Je suis bien sûr que vous ne tombez pas dans cette erreur. »

Il est clair qu'après une telle déclaration, faite dans ces termes, la partie de l'accusation qui a trait à la composition des ouvrages de Favart tombe à plat ; et si cette partie-là ne se peut plus soutenir, en vérité l'autre y est si connexe, qu'on a parfaitement le droit de croire qu'elle ne vaut pas mieux.

Nous ne saurions toutefois prendre la responsabilité de conclure dans un sens ou dans l'autre.

Si nous nous bornions à tracer le tableau des mœurs de la cour et de celles de Paris, on serait en droit de nous accuser d'insuffisance ou de supposer que la province était étonnamment vertueuse. C'est une idée qu'on se fait assez volontiers, de loin, de la province ; mais en y réfléchissant, on en vient nécessairement à constater, grâce à de nombreuses preuves morales — ou plutôt immorales, que, comme la ville imite volontiers la cour, la province imite la ville avec un entraînement irrésistible.

Nous raconterons seulement, pour prouver que la vertu n'habite nécessairement pas au village, une bonne petite histoire normande, abondante en situations dramatiques et caractérisque des mœurs de province à cette époque. Il est vrai de dire, cependant, que cela se passe dans un château, mais chacun sait qu'il n'y a d'intéressant, en pareille matière, que les aventures des châtelains.

En 1772, un gentilhomme normand nommé le comte d'O..., séparé depuis longtemps d'une femme dont les aventures galantes, insuffisamment dévoilées par l'histoire, l'avaient porté à réclamer le divorce, se décidait, après un long célibat, à convoler avec une charmante marquise hongroise, la baronne de R....., dont la vertu était au-dessus de tout soupçon, du moins pour lui. Ajoutons qu'il avait une fille charmante, âgée de dix-huit ans, et qui promettait beaucoup.

Il avait aussi un ami intime, un certain M. de Saint-F..., officier aux gardes françaises, lequel était en même temps, comme si le cumul n'avait rien qui pût l'effrayer, l'amant de la comtesse et le guide, le mentor de la jolie Fernande.

Le comte, bien entendu, ne soupçonnait rien de pareil; et il se montrait si incroyablement confiant qu'on avait fini par ne plus guère se gêner et à négliger toute précaution.

Or, cette quiétude inouïe eut un résultat fâcheux.

Un soir, le comte rentre chez lui plus tard qu'à l'ordinaire; il ne trouve ni lumière, ni valets. En cherchant à tâtons l'escalier, il aperçoit une lueur par la fente d'une des fenêtres de l'appartement de sa fille. Il parvient à sa garde-robe, où une femme de chambre, qui semblait fatiguée, dormait en désordre à côté d'un laquais. Un reste de bougie, à chaque instant près de s'éteindre, donnait encore de funestes moments de clarté. Il entra doucement chez sa fille, pareillement endormie dans les bras amoureux d'un jeune officier, le chevalier d'A.....

Personne ne se réveille. Un éclat était dangereux, le comte se retire sur la pointe du pied, et va pour se coucher avec sa femme.

Il trouve la porte fermée. Mais il avait une double clef d'un cabinet de toilette; il l'ouvre, et reconnaît les habits, l'épée, le chapeau de M. de Saint-F.... qui occupait tranquillement sa place auprès de la comtesse.

Le comte n'a pas d'autre parti à prendre, pour le moment, que de se retirer avec les mêmes précautions que devant. C'est ce qu'il fait; mais le lendemain, il se promet d'envoyer sa femme dans quelqu'un de ses châteaux, le plus isolé, réduite à la portion congrue, et sa fille au couvent; après quoi il battra son laquais et se coupera consciencieusement la gorge avec son trop intime ami.

Mais avant d'en venir là, une nouvelle surprise l'attend.

Sa femme entre chez lui, sur la pointe de neuf heures du matin, l'embrasse avec tendresse, lui reproche doucement de l'avoir fait attendre la veille au soir; et finalement déclare vouloir profiter que sa fille n'est pas encore descendue pour lui faire une proposition qui la concerne.

Or cette proposition est tout bonnement de marier la jeune fille, qu'elle présente à son père comme « toute neuve » et innocente comme le nouveau-né, avec Saint-F.....

En vain le comte, qui parvient à surmonter son ahurissement, objecte-t-il que Fernande préférerait peut-être épouser d'A..... : la comtesse n'en croit rien, et le plus fort, c'est que la jeune fille, arrivant sur ces entrefaites, un peu fatiguée et malade, se déclare toute résignée, quoique le mariage et les hommes quels qu'ils soient soient lui inspirent une égale répugnance.

M. d'O..., s'il faut l'avouer, n'était pas

à son aise. Il se demandait s'il n'avait pas été le jouet d'un cauchemar la nuit précédente ; et il fallut qu'il fut seul de nouveau pour reprendre possession de ses esprits, ce qui le fit naturellement revenir, et grand train, à sa résolution à demi abandonnée.

Prise au dépourvu, la comtesse ne put payer d'effronterie ; son attitude seule était un aveu. Elle demanda seulement à se retirer en Hongrie, avec une pension modeste ; ce qui lui fut accordé. Quant à l'ingénue Fernande, qui était de si bonne composition, les portes d'un couvent se refermaient bientôt sur ses talons.

Au couvent, on s'empresse autour de la nouvelle venue, on s'enquiert des causes de sa réclusion, car elle a tout l'air de n'avoir point froid aux yeux, et pas du tout celui que donne la vocation religieuse.

Voici comment la pauvre jeune victime d'un père brutal raconte ses aventures à ses compagnes :

« Je suis née, commence-t-elle en soupirant, d'un père qui n'aurait jamais dû se marier, parce qu'il n'entend absolument rien à la façon de vivre en ménage et à l'éducation des filles. Au lieu de prévenir les fautes, il ne sait que les punir. Livrée à moi-même dès mon enfance, j'ai passé mes jours à lire des ouvrages qui me promettaient le bonheur, à désirer des objets agréables, à chanter des airs tendres, et à mêler les accompagnements de ma harpe aux paroles que l'on m'assurait avoir été inspirées par moi. Maîtresse de mes volontés, de mes liaisons, je voyais tous les jours des jeunes gens.

« L'un tombait gravement amoureux, cela m'amusait ; l'autre résistait à mes agaceries, cela me piquait ; celui-ci m'offrait l'hommage de ses talents, celui-là faisait briller les miens. Je tenais à tous par quelque chose, à aucun par un vrai sentiment.

« L'état de mon cœur changea lorsque j'eus vu l'auteur aimable de ma disgrâce. J'aime autant vous le nommer : c'est M. d'A..., fils d'une dame distinguée dont madame Riccoboni a écrit l'histoire.

« J'ai ouï dire à beaucoup de femmes que la figure n'avait sur elles aucun empire. J'ai le malheur de ne pas leur ressembler. J'avoue que celle de M. d'A... me fit une impression profonde. Ses manières, le son de sa voix, la douceur de son caractère, rien ne m'échappa.

« Mon secret, renfermé dans mon cœur, ne transpirait point. J'épiais seulement les mouvements de M. d'A...... et je bornais, du moins je le croyais, tous mes désirs à ne lui être pas indifférente. Nos entretiens roulaient, trop souvent peut-être, sur l'amour. Il m'assurait que ce sentiment lui serait interdit à jamais, parce qu'il avait tous les défauts qui feraient le malheur d'une femme : une sensibilité déraisonnable, une jalousie inaccessible aux démonstrations mêmes, un désir de plaire si minutieux, qu'il entraînait mille ridicules dès qu'il n'était pas partagé.

« Avec quelle joie secrète j'écoutais le détail de ces charmants défauts. N'osant le combattre, je glissais dans toutes les occasions quelques mots sur la tendre indulgence d'une femme sensible.

« Je ne vous ennuierai pas de la peinture de nos feux naissants. Tout ce que je puis vous dire, c'est qu'en parlant sans cesse de ses défauts, il me fit adorer ses qualités, et qu'à force de m'exhorter à la sagesse, il me la fit oublier. Jamais sacrifice ne fut accompli avec si peu de scrupule.

« Il me semblait, tant ma passion était ardente, que je ne pouvais faire un plus digne usage de mes faibles charmes que de les consacrer au mortel qui les embellissait ; je mettais enfin dans notre liaison une franchise, j'ai pensé dire une imprudence, qui était l'effet d'une forte passion.

Enlèvement pour le Parc aux Cerfs.

« Ma belle-mère, très occupée de son amour, et mon père qui ne l'était de rien, ne s'aperçurent jamais de cette intrigue. L'habitude finit par donner trop de sécurité. Je ne sais quelle fatalité conduisit un soir mon père dans ma chambre ; il y trouva mon amant qui dormait sur mon sein ; et moi, plongée dans un doux sommeil, je remerciais en songe le Dieu qui donne de délicieux instants.

« Mon père fit cette même nuit une autre découverte, plus funeste encore à son repos ; et, dans l'accès de ce double chagrin, il s'est défait en un instant d'une femme perfide et d'une fille imprudente.

« Tels sont mes torts... »

Pauvre naïve enfant! N'est-on pas touché de tant de candeur?

Celle dont elle faisait ainsi sa confidente avait été mise au couvent pour une peccadille du même genre, mais infiniment plus grave ; ce qui ne l'empêcha pas de faire de la morale à sa jeune compagne qui l'écouta religieusement et humblement.

Bref, avec la connivence d'un seigneur d'un château voisin, exilé dans ses terres par lettre de cachet, les deux dames parvinrent à s'enfuir du couvent. Pas ensemble, toutefois : la rouée ayant d'abord pris la place de l'ingénue, comme il est naturel.

On pense bien que ni l'une ni l'autre ne fut longtemps seule. Nous ne les suivrons pas dans leurs trop nombreuses aventures, pas même la jolie Fernande, qui eut bien le temps de lier connaissance et de rompre avec un demi-cent d'amoureux avant de se retrouver toujours éprise dans les bras du premier, l'irrésistible officier, et qui devint dans l'intervalle une des courtisanes les plus brillantes du temps, tout en n'ayant point paru une seule fois à la cour.

Elle mourut d'une manière tragique dans le château de ses pères.

Quant au père sévère de cette jeune personne, après l'aventure désagréable qui lui était arrivée, il intenta un procès à sa femme infidèle, le gagna, fit casser son second mariage, et se fit ruiner avec la plus grande diligence, jusqu'à en être réduit à la mendicité, par les courtisanes à la mode, par les filles d'opéra, pour tout dire. Après quoi il s'arrangea de façon à vivre d'escroqueries.

Il finit par se remarier avec une vicomtesse qui, entre autres mésaventures, avait fait un assez long séjour à la Salpêtrière, et qui, à ce qu'on croit, se débarrassa le même jour du père et la fille.

Le beau monde! Le bon temps!

La littérature se sentait des mœurs corrompues de ce règne. Les auteurs n'écrivaient plus que des ouvrages libertins, ou tout au plus frivoles. On invoquait les muses pour célébrer les charmes d'une danseuse ou d'une prostituée de profession, ou encore les mérites de quelque protecteur idiot ou méprisable. Les poèmes érotiques, les contes et les chansons obscènes étaient seuls en possession de la vogue, et les Collé, les Crébillon fils, qui sont les seuls qu'on puisse encore se procurer facilement aujourd'hui, peuvent être considérés comme de chastes écrivains comparés à la tourbe d'auteurs orduriers qui grouillait alors.

Cependant, une phalange d'écrivains satiriques existait qui, peu à peu, vit son audace s'augmenter avec le nombre. Quand ils parlaient des courtisanes, ceux-là, c'était pour les flageller d'une plume vigoureuse. Un certain Landrin, auteur dramatique, fit une pièce intitulée : *les Curiosités de la foire Saint-Germain*, où il dépeignit la trop célèbre Duthé sous les traits d'un automate, et cela avec une ressemblance telle que la courtisane, qui assistait à la représentation de cette pièce, tomba en syncope à la vue de l'automate.

Le duc de Durfort, qui était alors l'amant en titre de l'ancienne figurante, alla trouver l'entrepreneur du théâtre, et lui fit une scène violente, le menaçant de le démolir, lui et son théâtre par-dessus le marché, s'il se permettait de renouveler des personnalités aussi blessantes à l'adresse de sa protégée.

Nous avons publié quelques épigrammes et aussi des vers de Gilbert qui prouvent que la conscience publique se révoltait enfin. Gilbert se proposait de faire plus qu'il n'avait fait encore pour montrer les mœurs immondes de toutes ces filles entretenues qui grouillaient à tous les degrés de l'échelle. Le bruit courut un moment qu'il écrivait une satire spécialement dirigée contre ces misérables. Tout le clan des prostituées en vogue se souleva à cette nouvelle, et il fut convenu qu'on s'emparerait du poète, et qu'on le flagellerait solidement, et non pas seulement au figuré.

Mais le pauvre poète se mourait, et il n'eut pas le temps de faire sa satire, — encore moins celui d'être fouetté.

XLIX
Les filles d'Opéra.

SOMMAIRE. — Histoire de Rosalie Duthé. — Aussi belle que bête. — Le luxe de Rosalie. — Sa cour. — Une surprise désagréable de cette brute de Durfort. — Collision violente entre le comte Potocky et la chaise percée de Rosalie. — La Duthé monte en grade. — Le Longchamp de 1774. — Souper de filles servi par des laquais grands seigneurs. — Une parodie très réussie des *Précieuses ridicules*. — L'émigration. — La Guimard, dite le *squelette des grâces*. — Ses principaux adorateurs. — Le temple de Terpsichore et la maison de Pantin. — Théâtre de ville et théâtre de campagne. — Terpsichore chez la Du Barry. — Bontés de Louis XVI pour la danseuse en déconfiture. — Manie des théâtres particuliers. — Sophie Arnould. — L'enfance d'une cantatrice célèbre. — L'engagement. — L'Opéra avant 1776. — Le foyer des artistes. — Masques et visages de pensionnaires. — Destinées de quelques-unes de ces dames les mieux entretenues. — La Carton. — La Gaussin. — La Fel. — La Defresne, marquise de Fleury. — Débuts de Sophie à l'Opéra. — Le beau Dorval. — Amours de Sophie Arnould et du comte de Lauraguais. — Rupture. — Le trésorier des parties casuelles remplit un coûteux intérim. — Raccommodement. — Les maîtresses extraordinaires de M. le comte. — Ses bizarreries. — Le bon temps. — La cour de Sophie Arnould. — Sa mort. — Pénélope Fel. — Mlle Laguerre. — Iphigénie en Champagne. — Homme de qualité et homme de quantité. — La seconde Mme Dugazon, de la Comédie italienne.

On remarquera que, jusqu'à Marion Delorme et à Ninon de Lenclos, les courtisanes autres que celles de la plus haute noblesse n'ont pas jeté grand éclat en France. Marion et Ninon commencèrent la série des hétaïres françaises; mais elles avaient des qualités qui, bientôt, devinrent superflues, pour élever à cette haute position une fille publique non titrée. Sous le règne de Louis XV, par exemple, qui fut véritablement une ère de splendeur pour les courtisanes, une fille pouvait être aussi bête que la Duthé et parvenir comme elle à la plus haute fortune.

Rosalie Duthé débuta comme figurante à l'Opéra. On se rappelle ce que nous avons dit de l'Opéra : c'était une pépinière inépuisable de prostituées, par cette raison toute simple qu'une fois enrégimentée, la femme était à l'abri des poursuites de son mari, et la fille de celles de sa mère, et qu'il était convenu que l'une et l'autre n'entraient dans cet asile inviolable que pour avoir la liberté de s'y livrer à la débauche.

Nous ne voulons pas dire que Rosalie Duthé eût besoin d'échapper à une autorité quelconque, mais son but était évidemment de faire partie de l'étalage; car avec ses prérogatives qui rappellent celles des dictérions d'Athènes au temps de Solon, l'Opéra était nécessairement une boutique de prostitution. — Or, si Rosalie était bête comme une oie, elle était belle comme un ange, et cela se voit d'assez loin.

On ne saurait dire qui respira le premier le parfum de cette rose en bouton; mais celui qui la *lança*, qui l'entoura d'un luxe éblouissant, la rendit célèbre, ce fut le duc de Durfort.

Rosalie s'habitua rapidement au luxe, et ne tarda pas à être entourée d'une cour nombreuse et assidue, au grand désespoir du duc qui était fort jaloux, et non sans raison.

Au nombre de ses adorateurs figuraient deux nobles Polonais que nous avons déjà rencontrés sur notre chemin, et entre lesquels, accomplissant dans toute leur étendue les devoirs de l'hospitalité, elle partageait ses faveurs,

Un jour — c'est-à-dire une nuit — Durfort fait irruption dans la chambre de sa maîtresse, sans se faire annoncer, et trouve, couché à côté d'elle, l'un des malencontreux étrangers. Réveillé en sursaut, celui-ci se lève vivement, et comme il n'avait pas le choix, se trouve en chemise dans la rue, poursuivi par son ennemi l'épée à la main. Fort heureusement le Polonais tomba dans les bras des soldats du guet, qui le protégèrent contre la fureur du duc et lui sauvèrent certainement la vie.

Une autre fois, le comte Potocki se laisse également surprendre avec la belle Rosalie. Il se réfugie en toute hâte dans la garde-robe et, n'y voyant goutte, va se jeter dans une chaise percée qui... qu'on avait oublié de vider, en un mot.

Le duc de Durfort était décidément assommant, car c'était lui, c'était son abominable jalousie qui était cause de toutes ces catastrophes. Rosalie se brouilla avec lui et le remplaça par le marquis de Genlis.

Le marquis de Genlis possédait une des plus jolies femmes de la cour, qu'il négligeait, comme c'était l'usage, mais avec laquelle il était dans les meilleurs termes; la preuve, c'est qu'il n'eut pas plus tôt fait l'acquisition de la Duthé, qu'il n'eut rien de plus pressé que de la lui présenter. La marquise eut la bonté de trouver Rosalie charmante.

Genlis ne conserva pas bien longtemps ce trésor, qui lui fut enlevé pour être placé auprès du duc de Chartres en qualité d'institutrice d'amour. Cette bonne fortune éleva démesurément la réputation de la Duthé et augmenta sa fortune et son orgueil à proportion. Elle eut un train de maison en rapport avec une si haute situation, et son luxe dépassa celui de toutes ses rivales, y compris la Guimard.

Les gazettes de 1774 rapportent que, le jeudi saint, à Longchamp, on vit Mlle Duthé en carrosse à six chevaux blancs, dont les harnais de maroquin bleu étaient recouverts d'acier bruni, qui réfléchissait au loin, au grand déplaisir des passants, les rayons du soleil. Ce fut à cette occasion que la spirituelle Sophie Arnould prononça ces paroles restées au répertoire :

« Quand on voit afficher un tel luxe, doit-on être surpris si tant de grandes dames se dégoûtent du métier d'honnête femme. »

La Duthé se montrait ainsi, évidemment, pour provoquer l'admiration de la foule; mais cette fois elle se fit huer par des malappris, qui poussèrent l'audace jusqu'à entourer sa voiture pour l'empêcher d'avancer; et de fait, elle fut forcée de rétrograder. On ne la vit plus, à partir de cette aventure, qu'en équipage relativement modeste, et traînée par quatre chevaux seulement : grande concession faite à l'opinion publique.

Ce fut vers le même temps, je crois, que la Duthé présida un souper comme les roués de la Régence ne se seraient jamais avisés d'en organiser. Il y avait la douzaine de courtisanes; elles seules étaient attablées et servies par des seigneurs vêtus en laquais (habits qu'ils n'eussent jamais dû quitter). Parmi les laquais grands seigneurs figuraient le comte d'Artois, les ducs de Bourbon et d'Orléans.

Rosalie devint un peu plus tard la maîtresse du comte d'Artois, depuis Charles X ; après quoi, elle se rendit en Angleterre où, paraît-il, on n'était pas plus sage qu'en France, y ruina à plates coutures trois lords, et revint à Paris plus riche de leurs dépouilles, sauf ce qui en était passé à défrayer son luxe, toujours aussi exagéré et ridicule.

Il arriva à cette courtisane, aussi bête et présomptueuse que vraiment belle, une aventure qui rappelle celle des *Précieuses ridicules*, et dont les auteurs s'inspirèrent peut-être. Un jour, la Duthé voit s'arrêter à sa porte un brillant équipage ; un jeune homme, entouré de valets richement vêtus, en descend ; bientôt il se fait présenter à la belle comme un personnage de la plus grande distinction, entre en conversation, devient fort pressant et appuie d'ailleurs ses arguments de l'exhibition d'une bourse gonflée à en crever ; aussi obtient-il tout ce qu'il désire. Le jeune seigneur, satisfait, se retire en laissant sa bourse.

A peine est-il sorti, que la Duthé se jette sur cette bourse, dont elle a hâte de savoir le contenu. Hélas! trois fois hélas! ce sont, non des louis, mais des boutons de cuivre! Pour comble de disgrâce, elle apprend le lendemain que ce prétendu seigneur, qui lui a laissé cette prétendue bourse, n'est autre qu'un farceur de valet de chambre qui avait emprunté pour cette expédition le carrosse de son maître, et dont ses camarades s'étaient fait les complices!

A la Révolution, Rosalie Duthé, qui faisait si intimement partie de la noblesse de France, émigra en Angleterre et revint sur les talons des alliés, en 1815 ; elle mourut en 1820, laissant une fortune considérable à je ne sais quels héritiers.

L'aînée de la Duthé de près de dix ans, Marie-Madeleine Guimard, n'eut pas moins de succès que celle-ci dans le monde galant, et ne se fit pas moins qu'elle une réputation de faste et de prodigalité ridicule.

La Guimard n'était pas une simple comparse, comme la Duthé ; c'était une danseuse dont tout le monde s'accordait à vanter la grâce et le talent ; et puis elle avait de l'esprit ; mais elle était d'une laideur vraiment étonnante. Elle était si maigre qu'on ne l'appelait que le *squelette des grâces* ; elle était avec cela très moricaude et avait le visage profondément marqué de petite vérole.

Elle devint à la mode avec tous ces défauts, et vit se succéder dans ses faveurs et quelquefois les partager, le prince de Soubise, l'évêque d'Orléans, Jarente de la Bruyère, déjà rencontré ailleurs poursuivi par les limiers de la police, le banquier Laborde et bien d'autres.

La Guimard avait, rue de la Chaussée-d'Antin, un hôtel splendide, où se coudoyaient volontiers grands seigneurs et courtisanes, aventuriers et grandes dames ; il y avait un théâtre pouvant contenir cinq cents spectateurs, lequel fut ouvert en 1772 par une pièce grivoise de Collé, *la Vérité dans le vin*, qui scandalisa fort l'archevêque de Paris ; mais le digne prélat était loin d'avoir autant d'influence que la courtisane, et on ne tint aucun compte de ses protestations.

Cet hôtel avait été baptisé le *Temple de Terpsichore*. Terpsichore, c'était la Guimard ; il était donc juste que la déesse eût plus de crédit qu'un simple grand prêtre.

Elle avait aussi à Pantin une maison de campagne, don du prince de Soubise, où il y avait également un théâtre et où se rencontrait naturellement la même société qui fréquentait l'hôtel de la rue de la Chaussée-d'Antin. Ce fut sur le théâtre de Pantin que fut représentée la pièce de Collé intitulé *Madame Engueule*, dont le titre est tout un programme.

Terpsichore ayant dansé un ballet devant M*me* du Barry, Louis XV, pour reconnaître tant de condescendance, lui octroya gracieusement une pension de 1,500 livres; elle n'avait à l'Opéra, à cette époque, que 600 livres par an d'appointements; mais, comme elle avait bien d'autres cordes à son arc, ce don royal la fit sourire, et elle dit en l'acceptant : « — Cela servira à payer mon moucheur de chandelles. »

Une de ses meilleures cordes, nous l'avons dit, c'était l'évêque d'Orléans, qui se ruinait royalement à son service; Sophie Arnould, faisant allusion à l'opulente feuille des bénéfices du prélat et à la maigreur de la danseuse, disait : « — Comment se fait-il que cette vilaine chenille n'engraisse pas sur une si bonne feuille? »

Trop prodigue pour ne pas se ruiner elle-même après en avoir ruiné tant d'autres, la Guimard imagina de mettre en loterie son hôtel de la chaussée d'Antin pour la somme de 300,000 francs; c'était à peine le quart de ce qu'il lui avait coûté; mais peut-être n'en savait-elle rien. Ceci se passait en 1786. L'année suivante, elle épousait, pour faire une fin, son camarade Despréaux, chorégraphe de l'Opéra, plus jeune qu'elle de cinq ans : elle avait alors quarante-trois ans.

Louis XVI ayant porté sa pension à 6,000 livres et ses camarades lui en servant une de même importance, la Guimard se résigna à la vie bourgeoise. Sous le Directoire, son salon devint toutefois le rendez-vous des incroyables : elle y donna quelques fêtes fort suivies. Enfin elle s'éteignit obscurément à l'âge de soixante-treize ans, en 1816.

Beaucoup de personnages de distinction et de courtisanes riches avaient, à l'exemple de la Guimard, un théâtre dans leur hôtel ou dans leurs maisons de plaisance; ce fut une mode, à un certain moment. Le duc d'Orléans à Bagnolet, le prince de Condé à Chantilly, le maréchal de Richelieu dans son hôtel, la duchesse de Mazarin, la duchesse de Villeroi, la dame Dupin à Chenonceaux, la princesse de Guéménée à Pontoise, les demoiselles de la Verrière, etc., etc., avaient des théâtres particuliers, auxquels étaient attachés des poètes également particuliers.

Au théâtre des demoiselles de la Verrière, chez lesquelles nous avons rencontré la petite L'Ange, plus tard comtesse Du Barry, et dont l'une avait été entretenue par Maurice de Saxe et en avait eu une fille, le fournisseur en titre du théâtre fut d'abord Colardeau, que remplaça ensuite La Harpe.

La place nous ferait défaut, si nous voulions présenter au lecteur une galerie complète des femmes galantes tenant de près ou de loin au théâtre, et des grandes dames, tenant de près ou de loin au monde de la galanterie la moins raffinée. Mais nous serions par trop incomplets, si nous nous bornions aux deux portraits que nous venons d'esquisser.

A propos de ces esquisses, nous nous apercevons juste à temps qu'il manque à celle de la figure de la Guimard les premiers traits. Vite, réparons cette omission.

M*lle* Guimard dut au danseur Léger son premier pas et un enfant, dont elle accoucha dans un grenier, au milieu de l'hiver, sans feu et sans linge. Depuis cette époque, elle gagna un hôtel, un Suisse, six chevaux, autant de domestiques et une fois autant d'amants, parmi lesquels figurait en première ligne le prince de Soubise.

La Guimard, au milieu de ses galanteries, était bonne et charitable; on assure qu'elle a dû ses vertus et son humanité au souvenir de l'état de dénûment où elle se trouva au commencement de sa carrière, souvenir qui produit rarement cet effet-là, et qui ne le produit jamais dans un mauvais cœur.

On sait que la Guimard était fort maigre. Un jour qu'elle dansait avec son amant en titre d'alors, Dauberval et Gardel, son amant en expectative, Sophie Arnould, bonne langue, qui assistait de la coulisse à ces exercices innocents, dit à son entourage :

— Ne croirait-on pas voir deux chiens qui se disputent un os?

Les méchants bons mots de la cantatrice coulaient de ses lèvres comme de leur source naturelle; on en a recueilli une quantité innombrable, et il y aurait certainement de quoi remplir un gros volume compacte; c'est une entreprise à laquelle nous devons renoncer, persuadé que les *bons mots* gagnent à être isolés.

Mais Sophie Arnould, encore que nous soyons décidé à négliger les traits d'esprit dont elle fut si prodigue, mérite bien un petit bout de biographie.

Sophie Arnould naquit à Paris, le 14 février 1740. Son père tenait, rue des Fossés-Saint-Germain-l'Auxerrois, une vaste hôtellerie, connue sous le nom d'*hôtel de Lisieux*, et où eut lieu l'assassinat de l'amiral Coligny, qu'on fait à tort perpétrer à l'hôtel Montbazon, rue de Béthisy. Il avait cinq enfants, deux garçons et trois filles; Sophie était l'aînée de celles-ci. L'aisance dont jouissait M. Arnould lui permit de donner à sa famille une éducation soignée; ses demoiselles eurent différents maîtres, notamment de musique et de chant. Sophie montra de bonne heure des dispositions extraordinaires. La beauté de sa voix engagea sa mère à la conduire dans quelques communautés, où elle chantait les leçons de ténèbres. Un jour qu'elle était allée au Val-de-Grâce, la princesse de Modène, qui y faisait sa retraite, entendit les accents mélodieux de la jeune cantatrice; elle voulut la connaître, et, enchantée de ses grâces et de son amabilité, elle l'honora bientôt de sa protection.

A une figure gracieuse, la jeune virtuose joignait une voix ravissante et une sensibilité qu'elle savait communiquer à tous ceux qui l'écoutaient; sa taille était moyenne et bien prise; elle avait surtout des yeux superbes, souvent chantés par les poètes dans la suite, et l'ensemble de ses traits lui donnait une de ces physionomies heureuses qui flattent et qui plaisent au premier aspect.

M. de Fontpertuis, intendant des Menus, l'ayant entendue chanter, eut le désir de la faire entrer dans la musique de la reine. Il en parla à Mme de Pompadour, qui la fit demander. Sophie alla chez la favorite avec sa mère, et ne démentit point dans cette épreuve la réputation brillante qu'elle s'était acquise.

Mme de Pompadour la combla d'éloges et dit à ceux qui l'entouraient :

— Cette jeune personne fera quelque jour une charmante princesse.

Mme Arnould, qui craignait que les talents de sa fille ne lui fissent jouer un trop grand rôle, répondit à la marquise :

— Je ne sais comment vous l'entendez; ma fille n'a point assez de fortune pour épouser un prince, et elle est trop bien élevée pour devenir princesse de théâtre.

Cependant cette bonne mère céda aux insinuations de quelques amis, et consentit à ce que Sophie fût mise sur l'état de la musique du roi.

Cet engagement n'était qu'un prétexte pour attirer Sophie sur un plus grand théâtre, et lui faire parcourir une carrière digne de ses rares talents.

MM. Rebel et Francœur, surintendants de la musique du roi, la sollicitèrent secrètement d'entrer à l'Opéra. Cette jeune virtuose, subjuguée par tous les prestiges qui l'environnaient, consentit facilement à cette proposition, et, bientôt après, on lui envoya un ordre de début pour l'Académie royale de musique.

Cet événement imprévu affligea vivement Mme Arnould; elle gémit sur la destinée de sa fille, et, plus jalouse de son bonheur que de sa gloire, elle eût préféré la voir couler des jours purs et tranquilles au sein d'une heureuse obscurité.

Elle voulut alors mettre Sophie au couvent, mais une autorité supérieure la força d'obéir. Tout ce qu'elle put faire pour préserver sa chère Sophie des dangers auxquels l'exposaient sa jeunesse et ses charmes, fut de la surveiller sans cesse; elle la conduisait elle-même à l'Opéra, l'attendait dans une loge, et la ramenait chez elle quand le rôle était fini.

Tant de précautions devaient être inutiles. Nous savons déjà de quel privilège infâme l'Opéra était investi. Il suffisait d'avoir quelques complaisances pour les gentilshommes de la chambre, et à ce prix, sans le moindre talent et avec la ferme volonté de se livrer ouvertement à la débauche, l'administration signait avec la postulante un engagement qui la mettait à l'abri des lois et de toute autorité légale ou naturelle. Cet abus cessa en vertu d'une ordonnance donnée par Louis XVI, quelques années à peine après son avènement.

Jusqu'à cette date, on entrait comme au cabaret au foyer des dames de l'Opéra, chanteuses ou danseuses.

« C'était là, dit un chroniqueur contemporain, qu'elles recevaient les hommages des spectateurs qui s'y rendaient en foule, et chacun pouvait en liberté approcher ces divinités et jouir du coup d'œil séduisant que présentait leur toilette...

« C'était encore là qu'on voyait papillonner ces êtres amphibies qui n'étaient ni prêtres ni laïques, connaissaient tout, excepté l'étude et la religion et qui, sous le nom d'abbés, circulaient dans le monde comme une fausse monnaie.

« C'était là enfin qu'allaient et venaient assidûment une foule de jeunes gens et de vieillards, qui seraient demeurés absolument muets, s'ils n'avaient eu pour entretien les actrices, les ruelles et les coulisses.

« On mettait en usage, dans le véritable palais d'Armide, toutes les ruses que la volupté enseigne pour séduire.

« Les femmes surtout, convaincues qu'on en impose avec un beau nom, avaient grand soin, du moment qu'elles étaient initiées, de déposer celui qu'elles avaient reçu en naissant pour en prendre de plus conformes à leur nouvelle situation. Cette manie de noms supposés a produit des scènes plaisantes; on a vu plus d'une fois se présenter à la porte de l'Opéra une pauvre journalière, couverte de haillons, pour réclamer sa fille ou sa nièce, que le jour précédent elle a reconnue dans un brillant équipage, et dont elle a su la profession par un laquais.

« Un jeune homme, allant chez une danseuse de l'Opéra, se plaignit de l'impertinence de son portier, et lui dit :

« — Vous devriez bien chasser ce drôle-là de chez vous.

« — J'y ai pensé, répondit-elle; mais que voulez-vous, c'est mon père.

« Dans les beaux jours de l'Opéra, une jolie actrice se montrait au foyer toute resplendissante de diamants; elle était respectée de ses compagnes en raison de sa robe éclatante, de sa voiture légère, de ses chevaux superbes; il s'établissait même un intervalle entre elles selon le degré d'opulence.

« Cette nymphe, plus ou moins illustrée par le rang de son amant, recevait avec hauteur celle qui débutait; elle traitait avec les airs d'une femme de qualité le bijoutier et la marchande de modes ; le ma-

Louis XV et Mlle de Romans.

gistrat déridait son front en sa présence ; le courtisan lui souriait ; le militaire n'osait la brusquer ; sa toilette était tous les matins surchargée de nouveaux présents : le Pactole semblait rouler éternellement chez elle.

« Mais la mode qui l'éleva venant à changer, une petite rivale, qu'elle n'apercevait pas, qu'elle dédaignait, se met insolemment sur les rangs, brille, l'éclipse, et fait déserter son salon. La courtisane superbe, quoique ayant encore de la beauté, se trouve l'année suivante seule avec des dettes immenses ; tous les amants se sont enfuis, et quand ses affaires sont liquidées, à peine a-t-elle de quoi payer sa chaussure et son rouge.

« De toutes les femmes entretenues dix font fortune au bout de quelques années. Que devient le reste ? C'est la grenouille qui a profité d'un rayon de soleil pour se reposer sur une belle prairie, et qui se replonge dans son marais.

« Voyez Carton qui s'est retirée doyenne des chœurs de l'Opéra ; elle comptait l'illustre Maurice de Saxe parmi ses conquêtes : elle le suivit au fameux camp de Mühlberg, où elle eut la gloire de souper avec les deux rois Auguste II de Pologne, et Frédéric-Guillaume de Prusse, accompagnés des princes leurs fils et leurs successeurs au trône. Cette aimable chanteuse a brillé par ses diamants et ses équipages; elle a donné des fêtes aux beaux esprits; elle a dit de bons mots que l'on cite encore, et, sur la fin de sa carrière, un vieux laquais formait toute sa compagnie.

« Voyez Gaussin: elle a jeté pendant longtemps le mouchoir à qui elle a voulu; princes, officiers de distinction, graves présidents, sémillants conseillers, auteurs sublimes, fermiers généraux, tout ce monde, aux poètes près, a contribué à l'enrichir; et cette actrice charmante, qui eût pu, comme la fille de Chéops, élever une pyramide en se faisant apporter une pierre par chacun de ses amants; cette fille si tendre, vieillie et ruinée, finit par épouser un danseur, qui la rouait de coups, et lui fit faire une rude pénitence de tous les péchés qu'elle avait commis.

« Voyez Fel, qui a fait la gloire de l'Académie royale de musique et du concert spirituel, dont les accents enchanteurs l'ont disputé pendant longtemps à la mélodie du rossignol: elle crut autrefois honorer un souverain en le recevant dans ses bras; elle rendit père le tendre Cahusac, qui, n'ayant pu l'épouser, alla mourir de chagrin à Charenton: cette nymphe mangea les revenus de plusieurs provinces, et fut réduite, sur la fin de sa carrière, à quêter un regard ou à *déshonorer son goût*.

« Voyez Defresne, devenue par spéculation Mme la marquise de Fleury: cette beauté, après avoir été l'entretien de tous les cercles, avait vu à ses pieds tout ce que la cour et la ville offraient de plus grand; après avoir dissipé la rançon d'un roi, elle tomba par son inconduite dans une indigence extrême, et mourut sans secours, quoiqu'elle laissât deux fils, dont l'un était capitaine de dragons et l'autre d'infanterie,

décorés du nom et des armes des Fleury.

« Si l'on passait les Laïs anciennes et modernes qui, tour à tour, ont brillé sur la scène du monde, on formerait un tableau curieux des caprices de la fortune, qui souvent va chercher sous la livrée de la misère la femme qui doit un jour voir à ses pieds les plus grands personnages de l'État... »

Sans doute; mais cela ne prouve pas grand chose, si ce n'est que la fortune a beaucoup de caprices dont la sottise des hommes favorise singulièrement la satisfaction.

Mais nous ferions mieux d'en revenir à Sophie Arnould.

Sophie débuta à l'Académie royale de musique le 15 décembre 1757, et fut reçue l'année suivante. Mlle Fel lui avait enseigné l'art du chant, et Mlle Clairon avait formé son jeu. Elle parut dès l'abord, aux yeux des connaisseurs, l'actrice la plus naturelle, la plus onctueuse, la plus tendre qu'on ait encore vue. Le premier rôle qu'elle remplit, ce fut dans le divertissement du ballet des *Amours des dieux*; le premier air qu'elle chanta, ce fut une invocation à l'Amour, qui commençait ainsi: *Charmant Amour*.

On lui a souvent entendu dire depuis que cette invocation lui avait porté bonheur.

A cette époque, le jeune comte de Lauraguais, épris de belle passion pour Sophie, forma le projet de la soustraire à la surveillance maternelle, et de la faire jouir de l'indépendance de toutes ses compagnes de l'Opéra.

La chose était difficile; mais l'amour est ingénieux; les obstacles l'arrêtent, et tout finit par lui céder. Lauraguais usa d'un stratagème dramatique: il déguisa son rang et sa fortune, se fit passer pour un poète de province qui venait à Paris faire jouer une tragédie, et, sous le nom de Dorval, prit un logement à l'hôtel de Lisieux.

Son esprit et sa courtoisie le firent bientôt remarquer ; il enivra Mme Arnould de compliments flatteurs, et séduisait Sophie par les plus brillantes promesses. Une ancienne gouvernante aida les deux amants à briser leurs entraves, et un soir d'hiver, à la suite d'une lecture larmoyante qui avait obscurci les yeux de toute la famille, Dorval et Sophie disparurent.

Cet enlèvement fit beaucoup de bruit ; Mme de Lauraguais était généralement estimée, et l'on blâmait hautement l'infidélité de son mari. Mais celui-ci ne s'en émut guère, et cette liaison fut une des plus longues que l'on connût dans ce temps-là !

Dans le cours de sa brillante carrière, à une époque où la galanterie, ou plutôt la licence des mœurs, était portée au plus haut degré, il eût été difficile à Sophie Arnould de résister aux séductions qui l'entouraient ; on lui a connu un grand nombre d'amants, mais elle a toujours conservé pour le comte de Lauraguais, le premier objet, dit-on, de son cœur, un attachement tendre et soumis, que l'ascendant qu'il avait pris sur elle fortifiait sans cesse : ils vivaient ensemble comme certains époux ; les infidélités de l'un motivaient celles de l'autre ; mais Sophie y mettait plus de mystère, et sauvait les apparences autant qu'elle le pouvait.

Le comte de Lauraguais ne pouvait avoir une intimité analogue à ses goûts, et ses amours, ses bouderies, ses ruptures et ses raccommodements forment un long épisode dans la vie de cette artiste célèbre.

En 1761, le comte ayant fait un voyage à Genève pour consulter Voltaire sur une tragédie d'*Électre* de sa façon, Sophie, excédée de la jalousie de son amant, profita de son absence pour rompre avec lui.

Elle avait renvoyé à Mme de Lauraguais tous les bijoux dont lui avait fait présent son mari, même le carrosse, et dedans deux enfants qu'elle avait eus de lui ; elle s'était tenue cachée pour se soustraire aux fureurs d'un amant irrité, elle s'était même mise sous la protection du comte de Saint-Florentin, dont elle avait imploré la bienveillance.

Lauraguais, de retour, jeta feu et flamme, et se rendit un peu ridicule à la ville aussi bien qu'à la cour ; cela finit par le calmer et, renonçant bravement à la cruelle qui l'avait si lestement planté là, il lui envoya un contrat de 2,000 écus de rentes, que Sophie ne se décida enfin à accepter que sur les instances de Mme de Lauraguais elle-même.

Des bras de Lauraguais, Sophie passa dans ceux de Bertin, le trésorier des parties casuelles, dont elle fit sa tête de Turc ; puis, elle revint à Lauraguais, au grand désespoir du financier.

Celui-ci avait payé les dettes de la belle fugitive ; il avait marié sa sœur, et dépensé pour elle plus de vingt mille écus ; il lui eût encore fallu, pour conserver l'héroïne, rembourser à l'amant disgracié les frais considérables que lui avaient occasionnés ses nouvelles amours ; mais, à cette époque, la générosité financière s'étendait si loin, ou en cite des traits de prodigalité si merveilleux, qu'il semble que le Pactole coulait chez les traitants.

Le comte, nous l'avons dit, n'était pas précisément un modèle de fidélité.

Parmi ses maîtresses extraordinaires, on cite Mlle Heynel, danseuse de Stuttgart, qui fit fureur à l'Opéra en 1768. Le comte de Lauraguais, follement épris de cette fille, lui donna pour entrée de jeu la bagatelle de soixante mille livres et quinze mille à un frère qu'elle aimait beaucoup ; il ajouta un ameublement exquis, un équipage complet et un assortiment de bijoux.

Mlle Heynel ne s'était d'abord évaluée modestement qu'à mille louis.

Le comte eut aussi du goût pour

Mlle Grandi, danseuse de l'Opéra, mais, cette fois, il montra beaucoup moins de libéralité. La danseuse, peu cruelle, ne laissa pas soupirer longtemps son adorateur : elle s'exécuta très généreusement, s'en rapportant à la munificence du seigneur et n'imposant aucune condition ; mais elle eut à s'en mordre les doigts.

Le comte de Lauraguais était un homme charmant sous beaucoup de rapports ; mais il avait dans le caractère un fond de bizarrerie qui le rendait quelquefois difficile à vivre. Tour à tour caressant et brusque, tendre et grondeur, jaloux et volage, il voulait régner en maître sur le cœur de ses maîtresses. Sa libéralité seule excusait ses défauts, et l'on sait que l'inconstance de ses goûts épuisa son immense fortune.

Sophie lui fut toujours attachée, et, dans le calme de l'âge mûr, elle regrettait encore le temps orageux de ses premières amours. Elle en causait un jour avec Rhulières ; et, lui racontant les fureurs de son premier amant, elle ajouta avec une naïveté charmante :

— Ah ! c'était le *bon* temps ; j'étais bien *malheureuse !*

Cette longue liaison porta après tout ses fruits. Sophie Arnould eut du comte de Lauraguais, ou prétendit avoir eu de lui, ce dont il semble avoir douté puisqu'il ne les reconnut pas tous, trois garçons et une fille. Chacun, au début de sa vie, prit un nom différent. L'aîné s'appelait Louis Dorval, le second Camille Benerville, et le troisième Constant Dioville ; Alexandrine était le nom de leur sœur. Le premier mourut à l'âge de quatre ans. Les deux derniers, ayant été légitimés, portèrent dans la suite le nom de leur père.

Constant Dioville de Brancas, devenu colonel des cuirassiers, fut tué à la bataille de Wagram.

A l'époque de sa brillante jeunesse, Sophie Arnould était entourée d'une véritable cour de lettrés, qui d'ailleurs lui fut fidèle en grande partie dans l'âge mûr, après l'avoir chantée ou courtisée sur tous les tons.

Dorat lui consacra une longue épître ; on remarque parmi les autres poètes qui ont pincé en son honneur ou à sa gloire les cordes de leur lyre, Gentil-Bernard, Marmontel, Rhulières, Favart et bien d'autres.

Voici des vers que lui adressa Favart ; on conviendra qu'ils sont assez passionnés :

> Pourquoi, divine enchanteresse,
> Me troubles-tu par tes accents ?
> Tu me fais sentir une ivresse
> Qui ne va pas jusqu'à tes sens.
> Peut-être que dans ma jeunesse
> Mon bonheur eût été le tien.
> Je t'aime, et le temps ne me laisse
> Que le désir... Désir n'est rien.
> Ah ! tais-toi ; mais non, chante encore ;
> Qu'avec tes sons voluptueux
> Mon reste d'âme s'évapore,
> Et je me croirai trop heureux.

Gentil-Bernard ne reste pas en arrière, et quoique moins prolixe, il est certes tout aussi clair :

> Que ta voix divine me touche !
> Et que je serais fortuné,
> Si je pouvais rendre à ta bouche
> Le plaisir qu'elle m'a donné.

L'illustre Garrick vint exprès, dit-on, de Londres pour l'entendre et pour voir Clairon. Autour d'elle se groupaient, outre les poètes, les hommes les plus célèbres de cette époque, en somme, féconde, tels que d'Alembert, Diderot, l'abbé Mably, Helvétius, Jean-Jacques, etc., qui eurent avec elle des relations plus ou moins intimes.

Enfin la spirituelle et aimable Sophie Arnould était parfaitement fondée à dire au prêtre qui l'assistait à ses derniers moments, comme elle le fit :

— Je suis comme sainte Madeleine ; il me sera beaucoup pardonné, parce que j'ai beaucoup aimé.

Elle mourut à Paris, le 22 octobre 1802. Quelques mots seulement, pour terminer, sur une ou deux figures secondaires, mais cependant curieuses.

M°° Fel, la maîtresse de Sophie, dont dont nous avons déjà parlé, avait été l'une des meilleures actrices de l'Opéra pour les rôles tendres, et la plus agréable cantatrice pour les concerts spirituels. « C'est, disait-on, un rossignol qui chante, un ruisseau qui murmure, un zéphir qui folâtre. » Après avoir eu beaucoup d'amants, parmi lesquels figurait le duc de Fronsac, elle quitta le théâtre, en 1756, et afficha pendant quelque temps une sorte de sagesse, dont elle finit, du reste, par se lasser.

Comme on parlait devant Sophie Arnould de cette sagesse imprévue et passagère :
« — Ne vous y fiez pas, dit la bonne langue, M¹¹ᵉ Fel ressemble à Pénélope : elle défait la nuit ce qu'elle a fait le jour. »

M¹¹ᵉ Laguerre, qui était fort avare, faisait de temps en temps quelque petite vente mobilière où les grandes dames venaient se disputer le moindre objet. Un jour, voyant plusieurs de ces dernières marchander quelques bibelots avec une certaine âpreté, Sophie, impatientée, s'écria :
— Vraiment, mesdames, il paraît que vous voudriez les avoir au prix coûtant.

Cette même Laguerre se présenta à la seconde représentation d'*Iphigénie en Tauride*, où elle remplissait le rôle principal dans un état d'ébriété si avancée qu'elle ne pouvait se tenir en scène, et que les prétresses avaient assez à faire vraiment que de la soutenir. Tous les secours qui pouvaient dissiper promptement les vapeurs qui offusquaient encore le cerveau de la princesse, lui furent administrés dans l'intervalle du second acte, et la mirent en état de chanter avec plus de décence dans les deux derniers.

— Ce n'est pas là *Iphigénie en Tauride*, dit quelqu'un, c'est *Iphigénie en Champagne*.

Nous avons vu un prince envoyer un carrosse à la Duplan en rémunération de ses faveurs de nuit. M¹¹ᵉ Duplan appartenait aussi à l'Opéra, et était réputée, comme sa camarade Laguerre, pour son avarice. Elle rompit très carrément avec le duc de Duras pour se lier avec un riche boucher, en donnant pour excuse qu'un homme de *quantité* est toujours préférable à un homme de *qualité*.

Mais le meilleur mot de courtisane, à notre appréciation, est celui de la Lefèvre, de la Comédie-Italienne, seconde femme de Dugazon, du moins c'est la réponse qu'elle fit à la déclaration passionnée d'un jeune gentilhomme de province.

Elle jouait de passage à Amiens. Notre gentilhomme, ayant obtenu de lui être présenté, lui offre sans hésitation vingt-cinq louis et son cœur.

— Jeune homme, lui répondit la comédienne en toisant son adorateur avec beaucoup de dignité, rengainez votre cœur et vos vingt-cinq louis : si vous me plaisiez, je vous en donnerais cent!

L

Esquisse des mœurs sous Louis XVI et la Révolution.

Sommaire. — État des mœurs à l'avènement de Louis XVI. — Répression paternelle d'actes honteux commis ordinairement à la cour. — Le *Sottisier* imprimé au Louvre. — Exploits du chevalier Tape-Cul. — Les jeux et les joueurs. — Prohibition des jeux de hasard. — Le jeu de la reine. — A Marly en polisson — La banqueroute d'un Rohan! — Le cardinal Collier. — Intrigues diplomatiques et autres. — La marquise de Fleury et son marquis. — Les aïeux. — La fortune des grandes maisons et son origine. — Le cardinal de Rohan et Mme de la Motte-Valois. — Simple allusion à l'affaire du collier. — Marie-Antoinette. — La reine au bal de l'Opéra. — Remontrances fraternelles. — Écrire et dire. — Chasteté relative de la cour de Louis XVI. — Situation des prostituées sous la Révolution. — Réouverture des tripots. — Le jeu et la prostitution au Palais-Royal. — Description de ce *bazar* par Balzac. — Une page du *Tableau de Paris* sur le même sujet. — La répression mitigée. — La débauche thermidorienne. — Transport de Robespierre à l'échafaud. — Les gorges réactionnaires. — Dévergondage et famine. — Notre-Dame de Thermidor. — Le bal des victimes. — Merveilleux et merveilleuses. — Le Longchamps de 1797. — Le dialogue du tailleur et de la marchande de paniers. — La mode romaine succède à la mode grecque. — Comparaison des modes de notre temps avec celles de ce temps-là. — Trop nue ou trop habillée. — Celui qui *danse*.

Louis XVI avait des mœurs régulières, mais cet exemple offert par le roi et les soins qu'il apportait dans la répression des désordres qui se produisaient autour de lui, ne parvinrent pas à extirper la débauche de la cour. Les infamies par lesquelles se signalèrent principalement les mignons de Henri III et les courtisans des règnes de Louis XIV, du Régent et de Louis XV, se continuèrent sous celui de leur successeur.

En 1784, Louis XVI, pour ne pas donner un trop grand et trop fâcheux éclat à leurs goûts honteux, et aussi pour ménager l'honneur de personnes occupant à la cour un rang élevé, se vit forcé de renoncer aux châtiments légaux et de se borner à exiler discrètement quelques seigneurs.

En 1780, parut un recueil de toutes les productions inspirées par la licence et la débauche du xviiie siècle; il paraît, détail assurément caractéristique, que ce recueil, appelé *sottisier*, et qui n'était autre chose qu'un ramas d'obscénités, obtint le privilège d'être imprimé au Louvre, et qu'il était destiné à orner la bibliothèque d'une maison de campagne du voisinage de Paris.

Parmi les originaux de ce temps, figure un chevalier de Saint-Louis qui se fit une renommée singulière sous le sobriquet de « chevalier *Tape-Cul*. »

L'occupation journalière de cet individu était, en effet, de parcourir les rues et d'allonger une claque sur le derrière de toutes les femmes qui passaient à portée de sa main, et cela avec la plus grande placidité et l'indifférence apparente la plus complète. Il arrivait très souvent au chevalier Tape-Cul, que la femme ainsi caressée, trouvait la liberté un peu trop forte et lui adressait des injures, parfaitement méritées, et parfois aussi une volée de bois vert répondait à sa claque; mais rien ne semblait capable d'émouvoir le placide maniaque : il recevait injures et coups avec résignation et s'éloignait du même pas pour aller recommencer un peu plus loin.

Au reste, on le connaissait bien. Sa rouge trogne sous ses cheveux blancs, sa gibbosité, sa croix de Saint-Louis, s'étalant sur un habit blanc souillé de mille taches, se voyaient de loin. Il portait une canne d'une main, mais c'était de l'autre, cachée derrière son dos, qu'il administrait ses claques.

Au milieu de la grande allée de marronniers du jardin du Palais-Royal, on voyait à son approche toutes les femmes, dont il était bien connu en ce lieu, s'éloigner de son chemin avec un empressement comique.

Cette allée de marronniers, vieux et touffus, était le plus bel ornement de ce jardin du Palais-Royal, bien plus grand que celui d'aujourd'hui, et qui comprenait, outre le jardin actuel, tout l'emplacement envahi par les rues de Valois, de Montpensier et de Beaujolais, et, par conséquent, celui qu'occupent les galeries. C'était déjà alors le rendez-vous des étrangers, des flâneurs, des joueurs, des gens d'affaires, des filous et des filles publiques.

Pour ce qui est des joueurs, toutefois, il est bon de rappeler que, par une déclaration en date du 1er mars 1781, Louis XVI prohiba tous les jeux dont les chances sont inégales.

Mais on jouait à la cour de Louis XVI, et avec une véritable passion ; bien mieux, il n'y manquait pas de joueurs pour *inégaliser* les chances.

En 1778, pendant le jeu de Marly, un joueur de qualité ne dédaigna pas de substituer un rouleau de pièces fausses à un rouleau de vrais louis. Les grandes dames, d'ailleurs, filoutaient au jeu du roi, — ou plutôt de la reine — comme elles en avaient pris l'habitude sous les règnes précédents.

On avait, à la cour, établi des banquiers des jeux : les sieurs de Chalabre et Poinçot remplissaient ces fonctions. D'après les *Mémoires secrets*, Madame disait souvent aux banquiers : « On vous friponne bien, Messieurs. » Ces fonctionnaires, pour prévenir les escroqueries dont ils étaient ainsi les dupes, imaginèrent de faire border la table d'un ruban, et de déclarer qu'on ne regarderait comme engagé, pour chaque coup, que l'argent mis sur les cartes au-delà du ruban. Ils ne tardèrent pas à s'apercevoir que le remède était insuffisant.

Madame Campan, dans ses *Mémoires*, a laissé des détails curieux sur les habitudes de la cour de Louis XVI au château de Marly ; nous allons présenter ici ceux qui nous paraissent les plus intéressants :

« Après le dîner et avant l'heure du jeu, la reine, les princesses et leurs dames, roulées, par les gens à la livrée du roi, dans des carrioles surmontées de dais richement brodés en or, parcouraient les bosquets de Marly, dont les arbres, plantés par Louis XIV, étaient d'une élévation prodigieuse ;

dans plusieurs bosquets, la hauteur de ces arbres était encore dépassée par des jets de l'eau la plus limpide, tandis que, dans d'autres, des cascades de marbre blanc, dont les eaux, frappées par quelques rayons du soleil, paraissaient des nappes de gaze d'argent, contrastaient avec l'imposante obscurité des bosquets.

« Le soir, pour être admis au jeu de la reine, il suffisait à tout homme bien mis d'être nommé et présenté par un officier de la cour à l'huissier du salon de jeu.

« Le salon, très vaste et d'une forme octogone, s'élevait jusqu'au haut du toit à l'italienne, et se terminait par une coupole ornée de balcons, où des femmes, non présentées, obtenaient facilement d'être placées pour jouir de la vue de cette brillante réunion.

« Sans faire partie des gens de la cour, les hommes admis dans le salon pouvaient prier une des dames placées au lansquenet ou au pharaon de la reine, de jouer sur leurs cartes l'or ou les billets qu'ils leur présentaient.

« Les gens riches et les gros joueurs de Paris ne manquaient pas une seule des soirées du salon de Marly, et les sommes perdues ou gagnées étaient toujours très considérables.

« Louis XVI détestait le gros jeu et témoignait souvent de l'humeur quand on citait de fortes pertes.

« Les hommes n'avaient point encore introduit l'usage de porter un habit noir, sans être en deuil, et le roi donna quelques-uns de ses coups de boutoir à des chevaliers de Saint-Louis, ainsi vêtus, qui venaient hasarder deux ou trois louis, dans l'espoir que la fortune favoriserait les jolies duchesses qui voulaient bien les placer sur leurs cartes.

« On voit souvent des contrastes singuliers au milieu de la grandeur des cours :

pour jouer un si gros jeu au pharaon de la reine, il fallait un banquier muni de fortes sommes d'argent, et cette nécessité faisait asseoir à la table de jeu, où l'étiquette n'admettait que les gens les plus titrés, non seulement M. de Chalabre, qui en était le banquier, mais un simple capitaine d'infanterie retiré (Poinçot), qui lui servait de second.

« On entendait aussi très souvent prononcer un mot trivial, mais tout à fait consacré pour exprimer la manière dont on y faisait la cour au roi.

« Les hommes présentés, qui n'avaient point été invités à résider à Marly, y venaient cependant comme à Versailles, et retournaient ensuite à Paris; alors il était convenu de dire qu'on n'était à Marly qu'*en polisson*; et rien ne me paraissait plus singulier que d'entendre répondre par un charmant marquis, à un de ses intimes qui lui demandait s'il était du voyage de Marly : « Non, je n'y « suis qu'en polisson. » Cela voulait simplement dire : « J'y suis comme tous ceux « dont la noblesse ne date pas de 1400. »

« Que de talents sublimes, que de gens d'un haut mérite, qui, bientôt, devaient trop malheureusement porter atteinte à l'antique monarchie, se trouvaient dans cette classe désignée par le mot de *polisson!*

« Les voyages de Marly étaient fort chers pour le roi : après les tables d'honneur, celles des aumôniers, des écuyers, des maîtres d'hôtels, etc., étaient toutes assez magnifiquement servies pour que l'on trouvât bon que des étrangers y fussent invités ; et presque tout ce qui venait de Paris était nourri aux dépens de la cour.

« L'économie personnelle du prince infortuné qui a succombé sous le poids des dettes de l'État, favorisa donc la préférence que la reine accordait à son Petit-Trianon; et cinq ou six ans avant l'époque de la révolution, il y eut fort peu de voyages à Marly. »

Les gens de qualité ne se contentaient pas de tricher au jeu ; ils volaient de toutes les manières qu'ils le pouvaient *honnêtement*.

C'est ainsi que, en septembre 1782, le prince de Rohan-Guéménée, grand chambellan de France, fit une banqueroute qui désola et réduisit à la misère une infinité de familles parisiennes. Croyez vous que lui ou sa famille en manifesta quelque regret? Vous allez voir :

— Il n'y a, dit le cardinal de Rohan, grand aumônier de France, qu'un roi ou un Rohan qui puisse faire une pareille banqueroute : c'est là une banqueroute de souverain.

Un vulgaire filou aurait tout bonnement déclaré que c'était là « d'la propre ouvrage. »

Où est la différence ?

De la part du cardinal de Rohan, si scandaleusement mêlé à la triste *affaire du collier*, trop connue pour que nous nous y arrêtions longuement, on ne pouvait attendre beaucoup mieux, car il était déjà accusé — et au bout du compte ne parvint pas à s'en justifier — de malversations scandaleuses dans l'administration des biens des Quinze-Vingts.

La princesse de Guéménée, la femme du banqueroutier, qui, par ses propres désordres, avait considérablement aidé à cette splendide catastrophe financière, s'était retirée dans son château de Pontoise, où, pour se consoler des chagrins qu'elle avait causés à ses malheureuses dupes, elle avait fait construire un théâtre, suivant la mode du temps, et s'amusait à faire jouer la comédie.

Le cardinal Louis de Rohan, qui fut surnommé le *cardinal Collier*, après l'aventure à laquelle nous venons de faire allusion, est

Un tripot sous Louis XV.

le même que nous avons signalé vendant ses terres pour payer les dettes de sa maîtresse, alors qu'il était coadjuteur de son oncle Constantin de Rohan, archevêque de Strasbourg, auquel il succéda.

C'était un bel homme, ami des plaisirs et du faste, et par conséquent criblé de dettes de bonne heure. Lorsque la très jeune Marie-Antoinette, devenue dauphine, arriva en France, il lui présenta les compliments de bienvenue exigés, à son passage à Strasbourg (1770).

Cette démarche lui valut, dès l'année suivante, l'ambassade de Vienne, au détriment du baron de Breteuil, qui s'y croyait déjà. Ce dernier devint en conséquent un ennemi mortel du cardinal.

Mais la dauphine ne tarda pas de son côté à devenir l'ennemie, autrement dangereuse, du maladroit ambassadeur qui se faisait, à Vienne, l'écho des accusations de légèreté dont elle y était l'objet. « Cette princesse, dit Mme Campan, recevait souvent de Vienne des remontrances dont la source ne pouvait lui demeurer longtemps cachée; et c'est à cette époque qu'il faut reporter l'aversion qu'elle n'a jamais cessé de témoigner au prince de Rohan. »

Malheureusement pour lui, par sa propre conduite, l'ambassadeur prêtait singulièrement le flanc à ses adversaires. Il avait considérablement choqué l'impératrice elle-même par ses prodigalités, ses aventures galantes qui étaient de l'espèce la plus scandaleuse, sa morgue insupportable et son mépris des choses de la religion : A Vienne, un jour de Fête-Dieu, il avait été jusqu'à couper une procession, avec toute sa suite, en costume de chasse, ce qui paraîtra un peu fort pour un prélat, ce qui n'était que la conséquence naturelle des privilèges dont jouissaient à cette époque les prélats grands seigneurs. Mais on comprend qu'il n'était pas l'ami du parti autrichien, et par conséquent de Marie-Antoinette ; aussi, à l'avènement de Louis XVI, fut-il immédiatement rappelé de Vienne (1774).

La reine montrait ouvertement sa haine pour le cardinal ; cependant, il était nommé grand aumônier de France en 1777, administrateur des Quinze-Vingts en 1778, évêque de Strasbourg en 1779 ; il était en outre abbé de Saint-Waast, de Noirmoutiers, de la Chaise, proviseur de Sorbonne, etc., et de ses charges et bénéfices ne tirait pas moins de deux millions et demi de revenu ; ce qui ne l'empêchait d'être criblé de dettes, et souvent réduit aux expédients. Fastueux et prodigue, il ne pouvait en être autrement, et ses revenus, fussent-ils doublés, n'auraient pas suffi à défrayer ses dépenses.

Nous l'avons vu vendant ses terres pour payer les dettes de M*me de Fleury :* il était assez pardonnable, à cette époque, où il avait à peine vingt ans, de se livrer à de pareilles prodigalités pour une véritable fille publique, car celle qui fut plus tard la marquise de Fleury (et nous allons dire comment elle le devint) n'était pas autre chose : c'était une des plus fameuses courtisanes de l'époque, et connue dans le monde des coulisses et de la débauche comme « la Defresne. » Louis de Rohan ne lui donna pas seulement de quoi payer des dettes, qui ne pouvaient s'élever bien haut, mais il lui assura un beau revenu en argent et lui donna des terres.

Devenue riche, la Defresne conçut l'ambition louable de se déguiser en honnête femme. Pour cela il était un moyen, souvent employé par ses pareilles, avant et depuis : se masquer d'un nom respectable.

Ayant appris qu'il existait quelque part un marquis parfaitement misérable et ayant perdu tout espoir de jamais être autre chose, elle le fit chercher et, l'ayant découvert, lui fit proposer de l'épouser à des conditions qu'elle poserait elle-même.

Le marquis ne voulut envisager de cette affaire que le côté avantageux, et accepta.

Voici en quels termes fut rédigé le contrat qui lia à tout jamais le marquis de Fleury à la Defresne, donna un nom honnête à celle-ci et du pain à celui-là ; des copies en furent faites et mises en circulation dans les salons, où la noblesse, sans songer que la honte du marquis rejaillissait sur elle, s'en fit longtemps des gorges chaudes :

CONDITIONS AUXQUELLES JE CONSENS A ÉPOUSER
LE MARQUIS DE FLEURY.

ARTICLE PREMIER.	RÉPONSE.
M. le marquis de Fleury m'épousera mardi, 28 de ce mois, à l'église Saint-Roch, ma paroisse ; et comme je n'ai pas le temps de songer aux dépenses et aux publications des bans, M. de Fleury se chargera de ce soin, moyennant cinquante écus que je lui ferai remettre après la signature de ces conditions.	Accepté pour mardi 28 ; si les cinquante écus suffisent, je me mêlerai de tout ; mais je prie M*lle* Defresne de faire attention que je ne puis sortir, faute d'habit et de perruque.

ARTICLE II.

M. le marquis se trouvera, mardi 28, à quatre heures du matin, à Saint-Roch, à l'entrée de la chapelle de la Vierge, avec un de ses amis connus, et aussitôt qu'il me verra avec un des miens, il me donnera la main jusqu'à l'autel, où l'on mariera.

ARTICLE III.

Immédiatement après l'acte de célébration du mariage, je remettrai trois cents livres à monsieur le marquis, pour le premier quartier de la pension viagère de douze cents livres, que je m'engage à lui faire jusqu'à ce qu'il plaise à Dieu de l'ôter de ce monde; hypothéquant, pour sûreté de cette pension, un contrat que j'ai du marquis de Firmorian, de la somme de vingt-quatre mille livres.

M. le marquis aura soin d'avoir en poche sa quittance de trois cents livres toute signée.

ARTICLE IV.

M. le marquis s'engagera, le plus solennellement qu'il sera possible, de reconnaître ma fille et mes trois garçons, de s'en avouer le père, et de leur permettre de prendre, ainsi que moi, le titre, le nom, les armes et la livrée de la maison de Fleury.

ARTICLE V.

M. le marquis me quittera au sortir de l'église, prendra un fiacre pour se retirer où bon lui semblera avec son ami; il s'engagera ici, par écrit, de ne jamais mettre le pied chez moi, ni dans tous les endroits où je pourrai me trouver.

RÉPONSE.

Accepté pour l'heure et le rendez-vous, quoiqu'il soit humiliant pour moi de ne point vous prendre dans votre maison; mais refusé pour l'ami, ma triste situation ne m'ayant conservé que mon cordonnier, que j'amènerai à tout événement.

RÉPONSE.

Bon pour les trois cents livres, dont j'ai grand besoin; mais refusé le contrat, à moins qu'il ne soit garanti par une personne solvable, ou que Mlle Defresne ne donne en place des actions de la compagnie des Indes, ou un contrat sur la ville; car enfin il n'est pas juste que je donne mon nom pour rien.

RÉPONSE.

Accordé, puisqu'il le faut; mais c'est se faire père de quatre enfants pour un morceau de pain.

RÉPONSE.

Accordé de grand cœur; aussi bien vous serais-je inutile.

ARTICLE VI.

M. le marquis enverra tous les trois mois chez le sieur Lenoir, notaire, au coin de la rue de l'Échelle, qui lui remettra trois cents livres, sur sa quittance en bonne forme.

ARTICLE VII ET DERNIER

Et comme il convient que je fasse respecter le nom que je vais porter, je m'engage à passer six mois, à commencer de demain, dans une maison religieuse, où je prendrai un air de décence convenable à mon nouvel état.

Signé, FEMME DEFRESNE.

Fait à Paris, ce 22 octobre 1755.

RÉPONSE.

Je n'ai garde d'y manquer.

RÉPONSE.

Soit; mais cette retraite me paraît bien inutile; au reste, un mari de douze cents livres n'a pas trop la voie de la représentation; ainsi, tout comme il vous plaira.

Signé, MARQUIS DE FLEURY.

Voilà comment l'ancienne maîtresse du cardinal de Rohan devint marquise de Fleury. Les conditions de cet ignoble contrat furent scrupuleusement remplies; mais il est bon d'ajouter qu'elles ne coûtèrent pas grand'chose à la Defresne, attendu que, huit mois après, le famélique marquis la débarrassait de la clause onéreuse, en allant rejoindre ses pères après avoir fait marquis des bâtards d'origines les plus diverses. — Elle n'en mourut pas moins dans la misère, ce qui est une consolation.

Au reste, on vit faire bien pis à la noblesse de cour, dont beaucoup de membres briguèrent les plus honteux emplois auprès des opulentes courtisanes en renom.

Mais la jolie descendance qui peut sortir de là! Et l'on parle de sang, des caractères ineffaçables qu'imprime à la noblesse une longue suite d'aïeux! — Ils sont propres, les caractères en question!

Cet exploit, et bien d'autres que nous avons relatés au cours de cet ouvrage, maintenant que nous y songeons, combien ne justifie-t-il pas cette magnifique diatribe de Paul-Louis Courier:

« Sachez qu'il n'y a pas en France une

seule famille noble, mais je dis noble de race et d'antique origine, qui ne doive sa fortune aux femmes ; vous m'entendez.

« Les femmes ont fait les grandes maisons ; ce n'est pas, comme vous croyez bien, en cousant les chemises de leurs époux, ni en allaitant leurs enfants.

« Ce que nous appelons, nous autres, honnêté femme, mère famille, à quoi nous attachons tant de prix, trésor pour nous, serait la ruine du courtisan.

« Que voudriez-vous qu'il fît d'une dame *Honesta*, sans amant, sans intrigue, qui, sous prétexte de vertu, claquemurée dans son ménage, s'attacherait à son mari ? Le pauvre homme verrait pleuvoir les grâces autour de lui, et n'attraperait jamais rien.

« De la fortune des familles nobles, il en paraît bien d'autres causes, telles que le pillage, les concussions, l'assassinat, les proscriptions, et surtout les confiscations. Mais qu'on y regarde, et on verra qu'aucun de ces moyens n'eût pu être mis en œuvre sans la faveur d'un grand, obtenue par quelque femme ; car, pour piller, il faut avoir commandements, gouvernements, qui ne s'obtiennent que par les femmes ; et ce n'était pas tout d'assassiner Jacques Cœur ou le maréchal d'Ancre, il fallait, pour avoir leurs biens, le bon plaisir, l'agrément du roi, c'est-à-dire des femmes qui gouvernaient alors le roi ou son ministre.

« Les dépouilles des huguenots, des frondeurs, des traitants, autres faveurs, bienfaits qui coulaient, se répandaient par les mêmes canaux aussi purs que la source.

« Bref, comme il n'est, ne fut ni ne sera jamais, pour nous autres vilains, qu'un moyen de fortune, c'est le travail ; pour la noblesse non plus il n'y en a qu'un, et c'est... c'est la prostitution, puisqu'il faut, mes amis, l'appeler par son nom. »

Mais il est temps de revenir à notre cardinal.

A Paris, comme à Vienne, le cardinal de Rohan poursuivit le cours de ses aventures galantes, la seule chose pour laquelle il semblât avoir une réelle vocation. Sans aucun frein dans ses passions, le scandale était le moindre de ses soucis. En 1784, il lia connaissance avec la trop célèbre Mme de la Motte, arrière-petite-fille d'un bâtard de Henri II, et s'éprit pour elle d'une passion insensée, qui mit le comble à ses malheurs.

« Ce malheureux homme, dit Beugnot, l'un des nombreux amants de la comtesse de la Motte-Valois, était livré à une sorte de délire. J'ai pu lire en courant quelques-unes des lettres qu'il écrivait à Mme de la Motte ; elles étaient toutes de feu. Ces lettres, de nos jours, un homme qui se respecte le moins du monde pourrait commencer à les lire, mais ne les achèverait pas. »

Mme de la Motte n'était pas seulement une femme galante sans scrupules ; c'était une intrigante de première force, et elle ne tarda pas à le faire voir.

Le cardinal gémissait ouvertement de s'être attiré le ressentiment de la reine. Mme de la Motte, qui avait accès au château de Marly, lui persuada qu'elle était en état de lui faire rendre les bonnes grâces de Marie-Antoinette, et de l'amener, s'il voulait s'en fier à elle, à être premier ministre — ce qui était son rêve. Elle alla même jusqu'à insinuer à sa dupe qu'il lui serait possible de se faire aimer de celle qui le détestait si cordialement et avait de si bonnes raisons pour cela.

Or, ceci se passait en 1784, et le cardinal de Rohan avait cinquante ans ; la reine en avait environ vingt-neuf. Pour si légère qu'elle passait, et qu'elle était en effet, il nous semble que la plaisanterie était assez grossière. Elle n'en servit pas moins à Mme de la Motte, avec ou sans la complicité de la reine, à soutirer de grosses sommes au cardinal, et enfin, à lui faire acheter un collier d'une valeur de 1,600,000 francs pour Marie-Antoinette.

De là ce fameux procès, semé de péripéties étranges, où l'on voit figurer une reine de France, un cardinal-évêque, une intrigante et une prostituée exerçant son métier dans les jardins du Palais-Royal, pour ne rien dire des comparses, et qui fit un tort si grave à la reine, dont la légèreté, tout au moins, éclata dans cette circonstance.

On connaît cette histoire. On sait que le cardinal, acquitté, fut toutefois dépouillé de ses charges et dignités, et que M⁰⁰ de la Motte, marquée au fer rouge et écrouée à la Salpêtrière, s'évada cependant peu de temps après, avec la connivence évidente de la cour.

Le comte de la Motte, l'un des principaux acteurs de cette intrigue, comme de raison, fut laissé tranquille ou à peu près, et il est assez curieux de rappeler qu'il vivait, sous Louis XVIII, d'une pension de 4,000 francs servie par le roi et d'environ 200 francs par mois émanant de la caisse de la police. La comtesse était morte à Londres en 1791.

Nous ne fouillerons pas trop avant dans la vie de Marie-Antoinette, dont la fin tragique a racheté les fautes. La méchanceté publique s'est suffisamment exercée contre elle à propos de ses relations avec la princesse de Lamballe et la comtesse de Polignac, ses favorites — à tort selon nous. Mais si l'on en croyait les pamphlets et les chansons du temps, c'est-à-dire d'un temps antérieur au moins de quinze années à la Révolution, la conduite de cette princesse fut certainement plus que légère. Qu'on lise seulement les *Mémoires secrets* de Bachaumont, et l'on pourra s'en faire une idée.

Peu considérée dans la famille royale elle-même, tout le monde sait qu'on lui prêtait toute une légion d'amants, à commencer par son beau-frère, le comte d'Artois ; on citait les noms de Lauzun, Coigny, Vaudreuil, le Suédois Fersen et ceux de bien d'autres !

A propos d'une escapade au bal de l'Opéra, son frère, l'empereur Joseph II, qui ne lui ménageait pas les remontrances, lui écrivait :

« Croyez-vous que le lendemain l'on ne le sait pas ? Et vous-même avez grand soin de raconter les aventures du bal ! Le lieu, par lui-même, est en très mauvaise réputation... Pourquoi donc des aventures, des *polissonneries ?* vous mêler parmi le tas de libertins, de filles, d'étrangers, entendre ces propos, en tenir peut-être qui leur ressemblent ? Quelle indécence !

« Je dois vous avouer que c'est le point sur lequel j'ai vu le plus se scandaliser tous ceux qui vous aiment et qui pensent honnêtement. Le roi, abandonné toute une nuit à Versailles, et vous, mêlée en société et confondue avec toute la canaille de Paris !... »

Voilà un frère qui connaissait bien sa sœur, je pense, et qui cite un fait de *légèreté* bien authentique. Eh bien ! ce frère lui recommande ailleurs de renoncer à la lecture des mauvais livres, et d'écarter de sa mémoire les obscénités et les « saloperies » dont elle s'est « rempli l'imagination par ses lectures. » N'est-ce pas significatif ?

Sa mauvaise réputation dépassait non seulement le cercle de la famille, mais aussi les frontières de la France, et le roi de Prusse, Frédéric II, en prenait occasion pour élever à Potsdam une statue de Marie-Antoinette entièrement nue, avec son nom sur le socle !

Il paraît, du reste, que M⁰⁰ Campan, qui écrivait tant de bien de sa maîtresse, en dit parfois un peu de mal.

« M⁰⁰ Campan, dit Paul-Louis Courier,

fait de la reine un modèle de toute vertu ; mais elle en parlait autrement : et l'on voit dans O'Meara ce qu'elle en disait à Bonaparte ; comme, par exemple, que la reine avait un homme dans son lit la nuit du 5 au 6 octobre ; et que cet homme, en se sauvant, perdit ses chausses, qui furent trouvées par elle, Mme Campan. Cette histoire est un peu suspecte. M. de la Fayette ne la croit point. Bonaparte a menti, ou Mme Campan. »

Elle n'en a pas moins été dite par quelqu'un qui n'est pas nous.

En somme, la cour de Louis XVI offre bien des scandales, n'y eût-il que les odieuses dilapidations dont le *Livre rouge* dévoila le secret, mais rien qui, sous le rapport de la débauche, rappelle de près ou de loin les tableaux infâmes des règnes précédents.

Nous avons dit ailleurs quelle fut la situation légale des prostituées, jusqu'à la Révolution ; nous n'avons pas à y revenir, puisqu'aussi bien, nous touchons à cette époque. Mais c'est peut-être ici le lieu de dire ce qui a été fait à partir de là, en fait de lois ou de règlements relatifs à la prostitution.

La Révolution, en réalité, ne fit rien pour modifier la situation des prostituées, laissées comme devant à l'arbitraire de la police. D'abord, les femmes vouées à la débauche furent entièrement maîtresses du terrain. Les excès, du reste, existaient partout ; leurs débordements devinrent tels, que le public réclama. Plusieurs projets de lois furent présentés, sans qu'aucun des pouvoirs existants voulût promulguer une loi sérieuse. La loi des 19 et 22 juillet 1791 parle vaguement de la débauche ; il est dit au titre I, article 1, paragraphe 10 :

« Les officiers municipaux pourront également entrer, en tout temps, dans les lieux livrés notoirement à la débauche. »

C'est sur ce texte que la police se fonde toujours pour justifier son intervention dans les maisons de prostitution, et comme aucune disposition légale n'est là pour la contredire, elle a évidemment raison : tout ce qui n'est pas défendu est permis.

Au paragraphe 9 du titre II, nous lisons ce qui suit :

« Quant aux personnes qui auraient favorisé la débauche, ou corrompu des jeunes gens de l'un ou de l'autre sexe, elles seront, outre l'amende, condamnées à une année de prison. »

La police ne permet-elle pas que des femmes, munies de son autorisation, étalent publiquement leurs charmes pour exciter des jeunes gens à se perdre? Si ces malheureux enfants ne voyaient pas ces femmes, ils ne songeraient peut-être pas au mal. — Mais il paraît que c'est là une excitation permise.

En l'an VIII (1799), la préfecture de police étant régulièrement établie, et ne pouvant obtenir aucune loi qui lui permit de sévir légalement, l'administration résolut de s'appuyer sur la tradition pour agir avec énergie ; et c'est ainsi qu'elle a toujours agi depuis, mais qu'aucune disposition légale n'est intervenue, comme si la prostitution n'était pas une question sociale de la plus haute importance.

« Depuis l'époque de la fondation de la préfecture jusqu'au moment actuel, dit Parent-Duchâtelet, c'est toujours au nom de la nécessité, et en procédant par voie administrative, que l'on régit les prostituées, soit qu'il se soit agi de règlements, d'inscriptions, de régime sanitaire, soit qu'il ait fallu imposer des taxes, condamner à la prison, ou bannir de la ville.

« Mais, quoique tout ait cédé à l'administration, et que rien, en apparence, n'ait entravé sa marche, un sentiment intérieur lui a toujours dit qu'elle employait des moyens illégaux ; qu'elle dépassait les bornes de son pouvoir ; que si on lui pardonnait, en raison de la population qu'elle régissait et des motifs qui la faisaient agir, elle pouvait, d'un jour à l'autre, être attaquée et se trouver dans la nécessité de se défendre. »

Cette question vidée une fois pour toutes, revenons à l'époque de la Révolution, dont il nous faut esquisser rapidement le côté moral qui seul puisse entrer dans le cadre de cet ouvrage.

Parlons un peu du jeu, d'abord, cette forme assez laide de la débauche ; et à l'occasion, du vol, ce complice fatal de la prostitution.

Nous avons vu Louis XVI proscrire le jeu — excepté à Marly, et sans doute dans une foule d'autres lieux privilégiés.

Mais la Révolution, comme toutes les modifications violentes d'état politique, et sans qu'on puisse en faire peser sur elle la responsabilité, rouvrit forcément les tripots.

La passion du jeu ne connut plus de frein. Sur les quais, les boulevards, les places publiques, on rencontrait à chaque pas des hommes qui, passants inoffensifs le moment d'auparavant, s'arrêtaient tout à coup, tiraient un pliant de dessous leurs vêtements, le déployaient, avec un jeu dessus, qui pouvait se replier comme une carte géographique de poche, tandis qu'un compère agitait un sac rempli d'argent : c'était la démocratisation du jeu, la tentation mise sous la gorge du passant quel qu'il fût.

« Place à tous, dit un écrivain du temps: aux gens riches, les salons dorés du n° 33 du Palais-Royal, où taille Dumoulin, ci-devant laquais de la Du Barry ; pour les gens à voiture, rue Traversière-Saint-Honoré, 35, ou à la Banque de Deux mille louis de la rue Vivienne, 10 ; ou encore, rue de Cléry, chez la baronne de Monmony ; pour les étrangers, rue des Petits-Pères, chez Mme de Linières ; chez Mme Julien, au pavillon de Hanovre ; chez Mme Lacour, place des Petits-Pères ; rue Chabannais, chez Mme Villiers. Les laquais jouent chez Chocolat, ancien limonadier ruiné. »

Il y avait bien d'autres tripots plus notoirement connus que ceux-ci, cavernes d'escroquerie et de prostitution : l'hôtel d'Angleterre, rue Saint-Honoré ; l'hôtel de Londres ; les maisons du Quercy, de Cadet ; de Labretonnière dit *Trompette*, rue Fromenteau ; de Verdun et Dubucq, à la Porte Saint-Martin, en face de l'Opéra (théâtre actuel de la Porte-Saint-Martin). Enfin, au n° 18 de la rue de Richelieu, était un tripot de bas étage, fréquenté par les pauvres gens, et où l'on jouait à six liards la partie.

Qui ne tenterait la fortune du banquier, à ce prix ? Comme le dit un chroniqueur, « Ne sont-ce pas d'encourageants souvenirs, la petite Lacour qui vendait 1,200 livres par an la ferme seule des cartes froissées et jetées par terre ? l'ambassadeur de Venise (déjà cité) payant toutes ses dettes avec son jeu ? et l'ambassadeur de Suède aussi heureux que l'ambassadeur de Venise ? »

La loi du 22 juillet 1791 n'autorisant l'arrestation des filles publiques que dans le cas où elles troubleraient l'ordre ou commettraient un outrage public à la pudeur, le jardin du Palais-Royal (ou National), orné de ses galeries et bondé de tripots, devint plus que jamais le rendez-vous des prostituées et le lieu de débauche le plus célèbre du monde entier.

« La poésie de ce terrible bazar, dit Balzac, éclatait à la tombée du jour.

« Dans toutes les rues adjacentes allaient et venaient un grand nombre de filles, qui pouvaient s'y promener sans rétribution. De tous les points de Paris une fille de joie accourait *faire son palais*.

« Les galeries de pierre appartenaient à des maisons privilégiées qui payaient le droit d'exposer des créatures habillées comme des princesses entre telle ou telle arcade et la place correspondante dans le jardin, tandis que les galeries de bois étaient pour la prostitution un terrain public, le *palais* par excellence, mot qui signifiait alors le *temple de la prostitution*.

« Une femme pouvait y venir, en sortir accompagnée de sa proie et l'emmener où bon lui semblait.

« Ces femmes attiraient donc le soir, aux galeries de bois, une foule si considérable qu'on y marchait au pas, comme à la procession ou au bal masqué.

« Cette lenteur, qui ne gênait personne, servait à l'examen. Ces femmes avaient une mise qui n'existe plus ; la manière dont elles se tenaient décolletées jusqu'au milieu du dos et très bas aussi par-devant; leurs bizarres coiffures, inventées pour attirer les regards : celle-ci en Cauchoise, celle-là en Espagnole ; l'une bouclée comme un caniche, l'autre en bandeaux lisses; leurs jambes serrées par des bas blancs et montrées on ne sait comment, mais toujours à propos : toute cette infâme poésie est perdue. La licence des interrogations et des réponses, ce cynisme public en harmonie avec le lieu, ne se retrouve plus, ni au bal masqué, ni aux bals si célèbres qui se donnent aujourd'hui.

« C'était horrible et gai.

« La chair éclatante des épaules et des gorges étincelait au milieu des vêtements d'hommes presque toujours sombres et produisait les plus magnifiques oppositions. Le brouhaha des voix et le bruit de la promenade formaient un murmure qui s'étendait dès le milieu du jardin, comme une basse continue brodée des éclats de rire des filles ou des cris de quelque rare dispute.

« Les personnes comme il faut, les hommes les plus marquants y étaient coudoyés par des gens à figure patibulaire. Ces monstrueux assemblages avaient je ne sais quoi de piquant ; les hommes les plus insensibles étaient émus. Aussi tout Paris était-il venu là jusqu'au dernier moment ; il s'y est promené sur le plancher de bois que l'architecte a fait au-dessus des caves pendant qu'il les bâtissait.

« Des regrets immenses et unanimes ont accompagné la chute de ces ignobles morceaux de bois. »

Mercier, dans son *Tableau de Paris*, décrit comme il suit l'aspect du Palais-Royal, après la mort tragique de son propriétaire, le ci-devant duc d'Orléans : c'était alors le Palais-Égalité :

« Les Athéniens élevaient des temples à leurs Phrynés, les nôtres trouvent le leur dans cette enceinte. Les agioteurs, faisant le pendant des jolies prostituées, vont trois fois par jour au Palais-Royal, et toutes ces bouches n'y parlent que d'argent ou de prostitution politique. Tel joueur à la hausse ou à la baisse peut dire :

Rome n'est plus dans Rome, elle est toute où je suis.

« La banque se tient dans les cafés, c'est là qu'il faut voir et étudier les visages subitement décomposés par la perte ou par le gain. Celui-ci se désole, celui-là triomphe. Ce lieu est donc une jolie boîte de Pandore ; elle est ciselée, travaillée, mais tout le monde sait ce que renfermait la boîte de cette statue animée par Vulcain.

« Tous les Sardanapales, tous les petits Lucullus dans des appartements que le roi d'Assyrie et le consul romain eurent enviés. »

La prostitution s'étalait toujours impudemment au Palais-Royal, et les maisons de jeu y faisaient, en effet, un agréable pendant. Les drames du jeu rivalisaient avec

Fernande et le chevalier d'A***.

les comédies de la prostitution. On en vint à juger à propos de sévir contre les premières au moins.

La municipalité de Paris prit des mesures répressives sévères. Un jour, elle saisit toute la recette chez un nommé Rose, banquier du Cirque. Le passage Radziwill fut, un autre jour, envahi par la police; les joueurs qui s'y cachaient s'enfuirent précipitamment, laissant leurs mises.

Malzamet, ancien gendarme, est arrêté et condamné à un an de détention à Bicêtre;

la fille Moza, la fille Béfroid sont enfermées à Saint-Lazare pour six mois.

Le Directoire réduisit à neuf les maisons de jeu dans Paris, et exigea une redevance des directeurs de ces maisons. Sous le consulat, Fouché accorda à un sieur Perrin l'autorisation de donner à jouer, avec recommandation, d'intérêt évidemment politique, de créer un cercle d'étrangers ; malgré la non-prescription d'une redevance quelconque, il paraît démontré que Fouché recevait chaque matin de son agent un rouleau de cinquante louis, et il en était bien capable.

Quant à la prostitution, elle eut toujours pour le Palais-Royal une prédilection marquée et qui a même survécu à tous les événements politiques. Le Palais-Royal et son voisinage ont été, en effet, jusqu'à ces derniers temps, le quartier général de la débauche, et l'on ne saura jamais combien de centaines de filles publiques, le percement de l'avenue de l'Opéra et le nivellement de la butte des Moulins ont forcé de déménager.

Un moment réfrénée dans les premières années de la Révolution, trop remplies par des événements terribles, elle déborda de nouveau après le 9 thermidor, sous l'influence tutélaire d'une courtisane célèbre à plus d'un titre, la maîtresse de l'ancien proconsul de Bordeaux, Tallien, l'un des immondes héros de cette lugubre journée, Thérèse Cabarrus, marquise de Fontenay.

« La détente, dit Michelet, se détacha le 9 thermidor. Une furieuse bacchanale commença dès le jour même.

« Dans la promenade qu'on fit faire à Robespierre pour le mener à l'échafaud, le plus horrible, ce fut l'aspect des fenêtres louées à tout prix. Des figures inconnues, qui depuis longtemps se cachaient, étaient sorties au soleil. Un monde de riches et de filles paradait aux balcons. A la faveur de cette réaction violente de sensibilité publique, leur fureur osait se montrer.

« Les femmes surtout offraient un spectacle intolérable. Impudentes, demi-nues, sous prétexte de juillet, la gorge chargée de fleurs, accoudées sur le velours, penchées à mi-corps sur la rue Saint-Honoré, avec les hommes derrière, elles criaient d'une voix aigre :

« — A mort ! A la guillotine !

« Elles reprirent ce jour-là hardiment les grandes toilettes, et, le soir, elles soupèrent.

« Personne ne se contraignit plus. Paris redevint très gai. Il y eut famine, il est vrai. Dans tout l'ouest et le midi on assassinait librement.

« Le Palais-Royal regorgeait de joueurs et de filles, et les dames, demi-nues, faisaient honte aux filles publiques, puis ouvraient ces « bals des victimes, » où la luxure impudente roulait dans l'orgie son faux deuil. »

La plus dévergondée, la plus ardente de toutes ces femmes qui, longtemps sevrées de plaisir, s'abandonnaient à tous les entraînements, c'était la belle M⁽ᵐᵉ⁾ Tallien, *Notre Dame de Thermidor* (car Thérésia Cabarrus, ou M⁽ᵐᵉ⁾ de Fontenay, quoiqu'il y eût toujours quelque part un M. de Fontenay, était devenue M⁽ᵐᵉ⁾ Tallien aussitôt après le triomphe de la réaction.)

La première, on vit donc M⁽ᵐᵉ⁾ Tallien adopter le costume grec, se promener aux Champs-Élysées ou au Palais-Royal sous ce costume d'hétaïre, comme Laïs ou Phryné dans les jardins de l'Académie, à peine vêtue d'une tunique de gaze qui dessinait sa taille admirable, mettait à découvert sa gorge, ses bras, ses jambes nues jusqu'aux hanches, et voilait à peine le reste d'un léger voile transparent.

« Croira-t-on, dans la postérité, se demande Mercier, que des personnes dont les parents étaient morts sur l'échafaud, avaient institué, non des jours d'affliction solennelle et commune où, rassemblées en habit de deuil, elles auraient témoigné de leur douleur sur des pertes aussi cruelles, aussi récentes, mais bien des jours de danses où il s'agissait de valser, de boire et de manger à cœur joie.

« Pour être admis au festin et à la danse, il fallait exhiber un certificat comme quoi on avait perdu un frère, une mère, un mari, une femme ou une sœur sous le fer de la guillotine. La mort des collatéraux ne donnait pas le droit d'assister à une pareille fête... »

Mais, à côté de ces fêtes, où il faut espérer qu'il y avait un peu de tristesse au fond, il y en avait d'autres où, non seulement toute tristesse, mais toute pudeur était écartée : tout le monde n'avait pas, après tout, l'honneur de compter parmi les siens un homme été ! Voici comment l'auteur du *Tableau de Paris* décrit ces saturnales :

« ... Des lustres embrasés reflètent leur éclat sur des beautés coiffées à la Cléopâtre, à la Diane, à la Psyché. Je ne sais si ces danseuses chérissent beaucoup les formes républicaines des gouvernements de la Grèce, mais elles ont modelé la forme de leur parure sur celle d'Aspasie : les bras nus, le sein découvert, les pieds chaussés avec des sandales, les cheveux tournés en nattes autour de leurs têtes, c'est devant les bustes antiques que les coiffeurs à la mode achèvent leur ouvrage.

« Devinez où sont les poches de ces danseuses ; elles n'en ont point : elles enfoncent leur éventail dans leur ceinture, elles logent dans leur sein une mince bourse de maroquin où flottent quelques louis ; quant à l'ignoble mouchoir, il est dans la poche d'un courtisan à qui on s'adresse lorsqu'on en a besoin.

« Il y a longtemps que la chemise est bannie, car elle ne sert qu'à gâter les contours de la nature ; d'ailleurs, c'est un attirail incommode, et le corset en tricot de soie couleur de chair qui colle sur la taille, ne laisse plus deviner, mais apercevoir tous les charmes secrets... »

Sous le Directoire, les salons de Barras — les salons du Luxembourg, pour mieux dire — furent le principal lieu de rendez-vous des *merveilleux* et des *merveilleuses*, c'est-à-dire de la société la plus frivole, la plus élégante et aussi la plus corrompue.

La licence des mœurs de cette époque ne connaissait guère de limites, si ce n'est dans l'apparence. Les chanteurs Garat et Elleviou offraient les types les plus accomplis des merveilleux, galants, viveurs, ne rencontrant point de cruelles, vêtus avec une élégance de carnaval que nous nous dispenserons de décrire après cent autres.

Pour les merveilleuses, c'était l'imitation de la Grèce qui avait définitivement prévalu, — et il eût été bien préférable que les hommes eussent suivi les femmes dans cette imitation de l'antiquité, mais ils en étaient bien loin ! — Les merveilleuses poussèrent cette imitation jusqu'à ses dernières limites et chaussèrent bravement le cothurne, et ornèrent les doigts nus de leurs pieds charmants de bagues de prix.

Avoir fait 89 et 93 pour en venir là !...

Parmi les brillantes invitées de Barras, on distinguait la citoyenne Bonaparte, ci-devant marquise de Beauharnais, qui partageait, en attendant l'autre, le trône de la mode avec la citoyenne Tallien.

A ces deux merveilles de merveilleuses, il faut ajouter la citoyenne Récamier, la citoyenne Lange, Mézerai, du Théâtre Français, Lanxade, danseuse de l'Opéra, et bien d'autres, société mêlée comme on voit.

Les journaux du temps, en rendant compte du Longchamp de 1797, citent en outre les noms des citoyennes de Noailles, de Fleurieu, de l'Échaudé, de Puységur, de Perregune, de Lor, de Chauvelin, de Capon, Gaudin, Malifeska, de Fenouille, de Gasc, de Vigny, Décosse, Ducos, Fonfrède, de Croiseuil, de Morlaix, de Barre-Grandmaison, de Taille, de Lis-Lencey, de Vieursan, Saufade, Delarue-Beaumarchais, Pulle d'Ormesson, de Valence, de Magne, de Vassy, de Beaumont, de Saint-Hilaire, de Rosny, de Morbelle, de Brielles, de Nicolaï, de Malingand, de Vemusal, de Nanteuil.

Toutes ces merveilleuses, dont beaucoup étaient depuis peu de retour, portaient donc crânement, à ce fameux Longchamp de 1797, l'élégant costume des merveilleuses, que Mᵐᵉ de Genlis a critiqué dans un dialogue amusant que nous allons reproduire.

Un tailleur et une ancienne marchande de paniers et de vertugadins sont assis sur un banc des Tuileries, occupés à regarder le défilé des élégantes du jour.

La marchande. — Ah! bon Dieu! regardez-moi cette figure.

Le tailleur. — Cette dame en robe de linon?

La marchande. — Oui : du linon sur la chemise, au mois de mars!

Le tailleur. — Cela se voit aussi dans le mois de janvier.

La marchande. — Comme elle est fagotée! Regardez, je vous prie, comme cette robe lui serre les cuisses.

Le tailleur. — Oui, c'est comme une culotte.

La marchande (*se cachant avec son éventail*). — Fi! l'horreur!

Le tailleur. — Cela se fait ainsi pour dessiner les formes, non pas celles de la taille, mais...

La marchande. — Fi donc! fi donc!

Le tailleur. — Les enfants même suivent cette mode ridicule. Hier, ma petite fille, âgée de six ans, en jouant avec sa sœur, mit sa jupe et sa chemise par-dessus sa tête : Je la regardai, elle me répondit : *Papa, je me drape!* Nos jeunes femmes et nos filles ne sont occupées qu'à singer les Grecques ou à se draper comme des statues; elles ne veulent plus porter maintenant qu'une simple mousseline bien claire et sans apprêt... Avant tout, les vêtements d'aujourd'hui doivent ressembler à du linge mouillé, afin de coller plus parfaitement sur la peau. J'espère qu'incessamment elles se montreront en sortant du bain, afin de dessiner encore mieux les formes. Déjà elles se lavent la tête au lieu de la friser, et certes elles n'en resteront pas là.

La marchande. — Oui, oui, la tête emportera le reste... Il n'est pas difficile de se jeter dans l'eau quand on n'a qu'une chemise sur le corps.

Bien entendu, nos deux moralistes regrettent le bon vieux temps : le panier de six aunes de tour, la coiffure de deux pieds, la collerette montée sur fil de laiton, et le corps de baleine, et ceci et cela. A vrai dire, on ne pouvait être aussi dégagée sous une pareille armure que sous la tunique de linon de la merveilleuse, — mais on pouvait l'ôter.

Sous le Consulat et l'Empire, la mode romaine succéda à la mode grecque, et il n'y eut rien de perdu pour les yeux, car la nudité n'était pas moins considérée comme la plus élégante forme de vêtement.

Quelques lignes empruntées à *la Vie parisienne*, ce moniteur de l'élégance et des chastes plaisirs féminins à Paris, dans la seconde moitié du xixᵉ siècle, nous fournira un point de comparaison assez curieux sur cet article *mode* qui tient au cœur même de notre sujet.

Quelle différence! et comme nos pudibondes élégantes réprouvent avec une évidente horreur ces excès de nudité d'une époque honteusement dissolue ! Quelles belles et douces mœurs doivent-elles être celles d'un temps où l'on est si profusément abillé !...

Vous me direz, peut-être, que les sauvages, qui vont cyniquement habillés... en sauvages, sont beaucoup plus chastes que nous, quoi qu'en disent certains voyageurs fantaisistes, — à moins que, par notre exemple et nos conseils, ils se soient outrageusement abreuvés d'eau de feu, auquel cas ils se livrent, avec une ardeur de sauvages, à tous les excès de l'homme civilisé.

Mais tout cela ne prouve rien : Vous ne pouvez nier pourtant que, lorsqu'une jeune et charmante femme cache avec soin ses charmes secrets, elle donne une preuve convaincante de son extrême pudeur et de l'intérêt salutaire qu'elle prend à la moralité publique, puisque les dévergondées notoires adoptent la coutume exactement opposée.

Voici, entre mille autres tout aussi intéressants, mais dont la citation nous entraînerait trop loin, le passage promis de *la Vie Parisienne* :

« Elles (les élégantes de notre temps) ne portent que rarement, et pour sortir seulement, la bottine de chevreau. Généralement en satin noir ou de fantaisie, leur bottine est haute, souvent à barrettes, à nœuds, piqûres, boucles, boutons ou lacets de couleur ; à l'intérieur, on ne la voit qu'en mules ou souliers de satin brodés, décolletés, ornés de boucles brillantes, de fleurs, de barrettes ou de lacets variés.

« Leurs bas de soie sont à jour, du plus fin tissu, rose ou chair, et si parfois ils sont assortis au costume par le pied, la jambe reste couleur chair.

« Leurs chemises sont parfaitement transparentes pour le jour, garnies de dentelles, d'entre-deux, de rubans par en haut et par en bas. Pour la nuit, elles sont en foulard, et tout le devant n'est que plissé et jours.

« Leurs pantalons, portés surtout pour aller en haute voiture, sont en foulard chair, blanc ou bleu tendre, très garnis et assez courts pour ne pas dissimuler entièrement les fleurs des jarretières posées au-dessus du genou.

« Le corset toujours en satin de nuances tendres.

« Quant aux jupons, une masse de mousselines superposées garnies de volants, de dentelles et de broderies, parfois de rubans de couleur.

« Telles sont les véritables recherches de l'élégance ; qu'importe que cela coûte cher ! »

Heureusement, *celui qui danse* est là pour un coup, et, de peur qu'il ne reste court, il est bien rare qu'il remplisse seul cet emploi auquel sont attachés de charmants privilèges.

Mais, revenons à nos moutons, s'il vous plaît.

Merveilleux, muscadins, incroyables, c'est tout un, et nous ne nous attarderons pas à faire le relevé de leurs exploits immondes, rendus possibles seulement par la lâche complicité d'un gouvernement corrompu, auquel devait fatalement succéder le despotisme d'un Bonaparte. Le ridicule et l'infamie s'y coudoient ; on y voit encore une forme de la débauche, mais une forme plus hideuse que toutes et qu'il vaut autant éloigner de nous.

LI

Empire et Restauration.

Sommaire. — Précocité probable du futur Napoléon I*er*. — Son mépris pour le libertinage grossier. — Le mal qu'il dit des femmes. — La citoyenne Bonaparte. — Légèretés d'une créole. — La scène du divorce. — Une lettre aussi impérieuse qu'impériale. — Les amies et connaissances de Joséphine. — Pas d'amoureux la nuit! — Les plaisirs de la Malmaison. — Le théâtre aux champs. — *Commedianti!* — Les prodigalités de Joséphine. — Dix mille francs de fleurs! — Hortense Beauharnais sacrifiée à la raison d'Etat. — Echos de la chronique scandaleuse. — Lettre du roi de Hollande à Grégoire XVI. — Une « Messaline qui accouche. » — La dernière favorite. — Les plaisirs de la ville en 1823. — La caricature et le théâtre. — Les bastringues. — Avènement de la lorette. — Les crimes de la Restauration et leur marque de fabrique. — Un exemple : l'assassinat de Fualdès. — Les assassins et leurs complices. — Le lieu du crime. — Ce qu'on voit dans une maison de prostitution hantée par des clients huppés et bien pensants. — La comédie à côté de la tragédie. — Représentation « au naturel, » pour l'édification populaire.

Napoléon I*er*, précoce en tout, a pu donner de bonne heure des preuves de virilité irréfragables : c'est du moins ce que nous avons lu dans un livre publié sous la Restauration sur sa vie privée, et vendu encore sous le manteau dans les beaux jours de la monarchie de juillet. Mais, qu'on ne s'y trompe pas, jamais Bonaparte ne fut un débauché, et jamais, tant qu'il put y mettre obstacle, la débauche n'eut, comme on dit, beau jeu autour de lui.

« Il était sobre, dit fort justement M. Thiers, ne donnait presque rien aux satisfactions des sens ; sans être chaste, il ne fut jamais surpris dans un grossier libertinage. »

Jamais il ne fut mieux jugé que dans ce peu de lignes ; il n'était point chaste, mais ne se livrait pas et n'aimait pas, méprisait profondément, pour mieux dire, quiconque se livrait à « un grossier libertinage, » et n'avait pas assez d'injures pour les femmes légères qui pullulaient à sa cour ; car, nous l'avons dit, la mode romaine avait succédé à la mode grecque, mais les vêtements des élégantes étaient tout aussi transparents que sous le Directoire, et il était de bon ton de montrer publiquement un peu plus que sa jarretière.

« Tu me parais fâchée, écrivait Napoléon à Joséphine, du mal que je dis des femmes. Il est vrai que je hais les femmes intrigantes au delà de tout. Je suis accoutumé à des femmes bonnes, douces et conciliantes ; ce sont celles que j'aime. »

Est-ce qu'il était bien tombé sous ce rapport avec Joséphine ? Ça, c'est une autre affaire : douce et conciliante, il faut avouer que tout concourt à lui faire reconnaître ces qualités ; mais peut-être n'en avait-elle que peu d'autres, et des vertus en plus petite quantité encore.

Joséphine avait été l'amie de M*me* Tallien avant d'être la citoyenne Bonaparte, et n'était pas moins que la belle Thérésia l'amie de Barras, qui la maria avec le général. Celui-ci, jaloux comme un Corse, eut certainement de nombreuses occasions de se mettre en fureur, cela est incontestable.

Avec de grandes qualités de cœur qu'il serait tout à fait injuste même de ne point rappeler, Joséphine avait en effet toute la légèreté nonchalante et tout le feu contenu d'une créole. Les exemples de simple légèreté sont nombreux, nous en rappellerons quelques-uns qui ne sauraient être négligés sans faute.

Était-elle intrigante ?...

Mon Dieu, bornons-nous pour toute réponse à rappeler, d'après un ami, la scène du dîner au cours duquel Bonaparte fit part à sa femme de sa résolution de divorcer avec elle.

Oui, ce fut au cours d'un simple dîner bourgeois, en tête-à-tête, que l'empereur, désespéré de n'avoir point d'héritier ou ambitieux de recevoir dans son lit une femme de sang royal, communiqua ce grand projet à Joséphine. A cette ouverture un peu brutale, reconnaissons-le, Joséphine s'empressa de s'évanouir.

« Aussi effrayé, dit M. d'Haussonville, qu'ému de l'effet qu'il venait de produire, Napoléon entr'ouvrit la porte de son cabinet et appela à son aide le chambellan de service, M. de Bausset.

« L'évanouissement durant toujours, il demanda au chambellan si, pour éviter tout esclandre, il se sentait la force de porter l'impératrice Joséphine jusque dans ses appartements, qui communiquaient avec les siens par un escalier dérobé.

« M. de Bausset prit l'impératrice dans ses bras, et l'empereur, marchant le premier, à reculons, lui soutint soigneusement les pieds.

« Ils descendirent ainsi l'escalier. Rien n'avait paru feint ni arrangé à M. de Beausset dans la triste scène dont il était le témoin involontaire ; cependant, ses jambes s'étant un moment embarrassées dans son épée, tandis qu'il descendait cet escalier étroit, comme il se roidissait pour ne pas laisser tomber son précieux fardeau, sa surprise fut assez grande d'entendre Joséphine lui dire tout bas :

« — Prenez garde, monsieur, vous me serrez trop fort ! »

Eh bien, il me semble, à moi, hère et pauvre diable, qu'une femme capable de jouer cette jolie petite comédie dans un moment pareil, est fort capable d'en jouer de toute sorte, et rompue par conséquent à toutes les intrigues.

Malgré sa science, malgré sa douleur véritable, et les gémissements et les pleurs, il lui fallut céder la place à Marie-Louise, — qui s'en serait bien passée.

Quant à sa conduite, confinée qu'elle était à la Malmaison pendant de si longs intervalles, elle fut sans doute... ce qu'elle devait être ; quantité de faits nous sont parvenus qui nous autorisent du moins à le croire.

Le passage suivant d'une lettre de Napoléon Ier, faisant partie d'une vente d'autographes faite à la salle Silvestre en 1865, et qui fut payée plus de 1,000 francs par un amateur enragé, nous donnera, du reste, une idée suffisante de la manière dont Joséphine vivait à la Malmaison et des gens qu'elle y recevait ; la personne dont il est question et contre laquelle Bonaparte s'élève avec tant de véhémence, ne valait guère moins que Mme Tallien, après tout, mais les temps étaient changés, et puis cette *citoyenne* nous intéresse peu.

« Je te défends de voir Mme ***, sous quelque prétexte que ce soit : je n'admettrai aucune excuse. Si tu tiens à mon estime, si tu veux me plaire, ne transgresse jamais le présent ordre. Elle doit venir dans tes appartements, y rester la nuit : défends à tes portiers de la laisser entrer.

« Un misérable (ce misérable était un prince) l'a épousée avec huit bâtards ! Je la méprise elle-même plus qu'avant : elle était une fille aimable, elle est devenue une femme d'horreur et infâme.

« Je serai à la Malmaison bientôt. Je t'en préviens *pour qu'il n'y ait point d'amoureux la nuit*. Je serais fâché de les déranger. »

C'est assez carré, comme on voit, et fort significatif.

La Malmaison, retraite de campagne que,

sur sa prière, la citoyenne Bonaparte avait préparée pour son mari guerroyant en Égypte, était vraiment pour celui-ci un lieu enchanté, où il aimait à s'installer dans son repos en bon bourgeois, un peu goguenard, très impérieux, mais bonhomme malgré tout. Il y recevait toutes les notabilités du jour, surtout les savants et les soldats, et il discutait avec eux ou causait en camarade ; il aimait aussi à y jouer comme un enfant avec les enfants de sa femme, la jolie Hortense, qui va nous forcer à parler d'elle, et le futur prince Eugène.

Mais il ne nous parait pas que Joséphine eût l'étoffe d'une femme de héros bourgeois, sublime dans l'action, presque grotesque au repos ; et il nous parait moins encore que les propres parents du grand Napoléon aient jamais eu conscience de la réserve que leur imposait la position de leur parvenu de parent, et, au temps surtout où il n'était que consul, ils le contraignirent maintes fois à intervenir pour les ramener dans un chemin plus convenable.

Bonaparte aimait beaucoup la comédie et, en conséquence, avait fait construire à la Malmaison une petite salle de spectacle dans laquelle on jouait la comédie au moins une fois par mois.

Michot, du théâtre de la République (la Comédie-Française), était chargé de la mise en scène, des répétitions et de la direction des acteurs, qui tous étaient fort indisciplinés, comme le sont tous les amateurs.

On remarquait dans l'élégante troupe Mlle de Beauharnais, Mlle Auguié (qui devint depuis Mme la maréchale Ney), Mme Junot (plus tard duchesse d'Abrantès), Murat, qui venait d'épouser Caroline Bonaparte, sœur du consul, Pauline Bonaparte, autre sœur du consul, connue plus tard sous le nom de princesse Borghèse ; puis Eugène de Beauharnais, Bourienne, Lucien Bonaparte, etc.

Le consul ne jouait pas, mais avec Joséphine, ses frères Joseph et Louis et les personnes qui avaient dîné ce jour-là à la Malmaison, il formait le centre du parterre...

Bourienne était un des meilleurs artistes de la troupe ; il excellait surtout dans les rôles de valet de l'ancien répertoire ; mais ses occupations officielles ne lui laissaient guère le temps d'apprendre les rôles que son maître, très amusé, faisait pleuvoir sur sa tête.

— En vérité, je ne puis, protestait quelquefois le malheureux artiste malgré lui.

— Bah ! répondait Bonaparte, vous avez une si bonne mémoire que cela ne vous coûte rien. Ne voyez-vous pas combien j'éprouve de plaisir à vous voir et à vous entendre ? Vous vous lèverez un peu plus matin, voilà tout.

— Avec cela que je dors trop ! s'écria un jour Bourienne à qui il persuadait d'apprendre le rôle de Sganarelle du *Médecin malgré lui*.

— Allons, mon cher, faites cela pour moi. Vous me faites rire de si bon cœur que vous ne voudriez pas me priver de ce plaisir, d'autant moins que vous savez que je ne m'amuse pas souvent.

Comment repousser une prière faite en des termes si persuasifs ?

Bourienne apprit donc son rôle, et y excella comme toujours, autant que peut le faire un amateur bien stylé, et qui avait pour conseillers privés Talma et Dugazon.

« A la Malmaison, dit un chroniqueur contemporain, les jours de spectacle, la société était toujours très nombreuse. Après la représentation il y avait foule dans les appartements du rez-de-chaussée : là s'engageaient les conversations les plus animées, Joséphine faisait les honneurs de ces réunions avec beaucoup de tact et d'amabilité.

Mme Favart.

« Après ces délicieuses soirées, qui se terminaient à une ou deux heures du matin, on reprenait la route de Paris.

« Mais à cette époque, ce n'était pas seulement à la Malmaison que l'on donnait des représentations théâtrales. Lucien possédait la magnifique habitation de Neuilly, et, un jour, il invita son frère et tous ses commensaux à une représentation extraordinaire chez lui.

« On joua *Alzire*. Sa sœur Élise représentait Alzire, et lui Zamore. La vérité des costumes, peut-être trop exacte, révolta le consul.

« — Je ne dois pas souffrir une chose pareille! dit-il à Joséphine, placée à côté de lui dans la salle. Je le signifierai à Lucien après le spectacle.

« En effet, dès que Lucien parut dans le salon, après avoir repris ses habits de ville, il l'apostropha vivement à ce sujet, et le prévint qu'à l'avenir il voulait qu'il s'abstînt de semblables représentations.

« Le soir, de retour à la Malmaison, il en parla encore avec un vif mécontentement.

« — Quoi! dit-il, quand tous mes efforts tendent à rétablir les convenances sociales, mon frère et ma sœur se montrent dans un pareil costume sur des tréteaux! cela n'arrivera plus, je le promets.

« Lucien avait un goût très vif pour les succès de théâtre, auxquels il mettait une grande importance ; il disait parfaitement les vers tragiques, et aurait pu lutter avec avantage contre les meilleurs acteurs de la capitale. »

Ces divertissements attachaient de plus en plus le consul à sa modeste villa; aussi y faisait-il, à cette époque-là, des séjours aussi prolongés qu'il le pouvait sans négliger les affaires publiques et les intérêts de son ambition.

Joséphine se plaisait beaucoup aussi à la Malmaison, mais elle n'y montrait pas sous une forme unique sa légèreté native. Elle était d'une prodigalité excessive, donnait, jetait, dépensait, payait à tort et à travers, sans se rendre le moindre compte des *entrées* et encore moins des *sorties*, ce qui troublait notablement les plaisirs innocents du premier consul, d'habitudes régulières et méthodiques, et de plus foncièrement intéressé.

« Passionnée pour les fleurs rares, dit l'auteur déjà cité, l'argent qu'elle consacrait, par exemple, à ce genre d'achat, était tout à fait hors de proportion avec ce que le consul pouvait lui allouer pour ses dépenses particulières.

« Un jour arrive à la Malmaison une caisse expédiée de Hollande, et qui renfermait les plus suaves œillets de Java et du Japon, des tulipes sans rivales, des jonquilles gigantesques, des renoncules du cap de Bonne-Espérance, et des dahlias de Bombay, les premiers qu'on eût vus en France.

« Bonaparte était présent, et, malgré la joie que sa femme ressentit de ce surcroît de richesses botaniques, elle craignait la mauvaise humeur de son mari.

« — Te voilà contente, n'est-ce pas? dit Napoléon en parcourant des yeux le contenu de la caisse ouverte devant lui ; mais tout cela doit coûter une somme énorme. Je parie qu'il y a là dedans pour plus de douze cents francs de bouquets?

« — Il n'y a pas moyen de te rien cacher, repartit Joséphine d'un ton moitié ironique, moitié craintif ; j'avoue même que tu n'es pas très éloigné de compte.

« — Mais c'est une folie! s'écria le consul ; cependant il n'y a que demi-mal, parce qu'avec ces fleurs nous garnirons nos plates-bandes. Voyons, qu'est-ce que cela te coûte?

« — Devine.

« — Quinze cents francs?

« — Oui, à peu de chose près.

« Et en parlant ainsi, Joséphine continuait de sourire. La caisse valait dix mille francs! »

Il tomba plus d'une tuile de ce genre sur

la tête du premier consul, et plus tard sur celle de l'empereur; mais qu'y faire? Payer et ne rien dire — et divorcer à la prochaine occasion.

Après ce divorce, pourtant, Napoléon paraît avoir ressenti pour Joséphine une affection plus grande que jamais, ou tout au moins plus grande que dans les derniers temps de son union avec elle. « Ne ressentant pour l'impératrice Joséphine, dit Thiers, qu'un goût que le temps avait dissipé, qu'une estime que beaucoup de légeretés avaient diminuée, il conserva pour elle, même après son divorce, une tendresse profonde. »

La fille de Joséphine, Hortense de Beauharnais, mère de celui qui fut Napoléon III, et de cet autre qui fut le duc de Morny, dut épouser malgré elle Louis Bonaparte, frère de l'empereur, plus tard roi de Hollande. Elle était déjà citée pour la légèreté de sa conduite, et Duroc avait très carrément refusé sa main. Hortense fit payer cher au malheureux roi de Hollande, qui n'avait pas plus cherché cette union qu'elle-même, la préférence dont l'empereur les avait tous deux honorés.

La chronique scandaleuse a prétendu que l'amiral hollandais Verhuell ne fut pas plus étranger à la naissance de Charles-Louis-Napoléon Bonaparte, que le général de Flahaut ne le fut à celle de l'auteur de *Monsieur Choufleuri*. Le roi de Hollande paraît en avoir été lui-même convaincu.

Quoi qu'il en soit, plus tard, lors de l'insurrection des Romagnes, le malheureux époux, père et roi, écrivait au pape Grégoire XVI une lettre de doléances dans laquelle on trouve le passage significatif que voici :

« Saint-Père,

« Mon âme est accablée de tristesse et j'ai frémi d'indignation quand j'ai appris la tentative criminelle de mon fils (Napoléon-Louis) contre l'autorité de Votre Sainteté. Ma vie, déjà si douloureuse, devait donc encore être éprouvée par le plus cruel des chagrins, celui d'apprendre qu'un des miens ait pu oublier toutes les bontés dont vous avez comblé notre malheureuse famille. Le malheureux enfant est mort, que Dieu lui fasse miséricorde !

« Quant à l'autre (c'est de celui qui fut plus tard Napoléon III qu'il est ici question), qui usurpe mon nom, vous le savez, Saint-Père, celui-là, grâces à Dieu, ne m'est rien...

« J'ai le malheur d'avoir pour femme *une Messaline qui accouche...* »

Nous ne voyons pas la nécessité d'en dire davantage.

S'il nous fallait raconter la jeunesse de la courte série de rois auxquels la Restauration rouvrit le chemin du trône, nous aurions bien quelques scènes de débauche à esquisser, mais qui ne vaudraient pas la peine de retourner sur nos pas pour nous exposer à des redites. Quant à la cour des Louis XVIII, Charles X et Louis-Philippe, rois parvenus aux affaires dans un âge avancé, il n'y a pas lieu de perdre notre temps à l'étudier : elle est aussi éloignée, par ses mœurs, de la cour du grand roi et de celle du « Bien-Aimé » que la cour du roi M'tesa peut l'être de celle de la reine de la Grande-Bretagne et impératrice de l'Inde.

L'ancien régime est bien enterré.

La Restauration a pourtant vu une favorite installée à la cour, disposant des honneurs et des pensions, comme au bon vieux temps ; mais la belle Mme Du Cayla ne fut, dit-on, pour Louis XVIII qu'une maîtresse purement platonique, et il y a quelques raisons de le croire.

Quoi qu'il en soit, occupez-vous donc

d'une Du Cayla, après avoir été entretenus d'une Pompadour et d'une Du Barry !

En vérité, eussions-nous quelque chose à en dire que nous ne le pourrions pas, en conscience. — Mais rassurez-vous, nous avons les meilleures raisons de nous taire, car nous ne savons rien.

La cour des deux frères de Louis XVI ne fut donc pas, à tout prendre, d'une gaieté folle ; mais on pouvait se rattraper sur la ville, du moins quand quelque nouvelle infamie politique ne la poussait pas à un accès de morne chagrin ou de colère terrible, mais en somme passagère.

Voici un simple extrait du *Livret de Paul-Louis, vigneron*, pendant son séjour à Paris, en mars 1823, qui donne une idée des divertissements de la ville à cette époque joyeuse ; nous en trouverions bien d'autres si nous voulions, mais celui-ci n'est pas mal :

« Le boulevard est plein de caricatures, toutes contre le peuple.

« On le représente grossier, débauché, crapuleux, semblable à la cour, mais en laid. Afin de le corrompre, on le peint corrompu.

« L'adultère est le sujet ordinaire de ces estampes. C'est un mari avec sa femme sur un lit et le galant dessous, ou bien le galant dessus et le mari dessous. Des paroles expliquent cela.

« Dans un autre, le mari, lorgnant par la serrure, voit les ébats de sa femme : scène des Variétés.

« Ce théâtre aura bientôt le privilége exclusif d'en représenter de pareilles. Il jouera seul les pièces qu'on appelle grivoises, c'est-à-dire, sales, dégoûtantes, comme *la Marchande de goujons*. Les censeurs ont soin d'en ôter tout ce qui pourrait inspirer quelque sentiment généreux.

« La pièce est bonne, pourvu qu'il n'y soit point question de liberté, d'amour du pays ; elle est excellente, s'il y a des rendez-vous de charmantes femmes avec de charmants militaires, qui battent leurs valets, chassent leurs créanciers, escroquent leurs parents : c'est le bel air qu'on recommande.

« Corrompre le peuple est l'affaire, la grande affaire maintenant. A l'église et dans les écoles, on lui enseigne l'hypocrisie ; au théâtre, l'ancien régime et toutes ses ordures.

« On lui tient prêtes des maisons où il va pratiquer ces leçons.

« En Angleterre, tout au contraire, les caricatures et les farces se font contre les grands, livrés à la risée du peuple, qui conserve ses mœurs et corrige la cour. »

En France, à cette époque-là comme à une autre plus récente, corrompre le peuple était le mot d'ordre, et on le suivait ponctuellement partout où il était possible. C'est aussi l'époque de l'épanouissement des bals publics, bals élégants ou simples *bastringues* offrant à la prostitution un refuge assuré, conviant à la débauche l'univers entier, et qui valut à Paris l'appellation significative de grande prostituée. Il est vrai qu'on les taxait de mauvais lieux, pour rendre leur vogue plus grande et plus certaine, n'osant pas leur imposer une enseigne.

C'est aussi à ce glorieux temps où le jésuite régnait sur la France qu'il faut faire remonter la transformation de la courtisane en lorette. — Je ne sais pas trop ce que nous y avons perdu, par exemple.

Au reste, la terrible réaction qui suivit le second retour de Louis XVIII donna carrière, avec la complicité passive du gouvernement, aux crimes les plus monstrueux. Nous ne pouvons étudier à nouveau tout ce que l'infâme *terreur blanche* a couvert d'une étiquette politique d'actes de vengeance particulière dans lesquels le viol est entré pour une large part.

Et ces flagellations publiques de femmes, dans le Midi, peut-on raisonnablement y voir autre chose que des actes de révoltante lubricité ?

De tant de crimes restés impunis, peu en somme sont venus à notre connaissance. Mais il en est d'autres qui ont nécessité l'intervention de la justice, et ceux-là montrent, à côté d'une rage sanguinaire qui laisse loin derrière elle, de toute façon, l'accès de 1793, quelles mœurs avaient les bandits qui se posaient, et qu'on acceptait comme de zélés défenseurs du trône et de l'autel.

L'assassinat de Fualdès est notamment très édifiant, considéré à ce point de vue.

Fualdès, on le sait, était un ancien procureur impérial à Rodez ; ses assassins, jadis ses amis, presque ses parents (l'un est son beau-frère), se posent en royalistes intransigeants, parce que c'est la mode, et c'est au *bonapartiste* qu'ils en veulent. Sans doute ils avaient d'autres raisons, par exemple, Jausion, beau-frère de Fualdès, s'était rendu coupable d'infanticide et ce dernier, profitant de sa position de magistrat, avait su le sauver même du soupçon ; dans ces conditions, il fallait bien que Jausion devînt, en même temps que l'ennemi mortel de son sauveur, un des plus féroces défenseurs de l'autel et du trône ; ils étaient presque tous de cette force-là.

Quoi qu'il en soit, le matin du 20 mars 1817, des pêcheurs trouvaient dans l'Aveyron le cadavre de Fualdès préalablement assassiné.

Le crime avait été exécuté la veille au soir.

Cueilli à quelques pas de sa propre maison d'où il sortait, à *huit heures du soir,* par un groupe de bandits qui s'étaient jetés sur lui et l'avaient bâillonné pendant que des vielleurs jouaient comme des enragés pour couvrir du bruit de leurs instruments celui de la lutte qui était résultée de cet infâme guet-apens, Fualdès fut entraîné à quelques pas de là, dans une rue ignoble et peu ou mal fréquentée, où on l'introduisit de force dans une maison de prostitution.

La maîtresse du lieu était la complice des assassins, et vous pourriez croire que les principaux assassins sont, en conséquence, des misérables sans sou ni maille, sans position, sans réputation, faisant métier d'assassiner les gens pour les voler et partageant avec les suppôts de la prostitution : l'un est un agent de change de Rodez, l'autre une espèce de gentilhomme campagnard « habitant un riche domaine à quelques kilomètres de la ville. » Et cependant, on ne peut, surtout dans une ville de province, entrer en communauté d'intérêt qu'avec des gens dont une longue fréquentation vous a fait connaître le caractère et vous assure la fidélité.

C'est donc dans cette maison de prostitution que le malheureux Fualdès, entraîné, est couché sur une table et saigné comme un pourceau, tandis que la maîtresse de la maison tient un baquet où coule le sang du malheureux. Tout va bien...

Mais la besogne terminée, voilà que les misérables entendent du bruit dans un cabinet contigu.

Effrayé et furieux, l'un des assassins brise la porte de ce cabinet, y pénètre et s'empare d'une « jeune dame appartenant à l'une des familles les plus considérées du pays, » laquelle était déguisée en homme. Aussi l'assassin dut-il, avant tout, s'assurer qu'il avait bien affaire à une femme, — du moins l'auteur de la complainte l'affirme :

> . . . Lors d'une main téméraire,
> Ce monstre licencieux
> Veut s'assurer de son mieux
> A quel homme il a affaire,
> Et... trouvant le fait constant,
> Teint son pantalon de sang.

Maintenant, que faisait là cette femme qui appartenait à l'une des familles les plus considérées de la ville ? Est-ce le rôle de Messaline où celui de Mégilla qu'elle venait remplir dans ce bouge infect et sanglant ?

On n'en sait rien. Du moins, si quelqu'un le sut, il ne nous le révéla point.

D'après la célèbre complainte, l'aimable femme se trouvait

> .... Là par hasard,
> Et dans un moment d'écart.

Nous nous en doutions bien, mais ce n'est pas suffisamment clair, on en conviendra ; cette femme qui se déguise en homme pour pénétrer nuitamment dans une maison de débauche nous parait presqu'aussi suspecte qu'aux assassins de Fualdès eux-mêmes. Quand ceux-ci interrogèrent la Bancal, la maîtresse du lieu, sur la présence de cette femme en homme, qui faillit payer cher son « imprudence » qu'elle paya du moins de sa réputation, la Bancal répondit tout simplement qu'elle avait été obligée de faire disparaître brusquement, à leur arrivée, une personne avec laquelle elle était en conversation.

Un détail curieux, c'est que pendant que cette jeune femme appartenant à une famille des plus considérées se trouvait assister malgré elle, mais pourtant par sa très grande faute, à la scène terrible dont la maison Bancal était le théâtre, un jeune officier de la garnison, son amant, à qui elle avait donné rendez-vous non loin de là, se morfondait à l'y attendre, croquait le marmot, très indigné de la négligence de sa maîtresse.

Cette circonstance fit peut-être plus pour la découverte des criminels que ne l'eussent pu les recherches de la police qui, probablement aurait mal cherché.

L'officier, furieux d'avoir *posé*, fit de vifs reproches le lendemain à l'imprudente Clarisse, qui lui raconta à sa manière son aventure de la veille : elle avait été traînée de vive force dans une maison infâme où elle avait été témoin involontaire de choses épouvantables, et patati et patata ; elle n'en pouvait dire davantage, ayant juré, la main posée sur le cadavre sanglant !

C'était peu ; l'officier pensa toutefois que cela suffirait à mettre sur la piste des auteurs de l'abominable forfait, et alla faire part au préfet des demi-aveux de sa maîtresse.

Nous n'avons pas à nous occuper des détails de l'instruction, du procès et de ses suites ; il nous suffit d'avoir montré le caractère particulier de ce drame de la Restauration.

On trouva encore dans cette affaire à la fois sinistre et dégoûtante matière à amuser le peuple. Nous n'avons rien à dire contre la fameuse complainte ni contre son auteur ; mais on ne se contentait pas de la hurler dans les rues, on accompagna bientôt ce chant séduisant d'une exhibition dont on aurait pu se passer et qu'il ne tenait qu'à la police d'interdire.

« Pour satisfaire la curiosité publique, dit Du Mersan, les portraits en cire des coupables furent moulés, montés sur des mannequins, et on vit longtemps, dans la cour des Fontaines à Paris, un endroit *disposé comme le bouge de la femme Bancal*, et dans laquelle la scène de l'assassinat était représentée « au naturel. »

« On y assistait pour la bagatelle de deux sous. »

Il ne restait plus, vraiment, qu'à y représenter, également « au naturel, » les autres scènes qui se passaient plus ordinairement dans cette maison infâme ; et il est étonnant qu'on ne l'ait pas fait.

LII

La chasteté du clergé dévoilée.

SOMMAIRE. — Suite des crimes caractéristiques du temps de la Restauration. — Une lettre de Paul-Louis, vigneron, à un correspondant anonyme. — Morale et morale. — Le curé Mingrat. — La danse et les manches de chemise. — La réforme des mœurs. — Les deux grandes de l'école de petites filles de Saint-Aupre. — Le passé et le présent comparés. — Guillaume Roze et la fille du président. — Le couvent de Nogent-le-Rotrou. — Encore une de disparue. — La discipline. — Le curé de Pezay. — Le curé de Saint-Quentin. — La pénitente disparue et retrouvée en morceaux. — Le mari accusé du crime en pleine chaire. — Contumax! — Saint Mingrat, priez pour nous. — La dévotion bien entendue. — Conséquences du célibat des prêtres. — Un curé par la fenêtre. — Un oint presque septuagénaire et une mendiante épileptique. — Inutile jugement de Mingrat. — Contrafatto et la petite Le Bon. — Un enfant de cinq ans! — La fille violée et la mère battue. — On se décide à juger le monstre et à l'envoyer au bagne. — Considérations sur le vœu de chasteté inconsidérément prononcé. — Delacollonge. — Comme on devient prêtre trop souvent. — Toujours la pénitente suscitée par l'enfer. — De mal en pis. — Les filles publiques. — La lingère du collège. — Fanny Besson suit son malheureux amant de curé en cure. — L'accouchement. — La maladie. — Le vol. — Fanny installée secrètement au presbytère. — Elle doit le quitter. — Comment elle le quitte. — La mare sinistre. — Récit du coupable. — Détails horribles. — L'arrestation. — Le jugement. — Portrait de J.-B. Delacollonge.

Tout ce qui prenait apparence de dévot, et à plus forte raison les prêtres (ou du moins quelques indignes ministres de la religion) eut beau jeu sous la Restauration et ne s'en fit pas faute ; mais là encore des crimes par trop audacieux, des infamies trop criantes donnèrent, en dépit des autorités, lieu à des procès retentissants.

Les procès de Mingrat, de Contrafatto et de plusieurs autres prêtres infâmes datent des beaux jours de la Restauration, et il y en a pour tout le monde : l'affaire Mingrat est de 1822, celle de Contrafatto de 1827, et en 1834, Delacollonge était traîné devant les tribunaux pour un dernier crime, les précédents étant restés impunis et même volontairement cachés.

On voit fréquemment, depuis qu'un gouvernement libéral veille à ce que le crime soit frappé aussi bien sous la robe du prêtre que sous l'habit du laïque, des procès d'attentats à la pudeur instruits contre des prêtres ; mais cela n'est rien, et, encore, pourtant, les coupables n'expient-ils que rarement leurs méfaits odieux ; mais qu'est-ce que cela pouvait bien être sous un régime entièrement dévoué à la calotte, à en juger par ce que la justice a été forcée de nous dévoiler.

Voici Mingrat, par exemple, nous n'allons pas certainement reproduire son procès mais simplement un article de journal signé Paul-Louis Courier, dans lequel l'illustre vigneron de la Chavonnière, rappelle sommairement les exploits de ce misérable, et en dénonce, au cours de la plume, quelques autres du même temps qui sont restés ensevelis dans l'oubli.

Cet article, ou cette lettre, comme il le qualifie, est à lire tout entier. Dans le corps des œuvres admirables de l'illustre pamphlétaire, il peut passer inaperçu, et il nous appartient plus qu'à n'importe qui, attendu la nature de l'ouvrage que nous avons entrepris, d'appeler l'attention du lecteur sur ces pages où les mœurs qui florissaient à l'époque où le trône et l'autel se prêtaient un mutuel et précieux appui, sont si bien peintes, quoique à grands traits. — Nous en éliminerons toutefois ce qui n'a pas directement trait au sujet dont nous parlons.

Voici cette lettre; les considérations préliminaires, d'ailleurs assez courtes, constituent un exposé des raisons qu'a l'écrivain de se tenir tranquille désormais, lesquelles conduisent trop naturellement à l'histoire du curé assassin pour que nous ayons cru pouvoir nous dispenser de les reproduire :

« Veretz, le 6 février 1823.

« Vous êtes deux qui m'engagez à faire encore des pétitions. A votre aise vous en parlez, et vous n'irez pas en prison pour les avoir lues. Mais moi, voyez ce qu'a pensé me coûter la dernière. Quinze mois de cachot et mille écus d'amende, sont-ce des bagatelles? De combien s'en est-il fallu que je ne fusse condamné?

« Les juges ont trouvé mon fait répréhensible, et plus répréhensible encore mon intention.

« La police, dans sa plainte, me dénonce comme un homme profondément pervers : messieurs de la police m'ont déclaré pervers, et ont signé Delavau, Vidocq, etc.

« Je prenais patience. Mais ce procureur du roi, m'accuser de cynisme! Sait-il bien ce que c'est, et entend-il le grec? *Cynos* signifie chien; cynisme, acte de chien. M'insulter en grec, moi helléniste juré! j'en veux avoir raison.

« Lui rendant grec pour grec, si je l'accusais d'*onisme*, que répondrait-il? mot. Il serait étonné. »

Quand il me donne du chien, si je lui donne de l'âne, pourvu toutefois que ce ne soit pas dans l'exercice de ses fonctions, serons-nous quittes? — Je le crois.

Voilà pourtant, mes chers anonymes, comme on traite votre correspondant, pour avoir demandé à danser le dimanche; et notez bien, peut-être n'aurais-je pas dansé, s'il m'eût été permis : on n'use pas de toute permission qu'on obtient. Peut-être ensuite m'eût-on fait danser malgré moi; car ces choses arrivent : tel, dont je tais le nom, sollicita la guerre, et contraint de la faire, enrage.

Mais que serait-ce si j'allais demander, comme vous le voulez, la punition du prêtre qui a tué sa maîtresse, ou le mariage de celui qui a rendu la sienne grosse? Alors triompherait le procureur du roi; la morale religieuse me poursuivrait, aidée de la morale publique et de toutes les morales, hors celle que nous connaissons, que longtemps nous avons crue la seule.

D'ailleurs, je ne suis pas si animé que vous contre ce curé de Saint-Quentin. Je trouve dans son état de prêtre de quoi, non l'excuser, mais le plaindre. Il n'eût pas tué assurément sa seconde maîtresse, s'il eût pu épouser la première devenue grosse, et qu'il a tuée aussi, selon toute apparence.

Voici comme on conte cela, dont vous semblez mal informés :

Il s'appelle Mingrat, n'avait guère plus de vingt ans quand, au sortir du séminaire, on le fit curé de Saint-Aupre, village à six lieues de Grenoble. Là, son zèle éclata d'abord contre la danse et toute espèce des divertissement. Il défendit et fit défendre, par le maire et le sous-préfet, qui n'osèrent s'y refuser, les assemblées, bals, jeux champêtres, et fit fermer les cabarets, non-seulement aux heures d'office, mais, à ce qu'on dit, tout le jour les dimanches et fêtes. Je n'ai pas de peine à le croire; nous voyons le curé de Luynes défendre aux vignerons de faire le jour de Saint-Vincent, leur patron.

L'autre entreprit de réformer l'habillement des femmes. Les paysannes en manches de chemise, ayant le bras tout découvert, lui parurent un scandale affreux.

Remarquez que sur ce point les prêtres ont varié. Menot, du temps de Henri II,

Mme Du Barry en Cérès.

prêcha contre les nudités en termes moins décents peut-être que la chose qu'il reprenait. Ainsi firent Maillard, Barlette, Feu-Ardent et le petit Feuillant. C'est même le texte ordinaire de leurs sermons, qu'on a encore. Mais depuis, sous Louis XIV vieux, un curé trouva fort mauvais que la duchesse de Bourgogne vînt à l'église en habit de chasse qui boutonnait jusqu'au menton, et avait des manches. Il la renvoya s'habiller, hautement loué du roi et de la cour.

La duchesse alla s'habiller, et revint bientôt à peu près nue, les épaules, les bras, le dos, le sein découverts, la chute des reins bien marquée.

C'était l'habit décent, et elle fut admise à faire ses dévotions.

Mais l'abbé Mingrat ne souffrait point qu'un bras nu se montrât à l'église, et même ne pouvait sans horreur, dans les vêtements d'une femme, soupçonner la forme du corps.

Ami du temps passé, d'ailleurs, il prêchait les vieilles mœurs à l'âge de vingt ans, la restauration, la restitution, tonnant contre la danse et les manches de chemise. Les autorités le soutenaient, les hautes classes l'encourageaient, le peuple l'écoutait, les gendarmes aussi et le garde champêtre, qui jamais ne manquait au sermon. Enfin, il voulait rétablir, d'accord avec ses supérieurs, la pureté de l'ancien régime.

Pour y mieux réussir, il forma chez sa tante, venue avec lui à Saint-Aupre, une école de petites filles, auxquelles elle montrait à lire, les instruisant et préparant pour la communion. Il assistait aux leçons, dirigeait l'enseignement.

Deux déjà parmi elles approchaient de quinze ans, et lui parurent mériter une attention particulière. Il les fit venir chez lui, distinction enviée de toutes leurs compagnes, flatteuse pour leurs parents.

Ces jeunes filles donc vont chez le jeune curé. Partout cela se fait depuis quelques années, aux champs comme à la ville; les magistrats l'approuvent, et les honnêtes gens en augurent le prompt rétablissement des mœurs.

Elles y allaient souvent, ensemble ou séparées; c'était pour écouter des lectures chrétiennes, répéter le catéchisme, apprendre des versets, des psaumes, des oraisons : et tant y allèrent qu'à la fin l'une d'elles se sentit mal à l'aise, souffrante; elle avait des maux de cœur...

Lisez l'histoire, et comparez, Monsieur l'anonyme, le passé avec le présent. Pour moi, je ne fais autre chose; c'est la meilleure étude qu'il y ait.

Je trouve que, du temps de nos pères, Guillaume Roze, étant curé d'une paroisse de Paris, catéchisait de jeunes filles, qui s'assemblaient pour recevoir les pieuses leçons chez une dame. Là venait entre autres assidûment la fille unique, âgée de treize à quatorze ans, du président de Neuilly, qui bientôt fut grosse des œuvres de l'abbé Guillaume.

Au temps des bonnes mœurs, pareille chose arrivait sans qu'on y prît trop garde, quand les filles n'avaient point de père président. Celui-ci porta plainte; on décréta Guillaume; le clergé intervint.

La justice n'a jamais beau jeu contre le clergé, qui d'abord ne veut pas qu'on le juge, et en ce temps-là menait le peuple. Messire Guillaume se moqua du parlement, du président, et de la fille, et de l'enfant, puis fut évêque de Senlis, dévoué au pape son créateur, comme on dit à Rome.

De ce genre est un autre fait moins ancien, mais horrible, et par là plus semblable à celui de Mingrat.

Il n'y a pas quarante ans que, dans un couvent près de Nogent-le-Rotrou, on élevait de jeunes demoiselles sous la direction d'un saint homme prêtre, abbé, qui les confessait, les instruisait, catéchisait, et continua longues années, sans qu'on eût de lui nul soupçon.

Mais à la fin on découvrit qu'il en avait séduit plusieurs, et que, quand une devenait grosse, il l'empoisonnait, la gardait, écartant d'elle tout le monde, sous prétexte de confession ou d'exhortation à la mort, ne la quittait point qu'elle ne fût morte, ensevelie, enterrée.

De tels faits rarement parviennent à la connaissance du public. Le saint personnage fut enlevé secrètement et enfermé, suivant la coutume d'alors.

Retournons à l'abbé Mingrat.

Cette enfant se trouve grosse. Ne sachant comment faire, ayant peur de sa mère, elle va se confesser au curé d'un village non loin de celui-là, à un homme tout différent de Mingrat. Il laissait danser, ne songeait point aux manches de chemise.

La pauvrette lui dit son malheur et, refusant de déclarer qui en était cause, elle ne voulut avouer qu'elle seule.

— Mais, lui dit le curé, ma fille, est-il marié cet homme ?

— Non.

— Il faut l'épouser.

— Impossible !

Elle se trompait ; car qui peut empêcher un homme de se marier, s'il ne l'est ? de faire une épouse de celle qu'il a rendue mère ? Quelle loi le défend ? Quelle morale ? Elle devait dire, pauvre enfant : Dieu, les hommes, le bon sens, la nature, l'Évangile et la religion le veulent ; mais le pape ne veut pas ; et pour cela je meurs, pour cela je suis perdue.

Ainsi à peine répondait-elle, avec plus de sanglots que de mots, aux questions de ce bon curé qui, enfin, pourtant, parvenu à lui faire nommer l'abbé Mingrat, dès le soir même alla chez lui et lui parla.

L'autre se fâche au premier mot, s'emporte et crie contre le siècle, accusant Voltaire et Rousseau, et la philosophie, et la corruption de la révolution.

Le bonhomme eut beau dire et beau faire, il n'en put tirer autre chose.

Au bout de quelques jours, la fille disparut, sans que jamais parents ni amis en pussent avoir de nouvelles. On en demanda de tous côtés et longtemps inutilement ; on finit par n'y plus penser.

Voilà la première partie de l'histoire du curé Mingrat.

La seconde est connue par les papiers publics, où vous avez pu voir comment, à cause des bruits qui couraient, on le transféra de Saint-Aupre à la cure de Saint-Quentin.

C'est la discipline. Quand un prêtre a donné quelque part du scandale, on l'envoie ailleurs. Dans les cas graves seulement, il est suspendu *a sacris*, privé pour un temps de dire messe ; et si la justice s'en mêle, le clergé proteste aussitôt ; car on ne peut juger les oints.

Le curé de Pezay en Poitou, l'abbé Gelée, ex-capucin, ayant commis là une grosse et visible faute contre son vœu de chasteté, la justice se tut, malgré toutes les plaintes ; on le transféra où il est, et ne semble pas corrigé, comme ne le fut point l'abbé Mingrat, qui, dans sa nouvelle paroisse, redoublant de sévérité, fit la guerre plus que jamais à la danse et aux manches de chemise.

Certaine dévote bientôt, femme d'un tourneur, jeune et belle, le prit pour confesseur, et le voyait chez elle souvent, sans qu'on en causât néanmoins, car elle passait pour très sage.

Un soir qu'elle était venue sur le tard à confesse, il la retint longtemps, puis l'envoie voir sa tante, qui demeurait chez lui, mais qu'il savait absente, ne devoir point revenir ce jour-là ; et partant par un autre chemin, arrive avant cette femme, entre, quand elle vint la fit entrer.

Ce qui se passa là dedans, on l'ignore.

Il l'emporta morte dans une grotte, près du village, où, avec un couteau de poche, l'ayant dépecée par morceaux, un à un, il alla les jeter dans la rivière ; c'est l'Isère.

Ces lambeaux, quelque temps après, furent trouvés flottants sur l'eau, et réunis et reconnus, comme le couteau plein de sang oublié par lui dans la grotte. Alors on se souvint de la fille de Saint-Aupre.

Vous savez aussi comme il s'est soustrait aux poursuites, qui n'eussent pas eu lieu sans le maire. Par le maire seul tous les faits furent constatés, publiés malgré les dévots et le clergé, qui ne voulaient pas qu'on en parlât! Telle est leur maxime de tout temps. S'il arrive, dit Fénelon, que le prêtre fasse une faute, on doit modestement baisser les yeux et se taire.

Mais le bruit d'un acte si atroce s'étant promptement répandu on essaya d'en jeter le soupçon sur quelque autre. Même un grand vicaire à Grenoble, l'abbé Bochard, prêcha un sermon tout exprès sur les jugements téméraires, disant :

« Mes frères, prenez garde ; tel peut vous paraître coupable, qui, par son devoir, est tenu, lui en dût-il coûter l'honneur et la vie, de céler le crime d'autrui ; et la malice d'autre part est si grande en ce siècle-ci, que, pour se laver, on ne craint point de calomnier et de noircir les plus gens de bien.»

C'était le mari de cette femme qu'on indiquait par là comme son vrai meurtrier, et le curé comme un martyr du secret de la confession. Cette pieuse invention, soutenue de toute la cabale dévote, aurait peut-être réussi et donné le change au public, sans le maire de Saint-Quentin, qui, n'étant dévot ni dévoué, mais honnête homme seulement, par une information qu'il fit, força la justice d'agir.

Le curé ne fut pas arrêté, parce que le Seigneur a dit : Gardez de toucher à mes oints.

Condamné comme contumace, il s'est retiré en Savoie, où maintenant il passe pour un saint et fait des miracles. On vient à lui de la vallée, de la montagne, en pèlerinage ; on accourt, les femmes surtout, le voir, lui demander sa bénédiction.

Cette main les bénit ; il leur tend cette main qu'elles baisent, femmes et filles, sans penser, sans frémir, sachant ce qu'il a fait ; car d'un lieu si voisin, personne ne l'ignore.

Mais on lui pardonne beaucoup, parce qu'il a beaucoup aimé ; ou peut-être il se repent, et dès lors il vaut mieux que quatre-vingt-dix-neuf justes. Qu'il en confesse encore quelqu'une jeune, jolie, et qu'elle lui résiste, il en fera comme des autres, sans perdre pour cela le paradis

Saint Bon avait tué père et mère, Saint Mingrat ne tue que ses maîtresses, et ensuite fait pénitence.

Vous l'appelez hypocrite ; moi, je le crois dévot, sincère et de bonne foi. La dévotion s'allie à tout.

Lorsqu'on fait en Italie assassiner son ennemi, cela coûte vingt ou dix ducats, selon qu'on veut le damner ou qu'on ne le veut pas. Pour ne le point damner, on lui dit avant de le tuer : Recommande ton âme à Dieu ; pardonne moi, et fais un acte de contrition. Il dit son *In manus*, pardonne, et on l'égorge ; il va en paradis. Mais voulant le damner, on s'y prend autrement. Il faut tâcher de le trouver en péché mortel ; et pour être plus sûr, on lui dit : — « Renie Dieu, ou je te tue. — » Il renie, on le tue ; et il va en enfer. Ces choses se font tous les jours, là où personne ne voudrait, pour rien au monde, avoir goûté d'un potage gras le vendredi. Voilà la dévotion vraie, naïve, non feinte, non suspecte d'hypocrisie. La morale, dit-on, est fondée là-dessus.

Ces gens sont dévots sans nul doute, et Mingrat l'est aussi, amoureux de plus, c'est-à-dire, sujet à l'amour, qui, chez les hommes de sa robe, se tourne souvent en fureur. Un grand médecin l'a remarqué : cette maladie, sorte de rage, qu'il appelle *erotomanie*, semble particulière aux prêtres.

J exemples qu'on en a vus, assez nombreux, sont tous de prêtres catholiques, tels que celui qui massacra, comme raconte Henri Estienne, tous les habitants d'une maison; et l'autre dont parle Buffon. Celui-là, parce qu'on sut à temps le lier et le traiter, guérit. Il a lui-même écrit au long, dans une lettre qui, depuis, est devenue publique, l'histoire de sa frénésie, dont il explique les causes, aisées à concevoir....

(Ici Paul-Louis se lance dans des considérations sur le célibat forcé des prêtres catholiques, sans cesse exposés à la tentation sous sa forme la plus irritante, lesquelles sont fort intéressantes et déduites magistralement, mais qui seraient pour nous un hors-d'œuvre un peu trop étendu, et que nous passons en conséquence.)

« Ce curé de Paris, poursuit-il, que Vautrin, tapissier, le trouvant avec sa femme, tua et jeta par la fenêtre, il y a peu d'années (l'aventure est connue dans le quartier du Temple ; on n'en fit pas de bruit, à cause du clergé); ce curé avait soixante ans, et celui de Pezay en a soixante-huit, qui ne l'ont pas empêché, dernièrement encore, de prendre dans les boues une fille mendiante et tombant du haut mal. Il en fit sa maîtresse : autre affaire étouffée par le crédit des oints, car le père se plaignit, voyant sa fille grosse ; mais l'Eglise intervint.

Celui qui ne peut à cet âge s'abstenir d'un objet horrible et dégoûtant, que pensez-vous qu'il ait fait à vingt ou vingt-cinq ans, gouverneur d'innocentes et belles créatures?

Si vous avez une fille, envoyez-la, monsieur, au soldat, au hussard, qui pourra l'épouser, plutôt qu'à l'homme qui a fait vœu de chasteté, plutôt qu'à ces séminaristes.

Combien d'affaires à étouffer, si tout ce qui se passe en secret avait des suites évidentes, ou s'il y avait beaucoup de maires commé celui de Saint-Quentin ! Que d'horreurs laissent entrevoir ces faits, qui transpirent malgré la connivence des magistrats, les mesures prises pour arrêter toute publicité, le silence imposé sur de telles matières!

Et sans même parler des crimes, quelles sources d'impuretés, de désordres, de corruption que ces deux inventions du pape : le célibat des prêtres et la confession nommée auriculaire! que de mal elles font! que de bien elles empêchent !

Il le faut voir et admirer là où la famille du prêtre est le modèle de toutes les autres, où le pasteur n'enseigne rien qu'il ne puisse montrer en lui, et, parlant aux pères, aux époux, donne l'exemple avec le précepte. Là, les femmes n'ont point l'impudence de dire à un homme leurs péchés ; le clergé n'est point hors du temple, hors de l'État, hors de la loi : tous abus établis chez nous dans les temps de la plus stupide barbarie, de la plus crédule ignorance, difficiles à maintenir aujourd'hui que le monde raisonne, que chacun sait compter ses doigts. »

Mais retournons à Mingrat, que nous avons un peu perdu de vue en chemin.

Mingrat n'eut à répondre, naturellement, que de son dernier crime, celui du 8 mai 1822, bien qu'il fût avéré qu'il avait commis auparavant bien des méfaits et qu'on ne doutât guère de l'assassinat de sa première maîtresse disparue.

Le jugement vint le 9 décembre 1822 devant la Cour d'assises de Grenoble. Il eut lieu à huis clos, et voici le texte de l'arrêt :

« Louis, etc..

« La Cour d'assises du département de l'Isère, séant à Grenoble, a rendu l'arrêt dont la teneur suit :

« Du 9 décembre 1822.

« La Cour d'assises du département de l'Isère, séant à Grenoble, présents MM. de Noailles, président; Trusché, Basile, Bardet, conseillers, et de Gilbert, conseiller auditeur; tous délégués par ordonnance de M. le premier président de la Cour royale de Grenoble, pour former la Cour d'assises, sauf M. de Noailles, qui a été nommé par ordonnance de S. Exc. Mgr le garde des sceaux ; présent aussi M. Caffarel, avocat général.

« En la cause, sur l'accusation du crime d'assassinat, précédé ou accompagné de viol, portée contre Antoine Mingrat, ancien recteur de Saint-Quentin, contumax ;

« Vu..., etc., etc., en conséquence, Antoine Mingrat est accusé :

« 1° D'avoir, dans la nuit du 8 au 9 mai 1822, volontairement et avec préméditation, homicidé Marie Gérin, femme d'Étienne Charnalet, cultivateur au Git, hameau de la commune de Saint-Quentin ; ce qui constitue le crime d'assassinat prévu par les articles 295, 296 et 302 du Code pénal.

« 2° D'avoir, dans la même nuit, audit lieu de Saint-Quentin, et dans les instants qui avaient précédé ou accompagné l'assassinat, commis sur la personne de Marie Gérin, femme Charnalet, et ce, à l'époque où ledit Mingrat était ministre du culte, le crime de viol prévu par les articles 331 et 333 du Code pénal.

« Et dans le cas où ledit Antoine Mingrat n'aurait pas agi avec préméditation, il est accusé d'avoir, dans la nuit du 8 au 9 mai 1822, à Saint-Quentin, volontairement homicidé ladite Marie Gérin, femme Charnalet, lequel crime aurait été précédé ou accompagné de viol, commis sur la personne de ladite femme Charnalet, ce qui constitue les crimes prévus par les articles 295, 331, 333 et 334 du Code pénal, emportant peine afflictive ou infamante ;

Ouï M. l'avocat général en sa réquisition mentionnée au procès-verbal séparé du présent, et ce, relativement à l'application de la peine ;

« L'affaire mise en délibération, le président ayant posé toutes les questions résultant de l'acte d'accusation et recueilli les voix dans l'ordre prescrit par la loi ;

« La Cour déclare Antoine Mingrat coupable d'avoir, dans la nuit du 8 au 9 mai 1822, en la commune de Saint-Quentin, volontairement et avec préméditation, homicidé Marie Gérin, femme d'Étienne Charnalet; mais le déclare non coupable d'avoir, dans les instants qui ont précédé ou accompagné cet homicide, commis le crime de viol sur la personne de ladite Marie Gérin, femme de Charnalet ;

« Et attendu que les faits déclarés constants constituent le crime prévu par les articles 295, 296 et 302 du Code pénal dont lecture a été faite par M. le président,

« La Cour condamne Antoine Mingrat à la peine de mort et aux frais de la procédure, liquidés à la somme de 425 fr. 25 c.;

» Ordonne que l'exécution se fera sur la place publique, dite Grenette, de la ville de Grenoble ;

« Et, attendu la contumace dudit Mingrat, ordonne qu'extrait du présent arrêt sera, dans les trois jours, affiché, par l'exécuteur des jugements criminels, à un poteau qui sera planté au milieu de la principale place publique de la ville de Saint-Marcellin, chef-lieu de l'arrondissement où le crime a été commis ;

« Ordonne en outre que le présent arrêt sera imprimé par extrait, affiché et exécuté à la diligence du procureur général. »

On sait déjà, ne fût-ce que par le récit du vigneron tourangeau, qu'Antoine Mingrat, contumax, n'eut garde de purger sa contumace, se moqua des juges, et vécut doucement et saintement, du moins il faut le croire, jusqu'au bout de son rouleau.

Contrafatto, lui, était un prêtre italien. A l'époque du crime, moins épouvantable que celui qu'on reproche à Mingrat et plus en rapport avec ceux que la justice constate trop souvent, quoique beaucoup lui échappent, il était aumônier d'un pensionnat de jeunes filles de la rue de Clichy.

Dans le courant de juillet 1827, une plainte fut déposée contre lui; on l'accusait d'attentat à la pudeur sur une enfant de cinq ans, la jeune Hortense Le Bon. Une ordonnance de non-lieu déclara qu'il n'y avait lieu à suivre *quant à présent*. Mais Contrafatto ayant eu l'imprudence de se représenter dans son domicile et de braver dans son quartier l'indignation publique, la dame Le Bon, mère de la victime, présenta une nouvelle plainte à laquelle il fallut bien donner une suite plus sérieuse.

Mme Le Bon, veuve du colonel Le Bon, n'était pas la première venue: fille du duc de Capecellatro-Morone et nièce de l'archevêque de Tarente, elle était apparentée avec plusieurs généraux français en activité de service. C'est dire que toute autre, moins solidement exposée, n'eût pas manqué de payer la peine de son audace à accuser un prêtre, si infâme qu'il fût, au temps de la puissance du parti prêtre; et qu'il fallait que ce fût une personne élevée au-dessus du commun et d'une énergie extraordinaire, pour que les poursuites entreprises par elle aient pu aller jusqu'au bout.

Voici la partie essentielle de la nouvelle plainte de Mme Le Bon :

« Je suis mère de quatre filles, dit Mme Le Bon ; une d'elles est âgée de cinq ans. Cette enfant s'était concilié, par sa douceur, l'amitié de toutes les personnes du voisinage ; souvent une de ses sœurs la conduisait chez Mme Laurent, qui loge au-dessus de moi.

« Le dimanche, 29 juillet 1827, la jeune Hortense était montée chez Mme Laurent; après y être restée quelques instants, elle sortit et alla sur le carré, où elle rencontra Contrafatto, dont l'appartement est placé en face de celui qu'elle venait de quitter : il invita ma fille à manger chez lui des prunes.

« Hortense entra et accepta quelques friandises ; lorsqu'elle voulut sortir, Contrafatto ferma la porte en mettant la clef en dedans, puis se livra sur elle aux actes de la plus hideuse brutalité.

« Je dois taire les détails des moyens dont il se servit pour exécuter son forfait, et pour vaincre les résistances que lui opposait la jeunesse de sa victime.

« Hortense faisait entendre des accents plaintifs; elle appelait sa mère! « Si je t'entends, » lui dit Contrafatto, « les gendarmes viendront te prendre et on t'enfermera dans une prison toute noire. » L'enfant fut tellement effrayée qu'elle se soumit ; seulement elle répétait ces mots à voix basse : « Ah! monsieur, vous me faites bien du mal ! »

« En descendant elle ne dit rien ; mais à cinq heures elle ne voulut prendre aucune nourriture : elle était triste et pâle. Tout à coup elle vint se plaindre à moi des douleurs qu'elle éprouvait. Frappée d'étonnement, je lui adressai quelques questions, et j'appris, par ses réponses, que Contrafatto avait souillé cette pauvre enfant. Je craignais d'arrêter la pensée d'Hortense sur le souvenir de ces turpitudes, et je me contentai de laver les parties malades avec de l'eau fraîche. Elles étaient rouges, tuméfiées et tellement sensibles, que je ne pouvais y porter un linge mouillé sans occasionner des souffrances aiguës. Le lendemain, sur de nouvelles questions provoquées par de nouvelles plaintes, j'appris tout mon malheur.

« J'avais entendu Contrafatto monter l'escalier, j'accourus pour lui demander compte de son infâme conduite ; à mon approche il se hâta d'ouvrir sa porte. Je le menaçai d'avertir ses supérieurs ecclésiastiques. *Écrivez... écrivez*, me répondit-il. Les voisins s'étant rassemblés, il baissa le ton : *Ne vous emportez pas, Madame*, me dit-il alors, *point de scandale* ; et il s'enferma aussitôt pour se soustraire à mon courroux.

« Je me rendis chez M. le commissaire de police. Ce magistrat accueillit ma plainte avec bonté ; je lui demandai si j'avais quelques démarches à faire pour obtenir la punition du coupable. Il me dit : « Madame, soyez tranquille, je me charge de tout, et j'informerai immédiatement M. le procureur du roi. »

« En effet, l'affaire s'instruisit, et je comparus, ainsi que plusieurs témoins et la jeune Hortense, devant M. le juge d'instruction Frayssinous.

« Je pensais que la justice allait suivre son cours ; mais quelle fut ma surprise d'apprendre, dans la matinée même de ce jour (5 août) que le sieur Contrafatto avait été mis en liberté, et qu'on l'avait vu monter les escaliers en *chantant*.

« Je ne pouvais croire à tant d'audace. Cependant, étant descendue dans le corridor du rez-de-chaussée, pour sortir, j'aperçus Contrafatto qui venait vers moi avec un air de satisfaction et de fierté. Je dois l'avouer, je ne pus maîtriser mon indignation ; mais Contrafatto ne me laissa pas le temps de lui adresser les reproches dont j'aurais voulu l'accabler. Il se jeta sur moi, me poussa contre la muraille, et me porta de violents coups de poing.

« A ce spectacle, les voisins s'assemblèrent, en s'écriant qu'il fallait arrêter ce monstre.

« Je ne pourrais entrer dans le détail de ce qui s'est passé dans la rue. On m'a dit que le peuple irrité avait poursuivi de ses imprécations et traîné dans la poussière le sieur Contrafatto. Il n'aurait dû son salut qu'à sa retraite précipitée dans l'église de Notre-Dame-de-Lorette... »

Il fallut donc, bon gré mal gré, faire le procès à cet infâme ; et on le fit ; et Contrafatto, confondu par la déposition naïvement circonstanciée de son innocente victime (un enfant de cinq ans !), fut condamné aux travaux forcés à perpétuité, à l'exposition et à la marque. Il subit le tout, malgré ce qu'on put faire pour lui épargner au moins l'exposition, car l'opinion publique s'était manifestée, et elle est toute-puissante quand elle le veut sérieusement.

Contrafatto fut gracié du restant de sa peine en 1845, à la suite d'intrigues inouïes ; mais cela ne nous intéresse pas.

En rappelant ces faits, il y a pour nous autre chose que la stérile satisfaction de montrer les turpitudes du clergé et d'indiquer dans quelles conditions, sous quel régime elles se sont épanouies plus à l'aise dans leur hideuse floraison, dans leur éclat sinistre. Bien que nous ayons cru devoir éliminer de la lettre de Paul-Louis Courier les considérations philosophiques sur le célibat des prêtres, sur leur vœu de chasteté impossible à tenir, il est certain, et nous prenons où nous la trouvons l'occasion de le déclarer, que nous les plaignons de tout notre cœur, *même* — nous dirions presque *surtout* quand ils y ont failli.

Que faire dans une semblable situation, avec un tempérament ardent, et le célibat, le célibat seul interdit? « Le pape leur par-

Le cabaret des Porcherons.

donne tout, dit ailleurs le pamphlétaire de la Restauration, tout excepté le mariage, voulant plutôt un prêtre adultère, impudique, débauché, assassin, comme Mingrat, que marié. Mingrat tue ses maîtresses ; on le défend en chaire : ici on prêche pour lui ; là on le canonise. S'il en épousait une, quel monstre ! il ne trouverait d'asile nulle part. Justice en serait faite bonne et prompte, comme du maire qui les aurait mariés. Mais quel maire oserait ?

« Réfléchissez maintenant, monsieur, et voyez s'il était possible de réunir jamais en une même personne deux choses plus contraires que l'emploi de confesseur et le vœu de chasteté ; quel doit être le sort de ces pauvres jeunes gens, entre la défense de posséder ce que nature les force d'aimer, et l'obligation de converser intimement, confidemment avec ces objets de leur amour ; si enfin ce n'est pas assez de cette monstrueuse combinaison pour rendre les uns forcenés, les autres je ne dis pas coupables, car les vrais coupables sont ceux qui, étant magistrats, souffrent que de jeunes hommes confessent de jeunes filles, mais criminels et tous extrêmement malheureux… »

Et ce vœu de chasteté, prononcé généralement par des jeunes gens qui ne se rendent pas bien compte de tout ce qu'il implique, Courier estime que celui qui le ferait avec une pleine connaissance, « il le faudrait saisir, séquestrer en prison, ou reléguer au loin dans quelque île déserte.

« Ce vœu fait, poursuit-il, ils sont oints, et ne s'en peuvent dédire : que si l'engagement était à terme, certes peu le renouvelleraient.

« Aussitôt on leur donne filles, femmes

à gouverner. On approche du feu le soufre et le bitume ; car ce feu a promis, dit-on, de ne point brûler.

« Quarante mille jeunes gens ont le don de continence pris avec la soutane, et sont dès lors comme n'ayant plus ni sexe ni corps. Le croyez-vous ? De sages, il en est, si sage se peut dire qui combat la nature. Quelques-uns en triomphent ; mais combien au prix de ceux que la grâce abandonne dans ces tentations ?

« La grâce est pour peu d'hommes et manque même au plus juste. Comment auraient-ils, eux, ce don de continence, jeunes, dans l'ardeur de l'âge, quand les vieux ne l'ont pas ? »

C'est pour en venir à l'histoire du malheureux Delacollonge que nous avons eu recours à cette transition. Delacollonge, tout aussi pervers et criminel que Mingrat, mais plus sympathique en dépit qu'on en ait.

« Né à Bagnole (Rhône), d'une pauvre famille, dit l'auteur des *Causes célèbres*, il avait embrassé l'état ecclésiastique, non par vocation, mais par répulsion pour une profession manuelle. Son tempérament énergique, impérieux, devait peut-être l'éloigner d'un ministère qui réclame de celui qui s'y consacre le renoncement et le sacrifice.

« Nommé, en 1820, vicaire de la paroisse de Saint-Pierre, à Lyon, il se trouva pour la première fois dans une sorte d'indépendance. Au lieu de lutter contre l'ardeur de ses sens, il n'avait pas tardé à remarquer, dans un magasin de Lyon, une jeune fille d'une figure intéressante et douce. Un jour, cette jeune fille vint s'agenouiller aux pieds du jeune vicaire ; celui-ci ne vit dans la pénitente que l'objet de sa naissante passion. Il fit auprès de Fanny et de sa mère, la femme Besson, des démarches qui furent accueillies. Après quelque temps de cette intimité coupable, Delacollonge avança à Fanny une somme de 2,000 francs remboursables en huit ans sans intérêt, et lui acheta un fonds de marchande de modes.

« Ces rapports criminels ne furent pas tout d'abord un objet de scandale. L'amour impur que Delacollonge ressentait pour Fanny s'entourait de réserve et de mystère. Mais, une fois placé sur la pente, Delacollonge s'y sentait entraîné. Il avait rêvé peut-être les paisibles joies d'un amour partagé, sous le voile protecteur du célibat ecclésiastique. Mais le malheureux avait compté sans ses passions, qu'il venait de déchaîner en les satisfaisant. Bientôt les plaisirs goûtés près de la douce et frêle Fanny ne suffirent plus à ses sens excités ; il se plongea dans les voluptés grossières ; il se dégrada dans les amours banales.

« Une fille publique de Lyon, Adélaïde Ripet, reçut fréquemment les visites du jeune vicaire de Saint-Pierre ; une Alsacienne de mauvaise vie fut aperçue chez lui plusieurs fois.

« La rumeur publique avertit de ces désordres le chef de la police municipale, qui fit donner à Delacollonge un avertissement paternel. Le vicaire s'observa davantage ; mais l'Alsacienne s'était emparée de lui comme d'une proie ; elle le poursuivait jusque dans l'église. Le maire de Lyon, M. Delacroix-Delaval, et le commissaire général, M. Huel, demandèrent des explications à Delacollonge. Celui-ci se dit persécuté par une femme acharnée à le compromettre ; mais il ne put cacher aux magistrats les droits qu'il avait donnés à cette prostituée de bas étage. Le vicaire général de l'archevêché de Lyon dut intervenir, et le vicaire de Saint-Pierre donna sa démission. »

—Tel fut le premier chapitre du roman de Delacollonge qui, rentré peu après en grâce et envoyé comme professeur au séminaire de Toissey, s'empressa d'ouvrir le second par une intrigue avec une lingère du nom de Mathurine Izio, qu'il y avait attirée.

En 1832, Delacollonge était nommé à la cure de Sainte-Marie-la-Blanche, qui lui rapportait, casuel et tout, un revenu d'environ 1,800 fr. Il avait déjà passé par la cure de Neuville, où Fanny Besson étant venue le retrouver, l'avait compromis au point de le forcer à demander son changement. Mais à Sainte-Marie, Fanny était reparue, et, bien que présentée comme sa cousine, bientôt reconnue pour sa maîtresse par les paroissiens madrés du jeune curé, qui dut l'éloigner du presbytère et du village.

Fanny, en courant ainsi après son amant, négligeait ses intérêts ; si bien qu'elle fut forcée d'abandonner son magasin de modes, et que pour vivre, strictement pour vivre, il lui fallut recourir à Delacollonge.

Celui-ci la fit venir à Châlon, à peu de distance de sa cure, et où il allait la voir en costume laïque et sous le nom de Desgarennes ; cela dura quelques mois, au bout desquels Delacollonge voyant que tout allait être découvert, envoya sa maîtresse faire ses couches à Dijon.

Au mois de février 1835, Fanny mettait au monde un enfant mort. A la suite de ses couches, très laborieuses, elle resta longtemps malade. Elle ne devait pas se relever de cette maladie, car elle était atteinte de phthisie pulmonaire ; mais elle devait mourir d'autre chose.

« Ces couches malheureuses, cette maladie, entraînèrent pour Delacollonge des dépenses si lourdes, que les revenus de sa cure n'y purent suffire longtemps. Il se fit d'abord prêter quelque argent par les fabriciens de Sainte-Marie. Puis, un jour, comme les médicaments manquaient, le pain aussi peut-être, le curé força le tiroir d'un meuble qui renfermait à la sacristie l'argent de la fabrique. Il y prit une somme de 285 fr.

» Et ainsi Delacollonge tombait de crime en crime. La luxure l'avait poussé au désordre ; le désordre l'entraînait au vol. Il ne devait plus s'arrêter. »

Le vol fut bientôt découvert. Les soupçons des fabriciens de Sainte-Marie se fixèrent aussitôt sur le curé ; on lui fit comprendre, avec des ménagements, que la somme soustraite devait nécessairement se retrouver : elle se retrouva en effet.

Mais le malheureux curé ne pouvait se donner le luxe d'un faux ménage. Il fit donc venir et introduisit secrètement à la cure Fanny Besson, dont la présence fut bientôt connue, malgré les précautions prises. Le maire de Sainte-Marie alla donc trouver le curé, et, le prenant à part, lui apprit qu'il savait que sa *cousine* était chez lui et le conjura de l'éloigner.

Le jour même (24 août 1835), Fanny disparaissait en effet et pour jamais.

Elle était retrouvée, huit jours après, par des laveuses, dans une mare du village, coupée en morceaux enfermés dans un sac !

Comment la malheureuse fille avait-elle succombé, et quelle était la main criminelle qui l'avait ainsi charcutée ?

Les soupçons ne s'égarèrent pas et ne furent pas longtemps à se fixer sur le vrai coupable.

Quant à Delacollonge, voici l'explication qu'il fournit des faits accomplis à la cure dans la journée qui suivit l'avertissement du maire :

En quittant le maire, le curé rentra à la cure et déjeuna avec sa maîtresse, qui remarqua son air inquiet et soucieux, et lui adressa plusieurs questions auxquelles il ne répondit qu'en lui recommandant sèchement de parler plus bas ; ce qui la fit pleurer. Après le déjeuner, il lui fit part de sa conversation avec le maire ; il fut résolu qu'elle quitterait la cure et partirait le jour même à dix heures du soir pour Beaune, et, de là, pour Châlon.

Ils soupèrent à l'entrée de la nuit et passèrent dans la chambre du fond, occupée par la demoiselle Besson, pour attendre l'heure du départ et en faire les préparatifs.

La demoiselle Besson se mit sur son lit, formé avec quatre chaises et une porte, sur laquelle avaient été étendus plusieurs couvertures et deux matelas. Il s'y reposa lui-même, et dans un mouvement un peu brusque qu'il fit pour se lever, la porte se rompit.

Il était dix heures; le moment du départ approchait. La domestique était couchée et n'avait point été avertie de ce projet de départ. Delacollonge et la fille Besson s'entretenaient de leurs peines.

Dans le trouble où il était, il lui dit :

— Nous serions bien plus heureux si nous étions morts.

Elle lui répondit :

— Oui, si nous mourions ensemble.

Alors il lui dit :

— Veux-tu que j'essaie si je te ferais bien mal en te serrant?

Et en même temps il lui porta les mains au cou; et comme, par un mouvement qu'il ne peut expliquer, il la pressait plus fort qu'il ne croyait, elle fit un signe de douleur en élevant les deux mains et les agitant. Aussitôt il cessa la pression et elle tomba à la renverse avant qu'il eût eu le temps de la retenir.

Il la releva et la plaça sur une chaise; mais elle ne donnait plus que quelques signes de vie; il en profita pour lui administrer l'*absolution*. La mort suivit de près, et il s'assura qu'elle n'existait plus en faisant tomber sur sa figure quelques gouttes de cire d'une bougie allumée.

Profitant du moment où le cadavre est encore chaud, et avant que les membres soient roidis, il se hâte de le déshabiller et de l'enfermer dans la plus grande des deux malles qui sont dans la chambre, après en avoir extrait les effets qui y sont contenus.

Il était près de onze heures. Il quitte la chambre, qu'il ferme et dont il emporte la clef; il entre dans la cuisine, et dit à la domestique qui était couchée :

— Je pars, venez fermer la porte.

Il sort, en effet, pour lui donner la pensée qu'il emmène la demoiselle Besson; il erre à l'aventure durant une partie de la nuit, reste plusieurs heures sous le porche de l'église; et quand il a passé dehors assez de temps pour faire croire à sa domestique qu'il est allé à Beaune et qu'il en est revenu, il rentre.

Françoise se relève pour lui ouvrir et pour lui donner de la lumière. Il emploie le reste de la nuit à écrire une lettre; à six heures du matin, il éloigne sa domestique en lui donnant cette lettre à porter à la poste à Beaune, et en la chargeant de commissions qui devaient prolonger son absence.

Resté seul en face du cadavre de sa maîtresse, qu'il tire de la malle où il l'avait enfermé, il se met en devoir de le découper à l'aide d'un couteau de cuisine et d'une serpe. — Nous ne le suivrons pas dans cette atroce besogne et nous nous contenterons d'indiquer rapidement que, le dépeçage achevé tant bien que mal, il en mit le produit dans un vieux sac, lava le carreau de la chambre inondé de sang, porta le sac dans la cave et, le soir venu, trouvant un nouveau prétexte d'éloigner sa servante, s'en va jeter les tristes débris de celle qui fut Fanny Besson dans la mare où on les retrouvait huit jours plus tard.

Cette version de son crime et de toutes les circonstances qui l'accompagnèrent, faite par le prêtre criminel mais malheureux, nous paraît assez vraisemblable et a paru telle à plus d'un excellent esprit. Mais cela est en dehors de l'intérêt particulier de notre récit, et nous n'y insisterons pas: nous n'y voulons voir qu'un malheureux porté à l'amour par son tempérament, retenu par son devoir et qui, dans cette lutte continuelle, arrive au crime de chute en chute, sans pouvoir éviter un seul des degrés qui le conduisent dans le gouffre.

Arrêté à Lyon, chez une fille de mauvaise vie, Adélaïde Ripet, qu'il y avait jadis connue et fréquentée, et au moment où il se disposait à partir pour Genève, Delacollonge comparut devant la cour d'assises de la Côte-d'Or le 1er mars 1836.

Il fut condamné aux travaux forcés à perpétuité et à l'exposition publique.

L'attitude de Delacollonge, avant comme après sa condamnation, inspira la pitié la plus profonde à beaucoup de gens d'une sévérité de mœurs inattaquable. Au reste, ce sont toujours ceux-là qui sont les plus pitoyables ; cependant, il faut dire qu'il fut entouré de sérieuses sympathies jusque sur le banc des criminels, et que ses témoins à décharge étaient en grande majorité ses anciens paroissiens lyonnais.

« Jean-Baptiste Delacollonge, dit un de ses biographes, n'avait ni les traits bas et féroces d'un Mingrat, ni la physionomie hypocritement mystique d'un Contrafatto. Agé de quarante ans, sa grande stature, sa chevelure noire et abondante, ses traits mâles et ouverts, sa démarche franche et assurée sans hardiesse, formaient un ensemble imposant à la fois et sympathique.

« Officier, on l'eût remarqué entre les mieux doués de la nature ; car la dignité grave de ses manières rachetait ce qui manquait de distinction à ses traits un peu trop prononcés. Prêtre, il attirait les regards tout en imposant le respect. »

Il eût fait sans doute un bel officier, sans doute aussi un artiste ou un artisan de talent ; il eût enfin pu faire un excellent prêtre, un pasteur plein de charité ; une seule chose lui manquait pour la réalisation de ce rêve : l'épouse et la famille ; et cette privation le conduisit au vol et à l'assassinat.

LIII

La prostitution à l'époque actuelle.

Sommaire. — Ordonnances de 1798 et suivantes. — Inscription et visites réglementaires. — Organisation d'un dispensaire. — Sa translation à la préfecture de police. — La police des mœurs. — L'arrêté de 1830 et les *marlous* de Paris. — Pétition curieuse de ces messieurs. — Considérations économiques d'une réelle importance. — Les filles publiques et leurs souteneurs. — L'inscrite, ses droits et ses devoirs envers la morale, la société, et surtout la police. — Economie du service des mœurs. — Les *Dames de maisons*... — Rapports de ces dames avec leurs pensionnaires. — Remonte et courtage. — Obligations des « dames de maisons » envers la police. — Recensement des prostituées à Paris. — Une tendance déplorable. — Soumises et insoumises. — O statistique! — Causes diverses de la prostitution. — Haine du travail. — Une postulante reconnue *vierge*. — Le proxénétisme au théâtre. — Lisez *Nana*. — La marchande à la toilette et les salons du demi-monde. — L'affaire de la rue de Suresnes. — Les pièces à femmes. — Lorettes et crevettes. — Portrait de la lorette par Balzac. — Soupeuses et casseuses d'assiettes. — Le quartier Bréda. — Statistique de sa population (mortalité). — Les bals publics. — Les reines de *Mabille*. — Les reines de Bullier.

Nous avons dit à peu près tout ce qu'il y avait à dire sur la réglementation de la prostitution en France, et en particulier à Paris. Depuis la promulgation du code pénal, les préfets de police ont pris diverses mesures pour réglementer la prostitution légale, mais qui n'ont jamais eu d'autre effet que de prouver l'illégalité des moyens employés.

Une mesure utile, prise en 1798, pour enrayer le mal produit par la prostitution, c'est-à-dire dans l'intérêt de l'hygiène publique, fut de soumettre les prostituées à l'inscription et aux visites régulières obligatoires. Le système ne fut toutefois mis en vigueur qu'à partir de 1802. En 1805, on établit, rue Croix-des-Petits-Champs, un véritable dispensaire où chaque prostituée devait se rendre quatre fois par mois pour y subir la visite réglementaire. En 1822, on établit un commissariat particulier à ce dispensaire : telle est l'origine du service des mœurs.

En 1828, M. de Belleyme organisa définitivement ce service; il abolit du même coup la taxe de 12 fr. par mois imposée à chaque prostituée se rendant au dispensaire pour la visite. En 1830, le dispensaire fut transféré à la préfecture de police, où il fonctionne toujours. Depuis cette époque c'est en vain que les hygiénistes et les médecins spécialistes ont réclamé des visites plus fréquentes; elles n'ont toujours lieu que tous les huit jours, quand dans plusieurs capitales moins encombrées que Paris, Bruxelles et Berlin, par exemple, elles ont lieu deux fois par semaine.

En 1830 également, à la date du 7 septembre, parut un arrêté du préfet de police visant particulièrement les *Alphonses* de bas étage, autrement dit les souteneurs. Ces messieurs, ou plutôt un humoriste qui prit la parole en leur nom, publia en réponse à l'arrêté de M. Girod une brochure ayant pour titre :

Cinquante mille voleurs de plus à Paris, ou réclamation des anciens marlous de la capitale contre l'ordonnance de M. le préfet de police concernant les filles publiques, par le beau Théodore Cancan.

. . . . Je tombe à vos genoux,
Ah! je vous en supplie, ayez pitié de nous!
(*Hernani*, acte V, scène IV.)

Quelques passages de cette brochure singulière donneront une idée des mœurs parisiennes, il y a un demi-siècle maintenant, mieux que ne saurait le faire une appréciation à distance, si sincère et si bien inspirée qu'elle puisse être.

« ... Un *marlou*, monsieur le préfet, c'est un beau jeune homme, fort solide, sachant tirer la savate, se mettant fort bien, sachant danser le *chahut* et le *cancan* avec élégance, aimable auprès des filles dévouées au culte de Vénus, les soutenant dans les dangers *éminent* (*sic*), sachant les faire respecter et les forcer à se conduire avec décence, — oui, *avec décence*, et je le prouverai!

« Vous voyez donc qu'un marlou est un être moral, utile à la société, et vous venez de *les* forcer à en devenir le fléau, en forçant nos particulières à limiter leur commerce dans l'intérieur de leurs maisons...

« Avec votre ordonnance, qu'allons-nous devenir?

« Je n'en sais rien, car nous avions nos occupations. L'argent que nos dames nous donnaient pour nous éloigner de chez elles, afin que nous ne puissions pas nuire à leurs petites affaires, nous le versions chaque soir, selon nos goûts et nos habitudes.

« Auguste allait jouer à la poule en fumant son cigare.

« Ernest faisait sa partie chez la marchande de vin du coin...

« Alexandre, qui a le goût de la danse, ne manquait pas d'aller, les dimanches, lundis et jeudis aux bals de Paris, et les autres jours de la semaine dans les bals *extra-muros*. — N'allez pas penser que je sais le latin! Non, vraiment; je n'ai fait aucune étude, et on peut le voir par mon style ; mais nous avons, parmi nos confrères, un jeune homme qui a fait son droit, et qui m'a dit ce que ça voulait dire...

« Paul, surnuméraire dans une administration, pourra-t-il subsister et se mettre proprement, si vous coupez les vivres à celle qui le soutient ?

« Achille, Alcide, Alphonse, Émile, Camille, Eugène, Lucien, Philippe, Rodolphe, Théodore et mille autres, dont je pourrais vous citer les noms, pourront-ils, après avoir vécu dans une espèce de luxe, vivre dans la misère ?

« Non, sans doute.

« Privés du secours de ces dames, pourront-ils payer le traiteur, le tailleur, le bottier, le chapelier ?

« A combien de corps de métiers ne faites-vous pas supporter une perte considérable... Je ne dirai pas *conséquente*, car j'ai lu dans le *Figaro* que c'était un cuir...

« Vous voyez donc bien, monsieur le préfet, que tous mes confrères et moi, allons être plongés dans la détresse par votre ordonnance, et que quand je dis que vous allez créer 50,000 voleurs de plus, je n'exagère pas.

« Que voulez-vous que nous fassions pour vivre ?

« Voler !

« Pour nous procurer des vêtements ?

« Voler !

« Pour satisfaire même un besoin de la nature ?...

« Voler !... »

Ce n'est pas trop mal, pour quelqu'un qui fait un autre métier, et les conséquences sont assez proprement tirées des prémisses. En effet, si ces hommes ne savent faire autre chose que *soutenir*, que *gruger* une misérable prostituée, il faudra bien qu'ils volent si cette ressource vient à leur manquer.

Eh bien ! oui, ces « marlous, » pour employer le terme de la brochure de 1830, existent encore, et comme il y a cinquante ans, c'est uniquement de l'argent que leur donnent ces malheureuses, ou plutôt qu'ils leur volent, qu'ils vivent ; ils poussent le cynisme jusqu'à les taxer à une somme déterminée, et vont, le soir, toucher leur *prêt* ou battre leur *dabe*, leur *ouvrière*, leur *marmite*, s'il y manque seulement un *radis*, la traitant de *feignante* sans le moindre scrupule.

Derrière les 120,000 prostituées de Paris, dit M. Maxime Du Camp, il y a autant d'individus qui subsistent de leurs libéralités. Dans ce monde étrange, l'homme vit de la femme qui vit de la prostitution, depuis l'individu qui dîne à la Maison-Dorée et a ses grandes entrées dans les coulisses de l'Opéra, jusqu'au filou aviné qui passe sa soirée à la *Guillotine* de la rue Galande ou au *bal Émile*...

Dans la basse classe, ils sont redoutables, et quand, leur *ouvrière* étant à Saint-Lazare, ils sont sans argent, ils deviennent volontiers voleurs, et parfois assassins...

« On tâchait, dit le même écrivain, d'arracher une pauvre créature à l'un de ces bandits rapaces qui la dévorait vivante ; on lui expliquait ce que c'était que cet homme, et que le métier qu'il faisait était plus immonde que le sien ; elle répondit ce mot touchant :

« — Je le sais ; mais si je n'aime rien, je ne suis rien !

« Ces misérables qui sont à tout le monde, il faut qu'elles aient quelqu'un qui soit à elles et, ne pouvant s'attacher leur amant par la tendresse exclusive, elles le retiennent par l'intérêt et lui donnent tout ce qu'elles possèdent. »

C'est le préfet de police qui a, à Paris, la surveillance des maisons de tolérance ; cette surveillance appartient au préfet dans les villes de 40,000 habitants et au-dessus, et à l'autorité municipale dans les autres localités. L'autorité compétente peut en autoriser ou en refuser l'ouverture ; elle peut y pénétrer à toute heure ; elle a en fait tous les droits sur ces asiles de la débauche publique.

A la préfecture de police, nous l'avons dit, est installé le service sanitaire ; il est probablement inutile d'ajouter que le trop fameux service des mœurs y est également installé.

C'est là que *l'inscription* a lieu.

L'inscription est l'acte solennel qui retranche de la société la fille publique. Nous ne dirons rien des garanties qui entourent cet acte décisif, et qui sembleraient faire de l'inscription sur un livre infâme comme un privilège glorieux, parce que, dans la pratique, ces garanties sont absolument fictives.

La malheureuse qui se fait inscrire, signe un engagement qui est ridicule au premier chef, puisque sa signature ne vaut plus rien, et que dans le cas où elle n'observerait pas les règlements policiers, la police est toujours là pour l'y contraindre ou la châtier, qu'elle ait signé ou non le plus solennel des engagements.

On lui délivre alors une carte personnelle... — Vous savez : « cette carte ne peut être ni cédée ni vendue... » Avec cette carte, elle peut exercer son triste métier, avec les garanties en question, dont nulle n'a jamais éprouvé les effets.

Si elle contrevient à quelque disposition de police, elle est aussitôt punie d'emprisonnement. Amenée devant le commissaire de police des mœurs, elle subit l'interrogatoire obligé, et est emballée *illico* pour Saint-Lazare ; le préfet de police fixe alors l'étendue de la peine. C'est donc, après tout, l'arbitraire administratif le plus complet.

« Le service des mœurs, dit M. Maxime Du Camp, organisé à la Préfecture de police, au triple point de vue sanitaire, administratif et actif, fonctionne sans désemparer avec une régularité parfaite.

« Il se compose d'un certain nombre de médecins, placés sous l'autorité immédiate d'un médecin en chef, chargé du dispensaire ; ceux-ci reçoivent à leur salle, sévèrement séparée de toute autre, les filles isolées et celles qui appartiennent aux maisons publiques de la banlieue ; ils visitent à domicile celles qui vivent en groupe sous la direction d'une femme ayant obtenu l'autorisation de tenir ce qu'en langage technique on appelle *une tolérance*.

« Leur fonction n'est point une sinécure, car les visites se sont élevées en 1869 au nombre de 106,479.

« La partie administrative s'occupe des inscriptions, admoneste, punit, juge les contraventions, réforme ou modifie les règlements surannés, en édicte de nouveaux lorsque les circonstances nouvelles les rendent nécessaires et agit sans appel, comme un tribunal en dernier ressort, sauf approbation rigoureusement indispensable du préfet de police (qui ne la refuse jamais).

« Le service actif, composé de quarante-cinq inspecteurs commandés par un officier de paix, ne relevant que du chef de la police municipale, a pour mission de s'assurer à l'extérieur si les règlements sont exécutés, de relever les infractions commises, de surveiller d'une façon toute particulière les lieux de plaisir spécialement fréquentés par les filles, d'arrêter celles-ci et de les conduire au bureau administratif lorsqu'elles y sont mandées, de constater que les punitions ne sont point éludées, et enfin de faire rapport sur tout ce qui peut intéresser la grave question de la moralité publique. »

Et vous pouvez être sûrs que la moralité publique est bien servie. La police des mœurs a été, dans ces derniers temps, l'objet d'attaques en grande partie justifiées ; nous ne les rappellerons pas autrement ;

Mme de Boufflers.

nous nous bornerons à offrir aux méditations du lecteur l'exposé sommaire de M. Du Camp, un admirateur très décidé du système.

Les maisons de prostitution sont tenues, comme nous venons de le voir, par des *dames* ou *maîtresses de maison*, ainsi qu'elles se désignent elles-mêmes, jugeant ces qualifications mieux sonnantes que celle de « maquerelle publique » qui a si longtemps prévalu. Ce sont en général d'anciennes filles distinguées par quelque crapuleux débauché ayant conservé une poire pour la soif, ou bien des lorettes, vieillies s'étant assuré du pain pour les vieux jours et prises d'ambition sur le tard ou à moitié ruinées par leur ami de cœur.

Ces femmes prennent vis-à-vis de la police l'obligation de nourrir d'une manière saine, sinon abondante, leurs pensionnaires, de les loger — naturellement, — de les vêtir ; elles remplissent plus ou moins cette triple obligation, et s'arrangent de telle sorte, en général, que la malheureuse qui a reçu l'hospitalité chez elles, si elle n'a pris ses précautions, nourrie, logée et *vêtue* aux frais de la maison, ne peut souvent la quitter que nue — et ne la quitte pas en conséquence, si l'intérêt bien entendu de la « dame » n'est pas qu'elle déguerpisse.

Pour la *remonte* de leur maison, c'est ainsi qu'on appelle le renouvellement du personnel des lictérions modernes, ces industrielles ont à leur service des courtiers habiles et d'une probité à toute épreuve, comme on pense. Le métier est bon, à ce qu'il paraît, et pas aussi difficile qu'on serait tenté de le croire.

Beaucoup de « dames » sont mariées; cela ne fait que mieux; mais le mari ne compte pas aux yeux de la police. La seule chose que nous trouvions bonne dans la réglementation d'une maison publique, et et vraiment selon la morale, c'est que la dame de maison qui a des enfants, éventualité assez fréquente, ne peut les conserver près d'elle; mais nous regrettons le bon temps où celles qui s'étaient rendues coupables de quelque délit étaient promenées montées à califourchon sur un âne, la face tournée vers la queue, pendant que le bourreau s'escrimait à les fouetter en conscience.

Le recensement des prostituées existant à Paris est assez difficile à faire, attendu la prostitution clandestine qui échappe à tout contrôle un peu sérieux et les filles inscrites insaisissables à propos; on a pourtant des renseignements statistiques vaille que vaille sur cette portion intéressante de la population parisienne.

Au 1ᵉʳ janvier 1870, on comptait à Paris 3,656 filles publiques inscrites sur le registre de la police, dont 2,590 filles en carte, exerçant isolément et 1,066 réparties dans 152 maisons de prostitution. Plusieurs de ces maisons ont été évacuées ou détruites pendant les deux sièges de 1870-71. Il n'y en avait plus que 140 au commencement de 1872, et M. Maxime Du Camp pouvait s'écrier alors :

« Depuis vingt ans, la diminution de ces maisons est notable. On en peut juger par ce fait que, en 1852, il existait 217 maisons à Paris.

« Un moraliste superficiel peut s'en réjouir et voir là une preuve de l'amélioration des mœurs publiques, ajoute toutefois notre auteur; il faut s'en affliger au contraire, car cet état de choses indique une démoralisation croissante et des plus dangereuses.

« Il faut d'abord constater que les filles soumises ont une tendance prononcée, depuis quelque temps, à quitter les maisons où l'administration a, pour les retenir, un intérêt facile à comprendre; elles cherchent maintenant, bien plus volontiers qu'autrefois, l'isolement et cette sorte de liberté relative qui, sans dérouter complètement la surveillance, la rend plus difficile et moins efficace.

« L'unique préoccupation de ces êtres corrompus est d'échapper tout à fait à l'administration et de vivre dans une indépendance qui devient pour la santé publique un péril de premier ordre et de tous les instants. »

Que diable! Vous les mettez hors la loi: qu'ont-elles à risquer de plus à se soustraire aux atteintes de la police? Tant qu'une bonne loi (ou à peu près) n'existera pas sur la prostitution, on peut compter que cette « tendance » déplorable signalée par l'éminent écrivain s'accentuera de plus en plus.

« Il est puéril, poursuit-il, de fermer les yeux et de croire que le danger a disparu parce qu'on ne le voit plus.

« De quoi se compose cette armée de dépravation, de débauche et de ruine qui nous enserre si bien à cette heure qu'elle semble obstruer toutes les avenues de notre vie? De 30,000 femmes, si l'on ne s'occupe que de celles qui, par leur existence extravagante, insouciante, excessive, font courir un danger réel à la santé publique.

« C'est le chiffre qu'on donnait déjà au commencement du siècle. C'est le chiffre que Mercier inscrivait, en 1780, dans son *Tableau de Paris*. Il est, sans aucun doute, au-dessous de la vérité; mais, en cette matière, les documents n'ont rien de certain, ils ne sont qu'approximatifs ; on ne possède que des observations générales qui, suffisantes pour asseoir les probabilités d'une hypothèse, n'affirment rien d'une manière positive.

« Si, faisant le dénombrement de la prostitution insoumise et clandestine, on veut, pour rester dans la réalité absolue du sujet, compter toutes les femmes qui ne vivent que de galanterie, depuis la grisette qui est mise dans ses meubles jusqu'à la grande dame qui, avant de se rendre, exige et reçoit un million en pièces d'or nouvellement frappées, on peut hardiment quadrupler le chiffre et l'on arrive à 120,000.

« Qu'on ne se récrie point ! Il n'y a qu'à regarder impartialement autour de soi pour être convaincu. »

Cela va bien. Nous sommes de l'avis de l'éminent écrivain et nous acceptons son chiffre de 120,000 prostituées, c'est-à-dire femmes faisant trafic de leurs charmes de manière ou d'autre.

Mais puisque le chiffre initial sur lequel il base son calcul est le même que celui de Mercier pour 1780, et que la population a triplé depuis cette époque, il est tout à fait évident que ce chiffre a considérablement baissé proportionnellement au chiffre des habitants, et que les mœurs publiques sont sur le chemin de la perfection.

Par contre, si l'on s'amuse à faire de la statistique comparative à quelques années de distance, on s'expose à dire des bêtises, surtout si l'on a une tirade à placer aussitôt après ses calculs : faut d' la statistique, pas trop n'en faut...

Ainsi, pour ce qui est des maisons de tolérance, dont le nombre avait baissé après la guerre, il s'est relevé bien vite. Une note communiquée aux journaux au commencement de 1874 est ainsi conçue :

Voici, à *ce sujet*, pour l'année 1872 à 1873, les chiffres du relevé qui vient d'être fait au bureau des mœurs de la préfecture de police.

Le nombre des femmes surveillées s'élève à 31,500 ; celui des femmes inscrites chez elles n'est que de 1,448.

Le nombre des maisons de prostitution est de 157. En 1843 il s'élevait à 285, en 1851 à 219, en 1866 à 172. *On voit que sous ce rapport nous sommes en progrès.* Mais, d'un autre côté, le chiffre des femmes surveillées a augmenté dans de si notables proportions que l'on a été obligé d'adjoindre deux médecins supplémentaires au dispensaire de la préfecture de police, ce qui porte leur nombre à 12.

Dans le cours de l'année, on a enregistré 150,000 visites. Les visites ont été suivies de 297 envois à Saint-Lazare. Le chiffre des arrestations de femmes dans la même période s'est élevé à 4,000 environ.

Cette note, dont le rédacteur oublie que le nombre des maisons de prostitution n'était que de 140 l'année précédente, c'est-à-dire au commencement de 1872, nous montre que nous sommes sur le chemin du progrès, quant à la moralité, bien qu'il ait fallu ajouter deux nouveaux médecins aux dix qui faisaient déjà le service du dispensaire : voilà comme les statisticiens écrivent l'histoire !

Quant aux causes qui conduisent à la prostitution, elles sont multiples. Il y a d'abord la passion de la débauche qui, chez certains *sujets*, prend de très bonne heure les proportions d'une maladie, soit qu'elle ait été excitée par les manœuvres infâmes de misérables ayant autorité sur ces pauvres enfants, soit par suite de dispositions organiques ; il y a le dénûment, le besoin dans ce qu'il a de plus impérieux ; il y a, quand une jeune fille a reçu une certaine éducation, joui d'un luxe relatif, et que des revers de fortune ont jeté les siens ou elle seule dans la misère, l'horreur de cette situation et de l'avenir qu'elle prépare : pour y échapper, elle se plonge dans la débauche indépendante; elle se roule dans un marais fangeux et infect pour éviter le précipice dont l'aspect l'effraye, et qui n'est pas toujours aussi terrible qu'il en a l'air.

« Il y a, dit l'auteur déjà cité, des jeunes filles qui, jeunes, charmantes, aptes à toutes les œuvres du bien, ont horreur de la pauvreté, reculent à cette pensée qu'elles seront la femme d'un ouvrier, qu'il faudra travailler, porter d'humbles vêtements, faire la cuisine, soigner les enfants; elles ont rêvé je ne sais quelle existence des *Mille et une Nuits;* elles ont la haine de leur infime condition; celles-là sont farouches dans le mal; elles n'y glissent pas, elles s'y précipitent.

« Un jour, une jeune fille de vingt ans, orpheline et d'une rare beauté, vint d'emblée demander son inscription à la préfecture de police. Le chef de bureau, pris de compassion, essaya de lui montrer vers quel abîme elle marchait; il lui proposa de l'adresser à des âmes compatissantes, qui lui procureraient de l'emploi comme ouvrière ou femme de chambre. Elle regarda le chef de bureau avec dédain et répondit :

« — Être domestique, merci! *On ne mange pas de ce pain-là dans ma famille!* »

Nous avons déjà vu une marquise du temps de Louis XV se faire admettre chez la Brissaud pour des motifs analogues. Les temps ne sont donc pas si changés!

Mais il y a des choses plus tristes que celle-là, des malheureuses plus intéressantes que cette fille orgueilleuse qui préfère l'infamie au travail, fût-elle encore plus merveilleusement belle.

« Il se présente quelquefois volontairement à la préfecture de police, écrivait en 1838 un agent de l'administration, des filles à classer dans une catégorie tout exceptionnelle. Au commencement de juillet, un médecin du dispensaire en a visité *une qui était vierge !*

« Sur la demande à elle adressée pourquoi elle voulait faire son métier de la prostitution, elle répondit que c'était la misère qui la poussait à cette extrémité. Le chef de l'attribution des mœurs la renvoya à Reims, son pays de naissance, avec des secours de route. »

Mais l'agent le plus actif du recrutement de la prostitution, c'est l'excitation à la débauche organisée en système, le proxénétisme dont on trouve des représentants dans toutes les classes de la société, et qui pourvoit les jeunes filles ambitieuses de vieux podagres archi-millionnaires tout aussi bien que de pensionnaires les maisons de prostitution les plus ignobles.

Ce qu'il y a de plus répugnant, de plus criminel dans cet horrible métier, c'est que le nombre des mères qui le pratiquent est incalculable. Croyez-le, si le Parc-aux-Cerfs existait encore, il ne manquerait pas de mères qui y solliciteraient un *emploi* pour leurs filles.

C'est surtout au théâtre que le proxénétisme s'exerce à l'aise et sans la moindre dissimulation, et les romanciers, les humoristes ont exploité bien des fois avec succès cette inépuisable mine de scènes de mœurs.

Dans le temps, Couailhac a écrit une curieuse monographie des mères d'actrices où l'on voit ceci :

« On est arrivé au dernier acte. La Saint-Robert jette un coup d'œil dans la salle par le trou du rideau et dit à sa fille, qui, assise dans un fauteuil gothique, souffle tout à son aise pour arriver jusqu'au dénoûment :

« — Aurélie, as-tu vu ton gros qui est là aux stalles des premières? Fais-lui donc de temps en temps une petite mine gentille. Il n'y a rien qui flatte un homme comme ça. Tu as toujours l'air de ne pas le connaître. Tu verras que la Francine, avec ses minauderies, finira par te l'enlever... Et c'est un bon!... »

C'est là du réalisme ou du *naturalisme*, et du meilleur ; mais pas encore aussi réel, aussi nature que cette mère de *Nana* qui engage à *faire un homme* pour payer son terme.

Combien de ces filles, au reste, abordent le théâtre pour l'amour du théâtre? Fort peu, soyez-en sûrs! Pour elles la scène est un étal ; leurs mères les conduisent sciemment à ce marché à la criée, comptant bien sur une bonne commission, et la justice, si ombrageuse dans les questions de morale publique, laisse, sciemment aussi, se commettre de pareilles infamies sous ses yeux, quoique armée jusqu'aux dents pour les réprimer.

N'a-t-on pas vu une prostituée notoire, sans beauté, sans esprit, sans jeunesse, monter sur les planches d'un théâtre à la mode, incapable de dire deux mots et remplissant en conséquence un rôle muet, mais y exhibant sa chair dont l'éclat était rehaussé par une profusion de diamants, dont elle boutonnait jusqu'à ses chaussures!

Mais il y en a bien d'autres, avec plus ou moins de diamants et toute l'exhibition de chair qu'une paternelle administration autorise.

Eh bien! ce temple du proxénétisme, le théâtre, ne suffit pas encore aux transactions amoureuses ; le secours de la marchande à la toilette est souvent réclamé ; enfin il y a des salons décents, luxueux, bien fréquentés et d'ailleurs situés dans les quartiers les plus opulents, offrant par conséquent toute garantie, où les plus huppées parmi les courtisanes de théâtre peuvent encore réaliser quelques bonnes opérations au comptant.

La police se décide quelquefois à mettre le pied dans ces salons de la bonne compagnie, et le nez dans les affaires qu'on y traite ; alors tant pis, c'est à récompenser.

Qui ne se souvient de la scandaleuse affaire de la rue de Suresnes?

Ces filles de théâtre, — nous ne parlons pas des véritables actrices; toutes ne sont pas des parangons de vertu, sans doute, mais leurs mœurs n'ont point, en général, le caractère crapuleux de celles des filles dont nous parlons, et qui en conséquence ne restent en montre qu'en attendant un client, — ces filles de théâtre, disons-nous, après un stage pendant lequel elles auront joué, dans les pièces à femmes, autant de fois qu'elles l'auront pu, les rôles de jambes et de gorges qui peuvent seuls leur être confiés, filent au bras du premier client venu, s'il en vaut la peine, mais non sans espoir de retour. Elles deviennent alors purement et simplement des femmes entretenues, des *lorettes* comme on les appelait jadis, des *crevettes* comme on dit aujourd'hui ; — des prostituées d'une catégorie particulière dont bien peu ont l'étoffe d'une Marguerite Gautier.

Balzac a tracé de cette fille publique privilégiée un portrait autrement vrai, encore aujourd'hui, que celui d'Alexandre Dumas fils :

« L'insouciance et la prodigalité de ces femmes les empêchent de songer à l'avenir. Dans ce monde exceptionnel, beaucoup plus comique et plus spirituel qu'on ne le pense, les femmes qui ne sont pas belles de cette beauté positive, presque inaltérable et facile à reconnaître, les femmes qui ne peuvent être aimées enfin que par caprice, pensent seules à la vieillesse et se font une fortune : plus elles sont belles, plus imprévoyantes elles sont.

« — Tu as donc peur de devenir laide que tu te fais des rentes?

« Dans le cas d'un spéculateur qui se tue, d'un prodige à bout de ses sacs, ces femmes tombent donc, avec une effrayante rapidité, d'une opulence effrontée à une profonde misère. Elles se jettent alors dans les bras de la marchande à la toilette, elles vendent à vil prix des bijoux exquis, elles font des dettes, surtout pour rester dans un luxe apparent qui leur permette de retrouver ce qu'elles viennent de perdre : une caisse où puiser.

« Aussi ceux qui connaissent bien leur Paris savent-ils à quoi s'en tenir en retrouvant aux Champs-Élysées, ce bazar mouvant et tumultueux, telle femme en voiture de louage, après l'avoir vue un an, six mois auparavant, dans un équipage étourdissant de luxe et de la plus belle tenue.

« — Quand on tombe à Sainte-Pélagie, il faut savoir rebondir au bois de Boulogne, disait Florine en riant, avec Blondet, du vicomte de Portenduère.

« Elles restent ensevelies en d'affreux hôtels garnis, où elles expient leurs profusions par des privations comme en souffrent les voyageurs égarés dans un Sahara quelconque, mais elles ne conçoivent pas pour cela la moindre velléité d'économie.

« Elles se hasardent aux bals masqués, elles entreprennent un voyage en province, elles se montrent bien mises sur les boulevards par les belles journées, elles trouvent d'ailleurs entre elles le dévouement que se témoignent les classes proscrites. Les secours à donner coûtent peu de chose à la femme heureuse qui se dit elle-même :

« — Je serai comme ça dimanche. »

Nous le répétons, ce portrait de la lorette du temps de Balzac est celui de la crevette de notre temps. Mais, si vrai qu'il soit, peut-être est-il un peu flatté ; le dévouement n'est pas aussi entier que Balzac le prétend dans cette « classe proscrite, » et l'esprit est loin d'y courir les boudoirs au point où il voudrait nous le faire croire.

Par exemple, c'est dans cette classe que l'on rencontre les somptueuses les plus bruyantes, qui cassent la vaisselle quelquefois avant de l'avoir vidée et détériorent les meubles dans les salons des cafés à la mode ; mais ce n'est pas tout à fait une preuve d'esprit, et si l'exubérance de la jeunesse pousse à des folies, il est peut-être exagéré de dire que c'est toujours des folies spirituelles. Cet esprit-là nous l'avons tous eu plus ou moins.

Les hauteurs de la rue des Martyrs et leur voisinage sont encore les lieux privilégiés où se retire la crevette ; c'est toujours aux environs de l'église à laquelle elles ont emprunté, — ou du moins à laquelle Nestor Roqueplan emprunta un nom pour elles. Certainement l'espèce déborde jusque dans le nouveau et élégant quartier Monceau, sans dédaigner plus que jadis la Chaussée-d'Antin et les Champs-Élysées ; mais on comprend que ce ne peut être que l'opulente et glorieuse exception, et que l'on n'y saurait établir son quartier général qu'en rêve, et le conserve en réalité dans cette partie du nord de Paris connue dans tout l'univers sous le nom de quartier Bréda, et à laquelle on serait bien embarrassé de fixer de sérieuses limites.

Et de toutes ces pauvres filles insouciantes et déréglées, combien ont une fin, sinon heureuse, du moins paisible ? combien *arrivent*, suivant l'expression consacrée ?

Pour répondre à cette question, nous allons encore recourir à la statistique. Puisée aux sources officielles, cette statistique-là est vraiment curieuse et encore plus édifiante ; elle peut se passer absolument de tout commentaire, et ce n'est pas un mince avantage.

Il résulte donc d'une enquête officielle faite tout récemment par les soins de la préfecture de police, qu'au bout d'une période de vingt ans on comptait, sur *cent* lorettes domiciliées dans le quartier Breda:

Mortes prématurément de phtisie, de péritonite et autres affections chroniques	17
Inscrites	8
Employées au service de la précédente catégorie	18
Proxénètes	6
Dames de compagnie et chaperons à l'usage des débutantes	8
Femmes de ménage	6
Épileuses	3
Loueuses de chaises	2
Revendeuses à la toilette	9
Émigrées pour l'Amérique	4
Ayant fait des économies et retirées à la campagne	3
Mariées avantageusement à des étrangers	2
Mariées en France	2
Somnambule extra-lucide donnant des consultations	1
Enfermées comme folles	5
Suicidées par ennui ou par misère	1
Suicidée par amour	1
Ce qui fait bien notre total de	100

Si nous avions le temps de parcourir les bals, nous retrouverions toutes ces pauvres filles, qui — suivant l'expression de Gavarni — « gagnent à être connues, » sous leur jour peut-être le plus flatteur et certainement le plus gai ; mais ce serait excessivement long et fatigant. — Pensez donc : du bal Mabile au bal du Vieux-Chêne, en passant par Bullier, le Casino-Cadet, de nombreux *Élysées*, la Reine-Blanche, la Boule-Noire, la Pré-aux-Clercs, Dourlans, les Trois-Rats, que sais je !

Mabille a été si souvent chanté et décrit à satiété, comme tous ces « temples » de la danse, où l'on rencontrait jadis des prêtresses d'une notoriété universelle, où l'on ne rencontre plus maintenant que des filles faisant tout aussi bien leurs petites affaires, mais sans gloire et connues seulement de leur clientèle, que cela n'aurait pas autant d'attrait qu'on pourrait le supposer.

Pomaré, Céleste Mogador, Clara Fontaine, Rigolboche, Molécule, Voyageur, sont maintenant disparues de la circulation ou en bon train de disparaître ; et Mabille est toujours à sa place, et Bullier est plus élégant et plus fréquenté que jamais ; et les *Reines de Mabille*, de Gustave Nadaud, sa première œuvre signée, est encore ce qui a été chanté sur ce sujet de plus nouveau.

Aussi croyons-nous devoir la chanter une fois de plus.

Heum !... Attention :

LES REINES DE MABILLE

1er couplet.

Pomaré, Maria,
Mogador et Clara,
A mes yeux enchantés
Apparaissez, chastes divinités.
Le samedi, dans le jardin Mabille,
Vous vous livrez à vos joyeux ébats ;
C'est là qu'on trouve une gaîté tranquille
Et des vertus qui ne se donnent pas !

2e couplet.

Le cerbère crépu
M'a déjà reconnu
Et l'orchestre, bravo !
Est dirigé par monsieur Pilodo.
Voyez là-bas le sémillant Mercure
Et ses fuseaux qui tricotent gratis,
Représentant le Dieu qui nous récure
Et la maison Giraudeau père et fils !

3e couplet.

Dans un quadrille à part,
Voyez le grand Chicard,
Avec grâce étalant
Son pantalon qui dimanche était blanc !
Ton noble front, ô grand roi de l'époque,
Porte le sceau de l'immortalité ;
Mais avec toi ton ignoble défroque
Veut-elle aller à la postérité ?

4e couplet.

Dans ton rapide essor,
Je te suis, Mogador,
Partage mon destin.
Fille des cieux et du quartier Latin!
En te faisant si belle d'élégance,
Ton père eût dû songer, en même temps,
A te doter d'un contrat d'assurance
Contre la grêle... et d'autres accidents.

5e couplet.

Maria, passe l'eau,
Laisse là ton Prado ;
Prodiges superflus.
L'étudiant, hélas! ne donne plus.
Que j'aime, autour de ta prunelle noire,
Ce cercle bleu tracé par le bonheur,
Liste d'azur qui garde la mémoire
Des amoureux effacés de ton cœur.

6e couplet.

O grande Pomaré,
A ton nom révéré,
Ton peuple transporté
S'est incliné devant ta majesté.
Ah! cambre-toi, ma superbe sultane,
Et sous ces plis que tu sais ramener,
Fais ressortir ce vigoureux organe
Que la pudeur me défend de nommer.

7e couplet.

De ton humble sujet
Accepte ce bouquet,
Plus frais que tes appâts
Et parfumé comme tu ne l'es pas.
Je t'aimais mieux, alors que, douce et bonne,
O Rosita, tu faisais tant d'heureux.
Ta tête alors n'avait pas de couronne,
Mais elle avait encore des cheveux!

8e couplet.

O charmante Clara,
Professeur de polka,
J'aime mieux les ébats
Et les leçons que tu n'affiches pas!
Depuis dix ans, comment, sur cette foule
As-tu gardé ce prestige enchanteur?...
C'est que toujours ta fontaine qui coule
De tes attraits entretient la fraîcheur.

9e couplet.

Coule, coule toujours,
Fontaine des amours!
Qui sait si, quelque jour,
Je n'irai pas y puiser à mon tour!
Oui, tu vivras autant que la Chaumière.
Et sur l'airain ton nom se gravera :
On a bien fait la fontaine Molière;
Je te promets la fontaine Clara.

10e couplet.

En voyant ces beaux yeux,
Ce sourire amoureux
Et cette gorge-là,
Qui ne dirait : la reine, la voilà!
Ah! que ne puis-je, en une folle orgie,
Réunissant vos quatre déités,
Vous décerner, comme à l'Académie,
Des prix Montyon de toutes qualités.

Pomaré, Maria,
Mogador et Clara,
Quel superbe festin
Je paîrai... quand il n'en coûtera rien!

Avec Gustave Nadaud, qui le prenait assez lestement dans ce temps-là, comme on le voit, Gavarni a peint de main de maître les lorettes et les reines des grands bals publics ; les reines du bal Bullier (ci-devant et peut-être même aujourd'hui encore *Grande-Chaumière*) ont été plus particulièrement décrites, et fort bien, par Eugène Vermesh, l'ancien directeur du *Père Duchêne* de 1871.

A ce dernier nous emprunterons seulement ce trait impayable pour finir :

« On va à Bullier *faire un homme* ; quelques femmes pratiquent des métiers qui sont cousins-germains de l'escroquerie. On exploite les bouquets, on s'entend avec la marchande, il n'est rien de plus facile, et, pour peu que la femme soit un peu habile, elle arrive à se faire payer le même bouquet vingt ou trente fois dans la même soirée.

« L'une court de l'un à l'autre avec son chapeau à la main et son manteau sur le bras, en demandant à tout le monde :

« Vingt centimes pour mon vestiaire. »

Mme Récamier, d'après le tableau de David.

« L'autre fait mieux encore, c'est sur les *water-closets* qu'elle lève son impôt ; elle monte la garde devant la porte, et, à chaque personne qui passe, elle dit :

« — Ah ! mon bébé, prête-moi donc quinze centimes pour... tu seras bien gentil.

« Si vous êtes naïf, vous vous laissez prendre à son air câlin, et vous lâchez vos trois sous ; mais, si vous repassez quelques instants après, vous la retrouverez au même endroit, répétant la même chanson à un autre naïf.

« Il paraît qu'il est des femmes qui se font de cette façon de très jolies recettes, les jours de bal. Qu'importe la source, n'est-ce pas ? Cet argent-là est bon, beau, sonnant, et, comme disait Vespasien, qui leur a donné l'exemple, ils ne sent pas plus mauvais que l'autre. »

Comparez ces filles-là avec... les autres, et vous avez la complète notion du personnel féminin de nos bals publics, qui sont les théâtres des cabotines qui n'en ont pas d'autres.

LIV

La cour de Napoléon III et autres bons coins.

SOMMAIRE. — Un mot sur les escapades amoureuses du futur empereur des Français. — Sa première aventure. — Histoire d'une dame de Florence et d'une fleuriste. — Mme Gordon. — Le prince Louis à Arenenberg. — Un dîner à Saint-Cloud. — Tristesse et distractions du prince-président à la veille du coup d'État. — Ses causes. — Favorites de théâtre. — La curée des dames à Compiègne. — Mlle de Montijo. — Préliminaires de mariage. — Solliciteuses, espionnes politiques et autres. — Marguerite Bellanger. — Les jambes des highlanders et celles de Mlle ***. — Un bal à l'hôtel d'Albe. — Une charmante jeune mise et sa maman. — Le ballet des *Éléments*. — Familiarités d'un domino. — Les légèretés d'une duchesse. — Fin lamentable d'un chambellan. — Non moins lamentable fin d'un empire. — A la guerre comme à la guerre. — Un proxénète espion. — Le bouge de Saint-Denis. — Proxénétisme en temps de paix. — La mère Nicole, mœurs provinciales.

Un peu plus, et nous allions oublier une période pourtant féconde, où la débauche a eu ses coudées aussi franches qu'à aucune autre époque de l'histoire; une période qui, sous ce rapport, rappelle autant qu'il est possible de les rappeler, les temps regrettés des Louis XV et des François Ier.

Cette période est celle du second empire.

Heureusement, nous nous apercevons de la distraction, et nous nous hâtons de prévenir une omission regrettable, bien que dans des faits si rapprochés de nous, il nous faille nécessairement faire un choix et négliger peut-être les plus intéressants.

Napoléon III, avant comme après son élévation à la dignité impériale, était fort enclin à la débauche, et sous son règne, comme il est inévitable, on vit la cour suivre l'exemple du maître et les salons particuliers suivre l'exemple de la cour. A ce sujet, les documents abondent; nous ferons un choix discret et d'ailleurs facile, dans les écrits, non d'adversaires *irréconciliables*, mais d'amis de l'empereur et de l'empire.

« Sous ce rapport (celui de la galanterie), dit le vicomte de Beaumont-Vassy dans ses *Mémoires secrets du XIXe siècle*, il avait été singulièrement précoce : à treize ans, il avait eu sa première aventure, aventure bien subalterne d'ailleurs. Plus tard, brûlant d'une belle passion pour une dame de Florence, il s'était rendu chez elle déguisé en fleuriste, ce qui ne lui avait pas réussi, et, grâce au scandale, l'avait même contraint de quitter la ville.

« Ce fut aussi en Italie qu'il fit la connaissance de Mme Gordon, actrice d'un certain mérite et qui ne manquait pas de beauté. Louis Bonaparte, à qui cette femme devait être utile dans l'accomplissement ultérieur des projets politiques qu'il méditait dès lors, mit tout en œuvre pour réussir auprès d'elle et vaincre les obstacles qu'il rencontra tout d'abord. Il l'enveloppa dans un véritable réseau de séductions et de promesses; il exploita habilement toutes ses qualités natives, son bon cœur, sa confiance naïve, son esprit aventureux et chevaleresque, et jusqu'à son admiration enthousiaste pour Napoléon Ier.

« Rien ne coûta à cette nature aimante et sympathique; elle devint un des agents les plus actifs de la conspiration de Strasbourg et accomplit plusieurs voyages, tant à Paris qu'à Fribourg et à Baden-Baden. Elle enrôla parmi les conjurés plusieurs officiers qui lui faisaient la cour, et fut à la fois pour Louis-Napoléon une généreuse amie, une adroite émissaire, une maîtresse aimante et une conspiratrice courageuse. Ce qui n'empêchait pas le volage de poursuivre à la même époque des fantaisies thurgoviennes et de proposer très sérieusement le mariage à une dame d'origine créole, qui se trouvait alors à Arenenberg. »

La réputation détestable que s'est faite le futur empereur des Français, dans le voisinage d'Arenenberg, a résisté, paraît-il, à l'action du temps.

Mais poursuivons nos emprunts à M. de Beaumont-Vassy, et pour recommencer, suivons-le à un dîner à Saint-Cloud, auquel il assistait peu de temps avant le 2 décembre.

« Le dîner fut triste, constate notre chroniqueur ; le prince était évidemment préoccupé, et la crise qu'on traversait alors motivait amplement à mes yeux ses préoccupations empreintes sur sa figure pâle.

« Mais que j'étais loin de compte! J'ai su depuis quel était le sujet de ses méditations ce soir-là, et vraiment, cela n'avait rien de commun avec la politique.

« Étrange et insaisissable personnage historique que celui-là, qui, lorsqu'on le croyait occupé des grandes affaires de l'État, ne songeait en réalité qu'aux refus très secs de telle actrice en renom et aux moyens à employer pour prendre avec telle autre une éclatante revanche!

« Les années 1850 et 1851 ont été celles où les favorites de théâtre ont régné le plus sur le prince président. Plus tard les dames du monde allaient avoir leur tour...

« Je me retirai, non sans penser à ces mystères de Saint-Cloud, sur lesquels on a publié à l'étranger des brochures scandaleuses, mais dans lesquelles tout n'était pas mensonge...

« Le mariage, dit plus loin M. de Beaumont-Vassy, le mariage, quel qu'il fût, du reste, était devenu chose utile pour Napoléon III, ne fût-ce que pour l'arracher aux habitudes de l'orgie intime, qui auraient pu facilement devenir des scandales publics.

« Il n'y avait pas si longtemps déjà que, dans ce même palais de Compiègne, tout aussi bien qu'à Saint-Cloud, on avait vu, après boire, succéder aux jeux innocents, ce que l'on nommait complaisamment la *curée des dames*.

« Voici ce que c'était : lorsque les émotions du colin-maillard étaient épuisées, l'auguste amphytrion faisait apporter une grande manne dont le contenu, déposé sur le tapis, était recouvert d'une serge verte. On réunissait les dames, comme on rassemble les chiens autour de la *nappe* qui recouvre les débris du cerf; on enlevait la serge, et alors des chefs-d'œuvre de bijouterie, bracelets, broches, boucles d'oreilles, ruisselants de diamants et de perles, éclataient en mille feux sur le tapis. Les dames, invitées à choisir, se précipitaient à genoux et se disputaient ces trésors sous les yeux de leurs admirateurs, enthousiasmés des points de vue que leur offrait un semblable spectacle. »

A propos du mariage de Napoléon III avec Mlle Eugénie de Montijo, voici ce que raconte notre écrivain :

« Mlle de Montijo, fort connue comme jolie femme dans le monde européen, n'était plus de la première jeunesse, quand l'empereur l'invita, avec sa mère, au palais de Compiègne; mais elle avait conservé ces charmes hors ligne qui devaient, grâce au tempérament de Napoléon III, la conduire à l'autel et mettre une couronne sur ses beaux cheveux.

« L'entourage ne crut d'abord qu'à une affaire de galanterie, et, en effet, la chose était probable; mais lorsqu'on vit que l'aventure tournait au sérieux, les aviopposés se firent jour, et on en vint aux supplications.

« M. de Persigny qui, détail peu connu, tutoyait l'empereur lorsqu'ils étaient seuls, le prit un jour par le bouton de l'habit et lui dit avec colère :

« — Ce n'était, en vérité, pas la peine que tu fisses le 2 décembre pour finir comme cela!

« M. de Morny, plus maître de lui, mais non moins sévère, invoquait la raison d'État et redoutait le *qu'en dira-t-on* de l'Europe.

« Rien de plus admissible, d'ailleurs, la condition de rang princier une fois écartée, que sa préférence pour la belle et brillante Eugénie, qui se montrait dans les exercices équestres de la plus gracieuse habileté, même à côté de la marquise de Contades, fille du maréchal de Castellane, intrépide amazone, dont l'esprit et la verve étaient à bon droit renommés au milieu de cette cour naissante, et qui même avait, dit-on, recommandé au choix de l'empereur quelques-uns des futurs titulaires de la maison civile, tels que chambellans et écuyers. »

Maintenant, pour savoir si le mariage de Napoléon III produisit sur lui-même et sur sa cour une impression morale salutaire, nous pourrions nous adresser au même auteur, dont voici tout au moins la conclusion dépouillée d'artifice.

« Il y aurait tout un volume à écrire sur les intrigues et les galanteries plus ou moins mystérieuses de la cour sous le second empire. On y verrait succéder, comme favorites, les femmes et filles de fonctionnaires ambitieux et quelquefois complices, les élégantes besoigneuses, les grandes dames étrangères et espionnes politiques, de pauvres filles très subalternes et enfin la trop fameuse Marguerite Bellanger, qui écrivait à l'empereur :

« — Mon cher seigneur, je vous ai trompé !... »

Les *Papiers et correspondances de la famille impériale*, publiés après le Quatre septembre, donnent tout entière la lettre où se trouve cette phrase et même l'autographe de cette lettre; mais elle n'a pas assez d'intérêt pour être reproduite. Cette publication jette un jour assez curieux sur diverses intrigues de Napoléon III avec certaines grandes dames bien connues. Mais ces indiscrétions, pardonnables en considération du moment où elles furent commises, ne sauraient être imitées maintenant. La plupart des acteurs et actrices de la tragi-comédie napoléonienne vivent encore ; il y aurait certes beaucoup à dire, « il y aurait tout un volume à écrire, » comme le dit fort bien M. de Beaumont-Vassy, sur les scandales inouïs dont fourmille ce règne, comparable seulement, sous ce rapport, à celui de Louis XV; mais on comprendra, et sans doute on approuvera l'attitude réservée que les convenances nous imposent.

Malgré cela, nous ne saurions dédaigner les documents déjà livrés à la publicité, ou notre réserve paraîtrait à bon droit exagérée.

Pillons donc un peu encore les ouvrages qui nous offrent, sur les mœurs de cette époque, des renseignements intéressants, c'est-à-dire ceux qu'ont écrits des familiers notoires de la cour impériale.

Nous avons notamment les *Lettres à une inconnue*, de Prosper Mérimée, qui fourmillent de détails : il n'y a que l'embarras du choix ; et, à propos des réceptions de Compiègne, voici ce que nous y trouvons, cela ne remonte pas au delà de 1862 :

« Nous avons en lions quatre Highlanders. C'est assez amusant de voir ces huit genoux nus dans un salon où tous les hommes ont des culottes ou des pantalons collants.

« Hier, on a fait entrer le *piper* (joueur de cornemuse) de Sa Grâce, et ils ont dansé tous les quat... le manière à alarmer tout le monde, lo... ils tournaient. Mais il y a des dames dont la crinoline est bien autrement alarmante quand elles montent en voiture.

« Nous avons joué avec succès une pièce un peu immorale, dont à mon retour je vous conterai le sujet.

« Nous avons ici Mlle *** qui est un beau brin de fille de cinq pieds quatre pouces, avec toute la gentillesse d'une grisette et un mélange de manières aisées et timides, quelquefois très amusant. On paraissait craindre que la seconde partie d'une charade ne répondit pas au commencement :

« — Cela ira bien, dit-elle, nous montrerons nos jambes dans le ballet, et ils seront contents. »

Voici un autre tableau pris à la même source, et qui est peut-être encore meilleur :

« ... Le bal de l'hôtel d'Albe était splendide. Les costumes étaient très beaux; beaucoup de femmes très jolies et le siècle montrant de l'audace.

« On était décolleté d'une façon outrageuse par en haut et par en bas aussi. A cette occasion, j'ai vu un assez grand nombre de pieds charmants et beaucoup de jarretières dans la valse. La crinoline est en décadence. Croyez que, dans deux ans, les robes seront courtes, et que celles qui ont des avantages naturels se distingueront de celles qui n'en ont que d'artificiels.

« Il y avait des Anglaises incroyables. La fille de lord ***, qui est charmante, était en nymphe dryade, ou quelque chose de mythologique, avec une robe qui aurait laissé toute la gorge à découvert, si on n'y eût remédié par un maillot. Cela m'a semblé aussi vif que le décolletage de la maman, dont on pénétrait tout l'estomac d'un coup d'œil.

« Le ballet des *Éléments* se composait de seize femmes, toutes assez jolies, en courts jupons et couvertes de diamants. Les naïades étaient poudrées avec de l'argent qui, tombant sur leurs épaules, ressemblaient à des gouttes d'eau. Les salamandres étaient poudrées d'or. Il y avait une Mme Errazu merveilleusement belle. La princesse Mathilde était en Nubienne, peinte en couleur bistre très foncé, beaucoup trop exacte de costume.

« Au milieu du bal, un domino a embrassé Mme de S..., qui a poussé les hauts cris.

« La salle à manger, avec une galerie autour, les domestiques en costume de pages du XVIe siècle, et de la lumière électrique, ressemblait au festin de Balthazar, dans le tableau de Wrowton.

« L'empereur avait beau changer de domino, on le reconnaissait d'une lieue. L'impératrice avait un burnous blanc et un loup noir qui ne la déguisait nullement. Beaucoup de dominos et, en général, fort bêtes.

« Le duc de *** se promenait en arbre, vraiment assez bien imité. Je trouve qu'après l'histoire de sa femme, c'est un déguisement un peu trop remarquable.

« Si vous ne savez pas l'histoire, la voici en deux mots : sa femme, qui est une demoiselle *** (dont, par parenthèse, la mère devait être ma marraine, à ce qu'on m'a dit), est allée chez Bapst et a acheté une parure de 60,000 francs, en disant qu'elle la renverrait le lendemain, si elle ne lui plaisait pas. Elle n'a rien envoyé, ni argent, ni parure.

« Bapst a redemandé ses diamants ; on lui a répondu qu'ils étaient partis pour le Portugal et, en fin de compte, on les a retrouvés au mont-de-piété, d'où la duchesse de *** les a retirés pour 15,000 francs.

« Cela fait l'éloge du temps et des femmes ! »

« On n'en donnait pas moins des fêtes à Saint-Cloud, dit Eugène Pelletan ; on chassait à Compiègne, on patinait au bois de Boulogne, et on dansait partout en costume abrégé. L'empire excellait dans la politique de la contredanse et du cotillon.

« On peut nous mettre à la porte quand on
« voudra, disait un général de cour, nous
« nous serons toujours bien amusés. » Les modistes pouvaient à peine suffire à la besogne. Une dame à Compiègne n'avait autre chose à faire qu'à s'habiller et qu'à se déshabiller. Il fallait changer de robe quatre fois par jour et chaque fois mettre une robe nouvelle. « Il paraît que madame est « vouée au jaune, » dit un jour la maîtresse de la maison à une invitée qui avait arboré deux fois de suite une robe couleur safran.

« Quant aux toilettes de bal, il faut entendre Mérimée sur ce chapitre. »

Nous venons justement de l'entendre.

L'ordonnateur en titre de ces fêtes brillantes était le chambellan Bacciochi, qui déployait dans ses fonctions un talent d'artiste vraiment extraordinaire et une activité dévorante qui, sans doute, abrégea ses jours, mais lui assura du moins les regrets bien sincères de ceux dont il avait tant de fois préparé les plaisirs. Le malheureux chambellan succomba en effet à une maladie bizarre, que Mérimée, tout en constatant sa mort, décrit sommairement comme il suit :

« Le pauvre Bacciochi, écrit-il de Biarritz, est mort après une cruelle agonie de plusieurs jours. Nous en avons reçu la nouvelle hier, par le télégraphe, au moment où l'on était plus gai ou du moins plus bruyant que de coutume. A ce tapage a succédé un assez long silence, et je crois que chacun se demandait que serait l'effet produit par l'annonce de sa propre mort dans l'illustre assemblée. *Salute à noi*, disent les Italiens en pareille occasion. Je n'ai jamais entendu parler de maladie plus étrange que celle de ce pauvre Bacciochi. Il ne pouvait tenir en place et était obligé de marcher toujours, jusqu'à ce qu'enfin il tombait accablé, et alors quelquefois après vingt-quatre heures, il dormait quelques minutes. C'est le supplice du juif errant.

« *On dit que les dames en sont en grande partie responsables.* »

Ce fut la même cause aussi qui tua l'empire, et l'on sait quel mal il fit avant de mourir.

Parmi les faits d'excitation à la débauche dont nous voyons tous les jours les coupables comparaître devant le tribunal correctionnel, sans compter ceux qui n'y comparaissent pas, et que nous ne saurions relever à cause de leur trop grand nombre, il en est cependant qui empruntent au temps et aux circonstances dans lesquels ils se produisent un caractère d'infamie plus accentué. Celui-ci apparaît comme une conséquence inévitable des mœurs qui de la cour allaient au peuple, sous le règne tutélaire de Napoléon III.

L'occupation allemande, en 1870 et 1871, a été pour certains misérables une occasion merveilleuse de donner carrière à leurs dispositions au proxénétisme et ils ne l'ont pas laissée échapper. Quelques-uns seulement y ont été pris, et ceux-là n'ont pas payé trop cher leur conduite ignoble; mais beaucoup ont échappé.

Il est bien entendu que ceci n'est en aucune façon spécial aux Français, même de l'Empire. Partout, en pays conquis ou vaincu, on trouve des gredins pour entretenir avec l'ennemi cette sorte d'intelligence, généralement assez lucrative, et les Allemands en doivent savoir quelque chose, s'ils ont bonne mémoire.

Voici, en tout cas, comment un journal du temps rendait compte d'un procès intenté à un de ces proxénètes doublés d'espions, qu'ils le veuillent ou non.

« L'accusé Sérénick n'est pas ce que l'on peut donner comme un exemple de moralité. Ce sont même des actes tout à fait scandaleux qui l'amènent sur les bancs de la police correctionnelle.

« Sérénick est un habitant de Saint-Denis; il a cinquante ans et avoue la profession de couvreur, quoiqu'il paraisse certain que le métier qu'il a exercé est d'une tout autre nature.

« Au 4 septembre, Sérénick se fit nommer à l'élection... naturellement, lieutenant de la garde nationale, et il en profita pour faire admettre comme cantinière de sa compagnie une jeune fille à laquelle, par euphémisme, nous dirons qu'*il voulait du bien*.

« La prévention ne parle pas des faits de guerre du citoyen Sérénick; mais elle le retrouve pendant l'occupation allemande livrant des jeunes filles à la garnison prussienne. Sérénick nie énergiquement. Il déclare que c'est une abomination, qu'on le calomnie et que les témoins sont des personnes contre lesquelles il a témoigné dans le temps et qui se vengent.

« Cela n'a pas paru être l'opinion du tribunal, qui a jugé sur le témoignage de gens dignes de foi. C'est d'abord M. Goujon, qui dit : « Lors de l'occupation allemande de Saint-Denis, Sérénick a pris des femmes chez lui et a fait de sa maison un bouge, où se sont passées des scènes dégoûtantes. *C'était une procession d'Allemands.* »

« M. Bertrand (Charles) déclare que les Prussiens faisaient des orgies chez Sérénick, et dit textuellement : « Les Prussiens « faisaient queue à sa porte comme au spec- « tacle. »

« M. Bettemont raconte que chez Sérénick il y avait une troupe — en temps de guerre! — une troupe de femmes de quatorze à trente ans qui dansaient toutes nues avec les Prussiens; spectacle que l'on pouvait voir par les fenêtres. Il ajoute un détail affirmé par dix autres témoins : c'est que Sérénick, le débauché couvreur, logeur d'occasion, et tout ce qu'on veut par la suite, avait dressé dans le fond de son jardin une petite estrade où les couples se livraient à des ébats d'une nature fort licencieuse, et cela au grand scandale des voisins.

« Cet autel... de Vénus était exposé à tous les regards.

« — C'était pour ma table à manger, a dit l'accusé.

« Le tribunal ne l'a pas cru, et, pour tous ces faits, plus que démontrés, pour excitation de mineures à la débauche, Sérénick a été condamné à quinze mois de prison. »

Pour terminer, il nous semble qu'un exemple de proxénétisme odieux, quoique exercé en temps de paix, fera aussi bien qu'autre chose, d'autant mieux que l'aventure est toute fraîche.

Il ne faudrait pas croire que Paris a le monopole de la débauche échevelée. Paris, la grande prostituée, a des petites sœurs de province qui ne lui cèdent en rien sous ce rapport, et, pour dire la vérité, il y a telle ville de troisième ou de quatrième ordre comme importance qui, proportionnellement au chiffre de sa population, est beaucoup plus dépravée que Paris.

Il est vrai que la facilité avec laquelle il est possible de cacher les plus honteuses turpitudes, facilite la débauche à Paris plus que nulle part ailleurs. Mais l'oisiveté est moins connue et surtout moins pratiquée à Paris qu'en province, et, comme tout le monde le sait bien, l'oisiveté est la mère de tous les vices.

Il y a, à Paris, des proxénètes en quantité, des maisons d'excitation ou, si l'on préfère, de préparation à la débauche, qui y instruisent prématurément d'innocents enfants, condamnées ainsi à devenir la honte de leur sexe et de l'humanité.

C'est abominable !

Eh bien voyez, pas plus tard qu'au mois d'avril 1880, un procès scandaleux nous apprenait la découverte d'une maison de ce genre dans une ville de province qui compte à peine 50,000 habitants.

« La mère Nicole, disait à ce propos un journal, est une matrone bien connue à Orléans. Après y avoir longtemps exercé, rue des Anglaises, son ignoble commerce, elle vient, à la suite de quelques plaintes, de comparaître devant le tribunal correctionnel.

« Il paraît que la mère Nicole préparait, *dès l'enfance*, ses *sujets* à la carrière dans laquelle ils devaient briller un jour.

« Une jeune fille racontait, au milieu des témoins, qu'à un an la marchande d'amour l'avait adoptée.

« La petite Tareau était orpheline. Sa mère adoptive l'aurait élevée dans le spectacle de la débauche la plus éhontée pour la livrer, dès sa quinzième année, à d'opulents acheteurs.

« Lorsque, à l'audience, Mlle Fanny Tareau a abordé, dans sa déposition, ce chapitre de son autobiographie, le président l'a instamment priée de ne prononcer aucun nom. Et comme Fanny persistait dans ses allusions aux *clients* dont on la contraignait, même par la violence, à satisfaire les caprices, le magistrat a immédiatement ordonné le huis-clos et fait évacuer la salle.

« Contentons-nous donc d'enregistrer la sentence.

« La matrone a été condamnée à un an de prison pour « excitation de mineures ». Une femme Sertees, convaincue d'avoir amené sa propre nièce rue des Anglaises, s'est entendu infliger huit mois d'emprisonnement.

« En quittant le prétoire, Mme Nicole a eu un mot épique : « Élevez-donc les enfants des autres ! » s'est-elle écriée.

« On dit que l'inquiétude règne en plus d'une maison d'Orléans. »

FIN DE L'HISTOIRE DE LA PROSTITUTION

SAINT-GERMAIN. — IMPRIMERIE D. BARDIN.

TABLE DES MATIÈRES

AVANT-PROPOS

Origines de la prostitution et des maladies déterminées par les excès érotiques.. 3

PREMIÈRE PARTIE

LA PROSTITUTION CHEZ LES PRINCIPAUX PEUPLES DE L'ANTIQUITÉ

I.	L'Orient	5	III. Rome	27
II.	La Grèce.	15	IV. L'Amérique.	44

DEUXIÈME PARTIE

LA PROSTITUTION EN EUROPE (LA FRANCE EXCEPTÉE) AU MOYEN AGE ET DANS LES TEMPS MODERNES

I.	Rome papale.	47	IV. Pologne et Russie	84
II.	Europe méridionale.	59	V. Pays scandinaves.	102
III.	Allemagne, Autriche, Hongrie, etc.	76	VI. La Grande-Bretagne	108

TROISIÈME PARTIE

LA PROSTITUTION ET LA DÉBAUCHE CHEZ LES PEUPLES MODERNES DE L'AFRIQUE, DE L'ASIE, DE L'AMÉRIQUE ET DE L'OCÉANIE

I.	L'Afrique	131	IV. Amérique et Océanie	163
II.	Orient.	143	V. Le harem chez les peuples modernes	
III.	Extrême Orient (Indes, Chine, Japon)	150	(polygamie et polyandrie). . . .	171

QUATRIÈME PARTIE

LA PROSTITUTION ET LA DÉBAUCHE EN FRANCE DEPUIS LES TEMPS LES PLUS RECULÉS

I.	Mœurs privées de nos premiers rois, de leurs parents, de leurs alliés et de leurs favoris, jusqu'à la mort de Brunehaut (613) 191	II.	La débauche des cours et la prostitution, depuis Clotaire II jusqu'au démembrement de l'empire carlovingien 202

TABLE DES MATIERES

III.	Quelques traits de mœurs féodales	213
IV.	Addition importante au chapitre qui précède	224
V.	Aurore de la seconde race de nos rois	237
VI.	De Philippe-Auguste à la chute des Capétiens	246
VII.	Mœurs de cour sous les premiers Valois	261
VIII.	Du haut en bas de l'échelle	275
IX.	La cour de France sous Louis XI, Charles VIII et Louis XII	290
X.	Louise de Savoie	302
XI.	Anecdotes de la cour et de la ville	310
XII.	Les favorites	321
XIII.	Diane de Poitiers et les favorites secondaires	335
XIV.	Une parenthèse	346
XV.	Catherine de Médicis et Charles IX	354
XVI.	Mignonnes et Mignons	368
XVII.	La bande débordée du roi	378
XVIII.	La reine Margot	387
XIX.	Les prédécesseurs de la Belle Gabrielle à la couche royale	400
XX.	La Belle Gabrielle	410
XXI.	Les dernières années de la Belle Gabrielle	420
XXII.	La marquise de Verneuil	431
XXIII.	Décadence de la marquise de Verneuil et autres histoires	442
XXIV.	Les dernières fredaines du roi vert-galant	451
XXV.	Henri quatrième. — Informations, anecdotes et cancans	460
XXVI.	Le maréchal d'Ancre	469
XXVII.	Le diable au couvent	476
XXVIII.	La reine Anne d'Autriche	493
XXIX.	Le masque de fer et autres têtes remarquables	504
XXX.	Les filles de la reine. — Mlle de Pons. — Mlle de Guerchy	513
XXXI.	Les grandes courtisanes. — Marion Delorme et Ninon de Lenclos	523
XXXII.	La Belle Provençale	534
XXXIII.	Les empoisonneuses à la mode	548
XXXIV.	Les Mazarines	559
XXXV.	Les ménages extravagants	571
XXXVI.	Mlle de la Vallière	583
XXXVII.	Montespan et Fontanges principalement	592
XXXVIII.	Vieilles maîtresses! Vieux galons!	603
XXXIX.	Miscellanées galantes et autres	611
XL.	Les dernières années du grand règne	622
XLI.	Roués et rouées	635
XLII.	Les mœurs de la Régence. — Revue d'inspection générale	651
XLIII.	Les débuts de Louis XV. — Les demoiselles de Nesle	662
XLIV.	Mme de Pompadour	673
XLV.	Le Parc aux Cerfs	680
XLVI.	La comtesse du Barry	699
XLVII.	Les nuits de Paris	714
XLVIII.	Écarts de conduite de la société laïque	726
XLIX.	Les filles d'Opéra	739
L.	Esquisse des mœurs sous Louis XVI et la Révolution	749
LI.	Empire et Restauration	763
LII.	La chasteté du clergé dévoilée	775
LIII.	La prostitution à l'époque actuelle	789
LIV.	La cour de Napoléon III et autres bons coins	802

IMPRIMERIE D. BARDIN, A SAINT-GERMAIN

www.ingramcontent.com/pod-product-compliance
Lightning Source LLC
Chambersburg PA
CBHW061724300426
44115CB00009B/1098